Verlag Wissenschaft und Politik

Antisemitismus

Erscheinungsformen der Judenfeindschaft gestern und heute

Herausgegeben von
Günther B. Ginzel

Umschlaggestaltung Rolf Bünermann
Gesamtherstellung Werbedruck Zünkler, Bielefeld 11
Printed in Germany · ISBN 3-8046-8772-5

Hermann Greive
Hans Lamm
Uwe Adam

gewidmet

Inhalt

III. Von der Aktualität eines Vorurteils

IV. Spezialthemen

V. Antisemitische Bilderstereotypen

VII. Anhang

Vorwort

Antisemitismus, seit 2000 Jahren ist er ein »Begleiter« der Juden, mal folgt er ihnen, meist eilt er ihnen voraus, stets aber nistet er sich ein, paßt sich an – und bleibt, auch wenn Juden längst weitergezogen, ausgetrieben, augelöscht wurden. Vorurteilsbeladene, antijüdische Einstellungen werden von nahezu 50 % der Bundesbürger (zumindest in den sogenannten »Altländern«) vertreten, ohne daß diese sich des antisemitischen Gehalts bewußt sind. Die zahlreichen im Anhang dokumentierten Untersuchungen legen auch solch latente Formen des Antisemitismus offen: Da werden Urteile über das Judentum gefällt, Kritik an Juden geübt, Vorbehalte und antijüdische Emotionen nachgewiesen – nur eines fehlt den meisten der Befragten: Kenntnis des Judentums oder jüdischer Menschen.

Hat sich die Judenfeindschaft in all ihren Variationen von »konkreten« Juden und Judentum »emanzipiert«? Ist Antisemitismus zumindest für einen Teil der Nichtjuden selbstverständlich, normal? Vielleicht sogar notwendig? Ergebnis eines langen Prozesses, an dessen Ende ein ebenso schillerndes wie überwiegend fiktives Bild des Juden steht? Ein Bild, in dem, von Anbeginn an, die gegensätzlichsten Sichtweisen einer nichtjüdischen Umwelt und deren Einordnungs- und Deutungsversuche des Judentums zusammenflossen. Die Juden: Gottes Lieblinge und Gottesmörder, gottesfürchtig und verstockt, auserwählt und verstoßen. Ein Bild des Juden, so widersprüchlich wie die Identitätsdefizite, Selbstzweifel, Ängste und Visionen ihrer Urheber, eine allzeit und allseitig verwendbare Konstruktion, kurz: die nichtjüdische Interpretation des »typisch Jüdischen«; den einen Symbol für Werte, Traditionen, Eigenschaften, die sie bewundern, den anderen ein Sinnbild dessen, was ihnen als bedrohlich erscheint. Der »wahre« Judenfeind aber vermag wohl beides, die Bewunderung (und den Neid) und den Haß (auch auf die eigenen Unzulänglichkeiten) zu verbinden.

Woher resultiert diese offensichtliche Faszination des Antijüdischen auf nicht wenige Zeitgenossen in Vergangenheit und Gegenwart? Wie entstand ein Vorurteil, von solche beängstigender Beständigkeit, das ganz offensichtlich »gebraucht« wird? Wie wirkt es sich aus? Fragen, denen in diesem Band nachgegangen wird – von der vorchristlichen Antike bis heute.

Dank ist an dieser Stelle zwei Damen zu sagen, die mich in besonderer Weise unterstützt haben: Frau Regina Holland-Cunz, Mitarbeiterin im Verlag, für ihren großen Einsatz bei der Drucklegung des Manuskriptes sowie Frau Monika Walden, freie Lektorin, die mit Akribie an den Korrekturarbeiten und bei der Erstellung des umfangreichen Registers mitgewirkt hat.

Ein Buch wie das vorliegende reift über viele Jahre.

Drei Autoren, denen ich mich über die Arbeit an diesem Band hinaus verbunden weiß, sind nicht mehr unter uns:

Hermann Greive, mein akademischer Lehrer, Prof. für Judaistik am Martin-Buber-Institut der Universität Köln, wurde 1984 aus der Mitte seines Lebens und seiner Studenten herausgerissen. Seit seiner Dissertation über »Theologie und Ideologie« (veröffentlicht 1969) zählt er zu den bedeutenden Erforschern des christlich-religiösen und des politischen Antisemitismus sowie deren Wechselwirkungen. Gestützt auf eine faszinierende Kenntnis der hebräischen Originaltexte und deren antisemitischen Fälschungen, widmete er sich beharrlich und mit dem Mut, sich bei den nicht immer einflußlosen Verharmlosern und Verschweigern unbeliebt zu machen, dem Thema der christlichen, insbesondere der spezifisch katholischen Judenfeindschaft der Neuzeit. Die von ihm in diesem Kontext wiederholt untersuchten »pastoralen Interessen« kirchennaher und kirchenoffizieller Autoren und die Auswirkungen einer »hierarchischen Struktur« bei der Verbreitung judenfeindlicher Propaganda finden ihren Niederschlag auch in seinem Beitrag über den »Antitalmudismus«. Ich habe dem Wissenschaftler und dem Menschen Hermann Greive viel zu verdanken.

Hans Lamm, Historiker und langjähriger Präsident der Israelitischen Kultusgemeinde München, starb nach schwerer Krankheit 1985. Vom Antisemitismus der Nazis aus Deutschland vertrieben, kehrte er unmittelbar nach Kriegsende aus dem amerikanischen Exil zurück. Die Bekämpfung des Antisemitismus, die Verteidigung jüdischer Rechte, die Bemühung um Integration der jüdischen Nachkriegsgemeinden in Deutschland und die Verbesserung des christlich-jüdischen Verhältnisses wurden die großen Themen seines Lebens.

Die Abhandlung über den »jüdischen Selbsthaß«, die zu schreiben er wie kein zweiter in diesem Land berufen war, sollte seine letzte größere Arbeit werden. Wer sie gelesen hat, wird verstehen, wie sehr ich die Anregungen und den Rat des väterlichen Freundes vermisse.

Uwe Adam kannte ich seit seiner Dissertation, 1972, über die »Judenpolitik im Dritten Reich«. 1984 wurde er zum Generalsekretär des »Deutschen Koordinierungsrates der Gesellschaften für christlich-jüdische Zusammenarbeit« ernannt (dem ich als Vorstandsmitglied angehöre). Nun lernte ich Uwe Adam in der »Zusammenarbeit« schätzen. Der Nationalsozialismus, Tendenzen zur Verharmlosung der NS-Zeit und der Antisemitismus des Dritten Reiches blieben im Zentrum seines Interesses. 1987 ereilte den engagierten Mitstreiter völlig unerwartet der Tod. Wochen zuvor hatte er die Überarbeitung seines umfangreichen Aufsatzes »Von der Ausschaltung zur Endlösung« abgeschlossen.

Hermann Greive, Hans Lamm, Uwe Adam: Ihnen ist dieser Band, dessen Entstehen sie mit Engagement begleiteten, gewidmet.

Gerne hätte ich dieses Buch der Öffentlichkeit in der Hoffnung übergeben, daß eine Beschäftigung mit dem Phänomen des Antisemitismus alsbald überflüssig sein dürfte. Indes, mir fehlt diese Hoffnung. Es bleibt die Wachsamkeit, resultierend aus der Erkenntnis, wozu Antisemitismus und Antisemiten fähig sind, wenn man sie gewähren läßt.

Günther B. Ginzel

Einleitung

»... und er brüstet sich frech und lästert wild ...«
Über Antisemiten und Antisemitismus in Deutschland
oder: Trotz und alledem – es ist eine Lust, Jude zu sein

Günther B. Ginzel

Es war eine ebenso antisemitische wie infame Äußerung über das angebliche Verhältnis von Juden zum Geld, die einem Abgeordneten der bayerischen CSU über Nacht bundesweite Publizität verschaffte.[1] Hermann Fellner, Jahrgang 1950, Jurist, Kreisvorsitzender der Jungen Union. Als er im Jahr 1980 in den Deutschen Bundestag einzog, wurde die SINUS-Studie über die »Rechtsextreme politische Einstellung in der Bundesrepublik Deutschland« veröffentlicht. Danach neigen 5 % der 18–21jährigen und 20 % der über 50jährigen zu einem politischen Weltbild, das u. a. durch Rassismus im allgemeinen und Antisemitismus im besonderen geprägt wird.[2] Zwei Jahre später legte der Soziologe Alphons Silbermann die Ergebnisse der bislang gründlichsten Untersuchung über die Verbreitung des Antisemitismus in der Bundesrepublik vor. Bei »Dreiviertel der Bevölkerung«, so das Fazit, fanden sich »zumindest noch Reste antisemitischer Einstellungen«. Darüber hinaus ließ ein Drittel »ausgeprägt antisemitische Vorstellungsklischees erkennen«.[3]

Antisemitismus war und ist ein aktuelles, sicher auch ein brisantes Thema. Der Begriff Antisemitismus, im späten 19. Jahrhundert aufgekommen, wurde zur Sammelbezeichnung für die Erscheinungsformen eines Vorurteils: genannt Judenfeindschaft. Antisemitismus umfaßt alle Aspekte einer religiösen, sozialen und kulturellen Voreingenommenheit, beinhaltet wirtschaftliche und politische Faktoren, beschreibt biologische und rassistische Ausprägungen einer pseudo-darwinistischen und völkischen Weltanschauung. Kurz: Antisemitismus steht für ein Bündel der unterschiedlichsten und teilweise gegensätzlichsten Motive, denen eines gemein ist: die Diskreditierung des Jüdischen, die oft bis zum Haß gesteigerte Ablehnung eines Menschen, von dem man weiß oder nur annimmt, er sei Jude. Man mag über die »Hühneraugen an den deutschen Staatsfüßen«, wie Heinrich Heine den Antisemitismus charakterisierte, spotten, über die »äußerste Intoleranz des Christentums« sinnieren wie Sigmund Freud oder mit dem Schriftsteller und Arzt Alfred Döblin »Dämonopathien«, also eine Art Antisemitismus-Krankheit, diagnostizieren, fest steht: Dieser Antisemitismus ist zweifelsohne eines, wenn nicht das älteste heute noch lebendige Vorurteil, welches die Geschichte kennt. »Die tieferen Motive des Judenhasses«, erkannte Sigmund Freud, dürften in »längst vergangenen Zeiten« liegen. In der Tat! Weit müssen wir in der Geschichte zurückgehen, um den Ursprung aufzudecken, an den Beginn jenes Geflechtes zu gelangen, das sich aus Angst, Unwissenheit, Scheinwissen, Verdächtigungen zusammensetzt, aber auch aus Bewunderung, Überschätzung und Neid, aus Religionshaß, Aberglauben, Erlösungsvisionen, Existenzängsten und Vernichtungssehnsüchten. Motive, Emotionen, Phobien, die – nach Freud – bis heute »aus dem Unbewußten der Völker« heraus wirksam sind. Und wie sie wirken![4]

Da besucht der amtierende Papst Johannes Paul II. im Sommer 1986 eine Synagoge, und schon demonstrieren katholische Traditionalisten in Rom gegen die Kapitulation vor dem Judentum, und in Deutschland wartet ein in den Klöstern besonders beliebter, inoffizieller, privater katholischer Informationsdienst mit einer atemberaubend dummen Enthüllungsgeschichte über die jüdische »Weltverschwörung« auf. Überschrift: »Der jüdische Kampf gegen Rom geht weiter.«[5] Auch in rechten Randgruppen werden verstärkt antijüdische Gefühle der evangelischen Christen in Deutschland mobilisiert. Pures Entsetzen packt auch manch wackeren Gottesstreiter angesichts der Tatsache, daß – so der Pfarrer und Autor Paul Schenk, dessen Werk von der Evangelischen Notgemeinschaft in Deutschland angepriesen wird – »linksgerichtete« Amtsbrüder die Judenmission abschaffen wollen: Hell lodert sein Zorn jetzt schon in der dritten Auflage. »Das Kreuz (Jesu) steht auf den Trümmern des Alten Bundes«, maßregelt Schenk die Genossen im Talar und fährt fort: »Das ungläubige Volk Israel lebt weiterhin unterschiedslos mit allen Heidenvölkern unter dem Zorn Gottes.«[6] Auch einige Vertreterinnen einer feministischen Theologie sind mit ihren Verdammungsurteilen häufig keineswegs zurückhaltender. Sie polemisieren gegen eine »jüdische Patriarchatsgesellschaft«, gegen den »männlichen Judenstolz«, der die »Ausrottung von Matriarchatsreligionen« betrieben habe.[7] In ihren Schlußfolgerungen unterscheiden sie sich häufig in bezug auf das Judentum kaum von dem Rechten Paul Schenk. Auch für sie scheint eine christlich-jüdische Unvereinbarkeit zu existieren, wie sie der ewige Kampf zwischen den männlichen – und jüdischen – Elementen einerseits und den weiblichen – jesuanischen – Elementen andererseits provoziert.

Antisemitismus war und ist ein Exempel für die Macht des geschriebenen Wortes, die Möglichkeiten rhetorischer Manipulationen, für die Zählebigkeit von Lügen, so sie einmal zu Papier gebracht wurden. Denn nicht die Handlung, nicht eine Tat begründet die offensichtliche Geschichtsmächtigkeit judenfeindlicher Einstellungen. Am Anfang stand das Wort.

Juden »stammen« nicht von Gott ab, sondern sind Kinder des Teufels, der, so wörtlich, ein »Mörder« war von Anfang an und »ein Lügner«. Dieses Verdammungsurteil wurde vor sehr langer Zeit geschrieben. Es steht nicht irgendwo, sondern im Neuen Testament, konkret: im Evangelium des Johannes, Kapitel 8, Vers 41 und folgende.

Mit diesem Zitat ist der grundlegende Unterschied zwischen den antijüdischen Passagen im Neuen Testament und den Ausfällen einiger antiker griechisch-römischer oder ägyptischer Schriftsteller angedeutet. Was bei den sogenannten »Heiden« Ausdruck des Unverständnisses gegenüber dem jüdischen Eingottglauben war, ansonsten aber völlig marginal blieb, für ihr Selbstverständnis gänzlich unwichtig war, verzichtbar in jeder Hinsicht, wurde in der Ur-Kirche zentral.[8] Das Neue liegt darin, daß Antisemitismus bei der Konstituierung und Ausprägung einer Religion, dem Christentum, Pate stand: Judenfeindschaft wurde institutionalisiert, die Ablehnung des Juden – als Individuum und als Kollektiv – wurde zentraler Bestandteil christlicher Lehre und Praxis. Judenfeindschaft wurde gezielt eingesetzt, um christliche Positionen abzusichern. Mehr noch: In der sogenannten

Das Kreuz wurde zum Schwert. Aus einer jüdischen Chronik, 14. Jahrhundert

Enterbungstheologie wird Christentum als Konkurrent des alten Israel definiert. Christentum sollte zur alleinigen, das Judentum verdrängenden, ablösenden, sich an dessen Stelle setzenden Heilsgemeinschaft werden.[9]

Dieser Anspruch war in der Realität weder durch Mission noch durch Druck durchzusetzen. Die Juden weigerten sich zu verschwinden. Ja, sie entwickelten eine unerwartete Lebenskraft, und jüdische Religiosität wurde zur Widerstandsreligion. Der sozialen und rechtlichen Deklassierung in der christlich gewordenen Gesellschaft setzten sie das Bewußtsein entgegen, daß der »Glaube der Väter« durch nichts, nicht durch den Schmutz der Armut und nicht durch die Verhöhnung des Pöbels, erniedrigt werden könne.

In seinem Gedicht »Prinzessin Sabbath« hat Heinrich Heine diese Thematik verarbeitet.[10] In diesem Gedicht schildert er Israel als »Königssohn«, den »Hexenspruch« in einen Hund verwandelte. Doch zur Feier des Sabbats wird er wieder Mensch.

. . .
Hund mit hündischen Gedanken,
Kötert er die ganze Woche
Durch des Lebens Kot und Kehricht,
Gassenbuben zum Gespötte.

Aber jeden Freitag abend,
In der Dämmrungsstunde, plötzlich
Weicht der Zauber, und der Hund
Wird aufs neu'ein menschlich Wesen.

Mensch mit menschlichen Gefühlen,
Mit erhobnem Haupt und Herzen,
Festlich, reinlich schier gekleidet,
Tritt er in des Vaters Halle.

»Sei gegrüßt, geliebte Halle
Meines königlichen Vaters!
Zelte Jakobs, eure heil'gen
Eingangspfosten küßt mein Mund!«
. . .

Die Vitalität jüdischer Frömmigkeit und Gelehrsamkeit, das Festhalten an den Überlieferungen und den messianischen Visionen wurde und wird von judenfeindlicher Seite als Herausforderung empfunden. Die Folgen sind im Ergebnis stets die gleichen: Aggressionen, ausgelöst nicht zuletzt durch Selbstzweifel. Wenn das »alte Israel« dem »neuen Israel« nicht weicht? Was dann? Was sind die Christen? Das war die Kardinalfrage.
Die junge Kirche sah in der Fortexistenz des »alten« Israel ihren Überlegenheitsanspruch in Frage gestellt. »Ich weiß nur zu gut«, schrieb im 4. Jahrhundert der als Heiliger verehrte Kirchenvater Johannes Chrysostomos, »daß viele den Juden Hochachtung entgegenbringen.« Daher beeile er sich, diese »verderbliche Ansicht mit der Wurzel auszureißen«. Der zum Christentum konvertierte römische Kaiser Konstantin, mit dessen Übertritt das Christentum im 4. Jahrhundert Staatsreligion wurde, erklärte auf dem Konzil zu Nicäa: »Wir (die Christen) haben vom Erlöser einen anderen Weg erhalten (als die Juden)«, daher dürfe »uns nichts gemein sein mit dem verhaßten Volk der Juden . . . und wir wollen«, so seine Forderung, »uns von jener schimpflichen Gemeinschaft trennen«.[11]
Nach dieser Devise wurde denn auch verfahren. Der religiösen Ächtung folgten die sozialen und rechtlichen Konsequenzen. Unzählige staatliche Gesetze und kirchliche Anordnungen sollten den Kontakt zwischen Juden und Nichtjuden un-

Der ewige Jude . . .
Von Anfang an der Jude ist
ein Mörder schon, sagt Jesu Christ.
Und als Herr Jesu sterben mußt,
da hat der Herr kein Volk gewußt,
das ihn zu tot könnt quälen,
die Juden tat er wählen.
Drum bilden sich die Juden ein,
das auserwählte Volk zu sein . . .

Und als dem Herrn die Kreuzeslast
ward gar zu schwer, da wollt er Rast
an einer Türe suchen.
Der Jude kam mit Fluchen
vom Hause schnell heraus
und trieb den Herrn vom Haus,
weil er der Herr des Hauses wär.
Es war der Jude Ahasver . . .
Seitdem der Jude ist verflucht.

2000 Jahre schon Ruhe sucht
der Jude Ahasver,
ganz Juda hinterher.
So muß er ruhlos wandern
von einem Land zum andern.
Und seine Heimat kennt er nicht,
der fremde Jud. Als Bösewicht
zieht er herum im Lande
und macht sich selber Schande . . .

Vierhundert Jahr sind es her.
Da hat gesehen Ahasver
in Hamburg man und in Berlin,
in Dänemark und Danzig drin
und auch in Dresden und Paris,
und glaubt es Kinder, ganz gewiß
schleicht er auch heut sich noch herum,
versteckt im ganzen Judentum.

Drum Kinder wollt Euch hüten
vor einem jeden Jüden.
Der Jud schleicht wie ein Fuchs herum,
drum schaut euch um!

(Aus einem Kinderbuch 1934)

möglich machen. Heute hat man beim Lesen oft den Eindruck, diese alten Vorschriften hätten im Jahr 1935 als Vorlage für die Nürnberger Rassegesetze der Nationalsozialisten gedient. In den Augen des christlichen Volkes wurden Juden zu Außenseitern gestempelt, zum leibhaftig gewordenen Antichristen. Judesein galt bald als identisch mit Haß auf Christus und wurde als Feindschaft gegen Christen gedeutet.

»Aus Haß gegen Christus«, verkündete der offizielle Kirchenführer, der 1947 mit der Imprimatur Nr. 526 der »Apostolischen Administratur« vom 22. Februar 1947 erschien, hätten »durchreisende jüdische Kaufleute« ein Knäblein zu Tode gemartert. Der Ritualmordfall von Judenstein hielt sich bis in die achtziger Jahre unseres Jahrhunderts mit Seligenverehrung und Prozessionen, an denen bis zu 30 000 Pilger teilnahmen.[12]

Wirksamer noch als durch die Gesetze wurde Judenfeindschaft durch die Medien der Volkserziehung verbreitet: in der sakralen Kunst, in Theaterstücken, Passionsspielen, Predigten. Viele antijüdische Legenden führten zu einem regelrechten Kult auf der Basis des Antisemitismus und blieben vereinzelt bis in die Gegenwart hinein wirksam.

Die Vertreter des politischen, völkischen, selbst des rassisch-germanischen und antichristlichen Antisemitismus berufen sich auf die Evangelien und die kirchliche Tradition. Die gezielt antijüdische Auslegung des Neuen Testamentes soll dabei ein jahrtausendealtes Ringen, eine Art Kampf- und Abwehrgemeinschaft suggerieren: von Jesus (der »erste Antisemit«) über die Kirchenväter zu den neuzeitlichen antisemitischen Propagandisten. Eng verbunden ist damit das Bemühen, den Judenhaß und seine Folgen als eine »heilige«, quasi religiöse Aufgabe mit utopischen, Erlösung versprechenden Perspektiven zu exkulpieren. Charakteristisch für dieses Bemühen der Selbstrechtfertigung war die von der NS-Propaganda weit verbreitete Erklärung von Adolf Hitler: »Indem ich mich des Juden erwehre, kämpfe ich für das Werk des Herrn.«

Jüdische Mörder (in türkischer Tracht). Aufnahme aus der Kirche zu Judenstein 1948

Wer die Kontinuität des Hasses nicht erkennt, begreift weder die Zählebigkeit der Judenfeindschaft im allgemeinen noch die Existenz von Antisemitismus in der Nach-Auschwitz-Epoche. Vielerorts wurden die Juden ermordet oder vertrieben, die Judenfeindschaft blieb. Und das, obwohl insbesondere in den Kirchen ein Wandel eintrat, eine bewußte Suche nach der jüdischen Wurzel stattfindet und nicht selten eine solidarische Nähe zu Juden gesucht wird.[13] Doch da ist etwas geblieben, was die Soziologen bei über 50 Prozent der Bevölkerung in unterschiedlich starker Ausprägung vorfanden, was häufig ins Unterbewußtsein verbannt ist, andererseits immer wieder eruptiv aufbricht, ein Etwas, das Jakob Wassermann vor über einem halben Jahrhundert treffend beschrieb: »Ein gedrungener, dumpfer, starrer, fast sprachloser Haß, von dem der Name Antisemitismus fast nichts aussagt, weil er weder die Art noch die Quelle, noch die Tiefe, noch das Ziel zu erkennen gibt.«[14]

Was Wassermann hier für die Zeit der Weimarer Republik feststellte, das können Juden auch heute erleben. Ich erfuhr derlei dumpf-aggressive und gehässige Angriffe in meiner Schulzeit.

Da war etwa jener Junge, der stets, wenn er mich sah, meinte: Günther, hau ab. Geh dahin, wo du hingehörst.

Wohin gehöre ich denn, fragte ich in meiner Naivität.

Nicht hierher.

Wohin aber dann?

Dorthin, wo du hingehörst.

Aber ich gehöre doch hierher.

An dieser Stelle brach das Gespräch ab. Aber sein Lächeln, diese Mischung aus Überheblichkeit und Verachtung, sehe ich noch heute.

»Wer Jude ist«, verkündet ein Neonazi-Flugblatt, »kann kein Deutscher sein. Wer Deutscher ist,

NS.-Briefe
Schulungsblätter der NSDAP. im Rhein-Main-Gebiet
Gründer: F. H. Woweries, M. d. R. / Herausgeber: NSDAP., Gauleitung Hessen-Nassau / Hauptschriftleiter: Willi Ruder, Gauschulungsleiter, Frankfurt a. M., Gutleutstraße 8–12 (Adolf-Hitler-Haus) Fernruf 30331 Postscheckkonto NS.-Briefe, Frankfurt a. M. Nr. 8051 Nachdruck nur mit ausdrücklicher Genehmigung

6. Jahrgang Oktober 1938 Folge 75

Der Führer:

„So glaube ich im Sinne des allmächtigen Schöpfers zu handeln: Indem ich mich des Juden erwehre, kämpfe ich für das Werk des Herrn."

(„Mein Kampf", Seite 70)

NS-Briefe – Schulungsblätter der NSDAP, Oktober 1938

kann kein Jude sein.« Und nichts anderes schrieben die deutschen Burschenschaften im frühen 19. Jahrhundert in ihre Statuten, und die Grundidee des romantischen deutschen Nationalismus basierte ebenfalls auf der Vorstellung: Nur wer Christ ist, kann Deutscher sein.

Ein anderes Beispiel: Beginn eines Schuljahres. Vor mir sitzt einer der Sitzenbleiber, der neu in die Klasse kam. Kurz vor der großen Pause dreht er sich zu mir um:

Du bist Jude?

Ja.

Bist du darauf stolz?

Mein Gott, was heißt stolz? Warum nicht.

Es verging eine kurze Zeit.

Du bist wirklich Jude?

Ja.

Und darauf bist du auch noch stolz.

Ja.

Du bist stolz, Jude zu sein?

Du bist doch auch stolz, Christ zu sein, oder?

Dieser merkwürdige Dialog setzte sich fort, ging auch auf dem Schulhof weiter. Es kam zu einer Rempelei, zu einem Kräftemessen, wie es für unser Alter damals nichts Ungewöhnliches war. Er unterlag. Für mich war die Sache erledigt. Doch plötzlich kam er aus dem Schulgarten gelaufen. In der Hand hielt er eine große Heckenschere. Schon von weitem schrie er: »Ich steche die Judensau ab! Ich steche die Judensau ab!« Tatsächlich versuchte er, mir die Heckenschere in den Bauch zu rammen. Immer wieder rannte er gegen mich an, völlig außer sich vor Wut. Ich hatte den Eindruck, um mein Leben kämpfen zu müssen. Der Kampf endete erst, als er am Boden liegenblieb. In der nächsten Stunde nahm mich der Lehrer bei der Hand, stellte mich vor die Klasse und fragte: »Hat jemand etwas dagegen, daß der Günther Jude ist?«

Bis heute ist mir unbegreiflich, was in diesem Jungen vorgegangen ist. Wir wurden übrigens nach dieser Auseinandersetzung recht gute Freunde. Ursache für die Freundschaft war die Überraschung dieses Burschen, daß ich weder feige noch ein Schwächling war. Später sollte ich lernen, daß Schwäche und Antisemitismus zusammenhängen.

Der klassische Antisemit ist ein Feigling, rührt sich nur, wenn er sich überlegen fühlt. Ein Kind wie ich, Halbwaise ohne Familie, die umgekommen war, ohne Vater, der einen hätte beschützen können, hatte eine schwache Position. Und Schwäche zieht Antisemiten an. Schon Adorno lehrte: Ein Antisemit respektiert nur Autorität. Die Theorie des bedeutenden Lehrers wird praktisch jedes jüdische Schulkind bestätigen können. Kein jüdisches Kind wird hier aufwachsen, ohne früher oder später mit mehr oder weniger stark ausgeprägtem Judenhaß konfrontiert zu werden.

Feigheit und Haß sind eine gefährliche Mischung. Sie sind auch die zentralen Motive für die zahlreichen Schändungen jüdischer Friedhöfe. Das zeigte sich besonders *nach* 1945. Es ist nicht ausgeschlossen, daß nach der Kapitulation 1945 mehr jüdische Friedhöfe zerstört wurden als während des »Tausendjährigen« Reiches. Für Köln etwa ist das nachweisbar. Wieso das? Antisemiten entwickeln einen ausgeprägten Minderwertigkeitskomplex. Ich nenne dies die »Angst vor dem überlegenen Untermenschen«. Einerseits fühlt er sich dem Juden prinzipiell und in allen Belangen überlegen, rassisch, körperlich, geistig usw. Andererseits zwingt ihn sein Vorur-

Vertraulich!
Als Handschrift gedruckt!

Flugblatt Nr. 1001.
Bitte weitergeben!

Weckruf.

Deutsche Männer und Jünglinge!

Ich frage Euch vor Gott und vor Eurem Gewissen,
vor unserm ganzen Volke,
vor allen deutschen Frauen und Mädchen,
vor Euren Müttern und Schwestern,
vor Euren Gattinnen und Bräuten!

Ich frage Euch bei Eurer Mannesehre:

Wollt Ihr weiter tatenlos zusehen, wie eine unfähige Regierung unser Land und Volk von Tag zu Tag näher an den Abgrund bringt und verwüstet?

Wollt Ihr stumpfsinnig weiter zusehen, wie die Juden und die ganze Schar ekler Wüstlinge planmäßig unsere besten Volksgenossinnen verseuchen, in Elend und Schande bringen?!

Deutsche Jungmannen!

Seid Ihr's zufrieden, daß Eure Schwestern von Juden und sonstigem nichtsnutzigem Gezücht Tag für Tag geschändet und entjungfert werden, sodaß für Euch als Gattinen schließlich nur noch feile Straßendirnen und geschändete Weibsbilder zur Ehe da sind?!

Wollt Ihr Bolschewisten, Spartakisten und Kommunisten weiter mit unerhörtem Terror unter Judenleitung wühlen lassen? Wollt Ihr landfremdem Gesindel, Verbrechern und dem Auswurf der Menschheit weiter durch Eure Lauheit und Feigheit Vorschub leisten zur Begründung und Aufrichtung der kommunistisch-bolschewistischen Republik, die sich immer mehr entpuppt als eine raffinierte jüdische Organisation zur Ausrottung aller selbständig denkenden Deutschen?! Wollt Ihr hinein in den Abgrund?

Wollt Ihr es tatenlos dahin kommen lassen, daß wir Frauen und Mädchen allesamt zum Staatseigentum für diese vertierten Wüstlinge erklärt werden sollen, so wie es unter der jüdischen Leitung und Bolschewistenherrschaft der Revolution bereits in Rußland geschehen ist, gleich als wenn wir Frauen dem willenlosen Vieh gleich zu achten wären, wie die aus dem finstersten Mittelalter von den Juden heute noch befolgte Talmud- und Rabbinermoral lehrt?

Dann Fluch über Euch!

Wehe Euch Unholden! Ihr werdet uns deutsche Frauen kennen lernen!

Seid Ihr streitbaren, starken Männer zu feige, zu faul, zu pflichtvergessen oder gar schon zu verkommen, um deutsche Zucht und Sitte hochzuhalten, Eure Frauen, Eure Kinder, Euren Herd zu schirmen, dann sollt Ihr ein Beispiel erleben, wie es die Menschheit noch nie gesehen.

Hochpreisen sollen uns, deutsche Frauen, die fernsten Geschlechter. Wir werden uns würdig erweisen unserer germanischen Ahnfrauen, die ihren Männern in die tosende Schlacht folgten, und gleich unsern unsterblichen Vorbildern werden wir selbst zu den Waffen greifen.

Dann aber wehe Euch Feiglingen! Wehe Euch Wüstlingen!

Ihr aber, Ihr deutschen Frauen und Mädchen, die Ihr Euch des Adels Eurer Geburt bewußt seid, die Ihr noch Euer Ideal in Heilighaltung von deutscher Zucht und Sitte erblickt, die Ihr Euch nicht von den Juden und Wüstlingen vergewaltigen lassen wollt, kommt schließt Euch uns an! Nehmt Euer Geschick in Eure eigene Hand. Das Wahlrecht giebt Euch die Macht. Wählt Euch **deutsche** Frauen und Mädchen zu Führerinnen! Fort mit den falschen Propheten! Fort mit den landfremden Eindringlingen! Fort mit den bluts- und rassefremden Betrügern!

Kommt zu uns! Wir führen Euch!, Wir beschirmen Euch!

Mitglieder zahlen 6,00 M. Jahresmindestbeitrag.

Anschriften und Geldspenden zum Kampf- und Wehrschatz erbeten an:

Großdeutscher Frauen-Schutz- und Trutzbund
Brünhild Barden. Veleda.
Berlin W. 9, Köthener Straße 45, Hof I.

Diese Flugblätter sind gegen Erstattung der Selbstkosten zu beziehen durch:
Druckerei und Verlag der Volksstimme, Berlin W. 9, Köthenerstr. 19 I.

Flugblatt, Anfang 20. Jahrhundert

teil, für das er nach einer Legitimation sucht, den Juden als Übermenschen zu begreifen. Ein Übermensch, der bezeichnenderweise das verkörpert, was der Antisemit sein möchte. Er projiziert also seine eigenen Wunsch- und Idealvorstellungen auf dieses Gegenbild, genannt: Jude. Ein typisches Beispiel sind die Wahnvorstellungen männlicher Antisemiten in bezug auf Frauen. Ihre Unsicherheit über die eigenen männlichen Fähigkeiten zwingt sie, einen ausgeprägten Potenzneid zu entwickeln. Sie fürchten, daß sie dem jüdischen Konkurrenten nicht gewachsen seien, daß die nichtjüdischen Frauen daher den Verführungskünsten der Juden erliegen und mit wehenden Fahnen ins feindliche Lager überwechseln. Antisemitische Agitatoren und Vereine warnen seit über 100 Jahren Deutschlands Jungfrauen vor den lauernden, sprich jüdisch-männlichen Gefahren. Dieser Mechanismus, den wir mit der Angst

KAUFT NICHT BEI JUDEN! & Lesben
NSDAP-GAU-SOLINGEN
NSDAP-AO Box 6414, Lincoln, NE 68506 USA

Blut; Blut muß fließen ...
Knüppelhageldick ...
wir scheißen auf die
Lesben in dieser
Judenrepublik

AUSLÄNDER & Lesben RAUS!
NSDAP-AO Box 6414, Lincoln, NE 68506 USA

Einmal kommt der Tag
der Rache
und Deutschland wird von Lesben frei!

Tod und Haß den Lesben

Anonymer Brief an einen Frauen-Buchladen in Wuppertal, 9. 7. 1983

vor dem überlegenen Untermenschen umschreiben, potenziert die Haß-, Neid- und Konkurrenzgefühle, aber auch den Wunsch, in einem Akt der Selbstverteidigung sozusagen, diese Bedrohung zu vernichten.[15] Den gleichen Mechanismus finden wir im Wirtschaftsleben; er ist verantwortlich für die Mär vom angeblich besseren jüdischen Arzt und dem cleveren jüdischen Rechtsanwalt. Und es ist kein Zufall, daß gerade in diesen Berufen die größte Bereitschaft zur Verdrängung der jüdischen Kollegen während der Nazizeit anzutreffen war, daß die Verbände der Mediziner und Juristen mit den höchsten nationalsozialistischen Organisationsgrad erreichten. Der Logik dieses Mechanismus der Projektion entspricht es auch, wenn die Nazis den Juden unterstellten, was sie in Wirklichkeit selbst anstrebten: die Weltherrschaft zu erringen. In der Niederringung »Alljudas«, wie es damals hieß, in der Vernichtung des Judentums, in der Beseitigung eines Popanz, der nur in der antisemitischen Phantasie existierte, sollten die eigenen Ängste besiegt und damit der erste Schritt zur Verwirklichung des Wunschtraums nach Weltherrschaft der arisch-germanischen Rasse und des deutschen Volkes unternommen werden. So sind psychologisch Weltkrieg und Endlösung der Judenfrage aufs engste miteinander verbunden; es sind die beiden Seiten ein und derselben NS-Medaille.

Hinter all den Demonstrationen der Macht und der Überlegenheit über die Juden, wie sie während der NS-Zeit immer wieder und in aller Öffentlichkeit durchgeführt wurden, steckte auch ein ganz primitives Sich-selbst-Mut-machen-wollen, verbarg sich auch die Angst, der Jude könnte doch über die überlegenen Fähigkeiten verfügen, die ihnen die antisemitischen Wahnvorstellungen zuschrieben.

Damit zurück zum Jahre 1945. Das Ende des Krieges, die Niederlage Deutschlands, das Überleben der Juden, ja, deren Erstarken durch die Gründung des Staates Israel haben ein Unterlegenheitsgefühl verstärkt. Der Nationalsozialismus war der gigantischste Versuch in der Geschichte, das Judentum auszurotten. Noch nie war man diesem Ziel so nahe gekommen. Aber man hat – aus antisemitischer Sicht – versagt. Von 1945 an haben Nazis ihre Niederlage nicht auf eigene Fehler zurückgeführt, sondern auf die Überlegenheit des jüdischen Feindes. Die gesamte Neonazi-Propaganda schildert immer

neue jüdische Verschwörungen zur Zerstörung Deutschlands.
Sie drehen den Spieß, die Wahrheit und die Geschichte um. Etwa in ihren Schülerzeitungen. Nicht Deutschland hat seine Nachbarn überfallen, sondern das internationale Judentum hat einen Krieg gegen Deutschland angezettelt. Nicht Hitler hat die Juden gehaßt, nein, es war genau umgekehrt und Hitler habe sich nur verteidigt.[16]
Juden wird im neonazistischen Lager, wieder in der Projektion des eigenen Hasses, ein prinzipieller Deutschenhaß unterstellt. Dagegen habe sich Hitler gewehrt, doch er unterlag, und der Kampf gehe weiter.
Die Teilung Deutschlands, die Demokratie, die Arbeitslosigkeit – für die Agitatoren in den rechten Untergrundblättchen sind dies die Erfolge des überlegenen jüdischen Gegners. Rauschgiftsucht, Gastarbeiterfrage und Asylantenzustrom gelten ihnen als Schachzüge des ominösen jüdischen Feindes. »Das Judenpack«, polemisiert die radikalste Neonazi-Untergrund-Organisation, die NSDAP-AO, »hat es sich zur Aufgabe gemacht, die Völker der Erde zu vermischen, um dann selbst Herr über diese Bastarde zu werden.« Dieses Zitat ist ein gutes Beispiel, um Grundsätzliches aufzuzeigen.
Antisemitismus entzündet sich eben nicht nur an konkreten, real vorhandenen Juden, und er richtet sich auch nicht nur gegen Juden. Der Antisemit lauert auf Erscheinungen, Ärgernisse, Personen, denen er das Klischee »jüdisch« überstülpen kann, die sich nach seiner Meinung »jüdisch« verhalten. So wird der Antisemitismus mit zahlreichen zusätzlichen Anti-Einstellungen und Aversionen angereichert. Auf diese Weise sucht und findet der betreffende Antisemit Objekte, auf die er seine antisemitisch aufgeladenen Aggressionen konzentrieren kann, die ihm das Gefühl verleihen sollen, in einem gerechten Streit auf der Seite der wahren Patrioten zu stehen. »Kampf den Juden und Judengenossen«, hieß der Kampfruf im 19. Jahrhundert, der sich gegen alle Personen und Bewegungen richtete, die die herrschende Ordnung kritisierten, die für soziale Gerechtigkeit, für die Gleichheit und Gleichberechtigung aller Menschen eintraten.[17] Daran hat sich bis heute nichts geändert. Konkretes und aktuelles Beispiel sind antisemitische Haßausbrüche gegen Feministinnen. Aus Frauenrechtlerinnen werden so »Judenhuren«. In einem zwischenzeitlich aufgeklärten Fall entlud sich die männliche Angst vor selbstbewußten Frauen in dem Slogan »Tod allen Lesben«. Die aufbrechenden Aggressionen gipfelten in dem aus dem Antisemitismus nur zu bekannten Wunsch nach Demütigung, nach Zerstörung. Wörtlich hieß es: »Vergewaltigt, demütigt, wo ihr könnt; brecht ihren dreckigen Stolz; im Dreck sollen sie kriechen.« Zur Begründung heißt es in diesem Aufruf: »Wir scheißen auf die Lesben in dieser Judenrepublik!« Damit versucht er die ihn ängstigende Erscheinung emanzipierter Frauen, die für ihn nur als Lesben existieren, als eine Folge dieser »jüdischen Republik« zu erklären.[18]
Diesen Mechanismus habe ich »Huckepack-Antisemitismus« genannt.[19] Es ist ein Antisemitismus gegen Juden und . . . andere. So kann alles, was als bedrohlich, unangenehm oder fremd empfunden wird, als jüdisch denunziert werden.

Neonazi-Aufkleber 1990

Das taten vor 200 Jahren die nordelbischen Junker in ihrem Kampf gegen jegliche Reformen; sie prägten ja den Begriff »Judenrepublik«. Diesem Schema folgen die heutigen Antisemiten.[20] In einem anonymen Brief an mich hieß es: »Jetzt haben wir Demokratie, also Unzucht und Unordnung: auf Zions Befehl.« Begriffe wie Zion, Juda, Judentum und Zionismus werden im völkischen Antisemitismus seit eh austauschbar verwendet; es sind Wortspielereien, die alle eins meinen: den Juden. Als »Judengenossen« und »Zionistensöldlinge« werden heute unsere Politiker beschimpft. Für Neonazis, so ihr Slogan, ist »Demokratie gleich Zionismus«. Entsprechend forderte die Deutsch-Völkische Gemeinschaft schon in den sechziger Jahren die »Ausmerzung des Zionismus«. Offen propagiert die in den USA ansässige, aber in Deutschland aktive NSDAP-Aufbau-Organisation in ihren Aufklebern den »Kampf gegen die Judenparteien KPD, SPD, CDU, CSU, FDP«. Besonders haßerfüllt werden Journalisten und Lehrer beobachtet, selbst Todeslisten dieser »Zionistenknechte« angelegt. In der rechten Szene bestand zwischen Antisemitismus und Antizionismus nie ein Unterschied. Es ist eine Frage der Taktik. Juden sind in Deutschland heute praktisch bedeutungslos, unsichtbar. Also ist der jüdische Staat als Feindbild ebenso notwendig wie als Objekt des Hasses. So konzentrieren sich auf Israel alle antisemitischen Schuldzuweisungen und Vernichtungssehnsüchte: »Israel ist der Todfeind Deutschlands«, versuchte 1978 eine Aktionsgemeinschaft Nationales Europa die antisemitischen Wahnvorstellungen zu begründen.

Eine rechtsextreme Gruppierung, die sich Deutsch-Arabische Gemeinschaft nennt, verkündet den lapidaren Glaubenssatz: »Wer für Deutschland ist, ist gegen Israel. Wer gegen Israel ist, ist für Deutschland.«[21]

Man frage bitte nicht nach Logik, nach Fakten, nach dem Sinn, nach Beweisen für solcherlei Erklärungen. Antisemitismus ist nicht rational, sondern primär emotional angelegt. Seine Stärke liegt im Fehlen jeglicher Beweise, im Negieren von Fakten. Antisemitismus ist ein Appell ans Gefühl. Eben keine Frage des Wissens, sondern des Glaubens.

Und so reagierten viele emotional und spontan, als das Reich Adolf Hitlers so schrecklich zu Ende ging. Ihre Enttäuschung über die Kapitulation

Geschändeter jüdischer Friedhof, Bielefeld 1986

tobte sich an den jüdischen Grabsteinen aus. Es war nichts anderes als eine Form der Ersatzbefriedigung. Die Alliierten waren im Lande, äußerlich wandelte man sich zum Demokraten, mußte sich tarnen, durfte, wie es so oft hieß, nicht mehr sagen, was man dachte, zerschlug Grabsteine und meinte Menschen. Man schändete jüdische Friedhöfe als symbolische Fortsetzung von Auschwitz, aus Rache, aus Enttäuschung.[22]

Zwischen der Zerstörung von Sachwerten, die Juden gehören, und besonders von jüdischen Friedhöfen, und der Tötung von Menschen besteht eine enge Verbindung. Vor, während und nach der NS-Zeit.

Ob aus religiösem Fanatismus, politischem Wahn oder als kalkulierte Taktik, Antisemitismus sucht die angeborene, anerzogene Hemmnisschwelle gegenüber dem Verbrechen zu überwinden. Wie ein Fanal wirkten die öffentlichen Verbrennungen jüdischer Bücher im 8. Jahrhundert. Den Büchern folgten die Menschen. Der Schändung jüdischer Gotteshäuser im November 1938 folgte die Endlösung. Wird das Überwinden dieser Hemmnisschwelle gebilligt oder gar gefördert, fehlt es der Gesellschaft an moralischer Entrüstung, entsteht der Eindruck, Antisemitismus und Judenverfolgung würden toleriert, ist es verblüffend, ja erschreckend, in welchem Umfang Behörden, Ämter und Institutionen, von der Eisenbahnverwaltung bis zu den Universitäten, zur Mittäterschaft in Sachen Judenmord bereit sind; wie viele Menschen willig, ohne Anflug von Gegenwehr dem Ruf zum Töten folgen. Das vielleicht eindringlichste Beispiel für dieses Verhalten ereignete sich in der Stadt Celle während der NS-Zeit. Der Zug, der die in Celle und Umgebung verbliebenen Juden deportieren sollte, stand im Bahnhof. Er wartete auf die Abfahrt gen Osten, zu den Vernichtungsstätten, als die Stadt von alliierten Bombern angegriffen wurde. Die unglücklichen Juden konnten fliehen, versteckten sich in der Heide. Der Volkssturm wurde mobilisiert. Manch ein Jäger holte, wie mir berichtet wurde, ohne auch Befehl sein Gewehr aus dem Schrank. Eine tagelange Hatz begann. Niemand war da, der hätte melden können, wenn der Volkssturmmann vorbeigeschaut oder vorbeigeschossen hätte. Doch die jüdischen Menschen wurden gejagt, aufgespürt und getötet: alle.[23]

Hier war keine auf Mord spezialisierte Totenkopf-SS im Einsatz. Es waren biedere Bürger, Landwirte, die meisten Familienväter. Antisemitismus, und das beweist nicht nur diese Geschichte und nicht erst die NS-Zeit, vermag die primitivsten Triebe im Menschen freizusetzen, v. a. seinen Destruktionstrieb.

Dem Menschenmord ging auch hier die verbale Tötung voraus. Die Mädchen im Bund Deutscher Mädels, Ortsgruppe Celle, sangen, wie auch anderenorts, antisemitische Lieder. Doch sie entwickelten eine Besonderheit. Und so erlebte ein Soldat auf Heimaturlaub an einem Sonntagmorgen eine Formation dieser jungen, adretten Mädels. Sie marschierten durch die Stadt und sangen. Der Refrain des Liedes lautete: »Wenn das Judenblut vom Messer spritzt, dann geht's noch mal so gut.« Und darauf schrieen sie jedesmal mit ihren hellen Stimmen, daß es der Augen- und Ohrenzeuge nie vergessen sollte: ritsch-ratsch. »Wenn das Judenblut vom Messer spritzt, dann geht's noch mal so gut. Ritsch-ratsch, ritsch-ratsch.«[24]

Nicht der konkrete Haß auf einen bestimmten Juden leitete diese Mädchen, sondern die ihnen anerzogene und von der Gesellschaft sanktionierte Voreingenommenheit. Antisemitische Agitatoren wären völlig harmlos, fänden keinerlei Gehör, machten sich allenfalls lächerlich, vorausgesetzt, bei ihren Zuhörern fehlt die antijüdische Grundstimmung. Antisemitismus ist nicht angeboren. Er wird in einem Lernprozeß weitergegeben. Den heidnischen Germanen war Judenfeindschaft fremd. Erst die Ideologie des Christentums veranlaßte die missionierten Germanen, eine antijüdische Einstellung zu entwikkeln. Forschungsergebnisse eines Teams von Religionspädagogen an der Universität Freiburg dokumentieren, daß sich dieser Mechanismus über die Jahrhunderte hinweg erhalten hat, daß unsere Kinder, wenn sie in die Schule kommen, bereits unbewußt ein negatives Judentumsbild besitzen.[25] Diesen Mechanismus der Tradierung habe ich im Alter von vier Jahren selbst erlebt. Hier war der Schuldige, wie es in der Vergangenheit die Regel war, die Schule, der Religionsunterricht. Meine beste Freundin war die Traudi, zwei Jahre älter als ich. Wenige Tage nach ihrer Einschulung kam sie verstört und weinend nach Hause. Was war geschehen? Der Pfarrer hatte in Traudis Klasse den ersten Religionsunterricht erteilt. Traudi erfuhr, welch schreckliche Menschen die Juden waren, daß sie den Herrn Jesus getötet haben und daß sie nicht in den Himmel kommen. Sie war verzweifelt, weil ihr Freund zu diesen Menschen gehörte. Immerhin, Traudi hatte, was vielen Kindern damals und praktisch allen Kindern heute fehlt: ein positives Gegenbeispiel.

35 Jahre nach diesem Erlebnis, 1985, bat ich eine Grundschullehrerin, ihre Sechsjährigen zu befragen, ob und was sie von Juden wüßten. Das einzige, was den Kleinen einfiel: Die Juden haben Jesus getötet. Eine Antwort, die besondere Überraschung auslöste. Warum? Weil diese Kinder in einer areligiösen Umwelt aufwuchsen, Religiöses in ihren Elternhäusern weder in Theorie noch in Praxis eine Rolle spielte, ihre Lehrerin überaus sensibel das christlich-jüdische Thema behandelte und im Unterricht zuvor nie über Passion und Tod Jesu gesprochen wurde. Woher die Kinder ihr Wissen bezogen, konnte nicht geklärt werden.

Dies Phänomen einer scheinbar automatischen,

unkontrollierten, unbemerkten Weitergabe antijüdischer Einstellung konnte in einer Reihe von empirischen Untersuchungen belegt werden. (Die negative Beurteilung von Juden fiel dabei an religiös gebundenen Schulen erheblich stärker aus als an nichtreligiös gebundenen Schulen.) Zwischen 8 und 15 Prozent aller Jugendlichen und über die Hälfte der Bevölkerung reagieren auf Juden latent, d. h. unbewußt, mit einer durch Vorurteile geprägten Einstellung.[26]

In einer von mir veranlaßten Befragungsaktion wurden einige hundert Gymnasiasten einer Oberstufe, ohne Antwortvorgaben, nach ihrem Judentumsbild befragt. Was besonders auffiel, ohne daß ein Anspruch auf Repräsentativität erhoben werden könnte, war das Faktum, daß die Häufigkeit positiver oder negativer Antworten klassenspezifisch auftrat. Da waren Schulklassen, die ein erschreckend stereotypes Denken offenbarten, in denen sich die Antworten wie »Juden sind reich«, »Ich empfinde sie als unangenehm«, »Sie haben viel Einfluß« häuften. In anderen Klassen fehlten solche Antworten. Statt dessen entwickelten diese Schülerinnen und Schüler eine ausgesprochene Sensibilität. Sie begnügten sich häufig nicht mit Stichworten, die als Antworten ausgereicht hätten, sondern verfaßten kleine Aufsätze, die von einem tiefen Bemühen gekennzeichnet waren, Juden zu verstehen oder sich mit Juden zu identifizieren. Je differenzierter die Antworten, desto größer war die Kenntnis über das Judentum. Die stärksten Vorurteile hatten jene mit der geringsten Kenntnis entwickelt. Die Vermutung liegt nahe, daß die Unterrichtsinhalte und deren Vermittlung von entscheidender Bedeutung waren. Da Lehrer sich häufig ihrer eigenen Vorurteile nicht bewußt sind, vermitteln sie diese auch an ihre Schüler.[27] Eine Vermittlung, die selten beabsichtigt ist, wohl aber durch Einseitigkeit und durch Verschweigen bewirkt wird. Wie dies in der Praxis funktionieren kann, sei am konkreten Beispiel demonstriert (ein Beispiel, das aus einem Buch gewählt wurde, dessen Autoren sich ansonsten redlich um ein differenziertes Bild des Judentums bemühen):

In dem »Elementarbuch: Religion 2. Zum Anschauen, Fragen und Erzählen, zum Singen, Spielen und Gestalten«, wird auf Seite 26 eine kurze Geschichte erzählt: »Ein frommer Mann fragt Jesus: Wen soll ich lieben, um wen soll ich mich kümmern? Jesus antwortet ihm: Liebe ganz einfach Gott und kümmere dich um die Menschen, die mit dir leben und die dich brauchen!« Diese Geschichte basiert auf dem Evangelium des Markus 12, 28–34.

Jesus hat, was nicht erwähnt wird, als frommer Jude das Glaubenscredo Israels in wörtlicher Rede vorgetragen. Folgerichtig stimmt der Schriftgelehrte ihm zu: »Sehr gut, Meister! Ganz richtig hast du gesagt.« Und nun wiederholt der Pharisäer seinerseits das Doppelgebot der Liebe. Und es ist eben dieser Pharisäer, der zur Bekräftigung – einen alten Psalm zitierend – hinzufügt: »Die Erfüllung des Liebesgebotes ist weit mehr als alle Brandopfer und alle anderen Opfer.«

Diese Übereinstimmung zwischen Jesus und dem pharisäischen Judentum, wie sie an diesem Beispiel selbst das Evangelium belegt, wird allzuoft im Religionsunterricht aufgebrochen. Die Geschichte wird aus ihrem Kontext gerissen und neu interpretiert. Jesus, der gläubige Jude, der die beiden höchsten Gebote der Thora zitiert, wird praktisch eliminiert. Übrig bleibt ein Jesus, der sich von seiner Umwelt absetzt und etwas angeblich unerhört Neues, den jüdischen Rahmen Sprengendes verkündet, wie es Thilo Koch in seiner Fernsehreihe über die Zehn Gebote formulierte, »das elfte Gebot der Liebe«.

In der Vergangenheit haben weder Soziologen noch Politologen begriffen, wie wirkungsmächtig derlei religiöse Manipulationen, die sich als Vorurteile im Unterbewußtsein festsetzen, sind, auch in einer nicht religiös geprägten, säkularen Welt.

Hierfür ein Beispiel aus einer Zeitung, die nicht als christliches Missionsblatt eingeordnet werden kann. Die Rede ist von *Metall,* der Zeitschrift der Industriegewerkschaft Metall. Sie berichtet über einen »beschämenden Vorgang«. Ein türkisches Ehepaar wurde in München von alkoholisierten Fußballfans zusammengeschlagen. Die Frau mußte zur stationären Behandlung ins Krankenhaus eingeliefert werden. Die beantragte Entschädigung wird von der bayerischen Staatsregierung verweigert. Begründung lt. *Metall:* Deutsche, die in der Türkei geschädigt würden, erhielten ebenfalls keine Entschädigung. Diese Entscheidung kommentiert nun *Metall*: »Eine eher alttestamentarische als christlich-soziale Auskunft«.[28]

Jenseits aller religiösen Empfindungen prägt die 2000 Jahre alte christliche Judenfeindschaft die abwertende Verwendung eines Begriffes wie

Altes Testament. Da aber sehr zu Recht Altes Testament mit Judentum und Juden identifiziert wird, nicht aber mit Nichtjuden, erfolgt auf diesem Wege ein negative Einordnung, wird eine Voreingenommenheit gegenüber Juden provoziert, ohne daß von Juden expressis verbis die Rede ist. So wurde immer wieder der Bürgerkrieg im Libanon mit dem Alten Testament in Verbindung gebracht und wechselseitig Christen und Muslimen alttestamentarisches Verhalten vorgeworfen. Womit Intoleranz und Unmenschlichkeit umschrieben werden sollten. Solcherlei Etikettierung hat aufgrund ihrer stereotypen Anwendung in der politischen Berichterstattung verheerendere antisemitische Auswirkungen als alle derzeit kursierenden offen antisemitischen Pamphlete.

Auch die Sprache unserer Politiker, von Christen und Nichtchristen, von Konservativen und Sozialisten, ist nicht frei von ursprünglich einmal religiösen antijüdischen Stereotypen. So wird die Bezeichnung »Pharisäer«, »pharisäisch«, »pharisäerhaft« dann verwendet, wenn Heuchelei, Unaufrichtigkeit oder Falschheit beschrieben werden. Der Vorwurf eines pharisäerhaften Verhaltens wird stets im antithetischen Sinne benutzt: Man will einen Widerspruch zwischen Ziel und Handlungsweise aufdecken. In eklatanter Weise trat dies in der Nachrüstungsdebatte im Deutschen Bundestag zutage. Der damalige Staatsminister im Auswärtigen Amt, Alois Mertes, warf 1983 den Nachrüstungsgegnern wörtlich vor, sie seien »Friedenspharisäer«.

Hier benutzte ein Mann ein antijüdisches Klischee zur Diffamierung des politischen Gegners, der sich ansonsten redlich um ein gutes Verhältnis zu Juden bemühte. Und wie reagierten die als »friedenspharisäisch« eingestuften Grünen? Sie dementierten. Eine Sprecherin empört: »Wir sind keine Pharisäer.« Weil sie nicht wissen, in welchem Ausmaß Jesu Friedenslehre in der Tat von der Theologie der Pharisäer geprägt ist, begreifen sie nicht, wie sie hier auf den Spuren des Antijudaismus wandeln.[29]

Wir sehen also, wie alte Vorstellungen aktualisiert und angepaßt weiter existieren. Das Muster aber bleibt sich gleich. Jüdisches symbolisiert das Rückwärtsgewandte, Überholte, dem das Helle, Zukunftsorientierte, eben das Christliche, entgegengestellt wird.

Dieser schlimme Dualismus, die vielleicht subtilste Form der Judenfeindschaft, wird heute ausgerechnet in den sich als fortschrittlich oder links empfindenden Bewegungen verbreitet. Also ausgerechnet in jenen Gruppierungen, die vehement gegen Vorurteile auftreten wollen. Weg von der Theorie, hin zu Konkretem. Hanna Wolff, gern gelesene Autorin in der Öko- und Friedensbewegung, ist ein Beispiel, wie zu Lasten des Judentums das angeblich Neue, das Befreiende, begründet wird. Sie propagiert eine Theologie der Befreiung von der »Wunschkuhfrömmigkeit«, von der »patriarchalischen Gesetzesreligion«, wie sie Judentum umschreibt. »Jesuanisches Denken«, so ihr Fazit, »und jüdisches Bundesdenken sind sich gegenseitig ausschließende Faktoren.« Auf die heutige politische und gesellschaftliche Situation übertragen, bedeutet dies: Kinder werden verprügelt, Frauen unterdrückt und die Armen ausgebeutet, weil das Jüdische im Christentum, so wörtlich, »krank mache«.[30]

Weil die Kirche sich nicht von ihrem jüdischen Grund getrennt hat, vermögen Christen nicht die Welt der Liebe aufzubauen. Man kann's drehen, wie man will: Der Jude ist schuld. Nebenbei: Die nationalsozialistischen Deutschen Christen vertraten die gleiche Meinung. Sie betrieben aus Rassenideologie die Entjudung des Christentums. Nun, die Schriften der Deutschen Christen werden heute nur noch in kleinen rechtsextremen Zirkeln und als USA-Import in einigen Altersheimen verbreitet. Gelesen dagegen wird das Buch von Franz Alt »Frieden ist möglich«. Franz Alt ist natürlich kein Antisemit. Ihn plagt die Frage aller christlichen Fragen: Warum ist die Welt, wie sie ist? Warum haben die über eine Milliarde Anhänger der Religion der Liebe nicht eine liebevolle und friedliche Welt geschaffen? Weil, verrät Alt seinen über 800 000 Lesern, die »heutige christlich genannte Ethik noch auf der Stufe des Alten Testaments« stehe. Da Alt sich primär auf Hanna Wolff stützt, kommt er zwangsläufig zu der Schlußfolgerung: »Jesu Liebesgott ist inzwischen überlagert vom alttestamentlichen Rache- und Gnadengott.«[31]

Womit wir bei einem weiteren Motiv für eine heutige Judenfeindschaft sind. Ein Teil der Christen hat sich offensichtlich in der eigenen, von den offiziellen Kirchen nicht mehr vertretenen Theologie des Antijüdischen verfangen. Im Bemühen, sich vom Judentum abzusetzen, laufen sie Gefahr, in die Vielgötterei zurückzufallen, den Monotheismus Israels aufzubrechen, die Einheit Gottes in eine Vielheit zu zerlegen. Da wird von einem Gott vor Jesus und nach Jesus gesprochen, einem Gott der Rache, einem Gott der Gnade und einem Gott der Liebe. Ja, die Götter kämpfen gegeneinander, nämlich der jüdische Rachegott und der Liebesgott der Christen. Zielstrebig münden solche Konstruktionen in die antisemitische Sackgasse. In die gleiche Sackgasse, in der sich bereits der alte Martin Luther gefangen hatte. Seine Unsicherheit gegenüber glaubensstarken Juden löste eine unbändige Ablehnung gegen die einst von ihm bewunderten und umworbenen Juden aus. Da war nur noch Raum für Hohn und Spott. Welch eine Bibel sollten die Juden nach der Empfehlung des Reformators lesen? »Ihr sollet allein die Biblia lesen, die der Sau unter dem Schwanz steht, und die Buchstaben, die da selbst (als Kot) herausfallen, fressen und saufen.«[32]

Diese »Judensau« wurde zu einer klassischen Darstellung des christlich-jüdischen Verhältnisses im Spätmittelalter, und sie ist bis heute im Chorgestühl einiger Kirchen anzutreffen, etwa im Hohen Dom zu Köln.

Damit von Martin Luther ins Frankfurter Fußballstadion. »Ich hörte bei einem Fußballspiel das Wort ›schwarze Judensau‹, als der Schiedsrichter gegen die Eintracht pfiff.« Diese Aussage findet sich in einer schriftlichen Befragung von Schülern an einer Frankfurter Realschule.[33] Wenn jemand sagt, so verriet ein anderer, »du Jude«, ist das gemeint wie: du Arschloch. Fast alle der Befragten waren in der Lage anzugeben, wann, von wem und wo ihnen das Wort Jude im negativen Sinne begegnete. Die Umfrage stammt aus dem Monat April des Jahres 1986. Hier einige Antworten:

»Das Wort Jude wird oft als Schimpfwort verwendet. Es wird als Beleidigung angesehen.«

»Unter Jugendlichen wird öfters ›du Judenschwein‹ gesagt.«

»Wenn einer etwas Doofes sagt, ist einer von uns dabei, der sagt: O Mann, Du Jude.«

»Sie werden in Verbindung mit geizig und kapitalistisch genannt. Geiz nicht so, du alter Jude.«

»Im Waldstadion: Der Schiedsrichter pfiff gegen die Eintracht. Da schrien einige im Takt: Jude, Jude.«

Die Liste ließe sich weiter fortsetzen. All diese Jugendlichen haben eins gemeinsam. Sie reden, spotten, witzeln über Menschen, die sie nicht kennen. Keiner war je einem Juden begegnet. Sie benutzen antijüdische Beschimpfungen und befinden sich doch in einem Zustand, den Jakob Wassermann den des »unschuldigen Herzens« nannte, da sie »ohne Kenntnis des Objekts« handeln.

Schülerredakteure in Nordrhein-Westfalen kamen nach eingehenden Recherchen ebenfalls zu dem Urteil, daß antisemitische Sprüche vielerorts zum Schüleralltag gehören.

Lehrer wie Eltern spielen antijüdische Redensarten erfahrungsgemäß herunter, verharmlosen sie als »Starke-Mann-Allüren«, als Lust an der Provokation. Sicher, so falsch ist das nicht. Es wäre unsinnig, diesen Schülern einen ausgeprägten Antisemitismus zu unterstellen. Aber die abwehrende Reaktion der Erzieher ist für sie bereits ein Indiz für eine von antijüdischen Gefühlen nicht freie Einstellung, nämlich der Distanzierung, der Weigerung, sich als Nichtjuden durch Judenfeindliches persönlich be- und getroffen zu fühlen. Als in Leverkusen Schüler in einer katholischen Schule »Evangelische raus« forderten, hätte man erleben können, welche Aufregung diese angeblich so harmlos-infantilen Äußerungen hervorzurufen vermögen. Die antijüdischen Sprüche und Beschimpfungen stellen sicher eine Vorform, eine Art Vorstufe von Antisemitismus dar. Verfestigt ist zwar noch nichts, doch die emotionale Abwertung des Jüdischen besteht.

Sehr viel deutlicher wird dies am Beispiel der Judenwitze, die ebenfalls die meisten der befragten Schüler zu erzählen wußten. Das Charakteristikum dieser Judenwitze ist, daß sie meist das Thema Vernichtung aufgreifen. »Was ist der Unterschied zwischen einem Juden und einer Pizza? Die Pizza schreit nicht, wenn sie in den Ofen kommt.« Ein Witz, der sich, gemessen an der Häufigkeit der Erwähnungen, besonderer Beliebtheit erfreuen muß. Dies gilt auch für diesen: »Der Wärter kommt zu den Juden und sagt: Ich habe eine gute und eine schlechte Nachricht. Die gute ist: Uns geht das Gas aus. Die schlechte: Für euch langt's noch.«

Fängt man solche Witze in der pädagogischen Arbeit nicht auf, entwickelt sich eine eigendynamische Antisemitismus-Erziehung. Die Kin-

»Der große Türklopfer am Haupteingang des Rathauses in Lauf . . . Jeder, der den Klopfer hebt, schlägt danach mit dem Hakenkreuz dem Juden mit einem Knall auf seine nicht gerade kleine Nase. Für die Laufer ist das eine Riesenfreude. Man hat auch allen Grund, dem Juden auf die Nase zu schlagen, denn seit Menschengedenken ist die schöne Frankenstadt Lauf judenfrei.«
Erlanger Neueste Nachrichten, 23. April 1938

der lernen, ohne es zu merken, Juden aus der menschlichen Gemeinschaft, aus der Gemeinschaft derer, mit denen man solidarisch ist, mit denen man mitfühlt und Mitleid empfindet, auszuschließen. Über Juden kann man eben Dinge äußern, die man über »die eigenen Leute« niemals zu sagen wagen würde. Keinem Schüler fiele es ein, das Sterben deutscher Soldaten als Motiv einer Geschichte aufzugreifen, die lustig sein soll. Niemand käme auch nur auf den Gedanken, vom fröhlichen Verbrennen der Bombenopfer zu reden. Niemals würde die Gesellschaft, kein Lehrer und kein Elternteil, es tolerieren, wenn das Leiden, der Tod von Familienmitgliedern oder Freunden im Witz verhöhnt würden. Daß man all dies aber über Juden sehr wohl sagen darf, ohne Entrüstung auszulösen, darin liegt die antisemitische Wirkung einer unbewußten Dehumanisierung.[34]

Zugleich sind die eben erwähnten Sprüche ein Indikator, eine Zustandsbeschreibung der gesellschaftlichen Situation. Denn die Jugendlichen reflektieren die Erwachsenenwelt, greifen auf, was sie dort hören, und setzen es in eine eher jugendtypische Sprache um. Zwischen der Äußerung eines Schülers der 8. Klasse: »Du Jude du, ab in die Gaskammer«, und dem Ausspruch eines allseits beliebten Bürgermeisters, zum Ausgleich des Haushalts müßte man einige reiche Juden erschlagen, besteht doch wohl kaum ein Unterschied. Es sei denn der, daß man von einem Erwachsenen mehr Verstand erwarten sollte. Nachdem ich die eben zitierte Äußerung des Grafen Spee aus Korschenbroich kritisiert hatte, erreichten mich heftige Proteste. So schrieb mir eine Frau Luise D. aus Kaiserslautern: »Wie soll eine Normalität zustande kommen, wenn einer das nicht mehr sagen darf?« Ein Schulrektor in Ruhe fragte mich »mit vorzüglicher Hochachtung«, warum man mich noch nicht erschlagen habe. Holländische Neonazis schickten mir ein Präservativ mit der Aufschrift: Endlösung der Judenfrage.

Ja, es ist schon richtig: ». . . und er brüstet sich frech und lästert wild«, dieses abgewandelte Heine-Zitat trifft auf viele zu, die sich in den letzten Jahren wieder getrauen, ihr antisemitisches Gift zu verbreiten.

In den meisten Briefen, anonymen Anrufen und Morddrohungen kommt etwas zum Ausdruck, was man als einen spezifisch deutschen Haß bezeichnen kann: Es geht um die »Verarbeitung« der Nazizeit. Es ist ein Versuch, die NS-Verbrechen zu vergessen. Nicht zu leugnen! Die Leugnung der Existenz von Auschwitz ist das Geschäft der Neonazis. Die Zahl derer, die in jüngster Zeit antisemitisch reagierten, ist weit größer als die der Nazis. Die pure Existenz von Juden wird bereits als Mahnung an die deutschen Verbrechen verstanden. Hier wird Antisemitismus eingesetzt, um sich aus der Verantwortung zu stehlen.

Als »Gegenwehr« der jüngeren Generation deklarierte z. B. eine Irmgard W. aus Hamburg in einem Brief an mich dieses Verhalten. Die Erinnerung an die NZ-Zeit empfand sie »als lustvolles Rühren in der Vergangenheit«. Und das erst erzeuge Antisemitismus. So wird das schlechte Gewissen, das diese Nicht-mehr-wissen-wollen-Mentalität, diese Jetzt-ist Schluß-Ideologie auslöst, den heute lebenden Juden angelastet. Es ist die Schuldzuweisung der sich schuldig Fühlenden auf die Opfer und deren Nachkommen. Es ist der Versuch, der Empfehlung von Hanna Wolff zu folgen, um sich aus dem »Holocaust-Komplex«, wie sie das nannte, zu befreien. Jämmerliches Selbstmitleid ersetzt die Suche nach Konsequenzen. »Wir müssen endlich wieder die Freiheit haben«, erklärte mir schon vor Jahren der Kulturredakteur einer bekannten Tageszeitung, »den miesen Juden zu zeigen.« Sonst, so sein Fazit, »überwinden wir nie die Nazizeit«. Das ist für mich auch die Thematik des Theaterstücks von Rainer Werner Fassbinder »Die Stadt, der Müll und der Tod«. Nicht um Spekulationen im Frankfurter Westend geht es Fassbinder, nicht um Bau- oder politische Skandale, nicht um die Subkultur des Bordell- und Nuttenwesens, nein, das sind samt und sonders Folien, Nebensächlichkeiten. Dieses Stück hat nur eine zentrale Figur, den namenlosen »reichen Juden« und dessen angebliche Rache. Die Rache des Auschwitz-Überlebenden an den Deutschen, die späte Rache des Opfers an den Tätern. Eine Rache freilich, die einer Therapie gleichkommt, die die einstigen Täter in die heutigen Opfer verwandelt. Die Schuld der Nazis von damals läßt den »reichen Juden« schuldig werden an den Kindern der Täter. Diese Manipulation war's, die Juden zum Protest trieb, bis hin zur Bühnenbesetzung. Diese angeblich freimachende Botschaft war es denn auch, die enthusiastische Zustimmung auslöste. Der »reiche Jude« wurde als ein Alibi verstanden, um Auschwitz, die Erinnerung an Auschwitz und die Verantwortung nach Auschwitz »endzulösen«. Jetzt endlich könne man sich wieder nationalen Aufgaben zuwenden. »Wenn wir Auschwitz bewältigen können«, so etwa Martin Walser, »könnten wir uns wieder nationalen Aufgaben zuwenden.«[35]

Als wenn nicht die größte nationale Aufgabe darin liegt, Auschwitz eben nicht bewältigen zu wollen, sondern nach den Konsequenzen zu suchen, nicht nur in bezug auf die Juden. Dann müßten wir uns aber auch jener Deutschen erinnern, die damals nein gesagt, Widerstand geleistet und geholfen haben. Wenn Ihr denn Vorbilder sucht, das Gute in Deutschland, das nicht im braunen Sumpf untergegangen ist, dann wendet Euch zum Beispiel den »unbesungenen Helden« zu. Bei ihnen können wir lernen, finden wir ein Rüstzeug, das uns auch heute, gerade heute, helfen kann. Als da sind Zivilcourage, die Weigerung, sich korrumpieren zu lassen, ihr unerschütterlicher Humanismus, die Ablehnung jeder Philosophie, wonach der Stärkere immer recht hat, ihre Solidarität mit den Verfolgten, mit den Schwachen. Aber das bedeutet, den Mut zu entwickeln, unbequem zu sein. Wieviel einfacher ist es, sich da in das Selbstmitleid zu flüchten und den antisemitischen Strohhalm zu ergreifen.

Aber warum existiert eine so ausgeprägte Bereitschaft, Juden eine rachsüchtige Verfolgung des deutschen Volkes zu unterstellen? Sicher, das Motiv der Rache entspricht dem stereotypen Denken.

Für mich sind die unterstellten Racheabsichten, der Vorwurf mangelnder Versöhnungsbereitschaft und das Gezeter über die Kollektivbeschuldigung eine Folge dessen, daß all dies ausblieb. Die offensichtliche Sehnsucht nach direkter Bestrafung durch die Opfer konnte nicht befriedigt werden. Juden verhielten sich nicht so, wie das antisemitische Denken es erwartet hatte.

Es wurde nicht Gleiches mit Gleichem vergolten. Statt dessen kehrten überlebende Juden nach Deutschland zurück. Ihr Ziel war, beim Aufbau eines neuen Deutschlands zu helfen, nicht zuletzt in der damaligen DDR, und nicht ahnend, wie kläglich dieses Experiment eines deutschen, antifaschistischen, sozialistischen Staates scheitern sollte. So findet der Rachevorwurf seine Ergänzung im Verschweigen einer jüdischen Aufbauarbeit nach 1945. Daher wird nicht über eine Jeanette Wolff gesprochen. Die Jüdin und Sozialdemokratin kehrt 1945 aus dem KZ zurück, nimmt die politische Arbeit wieder auf und fährt nach Amerika. Sie, die KZlerin, die Mann und Kind verloren hat, wirbt um Vertrauen in die junge deutsche Demokratie. Aus dem Exil kehrt auch Eugen Rosenberg zurück. Er wird einer der ersten Vorsitzenden des Deutschen Gewerkschaftsbundes. Symptomatisch für viele ist das

Schicksal von Herbert Lewin. In Theresienstadt befreit, fährt er nach Köln, wird zum Vorsitzenden der Jüdischen Gemeinde gewählt, fühlt sich als Mitglied einer antifaschistischen Solidargemeinschaft von Konrad Adenauer bis zu Kommunisten. Lewin, der Frauenarzt, geht nach Offenbach, soll die Chefarztstelle der gynäkologischen Abteilung im städtischen Krankenhaus übernehmen. Doch sowohl der SPD- als auch der CDU-Bürgermeister lehnen ab. Der von der SPD gestellte Oberbürgermeister erklärte: »Sie können die Frauen Offenbachs nicht einem Dr. Lewin anvertrauen.« Und sein Stellvertreter, der der CDU angehörte, deutete diesen Satz wie folgt: »Sie können den Offenbacher Frauen nicht zumuten, daß sie einem Mann wie Dr. Lewin ausgeliefert werden. Es handelt sich hier um einen Mann, der aus dem Konzentrationslager kommt, der also mit den Ressentiments seiner Rasse und den Rachegefühlen des KZlers seine Arbeit antreten wird. Keine Frau kann sich mit ruhigem Gewissen seiner Behandlung anvertrauen.«

So geschehen im Jahre 1949. Vier Dekaden später existiert immer noch eine gewisse Unbeholfenheit, ja Ratlosigkeit im Umgang mit Juden. Vielleicht wäre der Begriff Befangenheit treffender.

Die Flucht der Älteren ins Schweigen, die Ralph Giordano treffend als die »zweite Schuld« der alten Generation beschrieb, hat den Kindern und Enkeln das Problem der Alten aufgeladen, die Geschichte, die Vergangenheit ihrer Eltern und Großeltern aufarbeiten zu müssen. Damit wurde ihnen auch die Befangenheit gegenüber Juden aufgebürdet. Ich erlebe das sehr häufig bei Besuchen in Schulen. Wenn in den Diskussionen die Jungen zu erklären versuchen, warum man damals nichts hat tun können. Als erheblich schlimmer aber empfinde ich die resignierende Feststellung: »Ich weiß nicht, wie ich mich verhalten würde, ob ich den Mut hätte, Verfolgten zu helfen, gegen Unrecht zu protestieren.« Eine doch ungeheuerliche Aussage, auch und gerade wegen ihrer Ehrlichkeit. Wenn Kinder unserer Demokratie als Ergebnis aller Erziehungsarbeit und Aufklärung über die Vergangenheit, von politischem und sozialem Unterricht, fürchten, nicht die notwendige Zivilcourage aufzubringen, dem Bedrängten zur Seite zu springen, dann hat doch das System der Erziehung zum mündigen Bürger versagt. Dann darf man sich nicht wundern, wenn die Sensibilisierung und das Engagement fehlen, dem Antisemitismus der älteren Generation mit der notwendigen Entschlossenheit entgegenzutreten.

Seit einer Neonazi-Aktion Ende August 1986 in der Spezialbibliothek für jüdische Geschichte in Köln, der Germania Judaica, kleben in meinem Buch »Jüdischer Alltag in Deutschland zwischen 1933–1945« Aufkleber: »Für Volk und Rasse« – »Raus aus Deutschland«.

Doch Nazis und Antisemiten möchte ich nicht das letzte Wort lassen! Vergegenwärtige ich mir, für was wir Juden alles verantwortlich sein sollen: für den Sozialismus, den Parlamentarismus, die Demokratie, den Liberalismus, die Pressefreiheit, dann kann ich nur feststellen: Es ist schon eine Lust, Jude zu sein.

Auch ein geschändeter Jude! Nürnberger St.-Peters-Friedhof, Januar 1983

Anmerkungen

1 Die Äußerungen des Abgeordneten (in einem Zeitungsinterview) fielen im folgenden Zusammenhang: Zahlreiche Zwangsarbeiter, darunter viele KZ-Häftlinge, erhielten von den Firmen, in denen sie während der NS-Zeit gegen ihren Willen, unter menschenunwürdigen Bedingungen und unter Aufhebung aller Arbeitsschutz- und Arbeitszeitbestimmungen arbeiten mußten, weder einen angemessenen Lohn noch – nach dem Krieg – eine Entschädigung. Dies galt auch für den Flick-Konzern, in dessen Fabriken, die teilweise ursprünglich jüdischen Besitzern gehörten und im Rahmen der sogenannten »Arisierung« äußerst günstig »übernommen« wurden, Tausende Zwangsarbeit leisten mußten. Damit verdiente das Unternehmen wie auch zahlreiche andere Geschäftsleute gleich zweimal an der Judenverfolgung der Nazis: durch den billigen Aufkauf jüdischen Eigentums und durch die Ausbeutung der Arbeitskraft von KZ-Häftlingen. Beides war nach NS-Recht legitim. Nach dem Krieg weigerte sich der Flick-Konzern, die überlebenden Zwangsarbeiter für die von ihnen zugunsten des Werkes erbrachte Arbeitsleistung zu entschädigen. Als dann die Deutsche Bank das Unternehmen übernahm, erhoben einige Betroffene die Forderung, die neuen Besitzer sollten bei dem Milliardengeschäft endlich den moralischen Verpflichtungen nachkommen und die ehemaligen Zwangsarbeiter von Flick entschädigen (was nach einiger Zeit auch geschehen ist). Dieser Vorgang veranlaßte Herrn Fellner zu der Bemerkung, »daß die Juden sich schnell zu Wort melden, wenn irgendwo in deutschen Kassen Geld klimpert« (FR vom 17. Jan. 1987). Erst rund zwei Wochen später, nach heftigen in- und ausländischen Protesten, war der Abgeordnete Fellner in der Debatte des Deutschen Bundestages vom 16. Januar 1987 bereit, sich zu entschuldigen.

2 SINUS-Studie über »Rechtsextreme politische Einstellungen in der Bundesrepublik Deutschland. Abschlußbericht«, erstellt im Auftrag der Abt. V des Bundeskanzleramtes in der Zeit vom Mai 1979 bis April 1980. Heidelberg, München 1980 (auch als Taschenbuch erschienen)

3 Alphons Silbermann: »Sind wir Antisemiten? Ausmaß und Wirkung eines sozialen Vorurteils in der Bundesrepublik Deutschland«, Köln 1982, S. 35

4 Sigmund Freud: »Der Mann Moses und die monotheistische Religion. Drei Abhandlungen« (1939, 1934–38), in: Kulturtheoretische Schriften, Frankfurt a. M. 1974 (1986), S. 539

5 »Der schwarze Brief. Informationen aus Kirche und Politik«, hrsg. von Claus Peter Clausen, Lippstadt, 21. Jg. Nr. 22, 29. 5. 1986

6 Paul Schenk: »Der Heilsuniversalismus im Neuen Testament. Eine biblische Studie«. 3. erweiterte Auflage, Neudruck (Selbstverlag), Mannheim 1985, S. 97
Eine Untersuchung durch den Verfasser, die noch nicht abgeschlossen ist, zeigt, daß sich eine differenzierte Bewegung zu etablieren beginnt, die religiöse (christlich-konservative) und rechtsextreme Positionen verbindet. Hierzu gehören auch: Antikommunismus, Anti-Freimaurertum, Glaube an eine Weltverschwörung, Ausländerfeindschaft (gegen Schwarze, Araber, Türken und partiell ein allgemeiner Anti-Islamismus). Die extremeren Gruppen hoffen auf einen dritten Weltkrieg, den die weißen, arischen, angelsächsischen und christlichen Völker als das »wahre Israel« überleben, während alle anderen (die »Antichristen«) vernichtet würden.

7 Christa Mulack: »Die Weiblichkeit Gottes«, Stuttgart, 2. Aufl. 1983, S. 274, 289. Äußerungen in den Medien erwecken den Eindruck, daß Frau Mulack im Jahr 1991 zu einer sehr viel differenzierteren Position gelangt ist.

8 Hierzu ausführlich: Mayer, S. 49

9 Siehe Wirth, S. 54 f, 61 f; Eckert, S. 71

10 Heinrich Heine: »Prinzessin Sabbath«. In: »Hebräische Melodien«, Bd. 2, 3. Teil der sämtlichen Werke in zwölf Teilen, hrsg. von Paul Beyer, Karl Quenzel, Karl Hanns Wegener, S. 106

11 Wirth, S. 64

12 Erst in diesem Jahrzehnt fand der neuernannte Innsbrucker Bischof, Dr. Reinhold Stecher, den Mut und die Kraft, gegen heftigste Widerstände (auch bayerischer Traditionalisten und deutscher und österreichischer Neo-Nazis) den Kult zu verbieten und Judenstein in eine Mahnstätte für die christliche Schuld an Juden umzuwandeln. Wie gerade die Nationalsozialisten von diesen christlichen antijüdischen Legenden profitierten, zeigt die Reaktion einfacher Parteimitglieder, die in der Kirche zu Judenstein eine kirchliche (!) Bestätigung der NS-Propaganda über den »jüdischen Weltfeind« zu sehen glaubten. Siehe entsprechende Postkarte in: Günther B. Ginzel: »Jüdischer Alltag 1933 bis 1945«. Eine Bild-Text-Dokumentation, Düsseldorf 1984, S. 87 f. Siehe auch: Eckert, S. 89 ff; Ginzel, S. 143 ff

13 Hierzu ausführlich: Günther B. Ginzel: »Auschwitz als Herausforderung für Juden und Christen«, Heidelberg 1980; Johanna Kohn: »Haschoah. Christlich-jüdische Verständigung nach Auschwitz«, München, Mainz 1986. Dort auch weitere Literatur zum Thema.

14 Jakob Wassermann: »Mein Weg als Deutscher und Jude«, Berlin 1921, S. 39. In der Ausgabe von 1922 ist der zweite Teil des Satzes infolge von Satzfehlern verstümmelt.

15 Damit ist auch eine Basis der Fremdenfeindlichkeit und besonders der Türkenfeindlichkeit unter Jugendlichen beschrieben.

16 Über die Funktion des Antisemitismus in der aktuellen rechtsextremen Literatur siehe Ginzel

17 Siehe auch S. 145 f

18 Eine Analyse antisemitischer Briefe ist in Vorbereitung. Christen als Opfer antisemitischer Nachstellungen, Beleidigungen und Bedrohungen dokumentiert die Hörfunksendung »Es gibt sie noch – die christliche Judenfeindschaft«. Von G. B. Ginzel. WDR, 3. Programm, »Lebenszeichen«, 9. 11. 1986 (als Manuskript gedruckt und zu beziehen bei: Kirchenkreis Elberfeld, Schulreferat, Deweerstr. 117, 5600 Wuppertal 1)

19 Ginzel: »Hitlers Ur-Enkel. Neonazis: ihre Ideologien und Aktionen«, Düsseldorf 1980, S. 78 ff

20 Siehe den Beitrag S. 136

21 Zum Antisemitismus von Links siehe Glasner

22 Siehe auch: Alphons Silbermann/Julius H. Schoeps: »Antisemitismus nach dem Holocaust. Bestandsaufnahme und Erscheinungsformen in deutschsprachigen Ländern«, Köln 1986. Darin: Schoeps: »Sepulcra hostium religiosa nobis non sunt. Zerstörung und Schändung jüdischer Friedhöfe in der Bundesrepublik Deutschland seit 1945«, S. 33–39. Siehe auch: G. B. Ginzel: »Hitlers Ur-Enkel. Neonazis: ihre Ideologien und Aktionen«, Düsseldorf, 3. Aufl. 1983, S. 68–92

23 Dank an den Vorstand der Gesellschaft für Christlich-Jüdische Zusammenarbeit in Celle, der dafür Sorge trägt, daß dieses schreckliche Ereignis nicht verdrängt wird.

24 Otto Sierig in der WDR-Schulfunkreihe »Erlebt – Erzählt«, 1986 (Autoren: Mark vom Hofe und Günther B. Ginzel). Titel dieser Sendung: »Soldat wider Willen«

25 Günter Biemer: »Freiburger Leitlinien zum Lernprozeß Christen – Juden«, Düsseldorf 1981, S. 82 ff. Siehe auch: G. Biemer/A. Biesinger/P. Fiedler: »Was Juden und Judentum für Christen bedeuten. Eine neue Verhältnisbestimmung zwischen Christen und Juden. Lehr-Lerneinheiten für die Sekundarstufen«, Freiburg, Basel, Wien 1982

26 Siehe die Übersicht über die Umfrageergebnisse der Antisemitismusforschung im Anhang

27 Zu dieser Erkenntnis gelangt auch das Freiburger Forscherteam. Siehe Anm. 23

28 Metall, Nr. 18, 36. Jg., 7. Sept. 1984, S. 7. Auch in anderen Blättern finden sich immer wieder Antisemitismen. Etwa im Nachrichtenmagazin »Der Spiegel«. In einem Bericht über den New Yorker Oberbürgermeister wurde das alte rassistische und sexistische Klischee von der »schönen« (verführerischen) Jüdin und dem »häßlichen (abstoßenden) Juden aufgegriffen: »Die schöne Jüdin Bess Myerson trat Seit an Seit mit dem häßlichen Juden Ed Koch vor die Wähler . . . «, Der Spiegel, Nr. 45, Jg. 39 vom 4. Nov. 1985, S. 179

29 Zitate aus der Einleitung von »Die Bergpredigt. Ein christlich-jüdisches Glaubensdokument. Eine Synopse«, hrsg. v. Günther B. Ginzel, Heidelberg 1986

30 Hanna Wolff: »Neuer Wein – Alte Schläuche. Das Identitätsproblem des Christentums im Lichte der Tiefenpsychologie«, Stuttgart 1981. Die Thematik wird ausführlich behandelt in: Werner Licharz (Hrsg.): »Nicht Du trägst die Wurzel – die Wurzel trägt Dich. Hanna Wolff und die Frage nach einer christlichen Identität.« Arnoldshainer Texte, Bd. 30, Frankfurt a. M. 1985

31 Franz Alt: »Frieden ist möglich. Die Politik der Bergpredigt«, München, Zürich 1983, 7. Aufl., S. 26

32 Eingehend wird die Problematik erörtert in: Heinz Kremers (Hrsg.): »Die Juden und Martin Luther – Martin Luther und die Juden. Geschichte, Wirkungsgeschichte, Herausforderung«, Neukirchen-Vluyn 1985. Dort auch umfangreiche Literaturangaben.

33 Antisemitismus AG Holbeinschule. Umfrage im April 1986 in den Klassen 8, 9, 10. Veröffentlicht von der AG auch in »Unterricht auf der Straße: Antisemitismus und Asylrecht«, veranstaltet von Amnesty International, S. 51 ff, Frankfurt a. M., o. J. (1987)

34 In keiner Weise kann es »trösten«, daß zahlreiche Witze über Behinderte oder Ausländer ähnlich unmenschlich sind.

35 Zum gesamten Komplex: »Die Fassbinder-Kontroverse oder das Ende der Schonzeit«, hrsg. v. Heiner Lichtenstein, Königstein/T. 1986. Gerhard Zwerenz: »Die Rückkehr des toten Juden nach Deutschland«, München 1986; Henryk M. Broder: »Der ewige Antisemit. Über Sinn und Funktion eines beständigen Gefühls«, Frankfurt a. M. 1986

»Ihr habt den Teufel zum Vater«

Altheidnischer Judenhaß und innerjüdische Polemik

Das judenfeindliche Dogma und seine Entstehungsgeschichte

Reinhold Mayer

Zwei verschiedene, voneinander gänzlich unabhängige Erscheinungen der Geschichte und Literatur der Antike sollen hier dargestellt werden. Die erste ist der Haß, den die Völkerwelt im hellenistisch-römischen Umkreis gegen Juden artikulierte. Es ist dies ein Spezialfall des Minderheitenproblems, verschärft durch die Tatsache, daß sich das Judentum grundsätzlich von allen anderen Religionen, die sich leicht anglichen und mischten, unterschied. Der Bund mit dem einen Gott enthielt eine ethische Verpflichtung, die ausgeprägter formte und stärker herausforderte als die Traditionen und Bräuche anderer Völker und Religionen. Während der Kampf um bürgerliche Anerkennung des Sonderdaseins einerseits und gegen die Anfeindungen der Mitbürger andererseits sich vor allem in Israels Diaspora abspielte, hatte der innere Kampf, die zweite hier darzustellende Erscheinung, sein Zentrum im Mutterland selber: Es war der innerjüdische Streit um die rechte Auslegung von Bibel und Tradition, die Auseinandersetzung verschiedener Gruppen über die gültigen Lebensregeln aufgrund des Bundes, ein Kampf, der sich oft in Formen heftiger Polemik vollzog und der auch im Neuen Testament deutlichen Ausdruck gewinnt. Deshalb wird die Frage hier weithin vom Neuen Testament als einem Zeugnis jüdischen Lebens ausgehend behandelt, wobei weitere Beispiele aus jüdischer Geschichte und Literatur als Parallelen herangezogen werden.

Zwischen dem Judenhaß der Völker und der innerjüdischen polemischen Konfrontation besteht kein sachlicher Zusammenhang, mögen sich auch die Formen gelegentlich ähneln. Ein grundlegender Unterschied trennt die gegnerische Einstellung des Heidentums und die partnerschaftlich-rivalisierende im Judentum. In der frühen Kirche gingen beide Sachverhalte eine für die weitere Geschichte des Judentums wie des Christentums unheilvolle Verbindung ein.

Zum altheidnischen Antijudaismus

Der heidnische Judenhaß ist so alt wie die jüdische Diaspora: Wo immer Juden in größerer Zahl lebten, da begegnete ihnen häufig auch der Haß. Die Diaspora reichte bis ins 6. vorchristliche Jahrhundert zurück und umfaßte weite Gebiete sowohl des Zweistromlandes als auch der Anrainerländer des Mittelmeers. Im Zusammenhang mit der ersten Tempelzerstörung um 586 gab es Zwangsdeportationen der Oberschicht nach Babylonien und Flüchtlingsströme vor allem nach Ägypten. Die Esther-Legende, mit der das Purimfest begründet wird, handelt von Bedrohung und Errettung der Juden im Perserland. Papyrusfunde von Elephantine berichten von einer Judengemeinde Südägyptens, deren Tempel von ägyptischen Chnum-Priestern zerstört wurden. Die Juden kamen nicht nur als Gefangene; auch aus eigenem Entschluß verließen sie ihr armes Land, das seine Bewohner kaum ernähren konnte, um neue Gebiete zu besiedeln. Alexander der Große gründete neue Städte und begünstigte die Siedler. Unter seinen Nachfolgern, den Ptolemäern in Ägypten, kam es zur Masseneinwanderung von Juden besonders nach dem Zentrum Alexandrien, wo sie zwei der insgesamt fünf Stadtteile bevölkerten. Man schätzt, daß unter den etwa acht Millionen Menschen Ägyptens damals rund eine Million Juden lebten, was zwölf bis 13 Prozent ausmachte. Unter den Bewohnern der gesamten Mittelmeerwelt soll etwa jeder Zehnte Jude gewesen sein.[1] Demnach glich die demographisch-politische Wirklichkeit von damals in gewisser Weise der gegenwärtigen: Dem verhältnismäßig kleinen Mutterland stand eine riesige Diaspora im Osten, Norden, Nord- und Südwesten zur Seite, die nicht nur zahlenmäßig, sondern vor allem auch wirtschaftlich und kulturell bedeutsam war. Diese Dichte ergab sich nicht bloß aus den verschieden begründeten Wanderungen, auch nicht nur durch die natürliche Vermehrung unter

Juden, sondern vor allem als Folge einer großangelegten Propaganda unter den Anderen, den »Gojim«. Das Judentum war damals eine ausgesprochene Missionsreligion, die für Menschen aus allen Völkern offen war, wenn sie nur dem einzigen Gott dienen wollten.[2] Jeder Jude sollte jedes Jahr mindestens einen anderen ins Gottesvolk einbringen.[3] Viele waren beeindruckt vom Judentum; seines hohen Alters, seines Wortgottesdienstes und seiner Institutionen wie Schulen, Kranken- und Armenbetreuung und seiner Gesittung wegen. Vorzugsweise sind Frauen gekommen[4], weil ihnen – im Unterschied zu den Männern – die nicht ungefährliche Beschneidung erspart blieb. Frauen waren aber für die Ausbreitung besonders wichtig, weil sich nach jüdischem Recht die Zugehörigkeit der Kinder allein nach dem religiösen Status der Mutter richtet.

Es gab positive und wertfreie Urteile über Juden von seiten der Hellenen: Frühe griechische Philosophen und Schriftsteller rühmten der Juden vornehme Herkunft und sittliches Verhalten.[5] Theophrast, ein Aristoteles-Schüler, der von 372 bis 288 lebte, schrieb in seinem Werk De Pietate[6], sie seien Philosophen, Hekatäus von Abdera, um 300, besaß eine Hochachtung vor Moses und eine Sympathie für die Juden, über die er ein ganzes Buch geschrieben haben soll[7]; darin, und vor allem in einer vermuteten späteren Überarbeitung, wird der Juden Treue zur Thora bis zur Martyriumsbereitschaft gerühmt und bewundert. Auch Megasthenes, um 300, hielt die Juden für eine philosophische Gruppe außerhalb der griechischen Welt.[8] Der Peripatetiker Klearch von Soli, ebenfalls ein Aristoteles-Schüler, um 300, erzählte von seinem Lehrer, daß auch dieser die Juden für Nachkommen von Philosophen erachtete und deren Mäßigkeit beim Essen und Trinken rühmte.[9] Nach Hermippus von Smyrna, um 200, soll auch Pythagoras den Ansichten der Juden gehuldigt und manch einen jüdischen Gedanken in seine Philosophie aufgenommen haben.[10] In ähnlich respektvoller Weise sollen neben anderen auch Euhemerus, erste Hälfte des dritten Jahrhunderts, Aristophanes und Theophilus über das Judentum geschrieben haben.[11] Aus Sachkenntnis und unpolemisch schrieben andere: Agatharchides erwähnte die Feier des Schabbat[12] und Polybius, um 120, den Jerusalemer Tempeldienst[13], während Ocellus Lucanus im zweiten Jahrhundert auf eine Stelle der Septuaginta anspielte.[14]

Aber die meisten schimpften gegen die Juden, die sie weder kannten noch liebten. Denn der Anziehung entsprach die Abstoßung. Prominente Vertreter der hellenistisch-römischen Antike – Priester und Dichter, Grammatiker, Historiker und Philosophen – versuchten, für die durch den Umbruch vom Stadtstaat zum Weltstaat verunsicherten höheren Schichten eine zerbrechende Kultur zu retten, indem sie mit Wort und Schrift in Gymnasien und Theatern, in Schulen und Vereinen, in den Häusern und auf den Straßen gegen die Juden kämpften, die sich dem herrschenden Synkretismus, dem gemeinen Götterglauben, nicht anschlossen. Die wichtigsten Agitatoren aus der Giftküche Alexandriens sind mit Namen bekannt[15]: von Manetho, Appolonius Molon, Lysimachus, Apion und Chäremon empfingen die Späteren, etwa die Lateiner Martial und Plutarch, der zornige Tacitus und der spottende Juvenal die fertigen judenfeindlichen Sätze:[16] Aus Unkenntnis und Gehässigkeit, aus Dummheit und Bosheit erfanden, sammelten und verbreiteten sie antijüdische Lügenmärchen; nichts war zu gering, zu komisch, zu gemein und zu greulich; die Skala reichte vom kleinlich Lächerlichen bis zum schwer Diffamierenden, vom seichten Spott bis zur Volksverhetzung und zur Aufforderung zu Bürgerkrieg und Völkermord. Alles und jedes, von dem sie meinten oder wußten, daß es Juden schaden könnte, erschien ihnen für ihre maßlose Haßpropaganda geeignet. Die Inhalte waren allbekannt; sie sind, einmal als Behauptung aufgestellt, wesentlich unverändert beibehalten und überliefert worden: Zunächst wurde die Herkunft der Juden verächtlich gemacht.[17] Ihre Väter seien geborene Ägypter, von Göttern und Menschen Gehaßte und Verlassene gewesen, Blinde, Lahme, mit körperentstellenden Seuchen wie Aussatz behaftet; darum wurden sie verfolgt und getötet, in die Wüste verjagt bzw. habe Mose sie weggeführt.[18] Mose sei ebenfalls ein aussätziger Ägypter, ein Gaukler und Betrüger gewesen. Er habe als Vater des jüdischen »Aberglaubens« neue Bräuche eingeführt, die im Widerspruch zu den sonst auf der Welt üblichen stehen, so daß den Juden heilig sei, was den anderen als unheilig gelte und umgekehrt; damit habe er ein Volk geschaffen, das anderen Menschen schädlich sei.[19] Der Juden Gesetz sei weder rechtens noch vernünftig, es beinhalte keine Anleitung zur Tugend, wohl aber zur Schlech-

tigkeit[20], zum feindseligen Haß allen anderen Menschen gegenüber; es gebe Eidschwüre, keinem Griechen wohlwollend zu begegnen, sondern jedem den schlechtesten Rat zu erteilen; Plünderung und Mißhandlung der Menschen, Tempelraub und -zerstörung seien erlaubt.
Der jüdische Gottesdienst wurde verspottet. Dieses dem Aberglauben ergebene Volk sei echter Religion abhold und könne Gott darum nicht echt verehren.[22] Der Spott gipfelte in der Behauptung, Juden verehrten in ihren Gottesdiensten einen Esel – sei doch im Allerheiligsten ihres Tempels ein aus Gold gefertigter Eselskopf aufgestellt, den sie anbeteten in dankbarer Erinnerung an eine Wildeselherde, die einstmals in der Wüste die flüchtenden Israelis an eine Oase leitete und sie dadurch vor dem Verdursten errettete.[23]
Den Höhepunkt des literarischen Judenhasses bildete Apions infam-dreiste Fabel von Ritualmord und Kannibalismus, wo doch Juden bekanntlich nicht einmal Blut von Tieren genießen. Im Tempel zu Jerusalem habe ein Griechenjüngling auf einem Bett gelegen, vor ihm sei ein Tisch mit Leckerbissen gestanden, mit denen er gemästet würde; denn nach geheimem Gesetz werde jährlich ein Grieche getötet und unter feierlichen Schwüren des Griechenhasses von seinen Eingeweiden gegessen.[24]
Auch die auffallenden Lebensformen, mit denen sich Juden von den Völkern sonderten, um die Israel-Erwählung festzuhalten, sind von den anderen verhöhnt und beschimpft worden. Vor allem wurde negativ vermerkt, daß Juden nicht mitsamt den anderen feierten, nicht bei öffentlichen Umzügen und in Tempeln ausschweiften, nicht Sex und Fleisch, Blut und Boden verherrlichten, sondern möglichst Besuche von Gymnasien und Theatern mieden und später den Kaiserbildern die Opfer weigerten. Aber auch und gerade im Alltäglichen sonderten sie sich von den übrigen ab, indem sie weder geschlechtlich mit ihnen verkehrten noch mit ihnen aßen und tranken und keine Mischehen eingingen.[25] Konkret beobachteten die Menschen aus den Völkern, daß männliche Juden beschnitten sind[26], kein Schweinefleisch essen[27], daß sie jeden siebenten Tag als Schabbat feiern und daß sie mit Eifer versuchten, die Besten aus den Völkern für ihr Judentum zu gewinnen. Die antijüdischen Polemiken bezeichneten Schabbattag und -jahr als unzweckmäßig, Zeichen von müßiger Freude am Nichtstun. Die Götter brauchten keine Schabbatlichter, und die Menschen liebten deren Ruß nicht.[28] Mit ihrer Mission vollends bedeuteten die Juden eine Gefahr für die Anderen[29], weshalb sie dann auch allgemein verhaßter waren als der verachtetste Teil der Knechtsvölker, als die schlechtesten aller Erdenbewohner.[30] Denn eine solche nonkonforme Hartnäckigkeit erschien den Völkern schäbig, abgeschmackt und abstoßend, abscheulich, verkehrt und verwerflich, nicht bloß als Mangel an Menschenliebe und Gottesfurcht, sondern geradezu als Geringschätzung und Verleugnung von Sitte und Vaterland, als Ablehnung, Aufwiegelei und Feindschaft, als Aberglauben, Götterverachtung und Gottlosigkeit.[31]
Schon an diesen Beispielen läßt sich die Methode aufzeigen, mit der von den Judengegnern gearbeitet worden ist.[32] Objektiv gründete die Hetze auf einem oberflächlichen Teilwissen vom Judentum, subjektiv auf der jeweiligen Absicht, das Bekannte zum Verächtlichen und zum Bösen umzudeuten. Von solchen Voraussetzungen aus sind insbesondere die zentralen Daten der Israelgeschichte – der Aufbruch aus der Knechtschaft in Ägypten, das Leben aus der Freiheit durch die Bindung an Gott in der Wüste, etwa Pessach, das Fest ihrer erinnernden Vergegenwärtigung mit nächtlichem Lammessen, dann aber auch die anderen Feste, voran der Schabbat, die Sitten und Bräuche im ganzen Lebensvollzug der Juden – entstellt worden. In allen diesen antijüdischen Märchen schimmert jeweils gerade noch so viel vom jüdischen Geschichts-, Fest- und Alltags-Hintergrund durch, daß ihr Anlaß erkennbar ist; aber der Inhalt ward freihändig ausgestaltet, Richtung und Absicht wurden ins Gegenteil verkehrt.[33]
Erstaunlich ist einerseits nicht allein, wie sich diese antijüdische Polemik nach Form und Inhalt über zwei Jahrtausende hin gehalten hat, sondern andererseits auch, wie vollständig durchgebildet dieses Repertoire schon damals war. Um unsägliche Leiden über 70 Generationen Juden zu bringen, war alles ausreichend vorhanden – nur die Vorwürfe von Christusmord und Hostienschändung fehlten noch . . .
Aber wie hergeholt phantastisch und ergreifend absurd immer auch diese Vorwürfe erscheinen mögen – sie fordern ein ernsthaftes Fragen nach den Hintergründen, wenigstens einen Versuch, die damals äußerst komplexe Lage zu analysie-

ren.[34] Die Judengegnerschaft war kaum im volkhaften Bereich, modern ausgedrückt, in nationalem Fühlen und Wollen, begründet, war es doch möglich, von der einen Gemeinde aus- und bei der anderen einzutreten. Ließen Juden ihre Beschneidung zurückoperieren[35], so wurden sie Hellenen; ließen sich Hellenen taufen und beschneiden, wurden sie dadurch Juden. Auch im sprachlichen Bereich war der Haß kaum begründet, nahmen doch Juden – zumindest in den Städten – erstaunlich schnell, wohl meist schon in der zweiten Generation, anstelle des Aramäischen das Koine-Griechisch an, so daß gar bald die griechische Übersetzung der Septuaginta die mitgebrachte hebräische Bibel ersetzte und verdrängte. In Wirtschaft und Handel ergaben sich wenig Anlässe zum Streit, da sich die Sozialstruktur der jüdischen Gemeinden kaum von der gesellschaftlichen Schichtung der anderen unterschied: Hier und dort überwogen die Armen. Die Judenquartiere waren dunkel, feucht und ungesund. Es gab jüdische Bettler und Sklaven, Zauberer und Hausierer, Bauern, Schiffer und Handwerker: Weber, Töpfer, Bäcker und Schmiede. Auch die Hafen- und Flußwächter, vor allem die Verwaltungsbeamten und Soldaten, als welche Juden seit je bevorzugt wurden, brachten es kaum zu übermäßigem Reichtum. Steuerpächter, Händler und Bankiers zählten dagegen gelegentlich zu den Begüterten. Das oft strapazierte Beispiel antiken Judenhasses aus geschäftlichen Gründen ist daher als Sonderfall zu sehen:[35a]

> Der alexandrinische Großkaufmann Sarapion warnt seinen verschuldeten Freund Herakleides vor einem jüdischen Geldverleiher: »Wie alle, so solltest auch Du Dich vor den Juden hüten!«

Schwer dagegen wog in der Auseinandersetzung der politisch-kulturell-religiöse Komplex. Für die Gründer gab es in den Städten Bürgerrecht, das sich vererben ließ, während Landbewohner und Spätsiedler nur vereinzelt privilegiert wurden, so daß auf engem Raum Menschen mit abgestuften und rivalisierenden Rechten neben- und gegeneinander lebten. Soweit Juden zu den Stadtgründern – etwa Alexandrias – gehörten, besaßen sie gleiches Recht wie die Hellenen; aber auch für ihre Nachwanderer haben Juden wohl selbstverständlich gefordert, daß sie dem jüdischen *Politeuma* zugehören, wie diese Forderung dann ebenso von den Hellenen bestritten wurde, was wiederum die Juden veranlaßte, den anderen das Bürgerrecht Israels, gelegentlich auch das allgemeine Bürgerrecht abzusprechen. Die Unsicherheit spiegelt sich noch in den literarischen Quellen wider, so daß auch in der modernen Forschung neben der Behauptung, Juden hätten als Fremde gegolten, die andere steht, sie seien den hellenistischen Alexandrinern gleichberechtigt gewesen. Auf jeden Fall erhielten sie noch von Kaiser Claudius eine Bestätigung ihrer »wirklichen oder vermeintlichen« Rechte.[36] Obwohl Untertanengemeinde, wurde ihre Autonomie im Unterschied zu der der Hellenen von den Römern zumindest toleriert. Ein solches Privileg einer Orientalen-Gemeinde inmitten einer Hellenistenstadt wie Alexandria provozierte die Hellenen ungemein, zumal das Stadtrecht durch die Weltreichspolitik unsicher wurde; Ansatzpunkte für dauernden Hader ergaben sich um so mehr, je komplexer die Verhältnisse sich gestalteten.

Die Lage verschärfte sich durch das fast schon traditionell regierungstreue Verhalten der Juden: Sie befreundeten sich einst mit den persischen Fremdherren, die der Ägypter Selbständigkeit unterdrückten; auch bei Alexander und den Ptolemäern standen sie dann allgemein in gutem Ansehen. Als die Griechenherrschaft schließlich von den Römern abgelöst wurde, fanden sich die Juden wieder auf der Siegerseite: Sie wurden von Cäsar mit Rechten belohnt, die Augustus bestätigte. Juden nützten mit ihrer Haltung nicht nur der jeweiligen Regierung, sondern sicherten sich auch ihre Privilegien, verdarben es damit aber vollends bei ihren Mitbürgern: bei den Ägyptern einerseits, die sich an ihnen rächten, bei den Hellenen andererseits, die ihren gekränkten Nationalstolz zwar nicht an der römischen Besatzungsmacht, dafür aber um so ungehinderter an den ihr ergebenen Juden austoben konnten.[37] Wenn sich die selbstbewußten Juden dann mit Waffengewalt für ihr freies Glaubens- und Lebensrecht einsetzten und erlittenes Unrecht rächten, dann kam es zu so schrecklichen Bürgerkriegen wie etwa zu Alexandria in den Jahren 38, 41, 67 und 117. Erst als nach 70 auch die Juden eine Reihe von Vorrechten und an politischer Bedeutung verloren, ging der Antijudaismus in Alexandrien stark zurück.

Ursprünglich politische Aktivitäten der antiken Bürger wandelten sich immer mehr zu kulturellem und religiösem Engagement: In Kulturinstitutionen und einem ausgeprägten Vereinsleben konnten eigenständige Lebensformen nicht nur entwickelt, sondern auch bewahrt werden. Wer hier Zugang hatte und sich beteiligen konnte, dem war auch das Bürgerrecht zugesichert. Juden wurden von hellenistischer Seite her abgewiesen; sie mußten aber, wollten sie Juden bleiben, auch von sich aus manchem fernbleiben. Zwar gab es unter Juden zuzeiten eine Bereitschaft, sich doch an Spielen in Gymnasien, Theatern und Zirkussen zu beteiligen, aber die Demarkationslinien verschoben sich, und die Balance von Beteiligung und Protest blieb immer schwierig. Einerseits wollten sie zwar an der allgemeinen Kultur teilhaben, andererseits aber an ihrer Eigenständigkeit festhalten. Der Staat erlaubte ihnen freie Religionsausübung in eigener Gemeinde, eigenes *Politeuma* mit eigenem Beamtenapparat und eigener Rechtsprechung. Das hätten die Anderen vollends dann nicht verstanden, wenn Juden den Hellenen tatsächlich nicht gleichberechtigt gegenübergestanden wären. Den anderen fiel gerade das Trennende besonders auf, so daß etwa Apion angesichts des jüdischen Verhaltens vorwurfsvoll fragen konnte: Wenn sie schon Bürger sind – warum verehren sie dann nicht die gleichen Götter wie die Alexandriner?[38]

Hier könnte sich die Frage stellen, ob es sich überhaupt um einen speziellen Judenhaß damals handelte oder nicht vielmehr allein um allgemeine Spannungen, erklärbar aus der innenpolitischen Gesamtkonstellation dieser, konkret phänomenologisch besehen, komplexen und pluralistischen Gemeinschaft. Aber da das Leben der Juden noch mehr als das der anderen Bevölkerungsgruppen religiös bestimmt war und diese Religion eine Sonderung verlangte, standen sich zwei durch Religion und Kultur getrennte Gemeinden gegenüber, jede von ihrer Wichtigkeit und Sendung überzeugt: hier die verschiedenen heidnischen Gruppen, die sich auch über Grenzen hinweg leicht verständigen konnten, dort die Juden, deren Kerngemeinschaft im Bewußtsein ihrer Erwählung kulturelle Kontakte ablehnen mußte. Es gab zwar Zeiten der Offenheit und der Tolerierung, aber es gab dann auch Zeiten der Abschließung und des Kampfes: Als Juden gewaltsam hellenisiert werden sollten, wehrten sie sich, griffen an, stellten Menschen vor die Wahl: Beschneidung oder Tod.[39] Das Judentum nahm Züge einer Minderheitenmentalität an, steigerte sein Selbstbewußtsein um des Überlebens willen, weitete sein missionarisches Konzept zum messianischen, das eine revolutionäre Veränderung der hiesigen Welt erhoffte. Als Antwort darauf wurde das Heidentum intolerant: Mit dem Gott der Erwählung lehnten Heiden auch die von ihm Erwählten, die Juden, ab.

Die innerjüdische Polemik

Die politische Situation des Judentums

Seit der Makkabäerzeit, also seit der Mitte des zweiten vorchristlichen Jahrhunderts, verlief nicht nur ein breiter Graben zwischen Israel und den Weltvölkern, sondern differenzierte sich auch Israel selbst in viele verschiedene Gruppierungen. Das Judentum war eine komplexe Größe, unterteilt in Parteien, Richtungen und Schulen. Der Bericht des Josephus stellt es vereinfacht dar, wie wenn es nur vier Parteien – Pharisäer, Sadduzäer, Essener und Zeloten – gegeben hätte.[40] In Wirklichkeit aber gab es viele Unter- und Sondergruppen, Übergänge und Mischformen; es gab Spannungen und Trennungen auch innerhalb ein und derselben Gemeinde.

So verstanden sich Juden einerseits als Einheit gegenüber den Völkern: Gemeinsam war ihnen der eine Gott und das eine Land, die Israelverheißung, die Israelgeschichte, die Judennot. Andererseits aber war die Israelgemeinde zerrissen und zerstritten: In den verschiedenen Gruppen erfuhren Juden eine unterschiedliche »Geschichtsstunde«; aus verschiedenem Wissen deuteten sie die Israelurkunde verschieden; die Summe aus Geschichtserfahrung und Bibelerkenntnis suchten sie verschieden zu ziehen, die je eigene Wahrheit je anders zu verwirklichen und zu bewähren. Aus dieser beträchtlichen Spannung von ideeller Einheit und faktischer Zertrenntheit resultierte der innere Streit, der Kampf um Israel. Wo es Gruppen und Schulen, wo es Lehrer und Meister gibt, da ist Polemik nicht nur möglich, sondern nötig. Sie ist lebensnotwendig positiv, kreativ; vor allem ist sie etwas Normales und Gewöhnliches, Alltägliches und Selbstverständliches: ein bestimmter Stil, wie er zwingend resultiert aus partnerschaftlicher Konkurrenz und Rivalität. Polemik ist eine bestimmte Form äußerst vertrauten Umgangs. Gerade die Übertreibung setzt vertraute Beziehung voraus; so redet niemand mit dem Nachbarn oder dem Vorgesetzten, so reden naive Kinder über den Zaun, Eltern mit ihren Kindern, vor allem gute Freunde oder Geschwister untereinander. Nur Verbundenheit und Intimität können sich solche Spannung erlauben, weil nur diese sie ertragen; aber dann ist sie nicht nur erlaubt, sondern manchmal geradezu geboten. Solange Menschen noch miteinander polemisieren können, solange hören und sehen sie einander noch, halten sie einander noch der Ansprache und Zusprache für würdig. Polemik ist hier also nicht Zeichen für Feindschaft oder gar Geschiedenheit, sondern Zeichen für Zusammengehörigkeit, Zeichen der Bereitschaft, füreinander Wort und Antwort zu verantworten und die Wahrheit inmitten der bedrängten Gemeinde zu bewahren. Wäre das schon immer klar gewesen, dann hätte man aus den Scheltreden Jesu mit den Pharisäern das Richtige entnommen: daß sie der stärkste Erweis dafür sind, daß er einer der Ihren war. Gerade die scharfe Polemik zeigt durchgängig, daß Jesus nicht nur Jude unter Juden, sondern Pharisäer unter Pharisäern war und blieb.

Die Entwicklung der polemischen Formen

Die Polemik ist weder von den Lehrern des frühen Judentums noch von Jesus und Paulus erfunden worden. Dem Inhalt nach ist sie bei den Propheten der hebräischen Bibel vorhanden. Die klassischen Formen der Polemik wurden von griechischen Philosophen entwickelt.

a) Die Propheten

Die Propheten kritisierten ihr Volk aus Kenntnis und Anerkenntnis, aus Zugehörigkeit und Liebe. Einzelne, von der Wahrheit überwältigt, riefen die vielen weg von Schlendrian und Trägheit, von Ab-, Um- und Irrwegen hin zur Bewährung und Treue, zum Gehorsam entsprechend der Weisung, auf den Weg, der zur Wahrheit und zum Leben führt. Mit Droh- und Scheltworten, die Gericht, Zerstörung und Tod in Aussicht stellen, wird auf den Zusammenhang zwischen Tat und Folge hingewiesen.

Ihr Leben ist eine dauernde Auseinandersetzung nicht allein mit den Vielen, sondern auch mit den Konkurrenten. Gegner treten mit denselben Ansprüchen auf; der Unterschied liegt in der unterschiedlichen Interpretation derselben Phänomene. Der Ausgangspunkt ist jeweils situationsbedingt. Bei Amos und Micha: Mißachtung des Gottesrechtes; bei Hosea, Jeremia und Hesekiel: der Vorwurf der Verehrung anderer Götter; bei Jesaja: Vertrauen auf andere Mächte. Wo gegen den Kult polemisiert wird, bedeutet dies keine grundsätzliche Ablehnung; abgelehnt wird nur der Kult, soweit er unter Vernachlässigung von Recht und Sitte betrieben wird.

Ziel ihrer Mahnung und Warnung ist es, das Gericht abzuwenden durch rechtzeitige Umkehr. Der Prophet ist der Wächter, der die ihm anvertrauten Menschen rechtzeitig warnen soll. Hierher gehört die Fürbitte, auch die Leidensbereitschaft für Israel. Aus dieser grundpositiven Einstellung, nicht aus Haß oder Neid, fließt die Polemik: Wen der Herr lieb hat, den läßt er nicht laufen, sondern den züchtigt er. Polemik ist eine große, wenn auch bisweilen scharfe Einladung, eine Form des Eifers für Gott und sein Volk.

b) Übernahme des Formalen aus dem griechischen Bereich

In Israel und im Judentum waren Streit, Streitgespräch und Streitschrift zu keiner Zeit ganz unbekannt, aber die Methodik des gelehrten Streites, die Art und Weise des Umgangs unter Gelehrten ist doch stark durch dem Einfluß des Griechentums bestimmt worden. In den griechischen Philosophenschulen, die miteinander rivalisierten und konkurrierten, war der Wortstreit die normale Form der Auseinandersetzung. Hier wurde die Methode, der Stil der Polemik als Kunst der Argumentation ausgebildet: Man stellte eine These auf und versuchte, den Gegner durch Fangfragen zu Gegenargumenten zu provozieren und ihn in Widersprüche zu verwickeln, um seine Sache triumphierend ad absurdum zu führen.

Am interessantesten in diesem Zusammenhang sind wohl die Sophisten, deren Name wie der der Pharisäer zu Unrecht zum Schimpfwort geworden ist. Das Erfassen der alten Sophistik aufgrund des Bildes, das Platon von ihnen entwarf, ist enorm schwierig: Sie wurden karikiert als Schwätzer und Wortklauber, die sich selbst anpriesen und nicht die Wahrheit, sondern schnöden Gewinn und persönlichen Erfolg suchten. Tatsächlich haben sie das Selbstverständliche in Frage gestellt, die Philosophie vom Himmel auf die Erde gebracht, die Menschen genötigt, über Leben, Kultur und Ethik, Gut und Böse nachzudenken. Während ein Philosoph auch für sich philosophieren kann, braucht ein Sophist ein Publikum, Zuhörer und Schüler. Sophisten waren Kulturtheoretiker und Lebenskünstler, die ihr Wissen durch Jugendunterricht und popularwissenschaftliche Vorträge verbreiteten. Vor allem entwickelten sie die Technik der Unterredung, die Kunst, das Wort der Gegner aufzunehmen und zu entwerten. Solcher Wortstreit ist beileibe nichts Schlechtes oder Böses; im Gegenteil, er ist ein wesentliches Element aller Kultur: Das bekannte Wort Heraklits, daß der Krieg der Vater von allem, der König von allem sei, gehört hierher.[41]

Das Wort Polemik ist ja auch aus dem griechischen Wort für Krieg, *Polemos,* hergeleitet. Polemik ist ein heiliges und ernstes, bisweilen ein todernstes Spiel, alle wahre Weisheit ist wesentlich agonal-polemisch: Sie kommt aus der Auseinandersetzung, kennt Satz und Gegensatz, Frage und Antwort, Hieb und Gegenhieb, Herausforderung und Heimzahlung.

Der Unterricht der Sophisten bestand wesentlich aus Rhetorik und Eristik: Es gab einen theoretischen Unterricht durch die Grammateis, das Lernen der Grammatik sowie der Redeformen, und das Studium der Reden-Vorbilder in den altüberlieferten Texten. Im mehr praktischen Teil wurden schon damals Seminararbeiten und deren Vortrag gefordert, Suasorien und Controversien verfaßt, die Anthologie geübt, es wurde versucht, Mißverständnisse abzubauen, das Eigene durch Apologie herauszustellen und die Sache der anderen durch Polemik zu schwächen.

Selbstverständlich haben die jüdischen Schriftgelehrten die griechischen Methoden bei der Übernahme umgeformt; aber wie direkt zuzeiten auch die Methoden eingemeindet wurden, die Inhalte waren und blieben immer jüdisch[42]: Juden haben mit griechischen Mitteln aus ihrer jüdischen Vergangenheit für ihre jüdische Gegenwart und Zukunft auf ihre jüdischen Fragen jüdische Antworten gegeben.[43]

Stufen der Polemik im Judentum

In der innerjüdischen Polemik lassen sich verschiedene Heftigkeitsgrade des Streitgespräches konstatieren.

a) Eine erste Stufe war die Unterhaltung über einzelne Sachfragen: Das gleichbleibende Gebot der hebräischen Bibel mußte für die veränderte Situation ausgelegt und umgeformt werden. Erst gegen 200 n. d. g. Z. wurden diese Gespräche in der Mischna vorläufig fixiert.[44] Weite Strecken im Neuen Testament und in der Qumranliteratur sind ebenfalls innerjüdische Diskussionen dieser Art, die meist in sachlich-ruhiger, nur manchmal in erregter und scharfer Form geführt worden sind.

b) Eine nächste Stufe, meist in der Form schärfer gehalten, stellt die innergemeindliche Selbstkritik dar. Es ist wichtig zu beachten, daß – typisch für Propheten – die Schuld nicht primär bei anderen, sondern mit einer Bereitschaft bis zur Selbstzerstörung das eigene Versagen für alle Not zur Erklärung aufgesucht wird.[45] Die Kritik am eigenen Zwiespalt im Inneren und Äußeren, an der Kraftlosigkeit der Botschaft, an der Heuchelei füllt nicht nur das Neue Testament, sondern ebenso auch den Talmud.

c) Die dritte Stufe zeigt ein Stadium wachsender Entfremdung und markiert vielleicht den Punkt des Übergangs aus einer Gruppe zu einer anderen – aber innerhalb Israels! Einzelne Sachfragen, gelegentliche Selbstkritik treten zurück; Allgemeines, Grundsätzliches ist fragwürdig geworden. In der paulinischen Literatur, bei Johannes, vor allem nach der Katastrophe des Jahres 70 n. d. g. Z., scheint das horizontal Prophetische, das eine einheitliche Welt voraussetzte, dem vertikal hereinbrechenden Apokalyptischen gewichen zu sein, das dualistisch eine weltzeitliche Kluft postuliert: wir im Licht – ihr in der Finsternis, wir auf dem rechten Weg – ihr in der Irre, uns gilt die Liebe – euch der Haß, wir bei Gott – ihr des Teufels, wir gerettet – ihr verloren. Noch ist Gesamt-Israel gemeint; auch diese schärfste Form der Polemik rechnet immer noch im Ernst damit, daß der andere noch hören kann und will. Wenn auch an die Stelle des Argumentierens jetzt das Behaupten und Postulieren, das Dekretieren und Verkünden getreten ist, das nicht mehr mit Gegenargumenten, sondern nur noch mit gläubiger Annahme rechnet, wenn auch das Gemeinsame zurücktritt, preisgegeben ist es noch immer nicht. Noch immer ist das Wort hier Antwort auf vorhergegangenes Wort, ist Satz ein Zu-satz oder Gegen-satz, Spruch ein Wider-spruch und Anspruch. Noch ist es nicht ein Monolog in der Stille des luftleeren Raums, noch immer Dialog.

d) Abbruch: Solange eine Gemeinschaft heil ist und funktioniert, bereden wir alles in ihr – und schweigen nach draußen; wenn sie aber zerbrochen ist, dann schweigt enttäuschte Liebe – nicht nur nach innen, sondern auch und erst recht nach außen. Taktvoll und sachgemäß ist darum das Schweigen des Josephus und des Talmud über die Christen: Gemessen an der Schwere des Problems ist der Umfang dessen, was dort über Christen berichtet wird, so erstaunlich minimal, daß es geradezu vernachlässigt werden kann. Mit dem einen Satz des Ausschlusses, der zwölften Bitte im Achtzehn-Segen, scheint die Trennung so grundsätzlich vollzogen worden zu sein, daß sie zukünftig kaum einer Erwähnung mehr bedurfte.[46]

Anhand einer mehr in die Einzelheiten gehenden Betrachtung von Neuem Testament, Talmud und Qumranliteratur kann diese Entwicklung des innerjüdischen Streitgesprächs mit seiner stufenweisen Verschärfung nachvollzogen werden. Wird die Polemik von Jesus und Paulus, ihrer Schüler, der einzelnen und der Gruppen, die das Neue Testament verfaßten, genauer untersucht, so ist festzustellen, daß sie alle Juden unter Juden nicht nur waren, sondern auch bleiben wollten! Ihr aller Leben, ihr Tun und Lassen, ihr Werk- und Festtägliches, ihr Denken, Reden, Schreiben, ihr Hoffen und Enttäuschtsein, zuletzt ihr Leiden und Sterben ist überhaupt nur verständlich, wenn wir sie sein lassen, was sie sein wollten – Juden unter Juden. So ist es auch nicht richtig, die Scheltreden Jesu und des Paulus etwa als Zeichen für ihre Gegnerschaft zum Judentum und Erweis für Distanz und Trennung zu interpretieren. Das Gegenteil davon ist sachgemäß: Ihre Polemik ist Erweis äußerst vertrauten Umgangs; sie setzt eine Atmosphäre intimer Kenntnis, Erkenntnis und An-Erkenntnis voraus.

Jesus

Jesus gehört ausnahmslos in den Rahmen der innerjüdischen Polemik: Auf der ersten Stufe wurden Probleme von tauglich und maklig diskutiert.

Das Pharisäertum übernahm, um Ganz-Israel zum Priestervolk zu machen, immer mehr priesterliche Verpflichtungen auch für Laien; so etwa das Händewaschen vor dem Opfern und dem Essen.[47] Jesu Provokation in Form pharisäisch-prophetischer Polemik bestritt weder die Geltung der Weisung noch die Geltung des Brauchs, sondern betonte den Rang der Ethik vor aller Form. Neben Jesus gab es andere wie Hillel, die Gebote aufhoben, und wieder andere wie Jochanan, die solche hinzufügten.[48]

In der Ehescheidungsfrage polemisierte Jesus nicht gegen das biblische Gebot, sondern gegen die leichtfertigere Praxis der Hillel-Schule, indem er den erschwerenden Spruch der Schammai-Partei akzeptierte.[49] Seine Argumentation, gut biblisch-pharisäisch, lautet: Gottes Schöpferwille tendiert, zumals angesichts des nahenden Reichs, wo der urzeitliche Zustand wendzeitlich wiederhergestellt wird, auf unlösliche Verbundenheit.

Was die Schabbatheiligung betrifft, war Jesus mit seinen pharisäischen Freunden einig, daß dieser Tag für den Menschen da sei, stammt doch auch dieser Satz aus dem Pharisäertum.[50] Er stimmte ebenfalls mit ihnen überein, daß dieser Tag zu feiern sei durch Enthaltung von werktäglichem Tun. Was das aber im einzelnen und Konkreten bedeutete, das mußte abgesprochen, abgeklärt werden. So galt etwa seit der Makkabäerzeit am Schabbat Selbstverteidigung als erlaubt, Angriff als verboten. Seit je galt im Falle von Krankheit und von Lebensgefahr keinerlei Beschränkung der Hilfeleistung, sondern die klare Verpflichtung zu heilen und zu retten.[51] Jesus provozierte seine Gegner im Streitgespräch zunächst durch die rhetorisch zugespitzte Frage, ob Gutes oder Böses zu tun, zu beleben oder zu töten sei.[52] Indem er dann durchs Wort heilte, was in jedem Fall erlaubt war, stellte er am Schabbat, dem Erinnerungstag an die Schöpfung und dem Tag der Vorwegnahme von Erlösung, den urzeitlich-wendzeitlichen Zustand des Heiles her und mehrte dadurch Gottes Lob. Im anderen Falle, nachdem seine Schüler während des Schabbats Ähren pflückten – was Lehrer, die Gebote erschwerten, als eine Art zu ernten, als werktägliches Tun verstanden –, berief er sich auf David als biblisches Vorbild und entschied

so den Streit zu seinen Gunsten[53], von einer oft unterstellten Aufhebung des »Gesetzes« also keine Spur!
Zu Zeiten von Hillel und Schammai, von Jesus und Paulus gab es ein von allen gleichermaßen anerkanntes Grundgesetz, die hebräische Bibel; daneben gab es einen breiten Strom der sogenannten mündlichen Tradition, in der Sätze der schriftlichen Überlieferung nach ganz bestimmten Regeln entfaltet worden sind. Das waren dann gleichsam die Ausführungsbestimmungen für die Praxis.
In jahrhundertelanger Diskussion war schon eine breite Übereinstimmung geschaffen worden, aber manche Fragen blieben noch offen oder waren durch veränderte Situationen wieder neu aufgebrochen. Der Klärungsprozeß ging weiter: durch Suchen und Finden, Fragen und Beraten, Aufheben und Setzen, Formulieren und Abstimmen – zuletzt durch Einüben und Probieren. In dieser Gemeinde der Orthopraxie mußten die Lehrer immer wieder neu die passenden Normen festlegen, nach denen jeder immer und überall sollte wandeln und leben können.
Wenn das Neue Testament auf viele Fragen keine eigene Antwort gibt, so ist dies Zeichen dafür, daß eine stillschweigende Übereinstimmung mit den anderen Gruppen bestand. Wenn Jesus aber zu Einzelfragen Stellung nahm, dann beteiligte er sich, wie es Recht und Pflicht eines jeden pharisäischen Lehrers war, mit seinem eigenverantwortlichen Beitrag an der Klärung von Gegenwartsproblemen, wohl indem er Einzelergebnisse anderer Lehrer, nicht aber deren Kompetenz, anders zu entscheiden, bestritt. Jede Gruppe und jede Untergruppe hatte eigene Bräuche, Gebote und Gebete. An äußerer Haltung, an bestimmtem Wortlaut, an bestimmter Gebärde, an der Reihenfolge beim Tun war schon von ferne für jedermann die Gruppenzugehörigkeit auch einzelner leicht erkennbar.[54] Solche Besonderheiten dienten als Orientierungshilfen gleich Parteiabzeichen, wie sie in einer derart differenzierten Gemeinschaft, wie sie das Judentum darstellte, nötig und hilfreich waren.
Das Wichtigste in diesem Zusammenhang ist die Einsicht, daß Jesus, indem er sich an dieser polemischen Herausarbeitung und Aktualisierung des Machbaren beteiligte, sich nicht von seinen pharisäischen Kollegen unterschied. Er stand wie jeder andere Mensch in einem geschichtlichen Zusammenhang, und er kann deshalb nicht, wie viele Theologen gesagt haben, der *ganz andere* sein. Das kann nur behaupten, wer die hierher gehörenden jüdischen Paralleltexte nicht gelesen hat oder nicht zur Kenntnis nehmen will und wer die Texte des Neuen Testaments, die nur im jüdischen Gesamtzusammenhang deutlich sprechen, gegen ihre Tendenz in eine Isolierung stellt.
Jesu Lehre hatte eine individuelle Ausprägung, wie jeder Lehrer seine Besonderheiten hatte, aber es besteht eine grundsätzliche Übereinstimmung der Themen und Formen zwischen dem, was von den pharisäischen Lehrern einerseits und Jesus andererseits bekannt ist. Auch das vielzitierte und vielstrapazierte »Ich aber sage euch« macht hier keine Ausnahme. Dafür ein Beispiel aus der Lehrhausdebatte zu dem Text 4. Mose 11,21: »Rabbi Schimon ben Jochai sagt: Rabbi Akiwa hat dazu eine Auslegung gegeben – ich aber gebe zwei Auslegungen dazu; und meine Worte sind einleuchtender als die meines Lehrers. Siehe er sagte (und nun folgt Akiwas Ausspruch; dann wieder Rabbi Schimon ben Jochai, der Schüler): Ich aber sage . . . (und kurz darauf noch einmal) Ich aber sage . . .«[55]
So erweist sich, daß es kein Jesuswort gibt, das nicht grundsätzlich in diesem weiten Rahmen der Lehrhausdiskussion Raum gehabt hätte. Der philologische Befund erbringt, daß Jesus mit dem, was er sagte, und mit dem, wie er es sagte, einer der großen pharisäischen Lehrer seiner Zeit gewesen ist. Die Streitgespräche des Neuen Testaments sind nicht Zeichen der Geschiedenheit, sondern eben der stärkste Erweis der Zusammengehörigkeit. Von hier führt kein Weg zum Kreuz!
Jesu Umgang mit den vormaligen Sündern und seine Scheltreden gegen Heuchler gehören in die zweite Stufe der Polemik:[56]

> »Ihr sitzt wohl auf Moses Stuhl,
> ihr ladet anderen Lasten auf, tragt sie selber nicht,
> ihr redet schön daher und tuts nicht,
> ihr bereist die ganze Welt, sie zu beglücken . . .«

An letzterem wird deutlich, daß Jesus eher der Schammai-Richtung zugehörte, die sich von der Völkerwelt zelotisch abschloß und die missionarische Offenheit der Hillel-Schule kritisierte.[57]
Einige Beispiele aus dem Talmud zeigen, daß dies alles gut pharisäischer Manier entspricht:

»Rabbi Natan hat gesagt: ›Zehn Teile Heuchelei gibt es in der Welt, neun Teile in Jerusalem und einen in der ganzen Welt.‹[58]
Rabbi Jehoschua ben Chananja hat gesagt: ›Ein närrischer Frommer, ein schlauer Gottloser, eine pharisäische Frau und die Schläge der Pharisäer – siehe, die machen die Welt kaputt.‹[59]
Unsere Meister lehrten: ›Sieben Klassen von Pharisäern gibt es; diese sinds: der Sichem-Pharisäer, der Schleich-Pharisäer, der Aderlaß-Pharisäer, der Stößel-Pharisäer, der Pharisäer, der sagt: Was ist meine Pflicht – ich will sie tun!, der Pharisäer aus Liebe und der Pharisäer aus Furcht.‹«[60]

Ebenso sind das Liebesgebot und der einladende Umgang mit Sündern pharisäisch, denn auch die übrigen Pharisäer liefen den Sündern nach.[61] Hillel der Große wurde der jüdische Sokrates genannt; er sprach die Menschen auf der Straße an, um sie zu gewinnen. Bekannt sind die Geschichten von Seïra und Meïrs Frau Brurja:

»Einige sittenlose Gesellen lebten in der Nachbarschaft von Rabbi Seïra. Er befreundete sich aber mit ihnen, um sie so zur Umkehr zu bewegen. Unsere Meister wurden darüber ärgerlich. Als die Seele Rabbi Seïras zur Ruhe einging, sagten sie: ›Bis heute war der Kleine mit den verbrannten Schenkeln da, der für uns um Erbarmen flehte. Jetzt aber – wer fleht für uns um Erbarmen?‹ Sie bewegten es in ihrem Herzen und taten Umkehr.«[62]

»Einige sittenlose Gesellen waren in der Nachbarschaft Rabbi Meïrs, die ihn sehr ärgerten. Rabbi Meïr betete wider sie, damit sie sterben sollten. Brurja, seine Frau, sagte zu ihm: Wie kommst du auf den Gedanken? Etwa weil geschrieben stehe: ›Es mögen die Sünder verschwinden?‹[63] Steht denn geschrieben: Sünder? – Sünden steht geschrieben! Außerdem, verfolge doch den Vers bis zu Ende: ›Dann wird der Frevler keiner mehr sein.‹ Sobald die Sünden verschwinden – dann wird der Frevler keiner mehr sein. Bete lieber für sie, damit sie in Reue umkehren, dann wird der Frevler keiner mehr sein. Da betete er für sie, und sie kehrten in Reue um.«

Der Umgang Jesu mit den Sündern hatte dasselbe Ziel: sie von ihren Sünden wegzubringen, nicht sie drin zu belassen. Am Ende der Geschichte von der Ehebrecherin heißt es entsprechend: »Gehe hin und sündige hinfort nicht mehr!«[64]

Nachdem die Hoffnung auf Umkehr Ganz-Israels enttäuscht worden war, ging Jesus in der dritten Stufe auf Konfrontationskurs mit all seinen Folgen: Angriff, Provokation, Intoleranz und der Bereitschaft, die hiesige Welt mit ihren Institutionen wie den Tempel zu zerstören und durch das Selbstopfer Gott zum Eingreifen herauszufordern, damit dieser Äon endlich vergehe und sein Reich komme. Aus dieser Zeit stammen die Berichte über den Angriff auf den Tempel und die Verfluchung des Feigenbaums, die Drohungen gegen das Volk, die Weherufe und Verfluchungen.

Es war eine Zeit der Demütigung und Provokation durch Rom; das Volk war entrechtet und verachtet, ausgebeutet und verarmt. Fast das ganze Pharisäertum, mit Ausnahme der hillelschen Pazifisten, radikalisierte sich. In der katastrophalen Lage wurden Katastrophenideologien entworfen. Josephus berichtet, daß Messiasse in großer Zahl auftraten und Anhänger um sich sammelten. Bei ihren Versuchen, ihre Konzepte durch Umsturz des Bestehenden zu verwirklichen, scheiterten sie, weil die Römer vor dem erwarteten Reich kamen und die Aufrührer an die Kreuze hängten.

Die scharfen Worte Jesu kamen nicht nur aus enttäuschter Hoffnung auf das Volk, sondern vor allem auch aus messianischer Konkurrenz und Rivalität. Davon berichtet zwar nicht der Talmud, aus dem alles Messianische weitgehend verdrängt worden ist, um so eindrücklicher aber Josephus: Messiasse bekämpften einander nicht allein mit Worten, sondern, wo es sich ergab, auch mit Waffen.[65] Aber auch dieser Kampf auf Leben und Tod war ein Kampf unter Juden und für Juden; keinesfalls war es ein Kampf gegen Israel, wohl aber ein Kampf um Israel.

Paulus

Paulus ist *der* pharisäische Jude aus der Zeit vor der Zerstörung des Tempels im Jahre 70 n. d. g. Z., von dem der Nachwelt am meisten bekannt ist. In allem, was er lebte, tat und dachte, war er Jude; der Sache nach blieb er selbst noch mit seiner Botschaft von der Auferstehung des Christus

Jesus ein Jude, denn dieser Entwurf war keineswegs eine christliche Erfindung, sondern gehörte wesensmäßig zumindest einer bestimmten Art von jüdisch-messianischen Konzepten zu; der Form nach blieb er Jude – mit seiner Güte als auch mit seiner Strenge.

Die von ihm stammende Literatur ist äußerst schwierig. In der Vielschichtigkeit, Verschiedenartigkeit und Verschiedenwertigkeit der Aussagen spiegelt sich die komplizierte Lage, in der sich das Judentum damals allgemein und Paulus deshalb speziell befanden. Die Menschengruppen, mit denen Paulus zu tun hatte, waren in ihrer Art unterschiedlich, und deswegen setzte er den Schwerpunkt seiner Botschaft immer etwas anders, wie es ihm für den Zuhörerkreis, an den er sich gerade wandte, angemessen erschien. Seine Briefe befassen sich mit drei oder vier verschiedenen Gruppen: erstens mit den Juden, die sich seiner Botschaft zunächst noch verweigerten, zweitens mit den Menschen innerhalb der paulinischen Gemeinden, die sich in zwei Gruppen unterteilen lassen: zur Linken die pneumatischen Enthusiasten, die Leute des Geistüberschwangs, zur Rechten die nomistischen Traditionalisten, die sich an das »Gesetz« halten wollten, und drittens befassen sie sich mit Leuten, die von außen her in die Gemeinden eindrangen, um sein Missionswerk, wie sie meinten, zu befördern und, wie er meinte, zu zerstören.

Innerhalb seiner Gemeinde lobte und tadelte, mahnte und tröstete Paulus: den einen, die vor lauter Überschwang des Geistes und frommer Spiritualisierung die Wirklichkeit der hiesigen Welt versäumten, hielt er das traditionell jüdische Gebot vor, für die anderen, die auch als Christen noch ängstlich sich ihr Heil einzig von der Einhaltung der Gebote versprachen, spielte er das Gesetz herunter und wertete es in fast gnostischer Manier ab.[66] Allerdings blieb er auch damit innerhalb des Rahmens pharisäischer Theologie, die von Zäsuren – Chaos, Kosmos-Nomos und Christos – wußte.[67] Dem entsprach auch sein Verhalten: wollte er, daß jeder aus der Gemeinde, auch der Orthodoxeste, zu ihm kommen konnte, und wollte er seinerseits zu jedem, auch zum Liberalisten, gehen können, mußte er daheim die Kaschrut beachten und außerhalb bereit sein, auch Schweinernes und milchig-fleischig Vermischtes zu essen. Im Zweifelsfall entschied er sich nach dem Kanon der Liebe, die auf das schwächste Glied in der Kette Rücksicht nimmt. Nur so ist folgender Satz im Ernst und konkret zu verstehen: Ich bin den Juden ein Jude geworden, denen die ohne Gesetz sind, aber als ob ich ohne Gesetz wäre.[68]

Entgegen einer geläufigen These hat Paulus niemals Juden, die außerhalb seiner Gemeinde standen, bekämpft. Er bestritt ihnen niemals das Recht ihres Judeseins und behauptete niemals, mit dem Kommen des Christus sei ihnen der Bund aufgekündigt worden. Die positiven Aussagen über Juden aus den Kapiteln 9–11 des Römerbriefs sind bekannt.[69] Weniger bekannt aus anderem Zusammenhang ist:

> »Was für einen Vorzug hat nun der Jude? Oder was für einen Nutzen hat die Beschneidung? *Viel in jeder Hinsicht!* Vor allem nämlich sind ihnen die Verheißungen Gottes anvertraut worden.«[70]

Und dann verwies Paulus auf den Grund:

Juden können sein, wer sie wollen und was sie wollen, sie können tun und sie können lassen, was sie wollen – das kann an der Treue Gottes nichts ändern: Er kann sich seine Verheißungen nicht gereuen lassen, wenn er nicht aufhören will, Gott zu sein; darum hält Er trotz aller Abwege, Umwege, Irrwege ihrerseits an diesem seinem Volke fest und rettet es am Ende in seiner Gesamtheit.[71]

Dieselbe grundpositive Haltung hatte Paulus auch gegenüber der Weisung.[72] Sie galt ihm als heilig, recht und gut, als geistlich, als für sich gültig. Darum stimmte er ihr zu, richtete sie auf, darum hatte er seine *Freude an der Thora.*

Paulus schied sich nicht von diesen Juden, er unterschied sich von ihnen nur: Wo er behauptete, die Messiaszeit sei schon angebrochen, da bestritten sie seine Behauptung aus geschichtlicher Erfahrung und biblischem Glauben mit dem Hinweis, daß die Welt noch immer nicht erlöst sei; wo er ein Geschehen verinnerlichend vorwegnahm, da hielten sie ihm die konkrete Situation vor Augen.

Paulus dachte immer zuerst an die Juden; wohin er kam, immer ging er zuerst zu ihnen. Das galt auch noch, als er schon Heidenmissionar war.[73] Er sah die Heidenmission nur als Umweg, der in großem Bogen wieder zurückführt zu Israel: Eigentlich wäre Israel zuerst dran, aber nun habe Gott den Fahrplan umgestellt; jetzt seien die Letzten die Ersten, nun würden die Heiden zuerst gerettet, aber das Ziel des Ganzen bleibe die endliche Rettung Israels.[74] Um diese Hoffnung zu verwirklichen, war er zum Letzten bereit:

> »Ich sage die Wahrheit in Christus und lüge nicht . . ., daß ich große Traurigkeit und unablässigen Schmerz in meinem Herzen habe. Denn ich wünschte, als ein Verfluchter selber ferne von Christus zu sein zum Besten meiner Brüder, meiner Verwandten nach dem Fleisch, die ja Israel sind . . .«[75]

Den Christen aus den Völkern, die sich über diese Juden erheben wollten, schärfte er ein, daß Gott selber die Juden verhärtet – nicht verstockt, nicht verworfen – habe, damit die Völker hinzukommen sollten:

> »Hinsichtlich des Evangeliums sind sie zwar Feinde – um euretwillen, hinsichtlich der Erwählung aber Geliebte – um der Väter willen.«[76]

Und er stellte diese blinden und tauben Heiden vor das Geheimnis:

> »O welch eine Tiefe des Reichtums und der Weisheit und der Erkenntnis Gottes! Wie unerforschlich sind seine Entscheidungen und wie unausdenkbar seine Wege!«[77]

Diese Stellen zeigen deutlich, daß Paulus nicht Judenhasser war. Die Juden, die seine Christus-Botschaft nicht akzeptierten, hat er gleichsam aus seiner Polemik ausgespart mit der theologischen Begründung, Gott selber habe diese Gruppe für eine Zeit verhärtet.[78] Die praktische Konsequenz war, daß er den Bereich der Beschneidung nicht als sein Missionsgebiet betrachtete: er sei allein zu den Völkern gesandt.[79] Was er theologisch akzeptierte und entsprechend tatsächlich praktizierte, macht es vollkommen unmöglich, Paulus als Judengegner zu verstehen oder auch nur einen einzigen seiner Sätze als gegen Juden gerichtet zu nehmen, denn ihm galten diese Juden als Gottes Erwählungsgemeinde, der er, Paulus, ja entstammte und zugehörte. Sie waren und blieben ihm das Israel Gottes – ein Ausdruck, mit dem er niemals die Christengemeinde bezeichnete.[80]

Dagegen wandte Paulus sich mit aller Schärfe gegen seine christlichen Gegner. Es handelt sich um einen Apostelkreis aus Jerusalem, der in politisch schwerer Zeit, da die Heimat mit dem Beistand der Diaspora im Kampf gegen Rom rechnete, für die Auflösungserscheinungen in der Diaspora in der Folge der christlichen Mission verantwortlich gemacht wurde.[81]

Es gab im Judentum auch aus theologischen Gründen recht verschiedene Haltungen zu der Völkerwelt und zur Frage ihrer Missionierung. Essener etwa waren amissionarisch. Schammaileute, zu denen Jesus gehörte, waren antimissionarisch; am Vorabend des großen Aufstandes der Jahre 66–70 brachten sie die 18 Bestimmungen ein, ein Dokument, das jeglichen Verkehr mit Heiden unterbinden und verbieten sollte.[82] Die anwesenden Hilleliten wurden durch Fraktionszwang zur Zustimmung genötigt oder aber mit Waffen umgebracht. Nur die Anhänger der friedliebenden Hillel-Schule waren zu diesem Zeitpunkt noch missionarisch offen für alle Menschen aus den verschiedensten Sprachen und Kulturen, wenn sie nur dem einen Gott zugehören und ihm dienen wollten. Unter den hillelitischen Missionaren wiederum gab es Erleichterer wie Ananias und Erschwerer wie Elasar.[83]

Theologische Differenzen dieser Art gab es auch unter den frühchristlichen Gruppen. In der zunehmend gespannter werdenden politischen Konstellation bedeutete dies, daß die Verantwortlichen in Jerusalem Schlichim, Apostel, schicken mußten, denen die Aufgabe zufiel, das von Erleichterern wie Paulus Angefangene in ihrem Sinne weiterzuführen und zu korrigieren. Sie beriefen sich auf ihre Sondervollmachten und sprachen Paulus schlicht die Legitimation des Apostolats ab.[84] Er wehrte sich dagegen, indem er im Vorbeigehen sein Judesein herausstrich und die anderen in der schärfsten Weise angriff, sie persönlich verunglimpfte und sie verfluchte, ihre Sache glatt ins Gegenteil verkehrte und sie verächtlich machte.[85]

Hier haben die bekannten Entgegensetzungen und Umkehrungen aller Werte ihren geschichtlichen Platz:[86]

> Gesetz des Geistes und des Lebens ↔ Gesetz der Sünde und des Todes
> Gerechtigkeit ↔ Sünde
> Geistestrachten bringt Leben ↔ Fleischestrachten bringt Tod
> Der Geist ist lebendig um der Gerechtigkeit willen ↔ Der Leib ist tot um der Sünde willen
> Freie Sohnschaft ↔ Versklavte Knechtschaft
> Das Gebot ist höchster Wert, es dient dazu, Übertretung zu hindern, Gotteszorn abzuwenden ↔ Das Gebot ist letzter Dreck, es

bewirkt, Übertretung zu befördern, Gotteszorn zu erregen.

Jesus kam aus der Geschichte, lebte und litt in ihr ↔ Alle Geschichte, alle Institutionen in ihr sind ohne Bedeutung.

Hier scheint eine Grenze erreicht zu sein, eine scharfe Zäsur wird sichtbar; hier scheinen die Brücken abgebrochen; hier ist die Scheidung und die Trennung wenn nicht schon vollzogen, so doch als Möglichkeit einbezogen; hier ist die Liebe am Ende.

In diesem Zusammenhang sollte noch eine Stelle bei Paulus erwähnt werden, wo er schrieb von

> »den Juden, die auch den Herrn getötet haben, Jesus, und die Propheten, und uns verfolgt haben, und Gott nicht mehr zu gefallen suchen und gegen alle Menschen feindselig sind, indem sie, um das Maß ihrer Sünden voll zu machen, uns wehren, zu den Heiden zu reden, damit sie gerettet werden. Doch das Zorngericht ist endgültig über sie gekommen.«[87]

Es handelt sich um eine ungeheuerliche Behauptung, bestehend aus zwei Teilen:

1. »die Gott nicht gefallen und allen Menschen feind sind«; dieser Vorwurf stammt im Wortlaut aus der antik-heidnischen Judenpolemik.

2. »die ihre Propheten töten«; das ist ein Vorwurf, der in der innerjüdischen Polemik geläufig war. Geschichtlich ist, daß von den drei großen und zwölf kleinen Propheten des Kanons keiner eines unnatürlichen Todes starb. Nur von zwei randhaften Gestalten, Uria ben Schmaja und Sacharja ben Jojada, wird mitgeteilt, sie seien als Märtyrer gestorben.[88] Die späteren Prophetenlegenden allerdings berichten breit, daß mindestens neun Propheten umgebracht worden sein sollen.

Diese beiden Traditionen nahm Paulus auf und verknüpfte sie. Er führte das Allgemeine zum Speziellen: Wie einst die vielen, so brachten sie jetzt den Einen um, die gleichen Leute, die seine Mission behindern, die ihm wehren, zu den Heiden zu reden, über die sei der Gotteszorn gekommen. Für sie hegte Paulus keine Hoffnung mehr. Die übliche Meinung ist, daß er in einer Stunde der Bedrängnis und der Erregung einen derart geschichtswidrigen Satz gegen das von ihm sonst in seiner Polemik ausgesparte Judentum gesagt habe. Vieles spricht aber dafür, daß mit dieser scharfen Rede seine christlichen Gegner getroffen werden sollten.[89]

Die drei ersten Evangelien

Zwei politische Ereignisse veränderten die Szenerie: erstens die Zerstörung des jüdischen Staates und des Jerusalemer Tempels im Jahre 70 n. d. g. Z.; zweitens die Einfügung der Ketzerbitte in das tägliche Achtzehngebet in den achtziger Jahren. Nach der großen Katastrophe, die einem Weltuntergang gleichkam, suchte man Schuldige und fand sie auch jeweils in der anderen Gruppe. Wie die Christen behaupteten, »die Juden« seien mit ihrem ungehorsamen Unglauben die eigentlichen Verursacher, so behaupteten die pharisäisch-hillelitischen Juden, die Jochanan ben Sakkai nach Jawne versammelt hatte, die Ketzer – wie die Zeloten, Pneumatiker und Messianer damals bezeichnet wurden – seien an allem schuld; ihr Überschwang an Geist und Prophetie, ihre überspannte Hoffnung und Phantastik habe Israel in den unsinnigen Krieg getrieben.[90]

Beide Gruppen grenzten sich gegeneinander scharf ab. Sie begannen zunächst damit, ihre Überlieferung zu sammeln und zu sichten. So entstand in Jawne damals der Kanon der hebräischen Bibel. Auch die gemeindespezifischen Traditionen wurden hier und dort zusammengestellt. Die Mischna wurde bei den Pharisäern zur selben Zeit, im selben Raum und aus demselben Grund gesammelt, wie bei den Christen die Schriften des Neuen Testaments gesammelt wurden. Beide Traditionen waren bis dahin mündlich festgehalten – von Lehrern gesagt und von Schülern nachgesagt. Jetzt erschien es nötig, sie schriftlich festzulegen, mit den Vor- und Nachteilen, daß eine Literatur unbeweglich ist; sie steht später noch genauso da, auch wenn die Zeiten sich wesentlich verändert haben.

Durch den Übergang von der mündlichen zur schriftlichen Form kam es zu entscheidenden Veränderungen – durch Weglassung und Zufügung einerseits, durch Neu-Akzentuierung andererseits. Im Talmud wird dies besonders deutlich: Der Leser erhält den Eindruck, er befinde sich in einer geist-losen und a-messianischen Zeit auf einer Insel tiefen Friedens. Dabei kamen die Männer, die sich hier vorstellen, aus einer Zeit, in der Israel durch ein Übermaß an Geist und Prophetie, an einem Überangebot von Messiassen fast zerstört worden ist. Als gute Erzieher, die sie waren, wollten sie jedoch nicht den Krieg und

die Intoleranz verherrlichen, sondern einen neuen Weg zeigen, wie durch Gebotsgehorsam innerhalb der Institutionen die hiesige Welt wieder zu heilen sei. Aus diesem Grund wurden nicht nur weite Bereiche der Überlieferung unterdrückt, sondern auch neue Gesichtspunkte hinzugefügt. Es gab Notverordnungen zur Katastrophenbewältigung, etwa die Priesterversorgung mußte neu geregelt werden. Es gab auch Polemik gegen die Christen. Es sind allerdings nur auffallend wenige Stellen, in denen sie verächtlich gemacht und verspottet werden.[90]
Ganz parallel zur Mischna entstanden bei Christen in unmittelbarem Zusammenhang mit der Tempelzerstörung nacheinander die Evangelien. Wie beim Talmud wurde verändert, weggelassen und hinzugefügt. Jedoch mußte insgesamt wahrscheinlich weniger verändert werden, denn die Christen gedachten im wesentlichen ihren messianischen Entwurf durchzuhalten. Daher lassen sich aus den Evangelien sowohl die verschiedenen Stadien im Leben Jesu als auch die verschiedenen Gruppierungen mit ihren Theologien, in die sie die Botschaft Jesu eingearbeitet haben, erkennen. Die entscheidendsten Änderungen bestehen in vereinzelten Zuspitzungen und Akzentuierungen, die das partnerschaftliche Gespräch Jesu zum Distanzierenden und zum Feindschaftlichen hin weiterführen:
Matthäus etwa schrieb von »ihren« Synagogen.[91] Im Anschluß an eine gewöhnliche Debatte wird der Anschein erweckt, daß »Gegner« Jesus »töten« wollten.[92] Auf dem Höhepunkt der Auseinandersetzung kommt ein Drohwort Jesu fast einem Verdammungsurteil gleich – das Verbindende wird plötzlich abgebogen in Richtung auf Trennung und Scheidung.[93]
Die Trennung wurde von seiten der hillelitisch-pharisäischen Juden durch ein synagogenrechtliches Mittel vollzogen. Zur Erkennung und zur Ausscheidung vor allem der Judenchristen wurde in Jawne die Ketzerbitte geschaffen und in das Hauptgebet eingefügt.[94]

Das Johannesevangelium

Während die Synoptiker aus der Zeit des Übergangs stammen, wurde das vierte Evangelium erst nach dieser Zäsur endgültig schriftlich fixiert.[95] Deshalb tragen die drei ersten Evangelien nur randhaft angesetzte judenfeindliche Spitzen, während das Johannesevangelium von seiner Grundkonzeption dualistisch angelegt ist:

> »Ihr tut die Werke eures Vaters.«
> »Ihr stammt vom Teufel als eurem Vater und wollt die Gelüste eures Vaters tun: der war von Anfang her ein Menschenmörder und stand nicht in der Wahrheit, denn Wahrheit ist nicht in ihm. Wenn er die Lüge redet, so redet er aus seinem Eigenem, denn er ist ein Lügner und der Vater derselben. Weil ich aber die Wahrheit rede, darum glaubt ihr nicht.«[96]

Die Johannesoffenbarung richtet sich gegen Böse und Lügner, die sich Apostel nennen und es nicht sind, und gegen Menschen, die sich Juden nennen und es nicht sind.[97] – Das Wort »Jude« wird hier offensichtlich als Ehrenname und noch nicht als Schimpfwort empfunden. Die Versammlung der Gegner gilt als »eine Synagoge des Satans«.[98]
Um Antijudaismus handelt es sich jedoch aus zwei Gründen auch hier nicht: 1. In demselben Johannesevangelium steht geschrieben, daß das Heil von »den Juden« komme und daß Jesus »der Juden« König sei.[99] Die Menschen, die so positiv und negativ zugleich von »Juden« redeten und schrieben, hielten sich selber immer noch für Juden; deshalb konnten, durften und mußten sie sich – in der Reflexion der von den Mit-Juden schon vollzogenen Trennung – in solcher äußersten und letzten Schärfe an ihre Mit-Juden wenden, denn immer noch hofften sie, daß dieser Anruf verstanden und beantwortet werde. Hätten sie sich nicht von dieser Hoffnung leiten lassen, hätten sie – wie Josephus und Talmud es tun – schon geschwiegen.
2. Der essenische Charakter des Johannesevangeliums ist oft beobachtet worden. Er zeigt sich in der Bedeutung der Taufe, der Ablehnung der Mission und in dem grundsätzlichen Dualismus: wir im Licht – die anderen in der Finsternis, Liebe den eigenen – Haß den anderen.[100] Jesus gehörte nur in seiner Frühzeit zu den Täufern, trennte sich dann von ihnen, taufte nicht mehr und befaßte sich nicht mehr mit ihrer Sache; das täuferische Evangelium aber trat, was seine Einordnung im Neuen Testament betrifft, erst in einer Spätzeit in Erscheinung.[101] Dieses Problem ließe sich geschichtlich am einfachsten lösen durch die Annahme, daß Priester durch den Fall des Tempels

und die ihnen entgegenstehenden Protestpriester, die Essener, durch die Zerstörung ihrer Siedlungen und die Verketzerung mittels der zwölften Bitte in konkretem und übertragenem Sinne heimatlos geworden waren und sich in großer Zahl bei den wichtigsten Gruppen der Ketzer, den Christen, ansiedelten und eingemeindeten. Wenn diese Konzeption richtig wäre, müßte sich die Frage, ob diese Spätschriften einen Antijudaismus aufweisen, mit der Gegenfrage beantworten lassen, ob etwa die Schriften von Qumran einen Antijudaismus vertreten.

In Qumran lebten jüdische Priester, die vom Jerusalemer Tempeldienst durch Bannspruch und Gewalt wider ihren Willen ausgeschlossen worden waren. Von sich aus mußten sie dieses Geschick zwar faktisch ertragen, aber sie akzeptierten es niemals. Im Gegenteil, sie hatten keinen sehnlicheren Wunsch, als so bald wie möglich in Jerusalem für Ganz-Israel den Gott wohlgefälligen Dienst wiederaufnehmen zu können; denn sie waren der Ansicht, daß ihnen, den Söhnen des Lichts, der Bund der Väter gehöre.

> »Denn wegen ihrer Treulosigkeit, um derer willen, die ihn verlassen hatten, hat er sein Antlitz vor Israel und vor seinem Heiligtum verborgen und hat sie dem Schwert ausgeliefert. Weil er aber des Bundes mit den Vätern gedachte, ließ er einen Rest in Israel und gab sie nicht der Vernichtung preis«.[102]

Die Gegner sind die Treulosen und Gottlosen; sie werden bezeichnet als das Los Belials, Geweihte Belials, Gewalttäter, Sünder, Betrüger, Plünderer, elende Schänder, Lästerer, Verleumder, Spötter, Mauerbauer, Grenzsteinverrücker, Tünchestreicher, Wind- und Wirbelsturmerreger, Heuchler, Falschseher, Falschweissager, Lügenredner und Lügenpropheten. Sie alle sind Feuerschürer und Brandstifter; Spinnweben seien ihre Gewebe, Vipereier ihre Eier.[103]

Aus den Texten von Qumran geht klar hervor, daß diese äußerst scharfe Polemik Zeichen der Zugehörigkeit zu Ganz-Israel war und einem tiefen Gefühl der Verantwortung entsprang.

Wie in Qumran, so hielten die Anhänger der johanneischen Schule auch nach ihrem Ausschluß fest an den Juden, ohne die es diesen König und sein Heil nicht geben konnte. Eben weil sie noch dazugehören wollten, schimpften sie gegen die, welche sie ausschlossen. Sie führten den israelgemäßen Messianismus weiter, der von den Hillel-Pharisäern unter dem Eindruck der Katastrophe verworfen wurde.

In den verschiedenen Passionsberichten läßt sich beobachten, wie in der Verschränkung mit fortschreitender Zeit immer mehr »die Juden« belastet und entsprechend »die Römer« in Gestalt des Pilatus entlastet werden. Judäa-Capta-Münzen und Titusbogen, die Umstrukturierung der jüdischen Tempelsteuer in eine Steuer für den Jupitertempel zu Rom und die Transporte der Gefangenen auf die Sklavenmärkte in aller Welt waren entsprechende Zeichen. Das Evangelium, diese Urkunde jüdischer Glaubensgeschichte, hatte in der Stimmung dieser Zeit nur eine Chance, zu den Heiden zu kommen, wenn sich die Gewichte der Berichte verschieben ließen – weg vom Historischen, hin zum Polemischen.

Die Kreuzigung war eine eindeutig römische Strafe; Jesus ist als politischer Aufwiegler dazu verurteilt worden. »Die Juden« waren im Zweifelsfalle für die Revolutionäre, nicht gegen sie. Dagegen waren die römische Besatzungsmacht und eine hauchdünne Oberschicht des sadduzäischen Hochpriesteradels, die vielleicht der Besatzungsbehörde gegenüber zur Rechtshilfe bei der Gefangenenvernehmung verpflichtet war, an der Erhaltung des Status quo interessiert. Die Berichterstattung der Evangelien stellt es jedoch anders dar: Immer stärker werden »die Juden« ins Spiel gebracht. Pilatus, der ob seiner Grausamkeit und seiner Unrechtlichkeit berüchtigt war, wurde immer behutsamer beurteilt. Bei Matthäus wird mit der Zeremonie des Händewaschens und dem Zitat aus dem 26. Psalm »Ich wasche meine Hände in Unschuld« der Eindruck erweckt, Pilatus sei ein jüdischer Frommer gewesen. Jeder Jude denkt nämlich, wenn er diesen Vers hört, ohne weiteres an die Fortsetzung des Psalms: ». . . und umwandle Deinen Altar, o Herr, daß ich laut den Lobgesang anstimme und alle Deine Wunder verkünde«.

Bei Johannes wurde Pilatus mit seiner Frage, was die Wahrheit sei, zum griechischen Philosophen hochstilisiert und in der frühen ägyptischen Kirche zuletzt und ganz konsequent gar als Heiliger verehrt.[104]

Die Verschränkung ist klar und ebenso die Tendenz. Daraus folgt, daß der geschichtliche Sachverhalt gegen das Gefälle der Texte zu suchen und festzuhalten ist. Wieder lautet die Antwort auf die Frage, ob es sich um Antijudaismus handele oder nicht: Die Menschen, die derart die Überlieferung veränderten, waren Juden und wollten Juden bleiben. Auch wo sie sich den Weltvölkern zuwandten, meinten sie bei aller Schärfe immer noch Juden zu sein . . .

Das Zusammentreffen der beiden verschiedenen Traditionen

Judenhaß ist von seinem Ursprung her und seinem Wesen nach etwas »Heidnisches«. Er ist die Antwort der Völker auf den Erwählungsglauben Israels. Er begleitete daher die jüdische Existenz in der Diaspora und wurde durch ihre Mission verstärkt. Wenn Angehörige der Völker zum Judentum übertraten, fanden sie ihren Ursprung in Abraham und übernahmen die Thora. Sie legten selbstverständlich den Haß ab und wurden von Gegnern der Juden zu Freunden Israels. Um so mehr wurden sie von ihrer Umgebung gehaßt. Wenn aber Heiden zum Christentum übertraten, kamen sie in der frühen Zeit in die jüdische Gemeinde und zogen folglich auch diesen Haß auf sich. Aber mehr und mehr distanzierten sie sich einerseits vom Judentum und suchten andererseits dem Haß zu entgehen. Diese Entwicklung ging Hand in Hand und wurde dadurch verstärkt, daß das Judentum seinerseits die Jesus-Messianer und andere Randgruppen ausschloß.
Bald aber bildeten sich heidenchristliche Sondergemeinden. Die hier eintraten, haben ihren anerzogenen Judenhaß nicht hinter sich gelassen. Im Gegenteil: sie verstärkten ihn noch durch kunstvolle Verbindung mit Elementen innerjüdischer Polemik. Dadurch wurde einerseits diese Polemik aus der solidarischen Verantwortung gelöst und in eine feindliche Kategorie verwandelt, andererseits der Judenhaß theologisch untermauert und ins Grundsätzliche geführt. Das judenfeindliche Dogma entstand. Die Kirche verstand sich als Erbin der Synagoge, wobei sie die Bibel, die sie übernahm, als Zeugnis mißbrauchte, indem sie positive Aussagen, etwa über Gottesbund und Erwählung, für sich beanspruchte und dem Judentum absprach, negative Aussagen aber einseitig und ausschließlich gegen das Judentum wandte. Die oft scharfe Selbstkritik, ein durchgehender Zug der hebräischen Bibel, verband die Kirche mit Beispielen innergemeindlicher Auseinandersetzung in der Predigt Jesu und den Paulusbriefen und richtete sie als Waffen von außen gegen das Judentum. Es kam – mit Barnabas als Anfang und einem gleichzeitigen Höhepunkt – zu einer Flut antijüdischer Schriften von Kirchenvätern und mit der wachsenden kirchlichen Macht zu antijüdischen Gesetzen.[105]
Hätte sich die Wirklichkeit biblischer Erwählung durchgesetzt, dann hätten sich Christen von Heidnischem und von Heiden geschieden und wären unter dem Kreuz neben Juden gestanden. Aber die Geschichtswirklichkeit erwies sich als stärker. Obwohl die Christen aus den Völkern das Erbe der Juden übernommen hatten, blieben sie – und wurden immer mehr – Freunde der Heiden. Gerade weil sie die Juden ent-erbten, sind sie Gegner der Juden geblieben und geworden. Die Genossen werden sollten im Haus Israel, sind zu Dieben, Räubern und Mördern geworden.
Ein Jahrtausend lang war der antike Judenhaß immer dann in Erscheinung getreten, wenn Juden privilegiert wurden. Jetzt war die Umkehrung erreicht; fortan begleitete der Judenhaß eine erniedrigte, wehrlose, leidende Gemeinde. Der Gang der Geschichte wurde von der triumphierend um sich schauenden Ecclesia bestimmt; die trauernde Synagoga mit den verbundenen Augen und dem gebrochenen Stab hatte alle Weltbedeutung verloren.[106]
Das ist allbekannt. Nicht so sichtbar war, daß die Kirche, die sich anschickte, die Welt zu erobern, das, was sie wirklich hätte bringen sollen, nämlich Israel-Wirklichkeit, schon preisgegeben hatte. Vor die weltgeschichtlich bedeutsame Wahl gestellt, sich für oder gegen Juden zu entscheiden, hatte das Heidenchristentum den Weg der Mächtigeren und Vielen eingeschlagen und sich gegen Erwählung und Sonderung, gegen das Leiden dieses Volkes und seines Königs gestellt. Es hat sich nicht mit Juden, die sichtbar um Gottes willen gelitten haben, solidarisiert. Damit haben Heidenchristen ihre Erwählung preisgegeben. Denn Erwählung ist unteilbar. Sie haben sich für einen »christlichen« Antijudaismus entschieden, der seither als so bekannt und selbstverständlich gilt, wie ein außerchristlicher etwas ganz Erstaunliches blieb. »Christlicher« Antijudaismus ist aber ein Widerspruch in sich selbst, und ein Mensch, der Judenhasser ist oder wird, kann sich sicherlich nicht auf das Neue Testament berufen. Denn Judenhaß kommt aus Heidnischem und bleibt wesensmäßig heidnisch.

Anmerkungen

1 Zum Ganzen A. v. Harnack, Die Mission und Ausbreitung des Christentums in den ersten drei Jahrhunderten, 4. Aufl., 1924, I, S. 12 f; zum einzelnen: E. Sachau, Aramäische Papyrus und Ostraka aus einer jüdischen Militärkolonie zu Elephantine, 1911; A. Cowley, Aramaic Papyri of the fifth century B. C., 1923; H. I. Bell, Juden und Griechen im römischen Alexandrien, 2. Aufl., 1927
2 Dazu G. Rosen, Juden und Phönizier. Das antike Judentum als Missionsreligion und die Entstehung der jüdischen Diaspora, 1929, S. 22–27 und S. 69–97
3 Dazu Genesis rabba 28 und Mechilta zu Exodus 18, 27
4 Die Frauen von Damaskus seien fast ausnahmslos dem Judentum zugetan gewesen: Josephus, bell. 2, 20, 2, § 560; vor allem vornehme Frauen sind gekommen: Josephus, ant. 18, 3, 5, § 82 und ebd. 20, 2.3, § 35
5 Die Texte der antiken Schriftsteller sammelten: Th. Reinach, Textes d'auteurs grecs et romains relatifs au Judaisme, 1895, Nachdruck 1963, und M. Stern, Greek and Latin Authors on Jews and Judaism, 1974. Historisch untersucht wurden diese Phänomene durch J. Isaac, Genesis des Antisemitismus, 1969.
6 Zitiert bei Porphyrius, De abstinentia, 2, 26
7 Nach Josephus, c. Ap. 1, 22, §§ 183–204, und nach Diodorus Siculus, bibl. hist. 40, 3
8 Bei Clemens Alexandrinus, strom. 1,15:72:5
9 Zit. bei Josephus, c. Ap. 1, 22, §§ 176–183
10 Bei Josephus, c. Ap. 1, 22, §§ 162–165
11 Aufzählung bei Josephus, c. Ap. 1, 23, §§ 215 f
12 Ebd. 1, 22, §§ 205–211
13 Ebd. 2, 7, §§ 83 f und ant. 12, 3, 3, §§ 135 f.
14 De universi natura, 45 f. Anspielung auf Gen. 1,28 LXX
15 Besonders Apion bedeutete durch seine Popularität eine Gefahr für die Juden, weshalb ihn auch Josephus mit seinem ausdrücklich gegen diesen gerichteten Werk bekämpfte; contra Apionem ist auch die wichtigste Quelle für die Kenntnis der anderen Judenhasser. Apion, 1. Hälfte des 1. Jh. nach der gültigen Zeitrechnung, war ein griechischer Gelehrter und Schriftsteller ägyptischer Herkunft, schrieb über ägyptische Geschichte, im 3. und 4. Buch seiner Aegyptiaca bes. über die Juden; nach Clemens Alexandrinus und Eusebius soll er außerdem ein gesondertes Buch gegen die Juden geschrieben haben. In der Ära der Kaiser Tiberius und Claudius wirkte Apion als Lehrer in Rom, vor Gaius vertrat er die Gesandtschaft der judenfeindlichen Alexandriner gegen Philo, der die alexandrinisch-jüdische Abordnung führte.
16 Die frühen Lateiner interessierten sich kaum oder dann doch recht wohlwollend fürs Judentums: Cicero, 106–43, erwähnte nur an zwei Stellen, bedingt durch die Situation, Juden (Pro Flacco, 28, 66–69; De Provinciis Consularibus, 5, 10–12), wobei sie nicht schlechter wegkommen als andere »Barbaren«. Horaz, 65–8, berichtet wertfrei über der Juden Missionseifer (Sermones 1, 4, 139–143), lacht über ihre sprichwörtliche Leichtgläubigkeit (ebd. 1, 5, 96–104) ohne Bitterkeit, erwähnt Beschneidung und Schabbat (ebd. 1, 9, 60–78). Livius, 59 bis 14 n. d. g. Z., beschrieb (De Judaeis, in Schalia in Lucanum, 2,593) die jüdische Religion als Dienst für den namen- und bildlosen Gott. Ovid, 43 v. bis 17 n. d. g. Z., konstatierte, daß das Judentum bes. mit seiner Schabbatfeier die römische Gesellschaft der augustäischen Zeit stark beeindruckte (Ars Amatoria, 1, 75–80.413–416; Remedia Amoris, 217–220).
Erst der Philosoph Seneca, Ende 1. Jh. bis 65 n. d. g. Z., der eine Antipathie gegen alle orientalischen Kulte hatte, ließ als erster lateinischer Schriftsteller seinen Zorn gegenüber Juden freien Lauf, da sie auf der ganzen Welt beträchtlichen Einfluß gewännen (De Superstitione, zit. bei Augustinus, De Civitate Dei, 6,11); von ihm stammt der (ebd. zitierte) berühmte Satz: victi victoribus leges dederunt, die Besiegten gaben den Siegern ihre Gesetze. Wie Seneca, so kamen auch die Judenhasser Quintilian und Martial, seine etwas jüngeren Zeitgenossen, aus Spanien, wo damals schon eine beträchtliche Zahl von Juden lebten.
17 Apion, von Abstammung selber Ägypter, wollte damit der Juden Bürgerrecht bestreiten. Dazu Josephus, c. Ap. 2, 3, § 28
18 So Apion, dann Chaeremon, ein griechisch-ägyptischer Intellektueller des 1. Jh.s n. d. g. Z., der in der Tradition Manethos stand, auch Lysimachus, ein griechisch-ägyptischer Schriftsteller viell. aus dem 1. Jh. v. d. g. Z., der neben Apion wohl den schärfsten Antijudaismus propagiert hat. Dazu Josephus, c. Ap. 2, 2, § 15; 1, 32, §§ 228–290; 1, 34, §§ 304–311, Diodor, 1. Jh. v. d. g. Z., bibl.-hist., 34,1; auch Tacitus, 55–115, der seinerseits wohl von Lysimachos abhängig war, hist., 5,3
19 So Apion, Lysimachus und Apollonius Molon, ein Rhetor des 1. Jh.s v. d. g. Z., bei dem auch Cicero und Caesar lernten, zugleich ein fanatischer Judengegner – der nach Josephus, c. Ap. 2, 7, §§ 79 f – Apion mit polemischem Material versorgte. Dazu Josephus, c. Ap. 2, 2, § 15; 2,14, § 145; auch Nicarchus, viell. 1. Jh. n. d. g. Z., De Judaeis, zit. bei Photius, Lexikon unter Stichwort Alpha; weiter Quintilian, 2. Hälfte 1. Jh. n. d. g. Z., Institutio Oratoria, 3, 7, 21; auch Tacitus, hist. 5, 4
20 So Apollonius Molon, Lysimachus und Apion; dazu Josephus, c. Ap. 2, 14, § 145; 2, 11, § 125
21 So Lysimachus und Apion; dazu Josephus, c. Ap. 1.34, §§ 304–311; 2,10, § 121. Auch Tacitus, hist. 5, 5, und Juvenal, 55–138, sat. 14, 103 f
22 Apion mit der seltsamen Begründung, daß Israel nicht herrsche, sondern von den Völkern unterjocht werde; dazu Josephus, c. Ap., 2,11, § 125; ähnlich Tacitus, hist., 5,13
23 Die Fabel vom Eselsdienst läßt sich zum erstenmal nachweisen bei Mnaseas aus Patara, um 200 v. d. g. Z., Hinweis bei Josephus, c. Ap. 1, 23, §§ 215 f. Sie erscheint bei Apion (nach Josephus, c. Ap. 2, 7, § 80, und 2, 9, § 114), der sie von Apollonius Molon (dazu Anm. 19) und von Poseidonius, einem judenfeindlichen Philosophen, um 135–51, empfangen hat; und bei Damocritus, einem Historiker viell. des 1. Jh.s n. d. g. Z. (nach Suda, unter dem Stichwort Damocritus), ebenfalls bei Tacitus, hist. 5, 3 f.
24 Nach Josephus, c. Ap. 2, 8, §§ 89–96. Die Fabel erscheint auch bei Damocritus, wohl dem einzigen griechischen Historiker neben Apion, der von der rituellen Schlachtung eines Fremden alle sieben Jahre schrieb.

Dazu auch die Beiträge von Ginzel, S. 143 ff; Eckart, S. 89 ff

25 Dazu Tacitus, hist. 5, 5

26 Über die Beschneidung spotteten vor allem Lateiner, die im 1. Jh. und anfangs des 2. Jh. n. d. g. Z. schrieben, so etwa der stoische Satyriker Persius (sat., 5,184), Petronius (Satyricon, 68, 4–8; 102, 13 f), Martial (Epigrammata, 7, 30; 7, 82; 11, 94) und Juvenal (sat. 14, 99), aber auch Apion (nach Josephus, c. Ap. 2, 13, 137). Zur Übernahme dieser Polemik in den christlichen Bereich: Wirth »Barnabasbrief«

27 Darüber lästerten unter anderen Apion (nach Josephus, c. Ap. 2, 3, § 137), Petronius (Fragmente, Nr. 37), Juvenal (sat., 6, 160; 14, 98) und Tacitus (hist., 5, 4). Diese Enthaltsamkeit wurde »begründet«: von Petronius mit der Behauptung, Juden verehrten einen Schweine-Gott, von Juvenal, sie erwiesen den Schweinen eine Gefälligkeit, von Tacitus, sie erinnerten sich des einstigen Aussatzes, von dem vor allem auch Schweine befallen würden.

28 Dazu Apion (nach Josephus, c. Ap. 2, 2, § 21), Seneca (Naturales Quaestiones, 3, 25, 5; De Superstitione), bei Augustinus (de civ. dei, 6, 11), Persius (sat., 5, 176–184), Martial (Epigrammata, 4, 4), der delphische Priester Plutarch, um 40–120 (De Superstitione, 8, S. 169 c), Juvenal (sat., 6,159; 14, 96. 105 f), Tacitus (hist., 5, 4). Apion führte die Schabbatfeier auf die Erinnerung der Juden an den Marsch ihrer Väter durch die Wüste zurück, die Leistengeschwüre bekamen und deshalb am siebenten Tage ruhen mußten; außerdem bedeutete das ägyptische Wort Sabbat = Leistengeschwürschmerzen. Allein die Beschreibung des Persius verrät eine genauere Kenntnis aus Anschauung.

29 Zu Seneca, oben Anm. 17; Martial mit äußerster Schärfe: Epigrammata, 7, 30; Juvenal, sat., 14, 96–106, wie die Söhne von bloß randhaft interessierten »Gottesfürchtigen« dann vollends übertreten, »Proselyten« werden; Tacitus, hist., 5, 5: gerade ihrer Verkehrtheit wegen setzen sich jüdische Gebräuche und Einrichtungen durch.

30 So Tacitus, hist., 5, 8; Lysimachus und Apollonius Molon nach Josephus, c. Ap., 2, 33, § 236

31 Dazu Apion, nach Josephus, c. Ap., 2, 6, § 68; 2,7, §§ 79 ff dann bes. Tacitus, ann., 2,85; hist., 5,4.5.8

32 Diese Vorwürfe hielten sich auch in den »christlichen Zeiten« und wurden von den »modernen Antisemiten« erneut verbreitet. Dazu etwa der Beitrag von Ginzel, S. 16

33 So könnte z. B. hinter der Polemik vom Kult des goldenen Esels die biblische Erzählung von der Verehrung des goldenen Kalbes, Ex. 32, stehen.

34 Dazu J. Juster, Les Juifs dans l'empire Romain, 1914; V. Tcherikover, Hellenistic Civilization and the Jews, 1959; M. Hengel, Judentum und Hellenismus, 1969

35 Dazu etwa Josephus, ant., 12, 5, 1, § 241, auch Paulus, 1. Kor. 7, 18

35a Papyrusbrief vom 4. 8. 41 n. d. g. Z., Berliner Griechische Urkunden Nr. 1079

36 Zur Diskussion zwischen Schürer und Juster einerseits, die sich auf Philon und Josephus stützten, und Wilcken, Willrich, Bludau, Schubert, Reinach andererseits, die bezweifeln bzw. bestreiten, daß die Juden Alexandriens das Bürgerrecht besaßen: H. I. Bell, Jews and Christians in Egypt, the Jewish Troubles in Alexandria und the Athanasian Controversy, 1924, pp. 23–29

37 Dazu Th. Mommsen, Römische Geschichte, Bd. 5, 4. Aufl., S. 582 f

38 Apion nach Josephus, c. Ap., 2, 6, § 65

39 Dazu E. Bickermann, Der Gott der Makkabäer. Untersuchungen über Sinn und Ursprung der makkabäischen Erhebung, 1937. Simon, 142–134, und Hyrkan I., 134–105, führten Eroberungskriege, bei denen die Besiegten zwangsjudaisiert wurden, was den Protest der Frommen, vor allem der Pharisäer, bewirkte. Dazu etwa Josephus, ant., 13, 9, 1, §§ 254–258; 13, 10, 5 f, §§ 288–298

40 Dazu Josephus, ant., 13, 5, 9, §§ 171–173; par. bell., 2, 8, 2, § 119; 2, 8,14, §§ 162–166; zur vierten Partei: ant., 18, 1, 6, §§ 23–25

41 Fragment 53 in H. Diels, Die Fragmente der Vorsokratiker, 1957, S. 27. Zum Ganzen: J. Huizinga, Homo ludens. Versuch einer Bestimmung des Spielelementes in der Kultur, 1938

42 Jede jüdische Gruppe besaß ihre Schriftgelehrten. In griechischen Übersetzungen hebräischer Texte werden die *Soferim* mit demselben Ausdruck *Grammateis* bezeichnet wie die griechischen »Grammatiker«.

43 Dazu R. Mayer, Geschichtserfahrung und Schriftauslegung. Zur Hermeneutik des frühen Judentums, in: Die hermeneutische Frage in der Theologie, hrsg. v. O. Loretz und W. Strolz, 1968, S. 290–355

44 Dazu die Einleitung des Taschenbuches Goldmann 8665, Der Talmud, ausgewählt v. R. Mayer, 5. Aufl., 4/91, S. 9–60

45 Das ist die theoretische Voraussetzung für die Ermöglichung der Feindesliebe, wie sie im Pharisäertum der Hillel-Schule gelehrt und gelebt worden ist; dazu etwa Talmud, Gittin 61a und Sanhedrin 39b

46 Dazu in der Talmud-Anthologie (Anm. 44), S. 463 bis 474 und S. 547–549

47 Dazu Mk. 7, 1–23

48 Dazu den Abschnitt »Aufhebung von Geboten«. Talmud Anthologie, S. 317–320

49 Dazu Mk. 10, 1–12 und Talmud, Gittin 90a/90b

50 Dazu Talmud, Joma 85b

51 Dazu Talmud, Joma 84b

52 Dazu Mk. 3, 1–4

53 Dazu Mk. 2, 23–26

54 Dazu Lk. 11, 1 und Talmud, Brachot 29a und 4, 2

55 Diese Parallele zu Mt. 5 findet sich im halachischen Midrasch, einem Stenogramm der Lehrhausdebatten über Bibeltexte, dem sogenannten Sifre zu Numeri, § 95.

56 Dazu Mt. 23, 2.4.3.15

57 Dazu Mt. 10, 5 und 15, 22–24

58 Midrasch zu Esther 1, 3, 85a

59 Talmud, Sota 3, 4

60 Ebd., 22b

61 Das Gebot der Gottes- und Nächstenliebe war – aus der hebräischen Bibel, dem von Christen so benannten »Alten Testament«: 5. Mose 6, 5 und 3. Mose 19, 18 – dem gesamten Judentum selbstverständlich bekannt. Geübt wurde die Feindesliebe zumindest von Pharisäern der Hillel-Schule. Dazu oben, Anm.45

62 So Talmud, Sanhedrin 37a und Brachot 10a

63 Zitat von Psalm 104, 35. Der unveränderte Konso-

nantentext kann durch eine geringfügige Veränderung der Vokale »Sünde« statt »Sünder« gelesen werden.
64 So Joh. 8, 11
65 Angesichts der Bedrängnis durch die überlegenen Römer bekämpften sich die rivalisierenden Messias-Anwärter innerhalb Jerusalems auf Leben und Tod. Dazu bes. die Bücher 3 und 4 des »Jüdischen Krieges« von Flavius Josephus; erschien ebenfalls als Goldmann-Taschenbuch, Nr. 1642–1645
66 Etwa als Gemeinde-Organisator in Korinth; dazu etwa 1. Kor. 5–7; 11, 10; 14, 33 f. Gegen das Gesetz etwa Gal. 3,19 f
67 Dazu etwa Talmud, Sanhedrin 97a/97b
68 Zitiert nach 1. Kor. 9, 20 f
69 Bes. Vers 4 und der Anfang von Vers 5 des 9. Kapitels
70 So Röm. 3, 1 f
71 Dazu ebd., bes. Kap. 11, 25–36
72 Ebd., etwa 3, 31; 7,12.14.21 f
73 Ebd., 1,16; auch Ag. 17,1 f
74 Ebd., bes. 11, 25 f; dann auch 11, 11 f
75 Ebd., 9, 1–4
76 So ebd., 11, 28
77 So ebd., 11, 33
78 Die unpersönlichen und passiven Verbformen, etwa Röm. 11, 25 f sind hier, wie sonst in jüdischer Literatur, Umschreibungen für Gottes eigenes Handeln.
79 Dazu etwa Gal. 2, 9
80 So ebd., 6, 16
81 Dazu Ag. 14 und Gal. 2, 1–10
82 Dazu Jerusalemer Talmud, Schabbat 3c
83 Dazu Josephus, ant., 20, 2, 3 f, §§ 34–48
84 Dazu bes. 2. Kor. 10 und 11
85 Dazu ebd., 12; auch Phil. 3, 1–14
86 Diese und ähnliche Antithesen finden sich fast überall im Werk des Paulus. Die wichtigsten Stellen sind wohl: Röm. 8, 2 und 7, 25; Gal. 2, 21 und 3, 10; Röm. 8, 10 und 8, 13; Gal. 4, 5–7 und 4, 24; dazu Röm. 2, 8.27 f und 4, 15; Gal. 4, 4; Röm. 1, 3 und 2. Kor. 5, 16
87 1. Thess. 2, 4–16
88 Dazu Jer. 26 und 2. Chron. 24
89 Dazu Anm. 85
90 Etwa Talmud, Sanhedrin 43a und Schabbat 116a/116b
91 So Mt. 4, 23; 9, 35; 10, 17; 12, 9; 13, 54; 23, 34
92 Dazu Joh. 5, 16.18; 7, 19; 8, 37.40; auch Mk. 3, 6
93 Dazu Mt. 23.37–39
94 Siehe auch S. 68, Anm. 9
95 Der im Johannesevangelium dreimal, 9, 22; 12, 42; 16, 2, vorkommende Ausdruck *Aposynagogos* = von der Synagoge ausgeschieden, erweist, daß die Endredaktion nach der Einfügung der Ketzerbitte ins Achtzehngebet stattgefunden hat.
96 So. Joh. 8, 41.44 f
97 Joh.-Offbg. 2, 2; 2, 2; 3, 9
98 Ebd., 2, 9 und 3, 9
99 So Joh. 4, 22; 18, 37; 19, 19–22
100 Dazu ebd., 1, 1–14; 13, 12–18.34 f; 15, 9–27; auch 1. Joh. Brief, bes. etwa 4, 7, 11; 2, 15–17
101 Damit ist das Johannesevangelium gemeint, und zwar seiner formalen und inhaltlichen Nähe zu Texten der Gemeinde von Qumran am Toten Meer wegen.
102 So in der sogenannten Damaskusschrift, Handschrift A, Kol. 1, ZZ. 3–5
103 So ebd., 5,13 f
104 Zum Gesamtproblem: P. Winter, On the Trial of Jesus, 2nd ed., 1974; dazu meine ausführliche Besprechung in Freiburger Rundbrief. Beiträge zur christlich-jüdischen Begegnung Nr. 105/108, Jg. 28, 1976, S. 92 bis 94
105 Dazu Beitrag Wirth, S. 54 ff
106 Dazu Beitrag Eckert, S. 73 f

Judenfeindschaft von der frühen Kirche bis zu den Kreuzzügen

»... von jener schimpflichen Gemeinschaft uns trennen«

Wolfgang Wirth

Das entzweite Gottesvolk

Die christliche Judenfeindschaft erscheint zunächst um so erstaunlicher, als ja das Christentum, das sich als Gemeinde des Juden Jesus von Nazareth versteht, im Geschichtsprozeß ein Abkömmling der jüdischen Welt ist.
Wie aber hat nun die Kirche auf die jüdische Existenz reagiert? Wie hat sie ihr Verhältnis zu Israel bestimmt? Die Frage nach dem Eigenen, Neuen im Verhältnis zur jüdischen Tradition wurde von der Kirche überhaupt kaum je in positivem Sinne als Verwandtschaft, etwa als Fortentwicklung bestimmter Tendenzen verstanden, kaum je als mögliche – und jedenfalls für die Christen sinnvolle – Entwicklung jüdischer Tradition und biblischen Glaubens und Hoffens gewürdigt. Dagegen ist von den Tagen der frühen Kirche an ein fortschreitender Prozeß der Trennung und Ablehnung im Westen wie im Osten des Römischen Reiches zu beobachten. Er zog sich über Jahrhunderte hin – mit Unterbrechungen, mit Ruhepausen für jüdische Gemeinden zwischen Zeiten der Auseinandersetzungen und Verfolgungen. Der Prozeß war aber dennoch unaufhaltsam; er führte von den unverarbeiteten Fremdheitsgefühlen in der Zeit der ältesten Heidenkirche bis zur physischen Vernichtung zur Zeit der Kreuzzüge.

I. Der Prozeß der Entfremdung von den Juden in der frühen Kirche

Den geschichtlichen Zusammenhang von Juden und Christen als eine im Heilsglauben zu bejahende Tatsache zu begreifen, fiel den heidenchristlichen Gemeinden äußerst schwer. Die Anfänge dieser Problematik sehen wir bereits im Neuen Testament, dort, wo zu Jesusjüngern aus den Juden Gruppen von »Heiden« hinzustoßen.[1]
Der Vorgang der Entfremdung und der gegenseitigen Abstoßung muß in den Gemeinden, aus denen sich die Großkirche entwickelt hat, schon bald nach dem Untergang des Tempels im Jahre 70 erfolgt sein. Einige judenchristliche Gruppen, die Jesus zwar als Messias bekannten, aber den dogmatischen Prozeß zur Christologie und Trinitätslehre hin nicht mitvollzogen, blieben am Rande der Geschichte. Der Ausschluß von jüdischen Jüngern Jesu aus den jüdischen Gemeinden, die sich nach der Katastrophe des Jüdischen Krieges neu formierten, hat den Abstand von Judentum und Kirche befördert.[2]
Aus einer Schar von Anhängern Jesu aus seinem Volk erwuchs bald nach seinem Tod die »Kirche aus Juden und Heiden«. Wieder einige Jahre später fanden sich in den meisten Gemeinden nur noch Heiden. Die Wiederkunft Jesu war ausgeblieben. Die Ordnung in den Gemeinden verfestigte sich; der Protest gegen diese Welt und ihre Zustände blieb.
Man hatte gegen zwei oder gar drei Fronten zu kämpfen. Einmal grenzte man sich gegenüber den Juden als das »wahre Israel« (verus Israel) ab. Zum anderen galt es für eine Gemeinschaft, die in einem von der römischen Herrschaft hingerichteten Aufrührer ihren »Anführer« sah, die richtige Taktik vor dessen Behörden anzuwenden. Schließlich mußte man sich unausgesetzt gnostisierender oder enthusiastischer Sekten erwehren, die den biblischen Traditionen zu deutlich widersprachen. Unter den Schutz der jüdischen Religion, die vom Kaiserkult befreit war, konnten sich heidenchristliche Gemeinden nach den niedergeschlagenen Befreiungskriegen der Juden nicht mehr begeben. In diesem geistigen Kampf entfernte sich die Kirche bei ihrer Verteidigung gegen heidnisch-römisches Staatsdenken und griechisch-gnostische Philosophie in ihrer Eigenständigkeit, wie sie sie meinte vertreten zu müssen, immer weiter vom Judentum.
Das, was sich schließlich im Verlauf der ersten Jahrhunderte als großkirchliche Tradition im Osten wie im Westen des Römischen Reiches herausbildete, war auch bei den anerkannten

Lehrern und Predigern der Kirche nicht so eindeutig festgelegt, wie es sich im nachhinein ausnimmt. Um so bedrückender fällt ins Gewicht, daß sich im Umgang mit der Heiligen Schrift des Alten und Neuen Testamentes, wenn man sich gegen die Juden verteidigte oder sie angriff, stereotype Auslegungen ausprägten, von denen man sich nicht mehr zu befreien vermochte. Fehleinschätzungen und Zerrbilder jüdischer Welt und Geistigkeit haben, obwohl sie nie für dogmatisch verbindlich erklärt wurden, wahrscheinlich gerade deshalb in Unterweisung und Predigt der Kirche und in der Meinung des christlichen Volkes um so nachhaltiger gewirkt. Sie sind in Tiefenschichten des christlichen Selbstverständnisses eingedrungen, aus denen sie, wenn überhaupt, nur unter den größten geistigen, intellektuellen und moralischen Anstrengungen wieder entfernt werden können.

II. Die Enterbung Israels durch die junge Christenheit

Die Juden werden schon sehr früh, um das Jahr 100, zum Antitypus des christlichen Glaubens. Das jüdische Volk stellt nur die Folie des Heilsvolkes der Kirche dar.

Um ein sinnvolles Bild der antijüdischen Theologie aus der Zeit der Kirche vor der Anerkennung des Christentums als Staatsreligion zu gewinnen, muß zunächst der Barnabasbrief analysiert werden. Er ist der greifbare Einsatzpunkt (etwa 130–132) einer ganzen antijudaistischen Literatur. Der Barnabasbrief zählt zu den »Apostolischen Vätern«, dem Übergang von der Zeit und den Schriften des Neuen Testaments zu der Zeit der »Kirchenväter«. Die in griechischer Sprache verfaßte Schrift ist eine pseudonyme Abhandlung, die mit dem Neuen Testament schon gar nicht mehr in Einklang zu bringen ist. Für den Osten des Römischen Reiches im zweiten Jahrhundert gilt Justin als gewichtiger Verteidiger (Apologet) des christlichen Glaubens gegen Judentum und Heidentum. Ergänzend werden aus dieser Zeit der sogenannte »Brief an Diognet«, der bei den Werken Justins gefunden wurde, aber nicht von ihm stammt, und die Passafesthomilie des Bischofs Melito von Sardes erwähnt.

Für die Behandlung der Thematik im dritten Jahrhundert stehen für den Westen des Reiches die lateinisch schreibenden Kirchenväter Tertullian und Cyprian, für den Osten der große Lehrer Origenes.

Mit der Darstellung dieser christlichen Zeugen haben wir die antijüdischen Themen der damaligen Theologie einigermaßen vollständig vor Augen.

Der Barnabasbrief

Der Barnabasbrief – eigentlich kein Brief, sondern ein Traktat – läßt keine Auseinandersetzung mit den Juden erkennen.[3] Er befindet einfach über sie. Er will Christen einhämmern, daß sie über die wahre Religion verfügen, und er tut dies anhand des Alten Testaments. Dieses wird oft – nicht immer wörtlich – zitiert. Dagegen schimmern nur wenige Bezugnahmen auf Aussagen des Neuen Testaments und von frühchristlicher Literatur durch.

Das Alte Testament ist die Heilige Schrift der Christen. Das heißt für den Barnabasbrief, daß ihnen, den Christen, ausschließlich die Schriften gehören und nicht den Juden. Die Schriften des Alten Testamentes deuteten »geistlich« auf Christus und seine Gemeinde; sie seien allegorisch und typologisch zu lesen.

Das eine Hauptthema ist der Bund Gottes mit seinem Volk. Für Barnabas sind die Christen die wahren Erben der Offenbarung Gottes zur Zeit des alten Israel. Im Grunde gibt es nur ein Entweder-Oder: Ist der Bund Gottes für die Christen da oder für die Juden? »Wir wollen sehen, ob dieses (unser) Volk Erbe ist oder das erste, und ob der Bund für uns da ist oder für jene« (13, 1).

Der Barnabasbrief wendet sich mit aller Schärfe gegen die Meinung, daß Juden und Christen in demselben Bundesverhältnis zu Gott stehen. Diese Ansicht wurde sicher von Christen, die aus dem jüdischen Volk stammten, vertreten und wohl auch von manchen Christen aus den Völkern positiv aufgenommen. Etliche unter ihnen traten sogar zum Judentum über. Barnabas unterrichtet seine Brüder, »damit wir nicht wie Proselyten zerschellen an ihrem Gesetze« (3, 6). Er setzt sein ganzes seelsorgerisches Gewicht ein: »Aber auch darum [d. h. wegen der Drangsale der Endzeit] bitte ich noch als einer von euch, der ich jeden einzelnen und alle mehr liebe als meine Seele, daß

ihr jetzt achthabet auf euch und nicht gewissen Leuten ähnlich werdet, indem ihr Sünden auf Sünden häuft und dann saget, ihr Bund sei auch der unsrige« (4, 6).
Barnabas begründet dann aus der Schrift (dem Alten Testament), daß die Juden den Bund »für immer verloren« (4, 7), ja eigentlich nie empfangen hätten. Als Mose auf dem Berge weilte und das Volk das goldene Kalb goß, habe es sich den Götzen zugewandt: »Moses erkannte es und warf die beiden Tafeln aus den Händen, und ihr Bund wurde zertrümmert, damit der Bund des geliebten Jesus fest in unseren Herzen versiegelt würde durch die Hoffnung des Glaubens an ihn« (4, 8).
Die zentrale Bedeutung dieser Aussagen wird dadurch unterstrichen, daß sie im Kapitel 14 wiederholt werden. In Vers 1 heißt es: »Wegen ihrer Sünden waren sie nicht würdig, ihn [den Bund] zu empfangen.« Und vom Amt des Mose wird gesagt: Er »empfing ihn [den Bund] als sein Diener, aber der Herr selbst hat ihn uns gegeben, daß wir seien ein Erbvolk, da er unseretwegen gelitten hat« (14, 4). Und der Traktat fährt fort: »Er [Gott] erschien aber, damit einerseits jenen das Maß ihrer Sünden voll wurde, andererseits wir ihn empfingen durch den Herrn Jesus, des Bundes Erben, der dazu bestimmt war, daß er durch sein Erscheinen unsere schon dem Tode geweihte und der Gesetzwidrigkeit des Irrtums überantworteten Herzen aus der Finsternis erlöse und durch sein Wort in uns den Bund errichte« (14, 5). Das alte Israel also ist nur zum Gericht bestimmt und hat sein endgültiges Urteil empfangen, als es in Jesus nicht den Heilsbringer erkannte, nach Barnabas wohl auch nicht erkennen sollte: »Also ist der Sohn Gottes dazu im Fleische erschienen, damit er das Sündenmaß vollmache für diejenigen, die bis zum Ende seine Propheten verfolgt haben« (5, 11), während die Christen, für die der Bund bestimmt sei, aus der Finsternis erlöst würden, »damit er [Jesus] den Vätern die Verheißung einlöse und sich selbst das Neue Volk bereite«[4] (5, 7). Die Väter stehen hier ebenso wie die Propheten, die auf den sich im Fleische Offenbarenden hin »weissagten« und »von ihm [Gott] die Gnade hatten« (5, 6), außerhalb des Unheilzusammenhanges und werden von der christlichen Gemeinde usurpiert.
Mit Hilfe der allegorischen Auslegung von 1. Mose 25, 21–23 und 48, 8–20 beweist Barnabas, daß der Ältere, die Juden, die er mit Esau und Manasse gleichsetzt, dem Jüngeren, d. h. den Christusjüngern, die mit Jakob und Ephraim verglichen werden, dienen müsse.
Aus dieser Verwerfung der Juden, der völligen und strikten Ablehnung des Gedankens, das »Alte« Volk Israel könnte für das Heil der Welt jemals eine Rolle gespielt haben, ergibt sich für Barnabas die Unterwerfung der Juden unter die Christen. Das Volk Israel war also nur Träger des göttlichen Wortes, ohne von ihm belebt zu werden und einen heilsamen Gebrauch machen zu können. Es hat nur Unheil mit der Bibel gehabt und ist nicht Gemeinde Gottes. (Ähnlich argumentieren heutzutage die Zeugen Jehovas gegenüber der gesamten christlichen Kirche.)
Der zweite große Gedankenkomplex im Barnabasbrief beschäftigt sich mit der Thora, mit dem Gesetz des Alten Bundes, wie es in der Schrift zu finden ist.[5] Den Gesetzen wird das »Neue Gesetz unseres Herrn Jesus Christus« entgegengesetzt, »das kein Zwangsjoch ist« (2, 6). Das Alte Gesetz ist abgeschafft (2, 6). Dies wird mit der prophetischen Kritik begründet. So sind die jüdischen Opfer wertlos; zitiert werden dazu unter anderem Worte Jeremias (7, 22) und Sacharias (8, 17).
Es fällt auf, daß die frühen Väter der Kirche den Tempelkult und den Opferdienst kritisierten, obwohl die Darbringung der Opfer mit der Zerstörung des Tempels im Jahre 70 erlosch. Ist der Barnabasbrief etwa in jenen Tagen geschrieben worden, als für kurze Zeit während des Bar-Kochba-Aufstandes zwischen 132 und 135 noch einmal Opfer gebracht wurden? Die Textstelle im 16. Kapitel (3 und 4) deutet eher auf den heidnischen Tempel, den Hadrian zu Ehren des Jupiter auf dem Tempelplatz in Jerusalem errichten ließ; deshalb wird auch der Brief in die Zeit zwischen 130 und 132 datiert.[6] Die Erwähnung des Opferkultes ist wohl auf die Bedeutung des Tempels als Stätte der Gegenwart Gottes und der Versammlung seines Volkes zurückzuführen und auf die christliche Vorstellung vom endgültigen Opfer, das Jesus gebracht hat und mit dem der Tempeldienst abgelöst wurde.
Daß die Zerstörung des Tempels noch gar nicht weit zurücklag und daß Juden sich weiterhin mit der Thora beschäftigten – sicher in der damals noch kräftigen Hoffnung, der Tempeldienst könne wieder eingerichtet werden –, mag zu der Darstellung christlicher Schriftsteller, als gäbe es noch Opferkult, beigetragen haben.

Vom Heiligtum in Jerusalem wird übrigens in der Vergangenheit gesprochen. »Fast nach Art der Heiden haben sie ihn verehrt in dem Tempel« (16, 2). Der Tempel erfährt durch Barnabas herbe Kritik; er wird in die Nähe des heidnischen Götzendienstes gerückt. Keine Bejahung des Ranges, den das religiöse Zentrum des Volkes Israel im Alten Testament und auch für Jesus und die ersten Christen hat! Keine Unterscheidung zwischen dem Gottesdienst Israels und den Kulten anderer Völker! Vielmehr wird den Juden vorgeworfen, daß sie an geschaffenen Dingen hingen und daß sie »ihre Hoffnung setzten auf den Bau, als wäre er das Haus Gottes, statt daß sie auf ihren Gott, der sie erschaffen, gehofft hätten« (16,1). In spiritualisierender Manier wird alles in die Innerlichkeit verlegt. Die Glaubenden sind »Geistesmenschen [. . .] ein vollkommener Tempel für Gott« (4, 11; auch 16, 10).

Das gesamte sogenannte Ritualgesetz des Alten Bundes wird abgelehnt, neben den Opfern, die zur Zeit des Barnabas nicht gebracht werden können, die weiterhin gültigen Gebote, wie Speiseregeln, das Fasten, der Schabbat und die Beschneidung. Die Speisegebote seien allesamt symbolisch aufzufassen. Dazu ein Beispiel: Warum ist der Genuß von Schweinefleisch verboten? Die schon groteske Auslegung: »Der Mensch soll nicht verkehren mit Leuten, die den Schweinen ähnlich sind« (10, 3). Moses habe »über die Speisen im geistigen Sinne gesprochen; sie aber haben es nach der Begehrlichkeit ihres Fleisches so verstanden, als rede er wirklich vom Essen« (10, 9).

Der Schabbat wird, trotz der klaren, von Barnabas zitierten Worte aus dem Schöpfungsbericht und zu den Zehn Geboten aufgrund des prophetischen Wortes im Jesajabuch »Eure Neumonde und eure Schabbate ertrage ich nicht mehr« (Jesaja 1, 13) gewaltsam umgedeutet: »Nicht die jetzigen Sabbate sind mir angenehm, sondern den ich eingesetzt habe, an dem ich, nachdem ich alles beendigt habe, den Anfang des achten Tages, das heißt, den Beginn einer anderen Welt ansetzen werde« (14, 8).

Das Gebot der Beschneidung wörtlich zu vollziehen war nach Barnabas ein ungeheurer Irrtum. Auch die Beschneidung ist natürlich nur »geistig« zu verstehen. Als Beleg dient unter anderem das Bibelwort: »So beschneidet nun eure Herzen und seid nicht halsstarrig« (5. Mose 10, 16). Daß nach diesem Wort Äußeres und Inneres einander entsprechen sollen und daß damit die leibliche Beschneidung gerade nicht ungültig gemacht, sondern in Kraft gesetzt werden sollte, das vermag Barnabas nicht zu erkennen. Barnabas unterstreicht: »Die Beschneidung solle nicht am Fleische geschehen; sie aber handelten dagegen, weil ein böser Engel sie beschwatzte« (9, 4). Das Bundeszeichen der Beschneidung wird also negativ verstanden: es gehöre auf die Seite des Götzendienstes.[7]

Und schließlich taucht das Land Israel nur in einer Allegorese auf, ohne Bejahung der für das Heilsgut Land den Israeliten gegebenen Zusagen und der mit ihm verbundenen unzähligen Gebote (man denke nur an das Erlaßjahr und das Jobeljahr). Das Wort eines Propheten (es ist nicht genau festzustellen, welche biblischen Bezüge der Barnabasbrief meint) »Das Land Jakobs war gelobt vor allen Ländern« wird so gedeutet: »Das will sagen, er verherrlicht das Gefäß seines Geistes (= den Leib Christi)« (11, 9).

Was Barnabas über den Bund und die Thora zu sagen weiß, bringt er auf dem Wege einer allegorischen Hermeneutik zustande. Die Schrift (das Alte Testament) bezieht sich, typologisch vorausweisend, auf das in ihr noch nicht enthaltene Christusereignis. Das Wort »Typos« findet sich im Kapitel 7 (7 und 10 f; auch 3): »Der Sündenbock«, der in die Wüste geschickt wird (3. Mose 16, 7–10), ist »Vorbild« (Typos) Jesu, ist Vorbild des kommenden leidenden Jesus.

Mit Hilfe dieser Auslegungskunst kann alles, was Israel als Wort Gottes vernommen hatte, diesem Volk entrissen werden und können die mit den Empfängern des Traktates gleichzeitig lebenden Juden als unverständig, ungehorsam, gesetzlos (4, 1), götzendienerisch, begierlich und verworfen dargestellt werden.

Welches Leben Juden tatsächlich führten, wie sie die Gebote auslegten, warum sie der christlichen Botschaft widerstanden und mißtrauten – all dies kommt für den Barnabasbrief überhaupt nicht in den Blick. Kennt der Verfasser, kennen die Empfänger des Schreibens die Diskrepanz zwischen der in ihm vertretenen Ideologie und der Wirklichkeit?

Dieses Schreiben, das weitgehend schon vorhandene Traditionen wiedergibt, markiert in allem den Eintritt des Christentums in eine judenfeindliche Ideologie.

Justin

Aus Justins (etwa 100–165) Werk »Dialog mit dem Juden Tryphon« ist gut zu erkennen, wie sich die Apologetik verfestigte.[8] Wir haben hier keinen echten Dialog vor uns, sondern eine christliche Selbstdarstellung und vehemente Verteidigung der christlichen Lehren. Justin, mit dem Beinamen »der Märtyrer«, soll ebenfalls mit seinen eigenen Worten zur Sprache kommen.
Was ist bei Justin gegenüber den Aussagen des Barnabas neu? Justin spricht anders als Barnabas von zwei Bünden. Der Alte Bund und das alte Gesetz können das Heil aber nicht vermitteln. »Wenn nämlich«, so sagt Justin, »das Gesetz die Heiden und die, welche es haben, erleuchten könnte, wozu bräuchte man noch einen Neuen Bund?« (122, 5). »Das auf dem Horeb gegebene Gesetz ist bereits veraltet und gehört euch [den Juden] allein, das unsere aber ist für alle Menschen überhaupt« (11, 2). Justin kritisiert wie Barnabas die Gesetze des Alten Bundes, den Schabbat, die Speisegebote, das Fasten, den Opferdienst; darüber hinaus kommt er auf die Reinheitsvorschriften (14, 1) zu sprechen. Wiederum wird die Beschneidung betont angesprochen (u. a. 19, 2; 27, 5). Sie hat von Anfang an eine negative Bedeutung gehabt: ». . . denn die von Abraham eingeführte fleischliche Beschneidung wurde als Erkennungszeichen gegeben, damit ihr von den übrigen Völkern und uns abgesondert seid, damit ihr allein erleidet, was ihr jetzt mit Recht erleidet, damit ›euer Land verwüstet werde, die Städte vom Feuer niedergebrannt werden, Fremde vor euch die Früchte verzehren‹ (Jes. 1, 7) und keiner von euch Jerusalem betrete« (16, 2).
Von Judenchristen allerdings dürfe das Gesetz gehalten werden. Justin sagt: Der Christ aus den Juden wird »das Heil erlangen, wenn er nicht seine Mitmenschen, das sind die Heiden, welche Christus beschnitten und vom Irrtum befreit hat, auf jede Art zur Beachtung der gleichen Vorschriften zu bewegen versucht, welche er selbst einhält« (47, 2). Justin meint, daß auch Heidenchristen, »welche von den erwähnten sich verleiten lassen, nach dem Gesetz zu leben, selig werden, wenn sie fortfahren, den Christus Gottes zu bekennen« (47, 4). Justin muß zugeben, daß andere Christen behaupten, Judenchristen, die die »mosaischen Bräuche« befolgen, könnten nicht gerettet werden. Aber sein Maßstab ist das Bekenntnis zu Christus. Wenn Judenchristen mit den anderen Christen zusammenleben wollen, dann muß man »in allem mit ihnen wie mit Blutsverwandten und Brüdern verkehren« und nicht wie jene sich verhalten, »welche es nicht einmal wagen würden, sich mit den Genannten zu unterhalten und mit ihnen in *einer* Wohnung zusammen zu sein« (47, 2).
Die Juden, die nicht bekennen, daß Jesus der Christus ist, sind Christusmörder ohne Reue, verfluchen Christus und seine Anhänger und morden sie (133, 6). Die Tötung der Christen ist ein neuer Topos, der das Stereotyp von der Tötung der Propheten durch die Israeliten ergänzt und fortführt. Die Christen identifizieren sich völlig mit dem Christus. »Hand an uns zu legen, dazu habt ihr nicht die Macht, dank denen, welche jetzt regieren; getan aber habt ihr es, sooft ihr konntet« (16, 4).
Am schlimmsten sind für Justin die jüdischen Proselyten. Sie »glauben nicht nur nicht, sie lästern sogar noch einmal soviel wie ihr den Namen Jesu und wollen uns, seine Gläubigen, töten und martern. In allem haben sie ja das Verlangen, euch gleich zu werden« (122, 2).
Justin mißversteht den »Ketzersegen«(die zwölfte Bitte des Achtzehngebetes), von dem er wohl nur auf Umwegen gehört hat. Er sieht in ihm nicht eine Abgrenzung gegen Judenchristen, die als Häretiker vom Gottesdienst der Synagoge ausgeschlossen werden sollen; er deutet den Text um. Nach seiner Auslegung würden *alle* Christen grundsätzlich verflucht werden (16, 4; 47, 5; 96, 2; ferner: 93, 4; 133, 6).[9]
Hinter dieser Polemik – ist sie es noch, oder handelt es sich schon um nicht mehr in Frage zu stellende Lehre? – steht der Kampf um die Verteidigung der eigenen Ansichten, der Versuch, interessierte Heiden zu gewinnen, und die seelsorgerische Bemühung um die eigenen, manchmal verunsicherten Anhänger. Justin wirft seinem fiktiven Dialogpartner vor: Ihr »habt jetzt auserlesene Männer aus Jerusalem ausgesucht und sie in alle Welt ausgeschickt, um zu verkünden, im Christentum sei eine gottlose Sekte entstanden, und um die Anklagen zu erheben, welche gegen uns alle diejenigen vorbringen, die uns nicht kennen. Darum seid ihr nicht nur schuld an dem Unrecht, das ihr selber tut, sondern auch an dem, das alle anderen Menschen überhaupt begehen« (17,1).

Der jüdischen Schuld entspricht die Strafe: Gott segnet die Christen (123, 4), das »andere Israel« (123, 5), »ein neues Volk« (119, 3), »jenes Volk, das Gott dereinst dem Abraham versprochen hatte« (119, 4), »und sie werden euch erben, und ihr werdet ihnen als Eigentum gehören« (123, 6). Justin stützt sich auf einen Text (Hesekiel 36, 12), der das Gegenteil wiedergibt: Israel selbst soll wieder im Lande wohnen und nicht mehr kinderlos gemacht werden. Justin aber meint: »Mit Abraham werden wir auch das heilige Land erben und werden das Erbe für alle Ewigkeit in Besitz nehmen« (119, 5). Die Christen treten das gesamte Erbe Israels an. Der Schlüsselsatz aus Justins »Dialog«, in dem alles zusammengefaßt ist, lautet: »Das wahre, geistige Israel nämlich und die Nachkommen Judas, Jakobs, Isaaks und Abrahams, der trotz seiner Vorhaut, infolge seines Glaubens, von Gott sein Zeugnis erhielt, von ihm gesegnet und zum Vater vieler Völker ernannt wurde, das sind wir« (11, 5).

Die Kirche hat Israel abgelöst. Sie ist der Erbe. Den verworfenen Juden aber bleibt nur Unheil. »Den Nachkommen Abrahams [...], welche nach dem Gesetz leben«, bestreitet der Kirchenvater, »daß sie selig werden« (47, 5). Mit ihnen zusammen werden die vom Christentum zum Judentum Übergetretenen »das Heil nicht erlangen« (47, 4 f). Die Entscheidung, von der alles abhängt, heißt: entweder »Christus« oder »Judentum«.

In merkwürdigem Kontrast zu den vernichtenden Urteilen, die von blindem Eifer für den Glauben an Christus zeugen und die von Solidarität mit dem jüdischen Volk nichts erkennen lassen, steht Justins Betonung der christlichen Liebe.

Die Christen beten für die Juden und die ganze Menschheit, weil »Christus uns aufforderte, für die Feinde zu beten, diejenigen zu lieben, welche uns hassen, und diejenigen zu segnen, welche uns verfluchen« (133, 6). Selbst in diesem Liebesgebot steckt eine unerhörte Polemik. Juden werden zu den »Feinden« gezählt. Es wird ihnen – wohl im Umkehrschluß – unterstellt, die Christen zu hassen.

Melito von Sardes

Bei dem Bischof Melito von Sardes aus der Mitte des zweiten Jahrhunderts (gestorben um 180) finden wir zum ersten Mal das Wort vom »Gottesmord« in seiner Homilie vom Passa, der ältesten erhaltenen Osterpredigt. Hier seien die Abschnitte 94–96 zitiert, die einen Teil der »Prozeßrede gegen Israel« ausmachen:

»94 Höret es, alle Geschlechter der Völker
und sehet:
Unerhörter Mord geschah inmitten Jerusalems
in der Stadt des Gesetzes,
in der Stadt der Hebräer,
in der Stadt der Propheten,
in der Stadt, die für gerecht galt!
Und wer wurde gemordet?
Wer ist der Mörder?
Ich schäme mich, es zu sagen,
und bin doch gezwungen, es zu sagen.
Wäre der Mord bei Nacht geschehen,
oder wäre (der Herr)
in der Wüste umgebracht worden,
wäre wohl Schweigen angebracht.
Nun aber geschah
mitten auf der Straße,
mitten in der Stadt,
wo alle es sahen,
der ungerechte Mord des Gerechten.
95 Und so wurde er am Holze erhöht
und eine Schrift wurde darübergeheftet,
die anzeigte,
wer der also Umgebrachte sei.
Es ist schwer, das zu sagen,
aber noch schrecklicher ist,
es nicht zu sagen;
doch höret mit Zittern,
um wessentwillen die Erde erzitterte:
Der die Erde aufhing,
ist aufgehängt worden;
96 Der die Himmel festmachte,
ist festgemacht worden;
Der das All festigte,
ist am Holze befestigt worden.
Der Herr – ist geschmäht worden;
Der Gott – ist getötet worden;
Der König Israels – ist beseitigt worden
von Israels Hand.«[10]

Der unsachliche Vorwurf gegen die Juden, »Christusmörder« zu sein, weil sie in Jesus den verheißenen Messias nicht erkannt hätten, wird hier mit gewaltigem rhetorischen Aufwand polemisch übersteigert. Diese »Predigt« läßt jegliches Verständnis für die jüdische Gottesfurcht vermissen. Von Wortlaut und Geist der Predigt des

Petrus, in der er um den Glauben seiner jüdischen Brüder an Jesus als den Christus wirbt: »Ihr habt es aus Unwissenheit getan« (Apostelgeschichte 3, 17), ist hier nichts mehr zu spüren. Aus Gottes Kindern werden bei Melito Gottes Feinde.

Diognetbrief

Der sogenannte Diognetbrief (wahrscheinlich aus der ersten Hälfte des zweiten Jahrhunderts) greift in der üblichen Weise den Opferdienst (Kap. 3) und das Ritualgesetz (Kap. 4) an. Der Sinn des Schabbats wird völlig entstellt, wenn es heißt: »Wie sollte es nicht gottlos sein, Gott zu verleumden, als verbiete er, am Tage des Sabbats etwas Gutes zu tun« (Kap. 4, 3). Die Juden werden wegen ihrer »Prahlerei mit der Beschneidung« verhöhnt, die als »Verstümmelung des Fleisches« beschrieben wird.[11]

Tertullian

Der Kirchenschriftsteller Tertullian (geboren um 160, gestorben nach 220) greift im ersten Kapitel seiner Schrift »Gegen die Juden« die Auslegung von den zwei Völkern auf, die »aus dem Mutterschoße der Rebekka [. . .] hervorgehen [. . .], nämlich das jüdische, d. h. Israel, und das heidnische, welches wir sind«.[12] »Das erste und ältere Volk«, nämlich das jüdische, muß »notwendig dem jüngeren dienen, und das jüngere Volk, die Christen, das ältere übertreffen« (Kap. l).
Tertullian begründet dies damit, daß das »Judenvolk [. . .] Gott verlassen und den Idolen gedient« habe. Er beruft sich auf das Alte Testament: Die Juden werden »zu allen Zeiten in der Urkunde der göttlichen Schrift des Verbrechens der Götzendienerei schuldig bezeichnet« und sehen sich deshalb von der »Gnade der göttlichen Erbarmung [. . .] zurückgestoßen«. Das Volk der Christen aber habe seine Götzen verlassen, denen es zuvor diente, und sich demselben Gott zugewandt, von welchem sich Israel abgewandt habe (Kap. l).
Im zweiten Kapitel seiner Schrift stellt Tertullian die Behauptung auf, daß das Gesetz des Mose nur ein zeitweises, vorübergehendes Gesetz gewesen sei. Das einfache Gebot des Gehorsams, das in sich alle positiven Gesetze umfaßt, sei schon den Stammeltern im Paradies mitgegeben worden. Deshalb seien die (für das jüdische Volk so grundlegenden) Gebote der Beschneidung und der Schabbatheiligung überflüssig. Martin Luther wird später von der Thora mit ihren zahlreichen Einzelbestimmungen als von »der Juden Sachsenspiegel« sprechen.
Die Beschneidung erhält in den Augen Tertullians weiterhin ausgesprochen negativen Charakter: Sie sei Israel als Zeichen erteilt worden, damit man es wegen seiner »Mißverdienste« erkennen und deshalb den Eintritt in die heilige Stadt verwehren würde. Dem »gehorsamen Volk der Christen sei eine geistige Beschneidung als Heilmittel gegeben worden« (nach Jeremia 4, 3 f; 31, 31 ff) (Kap. 3).[13]
Als Beweis dafür, daß »auch die Beobachtung des Schabbats nur eine zeitweilige Einrichtung gewesen« sei, verwendet Tertullian die Unterscheidung eines zeitlichen und menschlichen und eines ewigen und göttlichen Schabbats. Der zeitliche sei von Gott verworfen (»Meiner Seele sind eure Schabbate zuwider«, Jesaja 1, 13), vom ewigen spricht Jesaja 66, 23: »Es wird geschehen Monat auf Monat und Tag auf Tag und Schabbat auf Schabbat, und es wird alles Fleisch kommen, um anzubeten in Jerusalem, spricht der Herr.« Dies Wort sei in den Zeiten Christi erfüllt worden (Kap. 4).
Mit dieser Allegorie der vergeistigenden Umdeutung von konkreten biblischen Anweisungen und Vorstellungen wird das Alte Testament zwar ausgeschöpft, aber auch »entleiblicht« und damit zum Teil seines Sinnes beraubt. Christliche Auslegung und biblische Verkündigung verfährt nur zu gern bis zum heutigen Tage in dieser Weise, um die christliche Lehre zu verteidigen und ihre Überlegenheit über die jüdische Tradition zu behaupten. Wahrscheinlich haben sich damals viele Christen beschneiden lassen (wie es ja bis heute Tradition in der koptischen Kirche ist) und auch den Schabbat als Feiertag nach biblischem Gebot gehalten. Sie sollten »eines Besseren belehrt« werden. Nur so meinte Tertullian – und er sprach sicher für viele andere –, die christliche Identität aufrechterhalten zu können.
Tertullian berechnet im achten Kapitel seiner Schrift aus der Weissagung Daniels die Zeiten und kommt zu dem Schluß, daß sie den »Zeitpunkt [. . .] der verheißenen und künftigen Geburt

Christi, seines Leidens und der Verwüstung der Stadt Jerusalem, d. h. ihrer Zerstörung« angebe. Er zieht Matthäus 27, 25 heran und streicht die Schuld ganz Israels heraus: »So hat ihn also die gesamte Synagogenschaft Israels ums Leben gebracht, indem sie Pilatus, als er ihn freilassen wollte, zuriefen: ›Sein Blut komme über uns und unsere Kinder‹«.

Origenes

Origenes (185–254), der Leiter der theologischen Schule im ägyptischen Alexandrien und später der Gründer einer bedeutenden Schule in Cäsarea, sieht sich ebenfalls gezwungen, auf Fragen und Einwände, zumal gegen die Person und die Messianität Jesu, literarisch einzugehen. Er tut dies in seinen »Acht Büchern gegen Celsus«.[14] Dieser war ein heidnischer Philosoph, der etwa im Jahre 178 in seinem »Wahren Wort« Judentum und Christentum scharfer Kritik unterzogen hatte.

Origenes versucht, gegenüber den Heiden die jüdische Vergangenheit zu würdigen und die religiösen und staatlichen Einrichtungen des jüdischen Volkes als vorbildlich darzustellen (IV, 31; V, 42). Sie sind aber – hier muß wieder die Überlegenheit der Kirche ausgespielt werden – nur der Schatten des Vollkommenen; sie sind der »Typos« dessen, was nun durch die Ankunft Christi endgültig da ist, und sie sind somit »überholt« (V, 60). Origenes zieht daraus den Schluß, daß alle guten Eigenschaften der Juden wegen ihres Unglaubens nicht zur Geltung kommen: Da sie sich zur Tat ihrer Väter bekennen, sind sie des gleichen Verbrechens schuldig und hätten ihr Schicksal der Vertreibung aus der eigenen Hauptstadt für ihre Ablehnung Christi verdient (II, 8; IV, 22). »Zu den Beweisen also, daß Jesus ein göttliches und heiliges Wesen war, gehört auch die Tatsache, daß die Juden um seinetwillen so große und schwere Drangsale schon so lange zu leiden haben. Und wir behaupten mit aller Zuversicht, daß sie niemals wieder in den früheren Zustand gelangen werden« (IV, 22). Mit dieser Argumentation, welche die schon im Neuen Testament zu findende Methode der Typologie zur Verkündigung der Heilserfüllung moralisch ausmünzt, schafft Origenes unwillentlich die Basis für ein christliches Selbstbewußtsein, das es erlaubt, sich selbst – entgegen dem Liebesgebot des Meisters – als Werkzeug der Strafe Gottes zu fühlen. So kann Luther 1543 in seiner Schrift »Von den Juden und ihren Lügen« den Fürsten raten, Maßnahmen der »harten Barmherzigkeit« zu ergreifen.

Cyprian

Wir wenden uns aus der Zeit der kämpfenden Kirche zum Abschluß einem Mann des römischen Westens zu, dem Bischof von Karthago Cyprian (210/15–258). Er richtet sich in zweien seiner drei Bücher »Schriftbeweise«, die an Quirinus gerichtet sind, einem wohl recht einflußreichen Mann, der – vielleicht als Jude? – erst kürzlich zum Christentum übergetreten ist, ausdrücklich gegen die Juden.[15] Schon aus der Vorrede zum ersten und zweiten Buch wird die antijüdische Grundtendenz der Verwerfung des jüdischen Volkes und seiner Ablösung durch die Christenheit deutlich, wenn es heißt: »[. . .] haben wir uns zu zeigen bemüht, daß die Juden, wie es schon im voraus verkündigt war, Gott verlassen haben und der Gnade des Herrn verlustig gegangen sind, die ihnen schon früher zuteil geworden und auch für die Zukunft verheißen war, daß aber an ihre Stelle die Christen gerückt sind, die sich durch treuen Glauben bei dem Herrn Verdienste erwerben und von allen Völkern und aus der ganzen Welt herbeikommen.«[16]

Die Leitsätze zum ersten Buch decken auf, wie selbstverständlich in der ersten Hälfte des dritten Jahrhunderts die antijüdische christliche Verkündigung war. Sie seien hier vollständig aufgeführt:

> »1. Die Juden haben sich durch ihre schweren Sünden die Ungnade Gottes zugezogen, weil sie den Herrn verlassen haben und den Götzen gefolgt sind.
> 2. Sie haben den Propheten nicht geglaubt und haben sie getötet.
> 3. Es ist schon vorhergesagt: Sie werden den Herrn weder erkennen noch verstehen noch aufnehmen.
> 4. Die Juden werden die heiligen Schriften nicht verstehen, die man jedoch verstehen mußte in den letzten Zeiten, nachdem Christus gekommen war.
> 5. Die Juden haben kein Verständnis für die Schriften, bevor sie an Christus glauben.
> 6. Sie werden Jerusalem verlieren und das Land verlassen, das sie empfangen hatten.

7. Ebenso werden sie das Licht des Herrn verlieren.
8. Die erste, fleischliche Beschneidung ist nichtig geworden, und eine zweite, geistliche ist verheißen.
9. Das erste, durch Moses gegebene Gesetz wird seine Geltung verlieren.
10. Ein neues Gesetz soll gegeben werden.
11. Eine andere Verfügung und ein Neues Testament soll erlassen werden.
12. Mit der alten Taufe ist es zu Ende, und eine neue beginnt.
13. Das alte Joch wird abgeworfen und ein neues Joch auferlegt.
14. Die alten Hirten werden verschwinden und neue an ihre Stelle treten.
15. Christus wird das Haus und der Tempel Gottes sein; der alte Tempel hat aufgehört, und ein neuer beginnt.
16. Das alte Opfer wird abgelegt und ein neues gefeiert.
17. Das alte Priestertum hört auf, und es kommt ein neuer Priester, der in Ewigkeit sein wird.
18. Ein anderer, Moses ähnlicher Prophet ist verheißen, das heißt: einer, der das neue Testament gibt und auf den man mehr hören muß.
19. Zwei Völker sind vorausgesagt, ein älteres und ein jüngeres, das heißt: das alte Volk der Juden und das neue, das aus uns bestehen wird.
20. Die Kirche, die früher unfruchtbar gewesen war, wird von den Heiden mehr Kinder haben, als die Synagoge vorher gehabt hat.
21. Die Heiden werden lieber an Christus glauben.
22. Die Juden werden das Brot und den Kelch Christi und alle seine Gnade verlieren, wir aber werden sie empfangen, und der neue Name der Christen wird gebenedeit auf Erden.
23. Zum Himmelreich werden die Heiden eher gelangen als die Juden.
24. Nur dadurch können die Juden Verzeihung für ihre Sünden erlangen, daß sie das Blut des getöteten Christus durch seine Taufe abwaschen und mit ihrem Eintritt in die Kirche seinen Geboten gehorchen.«[17]

Zusammenfassung

Die Theologie der Enterbung Israels sei am Schluß der Untersuchungen dieses Kapitels noch einmal kurz zusammengefaßt:

Enterbung

Grundlage aller Aussagen ist das Alte Testament, das für die frühe Kirche die eigentliche Heilige Schrift war. Das Neue Testament wächst erst im Laufe eines längeren Prozesses zu einem zweiten Teil der Heiligen Schrift zusammen. Das Alte Testament wird allegorisch und typologisch ausgelegt. Dabei kommt es manchmal zu gewaltsamen Verdrehungen des ursprünglichen Textes. Die Prophetie wird objektiviert und als immerwährendes Diktum gegen das jüdische Volk mißbraucht. Dieser Umgang mit der prophetischen Polemik gegen »Israels Ungehorsam« wird in der Kirche Teil eines hermeneutischen Systems, mit dem der Ausschluß der Juden aus Gottes rettenden Händen behauptet und verewigt wird.
Daß in der Zeit des »Untergrundkampfes« die Häretiker oft schlechter wegkommen als die jüdische Seite und die wörtlichen Injurien bösartiger klingen, ist wohl wahr. Aber das kann uns nicht beruhigen; denn das Judentum mit seiner gewaltigen Heilshoffnung bleibt das entscheidende Gegenüber, bleibt die tiefstgreifende Infragestellung christlicher Verkündigung und Heilsdarstellung. Die Auseinandersetzungen mit Gruppen, die innerhalb der christlichen Tradition »Neues« bringen, bedürfen nicht eines solchen langen Atems wie jene mit der Fülle der Weisheit und Ordnung, die im Volke Israel zu finden ist. Die Häretiker drohten die Kirche aufzuweichen; die Juden stellten den Heilsfortschritt, der nach christlichem Zeugnis mit Jesus gegeben ist, in Frage. So werden Hohn und Spott über die »Abweichler« ausgegossen, aber den Juden wird das ihnen entrissene und nun gegen sie angewandte Wort der Bibel entgegengeschleudert.

Auflösung des Bundes

Der Bund Gottes mit Israel ist auf die Kirche übergegangen (bei Barnabas noch schärfer: Dieser Bund hat nie bestanden). Die Kirche Jesu

Christi hat Israel, das seinen Messias, den Gott im Fleische, verstieß, in allem beerbt. Sie steht jetzt da als das allein wahre Israel (verus Israel).

Das jüdische Gesetz

Das Gesetz, das dem Mose gegeben wurde, ist veraltet. Die Juden haben es obendrein mißverstanden und ihm nicht gehorcht. Das Gesetz erhält – das wird besonders am Kampf gegen die Beschneidung deutlich – einen durchaus negativen Charakter. Das Gesetz des Alten Bundes, zumal als Zeremonial- und Ritualgesetz, gilt als durch das »neue Gesetz Christi« abgelöst. Die Polemik des Paulus gegen das Gesetz, seine Antithesen und sein heilsdynamisches Denken werden nicht mehr verstanden.[18] In der frühen Kirche tritt an die Stelle des alten ein neues Gesetz. Die bis heute beschworene Gesetzlichkeit der Juden ist auch eine Projektion christlicher Gesetzlichkeit, die auf diese Weise undurchdacht bleibt und die Bestimmung des Verhältnisses von Gesetz und Evangelium sowie die Zuordnung von jüdischem und christlichem Erbe erschwert.

Israel: verworfen

Das alte Israel ist vor Gott schuldig. Es neigt zum Götzendienst. Wie den Christus Gottes hat es schon vorher die Propheten getötet, und es steht in fortwährender Schuld. Deshalb ist es mit dem Verlust des Landes und der Stadt Jerusalem bestraft worden. Es muß in der Zerstreuung ausharren und sich der Kirche unterwerfen. Das jüdische Volk hat, genaugenommen, keine Existenzberechtigung mehr. Es dient hauptsächlich als Negativfolie für die christliche Wahrheit. Das größte Übel für die Christen ist zu »judaisieren« (Ignatius, gest. um 110, »An die Magnesier«, 10, 3), weil man auf diese Weise dem »Aberglauben« der Juden (Diognetbrief 1 und 4, 1) verfällt.

»Christlicher Antisemitismus«

Wir finden also in der frühen Kirche, lange vor dem konstantinischen Zeitalter und fast an die Zeit des Urchristentums angrenzend, eine sich judenfeindlich ausprägende Lehre der Kirche. Sie dämonisiert das jüdische Volk und seine Ordnung und will mit der Predigt der Verachtung und des Hasses über das Judentum triumphieren.
Dieser »christliche Antisemitismus« ist integraler Bestandteil der christlichen Verkündigung, bevor die großen Dogmen nach vielen Auseinandersetzungen endgültig festgelegt werden: die trinitarische Lehre auf dem ersten Ökumenischen Konzil in Nicäa 325 und auf dem zweiten Ökumenischen Konzil in Konstantinopel 381; die Christologie auf dem vierten Ökumenischen Konzil in Chalcedon 451 (die Lehre von den »zwei Naturen« Christi: wahrer Mensch und wahrer Gott). Und obwohl nicht dogmatisiert, bleiben die Feindschaft und die Vorurteile gegen die Juden und ihre Verachtung konstitutiv für Predigt und Katechese durch alle Jahrhunderte der Geschichte der christlichen Kirche hindurch. Ob es sich zu Beginn des zweiten Jahrhunderts noch um eine mehr oder weniger bewußte Kampftaktik handelt, wie wir es für bestimmte Partien des Neuen Testamentes (z. B. 1. Thessalonicher 2, 14–16; Johannes 8, 44) anzunehmen geneigt sind, oder um diese Zeit schon um als christliche Wahrheit geglaubte Aussagen – auf jeden Fall durchdringt der antike Judenhaß schon bald nach der urchristlichen Zeit die Verkündigung der Kirche wie Sauerteig. Immer neue Ungeheuerlichkeiten werden behauptet. Das Reservoir der judenfeindlichen Topoi ist schier unerschöpflich. Sie alle amalgieren sich mit den christlichen Glaubensinhalten.

Zwei Fragen seien noch gestellt

Wieso erlagen die christlichen Gemeinden, die sich so völlig von der Wahrheit und der Liebe Christi erfüllt dünkten, dem Geist der heidnischen Welt in einem so hohen Maße?
Die andere Frage muß zur ersten hinzugefügt werden. Sie ist auf unsere Gegenwart bezogen: Warum ist dieser frühchristliche Antisemitismus bei der Beschreibung der Kirche und ihrer Lehre so wenig untersucht worden? Dies trifft auch für die meisten Beschreibungen des christlichen Antisemitismus zu, die sich redlich bemühen, die Verfehlungen der Kirche, des Kirchenvolkes und der christlichen Obrigkeit gegenüber dem jüdischen Volk aufzuzeichnen. Im Grunde bleibt meist unerklärt, weshalb Klerus und Laien sich so

vehement antisemitisch aufführen konnten; denn die wirtschaftlichen und sozialen Komponenten des Antisemitismus spielen in der Zeit vor der christlichen Reichs- und Staatenbildung (allem Anschein nach) überhaupt keine Rolle. Vielmehr erzeugt erst der religiöse Antisemitismus einen Teil späterer Spannungen, und auftretende Konflikte werden wiederum vorurteilshaft mit pseudo-religiösen Argumenten gedeutet.[19]

III. Die Entrechtung des jüdischen Volkes im christlichen Reich

Mit der Konstituierung der christlichen Religion als Staatsreligion verschlimmert sich das Verhältnis von Juden und Christen in zunehmendem Maße. Was nun jedoch an rechtlichen Ausformungen der christlichen Überlegenheit über das zu unterwerfende, verworfene jüdische Volk zustande kommt, ist freilich im Grunde nur die andere, die politisch-rechtliche Seite dessen, was verkündigend, gläubig und theologisch bis zu diesem Sieg des Christentums über die heidnische Welt gedacht und gesagt wurde: Der Enterbte hat keinen Anspruch auf das gleiche Recht wie der Erbe.

Erschwerend wirkt, daß mit der Übernahme des Christentums als Staatsreligion antike Vorstellungen in Kraft bleiben. Staat und Religion bilden eine Einheit, die das ganze öffentliche Leben umfaßt und auch in den Alltag hineingreift. Wer nicht Christ ist, wer sich nicht dem Christentum unterwirft, ist als potentieller Staatsfeind in kritischen Situationen gefährdet. Der Toleranz sind recht enge Grenzen gezogen. Toleranz, verbunden mit Ausnahmegesetzen für solche, die schwer zu bekehren und schlecht einzuordnen sind, ist immer eine zweischneidige Angelegenheit. Sie erlauben den Außenseitern noch einiges Eigenleben, so daß sie von außen manchmal als bevorzugt erscheinen. Sie beschränken aber den Freiheitsraum und ermöglichen, wenn es politisch genehm ist, Eingriffe, welche den Betroffenen in eine noch üblere Lage versetzen, ihre Minderberechtigung verstärken und damit ihre Minderwertigkeit unterstreichen.

Sehr schnell – gleich mit den Akten der Konstituierung des Christentums als Religion des Römischen Reiches – finden sich die Juden unter einschränkende und diffamierende Ausnahmegesetze gestellt. Diese werden oft erneuert. Das ist sicher auch ein Zeichen dafür, daß die staatlichen Vorschriften nicht genügend befolgt werden, zeitweilig vielleicht sogar in Vergessenheit gerieten – ein Tatbestand, der das geschichtliche Leben mitbestimmt und der in der Antike und im Mittelalter bei den komplizierten Machtverhältnissen, den begrenzten Übermittlungsmöglichkeiten usw. eine relativ große Rolle spielt.

Ganz am Anfang des christlichen Triumphes über das Heidentum stehen die Beschlüsse der Provinzialsynode von Elvira in Spanien (etwa 309), die den Christen Tisch- und Ehegemeinschaft mit den Juden untersagen.[20] Zum ersten Mal wendet sich damit ein kirchliches Gremium gegen die Juden.

Ein erstes Toleranzedikt Konstantins aus dem Jahre 313, das der jüdischen Religion weiterhin den Status einer Religio licita (der freien Religionsausübung) zuspricht, hindert ihn und die neue Reichspolitik in der folgenden Zeit nicht, Verordnungen zu erlassen, die für die Juden diffamierend sind. So ergeht schon im Jahre 315 (am 18. Oktober) ein Gesetz, das folgendermaßen lautet:

> »Wir machen den Juden und ihren Ältesten und Vätern bekannt, daß jeder, der nach Erlaß dieses Gesetzes jemanden, der ihre gefährliche Religion verlassen und sich der Verehrung Gottes angeschlossen hat, mit Steinen oder auf andere Art des Unwillens angreift, sofort den Flammen übergeben und zusammen mit seinen Helfern verbrannt werden soll. Ferner, wer aus der Bevölkerung ihrer abscheulichen Religion beitritt und ihren Zusammenkünften beiwohnt, soll mit ihnen die verdienten Strafen erhalten.«[21]

Im Jahre 321 wird der Sonntag zum öffentlichen Feiertag erklärt (eine entsprechende Verordnung, daß die jüdische Bevölkerung an Stelle dessen weiterhin den Schabbat halten darf, wie dies z. B. heute in den Niederlanden gesetzlich verankert ist, fehlt).

Kaiser Konstantin selbst hat sich – nun als christlicher Herrscher des römischen Imperiums, das er durch mancherlei politische Schachzüge ganz in seine Hand brachte – gleich scharf gegen das jüdische Volk geäußert. In einem Schreiben nach dem von ihm einberufenen Konzil von Nicäa (325), das einen einheitlichen Ostertermin festsetzte, heißt es:

»Zunächst schien es unwürdig zu sein, jenes hochheilige Fest zum Gebrauch der Juden zu feiern, die ihre Hände durch ihr gottloses Verbrechen befleckt haben und darum mit Recht als Menschen, auf denen Blutschuld lastet, mit Blindheit des Geistes geschlagen sind. [. . .]. Nichts soll uns also gemein sein mit dem verhaßten Volke der Juden! Denn wir haben vom Erlöser einen anderen Weg erhalten, vorgezeichnet ist unserer heiligsten Religion eine Bahn, die gesetzmäßig und gebührend ist, diese wollen wir einmütig einhalten und von jener schimpflichen Gemeinschaft uns trennen, geliebte Brüder!«[22]

Die Entrechtung der Juden schreitet weiter voran. 359 erläßt Kaiser Konstantin ein Verbot für die Juden, Christen zu heiraten und christliche oder heidnische Sklaven zu erwerben, und 357 schließlich auch die Bestimmung, nach der derjenige, der zum Judentum übertritt, enteignet wird. Inzwischen ist auch 356 das Toleranzedikt aufgehoben worden, ein untrügliches Zeichen für die zunehmend judenfeindliche Stimmung der Machthaber.

Die antijüdische Reichspolitik setzt sich mit der Konsolidierung der christlichen Staatsreligion fort. Nachdem schon 335 Konstantin verboten hat, daß Sklaven jüdischer Herrn beschnitten würden, dürfen nach einer Verordnung des Kaisers Theodosius II. aus dem Jahre 417 Juden überhaupt keine christlichen Sklaven mehr besitzen.

Damit soll die wirtschaftliche Grundlage für jüdischen Landbesitz und Landwirtschaft im Rahmen der damaligen Latifundienwirtschaft erschüttert, wenn nicht gar beseitigt werden.

Aus der langen Reihe der unterdrückenden Rechtsbestimmungen seien noch aus der Zeit der Herrschaft Justinians erwähnt: das Verbot für die Juden, als Zeugen gegenüber Christen aufzutreten (534), das Verbot, sich zwischen Gründonnerstag und Ostermontag in der christlichen Öffentlichkeit zu zeigen (538), das Verbot, das Pessachfest zu feiern, wenn es (trotz der Abhebung vom christlichen Ostern wegen des Schaltmonats, der alle paar Jahre den jüdischen Festkalender dem Sonnenjahr annähert) in die Karwoche fällt (546), das Verbot, die Bibel (das Alte Testament) nach dem Talmud auszulegen (ebenfalls 546), . . . brechen wir hier ab.

Die das jüdische Leben einschränkenden und sie in den Augen der Bevölkerung herabsetzenden Erlasse beziehen sich also sowohl auf die gesellschaftliche und wirtschaftliche Existenz wie auf die innersten religiösen Angelegenheiten der jüdischen Gemeinschaft. Sie werden von kirchlichen Synoden verfügt und ebenso von staatlichen Institutionen – beide spielen einander in die Hände oder treiben sich wechselseitig zu verschärfter Beobachtung der Absonderung der jüdischen Gemeinde an. Mit diesen Maßnahmen antijüdischen Charakters sollte das, was man schon in den ersten Jahrhunderten der christlich-jüdischen Kontroverse verkündete und als Bestandteil der christlichen Glaubenswahrheit behauptet hatte, rechtlich abgesichert werden: die Überlegenheit der Kirche und der Christen über die jüdische Religion und die Juden.

Die Lehrer der Kirche in jener Zeit der Reichskirche bleiben denn in Ost und West auch auf den von der Tradition vorgezeichneten Pfaden ihrer Vorgänger und bauen sie noch aus, nur daß – erstaunlicher- oder verständlicherweise? – die polemischen Ausfälle häufiger und bösartiger werden.

Augustinus

Im Westen des Römischen Reiches ist Aurelius Augustinus (354–430) der gewichtigste Zeuge, einer der größten Lehrer in der Geschichte der Kirche, mit weitreichendem Einfluß auf die theologische Reflexion der Reformatoren. Für ihn sind die Juden über die ganze bekannte Welt verstreut, damit sie Zeugnis für die Christen ablegen.[23] Augustin muß sich ferner mit dem jüdischen Einwand auseinandersetzen, daß die Christen »einerseits das Alte Testament als Grundlage ihrer Religion beibehalten, aber doch andererseits die Mehrzahl der darin enthaltenen Vorschriften nicht beachten[24].«

Wie von den früheren Lehrern der Kirche wird auch von Augustin dem jüdischen Volk abgesprochen, das auserwählte Volk Gottes zu sein. Er argumentiert mit Galater 6, 16 (»Friede sei über ihnen und über dem Israel Gottes«): Hier sei vom geistigen Israel die Rede; dagegen stehe das »Israel dem Fleische nach« (l. Korinther 10, 18), welches das geistige nicht verstehe und demnach selbst »fleischlich« sei. Abgesehen davon, daß im

Neuen Testament nie von einem »Israel dem Geiste nach« gesprochen wird (und die angeführte Stelle im Galaterbrief verschiedener Interpretation fähig ist), wird von Augustin wie von anderen Schriftauslegern bewußt (?) verkannt, daß mit »Israel dem Fleische nach« nicht eine negative Qualität bezeichnet wurde, sondern das Gottesvolk der Kinder Abrahams in seinem leiblichen Zusammenhang als Familienverband in der Folge der Generationen (vgl. Römer 9, 1–5).

Chrysostomos

Aus dem östlichen Bereich des nun christlichen Römischen Reiches muß als unheilvollster Zeuge für die antijüdische Polemik ein Johannes, der es zum Bischof und Patriarchen von Konstantinopel brachte und später mit dem Beinamen »Chrysostomos« (Goldmund) belegt wurde, genannt werden (354–407). In seinen Predigten aus den Jahren 386 und 387 als Hauptprediger der Gemeinde in Antiochien in Syrien greift er die jüdische Religion mit unerhörter Heftigkeit an. Anlaß für seine Ausfälle sind das Interesse vieler Christen am jüdischen Leben und die häufige Teilnahme an jüdischen Festen. Es muß demnach in dieser Stadt mit ihrer bedeutenden jüdischen Gemeinde noch ein recht enges Miteinander von Juden und Christen gegeben haben.
In seinen Predigten verurteilt Chrysostomos alle jüdischen Feste und Feiern. Er beruft sich auf des Propheten Amos Wort (5, 21): »Ich hasse eure Feste.« Israels Kultur und Gesetz sind für ihn endgültig erledigt. Der zerstörte Tempel und die fehlgeschlagenen Versuche seiner Wiedereinrichtung in den Jahren 132 und 363 sind ihm dafür Beweis genug. Die Synagogen bezeichnet er als von Gott verlassene Stätten, an denen nun die Dämonen hausen.[25] Damit stellt er sie mit den heidnischen Tempeln auf eine Stufe. Chrysostomos läßt sich schließlich in seinem Eifer zu Äußerungen wie der folgenden hinreißen: »Nenne einer sie [die Synagoge] Hurenhaus, Lasterstätte, Teufelsasyl, Satansburg, Seelenverderb, jeden Unheils gähnender Abrund oder was immer, so wird er noch weniger sagen, als sie verdient hat.«[26]
Die Erregbarkeit des Klerus und der Bevölkerung zeigt sich in Tätlichkeiten wie dem Niederbrennen der Synagoge in Kallinikon am Euphrat im Jahr 388; Bischof Ambrosius von Mailand rechtfertigt vor Kaiser Theodosius I. das Geschehene.[27] Im Jahre 414 beschlagnahmt der Patriarch Kyrill von Alexandrien die Synagogen und vertreibt die Juden aus der Stadt.[28]
Der Erfolg der Agitation des Predigers Johannes Chrysostomos spiegelt sich in den kaiserlichen Gesetzen wider. So erläßt Theodosius II. zusammen mit seinem Mitkaiser Honorius (im Westen des Römischen Reiches) 418 die Verordnung, daß Juden ohne Berücksichtigung ihrer Verdienste sofort aus dem Waffendienst entlassen werden sollen.
Im Jahre 423 gibt Theodosius II. immerhin ein Gesetz gegen Wegnahme und Zerstörung der Synagogen heraus, verbietet aber zugleich jeglichen Neubau. In einer Verordnung von 425 heißt es: »Den Juden und den Heiden entziehen wir die Genehmigung, in Gerichtssachen zu plädieren und Staatsämter zu bekleiden, da wir nicht willens sind, im christlichen Staat lebende Menschen ihnen untergeordnet zu sehen.«[29]
Mit des Chrysostomos' Polemik und Predigt ist ein gewisser Höhepunkt erreicht. Die Juden gelten fortan für das Verständnis breiter Volksschichten sowohl im Politischen wie im Religiösen als eine Menschengruppe mit negativer Qualität außerhalb der normalen Gesellschaft. In der Verkündigung wie in Gesetzestexten wird das Volk Israel mit beleidigenden, diffamierenden Ausdrücken belegt, deren ursprünglicher Kampfcharakter völlig verlorengegangen ist und die nun nur noch dogmatisch verstanden und als moralisches Urteil akzeptiert werden.

Warum?

Enterbung und Entrechtung des jüdischen Volkes sind von nun an fester Bestandteil der Ideologie des christlichen Abend- und Morgenlandes. Warum nun aber, so müssen wir fragen, die Schärfe der gegen die Juden gerichteten Gesetze, weshalb die bösartige Polemik in den Predigten und in der Katechese, warum die lieblose Härte von christlichen Hirten und Obrigkeiten? Warum all dies, obwohl die Kirche, triumphierend die Welt erobernd, nicht um ihren Bestand oder gar ihre Existenz bangen mußte?
Die Antworten darauf müssen wohl lauten:

Erstens: Die jüdische Gemeinschaft hat nicht inaktiv verharrt. Sie hat trotz allem ihr Eigenleben bewußt weitergeführt, ist ihren Ordnungen und Bräuchen treu geblieben und hat sich hier und da wohl auch kräftig zur Wehr gesetzt und hat sich je und dann mit anderen religiösen Gruppen, die ähnlich unter Druck standen, oder mit politischen Mächten, mit denen das Römische Reich im Streite lag, verbündet. Dabei hat sie sich manchmal ein Stück Freiheit erkämpft.

Solange ein Teil des jüdischen Volkes in seiner Heimat lebte, hatte es nicht aufgehört, für seine religiöse und nationale Unabhängigkeit zu kämpfen. Wie zu allen Zeiten in der Geschichte des Volkes Israel, spielten auch in den Jahren vor und nach 70 und während und nach dem mißlungenen Bar-Kochba-Aufstand messianische Erwartungen eine bedeutende Rolle. Sie wurden genährt sowohl durch Unterdrückung wie durch heraufdämmernde Veränderungen der weltpolitischen Szene. Ja, es gab den Tag, an dem die Wiedererrichtung des Tempels noch einmal Wirklichkeit zu werden schien: Kaiser Julian, genannt Apostata (»der Abtrünnige«) (361–363), versuchte, die Politik seiner Vorgänger rückgängig zu machen, heidnische Formen wieder zu erwecken, und er erlaubte den Juden den Wiederaufbau des Tempels in Jerusalem. Man ging auch sofort an die Arbeit; sie wurde durch den Tod des Kaisers, der im Jahre 363 im Kampf gegen die Perser fiel, gestoppt.

Zweitens: Die jüdische Gemeinschaft wirkte wegen ihrer alten Traditionen und ihres Gebotslebens nach wie vor anziehend. Ihr reiner Monotheismus in Verbindung mit vernünftigem weisheitlichem Denken und das reiche, religiös geprägte Leben im Haus und in der Gemeinschaft machten sie zu allen Zeiten attraktiv. Dagegen meinte die Kirche mit ihrem Klerus angehen zu müssen, um die Christen zusammenzuhalten. Und dazu war ihr manches Mittel recht, das nicht das Verständnis des Jüdischen förderte, sondern untergrub.

IV. Die Entwürdigung des Judentums im westgotischen Reich in Spanien

Die christlich-theologisch bestimmte Staatspolitik erhält mit dem Fortgang der Geschichte immer totalitärere Züge. Das Westgotische Reich in Spanien markiert eine frühe Station des weit in das Mittelalter hineinreichenden Prozesses, der nur durch eine Periode wirtschaftlicher und kultureller Beziehungen mit jüdischen Kauffahrern und Wissenschaftlern, die die Verbindung zum erwachten Arabien aufrechterhielten, zwischen dem achten und elften Jahrhundert gemildert wurde.

Im Verlauf der Völkerwanderung gelangen die Westgoten nach Spanien und errichten einen Staat, der über die Pyrenäen nach Frankreich hineinragt. Nach einer längeren Periode der Toleranz ändert sich die Lage fast schlagartig mit der Übernahme der alleinigen Macht durch König Rekkared (zunächst Mitregent 573) im Jahre 586. Ein Jahr später tritt er von der arianischen Richtung zum römischen Katholizismus über. Damit beginnt eine Zeit engster Verquickung von königlicher und kirchlicher Politik. Rekkared will ein einheitliches katholisches Spanien schaffen. Die Beschlüsse der Konzile von Toledo sind zugleich religiöses wie staatliches Gesetz. Ein theokratisches System wird aufgebaut.

Die alten Konzilsbeschlüsse und Gesetze des Römischen Reiches gegen die Juden werden wieder aufgegriffen: Verbot der Eheschließung mit Christen, Verbot der Beschäftigung in Staatsämtern, Verbot des Besitzes christlicher Sklaven. Im Jahre 613 stellt Sisebut die Juden vor die Alternative: Taufe oder Ausweisung.[30]

Unter den Nachfolgern Sisebuts tritt zeitweilig eine gewisse Beruhigung ein. Doch wenn auch 633 in Toledo unter dem Einfluß des Bischofs Isidor von Sevilla beschlossen wird, daß keinem Juden der christliche Glaube aufgezwungen werden darf, so müssen die »Bekehrten«, freiwillige wie gezwungene, Christen bleiben. Zu den vom Konzil ergangenen Verordnungen zählen: Mischehen werden aufgelöst; Juden und Nachkommen von Juden (!) dürfen keine Sklaven halten; beschnittene Sklaven müssen ohne Entschädigung für den Eigentümer freigelassen werden.[31]

Die Zwangsgetauften freilich werden mit größtem Mißtrauen betrachtet. Für sie werden eigene Verordnungen erlassen. Sie dürfen nicht mit anderen Juden verkehren, und sie dürfen nicht wieder zum Judentum zurückkehren. Der Klerus überwacht sie; bei Reisen müssen sie sich von Ort zu Ort melden.[32] Im westgotischen Spanien kommt schon sehr früh zum Tragen, was sich im

Mittelalter am Ende des 15. Jahrhunderts in Spanien in noch größerer Intensität und Brutalität wiederholen wird.
Beim 8. Konzil von Toledo 653 erklärt König Rekkeswint, der wieder schärfer gegen die nichtgetauften Juden vorgeht, »wie sehr das von mir beherrschte Land durch diesen Aussatz befleckt ist. Während der allmächtige Gott in unserem Land alle Irrlehren ausgerottet hat, ist allein diese gotteslästerliche Sekte noch immer unvertilgt, und sie muß entweder durch die Kraft unserer Frömmigkeit oder aber mit dem Stock der Rache zu Boden geschlagen werden.«[33]
Diese Strafideen, nämlich Gottes Zorn aktiv in die Hand zu nehmen und auf diese Weise die Ungläubigen vielleicht zum Glauben zu bringen, finden sich des öfteren in der christlichen Welt wieder; sie sind auch dem großen Reformator Luther nicht fremd.
Der König der Westgoten, Erwig (680–687), läßt sich auf dem 12. Konzil von Toledo zu dem fanatischen Ausruf treiben: »Reißt mit der Wurzel die jüdische Pest aus!«[34] Erwig läßt die jüdische Religion verbieten; alle Juden sollen innerhalb eines Jahres getauft werden.
Die Kontakte, die Juden und »Neuchristen« in ihrer Not mit jüdischen Gemeinden in Nordafrika aufnehmen, werden ihnen von König Egika (687–710) in seinem Eröffnungsschreiben zum 17. Toledanischen Konzil (694) als Verrat, Verschwörung und Staatsverbrechen angelastet.[35] Die härtesten Strafen werden ihnen angedroht, so Konfiskation ihrer Habe, Fortnahme ihrer Kinder im Alter von sieben Jahren und erzwungene Mischehe. Alle Juden werden zu Leibeigenen des Königs. Die Strafe der Besitzbeschlagnahme trifft auch die Neuchristen, die sämtlich weiterhin als »Juden« bezeichnet werden, auch wenn sie vielleicht die neue Religion innerlich angenommen haben. Diese Maßnahme wird manchen zum angestammten Glauben zurückgeführt haben.[36]
Nach diesem Höhepunkt der Judenfeindschaft konnten Juden unter der Herrschaft des Islam, der zu Anfang des achten Jahrhunderts Spanien einnahm, wie auch in den übrigen von den Moslems besetzten Gebieten im Vorderen Orient und in Nordafrika wieder verhältnismäßig ruhigeren Zeiten entgegensehen, wie auch im christlichen Europa vom achten bis zum zehnten Jahrhundert erträglichere Zustände für die jüdische Gemeinschaft bestanden haben.

V. Die Entmenschlichung des Volkes Israel in der Kreuzzugsideologie

Doch brach der Judenhaß im 11. Jahrhundert aufs neue auf. Die antijüdischen Vorurteile bei Klerus und Laien, beim Adel und beim einfachen Volk erwiesen sich als so virulent, daß sie in der neuen weltpolitischen Situation der Auseinandersetzung mit der islamischen Kultur alles bislang über die Juden Behauptete in den Schatten stellten. Sie provozierten Tätlichkeiten, die den Rahmen der bisherigen Reibereien und Feindseligkeiten sprengten – die massenweise Tötung von Juden. Im Zeichen des Kreuzes wurden ganze Gemeinden ausgemordet. Tatsache ist, daß sich eine Kreuzzugsideologie heranbildete, welche die Feinde des Kreuzes nicht nur im Heiligen Land und in Jerusalem sah und die heiligen Stätten aus der Hand der »Ungläubigen« retten wollte.[37]
Diese Entwicklung im christlichen Abendland ist keinesfalls zufällig. Sie ist eine Konsequenz der sich immer mehr und heftiger steigernden Agitation der Entfremdung von der Zeit der frühen Kirche an, die sich durch die Spätantike und ins frühe Mittelalter hinein fortsetzt: Wird den Juden das gemeinsame Erbe der Bibel und des Gottesbundes abgesprochen, werden sie Zug um Zug von der christlichen Obrigkeit entrechtet, versucht man sie durch Zwangstaufen zu »entjuden«, werden sie immer stärker entwurzelt und als Gegenbild zum wahren (christlichen) Menschentum gezeichnet, so ist es schließlich nur noch ein Schritt bis zur völligen Entmenschlichung. Ohne diese Vorgeschichte sind die Glaubensvorstellungen und Handlungsweisen der Christen im späten Mittelalter nicht denkbar. Dabei blieb die Kirche einem merkwürdigen Widerspruch verhaftet. Einerseits waren die Juden die Feinde, denen man alles Böse zutraute und mit denen man auch böse verfuhr, andererseits gliederte die vollzogene Taufe, auch wenn sie unter Zwang zustande gekommen war, den Getauften völlig in die Kirche und in die christliche Gesellschaft ein. So erleben wir das Paradoxon, daß zugleich mit der Entmenschlichung der Juden eine heilsgeschichtliche Erwartung für sie verbunden war. Man muß auch darauf hinweisen, daß es im Laufe der Kirchengeschichte hier und da Kritik an der üblichen Beurteilung alles Jüdischen gegeben hat und Ansätze zu echtem Verständnis des jüdischen Volkes und seines Glaubens zu verzeichnen sind.

So ist das jüdische Volk vor der völligen Vernichtung, wie sie anderen als sektiererisch angesehenen Gruppen widerfuhr, bewahrt worden, nicht zuletzt wegen dieser christlichen Hoffnung, daß das Heil nicht ohne die Bekehrung der Juden vollendet werden kann.[38]

Anmerkungen

1 Zum Hintergrund Mayer, S. 49
2 Hierzu: Anm. 9
3 Zitiert wird nach: Barnabasbrief, in: Bibliothek der Kirchenväter, Bd. 35 (Die Apostolischen Väter), München o. J. Siehe dazu auch den Artikel »Barnabasbrief« von Klaus Wengst, in: Theologische Realenzyklopädie (TRE), Bd. V, Berlin, New York 1980, S. 238–241
4 Zum Topos der verfolgten und getöteten Propheten, siehe Mayer, S. 46 und Anm. 87; die Fortentwicklung dieses bei Justin, S. 57. Im Mittelalter wurden die »Prophetenspiele« sehr beliebt: Eckert, S. 76
5 Zur Polemik gegen das jüdische Gesetz siehe auch: Mayer, S. 45; Wirth, S. 62; Eckert, S. 87; und in der Neuzeit bei Ginzel
6 Siehe TRE [wie Anm. 3], Bd. V, S. 238
7 Hierzu das heidnische Verständnis: Mayer, Anm. 26, siehe auch S. 56
8 Zitiert wird nach: Des heiligen Philosophen und Märtyrers Justinus Dialog mit dem Juden Tryphon, in: Bibliothek der Kirchenväter, Bd. 33, Kempten, München 1917, S. 1–231
9 Exkurs:
Birkat Haminim, Ketzersegen, Ketzerbitte, in der Amidah, dem Achtzehnbittengebet, hat eine längere Vorgeschichte. Ursprünglich waren die Kollaborateure mit einem anstürmenden Feind gemeint: der Ausschluß von Verrätern. Später wurde dieser Ausschluß auch auf das religiöse Gebiet ausgeweitet: Abfall vom Monotheismus, Annahme heidnischer Kultpraktiken. Für Pharisäer fielen unter die Minim – ein Wort unbekannter Herkunft und nicht eindeutig zu übersetzen – u. a. auch die Sadduzäer, weil sie die Auferstehung von den Toten leugneten. Daraus wird ersichtlich, daß sich Birkat Haminim ausschließlich gegen Juden richtete, die zentrale Aussagen des Judentums ablehnten oder die Religions- und Volksgemeinschaft verließen. In diesem Sinne wurde der Ausschluß auch auf »Judenchristen" bezogen, ohne daß diese namentlich erwähnt oder ausschließlich gemeint wurden. Die Rabbinen haben hier eine auch in anderen Religionen übliche theologische und soziale Hürde aufgerichtet, die ein Verlassen der eigenen Gemeinschaft erschweren sollte.
Ohne diesen Hintergrund zu berücksichtigen, wurde von der antijüdischen Polemik Birkat Haminim als ein Beweis für eine jüdische Christenfeindlichkeit herangezogen. Im Antisemitismus der Neuzeit fehlt nur in wenigen Pamphleten ein entsprechender Hinweis, der im Umkehrschluß die christliche Judenfeindschaft als eine notwendige Verteidigungsmaßnahme erscheinen lassen will. Aus einer der theologischen Polemik entsprungenen Fälschung wurde im völkischen Judenhaß ein Hauptargument für den Beleg einer semitischen Minderwertigkeit, Verworfenheit und Gefährlichkeit, der christlicherseits, arischerseits, nur mit den schärfsten Maßnahmen begegnet werden könnte.
Noch in unseren Tagen finden sich Theologen, die glauben und schreiben, Juden würden Christus (und damit auch die Gemeinschaft der Christ-Gläubigen) im Gebet verfluchen. Hierzu: Günther B. Ginzel (Hrsg.), Auschwitz als Herausforderung für Juden und Christen, Heidelberg 1980, S. 224
10 Melito von Sardes: Vom Passa. Die älteste christliche Osterpredigt. Übersetzt, eingeleitet und kommentiert von Josef Blank, Freiburg 1963, S. 127 f. Man muß allerdings beachten, daß mit dem »Der Gott ist getötet worden« eine neue Theologie formuliert wurde, die sich nicht auf das »jüdische Erbe« berufen kann. Die grundlegende Vorstellung der Christologie, das Menschwerden Gottes und die Kreuzigung dieses menschgewordenen Gottes, ist dem Judentum (und dem Islam) unbekannt. Je stärker nun der Glaube an den Auferstandenen wurde und je weniger die Lehre Jesu im Vordergrund stand, desto breiter wurde der Graben, der vor allem durch die Einführung einer neuen Gottesvorstellung, der trinitarischen, entstanden war.
11 Der Brief an Diognet, in: Bibliothek der Kirchenväter, Bd. 12 (Frühchristliche Apologeten und Märtyrerakten, 1. Band), Kempten, München 1913, S. 157–173; hier: S. 163 f (= Diognet S. 7 f)
12 Zitiert wird nach: Tertullian, Gegen die Juden, in: Bibliothek der Kirchenväter, Bd. 7 (Tertullians private und katechetische Schriften), Kempten, München 1912, S. 300–324
13 Siehe Anm. 6
14 Des Origenes acht Bücher gegen Celsus, in: Bibliothek der Kirchenväter, Bd. 52 (Buch I–IV), München 1926, und Bd. 53 (Buch V–VIII), München 1927
15 Des heiligen Kirchenvaters Caecilius Cyprianus Traktate [. . .], in: Bibliothek der Kirchenväter, Bd. 34, Kempten, München 1918, S. 330–344
16 a. a. O., S. 335
17 a. a. O., S. 335–337
18 Siehe Mayer, S. 43 ff
19 Siehe zum ganzen Kapitel: Rosemary Ruether, Nächstenliebe und Brudermord. Die theologischen Wurzeln des Antisemitismus, München 1978; sowie Ginzel
20 Encyclopaedia Judaica, Jerusalem 1971, Bd. 6, S. 691
21 Theodosiani libr. XVI, ed. Mommsen-Meyer, 1905, Bd. I, Teil II, S. 887; entnommen aus: E. L. Ehrlich, Geschichte der Juden in Deutschland, Düsseldorf 1958[2] , S. 7; abgedruckt auch in: W. Trutwin/ G. Wischmann, Juden und Christen (= Theologisches

Forum. Texte für den Religionsunterricht, Heft 7), Düsseldorf 1979, S. 40

22 Des Eusebius Pamphili, Bischof von Caesarea, Ausgewählte Schriften, I. Bd., in: Bibliothek der Kirchenväter, Bd. 9, Kempten, München 1913, S. 107 f

In der Tat geht es um die Trennung der Kirche vom jüdischen Festkalender. In der christlichen Urgemeinde war wahrscheinlich mit den übrigen Juden zusammen Passa (Pessach) gefeiert worden, das als Fest der messianischen Erwartung, der Parusie Christi, begangen wurde. Der Auferweckung Christi hingegen wurde an jedem ersten Tag der Woche, am Sonntag, gedacht. Im 2. Jahrhundert entwickelte sich die Sitte, am Sonntag nach dem Passafest einmal die Auferstehung Christi zu feiern, das »Osterfest«. Noch im 3. Jahrhundert wurde um die Passafeier und um den Ostertermin gestritten. Beim Konzil zu Nicäa hatte sich die heidenchristliche Strömung, die ihr eigenes Fest haben wollte und sich gegen jede Art von Judaisieren wandte, durchgesetzt. Auf Grund des Mondjahres, das für den jüdischen Festkalender gültig ist, und des Sonnenkalenders, der den christlichen Ostertermin bestimmt, können Passa und Ostern verschieden weit auseinanderfallen. Siehe dazu: Religion in Geschichte und Gegenwart[3], Bd. 5, Tübingen 1961, S. 733, und Bd. 4, Tübingen 1960, S. 1735 f, sowie: Theologisches Wörterbuch zum Neuen Testament, Bd. V, Stuttgart 1954, 900–903

23 Karl Heinrich Rengstorf/Siegfried von Kortzfleisch (Hrsg.): Kirche und Synagoge, Bd. 1, Stuttgart 1968, S. 93

24 a. a. O., S. 93

25 a. a. O., S. 159

26 Karl Thieme, Der religiöse Aspekt der Judenfeindschaft, in: Freiburger Rundbrief, 37/40, 1957, S. 10

27 Kirche und Synagoge [wie Anm. 23], Bd. 1, S. 151

28 a. a. O., S. 152

29 Reiner Bernstein u. a., Zur Geschichte der Juden (Probleme einer Minderheit), Handreichungen und Materialien für Geschichts- und Sozialkundeunterricht, Textanhang V, Teil II, S. 2

30 a. a. O., Teil II, Textanhang IV, S. 1

31 Encyclopaedia Judaica, Jerusalem 1971, Bd. 5, S. 547

32 Kirche und Synagoge [wie Anm. 23], Bd. 1, S. 102 f

33 Zur Geschichte der Juden [wie Anm. 29], Teil II, Textanhang V, S. 2

34 a. a. O., S. 3

35 Kirche und Synagoge [wie Anm. 23], Bd. 1, S. 105

36 a. a. O.

37 Ergebnis dieser antijüdischen Agitation war die Gleichsetzung der Juden als »innere Feinde« mit den »äußeren Feinden« des Landes. Ein erster Höhepunkt dieser Entwicklung waren die Judenverfolgungen vor und im Verlauf des ersten Kreuzzuges. Die Schändung der Grabeskirche durch Moslems, die bei dieser Gelegenheit sowohl Christen als auch Juden totschlugen, führte in einer spontanen Reaktion zur blutigen Bestrafung der jüdischen Nachbarn in weiten Teilen Europas.

38 Päpstliche Bullen haben dies immer wieder in Erinnerung gerufen. Siehe: Kirche und Synagoge [wie Anm 23], Bd. 1, S. 146

Literatur

Bergmann, J., [Rabbiner in Frankfurt a. O.]: Jüdische Apologetik im neutestamentlichen Zeitalter. Berlin 1908

Blumenkranz, Bernhard: Die Judenpredigt Augustins. Ein Beitrag zur Geschichte der jüdisch-christlichen Beziehungen in den ersten Jahrhunderten. Basel 1946

Ders.: Die jüdischen Beweisgründe im Religionsgespräch mit den Christen in den christlich-lateinischen Sonderschriften des 5.–11. Jahrhunderts. In: ThZ 4 (1948), S. 119–147

Ders.: Auteurs chrétiens latins du moyen age sur les juifs et le judaisme. Paris 1963.

Ders.: Juifs et chrétiens dans le monde occidental 430–1096. Paris 1960

Browe, Peter: Die Judengesetzgebung Justinians. In: Analecta Gregoriana 8 (1935), S. 109–146

Conzelmann, Hans: Heiden – Juden – Christen. Auseinandersetzungen in der Literatur der hellenistisch-römischen Zeit. Tübingen 1981

Donahue, Paul Jerome: Jewish-Christian Controversy in the Second Century. A Study in the »Dialogue« of Justin Martyr. Diss. Yale University 1973

Efraymson, David Patrick: Tertullian's Anti-Judaism and its Role in his Theology. Diss. Temple University 1976

Gager, John G.: The Origins of Anti-Semitism. Attitudes toward Judaism in Pagan and Christian Antiquity. Oxford 1983

Grissom, Fred Allen: Chrysostom and the Jews. Studies in Jewish-Christian Relations in Fourth-Century Antioch. Diss. The Southern Baptist Theological Seminary 1978

Judant, Denise: Judaisme et christianisme. Dossier patristique. Paris 1969

Kirche und Synagoge. Handbuch zur Geschichte von Christen und Juden. Darstellung mit Quellen. Hrsg. von Karl Heinrich Rengstorf und Siegfried v. Kortzfleisch. Band I. Stuttgart 1968

Knoch, Otto: Die Stellung der Apostolischen Väter zu Israel und zum Judentum. Eine Übersicht. In: J. Zmijewski/E. Nellessen (Hrsg.): Begegnung mit dem Wort. Festschrift für Heinrich Zimmermann. Bonn 1980, S. 347–378

Murawski, Friedrich: Die Juden bei den Kirchenvätern und den Scholastikern. Eine kirchengeschichtliche Skizze als Beitrag zum Kampf gegen den Antisemitismus. Berlin 1925

Parkes, James: The Conflict of the Church and the Synagogue. A Study in the Origins of Antisemitism. London [2]1961; New York 1974

Parkes, James: The Jew in the Medieval Community. A study of his political and economic situation. London 1983

Schreckenberg, Heinz: Die christlichen Aversus-Judaeos-Texte und ihr literarisches und historisches Umfeld (1.–11. Jh.). Frankfurt a. M., Bern 1982 (mit umfangreicher Bibliographie: S. 579–656)

Simon, Marcel: Verus Israel. Etudes sur les relations entre Chrétiens et Juifs dans l'Empire romain (135–425). Paris 1948, [2]1964

Wengst, Klaus: Tradition und Theologie des Barnabasbriefes. Berlin, New York 1971

Wilde, Robert: The Treatment of the Jews in the Greek-Christian Writers of the first three Centuries. Washington 1949

Wilken, Robert L.: John Chrysostom and the Jews. Rhetoric and Reality in the Late Fourth Century. London 1983

Williams, Lukyn: Adversus Judaeos. A Bird's-Eye View of Christian Apologiae Until the Renaissance

Williamson, Clark M.: The »Adversus Judaeos« Tradition in Christian Theology. In: Encounter 39/3 (1978), S. 273–296

Antisemitismus im Mittelalter

Angst – Verteufelung – Habgier: »Das Gift, das die Juden tötete«

Willehad Paul Eckert

Die mittelalterliche Judenfeindschaft hat ihre Wurzeln, außer in theologischen, auch in ökonomischen und teils auch in psychologischen Motiven. Sie wirkt sich dementsprechend auf die Theologie ebenso wie auf die Ökonomie und die Psychologie aus. Die Verquickung der verschiedenartigen Motive hatte für die Juden im sozialen wie im juristischen Bereich zur Folge, daß sie im Mittelalter eine Pariastellung einnehmen mußten. Von der christlichen Umwelt u. a. aus religiösen Gründen weitgehend nur widerwillig geduldet, sind die Existenzbedingungen der Juden immer gefährdet, vielfach eingeschränkt und verschlechtern sich zudem gegen das Ende der darzustellenden Periode. Allerdings ist die Lage der Juden nicht immer gleich ungünstig. Zeiten einer relativen Toleranz wechselten mit Zeiten der Verfolgung, der Vertreibung, ja der Vernichtung. Immerhin muß gesagt werden, daß, aufs Ganze gesehen, die Lage der Juden sich im Spätmittelalter gegenüber dem frühen Mittelalter erheblich verschlechtert hat. Insofern kann also doch von einer einheitlichen Tendenz gesprochen werden.

Die antijüdische Argumentation der Theologen

Das Bild, das die Kirchenväter von den Juden zeichnen, bleibt auch für die mittelalterliche Theologie gültig. Nur wenige neue Farben treten hinzu. Trotz der Vielzahl der antijüdischen Traktate bleibt die Argumentation ziemlich eintönig.[1]

Der Grundvorwurf bleibt der, daß die Juden Jesus als den Christus nicht angenommen haben. Auch 1000 Jahre nach Jesu Tod haben Feindschaft und Unverständnis der christlichen Predigt den Juden gegenüber an nichts eingebüßt. Um es auf eine Formel zu bringen: Der Vielzahl der messianischen Bilder und Vorstellungen des Alten Testamentes und des Judentums steht die Eindeutigkeit des Christusbekenntnisses, des christlichen Glaubens gegenüber (wobei freilich zuzugeben ist, daß auch diese Formel eine Vereinfachung darstellt, weil erst in langen Glaubenskämpfen die Konzilsbeschlüsse der alten Kirche zur Klärung des Christusverständnisses geführt haben). Daß die messianische Zeit und die messianische Person für die Juden nicht voneinander getrennt werden können, die messianische Zeit aber die sichtbare Verwirklichung des Gottesreiches auf Erden darstellt, wird nach wie vor von den christlichen Theologen nicht realisiert. Erst recht bleibt der Unterschied unberücksichtigt, der zwischen dem Christusverständnis als dem wesensgleichen Sohn Gottes und den Messiasbildern gegeben ist, die von einem solchen Verständnis weit entfernt sein müssen, weil es mit dem jüdischen Gottesglauben unvereinbar ist. Die Argumentation der christlichen Theologen, die sich auf die messianischen Verheißungen und Bilder berufen und sogar über die Heilige Schrift hinaus die jüdische Tradition mit heranziehen, stößt daher ins Leere. Den christlichen Theologen freilich geht diese Problematik nicht auf. Nicht mangelnder Überzeugungskraft ihrer Argumente schreiben sie ihren Mißerfolg zu, sondern der Hartnäckigkeit der Juden.

Für den Tod am Kreuz machen auch die mittelalterlichen Theologen *die* Juden der Zeit Jesu verantwortlich, neigen aber dazu, außerdem *die* Juden ihrer eigenen Zeit als mitverantwortlich zu sehen. Ihre Begründung: diese würden ebenso wie ihre Vorfahren den Glauben an Jesus als den Christus ablehnen. Obwohl die Juden als Zeitgenossen Jesu nicht wußten, daß sie nach christlicher Vorstellung den Sohn Gottes dem Hinrichtungstod auslieferten, seien sie nach der Meinung der meisten Theologen des Mittelalters dennoch schuldig geworden. Die Theologen begründen das mit dem merkwürdigen Argument, die Unwissenheit der Juden sei eine gewollte gewesen. Zwar unterscheidet Thomas von Aquino zwischen der Schuld der Großen als den

eigentlich Verantwortlichen und der des einfachen Volkes, aber auch die einfachen Menschen haben in seinen Augen schwer gesündigt. Von den Großen, den »maiores«, unter denen er den Hohenpriester und den Hohen Rat versteht, behauptet er, daß sie »ebenso wie die Teufel erkannten, daß dieser der im Gesetz verheißene Christus ist«. Sie sahen nämlich alle die Zeichen an ihm, welche die Propheten vorhergesagt hatten. Das Geheimnis seiner Gottheit aber erkannten sie nicht.[2] Das einfache Volk hatte sich von den Großen verführen lassen und sei darum schuldig.
Zwar gab es im Mittelalter auch gegenteilige Meinungen. So verteidigte Petrus Abaelard die Juden gegen den Vorwurf, Gottesmörder zu sein. Er sieht ihre Unwissenheit, ihr Nichterkennen der Gottessohnschaft Jesu nicht als Schuld an. Für ihn handelt es sich nicht um eine gewollte, also böswillige Unwissenheit. Aber es ist bezeichnend, daß die Synode von Sens 1141 seine Überzeugung – wonach diejenigen nicht sündigten, die Christus, ohne ihn zu kennen, kreuzigten, und daß ihnen ihre Tat nicht zur Schuld angerechnet werden dürfte, weil sie aus Unwissenheit gehandelt hätten – als dem Glauben widersprechend verurteilt hat.
Die Juden der Diaspora suchten sich gegen den Vorwurf zu schützen, ihre Vorfahren seien schuld gewesen am Tode Jesu. Sie taten dies gerne unter Berufung auf das Alter ihrer Gemeinde. Wenn sie nämlich schon vor der Zeit Christi als Diaspora-Gemeinde bestanden hatten, dann konnten doch ihre Vorfahren gar nicht am Tode Christi schuldig geworden sein. Das Interessante an der Sache ist nun, daß die Behauptung, die Gemeindegründung sei schon vor der Zeit Christi erfolgt, gelegentlich von Christen als Beweis für das Alter ihrer Stadt angeführt wird. So hat im 15. Jahrhundert der Ulmer Dominikaner Felix Fabri – dem wir übrigens auch einen sehr interessanten Bericht seiner Wallfahrt in das Heilige Land verdanken – in der Geschichte seiner Heimatstadt, deren Ursprung auf die römische Zeit zurückgeführt wird, sich auf die Behauptung der Juden Ulms gestützt, daß ihre Vorfahren bereits vor Christi Geburt dort gelebt hätten. Die Juden wissen sogar von einem Brief ihrer Vorfahren an König Herodes zu berichten, er solle die Kreuzigung Jesu verhindern.
Wir erwähnen diese Legende, weil in ihr sich ebenso höchst reale Ängste wie theologische Argumentationen spiegeln. Da die Juden ihrer Zeit sich mit ihren Vorfahren aber darin einig waren, daß Jesus nicht der Christus sein konnte, sahen die mittelalterlichen Theologen in ihnen insofern Mitschuldige.

Die Bedeutung der Juden für die mittelalterliche Theologie

Wegen ihrer Schuld am Tode Jesu gelten den mittelalterlichen Theologen die Juden als der Verheißung verlustig. Die Zerstörung des Tempels im Jahre 70 n. Chr. und die Zerstreuung über die ganze Welt werden als Strafe für diese Schuld gedeutet. »Der jüdische Krieg«, den der jüdische Historiker Flavius Josephus in glühenden Farben geschildert hat, wird im Mittelalter gern gelesen, da er das Gericht Gottes über die Juden zu beschreiben scheint. In ihrer Zerstreuung über die ganze Welt sind die Juden den mittelalterlichen Theologen freilich zugleich von erheblicher Bedeutung:
1. Ein Beweis für die Geschichtlichkeit des Leidens, des Todes und der Auferstehung Jesu Christi. Als Zeugen, die sie einfach durch ihr Dasein sind, sollen sie geduldet werden.
2. Ein anderer Grund ist der, daß die Juden die Sprache des Alten Testamentes, das Hebräische, verstehen – jene Sprache, die vielfach als die Ursprache der Menschen überhaupt galt – so noch dem jungen Dante in seiner Frühschrift »De vulgari eloquentia« –, während die Christen und auch die Theologen unter ihnen nur zum allergeringsten Teil Kenntnisse des Hebräischen haben. Ohne die Hilfe jüdischer Sprachlehrer wären auch diese wenigen Theologen nicht in der Lage gewesen, sich Kenntnisse des Hebräischen zu erwerben. Ohne die Mithilfe der Juden hätte das Alte Testament in seiner Ursprache überhaupt nicht gelesen werden können. Doch unterstellten die christlichen Theologen den Juden, sie würden die Heilige Schrift nur nach ihrem wörtlichen, nicht aber nach ihrem geistlichen Sinne lesen. Daß es eine allegorische Auslegung der Heiligen Schrift auch bei den Juden gibt, blieb den meisten der christlichen Theologen unbekannt. Sie machen sich das Argument zu eigen, das schon Augustinus gebraucht hatte, als er die Juden als die blinden Bücherträger beschrieb.[3] Nach Au-

gustinus tragen die Juden den Christen die Bibel vor oder nach, wie die Diener den Schuljungen in der Antike die Schulbücher trugen. Die Schuldiener verstehen jedoch nicht den Inhalt der Bücher. So, argumentiert Augustinus, tragen die Juden den Christen den Wortlaut der Heiligen Schrift vor, begreifen aber nicht ihren eigentlichen Gehalt. Den erschließen erst die Christen. Die Meinung des Kirchenvaters haben sich die mittelalterlichen Theologen weitgehend zu eigen gemacht.

3. Ein weiteres Argument für die Tolerierung der Juden beruft sich auf die heilsgeschichtlichen Kapitel des Römerbriefes, die Kapitel 9–11. Danach wird die Endzeit erst eintreten, wenn das ganze Israel gerettet ist. Erst dann wird der Antichrist kommen und der endzeitliche Kampf beginnen, in dem Christus sich als der Weltenherrscher und -richter enthüllen werde. Das erste und dritte Argument verwendet Berthold von Regensburg, der große Bußprediger aus der Mitte des 13. Jahrhunderts. Es ist um so interessanter, seine Argumentation zu hören, als er in seinen Predigten durchaus dem zeitgenössischen Judenhaß Tribut zollt. Er bekämpft die Juden, weil er in ihnen die Wucherer sieht, diejenigen, die die Christen um ihr Vermögen bringen. Aber er sagt auch: »Jüden sollen sie (die Fürsten) so schirmen wie die Christen an ihrem Leib und an ihrem Gut, denn sie sind in den Frieden genommen. Wer einen Jüden zu Tode schlägt, der muß ihn Gott büßen und dem Richter wie einen Christen, weil die Kaiser sie selbst han in den Frieden genommen. Um zween Ding dulden wir die Jüden unter den Christenleuten. Das eine ist, daß sie Zeugen sind, daß unser Herr gemartert ward von ihnen. Wenn ein Christenmensch einen Juden sieht, soll er daran andächtig denken. ›Ach‹, soll er denken, ›bist du deren einer, von denen unser Herr Jesus Christus gemartert ward und das für unsere Schuld litt?‹ Und ihr sollt Gotte für seine Marter danken, ihr Christenleute, wenn ihr den seht. Ihr sollt seine Marter nimmer vergessen, denn er vergißt unser nimmer. Doch sollen wir von den Jüden daran sonderlich gemahnet werden. Und aus einem anderen Grunde: Wieviel ihrer den Endechrist überleben, die werden von dem Jüngsten Tag alle zu Christenleuten . . .«

(Berthold von Regensburg, Deutsche Predigten)

Fiktive Streitgespräche

Von dieser Konzeption ist auch die Gegenüberstellung von Ecclesia und Synagoga beeinflußt.[5] Die Beschreibung Israels bereits im Alten Testament unter dem Bild einer Frauengestalt – so deutet auch die Jüdische Exegese die Braut im Hohenlied – wird von der christlichen Theologie aufgegriffen und auf die Kirche übertragen. In den altchristlichen Darstellungen, genannt seien die Wandmosaiken von S. Pudenziana in Rom, findet sich bereits eine Gegenüberstellung zweier Frauengestalten.

Sie werden als die Kirche aus den Juden und die Kirche aus den Heiden beschrieben. Doch schon im Frühmittelalter werden die beiden Frauengestalten verstanden als die Vertreterinnen der beiden konkurrierenden Glaubensgemeinschaften der Juden und der Christen, also der Kirche und der Synagoge. Unter dem Namen Augustins wird die »Altercatio Ecclesiae et Synagogae« – das Streitgespräch zwischen der Kirche und der Synagoge – im Mittelalter verbreitet. Die Sprache ist freilich fern von Augustinus; ihre Latinität ist verwildert. Schon diese verwilderte Sprache erweist das Streitgespräch als nicht augustinisch. Es stammt erst aus dem frühen Mittelalter. Doch wurde die Zuschreibung an Augustinus im Mittelalter weitgehend akzeptiert. Die »Altercatio Ecclesiae et Synagogae« war höchst beliebt, wie die zahlreichen Handschriften, in denen sie verbreitet wurde, beweisen. Die Argumentation, der sich das Streitgespräch bedient, ist reichlich grobschlächtig. Wolfgang Seiferth drückt das Verfahren, das das fiktive Streitgespräch verwendet, so aus: »In der Rolle des Staatsanwaltes bringt der Verfasser den Streit zweier Frauen vor Gericht, Ecclesia und Synagoga, deren Eigentumsansprüche geklärt werden müssen. Synagoga, ›einst so reich und mächtig‹, jetzt eine Witwe, macht Ansprüche auf Eigentum und Land, das Ecclesia ›nach kaiserlichem Recht‹ besitzt. Lüge, Götzenanbetung und Ehebruch werden Synagoga zur Last gelegt, während Ecclesia ›kraft ihrer Keuschheit und des göttlichen Gesetzes‹ die rechtmäßige Herrin des Erdkreises sei. Ecclesia behauptet, daß sie nach dem Versagen der Synagoga allein zur Herrschaft berechtigt sei. Synagoga habe ihre Verdienste gehabt und sei Gottesstellvertreter gewesen, da sie sich aber geweigert habe, den Propheten Gehör zu geben, sei nun Ecclesia an ihre Stelle getreten, und Synagoga habe ihr zu dienen. Diese beruft sich auf den Alten Bund, sie würde nachgeben, wenn Ecclesias Ansprüche von dort her gerechtfertigt werden könnten.« Im eigentlichen Streitgespräch verweist Ecclesia nicht nur auf das Alte Testament, sondern ebenso auf ihre Rechtsstellung innerhalb des Römischen Reiches. Seit dieses christlich geworden ist, sind die hohen Staatsämter den Christen vorbehalten. Die Juden sind nach Meinung der Ecclesia ausgeschlossen, da die Sünden der Väter an den Nachkommen gerächt werden. Die Sünde wird in der mangelnden Bereitschaft gesehen, die messianischen Verheißungen auf Jesus als den Christus zu beziehen. Synagoga wird von Ecclesia gescholten als die »unglücklichste, elendeste und törichste aller Frauen und eine Mörderin«. Vor den Anwürfen der Ecclesia beugt sich schließlich Synagoga.[6]

Nicht alle literarischen Darstellungen zeichnen Synagoga so gedemütigt. Mindestens ein Beispiel gibt es, in dem Synagoga sehr würdevoll geschildert wird. Das ist der im 12. Jahrhundert entstandene »Ludus de Antichristo«, das Tegernseer Spiel vom Antichristen. In ihm wird geschildert, wie der Antichrist alle Völker verführt und in seinen Bann schlägt. Als erste vor allen anderen erkennt Synagoga, als die Verkörperung des jüdischen Volkes, daß der Antichrist nicht der Messias, sondern ein gefährlicher Betrüger ist. Sie widersteht ihm, erregt seinen Zorn, läßt sich aber dadurch nicht abschrecken. Sie erleidet das Martyrium. Damit veranlaßt sie aber zugleich das Eingreifen Christi. Ihr Martyrium geht über in das Endgericht, das Gericht über den Antichristen.

Nun ist es freilich bemerkenswert, daß dieses Spiel im ausgehenden Mittelalter wieder aufgegriffen wird und eine Wendung zum Negativen erhält. In dem aus dem 16. Jahrhundert stammenden Spiel des »Entchrist vasnach« ist der ernste Schluß des alten Ludus de Antichristo aufgegeben worden. Der Antichrist proklamiert sich als der wahre Messias, der im Unterschied zu Jesus nicht auf einem Esel, sondern auf einem stolzen Pferd reitet. Die Juden wenden sich ihm zu und wollen auch die Christen zu ihm bekehren. In derber Satire wird der allgemeine Abfall geschildert. Ähnliche Beurteilungen können wir im Bereich der bildenden Kunst machen.[7]

Das Verstocktheitsmotiv in Theologie und geistlichen Spielen

Immer wieder wird in Streitschriften gegen die Juden von den mittelalterlichen Theologen Klage über mangelnde Bereitschaft, die Predigt, die Botschaft Christi, anzuhören, geführt. Ein wesentliches Motiv der Judenfeindschaft der Theologen ist ihre Enttäuschung, daß die Gespräche mit Juden zu keiner Übereinstimmung führen. Trotz und alledem ist man sich der Nähe der beiden Glaubensgemeinschaften zueinander durchaus bewußt.

Der spanische Dominikaner Ramon Marti (um 1220–1284) schreibt im Vorwort zu seinem »Pugio fidei adversus Mauros et Iudaegos« – Der Dolch des Glaubens gegen Moslems und Juden –, der Grund der gegenseitigen Feindschaft sei gerade in der Nähe der Juden und Christen zueinander gegeben. »Nach einem Wort Senecas ist keine Pest schädlicher als die Feindschaft unter Hausgenossen. Daher ist kein Feind dem christlichen Glauben so gefährlich wie die Juden; denn niemand ist uns verwandter, niemandem können wir weniger ausweichen als den Juden.« Ramon Marti bemühte sich um das Gespräch. Darüber hinausgehend wollte er mit seinem »Pugio fidei« den Juden- und den Moslemmissionaren ein Handbuch bieten, das sie in die Lage versetzen sollte, im Gespräch das richtige Argument zu verwenden. Hinsichtlich der Juden wählte er die Stellen aus dem Talmud aus, die messianisch interpretierbar schienen und die er als Zeugnis für den Glauben an Jesus als den Christus verwendbar wissen wollte. Der Erfolg, den er sich erhoffte, blieb natürlich aus.

Die allgemeine Enttäuschung der Theologen über ihre Mißerfolge bei der Judenmission schlug sich nieder in dem Vorwurf der Verstocktheit. So vergleicht Bruno von Würzburg die Juden mit giftspritzenden Schlangen und Ottern, die sich die Ohren verstopfen, um die Stimme des Beschwörers nicht zu hören (Pl. 84, 536). Peter von Blois (etwa um 1135–1204) wirft ihnen eine »wahrhaft tierische Härte und Gefühllosigkeit« vor.[9] Martin von Leon, gestorben 1203, beklagt ihren »verlogenen, stahlharten Unglauben« und unterstellt ihnen, daß sie »voll vom Gifte ihrer Väter die Wahrheit hassen und dem Herrn widerstehen«.[10]

Der Vorwurf der Verstocktheit wird gesteigert

zur Behauptung bzw. zur Unterstellung der Unfähigkeit zur Bekehrung, die sich aus der im negativen Sinne als unveränderbar erweisenden Natur der Juden ergebe. Daraus erklärt sich dann das Mißtrauen gegenüber Konvertiten. Das Mißtrauen war um so stärker, je mehr Juden, veranlaßt durch den moralischen Zwang ihrer Umwelt, zum Glauben der Christen übertraten. Zwar wurde der direkte, physische Zwang von Päpsten, Bischöfen und Theologen wiederholt verworfen. Eine Konversion, die durch direkten Zwang erreicht wurde, galt lediglich als Scheinbekehrung. Eine solche konnte aber nicht wirksam sein. Hinsichtlich des indirekten Zwangs gingen die Meinungen jedoch weit auseinander.[11] Nicht gering war die Zahl derjenigen, die gegen eine moralische Nötigung keine Bedenken hatten. Eine Konversion, die aus Angst, sonst Schaden an Leib und Gut zu erleiden, erfolgte, konnte immer noch eine echte sein. Bis zum Beweis des Gegenteils galt die Konversion als erwiesen. Ein Jude, der sich nur aus Angst hatte taufen lassen, galt zunächst einmal als gültig Getaufter. Nur wenn er beweisen konnte, daß seine Furcht unüberwindbar gewesen war und daß er nicht aus klarem Verstand gehandelt hatte, als er um die Taufe bat, wurde die Taufe als ungültig angesehen. Andernfalls galt seine Rückkehr zum Glauben der Väter als ein Zuwiderhandeln gegen das empfangene Sakrament, als Mißbrauch des Sakraments, gar als Blasphemie. Als Rückfälliger hatte er dann mit schwerer Bestrafung zu rechnen, wurde ihm die Todesstrafe angedroht. Der Beweis jedoch, daß seine Furcht so groß war, daß der Sakramentenempfang dadurch ungültig wurde, war kaum zu erbringen. Gleichwohl kehrten viele Juden, die in Zeiten der Verfolgung, z. B. der Kreuzzüge, sich hatten taufen lassen, nach dem Ende der Verfolgungen zu ihrem ursprünglichen Glauben zurück. Diese Beobachtung wurde nicht nur während der Kreuzzüge gemacht, sondern ebenso in Spanien, nach den als Schauveranstaltungen durchgeführten Religionsgesprächen von Barcelona (1263) und Tortosa (1413–14), bei denen ein starker Druck auf die jüdischen Gemeinden ausgeübt worden war. Tatsächlich hatten sich zahlreiche Juden taufen lassen. Sie hingen aber heimlich ihrem bisherigen Glauben an. Die Handbücher der Inquisitoren Bernard Gui (um 1260–1331) und Nikolaus Eymerich (1320 – um 1399) sowie des Thomas Torquemada (1420 bis 1498) wenden sich u. a. gegen die »iudaizantes«, die judaisierenden, heimlich dem Judentum anhängenden Christen. Bernard Gui fürchtet überdies, daß die ihrem Glauben treugebliebenen Juden die Konvertiten zur Rückkehr zum Väterglauben veranlassen könnten. So heißt es in seinem Handbuch: »Die ungläubigen Juden versuchen, wann und wo sie können, die Christen heimlich zu betören und zum jüdischen Unglauben hinüberzuziehen, besonders aber diejenigen, die früher Juden waren und die nun bekehrt sind und die Taufe und den Glauben Christi empfangen haben, und unter diesen vor allem diejenigen, die von ihnen abhängig sind oder die ihnen durch verwandtschaftliche Beziehungen verbunden sind. Es ist aber entschieden, daß gegen Christen, die zum Ritus der Juden übertreten oder zurückkehren, selbst wenn sie zum christlichen Glauben kamen, als sie noch Kinder waren oder ihn unter der Furcht des Todes angenommen haben, jedoch nicht absolut und in direktem Sinne gezwungen und sich taufen ließen, wie gegen Ketzer vorzugehen ist, wenn sie sich dieser Sache schuldig bekennen oder durch Christen oder Juden überführt werden.« Im gleichen Kapitel seines Handbuches bietet er das Schema für das Verhör von Juden bzw. für zum Judentum Zurückgekehrte: »Zunächst soll derjenige, der als Jude zu befragen ist, nach seinem Namen und Nachnamen gefragt werden, ferner wo er geboren ist und wo er lebt, ferner nach seinen Eltern, ob sie Juden waren und es noch sind, nach ihrem Namen und wo sie leben, ferner ob er Brüder oder Schwester hat, nach ihrem Namen und Nachnamen und wo sie leben und ob einige von ihnen getauft sind und wann und wo, ferner, ob er selbst Jude ist oder getaufter Christ. Ferner nach dem Gesetz, welches besser ist, das christliche oder das jüdische, und in welchem er leben und sterben will. Ferner, ob er eine Frau und Kinder hat und wie viele. Ferner ob seine Frau getauft ist und ob seine Kinder getauft sind; wenn er getauft war, wann und wo und durch welchen Paten er aus dem hl. Brunnen gehoben wurde und nach dem Namen, den er bei der Taufe erhalten hat. Ferner ob einige andere mit ihm getauft worden sind und durch wen und ihre Namen. Ferner wann er selbst wieder Jude geworden ist und wo und durch wen, und wer mit ihm zum Judentum zurückgekehrt ist und wer dabei zugegen war. Ferner nach der Weise und dem Ritus der Wiederaufnahme des Judentums . . .

Ferner wer ihn verleitet habe, daß er zum Judentum zurückkehre, ferner ob er einen Christen kenne, der judaisiert oder ihn judaisiert hat, oder einen Getauften, der abgefallen ist bzw. wieder zum Judentum zurückgekehrt ist und wo . . .«

Das Mißtrauen gegen die Neuchristen nahm in Spanien im Spätmittelalter immer mehr zu. Darum wurde der Nachweis altchristlicher Vorfahren für vier Generationen von demjenigen verlangt, der ein Amt als Priester oder Jurist übernehmen wollte. Mit anderen Worten: Eine Art Arierpaß wurde im 15. Jahrhundert in Spanien von jedem gefordert, der bestimmte öffentliche Berufe ergreifen wollte. Es kann nicht nachdrücklich genug betont werden, daß der Nachweis arischer Vorfahren nicht erst eine Erfindung des Dritten Reiches ist. Allerdings die Worte sind andere gewesen. Nicht von Ariern, sondern von Altchristen war die Rede, die Sache aber war ziemlich dieselbe. Allerdings gab es eine Reihe Ausnahmen von dieser Regel. Doch sei darauf hingewiesen, daß schon 1414 das Kollegium San Bartolomé bei seiner Gründung die Bestimmung einführte, daß niemand, der nicht zu den »ex puro sanguine procedentes« (aus reinem Blut kommend) gehört, dort studieren dürfe. Andere Kollegien verlangten gar den Nachweis der »limpieza« (Reinheit des Blutes) für sämtliche Angestellten bis hin zu den Wasserträgern. Die Hieronymiten nahmen als erster Orden in Spanien 1486 ein Statut an, das die Aufnahme von Conversos (aus dem Judentum Übergetretenen) und ihrer Söhne in den Orden ausschloß. Die anderen Orden folgten. Die Begründung, mit der die Aufnahme von Conversos sogar schon vor der Einführung derartiger Statuten im Einzelfall verweigert wurde, war die, daß sonst befürchtet werden müsse, die Bevölkerung nehme Ärgernis.

Die These von der Unbekehrbarkeit der Juden begegnet uns auch in einer Reihe mittelalterlicher Schauspiele. Ihre Autoren standen zweifellos unter einem großen Einfluß des pseudoaugustinischen »Sermo contra Judaeos, Paganos et Arianos (Rede gegen Juden, Heiden und Arianer). Diese Rede stammt ähnlich wie die bereits erwähnte »Altercatio« erst aus dem Frühmittelalter. Der Inhalt des Sermos wurde von zahlreichen Prophetenspielen verbreitet. Dabei handelt es sich aber nicht immer um einen Kampf zwischen Ecclesia und Synagoga beziehungsweise zwischen Juden und Christen. Die Prophetensprüche können, auch ihrem positiven Inhalt nach, ohne jede Diskussion als Kette von Weissagungen angeboten werden, deren Erfüllung dann der Hauptteil des daran anschließenden Spieles, gewöhnlich des Weihnachtsspieles, ist. Nicht selten aber ist das Prophetenspiel als Streit der Juden mit den Propheten über die Person Jesu als des Messias gestaltet. Augustinus (der allerdings auch durch andere Gestalten ersetzt werden kann) hatte den Schiedsrichter zu spielen. Die würdevolle, ruhige Rede der Propheten, die freundlich-verständnisvolle Unterweisung durch Augustinus wird im Spiel immer wieder durch die Zornesausbrüche der Juden unterbrochen. In ihnen sollte sich ihre Verstocktheit und Bosheit artikulieren. Einige Regiebemerkungen aus dem Benediktbeurener Prophetenspiel mögen das verdeutlichen. Da heißt es z. B.: »Mit maßlosem Lachen soll der Hohepriester antworten«, und: »Mit besonnener und höflicher Stimme soll Augustinus antworten«, der Hohepriester mit seinen Juden soll laut schreien, wenn er die Prophezeiung gehört hat, und indem er seine Gefährten stößt, sein Haupt und seinen ganzen Körper bewegt und die Erde mit dem Fuß stampft und auch mit dem Stock die Haltung eines Juden nachahmt, soll er zu seinen Gefährten entrüstet sagen: »Sag mir, was der Heuchler spricht, diese übertünchte Wand.«[12]

Das Verstockungsmotiv findet sich noch in den Dunkelmännerbriefen.[13] In ihnen wird geschildert, wie ein Jude Christ wird und sogar Geistlicher, Kanoniker an dem Kölner St.-Andreas-Stift und als solcher hochgeachtet. Aber als dieser Kanoniker zum Sterben kam, da habe er seine Freunde zusammengerufen und ihnen vier Tiere vorgeführt, die völlig isoliert voneinander in Käfigen aufgewachsen seien, nie ein anderes Tier der eigenen oder anderen Gattung gesehen hätten. Diese vier Tiere waren ein Hase und ein Hund, eine Katze und eine Maus. Kaum waren die Käfige vor den Umstehenden geöffnet und die Tiere herausgelassen, da flüchtete der Hase vor dem Hund, die Maus vor der Katze. So, habe der Sterbende gesagt, verhalte es sich auch mit der Natur des Juden, sie sei unveränderlich, ganz gleich, wieviel Taufwasser man über das Haupt eines Konvertiten gieße. Er kehre doch am Ende zu seinem ursprünglichen Glauben zurück. Die Behauptung von der Unfähigkeit des Juden, einen anderen Glauben als den der Väter anzunehmen, wird zur Unterstellung einer unveränderlichen Natur, wobei unveränderlich in negativem Sinne gemeint ist.[14]

Die Kreuzzüge und ihre Auswirkungen

Trotz der zuvor angeführten Beispiele muß darauf hingewiesen werden, daß – abgesehen von der Theologie – im Frühmittelalter das Verhältnis zwischen Juden und Christen durchaus nicht immer gespannt war. Die Juden galten als eine religiöse Sondergemeinschaft innerhalb der christlichen Gemeinde. Sie waren geschätzt als Fernkaufleute. Noch kurz vor Beginn des ersten Kreuzzuges lud Bischof Rüdiger von Speyer sie ein, in seine Stadt zu kommen und dadurch zu deren Aufbau beizutragen.
Juden konnten wenigstens im frühen Mittelalter in manchen Städten Bürgerrecht erwerben, so z. B. in Worms. Im Frühmittelalter war ihnen das Waffentragen nicht untersagt. Waffen aber durfte nur ein freier Mann tragen. Noch die Heidelberger Bilderhandschrift des Sachsenspiegels zeigt Juden als Waffenträger.
Gewiß fehlte es auch im Frühmittelalter nicht an judenfeindlichen Äußerungen. Das berühmteste Beispiel aus karolingischer Zeit sind die judenfeindlichen Predigten des Bischof Agobard von Lyon und seines Nachfolgers Amulo. Bernard Blumenkranz, der sich eingehend mit dem jüdisch-christlichen Gespräch im frühen Mittelalter beschäftigt hat, warnt jedoch davor, aus diesen Predigten zu weitgehende Schlüsse zu ziehen. Nach seiner Meinung ist es unzulässig, aus der unbezweifelbaren »antijüdischen Tätigkeit dieser beiden Bischöfe auf einen allgemein verbreiteten Judenhaß schließen zu wollen. Die aus ihren Schriften geschöpften Indizien sind eher geeignet, das Gegenteil zu beweisen.«[15] Die antijüdischen Pamphlete Agobards sind nur in einem einzigen Kodex erhalten. Sie haben also kein besonderes Interesse gefunden, sonst wären sie ja öfter abgeschrieben worden. Ja, der Zorn Agobards gegen die Juden darf sogar als ein Beweis für die Sympathie gewertet werden, deren sie sich bei Kaiser Ludwig dem Frommen und seinem Hof, aber auch bei der einfachen Bevölkerung erfreuten. Agobard weiß zu berichten, daß die höchsten Würdenträger des karolingischen Reiches auf den Segen und die Gebete der Juden Wert legten. Von den einfachen Christen berichtet er, daß sie die Predigten in den Synagogen lieber noch als in den Kirchen hörten. Daß sie die Juden um der Propheten willen schätzten. Daß sie beeindruckt seien von dem Ernst, mit dem die Juden sich an die Bräuche und Gewohnheiten ihrer Religion hielten.
Sein Nachfolger Amulo griff die antijüdische Polemik Agobards in einer eigenen Streitschrift auf, die er 846 verfaßte. Nach seiner Meinung ginge die Ketzerei ursprünglich von den Juden aus. Er hält die Juden für »weitaus verabscheuungswürdiger ... als die übrigen Häretiker. Denn wenn sie alle verachtenswert sind, weil sie sich als Feinde der Wahrheit erweisen, so sind jene es um so mehr, weil sie größere Feindschaft gegen die Wahrheit bezeugen. In der Tat, es gehört zum Wesen der Häretiker, in gewissen Belangen gemeinsam mit der Kirche zu urteilen, in manchen anderen Belangen sich von ihr abzusondern; d. h., daß sie teilweise lästern, teilweise der Wahrheit beipflichten. Die Juden jedoch lügen in allem, sie lästern in jedem Belang unseren Herrn und Gott Jesus Christus und seine Kirche und glauben nichts Wahres über ihn ... Wenn also die Feinde des katholischen Glaubens darum verpönt sind und gemieden werden sollen, weil sie Gegner der Wahrheit sind, so müssen die Juden mehr als alle (übrigen) Ungläubigen, Glaubenslosen oder Häretiker verachtet werden, denn man findet keinen andren Menschenschlag, der gleichermaßen die Gewohnheit hat, Gott zu lästern.«[16] Gleichzeitig sieht Amulo bereits in ihnen die natürlichen Verbündeten der Feinde der Christen. Diese Ansicht sollte sich als recht verhängnisvoll vor allem für die Zeit der Kreuzzüge auswirken.

Juden – »Feinde der Christen«

Finden sich im 9. Jahrhundert erst gelegentliche Berichte, nach denen Juden die Bundesgenossen der Feinde der Christen sind, so z. B. bei dem Historiker Prudentius von Troyes, der meint, die Juden hätten 848 mit den Dänen unter einer Decke gesteckt, so daß diese in der Lage waren, Bordeaux einzunehmen und in Brand zu stecken, so mehren sich diese Behauptungen vom 11. Jahrhundert an. Der Kalif El Hakim ließ die Grabeskirche in Jerusalem zerstören. Seine Verfolgung richtete sich allerdings nicht nur gegen die Christen, sondern auch gegen die Juden. Dennoch verbreitete sich im Westen die Nachricht, die Juden seien mit dem Kalifen im Bunde gewesen, obwohl zahlreiche Juden (und Christen) von den aufgeputschten Moslems totgeschlagen wurden.

Der Zorn der Christen im Westen richtete sich aber nicht spontan gegen die Juden im eigenen Land. Christliche und jüdische Quellen berichten in gleicher Weise von den jetzt ausbrechenden Pogromen. Der zeitgenössische Geschichtsschreiber Radulphus Glaber berichtet: »Als dies (die Zerstörung der Grabeskirche) bekannt wurde, da wurde auf der ganzen Welt durch gemeinsamen Beschluß aller Christen angeordnet, die Juden ohne Ausnahme aus ihren Ländern und Städten zu verjagen. So also sind sie insgesamt zum Gegenstand des Hasses geworden und aus ihren Städten verbannt: Die einen ließ man über die Klinge springen, die anderen wurden in den Flüssen ertränkt (oder sonst) auf die verschiedendste Weise ums Leben gebracht; manche haben auch auf verschiedene Weise Selbstmord verübt ... Die Flüchtigen und unsteten Juden, die, in abgelegenen Orten versteckt, dem erwähnten Gemetzel entgangen waren, begannen fünf Jahre nach der Zerstörung der Grabeskirche vereinzelt wieder in den Städten aufzutauchen. Und da es nötig ist – sei es auch zu ihrer Beschämung –, daß einige von ihnen überleben, sei es um ihr eigenes Verbrechen zu bestätigen, sei es um das Leiden Christi zu bezeugen, darum, glaube ich, hat auf Ratschluß Gottes der Zorn der Christen gegen sie zeitweise nachgelassen.«[17] Der Bericht des Radulphus Glaber ist zweifellos sehr übertrieben. Der Geschichtsschreiber verband eigene Empfindung mit tatsächlich Erfahrenem. Dennoch ist dieser Bericht für uns wertvoll, denn er wirft ja zugleich auch ein Licht auf die judenfeindliche Einstellung des Verfassers selbst. Auch ist er aufschlußreich für das Bewußtsein der christlichen Bevölkerung, die die im Zusammenhang mit der Gegnerschaft gegen den Islam ausgelösten Judenverfolgungen als Gott wohlgefällig ansieht.

Nicht im Ausmaß der Verfolgung als solcher, sondern in ihrer Rechtfertigung durch den Historiker, aber auch den Theologen, sieht Bernard Blumenkranz die Vorstufe für die Verfolgungen während der Kreuzzüge gegeben. Am 27. November 1095 rief Papst Urban II. (1088–1099) in Clermont-Ferrand zum Kreuzzug auf. Er löste damit eine Bewegung aus, die durchaus widersprüchliche Züge aufweist. Einerseits nämlich entsprangen die Kreuzzüge der ritterlichen Frömmigkeit, waren Wirkung einer ersten Laienfrömmigkeitsbewegung. Insbesondere der erste Kreuzzug wurde von der Ritterschaft geprägt. Die Könige standen zurück, zumal sie sich zu einem guten Teil in Konflikt mit dem Papst befanden. Heinrich IV. z. B. war in den Investiturstreit verwickelt. Auch die Seefahrerstädte Genua und Venedig hielten sich zunächst jedenfalls zurück, um ihre Handelsbeziehungen mit dem islamischen Orient nicht zu gefährden. Ritterliches Ideal war es, das Erbe der Witwen und Waisen zu schützen. Dementsprechend wurde das Heilige Grab als das bedrohte Erbe Christi und seiner Kirche verstanden, das es zu retten galt. Die Kreuzzugsbegeisterung wurde angefacht durch eine intensivierte Lektüre der Heiligen Schrift des Alten Testaments. Die Kreuzfahrer verglichen sich mit den Kindern Israels, die von Gott in das Heilige Land geführt wurden, mit den Scharen des Richters Gideon und anderer alttestamentlicher Helden. Andererseits verquickten sie religiöses Ideal und Abenteurerlust. Die Echtheit der religiösen Sehnsucht kann nicht bestritten werden. Die Verquickung religiöser und ökonomischer sowie politischer Interessen ebensowenig. Diese Kombination erklärt, daß aus der Identifikation der Kreuzfahrer mit den »Kindern Israels« sich keine Zuwendung zu den Juden der eigenen Zeit ergab, daß die Kreuzfahrer sich vielmehr den Juden gegenüber kühl und oft feindlich verhielten. Dem Heer der Kreuzritter zogen Bauernheere voran. Diese ließen sich eine ungezügelte Judenfeindschaft zuschulden kommen. Die jüdischen Gemeinden, die sie auf ihrem Weg berührten, bedrohten sie mit Feuer und Schwert. Sie hinterließen eine blutige Spur in den Gemeinden am Rhein und an der Donau. Der christliche Geschichtsschreiber des ersten Kreuzzuges, Albert von Aachen, spricht die Vermutung aus, daß das Scheitern dieser Bauernheere darauf zurückzuführen sei, daß sie durch ihre Judenverfolgung den Zorn Gottes auf sich herabgerufen hätten. Die Bauernscharen wandten sich zunächst gegen Speyer. Hier vermochte sich der Bischof Johann als Stadtherr unangefochten zu behaupten. So kam es am 3. Mai 1096 in Speyer zu nur wenigen Blutopfern. Am 5. Mai erreicht das Bauernheer Worms. Ein Teil der jüdischen Gemeinde rettet sich zunächst in den Hof des Bischofs. In der Stadt selbst dauert die Judenhatz eine ganze Woche. Nur wer bereit ist, sich taufen zu lassen, wird geschont, die anderen werden niedergemacht. Am 18. Mai stürmen die Kreuzfahrer den Bischofshof, um auch dort die Juden niederzumachen. Am 23. Mai zieht das Kreuzfahrerheer vor Mainz. Auch hier wird die Burg des Erzbischofs angegriffen. Das nächste Ziel ist Köln, der Erzbischof verteilte die Kölner Juden auf mehrere ihm gehörende Orte. Aber auch dort entgehen sie den Verfolgungen des Bauernheeres nicht. Während die Bauernscharen diese Greuel verübten, ließ sich das eigentliche Kreuzritterheer derartige Ausschreitungen in der Heimat nicht zuschulden kommen. Bei der Eroberung Jerusalems jedoch wurde vom Kreuzritterheer die jüdische Gemeinde vernichtet. Erst anderthalb Jahrhunderte später, als Jerusalem längst wieder in den Händen der islamischen Herren war, konnte die jüdische Gemeinde Jerusalems neu begründet werden. Der Gründer dieser neuen Gemeinde war ein Flüchtling aus Spanien, Nachmanides, der den jüdischen Part auf dem Religionsgespräch in Barcelona mannhaft verteidigt hatte und deshalb den christlichen Theologen mißliebig wurde. Sie hatten daher seine Ausweisung veranlaßt. So schwere Ausschreitungen gegen die Juden, wie sie sich beim Zug der Bauernheere in Zusammenhang mit dem ersten Kreuzzug abspielten, sollten sich zwar bei den späteren Kreuzzügen nicht wiederholen. Immerhin blieb die Lage der Juden in Zeiten religiöser Hochspannung, wie sie in den ersten Kreuzzügen gegeben war, gefährdet. Der hebräische Chronist Ephraim Bar Jacob berichtet über das antijüdische Treiben eines Mönches Rudolf während des zweiten Kreuzzugs 1146: »Der nichtswürdige Rudolf, ein Mönch, verfolgte schmählich Israel, er stand gegen Gottes Volk auf, um, wie der Bösewicht Haman (dessen Judenfeindschaft im Buche Esther geschildert wird), sie zu vertilgen, zu erwürgen und zu vernichten . . . Aus dem Lande Frankreich kommend, zog er durch ganz Deutschland – Gott beschütze es –, um Christen anzuwerben und mit einem Kreuze zu zeichnen, man nannte ihn den Kreuzprediger, denn er zog umher und predigte, man sollte nach Jerusalem ziehen und gegen die Ismaeliten kämpfen. Wohin er kam, redete er Übles gegen alle Juden in allen Ländern, und reizte so die Schlangen und Hunde gegen uns, indem er sprach ›Rächet den Gekreuzigten zuerst an seinen Feinden, die sich bei Euch befinden und zieht zum Krieg gegen die Ismaeliten‹.«[18]

Aber der Chronist weiß auch zu berichten, daß gegen diesen Kreuzprediger, der die christliche Bevölkerung gegen die Juden als den inneren Feind aufhetzte, ein anderer aufstand, Bernhard von Clairvaux, der ihm widersprach. In der Tat hat der große Zisterzienser-Heilige, der als Mystiker und als Prediger größtes Ansehen genoß, in seinen Predigten die Juden in Schutz genommen. Er sagt von ihnen: »Lebendige Zeichen sind sie uns, die die Passion des Herrn darstellen. Deswegen sind sie in alle Gegenden verstreut; denn während sie gerechte Strafen für ihre Missetat leiden, sollen sie Zeugen unserer Erlösung sein . . . Verstreut sind sie, heruntergestoßen sind sie, harte Gefangenschaft tragen sie unter den christlichen Fürsten. Doch sollen sie sich am Weltabend bekehren, die Zeit wird ihnen Hilfe bringen. Am Ende, wenn die Menge der Völker eingetreten ist, dann wird ganz Israel gerettet werden, spricht der Apostel« (Röm. 11, 25).[19]

Sein Zeitgenosse, der Abt Peter von Cluny (um 1092–1156), sprach sich zwar auch gegen die Tötung der Juden aus, plädierte aber dafür, daß der Besitz der Juden enteignet werde: »In der Tat, nicht daß sie getötet werden, fordere ich, sondern ich dringe darauf, daß sie mit der ihrer Sünde entsprechenden Strafe gezüchtigt werden. Und welches ist zur Bestrafung dieser Gottlosen eine besser passende Ahndung, als jene, die gleichzeitig die Sünde verurteilt und die Liebe fördert? Ist es nicht nur zu gerecht, daß sie dessen, was sie unredlich erworben haben, enteignet werden? Daß ihnen wie Dieben – schlimmer noch, wie unentwegten und bisher straflos ausgehenden Dieben – die Beute entrissen wird. Was ich sage, ist allen wohlbekannt, denn nicht dank der Landwirtschaft, nicht dank der Gesetzeskunst, nicht dank einem ehrsamen und nützlichen Beruf füllen sie ihre Scheuern mit Korn, ihre Keller mit Wein, ihre Börsen mit Münzen, häufen sie Gold oder Silber, sondern dank all dem, was sie, wie gesagt, dem Christen listig entwenden, oder was sie an teuren Waren als Diebesgut bei Räubern zu billigem Preis erwerben . . . So soll nun der übel erworbene Reichtum der Juden (wenn nicht völlig oder gänzlich) weggenommen, so doch entschieden geschmälert werden, und das christliche Heer, das zur Bekämpfung der Sarazenen aus Liebe zu Christus dem Herrn weder Geld noch Grundbesitz spart, soll auch nicht die so schlecht erworbenen Schätze der Juden verschonen. Das Leben mag ihnen bewahrt bleiben, aber ihr Geld soll ihnen weggenommen werden, damit so durch die Arme der Christen, die durch das Geld der lästernden Juden unterstützt werden, die Verwegenheit der ungläubigen Sarazenen bekämpft wird.«[20]

In diesem Schreiben des Abtes von Cluny werden die Juden der Hehlerei beschuldigt, ein Vorwurf, der immer wieder gegen sie erhoben wurde. Auch die Betonung der Tatsache, daß sie nicht in der Landwirtschaft oder in handwerklichen Berufen ihr Geld verdienen, findet sich in vielen antijüdischen Stellungnahmen. Unbeachtet bleibt dabei, daß den Juden die meisten normalen Berufsmöglichkeiten genommen wurden, daß sie in das Geldgeschäft förmlich hineingedrängt wurden. Auch dies ist eine Entwicklung, die mit Macht seit der Kreuzzugszeit betrieben wird. Ein anderer Gesichtspunkt verdient nicht weniger Beachtung. Gegen die Pogrome suchten die Bischöfe die Juden zu schützen. Sie konnten sich aber nur dort durchsetzen, wo ihre weltliche Herrschaft unangefochten war. Um so wichtiger war der Schutz durch den König bzw. den Kaiser. Kaiser und Könige haben in der Tat die Juden vor Übergriffen zu schützen gesucht.

Judenschutz – Judenrecht

Auf Veranlassung Kaiser Heinrichs IV. wurden Juden 1103 in den Mainzer Landfrieden aufgenommen. Aus der Gefährdung der Juden ergab sich eine erhöhte Schutzbedürftigkeit. Damit aber bahnte sich eine Entwicklung an, die die Juden unter ein Schutz- und Sonderrecht stellte, oder, anders gesagt, das Bedürfnis nach einem Schutz für die Juden führte zu dem Sonderrecht, das Sonderrecht aber bestätigte die Außenseiterstellung der Juden. Der Rechtshistoriker Guido Kisch hat diese Entwicklung genau nachgezeichnet. Der Kaiser bzw. König nahm die Juden in seinen Schutz, erhielt dafür aber eine besondere Abgabe, das Judenregal. Im 12. Jahrhundert sind die Juden bereits eines der wichtigsten Regale, d. h., sie gehören in die Rechte des Königs. Die Abgabe, die die Juden für den Königsschutz zu zahlen hatten, war für diesen eine wertvolle Einnahme. Er konnte sie, wenn er in Geldverlegenheit war, verpfänden. Nicht selten sind tatsächlich die Juden seitens des Königs an die Städte oder an die Fürsten verpfändet worden. Für die Juden als die Schutzbefohlenen wird spätestens seit der Zeit Kaiser Friedrichs II., d. h. seit dem 13. Jahrhundert, der Ausdruck servi camerae – Kammerknechte – verwandt, um die Minderstellung der Juden gegenüber anderen Bevölkerungsgruppen zu betonen.

Hinzu kommt noch als weiteres Moment die Umsetzung einer theologischen Konzeption in einen Rechtsbegriff. Die bekannte theologische These lautete: Die Juden sind schuld am Tode Jesu. Durch die Nichtanerkennung der Gottessohnschaft Jesu stimmen die jetzt lebenden Juden der Sünde ihrer Vorfahren zu. Sünde aber bedeutet Knechtschaft. Mit ihrer Abkehr von Gottes Willen haben die Juden aufgehört, Gotteskinder zu sein und sind Knechte geworden. Diese These gewann schon in der Zeit der Kirchenväter Einfluß auf das römische Recht. Mit der Wiederverwendung des römischen Rechtes im Hoch- und Spätmittelalter gewann die juristische Konsequenz, die aus der theologischen These gezogen wurde, erneut Bedeutung.[21] Die Juden wurden nicht mehr als Freie angesehen. War ihnen im Frühmittelalter das Waffentragen gestattet – Waffentragen war aber, wie wir bereits gesehen haben, eine Würde des freien Mannes –, so wurde es ihnen im Hochmittelalter untersagt. Zwar gab es auch andere Bevölkerungsgruppen, denen das Waffentragen nicht gestattet war. Doch ist auf die jeweilige Motivierung zu achten. So stellte der Schwabenspiegel fest, daß die Kleriker keine Waffen führen, gereiche ihnen zur Ehre, den Juden aber gereiche es nicht zur Ehre, sondern sei Zeichen gerade ihrer Unehre. Das Waffentragen, das notwendig war, um die Stadtgemeinde z. B. vor äußeren Angriffen zu schützen, wird für die Juden abgelöst durch die Verpflichtung zur geldlichen Unterstützung der Stadtverteidigung und ggf. zu Schanzarbeiten mit dem gleichen Ziel. Immerhin bleibt bis ins Spätmittelalter die Erinnerung an die ursprüngliche Verteidigungspflicht erhalten, indem einer der Stadttürme wie z. B. in Köln den Namen Judenwichhaus tragen kann.

Über die akute Not, über Verfolgung und Tod hinaus hat somit die Kreuzzugszeit für die Juden nachhaltige Folgen gehabt: eine Verschlechterung ihrer sozialen und juristischen Stellung.

Ausschließungsgesetze und Berufsbeschränkungen

Mit dem Hinweis auf die besondere Gesetzgebung für die Juden im Gefolge bereits des ersten Kreuzzuges berühren wir eine weitere Problematik, die das Thema Judenfeindschaft im Mittelalter in sich birgt. Kirchliche und weltliche Gesetzgebung schränken die Berufsmöglichkeiten der Juden ein, errichten zwischen Juden und Christen soziale Trennungsmauern. Die sich mehr und mehr verschärfenden Bestimmungen werden nur dadurch für die Juden etwas gemildert, daß der Möglichkeit, Rechtsbestimmungen durchzusetzen, im Mittelalter erhebliche Grenzen gezogen sind. Zwischen Rechtsanspruch und Rechtsverwirklichung besteht vielfach eine tiefe Kluft. Dem Gesetzgeber fehlt es oft an den Mitteln, die erlassenen Gesetze in die Tat umzusetzen. Zudem überschnitten sich universale und partikulare Rechtsansprüche. Päpstliches und kaiserliches Recht können in Widerstreit zueinander geraten. Freilich ist auch das Umgekehrte zu sagen: Kirchliche und staatliche Gesetzgebung greifen ineinander. Die Bestimmungen, die das vierte Laterankonzil 1217 hinsichtlich der Juden erläßt, werden später auch von der staatlichen Gesetzgebung übernommen. Und doch: Kaiserliche Rechte werden von landesfürstlichen durchkreuzt; päpstliche Rechte überschneiden sich mit bischöflichen. Privilegien durchbrechen wiederholt allgemeine Rechtsnormen. Ökonomische Zwänge verhindern die Durchsetzung päpstlicher oder kaiserlicher Gesetzesbestimmungen. Um festzustellen, wie im Einzelfall die Lage der Juden beschaffen ist, muß die jeweilige örtliche Situation berücksichtigt werden. Man kann daher nur sehr in Grenzen von den allgemeinen Rechtssatzungen ausgehen. Sie geben nur die Leitlinien an. Im Einzelfall müssen die Urkunden der Städte und Gemeinden mit herangezogen werden, die besonderen örtlichen Gegebenheiten beachtet werden. Diese Einschränkungen vorausgesetzt, darf doch als allgemeiner Trend festgestellt werden, daß sich die rechtliche Stellung der Juden im Hoch- und Spätmittelalter gegenüber ihrer Situation im Frühmittelalter erheblich verschlechtert.

Kleiderordnung für Juden (1198–1216)

Papst Innozenz III. ist für die Bestimmungen des vierten Laterankonzils auch hinsichtlich der Judengesetzgebung verantwortlich. In der 68. Konstitution dieses Konzils wird verlangt, die Juden und Sarazenen sollten eine Kleidung tragen, durch die sie sich von den Christen unterscheiden. Damit wird die Isolierung der Juden durch die Kirche eingeleitet, die dann im Spätmittelalter während der zweiten Hälfte des 15. Jahrhunderts durch die Einrichtung des Gettos und die Ausweisung der Juden aus vielen Städten und Ländern vollendet wird: »In einigen Provinzen unterscheidet die Kleidung Juden und Sarazenen von den Christen. Aber in gewissen anderen ist eine solche Regellosigkeit entstanden, daß sie durch keine Unterscheidung kenntlich sind. Daher kommt es zuweilen vor, daß sich irrtümlicherweise Christen mit jüdischen oder sarazenischen und Juden und Sarazenen sich mit christlichen Frauen vermischen. Damit also den Ausschweifungen einer so abscheulichen Vermischung in Zukunft die Ausflucht des Irrtums abgeschnitten werde, bestimmen wir, daß Juden und Sarazenen beiderlei Geschlechts in jeder christlichen Provinz und zu jeder Zeit sich durch die Art ihres Gewandes öffentlich von der übrigen Bevölkerung unterscheiden sollen . . . In den Kartagen und am Passionssonntag sollen sie keinesfalls in die Öffentlichkeit ausgehen, weil einige von ihnen, wie wir erfahren haben, sich nicht schämten, geschmückt einher zu gehen und sich nicht scheuten, die Christen zu verspotten, die, des heiligsten Leidens eingedenk, Zeichen der Trauer trugen. Das aber wollen wir aufs Strengste verhindern, daß sie sich unterstehen, zur Verspottung des Erlösers auszugehen.«[22]
Seit diese Konstitution erlassen wurde, wird es üblich, den Juden ein besonderes Kennzeichen vorzuschreiben. Bestimmungen darüber finden sich in den verschiedensten Erlassen. Kennzeichen wird vor allem der rote oder gelbe Judenhut.[23] Die Farbe wird in den jeweiligen Einzelbestimmungen festgelegt. Frauen hatten in der Regel auf ihrem Schleier zwei blaue Streifen zu tragen, die sie als Jüdinnen kennzeichnen sollen.

Der Judenhut gehört so allgemein zur jüdischen Tracht, daß er in der Kunst auch für die Darstellung alttestamentlicher Heiliger und Propheten verwendet wird. Außerdem war auf dem Obergewand bzw. im Mantel ein gelber Ring zu tragen, dessen Größe ebenfalls in den Einzelbestimmungen genau festgelegt wird. Das Tragen des gelben Ringes wurde noch lange nach dem Mittelalter immer wieder eingeschärft und verlangt.

Verordnungen über die Tracht der Juden finden sich u. a. in den Judenordnungen, die die einzelnen Städte festlegen. Die Zulassung von Juden in einer Stadt hängt von deren Bereitschaft ab, die jeweils erlassene Judenordnung anzunehmen. So bestand in Köln seit dem Ende des 14. Jahrhunderts jeweils ein Zehnjahresvertrag zwischen der Stadt und den dort zugelassenen Juden. Die Kölner Judenordnung von 1404 regelt die Zulassungsbedingungen. Sie gibt sehr detaillierte Bestimmungen über die Kleidung. Die Vorschriften sind ebenso religiös wie sozial motiviert. Die Kleidervorschriften entsprechen z. T. den Verordnungen, die auch bei anderen Bevölkerungsschichten den Luxus einzudämmen suchten, die freilich die Standesunterschiede eben deshalb um so deutlicher hervortreten ließen. Es waren nämlich durchaus nicht nur ethische Motive im Spiel, sondern ebenso auch soziologische. Standesunterschiede sollten nicht verwischt werden, der Aufstieg in eine höhere Gesellschaftsschicht wurde zumindest erschwert, wenn nicht überhaupt unmöglich gemacht. Die Juden stehen nach mittelalterlicher christlicher Meinung auf einer besonders niedrigen sozialen Stufe. Ihnen wird daher eine farbenfrohe Kleidung und das Tragen von Schmuck nicht gegönnt. Andere Bestimmungen sind kirchlich begründet. Sie nehmen die Verordnungen des vierten Laterankonzils wieder auf. Entsprechend der 68. Konstitution dieses Konzils wird auch in der Kölner Judenordnung den Juden verboten, während der Kartage und am Osterfest auszugehen. Ebenso sollen sie sich bei Sakraments- und anderen Prozessionen in ihren Häusern halten. Verkauf an Sonn- und Feiertagen ist ihnen untersagt.

Während die Juden im Frühmittelalter berechtigt waren, sich an einem von ihnen gewünschten Platz niederzulassen – sie freilich Wert darauf legten, möglichst auf königsfreiem Grund und dazu in der Nähe ihrer Synagoge zu wohnen –, werden sie im Spätmittelalter in besondere Viertel verwiesen. Ein Grunderwerbsrecht ist ihnen wenigstens an manchen Orten, z. B. in Köln, noch während des Hochmittelalters nicht bestritten. In den Schreinsbüchern der Kölner Pfarrbezirke wurde seit dem 12. Jahrhundert der Grundbesitz aufgezeichnet. Königsfreier Grund befand sich in Köln im Gebiet der Laurenzpfarrei, in dem auch das Rathaus errichtet werden sollte. Im Schreinsbuch dieser Pfarrei finden sich nun zahlreiche Grundstückseintragungen, die sich auf jüdischen Besitz beziehen. Ein Judenhut als Zeichen wird neben den jüdischen Namen angebracht. Hebräische Urkunden bestätigen noch einmal Juden als Grundbesitzer in Köln bis zum Ende des 14. Jahrhunderts (nach 1424 hat die Stadt Köln den Zehnjahresvertrag mit den Juden nicht mehr erneuert, sie mußten daher Köln verlassen).[24] Die Juden Frankfurts wurden von dem günstiger gelegenen Platz vor dem Dom an den Rand der Stadt verwiesen. In dem dort in der zweiten Hälfte des 15. Jahrhunderts errichteten Getto behielt sich die Stadt das Recht am Grundbesitz vor. Die jüdischen Häuser waren durch den Buchstaben F gekennzeichnet, d. h. der Stadt Frankfurt gehörend. In der Negierung des Rechtes auf Grundbesitz für Juden spricht sich abermals ihre soziale Schlechterstellung aus, ein Ergebnis der zunehmenden Judenfeindschaft während des Mittelalters.

Die Aussonderungsmaßnahmen gipfeln in der Ausweisung als der extremsten Maßnahme zur Trennung von Juden und Christen. Das Mittelalter ist vielfach gekennzeichnet durch Perioden der Zulassung und Perioden der Ausweisung. Seit dem 13. Jahrhundert mehren sich jedoch die Ausweisungsdekrete. Die Erwartung der Bekehrung des »alten« Israels vor dem Eintritt des Endgerichtes war eine der wichtigsten Motivationen für die Duldung der Juden in der Zeit. Doch fragt der Franziskaner Johannes Duns Scotus (um 1265–1308), ob sie aus diesem Grunde denn überall geduldet werden müßten. Diese Frage ist für ihn nur rhetorisch gemeint. Denn er gibt eine verneinende Antwort: »Und wenn Du sagst, daß jene, die dem Antichrist anhängen, sich bekehren werden, wenn sie seinen Sturz gesehen haben, dann antworte ich, daß man nicht wegen so weniger und so spät sich Bekehrender so viele Juden in so vielen Gebieten der Welt und in so langen Zeiten dulden soll, die auf ihrem Gesetz beharren, da ja aus ihnen endlich eine Frucht für die Kirche kommen wird, denn diese wird nur bescheiden sein. Daher würde es genügen, wenn man einigen wenigen, die man auf eine Insel verbannt, gestatten würde, ihr Gesetz zu beobachten.«[25]

Diese Stellungnahme muß man in Zusammenhang mit der Vertreibung der Juden aus England sehen. Neben den unkontrollierten Judenverfolgungen und -vertreibungen häufen sich im Spätmittelalter die von den Obrigkeiten selbst verfügten und kontrollierten Ausweisungen, aus England und Frankreich bereits am Ende des 13. und im 14. Jahrhundert, aus vielen deutschen Städten und Ländern während des 15. Jahrhunderts, 1492 aus Spanien, 1497 aus Portugal. In Deutschland erwies sich die territoriale Aufsplitterung für die Juden als ein relatives Glück. Als sie z. B. 1424 Köln verlassen mußten, weil die Stadt sich weigerte, den Zehnjahresvertrag mit ihnen zu erneuern, brauchten sie nur den Rhein zu überqueren. Das auf der rechten Rheinseite liegende Deutz gehörte schon nicht mehr zum Territorium der Reichtsstadt, sondern war kurkölnisch. Der Kurfürst von Köln jedoch duldete in seinem Gebiet die Juden. Ähnlich war es in vielen anderen Fällen. Immerhin blieben ganze Länder wie z. B. das Herzogtum Bayern und das Herzogtum Württemberg den Juden verschlossen. Abgesehen von Frankfurt und Worms waren es gerade die größeren Städte, die während des 15. Jahrhunderts die Juden aus ihren Mauern drängten. So bahnt sich im Spätmittelalter eine Wandlung des Juden in seiner soziologischen Position an. Waren bis dahin die Stadtjuden dominierend, so sind seit dem Ende des Mittelalters die Dorfjuden für das Judentum in Deutschland charakteristisch.

Besonders hart traf die Ausweisung die Juden in Spanien. Sie erfolgte 1492, in dem Jahr, in dem die letzte Feste des Islams, Granada, vor dem christlichen Spanien kapitulierte, in dem Jahr aber auch, in dem Columbus zu seiner ersten Amerikareise aufbrach. Die Ausweisung der Juden aus Spanien erregte deswegen so großes Aufsehen, weil die Judenheit dort eine ungleich größere Bedeutung hatte als in jedem anderen Land. Mit keiner Kultur waren die Juden so verflochten wie mit der spanischen. Nirgends hatten sie sich in so vielen Berufen so vielseitig betätigen können. In Spanien allein gab es ein entfaltetes Volksleben der Juden wie nirgendwo anders. Die Siedlungsdichte der Juden wurde sonst in keinem europäischen Land erreicht. Die katholischen Könige, Ferdinand und Isabella, motivierten ausdrücklich ihr Ausweisungsdekret mit dem Hinweis, nur so ließe sich der »schädliche« Einfluß der Juden auf die Neuchristen unterbinden: »Die Juden unterrichten die Neuchristen im Glauben und in den Zeremonien ihres Gesetzes und halten zu diesem Zwecke Versammlungen mit ihnen ab. Sie veranlassen sie, sich und ihre Kinder beschneiden zu lassen und geben ihnen Gebetsbücher; sie sagen ihnen, wann sie fasten, wann sie das Passah feiern müssen, sie geben ihnen ungesäuertes Brot und rituelles Fleisch ... Sie ermahnen sie, möglichst genau das mosaische Gesetz zu beobachten.«[26] Zu den angesehensten der Vertriebenen gehörte der Finanzmann der katholischen Könige, Isaak Abravanel (1437–1508), berühmt auch als Bibelkommentator. In der Einleitung zu seinem Kommentar zum Buch der Könige beschreibt er die Vertreibung der Juden aus Spanien: »So ergriffen nun an einem Tage 300 000 Menschen, jung und alt, Greise und Kinder, Männer und Frauen, den Wanderstab, und auch ich gehörte zu ihnen. Sie wanderten aufs Geradewohl, hierhin und dorthin, alle aber in dem Bewußtsein, daß Gott ihnen vorangehe und sie nur seiner Leitung folgten. Die einen zogen nach Portugal, die anderen nach Navarra. Aber nur Elend und Unglück fanden sie, wohin sie kamen. Viele suchten auf Schiffen die Fremde auf, aber nur wenige erreichten das Ziel ihrer Wünsche. Vom Sturm heimgesucht, fanden viele ihren Tod in den Fluten, viele fanden den Feuertod auf Schiffen, die in Brand geraten waren. Manche wurden von Seeräubern gefangengenommen und als Sklaven verkauft, auch Krankheiten richteten nicht geringe Verheerungen unter ihnen an.«[27]

Synagogenumwandlungen

Die Synagogen der vertriebenen Gemeinden wurden z. T. in Kirchen umgewandelt. Dadurch sind die beiden bedeutendsten Synagogen Toledos erhalten geblieben (freilich als Kirchen). Nicht selten traten an die Stelle der Synagogen Kirchen als Neubauten, ihr Weihetitel erinnert zuweilen noch an den Zusammenhang. So wurde 1426, zwei Jahre nach der Ausweisung der Juden aus Köln, anstelle ihrer Synagoge die Rathauskapelle errichtet (im Zweiten Weltkrieg wurde sie von Bomben zerstört), die auf den Titel Maria vom Tempel von Jerusalem geweiht wurde.

Maria, die Mutter Jesu, wird schon in der Frühscholastik als der beste Teil und die Erfüllung des Alten Bundes bezeichnet. So ist es nicht überraschend, daß die Kirchen, die anstelle der Synagogen traten, vorzüglich als Marienkirchen geweiht wurden. Albrecht Altdorfer, der Hauptmeister der Donauschule und Ratsherr in Regensburg, hat in einem Kupferstich das Aussehen der Regensburger Synagoge kurz vor ihrer Zerstörung festgehalten. In der Überschrift zu seinem Bild bemerkt er, die Synagoge sei zu Recht abgerissen worden wegen der Sünden der Juden. Auch in Regensburg trat eine Marienkirche an die Stelle der Synagoge.

Geldverleih

Das vierte Laterankonzil hat nicht nur Bestimmungen über die Tracht der Juden erlassen, sondern auch Anordnungen getroffen hinsichtlich ihres Geldverkehrs. Die 67. Konstitution des Konzils wendet sich gegen das Zinsnehmen. Sie verbietet das Zinsnehmen Juden sowohl wie Christen, stellt dann fest: »Je mehr sich die christliche Religion in der Eintreibung der Wucherzinsen Einschränkungen auferlegt, desto übermütiger wird darin der Unglaube der Juden, so daß in kurzer Zeit das Vermögen der Christen erschöpft sein wird. Da wir in dieser Hinsicht Vorsorge treffen wollen, daß die Christen nicht unermeßlich von den Juden beschwert werden, so bestimmen wir durch Konzilsdekret, daß, wenn weiterhin die Juden unter welchem Vorwand auch immer von den Christen so schwere und unangemessene Wucherzinsen erpressen, ihnen die Gemeinschaft mit den Christen entzogen werden soll, bis sie wegen dieser unangemessenen Beschwerung geziemend Genugtuung geleistet haben. Die Christen aber sollen, wenn es nötig ist, durch kirchliche Zensur nach erfolgter Mahnung angehalten werden, sich vom Handelsverkehr mit ihnen zu enthalten. Den Fürsten aber machen wir es zur Pflicht, daß sie deswegen nicht den Christen gram sind, sondern vielmehr dafür eifern, daß die Juden sich einer so großen Beschwerung enthalten.« Die gleichen Bedenken, die die Kirche gegen das Zinsnehmen hatte, hatten auch die Rabbiner. Im »Buch der Frommen« (Sefer chassidim), einem Buch, das ebenfalls erst im Anfang des 13. Jahrhunderts vollendet wird, wird Zinsnehmen nur für den Notfall und als Ausnahme zugelassen. Jedoch werden die Juden gerade in dieser Zeit aus vielen Berufen verdrängt.

War im Frühmittelalter der Fernhandel eine ihrer Domänen, so wird im Hochmittelalter bereits der Fernhandel von christlichen Kaufleuten beherrscht. Gleichzeitig beginnen sich die Handwerke zu Zünften zusammenzuschließen, die sich als christliche Bruderschaften organisierten. Ein Jude konnte nicht Mitglied einer derartigen Bruderschaft sein. Somit blieben die Juden aus den Zünften ausgeschlossen. Damit hatten sie keinen Zugang zu den meisten Handwerken. Ebenso wird ihnen vielfach das Recht auf Grund- und Landbesitz bestritten. Juden werden mehr und mehr auf den Handel mit Altwaren, die Pfandleihe und das Zinsdarlehen beschränkt.[28] Wegen des Geldgeschäftes waren sie für das mittelalterliche Wirtschaftsleben unentbehrlich, aber sie konnten sich durch die Pfandleihe und das Zinsnehmen keine Freunde erwerben. Ihre Schuldner waren ihre potentiellen Feinde. Die Bestimmung der 67. Konstitution des vierten Laterankonzils erwies sich als eine Art Gummiparagraph. Je nach seiner Auslegung wurde den Juden das Zinsnehmen gestattet oder auch untersagt. Die Theologen neigten oft zu einer rigoristischen Betrachtungsweise. So hat Thomas von Aquino (gestorben 1274) in seinem Traktat »De regimine judaeorum« – die Herrschaft über die Juden – auf die Frage der Herzogin Aleide von Brabant, ob es erlaubt sei, die Juden zu vertreiben, wenn sie das Schutzgeld lediglich aus der Einnahme von Wucherzinsen erhalten könnte, geantwortet: »Wir müssen auch mit denen ehrenhaft umgehen, die draußen sind, damit nicht der Name des Herrn geschmäht wird, und der Apostel mahnt durch sein Beispiel, daß die Gläubigen kein Ärgernis den Juden, den Heiden und der Kirche Gottes geben . . . Was die Juden durch Wucher von anderen erpreßt haben, dürften sie erlaubterweise nicht behalten, und folglich könnt auch Ihr das, was Ihr von ihnen empfangt, erlaubterweise nicht behalten . . .« Er gibt der Fürstin den Rat, die Juden zu veranlassen, durch Arbeit ihren eigenen Lebensunterhalt zu erwerben. Unter Arbeit versteht er Landarbeit. Er beruft sich auf Italien, wo nach seiner Meinung, wenigstens in einigen Gebieten, die Juden als Landarbeiter tätig seien. Dann betont er noch einmal warnend, wenn die Fürsten den Wucher zuließen, so wären sie jetzt »durch ihre eigene Schuld betrogen, gleichsam als erlaubten sie ihren Untergebenen, zu ihrem eigenen Vorteil aus Raub oder Diebstahl Gewinn zu ziehen«. Mit dem Rigorismus der Theologen ließen sich die ökonomischen Notwendigkeiten nicht vereinbaren.

Dies mußte im 15. Jahrhundert der Kardinal Nikolaus von Kues (1401–1464) erfahren. Als Legat des Papstes Nikolaus V. durchzog er 1450/51 das Deutsche Reich, um auf den Provinzkonzilien zu Salzburg, Magdeburg, Mainz und Köln Reformdekrete durchzusetzen. Das elfte dieser Reformdekrete ist das sogenannte Judendekret. Darin schärfte er ein, daß die Juden ein besonderes Zeichen tragen sollten; außerdem verlangte er, sie sollten sich des Wuchers enthalten. Damit diese Bestimmungen auch in die Tat umgesetzt wurden, machte er die Pfarreien, in denen Juden lebten, dafür verantwortlich. Zuwiderhandelnden drohte er das Interdikt an. In seinem Erlaß für Bamberg vom 30. April 1451 heißt es: »Wir wollen ... den Juden die gleiche menschenfreundliche Rücksicht angedeihen lassen, wie sie in der Stadt der Christenheit (das ist Rom) den Juden zuteil wird ... Außerdem aber sollen erstere (die Juden) dem häßlichen Zinsgeschäft mit den Christen entsagen. Tun sie dies, soll man sie ruhig dulden, tun sie dies dagegen nicht, so soll die Pfarrei, welche solche Juden und Jüdinnen duldet, dem kirchlichen Interdikt verfallen ...«

Die Haftbarmachung der christlichen Bevölkerung erwies sich aber als völliger Fehlschlag. Zinsnehmen und Zinsgewähren waren geradezu lebensnotwendig. Es waren daher die christlichen Gemeinden und Städte, die sich an Kaiser Friedrich III. um Vermittlung beim Papst Nikolaus V. wandten. In der Tat hat der Kaiser sich nachdrücklich auch im Interesse der christlichen Bevölkerung für die Aufhebung der für die Juden nachteiligen Bestimmungen eingesetzt. Diesen Bitten konnte sich Papst Nikolaus V. nicht verschließen. Er hat daher das Reformdekret seines Legaten wieder aufgehoben.

Gleichwohl darf die Verelendung großer Schichten der Bevölkerung nicht übersehen werden. Es ist nicht unbegreiflich, daß die in den Städten wirkenden Mendikanten, Dominikaner und mehr noch Franziskaner zutiefst von der Not der unteren Bevölkerungsschichten bewegt wurden. Um diese Not zu steuern, gründeten die Franziskaner in Italien zu Selbstkostenpreisen arbeitende Leihanstalten, die Montes Pietatis – Berge der Barmherzigkeit – genannt wurden; zugunsten dieser Montes Pietatis wurden zahlreiche Predigten gehalten. Dabei wurde freilich nicht nur zugunsten der Armen plädiert.[29] Aus diesem Wirken wurde daher wiederholt eine schlimme Judenhetze.

Anmerkungen des Herausgebers zum Problem des Wuchers

Was heute Banken und Sparkassen als ehrbares Geschäft betreiben, die Verleihung von Geldern gegen Zinsen, ist das gleiche, was man mit dem Wort Wucher in früheren Zeiten zu bezeichnen pflegte. Seit dem von Eckert geschilderten kanonischen Zinsverbot galt strenggenommen jedes Geldgeschäft, jede Transaktion, die nicht auf produktiver Arbeit beruhte, als Wucher. Zeit- und handelsübliche Praktiken wurden also mit Wucher beschrieben, wohingegen heute nur noch der Betrug, die bewußte Übervorteilung, als Wucher, auch im strafrechtlichen Sinne, bezeichnet wird. Das Bedürfnis nach Darlehn war weder von Juden geweckt, noch von ihnen allein befriedigt worden. Bis zum 11. Jahrhundert gehörten zu den erwerbsmäßigen u. a. von Klöstern betriebenen Geldgeschäften nur wenige Juden.[30] In späteren Zeiten lag der Geldwechsel in Deutschland und Frankreich, den Niederlanden und England »in den Händen italienischer Kaufleute, von denen die meisten aus der Lombardei und Toscana gebürtig waren«.[31] Bereits im 13. Jahrhundert wurde der unbare Geldverkehr von italienischen Wechselhäusern praktiziert.[32] In Italien, den Donau- und Rheinländern richteten Warenhändler und Geldwechsler spezielle Plätze für ihren Geschäftsverkehr ein, die Borsa, die Börse.[33] Und es gab Zeiten, da nannte man den Zins ein »italienisch-päpstliches Laster«, führten Geistliche bittere Klage darüber, daß Bischöfe und Äbte selbst Kirchengerät mit Gewinnbeteiligung an toscanische Geldleiher verpfändeten.[34]

»Die Bankgeschäfte, die seit dem 14. Jahrhundert auch von den Päpsten in Anspruch genommen wurden, die den Medici und anderen Familien aus Florenz und Siena zu einem ungeheuren Reichtum verhalfen«[35], wirkten sich auch in Deutschland aus, wo »von den römischen Bischöfen berechtigte Pfandleiher und Wucherer« unter dem Namen Kawartschen oder Gawertschen bekannt waren.[36] Auf den Konzilien des 13. und

14. Jahrhunderts in Süd- und Westdeutschland wird häufig der von Christen weiterhin betriebene Wucher beklagt.[37] *Und selbstverständlich blühte der Geldhandel in jenen Regionen, in denen Juden nicht zugelassen wurden, etwa in den nördlichen Hansestädten.*[38] *Obwohl also Christen – genannt werden wiederholt auch Geistliche – trotz Verbots Zinsen nahmen, begann eine neue Form der Geldgeschäfte, die getarnt Zinsen erheben konnten, ohne das kanonische Verbot zu verletzen. Französische Pfandleiher benutzten Schuldverschreibungen auf Warenkäufe, andere nannten es »Handlehn«, so in Urkunden aus Köln, oder Rentenkauf, bei dem die Zinsen als Vergütung bezeichnet wurden.*[39]

Entsprechend beteten die »Geißler« auch für die »armen Wucherer«.[40] *Auf Wucher betreibende Christen gemünzt, war der Terminus »Judenspieß«. »Mit dem Judenspieß rennen«, findet sich in einer Anzahl von Dichtungen des 16. Jahrhunderts (etwa dem »Laienspiegel«, »Narrenschiff«, »Der Judenspiesz«).*[41]

Trotzdem – Wucher und Juden wurden zu austauschbaren Begriffen. Worauf die kurze Aufzählung eingangs hinweisen will, ist dieTatsache, daß es sich dennoch nicht nur um ein »jüdisches Problem« handelte. Denn man kannte auch Christen, die legal Wucher treiben durften, die nichtkatholischen Armenier zum Beispiel, vor allem in Polen.[42] *Übrigens, in Polen belegten die jüdischen Institutionen jüdische Geldverleiher mit einer Sondersteuer, wodurch sie zwangsläufig der christlichen Konkurrenz nicht mehr gewachsen waren. Eine solche Maßnahme war aber nur dort denkbar, wo, wie im Polen des 16. Jahrhunderts, eine starke weltliche Macht die Juden vor der Kirche schützte und ihnen andere Erwerbsgebiete offenstanden. Oft genug aber trieb die Not Juden, bei Christen Geld zu leihen. Um die immensen Abgaben und Steuern entrichten zu können, war die jüdische Gemeinschaft Polens bei zahlreichen christlichen Kaufleuten, v. a. aber bei Klöstern, insbesondere bei den Kalischer Jesuiten, verschuldet.*[43]

Auch in Deutschland beteiligten sich Teile des Adels am Geldgeschäft. »Die Mehrzahl der schwäbischen Adelsfamilien besaß noch Forderungspapiere auf Rentenbasis aus der Zeit vor 1600 ...«[44] *Noch im 18. Jahrhundert »zeigte sich ... im Kanton Neckar-Schwarzwald ein buntes Bild geistlicher Geldgeber« (insbesondere das Stift Muri und die größeren Klöster Oberschwabens und des Bodenseeraumes).*[45] *Für den Adel galt: »Kreditgeschäfte fielen nicht unter das Berufsverbot des Adels und bedeuteten somit keine soziale Diskriminierung, weil sie nicht mit Arbeit verbunden waren.«*[46]

Der kirchliche Versuch, den Geldverleih zu unterbinden, war ein Fehler, der sich zu Lasten der Juden auswirkte. Es war bereits eine Diskriminierung, ihnen das unehrenhafte Geschäft zu erlauben. Gleichzeitig wurden kirchliche Verordnungen erlassen, die Christen jeglichen Verkehr mit Juden, selbst das Essen und Trinken, untersagten. Der theologischen Dämonisierung folgte seit dem 12. Jahrhundert ein neuer (und erfolgreicher) Versuch der sozialen »Ausgrenzung«. Aber auch dieser Vorgang hatte nur Erfolg, weil wirtschaftliche Maßnahmen religiös abgesichert waren. Vor allem in der Volksfrömmigkeit trat eine Gleichsetzung des verräterischen Judas mit Juda = Israel hinzu, wie noch im Textbuch des Oberammergauer Passionsspiels aus dem Jahre 1922, in dem an vielen Stellen nicht Judas, sondern »Juda« angesprochen wurde: »Beweine, Juda, was du verbrochen hast!«[47]

So entsprach die gewaltsame Einengung eines großen Teils der europäischen Juden auf einen Lebenserwerb, der von Christen verachtet, ja als schädlich betrachtet wurde, wiederum der klischeehaft verzerrten Erwartungshaltung. Noch einmal: Der theologische Anspruch, wonach das alte Israel deutlich vom neuen Israel geschieden sein müsse, mündete in eine gewalttätige Deklassierung, in eine rechtlose Pariastellung, die, obwohl künstlich geschaffen, als »typisch jüdisch« galt, weil sie nunmehr im sozialen Verkehr das religiöse Bild »des Juden« widerspiegelte. Bischöfe und Konzilien achteten darauf, daß sich an dieser traurigen Situation nichts änderte; der christlichen Kaufmanns- und Handwerkerkonkurrenz war es ein Wohlgefallen.[48]

Da mochten die christlichen Geldverleiher noch so üble Burschen sein, sie wurden aus dem Bewußtsein radikal verdrängt, denn für den für Christen schädlichen Wucher konnte und durfte es nur einen Schuldigen geben. Vergessen ist daher auch die Tatsache, daß im 14. Jahrhundert christliche Wucherer z. B. in Lindau den Zins auf 216 % und 260 % steigerten. Damals hatte das die christliche Bürgerschaft nachhaltig begrüßt, als sich ein jüdischer Wechsler im Ort niederließ.[49]

Kampf gegen den Talmud

Ein Konvertit, Nikolaus Donin von La Rochelle, war es, der als erster die Aufmerksamkeit der Christen auf den Talmud lenkte. In der Taufe hatte Donin den Namen Nikolaus angenommen. Der rabbinischen Wissenschaft, in der er als Kind ausgebildet war, wurde er überdrüssig, wandte sich der Sekte der Karäer zu und wurde 1225 aus der Synagoge ausgeschlossen. Nach seiner Taufe setzte er seinen Kampf gegen die rabbinische Überlieferung, insbesondere gegen den Talmud fort. Vor allem nahm er an den haggadischen, den erzählenden Partien des Talmuds Anstoß. Seine Anklagen, die er in 35 Artikeln zusammenfaßte und Papst Gregor IX. (1227–1241) in Rom vortrug, beziehen sich hauptsächlich auf die legendären Erzählungen von Gott und seiner Regierung. Allerdings behauptete er auch, die Juden verwünschten die Christen in ihren Gebeten.[50] Nach der Aussage Nikolaus Donins waren gegen den christlichen Glauben insbesondere folgende Behauptungen gerichtet: Jesus sei von seiner Mutter im Ehebruch von einem gewissen Pandera gezeugt und müsse ewige Höllenqualen erdulden, weil er die Worte der Schriftgelehrten verspottet habe. Aufgrund dieser Beschuldigungen erließ der Papst im Juni 1239 ein Schreiben, das sich an den Bischof von Paris, Wilhelm von Auvergne, sowie an die Bischöfe von Frankreich, England, Aragon, Kastilien und Portugal wandte. Darin verlangte er die Einziehung aller Talmudexemplare für den 3. März 1240, den ersten Schabbat der kommenden Fastenzeit. Nur in Frankreich wurde dieser Aufforderung Folge geleistet. Auf Befehl König Ludwigs IX. (1226 bis 1270) wurden an jenem 3. März 1240 den Juden alle hebräischen Bücher weggenommen und nach Paris zu den Franziskanern und Dominikanern gebracht. Dort sollten sie auf ihren Inhalt überprüft werden; soweit sie dem christlichen Glauben feindlich waren, sollten sie vernichtet werden. Der König berief auf den 24. Juni eine Versammlung, in der sich christliche und jüdische Sachverständige äußern sollten. Dazu wurde eine große Schauveranstaltung inszeniert, in der sich Rabbiner und christliche Theologen gegenüberstanden. Zahlreiche Welt- und Ordenspriester, aber auch Laien waren zugegen. Den Vorsitz führte die Königinmutter Blanche. Zwar verlangten Dominikaner und Franziskaner, zumindest der Talmud solle verbrannt werden, doch wurde das Urteil zunächst suspendiert, weil ein Bischof zugunsten der Juden eintrat. Als dieser Bischof wenig später starb, glaubte König Ludwig IX., seinen Tod als ein Gottesgericht verstehen zu müssen. Seine Bestürzung nützten die Gegner der Juden aus und veranlaßten ihn, 1242 abermals die Bücher der Juden zu beschlagnahmen und auf einem öffentlichen Platz in Paris verbrennen zu lassen. Nach den Erfurter Annalen wurden 1242 zum Michaelsfest, dem 29. September, 24 Wagen mit Büchern der Juden nach Paris gebracht, die dort verbrannt wurden. Dennoch blieben noch genügend übrig, um das rabbinische Studium auch in Zukunft zu sichern. Zudem waren die Juden bestrebt, sich möglichst rasch Abschriften anzuschaffen, um einen Ersatz für die verlorenen Exemplare zu haben. Deshalb erneuerte Papst Innozenz IV. (1243/1254) im Jahre 1244 den Befehl, alle geprüften und verworfenen Glossen zur Heiligen Schrift, besonders aber den Talmud, zu vernichten. Er unterstellte dem Talmud nicht nur, daß darin Lästerungen gegen Christus enthalten seien, sondern meinte überdies, der Unterricht in diesen Werken mache die Juden unempfänglich für die christliche Botschaft. Die Juden Frankreichs wandten sich an den Papst, es sei ihnen unmöglich, ohne Hilfe des Talmuds die Heilige Schrift zu verstehen. Sie baten ihn, er möge ihnen auch weiterhin seinen Gebrauch gestatten. Diesem Argument konnte sich der Papst nicht gänzlich verschließen. Doch wollte er ihnen ihre Bücher nicht ungeprüft zurückgeben lassen. Der französische Kardinallegat Odo von Chateauroux war über die angebliche Nachgiebigkeit des Papstes empört und machte ihm heftige Vorwürfe. Er ließ seinerseits durch 40 Sachverständige, unter ihnen fünf Dominikaner, darunter Albert der Große (1193/1200–1280), den Talmud prüfen. Das Sachverständigenkollegium kam zu einer erneuten Verurteilung, die der Legat in einem 1248 veröffentlichten Schreiben bekanntgab.

Der Streit um den Talmud sollte noch am Ende des Mittelalters erneut aufflammen, als der Jurist Johannes Reuchlin für die Erhaltung der hebräischen Bücher, einschließlich des Talmuds, eintrat und damit dem Konvertiten Johannes Pfefferkorn widersprach, der seinerseits die Unterstützung der Kölner Dominikaner in seinem Kampf gegen den Talmud fand.[51]

Angst als Motiv der Judenfeindschaft – verhängnisvolle Legenden

In Vertreibung und Verfolgung, in den Ausschreitungen und dem Massenmord an den Juden entlädt sich eine tiefsitzende Angst der Umwelt vor den Juden, die Angst der Majorität vor einer als fremdartig und darum als befremdlich, sogar als feindlich empfundenen Minorität, der magische Kräfte zugetraut werden. Dies erklärt es, warum Juden so schnell als Feinde der Christen, als innere Feinde, die im Bund mit dem äußeren Feind stehen, empfunden werden.[52] Die Kreuzzüge hatten, wie wir bereits gesehen haben, die Parole von den Juden als den inneren Feinden freigesetzt.

Schon das Hebräisch als Kultsprache, das die Christen und auch die Theologen unter ihnen nicht verstanden, wirkte auf diese geheimnisvoll und darum bedrohlich und befremdlich. So ist es kein Zufall, daß schon im frühen Mittelalter das Hebräische als magische Sprache, als Sprache des Teufels gilt. Bereits in frühmittelalterlichen Zauberbüchern, Sammlungen von Zaubersprüchen und Anleitungen zu magischen Praktiken, wird empfohlen, sich des Hebräischen oder der Sprache des Teufels zu bedienen.[53] Hinter dem Spott über das Hebräische, der sich auch in den mittelalterlichen Passionsspielen entlädt, bei denen die dort auftretenden Juden ein hebräisierendes Kauderwelsch zu sprechen haben, steckt eine tiefe Angst.[54] In den Passionsspielen des 14. und 15. Jahrhunderts, die aus der Kirche auf den Markt verlegt sind, werden die Passionsszenen mit grausigem Realismus geschildert. Zur Beurteilung solcher Szenen muß man sich allerdings an die auch sonst im Mittelalter naiv zur Schau gestellte Freude an der Grausamkeit der Qualen verhängter Strafen erinnern. Mehr noch ins Gewicht fällt die Charakterisierung der einzelnen Juden auf der Bühne, wobei die biblischen Namen durch zeitgenössische ersetzt werden: wie Syzekint, Kalman, Secklin, Michelmann, Seligmann und andere. Besonders unsympathische stadtbekannte Personen konnten so verhöhnt werden. Hinter dem Angriff auf die einzelnen Juden, an den der einzelne nicht immer ganz unschuldig gewesen sein mag, steht die grundsätzliche Ablehnung der Juden als unheimliche, fremde, ja sogar gefährliche Religionsgemeinschaft.[55]

Die Angst der Majorität vor der qualifizierten Minorität äußert sich auch in den verhängnisvollen Legenden, die die Juden des Mordes an einzelnen Personen, ja des Mordanschlags auf die christliche Gemeinde überhaupt beschuldigen. Solche Ängste setzte z. B. der Schwarze Tod frei, der seit der Mitte des 14. Jahrhunderts immer wieder Europa heimsuchte. Die Pest des Jahres 1348/49 erfüllte die Menschen überall in Europa mit tiefer Todesfurcht. Unerklärlich schien das Massensterben, bis der Verdacht sich gegen die Juden richtete, denen man zutraute, sie hätten die Brunnen vergiftet. Daß der Tod vor ihnen nicht haltmachte, wurde nicht realisiert. Vielmehr traute man ihnen die Feindschaft zu ihrer gesamten Umwelt zu. Prozesse, die gegen die Juden angestrengt wurden, erbrachten, was bei der Anwendung der Folter nicht verwunderlich war, die gewünschten Geständnisse. Die Städte am Rhein informierten sich gegenseitig über die Ergebnisse der Prozesse.

Bezeichnend ist, daß sich diese Prozesse nicht gegen einzelne Schuldige richteten, sondern in Bausch und Bogen die jüdischen Gemeinden als solche verurteilten. Die Pogrome aus der Zeit des ersten Kreuzzuges wurden 1348/49 überboten durch die systematische Vernichtung vieler jüdischer Gemeinden, besonders im Rheinland. In dieser Angst konnte dabei auch ein Gutteil schlechtes Gewissen stecken. Die Überheblichkeit, mit der viele Christen die Juden behandelten, die Art und Weise, in der die Juden aus der christlichen Umwelt und damit zugleich aus vielen Berufen ausgeschlossen wurden, lösten, psychologisch gesprochen, einen Rückschlag bei den Christen selbst aus, erzeugten ein schlechtes Gewissen. Dieses aber mußte die Gefühle des Hasses auf die Juden projizieren. Hier scheint mir einer der wichtigsten Gründe zu liegen, daß sich immer wieder die gleichen Vorwürfe gegen die Juden breitmachten. Die Angst war ein schlimmer Ratgeber. Sie traute den Juden alles Böse zu. Sie setzte nicht zuletzt voraus, daß die Rachegefühle, die das eigene christliche Verschulden in den Juden geweckt haben könnten, sich auswirken würden. Allerdings kann man für diese Untat nicht allein die Angst als Massenpsychose verantwortlich machen. Daß neben ihr auch noch ganz andere Motive eine Rolle spielten, nicht zuletzt die Aussicht, durch die Vernichtung der Juden wirtschaftliche Vorteile zu erzielen, wird gelegentlich auch von den christlichen Chronisten offen zugegeben. Der Straßburger Chronist Jakob Twinger sieht in der Erwartung, die Schulden loszuwerden, den eigentlichen Grund für den Massenmord an den Straßburger Juden. Die Zahl der Getöteten schätzt er auf 2000. Dann fährt er fort: »Das bare Gut, das sie hatten, nahm der Rat und verteilte es unter die Handwerker (!) nach der Kopfzahl. Das war auch das Gift, das die Juden tötete.«[56]

Diese drei Komponenten – Angst vor Juden – Verteufelung der Juden – Aussicht auf Gewinn – waren die Hauptursachen für die antijüdischen Legendenbildungen und für Jahrhunderte währende Verfolgungen.

Die mittelalterlichen Beschuldigungen gegen die Juden

Das Zusammenleben von Christen und Juden wurde im Spätmittelalter immer mehr durch verhängnisvolle Legenden erschwert, die den Juden in einem geradezu teuflischen Licht erscheinen ließen. Drei Vorwürfe vor allem waren es, die in den letzten Jahrhunderten des Mittelalters immer häufiger auftauchten: Die Juden wurden des Ritualmordes, der Hostienschändung und im Zusammenhang mit dem ersten Auftreten des Schwarzen Todes der Brunnenvergiftung beschuldigt. Schon die Tatsache der Legendenbildung an sich ist schlimm genug. Doch noch weit schlimmer wurde die propagandistische Auswertung der antijüdischen Beschuldigungen. Über den Einzelfall hinaus wurden sie zu einer Anklage gegen die Juden überhaupt. Für viele der antijüdischen Legenden ist es charakteristisch, daß nicht ein einzelner Jude eines Verbrechens gegen den christlichen Glauben oder Kult angeklagt wird, daß er eines besonders schlimmen Mordes oder sonstigen Kapitalverbrechens beschuldigt wird, sondern daß sich die Anklage gegen die Judenheit als Ganzes richtet. Der Einzelfall dient dann als Beweis für die schlechte Gesinnung, genauer noch die christenfeindliche Gesinnung aller Juden. Zwar haben gegen die verhängnisvollen Beschuldigungen Päpste und Fürsten Verwahrung eingelegt und sie als restlos unbegründet zurückgewiesen. Doch der Erfolg war gering.

Ritualmordbeschuldigung

Die Behauptung eines Ritualmordes ist die älteste Anklage im Spätmittelalter, die etwa in Fulda und Lauda zu einer blutigen Judenverfolgung führte und Anlaß einer Untersuchung war, die Kaiser Friedrich II. anordnete.[57] Er betraute eine Theologenkommission, die unvoreingenommen aufgrund ihrer Sachkenntnis die Glaubwürdigkeit der Beschuldigung prüfen sollte. Sie kam zu dem Resultat, die Vorwürfe seien grundlos. Aufgrund dieses Ergebnisses sprach der Kaiser die Juden vor dem Vorwurf des Ritualmordes frei. Im abschließenden Urteil Friedrichs II. vom Juli 1236 heißt es darum: »Weder im Alten noch im Neuen Testament ist zu finden, daß die Juden nach Menschblut begierig wären. Im Gegenteil, sie hüten sich vor der Befleckung durch jegliches Blut. Dies ergibt sich aus dem Buche, das hebräisch ›Berechet‹ (Bereschit, das Anfangswort des 1. Buches Mose [Genesis], hier für Tora als Ganzes verwandt) genannt wird, und in Übereinstimmung mit den Vorschriften des Moses aus den jüdischen Gesetzen, die hebräisch Talmillot (= Talmud) heißen.«[58] Auch Päpste erkannten die Verquickung von religiösem Fanatismus und Kommerz, und einige, denen man gewiß nicht nachsagen kann, daß sie besonders judenfreundlich gewesen seien, wie Innozenz IV., der auf die Einziehung und Vernichtung des Talmuds drängte, haben die Blutbeschuldigungen zurückgewiesen. In seiner Bulle vom 12. Juli 1247 an die Erzbischöfe und Bischöfe in Deutschland schreibt der Papst: »Wir haben die jammervolle Klage der Juden Deutschlands vernommen, daß einzelne geistliche und weltliche Fürsten und andere Adelige und Machthaber in euren Staaten und Diözesen, um ungerechterweise ihre Güter zu plündern und sich anzueignen, gottlose Anschläge gegen sie ersinnen und mannigfache und verschiedene Anlässe erdichten, ohne vernünftig zu bedenken, daß gewissermaßen aus ihrem Archiv die Zeugnisse des christlichen Glaubens hervorgegangen sind. Obwohl die Heilige Schrift unter anderen Gesetzesvorschriften sagt: ›Du sollst nicht töten‹ und ihnen verbietet, am Passah-Fest etwas Gestorbenes zu berühren, erheben jene die falsche Beschuldigung, daß die Juden gerade an diesem Feste das Herz eines gemordeten Kindes unter sich verteilen, und manche glauben, daß das Gesetz es so befehle, während so etwas offenkundig dem Gesetz zuwider ist, und wenn irgendwo ein Leichnam gefunden wird, legt man böswillig ihnen den Mord zur Last. Durch solche und andere zahlreiche Erdichtungen wütet man gegen sie und ohne Anklage, ohne Geständnis, ohne Überführung, entgegen den ihnen vom apostolischen Stuhl gnädig gewährten Privilegien, beraubt man sie wider Gott und Gerechtigkeit aller ihrer Güter, bedrückt sie mit Hunger, Gefängnis und so vielen Martern und Qualen, sucht sie heim mit den verschiedenartigsten Strafen, verurteilt möglichst viele zu dem schimpflichsten Tode, so daß diese Juden unter der Herrschaft der vorgenannten Fürsten, Machthaber und Adeligen vielleicht ein noch schrecklicheres Los haben als ihre Väter unter Pharao in Ägypten und gezwungen werden, im Elend die Orte zu verlassen, die sie und ihre Vorfahren seit Menschengedenken bewohnt haben.«[59] Diese wie die folgenden Interventionen blieben erfolglos.

Sechs Jahre später schreibt der gleiche Papst Innozenz IV. am 25. September 1253: »Ferner verfügen wir, um der Verderbtheit und dem Geize böser Menschen zu begegnen . . . daß niemand ihnen (den Juden) vorwerfe, daß sie bei ihrem Ritus Menschenblut gebrauchen, weil ihnen ja im Alten Testament vorgeschrieben ist, sich jeglichen Blutes zu enthalten, von Menschenblut ganz zu schweigen.«[60]

Auch Papst Gregor X. sah sich veranlaßt, zwei Jahrzehnte nach Innozenz IV. den Vorwurf der Blutbeschuldigung in seinem Schreiben vom 7. Oktober 1272 zurückzuweisen. Auch er weiß um böswillige Manipulationen. Darum spricht er von Vätern, die ihre Kinder versteckten, um die Juden zu erpressen, indem sie verleumderisch behaupteten, »daß die Juden heimlich und verstohlen die Kinder geraubt und getötet hätten und daß die Juden mit dem Herzen und dem Blut der Kinder opfern, während doch ihr Gesetz klar und ausdrücklich verbietet, daß sie Blut opfern, essen oder trinken.«[61]

Im Rheinland war der berühmteste Fall der des Werner von Bacharach, auch Werner von Oberwesel genannt. Er fiel am 30. April 1287 Mördern, die nie ermittelt wurden, zum Opfer. Möglicherweise handelt es sich um einen Sexualmord.[62] Während der älteste zeitgenössische Bericht, die Gesta Treverorum, zwar die Juden für die Untat verantwortlich macht, jedoch noch nichts von der speziellen Anklage auf Ritualmord weiß, hat die bald wuchernde Legende den Fall immer weiter ausgeschmückt und schon bald das Motiv des Ritualmordes aufgebracht. Auch das Eingreifen Rudolfs von Habsburg konnte an der Entstehung der judenfeindlichen Legende nichts hindern. Als Schutzherr der Juden – als kaiserliche Kammerknechte waren sie grundsätzlich dem Schutz des Kaisers bzw. des Königs unterstellt – fühlte er sich verpflichtet, den Verleumdungen entgegenzutreten. Die Colmarer Chronik jedenfalls weiß zu berichten, daß der Herrscher angeordnet habe, man solle Werner, für dessen Tod die Juden zu Unrecht verantwortlich gemacht würden und den einfältige Christen als Heiligen verehrten, verbrennen und seine Asche in alle Winde zerstreuen.[63] Rudolf von Habsburg konnte jedoch den Kult um Werner von Bacharach nicht unterbinden. Wiewohl eine Heiligsprechung nicht erfolgte, dauerte die Verehrung Werner von Bacharachs als angeblicher Märtyrer und Opfer eines Ritualmordes durch die Juden bis zum Zweiten Vatikanischen Konzil! Erst durch die Liturgiereform ist das Wernerfest aus dem Trierer Kalender gestrichen worden.

Während im Falle des Werner von Bacherach die Legende der Blutbeschuldigung schon schlimm genug war, um die Juden weiter zu verteufeln, war der Tod des Simon von Trient noch weit verhängnisvoller. In diesem Falle blieb es nicht nur bei bösartigen Gerüchten, sondern schien die Schuld der Juden durch einen Prozeß bewiesen zu sein. Gewiß, die Schuldgeständnisse waren unter Foltern zustande kommen. Doch ist dies nicht unbedingt ein Beweis dafür, daß die Aussagen, weil erzwungen, in sich schon unglaubwürdig sind. Die Folter gehörte zum regulären Prozeßverfahren. Die Prozeßakten verraten nur zu deutlich, wie stark die Richter von ihrer Voreingenommenheit gegen die Juden beherrscht waren. Von den Angeklagten erwarteten sie eine Bestätigung ihrer Vorstellungen. Doch blieb auch für die Richter ein ungeklärter Rest übrig. In allen Punkten, in denen sie selbst zu keiner absoluten Klarheit gelangten, gab es daher auch trotz der Folter widersprüchliche Aussagen bei den Angeklagten. Eine genauere Untersuchung der Prozeßakten ergibt somit, daß die Übereinstimmung in den Geständnissen keineswegs für alle Punkte gilt. Zwar ist es nicht möglich, nachzuweisen, wer der wirkliche Schuldige am Tod des Simon von

Trient ist. Aber immerhin kann aus den Akten der Beweis erbracht werden, daß die Juden von Trient vom Vorwurf des Mordes, gar des Ritualmordes an ihm hätten freigesprochen werden müssen.[64]
Was also war geschehen? Am Gründonnerstag des Jahres 1475, am 23. März, verschwand gegen Abend der Sohn des Gerbers Andreas, Simon, ein Kind im Alter von zwei Jahren und vier Monaten. Trotz eifriger Suche, auch im Stadtgraben, konnte das Kind zunächst nicht gefunden werden. In der Nacht von Ostersonntag auf Ostermontag entdeckten die Juden selbst in dem Grabenstück, das unter dem Hause eines von ihnen, Samuel, verlief, die Leiche des Kindes. Dieses Haus diente gleichzeitig auch als Synagoge. Die Trienter jüdische Gemeinde war ziemlich klein. Sie bestand nur aus drei Familienvätern mit ihren Familien und ihrer Dienerschaft. Die Dienerschaft war allerdings zahlreicher, als es für den Bedarf der Haushalte unbedingt notwendig gewesen wäre, da bereits zu dieser Zeit manche Juden nur dann Zuflucht und eine Art Heimat fanden, wenn sie sich der Dienerschaft eines Juden in gesicherter Position anschlossen. Diese kleine Gemeinde bedurfte keiner eigenen Synagoge. So fand der synagogale Gottesdienst in dem Haus des Wohlhabendsten von ihnen statt, das offensichtlich genügend Raum bot. In dem dazugehörigen Garten des Hauses wurde nun der Leichnam entdeckt, und das war für die christliche Bevölkerung bereits verdächtig genug. Sie vermutete sehr schnell, daß das Kind umgebracht worden war, um einen Gegenkult gegen das christliche Osterfest zu veranstalten. Die Trienter Richter führten den Prozeß als Grundsatzprozeß. Sie wollten nicht nur beweisen, daß es die Juden von Trient waren, und zwar nicht nur einzelne, sondern die ganze Gemeinde, die für den Tod des Gerbersohnes verantwortlich waren, sondern daß der kleine Simon das Opfer eines Ritualmordes war, wie er unter Juden gang und gäbe sei. Mit der Überführung der Trienter Juden sollte die Verantwortung aller Juden für Ritualmorde erwiesen werden. Tatsächlich sind im Frühmittelalter und auch später noch Kinder umgebracht worden, um damit magische Zwecke zu verwirklichen. Diesem Faktum ist der Psychologe Gerhard Zacharias nachgegangen, der eingehend die Motive des sogenannten Hexenmales untersucht hat. Das eigentliche Ritual wird im 14. und 15. Jahrhundert ausgebildet und gehört im 16. Jahrhundert zum festen Bestandteil des Hexenwesens.[65]
Er weist darauf hin, daß der klassische Boden für die Ausbildung des »Hexensabbatrituals« der Süden Frankreichs war, also das Gebiet, in dem die Kabbala blühte und in das von Spanien her die islamische Magie eindrang. Im Wort »Hexensabbat« wird zugleich die Verteufelungstendenz gegen die Juden deutlich. Was aber erleichterte die Vermutung, daß der Kult der Juden, insbesondere die Feier des jüdischen Osterfestes, des Pessachfestes, im Zusammenhang mit dem Hexensabbat stehen könnte? Es sind die Vorstellungen von der Verwendung des Blutes bei den Juden. Wie Bernhard Blumenkranz nachgewiesen hat, sind die mittelalterlichen Darstellungen der Beschneidung Christi überwiegend von der Empfindung des Horrors bestimmt. Dieses Zurückschaudern drückt sich aus in der überdimensionalen Darstellung des Beschneidungsmessers, in dem ängstlichen Blick der Gottesmutter auf ihr Kind und der Kälte des Beschneiders. Die Beschneidung erscheint somit fast schon als ein erster Beginn seiner Passion.[66] In diesem Sinne ist es zu verstehen, warum der Podestà darauf insistierte, daß bei der Leiche des Kindes von Trient eine Wunde am Membrum virile zu bemerken war. Nach der Überzeugung des Richters wurde diese Wunde dem Kind von den Juden beigebracht, also eine Quasibeschneidung. In den Kreuzverhören kamen die Richter immer wieder auf diesen Punkt zu sprechen. Dieses Blutvergießen wird nun mit einem ganz anderen in Zusammenhang gebracht, der Schlachtung des Osterlammes und der Bestreichung der Türpfosten mit dem Blut in der Nacht, als der Engel Gottes die Erstgeburt Ägyptens schlug. Die Richter kommen in den Verhören der Juden immer wieder auf den biblischen Bericht zu sprechen, ungeachtet der Tatsache, daß seit der Zerstörung des Tempels im Jahre 70 von Juden kein Oster- bzw. Pessachlamm mehr geschlachtet wird. Auf das Verzehren wird aus Trauer über die Zerstörung des Tempels verzichtet. Die Richter im Trienter Prozeß aber unterstellten, daß das Osterlamm bei den Juden durch das Kindesopfer ersetzt würde. Auch die Erinnerung an die ägyptischen Plagen und die Besprengung des Tisches mit Wein wird von den Richtern als ein Indiz für die Hypothese des Ritualmordes gewertet. Mit der Opferung des Kindes sollte nach

Meinung der Richter das Kreuzesopfer Christi verspottet werden. So ergeben die Prozeßakten ganz deutlich, daß die Richter bei den Juden einen Gegenkult gegen die Christen witterten. Obwohl sie sich die größte Mühe gaben, ihre These zu beweisen, fehlte es auch damals nicht an besonnenen Menschen, die ihren Zweifel nicht zu unterdrücken vermochten. Dazu gehörte der päpstliche Kommissar Giovanni Battista de Giudice, Bischof von Ventimiglia. In seiner 1475 verfaßten Apologie spricht er seine Bedenken gegen das Prozeßverfahren offen aus. Er hält den Trientern ihre Voreingenommenheit vor. Aber er scheiterte an der Entschlossenheit, mit der die Trienter Richter, gedeckt durch den Trienter Bischof Johannes IV. Hinderbach, ihr Ziel verfolgten, die Schuld aller Trienter Juden zu erweisen und dafür die Billigung Roms zu erhalten. Die Anerkennung ihres Prozesses als rechtsmäßig geführt, setzten sie gegen den Einspruch des Giovanni Battista de Giudice in einem dreijährigen Verfahren in Rom durch. Daß die Gegenstimmen unterdrückt wurden und daß das Prozeßverfahren als zu Recht geführt anerkannt wurde, verdankten die Trienter nicht zuletzt einer gewaltigen Propaganda. Bischof Johannes IV. Hinderbach war humanistisch gebildet und mit zahlreichen Humanisten befreundet. Auf seine Veranlassung entstanden in Trient die ersten Druckereien. Das erste in Trient überhaupt gedruckte Buch ist die Historie von Simon von Trient, die der Leibarzt des Bischofs Johannes Matthias Tuberinus verfaßte und die der Drucker Albertus Kunne am 6. September 1475 veröffentlichte.[67] Am 9. Februar 1476 ließ Tuberinus aufgrund der Prozeßaussagen sein Historia completa folgen.[68] Literarisch wurde der Stoff auf dem Jesuitentheater verwertet. 1602 fand die erste Aufführung des Stückes Puer Tridentinus a Judaeis Accisus des Schweizer Jesuiten Kasper Rhey in Augsburg statt.[69]

Im 17. Jahrhundert wurde der Leibarzt des königlichen Damenstifts zu Hall in Tirol, Dr. Hippolyt Guarinoni, zum eifrigen Propagator eines Kultes für Simon von Trient, den er als Märtyrer verehrt sehen wollte. Er balsamierte den Leib des kleinen Simon ein, um ihn zur Verehrung ausstellen zu können. Er wurde auch zum Propagator eines zweiten »Märtyrerkindes«. 1619 erfuhr er nämlich von einem Kind, das auf unerklärliche Weise umgekommen und sein Grab in Rinn, einer dem Prämonstratenser-Stift Wilten gehörenden Filialkirche, gefunden worden sei. Die Nachforschungen Guarinonis brachten zunächst keine Ergebnisse, nicht einmal der Name des Kindes schien festzustehen. Nach einer intensiveren Umfrage bei den alten Leuten der Gegend erfährt er, das »Rinner Kinde« sei von Juden ermordet worden. In der Kirche von Rinn entdeckte er alte übertünchte Fresken, die auf den Vorfall Bezug haben. Guarinoni verfaßte darauf seine »Begründte History der Marter des Haillig unschuldigen Kindtss Andreae von Rinn . . . Id est: Solida Historia Martyrii Sanct innocentis infantis andreai Rinnensis, qui a Judaeis anno 1472, 12. Juli in contemptum et ignominiam Christianae religionis occisus (der am 12. Juli 1472 von Juden aus Verachtung und zur Verspottung der christlichen Religion getötet wurde)«. Außerdem verfaßte er ein Historienlied im barocken Geschmack, in dem er den Fall propagiert.[70]

Der Propagierung durch Guarinoni folgten, wie zu erwarten, die Veranstaltungen von Bittprozessionen, Übertragung der Gebeine auf den Hochaltar, Bau einer eigenen Kirche am sogenannten Judenstein, dem vorgeblichen Ort des Martyriums. 1671 werden die Reliquien dorthin überführt, 1678 wird die Kirche eingeweiht. Der Kult des seligen Anderl wird vom Papst Benedikt XIV. 1755 gebilligt.[71] Am Jesuitengymnasium in Hall wird im 17. Jahrhundert ein lateinisches Anderl-Drama aufgeführt. Aber es bleibt nicht allein bei diesen Auswüchsen barocker Frömmigkeit. Noch im 19. Jahrhundert wird der Fall des Simon von Trient gegen die Juden ausgeschlachtet. Anlaß waren die Entdeckung des vatikanischen Exemplares der Prozeßakten und die Teilveröffentlichung der Prozeßakten in der Civilta Cattolica. Mit dem Ziel antijüdischer Propaganda ging der Pfarrer Josef Deckert von Wien-Weinhaus auf das Thema ein. Am meisten Verbreitung fand seine Schrift: Vier Tiroler Kinder, Opfer des Chassidischen Fanatismus.[72] Die Rolle, die der Trienter Prozeß und die mit ihm im Zusammenhang stehende Legende vom Ritualmord an Anderl von Rinn in der neuzeitlichen antisemitischen Propaganda gespielt hat, rechtfertigt es, dem Prozeß und seinen Auswirkungen auch heute noch besondere Aufmerksamkeit zu schenken. Die Propaganda gegen die Juden wurde übrigens nicht durch den Druck der Prozeßberichte gefördert, sondern durch Versendung von Abschriften der Prozeßakten.

Hostienschändung

Nicht weniger verhängnisvoll als die Blutbeschuldigung war die Unterstellung des Hostienfrevels. Auch sie ist erst im Spätmittelalter erhoben worden. Die Geschichten von Hostienfreveln kommen in einer Zeit auf, in der der Glaube an die Realpräsenz Christi unter den eucharistischen Gestalten nicht mehr selbstverständlich war. Die Glaubensanfechtung, der Zweifel, gar der Unglaube, sollten durch ein Eucharistiewunder widerlegt werden. Die Geschichten vom Frevel an Hostien und der wunderbaren Überwindung des Frevlers sollten zur Bestätigung und zur Bestärkung des Glaubens wirken. So kann nicht überraschen, daß vor allem in dem Einflußgebiet der Hussiten der Hostienwunderglaube kräftige Blüten trieb. Er verband sich nicht selten mit der Verehrung des Bildes des Schmerzensmannes. Zuweilen dienten die Legenden von Hostienwundern auch zur nachträglichen Motivierung einer Judenverfolgung. Dafür bietet Deggendorf ein besonders charakteristisches Beispiel. Der im Jahre 1337 erfolgte Judenmord in Deggendorf wird erstmals in dem Bericht eines anonymen Mönches 1390 mit der lakonischen Bemerkung motiviert: »In diesem Jahr (1337) wurde der Leib des Herrn, den die Juden gemartert haben, in Deggendorf gefunden, und sie wurden deswegen im Jahre 1338 verbrannt.«[73]

Die spätere legendäre Ausschmückung fußt auf dieser kurzen Erklärung, die ihrerseits ja bereits eine nachträgliche Motivierung für einen Pogrom ist. Zwar werden durchaus nicht alle Hostienfrevel Juden zugeschrieben, aber immerhin eine nicht geringe Zahl. Die Frevelgeschichten wirken nicht nur für uns heute allzu phantasievoll und daher unwahrscheinlich. Sie erregten zuweilen schon bei den Zeitgenossen Bedenken. In Pulkan in Niederösterreich wurde 1338 eine blutende Hostie gefunden. Sogleich brachen Exzesse gegen die Juden aus, die des Hostienfrevels bezichtigt wurden. Herzog Albrecht II. nahm sich der verfolgten Juden an. Als ihr Schutzherr unterbreitete er die Angelegenheit Papst Benedikt XII. Dieser erließ daraufhin in Avignon zwei Bullen. In der einen von ihnen beauftragte er den Bischof von Passau mit einer strengen Untersuchung, »damit die Freveltat, wenn sie wirklich von den Juden begangen wurde, nicht ungestraft bleibe«. Die Formulierung verrät, daß der Papst ebenso wie der Landesherr seine Zweifel am Sachverhalt nicht zu unterdrücken vermochte. Sollten die Juden aber als unschuldig befunden werden, so solle der Bischof gegen die Verleumder mit aller Schärfe vorgehen. Aus der Beschuldigung seien Tötung und Beraubung der Juden erfolgt. Die Strafe gegen Verleumder müsse eine abschreckende Wirkung haben. Die angeblichen Wunderhostien aber sollten entfernt werden. Papst Benedikt XII. sah sich um so mehr zur Vorsicht veranlaßt, als er sich an einige Fälle erinnerte, die ihm zu größtem Mißtrauen Anlaß gaben. Insbesondere wies er auf den Frevel eines Geistlichen im Klosterneuburg hin. Dieser hatte 1298 eine Bluthostie zur Verehrung ausgesetzt, die er zuvor selbst hergestellt hatte. Um seine Fälschung glaubhafter zu machen, behauptete er, Juden hätten die Hostie geschändet. Ein bischöfliches Untersuchungsgericht hatte die Fälschung nachgewiesen.[74]

Auch der Franziskaner Johannes von Winterthur berichtet in seiner an sich recht unkritischen Chronik, die aber viele wichtige Mitteilungen zur Kirchen- und Kulturgeschichte der ersten Hälfte des 14. Jahrhunderts enthält – verfaßt wurde sie zwischen 1340 und 1348 –, über eine fälschliche Anschuldigung gegen die Juden. Eine christliche Frau in Ehingen in Schwaben, so berichtet er, habe um 1330 konsekrierte Hostien gestohlen, um sie für magische Zwecke zu mißbrauchen. Als die Sache aufkam, wurde sogleich der Verdacht laut, Juden hätten dabei ihre Hand mit im Spiel gehabt. Der Verdacht habe ausgereicht, eine Verfolgung auszulösen. 80 Juden seien unschuldig hingerichtet worden.[75] Gegen die sogenannten Bluthostien wurden vielfach Bedenken geäußert, das hatte weniger mit einem Eintreten für die Unschuld der Juden als mit theologischen Erwägungen zu tun. Diese waren z. B. für den Kardinal Nikolaus von Kues bestimmend. Als apostolischer Legat für Deutschland verbot er am 3. Juli 1451 die Wallfahrt nach Wilsnack mit der Begründung: »Wir können eine so verderbliche und unseren Glauben widerstreitende Sache nicht stillschweigend hingehen lassen, ohne Gott zu beleidigen, denn der katholische Glaube lehrt uns, daß der verklärte Leib Christi in seinen Adern ein gänzlich unsichtbares Blut hat.« Aus dieser Einstellung heraus verordnete er auf den Provinzialsynoden zu Mainz (1451) und Köln

(1452), daß die sogenannten Bluthostien nach Möglichkeit zu konsumieren, zumindest aber zu verbergen seien.[76]
Der theologische Einspruch hat jedoch die Verehrung der Bluthostien nicht unterbinden können, zahlreich sind die Darstellungen von Hostienfrevel und Hostienwundern. Der sogenannte Pulkauer Hostienfrevel ist auf Tafeln gemalt, die heute dem Museum des Schottenstifts in Wien gehören. Eindrucksstark ist das Fragment einer Predella in der Galleria Nazionale zu Urbino. Der Maler Paolo Uccello schildert, wie ein jüdischer Goldschmied eine entwendete Hostie auf dem Herd verbrennen will. Die Hostie fängt furchtbar an zu bluten, das Blut fließt in Strömen bis vor die Tür seiner Wohnung und macht damit die Bevölkerung aufmerksam auf das Verbrechen. Der Goldschmied und seine Familie werden daraufhin mit dem Tode bestraft.[77]
Die Protokolle über gerichtliche Verhöre der Juden wegen Hostienfrevel haben in keinem Fall einen Schuldbeweis erbracht, sondern widerspiegeln nur die Lebhaftigkeit der Volksphantasie. Bauerreiss sieht in diesen Protokollen »nur einen Beweis, wieweit Animosität die Rechtsprechung beeinflussen kann«.[78]
Um die Passauer Juden, die als Wucherer galten und daher beim Volk unbeliebt waren, vernichten zu können und um zugleich zu beweisen, daß unter der Gestalt der Hostien der Leib Christi wirklich gegenwärtig ist, benützte man die Nachricht eines angeblichen Hostienfrevels zur Motivierung der Verfolgung der Passauer Juden. Die Juden wurden gefangengesetzt und in besonders grausamer Weise 1477 hingerichtet.
Für die Juden Wiens und darüber hinaus sämtlicher Juden ob und unter der Enns wurde der Frühsommer des Jahres 1420 verhängnisvoll. Auf das Gerücht hin, ein Jude habe von der Meßnerin der Laurentiuskirche in Linz nach Ostern konsekrierte Hostien gekauft und gemeinsam mit anderen Juden Spott getrieben, wurde eine Verhaftungswelle ausgelöst. Sowohl die Meßnerin als auch die Juden wurden gefangengesetzt und unter Anwendung von Foltern verhört. Für Erzherzog Albrecht V. war dies der gegebene Anlaß, gegen die Juden überhaupt in seinen Ländern vorzugehen. Die ärmeren wurden einfach des Landes verwiesen. Sie wurden in kleinen Booten auf der Donau ausgesetzt und fanden schließlich Zuflucht in Ungarn. Dort war ihnen König Sigmund freundlich gesinnt. Die wohlhabenden Juden jedoch wurden in den Kerker geworfen. Ihr gesamter Besitz wurde eingezogen. Sie selbst wurden unter Druck gesetzt, sich taufen zu lassen.[79] 200 Wiener Juden mußten schließlich diesen Verdacht mit dem Tod in den Flammen vor den Toren der Stadt Wien auf der Erdberger Lände büßen.
Wurde in mehr als einem Fall die Beschuldigung des Hostienfrevels zum Anlaß für die Verfolgung und Vernichtung einer ganzen Gemeinde, so wurde dies doch durch ein anderes Ereignis noch weit in den Schatten gestellt. Keine Beschuldigung war so verhängnisvoll wie die Unterstellung der Brunnenvergiftung. Die während des Pestjahres 1348/49 auftauchende Verdächtigung der Juden als Brunnenvergifter führte, wie bereits erwähnt, zu Verfolgungen, die die Kontinuität der jüdischen Gemeinden als solche in vielen Ländern Europas, insbesondere in Deutschland, überhaupt in Frage stellten. Die Angst vor dem Schwarzen Tod förderte Wahnvorstellungen wie die, daß die Juden als Brunnenvergifter den Tod ganzer Bevölkerungsgruppen verschuldeten.
Doch kann man, wie wiederholt betont, mit der Angst allein das Phänomen der Verfolgung nicht erklären. Gerade bei diesem Beispiel der Verfolgung läßt sich die Motivverquickung verdeutlichen. Die soziale Spannung zwischen patrizischem Rat und Zünften wurde vielfach auf dem Rücken der Juden ausgetragen. Auch die Hoffnung, die Schulden bei den Juden loszuwerden, spielte, wie wir oben gezeigt haben, als geheimes Motiv bei den Verfolgungen mit. Der Pogromstimmung kam entgegen, daß gerade zu dieser Zeit auch die religiösen Leidenschaften aufgepeitscht waren. Weite Teile Süddeutschlands durchzogen die Geißlerzüge. Bei ihnen verband sich der Wille zur persönlichen Sühne und Buße mit einem Aufbegehren gegen die bestehende Sozialordnung. Die Geißler waren daher den städtischen Obrigkeiten, aber auch den Fürsten und Bischöfen verständlicherweise unheimlich.[80]
Einige Beispiele mögen die Vorgänge des Krisenjahres 1348/49 verdeutlichen. Vom Schwarzen Tod wurde zunächst Frankreich betroffen. Von dort griff die Epidemie auf Savoyen und die Schweiz über. Dementsprechend kam auch der Verdacht der Brunnenvergiftung zuerst in Frankreich auf. In dieser Zeit residierte der Papst

in Avignon. So kann es nicht überraschen, daß auch die erste Stimme, die sich warnend erhob, die des Papstes war. Das hinderte jedoch nicht, daß die Verdächtigungen immer wieder neu erhoben wurden. Zu Judenverfolgungen kam es dabei schon, *bevor* in den einzelnen Städten oder Landesteilen die Epidemie einsetzte. Doch entkräftet diese Feststellung nicht die Angsthypothese; denn nicht erst das tatsächlich eintretende Ereignis der Epidemie, sondern schon die Erwartung ihres Kommens löst Angst aus. Besonders eifrig im Erforschen einer evtl. Schuld der Juden waren einige Beamte in Savoyen und der französischen Schweiz. Die Geständnisse, die sie den Gefangenen abnötigten, vermittelten sie weit über die Schweiz hinaus. In Basel besaßen die Juden etwa zwanzig Wohnhäuser. Die Gemeinde muß also kleiner gewesen sein, als es nach den Angaben des Chronisten des Katastrophenjahres 1348/49 zu vermuten wäre. Die Gesamtzahl der Juden Basels im Jahre 1348 dürfte sich auf rund hundert belaufen haben. Gerüchte über Brunnenvergiftungen durch Juden kamen Ende 1348 in der Stadt auf. Der Rat der Stadt befragte die wichtigsten größeren Städte der weiteren Umgebung. Ähnlich wie auch der Kölner Stadtrat war er von der Schuldlosigkeit der Juden überzeugt. Doch wurde er durch eine Rebellion der Zünfte verängstigt und willigte in die Hinrichtung der Juden ein.

Im Januar 1349 wurde die jüdische Gemeinde in Köln auf einem eigens für sie errichteten hölzernen Gerüst auf einer Sandbank im Rhein zusammengetrieben und verbrannt. Nur die Kinder wurden verschont. Sie wurden den Eltern entrissen und getauft. Nach der Aussage des Chronisten soll die Zahl der Opfer sich auf 600 belaufen haben, die Zahl der getauften Kinder wird mit 130 angegeben.[81]

Auch in Straßburg war der patrizische Rat von der Unschuld der Juden überzeugt. Noch im Januar 1349 verteidigte er auf dem Tag von Benfeld die Juden gegen die Verleumdung der Brunnenvergiftung. Vorsorglich brachte er einige der wohlhabenden Juden, offenbar auf deren Wunsch hin, auf dem Turm Stolzeneck in Sicherheit. Am 9. Februar 1349 wurde jedoch der patrizische Rat gestürzt und ein neuer Rat eingesetzt, der von der Handwerkerschaft abhängig war. Dieser gab der Pogromstimmung in der Stadt nach. Bereits am 13. Februar beschloß er, alle Juden, sofern sie sich nicht taufen lassen wollten, dem Tod in den Flammen zu übergeben. Am nächsten Tag, dem Valentinstag, der in diesem Jahr auf einen Schabbat fiel, wurden die Juden auf den Friedhof getrieben und auf einem hölzernen Gerüst ähnlich wie in Basel verbrannt. Die Synagoge wurde in ein Hospital verwandelt und neben ihr eine Kapelle zu Ehren des hl. Valentin errichtet.[82]

In Frankfurt a. M. hatte Karl IV. am 25. Juni 1349 der Stadt das Judenregal für 20 000 Mark verpfändet. In Voraussicht des kommenden Aufruhrs sicherte sich die Stadt das Recht auch auf den Nachlaß der Juden im Falle ihres Todes. Sie versuchte damit, dem Risiko zu begegnen, im Falle des Untergangs der jüdischen Gemeinde ohne Äquivalent für die ihr entgehende Judensteuer zu bleiben. Man müßte ihr Verhalten für zynisch erklären, hätte der Magistrat nicht, obwohl er wußte, wie begrenzt seine Macht war einzugreifen, versucht, ein Pogrom zu verhüten. Er ließ Geschütze vor dem Rathaus auffahren, um einen Aufruhr im Keime ersticken zu können. Die Gefahr dazu war durchaus gegeben; denn seit Anfang 1349 befanden sich in der Nähe Frankfurts Geißlerscharen. Das Eindringen von Geißlern durch die Fischerpforte im Westen der Stadt begünstigte den Ausbruch eines Pogroms trotz aller Schutzmaßnahmen. Am 24. Juli 1349 wurden die Juden, soweit sie sich nicht in ihren Häusern selbst verbrannten, von der aufgewiegelten Menge erschlagen.[83]

War schon in Frankfurt das Verhalten Kaiser Karls IV. befremdlich, weil er, der doch der berufene Schutzherr der Juden war, angesichts der drohenden Gefahr die Juden dem Rat der Stadt verpfändete, so scheint er gegenüber den Juden Nürnbergs eine noch bedenklichere Rolle zu spielen. Nürnberg besaß eine der größten jüdischen Gemeinden in Mitteleuropa während des Mittelalters. Im Memmorbuch, das die Erinnerung an die 1349 ermordeten Juden bewahrt, werden die Namen von 560 Opfern erwähnt. Vorwiegend waren die Nürnberger Juden im Geld- und Darlehnsgeschäft tätig. 1348 gelang es den Zünften, die Patrizier aus der Regierung der Stadt zu vertreiben. Der neue Rat war ausgesprochen judenfeindlich eingestellt. Zwar kam es im Laufe des Jahres zu einem erneuten Umschwung. Die Patrizier kehrten in die Regierung zurück. Aber der wiedererstandene Rat fühlte sich in einer sehr schwachen Position. Ihm war bewußt, daß er in einem Katastrophenfall die Juden nicht schützen konnte. Darum erbat er sich für diesen Fall Straffreiheit. Karl IV. gestand sie ihm 1349 zu. Er ging sogar noch einen Schritt weiter. Dem Gesandten Nürnbergs, Ulrich Stromeyer, billigte er zu, daß die Stadt das bisherige Judenviertel abreißen dürfe, um zwei große Marktplätze einrichten zu können. Anstelle der Synagoge sollte eine Marienkirche errichtet werden. Durch seine Nachgiebigkeit erleichterte Karl IV. den Nürnbergern den Pogrom an der jüdischen Gemeinde. Am 5. Dezember 1349 wurden die Juden Nürnbergs erschlagen. Die befremdliche Politik Karl IV. wird erst verständlich, wenn man weiß, wie schwierig seine Stellung gerade in Nürnberg war. Hing doch ein großer Teil der Bevölkerung Ludwig dem Bayern an. Daher mußte der Kaiser versuchen, sich Freunde in der Stadt zu erwerben. Aber auch dann noch blieb seine Stellung schwach. Karl IV. ließ sich in seinem Verhalten von zwei Motiven bestimmen. Einmal wollte er alles vermeiden, was als Ohnmacht gedeutet werden konnte. So mußte er sich den Anschein geben, Vorgänge, die er nicht hindern konnte, wenigstens zu tolerieren. Sodann aber wollte er wenigstens seine finanziellen Ansprüche gewahrt wissen. Aus diesem Grund war er bereit, mit sich handeln zu lassen. Nürnberg ist dafür ein charakteristisches Beispiel.[84]

Antijüdische Tendenzen in der humanistischen Theologie

Das Zeitalter des Humanismus förderte einerseits das Interesse an der jüdischen Mystik, der Kabbala, andererseits das Interesse am Lernen des Hebräischen. Die Mystik schien geeignet, die Differenzen in den Glaubensweisen zu überwinden, mochten die Glaubenssätze der einzelnen Konfessionen und Religionen auch weit auseinandergehen, in der Gotteserfahrung des mystischen Erlebnisses konnte man dennoch übereinstimmen. Die Sehnsucht nach der Überwindung der religiösen Gegensätze ließ bereits den Kardinal Nikolaus v. Kues nach der Möglichkeit einer Universalreligion fragen. Unter dem Eindruck, den die Nachricht von der Eroberung Konstantinopels durch die Türken 1453 in ihm hervorrief, verfaßte er seine Schrift über den Frieden im Glauben, De pace fidei. Darin trägt er seine Überzeugung vor, es müsse möglich sein, zu einem allgemein verbindlichen Glauben bei Wahrung der verschiedenen religiösen Riten zu gelangen. Der spanische Mystiker Ramon Llull hatte bereits im 14. Jahrhundert gehofft, eine Denkkunst zu entwickeln, die es erlaubt, alle Glaubenswahrheiten einsichtig zu machen. Auch seine Bemühungen zielten auf die Konstruktion einer Universalreligion. Die Einheit der mystischen Erfahrungen betonte der italienische Humanist Pico della Mirandola. Er wurde der wichtigste Propagator einer christlichen Kabbala. Er war sich ganz sicher, daß man mit der Kabbala die Gottheit Jesu Christi beweisen könnte. 1486 sprach er diese Überzeugung in seinen 900 Thesen aus. Auch in seiner Rede über die »Würde des Menschen« unterstreicht er noch einmal die Bedeutung der Kabbala für das Finden zum Glauben an Jesus Christus. Unter den deutschen Humanisten folgte ihm vor allem Johannes Reuchlin. Diesen Versuchen stand Erasmus von Rotterdam (1466–1536) skeptisch gegenüber. In seinen »Vertrauten Gesprächen« (Colloquia familiaria) setzte er allerdings Reuchlin ein Denkmal. Doch nicht wegen dessen Bemühungen, die Kabbala in den Dienst der christlichen Propaganda zu stellen, sondern wegen seiner Verdienste um die Erschließung des Hebräischen für die christlichen Theologen. Erasmus v. Rotterdam forderte die Rückkehr zu den Quellen. Ihm konnte daher die lateinische Übersetzung der Heiligen Schrift, die Übersetzung des Hieronymus, die Vulgata, nicht genügen.

Er bemühte sich auch, das Hebräische, die Sprache des Alten Testaments, zu lernen. Aber während ihm das Studium des Griechischen leichtfiel, hatte er hinsichtlich des Hebräischen große Schwierigkeiten, die er freimütig eingestand. Zur Heranziehung und Interpretation alttestamentlicher Schriftstellen, die im Neuen Testament wieder aufgegriffen werden, bediente er sich der Mithilfe christlicher Hebraisten. So leistete ihm der spätere Reformator Basels, Johannes Oekolampadius, wertvolle Hilfe. Daß er trotz seiner Sprachbegabung das Hebräische nicht oder nur ungenügend zu lernen vermochte, läßt sich am ehesten aus seiner Abneigung erklären, die er gegen das hatte, was er als jüdisch empfand, das vermeintliche Haften am Buchstaben des Gesetzes. Das Beharren auf Gesetzen und Gesetzlich-

keit schien ihm »jüdischer« Ungeist zu sein, von dem er die Kirche seinerzeit gereinigt wissen wollte. Dieser Kampf gegen den angeblichen jüdischen Ungeist in der Kirche verstellte ihm den Blick für die Werte des jüdischen Glaubens. Gegen den sogenannten jüdischen Ungeist polemisierte er in manchen seiner Werke, so im Handbüchlein des »Christlichen Streiters« (Enchiridion militis christiani) und in der Klage des Friedens (Querela pacis).
Vom spätmittelalterlichen Antijudaismus hatte sich Erasmus von Rotterdam so weit anstecken lassen, daß er persönliche Gegner mit der Behauptung in Mißkredit zu bringen suchte, sie seien Juden. So griff er nur zu gerne das Gerücht auf, der päpstliche Nuntius Hieronymus Aleander, der sein persönlicher Feind war, sei Jude. In einem seiner Briefe aus dem Jahre 1520 heißt es z. B.: »Es steht fest, trotz des päpstlichen Verbots wird die Bulle gegen Luther veröffentlicht. Aleander, der sie brachte, sagte, er habe keinen anderen Auftrag, als mit den Universitäten zu verhandeln. Er ist ein Mensch, der die drei Sprachen (Hebräisch, Griechisch und Latein) beherrscht. Aber alle sagen, er sei ein Jude; gewiß, ein vortrefflicher Mann.«[86]
An anderer Stelle, ebenfalls in einem Brief, meint Erasmus scheinheilig, daß Aleander kein Pharisäer sei, dessen sei er gewiß, um dann süffisant hinzuzusetzen, die Pharisäer hätten wenigstens an die Auferstehung geglaubt. Wieder spricht er die Vermutung aus, daß Aleander nur deshalb so gut Hebräisch könne, weil er jüdischer Herkunft sei.
Mit der Bezichtigung jüdischer Abstammung suchte man auch später Gegner in den Augen der eigenen Partei herabzusetzen. So hat Johannes Dietenberger, Zeitgenosse Luthers, dessen katholische Bibelübersetzung die wichtigste Konkurrenz zur Bibelübersetzung des Reformators war, in seinen Bemerkungen zu seiner Bibelübersetzung, insbesondere zum Buch Genesis, Luther beschuldigt, zwar nicht jüdischer Herkunft zu sein, aber immerhin sich von Juden beraten haben zu lassen.
In derartigen Äußerungen verrät sich, wie tief die Abneigung gegen die Juden ging. So bestätigen unsere Ergebnisse die These, daß das Mittelalter von einer zunehmend sich verstärkenden Judenfeindschaft charakterisiert ist, der auch große Geister nicht zu widerstehen vermochten.[87]

Anmerkungen

1 Siehe Beitrag von Mayer, S. 49, und u. a. Wirth, S. 63 ff
2 Summa Theologiae III, 57, 5 unter Verwendung eines Zitates aus dem Ambrosiaster Nov. Test. p. 1, 66, Pl. 35/2261 B
3 Siehe Wirth, S. 64
4 Berthold von Regensburg, Deutsche Predigten, Jena 1924, S. 147
5 Die Darstellung in der christlichen Kunst wird in diesem Band ausführlich bei Eckert beschrieben.
6 Wolfgang Seiferth: Synagoge und Kirche im Mittelalter. München 1964
7 Siehe Beitrag Eckert: Antijudaismus in der christlichen Kunst
8 Erstdruck Ortona 1518
9 Contra perfidiam iudaeorum, c 1, Pl. 207, 825 f
10 Sermo 4, In Nativitate Domini, Pl. 206, 247, 253
11 Das Mißtrauen gegenüber den getauften Juden unter den »Heidenchristen« ist seit der Frühzeit der Kirche bekannt. Ein Beispiel aus dem 2. Jahrhundert bringt Wirth im Kapitel über Justin, S. 57
12 Das Ausspielen der Propheten gegen die Juden und die entsprechenden Legendenbildungen gehen auf die Frühzeit christlicher Predigt zurück. Siehe Mayer, S. 46, Wirth, S. 54 (Barnabasbrief)
13 Epistolae obscurorum virorum, II, ep. 47; hrsg. von A. Bömer, Heidelberg 1924, S. 169
14 Zur These, die sich im Schlagwort »Jud bleibt Jud« u. a. im modernen Antisemitismus niederschlug und zuletzt rassisch begründet wurde, siehe Ginzel, S. 133 ff
15 Bernhard Blumenkranz: Juifs et Chrétiens dans la monde occidental 430–1096. Paris 1960
16 Zitiert nach Blumenkranz
17 Radulphus Glaber, Hist. 3, 7, Pl. 142, 657 f
18 Ephraim bar Jakob aus Bonn, in: A. Neubauer, M. Stern (Hrsg.) Hebräische Berichte über die Judenverfolgungen, Berlin 1892, S. 187 u. 58
19 Auch dieses projüdische Eintreten zeigt die theologisch-antijüdische Grundhaltung, nicht die Bruderliebe kommt zum Ausdruck, sondern die Absicht, die Juden als »lebendiges Zeichen« in »harter Gefangenschaft« für »ihre Missetat . . . leiden« zu lassen.
20 Peter v. Cluny, Epist. 4, 36 Pl. 367 f
21 Siehe Beitrag Wirth, S. 58
22 Conciliorum Oecumenicorum Decreta, Ed. Centro die Documentazione Instituto per le Scienze Religiose, Bologna, Basel, Barcelona, Freiburg, Rom, Wien 1962, S. 242
23 Siehe Beitrag »Antijudaismus in der christlichen Kunst«
24 Die Zulassung und Wiederansiedlung erfolgte erst nach der napoleonischen Besetzung der Domstadt.
25 In Lib. IV Sententiarum, dist. 4.I.9
26 F. Baer, Die Juden im christlichen Spanien, 1. Teil, Bd. 2, Text, Nr. 378, S. 404 f
27 Aus: A. Sulzbach, Bilder aus der jüdischen Vergangenheit, Frankfurt a. M., 2. Aufl., 1923, S. 139 f
28 Siehe hierzu auch den Exkurs »Wucher«, S. 85 f
29 Siehe hierzu auch Greive
30 R. Hoeniger, Zur Geschichte der Juden Deutschlands im frühen Mittelalter, in: Zeitschrift für die Geschichte der Juden in Deutschland, 1886, S. 83 ff

31 Karl Dietrich Hüllmann, Staedtewesen des Mittelalters, Bonn 1826, Bd. 1, S. 439 f
32 Ebd., S. 444 f
33 Ebd., S. 302
34 Hüllmann, a. a. O., Bd. 2, S. 36
35 L. J. Rogier, R. Aubert, M. D. Knowles (Hrsg.), Geschichte der Kirche: Bd. 3, Reformation und Gegenreformation, hrsg. v. H. Tüchle, Einsiedeln, Zürich, Köln 1965, S. 22
36 Hüllmann, a. a. O., Bd. 2, S. 42 f
37 G. Schmoller, M. Sering (Hrsg.), Staats- und sozialwissenschaftliche Forschungen, Heft 152, Der Geldhandel der deutschen Juden während des Mittelalters bis zum Jahre 1350. Ein Beitrag zur deutschen Wirtschaftsgeschichte im Mittelalter, Leipzig 1910, S. 24
38 Ebd., S. 31
39 Hüllmann, a. a. O., Bd. 2, S. 53
40 Ernst Weyden, Geschichte der Juden in Köln am Rhein von der Römerzeit bis auf die Gegenwart. Nebst Noten und Urkunden, Köln 1867, S. 329
41 Oskar Frankl, Der Jude in den deutschen Dichtungen des 15., 16. und 17. Jahrhunderts, Diss.-Phil. Universität Wien, Leipzig 1905, S. 91 ff
42 H.-P. Seraphim, Das Judentum im osteuropäischen Raum, Essen 1938, S. 72 ff
43 Louis, Lewin, Die Landessynode der großpolnischen Judenschaft, in: Schriften der Gesellschaft zur Förderung der Wissenschaft des Judentums, Bd. 27, Frankfurt a. M. 1926, S. 58
44 Badisches Landesmuseum Karlsruhe, Barock in Baden-Württemberg. Vom Ende des Dreißigjährigen Krieges bis zur Französischen Revolution, Bd. 2, Aufsätze, Karlsruhe o. J. (1981), S. 483
45 Ebd., S. 485
46 Ebd., S. 483
47 Gemeinde Oberammergau (Hrsg.), Das Passionsspiel in Oberammergau. Ein Geistliches Festspiel in drei Abteilungen mit 24 lebendigen Bildern. Mit Benützung der alten Texte verfaßt von J. A. Daisenberger, Offizieller Gesamttext für das Jahr 1922 überarbeitet und neu herausgegeben. Diessen vor München 1922, S. 95
48 G. B. Ginzel (Hrsg.), Auschwitz als Herausforderung für Juden und Christen, Heidelberg 1980, S. 238 f, Anm. 10
49 Hüllmann, a. a. O., Bd. 2, S. 56
50 Eine seit der Frühkirche ebenso häufige wie unbewiesene Behauptung, siehe Mayer, S. 46, Wirth, S. 57, Ginzel, »Exkurs Minim«, S. 68, Anm. 9. Der Vorwurf spielt auch in der neuzeitlichen christlichen Agitation gegen Juden eine Rolle.
51 Dem Kampf gegen den Talmud ist der Beitrag von Hermann Greive »Antitalmudismus als Bindeglied alter und neuer Judenfeindschaft« gewidmet. Siehe auch Ginzel, S. 126
52 Diese Aussage muß etwas relativiert werden. Es hatte immerhin einer jahrhundertelangen Kontinuität antijüdischer Predigt und Gesetzgebung bedurft, bis sich dieses Gefühl der Fremdheit einstellte. Interessant ist auch, daß in Europa judenfeindliche Reaktionen mit der Missionierung der »Heiden« einhergehen. Häufig lebten Juden unter der Bevölkerung, noch bevor diese christlich wurde. Traurig-sarkastisch könnte man sagen, der Zeitpunkt, als die Heiden tatsächlich Christen geworden sind, war der, als sie nicht mehr mit ihren jüdischen Nachbarn zusammenleben wollten.
53 M. T. D'Alverny: Survivance de la Magie Antique. In: Antike und Orient im Mittelalter, Miscellanea Mediavalia. Berlin 1962, S. 144–175, bes. S. 162 ff
54 Beispiele für hebraisierendes Kauderwelsch in Passionsspielen finden sich bei A. Oepke: Das Neue Gottesvolk im Schrifttum, Schauspiel bildender Kunst und Weltgestaltung. Gütersloh 1950, S. 317
55 Vgl. A. Oepke, S. 317
56 Die Übersetzung des Zitats ist ausführlicher in: K. H. Rengstorf u. S. v. Kortzfleisch (Hrsg.), Kirche und Synagoge, Stuttgart 1968, Bd. 1, S. 272. Vgl. Die Chroniken der deutschen Städte vom 14. bis 16. Jahrhundert, S. 9., S. 764; A. Sulzbach: Bilder aus der jüdischen Vergangenheit, a. a. O., S. 121; Peter Browe: Die Judenbekämpfung im Mittelalter. In: Zeitschrift für Katholische Theologie, 62. (1938), S. 219 u. 221.
57 Zur Bedeutung der Ritualmordanklage in der Neuzeit siehe Ginzel, S. 143 ff
58 Die Urkunde Friedrichs II. vom Juli 1236 ist als beglaubigte Kopie in einem Privileg des Erzbischofs Wilhelm vom Köln (1349–1362) vom 2. Jan. 1360 im Hist. Stadtarchiv Köln, HUA Nr. 2283 in der Privilegienbestätigung für Lechenich erhalten. Deutsche Übersetzung auch in: K. H. Rengstorf und Siegfried von Kortzfleisch (Hrsg.): Kirche und Synagoge. Handbuch zur Geschichte von Christen und Juden, Bd. 1. Stuttgart 1968, S. 266 ff
59 M. Stern: Urkundliche Beiträge über die Stellung der Päpste zu den Juden, Bd. 2, H. 1. Kiel 1895, Nr. 210, S. 63–70
60 M. Stern: Die päpstlichen Bullen über die Blutbeschuldigung, München 1900, S. 14–17
61 M. Stern, a. a. O., S. 21. Diese Bulle befindet sich in einer Abschrift im Trienter Archiv, Capsa 69, Nr. 17
62 Eine ausführliche Begründung dieser These versucht F. Pauly: Zur Vita des Werner von Oberwesel, Legende und Wirklichkeit. In: Archiv für mittelalterliche Kirchengeschichte 16. (1964), S. 94–109
63 Chronicon Colmariense ad. 1288. Mon. Germ. Hist. Script. 17, S. 255. – Vgl. dazu E. Iserloh: Werner von Oberwesel, Zur Tilgung seines Festes im Trierer Kalender. In: Trierer theologische Zeitschift, 163, S. 277
64 Dies ist das Ergebnis meiner Analyse der Prozeßakten. Vgl. dazu: W. P. Eckert: Aus den Akten des Trienter Judenprozesses. In: Judentum im Mittelalter. Miscellanea Mediavalia. Berlin 1966, S. 281–336. Die Prozeßakten, Teil I: Trienter Prozeßakten haben 1990 D. Quaglioni und A. Esposita als Druck herausgegeben.
65 G. Zacharias: Satanskult und Schwarze Messe. Wiesbaden 1964.
66 B. Blumenkranz: Juden und Judentum in der mittelalterlichen Kunst. Franz-Delitzsch-Vorlesungen 1963. Stuttgart 1965, S. 84 ff. In dem Graduale des Friedrich Zöllner in der Bibliothek des Klosters Neustift bei Brixen findet sich eine Darstellung der Beschneidung Christi, die einer Ritualmordszene auffallend ähnelt.
67 E. Langer: Bibliographie der österreichischen Drukke des 15. und 16. Jahrhunderts. Bd. I, 1, bearb. von W. Dolch, Wien 1913, 1. Trient Nr. 1

68 Die »künstlerische« Umsetzung der Trienter Legende: »Antijudaismus in der christlichen Kunst«
69 Vgl. A. Dörrer: Ritualmordspiele in L. Th. K., Bd. 8, 1. Auflage, Sp. 915
70 Vgl. K. Hruby: Verhängnisvolle Legende und ihre Bekämpfung. In: W. P. Eckert, E. L. Ehrlich: Judenhaß, Schuld der Christen? Essen 1964, S. 502
71 Siehe Ginzel, S. 19
72 J. Deckert: Vier Tiroler Kinder, Opfer des chassidischen Fanatismus. Wien 1893. Vgl. dazu Austria Sacta, Wien 1910, S. 59–64. Deckert hatte 1893 eine weitere Studie mit dem Titel: »Ein Ritualmord aktenkundig nachgewiesen« bei Göss in Dresden veröffentlicht, in der er auf Grund der unter den Foltern gemachten Geständnisse die Schuld der Trienter Juden als sicher erwiesen behauptete. J. Bloch hat in der österreichischen Wochenschrift 14 vom 7. April 1893 unter dem Titel: »Eine Schandschrift« diese Studie einer vernichtenden Kritik unterzogen. Dazu auch Ginzel, S. 152
73 A. F. Oefelius: Rerum boicarum scriptores, 2. Augsburg 1763, S. 341. Vgl. dazu und zur Entfaltung der Legende G. Krotzer: Der Judenmord von Deggendorf und die Deggendorfer »Gnad«. In: W. P. Eckert und E. L. Ehrlich: Judenhaß, Schuld der Christen? Essen 1964, S. 309–327 (Lit.)
74 Zum Bericht des Papstes Benedikt XII. über die Vorgänge in Klosterneuburg vgl. Raynaldus: Annales ad a. 1338, Nr. 18. Auszüge des Verhandlungsprotokolls des bischöflichen Prozesses. Vgl. Mon austriac. II, dipl. 28, S. 172 ff; dazu auch K. Hruby, a. a. O., S. 298
75 Johannes von Winterthur: Chronicon, vgl. P. Browe: Die Hostienschändungen der Juden im Mittelalter, a. a. O., S. 189
76 Vgl. dazu W. P. Eckert: Geehrte und geschändete Synagoge. In: W. D. Marsch und K. Thieme (Hrsg.): Christen und Juden, Ihr Gegenüber vom Apostelkonzil bis heute. Mainz, Göttingen 1961, S. 89 f
77 Die Hauptszene bei R. Berger: Die Sprache der Bilder. Köln 1960, S. 121, Abb. 112
78 R. Bauerreiß: Pie Jesu, Das Schmerzensmannbild und sein Einfluß auf die mittelalterliche Frömmigkeit. München 1931, S. 102 f.
79 Wiener Geserah, hrsg. von A. Goldmann: Das Judenbuch der Scheffstraße zu Wien, 1389–1420. 1908, S. 125 ff. – Vgl. zur Darstellung A. Drabek: Judentum und christliche Gesellschaft im Hohen und Späten Mittelalter. In: A. Drabek, W. Häusler, K. Schubert, K. Stuhlpfarrer, N. Vielmetti: Das österreichische Judentum, Voraussetzung und Geschichte. Wien, München 1974, S. 52
80 Für Einzelheiten vgl. R. Höninger: Der Schwarze Tod in Deutschland, Ein Beitrag zur Geschichte des 14. Jahrhunderts. Berlin 1882, repr. 1973
81 Monumenta Judaica. 2000 Jahre Geschichte und Kultur der Juden am Rhein, Köln 1964, Katalog B 286. Vgl. dazu »Germania Judaica«, Tübingen 1963, 1968, 2 Bde.
82 Germania Judaica unter dem Stichwort Straßburg.
83 Germania Judaica unter dem Stichwort Frankfurt a. M.
84 Zur Entwicklung in Nürnberg, vgl. Germania Judaica unter dem Stichwort Nürnberg
85 Zu dieser »Technik«, Ginzel, S. 143 und S. 145 f. Sie konnte so erfolgreich sein, weil auch die christlichen Humanisten der Dämonisierungstheorie über die Juden Tribut zollten. Judenangst, Furcht vor den Juden als den angeblichen Feinden Gottes und der Menschen, Angst vor dem drohenden Weltgericht, Missionsversuche an den Juden, Angst vor den Konvertiten aus dem Judentum als heimlichen Anhängern des Judentums gehen ein seltsames und verhängnisvolles Bündnis ein, das auch noch Auswirkungen auf den Streit um das Recht der Juden (Streit zwischen Reuchlin und Pfefferkorn) auf ihre Bücher haben sollte. Vgl. dazu Hans-Martin Kirn, Das Bild vom Juden in Deutschland des frühen 16. Jahrhunderts, (= Texts and Studies in Medieval and Early Modern Judaism, Bd. 3), Tübingen 1989

Die Theologie der Reformationszeit und die Juden

Unbewältigte Tradition – Enttäuschte Erwartung – »Scharfe Barmherzigkeit«

Paul Gerhard Aring

Das Literaturverzeichnis (am Ende dieses Beitrages) gibt darüber Auskunft, daß der Frage nach Martin Luthers Einstellung zu den Juden bis in die zwanziger Jahre dieses Jahrhunderts nicht viel Aufmerksamkeit gewidmet wurde.[1] Anders war das in den dreißiger Jahren bis 1945. Nach dem Ende des Zweiten Weltkrieges dauerte es fast 20 Jahre, bis man sich in Deutschland wieder um die Frage nach »Luther und die Juden« mühte. Wer den deutschen Protestantismus der Gegenwart aufmerksam beobachtet und erlebt, gewinnt den Eindruck, als hätten die Bemühungen, diese Thematik aufzuarbeiten, eine nennenswerte Breiten- und Tiefenwirkung noch nicht gehabt. Die theologischen Voraussetzungen, unter denen Luther und andere Reformatoren des 16. Jahrhunderts ihr Verhältnis zu den Juden bestimmten, sind weitgehend die Voraussetzungen heutiger Theologie und Verkündigung geblieben.

Die wissenschaftliche Erforschung unseres Themas begann vor dem Ersten Weltkrieg mit einem Buch des Rabbiners Lewin, der dem zunehmenden Antisemitismus seiner Zeit entgegenwirken wollte.[2] Als die Judenfeindschaft in Deutschland immer hemmungsloser in die propagierte »Endlösung« drängte, fügten sich antijüdische Äußerungen Luthers nahtlos in das ideologische Konzept der herrschenden NS-Barbarei ein; Aversion und Haß gegen das Judentum sollten unter Hinweis auf Martin Luther begründet und verständlich gemacht werden. Wie Luther in seiner Schrift »Von den Jüden und ihren Lügen« aus dem Jahre 1543 plädierte man in der Literatur jener Jahre zwar für einen *barmherzigen* Umgang mit den Juden, aber es sollte die von Luther geforderte *»scharfe Barmherzigkeit«* sein. Die Juden, die »unser Unglück sind«, seien selbst die Ursache ihres eigenen Unglücks; bereits Martin Luther, *die* Autorität im deutschen Protestantismus und längst schon in die deutsch-nationale Heldenverehrung vereinnahmt, sei in seiner lebenslangen Beschäftigung mit den Juden zu dieser Überzeugung gekommen. Sogar der berüchtigte Julius Streicher konnte sich im Nürnberger Prozeß von 1946 darauf berufen.[3] Nach 1945 begann sehr zögernd ein neuer Abschnitt in der wissenschaftlichen Auseinandersetzung mit unserer Thematik. Es dauerte Jahre, bis alles, was das Judentum in Europa an Grauen, Leid und Tod durch die deutsche Vernichtungsstrategie erfahren mußte, in vollem Ausmaß bekannt wurde. Kirche und Theologie restaurierten weitestgehend ihr Dasein unter Ausklammerung jener Erfahrungen, die sie im »Dritten Reich« gemacht hatten; wohl gab es in der historischen Forschung und theologischen Reflexion ein neues Fragen nach »Martin Luther und die Juden«. Anstöße dazu kamen von der Kirchentagsbewegung und den Gesellschaften für Christlich-Jüdische Zusammenarbeit, die sich an manchen Orten – heute sind es rund 60 – gebildet hatten. Einzelne Landeskirchen und ihre leitenden Gremien wandten sich der Frage nach einer »Neuordnung des Verhältnisses von Christen und Juden« zu.[4] Immerhin können wir heute Übereinstimmung darüber feststellen, »daß eine wie auch immer geartete Aktualisierung eines Antijudaismus der christlichen Tradition, sei diese altkirchlich, früh-, hoch- und spätmittelalterlich, reformatorisch, humanistisch oder gegenreformatorisch, *theologisch* nicht mehr hingenommen und legitimiert werden kann«.[5]

Können wir aus dieser Feststellung folgern, daß das Thema »Luther und die Juden« damit abgehandelt sei? Für den Bereich der Tatsachenermittlung mag das zutreffen. Theologisch ist das Thema keineswegs erledigt. Luthers Theologie und die seiner reformatorischen Zeitgenossen haben den Protestantismus in Deutschland und der weltweiten Ökumene von Grund auf geprägt. Diese Theologie ist, historisch betrachtet, *geschehene* und, theologisch betrachtet, täglich neu *geschehende* Theologie, die unters Volk, d. h. an die Basis der Kirchen und Gemeinden, auf dem Wege der Verkündigung in Predigt, Lehre, Unterweisung, Seelsorge, Liturgie, Gemeindegesang,

Erbauungsliteratur und auf mannigfache andere Weise transportiert wird. Theologie ist nicht abzulösen von der sich ereignenden Volksfrömmigkeit, in die hinein sie umgesetzt wird und die in täglicher Wechselwirkung in das gesellschaftliche, politische Geschehen einmündet und von diesem wiederum beeinflußt wird.

Im lutherisch geprägten Protestantismus wurde und wird Theologie auf religiöse Erfahrungen bezogen, die im Leben und Werk des Reformators und seiner Zeit manifest wurden. Jede Generation erfährt in solcher Traditionsgebundenheit, welchen Belastungen sie »hier und heute« im Blick auf neue religiöse Dimensionen und Provokationen ausgesetzt wird. In der Kirchengeschichte des nachreformatorischen 16. und 17. Jahrhunderts wurde das deutlich, als die Gemeindefrömmigkeit in den lutherischen und calvinistischen Kirchen zu sich selbst gefunden hatte und neuen Bewährungsproben und Spannungen im Streit zwischen Orthodoxie und Pietismus entgegenging.[6]

Die in solche Gemeinde- und Volksfrömmigkeit einmündende Theologie der Reformationszeit erwartete, sofern man in den Kirchen der Reformation überhaupt an den Juden interessiert war, daß die Juden sich zu Christus als dem Heil für alle Menschen bekehrten; dieses Heil sei, so war man überzeugt, in den Kirchen der lutherischen Reformation gegeben, anderswo nicht. Die Juden brauchten zur Lösung ihrer Probleme, die sie seit eh und je mit ihrer christlichen Umwelt hatten, nur der Aufforderung zur Bekehrung zu folgen und damit der Christenheit das Ärgernis zu nehmen, das ihr durch das Dasein und Sosein des Judentums permanent bereitet werde. Wenn die Juden diesen Schritt nicht täten, sei das ein Zeichen für ihre Verstockung; sie zeigten damit, daß sie von Gott gestraft, verworfen, ja verflucht seien. Vor dem Umgang mit solchen Christusfeinden und Gottesmördern müsse gewarnt werden. Die Kirche als das neue, wahre Israel sei den Juden gegenüber eindeutig qualifiziert, und die Juden hätten nur *eine* Verpflichtung: sich in dieses wahre Israel integrieren zu lassen und ihr Judesein endlich aufzugeben. Täten sie das nicht, liege die Schuld an allem sie treffenden Unglück bei ihnen selber.[7]

Kann man auf dem Hintergrund dieser Denkweise sagen, daß »der überkommene christliche Antijudaismus, auch derjenige Luthers, für den Rassenantisemitismus nur höchst willkommenes Ornament, aber nie Konstituens« war?[8]

In einer keineswegs erst mit der Reformation einsetzenden jahrhundertelangen Glaubens-, Geistes-, Traditions-, Theologie- und Sozialgeschichte war gerade im »christlichen Abendlande« und seinem geographischen Zentrum Deutschland ein gesellschaftliches Klima des Frontdenkens gegenüber den Juden entstanden, in dem Kreuzzüge, Inquisition, Judenverfolgungen und -vertreibungen schrecklicher Art und schließlich auch das singuläre Geschehen in den deutschen Vernichtungslagern möglich wurden, ohne daß eine lutherisch oder wie auch immer geprägte Christenheit in Deutschland dies verhindert hätte. Zur gleichen Zeit konnte diese Christenheit einigermaßen ungehindert, unangefochten und in den üblichen Weisen ihrer Gemeindefrömmigkeit ihren Glauben leben, ihn verkündigen, lehren, singen, aus ihm beten, sich versammeln und es sich leisten, den allgemeinen Terror gegen die Juden nur insofern zur Kenntnis zu nehmen, als er *getaufte* Juden betraf. Warum war das so?

Alle Versuche, Luthers Einstellung zu den Juden aus seiner Zeit heraus zu erklären, theologisch vielleicht sogar unter Hinweis auf die neutestamentlich-reformatorische Botschaft von der »Rechtfertigung des Sünders aus Gnaden allein« zu tolerieren, erzwingen einen Neubeginn in der Frage nach »Martin Luthers *Theologie* und die Juden«. Sie wird zur Frage nach den Grundlagen dieser Theologie. Es geht um die These dieser Theologie und um die bis heute immer neu geschehende Interpretation jener These, daß der Jude Jesus von Nazareth der Christus für alle Welt sei, also *auch* für die Juden. Die Frage nach dem Verhältnis der Christen zu den Juden wurde für die Christenheit zur Frage nach der Glaubwürdigkeit ihres eigenen Christusbekenntnisses und der dieses Bekenntnis interpretierenden Christologie der Kirche.[9] Auch und gerade in der Theologie der Reformationszeit wird deutlich, daß die tiefere Ursache für den Antijudaismus der Christenheit und damit die ideologische Voraussetzung für den späteren radikalen Antisemitismus in Deutschland das Christusbekenntnis der Christen und die dieses Bekenntnis interpretierende Christologie in Theologie und Kirche sind; ihrerseits werden sie immer im Glauben und Leben der Gemeinde, in der Praxis ihres Alltags wirksam;

Theologie hat ihre tägliche »Wirkungsgeschichte«. Unter diesem Aspekt muß gesagt werden, daß das Bekenntnis zu Christus in vielen Jahrhunderten einer solchen »Wirkungsgeschichte« Millionen von Menschen das Leben gekostet hat. Wenn wir unter der Last dieser Einsicht nach der Glaubwürdigkeit christlichen Redens *von* und Glaubens *an* Christus fragen, bleibt unsere Frage nach der Theologie der Reformationszeit und ihrer Beurteilung der Juden eine erregende, unter deren Einfluß Unruhe und Ärgernis unter Christen unvermeidbar sind. Der Wert ihrer Schuldbekenntnisse ist an ihrer Bereitschaft zu messen, sich dieser Einsicht zu stellen.

Martin Luther wuchs auf und lebte in der Tradition und Spiritualität seiner römischen Kirche, in der die »Adversus-Judaeos-Tradition« der herrschenden Theologie trotz humanistischer Neuansätze zu den selbstverständlichen Voraussetzungen des Denkens und Fühlens gehörte.[10] Diese Tradition qualifizierte die Juden durchweg als blind und verworfen. Die hebräische Bibel, das von der Christenheit so genannte Alte Testament, wurde längst auf Christus hin und von Christus her interpretiert und damit *gegen* die Juden, die sich diesem Bekenntnis zu Christus verschlossen, weil sie es auf Grund ihrer Geschichte als für sie verbindlich nicht verstehen und annehmen konnten. *Ihre* Gottes- und Glaubenserfahrung hatte sie andere Wege geführt, die aufzugeben ihnen nicht einleuchtend sein konnte. Die Christenheit erlaubte ihnen nicht, sich selbst zu definieren, sich in der ihnen eigenen Bindung an Gott darzustellen und die Erfahrungen ihres Lebens mit Gott und seiner Thora auszuleben. Man ging davon aus, daß die Kirche als das auf ewig erwählte neue Gottesvolk das Erbe dieser Erwählung unwiderruflich von den Juden übernommen habe. Aus diesem Anspruch nährte sich die Überzeugung, daß die jüdische Schriftauslegung, der Talmud und der jüdische Gottesdienst, die »Zeremonien«, wertlos seien, da gegen Christus und die Kirche gerichtet und darum für die Christenmenschen bedrohlich, gefährdend, ja eine satanische Versuchung, die zu bekämpfen sei. Zwar sollte das Judentum bis an das Ende der Zeiten als eine Warnung an die Christenheit bestehen bleiben, »aber als ausgelaugte Religion, die ihre Erwählung und ihre innere geistige Kraft verloren hatte«.[11] Die Kirche fühlte sich berechtigt, alle ihre Machtmittel zur Sinnesänderung der Juden einzusetzen, die Einflußmöglichkeiten von Juden auf Christen durch vielerlei Restriktionen und Ghettozwänge weitestgehend einzuschränken und ihre theologische Überlegenheitsgewißheit in soziale Praxis umzusetzen.

Martin Luther und seine Freunde lebten also in einer Zeit und gesellschaftlichen Atmosphäre, in der ihnen solche Voraussetzungen und ihre Konsequenzen selbstverständlich und bewußt waren. Schon der Name »Jude« war den Menschen jener Zeit zu einem Synonym für alles Verderbliche, Gefährliche, Gottlose geworden.[12] Auch getaufte Juden hatten mit dem anhaltenden Mißtrauen ihrer christlichen Umgebung zu rechnen. Ghettoleben, Kleiderordnungen, steuerliche Ausplünderung durch staatliche und kirchliche Obrigkeiten, Beleidigungen, Schimpf und Spott, Vertreibungen, Verfolgungen und die damit für die Juden ständig vorhandene Rechtsunsicherheit und Angst vollendeten einen Prozeß der »theologischen Erniedrigung des Juden in den Stand der Knechtschaft«[13], der oft genug unter der Hysterie von Ritualmord-, Brunnenvergiftungs- und Hostienschändungsgerüchten zu unerträglichen Belastungen für die im christlichen Deutschland lebenden jüdischen Kinder, Frauen und Männer führte und unzählbar viele Todesopfer forderte.

Zur Zeit der beginnenden Reformation um 1500 lebten Juden nicht in allen christlichen Ländern. Aus Spanien und Portugal, England, Holland, Skandinavien, Dänemark und Rußland waren sie, meist unter schlimmen Begleitumständen, vertrieben worden. In Frankreich durften sie nur an einzelnen Orten, in der Schweiz nur im Kanton Baden leben. Etwas leichter war es für sie in Italien und vor allem in den islamisch geprägten Ländern des Orients, auch auf dem indischen Subkontinent.[14] Jüdische Bewohner gab es vor allem in Deutschland und in Polen.

Martin Luther hatte mehr Kenntnis über das Judentum als viele seiner Zeitgenossen, zumal ihn die hebräische Sprache als die Sprache der Bibel besonders interessierte.[15] Ob er persönliche Beziehungen zu Juden oder Juden als Lehrer im Sprachunterricht hatte, bleibt außer einzelnen Hinweisen in seinen Briefen zu vermuten oder gehört in das Reich der Legende.[16] Luther war in seinem Umgang mit der hebräischen Sprache auf die Hilfe von Freunden angewiesen, seine eigenen Kenntnisse reichten nicht immer aus. Ursache dafür waren keineswegs mangelnde Begabung oder fehlende Lernfreudigkeit, sondern eher wohl »eine eigentümliche Mischung aus Aversionen gegen das humanistische Ideal einer philologischen Gelehrsamkeit aus reinem Interesse an der Sprache um der Sprache willen« und seinen tief eingewurzelten traditionellen Vorbehalten gegen das Judentum.[17] Immerhin hatte bis weit in die Zeit der Scholastik hinein allein schon die Beschäftigung mit der hebräischen Sprache ausgereicht, um dem Verdacht auf Häresie Nahrung zu geben. Die spätere Duldung solcher Beschäftigung, die nach dem Basler Konzil von 1434 zur Errichtung einzelner hebräischer Lehrstühle an christlichen Universitäten geführt hatte, diente vornehmlich polemisch-apologetischen Interessen der Kirche und ihrem Bemühen, für Zwecke der missionarischen Werbung besser gerüstet zu sein.

Daß Luther und die Bewegung der Reformation im damaligen Judentum aufmerksam beobachtet wurden, ist nicht von ungefähr, zumal sich Luther in einer Weise über das Judentum zu äußern begann, die ungewöhnlich und aufsehenerregend war.[18] Sein Bruch mit der römischen Kirche wirkte für viele Juden wie der Beginn einer erlösenden Befreiung von absoluter Machtherrschaft, unter der sie so lange und schrecklich genug zu leiden hatten. Hoffnung kam auf, daß dies der Anfang einer neuen Duldung, wenn nicht sogar Anerkennung ihres eigenständigen religiösen Lebens sei.[19] Und diese Hoffnung hatte durchaus auch Züge hochgespannter messianischer Erwartungen, wie eine Legende aus dem galiläischen Safed bezeugt, die im 19. Jahrhundert erneut in Deutschland tradiert wurde und belegt, daß man dem Wittenberger Reformator fast messianische Qualitäten beimaß.[20]

Um Luthers Äußerungen über die Juden zu verstehen und den Ansatz für eine kritische Befragung dieser Äußerungen zu gewinnen, muß bedacht werden, was Ausgangspunkt, Fundament und Zielrichtung seiner Theologie sind. Nicht erst in persönlicher Glaubenserfahrung, sondern vorher schon unter gründlicher Beschäftigung mit der Bibel und in konkreter Auseinandersetzung mit der Theologie und vor allem Praxis seiner römischen Kirche war Luther zu der Erkenntnis gekommen, daß *Jesus Christus* Anfang, Mitte und Ziel alles Handelns Gottes sei. Christus allein, »Solus Christus«, wie er sich in der Heiligen Schrift und nur dort bezeugt, ist das lebendige, den Sünder »allein aus Gnaden rechtfertigende« Handeln Gottes. Nicht die »Werke«, nicht das Tun, nicht das »Leben aus dem Gesetz« machen den Sünder gerecht vor Gott. Allein aus Glauben wird ihm die Rechtfertigung, wird ihm neues Leben aus Gott zuteil. Christus allein, niemand und nichts anderes, weder Papst, »Papisten« noch Kirche, weder »Gesetz noch Zeremonien«, erst recht nicht der sündige, auf sein vermeintliches Verdienst bauende Mensch mit seinem Anspruch auf eine »Gerechtigkeit aus den Werken« bringen das Verhältnis zwischen Gott und Mensch wieder in Ordnung, das »durch Adams Fall verderbt« ist – *allein Christus* tut es. Das gilt uneingeschränkt, bedingungslos, umfassend, absolut und exklusiv.

Diese theologische Grundposition Luthers und der Reformation konnte und durfte einem wie auch immer motivierten Zweifel nicht unterliegen; für die Reformatoren, für die Menschen in den Kirchen der Reformation war und ist sie das entscheidende »Geschenk der Reformation«, das in der Freude des Glaubens als »Geschenk Gottes« anzunehmen ist und angenommen wird. Durch, mit und in Christus ist der Zugang in das ewige Leben Gottes frei; mit welcher Freude das so verkündigt wurde, kann man in den von Luther und anderen Reformatoren stammenden Liedern des Gesangbuches nachlesen. Von Anfang an wurde die Kehrseite indessen nicht verschwiegen: wer sich jenem Fundamental-Artikel des »Solus Christus« verschließt und weiter seine eigenen Wege geht, der verfällt dem Gericht Gottes und ist in Ewigkeit verloren, ob es sich nun um Papisten, Türken, Heiden, Juden, Schwärmer, Aufrührer, Häretiker und sonstige »Antichristen« handelt. In solcher Zusammenschau konnte sich Luther auf eine Tradition der römischen Kirche stützen, die schon bei Augustinus im frühen fünften Jahrhundert zu Wort gekommen war.[21]

Das »Solus Christus« als die zentrale Mitte seiner Theologie sah Luther in der *ganzen* Bibel, also auch im Alten Testament bezeugt. Sein Interesse am Alten Testament, seine Liebe zur hebräischen Bibel und ihrer Sprache, seine offene, ja liebevolle Hinwendung zu den Juden als dem Volk dieser Bibel erhielten ihre Motivation unter diesem Aspekt. Überall im Alten Testament, so Luther, begegnen wir bereits Christus: In Adam, Abraham, den »Vätern«, in Mose und den Propheten, in David und seinen Psalmen melde sich Christus

zu Wort. Die Bücher des Alten Testamentes stimmen für Luther darin überein, »daß sie insgesamt Christum predigen und treiben«, und sie sind immer darauf zu prüfen, »ob sie Christum treiben oder nicht«.[22] Das gilt für die Schriften des Neuen wie des Alten Testamentes.
Luther dachte zwar nicht daran, den Juden das Alte Testament wegzunehmen und christlich zu vereinnahmen, obwohl dies faktisch in seiner auf Christus zentrierten Theologie geschieht, wie in jeder Theologie, die das »Christuszeugnis des Alten Testamentes« proklamiert und dieses Zeugnis als für die Juden verbindlich ausgibt. Luther wollte sagen: der »Solus Christus« kommt im Alten Testament, im Glauben der »heiligen Patriarchen und Propheten« ebenso zu Wort wie in den Schriften des Neuen Testamentes, denn »wir haben nicht einen anderen Gott als den, der der Gott Israels ist«[23]; also sind, so Luther, gerade die Juden als das von Gott erwählte Volk des Bundes längst, ohne es zu wissen, Christo begegnet. Nun ist für Luther die Zeit gekommen, sie von ihrem Nichtwissen, ihrer »Blindheit« zu befreien und ihnen den Christus in ihrer Bibel bewußt zu machen, und zwar ganz neu und anders als in der bisherigen (katholischen) Praxis der Christenheit, die sich an den Juden so schrecklich versündigt hat.
Im Jahre 1523 veröffentlichte Luther seine Schrift »Daß Jesus Christus ein geborener Jude sei«. Warum er sie geschrieben habe, sagt er deutlich: »Ich hoffe, wenn man mit den Juden freundlich handelt und sie aus der heiligen Schrift säuberlich unterweist, so sollten ihrer viele rechte Christen werden und wieder zu ihrer Väter, der Propheten und Patriarchen Glauben treten.«[24] Luther schrieb Worte der Zuneigung, Offenheit und Bitte um Vergebung nach harter Selbstkritik im Blick auf die große Schuld der Kirche an den Juden, »wie sie die Juden seitens der Kirche seit einem Jahrtausend nicht vernommen hatten«.[25] In kurzer Zeit erlebte die Schrift Luthers sieben Auflagen und fand weite Verbreitung. Auszüge wurden ins Spanische übertragen; eine hebräische Übersetzung soll auch in Jerusalem verbreitet worden sein. Einem Proselyten namens Bernardus, vor seiner Taufe Rabbi Jakob genannt, schickte Luther ein Exemplar und bat ihn um aufmerksame Lektüre; das Begleitschreiben wurde durch Justus Jonas[26] bekannt, der es seiner 1524 erfolgten lateinischen Übersetzung beigegeben hatte; Luther hatte an Bernardus geschrieben, er solle das Buch zur Stärkung seines Glaubens lesen und es auch anderen Juden geben, denn es sei zu hoffen, daß nunmehr, nachdem das Licht des Evangeliums aufgegangen sei, »viele Juden sich bekehren und aus der Welt hingerissen werden zu Christo, wie du hingerissen worden und einige andere, die ihr die Übergebliebenen des Samens Abrahams seid, welche aus Gnaden selig werden sollen«[27].
Konkreter Anlaß für »Daß Jesus Christus ein geborener Jude sei« war eine Nachricht des Fürsten Johann von Anhalt an Luther, daß Erzherzog Ferdinand öffentlich Luther einer neuen Irrlehre beschuldigt habe; Luther habe behauptet, daß Christus Abrahams Same sei, und das bedeute, so Ferdinand, daß Maria weder vor noch nach der Geburt Jesu Jungfrau gewesen sei. »Darum will ich aus der Schrift«, schrieb Luther, »die Ursachen erzählen, die mich bewegen zu glauben, daß Christus ein Jude sei, von einer Jungfrau geboren, damit ich vielleicht einige Juden zum Christenglauben reizen könnte«[28], denn »die Juden sind von dem Geblüt Christi, wir Heiden sind Schwäger und Fremdlinge, sie sind Blutsfreunde, Vettern und Brüder unseres Herrn. So gehören die Juden näher zu Christo als wir«[29]. Jesus sei, so führte Luther in der ihm gewohnten patristischen Beweisführung aus, der im Alten Testament verheißene Jungfrauensohn und Messias. Er begründete seine Überzeugung Schritt für Schritt, indem er in diesem Sinne Aussagen des Alten Testamentes der Reihe nach interpretierte.[30] Das Evangelium von Christus »haben die Väter von Adam an gepredigt und getrieben, wodurch sie den zukünftigen Samen dieser Frau – gemeint ist Eva – erkannt und an ihn geglaubt haben und so behalten sind durch den Glauben an Christum so wie wir, sind auch rechte Christen gewesen wie wir, ohne daß zu ihrer Zeit solches Evangelium in aller Welt öffentlich gepredigt wurde, wie es nach Christus Zukunft geschehen sollte, sondern allein bleibe bei den heiligen Vätern und ihren Nachkommen bis auf Abraham«[31]. Das Evangelium von Christus sei sodann »von Abraham an bis David und weiter bis Christus selbst« laut geworden, »ein reiches Evangelium und durch die Väter wunderbarlich getrieben und geübt mit Schreiben und mit Predigen (. . .) Es ist ein lebendiges Wort Gottes, an das Abraham mit seinen Nachkommen geglaubt hat und dadurch

von Sünden, Tod und aller Teufelsgewalt erlöst und bewahrt wurde.«[32]

Das Neue Testament, fährt Luther fort, besonders aber die Evangelien des Matthäus und Lukas, stützten sich auf dieses »Evangelium im Alten Testament«, vor allem im Blick auf die Jungfrauengeburt. »Gott der Heilige Geist redet durch Matthäus und Lukas, von dem wir gewiß annehmen, er verstehe die hebräische Sprache und Worte wohl. Aber weil die Juden nicht die Evangelisten annehmen, müssen wir ihnen anders begegnen«, freundlich, geduldig, liebevoll, ihnen nicht zuviel auf einmal zumutend, damit sie um so leichter zum Glauben ihrer Väter und eben damit zu Christus zurückfinden.[33] Luther meinte also, die Bekehrung der Juden zu Christus sei ihre Rückkehr zu den Vätern im Alten Testament; weil sie in ihren Vätern und in ihrer Bibel mit Christus zu tun hätten, seien sie den Christen sehr nahe, eng verwandt und zugehörig, so wie Geschwister mit ihrem Vater in der einen Familie zusammengehören.

So warb Luther um die Juden.[34] Doch diese ließen sich nicht taufen. In Äußerungen Luthers aus den dreißiger Jahren ist erkennbar, wie ihn das stutzig machte, befremdete und auch zunehmend ärgerte.[35] Anlaß zu Sorgen, Unruhe, Zweifeln und Unsicherheiten hatten Luther und seine Freunde immer in jenen Jahren der Anfechtungen, Auseinandersetzungen und Gefährdungen des Reformationswerkes. Ein wachsendes, häufig an die Grenzen seiner Kraft gehendes Maß von Verpflichtungen und Verantwortungen belastete Luther. Er verfügte keineswegs über eine stabile, robuste Gesundheit. Seine wirtschaftliche Lage im größer gewordenen Familien-, Freundes- und Besucherkreis war bei seinen geringen Einkünften schwierig. Die Juden nahmen in seinem Blickfeld keineswegs einen zentralen Platz ein, aber *wenn* er unter dem Studium und der Auslegung der Bibel an sie dachte oder auf sie zu sprechen kam, entstanden für ihn beunruhigende Fragen, unter denen Unverständnis und Zorn bei ihm zunahmen. Offensichtlich legten die Juden keinen Wert darauf, Luthers lockendem Werben zu folgen. Warum nicht? Könnte man es ihnen, so Luther, überhaupt noch leichter machen? Und dürfte man unter dem Eindruck, daß die Welt dem nahenden Tag des Herrn, dem Tag des Gerichtes und Kommens Christi, entgegengehe, noch lange auf die Juden warten? Luther und die Seinen erlebten, daß und wie sehr Zeiten eines endzeitlich-apokalyptischen Fiebers Ängste provozieren und wie solche Ängste in Ungeduld, Nervosität und irrationales Handeln einmünden können, die eine klare, vernünftige Einschätzung der Situation erschweren. Der Gedanke, daß die Juden ihre berechtigten theologischen Gründe dafür haben könnten, Luthers Drängen nicht nachzugeben, ist ihm offenbar nie gekommen, da war er ganz Kind seiner Zeit, Christ in den vorgegebenen und auf uns Heutige vererbten Traditionen und Denkstrukturen, in denen es anscheinend undenkbar und unmöglich ist, gerade die Juden sich selbst definieren zu lassen und sie als das Volk Gottes, als das Volk der Bibel zu akzeptieren, wie sie sich selbst verstehen und in ihrer eigenen Geschichte erfahren haben. So meinte Luther im Laufe der Jahre feststellen zu müssen, daß die Juden ihre Bibel nicht verstünden und auch nicht verstehen wollten, sondern lieber bei ihren scheinbaren und doch toten, erloschenen Privilegien blieben; sie wollten sich die »Gerechtigkeit aus Gnaden« lieber selber erwerben und nicht von Gott durch Christus schenken lassen; weiterhin seien sie stolz, vermessen, blind und unbelehrbar, wollten Christum nicht als ihren Herrn und Erlöser annehmen, sondern blieben »bei ihrem Fluch und Gift, daß sie Christum verfluchen und ihr Gift für Segen halten müssen«[36].

Aus Mähren wurde Luther berichtet, daß Hunderte Christen zum Judentum übergetreten seien und sich hätten beschneiden lassen; eine Bewegung sei im Gange, die man die Sabbatianer bzw. Sabbather nenne. 1538 fragte ein Graf Wolf Schlick zu Falkenau bei Luther an, wie man sich dieser Bewegung gegenüber verhalten solle. Luther antwortete mit einer Schrift »Wider die Sabbather an einen guten Freund«.[37] Sie wurde in Mähren bekannt und provozierte eine anonyme jüdische Gegenschrift; Graf Schlick schickte diese an Luther. Darauf verfaßte Luther in der Meinung, jene Gegenschrift verfälsche biblische Wahrheiten, sein ziemlich umfangreiches Buch »Von den Jüden und ihren Lügen«, 1543 erschienen.[38] Wenig später setzte er die Bearbeitung dieser Thematik mit der Schrift »Vom Schem Hamphoras und vom Geschlechte Christi« fort.[39] Beide Schriften, von denen eine verhängnisvolle Wirkung ausging, fanden sofort weite Verbreitung; anscheinend warteten viele auf eine solche Äußerung des Reformators.[40]

Luther schrieb zunächst in »Von den Jüden und ihren Lügen«, er habe seine Absicht, die Juden zu bekehren und zu Christus zu bringen, aufgegeben; auch Gott habe sie wohl aufgegeben, denn

> »sie sind schlägefaul (. . .) von Jugend auf erzogen mit Gift und Groll wider unsern Herrn, daß da ist keine Hoffnung, bis sie dahin kommen, daß sie durch ihr Elend mürb und gezwungen werden zu bekennen, daß Messias sei gekommen (. . .) Es ist nicht zu sagen noch zu begreifen, welch ein störriger, ungezähmter, verzweifelter Hochmut in dem Volke steckt (. . .) Summa, sie essen, sie trinken, sie schlafen, sie wachen, sie stehen, sie gehen, sie ziehen sich an und aus, sie fasten, sie baden, sie beten, sie loben und alles, was sie leben oder tun, ist mit rabbinischen unflätigen Aufsätzen und Mißglauben also beschmeißet, daß Moses nicht wohl mehr kenntlich ist bei ihnen.« Übelzunehmen sei ihnen, daß sie »uns Christen lassen arbeiten im Nasenschweiß, sitzen derweil hinter dem Ofen, faulenzen, haben uns und unsere Güter gefangen durch ihren verfluchten Wucher, sind also unsere Herren, wir ihre Knechte«.

Alle nur denkbaren stereotypen Vorurteile gegen die Juden werden erneut aufgegriffen; Luther redet völlig anders als noch wenige Jahre zuvor. Demnach können, so Luther, Juden sein, wie sie sein mögen, sie können tun und lassen, reden und denken, wie sie wollen, sie sind immer verderbt und ziehen Zorn und Abscheu der Nichtjuden auf sich, auch wenn Beweise und schlüssige Argumente fehlen. Auch Martin Luther erlag also dieser uralten menschlichen Versuchung, die sich besonders in der Geschichte der Christenheit verhängnisvoll auswirkte, und erregte sich wider besseres Wissen über jüdische Brunnenvergiftungen und darüber, daß die Juden christliche Kinder gestohlen und ermordet haben sollten, um deren Blut für ihre religiösen Zwecke zu gebrauchen; »das ist's, daß ein Christ nächst dem Teufel keinen giftigeren, bittereren Feind hat denn einen Juden!«[41]

Damit hat es aber nicht sein Bewenden. Was der Reformator nun an Ratschlägen gibt, wie man fortan mit den Juden verfahren sollte, klingt in unserer Zeit »nach Auschwitz« so entsetzlich, daß es in der Literatur zu Luther mancherlei Versuche gibt, dieses Kapitel als eine schlimme Entgleisung aus der Beurteilung des theologischen Werkes Luthers auszuklammern; es sei nicht typisch für sein Lebenswerk. »Nicht der Reformator Luther, sondern der Kirchenpolitiker Luther hat sich in einer historisch gegebenen Lage antijüdisch gezeigt. Der Reformator und das von ihm verkündigte Evangelium sind judenfreundlich.«[42] Die Wirklichkeit der jüngeren deutschen Geschichte ist viel zu schrecklich, als daß wir *diesen* Luther durch Ausklammerung oder Glättung seiner Äußerungen gegen die Juden entstellen könnten. Was Luther gegen die Juden sagte und schrieb, war konsequent lutherisch. Seine Ratschläge über den Umgang mit den Juden entsprechen fast wörtlich dem Programm des späteren Antisemitismus in Deutschland und jener Rassenpolitik, die in sich folgerichtig auf den Versuch einer »Endlösung der Judenfrage« hinsteuerte, und müssen in Erinnerung bleiben:

> »Was wollen wir Christen nun tun mit diesem verworfenen, verdammten Volk der Juden? (. . .) Wir können das unlöschliche Feuer des göttlichen Zornes, wie die Propheten sagen, nicht löschen noch die Juden bekehren. Wir müssen mit Gebet und Gottesfurcht eine scharfe Barmherzigkeit üben, ob wir doch etliche aus der Flammen und Glut erretten könnten. Rächen dürfen wir uns nicht. Sie haben die Rache am Halse tausendmal ärger, als wir ihnen wünschen. Ich will meinen treuen Rat geben:
>
> Erstlich, daß man ihre Synagogen und Schulen mit Feuer anstecke, denn was wir bisher aus Unwissenheit geduldet (ich hab's selber nicht gewußt) wird uns Gott verzeihen. Nun wirs aber wissen und sollten den Juden ein solches Haus schützen und schirmen, in dem sie Christum und uns belügen, lästern, fluchen, anspeien und schänden, das wäre so viel, als täten wirs selbst (. . .).
>
> Zum andern, daß man ihre Häuser desgleichen zerbreche und zerstöre, denn sie treiben eben dasselbe darin, das sie in ihren Schulen treiben. Dafür mag man sie unter ein Dach oder Stall tun wie die Zigeuner, damit sie wissen, sie seien nicht Herren in unserm Lande, wie sie rühmen, sondern elend und gefangen (. . .).
>
> Zum dritten, daß man ihnen nehme alls Betbüchlein und Talmudisten (. . .). Zum vierten, daß man ihren Rabbinen bei Leib

und Leben verbiete, hinfort zu lehren (. . .). Zum fünften, daß man den Juden das Geleit und Straße ganz und gar aufhebe (. . .) Zum sechsten, daß man ihnen das Wuchern verbiete, ihnen alle Barschaft und Kleinod an Silber und Gold nehme und es beiseite lege zu verwahren, denn alles, was sie haben, haben sie uns gestohlen und geraubt durch solchen Wucher, weil sie sonst keine andere Nahrung haben. Solches Geld sollte man dazu brauchen: wo ein Jude sich ernstlich bekehret, daß man ihm davon in die Hand gebe hundert, zwei, drei Gulden nach Bedarf der Person, damit er Nahrung für sein armes Weib und Kindlein empfangen möge und die Alten und Gebrechlichen damit unterhalte (. . .). Zum siebenten soll man den jungen, starken Juden und Jüdinnen in die Hand geben Flegel, Axt, Karste, Spaten, Rocken, Spindel und sie lassen ihr Brot verdienen im Schweiß der Nasen, wie Adams Kindern aufgelegt ist.«

Falls diese Maßnahmen der Obrigkeiten nichts nutzen sollten, falls also die Juden sich auch nicht unter dem Druck dieser »scharfen Barmherzigkeit« endlich zu Christus bekehrten, dann sollte man, so Luther weiter, die Juden aus dem Lande jagen. Die weltlichen Herren sollten alle finanziellen Beziehungen zu ihnen aufgeben, die geistlichen Herren ihre Gemeinden vor den Juden warnen, damit das Volk sich vor den Juden hüte und sie meide, wo es könne; allerdings sollte man ihnen dabei nicht fluchen oder ihnen persönlich Leid antun. Der Widerspruch zum Vorhergehenden ist Luther nicht bewußt geworden; wie hätte wohl sein Sieben-Punkte-Programm durchgeführt werden können, wenn nicht durch aktives Zutun von Christen unter Anwendung der damals gewohnten Gewalt mit allem, was dazugehörte? Luther schließt seine Schrift:

»Ich habe das Meine getan. Ein jeglicher sehe, wie er das Seine tue. Ich bin entschuldigt (. . .). Es ist der Zorn Gottes über die Juden gekommen, daran denke ich nicht gern, und mir dies Buch nicht fröhlich zu schreiben gewesen ist (. . .). Ach Gott, himmlischer Vater, wende dich und laß des Zornes über sie genug gewesen sein und ein Ende um deines lieben Sohnes willen«, der ewige Gerechtigkeit bringe, die Missetat versiegle, der Übertretung steuere und die Sünde versöhne. »Christus, unser lieber Herre, bekehre die Juden barmherziglich und erhalte uns in seiner Erkenntnis, welche das ewige Leben ist, fest und unbeweglich. Amen.«

In der wenig später veröffentlichten Schrift »Vom Schem Hamphoras und vom Geschlecht Christi«[43] beschäftigt sich Luther zunächst mit einem Abschnitt aus der Schrift des Kartäusermönches Salvagus Porchetus aus dem 14. Jahrhundert »Victoria adversus impios Hebraeos«; es geht um eine heilige Formel des Schem Hamphoras und ihre Herkunft; die Juden seien, so Luther, »den Wundertaten Christi immer feind gewesen« und schrieben sie einem Beelzebub, dem Fürsten aller Teufel, zu, dazu hätten sie einen Zauberer namens Jhesus Ha Notzri erfunden, der zu Zeiten einer Königin Halani in Israel Verwirrung stiftete, indem er und »die rasenden Jüden dem Schem Hamphoras die göttliche Kraft, als den bloßen, ledigen Buchstaben, ohne alle Verheißung oder Gebot Gottes« zuschreiben.[44]

In einem zweiten Teil geht Luther sodann noch einmal auf die Herkunft Jesu ein, nachdem jene jüdische Schrift, die für Luther Veranlassung gewesen war, »Von den Jüden und ihren Lügen« zu schreiben, behauptet hatte, die Abstammung Jesu aus dem Stamme Juda könne nicht bewiesen werden, da Matthäus sie auf Josef und nicht auf Maria zurückführe; Jesus könne deshalb nicht der Messias sein, der aus dem Stamme Juda und von David abstammen müsse. Luther entgegnete dieser These, Josef sei Jesu Pflegevater; Marias Herkunft sei von David abzuleiten; Luther ging sodann erneut auf die Frage nach der seines Erachtens aus dem Alten Testament zu ersehenden Messianität Jesu ein, die von den Juden so heftig bestritten werde, weil sie die Schrift und ihre eigene Geschichte weder kennen noch kennenlernen wollten. Der Messias sei gekommen, sagte Luther, also seien »Jüden, Heiden und alle Welt schuldig, das Neue Testament anzunehmen, nicht allein als eine heilige Schrift, sondern als die allerheiligste Schrift über die alte heilige Schrift«.[45] Da aber die Juden das Alte Testament nicht verstehen und das Neue nicht annehmen wollten und ihr Glauben und Lehren deshalb nur »eitel Fluchen« sei, fühle er sich nochmals gedrungen, »wiederum ein Urteil über die verfluchten Rabbinen zu sprechen« und ihre Lehre aus dem Neuen Testament zu widerlegen.[46] Dabei wolle er es dann bewenden lassen »und mit den Jüden nichts mehr zu tun haben noch weiter von ihnen oder gegen sie schreiben (...). Welche sich bekehren wollen, da gebe Gott seine Gnade zu, daß doch etliche mit uns erkennen und loben Gott den Vater, unseren Schöpfer, samt unserem Herrn Jesu Christo und dem heiligen Geist, in Ewigkeit, Amen.«[47] Zu Anfang dieser Schrift hatte Luther offen gesagt, daß er die Christen vor den Juden warnen und ihren Glauben stärken wolle; er habe nicht mehr vor, die Juden zu bekehren, denn das sei ebenso möglich wie den Teufel zu bekehren.[48] »Es sind junge Teufel, zur Hölle verdammt. Ist aber noch etwas Menschliches in ihnen, dem mag solch Schreiben zu nutz und gut kommen. Vom ganzen Haufen mag hoffen, wer will, ich habe da keine Hoffnung.«[49]

Im Januar 1546 fuhr Martin Luther trotz mancher Krankheitsbeschwerden nach Eisleben, um in einer Rechtssache zu schlichten. Am 1. Februar schrieb er an seine Frau Katharina in Wittenberg[50]: »Ich bin gar schwach gewesen auf dem Wege hart vor Eisleben, das war meine Schuld. Aber wenn du da gewesen wärest, so hättest du gesagt, es wäre der Juden oder ihres Gottes, des Teufels, Schuld gewesen. Denn wir mußten durch ein Dorf hart vor Eisleben, darinnen viele Juden wohnen, vielleicht haben sie mich so hart angeblasen.[51] Und wahr ists, als ich bei dem Dorfe war, ging mir ein solcher kalter Wind hinten im Wagen hinein auf meinen Kopf durchs Barett, als wollts mir das Gehirn zu Eis machen.« In Eisleben verschlechterte sich sein Zustand. Am 18. Februar starb er. In der letzten Predigt kurz vor seinem Tode sagte er[52]: »Nun wollen wir christlich mit den Juden handeln und bieten ihnen den christlichen Glauben an, daß sie den Messias wollen annehmen, der doch ihr Vetter ist und von ihrem Fleisch und Blut geboren und rechter Abrahams Same, dessen sie sich rühmen.« Luther nimmt das Thema der frühen zwanziger Jahre wieder auf und nennt die für ihn selbstverständliche »conditio sine qua non«, unter der er mit den Juden freundlich umzugehen bereit ist: sie sollen kommen und sich taufen lassen. Wenn sie das nicht tun, dann

> »wollen wir sie nicht leiden (...). Denn soll ich den bei mir leiden, der meinen Herrn Christum lästert und verflucht, so mache ich mich fremder Sünde teilhaftig, so ich doch an meiner eigenen Sünde genug habe. Wo sie sich aber bekehren, ihren Wucher lassen und mit Ernst Christum annehmen, so wollen wir sie gern als unsere Brüder halten (...). Wo aber nicht, so wollen wir sie auch nicht bei uns dulden noch leiden.«

Damit schließt sich der Kreis. Aus seinem »Solus Christus«, »Christus allein!« ist alles, was Luther über, für und gegen die Juden sagte, abzuleiten und zu verstehen. Es wäre sinnlos und nicht zu verantworten, diese die reformatorische Theologie und damit ein grundlegendes christliches Selbstverständnis hart attackierende Einsicht zu verdrängen. In Einzelheiten mag man vielleicht Anlaß sehen, um Luthers Reden über die Juden, seine harten Worte, seine Ausfälle mit ihren schrecklichen Details und seine unnachgiebige Strenge gegen sie als zeit- und situationsgebunden nicht auf die Goldwaage zu legen, obwohl solche Versuche der Verdrängung, das weist die Geschichte des Antisemitismus unserer Jahrzehnte zur Genüge aus, immer peinlicher und unglaubwürdiger werden. Insgesamt aber ist die Linie der Theologie Luthers in dieser Frage eindeutig und von Anfang an bis zuletzt unmißverständlich. Zutiefst von der Glaubensgewißheit einer solchen »Christomonie« in Besitz genommen, unterzogen sich Luther und seine Freunde nicht der Mühe, das Judentum so kennenzulernen, wie es sich selbst in Wirklichkeit verstand; sie wandten sich gegen ein Judentum, wie *sie* es sahen und meinten, sehen zu müssen; das Judentum in seinen Traditionen, seiner Geschichte, seinen nur ihm eigenen Gotteserfahrungen, seinem Glauben, Denken und Empfinden hatten sie nicht im Blick. Luther kämpfte gegen ein Judentum, das es so, wie er es darstellte und wie es im Feindbild der Christenheit gesehen wurde, überhaupt nicht gab.

Dem Judentum der Reformationszeit einen »Absolutheitsanspruch, Unbeirrbarkeit, ja Unbelehrbarkeit« zu unterstellen, geht haarscharf an der jüdischen Wirklichkeit vorbei.[53] Das Judentum hat niemals in jenem Sinne Absolutheitsansprüche erhoben, wie sie der christlichen Lehre über Christus und seine Kirche selbstverständlich geworden waren und im Laufe der Historie durch Jahrhunderte hindurch auch dazu führten, daß unzählbar viele Menschen ihr Leben verloren und immer wieder landauf, landab Angst, Schrecken und Grausamkeiten regierten. Juden haben sich in der Geschichte der Christenheit immer dagegen

wehren müssen, auch zu Zeiten Luthers und immer noch in unserer heutigen Zeit, daß man sie christlicherseits für Glaubenslehren beanspruchte, die ihnen auf Grund ihrer eigenen Glaubensgeschichte fremd waren und nicht akzeptabel sind. Juden haben oft genug mit letzter Kraft, mit dem Mut der Verzweiflung und darum auch in aller menschlichen Schwäche versuchen müssen, *ihrer* Gotteserfahrung Ausdruck zu geben. Wer sich mit dem Rücken zur Wand um sein Leben wehren muß, mag in der Wahl seiner Worte und Argumente nicht immer sorgfältig sein, aber er wird bis in das Sterben hinein leidenschaftlich darauf hoffen, daß man ihn wenigstens anhört und ihm Gelegenheit gibt, sich selbst und seine eigene Sicht der Dinge darzustellen und zu begründen.[54]
Dazu ist es in der Geschichte des Verhältnisses zwischen Christen und Juden, von wenigen Ausnahmen abgesehen, nicht gekommen; erst in unserer Gegenwart hat ein Dialog zwischen wenigen Christen und wenigen Juden begonnen, in dem beide Seiten gelernt haben, zuerst einmal und vor allem aufeinander zu *hören,* bevor es zur Sprache des »Bekennens« kommt.[55] Ob eine christliche Kirche, die sich im Sinne reformatorischer Theologie als »missionierende« Kirche versteht, insgesamt zu dieser Dialoghaltung finden wird, muß bezweifelt werden. Immer noch ereignet es sich wie in der Reformationszeit, daß in den Kirchen der Gegenwart um einer vermeintlichen »Reinheit« der Lehre willen und aus vorgeblichem oder wirklichem Interesse an der Rettung aller Menschen überwacht, gerichtet, verurteilt und ausgegrenzt wird. Der Reformator Martin Luther war und blieb bis zu seinem Tode unter diesem Aspekt ein konsequenter Christ. Weil er sich durch seinen Glauben an den »Solus Christus« gebunden fühlte, plädierte er für die oben beschriebenen Maßnahmen gegen die Juden und gab damit nolens-volens nachfolgenden Generationen für ihren Antisemitismus die spirituelle Legitimation und ein »gutes Gewissen«. Die Folgen dieses Selbst- und Sendungsbewußtseins sind unübersehbar.
Luthers Freund und Mitstreiter Philipp Melanchthon, Großneffe des Humanisten Johannes Reuchlin[56], Professor des Griechischen in Wittenberg, Anhänger Erasmischer Reformgedanken, dann der lutherischen Bewegung, assistierte Luther durch Jahre hindurch in dessen Übersetzung des Alten Testamentes.[57] Er stand in seinem Denken über die Juden unter dem Einfluß Luthers, schwieg aber distanziert zu dessen schärfer werdenden Äußerungen gegen sie. Auf dem sogenannten »Frankfurter Anstand« von 1539, einer Verhandlung zwischen kaiserlichen Beauftragten und Vertretern der lutherischen Bewegung unter Vermittlung der Kurfürsten von Brandenburg und Pfalz, wandte sich Melanchthon öffentlich gegen eine Ritualmordbeschuldigung, die in Brandenburg 38 Juden das Leben gekostet hatte. Melanchthons vermittelndem Humanismus und irenischem Wirken ist mit zu verdanken, daß es in der Theologie der Reformationszeit, abgesehen von Luther selbst, nicht zu noch härteren Positionen kam, die Luthers letzte Schriften hätten verursachen können. Allerdings bleibt festzuhalten, daß Luthers »Von den Jüden und ihren Lügen« seinen Kurfürsten veranlaßte, die Juden aus seinem Territorium auszuweisen. Ähnlich reagierte Landgraf Philipp von Hessen, nachdem ihm Melanchthon Luthers Schrift mit dem Bemerken zugesandt hatte, sie habe »wahrlich viel nützliche Lehre«[58]. Auch Luthers »Vom Schem Hamphoras« kam durch Melanchthon in Philipps Hände, allerdings ohne Begleitschreiben, lediglich mit dem Hinweis, »damit E. F. G. sehen, was jetzund Luthers Arbeit ist«[59]. Möglich ist, daß Melanchthon mit dieser Schrift wie überhaupt mit Luthers scharfen Äußerungen gegen die Juden nicht einverstanden war, obwohl er grundsätzlich die theologische Argumentation Luthers bejahte, wie z. B. aus den von Melanchthon beeinflußten oder auch selbst entworfenen oder verfaßten lutherischen Bekenntnisschriften ersichtlich ist.[60]
In solcher Distanzierung war Melanchthon nicht allein. So hatte der Züricher Reformator Heinrich Bullinger, Zwinglis Nachfolger nach dessen Tod in der Schlacht bei Kappel 1531, gesagt, Luthers »Von den Jüden und ihren Lügen« sei sehr schmutzig geschrieben; in Zürich hielt man sie für »schweinig und kotig. Wenn sie geschrieben wäre von einem Schweinehirten und nicht von einem berühmten Seelenhirten, so möchte doch etwas, jedoch wenig Entschuldigung sein.«
In einem Briefwechsel zwischen Andreas Osiander und Elias Levita in Venedig, von dem Melanchthon, aber nicht Luther Kenntnis erhielt, wird Luthers Einstellung zu den Juden kritisch, ja abfällig beurteilt.[61] Melanchthon zeigte Osianders Brief seinem Freund, dem

Wittenberger Prediger und Leipziger Reformator Kaspar Cruciger, bevor er den Brief verbrannte, um einen ausdrücklichen Wunsch Osianders zu erfüllen.

Andreas Osiander, erster Prediger der Reformation in Nürnberg, danach bis zu seinem Tode 1552 Professor an der neuen preußischen Universität Königsberg, hatte in Nürnberg von einem Juden namens Wölfflin von Schnaittach Hebräisch gelernt, dem zu diesem Zwecke erlaubt worden war, die Stadt zu betreten.[62] Von diesem seinem Lehrer lernte Osiander viel über jüdisches Leben und Denken und mühte sich besonders, die jüdische kabbalistische Mystik zu verstehen. Mit großem Interesse verfolgte Osiander das die Juden betreffende Geschehen seiner Zeit. Im Jahre 1540 schrieb er eine Streitschrift gegen die immer wieder aufkommenden Ritualmordbeschuldigungen, die so viele Opfer forderten und in Verfolgungen ausarteten, so 1529 in der westslowakischen Stadt Pezinok, auf die sich Osiander als ein schlimmes Beispiel berief.[63] Daß sich Osiander so für die Juden einsetzte und sich bemühte, sie kennenzulernen und zu verstehen, ist fast singulär in der Reformationszeit. Osiander wie auch schon einer seiner theologischen Lehrer, der Wittenberger Professor Johann Böschenstein[64], waren eben darum dem Verdacht ausgesetzt, insgeheim die Sache der Juden zu betreiben. Das blieb nicht ohne Folgen, wie der sogenannte »Osiandrische Streit«[65] und die Vertreibung Böschensteins von seinem Wittenberger Lehrstuhl zeigen.[66]

Mit Luther hatten auch andere Theologen der Reformationszeit um die Juden geworben[67], ganz auf der theologischen Grundlage des »Solus Christus«, die ihnen mit Luthers Verkündigung und Lehre erschlossen wurde, aber ohne in der Weise wie Luther in seinen letzten Jahren zu so harten Forderungen zu kommen. 1524 veröffentlichte Wenzeslaus Link, Prediger in Altenburg, eine Schrift unter dem Titel »Daß Jesus von Nazareth der wahre Messias sei, deshalb die Juden auf keinen andern warten dürfen«.[68] In der Vorrede schrieb er: »Lies es mit Fleiß, denn es dir ohne Zweifel nützlich sein wird vielfältig. So wir nicht mit Lästern, Vermaledeien und anderen ungeschickten Weisen, sondern mit gegründeten Schriften gegen die Juden und andere Ungläubige handeln würden, möchten wir sie Christo unserm Herrn wohl gehorsam und untertan machen.« 1529 ließ der Prediger Caspar Güttel in Eisleben eine Schrift mit ähnlicher Thematik erscheinen: »Von den Strafen und Plagen, die Gott über die Juden durch Jesum Christum hat verhangen, eine kurze liebliche Unterredung, daß Christus wahrer Gott und Mensch sei.«[69] Güttel lud in dieser Schrift einen fiktiven jüdischen Gesprächspartner ein, sich mit Luthers Schrift »Daß Jesus Christus ein geborener Jude sei« von 1523 zu beschäftigen, damit er die Gottheit Jesu wirklich erkenne und sich davon überzeuge, daß es im Evangelium von ihm um Gottes Wahrheit gehe, die auch ihn betreffe.

1606 wurde in Wittenberg eine Predigt von Urbanus Rhegius aus dem Jahre 1545 nachgedruckt, in der unter Hinweis auf die prophetischen Aussagen des Alten Testamentes, die von dem Messias sprechen, der jüdischen Meinung widersprochen wird, der Messias sei ein weltlicher König.[70] Da nach dem Brief des Apostels Paulus an die Römer im 11. Kapitel und nach dem Propheten Hosea die Hoffnung auf eine Bekehrung der Juden festzuhalten sei, dürfe die Christenheit den Juden kein Leid antun, sie weder verspotten noch vertreiben.

Als Prediger und Theologieprofessor wirkte Johannes Draconites in Erfurt und Wittenberg.[71] In einer Schrift über die Taufe, die er an einem Juden namens Salomo Naphtali vollzogen hatte, wies er darauf hin, daß er bis zum Jahre 1555 bereits mehrere solcher Taufen vollzogen habe. Unter seinen Täuflingen sei ein Johannes Isaak Halevi, auch Levita genannt, dem er sich besonders verbunden wisse. In diesem Zusammenhang verdient das älteste liturgische Formular der Reformationszeit für solche Taufen Erwähnung; es stammt aus dem Jahre 1539 und wurde in der Erfurter Predigerkirche verwendet.[72] Einzelne Proselyten wurden zu jener Zeit besonders bekannt, so ein Matthäus Adrianus, den Erasmus von Rotterdam 1518 schon in einem Brief an Ägidius Burlidius als einen profunden Kenner der hebräischen Sprache empfohlen hatte und der deshalb auch von Luther erwähnt wurde.[73] Dies kam wie immer schon auch in der Reformationszeit in Einzelfällen vor, daß Juden getauft wurden, weil sie darum ersuchten.[74] Zur Zeit der Reformation spielte dabei sicherlich mehr als sonst die sehr wache jüdische Aufmerksamkeit für historische Veränderungen eine Rolle, wie sie sich damals abzeichneten, hatte doch oft genug das Wohl und Wehe der Juden von solchen Veränderungen abgehangen.

Conrad Pellicanus, 1556 in Zürich als Professor des Hebräischen gestorben, hatte einiges Interesse für die theologische Beschäftigung mit rabbinischer Literatur wecken können. Sein Lehrer im Hebräischen war der aus Spanien vertriebene Proselyt Matthäus Adrianus, oben bereits erwähnt, gewesen, bei dem auch Johann Böschenstein studiert hatte. Einem der Schüler Pellicans, Sebastian Münster, ist eine Ausgabe der hebräischen Bibel zu danken, 1534 in Basel erschienen, in jüdischdeutschen Buchstaben gedruckt und mit einer lateinischen Übersetzung sowie Anmerkungen aus rabbinischen Kommentaren versehen.[75] 1537 ließ Münster eine Übersetzung des Matthäusevangeliums und des Hebräerbriefes ins Hebräische folgen, ebenfalls durch eine lateinische ergänzt und mit Anmerkungen versehen. In seiner Vorrede zu diesem Buch stellte er in Grundzügen den christlichen dem jüdischen Glauben gegenüber, wandte sich gegen vermeintliche jüdische Irrtümer wie auch gegen falsche jüdische Meinungen über den christlichen Glauben. Interessant wird dieses Buch für uns dadurch, daß Münster in seiner Vorrede auch die Annahme des Christentums durch das Volk der Chazaren beschreibt.[76] Er verfaßte auch einen Katechismus für Juden unter dem Titel »Emunah Hameschichim, das ist Fides Christianorum«, von dem 1582 eine Neuauflage in Basel erschien.[77] Hinzuweisen ist auch auf den Proselyten Immanuel Tremellius in Heidelberg, von dem zu vermuten ist, daß er bei der Abfassung des Heidelberger Katechismus mitwirkte; von ihm stammt der 1554 in Paris erschienene Katechismus in hebräischer Sprache »Chinuch Bechire Jah«, Unterweisung der Erwählten des Herrn; Tremellius versuchte in diesem Buch, den Wahrheitserweis der christlichen Religion aus dem Alten Testament zu erbringen; das Buch erschien in hebräischer, griechischer und lateinischer Sprache 1591 in Leiden und hebräisch-jüdisch 1544 sowie in Neuauflage 1819 im südindischen Madras, wo ihn Missionare unter den in Indien lebenden Juden verbreiten wollten; 1820 brachte die Londoner »Society for Promoting Christianity amongst the Jews« den Katechismus des Tremellius neu heraus und verwendete ihn längere Zeit für ihre Mission unter Juden im europäischen Osten und in Asien.[78]

Indessen waren Pellicanus, Münster und Tremellius Ausnahmen. Die Schweiz, die Oberdeutschen Gebiete und die Gebiete der lutherischen Reformation unterschieden sich, was das Verhältnis der Christen zu den Juden anging, in nichts voneinander. In den Kantonen der Schweiz gab es außer an einzelnen Orten im Kanton Baden keine Juden mehr, auch nicht im calvinistischen Genf, von wo sie nach einer grausamen Verfolgung in den Ostertagen des Jahres 1461 vertrieben worden waren.[79] 1490 wurde ihnen hier das Niederlassungsrecht »für immer« aberkannt. Johannes Calvin hatte, von flüchtigen Ausnahmen abgesehen, keine Beziehungen zu Juden. Er äußerte sich einmal in einem Brief, den Johann Buxtorf der Ältere in Basel als Schlußwort zu dem von ihm 1603 veröffentlichten Buch »Synagogia Judaica oder Judenschule« abdruckte, über die Juden.[80] In diesem Brief hatte Calvin auf Fragen eines mit Namen nicht genannten Juden, der auf Widersprüche zwischen dem Neuen und dem Alten Testament aufmerksam gemacht hatte, geantwortet und solches Fragen als einen unberechtigten Angriff auf das Christentum scharf zurückgewiesen.

Wie Calvin verhielt sich dessen Freund und Genfer Nachfolger Theodor Beza. Erwähnt sei sein 1577 erschienenes Buch »Theodori Bezae Lex Dei Moralis, Ceremonialis et Politica, ex Libris Mosis excerpta apud Petrum Santandreanum«, das auf ein gründliches Studium alttestamentlich-jüdischer Quellen schließen läßt.

Ihm lag daran, eindringlicher und auch herzlicher als sein Vorgänger Calvin um die Heimkehr Israels unter die Herrschaft der in Christus gegebenen Gnade Gottes zu werben, um sie zu beten und die Christen davor zu warnen, in der Feindschaft gegen die Juden der eigenen Selbstgerechtigkeit Raum zu geben; im Blick auf die souveräne freie Gnade Gottes könnten Israel und die Kirche nur in eins gesehen werden. Daß es für die Juden nur um die durch *Christus* bestimmte Gnade gehe, stand auch für Beza unumstößlich fest.

Im Oberdeutschen setzte sich der Straßburger Reformator Wolfgang Capito[81] aufgrund persönlicher Beziehungen in besonderen Fällen für Juden ein, so als er einen Empfehlungsbrief für einen Beauftragten der deutschen Juden, Josel von Rosheim, an Martin Luther schrieb und diesen bat, sich bei seinem Kurfürsten für Josels

Anliegen einzusetzen; die Juden sollten wissen, schrieb Capito, daß Christen nicht nur an Fremden, sondern auch an ihren Feinden Gutes zu tun bereit seien. Bei allem Wohlwollen herrschte auch hier das gleiche Feindbild aus theologischer Motivation: Die Juden sind unsere Feinde, aber wir wenden uns ihnen trotzdem zu. Noch deutlicher wird das bei Martin Buzer, dem oberdeutschen Reformator und Verfasser der »Kölner Reformation«, an der er im Auftrage Hermann von Wieds[83] gemeinsam mit Melanchthon wirkte. Wie bei Calvin hatte auch in seiner Theologie der Gedanke an die Kontinuität des in der Bibel bezeugten Heilsgeschehens einen besonderen Stellenwert; unter dem Aspekt des »Bundes« bot sich, anders als das in der lutherisch geprägten Theologie der Reformationszeit der Fall war, eine differenziertere Einschätzung des zeitgenössischen Judentums an, womit Buzer dem Schweizer Reformator Huldrych Zwingli und dessen von Erasmus beeinflußter Wertung der Religionen nahekam. Weitere Schlußfolgerungen auf den Gedanken einer Kontinuität des Bundes hin zog Buzer indessen nicht. Erst später nahm der in den Niederlanden und in Westdeutschland lebende und lehrende reformierte Johannes Coccejus[84] den Faden einer solchen »Foederaltheologie« – »Theologie des Bundes« – wieder auf, die dann in der Theologie Karl Barths wieder aktuell wurde.[85] Martin Buzer jedenfalls verhielt sich den Juden gegenüber anders, als es bestimmte Intentionen seines theologischen Denkens eigentlich hätten vermuten lassen.

Wiederholt war Buzer als Theologe der Reformation und damit *auch* als »Kirchenpolitiker« in besonderen Problemen um seinen Rat gefragt worden, etwa bei anstehenden Kirchenverfassungen und -ordnungsfragen.[86] So wollte man von ihm wissen, wie denn die weltlichen Obrigkeiten in den zur Reformation übergegangenen Gebieten mit den bei ihnen lebenden Juden verfahren sollten. Auf Ersuchen des Landgrafen Philipp von Hessen verfaßte Buzer 1538/39 gemeinsam mit dem Frankfurter Prediger Dionysius Melander ein »Bedenken, wie die Juden unter den Christen zu halten seien«[87]. Buzer und Melander forderten darin ebenso hart wie wenige Jahre später Martin Luther in seinem »Von den Jüden und ihren Lügen«, daß jede Lästerung des Namens Christi und der Gebrauch des Talmud den Juden unter Androhung strenger Strafen zu verbieten sei; lediglich das Alte Testament sei ihnen weiter zu erlauben; neue Synagogen dürften nicht mehr gebaut werden; Christen sollte es fortan nicht mehr erlaubt sein, mit Juden zu disputieren; besondere Prediger seien zu bestellen, die Predigten für die Juden zu halten hätten, und die Juden seien durch die örtlichen Obrigkeiten zu zwingen, an solchen Predigtgottesdiensten teilzunehmen; Handel und Wucher seien den Juden zu verbieten, dafür solle man sie zu grober Handarbeit anhalten; wenn das alles nichts nutze und die Juden nicht zur Einsicht und Bekehrung kämen, solle man sie »wie tolle Hunde aus dem Lande jagen«[88]. Wenige Jahre später wies Philipp von Hessen »seine« Juden aus.

Baptist Caesar in Frankfurt wiederholte 1621 in einem Memorandum unter der Überschrift »Ob eine rechte christliche Obrigkeit mit gutem Gewissen Juden halten und leiden möge« Buzers Empfehlungen von 1538/39. Einige Jahre später, 1660, wurden sie fast wörtlich auch von reformierten Theologen in den Niederlanden, Gisbert Voetius und Johannes Leusden in Utrecht, übernommen. Die Synode von Wesel stellte auf Anfrage einer Gemeinde am Niederrhein 1582 ausdrücklich fest, daß eine christliche Obrigkeit, die sich der evangelischen Ordnung unterworfen habe, Juden mit gutem Gewissen in ihrem Gebiet nicht dulden könne.[89] In den Bekenntnisschriften und Kirchenordnungen reformierter Kirchen ist diese Einstellung deutlich erkennbar. Im Niederländischen Bekenntnis von 1561 und im zweiten Helvetischen Bekenntnis von 1566 heißt es ähnlich wie im Schottischen Bekenntnis von 1560 und dessen 18. Artikel[90]:

> »Weil Satan sich von jeher bemüht hat, die verderbliche Synagoge mit dem Titel einer wahren Kirche Gottes zu bezeichnen, erscheint es uns vor allem nötig, die wahre Kirche von der unreinen Synagoge durch zuverlässige und deutliche Kennzeichen zu unterscheiden, damit wir nicht dem Irrtum verfallen, die eine mit der anderen zu unserem Verderben zu verwechseln.«

Wurde im lutherischen wie im reformierten Protestantismus einerseits um die Juden und ihre Bekehrung geworben, engte man sie andererseits in der gewohnten Weise ein und versuchte, sie von den Christen wie auch die Christen von den Juden fernzuhalten. Die Titel der zu jener Zeit allenthalben erscheinenden Traktate und Flugschriften zeigen dies an; einzelne Beispiele seien genannt:

»Christliches Bedenken, wie und in welcher Gestalt christliche Obrigkeiten den Juden unter Christen zu wohnen gestatten können«, Marburg 1626. »Bedenken, ob christliche Obrigkeiten die im heiligen römischen Reich gesessene Jüdischkeit bei dero habenden Torach und Talmud mit gutem Gewissen mögen sitzen lassen«, Oppenheim 1611. »Jul. Bened. Crescentius Bedenken, ob die Juden und ihr Wucher im römischen Reich zu dulden«, Darmstadt 1612. »Discours zwischen einem Edelmann und dessen Dorfprediger über die Frage, ob wahre Christen mit gutem Gewissen die Juden als einen äußerlichen bürgerlichen Stand erdulden und ihnen noch dazu der öffentliche jüdische Gottesdienst verstattet werden könne«, 1695.

Diese Tendenz setzte sich überall in der Zeit nach der Reformation fort; lutherische Orthodoxie und lutherischer Pietismus unterscheiden sich in der öffentlichen Diskussion über die Frage, ob seitens der Christen die Juden zu dulden seien, allenfalls in Ton und Wortwahl, in der Sache keineswegs. Gleiches gilt für den reformiert-calvinistisch geprägten Protestantismus, obwohl hier zumindest in vagen, flüchtigen Andeutungen der Versuch zu erkennen ist, das Verhältnis zwischen Christentum und Judentum unter dem theologischen Aspekt des »Bundes« anzugehen. Daß es dazu intensiver erst in unserer Zeit kommt, ist für den Protestantismus in Deutschland Anlaß zur Scham.[91]

Das theologische Hauptwerk des Schweizer Reformators Johannes Calvin ist die »Institutio Religionis Christianae«.[92] Danach besteht zwischen dem Volke Israel der Bibel und dem zeitgenössischen Judentum eine Zäsur. Beide leben allerdings unter dem Bund, den Gott noch nicht aufgekündigt hat. »Wen hat Gott benutzt, um die in Gesetz und Propheten beschlossene Heilslehre *uns* zu bewahren, damit Christus zu seiner Zeit offenbar würde? Die bittersten Feinde Christi, die Juden, die Augustin aus diesem Grunde mit Recht die Bibliothekare der christlichen Kirche nennt, weil sie uns Bücher zu lesen gaben, die sie selbst nicht zu gebrauchen wußten.«[93] Unter der Gestalt des Gesetzes war Christus den Juden bekannt; im Evangelium trat er ihnen und uns klar entgegen.[94] »Gott hat sich unzweifelhaft schon damals in demselben Ebenbilde zu erkennen gegeben, in dem er uns jetzt in vollem Glanze erscheint (. . .). Während die Juden nur einen kleinen Vorgeschmack der Gnade hatten, dürfen wir sie reichlicher genießen.«[95] Die Christen stehen demnach, so Calvin, »nach dem Maß der Gnade hoch über den Juden«[96]; sie, die Juden, hätten ja in der Gnadenbotschaft des Gesetzes und der Propheten den verborgenen, aber präsenten Christus erkennen können, aber sie taten es nicht und tun es auch heute nicht, »obwohl jene Gnade nun ohne jeden Vorhang im Evangelium uns entgegenstrahlt«.[97] Calvin mühte sich, das Bild des Bundesvolkes Israel rein zu erhalten[98]:

»Servet und andere wildwütige Schwärmer aus der Sekte der Wiedertäufer denken über das Volk Israel nicht anders als über eine Schweineherde, die von dem Herrn, wie sie spöttisch vorgeben, ohne alle Hoffnung auf ein ewiges Leben gemästet worden sei. Diesen verderblichen Irrtum wollen wir von den Frommen fernhalten.«

Die Lehre vom »Bund« wird ausführlich entfaltet.[99] Danach weist das Alte Testament über sich hinaus in die Zukunft. Es gilt die Rechtfertigung des Sünders allein aus Gnaden; daher sind dem Volke Israel die gleichen »Bundeszeichen« (d. h. die Sakramente) gegeben wie der christlichen Kirche. Die Väter hatten das Wort Gottes, und damit hatten sie auch das ewige Leben; Gott schenkte es ihnen, weil er ihnen die Gemeinschaft mit sich schenkte. Auch im Alten Bund war Gottes Güte stärker als der Tod, darum schauten die Väter auf das ewige, nicht auf das irdische Leben. Die Hoffnung der Frommen, von der David und die Psalmen künden, hat nur als Hoffnung auf das künftige Leben einen Sinn; Hiob und die Propheten sind Zeugen der Unsterblichkeit.[100] »Daß die Väter Christum zum Bürgen ihres Bundes gehabt und daß sie auf ihn all ihr Vertrauen gesetzt haben, bedarf keines mühsamen Beweises (. . .). Wenn also der Geist auch in ihnen gewohnt hat, wie sollten wir es dann wagen, ihnen das Erbe des Lebens abzusprechen?«

Das aber, so Calvin weiter, gelte nicht mehr für die Juden der Gegenwart.[101] Schon die Sadduzäer seien verstockt gewesen, wieviel mehr noch »das ganze Judenvolk heutzutage« wegen seiner »törichten Hoffnung auf ein irdisches Reich des Messias (. . .). Denn darin offenbarte sich Gottes gerechtes Gericht, daß ein Volk, welches das dargebotene Himmelslicht verschmäht und sich deshalb freiwillig in die Nacht des Irrtums begeben hat, nun mit Blindheit geschlagen ist:

> »Man liest den Mose wohl und sinnt über ihm Tag und Nacht, aber da ist die Decke dazwischen, und deshalb kann man das Licht nicht sehen, das von seinem Antlitz strahlt. So bleibt Mose diesem Volke verdeckt und verhüllt, bis es zu Christus bekehrt wird, von dem es ihn heute nach Kräften abzulösen und zu trennen sucht.«

Der Bund Gottes mit Israel *vor* der Zerstörung Jerusalems im Jahre 70 gelte allerdings unverändert in die Gegenwart hinein; Unterschiede zwischen dem Alten und dem Neuen Testament heben ihre Einheit nicht auf, die Verheißungen des Alten Testamentes gelten dem Kindesalter der Kirche[102]:

> »Das Alte Testament zeigt an Stelle des Körpers einen Schatten, das Neue enthüllt uns die gegenwärtige Wahrheit und den Körper wesenhaft (. . .). Wir stellen den Bund in die Mitte, den Gott für die Ewigkeit gemacht hat und nicht untergehen lassen wird. Seine Erfüllung, durch die er erst volle Gewähr und Bestätigung erhält, ist Christus.«

So ist für Calvin und seine Theologie das Alte Testament eine einzige Schule des Glaubens. An Abraham oder Mose könne erkannt werden, was Glauben an den »noch verhüllten Christus« ist. Das gilt aber nur für jene genannten einzelnen; insgesamt sei das Alte Testament, so Calvin, eine »Buchstabenlehre«, ein »Dienst der Verdammnis, denn es überführt ja alle Kinder des Adam der Ungerechtigkeit und klagt sie an«. Durch das Neue Testament, das »Amt der Gerechtigkeit, das Gottes Barmherzigkeit in der Rechtfertigung offenbart«, wurde es abgelöst.[103] Knechtschaft und Freiheit, Gesetz und Evangelium stehen zwar unter dem einen Bund, bleiben aber Gegensätze. So ist das Judentum nach der Zerstörung des Tempels dem Gericht Gottes über die Halsstarrigkeit des Volkes verfallen, es hat sich selbst aus dem Bund, den Gott nunmehr allen Völkern geöffnet habe, ausgeklammert. »Die Berufung der Heiden ist ein herrliches Zeichen, das die Überlegenheit des Neuen Testamentes über das Alte deutlich macht.«[104] Die wenigen Nichtjuden, die Gott bereits zur Zeit des Alten Bundes berufen hatte, »hatte er in Abrahams Geschlecht eingefügt, so daß sie zu seinem Volk hinzukamen. Diese neue Berufung, das heißt die in der Zeit des Neuen Bundes geschehene, geschah frei öffentlich, und sie stellte die Heiden den Juden gleich, ja es schien, als wären die Juden alle miteinander verstorben und an ihre Stelle getreten.«[105] Die heutigen Juden seien also, so Calvin, sofern sie Christum nicht als ihren Herrn annehmen und sich weiter gegen die Heiden abgrenzen und daraus eigene Heilsansprüche und -wege ableiten, an dem sie treffenden Gericht Gottes selber schuld.

Allerdings dachte Calvin um *eine* Nuance weiter. Deutlich wird das an seiner Interpretation der Kapitel 9 bis 11 des Römerbriefes.[106] Danach werden die Juden wegen ihrer Zurückweisung des Evangeliums zwar gestraft, aber nicht von Gott verworfen, denn[107]

> »das Heil hängt von Gottes Barmherzigkeit ab, mit der er begegnet, wem er will, und die Juden haben keinen Grund, weshalb sie sich unter Berufung auf den Bund gefallen oder rühmen sollten (. . .). Der Bund, den Gott einmal mit der Nachkommenschaft Abrahams eingegangen war, konnte in keiner Weise ungültig werden. Die fleischliche Verwandtschaft des Abraham kann ihrer Würde nicht beraubt werden, denn um ihretwillen sind ja die Juden die ersten und geborenen Erben des Evangeliums, wofern sie nicht wegen ihrer Undankbarkeit als Unwürdige verworfen sind, freilich dann so, daß der himmlische Segen nicht voll und ganz von ihrem Volke gewichen ist.«

Auch wenn die Juden »mit dem Evangelium Krieg führen, so dürfen wir sie deshalb trotzdem nicht verachten, wenn wir doch bedenken, daß um der Verheißung willen Gottes Segen immer noch unter ihnen bleibt«.[108]

In der Literatur und öffentlichen Diskussion nach 1945 zum Thema » Martin Luther, die Reformation und die Juden« ist, das sei zusammenfassend angemerkt, durchweg der Leitgedanke die Überzeugung, daß die Christenheit in ihrer Fronstellung gegen die Juden in beschämender und belastender Weise gefehlt und versagt habe. Diese Schuld wird eingestanden. An Schuldbekenntnissen fehlt es nicht. Ungeduld wird bekannt, Intoleranz, Gleichgültigkeit, Lieblosigkeit, Unbarmherzigkeit, opportunistisches Fehlverhalten, Untreue, mangelnde Fürbitte, Feigheit, Sorge um den eigenen Bestand und anderes mehr. An der Redlichkeit und Ernsthaftigkeit solchen Bekennens kann nicht gezweifelt werden. Die Frage nach der letzten, tiefen Ursache für dieses »Fehlverhalten«, für diese Schuld vor Gott und den Menschen ist indessen nur von untergeordneter Bedeutung: die Frage nach dem *»christologischen* Antisemitismus« der reformatorischen Theologie.[109]

Reformatorische Theologie damals wie heute ist grundsätzlich, wenn auch selten genug konsequent gegen jede missionarische Machtausübung und Gewaltanwendung, aber sie geht davon aus, daß Christus und sein Heil *allen* Menschen gilt, also auch dem Volk der Juden, dem Jesus von Nazareth entstammt. Daß Israel und die Juden in der ihnen ureigenen Weise das Volk der Gnadenwahl Gottes sind und bleiben, daß sie in der nie von Gott aufgekündigten Heilsgemeinschaft des Bundes mit Gott leben, daß sie für dieses ihnen gegebene Heil jenen Christus nicht nötig haben, das war und ist für die reformatorische Theologie damals wie heute undenkbar. Selbst- und Sendungsbewußtsein dieser Theologie haben den Hiatus des »Holocaust« unbeschadet überstanden und zeichnen in den mancherlei Polarisierungen der Gegenwart nach wie vor dem Volk der Juden jenes Bild, das diese immer schon vor Augen hatten: religiöse Heilsansprüche, die sich exklusiv und absolut verstehen, münden ein in Streit, Leid, Demütigung, Unglaubwürdigkeit.

Die Juden zur Zeit der Reformation haben das um Geltung und Bedeutung des »Solus Christus« geführte Streiten der Christenheit in seinen Auswirkungen an sich selbst erfahren müssen, aber auch von außen in den eigenen Reihen dieser Christenheit reichlich erleben können. Neben dem innerchristlichen Kampf zwischen »Rom und Wittenberg« erlebten sie als aufmerksame Beobachter das innerprotestantische Ringen und Streiten in den Kirchen der Reformation und hatten nach der Attraktivität einer Christenheit zu fragen, die sich zur Entscheidung in Glaubensfragen auch weltlicher Machtmittel und militärischer Eskapaden bediente. Erinnert sei an den »Sakramentsstreit« zwischen 1525 und 1529, an den »antinomistischen Streit« von 1527 bis 1541, den »Osiandrischen Streit« 1549 bis 1567, an die Auseinandersetzungen zwischen den Anhängern Melanchthons, den sog. »Philippisten«, und ihren orthodoxen Gegnern durch Jahrzehnte hindurch; im »adiaphoristischen Streit« von 1548 bis 1555 ging eine Flut von leidenschaftlichen Streit-, Spott- und Schmähschriften durch die Lande, während der »majoristische Streit« zwischen strengen und weniger strengen Lutheranern um die Bedeutung der guten Werke für die Seligkeit die Gemeinsamkeit und Freundschaft zwischen vielen Theologen und Gemeinden zerbrechen ließ. Gnesiolutheraner, Erasmusanhänger, Flacianer, Caesaropapisten und andere mehr stritten um den »Synergismus«, d. h. um die Frage, ob und wie der Mensch an seinem Heile mitwirke; diese Auseinandersetzungen führten in der Zeit zwischen 1555 und 1567 dazu, daß die einen die anderen aus Gemeinden, Ämtern, Regionen und Landeskirchen verjagten. Der »Erbsündenstreit« 1560 bis 1575 wurde »in Erbitterung und Gehässigkeit« geführt; da die Streitigkeiten auch den Adel entzweiten und

> »der Kampf von den Kanzeln mit steigender Leidenschaftlichkeit sich in die Häuser, Schenken, Straßen verpflanzte, fand sich der Kurfürst von Sachsen als Lehnsherr der mansfeldscher Lande 1575 veranlaßt, Stadt und Schloß Mansfeld militärisch zu besetzen sowie den Stadtrat verhaften und alle Anhänger des Flacius mit Bann und Gefängnis bedrohen zu lassen. Spangenberg (Schloßprediger in Mansfeld und Anhänger des Flacius) entfloh in Frauenkleidern, fand zwar ein Unterkommen als Pfarrer im Hessischen, wurde aber 1590 auch von hier als Ketzer verjagt und starb 1604 in Straßburg.«[110]

Das gesellschaftliche Klima war emotional geladen, leidenschaftlich erregt und auch erregbar; Umgangs- und Kanzelton klangen häufig schroff und unversöhnlich, es wurde allenthalben polemisiert und agitiert; neben anerkennenswerter Überzeugungstreue, Standhaftigkeit und vereinzelt sogar einer beachtlichen Bereitschaft zum »Martyrium« gab es irenisches Kompromißverhalten, Fügsamkeit, opportunistisches Nachgeben, Gesinnungswandel und oft einen tragischen Ausgang für die unterlegene Partei.

Dies alles, noch dazu in unheilvoller Verquikkung von kirchlich-dogmatischen und politischen Interessen, geschah unter den Augen von höchst sensiblen jüdischen Menschen, die ihre christliche Umgebung mit großem Mißtrauen zu beobachten gelernt hatten. Auch nach der »Formula Concordiae« von 1577 gingen die Auseinandersetzungen im Protestantismus weiter, oft in höchst peinlicher, blamabler Weise, so daß z. B. ein zum Judentum zurückgekehrter Proselyt in einem Flugblatt sagen konnte, es sei besser, kein Christ als einer von denen zu sein, die man damals anfing Pietisten zu nennen.[111] Hat sich an dieser innerchristlichen Situation bis heute Wesentliches geändert? Die Geschichte der Christenheit war immer *auch* eine Geschichte des Streitens; diesem Tatbestand verdankt die Menschheit Begriffe wie Irrlehre, Häresie, Ketzerei, Ketzerverfolgung, Sekten, Sektierertum, Schwärmerei, Bilderstürmerei, Lehrzucht, Lehramt, Lehrbindung, Lehrverpflichtung, Index, Inquisition, Konfession, Konfessionalismus, »Anathema«, Exkommunikation, Kirchenspaltung, Kirchenzucht, Religionskrieg, Kreuzzüge, missionarische Konkurrenz, Unbrüderlichkeit, Intoleranz, Gewissensnot und -zwang – lauter Geschehnisse, die mit der gleichzeitig immer proklamierten Einheit und Herrlichkeit des »Leibes Christi« nicht in Einklang zu bringen sind.[112] Woran liegt das? Die Theologie ist gefragt, unter unserem Thema vor allem die der Reformationszeit.

Zwei Antworten sind möglich. Entweder liegt diese Versuchung zum Streit und Unfrieden an der Person des Jesus von Nazareth selbst – entsprechende Aussagen des Neuen Testamentes lassen diesen Schluß zu[113] –, oder die in der Reformationszeit erneut proklamierte und seitdem tradierte These in Theologie und Kirche, jener Jesus von Nazareth sei der Christus (mit allen dogmatischen Konsequenzen), hat sich nicht bewahrheitet und stimmt nicht.

Die erste Antwort verlangt nach einer intensivneuen Bemühung um die Christologie der Christenheit unter bewußter Einbeziehung des jüdischen Dialogbeitrages und unter Anerkennung jenes biblisch-jüdischen Selbstverständnisses, dessen Grunderfahrung die Gewißheit ist, nicht mehr durch Christus und die Christenheit zum Vater gebracht werden zu müssen, in dessen ungekündigter Bundesgemeinschaft das Volk Israel längst leben darf.

Die zweite Antwort gibt christlichen Schuldbekenntnissen nach dem »Holocaust« ihre eigentliche Tiefendimension und Glaubwürdigkeit. Ob die Kirchen, gleich welcher Konfession, dazu »ex officio« bereit sind, mag bezweifelt werden; ihnen würde damit eine Verzichthaltung und ein Exodus in unbekanntes Land zugemutet, mit der sie sich überfordert fühlen könnten, obwohl es die Lebenshaltung jenes Jesus Christus ist, von dem diese Kirchen permanent reden, heute so wie vor Hunderten von Jahren.[114]

Die Christologie muß dabei um Gottes willen in ihre Ausgangsüberlegungen einbeziehen, daß nach dem Wortlaut der biblischen Verkündigung bei Christen und Juden der »Gottesmord« nicht auf Golgatha, sondern in entsetzlicher Wiederholung dort geschah und geschieht, wo Israel und die Juden und eben gemeinsam mit ihnen der Jude Jesus von Nazareth geschlagen und getötet werden.[115] Wer im Sinne der Reformation von einer »Theologie des Kreuzes« reden will, kommt an dieser Einsicht nicht mehr vorbei.

Anmerkungen

1 Einen Überblick über den Stand der Forschung zu unserem Thema bietet der Sammelband »Die Juden und Martin Luther – Martin Luther und die Juden«, hrsg. von Heinz Kremers, Neukirchen 1985

2 Reinhold Lewin, Luthers Stellung zu den Juden, 1911

3 Der Prozeß gegen die Hauptkriegsverbrecher vor dem Internationalen Militärgerichtshof Nürnberg, Band 12, Nürnberg 1947, S. 346. Siehe auch: Günther B. Ginzel, »Martin Luther: ›Kronzeuge des Antisemitismus‹«, in: Heinz Kremers, a. a. O., S. 189–210

4 So 1980 nach längeren Vorarbeiten und Diskussionen in allen Kirchenkreisen die Evangelische Kirche im Rheinland, nachfolgend die Landeskirchen von Hessen-Nassau, Baden, Berlin-West, Nordwestdeutschland-Reformiert, auch die Leitung der Vereinigten Evangelisch-Lutherischen Kirche Deutschlands (VELKD) u. a. m.

5 Johannes Brosseder, Luther und der Leidensweg der Juden, in: Heinz Kremers (wie Anm.), S. 110

6 Vgl. dazu Paul Gerhard Aring, Christen und Juden heute, 1987, S. 155–177

7 Am 9. November 1938 hörte ich – damals Schuljunge –, wie in einem Gespräch zwischen zwei lutherischen Pfarrern gesagt wurde, es sei ja schrecklich, was man da mit den Juden anstelle, aber »wenn sie sich doch zu Christus bekehrt hätten . . .!«

8 Johannes Brosseder (Anm. 5), S.134

9 Vgl. dazu Paul Gerhard Aring (Anm. 6), S. 297–314

10 Vgl. dazu Wolfgang Seiferth, Synagoge und Kirche im Mittelalter, 1964; M. Simonsohn, Die kirchliche Judengesetzgebung im Zeitalter der Reformkonzilien von Konstanz und Basel, Breslau 1912; Hans Martin Kirn, Das Bild vom Juden im Deutschland des frühen 16. Jahrhunderts, Diss. Tübingen 1984

11 Rosemarie Ruether, Nächstenliebe und Brudermord, 1978,
S. 171–172. (Siehe auch die Beiträge von Wolfgang Wirth und Willehad P. Eckert)
12 Vgl. dazu Ben-Zion Degani, Die Formulierung und Propagierung des jüdischen Stereotyps, in: Heinz Kremers (Anm. 1), S. 3–44
13 Rosemarie Ruether (Anm.11), S.172
14 Vgl. dazu die entsprechenden Artikel im Jüdischen Lexikon von 1927, Neudruck 1982, und in der Encyclopaedia Judaica, Jerusalem 1971, ferner J. F. A. de le Roi, Die evangelische Christenheit und die Juden, Band 1, Karlsruhe, Leipzig 1884, S. 9–19, 62–65; Wladimir Wolf Kaplun-Kogan, Die Wanderbewegungen der Juden, Bonn 1913
15 Vgl. Stefan Schreiner, Was Luther vom Judentum wissen konnte, in: Heinz Kremers (Anm.1), S. 58–71
16 Stefan Schreiner (Anm.1), S. 65; Walter Bienert, Martin Luther und die Juden, 1982, S. 56–60,120
17 Stefan Schreiner (Anm.1), S. 66; vgl. auch S. 65 mit dem Hinweis auf Luthers Versuch, kritischen Anfragen von Hebraisten an die linguistische Qualität seiner Übersetzungen zu begegnen
18 Vgl. Pinchas E. Lapide, Stimmen jüdischer Zeitgenossen zu Martin Luther, in: Heinz Kremers (Anm.1), S.171–188; de le Roi (Anm.14), S. 21–29, 44
19 Vgl. Encyclopaedia Judaica, Band 11, S. 584
20 Vgl. dazu Franz Delitzsch, Wissenschaft, Kunst, Judenthum – Schilderungen und Kritiken, Grimma 1838, S.134, wo diese Legende erzählt wird, und deren Nachdichtung durch Julius Sturm in der Zeitschrift »Saat auf Hoffnung«, 1891, S. 225–226
21 Vgl. Bernhard Blumenkranz, Die Judenpredigt Augustins, ein Beitrag zur Geschichte der jüdisch-christlichen Beziehungen in den ersten Jahrhunderten, Basel 1946, S.194–198
22 Weimarer Ausgabe der Werke Luthers (im folgenden abgekürzt WA), 7, 384, 26–27. Die Weimarer Ausgabe erscheint seit 1893 unter dem Titel »D. Martin Luthers Werke. Kritische Gesamtausgabe«. Zur Zeit gibt es 69 Bände mit Luthers Schriften, dazu 16 Bände mit Briefen, 15 Bände mit Übersetzungen der Bibel ins Deutsche, 6 Bände mit Luthers Tischreden, 8 Revisionsnachtragsbände und einen Registerband, insgesamt 115 Bände.
23 WA 8, 35,11–12
24 WA 11, 315,16–17
25 Heinrich Graetz, Geschichte der Juden von den ältesten Zeiten bis auf die Gegenwart, Band 9, 1866, S. 221–222
26 Mitarbeiter Luthers, Propst an der Schloßkirche und Theologieprofessor an der Wittenberger Universität, ab 1541 Reformator in Halle (Saale); vgl. dazu de le Roi (Anm. 14), S. 25; WA 11, 307 im Vorwort zu »Daß Jesus Christus ein geborener Jude sei«
27 Zitiert von Franz Delitzsch in der Zeitschrift »Saat auf Hoffnung«, 1885, S. 83–84; Bernardus lehrte den Reformationstheologen Johannes Draconites aus Erfurt (vgl. Anm. 71) die hebräische Sprache. Er sagte von sich, daß er durch das Studium der Propheten, besonders durch das 33. Kapitel des Propheten Jeremia zu der Erkenntnis gekommen sei, daß Jesus der verheißene Messias sein müsse. Vgl.dazu W.Keil, Johannes Draconites, in: Saat auf Hoffnung, 1879, S. 156; de le Roi (Anm.14), S. 56. Bernardus fand trotz der Fürsprache Luthers und Justus Jonas' keine kirchliche Anstellung; er starb 1535 in großer Armut. Zum Schicksal jüdischer Proselyten in den Kirchen der Reformation vgl. Paul Gerhard Aring (Anm. 6), S. 124 ff, 151 ff, 200 ff u. ö.
28 WA 11, 314, 25; die nachfolgenden Zitate aus der Weimarer Ausgabe sind sprachlich geglättet.
29 WA 11, 315, 25
30 Luther behandelte alttestamentliche Texte in folgender Reihenfolge: Psalm 147,19–20; Genesis 3,15; 3,10 und 22,18; 2. Samuelis 7, 12; Jesaja 7, 14; Exodus 2, 8; Genesis 24, 13; Psalm 110, 1; Genesis 28, 15; Jesaja 42, 4; Genesis 49, 10; Psalm 2, 8; 72, 17; 89, 5; 122, 7 und 2, 8; Daniel 9, 24–27; Jesaja 45, 1; Esra 1, 2; Psalm 51, 4; Haggai 2, 10; Sacharja 8, 23.
31 WA 11, 317, 23
32 WA 11, 318, 29
33 WA 11, 321, 22
34 Vgl. dazu Ernst-Ludwig Ehrlich, Luther und die Juden; Martin Stöhr, Martin Luther und die Juden; Johannes Brosseder, Luther und der Leidensweg der Juden; Heiko A.Oberman, Die Juden in Luthers Sicht; Adam Weyer, Die Juden in den Predigten Martin Luthers. Die genannten Artikel sind in Heinz Kremers Sammelband enthalten (Anm.1), Seiten 72–188.
35 Dieser aufkommende Zorn ist in einem Brief Luthers an Nikolaus von Amsdorf aus dem Jahre 1525, seiner Auslegung des 109. Psalmes und Luthers Brief an Josel von Rosheim deutlich spürbar.
36 Zitiert nach de le Roi (Anm.14), S. 28
37 WA 50, 309
38 WA 53, 412
39 WA 53, 573
40 Nikolaus Selnecker, Freund Luthers, Theologieprofessor, Liederdichter, Prediger an der Leipziger Thomaskirche, gab 1577 Luthers Schriften über die Juden heraus, »damit sich jeder Hausvater darin umsehe«.
41 Siehe Eckert, S. 94 f
42 Walter Bienert, Martin Luther und die Juden (Anm.16), S.182
43 Sie war bereits im März 1543 vollendet, Luther hatte sie gleich im Anschluß an »Von den Jüden und ihren Lügen« geschrieben. Er meinte aber in einem Schreiben an Justus Jonas, der auch diese Schrift ins Lateinische übersetzen wollte, daß »du sie nicht so leicht ins Lateinische wirst übersetzen können, wie ich weiß«, vgl. WA 53, 573.
44 WA 53, 592
45 WA 53, 620
46 WA 53, 644
47 WA 53, 648
48 WA 53, 579
49 WA 53, 580
50 Zitiert bei Franz Delitzsch, Luthers Stellung zu den Juden, in: Saat auf Hoffnung, 1885, S.76–77
51 Nach einem Brief Luthers vom 7. Februar 1546 handelte es sich um den Ort Rißdorf bei Eisleben. Vgl. dazu einen Artikel »Der kalte Wind von Rißdorf« in der Allgemeinen Lutherischen Kirchenzeitung, zitiert in Saat auf Hoffnung, 1885, S.77–78
52 WA 51, 195
53 Walter Bienert, Martin Luther und die Juden (Anm. 16), S. 184

54 Vgl. dazu Walter Bienert (Anm. 16) und seine Hinweise auf das »Sefer Ha-Nizzachon« des Jom Tov Lipman und die sog. »Toledoth Jeschu«. Beide Schriften aus der Tradition jüdischer Apologetik sind in den »Tela Ignea Satanae« des Altdorfer Professors Johann Christoph Wagenseil abgedruckt, erschienen 1681; vgl. dazu Paul Gerhard Aring (Anm. 6), S. 22–32; Johann Maier, Jesus von Nazareth in der talmudischen Überlieferung, Darmstadt 1978.
55 Vgl. Georg F. Vicedom, Toleranz und Zeugnis in unserer Begegnung mit Andersdenkenden, 1965, S. 15; Paul Gerhard Aring (Anm. 6), S. 238, 303, 305, 309; ders., Kirche als Ereignis, Neukirchen 1971, S. 147–150
56 Vgl. Johannes Reuchlin, De verbo mirifico (1494) – De arte cabalistica (1517), Reprints in einem Band, Stuttgart 1964; die philosophischen Hauptwerke Reuchlins stehen am Beginn der christlichen Kabbala-Rezeption in der deutschen Philosophie- und Theologiegeschichte und setzen sich mit dem jüdischen Monotheismus auseinander. Vgl. auch Reuchlins Schrift über die Frage »Warum die Juden so lang im Elend sind«, von M. Vermehren in heutiges Deutsch übertragen, in: Saat auf Hoffnung, 1887, S. 217–227.
57 Erst 1549 erschien Philipp Melanchthons »De studio linguae Ebreae«, ein Lehrbuch der hebräischen Sprache.
58 Vgl. WA 53, 414
59 Zum folgenden vgl. WA 53, 573–575.
60 Vgl. dazu »Die symbolischen Bücher der evangelisch-lutherischen Kirche«, hrsg. von Johann Tobias Müller, 10. Auflage, Gütersloh 1907, in ihren Aussagen über Israel, die Israeliten, über Judas, die Judenchristen, die Judentaufe und die »jüdischen Irrtümer«, siehe S. 937; vgl. ferner Edmund Schlink, Theologie der lutherischen Bekenntnisschriften, 2. Auflage, München 1946, 27, 107, 109, 305, 404.
61 Elias Levita, eigentlich Elia Ben Ascher Halevi, auch als Elia Bachur oder Elia Tischbi bekannt, war mit Johannes Reuchlin gemeinsam Begründer der christlichen Hebraistik. Er hatte manche persönlichen Beziehungen zu katholischen und reformatorischen Theologen und war weithin durch seine Bücher bekannt, z. B. »Sefer Habachur«, Basel 1525; »Pirke Elijahu«, 1536 von Sebastian Münster herausgegeben. Vgl. dazu auch Salomon Buber, Leben und Schriften des Elias Bachur, Leipzig 1850.
62 Encyclopaedia Judaica, Bd.12, S. 1498
63 Im Jahre 1893 kam es im niederrheinischen Xanten wieder einmal zu Ausschreitungen gegen die dort lebenden Juden wegen einer Ritualmordbeschuldigung; vgl. dazu Willi Fährmann, Es geschah im Nachbarhaus. Geschichte eines Verdachts, 9. Aufl., Würzburg 1984. Was in Xanten geschah, beschäftigte die Öffentlichkeit in Preußen sehr und führte zu massiven Protesten nicht nur der Juden gegen das Wiederaufleben dieser mittelalterlichen Lügenpraxis. Unter dem Eindruck der Ereignisse in Xanten veröffentlichte Moritz Stern ein Buch unter dem Titel »Andreas Osianders Schrift über die Blutbeschuldigung«; diese Schrift war 1540 anonym unter dem Titel »Ob es war und glaublich sey, daß die Juden der Christen kindt heymlich erwürgen und ihr Blut gebrauchen« erschienen; Moritz Stern hatte das Manuskript gefunden. 1983 erschien sein Buch erneut in Tel Aviv unter dem Titel »Das Judenbüchlein. Schrift über die Blutbeschuldigung«.
64 Vgl. dazu Paul Gerhard Aring (Anm. 6), S. 10–21, und die dort beschriebene Beschäftigung mit den Juden an den lutherischen Fakultäten Mitteldeutschlands im 16. und 17. Jahrhundert
65 Osiander vertrat anders als Melanchthon die Auffassung, daß die Gerechtigkeit Christi durch den Glauben eingepflanzt und somit Teil des Gläubigen werde. Diese seine Überzeugung ergab sich aus seiner »Theologie des Wortes«, in der sich neben Luthers Einfluß auch der der jüdischen Kabbala und der Einfluß Reuchlins bemerkbar machte. Vgl. dazu Hans Emil Weber, Reformation, Orthodoxie und Rationalismus, Band I,1, 1937, S. 257
66 Vgl. dazu Stefan Schreiner (Anm. 15), S. 59, 62, 69
67 Auch Nichttheologen äußerten sich in diesem Sinne, z. B. Hans Sachs in seinem Adventsfestspiel »Zum Beweis, daß Christus der wahre Messias sei«, neu abgedruckt im Kölner Missionsblatt von 1873, Nr. 12, S. 90–98
68 Wenzeslaus Link war Generalvikar der Augustiner. Unter seinem Vorsitz hatte am 6. Januar 1522 in Wittenberg ein Generalkapitel der Augustiner getagt, auf dem sich die deutsche Augustiner-Kongregation auflöste. Vgl. Luthers Brief vom 18. Dezember 1518 an Link mit dem Bemerken, der Papst in Rom sei der Antichrist (WA, Briefe, Band 1, 270). Am 7. März 1529 nannte Luther in einem Brief an Link die Türken neben dem Papst in der Reihe der »Antichristen«, die dem nahenden Weltenende voraufgehen müssen (WA, Briefe, Band 5, 28).
69 Güttel ist der Verfasser von Schriften, die für einen größeren Leserkreis in den Gemeinden bestimmt waren, z. B. »Eyn selig Newjar von newen und alten gezeydten«, Erfurt 1522, und »Ecclesiasten seins Standes und Wesens Verenderung Ursach mit angezeigter Bekenntniß und Rechenschaft seins Glaubens«, 1535
70 Urbanus Rhegius, seit 1520 Anhänger Luthers, von 1530 an Superintendent im Fürstentum Lüneburg, Verfasser der Kirchenordnungen von Lüneburg 1531 und Hannover 1536, der »Formulae caute loquendi« von 1535, neu hrsg. von A. Uckeley 1908, und anderer pastoraltheologischer Werke. Er wirkte am Zustandekommen der »Wittenberger Konkordie« von 1536 mit; im gleichen Jahr erschien aus seiner Feder in Magdeburg eine Auslegung des 14. Psalmes, 1539 in Wittenberg eine Schrift zur Frage »Wie man die falschen Propheten erkennen mag« und 1542 in Frankfurt am Main »Prophetiae veteris testamenti de Christo collectae et explicatae«. Vgl. auch Gustav L. Plitt, Urbanus Rhegius an der Synagoge, in: Saat auf Hoffnung, 1872, S. 36
71 Johannes Draconites, 1523 in Wittenberg zum Doktor der Theologie promoviert, 1526 Pfarrer in Waltershausen bei Gotha, 1534 Professor in Marburg, 1551 in Rostock, seit 1560 leitender Geistlicher in Marienwerder; er starb 1566 in Wittenberg. Aus der Fülle der von ihm verfaßten Bücher und Schriften sind für unsere Thematik wichtig: »Von der Juden Fürsten und Herren Jesu Christo«, 1550; »Von dem Adonai, der unsere Gerechtigkeit ist«, 1550; »Vom Herren Zebaoth, des

alle Lande voll sind, Jesu Christo«, 1551; »Von dem Bunde Gottes mit der Christenheit«, 1552; »Proverbia Salomonis cum translationibus chaldaica, graeca, latina, germanica«, 1564; »Joel propheta«, 1565; »Michas propheta«, 1565, und andere Auslegungen von Prophetenbüchern

72 Dieses Formular ist in einer Schrift abgedruckt, die 1539 in Erfurt erschien: »Ordenung der heiligen taufe des catechumenici aus der jüdenschaft, gehalten in der predigerkirche zu Erfurd durch Egidium Mecheler als teufer, im jar 1539 sontag Letare«. Vgl. dazu E. Sehling (Hrsg.), Die evangelischen Kirchenordnungen des XVI. Jahrhunderts, Bd. 2, 1970, S. 348

73 Vgl. dazu de le Roi (Anm. 14), S. 51–59

74 Daß Juden in unglaublich vielen Fällen »zwangsgetauft« wurden, steht auf einem anderen Blatt. Erinnert sei nur an den kirchlichen Taufterror gegen die von den Christen dann als »Marranen« (= Schweine) beschimpften getauften Juden in Spanien oder an den Franziskaner Duns Scotus, in der katholischen Kirche als »Doctor subtilis« verehrt, der zu seiner Zeit in Köln im 14. Jahrhundert gefordert hatte, den Juden ihre kleinen Kinder wegzunehmen und sie nach ihrer Taufe christlich zu erziehen.

75 Sebastian Münster, Franziskaner, schloß sich in Heidelberg der reformierten Kirche an, wurde 1529 Professor der hebräischen Sprache in Basel und verfaßte fast 40 Arbeiten aus seinem Forschungsbereich. Vgl.dazu Josef Perles, Beiträge zur Geschichte der hebräischen und aramäischen Studien, 1884, S. 20–44; Stefan Schreiner (Anm. 15), S. 66–67

76 Vgl. den ausführlichen Artikel über die Chazaren von Josef Meisl im Jüdischen Lexikon von 1927, Bd. 1, S. 1346–1350, und die dort angegebene Literatur

77 In der Geschichte der späteren protestantischen Judenmission spielen solche Katechismen eine besondere Rolle, z. B. der 1650 in Kassel erschienene »Juden-Katechismus« von Sebastian Curtius, oder der 1728 in Halle (Saale) erschienene von Calvoer. Johann Clajus ließ 1572 in Wittenberg eine hebräische Übersetzung des Kleinen Katechismus von Martin Luther erscheinen, Michael Neander und Johannes Volandi 1582 eine solche ebenfalls dort. Noch 1885 schrieb ein Pastor Steinmetz in Celle einen »Kurzgefaßten Katechismus zum Gebrauch beim Proselyten-Unterricht«. Vgl. dazu Paul Gerhard Aring (Anm. 6), S. 12–15, 318

78 Vgl. Paul Gerhard Aring, Christliche Judenmission, Neukirchen 1980, S. 21; de le Roi (Anm. 14), S. 51–56; Th.Phutiakumal, Jewish Colonies of India paved the way for St.Thomas, Madras o. J. (um 1900); Wilhelm Becker, Immanuel Tremellius, ein Proselytenleben im Zeitalter der Reformation, Breslau 1887. Rudolf Pfisterer, Im Schatten des Kreuzes, Hamburg 1966, S. 75–76; Fritz Majer-Leonhard, Christuszeugen aus Israel, Stuttgart 1955, S. 10

79 Vgl. A. Nordmann, Histoire des Juifs à Genève de 1281 à 1780, 1925; A. Weldler-Steinberg, Geschichte der Juden in der Schweiz, 1966; F. Guggenheim-Gruenberg, Geschichte der Juden in der Schweiz, 1961; Rudolf Pfisterer, Im Schatten des Kreuzes, Hamburg 1966, S. 72

80 Vgl. Karl R. Hagenbach, Die theologische Schule Basels und ihre Lehrer, 1860, S. 27–29; Jüdisches Lexikon von 1927, Band 1, S. 1254; Paul Gerhard Aring (Anm. 6), S. 33, 78, 326, 327, 341, 342

81 Vgl. Encyclopaedia Judaica, Band 5, S. 147; Johannes Brosseder (Anm. 5), S. 118, 125

82 Vgl. L. Feilchenfeld, Rabbi Josel von Rosheim, Straßburg 1898; Selma Stern, Josel von Rosheim, Stuttgart 1959; Pinchas E. Lapide, in: Kremers (Anm. 1), S. 181–182

83 Von 1543 an versuchte der Kölner Erzbischof Hermann von Wied eine Reformation seines Erzstiftes; im Klevischen Krieg, in dem es zwischen ihm und dem Kaiser um den Besitz von Geldern ging, wurde er von den im Schmalkaldischen Bund zusammengeschlossenen protestantischen Fürsten alleingelassen; er unterlag dem Kaiser und wurde gezwungen, auf seine Reformen zu verzichten; in Köln gewannen die Katholiken wieder die Oberhand; 1546 mußte Hermann sein Amt aufgeben; er starb 1552 in Wied als Protestant.

84 Vgl. Paul Gerhard Aring (Anm. 6), S. 160–162, 357, 358, 395 und die dort zitierte Literatur

85 Vgl. Berthold Klappert, Israel und die Kirche. Erwägungen zur Israellehre Karl Barths, München 1980, und die dort bearbeitete Literatur; Paul Gerhard Aring (Anm. 6), S. 395

86 Vgl. Robert Stupperich, in: Theologische Realenzyklopaedie, Band 7, 1981, S. 264

87 Der genaue Titel lautet: »Ratschlag, ob Chr. Obrigkeit gebühren möge, daß sie die Juden unter den Christen zu wohnen duldet, und was sie zu gedulden, welcher Gestalt und Maß, anführt, 1538/39«. Vgl. dazu Siegmund Salfeld, Die Judenpolitik Philipps des Großmütigen, in: Philipp der Großmütige (Sammelband), Marburg 1904, von Seite 519 an

88 Vgl. Wilhelm Maurer, Martin Buzer und die Judenfrage in Hessen, in: Zeitschrift für hessische Geschichte, Nr. 64, 1953, S. 29; W. Nijnehuis, A Remarkable Historical Argumentation in Bucers »Judenratschlag«, in: Ecclesia Reformata, Studies on the Reformation, Leiden 1972, S. 23; de le Roi (Anm. 14), S. 45

89 Zitiert nach Ernst Simon, Synodalbuch. Die Akten der Synoden und Quartierskonsistorien in Jülich, Cleve und Berg 1570 bis 1610, Band 1, Neuwied 1909, S. 573

90 Vgl. dazu Paul Jacobs, Reformierte Bekenntnisschriften und Kirchenordnungen, Neukirchen 1949, S.140, 158, 181, 240, 244. Diese Abgrenzung gegen die Synagoge wird nicht durch den vorhergehenden Artikel 17 aufgehoben, der die Juden in das eine Heil in dem einen Messias vereinnahmt. Das »Solus Christus« beibt unüberhörbar; vgl. Wilhelm Niesel (Hrsg.), »Bekenntnisschriften und Kirchenordnungen der nach Gottes Wort reformierten Kirche«, München 1938, S. 249

91 Aus der inzwischen angewachsenen Literatur zum Thema einer »Theologie des Bundes« sei auf folgende Titel besonders hingewiesen: D.Goldschmidt/H. J. Kraus (Hrsg.), Der nie gekündigte Bund, Stuttgart 1962; Martin Greschat, Der Bundesgedanke in der Theologie des späten Mittelalters, in: Zeitschrift für Kirchengeschichte, Nr. 81, 1970, S. 44; Franz Mußner, Traktat über die Juden, München 1979; Clemens Thoma (Hrsg.), Judentum und Kirche: Volk Gottes, Zürich, Einsiedeln, Köln 1974; Martin Hohmann, Die Korrelation von Altem und Neuem Bund, Berlin 1978; Hans Hermann Henrix (Hrsg.), Unter dem Bogen des Bundes, Aachen 1981;

F. J. Helfmeyer, Gottes Bund ist nicht gekündigt, Freiburg 1982; Berthold Klappert, in: Kremers (Anm. 1), 404–406; Paul Gerhard Aring (Anm. 6), S. 160–169, 187, 300–301, 323, 395–396. Vgl. ferner als »Kontrastprogramm« dazu: »Gottes Bund mit Israel. Philosemitisches Sendschreiben an die jüdischen Theologen und Lehrer, zunächst des Frankenlandes, von Senior Ulmer«, in: Saat auf Hoffnung, 1886, S. 67–72

92 In der Übersetzung und Bearbeitung von Otto Weber, 3 Bände, Neukirchen 1936 bis 1938. Zum Ganzen vgl.: Wilhelm Niesel, Die Theologie Calvins, 2. Auflage, 1957

93 Inst. I, 8,10, 60–61

94 Inst. II, 1, 461

95 Inst. II, 1, 461–462

96 Inst. II, 1, 462

97 Inst. II, 1, 463

98 Inst. II, 10, 468–469

99 Inst. II, 10,11, 470–478

100 Inst. II, 23, 493

101 Inst. II, 10, 493

102 Inst. II, 11, 494–499

103 Inst. II, 11, 504

104 Inst. II, 11, 509

105 Inst. II, 11, 510

106 Im Jahre 1834 gab Friedrich August Gottreu Tholuck, Professor in Halle, Erweckungsprediger, engagierter Freund und aktiver Mitarbeiter der Londoner und Berliner Judenmission, Calvins Römerbriefkommentar neu heraus.

107 Inst. II, 16, 431

108 Inst. II, 16, 432. Vgl. dazu Berthold Klappert, Erwählung und Rechtfertigung, in: Kremers (Anm. 1), S. 373–374

109 Vgl. Peter Maser, Luthers Schriftauslegung in dem Traktat »Von den Jüden und ihren Lügen«, in: Judaica, Jahrgang 12, 1973, S. 71–84, 149 -167

110 Johann Heinrich Kurtz, Lehrbuch der Kirchengeschichte, Band 2, Leipzig 1892, S. 128

111 »Sendschreiben eines gewesenen Pietisten, der sich selbst Mosen Germanum nennet und vor wenigen Jahren ein Jude worden, mit nöthigen Bemerckungen publiciret von Friedr. Chr. Büchner«, 1699

112 Vgl. dazu Paul Gerhard Aring, Bekennen zu Jesus Christus heute. Überlegungen zur Christologie im Kontext des christlich-jüdischen Dialogs der Gegenwart, in: Jahrbuch Evangelische Mission 1983, S. 17 ff

113 Vgl. dazu vor allem im Matthäusevangelium die Kapitel 10 und 24 mit den entsprechenden Parallelstellen bei Markus und Lukas, ferner Apostelgeschichte 4, 11; Römer 8, 9; 9, 33; 1. Korinther 1, 23; 1. Petrus 2, 6 f; Offenbarung 4, 11 u. a. m.

114 Vgl. dazu Philipperbrief 2, Verse 1 bis 11, vor allem den 7. Vers.

115 Vgl. Sacharja 2,12; Deuteronomium 31, 20; Psalm 17, 8 und die vielen Stellen des Alten Testamentes, an denen das Volk Israel als »Kinder Gottes« bezeichnet wird, denen Gott zugetan ist wie ein Vater seinen Kindern.

Literatur

19. Jahrhundert bis zum Ersten Weltkrieg

Fischer, L.: Doctor Martin Luthers von den Juden und ihren Lügen. Leipzig 1838

Hengstenberg, Ernst Wilhelm: Die Opfer der heiligen Schrift, die Juden und die christliche Kirche, Berlin 1859

Plitt, Gustav: Luthers Stellung zur Judenmission. In: Saat auf Hoffnung, 1870, S. 279–295

Cremer, Heinrich: Über Luthers Stellung zur Judenmission. Barmen 1870

Plitt, Gustav: Über Luthers Stellung zur Judenmission. In: Kurze Geschichte der lutherischen Mission, Erlangen 1871, S. 13 ff

Frohberg (Hrsg.): Luther und die Juden. Leipzig 1881

Islebiensis (Pseudonym): Dr. Martin Luther und das Judenthum. Berlin o. J. (1882)

De le Roi, J. F. A.: Die evangelische Christenheit und die Juden. Band 1 über Luther und die Juden sowie über die anderen Reformationstheologen und die Juden, S. 20–62. Karlsruhe, Leipzig 1884

Delitzsch, Franz: Luthers Stellung zu den Juden. In: Saat auf Hoffnung, 1885, S. 76–78

Salfeld, Siegmund: Die Judenpolitik Philipps des Großmütigen. In: Philipp der Großmütige (Sammelband), S. 519 ff, Marburg 1904

Lewin, Reinhard: Luthers Stellung zu den Juden. Ein Beitrag zur Geschichte der Juden in Deutschland während des Reformationszeitalters. In: Neue Studien zur Geschichte der Theologie und der Kirche, hrsg. von Nathanael Bonwetsch und Reinhold Seeberg, Band 10, Berlin 1911, Neudruck Aalen 1973

20. Jahrhundert vom Ersten Weltkrieg bis 1945

Schaeffer, Ernst: Luther und die Juden. Berlin 1917

Krauss, Samuel: Luther und die Juden. In: Der Jude. Eine Monatsschrift, Berlin/Wien 1917/18, S. 544–547

Harling, Otto von: Luthers Bedeutung für die Judenmission. In: Jahrbuch der Sächsischen Missionskonferenz, 1918, S. 82–85

Walther, Wilhelm: Luther und die Juden und die Antisemiten. Leipzig 1921

Falb, Alfred: Luther und die Juden. München 1921, 2. Auflage 1936

Falb, Alfred: Luther und Marcion gegen das Alte Testament. Leipzig 1923

Newman, L. J.: Jewish Influence on Christian Reform Movements; über Luther und die Juden, S. 617 ff, 1925

Dinter, Artur: 197 Thesen zur Vollendung der Reformation. Die Wiederherstellung der reinen Heilandslehre. 1926

Cohn, Willy: Luthers Stellung zu Juden und Judentum. In: Jüdisches Lexikon, Band 3, 1927, S. 1254–1256
Bauer, Karl: Die Wittenberger Universitätstheologie und die Anfänge der Reformation, S. 104 ff, über Luther und die Juden, Tübingen 1928
Holl, Karl: Luther und die Mission. In: Karl Holl, Gesammelte Aufsätze zur Kirchengeschichte, Band 3, Tübingen 1928, Nachdruck Darmstadt 1965, S. 234–243
Lamparter, Eduard: Luthers Stellung zum Judentum. 1929
Steinlein, H.: Luthers Stellung zum Judentum. Heft 7 der Arbeitsgemeinschaft für Volksmission, Abteilung Apologetik, Nürnberg 1929 (bestreitet energisch die Behauptung General Ludendorffs und seiner Anhänger, daß Luthers Kampf gegen die Juden der zweite große Abschnitt seines Reformationswerkes sei)
Bach, Karl Otto v. d.: Luther als Judenfeind. 1931
Buchwald, Georg Apollo: Luthers Wandlung in seiner Stellung zu den Juden. In: D. Martin Luther: Daß Jesus Christus ein geborener Jude sei. Ein Brief D. Martin Luthers wider die Sabbather an einen guten Freund. Dresden 1931
Buchwald, Georg Apollo: D. Martin Luther: Von den Juden und ihren Lügen. Dresden 1931
Holsten, Walter: Christentum und nichtchristliche Religion nach der Auffassung Luthers. Gütersloh 1932
Bornkamm, Heinrich: Volk und Rasse bei Martin Luther. In: Volk – Staat – Kirche, Ein Lehrgang der Theologischen Fakultät Gießen, S. 5–19, Gießen 1933
Kampfmeyer, K./Schulze, N.: Luthers Tod, die Juden und Melanchthon. Die sachlichen Unterlagen zur Beurteilung der von Frau Mathilde Ludendorff aufgestellten Behauptungen über Luthers Lebensende. Dresden o. J. (1933)
Noack, J.: Luther und die Juden. Dargestellt nach Luthers Schrift »Wider die Jüden und ihre Lügen« von 1543, hrsg. vom Bund für Deutsche Kirche, 1933
Parisius, Hans Ludolf: Martin Luther, Von den Juden und ihren Lügen. Als Volksausgabe herausgegeben, Ludendorffs Volkswarteverlag, München 1933
Vogelsang, Erich: Luthers Kampf gegen die Juden (gewidmet dem »ersten Deutschen Evangelischen Reichsbischof Ludwig Müller«), 1933
Heiler, Friedrich (Hrsg.): Worte Luthers zur Judenfrage. In: Eine heilige Kirche. Sonderheft über Israel und Kirche Christi, Zeitschrift Hochkirche, Nr. 4/6, S. 177–178, München 1934
Schroth, H.: Luther und die Juden. Eine Stoffsammlung für die Schulungsarbeit, hrsg. von der Apologetischen Centrale Berlin-Spandau, 3. Reihe, Heft 1, Berlin 1935
Steinlein, H.: Luthers Stellung zur Judentaufe. In: Junge Kirche, 3. Jahrgang, Göttingen 1935, S. 842 ff
Bluth, H. G.: Luthers Kampf gegen die Juden. In: Deutsches Pfarrerblatt, Nr. 40, 1936, S. 175–176, 194–195, 214–215
Holsten, Walter: Martin Luthers Schriften wider Juden und Türken. In: Münchener Lutherausgabe, Ergänzungsreihe 3, München 1936
Gabriel, Walter: D. Martin Luther, Von den Jüden. Luthers christlicher Antisemitismus nach seinen Schriften. Göttingen 1936
Linden, Walter (Hrsg.): Luthers Kampfschriften gegen das Judentum. Berlin 1936
Meyer-Erlach, W.: Juden, Mönche und Luther. O. J. (1937)
Schroth, H.: Luthers christlicher Antisemitismus heute. In: Das Evangelische Westfalen, Witten/Ruhr 1937
Knolle, Theodor: Luthers Stellung zu den Juden 1538. In: Mitteilungen der Luther-Gesellschaft, Nr. 20, 1938, S. 117–124
Knolle, Theodor: D. Martin Luther: Antijüdische Psalterauslegung. In: Mitteilungen der Luther-Gesellschaft, Nr. 20, 1938, S. 100 ff
Porchetus Salvagus: Victoria adversus impios Hebreos, Paris 1520, mit handschriftlichen Eintragungen Luthers. In: Zentralblatt für das Bibliothekswesen, Nr. 55, 1938, S. 45 ff
Sasse, Martin (Hrsg.): Martin Luther über die Juden: Weg mit ihnen! Freiburg/Breisgau 1938
Pauls, Theodor: Luther und die Juden. In: Schriftenreihe »Aufbau im positiven Christentum«, 3 Hefte, Nr. 54, 55, 61, Bonn 1939
Reu, M.: Luther und die Frage nach der allgemeinen Judenbekehrung am Ende. In: Kirchliche Zeitschrift Nr. 63, Minnesota/Illinois, 1939, S. 273–275
Stock, Richard Wilhelm: Die Judenfrage durch fünf Jahrhunderte. Verlag Der Stürmer, Nürnberg 1939
Hug, Herbert: Das Volk Gottes. Der Kirche Bekenntnis zur Judenfrage, S. 81–147, über »Luther und die Juden«, Zollikon/Zürich 1942

Von 1945 bis zur Gegenwart

Bornkamm, Heinrich: Luther und das Alte Testament. Tübingen 1948
Holmio, A. K. E.: The Lutheran Reformation and the Jews. The Birth of the Protestant Jewish Missions. Hancock/Michigan 1949
Oepke, Albrecht: Das neue Gottesvolk (Ausführliche Darstellung der Meinung Luthers über die Juden). 1950
Wolf, Ernst: Luther und die Juden. In: Freiburger Rundbrief 1952, Nr. 17/18
Holsten, Walter: Reformation und Mission. In: Archiv für Reformationsgeschichte, Band 44, Gütersloh 1953, S. 21 ff
Wittenberg, Martin: Luthers Stellung zu den Juden und der Dienst der lutherischen Kirche an Israel. In: Evangelisch-lutherische Kirchenzeitung, 7/1953, S. 225–228
Wittenberg, Martin: Luthers Stellung zu den Juden und der Dienst der lutherischen Kirche an Israel. In: Zeugnis von Israel, Freimund-Verlag, Neuendettelsau, 1956, S. 42 ff
Stöhr, Martin: Luther und die Juden. In: Evangelische Theologie, Jahrgang 20, München 1960, S. 157–182
Stöhr, Marin: Martin Luther und die Juden. In: Christen und Juden. Ihr Gegenüber vom Apostelkonzil bis heute, hrsg. von W. D. Marsch und K. Thieme, S. 115–140, Mainz, Göttingen 1961

Durant, Will: Das Zeitalter der Reformation. Eine Geschichte der europäischen Kultur von Wiclif bis Calvin (1300 bis 1564), S. 730 ff, über die Juden und die Reformation, 2. Auflage, Bern, München 1962
Stöhr, Martin: Mit dem jungen gegen den alten Luther. In: Der ungekündigte Bund, hrsg. von Dietrich Goldschmidt und Hans Joachim Kraus, S. 110–112, Stuttgart 1962
Cohen, Karl: Die Juden und Luther. In: Archiv für Reformationsgeschichte, Band 54, 1963, S. 38–51
Cohen, Carl: Martin Luther und his Jewish Contemporaries. In: Jewish Social Studies, Nr. 25, 1963, S. 195–204
Eckert, Willehad Paul: Das Verhältnis von Christen und Juden im Mittelalter und Humanismus. In: Monumenta Judaica, Köln 1963, S. 131–198
Schiffner, W.: Luther, Hitler und die Juden. Eine Blütenlese aus dem Jubiläumsjahr der 450. Wiederkehr des Geburtstages Luthers im Jahre 1933. In: Tribüne, Nr. 2, 1963, S. 1064–1071
Siirala, Aarne: Luther und die Juden. In: Lutherische Rundschau, Jahrgang 14, Stuttgart, Berlin 1964, S. 427 ff
Brod, Max: Johannes Reuchlin und sein Kampf. Eine historische Monographie. Stuttgart – Berlin – Köln-Mainz 1965
Meier, Kurt: Zur Interpretation von Luthers Judenschriften. In: 450 Jahre lutherische Reformation. Festschrift für Franz Lau zum 60. Geburtstag, S. 233 ff, Göttingen 1967
Maurer, Wilhelm: Die Zeit der Reformation. In: Kirche und Synagoge. Handbuch zur Geschichte von Christen und Juden. Darstellung mit Quellen, hrsg. von Karl Heinrich Rengstorf und Siegfried von Kortzfleisch, Band 1, S. 363–452, Stuttgart 1968
Meier, Kurt: Zur Interpretation von Luthers Judenschriften. In: Kurt Meier, Kirche und Judentum. Die Haltung der evangelischen Kirche zur Judenpolitik des Dritten Reiches. Göttingen 1968, S. 127–153
Kisch, Guido: Erasmus' Stellung zu Juden und Judentum. Tübingen 1969
Rogge, Joachim: Luthers Stellung zu den Juden. In: Luther. Zeitschrift der Luthergesellschaft, 40. Jahrgang, Hamburg 1969, S. 13–24
Ben-Sasson, Chaim Hillel: The Reformation in Cotemporary Jewish Eyes. In: The Israel Academy of Sciences and Humanities Proceedings, 4, Nr. 12, 1970, S. 239–326
Hammann, Gustav: Konversionen deutscher und ungarischer Juden in der Reformationszeit. In: Zeitschrift für bayerische Kirchengeschichte, Jahrgang 39, 1971, S. 207 ff
Heller, Joseph Elijah/Ansbacher, B. Mordechai: Luther, Martin. In: Encyclopaedia Judaica, Jerusalem 1971, Band 11, S. 584–586
Brosseder, Johannes: Luthers Stellung zu den Juden im Spiegel seiner Interpreten. Interpretation und Rezeption von Luthers Schriften und Äußerungen zum Judentum im 19. und 20. Jahrhundert, vor allem im deutschsprachigen Raum, München 1972
Maser, Peter: Luthers Schriftauslegung in dem Traktat »Von den Juden und ihren Lügen«. Ein Beitrag zum »christologischen Antisemitismus« des Reformators (1543). In: Judaica, Jahrgang 29, 1973, S. 71–84, 149–167
Sievers, Leo: Juden in Deutschland. Die Geschichte einer 2000jährigen Tragödie. S. 73–80, über Luther und die Juden, Hamburg 1977
Sucher, Curt Bernd: Luthers Stellung zu den Juden, eine Interpretation aus germanistischer Sicht. Nieuwkoop 1977
Boendermaker, Johannes Peter: Der Graben war noch sehr tief. Martin Luthers zwiespältiges Verhältnis zum Judentum. In: Lutherische Monatshefte, Jahrgang 18, 1979, S. 585–589
Oberman, Heiko A.: Wurzeln des Antisemitismus. Christenangst und Judenplage im Zeitalter von Haumanismus und Reformation. Berlin 1981
Deppermann, Klaus: Judenhaß und Judenfreundschaft im frühen Protestantismus. In: Die Juden als Minderheit in der Geschichte, hrsg. von Bernd Martin und Ernst Schulin; ausführlich über Luther und die Juden, S. 110–130, dtv 1745, München 1981
Bienert, Walter: Martin Luther und die Juden. Ein Quellenbuch mit zeitgenössischen Illustrationen, mit Einführungen und Erläuterungen. Ausführliche Biographie, S. 204–220; Frankfurt am Main 1982
Karalus, P.: Martin Luther, Reformator – Ketzer – Nationalheld? Material zu Fernsehsendungen in ARD und ZDF, Goldmann Taschenbuch 6443, 1983
Oberman, Heiko A.: Luthers Beziehungen zu den Juden: Ahnen und Geahndete. In: Junghans, H. (Hrsg.), Leben und Werk Martin Luthers von 1526–1546, 2 Bände, 1983
Ben-Chorin, Schalom: Enttäuschte Hoffnung: Martin Luther und die Juden. In: Israel-Nachrichten, Jerusalem, vom 9. 12. und 16. 12. 1983
Baumann, Arnulf H./Mahn, Käthe/Saebø, Magne (Hrsg.): Luthers Erben und die Juden. Hannover 1984
Osten-Sacken, Peter v. d.: Katechismus und Siddur. Aufbrüche mit Martin Luther und den Lehrern Israels. Berlin 1984
Kremers, Heinz (Hrsg.): Die Juden und Martin Luther – Martin Luther und die Juden. Geschichte, Wirkungsgeschichte, Herausforderung. Mit Beiträgen von Johannes Rau, Ben-Zion Degani, Johannes P. Boendermaker, Stefan Schreiner, Ernst L. Ehrlich, Martin Stöhr, Johannes Brosseder, Heiko A. Oberman, Adam Weyer, Pinchas E. Lapide, Günther B. Ginzel, Eberhard Bethge, Jürgen Seim, Albert H. Friedlaender, Günther von Norden, Johann M. Schmidt, Leonore Siegele-Wenschkewitz, Bertold Klappert und Heinz Kremers, Neukirchen 1985
Aring, Paul Gerhard: Christen und Juden heute – und die »Judenmission«? Geschichte und Theologie protestantischer Judenmission in Deutschland, dargestellt und untersucht am Beispiel des Protestantismus im mittleren Deutschland, Frankfurt am Main 1987

Vom Gottesmörder zum Weltfeind

Vom religiösen zum rassischen Judenhaß
»Deutschland, Christenvolk, ermanne dich!« Gegen Juden, »Judengenossen« und »jüdischen Geist«

Günther B. Ginzel

Sozial-wirtschaftlicher Hintergrund (allgemein)

Nach den Verheerungen des Dreißigjährigen Krieges, der die Bevölkerungszahl in Deutschland auf die des 16. Jahrhunderts zurückwarf (ca. zehn Millionen), waren die einzig handlungsfähigen Kräfte die Landesfürsten. Allein die höfische Gesellschaft war bereit und willig, neue Gedanken und Einrichtungen aufzunehmen und durchzusetzen. Der Merkantilismus, in Deutschland nach dem Fürstenzimmer, in dem die neuen wirtschafts- und sozialpolitischen Unternehmungen entwickelt und angeordnet wurden, Kameralismus genannt, traf auf eine wenig aufgeschlossene Bevölkerung. Die meisten Menschen lebten auf dem Lande, in einer Welt, in der »es ein Menschenalter dauern (konnte), bis moderne Methoden 50 bis 70 Kilometer vom ursprünglichen Anwendungsort entfernt bekannt oder nachgeahmt wurden«.[1] Nicht anders sah es in der Stadt aus, deren Provinzialismus im 18. Jahrhundert im Vergleich zu den europäischen Weltstädten in geistiger und wirtschaftlicher Hinsicht jedem Fortschritt ablehnend gegenüberstand. »Der typische deutsche Städter war nach wie vor Kleinstädter und der typische deutsche Bürger nach wie vor Kleinbürger.«[2] Ob Land- oder Stadtmensch, man war an einen Platz gebunden. Das Heimische, Bekannte, Naheliegende war das Gute; das Fremde, Ferne, Unbekannte wurde mit Mißtrauen betrachtet, abgelehnt. Nicht aufgrund eines Bedürfnisses der Bevölkerung nach Veränderung oder Fortschritt wurde etwa das Verkehrsnetz zu Lande und zu Wasser ausgebaut, der Binnen- und Fernhandel aktiviert, sondern aufgrund fürstlicher, staatlicher, höfisch-adeliger Initiativen. Die Einrichtung von Manufakturen sollte, wie die anderen Maßnahmen auch, dem Territorialherrn neue Finanzquellen eröffnen, seinen Bedarf für die höfische Lebensform und die militärische Präsenz decken. Dieser von oben angeordnete Wandel, von der Bürokratie verwaltet und von Privilegierten durchgeführt, traf auf eine weitgehend unwillige und zudem unvorbereitete Bevölkerung.

Situation auf dem Land

Nicht weniger als sieben von acht Personen waren in der Landwirtschaft beschäftigt. Die zögernd einsetzende Bauernbefreiung, die erst im 19. Jahrhundert vollendet wurde, brachte vorerst kaum Vorteile für die Betroffenen. Die Bauern blieben in der Schollengebundenheit gefangen. Die adeligen Großgrundbesitzer sogen das Land aus, um ein standesgemäßes Dasein mit Jagd, Pferdesport und Repräsentation zu finanzieren.[3] Ihr Selbstverständnis verbot jede Form von Arbeit, vor allem körperliche. Zudem empfand man sich ausschließlich als Gutsbesitzer, als Grundherr, als Person von Stande und beileibe nicht als Landwirt. In Preußen war es Bürgern untersagt, Rittergüter zu kaufen. Aber selbst, wo dies möglich war und vor allem im folgenden Jahrhundert nicht unüblich wurde, übernahmen die Käufer das Verhalten der Landjunker. So wurden erfolgreiche Unternehmer zu Rentiers, die passiv von den Einkünften ihrer Liegenschaften lebten.[4] Gleichzeitig setzte eine erhebliche Bevölkerungszunahme ein, die mit einer Verteuerung des Getreidepreises einherging. Die Einführung der Kartoffel als Grundnahrungsmittel verhinderte eine Hungersnot. Das Anwachsen vor allem der unteren Schichten, der Kleinbauern und Tagelöhner, konnte nur teilweise durch eine Verstärkung des Heimgewerbes aufgefangen werden. Zudem hatte die sogenannte Bauernbefreiung lediglich die persönliche Freiheit gebracht. Gutsuntertänigkeit und Frondienst wurden in Preußen erst im Jahre 1807 aufgehoben. Da die Bauern diese neue Freiheit mit Landabgabe oder durch Geld von der bisherigen Grundherrschaft quasi erkaufen mußten (nicht selten mußte die Hälfte des Hofes abgegeben werden), erfolgte nicht nur eine Bodenzersplitterung, sondern die Kleineren verloren häufig ihre Existenz. Allein in Preußen suchten 100 000 Bauern als Arbeiter und Tagelöhner Beschäftigung und Brot. Die Not wuchs, denn noch war die Industrie als Arbeitgeber kein ernst zu nehmender Faktor. Zu den Hauptgewinnern zählten die ostelbischen Junker. Sie vermehrten ihren Besitzstand durch Auskauf von Bauern, Entgelt für die Freiheit der Höfe und Inbesitznahme verlassenen Landes um nicht weniger als eine Million Hektar Nutzfläche. Weniger die kleinen und freien Bauern als vielmehr die großen und adeligen Herren versorgten die Städter und die Industrie. Diese Entwicklung ging mit dem bereits erwähnten Bevölkerungswachstum einher. Lebten um 1700 etwa 15 Millionen Menschen in Deutschland, und betrug deren Zahl im Jahre 1750 schätzungsweise noch 16 bis 18 Millionen, so schnellte sie zur Jahrhundertwende auf 24 Millionen hoch, kletterte 1856 auf 36 Millionen und erreichte im Jahre 1900 56 Millionen, um bis 1939 auf 69 Millionen anzusteigen. Allein diese Zahlen, so ungenau sie aufgrund der unterschiedlichen Qualität statistischer Erhebungen und geographischer Veränderungen auch sein mögen, deuten einen sozialen Sprengstoff an, der für unser Thema von beträchtlicher Bedeutung ist.

Stadt (Handwerker/Kaufleute)

Soziale Spannungen kennzeichneten auch die Situation der Stadt. Kaufleute und Handwerker suchten eine Sozialordnung zu bewahren, die von den Vorfahren künstlich geschaffen worden war. Zünfte und Gilden hielten an Preisabsprachen und der Ausschaltung neuer Konkurrenten fest. Wer was wo und zu welchem Preis verkaufte, war abgesprochen. Die Zahl der Handwerksmeister in einer Stadt wurde von den etablierten Meistern selbst geregelt. Um deren Zahl möglichst gering zu halten, wurde es Gesellen nur in Ausnahmefällen gestattet, sich als Meister niederzulassen. Die Vorläufer der Gewerkschaften sind nicht umsonst die Bünde der Gesellen, die sich gegen die Willkür der Meister, auch bei der Lohnzahlung, zusammenschlossen. Fremden Handwerkern, etwa aus der Nachbarschaft, wurde es nicht erlaubt, ein Gewerbe zu eröffnen. Die Abwehr möglicher Konkurrenten traf praktisch jeden, der nicht zum Kreis der Etablierten gehörte. Es ist völlig verfehlt, diese Einstellung ausschließlich als nur gegen Juden gerichtet darzustellen. Zugleich waren der Zwischenhandel und das Hausieren verboten. Andererseits band das Meilen- und Bannrecht die Bewohner des flachen Landes an die jeweilige Stadt. Die Bauern konnten nur in dieser ihre Produkte verkaufen, und zwar zu Preisen, die nicht sie, sondern die Städter festlegten. Die Klagen über die Ausbeutung der Bauern sind daher nicht selten.

Zusammenfassung

Die ländliche und die städtische Gesellschaft war durch ein weitgehendes Desinteresse an jeglicher Fortentwicklung geprägt. Die Hauptverdiener, der Landadel, zogen zwar Kapital und Arbeitskraft der Bauern an sich, waren aber seinerseits von Steuerzahlungen weitestgehend befreit. Armut, Unzufriedenheit und Bevölkerungszahl wuchsen. Ideen und Wege, neue Erwerbs- und Verdienstmöglichkeiten zu schaffen, waren von den einheimischen Kräften im 18. Jahrhundert nicht oder nur sehr beschränkt zu erwarten. Die Landesfürsten, allen voran die Herrscher in Preußen, nahmen die Dinge selbst in die Hand, natürlich auch und gerade zum eigenen Nutzen. Sie holten sich Menschen und buchstäblich den Fortschritt, so wie sie es verstanden, von außerhalb ins Land.

Der Fortschritt

Fortschritt – kommen wir damit zu der Rolle der Juden? Hier muß eindringlich vor einer Idealisierung gewarnt werden. Auch wenn Adorno und Horkheimer Juden zu »Kolonisatoren des Fortschritts« ernannten[5] und Werner Sombart überschwenglich ausrief: »Wie die Sonne geht Israel auf über Europa: wo es hinkommt, sprießt neues Leben empor.«[6] Doch zu Recht warnte die Historikerin Selma Stern: »Sie (die Juden) waren doch nur ein einziger Faktor unter unzähligen und verschiedenartigsten dazu.« Vor allem waren sie »rein passiv, ein von der Regierung zur Erreichung ihrer Ziele benutztes Werkzeug«.[7] Um es deutlich zu sagen: Juden waren nicht die Schöpfer des Kapitalismus in Deutschland, und sie sind nicht für die Industrialisierung und das neue

Zeitalter moderner Kapitalwirtschaft verantwortlich, ob man das nun bedauert oder begrüßt.
Es ist das entscheidende und oft übersehene Faktum, auf das Hannah Arendt mit Nachdruck hingewiesen hat, daß die Sündenbocktheorie in bezug auf Juden und zur Erklärung von Judenfeindlichkeit nur bedingt anwendbar ist.[8] Wenn einer Fremdgruppe für einen tatsächlichen oder vermeintlichen Mißstand Schuld zugeschrieben werden sollte, bedurfte es hierzu eben nicht der jüdischen Gemeinschaft. An Fremdgruppen hatte es keinen Mangel: Hugenotten, Holländer, Litauer, Flamen, Wallonen, Italiener, Salzburger Protestanten und andere mehr. Auch mit diesen Minderheiten kam es zu Reibungen, selbst zu Vertreibungen. Das für uns entscheidende Faktum ist die Tatsache, daß im Gedächtnis der Menschen und häufig auch im Empfinden der Zeitgenossen Juden, und nur Juden, sowohl für den Fortschritt als auch für das soziale Elend infolge der Umwälzungen verantwortlich gemacht wurden.

Judentumsbild

Ein negatives Judentumsbild existierte nicht nur beim einfachen Volk, sondern auch in den gebildeten Schichten. Barbara Suchy untersuchte die Darstellung der Juden in der Lexikographie des 18. Jahrhunderts und kommt zu folgendem Urteil: »Das Bild, das sich aus den in deutschen Werken gefundenen Aussagen ergibt, zeigt ebenfalls das Weiterbestehen ausgeprägter, christlich motivierter Judenfeindschaft während des ganzen Jahrhunderts der Aufklärung. Gelegentlich wird sie begleitet oder ersetzt durch wirtschaftlich argumentierende, feindliche Äußerungen.«[9] Während des 18. Jahrhunderts erschien zudem eine Vielzahl theologischer Abhandlungen. In Titeln wie »Das schwer zu bekehrende Judentum«[10] oder »Judaeus Conversus«[11] wird die Absicht dieser Schriften deutlich, Juden zum Christentum zu bekehren.
Lenau, der mehrfach in seinen Gedichten den »ewigen Juden« Nikolaus darstellte – eher von Trauer und Mitgefühl denn von Feindschaft geprägt –, verleiht 100 Jahre später in den Versen »Der arme Jude« dem allgemeinen Unverständnis gegenüber Juden und der Hoffnung auf deren Taufe Ausdruck:

Juden in der Hölle. Die Christusleugner sind verdammt und verworfen. Aus dem »Hortus Deliciarum« der Herrade von Landsberg, ca. 1175

Jude, wolle dich bekehren!
Dir vom ganzen alten Bunde
Blieb dies Bündlein nur zur Stunde,
Dich zu schützen, dich zu nähren.
Laß dich taufen und verwandeln!
Mancher tat's, und mit vier Rossen,
Hornklang kommt er nun geschossen,
Der einst umrief: Nichts zu handeln?

Doch Lenaus »armer Jude« und Hausierer lehnt die Taufe und den damit verbundenen Aufstieg ab. Konsequenterweise finden ihn anderntags die Bauern »liegen an dem Kreuz erstarret«.[12]
Daß selbst sozialer Aufstieg und die Aussicht auf ein Leben in Ruhe und Wohlstand die Mehrheit der Juden nicht zur Konversion veranlassen konnte, war für die Menschen des 18. und 19. Jahrhunderts nicht nachvollziehbar. Im 19. Jahrhundert spitzte sich die Tauffrage weiter zu. Noch aber wurde die Antwort im tradierten Judentumsbild gesucht, sah man in der jüdischen Taufverweigerung satanische Kräfte am Werk; eine weitverbreitete Meinung auch unter gelehrten Männern.
Die Irritation über die Standhaftigkeit der Juden führte selbst angesehene Hebraisten – wie Johann Christoph Wagenseil – zu der Annahme, Juden würden blasphemische Reden gegen die christliche Religion führen, eine Auffassung, die er in mehreren Drucken zwischen 1681 und 1705 verbreitete. Das Standardwerk eines religiöswissenschaftlichen Antijudaismus verfaßte der Orientalist Johann Adreä Eisenmenger. Der Titel seines Buches ist Programm und Erklärung zugleich:

»Entdecktes Judentum. Oder: Gründlicher und Wahrhaftiger Bericht, Welcher gestaltet die verstockten Juden die Hochheilige Dreyeinigkeit, Gott Vater, Sohn und Heiliger Geist, erschrecklicher Weise lästern und verunehren, die Hl. Mutter Christi schmähen, das Neue Testament, die Evangelisten und Aposteln, die Christliche Religion spöttisch durchziehen, und die ganze Christenheit auf das äußerste verachten und verfluchen; Dabei noch viele andere bishero unter den Christen entweder gar nicht, oder nur zum Teil bekannt gewesene Dinge und große Irrthümer der Jüdischen Religion und Theologie, wie auch viel lächerliche und kurzweilige Fabeln und andere ungereimte Sachen an den Tag kommen; Alles aus ihren eigenen und zwar sehr vielen mit großer Mühe und unverdroßenem Fleiß durchlesenen Büchern, mit Anziehung der Hebräischen Worte, und deren treuen Übersetzung in die Teutsche Sprache, kräfftiglich erwiesen . . .«

Kein Geringerer als Friedrich I. finanzierte den Druck von 3000 Exemplaren in der Königlichen Hofbuchdruckerei zu Berlin, die 1711 (nach dem Tod des Autors) erschienen und als Druckort fälschlicherweise Königsberg auswiesen. Diese religiöse Literatur, die den christlichen Glauben erhöhen und verteidigen, Juden bekehren und zugleich die Verworfenheit des Judentums beweisen wollte, ist in hohem Maße für die Tradierung eines antijüdischen Bildes verantwortlich. Zugleich wurde durch sie eine spezifisch antijüdische Terminologie verbreitet, die zwar weitgehend religiös gemeint war, aber von allen späteren Antisemiten als Beleg für eine generelle jüdische Minderwertigkeit angeführt werden konnte. Die folgende Aufzählung stammt aus einer Schrift von nur 40 Seiten. Auch ihr Autor war Professor der Theologie und beschrieb »Johann Andreas Eisenmenger und seine jüdischen Gegner«. Die durchaus symptomatischen Anschuldigungen gegen Juden waren in bezug auf die Vergangenheit die der Verstocktheit, Ungläubigkeit, Blindheit, Boshaftigkeit – diese bedingten die jüdische Ablehnung der Dreieinigkeit. Der Ton gegenüber den Juden als Zeitgenossen war entsprechend aggressiv. Juden sind »Gotteslästerer«, »leidige Teufel«, »Väter der Lügen und Verleumdungen«. Die Rabbiner seien gekennzeichnet durch ihre »rabbinische Raserei«. Sie verbreiten »lächerliche Fabeln«, »unverschämte Lügen« und »abergläubige Narrenpossen«. Ihr Wissen bezögen sie aus »heillosen Büchern«, »abgeschmackten Lügenbüchern voll gottloser Zaubereien«, womit in aller Regel der Talmud gemeint war.[13]

In diesem geistig-religiösen Klima, in dem Juden als eine Herausforderung all dessen betrachtet wurden, was Christen heilig und teuer war, kannten die Emotionen kaum eine Grenze, wenn ein Christ zum Judentum übertrat. Vergessen wir nicht, daß in Spanien und Portugal die Inquisition noch am Werke war. In einem Autodafé wurden im September 1752 33 Männer und 29 Frauen hingerichtet. Fünf Frauen beschuldigte man der Hexerei. Zwei Männer wurden verbrannt und eine Frau erwürgt. Ihr Verbrechen war der Übertritt zum Judentum und die Weigerung, in den Schoß der Kirche zurückzukehren. Einem weiteren aus dem gleichen Grunde zum Tode verurteilten Mann wurde Pardon gewährt, weil er dem Judentum wieder abschwor.[14] Nicht anders erging es ein Jahr später einem Mann, der trotz des »eifrigen Zuredens der Geistlichen« seinen Entschluß, vom katholischen zum jüdischen Glauben zu wechseln, nicht rückgängig machte. »Der Scharfrichter sollte ihm unter dem Galgen die Zunge hinten aus dem Nacken herausschneiden, ihn darauf lebendig verbrennen und die Asche mit Pulver verschießen.« Die bereits angesetzte Exekution wurde verschoben, »weil die Geistlichen noch Hoffnung haben, ihn zu bekehren«. Da diese Hoffnung vergeblich war, wurde mit ihm an einem Samstag (Schabbat!) verfahren, wie zuvor geschildert.[15]

Solch drastische Strafen, die in Form öffentlicher Schauspiele ausgeführt wurden, galten als Abschreckung. Nur wenn man Juden als Teufel oder mit dem Teufel im Bund stehend betrachtet und einen Übertritt zum Judentum als Gotteslästerung einstuft, werden diese Exekutionen erklärbar. In Berlin wurde aus einem solchen Grund nicht hingerichtet, aber noch 100 Jahre später mit Worten geächtet. Das Konsistorium der Provinz Brandenburg reagierte in einer »Bekanntmachung zum Übertritt zum Judentum« am 27. Dezember 1870 dermaßen aggressiv und unsachlich, daß sich liberale Christen von dieser Erklärung – nach einem geharnischten Protest der jüdischen Gemeinde Berlin – öffentlich distan-

zierten. Unter anderem waren die zum Judentum Konvertierten beschuldigt worden, aus rein geschäftlichen Gründen zu handeln. Gleichzeitig nahm man den Anlaß zum Vorwand, um an den angeblichen Haß der Juden gegen Christen zu erinnern.[16] Der Übertritt eines Juden zum Christentum wurde als logisch, als eine Aufwärtsentwicklung, als ein Streben zum Höheren gewertet, der Weg vom Christentum zum Judentum als Abstieg, Rückfall und Verrat eingestuft.
Von diesen Vorstellungen geprägt war natürlich auch das Bild, das in Stadt und Land mittels der geistlichen Spiele auch jenen vermittelt wurde, die keine dicken Bücher gelehrter Doctoris lasen. Die Passions-, Weihnachts- und Fastnachtsspiele waren entsprechend von »Aberglauben, Fanatismus, künstlich geschürtem Haß« gegenüber Juden geprägt.[17] Jetzt kamen Spottstücke hinzu, die vor allem die Geschichte vom Aufstieg und Tod der Hofjuden Karl Alexander von Württemberg und Joseph Süß Oppenheimer (hingerichtet 1737), zum Inhalt hatten. Albert Mannheimer hat in seiner Dissertation zahlreiche Texte untersucht, die mehr oder weniger schadenfroh den Fall der jüdischen Aufsteiger schildern. »Eine ungeheure Menge kleiner und größerer Flugschriften und Kupferstiche« behandeln »in recht unflätiger Weise« das Leben des »Jud Süß«, dessen Glaubens- und Berufsgenossen, Lippold am Brandenburger Hofe, Fränkel und Ischerlen am Hofe zu Ansbach, die ebenfalls nach getaner Arbeit einen qualvollen Tod erleiden mußten.[18] In anderen Dichtungen, insbesondere Volksstükken, verkörperten Juden häufig die »komische Figur«, standen für Feigheit, Geschwätzigkeit oder Geldgier.[19] Auch die »Tagespresse trug zunächst durch ihre Nachrichtenauswahl das Ihre dazu bei, den Abbau von Vorurteilen zu erschweren, da sie gewöhnlich nur zweierlei, die Juden betreffende Nachrichten veröffentlichte: Übertritte zum Christentum und Grusel- oder besser Grausamkeitsgeschichten über angebliche Ritualmorde und dergleichen«.[20]

»Wir sind Fremdlinge«

Ein bezeichnendes Licht auf die Situation der privilegierten Juden im Berlin des 18. Jahrhunderts wirft deren Reaktion auf den Einzug der aus Salzburg vertriebenen Protestanten in die Stadt: Jüdische »Männer und Weiben haben diesen verjagten Leuten nicht allein bei ihrem Einzuge in die Stadt Vieles zugeworfen, sondern sie sammelten auch sogleich des anderen Tages nach der Ankunft des ersten Trupps von freien Stücken eine Kollekte in ihrer Synagoge, die Frauen beschenkten die Unglücklichen mit Leinwand. Wenn man die Geber fragte, warum sie den Christen spendeten, da sprachen die Frauen: ›Gott

Aufstieg und umjubelter Fall des Hofjuden Joseph Süß Oppenheimer (Schraubmedaille 1738)

führt ja die Sache der Witwen und Waisen, liebt den Fremdling und gibt ihm Speise und Kleidung‹, und die Männer antworteten mit sorgenvoller Miene: ›Wir sind Fremdlinge wie sie.‹«[21] In der Tat waren Juden Fremde, und der Staat unternahm alles, um diesen Zustand zu bewahren. Es war ja nicht nur eine fiskalische Maßnahme, wenn Juden beim Betreten einer Stadt, in Lübeck bis zum Jahre 1808, »gleich dem Vieh einen Leibzoll bezahlen« mußten.[22] In einigen Regionen mußten Juden bis ins späte 18. Jahrhundert hinein das Judenzeichen tragen. In Preußen konnte zu Beginn des 18. Jahrhunderts nur durch die Zahlung eines hohen Lösegeldes verhindert werden, daß Juden erneut diesen gelben »Schandfleck« anlegen mußten.[23] Unmenschlich war auch das Reglement, dem die Berliner Juden unterworfen waren. Der Vergleich mit dem Vieh ist insofern richtig, da ausschließlich nach den Gesichtspunkten von Nutzen und Ertrag verwaltet wurde. Wer viel Geld gab, wurde geduldet, wer keines besaß oder verarmte, vertrieben. Zugelassen wurden generell nur Wohlhabende, getrennt in ordentliche Schutzjuden, die ein Kind »ansetzen durften«, und in außerordentliche, denen es verboten war, Kinder zu bekommen. Heiraten war nur den zum Kinder-Ansetzen Berechtigten, und zwar untereinander und nur dann, wenn kein Partner aus einer armen Familie stammte, erlaubt. Wiederholt wurde versucht, dem Sohn eine Heirat erst dann zu erlauben, wenn sein Vater gestorben war. Kollektivstrafen und Sippenhaft bis ins dritte Glied waren üblich und gesetzlich. Neben der Kopf-, Geburts- und Heiratssteuer mußte praktisch für jegliches Unterfangen eine Abgabe errichtet werden.[24]

Hoffaktoren

In dieser Situation war es viel weniger der Geschicklichkeit einzelner Juden zuzuschreiben, wenn sie eine für damalige Verhältnisse grandiose Karriere machen konnten. Es war der Wille ihrer Herren, der sie zu Hoffaktoren aufsteigen ließ. Mit Freundlichkeit, gar Wohlwollen hatte diese Maßnahme nichts zu tun. Zwei Gründe waren maßgebend: Es war schick, Mode, eine Frage des In-Seins, sich einen Hofjuden zu halten. So wie es später eine Zeitlang »süß« war, sich von einem kleinen Mohren den Tee servieren zu lassen. Einen Angehörigen des »verworfenen Volkes« an einem christlichen Fürstenhof zum Vorgesetzten von Christen zu machen, das war irgendwie pikant. Bald verfügte praktisch jeder Landesherr über »seinen« Hofjuden. Daneben spielten handfeste wirtschaftliche Erwägungen die wohl ausschlaggebende Rolle. In der höfischen Kultur des Barock blieb der Hofjude ein gesellschaftlicher Außenseiter, auf Gedeih und Verderben vom Fürsten abhängig. Um seine Existenz zu sichern, mußte der Hoffaktor stets um die Erhaltung der Gunst seines Herrn bemüht sein. Er konnte sich nicht auf sein Gut zurückziehen wie die Herren von Stand. Was zählte, war ausschließlich das Geld, das er für die Hofhaltung einbrachte, als Steuereinnehmer, Pächter der Münze usw. Gezielt konnte er gegen die Interessen des Adels oder der Bürger eingesetzt werden. Zugleich war er gezwungen, auch privat ein Vermögen zu erwerben, denn der Fürst verlangte von ihm stets neue Abgaben und Darlehen. Der Hofjude hatte für Regenten einen unschätzbaren Vorteil gegenüber all seinen christlichen Konkurrenten und Neidern: die Empörung im Land über den Aufstieg eines Juden, über dessen scheinbare Machtfülle ließ vergessen, daß er nichts anderes war als der Diener seines Herrn, der ausführte, was ihm befohlen wurde. Daß im Siebenjährigen Krieg der Große Kurfürst aus Finanznot den Silbergehalt der Münzen senken ließ, ist selbst in einigen Fachbüchern unserer Tage ein unbekanntes Faktum, wohingegen die Manipulation der »Silberjuden« stets erwähnt wird.[25] Rothschilds Aufstieg und sein finanzpolitisches Genie sind unvergessen. Wer aber erinnert sich noch an Rothschilds Herzog, der Tausende seiner Landeskinder als Kanonenfutter an die Briten zum Einsatz im fernen Amerika verkaufte?[26]

Privilegierte Juden

Zu glauben, Juden hätten bei der Einführung der Geldwirtschaft eine bedeutende Rolle gespielt, ist eine »unhistorisch-politische Verzerrung«; gezielt wurden hierfür von Friedrich nach 1753 Franzosen und Holländer eingesetzt.[27] Aus Italien wurde die Lotterie übernommen. Ein Holländer gründete 1756 die Levante-Kompanie und mit königlichen Mitteln eine Bank. Einem Franzosen unterstand die Post. Hugenotten bauten im königlichen Auftrag die Porzellanmanufakturen und spielten eine bedeutende Rolle im Außen- und Fernhandel. Frankfurt war durch holländische Flüchtlinge, flämische und wallonische Kaufleute zu einem der wichtigsten Geldhandelsplätze Europas ausgebaut worden. Durch die Einwanderung französischer und holländischer Unternehmer erlebte Hamburg eine starke Belebung. Generell kann man also feststellen: Vor 1780 ging die Gründung von Manufakturen überwiegend auf die Initiative von Fürsten, Adeligen und kirchlichen Institutionen zurück, die zur Realisierung ihrer Pläne das Geschick und zum Teil die weitläufigen Verbindungen von ausländischen Persönlichkeiten oder Gruppen in Anspruch nahmen. »Juden traten erst später in Erscheinung.«[28] Ihr Monopol lag bei der Belieferung der Höfe mit Luxuswaren. In die zaghaft sich entwickelnde Industrie wurden sie eher gegen ihren Willen verwickelt. Nach dem Siebenjährigen Krieg wurde den jüdischen Militärlieferanten und Münzprägern das Privileg erteilt, ein zweites Kind »anzusetzen«. Bedingung war, daß sie eine bedeutende Geldsumme zahlten und eine Fabrik errichteten. Nicht selten wurde versucht, die Judenheit insgesamt zur Übernahme unrentabler Unternehmen zu zwingen. Insbesondere Friedrich II. tat sich darin hervor, Juden zur Gründung von Textilfabriken, Eisenwerken und Leder verarbeitenden Betrieben zu veranlassen, die sich überwiegend wirtschaftlich nicht behaupten konnten. Jakob Toury hat dies eingehend erforscht. Alle großen Industrieunternehmungen in Berlin Ende des 18. und Anfang des 19. Jahrhunderts waren *ohne* jüdische Beteiligung entstanden.[29] Während auf der einen Seite der Staat versuchte, Juden zu Fabrikherren zu machen, war ihnen auf der anderen Seite der freie Handel weitgehend untersagt, wurde das Schutzgeld drastisch erhöht, wurden sie auf dem Verordnungswege gezwungen, schlechte Ware aus unrentablen Manufakturen zu kaufen. Ein Jude konnte eine Heiratserlaubnis und andere Konzessionen nur unter der Bedingung erhalten, daß er Porzellan in größerem Umfange erwarb. Dieses Porzellan mußte er auf seine Kosten ins Ausland transportieren, Inlandsverkauf war aus Werbegründen verboten, was aufgrund der damals schlechten Qualität der Ware nur mit hohem Verlust möglich war. Noch zur Zeit von Moses Mendelssohn galt ein Pflichtkauf für Todesfälle, Eheschließungen, Geburten usw. Der Philosoph besaß schließlich eine Sammlung von 20 wegen ihrer Häßlichkeit ansonsten unverkäuflichen Affen aus Porzellan.[30] Gleichzeitig kämpfte die christliche Kaufmannschaft gegen jene wenigen Juden, denen in der Stadt die Eröffnung einer Bude oder Wechselstube gestattet worden war. Die Berliner Kaufmannsgilde beantwortete ihre fehlgeschlagenen Bemühungen in dieser Richtung 1716 mit der Einführung eines neuen Paragraphen in die Handelsordnung, der eine jüdische Mitgliedschaft ausschloß. Die Begründung war perfid, aber zeitüblich: »Alldieweil die Kaufmannsgülde aus ehrlichen und redlichen Leuten zusammengesetzt, also soll kein Jude, strafbarer Todtschläger, Gotteslästerer, Mörder, Dieb, Ehebrecher, Meineidiger oder der da sonst mit öffentlichen groben Lastern und Sünden beflekket und behaftet, in unsere Gülde nicht gelitten, sondern davon gänzlich ausgeschlossen sein und bleiben.«[31] Diese Verordnung blieb bis ins erste Jahrzehnt des 19. Jahrhunderts gültig.

Demütigend war auch die von Friedrich Wilhelm I. geübte Praxis, derzufolge Juden die bei königlichen Jagden erlegten Wildschweine kaufen mußten.[32] Wie rechtlos selbst die privilegierten Juden waren, zeigt eine Episode aus dem Oktober 1737. Die Soldaten hatten sich über ihre unsauberen Quartiere in den Baracken zwischen Königs- und Spandauer Tor beklagt. Daraufhin wurden Juden, die keine eigenen Häuser besaßen – und das war die Mehrheit, da jüdischer Hausbesitz auf 40 Liegenschaften beschränkt war –, gezwungen, aus ihren Mietwohnungen auszuziehen, diese ohne Entschädigung den Soldaten zu überlassen und in die vormaligen Behausungen der Militärs einzuziehen und eine von der Regierung festgesetzte Miete zu zahlen.[33]

War also die Position selbst der reichen Juden eine ausgesprochen unsichere, so war sie immer noch glänzend im Verhältnis zu den jüdischen Massen. Die jüdische Oberschicht, die eher den Juden allgemein gesteckte Grenzen überwinden konnte, die auch nach außen hin ihren Wohlstand bekundete, betrug gerade zwei Prozent der jüdischen Bevölkerung; zwei Prozent, die häufig die restlichen 98 Prozent vergessen ließen.[34] Die Klage eines Ludwig Stern aus dem Jahre 1879 war 100 Jahre zuvor nicht weniger aktuell: »Wir, ich meine den größten Teil der deutschen Juden, wir armen Schlucker, tragen das Odium für unsere reichen Glaubensgenossen, denn nur das Geld einiger reicher Juden ist der Brennstoff« für die Judenfeindschaft.[35] Nun, wir haben gesehen, es war nicht nur das Geld, aber es war es auch. In einem doppelten Sinn: in der ordinären Mißgunst auf jene, welche etwas erreicht haben, was einem selbst, aus welchen Gründen auch immer, versagt bleibt. Das traf auf christliche Aufsteiger nicht weniger zu. Aber es hat den Anschein, daß ein christlicher Kapitalist anders beurteilt wurde als ein jüdischer. Auch wenn sie sich der gleichen Methoden und Praktiken bedienten, blieb für viele ein erheblicher Qualitätsunterschied. Unterschätzen wir nicht die Distanz, auf die die christliche Gesellschaft gegenüber Juden Wert legte. Treffsicher hat der bedeutendste Kritiker christlichen Höherwertigkeitsanspruchs gegenüber Juden, Ephraim Lessing, in seinem Lustspiel »Die Juden« 1749 dieses Denken in wenigen Sätzen beschrieben:

Ein unbekannter, wohlhabender und allgemein geachteter Reisender offenbart sich gegen Ende der Handlung als Jude. Sein christlicher Diener, dem dieses Faktum unbekannt war, darauf empört: »Was, Sie sind ein Jude und haben das Herz gehabt, einen ehrlichen Christen in Ihre Dienste zu nehmen? Sie hätten mir dienen sollen. So wär's nach der Bibel recht gewesen. Potz Stern! Sie haben in mir die ganze Christenheit beleidigt . . .«[36]

»Wir armen Schlucker«

Die religiösen Vorstellungen und die alten Judengesetze hatten sich als soziale Rangordnung in den Köpfen der Menschen festgesetzt. Dieses Sozialverhalten blieb bestehen, auch wenn die religiösen Einstellungen sich änderten und die Gesetze und Verordnungen gemildert oder abgeschafft wurde. »Im Jahre 1800 machte noch ein Dr. Med. bekannt, daß in seiner Badeanstalt zwei Zimmer für die hiesige Judenschaft (in Frankfurt) bestimmt seien und kein Christ in ein Judenbad und kein Jude in ein Christenbad eingelassen werde; auch das Weißzeug sei für beide Teile besonders gezeichnet.«[37]

Wenden wir uns der Situation eines *durchschnittlichen* Juden zu, der nicht zur kleinen Schar der Privilegierten zählte, der keine Fürstenhäuser mit auserlesenen Weinen belieferte. Wie war das Verhältnis zwischen durchschnittlichen Christen und ebensolchen Juden dort, wo die Masse des Volkes lebte, auf dem Lande? Zwei Lebenserinnerungen geben hierüber Auskunft. Unter den ungedruckten Jugenderinnerungen von Salomon Ludwig Steinheim fand sich ein Kapitel »Katholische Judenfeindlichkeit«, die seine Erfahrung aus Westfalen gegen Ende des 18. Jahrhunderts schildern: »Das Gespenst des Judenhasses erhob sich vor des Knaben Augen und grinste ihn feindlich an, hüpfte hinter ihm her und verfolgte ihn mit Drohen, Schelten und Steinwürfen. So mußten wir, wie alle jüdischen Einwohner unseres Dorfes, den Kirchhof umgehen und durften den Richtweg über denselben nicht benutzen, wollten wir vor den sicheren Steinwürfen sicher sein . . . In ganz katholischen Dörfern war das Unglück noch größer, besonders wenn ein fremder Jude hindurch ging. Die ganze Bevölkerung von Hunden und Jungen war hinter ihm drein und jener, von diesen nach Herzenslust gehetzt, so daß der arme Geplagte alles zu tun hatte und nicht immer alles tun konnte, den Bissen und Steinwürfen mit heiler Haut zu entgehen. Noch übler ging es in den dickkatholischen Ortschaften des kölnischen Sauerlandes her, wie mir mein verewigter Freund, der Dr. und Prof. Haindorf erzählte. In seinem Geburtsorte . . . war ein strenggläubiger Pfarrer und geistlicher Hirt, der so lang er dort die Herde hütete, die ganze Judengemeinde nötigte, den Ort auf mehrere Tage, eigentlich die Passionszeit hindurch, zu verlassen und zu einer benachbarten Gemeinde auszuwandern. Denn nach der Passionspredigt am Stillen Freitag stieg der ehrwürdige Priester von der Kanzel, durchschritt die Kirche und ihm folgte seine ganze Gemeinde. Dann ging's . . . zur Synagoge. Hier ging das Werk der Zerstörung los. Die fest verschlossene Tür wird erbrochen, hinweg stürmt der Fanatiker mit seiner Gemeinde und zerbricht alles, reißt die etwa vorhandenen Gebet- und anderen Bücher in Fetzen, zieht endlich nach vollbrachtem Werke wieder ab und nagelt vor die Tür eine Speckseite . . . In unserem (Dorf) ging's nicht völlig so arg her. Doch waren wir genötigt, jedes Mal am Feste des Hl. Limborius mitten im Sommer Türen und Fensterläden beim Vorüberziehen der Prozession geschlossen zu halten und durften uns kaum getrauen, durch das Schlüsselloch die Zeremonie zu schauen.«[38]

Ein jüdischer Hausierer als Ziel. Schützenscheibe aus Mähren, 1747

Die andere Geschichte ereignete sich 1789 in Oberfranken, in der Nähe von Bamberg. Der junge Mann ist aufgrund der Armut seiner Eltern gezwungen, sich als Hausierer zu versuchen: »Aber wie ich zu meines Vaters Bekanntschaft kam und meine Ware anbot, da hieß es einstimmig von den katholischen Bauern und Töchtern: ›O du hübscher Mensch, es ist doch schade, daß du in die Hölle und das Fegefeuer kommst, laß dich taufen!‹ Ich packte meine Ware ein und verließ ihr Haus. So ging es mir in vielen Häusern und Dörfern unterwegs. Jungen, die Kühe oder Schweine hüteten, riefen mir zu: ›Jud, mach Mores!‹ Wenn ich nicht gleich meinen Hut abnahm, warfen sie mit Steinen nach mir.«[39]

Emanzipation

An dieser Stelle gilt es, eine Lanze für die Wohlhabenden, die Hofjuden und deren Nachfahren zu brechen. Sie waren Vorreiter eines jüdischen Bildungsbürgertums, das sich noch am ehesten über religiöse Schranken hinwegzusetzen vermochte. Juden war ja allgemein der Besuch der Schulen – und vor allem der Gymnasien – ebenso untersagt wie etwa die Erlernung eines Handwerks. Was ihnen blieb, waren die traditionellen jüdisch-religiösen Bildungsformen. Damit trat zwangsläufig eine einseitige, auf theologisches Wissen ausgerichtete Erziehung ein, eine Erziehung, die aber das notwendige Rüstzeug, die Glaubenskraft und innere Festigkeit vermittelte, die nun einmal notwendig war, um als erwachsener Mensch ein jüdisches Schicksal auf sich zu nehmen. Aus diesem Grund lehnten die Rabbiner weltliche Lerninhalte ab. So einseitig diese Ausbildung war, sie sicherte zumindest der männlichen Jugend die Fähigkeit, lesen und schreiben zu können. Freilich war dies eine Fähigkeit, die nur im innerjüdischen Bereich eine Bedeutung hatte.

Der von außen eingeschränkte Lebensraum für Juden fand seine Entsprechung bzw. Antwort in der innerjüdischen Abgeschlossenheit. Juden lebten, wie Jakob Katz zutreffend feststellte, in einer »eigenen geistigen Welt«.[40] Das galt nicht nur für die Religion, sondern auch für die Sprache. Dabei wuchs ein jüdisches Kind zweisprachig auf: das Hebräische blieb auf den religiösen Bereich beschränkt (Loschen Hakaudesch), die heilige Sprache der Bibel, die im täglichen Leben nicht profaniert werden sollte. Als Umgangssprache war das Jiddisch geläufig. Dieses Westjiddisch ging im Verlauf der Assimilationsepoche unter.

Halten wir also fest: Die Trennung der jüdischen von der christlichen Gesellschaft war eine dreifache: religiös, sozial, sprachlich. In der Zeit der Aufklärung trat eine weitere Barriere hinzu. Juden hatten, von Ärzten abgesehen, keinen Anteil an der neuen Zeit und ihrer geistigen Entwicklung. Philosophie, Naturwissenschaften, Religionskritik blieben für die Massen der Juden eine gänzlich unbekannte Sphäre. Auf diese Weise drohte der Abstand zu den Christen noch größer zu werden, auch wenn im 18. Jahrhundert nur eine relativ dünne Schicht christlicher Gebildeter die neue Epoche repräsentierte. Zu dieser christlichen Geisteselite aus einzelnen Adeligen und aufgestiegenen Bürgerlichen, die über Vernunft und Naturrecht nachdachten, die über merkantile Beschäftigungen eine Bereitschaft entwickelten, Veränderungen akzeptierten, stießen einzelne Juden, und zwar solche, denen es aufgrund ihres Geschicks, Glücks und aufgrund ihrer Privilegien gelungen war, die soziale Schranke zur christlichen Umwelt weitgehend zu überwinden. Sie, und nur sie, hatten die Voraussetzung, auch die Bildungsbarriere zu überwinden. Ihre Kinder wurden durch Hauslehrer in den bislang für Juden unbekannten Wissenschaften unterrichtet. Und spätestens diese Kinder lernten fließend Deutsch zu lesen und zu sprechen. Die Vätergeneration hatte trotz der Nähe des Westjiddischen zum Deutschen häufig ein Leben lang Probleme mit der deutschen Sprache. Das galt für einen Moses Mendelssohn ebenso wie für einen Moses Heß.

Ein Aufbruch dieser jüdischen Elite in die deutsche Kultur fand statt. Und ein Mendelssohn scheute sich nicht, seinen frankophilen König wegen dessen Mangel an Deutschtum zu kritisieren. Weltliche Bildung wird für Juden der Schlüssel in die deutsche Gesellschaft. Die Bildung erfährt eine »gesellschaftssprengende und eine gesellschaftsbildende Funktion«.[41] Anfangs trafen sich einzelne, bei Vorträgen oder in Vereinen, und am Ende standen jüdische Häuser als gelehrt-gesellige Treffpunkte. Das religiös Trennende wurde zwar als schmerzlich empfunden, doch die Sprache als verbindende Grundlage der Nation definiert. Zumindest in diesem nach wie vor eng begrenzten Raum eines freien intellektuellen Verkehrs übernahmen Sprache und Bildung in gewisser Weise die Funktion der Taufe: Nicht der Übertritt zur christlichen Religion, sondern gemeinsame Sprache bewirkte gesellschaftliche Gleichheit. Diese Logik wurde außerhalb der eben beschriebenen Zirkel kaum nachvollzogen. Und so blieb die Taufe weiterhin der einzige Weg nicht nur für die gesellschaftliche, sondern auch für die juristische und administrative Gleichbehandlung. Noch 1832 klagt Johann Jacoby, ein halbes Jahrhundert nach Lessing und Mendelssohn: »Mit bürgerlicher Unfähigkeit geschlagen, sehen wir uns von allen Ehrenämtern, Staatsämtern, selbst von Lehrstühlen ausgeschlossen . . . Überall wird er (der Jude) in dem ungestörten Genuß der Menschen- und Bürgerrechte gekränkt und überdies noch der allgemeinen Verachtung preisgegeben.«[42] Und so trat eine merkwürdige Spannung ein. Einerseits forderten aufgeklärte Christen eine Gleichberechtigung der Juden, vorausgesetzt, Juden assimilierten sich an das Deutschtum. Andererseits wurde unter Assimilanten nach wie vor die Aufgabe des Judentums gefordert. War die Anpassung an deutschen Geist und deutsche Kultur erfolgt, wurde auch die Anpassung an die deutsche Religion erwartet.

Über die Taufe zum Menschentum

Hinter der fast durchgängigen Forderung, Juden sollten sich taufen lassen, stand nicht nur christlich-religiös motivierter Bekehrungseifer, sondern die Erwartungshaltung, Juden sollten ihre »Verstocktheit« aufgeben und dem Judentum abschwören. In dieser Haltung offenbarte sich ein christliches Selbstverständnis, das »wahres« Menschtum mit Christentum identifizierte. »Wer außerhalb der Christenheit steht«, verkündete eine judenmissionarische Schrift lapidar, »steht außerhalb der Menschheit,« denn: »die Christenheit ist die Menschheit.«[43] 1816 hatte der Prediger Johann Jacob Kromm die Forderung aufgestellt, »daß auch die Juden endlich einmal Menschen werden«. Und: »zu Menschen machen« bedeutete für Kromm, »ihren Aberglauben, . . . ihre Geist und Herz verkehrenden Menschensatzungen« auszurotten, da man die Juden physisch nicht »ausrotten« wolle.[44] Von dem gleichen, völligen Unverständnis gegenüber Juden war auch der junge Philosoph Hegel geprägt. »Der alte Bund des Hasses«, so Hegel in seinen theologischen Frühschriften, dieses »tierische Dasein« sei »nicht mit den schönern Formen der Menschheit verträglich«.[45]

Philosophische Judenfeinde?

Für die weitere Entwicklung der Judenfeindschaft war das Faktum verhängnisvoll, daß mangelndes Verständnis, ja Unwillen gegenüber Jüdischem bei fast allen deutschen Geistesgrößen zu finden ist. Auch bei jenen wie Kant oder Herder, die sich verschiedentlich sehr positiv äußerten und mit Juden freundschaftlichen Umgang pflegten, fehlt es nicht an kritischen Bemerkungen, die nicht einzelne Juden, sondern Judentum als solches verurteilten, in ihnen einen »peinlich verbliebenen Rest des Mittelalters« sahen.[46] Die Freiheit zur Kritik an der Kirche und ihren Dogmen führte keineswegs zu einem besseren Verständnis des Judentums. Über Voltaire etwa urteilt sein Biograph: »Selbstverständlich ist die ganze reservierte Haltung Voltaires den Juden seiner Zeit gegenüber wie seine Abneigung gegen sie im Altertum von seinem Kampf gegen die christliche Kirche bestimmt.«[47] Ein so scharfer Kritiker der Kirche wie Eduard von Hartmann, der über »die Selbstzersetzung des Christentums«[48] und den kirchlichen »Indifferentismus« und den »gewohnheitsmäßigen Schlendrian des Festhaltens am Überkommenen« klagte, konnte gleichzeitig einen »Salon-Antisemitismus« (Cahn) vertreten und der Regierung den Rat erteilen, sie müsse »den Juden die Lossagung vom Judentum durch Austritt aus der jüdischen Religionsgemeinschaft in jeder Weise erleichtern«, »den Umwandlungsprozeß liebreich unterstützen«.[49] Das Alte Testament wurde als Nationalgesetz (etwa Schleiermacher), das einer vergangenen Epoche angehöre, definiert. So meinte Arthur Schopenhauer, er müsse »den vernünftigen Juden«, der »die alten Fabeln, Flausen und Vorurteile« aufgibt und »aus einer Genossenschaft heraustritt, die ihm weder Ehre noch Vorteil bringt«, »durchaus loben«. Auf diese Weise würde »dem ganzen tragikomischen Unwesen ein Ende« bereitet, und das Ideal sei, wenn es in »über 100 Jahren nur noch sehr wenige Juden gebe«, ja das »Gespenst ganz gebannt . . . und das auserwählte Volk selbst nicht wissen (würde), wo es geblieben« sei.[50] Die Schlußfolgerung daraus lautete: Die Bekenner des mosaischen Glaubens sind Anhänger einer veralterten, überholten Moral und Gottesvorstellung, Relikte der Antike, ». . . die nicht Furcht noch Mitleid erwecken« könnten, allenfalls »Abscheu« (Hegel).[51]

Emanzipation als Bedrohung

Der Einsatz für eine Emanzipation der Juden kann, aufs Ganze betrachtet, nicht als Versuch einer Rehabilitierung des Judentums, einer Neuentdeckung des von christlicher Diffamierung gereinigten Judentumsbildes betrachtet werden. Es ging ja auch nicht um Juden allein, sondern um die Befreiung von Unterdrückten allgemein, um die Emanzipation all jener, die vor dem Gesetz nicht gleich waren. So wenig es Sympathie für das bäuerliche Leben war, wenn man für eine Befreiung der Bauern eintrat, so entsprach es noch weniger einer Sympathie für die jüdische Religion, die einige Christen veranlaßte, für die Gleichheit und Gleichbehandlung der Juden im Staat zu kämpfen, sondern entsprang einem Mit- und Verantwortungsgefühl für jene, die, wie die Masse der Juden, in sozialem Elend lebten, der

»Judenemanzipation in Bayern: ›Gott soll mir helfen! kann ich doch sagen, ich bin geworden emanschipirt.‹« (Reichsbremse, Leipzig 1848)

Willkür der Obrigkeit ausgesetzt und durch diskriminierende Gesetze gedemütigt wurden. Ähnliche Gedanken lagen auch der Forderung nach einer Emanzipation der Frau, die zur selben Zeit aufkamen, zugrunde.[52]

Der Ruf nach Gleichheit, nach einer Anerkennung der Juden als gleichberechtigte Mitbürger, stieß, vorsichtig ausgedrückt, auf Zurückhaltung. F. v. Schuckmann gibt in seiner Ablehnung der Dohmschen Reformvorschläge die Stimmung sicherlich richtig wieder, wenn er betont, daß, »so lange also das Ganze der Nation die Juden noch für eine schlechtere Menschenart, und sich durch ihre Gleichmachung beleidigt hält, so lange das Vorurteil wider sie noch in den Herzen des größten Teils der christlichen Obrigkeiten und der das Volk lenkenden Geistlichkeit herrscht, so lange ist es unmöglich, sie durch Gesetze allgemein vor Unterdrückung zu schützen.«[53] Zu den erbittertsten Gegnern der Emanzipation zählten um die Wende zum 19. Jahrhundert die Repräsentanten der bisherigen Ordnung. Vor allem auf dem Land, wo der größte Teil der Bevölkerung lebte, waren Obrigkeit und Geistlichkeit die wesentlichen Informationsquellen und Meinungsmacher. Man müßte noch den Dorflehrer hinzurechnen. Was sie über Juden zu sagen hatten, nahm immer düsterere Farben an. Denn diese neue Zeit mit ihren neuen Erkenntnissen unterminierte zunehmend ihre Position. Das traditionelle Weltbild geriet ins Wanken. Die Grundfesten, auf denen sie ihre Autorität gründeten, wurde erschüttert. Die gottgewollte Ordnung, der Unterschied zwischen Unten und Oben, die existierende Machtverteilung erschien plötzlich nicht mehr als »natürlich« oder »als etwas, was mit den höchsten weltschöpfenden Mächten in Übereinstimmung, in Harmonie steht«.[54] Die Bibel wurde durch die Naturwissenschaften in der elementarsten Frage der Schöpfungsgeschichte von Erde und Mensch relativiert. Die Religionskritik entlarvte »Tatsachenberichte« als fromme Legenden. Die Kirche selbst wurde als veraltet und ihre Dogmen als nicht im Einklang mit der Vernunft stehend angegriffen. Von Frankreich her verbreitete sich der Ruf nach allgemeiner Freiheit und Gleichheit. In einigen Orten rebellierten die Bauern gegen Armut und Unterdrückung. Was lag näher, als das bekannte christliche Feindbild, die Juden, »als Geißel einer angeblich feindlich verschworenen und bedrohlich erscheinenden Wirklichkeit, . . . als die Inkarnation alles dessen, von dem man eine Verunsicherung erfährt«[55], jenen zu präsentieren, die sich nach Sicherheit sehnten? Während man im Innersten erschüttert war, von außen Napoleon anstürmte, waren aufgeklärte Christen und Juden bemüht, die Position der Juden zu ändern. In Frankreich wurde eine Rabbiner-Versammlung einberufen, die die Emanzipation der Juden vorbereiten sollte. Bot sich hier nicht die simpelste aller Erklärungen an? Bereits 1786 reduzierte der Jesuitenpater Partler alle Ängste und Probleme auf eine Ursache: auf das »Christus hassende Judentum«.[56] »Grenzenlos«, so analysierte Eleonore Sterling, war »die Furcht vor dem Judentum«. Das Alte, Überkommene galt nunmehr als das Christliche, das Gute. Das Neue war jetzt das Schlechte, das Jüdische. Eine Umkehr christlichen Selbstverständnisses, identifizierte man sich doch mit Jesus, der gerade nach christlicher Interpretation das Neue, den Fortschritt brachte. Juden – Grundlage des christlichen Antijudaismus – repräsentierten danach das Alte, die Tradition.[57] 1800 Jahre später empfinden sich viele als Hüter des Christentums, des Traditionellen, und identifizieren sich mit einem Jesus als dem Repräsentanten und Garanten der geltenden »alten« Gesellschaftsordnung, die jetzt durch jüdische Neuerungen und Fortschritt bedroht sei. Bedroht, weil eine christliche Monarchie, eine Staats- und Ständeordnung auf sich die sakrale Weihe des Religiösen übertragen hatte und jede

»Wai geschrieen, Joel, was hast de gemacht mit dein Bart?! – As mer doch soll wern emancipiert am ganzen Laib, hob' derweil emancipiert mei Gesicht!« (Düsseldorfer Monatshefte, 1848)

Änderung auch als Blasphemie, als Auflehnung gegen Gott empfand. »Der Jude« blieb so in der Rolle des Gottesmörders, nur daß er jetzt beschuldigt wurde, die christliche Gesellschaftsordnung zerstören zu wollen. Dies ist der Ausgangspunkt des modernen Antisemitismus, der alle Formen des Konkurrenz-, Klassen- und Religionskampfes mit einem Kampf zwischen Christ und Antichrist, zwischen Heil und Unheil, zwischen Verdammnis und Erlösung gleichsetzte. So wurde selbst ohne offene Feindschaft ein Gefühl der Fremdheit, teils auch der Geringschätzung konserviert. Es blieb eine Distanz, die durch die Assimilation nicht vollständig aufgehoben wurde. Der gesellschaftliche Antisemitismus war hierfür die scheinbar harmloseste, aber auch die verbreitetste und wirkungsvollste Methode. Das belegt u. a. eine Episode, die Friedrich Julius Stahl betraf. Stahl war früh zum Christentum übergetreten. Sein »System (bildete) fast drei Dezennien die unerschütterliche Grundlage der konservativen Partei; . . . bis zu seinem Tod (am 13. August 1861) war er der unbestrittene Führer der Konservativen in der Ersten Kammer und im Herrenhaus«. Dieser Stahl, der vehement für den »christlichen Staat« stritt, mußte erleben, »als er in eine Berliner adlige Familie eingeführt wurde, (daß ihn) der dreijährige Sprößling nicht begrüßen wollte, weil er einem Juden keine Hand gebe. Herr von Diest-Daber, der Bewunderer Stahls, bemerkt entschuldigend, daß Stahl eben ›gar so entsetzlich jüdisch‹ ausgesehen habe.«[58] Genüßlich berichtete der Eiserne Kanzler, Otto von Bismarck, die Geschichte seines Hofhundes Odin: »Das unvernünftige Tier kann durchaus keine Juden, weder echte noch getaufte, leiden und läßt dieser Abneigung so rücksichtslos die Zügel schießen, daß er angelegt werden muß, solange ein Abkomme der Patriarchen sich in dem Hofbezirk aufhält; er zeigt sich dabei als ein höchst scharfsinniger Kenner der Volkstümlichkeiten.«[59] An diesen für die Geisteshaltung der Junker nicht untypischen Geschichten läßt sich Charakteristisches ablesen. Dem Gedemütigten wird die Schuld für seine Demütigung zugeschrieben. (Sieht so »entsetzlich jüdisch aus«, und der bissige Odin wird zum »höchst scharfsinnigen Kenner« ernannt.) Beide Episoden zeigen zudem, daß es nicht des rassischen Antisemitismus bedurfte, um die Bedeutung der Taufe zu relativieren. Ein Mann wie Stahl, aus Überzeugung Christ, blieb für seine Umwelt Jude. Die häufig praktizierte Aufzählung führender Juden im Deutschland des 19. Jahrhunderts, die im öffentlichen Leben eine Rolle spielten, hat oft einen Schönheitsfehler: fast alle waren Christen; nur, weder die Zeitgenossen noch die späteren Generationen nahmen das Faktum der Taufe – beileibe nicht immer aus judenfeindlichen Motiven – sehr ernst. Das galt besonders für Prominente.[60]

Der »unsichtbare Jude«

Der assimilierte Jude, in äußerer Erscheinung und Auftreten nicht als solcher zu erkennen, schuf zum andern bei Antisemiten neue Ängste. Der »unsichtbare Jude« bot zugleich die Möglichkeit für einen noch abstrakteren Judenhaß. Je weniger Juden dem althergebrachten Klischee entsprachen, desto eher konnte man ein emotionaldiffuses Gebilde, genannt Judentum, aufbauen. Das stereotype Bild vom jüdischen Teufel diente nunmehr der Diffamierung gesellschaftspolitischer Reformvorstellungen, die als »jüdisches System« abgelehnt wurden. Die Stände des lebusischen Kreises in »unserem ehrwürdigen Brandenburg-Preußen« etwa setzten jeden Versuch einer Emanzipation der Juden mit der Gefahr einer Umfunktionierung des christlichen Staates in einen »neumodischen Judenstaat« gleich.[61] Eine Allianz der Zukurzgekommenen, unter ihnen kleinbürgerliche Mittelständler, Adelige, Pfarrer, kleine Beamte und Angestellte, entstand.[62] Gemeinsam war ihnen die Verehrung einer autoritären Obrigkeit und die Hoffnung auf Erhalt bzw. Rückgewinnung der ständischen Ordnung.[63]

Antisemitismus als Klassenkampf

Der Antisemitismus als ein Mittel des Klassenkampfes, dem gegen Ende des 19. Jahrhunderts antikapitalistische Tendenzen nicht fremd sein sollten, begann als ein Kampf um die Erhaltung der Macht. Dabei stand für die Protagonisten eines religiös-christlich verklärten Antisemitismus des frühen 19. Jahrhunderts die Fiktion eines Weltenkampfes, bei dem es um Leben oder Tod ging, ebenso als unumstößliche Tatsache fest wie bei den Völkischen zur Jahrhundertwende. Johann Ludolf Holst bezeichnete 1818 jeden als einen »Feind der Menschheit«, der es den Juden erlaubte, die »abgestochenen Grenzen« zu übertreten. Mehr noch, Emanzipation sei der Versuch, »das Heil auf den Trümmern der Christen« aufzubauen; es käme einem »Signalzeichen (gleich): alle Christen auf einmal zu beseitigen, Deutschland zum Beispiel zum zweiten Canaan zu machen«.[64] Holst ist ein Beispiel für die These von Horkheimer und Adorno, wonach das antisemitische Subjekt »die Fähigkeit zur Differenz« verliert. »Anstatt der Stimme des Gewissens hört es Stimmen; anstatt in sich zu gehen, um das Protokoll der eigenen Machtgier aufzunehmen, schreibt es die Protokolle der Weisen von Zion den anderen zu.«[65] Die hier angesprochene Verschwörungstheorie liegt in der »Logik« des Antisemitismus.

In der konterrevolutionären Propaganda der »Träger der sakral legitimierten monarchischen Ordnung« gegen die Französische Revolution wurde der Versuch unternommen, die revolutio-

Es hat keinen Wert, um Dinge die sind, herumzureden:
Es ist feige — daher undeutsch — Tatsachen auszuweichen, die täglich frecher sich zeigen:

Der Bolschewismus
ist der neueste Trumpf
der Juden.
Spartakus

ist nichts weiter als der

Judaskuss,

den die als Schnorrer zu uns gekommenen Hebräer dem christlichen deutschen Volke um fremdes Geld aufdrückten! Ihrem Moderateni fügten die Juden aller Branchen die holde Zunft der Marodeure Zuhälter, und des Berliner Pöbels hinzu, um ihre brutale, **staat- und kirchenfeindliche**

jüdische Gewaltherrschaft

auf den Trümmern friedlicher deutscher Heimstätten aufzubauen!

Wie lange soll das Treiben noch angehen?

Hat das verratene, aus unzähligen Wunden blutende und von außen und innen mehr denn je bedrohte Deutschland noch nicht genug gelitten?

Wollen wir, die wir alles, alles opferten, uns noch in den Bürgerkrieg hetzen lassen, uns zerfleischen, während das Volk Israel unsere heiligsten Werte schamlos mit Füßen tritt?

Bolschewismus
ist die neueste Fabrikmarke für
Judaismus.

Das merkt Euch, Deutsche Männer und Frauen, in Stadt und Land.

Es hat keinen Wert, um Dinge die sind, herumzureden!

Wache auf, deutsche Christenheit!
Schütze Deine Heiligtümer!

Anonymes Flugblatt, Anfang des 20. Jahrhunderts

näre Bewegung als einen Angriff finsterer Verschwörer darzustellen.[66] Diese Verschwörung sollte von Juden und Freimaurern getragen worden sein, wobei sehr bald die Freimaurerei selbst als eine Art jüdisches Komplott eingestuft wurde. Seither wurde jede Bewegung, die den Einfluß der Herrschenden oder einer bestimmten Schicht einzuschränken oder abzuschaffen suchte, als eine direkte oder indirekte jüdische Machenschaft gegen die »heilige Ordnung« diffamiert. Wir sehen also, daß die Verschwörungstheorien wesentlich älter sind als der Klassiker des politischen Antisemitismus, »Die Protokolle der Weisen von Zion«.[67] Erschreckend ist weniger diese Fälschung, deren Entstehungsgeschichte bis zurück in die kleinste Verästelung erforscht ist, als vielmehr die Tatsache, daß nicht wenige – vom Analphabeten bis zum Professor – diese groteske Story einer jüdischen Verschwörung zur Erringung der Weltmacht für bare Münze nahmen. Diese nur schwer verständliche, aber für den modernen Antisemitismus so charakteristische Erscheinung ist nur vor dem Hintergrund der jahrhundertelangen kontinuierlichen Diffamierung des Judentums zu erklären. In der jetzt säkularisierten Welt kehrte »der Vorwurf der Kreuzigung Christi . . . in der Politik als Motiv der Kreuzigung der Völker wieder«.[68] Die theologisch motivierte Dämonisierung der Juden und der jüdischen Religion erhält damit eine neue Dimension, eine quasi weltliche Komponente, die, scheinbar losgelöst aus dem ursprünglichen Verkündigungskontext, im tages- und machtpolitischen Bereich »eingesetzt« werden konnte, zugleich aber – als weltlicher Vorwurf der Verschwörung – mit der Autorität eines Glaubensdogmas vom angeblich jüdischen Christenhaß auftrat. Was Holst noch als Schreckensvision an die Wand malte, ist für Wolfgang Menzel bereits Wirklichkeit geworden. Menzel abstrahierte »die ältesten Feinde Christi, die Juden«, zum anonymen »modernen Zeitgeist«. In der Konsequenz des »Zeitgeistes« liege es, daß »man vom Christenthum abfiele oder es nur zum Schein beibehielte« und »folgerecht Heidenthum und Judenthum wieder zur Herrschaft gelangen«.[69] Die »Judenwirtschaft« breite sich in Europa aus.[70] Während der Nation durch »die zahlreichen Kinder des Proletariats, der entnervten Fabrikbevölkerung und der Juden ein ungleich minder werthvoller Bestandtheil zuwächst«, was zur »Regierung nicht der Besten, sondern der Schlechtesten im Volke« geführt habe: zur »eigentlichen Kakokratie«.[71] Ein solcher Haß auf die zeitgenössische Gesellschaft kann auch bei Menzel die reaktionäre Sehnsucht nach einem antipluralistischen System, ohne »Verhätschelung« des Volkes, in dem Außenseiter und Abweichler wieder – wie von Menzel gefordert – der körperlichen Züchtigung unterworfen und die Todesstrafe vollstreckt wird, nicht verdecken.[72] Die Gleichheit der Menschen ist und bleibt Antisemiten vom Prinzipiellen her, eine »Massenschweinerei, wo jeder einzelne schließlich doch nur im Dreck und durch die Faulheit und Geilheit des Anderen vorkommt«.[73] Denn »Christus ist nicht gekommen, die Stände aufzuheben«.[74] »Vom Christenthum« werde keine »Auflösung des privaten Wohlstandes . . . verlangt«.[75]

Eben darum geht es auch, eine Trennung zwischen jüdischem und christlichen Kapital vorzunehmen. Bereits 1803 unterteilte Friedrich Buchholz den »Reichtum der Juden« als »das Resultat der losesten und verächtlichsten Wucherkünste«, wohingegen »der (nichtjüdische) Reichthum die Frucht eines gleichmäßig unterhaltenen produktiven Fleißes« sei.[76] Und so sei der »Reichthum in den Händen des Juden als eine furchtbare Kraft zu betrachten«, denn, so unterstellt Buchholz, der Jude habe, im Gegensatz zum Christen, »auch nicht den schwächsten Antrieb, ihn zum Besten des Ganzen anzulegen«.[77] Hier ist bereits das Klischee vom schaffenden und raffenden Kapital vorgezeichnet.

In welchem Ausmaß der Antisemitismus, um mit Mitscherlich zu sprechen, als »Präventivlist herrschender Gruppen zur Verteidigung ihrer Privilegien« zu betrachten ist[78], macht gerade in der Frühzeit des modernen Antisemitismus die Einstufung des Geldes und die Form des Gelderwerbs deutlich. Die Abscheu vor dem Kapital und dem Wohlstand konzentrierte sich besonders auf Personen jüdischen Glaubens. Der Jude wurde den Opfern der sich ausbreitenden kapitalistischen Praktiken als »Blitzableiter« angeboten; sie wurden »der öffentlichen Verfolgung preisgegeben«.[79]

Obwohl Juden im ersten Drittel des 19. Jahrhunderts praktisch ohne Einfluß und Bedeutung blieben, waren sie die Zielscheibe von Aggressionen bei allen sozialen Unruhen dieser Epoche.

Sicher, man zog auf dem Lande auch vor die Schlösser und Klöster, um gegen das soziale Elend zu demonstrieren; nur, diese tradionellen Obrigkeiten wußten sich zu schützen, waren zudem von einer Aura der Unantastbarkeit umgeben. So hielt man sich an die Juden, quasi in Stellvertreterfunktion. Der hessische »Bauernkönig« Böckel predigte konservativen Bauern pseudosozialistische Thesen. Wie kann ein bis auf die Knochen traditionalistisch eingestellter Bauer zum antikapitalistischen Kampf gegen die Junker motiviert werden? Indem man das Junkertum und das Judentum in eine Beziehung setzt! Der Schlachtruf lautete: Gegen Juden und Junker. Dieser »Huckepack-Antisemitismus« ermöglichte es Kleinbürgern, antibürgerliche Parolen zu schreien, Sozialistenhassern ein sozialistisches Programm zu bejahen, Autoritäts- und Obrigkeitshörigen antiautoritäre Forderungen aufzustellen.[80] Der »Januskopf« des Antisemitismus wird sichtbar: Antisemitismus hat auf der einen Seite aktuelle Ventilfunktionen in Zeiten sozialer Spannungen; er verhinderte auf der anderen Seite, daß die Aufbegehrenden die tatsächlichen Ursachen für ihre Miseren erkennen.

Christliche Handwerker – »Jüdische Hausierer«

Nicht wenige städtische Handwerker entwickelten eine antisemitische Grundhaltung. Zum einen weigerten sie sich beharrlich, neue Produktionsformen und Absatzmöglichkeiten zu erproben. Ihre Konkurrenzfähigkeit gegenüber den Massenprodukten aus industrieller Fertigung nahm rapide ab. Zum anderen bewirkte die steigende Zahl von Gesellen ein Anwachsen der sozialen Unruhe. Die Gesellen voran, aber auch mehr und mehr Meister, traten den Weg in die Proletarisierung an. Eine Entwicklung, die dramatisch der Selbsteinschätzung zuwiderlief. Es paßte ins Weltbild, daß Fremde und Andersgläubige, seit je negativ eingestuft, sich jetzt der abgelehnten Praktiken bedienten. Verbot christliche Moral Juden das Erlernen und Ausüben eines Handwerks wie auch die Betätigung in der Landwirtschaft, so galt es im Rahmen eben dieser Moral wiederum als typisch, daß Juden nicht selbstproduzierte Waren verkauften. Die einst erzwungene Mobilität, der Zwang zum Kaufen und Verkaufen, in die Juden gedrängt worden waren, schuf nunmehr eine Alternative zur damaligen Kaufmannspraxis. Das gesamte 18. und 19. Jahrhundert ist angefüllt mit den Klagen über die jüdischen Hausierer. Diese Kleinstkaufleute, die ihr gesamtes Unternehmen auf dem Rücken bzw. vor dem Bauch trugen oder in einem Handkarren schoben, waren das genaue Gegenteil des christlichen Handwerkers oder Kaufmanns. Sie brachten die Ware zum Kunden, waren Wochen und Monate unterwegs, brachten Gegenstände von weit her, die man vielleicht nicht einmal in der nahen Kreisstadt finden konnte, und – sie waren preiswert. Da ihnen die Städte häufig versperrt blieben, konzentrierten sie sich auf das Land und wurden eine durchaus ernst zu nehmende Konkurrenz für die Stadt. Denn dem Bauern wurde so mancher Weg zum städtischen Zentrum abgenommen, er konnte günstiger kaufen und unter Umständen mit Naturalien bezahlen oder die Ware auf Kredit erstehen. So pries ein Autor des frühen 19. Jahrhunderts: »Wo Juden sich befinden, herrscht Tätigkeit, Regsamkeit, Leben, und wo keines ist, schaffen sie Leben.«[81]
Juden, aus allen Ständen und Zünften ausgeschlossen, kannten keine Preisbindung, keine Ortsbindung. Wo Juden die Möglichkeit geboten wurde, sich niederzulassen, wie etwa in Fürth und Schwabach, »blühte die Stadt insgesamt auf, wurden Käufer selbst aus anderen Städten angezogen«, wie Lips aufzeigt.[82] Wiederum muß davor gewarnt werden, den Hausierer ausschließlich mit Juden in Verbindung zu bringen. Zu Recht weist Selma Stern darauf hin, daß alle geschilderten Bedingungen allein in Preußen auch auf Italiener, Wallonen, Schotten, Savoyer und Franzosen zutrafen, die ebenfalls als Hausierer über Land zogen.[83]

Doch nur in bezug auf die Juden konnte die christliche Konkurrenz den Vorwurf erheben, diese Hausierer seien eine Gefahr, weil sie als Juden die Christen haßten. So machte man sich die tradierte theologische Polemik im geschäftlichen Wettbewerb zur Ausschaltung der Konkurrenz zu eigen. Man kann sich die Verärgerung dieser Handwerker und Kleinkaufleute vorstellen, als im Zuge der Emanzipation der Juden diesen das Recht gewährt wurde, sich nunmehr auch in der Stadt zu etablieren. Einmal mehr wurde der »jüdische Geist« beschworen. Das Wirtschaftssystem mit seiner Freizügigkeit, das

sie als bedrohlich betrachteten, konnte demnach nur ein jüdisches sein: »Der Christ soll geschwächt, vernichtet, entehrt werden«.[84]
So setzte in dem Moment, als die wirtschaftliche und gesellschaftliche Talfahrt des christlichen Handwerkerstandes einsetzte, ein zögernder, aber nicht zu verkennender Aufstieg der jüdischen Konkurrenz ein. Die Straße auf dem Weg zum Erfolg begann nicht selten damit, daß der Hausierer von einst eine winzige Bude eröffnete. Aus der Bude wurde nach einigen Jahren ein kleines Geschäft, etwa in einem Keller. Nach einigen weiteren Jahren konnte man den Keller verlassen und ein größeres Geschäft gründen. Geflissentlich übersah man, daß nur unendlicher Fleiß, Sparsamkeit und Opferbereitschaft den Aufstieg ermöglichte. Der jüdische Bettler andererseits, der Lumpenhändler, blieb für das 19. Jahrhundert nach wie vor eine charakteristische Erscheinung. Trotzdem waren Assimilation und sozialer Aufstieg augenfällig. In dem Maße, wie Juden in ihrer Mehrheit den Kaftan ablegten, die Schläfenlocken abrasierten, sich äußerlich der Umwelt anpaßten und daran gingen, Deutsch zu lernen, mehr noch, sich der deutschen Kultur zu öffnen, sich »deutsches Wesen« mittels eines überraschenden Lerneifers anzueignen und sich innerhalb weniger Jahre zu glühenden deutschen Patrioten entwickelten, die stürmisch gleiches Recht für alle forderten, setzte eine neue Form der Judenfeindschaft ein.

»Wer an meinem deutschen Vaterlandsgefühl zweifelt . . .«

Die oberen Schichten entwickelten zwar einen gesellschaftlichen Antisemitismus, der ihnen die Aufsteiger, diese Neureichen vom Leibe halten sollte. Doch in der Welt des Kommerzes anerkannte man auch Erfolg. Zudem bedeuteten jüdische Aufsteiger für eine wohlhabende christliche Oberschicht keine ernsthafte Konkurrenz, eher boten sich Kooperationen an. So wurde das rheinisch-katholische Großbürgertum zum Befürworter der jüdischen Emanzipation.
Das assimilierte Judentum war nur zum geringeren Teil bereit, die angestammte Religion zu verlassen. Statt dessen setzte eine innerjüdische Neubesinnung ein. Neue Formen des Gottesdienstes wurden ebenso entwickelt wie neue

»Und willst du kühlen dir dein Mütchen,
So schlägt man dir die Nase breit.
O! daß sie judenrein stets bliebe,
Die schöne Zeit der deutschen Liebe!«
(Aus: »Das Lied vom Levi«, 1892)

Wege der Theologie beschritten. Liberales und konservatives Judentum entstanden, und selbst die Orthodoxie fand dank Samson Raphael Hirsch einen Weg, der traditionelles jüdisches Leben auch in einer wissenschaftsorientierten Welt ermöglichte. Sicher, Indifferentismus, Mischehe und Konversionen nahmen zu, aber dem standen ein innerjüdisches Engagement, ein Forschungsdrang und eine Bereitschaft zum Experiment gegenüber, die jüdisches Denken bis in die Gegenwart nachhaltig beeinflußten.[85] Um so schmerzlicher empfand man das Fortleben des Antisemitismus. Leopold Zunz forderte allen Ernstes: »Da der Name Jude oft zu einem Schimpfnamen mißbraucht ist, so sollte man in allen öffentlichen Verhandlungen, Akten, Polizeilisten usw. sich dieses Wortes enthalten.«[86] Doch jenseits solcher Äußerungen stand man sowohl zu seinem Judentum als auch zu seinem neu erworbenen Deutschtum. Moritz Stern hat in einer Reihe von Abhandlungen das vaterländischen Aufwallen der Gefühle während der Befreiungskriege 1813–1815 beschrieben.[87] Anschaulich schildert Stern, wie der Patriotismus der deutschen Juden die Behörden, namentlich die des Militärs, überraschte. Doch nach wenigen Tagen wurden jüdische Freiwillige aus bestimmten Garderegimentern wieder entlassen, mit Rückendeckung Seiner Majestät. Nur in Ausnahmefällen konnten sie Offiziere werden. Der Fall des jüdischen Majors Burg ist ein beredtes Beispiel, welche Widerstände zuvor überwunden werden mußten.[88] Doch führten diese Erfahrungen nicht zu einer Resignation. Auf ihr Deutschtum ließen deutsche Juden nichts kommen. Franz Oppenheimer, in seiner Burschenzeit ein ausgezeichneter Fechter, beendete während eines studentischen Treffens seine Ansprache: »Wer an meinem deutschen Vaterlandsgefühl zweifelt, möge sich nachher bei mir melden. Ich habe hundert Visitenkarten mitgebracht.«[89] Dies war kein Einzelfall. »Jahrzehntelang haben jüdische Studenten auf antisemitische Anrempelungen mit Duellforderungen reagiert[90], und zwar in einem solchen Ausmaß, daß antisemitische Studentenbünde sich genötigt sahen, einen Trick zu suchen, um diesen Duellen zu entgehen. Sie sprachen Juden die Satisfaktionsfähigkeit ab. Nur mühsam vermochte deutschnationaler Burschenschaftlerstolz die Feigheit zu kaschieren. Mehr und mehr traten Juden, und mit ihnen auch Christen, öffentlich gegen antisemitische Hetze auf. In einer Rede am 16. Dezember 1880 in »Unser Standpunkt« ermahnte Moritz Lazarus seine »Religionsgenossen«: »Es war immer schwer, ein Jude zu sein, aber in den dunkelsten und schwersten Zeiten haben gleichwohl unsere Väter des Morgens gebetet: ›Ich danke dir, Gott, daß du mich einen Israeliten hast werden lassen‹.« »Treue«, so Lazarus weiter, »ist die Wurzel unserer Religion, wie unsere Religion die Wurzel unserer Treue ist. Die Vorsehung hat uns als Juden geboren werden lassen; die erste Forderung an jeden Ehrenmann ist, bei der Fahne zu bleiben! Bei einer Fahne, welche 3000 Jahre getragen worden ist . . . Das ist die Fahne, auf welcher geschrieben steht: ›Adonej nissi! Der Ewige ist mein Panier!‹ Bei dieser Fahne wollen wir um Ehren willen bleiben . . . Das wollen wir erhalten, erhalten zugleich zu Gunsten und zum Heil der deutschen Nation!«[91] Dieses Selbstbewußtsein der deutschen Juden kommt auch in einem Antwortschreiben von Walther Rathenau an einen jungen Antisemiten zum Ausdruck: »Wissen Sie, wozu wir in die Welt gekommen sind? Um jedes Menschen Antlitz vor den Sinai

»Auch eine Toilettenfrage! Salomon Hamburger ist durch ein schlaues Hypothekengeschäftchen plötzlich aus einem kleinen Handelsmann ein respektabler Geschäftsmann geworden. Er beschließt, Breche in die Gesellschaft zu legen und zunächst mit einer glänzenden Soiree zu beginnen. Während er noch mit seiner Gattin über die zu arangierenden Genüsse rathschlagt, fragt die Tochter Sarah: ›Etteleben, soll ich mer waschen fer geschlossen oder fer dekolletiert?‹« (Schalk Kalender 1882)

zu rufen. Sie wollen nicht hin? Wenn ich Sie nicht rufe, wird Marx Sie rufen. Wenn Marx Sie nicht ruft, wird Spinoza Sie rufen. Wenn Spinoza Sie nicht ruft, wird Christus Sie rufen.«[92] Welch eine Herausforderung für die Judenfeinde. »Jeder Jude fühlt sich als Aristokrat . . . (diese) jüdischen Teufelskinder.«[93] Eine in der Geschichte bislang einmalige Flut antijüdischer Schriften, Pamphlete und Flugblätter ergoß sich in der zweiten Hälfte des 19. Jahrhunderts über die Lande. Theologieprofessoren, selbst würdige Bischöfe griffen zur Feder; allein in Österreich zählt man mehr als 16 Geistliche und fünf Bischöfe, die die Verworfenheit der jüdischen Lehre und damit die der Anhänger dieser Lehre beweisen wollten.[94] Und wiederum sind mehrere Ursachen für diese Schreibwut vorhanden. Da ist zum einen die allgemeine Säkularisierung, die die weltliche Position des Klerus und aller anderen, die sich auf angeblich gottgewollte Rechte stützen, erschütterte. Zum anderen eine Religionskritik, insbesondere aus dem Kreis radikaler Junghegelianer, die Auffassungen vertraten, die dem Judentum seit 2000 Jahren bekannt waren. Folglich wurde diese christliche Kritik am Christentum als eine »jüdische« verstanden.[95] Es mußte diese in der Judenfeindschaft befangenen Personen bis ins Mark treffen, wenn ein Philipp Galen 1879 trotz antijüdischem Unterton lapidar feststellte: »Was ist denn ein Christ anders als ein geläuterter, vervollkommneter Jude?«[96]

Vom »Nicht-Christen« zum »Nicht-Teutschen« Nationalistische Judenfeindschaft

Ein weiterer Faktor gesellte sich zu den religiösen und wirtschaftlichen Argumentationen: die nationale Komponente. Ebenso fließend, wie die Grenzen zwischen dem Religionshaß und dem wirtschaftlichen Neid verlaufen, so verwoben sind diese Formen der Judenfeindschaft mit dem neuen Nationalismus. Kompliziert wird die Situation durch die Zerrissenheit Deutschlands. Der Traum von der deutschen Einheit war über lange Jahre hinweg ein revolutionärer. Was einigte die Menschen in den Teilstaaten? Die Sprache, die als eine der Grundlagen der Nation galt; die Religion, also das Christentum, sowie eine Rückbesinnung, eine mythisch-mystische Sicht germanischer Heldenvergangenheit.

»Nur der germanische Geist war zum Wiederauffassen des Urchristentums geschickt. Kein anderes Volkstum war dazu menschheitlich genug.«[96a] Ein Ausspruch von Friedrich Ludwig Jahn. Da aber die Juden Jesus verworfen hätten, seien nunmehr, nach Konstantin Frantz, die Germanen »das Volk Gottes« geworden«.[97] Die Gotteslehre fand »keinen Tempel, der sie aufnehmen mochte«, kein Volk in der ganzen Welt »als die Germanen, ein wildes, armes, von Unabhängigkeit und Waffenlust ganz beseeltes Volk«.[98] Die Weihe des Religiösen, der Auserwähltheitsanspruch, selbst der Primat der Erlösung wurde von den romantischen Nationalisten auf das deutsche Volk übertragen. Christlich war demnach eine Grundhaltung, eine den Deutschen gemäße Sittenlehre. »Das Judentum (ist) unserer deutschen Religion, unserem deutschen Christentum ... durchaus wesensfremd, und schon der junge Luther hat sich denn auch ganz entschieden von ihnen abgekehrt.«[99] Der christliche Judenhaß wurde ein Wesensmerkmal des nationalistischen Antisemitismus, mit all seinen Elementen der Verteufelung und der Schuldzuweisungen. Ein extremes, aber leider kein seltenes Beispiel ist Gottlieb August Schüler.[100] Für ihn steht Israel im »Teufels-Dienst«. Als »Knecht Satans« sei es »zum Widerchristentum« geworden.[101] »Mit vergiftetem Dolche« suche Israel den »christlichen Völkern ... das Heiligste zu rauben: ihre Religion und ihre Freiheit, in beidem ihre Nationalität«.[102] Als »Waffe Satans« würde es hierzu »Völkerfreiheit, Standesfreiheit, Religionsfreiheit« und »Glaubensfreiheit« einsetzen. Das Ergebnis sei: »Völlerei, Feigheit, Verschwendung, Leichtfertigkeit, Bauchdienerei, Mammonsucht, Charakterlosigkeit«.[103] Dies alles sei bereits eingetreten, weil »die Schranken zwischen Deutschen und Juden gefallen sind«.[104] Denn die Juden dürften »nach dem Willen Gottes keine Gleichberechtigung erhalten«. Zudem sei das deutsche Volk zum »Christusträger« auserkoren. Nur »eine völlige Umkehr von den seitherigen Wegen« könne die Rettung (für die Deutschen) bringen.[105]

Weil »gläubiges (christliches) und volksthümliches Streben innig Eins sind«, so auch der führende studentische Ideologe Karl Follen, bestehe »zwischen Nicht-Christen und Nicht-Teutschen« kein Unterschied.[106] Die Gießener »Germania« ließ von 1815 keine Juden zu. Dem Beispiel dieser »christlich-deutschen Burschenschaft« folgten der Dresdener Burschenschaftstag 1820 und die Verfassung der allgemeinen deutschen Burschenschaften aus dem Jahre 1822, in der zum Thema »christlich-deutsche Ausbildung« bestimmt wurde: »Es sollen ... keine Juden und Ausländer als solche aufgenommen werden, weil jene kein Vaterland haben und durch diese die deutsche Ausbildung gestört wird.«[107]

60 Jahre später, am 10. Dezember 1880, referierte der Vorsitzende eines studentischen Komitees zur »Einschränkung der jüdischen Machtstellung«, Dr. jur. Dulon, »über die Begriffe ›deutsch, tolerant, human‹!«: »Mir, meine Herren, ist (Deutsch) ein Ehrenname ... Wenn aber Deutschland ... ein Sammelsurium werden soll für alles Mögliche und Unmögliche, ... wenn, meine Herren, jeder Judenjunge mit mir das Recht haben soll einzustimmen in unser hohes

Lied: ›Deutschland, Deutschland über alles!‹ und mit mir singen soll von ›deutschen Frauen, deutscher Treue‹, dann, meine Herren, habe ich eben kein Vaterland mehr.«[108] Adolf Barthels brachte diese Einstellung auf einen Nenner: »Wer in unserer Zeit nicht Antisemit ist, der ist auch kein guter Deutscher.«[109] Barthels spricht jedem Nicht-Antisemiten die Fähigkeit ab, ein »guter Deutscher« zu sein, wobei Deutschsein mit Antisemitsein gleichgesetzt wird. Ähnlich Turnvater Jahn. Für ihn waren Polen, Franzosen, Pfaffen, Junker und Juden Deutschlands Unglück.[110] Krasser äußerte sich Ernst Moritz Arndt, für den »wahres Christentum . . . sehr wohl mit einem ›idealistischen‹ Volkshaß zu vereinbaren« war.[111] In seinen »Reden und Glossen« führte er aus: »Juden und Judengenossen, getaufte und ungetaufte, arbeiten unermüdlich und auf allen äußersten radikalsten Linken mitsitzend an der Zersetzung und Auflösung dessen, worin uns Deutschen bisher unser Menschliches und Heiliges eingefaßt schien, an der Auflösung und Zerstörung jeder Vaterlandsliebe und Gottesfurcht.«[112] Wohl als einer der ersten führte Arndt den Begriff der »Zersetzung« ein. Arndt dehnte seine Ablehnung des Jüdischen ausdrücklich auf »getaufte« Juden und auf »Judengenossen« aus. Nunmehr wurden – wie selbstverständlich – auch Nichtjuden unmittelbar Opfer des Antisemitismus.

Die Ritualmordlüge

Das von Arndt bemühte Element der »Zersetzung und Auflösung« konkretisierte sich in der Ritualmordlüge. In Europa und teilweise auch im Orient kamen im gesamten 18., 19. und frühen 20. Jahrhundert erneut zahlreiche Ritualmord-Legenden auf, fanden Untersuchungen und Prozesse statt, wurden Dutzende von Juden hingerichtet und eine weit größere Zahl gefoltert.[113] Die Erinnerung an die mittelalterlichen Ritualmordgeschichten von Trient über Rinn/Innsbruck bis Bacharach waren noch sehr lebendig, wurden in geistlichen Spielen nachgestaltet und in den Kirchen durch drastische Darstellungen wachgehalten.[114] Geistliche, wie der Wiener Pfarrer Deckert, der Theologieprofessor August Rohling und andere beweisen die Verworfenheit der Juden und die Schädlichkeit der jüdischen Religion u. a. anhand des Ritualmord-Vorwurfes.[115] Vergessen wir nicht, daß nicht wenige der angeblichen Opfer als Selige oder Heilige, vor allem auf dem flachen Land, etwa in Judenstein/Tirol, bei der Bevölkerung als Wundertäter und »Retter aus der Not« sehr beliebt waren.[116] Kirchenoffizielle Verlautbarungen betonten bis ins 20. Jahrhundert den Wahrheitsgehalt der Ritualmord-Beschuldigungen gegen Juden. Epidemisch breiteten sich entsprechende Verdächtigungen und in deren Folge Pogromstimmung aus, wenn irgendwo ein Kind verschwand. Auf dem 6. Orientalisten-Kongreß hatte der Leidener Professor für hebräische Sprache und israelitische Altertümer, H. Oort, auf die Verwendbarkeit dieses Vorwurfs hingewiesen: »Unter allen Mitteln zur Aufhetzung gegen Juden (hat sich die Blutbeschuldigung) stets als eine der kräftigsten bewährt.«[117] Als »wissenschaftliche« Abhandlung präsentierte etwa 1842 Professor F. W. Ghillanij »Die Menschenopfer der alten Hebräer. Eine geschichtliche Untersuchung«.[118] Die Bereitschaft, den Ritualmordverdächtigungen Glauben zu schenken, wurde durch einen Prozeß der Identifikation mit den Opfern erhöht. Auch hier dürfen wir das soziale Umfeld nicht aus den Augen verlieren. In dieser Epoche des Umbruchs, der allgemeinen Irritation, der wirtschaftlichen Probleme und der nach wie vor geringen Allgemeinbildung fühlten sich viele Menschen »geheimen«, unheimlichen Mächten ausgeliefert. (Auch der Hexenglauben war noch nicht ausgestorben!) Eine Entwicklung, die im Ritualmord öffentlich geworden war, d. h.: das bislang als anonym empfundene Wirken des »Zersetzenden« sei hier in seiner ganzen Brutalität manifest geworden, offenbarte sich in seiner Abscheulichkeit, in dem unschuldige, wehrlose, *christliche* Kinder auf besonders grausame Weise gemordet wurden. Weil aber nicht irgend jemand, sondern »der Jude« als Täter galt, schien auch die Erklärung für das Geschehen gefunden. Das Konglomerat antijüdischer Vorstellungen und Ängste suggerierte den scheinbar logischen Beweis: Aus Haß haben Juden Jesus getötet; aus Haß töten sie Christenkinder, »zersetzen« sie die christliche Gesellschaft. 1834 lösten diese Verdächtigungen länger anhaltende Unruhen aus. Trotz Bitten der staatlichen Stellen trat die Geistlichkeit dieser Lüge nicht entgegen! Wohl aber wurde sie von nicht wenigen Pfarrern verbreitet. Die ländliche Presse schilderte rätselhafte Mordfälle und er-

weckte den Eindruck, als handelte es sich um Ritualmorde.[119] Wie sich diese »Fälle« abspielten, sei an weitgehend unbekannten, dafür aber recht typischen Beispielen aufgezeigt: Im Jahre 1875 verschwindet aus einem Wirtshaus zu Wannbach ein 22jähriger Bauernbursche. Preußische Werber hatten ihn unter die Soldaten gesteckt. Doch die Dorfgemeinschaft glaubt an einen jüdischen Ritualmord. Lediglich das sofortige Einschreiten des Militärs verhindert einen Pogrom. Am 25. Oktober 1758 wird in Markt Erlbach ein zwei Jahre alter Knabe vermißt. Sehr bald kommt der Verdacht auf, die jüdischen Nachbarn hätten ihn »rituell« hingerichtet. Die Dorfgemeinschaft versammelt sich vor dem »Judenhaus«. Das Haus, dann die Synagoge werden durchsucht. Ohne Ergebnis. Die Menschen bleiben in dieser Nacht auf, belagern das Judenhaus. Zweimal hören sie das Jammern eines Kindes. Am anderen Morgen läuft ihnen der Junge entgegen aus dem Haus eines Verwandten. Er hatte dort auf dem Dachboden geschlafen. Die jüdische Gemeinde von Bayreuth mußte im Jahr 1785 auf eigene Kosten Militärschutz vom Markgrafen erbitten, da die Ortskräfte als zu schwach eingeschätzt wurden. Das gleiche gilt für Bamberg.[120] In der Umgebung von Düsseldorf dauerten die Unruhen monatelang. Häuser und Synagogen wurden zerstört. Bei dieser latenten Bereitschaft zum Totschlagen von Juden waren der Erpressung und der Manipulation Tür und Tor geöffnet. 1845 kam es infolge von Berichten in der örtlichen Presse in Augsburg zu Ausschreitungen. Später stellte sich heraus, daß ein christlicher Weinhändler ein Kind entführt und sich selbst als Juden ausgegeben hatte, um die Bauern gegen die Juden zu reizen, »damit man sie ausrotten solle«.[121] Von einer eigens zur Widerlegung der Ritualmord-Beschuldigung einberufenen Rabbiner-Synode wurde der Kölner Rabbiner H. Plato beauftragt, Gutachten namhafter christlicher Gelehrter einzuholen.[122] Vergebliche Mühen. Noch in den dreißiger Jahren des 20. Jahrhunderts bot der Ritualmord dem Organ der

Antisemitische Verlage und Buchhandlungen boten Ende des 19. und zu Beginn des 20. Jahrhunderts umfangreiche Kollektionen von Postkarten und Plakaten phantasievoll gestalteter Mordszenen an, die durch Topologie und Wortwahl den Eindruck vermitteln sollten, die Darstellungen zeigten »jüdische Ritualmorde«. (siehe auch vorhergehende Seite)

römischen Jesuiten und der NS-Propaganda Stoff für eine religiös-politische, antijüdische Agitation.[123]

»Juden und Judengenossen«

Die christlichen Gegenstimmen schienen wirkungslos zu verhallen.[124] »Ich weiß aus Erfahrung«, schrieb Franz Delitzsch in seiner »Zweiten Streitschrift in Sachen des Antisemitismus«, daß August Rohling »mit seinem ›Talmudjuden‹ die öffentliche Meinung so tief und allgemein vergiftet hat, daß kein Gegenmittel anzuschlagen scheint.«[125] Die Aufklärung über den Antisemitismus mußte ja nicht nur gegen tradierte Klischees ankämpfen. Ein System der Diffamierung erfaßte jeden, der sich für Juden einsetzte. In dem bereits zitierten Ausspruch von Ernst Moritz Arndt wird in einem Atemzug von »Juden und Judengenossen« gesprochen. Der Prager Theologieprofessor August Rohling unterschied sich hier nicht von dem Rasseantisemiten und Atheisten Eugen Dühring. Wahrheitswidrig erklärte Rohling, um die christliche Kritik und vor allem die wissenschaftliche Widerlegung seiner antijüdischen Thesen zu entwerten, zwei seiner Hauptkritiker, nämlich »Wünsche und Delitzsch sind bekannte Juden«.[126] Ähnlich erging es Lessing, dessen »Nathan der Weise« Generationen von Judenfeinden in helle Empörung zu versetzen mochte. »Ein christliches Attentat gegen das Christentum«, klagte Bruno Bauer.[127] Ein »kirchenfeindliches Stück«, befand 1880 Pfarrer Stoecker. Ein »plattes Judenstück«, polterte Eugen Dühring, der außerdem befand, Lessing »gehört ihnen (den Juden) überwiegend auch dem Blute nach an«. Und mit der Antisemiten eigenen Logik belegt Dühring diese überraschende Unterstellung: »Schon der Name Lessing ... (bekunde) seinen jüdischen Charakter.« Lessings »schriftstellerische Manieren und seine geistigen Allüren sind jüdisch«; die »literarischen Erzeugnisse« offenbarten »Judenhaftigkeit«, seien »judengemäß«.[129] 1896 kommentierte Georg Winter dieses Verhalten der Antisemiten, »unsere größten deutschen Staatsmänner als feile Söldlinge des Judentums (zu) bezeichnen, sobald sie etwas thun, was den Antisemiten nicht genehm ist, (sie) ... als verjudet hinzustellen, hat für mich national

Antisemitische Wahlwerbung, Ende 19. Jahrhundert

empfindenden Deutschen immer etwas furchtbar Verletzendes gehabt«. Und weiter: »Darin liegt das unsagbar Gefährliche dieser Bewegung, daß sie unter Verdrehung und Entstellung der historischen Tatsachen und unter Erdichtung der gewagtesten Behauptungen dem Volke weis zu machen sucht, daß unsere ganze Regierung, alle die leitenden Kräfte unseres Volkes entweder von den Juden direkt gekauft oder von ›jüdischem Geist‹ beherrscht seien.«[130] In der antisemitischen Terminologie werden u. a. auch Begriffe wie »Judenschutztruppe«, »Judenknechte«, »Judenabgeordnete«, »Judenpartei« und »Judenstämmlinge« häufig verwendet.

»Juda-Jesuitismus«

Mehr und mehr wurde der Antisemitismus ein Mittel der politischen Demagogie. So wurde ein beträchtlicher Teil des Kulturkampfes zwischen der preußisch-protestantischen Regierung und der katholischen Minderheit auf dem Rücken der Juden ausgetragen. Nach der Unfehlbarkeitserklärung des Papstes mußten auch Katholiken erleben, wie schnell die antijüdischen Klischees auf die eigene Minderheit übertragen werden konnten.[131] Nannte man den Liberalismus die »Graue Internationale«, das Judentum die »Goldene Internationale«, gegen die auch Katholiken polemisiert hatten[132], entdeckten Protestanten jetzt die Existenz einer »Schwarzen (katholischen) Internationale«. Hinter diesen Bezeichnungen stand der Vorwurf der Vaterlandslosigkeit. Der politische Katholizismus wurde von Ernst Haeckel als dritte Weltmacht bezeichnet, die die Einheit Deutschlands gefährde, und das katholische Zentrum zur antinationalen Partei erklärt.[133] Besonders der Jesuitenorden bot alle Voraussetzungen für eine »antisemitische« Agitation gegen Katholiken. »Sein und Nichtsein der Nationen, Leben und Tod der Regierungen hängt von der unberechenbaren Willkür eines einzigen Menschen (gemeint ist der Papst) ab . . . Eine Gegenregierung . . . die ganz offen den Verrat am Vaterland predigt.«[134] Der Jesuitenorden »vergifte den Glauben und die Sittlichkeit«, übe eine »schrankenlose Fremdherrschaft« aus und verkörpere eine »scheußliche Moraltheologie«.[135] In der Jesuitendebatte im Mai 1873 erklärte der Abgeordnete Wagener, nichts werde von den Katholiken »mehr gehaßt als die evangelische Kirche«.[136] »Die Analogie des modernen Judentums«, stellt prompt Hellenbach fest, »mit dem Jesuitismus ist so durchschlagend, daß man sie semitische Jesuiten zu nennen versucht wäre.«[137] »Juden und Jesuiten . . . gleichen Flügeln einer großen Invasionsarmee«, meinte Ottomar Beta in seinem Buch »Darwin, Deutschland und die Juden oder der Juda-Jesuitismus«. Sie hätten ein »gemeinsames Ziel: Die Weltherrschaft«.[138] Der Jesuitenorden habe die Aufgabe, »die Völker zu blenden und mit Blindheit zu schlagen . . ., die religiösen Anschauungen zu semitisieren«.[139] »Geldjuden und die großen Kirchenjuden« (»Weltherrschaftskämpfer«) planten die Vernichtung des deutschen Volkes.[140] Alle »Wirren und Drangsale« seien durch den »vereinigten Jesuitismus und Judaismus« verursacht. Die katholische Priesterschaft verbreite »jüdischen Aberglauben«.[141] Man müsse ihnen daher »ein bißchen auf Mund und Fingerchen klopfen . . . Das Stöckchen muß . . . gehörig auf dem Röckchen tanzen.«[142] Es wird wohl niemanden verwundern, daß dieses Feindbild in der Nazizeit wieder auftauchte: »Wenn es dem Kampf gegen das germanisch-deutsche Ariertum gilt . . ., dann sind Rom und Juda eng verbunden«, seien sie »in gleicher Weise Feinde des Deutschtums«, »Maske und Waffe« sei ihnen Sozialismus, Kommunismus und Pazifismus.

Nicht erst diese Zitate aus dem Jahre 1934 machen deutlich, wie neben den nationalistischen nunmehr auch die rassischen Argumente greifen. Das gilt auch für die katholische Gegenwehr, die nach bewährtem Muster für die antikatholische Stimmungsmache Juden als Urheber entdeckte. »Alles, was bei uns Gesetze gibt, was in der Finanz, der Wirtschaft, der Kunst, der Presse das Wort führt, hat in seinen Adern semitisches Blut rollen.« Zu dieser Aussage verstiegen sich die katholischen »Historisch-Politischen Blätter« 1875.[144] Doch allen voran in der »meisterhaften Dämagogie«[145] ging die Zeitschrift »Germania«. Der Kulturkampf war für dieses Blatt eine »Folge der Judenwirtschaft«, ein Versuch, »zur Herrschaft über alle« zu gelangen, und sei nur möglich gewesen, weil die »jüdischen Börsenkönige« und »das Börsenjudentum« den »Krieg gegen die katholische Kirche« nicht »hintertrieben« haben.[146] Bereits 1872 glaubte Papst Pius IX. im Kulturkampf einen Angriff des Judentums gegen das Christentum zu erkennen.[147] Die »Germania« attestierte am 17. August 1875, die Juden wären es »vorzugsweise . . . gewesen, welche das Christentum aus so vielen Herzen . . . gerissen habe«. Glagau stellte die Verbindung zum Wirtschaftsantisemitismus her. Der Kulturkampf sei ein »gefundenes Fressen«, »das eigentliche Werk der Juden und Börsenliberalen«.[148] Bei soviel Kulturkampfagitation vermochte auch der Rasseantisemit Wilhelm Marr nicht abseits stehen. In seinem »Der Sieg des Judenthums über das Germanenthum« widmete er dem Kulturkampf – »das non plus ultra des Übermuths des semitischen Siegers« – ein spezielles Kapitel.[149] Der Herr »stud. theol. von Langsdorff« teilte in einer antisemitischen Kundgebung das Ergebnis seiner Studien mit: Man könne nicht sagen, beruhigte er die akademischen Nachfahren der Germanen, das Heil komme von den Juden, weil sie zuerst da waren, »dann müßten wir Protestanten sagen: Das Heil kommt von den Katholiken, da Luther ja auch ursprünglich Katholik war«.[150]

Die Grenzen waren also fließend geworden. Der Antisemitismus stand im Dienst der Bekämpfung des jeweiligen politischen Gegners. Ohne Skrupel glaubte man für jedes weltanschauliche, ökonomische und nationalistische Ziel die Judenfeindschaft als ein Mittel zur Mobilisierung breiterer Bevölkerungsschichten einsetzen zu können. In der zweiten Hälfte des vergangenen Jahrhunderts erhöhte sich die Attraktivität einer gezielten antisemitischen Propaganda: Es war der Versuch, die beginnende Demokratisierung, den wachsenden Wunsch der Bürger nach Mitsprache entweder zu hemmen oder mittels der Judenfeindschaft in die eigenen Kanäle zu lenken. Der Judenhaß wurde zum Bindemittel, das es einem möglichst breiten Spektrum erlaubte, sich zu solidarisieren. Neben einem diffusen Konglomerat von Unzufriedenheiten blieb in der Regel als einzig konkrete Aussage der Punkt Antisemitismus übrig. So schlossen sich 1888 in Österreich deutschnationale, katholisch-konservative und antisemitische Zirkel zur antiliberalen Liga »Partei der Vereinigten Christen« zusammen. In ihr war insbesondere der niedere Klerus aktiv. Die »Vereinigten Christen«, die sich um die unteren Schichten bemühten, gewannen einen solchen Einfluß, daß die katholische Bischofskonferenz in der Bekämpfung dieser Partei den Vatikan einschalten mußte.[151] Der Antisemitismus wurde also nicht nur von Berufsantisemiten geschürt. Die Potenzierung der antijüdischen Propaganda durch die unterschiedlichsten Personengruppen und Parteien verstärkte dessen Wirkung. Nach amtlicher Untersuchung waren es in Bayern vor allem die Pfarrer, »die ihre Gemeinden aufstachelten und für die ›Antisemiten-Petition‹ warben«. Die Bereitschaft, sich des Antisemitismus zu bedienen, wurde von einer Entwicklung begünstigt, die bislang nicht erwähnt wurde. In allen monarchistisch eingestellten Kreisen weckte die erstarkende Organisation des vierten Standes ein Gefühl der Bedrohung. Man sah im klassenbewußten Arbeiter und vor allem im Sozialismus eine Verschwörung gegen die heiligsten Güter der Religion und der Nation. Als besonders bedenklich erschien die Tatsache, daß es den Konservativen und den christlich orientierten Parteien nicht gelang, die Arbeiterschaft für sich zu gewinnen. Was also lag näher, als den Sozialismus als eine Form des jüdischen Kampfes und des jüdischen Geistes, kurz als eine jüdische Verschwörung gegen den christlich-deutschen Staat zu denunzieren. Diese Strategie einer Einordnung des Sozialismus in das überkommene antijüdische Weltbild bot zudem die Möglichkeit, mittels einer ausgeprägten antisemitischen Aktivität die Unruhe des Proletariats über dessen menschenunwürdige Lebens- und Arbeitsbedingungen auf die Juden zu lenken. In der antisemitischen Presse und Literatur wurde die Rolle der Juden in Staat und Gesellschaft manipuliert. Mit vereinten Kräften gelang es, ein fiktives Bild des Judentums zu verbreiten, das kaum Ähnlichkeiten mit der Realität hatte, aber durch die permanente Wiederholung auch dort als tatsächliches geglaubt wurde, wo man nicht betont antijüdisch eingestellt war.

»Kauft nicht bei Juden«

Der große Aufschwung, den die »Gründerzeit« infolge der französischen Reparationszahlungen von fünf Milliarden Goldfranken erlebte, hatte ein bis dahin nicht gekanntes Spekulationsfieber ausgelöst. Hunderte von Industrieunternehmen und Banken waren gegründet worden. Der Traum vom schnellen Geld, vom Reichtum ohne Arbeit war zu verlockend.[152] Selbstverständlich gehörten zu den Glücksrittern auch Juden. Es wäre ja der Beweis einer von den Antisemiten unterstellten Anormalität, wenn auch mit umgekehrten Vorzeichen, hätten Juden hier abseits gestanden. »Die Wirtschaft wurde durch diese gewaltige Summe (der französischen Zahlungen) ernstlich aus dem Gleise geworfen. Nach einer kurzen Zeit ungehemmter Spekulation kam es im

»In der Börse – Judas Schaar:
Herrschend war, herrschend bleibt,
wenn niemand sie daraus vertreibt.«
Köln 1896

Mai 1873 zu einem furchtbaren Zusammenbruch, bei dem sich viele Angehörige der alten Landbesitzerklasse gehörig die Finger verbrannten. Natürlich tadelten sie statt ihrer eigenen Torheiten das Bündnis der Regierung mit den liberalen Industriellen und Bankleuten.«[153] Für diesen Zusammenbruch wurde der Jude »in dem umfassenden Sinn, daß ihm das ökonomische Unglück der ganzen (bürgerlichen) Klasse aufgebürdet« wurde, verantwortlich gemacht.[154] In den »Ära-Artikeln« der protestantisch-konservativen »Kreuzzeitung« 1875 wird die verfehlte Wirtschaftspolitik von Bismarck auf den Einfluß jüdischer Bankiers zurückgeführt. Die katholische »Germania« druckt im Sommer 1875 einen antisemitischen Beitrag und läßt diesem Aufsatz 34 weitere antijüdische Artikel folgen. Die Beiträge wurden von zwölf katholischen Zeitungen nachgedruckt.[155] Die Statistik zeigt dagegen auf, daß, entgegen den antisemitischen Behauptungen, beispielsweise wegen Wucher in den Jahren 1882 bis 1889 748 Christen und 175 Juden angeklagt und 362 Christen sowie 82 Juden verurteilt wurden. Auch die angebliche Beherrschung des Kaufmannsstandes läßt sich nicht nachweisen. So waren laut Berufszählung im Jahr 1885 427 516 Christen und 72 025 Juden selbständige Kaufleute. In den Jahren 1882 bis 1889 wurde einfacher oder betrügerischer Bankrott registriert bei: 4151 Christen und 700 Juden.[156] In der antisemitischen Propaganda allerdings sah man ausschließlich die Juden. So hat beispielsweise ein Innungsobermeister in einer Versammlung am 25. April 1895 die »jüdische Gefahr« am Beispiel von Berlin erläutert. In Berlin seien 48 Prozent aller Handelsbetriebe, insgesamt 42 000 Personen an der Zahl, in jüdischer Hand. Was er verschwieg, war die Tatsache, daß er vom Baby bis zur Oma alle Familienangehörigen und die Angestellten mitgerechnet hatte. In Wirklichkeit waren in Berlin 19 293 Juden im kaufmännischen Bereich, einbezogen alle Angestellten, Lehrlinge und Selbständigen, beschäftigt. Die Zahl der Christen betrug 87 000.[157]

Was tatsächlich hinter der antisemitischen Deutung der Wirtschaftskrise verborgen war, zeigt sich noch im Jahre 1875: In einer breit angelegten Kampagne rief die »Germania« ihre Leser auf: »Kauf nicht bei Juden.« Theodor Fritsch machte daraus 1890 »Kauft nur bei christlichen Deutschen«.[158] In den Straßen von Berlin wurden vor Weihnachten Flugblätter mit dem Aufruf »Kauft bei keinem Juden« verteilt.[159]

Aufkleber aus dem Jahr 1896

Von den »morgenländischen Vätern« zum »Antagonismus der Rassen«

Rassismus, insbesondere in seiner antisemitischen Erscheinungsform, begann sich auszubreiten. Nicht, indem er den tradierten Judenhaß ablöste, sondern in einem langsamen Prozeß der Verschmelzung. Rassische Thesen und Argumente »lagerten« sich an die christlichen und christlich-deutschen Einstellungen. Entsprechend verwahrte sich die Redaktion der Zeitschrift »Germania«, es handele sich bei ihrer antijüdischen Kampagne um »Religionshaß«. Sie legte Wert darauf, daß es ihr um einen »Protest der germanischen Rasse gegen das Eindringen eines fremden Stammes« gehe.[160] In den folgenden Kapiteln wird die verschiedenartige Amalgierung dieser Antisemitismen untersucht. Charakteristisch ist die Bildung neuer, spezifisch antijüdischer Termini. Von nun an gehört ein Begriff wie »Verjudung« zum festen Repertoir. 1879 erschien ein Buch mit dem Titel »Neu-Palästina oder das verjudete Deutschland. Ein milder Beitrag zur Kenntnis der Judenherrschaft im sogenannten Deutschen Reiche.«[161] Der »Antisemiten-Katechismus« behauptete, »die sogenannte deutsche Reichsbank« sei »verjudet«. Tatsächlich befand sich im Direktorium der Reichsbank »niemals auch nur ein einziger Jude«, und in den »Hunderten von Filialen ist kein Jude angestellt«. Der Bankpräsident selbst zählte zum Freundeskreis des antijüdischen Pfarrers Stoecker. Aber wen interessierten solche Fakten? Trotz offizieller Dementis wurde die Behauptung auch in der 20. Auflage (1892) wiederholt.[162] Ein kleines Wort gewann Bedeutung: »sogenannt«. Es war – und für Antisemiten lag darin all ihre Weisheit – nur noch das »sogenannte« deutsche Volk oder das »sogenannte« Christentum, denn es war bereits »verjudet«. Daher wurde auch nur noch eine »sogenannte« freie deutsche Presse gesehen, denn auf kaum einem anderen Gebiet wurde von mehr antisemitischen Gruppen zwischen Wien und Berlin die »Verjudung« beklagt als in bezug auf die »Judenpresse«. Aber gerade bei der Presse wurden die alt-neuen Absichten der antisemitischen Kommentatoren offenbar. Jeder kritische Journalist, jede Zeitung, die Mißstände aufdeckte, die die Handlungsweisen der Obrigkeit, der Justiz und der Kirchen nicht wohlwollend kommentierten, wurden in den ominösen Bereich der »Judenpresse« einbezogen. Jacob Toury hat sich die Mühe gemacht, den Wahrheitsgehalt an der angeblich verjudeten Presse zu ergründen. Er kam zu dem Ergebnis: »... unter den Journalisten, sogar wenn man alle jüdischen Literaturschaffenden mit diesem Namen belegen wollte, gab es keine auffallenden Zahlen von Juden ... Selbst einschließlich aller vom Vormärz bis zur Reichsgründung in Presse, Publizistik und Verlagswesen Wirkenden kommt man kaum auf hundert Persönlichkeiten, von denen überdies etwa 20 Prozent getauft waren.«[163] Und natürlich fehlte es auch nicht an »systemtreueren Schreibern jüdischer Abstammung«, wobei diese bemerkenswerterweise nicht als Juden denunziert wurden. Vor einer Gefahr der falschen Interpretation muß allerdings nachdrücklich gewarnt werden. Die »Pressejuden« schrieben nicht in ihrer Eigenschaft als Angehörige der jüdischen Gemeinschaft, sie vertraten keinen wie auch immer gearteten jüdischen Standpunkt. Sie fühlten sich als Deutsche. Ihr Judesein war in bezug auf ihre Arbeit ausschließlich für Antisemiten von Bedeutung. Und auch diesen ging es weniger um Religion und Rasse denn gegen die freiheitliche Gesinnung, gegen demokratische Einstellungen: Juden und Demokraten, meinte ein »emanzipierter Antisemit«, seien »im Effekt ungefähr dasselbe«, nämlich »jüdisch-liberale Unnatur«.[164] Diese Einstellung bekam auch die Sozialdemokratie, die »Rote Internationale«, zu spüren. Dem »ewig scheelsüchtigen Judengeist verdankt das von Natur neidlose, bescheidene, in sich stillvergnügte Deutschtum die sozialdemokratische Mißgunst, die so naturwidrig ist, wie sie antichristlich ist«.[165] Was für die Presse gilt, traf auf die Sozialdemokratie, den Sozialismus allgemein und die ersten gewerkschaftlichen Organisationen im besonderen Maße zu. Jüdische Ärzte haben sich wiederholt einen Namen gemacht, weil sie als »Armendoktoren« in den Arbeitervierteln praktizierten. Der Arzt Eduard Abrabanell war im Berliner Handwerkerverein aktiv, und sein Kollege Louis Weil in Frankfurt an der Oder war Mitbegründer eines Handwerker-Fortbildungsvereins. Auch einige jüdische Geistliche machten aus ihrer Sympathie für die Arbeiterschaft keinen Hehl, wie der Rabbiner von Celle, Dr. Sophar, der wegen seiner Aktivitäten im dortigen Arbeiterbildungsverein verwarnt wurde.[166] Eugen Duhring beklagte die »Hebraisierung der Sozialdemokratie« als Gefahr für Staat und Gesellschaft, sah sich von einer neuen »Judenallianz« bedroht.[167] Die billigste Form des Patriotismus war entstanden, die nichts kostete und angeblich das Vaterland rettete: »Es gilt zu kämpfen für unsere geistige Freiheit, für unsere deutsche Ehre, für unser christliches Vaterland. Gott verläßt keinen Deutschen! Hinein in den heiligen Kampf – mit Gott für Freiheit, Ehre, Vaterland!«[168] So sahen sie sich selbst, die hehren Recken und Antisemitismusstreiter.

Noch aber gab es für Juden die Möglichkeit der »Rettung«, ein Schlupfloch, um ein vollständiger Deutscher werden zu können: die Taufe, zwar auch innerchristlich umstritten, aber kirchenoffiziell nicht in Frage gestellt. Die Versuche, Juden nicht nur aus religiösen Gründen, sondern auch aufgrund von angeblich biologischen Unterschieden zu diskriminieren, reichen in das erste Drittel des 19. Jahrhunderts zurück. Bereits 1818 wetterte Holst gegen das »Erbgut« der »morgenländischen Väter« der Juden. Er fügte gleich auch eine Liste der rassischen Merkmale an, die sich kaum von denen des späteren Rasse-Antisemitismus unterschied. Er stellte einen »unsteten Gang«, »lebhafte Gestikulationen«, »kohlschwarze, gekräuselte Haare«, »hochgespannte

Augenbrauen«, »scharf gebogene Nase des Morgenlandes« und »mehr voll gebildete Lippen« fest.[169] 1848 verwendete der Historiker Georg Kriegk die Begriffe »semitische germanische Rasse«.[170] Kriegk stand mit seiner Haltung nicht allein. Eleonore Sterling bringt einige Beispiele, daß seit 1843 der Rassebegriff aus dem Tierreich auf die Menschen übertragen wird. Da bleibt nichts mehr vom Ebenbilde Gottes, worin ja auch etwas von der Gleichheit aller Menschen ausgedrückt wird. Die rassische Ideologie, wie sie von der französischen Aristokratie entwickelt wurde, um die Überlegenheit als Angehörige der germanischen Urbevölkerung über das gewöhnliche gallische Volk abzuleiten, fand aber nur langsam Eingang in das Denken in Deutschland. Rasse, ein französisches Lehnwort, das sich im 18. Jahrhundert durchsetzte, wird vor allem mit dem Grafen Gobineau verbunden.[171] Was den Antisemitismus anbelangt, so wird häufig und gern übersehen, daß die judenfeindliche Ausprägung der Rassenlehre in Deutschland und England eine sehr bürgerliche Ideologie war. In Deutschland erfolgte die Ausprägung vor allem durch den Bayreuther Kreis. Diese Wagnerianer zählten zu den besonderen Förderern des Antisemitismus. Wagner selbst, der Gobineau 1880 in Venedig traf, sprach von einer »instinktmäßigen Abneigung« gegen Juden, und er gehörte zu jenen, die das Judesein Jesu leugneten. Sein

Lieblich in der Judenzeitung
Prangt die Phrasendrescherei,
Dass ohn' jegliche Bedeutung
Die german'sche Rasse sei.
Postkarte 1897

Schwiegersohn Chamberlain griff diesen Gedanken wieder auf, den die Nationalsozialisten dann dankbar verwerteten. Wagner hatte bereits vor der Begegnung mit Gobineau von der Zivilisation als einem »barbarisch-judaistischen Gemisch«, einem »Antagonismus der Rassen« gesprochen. Im Juden sah Wagner einen »plastischen Dämon des Verfalls der Menschheit«, der trotz aller Mischungen »mit den ihm (dem Juden) fremdartigsten Rassen« »immer (als) ein Jude wieder zutage« komme.[172] Nach Wagners Tod gründete Ludwig Schemann die Gobineau-Gesellschaft, die zahlreiche Vereine und Organisationen beeinflußte. 1855 erfolgte dann durch Gustav Freytags »Soll und Haben« und Langbehns »Rembrandt als Erzieher« (1830) der erste wesentliche Durchbruch des Rassegedankens.[173] Man sieht also, wie das Gerede von der »Unverträglichkeit des Christentums und der Deutschheit mit dem Judentum und der Jüdischkeit« etwa eines Professor Rühs im Jahre 1816 sich zu einer »Unverträglichkeit« der Rassen erweitern ließ.[174] Eine Generation später bemühte sich der wohl eifrigste Künder des jüdischen Ritualmordes, der katholische Pfarrer Joseph Deckert, die Übereinstimmung von Rasse-Antisemitismus und Katholizismus herzustellen.[175]

Pfarrer Deckerts »christlicher Antisemitismus«

Deckert, der neben Rohling wohl bekannteste katholische Antisemit, der als Priester dem modernen Judenhaß eine christliche Rechtfertigung zu verschaffen suchte, ging es ursprünglich um die Dokumentation katholischer Überlegenheit und Rechtgläubigkeit. Für Juden war da nur als Negativfolie Raum. Sie seien in »unseliger Verblendung« die »Kämpfer gegen Gott«.[176] Ein »Seitenstück zu diesem Jammerbilde«, so predigte Deckert 1895 in der Pfarrkirche zu Weinhaus in Wien an drei aufeinanderfolgenden Tagen im Mai, seien »die verschiedenen protestantischen Sekten«.[177] Nein, »nur die heilige katholische Kirche« habe das »wahre Christentum ... bewahrt«. Der »wahre Geist des Mosaismus« lebe »einzig und allein« im Katholizismus.[178] Ausführlich redete er über den »Haß gegen Christen«, diesem »Erzübel« der Juden, das sie zu Hostienschändungen und Ritualmorden verleite.[179] Seine religiösen antijüdischen Positionen untermauerte er mit den »schlimmen Rasseneigentümlichkeiten« der Juden.[180] Offen erklärte er von der Kanzel herab: »Ich bekenne, daß ich gegen die jüdische Rasse Antipathie habe, eine Antipathie, die ich mit allen ehrlichen Ariern teile.«[181] Deckert beendete seine antisemitische Predigtfolge mit einem Aufruf: »Heraus mit diesen Juden! Auf den Scheiterhaufen mit ihnen! Ihn wollen wir verbrennen zur Ehre Gottes und zu unserem eigenen zeitlichen und ewigen Wohle. Amen.«[182] Ob einer seiner Hörer noch Deckerts zuvor geäußerte Einschränkung im Ohr hatte (die nicht weniger perfid war), »die Aufgabe des christlichen Antisemitismus« sei es, »den Juden in uns ... zu verbrennen«?[183]

Christus: »Der größte Antisemit«

Der von Pfarrer Deckert postulierte »christliche Antisemitismus« findet sich auch bei einem reinen Rasse-Antisemitismus wie Carl Paasch. Was bei Deckert »wahres Christentum« hieß, nannte 1891 Paasch »praktisches Christentum«.[184] Beider Antisemitismus empfand sich als »Genius der Lichter gegen den Dämon der Finsternis«.[185] Forderte Deckert, daß »die schmähliche Judenherrschaft« beseitigt werden müßte[186], rief Paasch zur Befreiung vom »Semitenjoch« auf.[187] Ging es bei Deckert und allen anderen »christlichen Antisemiten« um die »Ehre Gottes«[188], berief sich Paasch auf Jesus: »Christus (war) der größte Antisemit.«[189]

Antisemitischer Imperialismus

Wie ein Pfarrer Deckert in sein antijüdisches Feindbild Nichtjuden, Protestanten und Freimaurer einbezog, sah auch der Monarchist Paasch in allen, die seiner Auffassung nach Ruhe und Ordnung störten, »den Besitzenden« (vom »jüdischen Dämon erfaßten«) und »allen Nichtbesitzenden« (»der [jüdischen] Sozialdemokratie verfallen«) jüdische Widersacher, so entwickelte ein völkischer Antisemit wie Wilhelm Giese darüber hinaus einen radikalen, antisemitisch definierten imperialen Traum von einem Großdeutschland, der mit »der Ausrottung der deutsch-feindlichen Fremdvölker in unseren Grenzen« beginnen sollte.[190] Im »Falle eines aufgezwungenen Krieges« müsse das Territorium, »sei es nun im Osten oder Westen«, als »Siegespreis behalten werden«. Zynisch erläutert er: »Wohlverstanden, wir wollen das Land, nicht die darauf angesiedelten Franzosen oder Polen, denn wir brauchen (!) es für unseren eigenen Nachwuchs, Deutsche sollen einmal darauf wohnen.«[191] Diese Vision hatte 15 Jahre zuvor einer, der zu seiner Zeit als bedeutender Denker gefeiert wurde, zu Papier gebracht: Paul de Lagarde, das Bindeglied zwischen der national-idealistischen Volkslehre der Romantik und der neuromantischen völkischen Bewegung, »die vor und nach dem Ersten Weltkrieg alle geistigen Lebensbereiche beeinflußt hat«.[192] Paul de Lagardes Vorstellung von einem deutsch-germanischen Volkstum mündete in einem unmißverständlichen Imperialismus. 1871 forderte er die »Germanisierung der im Osten an uns grenzenden Länder«; es sei »eine Tat der Nation«, das Gebiet »östlich von Polen bis zum Schwarzen Meer hin« als ein »Land für deutsche Ansiedlungen freizustellen und auf Kleinasien die Hand für weitere deutsche Kolonien zu legen«.[193] Um für solch eine Zukunft gewappnet zu sein, müsse Deutschland ein »Zurückkehren in eine Vergangenheit« vornehmen, »in welcher es weder ein Buch gab noch eine Zeitung noch eine irgendwie geartete Schriftgelehrsamkeit, nur Horchen auf die Stimme ursprünglicher Natur«.[194] Es müsse »Front gemacht« werden gegen die Liberalen und Juden, um die »Echtheit des deutschen Volkes« zu finden. Ziel sei: »Deutschland muß voll deutscher Menschen und deutscher Art werden, so voll von sich wie ein Ei: Dann ist für Palästina kein Raum in ihm.«[195] 1881 äußert er sich ausführlich in einem Aufsatz »Die Finanzpolitik Deutschlands« zur Judenfrage. Judentum, eine »inhaltlose, hölzerne Tautologie«, rangiere erheblich unter dem Christentum. Da Israel Jesus nicht anerkannt habe[196], nachdem von den »Semiten« das »Marienhafte« gewichen und das Nationale in den Islam übergegangen, sei eine jüdische Existenz sinnlos und verwerflich, erzeuge sie »in unserem Körper Eiterung«, seien »Juden in jedem europäischen Volke ein schweres Unglück«.[197] Daher gäbe es nur eine Konsequenz, »daß die Juden aus

Kämpft mit der Losung: „Für Deutschthum, Thron und Altar!" für die Interessen des deutschen Mittelstandes gegen alles Schmarotzerthum, gegen Juden und Judengenossen und deckt im Interesse der Wiedergeburt des deutschen Volksthumes schonungslos jegliche Corruption auf, herrsche sie nun oben oder unten.

Neue Deutsche Zeitung (Leipziger Tages-Anzeiger) – einzige große politische Tageszeitung der deutsch-socialen antisemitischen Partei. Werbeblatt (Ausschnitt)

Deutschland entweder auswandern oder in ihm Deutsche werden müssen. Judentum muß so oder so verschwinden.«[198] Da de Lagarde Juden als unterlegene Menschenart betrachtete, deren Gott »uns ein Götze ist«, müßten sie, wenn sie »mit Ernst machenden Indogermanen in Berührung kommen, denselben unterliegen«. Konsequenz: »Mischehen liefern deutsche Nachkommenschaft.«[199] Die in seinen Augen Besten der Nation, die Träger »einer starken Monarchie«, die die Fehler der modernen Bildung, des Liberalismus, des Staatskirchentums und des Protestantismus korrigieren werden, dürfen demgegenüber »nicht mit der Synagoge liebäugeln«.[200] Die Unausgegorenheit des Lagardeschen Antisemitismus, der in dem Satz mündete: »Fort müssen sie«, der »Beseitigung« forderte und dies mit einer imperialen Ideologie vom »Volk ohne Raum« verband, ließen ihn »zum Lehrmeister ganzer Generationen von Antisemiten und chauvinistischen Nationalisten« werden.[201]

»Deutschland, Christenvolk, ermanne dich« Stoeckers Predigt gegen den »fremden Geist«

»Lächerlich« nannte es der eigentliche Popoularisator des antisemitischen Gedankens, der für sich in Anspruch nahm, »die Judenfrage publik gemacht« zu haben[202], der »den Antisemitismus in die konservative und christlich-soziale Politik eingebracht« hat[203], der Hofprediger Adolf Stoecker empfand es als »lächerlich«, daß ein Jude von Deutschland und den Deutschen als »unser Volk« gesprochen hatte.[204] Für den Prediger Stoecker hat das Judentum mit der »Verwerfung Christi . . . seinen Beruf abgetreten, . . . an die christliche Kirche« übergeben und müsse daher »verstreut für immer unter den Völkern«

leben.[205] Zu Juden bestehe »ein Gegensatz, so scharf wie ein Schwert, das eben geschliffen ist«.[206]

Wie kein zweiter verband Stoecker christliche Judenfeindschaft, Fortschrittsfeindlichkeit, Sozialkritik, Antipluralismus, Konservativismus mit Elementen des völkischen Antisemitismus zu einem Gebräu, mit dem er vergeblich die Arbeiterschaft aus den Fängen der Sozialdemokratie zu befreien und zu Thron und Altar zurückzuführen suchte. Dreh- und Angelpunkt der zeitgenössischen Misere war für ihn »das moderne Judentum«, »eine abgestorbene Religionsform, . . . (die) ihren göttlichen Kurs verloren« hat und anstelle Jesu »dem Götzen des Goldes nachläuft, weil sie die Wege Gottes versäumt haben«. Erst das germanisch-christliche Leben habe »diesen Mißständen abgeholfen«. Daher sei das Judentum »eine Macht, welche überall das Christentum bitter bekämpft« und dadurch »das nationale Gefühl entwurzelt«.[207] Die Angriffe Stoeckers konzentrierten sich vor allem auf den Liberalismus und die Presse, der Inkarnation jüdischen Geistes. »In der Judenpresse atmet ein Haß gegen das Christliche«, die »schlimmsten Berliner Zeitungen« seien »in den Händen von Juden«. Er warnte vor »jüdischen Elementen« der »Pressemeute«, den »liberalen Zeitungsschreibern«, die »für unsere christlich-germanischen Interessen . . . eine wirkliche Gefahr« darstellten: Denn Israel wolle »das Christentum rauben« und den deutschen Geist verjuden. So war ihm die Judenfrage »eine soziale Frage im geistlichen und wirtschaftlichen Sinne«.[208] Die Börse erschien ihm als der »Tempel des modernen Judentums«.[209] Er sei überzeugt, daß »Gott der Allwissende mich in dieser Stunde hört«, in der er gegen »die liberale Presse, die Juden, wie die Judengenossen« wettert.[210] Seinen Zuhörern suchte er zu suggerieren, es gehe um »Sein oder Nichtsein«, um »einen Gegensatz, an dem Völker zugrunde gehen können, wenn sie ihn nicht auskämpfen . . ., koste es, was es wolle«.[211] Denn, so die ständige Redewendung, »Juden und Judengenossen«, »jüdische und judenfreundliche Presse«, womit auch ein Herr Stoecker jeden Nichtjuden mit unliebsamer Meinung in die jüdische »Blutvergiftung« einordnete, seien als »Brotgeber des Fortschritts« mit aller Energie zu bekämpfen.[212] Der Prediger Stoecker erwies sich als Demagoge, der sein Publikum aufzuputschen suchte wie später Agitatoren der NS-Zeit: »Wir werden nicht ruhen . . . bis unser deutsches Volk . . . sich erhebt, um die jüdische Herrschaft . . . von sich zu werfen.«[213] »Deutschland, Christenvolk, ermanne dich, wach auf!«[214] Das Protokoll vermerkt nach diesem Aufruf »stürmisch anhaltenden Beifall«. »Schämt euch«, mahnte er seine Hörer am 2. Juni 1883 in den berüchtigten Reden, »gehalten vor der Versammlung deutscher Bürger in den Sälen der Berliner Bockbrauerei«, »daß ihr Judensklaven seid«, denn »das jüdische Wesen ist ein Gifttropfen in dem Herzen unseres deutschen Volkes«. Doch Judentum und Fortschritt würden »miteinander sterben und verderben«.[215] »Werde jeder von ihnen ein Herold«, forderte Stoecker die Versammelten auf und fragte seine Mitbürger: »Bist du ein Parteigänger des Judentums oder nicht?« Am 23. November 1883, unter »anhaltendem stürmischen Beifall«, schließt er seine Rede, in der er sich mit der für ihn wenig erfreulichen Berichterstattung über die (für Stoecker natürlich »jüdische) Internationale« auseinandergesetzt hatte: »Die Presse wollen wir bekämpfen, bis sie bezwungen und vernichtet am Boden liegt.«[216]

Stoecker benutzte auch eine rassische Terminologie, obwohl er betonte, er würde die Judenfrage nicht als Rassenfrage ansehen (27. 5. 1881). Das hinderte ihn nicht, am 3. Februar 1882 ausdrücklich festzustellen, die Judenfrage sei »in ihren Wurzeln beides«, Religions- und Rassenfrage, »doch in ihrer äußeren Gestalt (erscheine sie) als eine sozial-ethische«.[217] Ansonsten unterliefen ihm ständig Bezeichnungen wie »fremden Geistes«, »nicht unseres Stammes«, diagnostizierte er »einen fremden Blutstropfen in unserem Volkskörper«. Stoecker vermochte sich zu einem klaren rassistischen Standpunkt nicht durchzuringen, weil er die existentielle Gefahr erkannte, die aus einer solchen Haltung für das Christentum erwächst. »Ein solcher Fehler ist die Behandlung der Judenfrage als Rassenfrage . . . Es gibt Antisemiten, die sagen, Jesus war kein Jude, sondern ein Arier. Das ist aber eine grenzenlose Dummheit.« Andererseits sprach er von dem »Rassenunterschied«, der »mitwurzelt«.[218] Die Trennungslinien zwischen ihm und den Radau-Antisemiten, denen er sich zwar nicht zugehörig fühlte, sind dennoch fließend. Für die Zuhörer waren Stoeckers Aufrufe nicht weniger deutlich: »Der Fortschritt«, erklärte er am 4. Februar 1880

Verlag von M. Schulze in Berlin SW., Hedemannstraße 11.

„Die Wahrheit“,

humoristisch-satirisches Wochenblatt.

Einziges christliches und anti-semitisches Witzblatt.

Wöchentlich 1 Nummer von 1½ bis 2 Bogen Folio mit zahlreichen Illustrationen.

Preis pro Quartal 2 Mark.

Redakteur: **H. de Grousilliers.**

Die Wahrheit hat sich in dem hinter ihr liegenden ersten Jahrgange durch ihr unerschrockenes Auftreten, ihren schlagenden Witz, ihre tiefempfundenen Leitgedichte und ihre glanzvollen Illustrationen eine gesicherte Stellung und zahlreiche Anhänger in allen christlichen, konservativen und antisemitischen Kreisen erworben. Im Vertrauen auf die täglich wachsende Zahl ihrer Anhänger im **Kampfe gegen Liberalismus, Materialismus und Judenthum,** wird die Redaction bemüht sein, die Waffen der Satire und den humoristischen Griffel des Zeichners gleich unerschrocken und wuchtig auch für die Zukunft zu gebrauchen. Es ist Thatsache, daß **kein Blatt einen solchen Einfluß auf die christliche und antisemitische Bewegung unserer Zeit gehabt hat, als die Wahrheit** und bitten wir deshalb dringend um recht **zahlreiche Abonnements.**

Bestellungen nehmen alle Postanstalten, wie die Expedition der Wahrheit, Berlin SW., Hedemannstraße 11, entgegen; Probenummern versendet die letztere gratis.

Umstehend Illustrationsprobe.

Zeitungswerbung 1881

vor seiner christlich-sozialen Partei, »hat sich mit dem Judentum auf Tod und Leben verschworen.« Dagegen helfe auch keine »herzliche Liebe zum Evangelium«. Stoeckers Stärke und Schwäche, vor allem aber seine Wirksamkeit beruhten darin, daß jeder aus seinen Reden und Schriften das entnehmen konnte, was ihm passend und genehm erschien. Alle Feindbilder, vom jüdischen Sozialismus bis zum jüdischen Kapitalismus, von der »Verjudung« bis zur tödlichen jüdischen Gefahr, wurden von ihm eingesetzt. Die von ihm mitgetragene antisemitische Bewegung hat zahllose Theologiestudenten antijüdisch beeinflußt. Stoecker hat wie kein zweiter in Deutschland dem christlich verbrämten Radau-Antisemitismus im konservativ-bürgerlichen Lager Zugang verschafft.

Wilhelm Marr – und die Lehre vom überlegenen Untermenschen

Als »Schmerzensschrei« eines »Unterdrückten« verstand sich das wohl bekannteste antisemitische Pamphlet, das mit dem »ehrlichen, offenen Eingeständnis« beginnt: »Israel (ist) eine Weltmacht allerersten Ranges geworden.« Autor: Wilhelm Marr, der als der Erfinder, zumindest aber als der eigentliche Verbreiter des Begriffs Antisemitismus gilt. Bezeichnend für seine Einstellung war der Titel seines antisemitischen Bestsellers: »Der Sieg des Judenthums über das Germanenthum – Vom Nicht Confessionellen Standpunkt aus betrachtet«. Obwohl er auf Seite 24 ausdrücklich seine »Confessionslosigkeit« betonte, übernahm auch er die christliche Antitalmudpolemik. Andererseits stand für ihn eine »Scheu der Juden vor wirklicher Arbeit« und ihre »gesetzlich vorgeschriebene Feindschaft gegen alle Nichtjuden« fest.[219] Den Vorwurf, sie hätten Christus gekreuzigt, nannte er dagegen »Blödsinn«. Als »hirnverbrannt« bezeichnete er die Ritualmordanklage. »Unbedingt« nehme er die Juden »gegen jede ›religiöse‹ Verfolgung . . . in Schutz«.[220] Denn nicht eine religiöse Auseinandersetzung habe die Judenfeindschaft begründet, sondern »ein Volksstamm«, den die Römer »dem Abendlande« aufgezwungen hätten, der »bei allen Völkern des Orients aufs Gründlichste verhaßt war«. Der »Semitismus« habe in Deutschland durch »die List und die Verschlagenheit des realistischen Schachergeistes, . . . mit welchen (Waffen) die Juden das Abendland eroberten, . . . ein Neu-Palästina gemacht«. Der Widerstand gegen das »fremde Volkselement« und seinen »Realismus«, der »gegen den ganzen Charakter des Germanentums« stehe, habe lediglich »die Religion zum Vorwande« gewählt, um sich gegen das »glatte, listige, elastische Judentum« zu wehren. Nicht die Religion präge das »semitische Volk«, sondern sein »vollbewußter, typischer Realismus«. Allerdings nahe jetzt in dem »1800jährigen Krieg mit dem Judentum . . . sein Ende«[221]: »Bärenhäutige germanische Indolenz, der germanische Geiz, der germanische, bequeme, teutonische Phrasenhochmut« seien besiegt, »das flinke, kluge Israel« habe gewonnen. »Scheltet mir die Juden nicht«, lautete seine ironische Mahnung. Im antisemitischen Weltbild von Marr waren die Juden am Ziel dessen angelangt, was sie nach antisemitischer Sicht anstrebten: Sie hatten die »Fremdherrschaft über Deutschland« errungen. Auf dem jüdischen, dem demokratischen Weg: »Ihr wählt die Fremdherrschaft in eure Parlamente, Ihr macht sie zu Gesetzgebern und Richtern, Ihr macht sie zu Diktatoren der Staatsfinanzsysteme, Ihr habt ihnen die Presse überantwortet.«[222] Und in seinem Schlußwort verkündet er: »Dem Semitismus gehört die Weltherrschaft!«[223] Einmal mehr ist die Absurdität antisemitischen Denkens zu bestaunen. Und dennoch wurde hier eine These formuliert, die für Antisemiten bis in die Gegenwart wie eine offenbarte Wahrheit das angebliche Geheimnis jüdischer Machinationen aufdeckt: Es ist die These vom »überlegenen Untermenschen«. Marr scheint endlich eine Erklärung für antisemitische Alpträume zu bieten. Wie kann eine kleine Gemeinschaft ein großes Volk beherrschen? Weil sie in ihrem »Realismus« so unendlich viel gerissener ist als der biedere Deutsche.

Marrs Resignation war ebenso geheuchelt wie seine Abkehr vom Christentum. 1879 schrieb der angeblich »Konfessionslose«: »Wir, die Angehörigen des christlichen und deutschen Staates . . . müssen uns verteidigen.«[224] Denn auch für ihn ist der christliche Antisemitismus zum Beleg jüdischer Verworfenheit unverzichtbar wie auch die Autorität christlicher Theologen. Und so zitiert er: »Wer nicht Christ und Deutscher sein kann, der bleibe Jude. Er bleibe für sich und seines-

Herrmann der Cherusker, vom Denkmal gestürzt. Der »überlegene Untermensch« als Sieger

gleichen . . . Er gehört einem anderen Volke an, der vertrete die jüdischen Ansichten und das jüdische Volksbewußtsein.«[225] Auch Marr postuliert die Unvereinbarkeit von Christlichem und Jüdischem, Deutschem und Jüdischem. »Möge uns Gott und das Christentum dann helfen, die Verjudung der Gesellschaft weiter zu bekämpfen. – Die Parole heißt: Mit Gott für den christlich-deutschen Kaiser und das christlich-deutsche Vaterland!«[226] Die Schriften von Marr, die als »große Sensation« von seinen judenfeindlichen Anhängern begrüßt wurden, wirkten wie »eine Brandfackel«, so sein Gesinnungsgenosse P. Schulze aus Köln im Jahre 1880.[227] Eine Kombination von Marrs und Stoeckers Antisemitismus brachte zum »Christfest 1895« Kurt Reuß unter Berufung auf Martin Luther zu Papier. Sein »Banner« des »Befreiungskampfes« trug die »Zukunftslosung: Deutsch-national! und christlich-deutsch-sozial!«[228] Reuß konstruierte eine »unversöhnliche Geistesfehde«: auf der einen Seite die »Arier«, die er mit »christlicher Gesinnung« und »deutscher Art« gleichsetzt, dort die »Semiten« mit »talmudischer Moral« und »jüdischem Wesen«. Zwischen beiden könne es »niemals Frieden geben!« Seine »Parole: Feind ist mir jeder, in dem die jüdische Gesinnung mir entgegentritt; den verjudeten ›Deutschen‹, den verjudeten ›Christen‹ trifft daher nicht minder meine flammende Anklage.«[229]

Inhaltlich weitgehend ähnlich waren die Hetzartikel gegen Juden in den von Klerikern redigierten Zeitungen, die vor allem in Wien maßgeblich am Aufkommen einer »antisemitischen Bewegung« halfen.[230] 1890 sah sich das hessische Oberconsistorium veranlaßt, offiziell das Auftreten Geistlicher als Antisemiten zu mißbilligen. Ganz im Sinne Marrs äußerten sich auch die konservative »Kreuzzeitung«, die ihren Lesern am 10. Februar 1891 weiszumachen suchte, »täglich würden tausendfach . . . Deutsche von ihnen überlegenen Juden in der empfindlichsten Weise geschädigt«.[231] »Sie schieben uns Christen stets beiseite«, klagte auch Otto Glagau, »sie drücken uns an die Wand, sie nehmen uns die Luft« zum Atmen. »Vom getauften Minister bis zum polnischen Schnorrer bilden sie eine Kette.«[232] Gedanken wie diese verbreitete Glagau nicht in einem antisemitischen Kampfblatt mit entsprechender Leserschaft, sondern in der braven »Gartenlaube«, der meistgelesenen (Familien-)Illustrierten. In »Des Reiches Noth und der neue Culturkampf« pflegte er getaufte Juden durch das Adjektiv »semitisch« kenntlich zu machen.[233]

Religiöse Judenfeindschaft im Dienst der Rassisten

Die Bücher und Pamphlete der Rasseantisemiten bestehen überwiegend aus Zitationen christlicher Quellen. Eines der umfangreichsten Kompendien dieser Art stellte bereits 1859 Constantin Ritter Cholewa von Pawlikowski zusammen.[234] Die rassische Minderwertigkeit und rassebedingte Gefährlichkeit der Juden wurde mit Auszügen aus der christlich-religiösen Antitalmud-Litera-

tur belegt. So auch Artur Dinter in den vielgelesenen »Lichtstrahlen aus dem Talmud«, gewidmet »dem Andenken der Wahrheitskämpfer August Rohling, Aron Briman und Jakob Ecker«.[235]
Der Rassist Paasch beruft sich auf die christlichen Autoren Eisenmenger, Rohling, Briman (Justus) und Ecker. In seinem »Der jüdische Dämon« bezieht er sich auf Jakob Eckers »Der Judenspiegel im Lichte der Wahrheit« und druckt den »Judenspiegel« von Justus ab. Eigens wird in beiden Fällen die Druckerei herausgestellt, die Bonifatius-Druckerei in Paderborn. Dieses katholische Druckhaus war eine der aktivsten Giftküchen der Judenfeindschaft. Wen wundert's? Konnten sich doch Judenfeinde auf den Bischof von Paderborn als Kronzeugen berufen. Etwa Professor Joseph Rebbert in »Blicke in's talmudische Judenthum. Nach den Forschungen von Dr. Konrad Martin, Bischof von Paderborn, dem christlichen Volke enthüllt«; erschienen: »Druck und Verlag der Bonifatius-Druckerei«.[236] Bezeichnend die Schlußseite dieses »Werkes«. Ein Aufruf an die »christlichen Wähler«, die »brennend an der Judenfrage« interessiert sein sollten: »Fort mit den Liberalen! Auf zu den Wahlen!« Wer diese »Parole« nicht vergißt, werde helfen, die Judenfrage zu lösen. »Damit Gott befohlen!«
Nebenbei: Die Bonifatius-Druckerei verbreitete zum gleichen Thema eine eigene »Wahlbroschüre«. So konnten sich Radau-Antisemiten wie Theodor Fritsch einen Hauch von Seriosität verschaffen. Denn ihre Thesen wären – so die ständige Wiederholung – lediglich alte christliche Forderungen! »Gerade ein Mann der Kirche, der Hofprediger Stoecker«, trumpfte Fritsch auf, habe auch »im Kampf gegen das Judentum« gestanden.[237] Und, so Fritsch weiter, hat nicht ein Luther »mit den schärfsten Waffen . . . die ehrlosen Fremdlinge« bekämpft? Fritsch zitierte ebenfalls die gesamte Phalanx von Pfefferkorn über Ecker, Rohling, Fichte, Feuerbach, über Wagner bis zu Lagarde und Treitschke.[238]
Bei Heinrich von Treitschke ging es zwar mehr gegen den Zeitgeist, »gegen die fortschrittlichen Ideen des Liberalismus«, wie James Parker betont.[239] Vor allem in der kritischen Literatur, die an Frankreich und den Idealen der Französischen Revolution orientiert und von Börne und Heine beeinflußt war, sah er »das vaterlandslose Judentum« »zerstörend und zersetzend« am Werke. Ganz in der Tradition stehend, glaubte er, »in Wahrheit jüdischen Christenhaß und jüdisches Weltbürgertum« am Werk, wodurch ein »fremder Tropfen« in das deutsche »Blut geraten« sei.[240] Der gefeierte Historiker wurde in der antisemitischen Literatur zum Alibi-Antisemiten. »Von ganzem Herzen» sprach ihm am 5. Januar 1880 Adolf Stoecker »unseren Dank« aus.[241] Treitschke, der die »Ostjuden« aufs Korn nahm, der sich für antisemitische Kandidaten einsetzte[242], der die Emanzipation der Juden eine Illusion des »reinen Blutes« nannte[243], im Parlament einen Luxus erblickte, der bereits von jüdischer »Greuelpropaganda« gegen Deutschland sprach, ist einer der Hauptverantwortlichen dafür, daß Antisemitismus in weiten, vor allem akademischen Kreisen das Odium des Anrüchigen verlor.
Der Berliner Verlag M. Schulze wandte sich an »christliche, konservative und antisemitische Kreise«, um die übliche Mischung an den Käufer zu bringen: »Kampf gegen Liberalismus, Materialismus und Judentum«. Zur Förderung der »christlichen und antisemitischen Bewegung« offerierte er ein »christliches und antisemitisches Witzblatt«: »Die Wahrheit – humoristisch-satirisches Wochenblatt«.[244] Es erschien immerhin in fünf Jahrgängen von 1880 bis 1885. So weit also war es gekommen, daß christlich und antisemitisch als die beiden Seiten der gleichen Münze verstanden werden konnten.
Da mochten denn die Christlich-Konservativen nicht länger abseits stehen. 1892 übernahm die Deutsche Konservative Partei den Antisemitismus offiziell in ihr Parteiprogramm. Neben der »Erhaltung und Kräftigung der christlichen Lebensanschauung«, der Anerkennung, daß »Staat und Kirche von Gott verordnete Einrichtungen« sind, wird »für das christliche Volk eine christliche Obrigkeit und christliche Lehrer für christliche Schüler« gefordert. »Wir bekämpfen den vielfach sich vordrängenden und zersetzenden jüdischen Einfluß auf unser Volksleben«[245] – damit reihte sich eine der größten Parteien Deutschlands in die Reihe der Judenfeinde ein.

Exkurs: Antisemitischer Wahlkampf

Die Propaganda der antisemitischen Parteien nahm Formen an, die sich von einem modernen Wahlkampf in unserer Zeit kaum unterscheiden.

Wahlzettel, spätes 19. Jahrhundert

Bei den Reichstagswahlen 1886 setzte Otto Böckel in seinem Kampf gegen Junker und Juden in seinem ländlichen Wahlkreis bei Marburg alle Techniken der Agitation ein: Flugblätter, Zeitungsanzeigen, Überkleben der Konkurrenzplakate, Gründung einer eigenen Zeitung vor der Wahl (»Der Reichsherold«) und Versammlungen. Der antisemitische »Reformverein« Marburg stellte eine »Sicherheitseskorte« als Saalschutz.[246]

Die antisemitische Deutsch-Soziale Partei verkündete am 27. Juli 1890 stolz, daß sie »von Leipzig aus täglich bis 300 Flugblätter . . . in die Welt« schicke. »Damit wurden jährlich etwa eine Million Schriften verteilt.«[247] Bei der Nachwahl im Kreise Kassel-Melsungen am 16. Juli 1891 zog der antisemitische Abgeordnete Liebermann v. Sonnenberg für mehrere Wochen nach Kassel, um besser den Wahlkampf unterstützen zu können. Der Kandidat der Antisemiten, Dr. Förster, reiste gleichzeitig von Dorf zu Dorf. Er wurde unterstützt von dem antisemitischen Abgeordneten Werner und seinen jugendlichen Anhängern sowie antisemitischen Kaufleuten aus Kassel, die allesamt über Land reisten und Propagandamaterial verteilten.[248] Gleichzeitig wurden speziell antisemitische Verlage in großer Zahl gegründet, die sich ausschließlich um die offensichtlich lukrative Verbreitung der Judenfeindschaft bemühten.

Judenhaß als Geschäft

»Judenhaß«, erkannte 1879 Ludwig Stern, »ist die beste Ware auf dem Büchermarkt.«[249] Da waren »Sonderbuchhandlungen für antisemitische Literatur« gegründet, und Antisemiten wie Wilhelm Marr lebten von ihren Schriften. Überhaupt ist es interessant zu erkennen, in welchem Ausmaß es sich bei führenden Antisemiten um gestrauchelte Existenzen handelt. Der Vorkämpfer gegen den »jüdischen Börsenschwindel«, Glagau, hatte sein Vermögen verloren: beim Spekulieren an der Börse.[250] »Böckel und Ahlwardt haben ihren Ruhm weidlich dazu ausgenutzt, um sich durch Betrügereien und Unterschleife zu bereichern.«[251] Marr, der sich »zu den befähigsten Publizisten« zählte und vor seinem Einstieg in die antisemitische Propaganda aufgrund seiner Mittelmäßigkeit keinerlei Erfolge aufweisen konnte, machte hierfür die »Verjudung der Gesellschaft« verantwortlich.[252] Liebermann v. Sonnenberg, Rektor Ahlwardt und der »Bauernkönig« Böckel hatten ihren jeweiligen Dienst quittieren müssen. Ahlwardt wurde wegen Wucher und Unterschlagung angeklagt und zu vier Monaten Gefängnis verurteilt. Er bemühte sich, »auch von Juden Geld zu leihen«.[253] Sonnenberg und Böckel lieferten gegen Bezahlung Beiträge an jüdische Journalisten.[254] Böckel gründete zahlreiche Konsumvereine und einen mittelständischen Bauernverein. Sie alle gingen in Konkurs, weil sie weniger die Landbevölkerung als die antisemitischen Propagandisten unterstützten. Zudem wurden Gelder in die Parteikasse abgezweigt.[255] Anonyme Geldgeber finanzierten die »Berliner Bewegung«. Bekannt ist, daß der Warenhausbesitzer Rudolf Hertzog den Antisemiten erhebliche Geldmittel zur Verfügung stellte.[256]

Germanistisches Christentum

Zwischen 1880 und 1900 entwickelte sich eine neue deutsch-völkische Theologie. Der evangelische Theologe Wilhelm Stapel vertrat eine biologische Volksmetaphysik und trat für die Ausweisung der Juden ein. Emanuel Hirsch, Friedrich Gogarten, Paul Althaus, Werner Elerts, Hans Schomerus, um nur diese zu nennen, verehrten einen Jesus »nichtjüdischen Blutes«. Tilgner hat in seiner Arbeit nachgewiesen, wie hier das Fundament für die Glaubensbewegung der Deutschen Christen gelegt wurde. Ihre Kombination von theologischer und biologisch begründeter Judenfeindschaft verschaffte dem NS-Staat einen »offenbarungsgeschichtlichen« Stellenwert.[257]
Max Bewer verband mit dem Antisemitismus die rassische Verkündigung eines neuen messiani-

schen Auftrages an die arische Rasse. Christus habe das »*schwarz*selige Judentum mit seinem *(roten)* Blut« bezwungen. »Im *Gold* der Zukunft« kündete Jesus »prophetisch die Farben seiner wahren Heimat an: Schwarz-Rot-Gold«.[258] Jesus habe Deutschland als »das Land der Wiedergeburt« erkoren, und »wie man den Baum an seinen Früchten erkennt, so erkennt man Christus an den Deutschen«.[259] Die Vorstellung, Jesus sei »ein edler Jude gewesen«, so Max Bewer, »sei des Landes verwiesen«. Denn: »Edle Juden gibt es nicht. Was in den Juden edel ist, ist deutsch . . .«[260] Dem Wesen nach sei Jesus Deutscher gewesen: »Der deutsche Christus«, wie Bewer 1907 ein Buch betitelte. In ihm floß »das deutsche Doppelblut, . . . (das) in die organische Potenz erhoben, . . . göttlich wird«.[261] Die Lehre gegenüber den Juden laute: »Blut gegen Blut! . . . Sitte gegen Unsitte, Menschenliebe gegen Menschenhaß, Heldentum gegen Verbrechertum.«[262] Ein Sinnbild des Bösen sei »ein schwarzer, krummer, kleiner, fälschender Jude, der sich von einem blonden, gradblickenden, hochgewachsenen, grundehrlichen deutschen Kutscher zur Börse fahren läßt, das ist der Satan auf Erden«.[263] Die typisch antisemitische Teilung in Hell und Dunkel kommt in einem weiteren Kapitel zum Ausdruck: Die deutschen »jungen, blonden, blauäugigen, schlanken, leichtsinnigen Offiziere« werden den »alten, schwarzen, halbkahlen, geiernasigen, raffinierten Juden« gegenübergestellt.[264]

Das »Senfkorn« des »Dritten Reiches«

Über die »Los-von-Rom-Bewegung« und den »Umweg über den Protestantismus« sei er sich eines »freien und weit gefaßten Begriffs christlich« bewußt geworden. Aus diesem »arischen« Christus, aus dem Glauben an ihn, werde das Fundament, »das Senfkorn«, gebildet, »aus dem das ›dritte Reich‹ (in Deutschland) erblühen wird«.[265] Und so dichtet er in einem Hymnus an Richard Wagner in seinem Gedichtband »Der deutsche Himmel – Weihegedichte . . .«:

»Doch horch! . . . Ein Sang ertönt
Karfreitagszauberhold
Germanisch naht verschönt
Christus im Sonnengold.«[266]

Bewer, der hier als »Prototyp« für ein germanisches Christentum angeführt wird, »verfleischlicht« die christliche Lehre (Sterling), benutzt sie als Motivationsstütze gegen angeblich Undeutsches (»je jüdischer, desto sozialdemokratischer«). Jesus wird zum germanischen Recken, dessen Blut nach der Kreuzigung »innerlich zu seinem deutschen Blut zurückgekehrt« sei, zu »seiner deutschen Heimat . . . (in der) heute . . . der deutsch-christliche Geist mit dem jüdischen auf Leben und Tod ringt«.[267] »Das Kreuz ward Schwert«, dichtete er und erwartet »den entscheidenden Kampf gegen die Juden« als »einen religiösen Akt«[268]:

»Wie wettert das
wie schmettert das
wie rötet das
wie tötet das
Dein Schwert, Du Gottesheld.«[269]

Und schon wurde auch Heil gebrüllt. Etwa am 9. Mai 1894 bei der Gründung des »Deutschbundes«, als Friedrich Lange ausrief: »Im deutschen Namen Heil!«[270] Obwohl für Lange eine »untrennbare Legierung« von Deutsch und Christlich bestand, sei das Christentum wie der »arische Götterglauben« eine »Kulturform«, die »das angeborene Erbe unseres Rassen-Idealismus bezeugten«.[271] Das Friedensgebot würde allerdings der »deutschen Sittlichkeit« widersprechen: »Keinen Krieg mehr als Austrag schlimmster Verwicklung vor sich (zu sehen), würde uns verjauchen und verrotten.« Das »Herrenvolk« müsse »das Christentum zur Deutschreligion vergeistigen«.[272] Da der Adel »mit jüdischem Blut verunreinigt« sei und die Regierung sich »jüdischer Mischlinge« als Ratgeber bediene, könne lediglich der Mittelstand die »nationale Wiedergeburt« herbeiführen.[273] Es ist schon erstaunlich, in welchem Ausmaß hier die Umrisse der NS-Ideologie bereits 1893 formuliert wurden. 1903 sammelte Lange »über 290 000 Unterschriften« für eine Eingabe, mit der die »drohende Gefahr der teilweisen Aufhebung des Jesuitengesetzes« abgewendet werden sollte. Der Kampf für das »reine Deutschtum« könne nur durch eine neu zu gründende »nationale Partei . . . emporgetragen werden«, wenn sie den Kampf gegen Rom und das katholische Zentrum betriebe.[274] Kaum verwunderlich, daß dieser »ehrliche und mutige Deutschgesinnte« einerseits die Zivilisation als »Nährgelatine für den Bazillus judaicus« ablehnte und andererseits den Bauernaufstand als »die Wurzel echtester Vertreter unseres Volkstums«

beschwor.[275] Ansonsten werde man das katholische und evangelische »Kirchentum ... ruhig der inneren Auflösung« überlassen und aus ihm »das asiatische Judentum also auszuscheiden oder sonst in sicherer Form unschädlich zu machen« haben.[276]

»Der falsche Gott« oder: »Rasse ist alles«

Der Antisemitismus, der Kampf gegen das »jüdische Wesen«, traf nunmehr auch die Kirche. Erster Schritt auf diesem Weg: der Versuch, Jesus als Vertreter des »kindlichen uneigennützigen arischen Geistes über den greisenhaften eigennützigen semitischen Geist« darzustellen.[277] Jesus »entsproß (nicht) dem Judentume«, er entstamme, so Fritsch in seinem Buch mit dem bezeichnenden Titel »Der falsche Gott. Beweismaterial gegen Jahwe«, »dem nichtjüdischen Stamme der Galiläer«.[278] Galiläa, das war jetzt der »Heidengau«, in dem Menschen »nicht jüdischer Rasse« lebten. Und somit ist Jesus »arischgermanisch«, »Fleisch von unserem Fleisch, Blut von unserem Blute«, kurz »arischer Stammesgenosse«[279], ein »antisemitischer Sachse«, nach andern ein »antisemitischer Rheinländer«.[280] Konsequenterweise mündete diese Einstellung in eine Absage an die Kirche in ihrer aktuellen Ausformung, und das Christentum wurde als »arischer Protest gegen den unmenschlichen Judengeist« umgedeutet.[281] Und Jahwe? Er sei »der Feind aller Menschen, die nicht vom Stamme Abrahams sind«.[282] Die Kirchen stellen lediglich das »Paulinische Zerrbild« dar, das »anstelle des Urchristentums trat . . ., (wodurch) die höchste Offenbarung arischen Empfindens« durch das »Paulinische Judenchristentum« verdrängt wurde.[283] Daher gelte es, »die Wiederherstellung der reinen Heilslehre« zu proklamieren, so der Untertitel von Dinters »197 Thesen zur Vollendung der Reformation«: Das »Kirchenchristentum beider Bekenntnisse« sei »eine tote Religion«.[284] Der »Judengott Jahwe« sei ein »sinaitischer Teufelsgott«, die »Personifikation des Bösen«.[285] Die Sakramente stellten einen »jüdischen Wahn« und das Meßopfer »vollendeten Fetischdienst« dar. Die »jüdisch-römische Kirche« sei zur »Führerin der gegen Deutschland gerichteten Weltpolitik« geworden. Rettung bringe aber die arische Heilslehre.[286] »Rasse ist alles!« erklärte Dinter in »Die Sünde wider das Blut«: Religion »besitze ich nur durch die Rasse«. Die Rasse müsse daher »rein und heilig« sein.[287] Erst die »Semitisierung« habe die »Demokratisierung« bewirkt, und dieser Prozeß bedrohe die Zukunft, nämlich die Erhaltung der Rasse und damit das Volk, das Vaterland.[288] Die Zukunft des Christentums hänge also davon ab, »ob es sich endlich von den Einfälschungen des Judenwesens zu befreien vermag«.[289] Das Ergebnis dieser Bemühungen formulierte Beta: »Wenn ich von Christentum rede, so ist es nicht das alte . . ., sondern das neue pantheistische, die Religion der Wahrheit.«[290] Eugen Dühring, der Kämpfer gegen Professorentum, Judentum, Sozialdemokratie, Religionen und Kirchen, »der geistig bedeutendste unter den antisemitischen Schriftstellern«[291], der bekannte, »meine Schrift (›Die Judenfrage 1880‹) war die erste Vertretung des Rassenstandpunkts in der Judenfrage im Gegensatz zu dem damals ganz allgemein maßgebenden Religionismus«, diesen Eugen Dühring führte sein radikaler Antisemitismus zu einem nicht weniger radikalen Christenhaß.[292] »Nur unser nordischer Himmel und unsere nordische Welt« habe Deutschland davor bewahrt, durch das Christentum, das »wesentlich selbst Hebraismus« ist, irregeführt zu werden.[293] Christen, diesen »Pseudoantisemiten«, begegnete er mit Hohn und Spott, wenn sie »mit dem Neuen Testament in der Hand und unter Hinweisung auf den Judäer am Kreuz die heutigen Hebräer bekämpfen und Antisemitismus treiben wollen«.[294] Herrn Stoecker ruft er zu, nicht einmal mit der »zersetzenden Moral« des Christentums könne das Judentum »unschädlich« gemacht werden. Mit »Ekel« würden ihn die »heuchlerischen christlichen Redensarten« gegen Juden erfüllen.[295] Doch die »nordischen Götter« hätten den Deutschen einen »Naturkern ... in unser Gemüt« gelegt, der sie erkennen ließe, daß »Christus . . . nichts anderes als der geistige Späthebräer« sei. Das »Verlehrtentum« des Paulus, aus dessen Briefen der »Judencharakter sowie Zersetzung und Haltlosigkeit . . . in der verderbten Weise« hervortreten, sei das »Christlische«, eine »moralisch nicht zu erbauliche Überlieferung ... von jenem ... Jesus ..., dessen geistiger Späthebraismus . . . bisweilen zu einem moralischen Alp bester Kulturvölker« wurde.[296] Ein »gründlicher Antihebraismus« müsse sich daher gegen das »Urchristliche« und »Urjesuitische« richten, gegen dieses »Spiegelbild des Hebraismus«. Ebenso müsse gegen die »Pfaffenliteraten von Judenmischlingsphysiognomie« gekämpft werden.[297]

»Endlösung«

Die Entmenschlichung der Juden und der »Judengenossen« hatte vor Dühring eingesetzt. Bereits 1803 sprach Buchholz von »Krebs«, Hund-Radowsky bezeichnete sie in seinem »Judenspiegel« 1819 als »Ungeziefer«, das durch Kastration oder Arbeit vernichtet werden müsse.[298] De Lagarde nannte sie Bazillen und Trichinen, glaubte, »der Jude . . . erzeugt in unserem Körper Eiterung«.[299] Langbehn bezeichnet sie als Gift, das man als solches behandeln müsse.[300] Hans Gustav Erdmannsdörffer sprach 1892 in »Die Juden und die Cholera« von Juden als der »leiblichen Cholera«, »geistigen Epidemien« und »tötenden Krankheitsstoffen«.[301] Max Bewer: »Cholera ist ein hebräisches Wort und eine asiatische Krankheit; cholera asiatica; es ist zweifellos, daß die Juden ihre Träger und ihre Verbreiter sind; sie selbst gehen nur selten an ihren Bazillen zugrunde, wie auch ein Schwein nicht an seinen Trichinen stirbt.«[302]

Diese Sprache aus dem Tierreich sollte offensichtlich die bei jedem Menschen anerzogenen moralischen oder einfachen Hemmungen überwinden, seinen Mitmenschen zu ermorden, und sei es auch nur mit Worten. Die »Endlösung« klang bereits bei Fichte an, als er »in einer Nacht ihnen allen die Köpfe abschneiden und andere aufsetzen« wollte.[302] Von Professor Fries wurde in Heidelberger Studentenkneipen eine Schrift verlesen, die zur Ausrottung der Juden »mit Stumpf und Stiel« aufforderte.[304] »Ohne Rücksicht auf Alter und Geschlecht« wollte Paasch »sämtliche (Juden) totschlagen«.[305]

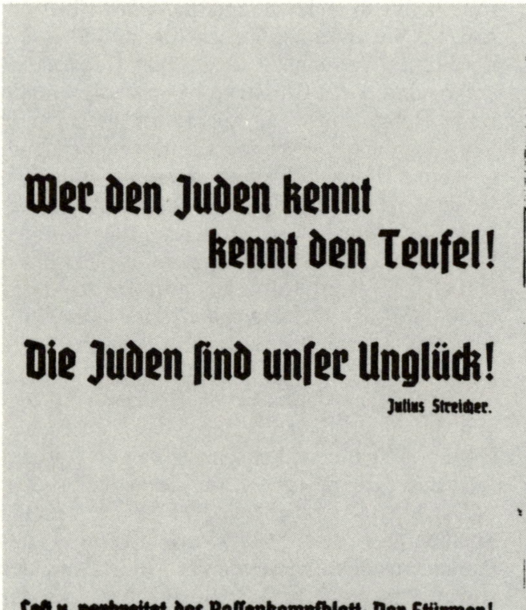

Handzettel des Stürmerverlages, dreißiger Jahre

Ahlwardt hoffte, den »unbedingten Feind ... unter allen Umständen beseitigt« zu sehen.[306] Auch von Saldenhofen rief »zur Unschädlichmachung der Juden« auf, worunter er vor allem eine Ausweisung verstand. Boenick sprach von den zwei Möglichkeiten: »Durch Vernichtung der Juden (die Judenfrage zu lösen): a) Tötung; b) andere Mittel«.[307] Taufe oder Ausrottung waren auch für Adam Müller die Alternativen.[308] Sterling führt weitere Beispiele an. In seiner Schrift gegen Adolf Stoecker beschuldigt Fr. Müller den Hofprediger, durch seine Reden eine Pogromstimmung zu provozieren: »Wehe, wenn der Pöbel eines Tages dazu gelangen sollte, Blut zu riechen.«[309] Unmißverständlich forderte 1899 die Deutsch-Soziale Reformpartei, »die Judenfrage ... durch Vernichtung zu lösen«.[310] Als Abzeichen trugen die Anhänger Schönerers in Wien »einen gehenkten Juden als Berlocke an der Uhrkette«.[311]

Eugen Dühring nahm all diese Überlegungen auf und erfand eine Fülle von Bezeichnungen für Juden, die sie mit Unreinheit, Infektion, Tieren, Ungeziefer gleichsetzten. Brigitte Mogge hat in ihrer Arbeit »Rhetorik des Hasses« einen Katalog der antisemitischen Forderungen, wie Dühring sie empfahl, zusammengestellt: »Säuberungs- und Abwehrarbeiten«, »dauernde Unschädlichmachung«. »Parasitenmenschen (die) wuchern ... wie die Parasitentiere«, die »mit den modernsten Mitteln der Desinfektion« beseitigt werden müßten. »Giftiges Unkraut, das immer und überall wuchert, wo man nicht sorgfältig jahtet«. Ein »Rassenschädling«, den man »ausmerzen« muß. Man müsse daran denken, die »Judenrasse« generell zu beseitigen, also entweder indirekt zum Aussterben zu bringen oder ... auch geradezu »auszurotten«.[312]

Diese Forderungen wurden nicht hinter vorgehaltener Hand verbreitet, sondern in unzähligen Pamphleten schriftlich, zum Nachlesen, verbreitet und in hohen Stückzahlen verkauft! Nicht wenige prominente Christen haben sich zur Verteidigung der jüdischen Mitbürger zusammengeschlossen, erkannten die Gefahr, die aus dieser Denkungsart Menschen allgemein drohte. Richtig ist auch, daß der Antisemitismus sich im 19. und 20. Jahrhundert wellenartig und epidemisch verbreitete. Der Druck durch Judenhasser und vor allem die Resonanz in der Bevölkerung waren unterschiedlich stark. Aber es wurde eine latente

»Doch bevor ein Gott das tut
Und erlöst uns von der Brut,
Eher denk ich ohne Zweifel,
Daß die Juden holt der Teufel.«
(Illustration aus den zwanziger Jahren)

Stimmung geschaffen, die nach allen zeitgenössischen Berichten auch unter der akademischen Jugend ihre Wirkung nicht verfehlte. Und das waren 1933 die 40- bis 60jährigen. In Notzeiten war, wie mehrfach geschildert, jederzeit ein emotionales Potential zu mobilisieren, das einer fiktiven antisemitischen Wirklichkeit Glauben schenkte. Scheinbare Erklärungen und Problemlösungen (die Juden sind schuld) verdeckten nicht nur die Ursache, sondern wirkten häufig wie Balsam für das angeschlagene Ich. Die gefährlichste Entwicklung war die ständige Verbreitung eines völlig konträren Bildes von Christen und Juden, das einmündete in die Vorstellung vom Kampf zwischen dem christlichen (deutschen) Menschen mit dem jüdischen »Un-, Nicht-Menschen«. Juden wurden zum »entmenschten Menschentum« degradiert, stellten nach Fritsch lediglich »Geschöpfe in Menschengestalt« dar.[313] Die »rassische Hygiene« gebiete ihre »unerbittliche Ausscheidung«.[314]

Die theologisch motivierte Dämonisierung des Mittelalters fand ihre neuzeitliche Fortsetzung im durchaus christlich beeinflußten politischen Antisemitismus und setzte sich in den Vernichtungssehnsüchten völkischer Rassisten fort. 1891 schrieb Paasch, das Volk, das sich als erstes vom »Semitenjoch« befreie, werde das »erste Kulturvolk der Welt« genannt werden. »In der Weltgeschichte« werde »die Führung« einzig dastehen, unter deren Leitung dies geschehe.[315] Kaum zwei Generationen später war eine solche »Führung« angetreten. Im Pathos antisemitischer Autoren des 19. Jahrhunderts verherrlichte im Jahr 1941 ein Propagandist die nationalsozialistischen Maßnahmen gegen Juden. Den Terror gegen Wehrlose stilisierte er zur »vielleicht größten Auseinandersetzung« der Weltgeschichte im »Endkampf« zwischen den »Mächten des Lichtes und der Finsternis«. Der Autor prophezeite: »Wir haben die Gewißheit, daß in diesem Kampf eine alte Welt in Trümmer stürzt.«[316]

Anmerkungen

1 Rolf Engelsing: Sozial- und Wirtschaftsgeschichte Deutschlands. Göttingen 1973, S. 103 f
2 Ebd., S. 93
3 Badisches Landesmuseum Karlsruhe: Barock in Baden-Württemberg. Vom Ende des Dreißigjährigen Krieges bis zur Französischen Revolution. Karlsruhe 1981, Bd. 2, S. 301. Auf dem Höhepunkt barocker Jagdunterhaltung waren im Herzogtum Württemberg im Jahre 1796 40 069 Männer mit 10 746 Pferden und 16 602 Ochsen, teilweise während der Erntezeit, im Einsatz.
4 Ausführlich: Engelsing, a. a. O., S. 102–115
5 Max Horkheimer u. Theodor Adorno: Dialektik der Aufklärung. Philosophische Fragmente, Amsterdam 1947, S. 206
6 Werner Sombart: Die Juden und das Wirtschaftsleben, Leipzig 1911, S. 15
7 Selma Stern: Der Preussische Staat und die Juden. Erster Teil/Die Zeit des Großen Kurfürsten und Friedrichs I., Bd. I, 1, Tübingen 1962, S. 121
8 Hannah Arendt: Elemente und Ursprünge totaler Herrschaft. Frankfurt a. M. 1955, S. 8 ff.
9 Barbara Suchy: Lexikographie und Juden im 18. Jahrhundert. Die Darstellung von Juden und Judentum in den englischen, französischen und deutschen Lexika und Enzyklopädien im Zeitalter der Aufklärung. Phil.-Diss. der Universität Marburg/Lahn, Marburg 1976, S. 285
10 Autor: Sigismund Hosmann, Helmstedt 1701
11 Martin Difenbach, Frankfurt a. M. 1709
12 Nikolaus Lenaus sämtliche Werke in vier Bänden. Hrsg.: R. Preuß, Bd. 2 »Gedichte«, Berlin, o. J., S. 95
13 Anton Theodor Hartmann: Johann Eisenmenger und seine jüdischen Gegner in geschichtlich literarischen Erörterungen. (Sonderdruck aus: Kirchen- und Schulblatt für Mecklenburg), Parchim 1834. Zitate alle aus diesem Buch. Zum Antitalmudismus siehe auch die Beiträge von Eckert, S. 74, und Greive, S. 304–310
14 Vossische Zeitung Nr. 133 u. 134, Jg. 1752: Meldungen vom 26. Sept. In: Eberhard Buchner: Das Neueste von gestern. Kulturgeschichtlich interessante Dokumente aus alten deutschen Zeitungen, Bd. 3, München, o. J. (1912), S. 47 f
15 Haude-Spenersche Zeitung, Nr. 78 u. 79, Jg. 1753, Meldungen: Wilna, 4. u. 11. Juni; in: Eberhard Buchner: Religion und Kirche. Kulturhistorisch interessante Dokumente aus alten deutschen Zeitungen, 16. bis 18. Jh., München 1925, S. 310 f
16 Hans Engelmann: Die Entwicklung des Antisemitismus im XIX. Jahrhundert und Adolf Stoeckers »Antijüdische Bewegung«. Theol-Diss. der Universität Erlangen 1953, S. 26 f
17 Oskar Frankl: Der Jude in den deutschen Dichtungen des 15., 16. und 17. Jh.s. Phil.-Diss. der Universität Wien, Leipzig 1905, S. 1
18 Albert Mannheimer: Die Quellen zu Hauffs »Jud Süss«. Phil.-Diss. der Universität Gießen 1908, Gießen 1909, S. 16
19 Ausführlich: Herbert Carrington: Die Figur des Juden in der dramatischen Literatur des 18. Jh.s. Phil.-Diss. Heidelberg 1897. Siehe auch Wassermann
20 Jacob Toury: Die Behandlung jüdischer Problematik in der Tagesliteratur der Aufklärung (bis 1783). In: Jrb. des Instituts für Deutsche Geschichte, Bd. 5, hrsg. von Walter Grab, Tel Aviv 1976, S. 15. Es ist nicht unwichtig zu wissen, daß ein beträchtlicher Teil der Nachrichten als Falschmeldung berichtigt werden mußte.
21 Ludwig Geiger: Geschichte der Juden in Berlin. Als Festschrift zur zweiten Säkular-Feier. Im Auftrage des Vorstandes der Berliner Gemeinde, Berlin 1871, S. 44
22 Carl August Buchholz: Über die Aufnahme der jüdischen Glaubensgenossen zum Bürgerrecht, Lübeck 1814, S. 20
23 Hans Niedermeier: Judenkennzeichen in Böhmen und Mähren. In: Judaica, Hft. 3, 36. Jg., Sept. 1980, S. 115–126
24 Zur allgemeinen Situation der Juden in Deutschland im 18. u. 19. Jh. siehe u. a.: Ismar Ellbogen/Eleonore Sterling: Die Geschichte der Juden in Deutschland. Frankfurt a. M. 1966, S. 120–180; Hans Liebeschütz/Arnold Paucker: Das Judentum in der Deutschen Umwelt 1800–1850. Studien zur Frühgeschichte der Emanzipation, Tübingen 1977; Ismar Freund: Die Emanzipation der Juden in Preußen unter besonderer Berücksichtigung des Gesetzes vom 11. März 1812. Ein Beitrag zur Rechtsgeschichte der Juden in Preußen, 2 Bde., Berlin 1912
25 Dov Michaelis: The Ephraim Family. In: Year Book XXI (1976) des Leo Baeck Institute, London, Jerusalem, New York 1976, 201–228, v. a. S. 208
26 Der Herzog von Braunschweig verkaufte mehr als ein Sechstel seiner männlichen Jugend, 5723 Mann, an die Engländer. Der Landgraf von Hessen-Cassel versilberte gar 19 400 seiner Landeskinder. (Arno Schmidt:

Fouqué und einige seiner Zeitgenossen, Frankfurt a. M. 1975, S. 20)
27 Wilhelm Treue: Wirtschaft, Gesellschaft und Technik vom 16. bis zum 18. Jh. In: Bruno Gebhardt: Handbuch der deutschen Geschichte, 9. Aufl. (hrsg. v. Herbert Grundmann), Stuttgart 1974, Bd. 12, S. 158
28 Ebd., S. 148
29 Jacob Toury: Der Eintritt der Juden ins deutsche Bürgertum. In: Liebeschütz/Paucker, a. a. O., S. 139 ff
30 Im Katalog zur Ausstellung »Juden in Preußen. Ein Kapitel deutscher Geschichte«, hrsg. v. Bildarchiv Preußischer Kulturbesitz, Dortmund, 2. Aufl. 1981, findet sich auf S. 138 eine Abbildung.
31 Geiger, a. a. O., S. 34
32 Arthur Eloesser: Literatur. In: Siegmund Kaznelson (Hrsg.), Juden im deutschen Kulturleben, Berlin, 3. Aufl. 1962, S. 8
33 Geiger, a. a. O., S. 49
34 Toury, Eintritt, a. a. O., S. 147 ff
35 Ludwig Stern: Die Lehrsätze des neugermanischen Judenhasses mit besonderer Rücksicht auf W. Marrs Schriften, historisch und sachlich beleuchtet, Würzburg 1879, S. 32
36 Lessings Werke. Auswahl in sechs Teilen, hrsg. v. Julius Petersen, Berlin, Leipzig, Stuttgart, Wien, o. J., Bd. 3, S. 224
37 Aus einem Brief von Rafael Kirchheim an Leopold Löw vom 17. Dez. 1865, in: Franz Kohler: Jüdische Geschichte in Briefen aus Ost und West. Das Zeitalter der Emanzipation, Wien 1938, S. 45
38 Hans-Joachim Schoeps (Hrsg.): Salomon Ludwig Steinheim zum Gedenken. Ein Sammelband, Leiden 1966, S. 187 ff
39 Monika Richarz (Hrsg.): Jüdisches Leben in Deutschland. Selbstzeugnisse zur Sozialgeschichte 1780–1871. Leo Baeck Institute New York, 1976, S. 91
40 Jacob Katz: Die Entstehung der Judenassimilation in Deutschland und deren Ideologie. Phil.-Diss. der Universität Frankfurt, Frankfurt a. M. 1935, S. 16
41 Arendt, a. a. O., S. 41
42 Aus: Kobler, a. a. O., S. 59. Zur Emanzipationsgeschichte siehe v. a.: Reinhard Rürup: Emanzipation und Antisemitismus, Göttingen 1975, dort auch umfangreiche Literaturangaben; sowie Freund, a. a. O., und Stern, a. a. O.
43 Wilhelm Faber: Herschel-Augusti. Eine abenteuerliche wunderliche und doch durchaus wahre Geschichte. Schriften des Institutum Judaicum Nr. 1, 2. Aufl., Leipzig 1885, S. 29
44 Johann Jacob Kromm: Moses und Jesus. Ein Wort für unsere Zeit. Büdingen 1816, S. 21 und 22. Man müsse Juden »in einer vernünftigen Religion« unterrichten (S. 56)
45 Herman Nohl (Hrsg.): Hegels theologische Jugendschriften nach den Handschriften der Kgl. Bibliothek in Berlin. Tübingen 1907 (Der Geist des Christentums und sein Schicksal), S. 253
46 Hannah Arendt: Rahel Varnhagen. Lebensgeschichte einer deutschen Jüdin aus der Romantik. Frankfurt a. M., Berlin, München 1974, S. 18. (Hegel: »Es blieb – beim jüdischen Volke – nichts Lebendiges mehr übrig, das sie sich erhalten . . . können.« Nohl, a. a. O., S. 253)
47 Georg Brandes: Voltaire. Bd. 2, Berlin. 1923, S. 222. (»Für ihn gilt es ja, das Neue Testament seiner wunderbaren Voraussetzungen zu berauben . . .«, S. 214)
48 Eduard von Hartmann: Die Selbstzersetzung des Christenthums und die Religion der Zukunft, Berlin 1874
49 Hartmann: Das Judenthum in Gegenwart und Zukunft. 2. Aufl., Leipzig, Berlin 1885, S. 195 f
50 Julius Frauenstädt (Hrsg.): Arthur Schopenhauer's sämtliche Werke. Bd. 6, »Parerga und Paralipomena«, Leipzig 1919 (neue Ausgabe), S. 280 f
51 Nohl, a. a. O., S. 260
52 Hierzu: Jürgen Schlumbohn: Freiheitsbegriff und Emanzipationsprozeß. Zur Geschichte eines politischen Wortes, Göttingen 1973
53 F. v. Schuckmann: An Hrn. Geheimen-Rath Dohm. In: Berlinische Monatsschrift; hrsg. v. F. Gedike und J. E. Biester, Bd. 5, Jan.–Jun. 1785, S. 55
54 Alexander und Margarete Mitscherlich: Die Unfähigkeit zu trauern. Grundlagen kollektiven Verhaltens, München 1967, S. 139
55 Kurt Lenk: Volk und Staat. Strukturwandel politischer Ideologien im 19. und 20. Jh., Stuttgart 1971, S. 143
56 Johannes Rogalla von Bieberstein: Die These von der Verschwörung 1776–1945. Philosophen, Freimaurer, Juden, Liberale und Sozialisten als Verschwörer gegen die Sozialordnung, Frankfurt a. M. 1976, S. 169
57 Siehe die Beiträge von Reinhold Mayer und Wolfgang Wirth. Zur heutigen Situation und Interpretation siehe den Beitrag Salberg
58 Bernhard Michniewicz: Stahl und Bismarck. Phil.-Diss. der Universität Berlin 1913, S. 54
59 Ebd., S. 54, Anm. 9
60 Z. B.: Heine, Börne, Marx, Stahl; siehe auch Beitrag Lamm
61 Hierzu: Eleonore Sterling: Judenhaß. Die Anfänge des politischen Antisemitismus in Deutschland (1815–1850), Frankfurt a. M. 1969, S. 107
62 Paul W. Massing geht auf »gefährdete« Berufsgruppen näher ein: Vorgeschichte des politischen Antisemitismus, Frankfurt a. M. 1959, S. 106
63 Peter G. Pulzer: Die Entstehung des politischen Antisemitismus in Deutschland und Österreich 1867 bis 1914, Gütersloh 1966, S. 25
64 Anonym (Johann Ludolf Holst): Über das Verhältnis der Juden zu den Christen in den deutschen Handelsstädten. In weltbürgerlicher Hinsicht vorgetragen, und allen Staatsmännern des gesammten Vaterlandes zur ernsthaften Prüfung dargelegt, Leipzig, Rostock, Schwerin 1818, S. 290 u. 291
65 Horkheimer/Adorno, a. a. O., S. 223
66 v. Bieberstein, a. a. O., S. 189
67 Ausführlich: Norman Cohn: Die Protokolle der Weisen von Zion. Der Mythos von der jüdischen Weltverschwörung, Berlin, Köln 1969
68 Sterling, a. a. O., S. 70
69 Wolfgang Menzel: Kritik des modernen Zeitbewußtseins, Frankfurt a. M. 1869, S. 121 u. 269
70 Ebd., S. 271
71 Ebd., S. 250 u. 267
72 Ebd., S. 210
73 Der Kaiser und die Pastoren. Erschien anonym, Dresden (Verl. Glöß) 1896, S. 28

74 Ebd., S. 38
75 Ebd., S. 58
76 Friedrich Buchholz: Moses und Jesus oder über das intellektuelle und moralische Verhältnis der Juden und Christen. Eine historisch-politische Abhandlung, Berlin. 1803, S. 161
77 Ebd.
78 Alexander Mitscherlich: Die Vorurteilskrankheit. In: Psyche. Eine Zeitschrift für psychologische und medizinische Menschenkunde, Bd. XVI, 1962–1963, S. 243
79 Ebd.
80 Zum »Huckepackantisemitismus« siehe auch: Günther B. Ginzel: Hitlers Ur-Enkel. Neonazis: ihre Ideologien und Aktivitäten, Düsseldorf, 2. Aufl. 1981, S. 78–82.
81 Alexander Lips: Über die künftige Stellung der Juden in den deutschen Bundesstaaten; ein Versuch, diesen wichtigen Gegenstand endlich auf die einfachen Prinzipien des Rechts und der Politik zurückzuführen, Erlangen 1819, S. 91
82 Ebd.
83 Stern, Bd. 2, a. a. O., S. 87
84 Franz Holubek am 4. Apr. 1882 in einer »Versammlung der christlichen Gewerbetreibenden« in Wien. Zitat: Acten und Gutachten in dem Prozesse Rohling contra Bloch. 1. Bd., Berlin 1890, S. 1
85 Man lese z. B.: Heinrich Graetz – Tagebuch und Briefe. Hrsg. v. Reuven Michael, New York, Tübingen 1977
86 Leopold Zunz schrieb diese Gedanken unter dem Pseudonym L. L. Hellwitz: Die Organisation der Israeliten in Deutschland. Ein Versuch. Auf Kosten des Verfassers. zum Besten armer Handwerker, Magdeburg 1819, S. 35
87 Moritz Stern: Aus der Zeit der deutschen Befreiungskriege 1813–1815. Zeitgenössische Drucke, Berlin 1918. Weitere Abhandlungen des Autors erschienen unter dem gleichen Obertitel in den Jahren 1935–1937.
88 Stern, a. a. O., Heft 4, Berlin 1937 (»Der König rief«)
89 Franz Oppenheimer: Erlebtes, Erstrebtes, Erreichtes. Lebenserinnerungen, Düsseldorf 1964, S. 78
90 Adolf Leschnitzer: Saul und David. Die Problematik der deutsch-jüdischen Lebensgemeinschaft, Heidelberg 1954, S. 64
91 Moritz Lazarus: Unser Standpunkt. Zwei Reden an seine Religionsgenossen am 1. und 16. Dezember 1880, Berlin 1881, S. 35
92 Walther Rathenau: Neuere Briefe, Dresden 1927, S. 86
93 Kaiser und Pastoren, a. a. O., 13
94 Klemens Felden: Die Übernahme des antisemitischen Stereotyps als soziale Norm durch die bürgerliche Gesellschaft Deutschlands (1875–1900). Phil.-Diss. der Universität Heidelberg 1963, S. 101
95 Sterling, a. a. O., S. 94 f
96 Zitat aus: Josef Schrattenholz: Antisemiten-Hammer. Eine Anthologie aus der Weltliteratur, Düsseldorf 1894, S. 203, Siehe auch Düwell, S. 173
96a Aus: Siegfried Rohde: Der Volksbegriff der frühen Burschenschaften. Seine philosophische Herleitung und sein Zusammenhang mit den Ansichten über Staat und Verfassung, Rechts- u. wirtschaftswiss. Diss. der Universität Saarbrücken 1972, S. 96
97 Sterling, a. a. O., S 133
98 Rohde, a. a. O., S. 88. Zu Frantz siehe auch: Year Book des Leo Baeck Institute 1968 und zu dem von ihm mitgeprägten Terminus »Judenfrage«: ebd., Jg. 1966
99 Adolf Barthels: Der völkische Gedanke. Ein Wegweiser, Weimar 1923, S. 41
100 Gottlieb August Schüler: Die Judenfrage. Eine Frage an das deutsche Volk und die deutschen Juden, 2. Aufl., Marburg 1880
101 Ebd., S. 30 u. 31
102 Ebd. S. 32
103 Ebd., S. 46
104 Ebd., S. 49
105 Ebd., S. 63
106 Rohde, a. a. O., S. 187
107 Ebd., S. 186, siehe auch Düwell, S. 173
108 Die studentische Petition als Annex der allgemeinen Petition betreffend die Einschränkung der jüdischen Machtstellung. Reden (gehalten am 22. Nov. und 10. Dez. 1880), Leipzig 1881, S. 8
109 Barthels, a. a. O., S. 30
110 Sterling, a. a. O., S. 148
111 Lenk, a. a. O., S. 92
112 Ebd., S. 92
113 Buchner, a. a. O., S. 54 (Vossische Zeitung Nr. 122; 1753)
114 Siehe Abbildungen, S. 19 (Andreas von Rinn); Eckert, S. 380
115 Zu Deckert ausführlich: S. 152 f
116 Nach dem 2. Vatikanischen Konzil hat die Ritenkongregation den Vorwurf des Ritualmordes aufgehoben. Die lokale Verehrung hat dies unterschiedlich beeinflußt.
117 H. Oort: Der Ursprung der Blutbeschuldigung gegen die Juden, Leiden, Leipzig 1883, S. 6
118 Nürnberg 1842
119 Sterling, a. a. O., S. 156 ff
120 A. Eckstein: Geschichte der Juden im Markgrafentum Bayreuth, Bayreuth 1907, S. 105 ff
121 Sterling, a. a. O., S. 159
122 H. Plato (Hrsg.): Christliche Zeugnisse gegen die Blutbeschuldigung der Juden, Berlin 1882
123 Zu den Artikeln der Jesuitenzeitschrift »Civilita Cattolica« siehe Pinchas E. Lapide: Rom und die Juden. Freiburg, Basel, Wien 1967, S. 33 ff. Zur Sondernummer des »Stürmers« siehe S. 429; die entsprechende NS-Propaganda schildert Bernatzky, S. 402 ff
124 Einer der wirkungsvollsten Verteidiger war der Judenmissionar Hermann Strack, dessen Arbeit als Schrift 14 des Institutum Judaicum erschien: Der Blutaberglaube in der Menschheit, Blutmorde und Blutritus. Zugleich eine Antwort auf die Herausforderung des »Osservatore Cattolico«, 4. Aufl., München 1892
125 Franz Delitzsch: Was D. August Rohling beschworen hat und beschwören will. Zweite Streitschrift in Sachen Antisemitismus, Leipzig 1883, S. 4. Rohling hatte sich angeboten, »amtseidlich zu erklären«, eine »Geheimlehre« gebiete Juden den rituellen Mord. Siehe auch Greive, S. 306 f
126 Acten und Gutachten in dem Prozesse Rohling contra Bloch. 1. Bd., Wien 1890, S. 211
127 Bruno Bauer: Das Judenthum in der Fremde, Berlin 1863, S. 6

128 Adolf Stoecker: Christlich-Sozial. Reden und Aufsätze, Bielefeld, Leipzig 1885, S. 176
129 Eugen Dühring: Die Judenfrage als Frage des Racencharakters und seiner Schädlichkeiten für die Völkerexistenz, Sitte und Cultur. Mit einer denkerisch freiheitlichen und praktisch abschließenden Antwort, (Erstauflage 1880) 5. Aufl. Nowawes-Neuendorf bei Berlin 1901, S. 82 f
130 Georg Winter: Der Antisemitismus in Deutschland von kulturhistorischen und sozialpolitischen Standpunkten beleuchtet, Magdeburg 1896, S. 27
131 Dekret des Vaticanischen Konzils vom 18. Juli 1870
132 Hierzu: Amine Haase: Katholische Presse und die Judenfrage. Inhaltsanalyse katholischer Periodika am Ende des 19. Jh.s., Pullach bei München 1975 (Dortmunder Beiträge zur Zeitungsforschung, Bd. 20)
133 Heinz Brüchner: Ernst Haeckels Bluts- und Geistes-Erbe. Eine kulturbiologische Monographie, München 1936, S. 118
134 Wilhelm Oncken in: Deutsche Zeit- und Streitfragen. Flugschriften zur Kenntnis der Gegenwart – Das Deutsche Reich im Jahre 1872, Berlin. 1873, S. 52
135 Ebd., S. 53, 56, 57
136 Ebd., S. 60. Der Münchener Philosophieprofessor Johannes Huber schrieb über die »Predigt der Weltherrschaft des Papsttums«, das ein Reich des »unduldsamen und gewalttätigen Hasses« anstrebe. Ebd., Bd. II, 1873
137 L. B. Hellenbach: Die antisemitische Bewegung, Leipzig 1883, S. 8
138 Berlin 1875, S. 16
139 Ebd., S. 17
140 Ebd., S. 20
141 Ebd.
142 Ebd., S. 35
143 Heinrich Wolf: Weltgeschichte der Lüge, Leipzig 1922, S. 364. Im Jahre 1934 konstatierte Prof. Wolf ein »Ringen . . . zwischen unserem Volkstum und der jüdisch-römischen ›Menschheit‹«. (Angewandte Geschichte, Bd.: II: Angewandte Kirchengeschichte. Eine Erziehung zu völkischem Denken und Wollen. 3. verbesserte und ergänzte Aufl., Leipzig 1934, S. 434)
144 Zitat aus Kahn: Antisemitismus, a. a. O., S. 35
145 Massing, a. a. O., S. 14
146 Haase, Presse, a. a. O., S. 178
147 Brigitte Mogge: Rhetorik des Hasses. Eugen Dühring und die Genese seines antisemitischen Wortschatzes, Neuss 1977, S. 159 (aus Zeit und Geschichte. Eine wissenschaftliche Buchreihe, Bd. 1, hrsg. von Wilhelm Mogge und Wilfried Paschen)
148 Ebd., S. 159 u. S. 265
149 S. 25. Zu Marr ausführlich S. 156 ff
150 Studentische Petition, a. a. O., S. 27
151 Jonny Moser: Von der Emanzipation zur antisemitischen Bewegung. Die Stellung Georg Ritter von Schönerers und Heinrich Friedjungs in der Entwicklungsgeschichte des Antisemitismus in Österreich (1848–1896), Phil.-Diss. der Universität Wien, Wien 1962, S. 124 ff
152 Zur Gründerzeit, siehe Massing, a. a. O., S. 4, und Beitrag Düwell
153 James Parkes: Antisemitismus. Ein Feind des Volkes, Nürnberg 1948, S. 13
154 Horkheimer/Adorno, a. a. O., S. 205
155 Hans Engelmann: Die Entwicklung des Antisemitismus im XIX. Jh. und Adolf Stoeckers »Antijüdische Bewegung«. Diss.-Theol. der Universität Erlangen, 1953, S. 53–57. In erweiterter Form auch als Buch erschienen: »Kirche am Abgrund. Adolf Stoecker und seine antijüdische Bewegung.« Studien zu jüdischem Volk und christlicher Gemeinde, Bd. 5, Berlin 1984
156 Otto von Boenigk: Grundzüge zur Judenfrage. Soziologisch-ökonomische Studie, Leipzig 1894, S. 37 und 42 (Boenigh ist Antisemit)
157 Winter, a. a. O., S. 106
158 Antisemiten-Spiegel. Die Antisemiten im Lichte des Christentums, des Rechtes und der Moral, Danzig 1892, S. 58
159 Ebd., S. 286, Anm. 1. (Ähnliches forderte am 15. 12. 1882 der Wiener Gewerbestand. Siehe: Christoph Stölzl: Kafkas böses Böhmen. Zur Sozialgeschichte eines Prager Juden, München 1975, S. 45)
160 Haase, a. a. O., S. 198, Anm. 226
161 Autor: Otto Hentze. Nach Felten (a. a. O., S. 175, Anm. 411) ein Pseudonym für Paasch. Zu Paasch S. 164
162 Antisemiten-Spiegel, a. a. O., S. 67
163 Toury, a. a. O., S. 193. (Eine Untersuchung von 711 österreichischen Zeitungen ergab, daß »eine verschwindend kleine Zahl in jüdischem Besitz oder unter jüdischer Führung« war; Moser, a. a. O., S. 3
164 Max Bewer: Bismarck und Rothschild. Dresden 1891, 5. Aufl., S. 23 und 11
165 Kaiser und Pastoren, a. a. O., S. 36
166 Jacob Toury: Soziale und politische Geschichten der Juden in Deutschland 1847–1871. Schriftenreihe des Instituts für Deutsche Geschichte der Universität Tel Aviv, Bd. 2, Düsseldorf 1977, S. 127
167 Dühring, a. a. O., S. 74, 77
168 Studentische Petition, a. a. O., S. 30
169 Holst, a. a. O., S. 205, 211
170 Sterling, a. a. O., S. 126
171 Arthur de Gobineau: Essai sur l'inégalité des races humaines, Paris, 4 Bde., 1853–1855; dt.: L. Schemann: Versuch über die Ungleichheit der Menschenrassen. Stuttgart 1898–1901
172 E. J. Young: Gobineau und der Rassismus. Eine Kritik der anthropologischen Geschichtstheorie, Meisenheim am Glan 1968 (Archiv für vergleichende Kulturwissenschaft, Bd. 4, hrsg. v. Anton Hilckmann), S. 131; 228 ff
173 Freytags »Soll und Haben« war der wohl meistgelesene deutsche Roman. Bis 1925 erlebte er 128 Aufl. mit insgesamt 753 000 Exemplaren. Den subtilen rassischen Antisemitismus, von dem sich Freytag später distanzierte, analysierte Peter Heinz Hubrich: Gustav Freytags »Deutsche Ideologie« in Soll und Haben. Scriptor Hochschulschriften, Literaturwissenschaft 3, Kronberg Ts. 1974. Zu Langbehns Bedeutung und seinem völkischen Romantizismus siehe v. a. Pulzer, a. a. O., S. 192
174 Über die Ansprüche der Juden an das deutsche Bürgerrecht. Sonderdruck eines Zeitungsartikels aus dem Vorjahr, Berlin, 2. Aufl. 1816, S. 6; im gleichen Jahr: Die Rechte des Christenthums und des deutschen Volks. Verteidigt gegen die Ansprüche der Juden und ihrer Verfechter.

175 Joseph Deckert: Vier Tiroler Kinder. Opfer des chassidischen Fanatismus, Wien 1893; Kann ein Katholik Antisemit sein? Siehe auch Beitrag Eckert, S. 92. Zu Deckert siehe auch Hermann Greive, Theologie und Ideologie, a. a. O., Anm. 233, S. 246 f.
176 Die Predigten sind abgedruckt in: »Der wahre Israelit«, vor den Wiener Geschworenen, Wien 1896, S. 8 f
177 Ebd., S. 19
178 Ebd., S. 31
179 Ebd., S. 67
180 Ebd., S. 71
181 Ebd., S. 81
182 Ebd., S. 82
183 Ebd., S. 82
184 Carl Paasch: Eine jüdisch-deutsche Gesandtschaft und ihre Helfer. Geheimes Judenthum, Nebenregierungen und jüdische Weltherrschaft, Leipzig, o. J. (1891), 2. Aufl., S. XVI
185 Ebd., S. XVII
186 Deckert, »Der wahre Israelit«, a. a. O., S. 83
187 Paasch, S. XV
188 Deckert, a. a. O., S. 82
189 Paasch, S. XII
190 Wilhelm Giese: Antisemitisches Handbuch. Berlin 1896, S. 127
191 Ebd.
192 Wolfgang Tilgner: Volksnomostheologie und Schöpfungsglaube. Ein Beitrag zur Geschichte des Kirchenkampfes, Göttingen 1966 (Arbeiten zur Geschichte des Kirchenkampfes. Im Auftrag der Kommission der Ev. Kirche in Deutschland für die Geschichte des Kirchenkampfes in Verbindung mit Heinz Brunotte und Ernst Wolf; hrsg. v. Kurt Dietrich Schmidt, Bd. 16), S. 61
193 Paul de Lagarde: Deutsche Schriften, Göttingen 1891, S. 308
194 Ebd., S. 321
195 Ebd., S. 367
196 Ebd., S. 320
197 Ebd., S. 366
198 Ebd., S. 199
199 Ebd., S. 368
200 Ebd., S. 368
201 Lenk, a. a. O., S. 151
202 Adolf Stoecker: Christlich-Sozial. Reden und Aufsätze, Bielefeld, Leipzig 1885, S. 526 und 110. Siehe auch Düwell, S. 173
203 Iring Fetscher: Zur Entstehung des politischen Antisemitismus in Deutschland, in: Hermann Huss, Andreas Schröder (Hrsg.) Antisemitismus: Zur Pathologie der bürgerlichen Gesellschaft, Frankfurt a. M. 1965, S. 20
204 Stoecker, a. a. O., S. 181
205 Ebd., S. 198
206 Ebd., S. 229
207 Stoecker: Das moderne Judenthum in Deutschland, besonders in Berlin. Zwei Reden in der christlich-sozialen Arbeiterpartei gehalten, Berlin 1880, S. 14–19
208 Stoecker: Christlich-Sozial, a. a. O., S. 168
209 Ebd., S. 186
210 Ebd., S. 189, 221
211 Ebd., S. 229
212 Ebd.
213 Ebd., S. 220
214 Ebd., S. 216
215 Ebd., S. 222; 232
216 Ebd., S. 250 f
217 Ebd., S. 210
218 Ebd., S. 210, 221, 186, 182
219 Bern 1879, 7. Aufl., S. 6
220 Ebd., S. 8
221 Ebd., S. 37
222 Ebd., S. 44
223 Ebd., S. 46
224 Marr: Wählet keinen Juden! Der Weg zum Siege des Germanenthums über das Judenthum. Ein Mahnwort an die Wähler nichtjüdischen Stammes aller Confessionen. Mit einem Schlußwort: An die Juden in Preussen, Berlin 1879, S. 4
225 Ebd., S. 8
226 Ebd., S. 48
227 P. Schulze: Eine Stimme aus dem Volke über die Judenfrage. Offener Brief an Herrn Egon Waldegg, Köln 1880, S. 3
228 Kurt Reuß: Der Messias der Juden. Ein Appell an das deutsche Volksgewissen, Gera 1896, S. 61
229 Ebd., S. 3
230 Moser, a. a. O., S. 13. Die Wiener Kirchenzeitung unter Pater Albert Wiesinger galt als antisemitisches Kampfblatt (S. 12).
231 Antisemiten-Spiegel, S. 59
232 Otto Glagau: Der Börsen- und Gründungsschwindel in Berlin. Gesammelte und stark vermehrte Artikel der »Gartenlaube«, Leipzig 1876, S. XXX. 1867 betrug die Auflage der Gartenlaube 375 000 Exemplare. Siehe: Henry Wassermann: Jews and Juadaism in the Gartenlaube. In: Year Book XXIII, 1978, des Leo Baeck Institute, London, Jerusalem, New York, S. 49
233 3. revidierte Aufl., Osnabrück 1880
234 Constantin Cholewa von Pawlikowski: Hundert Bogen aus mehr als fünfhundert alten und neuen Büchern über die Juden neben den Christen. Ein literarhistorischer Beitrag zur Geschichte der Juden seit Christus, Freiburg i. Brsg. 1859
235 Leipzig und Hartenstein in Sachsen, 5. Aufl., 51.–60. Tausend, 1920. Siehe auch Beitrag Greive
236 Nebst einer Beleuchtung der neuesten Judenvertheigung, Paderborn 1876
237 Fritschs Buch hat den entlarvenden Titel: Der falsche Gott. Beweismaterial gegen Jahwe, 9. Aufl., Leipzig o. J.
238 Ebd., S. 133
239 Parkes, a. a. O., S. 16
240 Deutsche Geschichte im Neunzehnten Jahrhundert. Dritter Teil. Bis zur Juli-Revolution. Neue Ausgabe, Leipzig 1927, S. 704, 705. Siehe aus Beitrag Düwell
241 Stoecker: Christlich-Sozial, a. a. O., S. 171
242 Massing, a. a. O., S. 66
243 Friedrich Hertz: Rasse und Kultur. Eine kritische Untersuchung der Rassentheorien, 3. gänzlich neubearbeitete und vermehrte Aufl., Leipzig 1935, S. 37. Zur Wirkung von Treitschke: Düwell, S. 172
244 Text der Werbeanzeigen
245 Wilhelm Mommsen: Deutsche Parteiprogramme, München, 2. Aufl., 1960, 78. Die gleiche Forderung

erhob auch Giese: »Antisemitisches Handbuch«, a. a. O., S. 16 f, und Gustav Stille: Die deutsche Schule in Gefahr, Berlin 1899
246 Rüdiger Mack: Antisemitische Bauernbewegung in Hessen (1887–1894). Sonderdruck der Hessischen Landeszentrale für politische Bildung, o. J. (1967), S. 18
247 Antisemiten-Spiegel, a. a. O., S. 27
248 Ebd., S. 30; siehe auch Beitrag Düwell
249 Ludwig Stern, a. a. O., S. 32
250 Felten, a. a. O., S. 165, Anm. 701
251 Ebd., S. 82
252 Vom jüdischen Kriegsschauplatz. Eine Streitschrift, 3. Aufl., Bern 1879, S. 19
253 Der Prozess Ahlwardt. Ein Zeichen der Zeit und eine lehrreiche Studie. Von einem Deutsch-Nationalen. Der Anonymus ist offensichtlich ein Gesinnungsgenosse.
254 Felten, a. a. O., S. 82
255 Winter, a. a. O., S. 43
256 Mack, a. a. O., S. 21
257 Tilgner, a. a. O., S. 134
258 Bewer: Gedanken, Dresden 1892, S. 33
259 Ebd., S. 35
260 Ebd., S. 38
261 Ebd.
262 Ebd., S. 48
263 Ebd., S. 202
264 Ebd.
265 Göttliche Lieder, Dresden 1905, S. 234
266 Der deutsche Himmel. Weihgedichte. Aus den Werken des Dichters Max Bewer, 4. Tausend, Leipzig 1912, S. 58
267 Der deutsche Christus. War Christus Jude? War Christus Sozialdemokrat? Wird Deutschland glaubenseinig? Dresden 1907, S. 31
268 Ebd., S. 51, 66
269 Göttliche Lieder, a. a. O., S. 47
270 Friedrich Lange: Reines Deutschtum. Grundzüge einer nationalen Weltanschauung, Erstauflage: Berlin 1893; zitiert nach der stark vermehrten 4. Aufl., Berlin 1904, S. 351
271 Ebd., S. 111, 124
272 Ebd., S. 157, 166
273 Ebd., S. 193
274 Ebd., S. 100
275 Ebd., S. 105, 166
276 Ebd., S. 98 f
277 So Langbehn, zitiert von Sterling, a. a. O., S. 80
278 Fritsch, a. a. O., S. 183, 26
279 Widar Wälsung: War Jesus ein Jude? Eine deutsche Antwort, Nürnberg, o. J., S. 10, 14
280 Constantin Brunner: Der Judenhass und die Juden, 3. Aufl., Berlin 1919, S. 463
281 Fritsch, a. a. O., S. 184
282 Ebd., S. 187
283 Giese, a. a. O., S. 14
284 Leipzig 1926, S. 5
285 Ebd., S. 22, 24
286 Ebd., S. 123, 146
287 8. Aufl., Leipzig 1920, S. 430 f
288 Ebd., S. 432
289 Fritsch, a. a. O., S. 187
290 Beta, a. a. O., S. 31 f
291 Antisemiten-Spiegel, S. 132
292 Dühring, a. a. O., S. III
293 Ebd., S. 25 f
294 Ebd., S. 26
295 Ebd., S. 31
296 Ebd., S. 51, 53
297 Ebd., S. 54, 116
298 Sterling, a. a. O., S. 182 f
299 de Lagarde, a. a. O., S. 366
300 Julius Langbehn: Rembrandt als Erzieher. 30. Aufl., Leipzig 1891, S. 284
301 Leipzig 1892, S. 32, 22
302 Bewer, Gedanken, a. a. O., S. 213
303 Tilgner, a. a. O., S. 84 f, Anm. 69
304 Sterling, a. a. O., S. 147
305 Felten, a. a. O., S. 252; Antisemiten-Spiegel, S. 289 f
306 Hermann Ahlwardt: Judenflinten, 2. Aufl., Dresden 1892, S. 17; ders.: Der Verzweiflungskampf der arischen Völker mit dem Judentum, Berlin 1890 (Neudruck 1919), S. 115
307 Boenigk, a. a. O., S. 98
308 Sterling, a. a. O., S. 114
309 Fr. Müller: Stöcker's angeblich ethisch-soziale Judenfrage. Eine allseitige Beleuchtung derselben vom politischen und sittlichen Standpunkte aus mit besonderer Berücksichtigung der Mischehe, 2. Aufl., Würzburg 1880, S. 13
310 Mommsen, Parteiprogramme, a. a. O., S. 84
311 Moser, a. a. O., S. 119 (Berlocke: Schmuckanhänger)
312 Mogge, a. a. O., S. 113–115
313 Fritsch, a. a. O., 155, 150
314 Ebd., S. 155
315 Paasch, Gesandtschaft, a. a. O., S. XV
316 Erwin Franz: Der jüdische Marsch zur Macht. Eine Quellensammlung als Beitrag zur Judenemanzipation in Baden 1806–1933, Karlsruhe i. B. 1943, S. 11

Zur Entstehung der deutschen Antisemitenparteien in Deutschland und Österreich

Christlich-sozial – National – Deutsch-sozialistisch

Kurt Düwell

Zu den grundlegenden Vorgängen, die im 19. Jahrhundert das Bewußtsein der Menschheit verändert haben, gehört neben der industriellen Revolution, dem wissenschaftlichen Fortschritt und den sozialen Bewegungen auch die entwicklungsgeschichtliche Lehre von Charles Darwin. Denn seit Darwins 1859 erschienenem Hauptwerk »Über die Entstehung der Arten durch natürliche Zuchtwahl« (»On the Origin of Species by Means of Natural Selection«) ist die Welt nicht mehr die, die sie vorher war. Die Lehre Darwins, daß im Kampf der tierischen Arten nur diejenigen überleben, die sich der Umwelt am besten angepaßt haben und so eine Auslese darstellten, fand bald Anhänger, die dieses Gesetz des zoologischen Kampfes ums Dasein ohne weiteres auch auf die menschliche Gesellschaft zu übertragen versuchten. Die von der Theorie her radikalste Ausprägung dieser Übertragung war die Lehre des Darwinschülers Ernst Haeckel, der schon 1863 als erster in Deutschland die These vertrat, daß das Prinzip des biologischen Fortschritts auch die menschliche Gesellschaft und Kultur beherrsche. Dies war ein kühner Transfer, der das überkommene Menschenbild der christlichen wie auch der humanistisch-idealistischen Ethik aufzuheben drohte. Er wurde aber noch forciert durch die Auffassung, die der von Haeckel begründete »Monistenbund« verbreitete, daß nämlich die Zuchtwahl in der menschlichen Gesellschaft durch den *Staat* gesichert werden müsse. Die sogenannten Rassehygieniker (Wilhelm Schallmeyer, Alfred Ploetz, Alexander Tille, Ludwig Schemann u. a.) haben diese Lehre ausgebaut. Daniel Gasman führte 1971 den nahezu überzeugenden Beweis, daß Hitler höchstwahrscheinlich Haeckels »Welträtsel« (1899) gelesen hat und daß z. B. vom eugenischen »Mittgart-Bund« direkte Verbindungen zu den später gegründeten Artamanenbünden bestanden.[1]

Von hier gingen also jene »Utopien der Menschenzüchtung« aus, die Hedwig Conrad-Martius in ihrem Buch von 1955 so klar beschrieben hat.[2] Sie endeten in letzter Konsequenz im nationalsozialistischen antijüdischen Vernichtungsprogramm, haben aber auch andere ethnische Gruppen betroffen.

Es wäre jedoch falsch, Darwin für den Darwinismus oder gar für den Antisemitismus verantwortlich zu machen, wie es auch falsch wäre, etwa Machiavelli die Machiavellisten oder Marx die Marxisten anzulasten. Diese Ismen haben in der Geschichte meist ihre ganz eigenen Wirkungen gezeitigt. Doch sind die im Gefolge des Darwinismus sich ausbreitenden geistigen und ungeistigen Bewegungen des 19. und 20. Jahrhunderts zweifellos auch für die Entstehung des Antisemitismus und der Antisemitenparteien von zentraler Bedeutung gewesen. Der Vulgärdarwinismus insbesondere hat aus der zunächst religiösen und sozialen Judengegnerschaft eine rassistische Kampfideologie werden lassen. Dies war ein Vorgang, der zunächst sehr langsam begann, aber bereits im letzten Viertel des 19. Jahrhunderts immer deutlicher hervortrat. Doch nicht dieser unter dem Einfluß eines verflachten Darwinismus sich vollziehende Wandel vom religiösen Antijudaismus der ersten Jahrhunderthälfte zum rassistischen Antisemitismus der siebziger und achtziger Jahre soll hier in erster Linie betrachtet werden[3], sondern ein ganz bestimmtes Ergebnis dieser Entwicklung: nämlich die Ausformung antisemitischer Parteien seit dem Ende der siebziger Jahre und ihr Fortwirken in die frühen Anfänge des Nationalsozialismus bzw. seiner Vorläufer vor dem Ersten Weltkrieg.

Die Entstehung antisemitischer Parteien seit dem Ende der siebziger Jahre war nicht nur das Ergebnis der sich ausbreitenden vulgärdarwinistischen Strömungen, sondern beruhte im wesentlichen – wenn auch nicht allein – auf einigen Voraussetzungen, die Günther B. Ginzel in seinem Beitrag schildert und die zum besseren Verständnis hier nochmals punktuell aufgeführt werden:

1. Der antikapitalistische Affekt, der sich vor allem gegen die Juden richtete, die in der Industriefinanzierung und in der Ausbildung eines modernen Banksystems, aber auch in der Besetzung einiger akademischer Berufsfelder (Ärzte, Rechtsanwälte, Universitätsprofessoren), eine z. T. nicht unbedeutende Stellung errungen hatten.[4]
2. Verschärfung des sozialen Gegensatzes als Folge der Industrialisierung, die auch in der Masse der Arbeiterschaft – trotz Ablehnung des Antisemitismus durch den Vorstand der Sozialdemokratie – eine latente antijüdische Disposition schuf.[5]
3. Eine gezielte Indienstnahme antijüdischer Parolen durch die konservativen Gruppierungen, die damit versuchten, die Sozialdemokratie und den liberalen Parteien die sozialen Unterschichten als Wählerpotential zu entfremden.[6]

Alle diese Momente – der antikapitalistisch-antijüdische Affekt, die durch den Vulgärdarwinismus scheinbar untermauerte These eines Rassenantisemitismus und die konservativen Versuche, besonders der Sozialdemokratie und der Fortschrittspartei die unzufriedenen Massen abspenstig zu machen – hatten schon 1876 zu einem Versuch geführt, eine antisemitische politische Partei zu gründen. Damals forderte der Berliner Stadtgerichtsrat Karl Wilmanns in seiner Broschüre »Die ›goldene‹ Internationale und die Notwendigkeit einer sozialen Reformpartei« die Gründung einer gegen das jüdische Kapital gerichteten Sammlungsbewegung. Der rassistische Begriff Antisemitismus selbst tauchte hier zwar noch nicht auf, und der Versuch dieser Parteigründung blieb auch Episode; aber schon wenige Jahre später, 1879, gründete Wilhelm Marr, der auch den Begriff Antisemitismus in die Diskussion gebracht zu haben scheint, die »Antisemitenliga«.[7] Marr war schon in den sechziger Jahren mit einer Reihe antijüdischer Schriften hervorgetreten, doch erst die Krisenjahre des Gründerkrachs nach 1873 hatten seinen Schriften Gehör verschafft.[8] Mit Marr beginnt die Geschichte der antisemitischen Parteigründungen, die bis zur Mitte der neunziger Jahre in Deutschland und in Österreich-Ungarn zu verzeichnen waren. Der Höhepunkt dieser antisemitischen Agitation lag in Deutschland um 1892/93. Ein danach eintretender Rückgang der Antisemitenparteien in der zweiten Hälfte der neunziger Jahr darf aber nicht darüber hinwegtäuschen, daß der Antisemitismus auch weiterhin Kraft behielt, nun aber eher in privaten Zirkeln, Bünden, Konventikeln, Klubs usw. gleichsam »geheim« fortlebte und sogar radikaler wurde.

1. Voraussetzungen zur Gründung der ersten antisemitischen Zusammenschlüsse

Am Anfang soll hier die Frage stehen, wieso der Antisemitismus überhaupt am Ende der siebziger Jahre des 19. Jh.s derartige Verbreitung finden konnte, daß zu diesem Zweck Parteigründungen möglich wurden. Daß dabei die wirtschaftliche Entwicklung eine Rolle gespielt hat, ist schon bei Wawrzinek und mehr noch bei Massing zu Recht betont worden.[9] Daneben spielte aber auch die völkisch-nationalistische Radikalisierung des Bildungsbürgertums eine wichtige Rolle, wo der antijüdische Standpunkt in diesen Jahren – nicht zuletzt durch Heinrich von Treitschke – erst »salonfähig« wurde. Treitschke war z. T. der unfreiwillige Initiator dieser Strömung. Als Multiplikator kann auch der studentische Kyffhäuserverband von 1881 (Verein Deutscher Studenten) angesehen werden. Die österreichischen Studenten waren mit einer ähnlichen Gründung schon 1878 vorausgegangen.

Die Berliner Bewegung

Die wissenschaftliche Diskussion kreist immer noch um Rosenbergs These, daß wirtschaftliche Depression politischen Radikalismus und insbesondere auch Antisemitismus hervorrufe.[10] Sieht man einmal von der etwas strittigen Vorstellung Rosenbergs ab, daß es sich bei der Phase zwischen 1873 und 1895 um einen durchgehenden Abschnitt einer »großen Depression« handele, was von den Wirtschaftshistorikern z. T. bestritten wird, so besaß doch die Zeit zumindest der siebziger und achtziger Jahre vor allem in Berlin tatsächlich den Charakter eines wirtschaftlichen Umbruchs, wenn auch nicht unbedingt den einer Depression. Besonders seit dem sogenannten Gründerkrach von 1873 war der sozial und wirtschaftlich motivierte Judenhaß stärker geworden. Die Berliner konservative *Kreuz-Zeitung* rief 1875 sogar schon zum Boykott jüdischer

Geschäfte auf. 1876 erschien in der *Gartenlaube,* der besonders im Bürgertum verbreiteten illustrierten Wochenzeitung, eine Kritik der Gründerjahre, deren dramatisches Ende 1873 hier von dem antisemitischen Publizisten Otto Glagau als das allein von Juden verschuldete Ergebnis eines riesigen Schwindels ausgegeben wurde.[11] Berlin stand dabei im Mittelpunkt. Es war nicht nur die schnell fortschreitende Industrialisierung der Großstadt Berlin, sondern auch ihr Ausbau als Regierungszentrum des neuen Reiches, der sie zu einem Ballungsraum schnell herbeiströmender Bevölkerungen machte. Hier lagen auch die wirtschaftlichen und sozialen Wurzeln, die das Aufkommen des Antisemitismus gerade in Berlin nach 1873 teilweise erklären können. Vor allem bestand unleugbar ein starker Zuzug aus den östlichen Teilen der preußischen Monarchie, worunter sich zweifellos auch sehr viele jüdische Zuwanderer befanden. Der jüdische Anteil an der Bevölkerung Berlins stieg von 1,7 % im Jahre 1816 über 2,3 % im Jahre 1849 und 3,9 % im Jahre 1867 auf 4,8 % im Jahre 1880. Die absolute Zahl der Berliner Juden hatte sich aber von rund 10 000 im Jahre 1849 auf rund 28 000 im Jahre 1867 und dann fast 54 000 im Jahre 1880 erhöht und damit mehr als verfünffacht. Der Zuwachs übertraf also bei weitem die ohnehin schon schnelle Vergrößerung der übrigen Stadtbevölkerung.[12]

Dieser Vorgang wurde zu einer wichtigen Ursache der sogenannten »Berliner Bewegung«. Sie war eine Art Protestgruppierung nicht nur gegen den Zuzug von Juden aus dem Osten, sondern auch gegen die mitregierende Nationalliberale Partei, die bis dahin die jüdische Emanzipation gefördert hatte. Ebenso richtete sie sich gegen die liberale Deutsche Fortschrittspartei. Es erwies sich gerade hier für die Ausbreitung des Antisemitismus als wichtig, daß nicht nur das von wirtschaftlichen Schwierigkeiten betroffene Kleinbürgertum sich dem antijüdischen Affekt öffnete, sondern daß auch das Bildungsbürgertum für diese Ideologie nun anfällig wurde. Die Juden gerieten in die Gefahr, von konservativer Seite und von den Bildungsbürgern gleich neben Sozialdemokraten, Zentrumskatholiken, Polen, Welfen und Dänen in Deutschland als »Reichsfeinde« betrachtet zu werden. Der Historiker Heinrich von Treitschke warf 1879 besonders den aus dem Osten einströmenden Juden in den *Preußischen Jahrbüchern* vor, sich dem deutschen Volk und dem neuen Staat des jungen Deutschen Reiches nicht assimilieren zu wollen. In diesem Aufsatz »Unsere Aussichten«, der dann den Berliner Antisemitismusstreit mit den Historikern Theodor Mommsen, Harry Bresslau u. a. auslöste, hatte Treitschke geschrieben, daß die erstarkende jüdische Position eine Gefahr für den jungen deutschen Nationalstaat darstelle und daß durch das wirtschaftliche und publizistische jüdische Übergewicht das Reich bedroht sei: »Über unsere Ostgrenze . . . dringt Jahr für Jahr aus der unerschöpflichen polnischen Wiege eine Schar strebsamer hosenverkaufender Jünglinge herein, deren Kinder und Kindeskinder dereinst Deutschlands Börsen und Zeitungen beherrschen sollen; die Einwanderung wächst zusehens, und immer ernster wird die Frage, wie wir dieses fremde Volkstum mit dem unseren verschmelzen können . . . denn wir wollen nicht, daß auf die Jahrtausende germanischer Gesittung ein Zeitalter deutsch-jüdischer Mischkultur folge.«[13] Treitschke entschuldigte die in der Öffentlichkeit aufkommende antisemitische Regung mit einer »gehässigen, aber natürlichen Reaktion des germanischen Volksgefühls gegen ein fremdes Element«[14]. Der neue völkische Rassismus war in diesen Sätzen unverkennbar übernommen.

Hier hatte nicht irgendwer das Wort ergriffen. Treitschke, der gefeierte »Herold der Reichsgründung«, wie er genannt wurde, sprach für das nationale Bürgertum, oder richtiger: er machte sich zu seinem Sprecher. Und wenn ihm auch der liberale Historiker Theodor Mommsen noch so sehr widersprach und auf die nationalen Verdienste der jüdischen deutschen Bürger hinwies, so drang doch durch Heinrich von Treitschke der antisemitische Gedanke nun in weite Kreise des deutschen Bildungsbürgertums ein. »Was er sagte«, so hat es Mommsen kritisch vermerkt, »war damit anständig gemacht.«[15]

Es scheint aber, daß die Wirkung des Treitschkeschen Aufsatzes auf das deutsche Bildungsbürgertum nicht zuletzt auch durch die schlechte wirtschaftliche Lage am Ende der siebziger Jahre mit ermöglicht worden ist. Treitschke selbst warf den Juden eine beträchtliche Mitschuld am Gründerschwindel der siebziger Jahre vor. Dies verstärkte vielleicht noch die Ausstrahlung seiner Thesen, obwohl er selbst gar kein Antisemit zu sein glaubte. Jedoch war dann die Wirkung seiner unter dem Widerspruch immer heftiger werdenden Judengegnerschaft auf die Studenten geradezu verheerend.[16] Der 1881 gegründete Kyffhäuserverband, Verein Deutscher Studenten, war eine der Wirkungen Treitschkes und des Berliner Hofpredigers Stoecker. Heinrich Claß, der spätere Vorsitzende des Alldeutschen Verbandes, war ein Schüler Treitschkes. Der angeblich gemäßigte Antisemitismus der Konservativen hatte hier seine Wurzel: Zwar sollte die Emanzipation der Juden nicht rückgängig gemacht, aber einer weiteren Entfaltung jüdischer »Machtstellung« in Deutschland doch entschieden ein Riegel vorgeschoben werden. Der innere Widerspruch dieser beiden Positionen wurde den Konservativen allerdings zunächst noch nicht deutlich.

Demgegenüber stand die radikalere »Berliner Bewegung« um Ernst Henrici, die gleich die Aufhebung der Emanzipation forderte. Auch hier gab es jedoch einen angeblich gemäßigteren Flügel, so daß das Gesamtbild dieser Bewegung etwas schillernd erscheint. Die »Berliner Bewegung« besaß auch ein organisatorisches Netz, wie es die beiden späteren antisemitischen Parteien vom Ende der achtziger Jahre, die Deutsch-Soziale Partei und die Antisemitische Volkspartei, hatten. Denn neben der schon erwähnten »Antisemitenliga« Marrs von 1879 war auch der 1879 gegründete Deutsche Reformverein nur ein locker organisierter, aber aktivistischer Verband, der übrigens auch 1882 einen Nachfolger in Österreich, den Österreichischen Reformverein, fand – davon wird noch zu reden sein.

Diese ersten, damals noch auf Berlin begrenzten Sammlungsbewegungen profitierten zweifellos stark von den sozialpolitischen Schwierigkeiten dieser Jahre. Wie auch die Christlich-Soziale Partei des Hofpredigers Adolf Stoecker von 1881 zeigte, gelang es ihnen nicht, die Arbeiterschaft von der Sozialdemokratie abzuziehen. Stoeckers Partei war 1878 zwar zunächst als »Christlich-Soziale Arbeiterpartei« gegründet worden, hatte aber mit ihrem Versuch, die Arbeiter für sich zu interessieren, ganz deutlich in den Wahlen Schiffbruch erlitten. Die Christlich-Sozialen strichen daraufhin 1881 die Bezeichnung »Arbeiter« aus ihrem Namen und versuchten nun, statt dessen den kleineren Mittelstand zu erreichen, wobei die antisemitische Agitation dann immer breiteren Raum einnahm.[17]

Dieses Rezept befolgte zuvor auch schon die 1880 von Ernst Henrici gegründete Soziale Reichspartei, die bis 1882 bestand und erstmals einen Radikalismus in der antijüdischen Kampagne zeigte, wie es ihn bis dahin wohl in Preußen noch nicht gegeben hatte. Schon in der Silvesternacht 1880/81 kam es in Berlin-Friedrichstadt zu wüsten Ausschreitungen gegen Juden. Bis zum 13. April 1881 wurden für eine antisemitische Petition, die dann Bismarck vorgelegt wurde, angeblich 225 000 Unterschriften gesammelt. Es machte sich hier bereits eine Tendenz deutlich, die dann für das zeitweilige Zusammengehen von Konservativen und Radikalen immer wieder kennzeichnend gewesen ist: Nach kurzer Zeit gewannen die Radikalen die Oberhand. Auch der von konservativer Seite 1881 gegen Henricis radikale Gruppe gegründete Deutsche Volksverein, der einen »gemäßigteren« Antisemitismus vertrat, vermochte sich gegen die extreme Richtung zunächst nicht zu behaupten. Der gleiche Vorgang wiederholte sich nochmals 1888, als der radikale Antisemit Otto Böckel, der 1886 in Kassel die Deutsche Antisemitische Vereinigung mitbegründet hatte, sich von der dort noch vorherrschenden gemäßigten Richtung erfolgreich distanzierte. Böckel ist 1887 als erster Antisemit in den Deutschen Reichstag gewählt worden.[18]

Wenn hier die in der Literatur übliche Unterscheidung zwischen »gemäßigtem« und »radikalem« Antisemitismus mit benutzt wird, so geschieht dies mit einem Vorbehalt. Einerseits ist klar, daß man z. B. die Schriften Eugen Dührings oder Adolf Wahrmunds als Pamphlete eines radikalen Antisemitismus bezeichnen muß. Hierher gehörten die Schrift Dührings von 1881 »Die Judenfrage als Racen-, Sitten- und Culturfrage«, in der dem Antisemitismus ein wissenschaftliches Gerüst gegeben werden sollte, oder das 1887 erschienene Buch von Wahrmund »Das Gesetz des Nomadentums und die heutige Judenherrschaft«.[19] In dieser Zeit fällt auch der 1887 von Theodor Fritsch herausgegebene *Antisemiten-Katechismus,* der später unter dem pseudowissenschaftlichen Titel *Handbuch der Judenfrage* bis in die NS-Zeit 40 Auflagen erreichte. Andererseits erscheint es aber nicht immer möglich, den vom Konservativismus vertretenen »gemäßigten« Antisemitismus durchgehend so zu bezeichnen. So enthält z. B. eine Schrift des allgemein zum konservativen Lager gerechneten Paul de Lagarde Sätze, die an Radikalität kaum zu überbieten waren. In de Lagardes 1887 erschienenem Buch »Juden und Indogermanen« steht bereits der auf die Juden bezogene ungeheuerliche Satz: »Mit Trichinen und Bazillen wird nicht verhandelt, Trichinen und Bazillen werden auch nicht erzogen, sie werden so rasch und gründlich wie möglich vernichtet.«[20] Es zeigt sich hier also deutlich, wie der radikale rassistische Antisemitismus bereits gegen Ende der achtziger Jahre auch den bis dahin gemäßigten konservativen Antisemitismus zu korrumpieren begonnen hatte. Danach lassen sich Linien ziehen, die bis zum Hamburger Parteitag der Deutschsozialen Reformpartei von 1899 führen, wo sich die konservative Richtung des politischen Antisemitismus zu ähnlich radikalen Formulierungen verstieg wie de Lagarde 1887. Doch zuvor ist hier noch auf die organisatorische Formierung der Antisemitenparteien selbst kurz einzugehen.

2. Schritte auf dem Weg zu einer übergreifenden antisemitischen Sammlungspartei

Trotz der unterschiedlichen antisemitischen Gruppen und der Differenzen über die einzuschlagende Härte der antisemitischen Agitation kam es am Ende der achtziger Jahre zur Gründung einer großen antisemitischen Partei, die die verschiedensten Positionen überbrücken sollte. Lediglich die Christlich-Sozialen Stoeckers waren daran nicht beteiligt. Die Gründung dieser Antisemitischen Deutschsozialen Partei fiel merkwürdigerweise in Hitlers Geburtsjahr 1889: Auf einem Antisemitentag am 10./11. Juni wurde sie in Bochum ins Leben gerufen. Ihr Programm vereinte die meisten Forderungen der unterschiedlichen antisemitischen Gruppen nach Beseitigung der jüdischen Macht oder Begrenzung des jüdischen Kapitals, Stärkung des nationalen Heeres, Beschränkung der Gewerbefreiheit, einer Art »Staatssozialismus« u. a. m. Waren dies z. T. die bekannten sozialpolitisch-mittelstandsorientierten Forderungen, so enthielt dieses Programm doch auch noch einen anderen bemerkenswerten Gesichtspunkt, der dann in der späteren nationalsozialistisch-antijüdischen Propaganda zu einem Schlüsselwort wurde, nämlich das Schlagwort vom »internationalen Judentum«. Im Programm der Partei hieß es, die »Judenfrage« sei nicht nur eine Rassen- oder Religionsfrage, sondern eine Frage *internatinalen,* nationalen, sozialpolitischen und sittlich-religiösen Charakters:

> »Auch in einem deutschsozialistisch eingerichteten Staate würde das Judentum, dessen jahrtausendealte Geschichte die Unmöglichkeit seines Aufgehens in den Völkern beweist, der Pfahl in unserem Fleische sein und durch seine bösen Triebe und Einflüsse unser Volk zerfressen und verschlechtern, unsere Gesetze und Ordnungen durchlöchern. Die Antisemitische Deutschsoziale Partei erachtet es daher für ihre Pflicht, den volksschädlichen und staatsgefährlichen Einfluß des internationalen Judentums auf allen Gebieten des öffentlichen, gesellschaftlichen und wirtschaftlichen Lebens mit gesetzlichen Mitteln zu bekämpfen, das deutsche Volk über die Judenfrage aufzuklären und die Regierung zum Abschlusse internationaler Vereinbarungen, insbesondere gegen die gefahrdrohende Anhäufung des jüdischen Kapitals, zu drängen.«[21]

Wenn hier der Akzent auf dem sicher auch vorhandenen internationalen Charakter der jüdischen Gruppe lag, so bedeutete das im Verständnis der Zeitgenossen den nationalen Vorwurf der »Reichsfeindlichkeit«, wie er nach 1871 zuerst auch dem internationalen Katholizismus als »Ultramontanismus« und dann der internationalen Sozialdemokratie gemacht worden war. »Reichsfeinde« waren international organisiert; so konnten die Juden als »Reichsfeinde« eingeordnet werden. Hier stellt sich ein Irrtum besonders der zeitgeschichtlichen Forschung heraus, wo z. T. (Günter Schubert, Reginal Phelps) die Vermutung besteht, daß Hitler später erst durch die angeblichen Protokolle der Weisen von Zion, die er wahrscheinlich erst 1919/20 gelesen hat, das Schlagwort vom »internationalen Judentum« kennengelernt habe. Es ist aber schon im Programm dieser Antisemitischen Deutschsozialen Partei von 1889 enthalten und gehörte seither zum festen Bestand der antisemitischen Agitation. Darüber hinaus könnte man auch auf den schon im September 1882 in Dresden veranstalteten »Ersten Internationalen antijüdischen Kongreß« hinweisen. Der Begriff »international« wurde also als Kampfbegriff der Zeit besonders gern mit dem Vorwurf der Reichsfeindlichkeit verbunden und war m. E. seither allgemein in Antisemiten-

kreisen ganz geläufig. Hitler dürfte ihn also vielleicht schon vor 1919 gekannt haben.
Die Parteigründung von 1889 hatte allerdings nicht lange Bestand. Die Spannungen zwischen dem radikalen Flügel Böckels und den Konservativen waren zu stark. Schon unmittelbar nach der Bochumer Tagung benannte sich die »gemäßigte« Richtung um Max Liebermann von Sonnenberg, Theodor Fritsch und Paul Förster in Deutschsoziale Partei um, strich also die aggressive Bezeichnung »Antisemitisch«. Böckel dagegen gründete ein Jahr später, 1890, in Erfurt die radikale »Antisemitische Volkspartei«, die bei den Reichstagswahlen jenes Jahres gleich vier Mandate erhielt, während für die konservative Deutschsoziale Partei nur Liebermann von Sonnenberg ins Parlament gewählt wurde. Die Deutschsozialen erreichten aber immerhin, daß sich auch die Deutschkonservativen auf ihrem Parteitag von 1892 zum Antisemitismus bekannten (Tivoli-Programm vom 8. Dezember) und mit den Deutschsozialen Zusammenarbeit vereinbarten. Es hieß im sogen. Tivoli-Programm einleitend: »Wir wollen die Erhaltung und Kräftigung der christlichen Lebensanschauung in Volk und Staat und erachten ihre praktische Betätigung in der Gesetzgebung für die unerläßliche Grundlage jeder gesunden Entwicklung.« Ausdrücklich hieß es dann: »Wir bekämpfen den vielfach sich vordrängenden und zersetzenden jüdischen Einfluß auf unser Volksleben.«[22] Indirekt wurde diese Linie im Tivoli-Programm der Konservativen auch in den Punkten 8, 13 und 15 sichtbar. Dort waren ein Einschreiten des Staates »gegen die undeutsche Verletzung von Treu und Glauben im Geschäftsverkehr« und eine »Beaufsichtigung des Hausierhandels und der Abzahlungsgeschäfte« gefordert, »eine staatliche Aufsicht der Börsengeschäfte« verlangt und »einer gewissenlosen Presse« der Kampf angesagt worden. Dies waren im damaligen Sprachgebrauch eindeutig antisemitische Schlagworte. Iring Fetscher hat daher mit Recht darauf hingewiesen, daß das Tivoli-Programm eine »Indienststellung des Antisemitismus« durch die Konservativen war.[23]
Gegen diese konservativ-deutschsoziale Gruppierung führte der radikale Antisemit Böckel den schärfsten Kampf, indem er besonders das jüdische Kapital angriff, was von den Konservativen vielfach abgelehnt wurde. Böckels Radikalismus diskreditierte sich aber vor allem durch sein Zusammengehen mit dem demagogischen »Radau-Antisemiten« Hermann Ahlwardt, der anscheinend wegen der Veruntreuung von Geldern seines Amts als Schulrektor verlustig gegangen war.[24] Die Stärke der Radikalen Böckels nahm aber zunächst nochmals bei den Wahlen von 1893 deutlich zu, als diese Partei von insgesamt 16 Abgeordnetensitzen der Antisemiten allein elf gewann. Dies war allerdings auch der Höhepunkt der Erfolge Böckels. Schon 1893 fand Böckels politischer Stil in der Partei immer mehr Gegner, die schließlich eine Namensänderung durchsetzten. Die Partei wurde in Deutsche Reformpartei umbenannt und ging, entgegen den Plänen Böckels, schon 1894 mit den Deutschsozialen zur Deutschsozialen Reformpartei zusammen. Böckel verlor 1894 auch seinen Einfluß im Mitteldeutschen Bauernverein, der in ähnlicher Weise auf konservativen Kurs ging.
Es muß aber an dieser Stelle auch auf die jüdische Reaktion selbst hingewiesen werden. Seit dem Ende der achtziger Jahre fehlte es nicht an energischen jüdischen Bemühungen, der antisemitischen Demagogie einen Damm entgegenzustellen. In diesen Zusammenhang gehört vor allem die Gründung des Vereins zur Abwehr des Antisemitismus im Jahr 1891. Er war sehr stark vom national eingestellten Teil des Judentums in Deutschland getragen, hat aber trotzdem den Höhepunkt der antisemitischen Agitation 1892/93 nicht verhindern können. Dieser Mißerfolg des Vereins in Deutschland, ferner der Dreyfus-Prozeß in Frankreich und die russischen Pogrome der neunziger Jahre haben dann das Aufkommen des zionistischen Gedankens auch in Deutschland begünstigt. Fortan wurde der Standpunkt eines national eingestellten deutschen Judentums zwischen antisemitischer Agitation einerseits und zionistischer, innerjüdischer Bewegung andererseits immer schwieriger. Der Verein konnte so nur eine wenig wirksame Apologetik betreiben. Man kann ihm aber eine relative Bedeutung insofern zusprechen, als er doch einen Anteil am vorübergehenden Rückgang der antisemitischen Welle nach der Jahrhundertwende hatte.[25]
In den neunziger Jahren drängte allerdings der radikale Antisemitismus Böckels auch die christlich-sozialen Judengegner beiseite. Aber auch hier war eine Verschärfung des Programms festzustellen. Im neuen Eisenacher Programm der

Christlich-Sozialen Partei von 1895 wurde nicht nur, wie schon früher, der Kampf für eine breite christlich-soziale Sammlungsbewegung und »gegen den falschen Liberalismus und die drükkende Kapitalherrschaft, gegen das übergreifende Judentum und die revolutionäre Sozialdemokatie« erklärt, sondern neben einer Reform der Börse wurden rigoros »in der Judenfrage« vier Forderungen gestellt: »1. Ausschluß der Juden aus allen obrigkeitlichen Ämtern, 2. Zulassung der Juden zu anderen Ämtern und zur Advokatur nach dem Bevölkerungsverhältnis, 3. Verhinderung des Überwucherns der Juden an den christlichen höheren Knaben- und Mädchenschulen und der jüdischen Lehrkräfte an den Universitäten, 4. Verbot der Judeneinwanderung.«[26]

Seit der Mitte der neunziger Jahre war der Höhepunkt in der Wirkung des politischen Antisemitismus in Deutschland zunächst überschritten. Es trat eine Verlagerung in kleinere Zirkel und Klubs ein. Die Mandate der neuen Deutschsozialen Reformpartei gingen bei den nächsten Wahlen ständig zurück. Dies lag z. T. aber auch daran, daß der Antisemitismus neben der Deutschsozialen Reformpartei auch von allgemein nationalistisch-politischen Gruppierungen wie dem 1891 gegründeten Alldeutschen Verband, dem Bund der Landwirte (gegr. 1893) und dem Deutschnationalen Handlungsgehilfenverband (gegr. 1893) in deren völkische Ideologie mit aufgenommen wurde[27], so daß die Deutschsoziale Reformpartei keinen alleinigen antisemitischen Vertretungsanspruch mehr anmelden konnte. Bei manchen Gruppierungen wie z. B. dem Bund der Landwirte wurde der Antisemitismus allerdings stärker auf indirekte, mehr interessenbedingte Punkte reduziert, wie etwa im Programm von 1893 auf die Forderung einer »schärferen staatlichen Beaufsichtigung der Produktenbörsen, um eine willkürliche, Landwirtschaft und Konsum gleichmäßig schädigende Preisbildung zu verhindern«. Ein militanter Antisemitismus war dagegen beim Deutschen Handlungsgehilfenverband (DHV) zu finden, der der rassistischen und antisemitischen »Gobineau-Vereinigung« Ludwig Schemanns angehörte.[28] Auch bestanden Verbindungen des DHV zu dem 1894 gegründeten antisemitischen »Deutschbund«: »Es gehörte zu den Pflichten der ›Deutschbund-Brüder‹ und zu ihrem Dienst ›am reinen Deutschtum‹, den ›schädlichen Einfluß des Judentums‹ abzuwehren. ›Jüdisches Blut‹ wurde in Deutschland nicht geduldet. So ist verständlich, daß die Ziele des ›Deutschbundes‹ vom DHV propagiert wurden und daß dessen Verwaltungsmitglieder Richard Döring, Alfred Roth und Albert Zimmermann ›Deutschbund-Brüder‹ waren.«[29] Dennoch zeigten sich hier nach 1895 zunächst gewisse Abschwächungen. Außerdem entfielen in der wirtschaftlichen Aufschwungphase nach 1895 viele der sozialpolitischen Krisengründe, die den antisemitischen Parteien in den achtziger Jahren und in der ersten Hälfte der neunziger Jahre noch Zulauf gebracht hatten. Die Folge dieses Rückgangs war merkwürdigerweise aber eine weitere Radikalisierung der Deutschsozialen Reformpartei, die nun – vielleicht gerade mangels Anhängerschaft – auf ganz extremen Kurs ging. Ein teilweiser Wegfall wirtschafts- und sozialpolitischer Argumente führte nun in der wirtschaftlichen Aufschwungphase wieder zu einer stärkeren Betonung der angeblich biologisch-wissenschaftlichen Motive der Judenfeindschaft. Der schon kurz erwähnte Hamburger Parteitag der Deutschsozialen Reformpartei von 1899 ist ein wichtiger Beleg für diese Radikalisierung. Die Partei verstand nach ihrem hier beschlossenen Programm ihre Aufgabe darin, »die Kenntnis vom wahren Wesen des Judenvolkes zu vertiefen und immer weiter zu verbreiten«.

Im Hinblick auf den Zionismus, der seit 1897 u. a. auch als jüdische Antwort auf die Pogromhetze in Deutschland und Rußland und auf den Dreyfus-Prozeß in Frankreich zu verstehen war, konstruierten die Beschlüsse dieses Parteitages eine äußerst anfechtbare und zynische »Beweiskette«: »Die zionistischen Bestrebungen sind eine Frucht der antisemitischen Bewegung. Sie enthalten das Bekenntnis zu der so oft abgeleugneten nationalen Zusammengehörigkeit aller Juden. Die staatsrechtlichen Bestrebungen der Zionisten verdienen nur dann Unterstützung, wenn Sicherheit geboten würde, daß wirklich alle Juden gen Zion ziehen. Das erscheint leider ausgeschlossen. Es ist nicht zu dulden, daß die ›Alliance israélite‹ souverän wird und einen Gesandten am deutschen Kaiserhof unterhält.«[30]

Im Programm des Hamburger Parteitags vom 10. und 11. September 1899 wurde die internationale Bekämpfungsstrategie dem Judentum gegenüber in äußerster Schärfe formuliert. Es hieß da:

»Dank der Entwicklung unserer modernen Verkehrsmittel dürfte die Judenfrage im Laufe des 20. Jahrhunderts zur Weltfrage werden und als solche von den anderen Völkern gemeinsam und endgültig durch völlige Absonderung und (wenn die Notwehr es gebietet) schließliche Vernichtung des Judenvolkes gelöst werden ... Einer der ersten Schritte beim legislativen Einschreiten gegen das Judenvolk muß es sein, festzustellen, wer vor dem Gesetz als Jude gelten soll, und daß es die Abstammung und diese ganz allein ist, die die Zugehörigkeit zum Judentum bestimmt.«[31]

Hierin ist in nuce bereits das ganze spätere nationalsozialistische Vernichtungsprogramm gegen die europäische Judenheit als letzte Konsequenz enthalten.[32] Der äußere Rückgang der antisemitischen Parteien bei den Reichstagswahlen nach 1895 stand also in umgekehrt proportionalem Verhältnis zur Radikalisierung der Antisemiten selbst, von denen – wie hier wieder deutlich wird – auch die bis dahin gemäßigten Konservativen oft dem Radikalismus verfielen.

Punkt 6 der 1899 in Hamburg gefaßten Beschlüsse der Deutschsozialen Reformpartei brachte die angesichts der Stimmenverluste der Antisemitengruppierungen dezidierte agitatorische Absicht dieser Partei zum Ausdruck: »Der Parteitag empfiehlt der Fraktion, im Reichstage alljährlich durch geeignete Anträge die Parteien und die einzelnen Abgeordneten zur Stellungnahme in der Judenfrage zu zwingen.«[33]

Eine ähnliche Entwicklung wie im Deutschen Reich läßt sich um diese Zeit auch für Österreich-Ungarn feststellen.[34] Es ist dabei für die gesamte Entwicklung im deutschen Sprachraum wichtig, daß – wie Peter Pulzer nachgewiesen hat – der radikale antisemitische Einfluß Dührings vor allem über Österreich, und hier besonders über von Schönerer, gewirkt hat.[35] Die Deutschnationale Bewegung Österreichs, die nach 1882 von Georg Ritter von Schönerer geführt wurde, nahm diesen radikalen Antisemitismus Dührings auf. Dem ebenfalls 1882 gegründeten und schon kurz hier erwähnten Österreichischen Reformverein gehörte dann auch der Christlich-Soziale Karl Lueger an, der spätere Wiener Erste Bürgermeister. Aber bei der Bewegung Schönerers schmolz in den neunziger Jahren die Anhängerschaft zusammen. Der »gemäßigtere« Antisemitismus der Christlich-Sozialen Partei Luegers stellte seit 1889 die erfolgreichere Variante dar.

Zweifellos hing dieser Aufstieg der antisemitischen Christlich-Sozialen Partei Luegers auch mit dem Dilemma der österreichischen Sozialdemokratie zusammen.[36] Sie war vor allem wegen der Frage der tschechischen Arbeiterschaft in nationale Flügel gespalten. Der Parteiführung Viktor Adlers wurde sowohl von deutscher wie von tschechischer Seite Mangel an nationaler Gesinnung vorgeworfen. Nur so konnte die antisemitische Christlich-Soziale Partei Luegers in Wien eine starke Position auch in der Arbeiterschaft gewinnen.

3. Fernwirkungen seit der Jahrhundertwende

Hitler hat sowohl in seiner Linzer Zeit als auch in den Wiener Jahren seit 1908 (bis 1913) die Tätigkeit von Schönerers wie auch Luegers beobachtet und in »Mein Kampf« an Schönerer die unversöhnliche und radikale Judengegnerschaft, an Lueger die Fähigkeit hervorgehoben, die Massen zu gewinnen. Hitler wollte offensichtlich beide Eigenschaften – Radikalität und Massenwirksamkeit – in sich selbst zusammengefaßt sehen.

In diesem Zusammenhang ist aber noch eine dritte Variante des österreichischen Antisemitismus zu erwähnen, die Hitler in »Mein Kampf« wohl bewußt nicht genannt hat, weil sie die angebliche Originalität seiner eigenen Bestrebungen relativiert hätte: In Böhmen gab es nämlich seit 1899 schon eine nationalistische »Deutsche Arbeiterpartei«, die man auch als antisemitisch bezeichnen kann. Sie war ein von Schönerer unterstützter Versuch, unter den deutschen Arbeitern Böhmens, die in scharfem Kampf mit der tschechischen Arbeiterschaft standen, eine Massenbasis zu finden, die Schönerer sonst mehr und mehr fehlte. Diese DAP, die von Andrew G. Whiteside erstmals kritisch untersucht wurde, hatte sich seit dem Parteitag von Trautenau 1904 von Schönerer unabhängiger gemacht.[37] Sie nannte sich z. T. auch schon »nationalsozialistisch«. Ihr Antisemitismus leitete sich vor allem daher ab, daß ihr viele Eisenbahnarbeiter und -beamte angehörten, die schon in den siebziger Jahren den jüdischen

Kapitalbesitzern der böhmischen Eisenbahnen (Rothschild, Wien) vorwarfen, die Indienststellung der (billigeren) tschechischen Arbeiter zu begünstigen. Zu diesem ursprünglich sozialpolitisch bedingten Antisemitismus, der sich auch noch nach der Verstaatlichung der böhmischen Eisenbahnen in den siebziger Jahren zäh erhalten hatte und nun auf jüdische Direktoren in der Wiener Eisenbahnzentrale übertragen wurde, gesellte sich durch die Bewegung Schönerers der rassistische Antisemitismus Dührings. Andrew G. Whiteside hat die böhmische DAP als Vorläufer der späteren Münchener NSDAP eingeordnet.[38] Tatsächlich gingen aus ihr Nationalsozialisten wie Hans Knirsch, Walther Riehl, Konrad Henlein und Rudolf Jung hervor. Noch vor dem Ersten Weltkrieg kam der Antisemitismus dieser Partei in ihrem Programm von Iglau (1913) zum Ausdruck. Doch gehört in diesen rassistisch-pseudowissenschaftlichen Legitimationszusammenhang auch die in Deutschland 1914 gegründete Deutschvölkische Partei. Sie war ein Zusammenschluß der Deutschsozialen Reformpartei unter Zimmermann, seit 1903 Deutsche Reformpartei genannt, mit der Deutsch-Sozialen Partei Liebermanns v. Sonnenberg. In dieser Gründung kam noch vor dem Ersten Weltkrieg am deutlichsten die Annäherung von biologisch-rassistisch-antisemitischem Gedankengut einerseits und völkisch-nationalistischer Sammlungsbewegung andererseits zum Ausdruck. Die ersten Vorsitzenden der Deutschvölkischen Partei waren 1914 Wilhelm Lattmann und seit 1915 der hessische Oberlehrer Dr. Ferdinand Werner, der schon das Programm von 1914 wesentlich mit formuliert hatte. Die Partei besaß 1914 15 000 Mitglieder. In den »Aufklärungsschriften« ihres Reichsverbandes war als eines der Ziele der Deutschvölkischen schon 1914 die Pflicht genannt, die »völkische Eigenart« der Deutschen stärker zu betonen, »alles Undeutsche, Gemeine, Schwindelhafte auszuscheiden und an seine Stelle nationale Kraft und völkische Gesundheit zu setzen«.[39] Daß damit zugleich ein wachsender Antisemitismus verbunden war, zeigen die weiteren Jahrgänge dieser »Aufklärungsschriften« sehr deutlich, die noch 1914 den Namen »Deutschvölkische Warte« erhielten. Daneben wurde der rassistische Antisemitismus auch in den »Deutschvölkischen Blättern« dieser Partei verbreitet. Sie erschienen seit dem Jahrgang 1917 mit dem Hakenkreuz als Titelsymbol.[40] Aus der Deutschvölkischen Partei ging auch – von der Deutsch-Sozialen Partei kommend – Arthur Dinter, der spätere nationalsozialistische Gauleiter von Thüringen (1923–1928), hervor, der 1918 seinen antisemitischen Roman »Sünde wider das Blut« veröffentlicht hatte (bis 1920 neun Auflagen!) und später selbst eine Darstellung der Deutschvölkischen Bewegung gab.[41]

Als sich nach dem Ersten Weltkrieg in München im Januar 1919 eine Deutsche Arbeiterpartei unter Anton Drexler bildete, bestanden offensichtlich noch Beziehungen zu der böhmischen DAP. Sie wurden besonders von Rudolf Jung gepflegt, der 1919 sein Buch »Der nationale Sozialismus« veröffentlichte und auch selbst auf die Vorläuferbewegungen in Böhmen hinwies. Hitler dagegen hat diese Tradition immer ignoriert, weil sie, wie noch die österreichische DNSAP des Kriegsjahres 1918 zeigte, zu viele Elemente der späteren NSDAP vorweggenommen hatte. Die antisemitische Terminologie lag aber weitgehend fertig ausgebildet vor: Begriffe wie »jüdische Zinsknechtschaft«, die demagogisch wirksame Unterscheidung zwischen »schaffendem« (deutschem) und »raffendem« (jüdischem) Kapital, die besondere Form einer judenfeindlichen Mittelstandsideologie oder die Forderung, Juden unter Fremdengesetz, d. h. Ausnahmegesetzgebung, zu stellen – alle diese Schlagworte und das meiste übrige antisemitische Agitationsvokabular waren längst vorhanden.

Hier stellt sich zum Schluß allerdings die Frage, ob sich aus den geistigen und organisatorischen Vorläufern der antisemitischen NSDAP, die das völkische und antisemitische Vokabular lange vor Hitler ausgebildet hatten, wirklich die jüdische Tragödie in Europa erklären läßt. Warum ist es nicht schon zur Zeit eines Agitators wie Hermann Ahlwardt, den Hellmut von Gerlach als den »stärksten Demagogen vor Hitler« bezeichnet hat, etwa in den neunziger Jahren, zu der jüdischen Katastrophe gekommen? Diese Frage ist kaum zu beantworten. Aber vielleicht hängt die Antwort davon ab, daß man die über alle Maßen rigorose und brutale rassistisch-antisemitische Grundauffassung Hitlers sehen muß, die eine letztere Konsequenz des verflachten Vulgärdarwinismus der Jahrhundertwende war. Vielleicht kann man von einem absoluten Politdarwinismus Hitlers reden, der den rassistischen Antisemitismus erst zur letzten unmenschlichsten Konsequenz trieb. Dabei wäre aber zu beachten, daß diese Wirkung Hitlers ohne gewisse Voraussetzungen des öffentlichen Bewußtseins, wie sie u. a. schon in der biologisch-pseudowissenschaftlichen Denkweise der Vorkriegszeit und ihres Vulgärdarwinismus sichtbar wurden, kaum zu denken ist. Die Antisemitenparteien haben hierfür seit den achtziger Jahren den Boden mit bereitet, in dem die Saat nach dem Ersten Weltkrieg aufging. Was diese Vorläufer betrifft, so handelte es sich allerdings um ein europäisches, kein spezifisch deutsches Phänomen. Sozial und rassistisch motivierten und politisch organisierten Antisemitismus hat es im 19. Jahrhundert von Alphonse de Toussenel bis zum Grafen Vacher de Lapouge mit mehr oder weniger großer Wirkung bis zu den russischen Pogromen und bis zur französischen Dreyfus-Affäre von 1894/95 und ihren politischen Folgen in fast allen europäischen Staaten gegeben. Die deutschen Vorgänge haben eine spezifische Bedeutung aber dadurch erhalten, daß nach 1933 aus ihnen Wirkungen hervorgehen konnten, die alle Schrecken in den Schatten stellten.

Anmerkungen

1 Daniel Gasman: The Scientific Origins of National Socialism. London, New York 1971, S. 40 ff. u. ö. – Karl Saller: Die biologisch motivierte Judenfeindschaft. In: Karl Thieme (Hrsg.): Judenfeindschaft. Frankfurt a. M. 1963, S. 180–208. – Vgl. auch Hans-Günter Zmarzlik: Der Sozialdarwinismus in Deutschland als geschichtliches Problem. In: VfZ 11 (1963), S. 246–273

2 Hedwig Conrad-Martius: Utopien der Menschenzüchtung. Der Sozialdarwinismus und seine Folgen. München 1955

3 Siehe hierzu den Beitrag von Ginzel; zur geistigen Vorgeschichte der Antisemitenparteien vgl. Martin Broszat: Die antisemitische Bewegung im wilhelminischen Deutschland. Diss. phil. Ms. Köln 1952; Paul W. Massing: Vorgeschichte des politischen Antisemitismus. Frankfurt a. M. 1959; Ernst Nolte: Der Faschismus in seiner Epoche. Die Action française – Der italienische Faschismus – Der Nationalsozialismus. München 1963; Hans-Günter Zmarzlik: Der Antisemitismus im Zweiten Reich. In: GWU 14 (1963), S. 273–286

4 Hierzu: Ginzel, S. 125; Silbermann, S. 313 ff

5 Siehe Glasner, S. 251 ff; Ginzel, S. 125 ff

6 Wobei Ginzel insbesondere die Versuche unterstreicht, mit Hilfe antisemitischer Propaganda gefährdete Machtpositionen zu behaupten, wie umgekehrt Antisemitismus als Mittel eines nationalistischen Klassenkampfes einzusetzen, S. 138 und S. 158 f

7 Vgl. hierzu: Dieter Fricke: Antisemitenparteien. In: ders. (Hrsg.): Die bürgerlichen Parteien in Deutschland. Handbuch der Geschichte der bürgerlichen Parteien und anderer bürgerlicher Interessenorganisationen vom Vormärz bis zum Jahre 1945, Bd. 1, Leipzig 1968, S. 36 ff; vgl. auch Frank Wende: Lexikon zur Geschichte der Parteien in Europa, Stuttgart 1981

8 Zu Marr siehe Beitrag Ginzel, S. 156 f

9 Aus der großen Fülle der Literatur wären vor allem zu nennen: Kurt Wawrzinek, Die Entstehung der deutschen Antisemitenparteien (1873–1890), Lübeck 1927 (= Historische Studien, Heft 168); Egmont Zechlin, Die deutsche Politik und die Juden im Ersten Weltkrieg, Göttingen 1969; Richard S. Levy, The Downfall of Anti-Semitic Political Parties in Imperial Germany, New Haven, Conn., London 1975; Werner Jochmann, Struktur und Funktion des deutschen Antisemitismus, in: Werner E. Mosse (Hrsg.), Juden im Wilhelminischen Deutschland, S. 389–419; Hans-Joachim Bieber, Anti-Semitism as a Reflection of Social, Economic and Political Tension in Germany (1880–1933), in: David Bronsen (Hg.), Jews and Germans from 1860 to 1933. The Problematic Symbiosis, Heidelberg 1979, S. 33–77, bes. S. 40–46

10 Hans Rosenberg: Große Depression und Bismarckzeit. Wirtschaftsablauf, Gesellschaft und Politik in Mitteleuropa, Berlin 1967

11 Zum Boykottaufruf: Ginzel, S. 147 ff

12 Formen der Manipulation statistischer Angaben bei Ginzel, S. 149

13 Heinrich von Treitschke: Unsere Aussichten. In: Preußische Jahrbücher, Nov. 1879. Abgedruckt auch bei: Walter Boehlich (Hrsg.): Der Berliner Antisemitismusstreit, Frankfurt a. M. 1965, S. 7–14. Zu Treitschke siehe auch S. 158

14 Ebd., S. 13

15 Theodor Mommsen: Auch ein Wort über unser Judentum. 4. Aufl., Berlin 1880; Boehlich, a. a. O., S. 212–227; Zitat S. 221 f. Zur jüdischen Reaktion siehe das Beispiel von Moritz Lazarus, S. 141

16 O. F. Scheuer, Burschenschaft und Judenfrage. Der Rassenantisemitismus in der Deutschen Studentenschaft. Berlin 1927; Fritz K. Ringer, The Decline of German Mandarins. The German Academic Community 1890–1933, Cambridge/Mass. 1969; zur Deutschen Turnerschaft vgl. die z.T. in den Ergebnissen voneinander abweichenden Arbeiten von Hans-Georg John, Politik und Turnen. Die Deutsche Turnerschaft als nationale Bewegung im deutschen Kaiserreich von 1871–1914, Ahrensburg 1976, S. 64–72; Hartmut Bekker, Antisemitismus in der Deutschen Turnerschaft, Sankt Augustin 1980 (= Schriften der Deutschen Sporthochschule Köln, Bd 3) und Konrad H. Jarausch, Students and Politics in Imperial Germany, Princeton, N. J. 1982, S. 354

17 Vgl. Karl Kupisch, Adolf Stoecker: Hofprediger und Volkstribun. Berlin 1970, S. 36 ff; eine an die Stoeckersche Abart des Antisemitismus anknüpfende NS-Geschichtsideologie repräsentiert Walter Frank: Hofprediger Adolf Stoecker und die christlich-soziale Bewegung. 2. Auflage, Hamburg 1935; Zu Stoecker ausführlich: Ginzel, S. 153 ff

18 Zu Böckel vgl. Rüdiger Mack: Otto Böckel und die antisemitische Bauernbewegung in Hessen (1887–1894). In: Wetterauer Geschichtsblätter 16 (1967), S. 113–147; allgemein zum Antisemitismus unter der Landbevölkerung: Hans-Jürgen Puhle: Agrarische Interessenpolitik und preußischer Konservativismus im wilhelminischen Reich (1893–1914). Ein Beitrag zur Analyse des Nationalismus in Deutschland am Beispiel des Bundes der Landwirte und der Deutsch-Konservativen Partei. Hannover 1966, S. 111–140; vgl. auch Hans-Joachim Bieber: a. a. O., S. 40

19 Zu Dührings Thesen siehe S. 161 ff und S. 174 f

20 Paul de Lagarde (d. i. Paul Anton Bötticher): Juden und Indogermanen. Göttingen 1887; zu de Lagarde sowie generell zu der Gleichung »Juden mit Parasiten oder Bazillen« siehe Ginzel, S. 162 f; zum sexuellen Element siehe Mitscherlich-Nielsen, S. 337 ff

21 Zitiert nach Wilhelm Mommsen (Hrsg.): Deutsche Parteiprogramme. 2. Auflage, München 1965, S 74 f; zum Schlagwort »Internationales Judentum« siehe Ginzel, S. 146

22 Felix Salomon (Hrsg.): Die deutschen Parteiprogramme. Heft II (Leipzig, Berlin 1907), S. 71; vgl. auch Wilhelm Mommsen (Hrsg.): Deutsche Parteiprogramme, S. 78

23 Iring Fetscher: Zur Entstehung des politischen Antisemitismus in Deutschland. In: Hermann Huss und Andreas Schröder (Hrsg.): Antisemitismus. Zur Pathologie der bürgerlichen Gesellschaft. Frankfurt a. M. 1965

24 Zur Seriosität führender Antisemiten-Politiker: Ginzel, S. 159

25 Zur antisemitischen Propagandatechnik im Dritten Reich siehe Bernatzky

26 Zitiert nach Wilhelm Mommsen (Hrsg.): Deutsche Parteiprogramme, a. a. O., S. 82 f

27 Vgl. Hans-Jürgen Puhle: a. a. O., S. 111–140, und Iris Hamel: Völkischer Verband und nationale Gewerkschaft. Der Deutschnationale Handlungsgehilfen-Verband 1893–1933. Frankfurt a. M. 1967, S. 99 bis 121

28 Iris Hamel, a. a. O., S. 89 f

29 Ebd., S. 103

30 Zitiert nach Wilhelm Mommsen, a.a. O., S. 83 f

31 Zitiert nach Wilhelm Mommsen, a. a. O., S. 84

32 Siehe Beitrag von Uwe Adam, S. 192 ff; zur »Endlösungsforderung«: Ginzel, S. 162 f

33 Wilhelm Mommsen, a. a. O., S. 84

34 Vgl. für den Ausgangspunkt einer Verbindung des neuen Antisemitismus mit dem älteren Antijudaismus: Isac A. Hellwing: Der konfessionelle Antisemitismus im 19. Jahrhundert in Österreich. Wien 1972

35 Peter G. J. Pulzer: Die Entstehung des politischen Antisemitismus in Deutschland und Österreich 1867–1914. Gütersloh 1966

36 Hans Mommsen: Die Sozialdemokratie und die Nationalitätenfrage im habsburgischen Vielvölkerstaat, Bd. 1. Wien 1963

37 Andrew G. Whiteside: Austrian National Socialism before 1913. Den Haag 1962

38 Whiteside, a. a. O., S. 63 ff

39 Zitiert nach Uwe Lohalm: Völkischer Radikalismus. Die Geschichte des deutschvölkischen Schutz- und Trutzbundes. Hamburger Beiträge zur Zeitgeschichte, Bd. VI (1970), S. 69

40 Ebd., S. 70

41 Arthur Dinter: Ursprung, Ziel und Weg der deutschvölkischen Freiheitsbewegung. Weimar 1924

Die deutsche Gesellschaft der Weimarer Republik und der Antisemitismus

Juden als »Blitzableiter«

Heinrich August Winkler

Die sozialhistorische Erforschung des Antisemitismus in der Weimarer Republik steckt noch in den Anfängen. Die einschlägigen Studien informieren uns zwar zuverlässig über antisemitische Organisationen und Aktionen, auch über die Reaktionen ihrer Gegner. Aber einige wichtige Probleme sind bisher nicht zureichend geklärt worden. Ich möchte mich heute einigen dieser Fragen zuwenden:

1. Was waren die auslösenden Momente der antisemitischen Agitation?
2. Wie verbreitet war der Antisemitismus in der damaligen deutschen Gesellschaft?
3. Welche Rolle spielte der Antisemitismus beim Aufstieg des Nationalsozialismus?

Es versteht sich von selbst, daß die Antworten auf diese Fragen beim gegenwärtigen Forschungsstand nur vorläufig und bruchstückhaft sein können.

1. Auslösende Momente antisemitischer Agitation

Zunächst also die Frage nach den auslösenden Momenten der antisemitischen Agitation. Für das deutsche Kaiserreich läßt sich die These erhärten, daß die parteilich organisierten Judenfeinde Hochkonjunktur hatten, wenn die wirtschaftliche Konjunktur sich in einer Abschwungphase befand – und umgekehrt. Prüfen wir, ob diese Faustregel auch für die Weimarer Republik gilt. Die Jahre 1918 bis 1923, in denen wir ein starkes Anschwellen antisemitischer Aktivitäten beobachten, stellten keine Depressionsphase dar. Vielmehr erlebte Deutschland, anders als die übrigen Industrieländer, von 1920 bis zum Sommer 1922 sogar einen inflationsbedingten Boom, und nur im Jahr 1923 könnte man einen Zusammenhang von Rezession und Antisemitismus konstruieren. Aber diese Aussagen müssen sogleich wieder eingeschränkt werden. Eine *typische* Hochkonjunkturphase bildeten die Jahre 1920 bis 1922 gewiß nicht; dazu waren die wirtschaftlichen Ausgangsbedingungen von 1919, an denen der Produktionszuwachs gemessen wird, zu niedrig, und überdies fehlte dieser von politischen und sozialen Krisen erschütterten Zeit auch psychologisch alles, was ansonsten zu einem Boom gehört. Auf der anderen Seite hatte der Produktionsrückgang von 1923 nicht bloß »normale« wirtschaftliche, sondern vorrangig politische Ursachen: den »passiven Widerstand«, mit dem Deutschland auf die französisch-belgische Ruhrbesetzung antwortete. Der Frage, ob nach 1918 weltweit eine langfristige Abschwungphase (mit dem Tiefpunkt nach 1929 und dem Ende erst um 1950) einsetzte, können wir an dieser Stelle nicht nachgehen. Die gewohnten Begriffe und Periodisierungen der Konjunkturtheoretiker werden der deutschen Nachkriegszeit von 1918 bis 1923 jedenfalls kaum gerecht.

In den Jahren relativer Stabilität von 1924 bis 1928 traten die engagierten Antisemiten sehr viel weniger hervor als im turbulenten ersten Jahrfünft der Republik. Es liegt also nahe, die rückläufige Erfolgskurve der Judenfeinde der wirtschaftlichen Beruhigung zuzuschreiben. Erst recht scheint auf den ersten Blick die These von der Konjunkturabhängigkeit des Antisemitismus wieder in Kraft gesetzt, wenn wir die Jahre 1929 bis 1932 betrachten. Der Vormarsch der radikal antisemitischen NSDAP folgte der schweren wirtschaftlichen Depression auf dem Fuße, und auf die ersten Anzeichen einer gewissen konjunkturellen Erholung reagierten über zwei Millionen Wähler im November 1932 damit, daß sie der Partei Hitlers wieder den Rücken kehrten.

Lassen wir vorerst dahingestellt, inwieweit die Entwicklung des Antisemitismus seit 1924 wirklich nur aus dem Auf und Ab der Konjunktur abzuleiten ist. Für die Frühzeit der Republik müssen wir die Aussagekraft der rein konjunkturellen Erklärung gering veranschlagen. Die auslösenden Momente der antisemitischen

Kampagne in jenen Jahren waren ganz überwiegend politischer Natur. Was ein völkisches Blatt aus Bromberg, die »Ostdeutsche Rundschau«, am 25. Juni 1919 schrieb, war durchaus typisch für das antisemitische Argumentationsmuster: »Die Juden haben unseren Siegeslauf gehemmt und uns um die Früchte unserer Siege betrogen. Die Juden haben die Axt an die Throne gelegt und die monarchische Verfassung in Stücke geschlagen. Die Juden haben die innere Front und dadurch auch die äußere zermürbt. Die Juden haben unseren Mittelstand vernichtet, den Wucher wie eine Pest verbreitet, die Städte gegen das Land, den Arbeiter gegen den Staat und (das) Vaterland aufgehetzt. Die Juden haben uns die Revolution gebracht, und wenn wir jetzt nach dem verlorenen Kriege auch noch den Frieden verlieren, so hat Juda sein gerüttelt Maß von Schuld. Darum, deutsches Volk, vor allem das Eine – befreie Dich von der Judenherrschaft.«[1]

In der »Gründerkrise« nach 1873, der ersten Welle es »modernen«, gegen die *emanzipierten* Juden gerichteten Antisemitismus (in dem freilich, was man nicht übersehen sollte, der uralte Haß auf die jüdischen »Gottesmörder« untergründig wirksam blieb), war den Juden die Schuld an einer schweren wirtschaftlichen Erschütterung aufgebürdet worden. Nach dem November 1918 waren die Juden die geborenen Sündenböcke für die militärische Niederlage Deutschlands und ihre Folgen. Im alldeutschen Lager war diese Funktion der Juden noch während des Krieges vorgeplant worden. Im Oktober 1918 forderte der Vorsitzende des Alldeutschen Verbandes, Heinrich Claß, getreu seinen schon vor 1914 verkündeten Maximen, die Aktivisten der Organisation auf, »die Lage zu Fanfaren gegen das Judentum und die Juden als Blitzableiter für alles Unrecht zu benutzen«.[2]

Die manipulative Absicht, die die Alldeutschen mit ihren Parolen verfolgten, hätte gar nicht deutlicher gemacht werden können. Aber schienen nicht einige Tatsachen die Agitatoren der extremen Rechten zu bestätigen? Sie behaupteten, die Kriegs- und Inflationsgewinnler seien hauptsächlich Juden; Juden hätten die Revolution herbeigeführt und den größten Nutzen von ihr gehabt; die Ostjuden, die unaufhörlich nach Deutschland einströmten, seien Sendboten des jüdischen Bolschewismus und überdies dabei, das deutsche Volkstum zu überfremden. In der Tat war es nicht schwer, Juden zu nennen, die im Krieg oder in der unmittelbaren Nachkriegszeit zu Geld und Einfluß gelangt waren; unter den Führern des Spartakusbundes und der Unabhängigen Sozialdemokraten gab es viele, unter denen der Mehrheitssozialisten einige Juden; in den ersten Revolutionsregierungen in Reich und Ländern waren Juden bemerkenswert stark vertreten; auf der äußersten Linken spielten auch Ostjuden eine wichtige Rolle – Rosa Luxemburg, Karl Radek und Eugen Leviné zum Beispiel, um nur die bekanntesten zu nennen.

Was die Antisemiten politisch beweisen wollten, konnten sie jedoch nur jene glauben machen, die es glauben wollten. Jüdische Spekulanten und Schieber gab es ebenso wie nichtjüdische. Wenn sich viele jüdische Intellektuelle der Arbeiterbewegung anschlossen, hatte das seinen tieferen Grund darin, daß das Proletariat sich der antisemitischen Propaganda gegenüber weitgehend immun gezeigt hatte und als einzige Klasse jenes System bekämpfte, das Arbeitern *und* Juden wesentliche Rechte vorenthielt. Als die Sozialdemokratie während des Ersten Weltkrieges ihre Oppositionsrolle und ihren (ohnehin verbal gewordenen) Internationalismus zunehmend aufgab, wandten sich viele Sozialisten jüdischer Herkunft den radikaleren Kräften der Linken zu, die die Kriegskredite und damit den »Burgfrieden« ablehnten. Der Krieg wurde jedoch aus militärischen Gründen verloren, und die Revolution von 1918/19 brach nicht auf Grund irgendwelcher Aktivitäten von Juden aus, sondern weil breite Schichten der deutschen Bevölkerung – keineswegs nur die Arbeiter – Frieden und Demokratie wollten und beides bei Fortbestehen der Monarchie nicht erreichbar schien. Das Gros der Juden unterstützte im übrigen nicht eine der sozialistischen Parteien, sondern die linksliberale Deutsche Demokratische Partei, die 1918/19 ihre Hauptaufgabe darin sah, die Sozialdemokratie von sozialistischen Experimenten abzuhalten.

Die Ostjuden waren das propagandistische Lieblingsthema der Antisemiten. Sie verschwiegen jedoch beharrlich, daß das deutsche Ostjudenproblem zu einem guten Teil erst durch die Politik der Obersten Heeresleitung geschaffen worden war. Sie hatte 1914 in den besetzten Gebieten Russisch-Polens den dort lebenden Juden die materielle Existenzmöglichkeit weitgehend genommen und aus derselben Bevölkerungsgruppe dann

Arbeitskräfte für die deutsche Rüstungsindustrie rekrutiert. Etwa 35 000 Ostjuden kamen auf diese Weise – unter mehr oder minder großem Zwang – in das Reich. Ungefähr ebenso viele Ostjuden befanden sich unter Kriegsgefangenen und Ausländern, die vom Kriegsausbruch in Deutschland überrascht und hier interniert worden waren. Die Zahl der in Deutschland lebenden Ostjuden erhöhte sich somit zwischen 1914 und 1918 um etwa 70 000; nimmt man jene 80 000 Ostjuden hinzu, die schon vor 1914 in Deutschland gewohnt hatten, belief sich die Gesamtzahl bei Kriegsende auf etwa 150 000.

Nach dem Krieg verloren die meisten ostjüdischen Rüstungsarbeiter ihren Erwerb; eine rasche Rückkehr in ihre Herkunftsgebiete war aber schon deswegen nicht möglich, weil die neu entstandenen Staaten Ostmitteleuropas zunächst keine Neigung zeigten, die ostjüdischen Arbeitslosen bei sich aufzunehmen. Eine beträchtliche Zahl – etwa 30 000 – gelangte 1920/21 dorthin, wo es die Ostjuden seit langem hinzog: nach Amerika. Auch in den folgenden Jahren wanderten Ostjuden über Deutschland in die Vereinigten Staaten aus. 1925, im Jahr der stärksten ostjüdischen Einwanderung, gab es in Deutschland knapp 108 000 Ostjuden – rund 30 000 mehr, als 1910 auf dem gleichen Territorium gelebt hatten. Bis Mitte 1933 sank die Zahl der Ostjuden auf 98 000. Das waren 3,4 Prozent weniger als acht Jahre zuvor.

Ich habe einige Zahlen genannt, um die tatsächliche Größenordnung der Ostjudenfrage darzulegen. Die meisten Zeitgenossen haben das Problem, das die Ostjuden der deutschen Gesellschaft stellten, maßlos überschätzt oder bewußt aufgebauscht. Es *gab* eine soziale Ostjudenfrage – aber nur für die unmittelbar Betroffenen. Ein Teil der alteingesessenen deutschen Juden reagierte auf die Minderheit in der Minderheit erschreckt und feindselig. Die orthodoxen Ostjuden erinnerten die assimilierten deutschen Juden an ihre eigene Vergangenheit – eine unglückliche Vergangenheit, die sie für überwunden hielten, ja vielfach verdrängt hatten. Überdies schlugen die Ressentiments der nichtjüdischen Umwelt, die sich gegen die kulturell fremdartigen, sozial niedrig stehenden Neuankömmlinge aus dem Osten richteten, vielfach bereits in pauschalen Antisemitismus um. Eine öffentliche Distanzierung von den Ostjuden wurde jedoch nur von einer Minderheit der deutschen Juden gefordert und vollzogen. Dem jüdischen Unbehagen an der ostjüdischen Einwanderung zum Trotz übten sich die großen Organisationen des deutschen Judentums in Solidarität mit den diskriminierten Glaubensgenossen: Sie bemühten sich, durchaus nicht erfolglos, um die Beschäftigung arbeitsloser Ostjuden und um die Linderung der sozialen Not derer, die ohne Erwerb blieben.

Wenn die Ostjuden also kein wirkliches soziales Problem für die deutsche Gesellschaft bildeten, wie verhält es sich dann mit jenen Juden, die deutsche Staatsbürger waren? Im Jahr 1925 gab es in Deutschland 564 000 Glaubensjuden. Das entsprach einem Anteil von 0,9 Prozent der Gesamtbevölkerung. Bis zum Juni 1933 sank die Zahl auf 500 000 oder 0,8 Prozent. In ihrer sozialen Struktur unterschieden sich die deutschen Juden deutlich von ihrer Umwelt. 1925 lebten Juden dreimal so häufig in Großstädten wie Nichtjuden (48:16 Prozent); fast jeder dritte Jude hatte seinen Wohnsitz in Berlin. Die Juden waren massiv unterrepräsentiert in der Land- und Forstwirtschaft sowie in der Industrie und im Handwerk, dagegen stark überrepräsentiert in Handel und Verkehr. Es gab kaum jüdische Bauern und nur wenige jüdische Arbeiter. Dagegen waren die Juden weit über dem Durchschnitt vertreten bei den Selbständigen und bei den Angestellten. Allerdings hatten sich gegenüber dem Kaiserreich die Relationen zwischen den selbständig beschäftigten und den unselbständig beschäftigten Juden zu Lasten der Selbständigen, in ihrer Mehrzahl übrigens kleine Ladenbesitzer, verschoben. Besonders groß war der Anteil der Juden bei Maklern, Rechtsanwälten, Ärzten, Redakteuren und Regisseuren. Für zwei der eben genannten Berufe möchte ich das mit Zahlen belegen: Von 100 Ärzten waren 1933 elf Juden, von 100 Rechtsanwälten und Notaren sechzehn. Juden hatten ferner starke Stellungen in der Textilindustrie und im Eisen- und Schrotthandel, wo um 1930 jeweils etwa 40 Prozent aller Unternehmungen in jüdischem Besitz waren; Juden kontrollierten vier Fünftel des Umsatzes der deutschen Warenhäuser und knapp ein Fünftel der Privatbanken.

Die deutschen Juden waren also in den privilegierten Schichten der Gesellschaft überdurchschnittlich, in den minderprivilegierten Schichten unterdurchschnittlich vertreten. Nicht mehr der »Viehjude« und der Hausierer, sondern der Arzt und der Rechtsanwalt waren die gesellschaftlichen Symbolfiguren des deutschen Judentums.

Dieser soziale Aufstieg, der im Vormärz begonnen und sich im Kaiserreich beschleunigt hatte, war, so paradox es klingt, nicht zuletzt eine Folge lang andauernder und vielfach verinnerlichter Diskriminierung. Den ausgeprägten Hang der Juden zur Selbständigkeit kann man, zum Teil jedenfalls, aus dem Wunsch erklären, Reibungen mit antisemitischen Arbeitgebern und Arbeitskollegen tunlichst zu vermeiden. Die Juden bevorzugten wirtschaftliche Betätigungen, in denen es keine überlieferten Zugangsbeschränkungen gab oder die ihnen seit alters her offengestanden hatten. Das starke Engagement in der Textilindustrie läßt sich aus der Tradition des Altkleiderhandels ableiten – einem den Juden seit Jahrhunderten vertrauten Gewerbezweig. Ähnliches gilt für das Gesundheitswesen. Auf andere freie akademische Berufe konzentrierten sich die Juden, weil ihnen der öffentliche Dienst im Kaiserreich nahezu völlig versperrt geblieben war. Was vielen als jüdische Machtkonzentration erschien, war, so gesehen, nur die Kehrseite fortwirkender Benachteiligung.

Von einem beherrschenden Einfluß der Juden auf die deutsche Wirtschaft konnte keine Rede sein. Die Juden waren in den Schlüsselindustrien faktisch gar nicht vertreten, und sie waren weit davon entfernt, das Bankwesen in ihrer Hand zu haben. Verglichen mit der Zeit vor 1914 war die wirtschaftliche Bedeutung der jüdischen Privatbanken sogar stark zurückgegangen. In der Politik spielten die Juden nach der revolutionären Gründungsphase der Republik keine herausragende Rolle mehr. Groß war dagegen ihr Gewicht in der Presse – man denke an die »Frankfurter Zeitung«, das »Berliner Tageblatt« und die »Vossische Zeitung« – sowie in allen Zweigen des Kulturbetriebs, darunter das Kabarett und das neue Medium Film. Juden traten also häufig als »Multiplikatoren« und nicht selten als »Modernisierer« auf, und beides trug dazu bei, daß ihre tatsächliche Macht überschätzt wurde. In Wirklichkeit war die soziale Position der deutschen Juden in der Weimarer Republik das Produkt von Emanzipation *und* Diskriminierung – eine Entsprechung des beschränkten Freiraums, der ihnen real zugestanden worden war.

In der Frühphase der Weimarer Republik spielten, so möchte ich den ersten Abschnitt zusammenfassen, konjunkturelle Bewegungen keine ausschlaggebende Rolle für das Erstarken des Antisemitismus. Vielmehr rief die traumatische Erfahrung von militärischer Niederlage und Revolution, bürgerkriegsähnlichen Auseinandersetzungen und Inflation, kurz, ein allgemeines Gefühl von Unsicherheit und Umbruch, die Suche nach Sündenböcken hervor. Die Juden waren für diese Rolle besonders geeignet, weil sie als privilegierte Minderheit galten. Die Ostjuden dienten dem Antisemitismus als ideale Zielscheibe, weil sie in ihrer Fremdartigkeit dem negativen Klischeebild vom Juden viel mehr entsprachen als die assimilierten deutschen Juden. Das Konkurrenzmotiv blieb in den ersten Jahren der Republik meist verdeckt, aber wir werden noch Sachverhalte zu erörtern haben, die dafür sprechen, daß es vor wie nach 1918 eine wichtige Antriebskraft der Judenfeindschaft bildete.

2. Die soziale Basis des Antisemitismus

Ich komme zum zweiten Abschnitt. Die Frage lautet: Wie verbreitet war der Antisemitismus in der deutschen Gesellschaft der Weimarer Republik? Von der antijüdischen Agitation unbeeindruckt blieb im großen und ganzen auch nach 1918 die sozialistische Arbeiterschaft. Daß für die Proletarier nicht der jüdische Kapitalist, sondern der Kapitalist schlechthin der Gegner war, das war nicht nur ein immer wiederholter marxistischer Lehrsatz, es entsprach auch ganz der alltäglichen Erfahrung der meisten Arbeiter. Die Linksparteien griffen den Antisemitismus als eine Ideologie an, die die Massen vom Kampf für den Sozialismus ablenken sollte. Die Sozialdemokraten suchten beharrlich die Glaubwürdigkeit der Nationalsozialisten zu erschüttern, indem sie ihren antijüdischen Behauptungen Punkt für Punkt entgegentraten. In der Endphase der Weimarer Republik arbeitete die SPD eng mit den jüdischen Organisationen – darunter auch der größten und repräsentativsten, dem Centralverein deutscher Staatsbürger jüdischen Glaubens – zusammen, die auf die antisemitische Hetze mit einem Aufklärungsfeldzug antworteten.

Die KPD knüpfte mitunter – etwa 1923 – bewußt an die antisemitischen Vorurteile der von ihr umworbenen Anhänger Hitlers an und forderte sie auf, zwar auch, aber nicht nur gegen das jüdische Kapital zu kämpfen. Am Antisemitismus interessierte die Arbeiterparteien ebenso wie die Intellektuellen der deutschen Linken primär die Funktion, die er für den Kapitalismus hatte. Von der Funktion, die der Antisemitismus für die Antisemiten hatte, war seltener die Rede. Da der Nationalsozialismus als eine Spielart des Faschismus begriffen wurde (was er sicherlich *auch* war), maß man ihn am italienischen Vorbild. Von daher lag es nahe, den Stellenwert des Antisemitismus zu unterschätzen. Das Schicksal, das die deutschen und europäischen Juden nach 1933 treffen sollte, lag jenseits der Vorstellungskraft der deutschen Linken.

Wenden wir uns nun kurz einer Gruppe zu, die vor 1933 ebenfalls nicht oder nur in engen Grenzen von den Nationalsozialisten erobert werden konnte: den Katholiken. Ihre Parteien, das Zentrum und die Bayerische Volkspartei, nahmen den Juden und den Judenfeinden gegenüber eine zwiespältige Haltung ein. Einerseits machten sie Front gegen antisemitische Ausschreitungen und Rassenhetze, andererseits pflegten sie eine Art kulturellen Antisemitismus. Diese doppelte Gegnerschaft entsprach ganz der damaligen kirchlichen Sicht. Statt vieler Belege aus dem katholischen Lager zitiere ich nur einen. Im »Großen Herder« heißt es 1926 – also in einer vergleichsweise ruhigen Phase der Weimarer Republik – unter dem einschlägigen Stichwort, der Antisemitismus sei »in seinem Wesen eine Abneigung der Mehrheit gegen die als artfremd empfundene, z. T. sich selbst abschließende, aber ungewöhnlich einflußreiche Minderheit, welche hohe, namentlich geistige Werte, aber auch übersteigertes Selbstbewußtsein aufweist«. Die abschließende Wertung lautet: »Der Antisemitismus ist vom christlichen Standpunkt aus abzulehnen, wenn (sic!) er die Juden um ihrer Blutsfremdheit willen bekämpft oder sich im Kampf unchristlicher Mittel bedient. Die katholische Kirche hat darum von jeher den Antisemitismus als solchen verworfen. Es gibt übrigens auch Juden, die in edler Weise zur Selbstkritik aufrufen und den Antisemitismus am wirksamsten dadurch zu überwinden suchen, daß sie keinen Anlaß zu judenfeindlicher Haltung geben.«[3]

Die Ambivalenz, mit der das katholische Deutschland dem Judentum begegnete, wird auch durch einen Vorgang auf höchster politischer Ebene illustriert. Der Centralverein deutscher Staatsbürger jüdischen Glaubens versuchte 1931 wiederholt, den Reichskanzler Heinrich Brüning zu einer Verurteilung der wachsenden antisemitischen Hetze zu bewegen. Brüning ist diesem dringenden Wunsch niemals nachgekommen – vermutlich auch deswegen nicht, weil er die Nationalsozialisten für eine Unterstützung seiner Politik, ja nach Möglichkeit als Koalitionspartner des Zentrums gewinnen und daher nicht vor den Kopf stoßen wollte. Brüning hat damit in der »Judenfrage« sehr viel mehr taktiert als Reichspräsident von Hindenburg, der sich im November 1932 beim Reichsbund jüdischer Frontsoldaten schriftlich bedankte, als dieser ihm, um nationalsozialistischen Verleumdungen entgegenzutreten, ein Gedenkbuch mit den Namen jüdischer Kriegsgefallener überreichen ließ.

Die evangelischen Kirchenleitungen schwiegen zum Antisemitismus auch noch, als die Nationalsozialisten bereits die stärkste Partei waren. Diese Haltung konnte offiziell mit der parteipolitischen Neutralität der Kirche begründet werden. Der tiefere Grund war ein anderer: Viele, zumal lutherische Kirchenführer hatten gegen einen gemäßigten Antisemitismus gar nichts einzuwenden. Politisch konservativ, sympathisierten sie meist mit der Deutschnationalen Volkspartei, der Erbin der konservativen Parteien des Kaiserreiches, die sich in ihrem Programm und ihrer Wahlpropaganda ganz offen zum Antisemitismus bekannte.

Die Judenfeindschaft der DNVP war ähnlich instrumentell wie jene, die der von großagrarischen Interessen dominierte Bund der Landwirte im Kaiserreich gepflegt hatte: Mit Hilfe antisemitischer Parolen sollten städtische und ländliche Mittelschichten vor den Wagen der konservativen Machtelite gespannt werden. Antisemitismus war, so gesehen, ein Stück dessen, was Hans Rosenberg die »Pseudodemokratisierung der Rittergutsbesitzerklasse« genannt hat.[4] Mit den Großagrariern an einem Strang zog der äußerste rechte Flügel der Schwerindustrie, die in der DNVP ebenfalls stark vertreten war. Die Förderung, die der führende deutschnationale Politiker Alfred Hugenberg, bis 1925 Vorsitzender des Bergbaulichen Vereins und des Zechenverbandes, dem radikal antisemitischen Deutschvölkischen Schutz- und Trutzbund angedeihen ließ,

entsprang einem ähnlichen taktischen Kalkül wie Thyssens und Kirdorfs frühe Unterstützung für die NSDAP: Um die Massen nach rechts zu ziehen, war der Antisemitismus ein willkommenes Mittel.
Typisch für die Großindustrie war diese taktische Linie jedoch nicht. Das Gros hielt, bis 1932 jedenfalls, das Spiel mit dem Antisemitismus für zu riskant, weil es Kräfte freizusetzen drohte, die sich eines Tages auch gegen die bürgerliche Ordnung wenden konnten. Die klassische Unternehmerpartei der Weimarer Republik, Stresemanns Deutsche Volkspartei, hielt sich von offen antisemitischen Parolen in der Regel fern. Auf der anderen Seite wandte sie sich auch nicht gegen die grassierende Judenfeindschaft. Die DVP wollte es weder mit den deutschen Juden noch mit den Judenhassern verderben und ignorierte daher den Antisemitismus tunlichst – eine Haltung, die auch die ihr nahestehende Presse, darunter die »Freiburger Zeitung«, die Vorläuferin der heutigen »Badischen Zeitung«, an den Tag legte. Die linksliberale DDP, von einem kleineren Teil des Unternehmerlagers und vom jüdischen Bürgertum unterstützt, verteidigte als einzige bürgerliche Partei konsequent die staatsbürgerlichen Rechte der deutschen Juden. Freilich wurde sie seit 1930 immer mehr zur quantité négligeable. Bei den beiden Reichstagswahlen von 1932 erhielt sie jeweils nur noch 1 Prozent der Stimmen. Jüngere Juden, die bislang die DDP (oder die Deutsche Staatspartei, wie sie sich seit 1930 nannte) gewählt hatten, gaben nun vorzugsweise der SPD die Stimme; ältere, vor allem gläubige Juden unterstützten eher das Zentrum.
Aus welchen Schichten kam nun der harte Kern der Antisemiten? Unter den Mitgliedern des 1919 von den Alldeutschen gegründeten Deutschvölkischen Schutz- und Trutzbundes – der größten antisemitischen Vereinigung, die bei ihrem Verbot 1922 180 000 Mitglieder zählte – finden wir Angestellte und Beamte, besonders Lehrer, gefolgt von Angehörigen des selbständigen Mittelstandes wie Kaufleuten, Kleinunternehmern und Handwerkern. Im Bundesvorstand und in den Führerschaften der Ortsgruppen sind dieselben Gruppen vertreten, außerdem bemerkenswert viele freiberufliche Akademiker, darunter namentlich Ärzte und Rechtsanwälte.
Angestellte und Angehörige des gewerblichen Mittelstandes in den Reihen einer antisemitischen Organisation zu finden, überrascht nicht. Kleine Gewerbetreibende und Kaufmannsgehilfen hatten neben den Bauern schon im späten 19. Jahrhundert die Massenbasis der judenfeindlichen Bewegung gebildet. Antisemitismus und Nationalismus halfen ihnen dabei, sich abzuheben vom internationalen Proletariat – der Klasse, in die sie nicht absinken wollten. Gleichzeitig konnten in die Kampagne gegen die Juden auch die vagen antikapitalistischen Ressentiments dieser Gruppen einfließen. Der Jude, so hieß es in der antisemitischen Propaganda, stehe nicht nur hinter dem internationalen Marxismus, sondern auch hinter dem internationalen Börsenkapital; er ziehe die Fäden der »roten« und der »goldenen Internationale«.
Der Niedergang der Antisemitenparteien, eine Folge innerer Zwistigkeiten, mangelnder Effektivität und nicht zuletzt des konjunkturellen Aufschwungs seit Mitte der 1890er Jahre, hatte das politische Gewicht der Judenfeindschaft gemindert, ihm aber nicht den Boden entzogen. Organisationen wie der Bund der Landwirte, der Alldeutsche Verband und die Deutsch-Konservative Partei hielten antijüdische Ressentiments bewußt am Leben. Als während des Krieges Deutschlands Siegesaussichten schwanden, setzte eine verstärkte antisemitische Agitation von rechts ein. Die soziale Zusammensetzung der Mitgliedschaft des Deutschvölkischen Schutz- und Trutzbundes deutet darauf hin, daß die traditionellen Trägerschichten des Antisemitismus auch nach 1918 den Hauptteil seiner Massenbasis stellten.
Aber kann man von der Soziologie der organisierten Antisemiten auf die Mentalität ganzer sozialer Schichten schließen? Auf der einen Seite besteht kein Zweifel, daß gerade in den ersten fünf Jahren der Weimarer Republik Aversionen gegen das vermeintlich »jüdische Berlin« in der deutschen Provinz weit verbreitet waren. Bauern und Handwerker, Kleinhändler, Angestellte und Beamte haben antisemitische Vorurteile, wenn sie sie vor 1918 hatten, in der unmittelbaren Nachkriegszeit gewiß nicht verloren.
Auf der anderen Seite hatte das Scheitern der Antisemitenparteien Spuren hinterlassen. Radikale Judenfeindschaft konnte nicht mehr als Bürgschaft einer wirksamen mittelstandsfreundlichen Politik gelten. Nach dem Krisenjahr 1923 schwand dann allmählich auch jene Angst vor

sozialen Umwälzungen, an welche die Antisemiten bis dahin so erfolgreich appelliert hatten. Die Währungsverhältnisse stabilisierten sich; die Sozialdemokratie saß im Reich vom November 1923 bis zum Mai 1928 auf den Bänken der Opposition; Deutschland wurde rein bürgerlich, zeitweilig unter Beteiligung der Deutschnationalen, regiert. Im Frühjahr 1924 schrieb die »Nordwestdeutsche Handwerks-Zeitung«, ein weit rechts stehendes Blatt, über die Deutschvölkische Freiheitspartei, die sich 1922 von den Deutschnationalen getrennt und 1924 mit den Nationalsozialisten verbündet hatte, die »Belastung der Partei mit einem fanatischen Antisemitismus« sei »jedenfalls nicht geeignet, die Hoffnung auf sachliche Arbeit zu begründen«. Solche Kritik berühre aber nicht die völkische Bewegung. »Man kann nämlich gut völkisch sein und doch einer der bisherigen bürgerlichen Parteien angehören.«[5]

Der Deutschnationale Handlungsgehilfen-Verband, 1893 als betont antisemitische Organisation kaufmännischer Angestellter gegründet, legte in der Weimarer Republik ebenfalls Wert auf Distanz zum »Radau-Antisemitismus«. An seine Stelle setzte er eine sublimere Form von Antisemitismus: die Abwehr des angeblich übertriebenen jüdischen Einflusses auf das kulturelle Leben in Deutschland. Eine vielgelesene, dem Verband nahestehende Zeitschrift, das von Wilhelm Stapel redigierte »Deutsche Volkstum«, gehörte zu den wichtigsten Sprachrohren dieser Spielart von Judengegnerschaft. Bei Handwerkern und Angestellten gab es also fortdauernde Animositäten gegenüber den Juden, aber von einem quantitativ wachsenden und qualitativ sich radikalisierenden Judenhaß kann man nicht sprechen. Seit 1924 läßt sich vielmehr allgemein ein allmähliches Abebben des radikalen Antisemitismus beobachten. Darauf deutet auch die Tatsache, daß die miteinander verbündeten Nationalsozialisten und Deutschvölkischen, die bei den Reichstagswahlen vom Mai 1924 noch 6,5 Prozent der Stimmen erhalten hatten, im Dezember desselben Jahres nur noch auf 3 Prozent kamen. Bei den Reichstagswahlen vom Mai 1928 entfielen auf die NSDAP 2,6, auf den Völkisch-Nationalen Block 0,9 Prozent.

In zwei Gruppen der deutschen Gesellschaft hat es eine wesentliche Abschwächung antisemitischer Tendenzen jedoch höchstwahrscheinlich nicht gegeben. Im Kleinhandel, der sich von den meist in jüdischem Besitz befindlichen Warenhäusern sowie den als »marxistisch« und damit ebenfalls als »verjudet« geltenden Konsumvereinen hart bedrängt fühlte, bewirkte die Angst vor überlegener Konkurrenz eine besonders intensive Judenfeindschaft. Ähnlich sah es bei vielen Akademikern aus. Ihr hoher Anteil an den Führungsgremien des Schutz- und Trutzbundes war durchaus symptomatisch. Der Antisemitismus, der schon im späten 19. Jahrhundert vor allem dank Heinrich von Treitschke salonfähig geworden war, fand nach 1918 im Bildungsbürgertum glühendere Verfechter als in irgendeiner anderen Schicht. Der vielfach bezeugte extreme Antisemitismus von Freikorpsführern illustrierte die Feindbildbedürfnisse von Angehörigen der Bildungsschicht, die durch den Krieg aus dem zivilen Leben herauskatapultiert worden waren und danach das Kriegserlebnis künstlich zu verlängern strebten. Die Juden verkörperten für sie alles, was sie am neuen Deutschland haßten: zersetzende Intellektualität und weichlichen Pazifismus, Parlamentarismus und Klassenkampf, westliche Zivilisation und östlichen Bolschewismus. Beim erwähnten antisemitischen Engagement von Ärzten und Rechtsanwälten liegt eine materielle Erklärung nahe: Sie hatten es mit besonders vielen jüdischen Berufskollegen zu tun und rechneten sich aus, daß es ihnen ohne diese Konkurrenten besser gehen würde. Die allgemeine Antipathie gegenüber den Juden erlaubte es ihnen, den eigentlichen, den egoistischen Beweggrund ihrer Judenfeindschaft zu verdrängen.

Dasselbe Motiv spielte eine ausschlaggebende Rolle bei den Studenten. Auch bei ihnen hatte die »große Depression« der Jahre 1873 bis 1896 einen sozial begründeten Antisemitismus hervorgerufen. Der Verein Deutscher Studenten und der Akademische Turnerbund, beides Gründungen der 1880er Jahre, waren dezidiert antisemitische Organisationen, und bis zum Ersten Weltkrieg hatten die meisten Korporationen wirksame Aufnahmesperren gegen Juden erlassen. Zwischen 1919 und 1921 nahmen sämtliche schlagende Verbindungen »Arierparagraphen« in ihre Satzungen auf: Studenten jüdischer Herkunft durften diesen Vereinigungen nicht angehören. Auf antisemitischem Boden stand auch der Hochschulring Deutscher Art, der Dachverband der rechtsgerichteten Studentengruppen. Angesichts solcher Vorarbeiten fiel es dem Nationalsozialistischen Deutschen Studentenbund nach Ausbruch der Weltwirtschaftskrise nicht schwer, die Mehrheit der deutschen (und österreichischen) Studenten für sich zu gewinnen. Schon 1929 schlossen sich die Studentengemeinschaften in Würzburg, Berlin und Erlangen seiner Forderung an, einen Numerus clausus für Juden einzuführen. Im Juli 1931 übernahm die Studentenorganisation der NSDAP die Herrschaft im Vorstand der Deutschen Studentenschaft.

An den deutschen Universitäten war der Antisemitismus ein Vehikel des nationalsozialistischen Vormarsches. »Der Antisemitismus der Studenten: Das Ergebnis sozialökonomischer Verunsicherung« – so betitelt Michael Kater ein Kapitel seines Buches über die politische Entwicklung der deutschen Studentenschaft in der Weimarer Republik.[6] Die Inflation hatte die Ersparnisse vernichtet, aus denen das Bildungsbürgertum das akademische Studium seiner Kinder zu finanzieren pflegte. Öffentliche Mittel für Stipendien standen kaum zur Verfügung. Daß die Juden nur ein Prozent der Bevölkerung, aber zwischen vier und fünf Prozent der Studenten, in Berlin und Frankfurt (Main) sogar über zehn Prozent stellten, daß sie in manchen akademischen Berufen besonders stark vertreten waren, das hat schon vor dem »großen Krach« von 1929 starke Neidgefühle unter den nichtjüdischen Studenten genährt. Antisemitismus wurde immer mehr zum Reflex der Angst vor sozialem Abstieg. Die Weltwirtschaftskrise trieb das Ressentiment zum Exzeß – auch im wörtlichen Sinn von antijüdischen Ausschreitungen innerhalb und außerhalb der Hörsäle. Der Nationalsozialistische Deutsche Studentenbund konnte sich des Beifalls sicher sein, als er 1932 die Parole ausgab: »Auch du, nichtjüdischer Student, weißt nicht, ob du zu den 100 000 stellungslosen Akademikern gehören wirst . . . Wir nichtjüdischen Studenten wollen später wirtschaftlich unabhängig sein von der Vorherrschaft des Judentums in den akademischen Berufen.«[7]

Die Professoren traten dem sozial motivierten rassischen Antisemitismus der Studentenschaft nur selten entgegen. In Freiburg scheint der katholische Dogmatiker Engelbert Krebs der einzige gewesen zu sein, der dies – im Juni 1932 – mit deutlichen Worten tat. Bezeichnenderweise kritisierte er zugleich aber die negative Rolle, die die Juden aus seiner Sicht in liberalen und sozialistischen Bewegungen spielten. Vermutlich dachten die meisten seiner Kollegen in dieser Hinsicht nicht viel anders. Offen antisemitische Äußerungen vom Katheder waren vor 1933 zwar nicht häufig, aber die Mentalität des sozialen Boykotts war unter Universitätslehrern weit verbreitet. Selbst ein liberaler »Vernunftrepublikaner« wie der Historiker Friedrich Meinecke hat aus seiner Abneigung gegen das vermeintliche jüdische Wesen kein Hehl gemacht. Nicht minder typisch war wohl, daß er individuelle Ausnahmen zuließ und einzelnen Juden, etwa in seinem Schülerkreis, Wohlwollen entgegenbrachte.

Um auch diesen Abschnitt thesenhaft zusammenzufassen: Antisemitische Ressentiments gab es, mit der faktischen Ausnahme der sozialistischen Arbeiterschaft, in allen Schichten der deutschen Gesellschaft. Im Zeichen der relativen wirtschaftlichen und politischen Stabilisierung nach 1924 verlor der aggressive Antisemitismus der radikalen Rechten an populärer Resonanz. Aber weit verbreitet blieb ein sich kulturell gebender Antisemitismus. Seine Vertreter, darunter vielgelesene Schriftsteller, sahen im modernen Judentum zersetzende Intelligenz und dekadente Großstadtzivilisation, ja oft die Modernität schlechthin verkörpert und lehnten darum die Juden als »artfremd« ab. Die prominente und oft betonte progressive Rolle, die Juden im kulturellen Leben spielten, machte sie zur bevorzugten Zielscheibe konservativer Kulturkritik. Das Bildungsbürgertum und die Studenten stellten mehr noch als im Kaiserreich die soziale Vorhut des Antisemitismus. Dem gesellschaftlichen Aufstieg der deutschen Juden entsprach mithin die gesellschaftliche Anhebung des Antisemitismus. Das Hauptmotiv des akademischen Antisemitismus, das durch alle ideologischen Verbrämungen – auch die kulturelle – hindurchschimmerte, war die Abneigung gegen die jüdische Konkurrenz im eigenen Milieu.

3. Nationalsozialismus und Antisemitismus

Meine dritte und letzte Frage lautet: Welche Rolle spielte der Antisemitismus beim Aufstieg des Nationalsozialismus? Ich nehme die Antwort in Form einer These vorweg: Für die Binnenintegra-

tion der nationalsozialistischen Bewegung war der Antisemitismus entscheidend; bei der Mobilisierung von Wählern stand er dagegen weniger im Vordergrund.
Hitler hat offenbar in der zweiten Hälfte der 20er Jahre richtig erkannt, daß er mit judenfeindlichen Parolen nicht jene Massen gewinnen konnte, die er brauchte, wenn er auf »legalem« Weg die Macht erobern wollte. In Hitlers Wahlkundgebungen und in den großen Wahlmanifesten der NSDAP von 1930 bis 1932 wurden Versailles und die »Novemberverbrecher«, das internationale Bank- und Börsenkapital, der Marxismus und die bürgerlichen Parteien angeprangert – aber ausdrücklich war von den Juden nicht allzuoft die Rede. Anders bei Aufrufen an bestimmte soziale Gruppen, deren antisemitische Neigungen bekannt waren. In der Mittelstandswerbung etwa fehlte selten der Hinweis auf die jüdischen Warenhäuser, die der Nationalsozialismus liquidieren werde. Einen zentralen Platz nahm der Kampf gegen das Judentum aber immer dann ein, wenn die nationalsozialistische »Bewegung« der Adressat war.
Tatsächlich ist es durchaus zweifelhaft, ob die Weltwirtschaftskrise bei den breiten Massen eine »spontane« antisemitische Welle ausgelöst hat. Es gab zwischen 1930 und 1932 eine Reihe von antijüdischen Ausschreitungen, aber sie gingen alle auf das Konto von Nationalsozialisten. Aufrufe zum Boykott jüdischer Geschäfte wurden vor 1933 *nicht* befolgt. Da die Sozialdemokratie seit März 1930 an der Regierung im Reich nicht mehr beteiligt war, ließ sich gegen die staatliche Führung viel schwerer als in den ersten Jahren nach 1918 der Vorwurf erheben, sie sei »verjudet«. Nur bei Gruppen, die eine *spezifische* Konkurrenzfurcht vor den Juden hatten – dazu gehörten fertige und werdende Akademiker, aber auch Kleinhändler –, dürfte die Wendung zum Nationalsozialismus vielfach durch den Antisemitismus bewirkt worden sein. Für das Gros der Gesellschaft gilt, daß eher der Nationalsozialismus dem Antisemitismus Auftrieb gab als umgekehrt. Eva Reichmanns Urteil erscheint insofern prinzipiell zutreffend: »Wenn also der Erfolg der NSDAP ein so getreues Bild der wirtschaftlichen Lage, nicht aber der Judenfrage war, so beweist das, daß im Nationalsozialismus in erster Linie ein Ausweg aus der Krise gesucht wurde. Die antisemitische Propaganda wurde wohl hingenommen, aber der Antisemitismus bildete nicht den Ausgangspunkt für die politischen Entscheidungen der Wähler.«[8]
Die Hinnahme der antisemitischen Propaganda zeigt freilich auch, wie sehr sich die deutsche Gesellschaft an judenfeindliche Parolen gewöhnt hatte. Vorurteile gegen die Juden waren zu jener Zeit in vielen Ländern, und zwar nicht nur in den traditionell antisemitischen Ländern Osteuropas, sondern auch in den westlichen Demokratien weit verbreitet. Aber dort, wo die Demokratie eine lange Tradition und ein breites soziales Fundament hatte, konnte ihre Abschaffung kein populäres Programm werden. Radikale Judengegner hatten in solchen Gesellschaften wenig Chancen, mit judenfeindlichen Forderungen Politik zu machen und eine antidemokratische Massenbewegung auf die Beine zu bringen. Zudem gab es auch in den Führungsschichten starke liberale Gegengewichte gegen totalitäre und rassistische Kräfte. Das war in Amerika nicht anders als in England und, mit Einschränkungen, in Frankreich. Im Deutschland der späten Weimarer Republik fehlte dieses liberale Korrektiv fast völlig. Das war eine Hypothek des deutschen Obrigkeitsstaates, und dieser Sachverhalt muß auf unser Urteil über das Kaiserreich zurückwirken. Gewiß darf man diese Epoche der deutschen Geschichte nicht nur aus dem Blickwinkel von 1933 und nicht losgelöst aus dem zeitgenössischen europäischen Zusammenhang betrachten. Aber die Position der feudal-militärischen Herrschaftsschicht Preußens war ein deutsches Spezifikum, zu dem es in den industriell fortgeschrittenen Staaten des Westens keine Parallele gab und das lange über 1918 hinaus fortwirkte. Das gilt nicht nur für den unmittelbaren Einfluß, den diese Gruppe auf die Staatsgewalt – vor 1918 und dann wieder seit Hindenburgs Wahl zum Reichspräsidenten 1925 – ausübte, sondern auch für ihre Rolle als Verbündeter aller antidemokratischen Kräfte von rechts. Kein anderer Teil der deutschen Oberschicht hat so geschlossen und aktiv an der Zerstörung der Weimarer Republik und für die Machtübertragung an Hitler gearbeitet wie die ostelbischen Rittergutsbesitzer.
Aber selbst ein scheinbar so fortschrittliches Element im politischen System des Kaiserreiches wie das allgemeine Wahlrecht hatte durchaus ambivalente Wirkungen. Es ermöglichte auf der einen Seite den Aufstieg der Sozialdemokratie,

auf der anderen trug es erheblich dazu bei, daß es 1918/19 keinen radikalen Bruch mit den Kräften des Obrigkeitsstaates gab. Die Erfahrung von einem halben Jahrhundert allgemeinem Wahlrecht ließ den meisten Deutschen, auch der großen Mehrheit der Arbeiter, jede Art von revolutionärer Diktatur als Rückschritt erscheinen. Die Tradition des allgemeinen gleichen Wahlrechts erklärt aber auch, weshalb in Kaiserreich und Republik diejenigen Gegner westlicher Demokratie den größten Erfolg hatten, die sich am besten auf die Mobilisierung von Massen verstanden – Kräften also wie der Bund der Landwirte, die Deutsche Vaterlandspartei und schließlich, alle Vorbilder weit übertreffend, die Nationalsozialisten, die bewußt demokratische Techniken zur Verfolgung antidemokratischer Zwecke einsetzten.

Die konservativen Cliquen, die Hitler im Januar 1933 zur Kanzlerschaft verhalfen, vertrauten darauf, seine antisemitischen Parolen seien nicht so ernst gemeint, wie sie klangen. Aber für Hitler war, anders als für viele Agitatoren der konservativen Rechten, die Judenfeindschaft niemals Mittel zum Zweck, sondern immer Selbstzweck. Daß er aus seinem Feindbild die letzte tödliche Konsequenz ziehen konnte, das ermöglichten ihm nicht die »Radau-Antisemiten« aus NSDAP und SA, sondern der elitäre »Orden« des Nationalsozialismus, die SS, in deren höheren Rängen es außerordentlich viele Akademiker gab. Das Bildungsbürgertum blieb über den 30. Januar 1933 hinaus die Schicht, aus der sich die Vorhut des deutschen Antisemitismus rekrutierte.

Gewiß, weder das Bildungsbürgertum noch irgendeine andere Schicht der deutschen Gesellschaft hat vor 1933 gewollt, was im Zweiten Weltkrieg mit den Juden geschah. Wer antisemitische Ressentiments hatte, dachte gemeinhin nicht an die umfassende bürgerliche Entrechtung, geschweige denn an die physische Vernichtung der Juden, sondern wäre wohl mit einer sichtbaren Zurückdrängung des jüdischen Einflusses zufrieden gewesen. Aber diese breite Strömung trug eben auch die Minderheit der rabiaten Judenfeinde, während die prinzipiellen Gegner rassischer Diskriminierung gegen den Strom schwammen. So gilt denn auch schon für die Zeit vor 1933, was Kurt Tucholsky im Dezember 1935 – wenige Monate nach der Verabschiedung der Nürnberger Gesetze – an Arnold Zweig schrieb: ». . . ein Land ist nicht nur das, was es *tut* – es tut auch das, was es verträgt, was es duldet.«[9]

Anmerkungen

1 Ottokar Stauf v. d. March, Die Juden im Urteil der Zeiten. Eine Sammlung jüdischer und nichtjüdischer Aussprüche. München 1921, S. 178 f

2 Werner Jochmann, Die Ausbreitung des Antisemitismus. In: Werner E. Mosse (Hrsg.), Deutsches Judentum in Krieg und Revolution 1916–1923. Tübingen 1971, S. 439 f

3 Der Große Herder. 4. Aufl., Bd. 1, Freiburg 1926, S. 725

4 Hans Rosenberg, Die Pseudodemokratisierung der Rittergutsbesitzerklasse. In: ders., Machteliten und Wirtschaftskonjunkturen. Göttingen 1978, S. 83–101

5 Nordwestdeutsche Handwerks-Zeitung v. 27. 3. u. 17. 4.; zit. bei Heinrich August Winkler, Mittelstand, Demokratie und Nationalsozialismus. Die politische Entwicklung von Handwerk und Kleinhandel in der Weimarer Republik. Köln 1972, S. 160

6 Michael H. Kater, Studentenschaft und Rechtsradikalismus 1918–1933. Hamburg 1975, S. 145

7 Ebd., S. 148

8 Eva G. Reichmann, Die Flucht in den Haß. Die Ursachen der deutschen Judenkatastrophe. Frankfurt a. M. o. J., S. 277

9 Kurt Tucholsky, Ausgewählte Briefe 1913–1935. Reinbek 1962, S. 336

Literatur

Grab, Walter/Schoeps, Julius H. (Hrsg.): Juden in der Weimarer Republik, Stuttgart 1986

Hamburger, Ernest: Jews, Democracy and Weimar Germany, New York 1972

Knütter, Hans-Helmut: Die Juden und die deutsche Linke in der Weimarer Republik 1918–1933, Düsseldorf 1971

Lohalm, Uwe: Völkischer Radikalismus. Die Geschichte des Deutschvölkischen Schutz- und Trutzbundes 1919–1923, Hamburg 1970

Maurer, Trude: Ostjuden in Deutschland 1918–1933, Hamburg 1986

Mosse, Werner E. (Hrsg.): Deutsches Judentum in Krieg und Revolution 1916–1923, Tübingen 1971

Ders. (Hrsg.): Entscheidungsjahr 1932. Zur Judenfrage in der Endphase der Weimarer Republik, Tübingen 1965

Niewyk, Donald L.: Socialist, Anti-Semite and Jew. German Social Democracy Confronts the Problem of Anti-Semitism, Baton Rouge 1971
Ders.: The Jews in Weimar Germany, Manchester 1980
Pommerin, Reiner: Die Ausweisung von »Ostjuden« aus Bayern 1923. Ein Beitrag zum Krisenjahr der Weimarer Republik, in: Vierteljahrshefte für Zeitgeschichte 34 (1986), S. 311–340
Reichmann, Eva G.: Flucht in den Haß. Die Ursachen der deutschen Judenkatastrophe, Frankfurt o. J.
Richarz, Monika (Hrsg.): Jüdisches Leben in Deutschland. Selbstzeugnisse zur Sozialgeschichte 1918–1945, Stuttgart 1982

Von der »Ausschaltung« zur »Endlösung«
Antisemiten an der Macht
Die Judenpolitik des Dritten Reiches 1933–1942

Uwe Adam

Innerhalb der Literatur über den Nationalsozialismus, die zu einem kaum noch überschaubaren Umfang selbst für Spezialisten angewachsen ist, nehmen Veröffentlichungen über alle denkbaren Aspekte der Judenverfolgung und -vernichtung breitesten Raum ein. Obwohl die dokumentarischen Belege in seltener Dichte nahezu alle Bestrebungen und Äußerungen des Regimes belegen, kann von einem allgemein akzeptierten Konsens über die Antriebskräfte, Ziele und Mittel des NS-Herrschaftssystems nicht die Rede sein. Politische, ideologische und weltanschauliche Bindungen und Erkenntnisinteressen führen zu gegensätzlichen Aussagen und Erklärungsversuchen. Die unterschiedlichen Standpunkte und ideologischen Fixierungen, die bereits die Beschreibung und Analyse des nationalsozialistischen Herrschaftssystems diktieren, werden nochmals brennpunktartig gebündelt, wenn es um die Maßnahmen des Dritten Reiches gegen das deutsche und europäische Judentum geht. Die wissenschaftliche Aufarbeitung und die Fragen und Antworten zu diesem Thema geraten vorschnell in die Sackgassen bloß politischer oder ideologischer Leitschienen. Es scheint deshalb angemessen, dem Leser in aller Kürze die wichtigsten Erklärungsversuche zur Judenverfolgung und -vernichtung der Jahre 1933–1942 vorzustellen. Dies erleichtert nicht nur eine eigenständige Bewertung der NS-Judenpolitik, sondern kann auch als eine Art Hinführung zu den unterschiedlichen Theorieansätzen dienen, die jeweils den Anspruch erheben, die Zeit des Nationalsozialismus/Faschismus in allgemeiner Form zu erklären.

In diesem Zusammenhang nehme ich gewisse »wissenschaftliche« Auseinandersetzungen von jedweden Erörterungen aus. Ich meine hier diejenigen Gruppierungen oder Personen, die behaupten, weder habe Hitler etwas von den Massenvernichtungen gewußt, noch hätten diese überhaupt stattgefunden. Martin Broszat hat zu dieser Art Literatur nicht nur das Notwendige gesagt, sondern auch zu ihren Behauptungen und Beweisen diejenigen Quellen und Belege angeführt, deren Nichtbeachtung nur mit purer Böswilligkeit erklärt werden kann.[1]

Wenn wir mit einer ernsthaften Betrachtungsweise beginnen, bietet sich die wissenschaftliche Literatur der (ehemaligen) DDR und der Staaten ähnlicher politischer Systeme insofern an, als sie, auf einem geschlossenen Weltbild aufbauend, gegenüber der westlichen Geschichtsschreibung eine Position vertreten, die von der Dominanz der »Herrschaft des Kapitals« bestimmt wird. Da es für die Vertreter eines solchen Geschichtsverständnisses keine eindeutig freien »politischen« Räume und Entscheidungen geben kann, werden die einzelnen Maßnahmen des Nationalsozialismus gegen die Juden zu Anordnungen des Ausführungsorgans Staat auf die einzig profitorientierten Absichten des Großkapitals der Monopole und Oligopole.[2]

Eine solcherart »geschlossene« Geschichtsschreibung, die kaum noch Deutungsversuche unter Beachtung abweichender Phänomene zuläßt – und diese gibt es in der Geschichte immer –, findet sich auch bei der westlichen Geschichtsschreibung, wenn auch unter völlig anderen Annahmen. Ausgehend von bestimmten Daten der deutschen Geschichte, behaupten nicht wenige, insbesondere anglo-amerikanische Autoren, abweichend von den Entwicklungen der klassischen westeuropäischen Demokratien, habe Deutschland eine Eigen- oder Sonderentwicklung aufzuweisen. Zumeist wird auf den von Luther angeblich legitimierten Obrigkeitsstaat, auf die Militanz Preußens und auf die verspätete nationalstaatliche Einigung verwiesen. Je nach dem Erklärungsmodell treten Gesichtspunkte wie Mißerfolg einer bürgerlichen Revolution oder die besonderen Ausprägungen der deutschen Philosophie hinzu. Wenn man diese historischen Ereignisse und ihre vermuteten »Internationalisierungen« in eine logische Folge bringt, dann gewinnen der Nationalsozialismus und die Juden-

vernichtung den Rang eines folgerichtigen Prozesses innerhalb der deutschen Sonderentwicklungen.[3]
Diese zuletzt skizzierte Erklärungsvariante, die in der Geschichte als ein logischer Prozeß von genau ausgrenzbaren Ursachen und Folgen verstanden wird, ist in der Gegenwart – abgesehen von Langzeituntersuchungen über Faschismus-Syndrome – zur Erklärung des nationalsozialistischen Antisemitismus kaum noch angeführt worden.[4] Die in der Gegenwart vielleicht am häufigsten diskutierten Fragen lauten in größtmöglicher Vereinfachung: Beruht die Judenpolitik des Dritten Reiches auf einem Plan oder ist sie Ergebnis einer systemimmanenten Entwicklung? Diese Positionen lassen sich am Beispiel der Zielprogrammatik Hitlers deutlich machen. Die historische Forschung hat erst relativ spät erkannt, welche verblüffenden Übereinstimmungen zwischen Hitlers programmatischen Ausführungen in »Mein Kampf« und seiner späteren Politik bestehen. Aus dieser Sicht gewinnen die innen- und außenpolitischen Handlungen des Reichs nach 1933 neue Konturen: Sie werden zu einzelnen Phasen einer »Zielpolitik« (= Eroberung von Lebensraum im Osten), die den Gesetzen eines zweckrationalen Handelns folgen.[5] Diese »Planungstheorie«, die natürlich immer davon ausgeht, daß ein formuliertes Ziel besteht, dessen Realisierung durch eine Art »Netzplan« erfolgt, hat bis heute die meisten Erklärungsversuche über die nationalsozialistische Judenpolitik entscheidend geprägt. Unter der Annahme, daß Hitlers Ziel in der Judenfrage letztlich die Ermordung der Juden gewesen sei, gewinnt auch die Judenpolitik der Jahre 1933–1942 eine besondere Dimension als aufeinanderfolgende Stufen eines Prozesses. Der Historiker Raul Hilberg faßte diese Stufen in einem logischen Aufbau zusammen: Entrechtung – Ausschaltung – Konzentrierung – Deportierung – Vernichtung. Mit diesen Begriffen charakterisierte er auch die Abfolge der Maßnahmen in chronologischer Sicht.[6]
Wenn man der These folgt, Hitler habe bereits vor 1933 die Ermordung der Juden geplant oder wenigstens fiktiv diesen Gedanken verfolgt, so stellt sich bei der Verwirklichung dieses Plans die Frage nach den Rahmenbedingungen, unter denen ein solcher Plan durchgeführt werden sollte. An dieser Stelle müssen denn auch die Zweifel an einem »Generalplan« bis hin zur Judenvernichtung überwiegen. Denn ein derartig zielgerichtetes Vorgehen hätte eine Befehls- und Entscheidungsstruktur zur Voraussetzung gehabt, wie sie im Dritten Reich einfach nicht bestand. Alle neueren Forschungen zur Binnenstruktur dieses Systems weisen auf ein extrem anarchistisches Gebilde hin. Unterhalb der nahezu omnipotenten Führergewalt stößt man auf einen immer dichter werdenden Dschungel konfligierender Interessen. Die einzelnen Partei- und Staatsämter bildeten einen undurchdringlichen Verbund, in dessen Gewirr die jeweiligen Satrapen um die Abgrenzung oder Erweiterung ihrer Kompetenzen kämpften. Eine methodische, auf lange Sicht konzipierte Planung schien in einer derartigen Kompetenzanarchie von vornherein zum Scheitern verurteilt.[7]
Diese empirische Tatsache beeinflußt natürlich auch die Beschreibung und Interpretation der NS-Judenpolitik seit 1933. Im Vordergrund des Interesses stehen nicht die vermeintliche Kongruenz der rassischen Vorstellungen Hitlers und ihre praktisch-politischen Umsetzungen, sondern die institutionellen und personellen Bedingungen und Gegebenheiten, unter denen sich die antijüdischen Programmatiken durchsetzen konnten. Eine derartige Betrachtungsweise zeigt die vielfach disparaten, widersprüchlichen und uneinheitlichen Entwicklungen auf, die die nationalsozialistische Judenpolitik kennzeichnen, und verbietet gerade deshalb die vorschnelle Festlegung auf einen a priori bestehenden Plan.[8]
Der folgende Längsschnitt durch die NS-Judenpolitik am Beispiel der wichtigsten Maßnahmen und Entscheidungen bis hin zur »Endlösung« ergibt sich aus dem zuletzt dargestellten Ansatz. Inwieweit die historischen Fakten jener Politik in die allgemeineren Aussagen über das besondere Herrschaftssystem des Nationalsozialismus einzupassen sind, wird der historisch interessierte Leser selbst entscheiden können.

Grundlagen und Pläne zur Rassenpolitik

Die tragenden Säulen der Weltanschauung Hitlers bestanden aus Versatzstücken herrschender Ideologien des 19. Jahrhunderts: aggressiver Nationalismus – politischer Antisemitismus und ein übersteigerter Militarismus. Ohne Zweifel bildete das antisemitische Element als Kernstück der Rassenpolitik einen dominanten Faktor. Die frühesten schriftlichen Zeugnisse seines politischen Wirkens und Äußerungen Hitlers zwei Jahrzehnte später belegen die Beständigkeit seiner weltanschaulichen Grundposition.[9] Insofern kommt den entsprechenden Auslassungen Hitlers in »Mein Kampf« eine besondere Bedeutung zu. Neben den zahllosen Hinweisen auf die zerstörerische Macht des Judentums beschäftigt ihn die Rolle des Juden im Krieg. In immer erneuten Wendungen beschwört er den unheilvollen Einfluß dieser Rasse auf die Moral der Zivilbevölkerung und der Soldaten, ihre Wühlarbeit, den von ihr ausgehenden Defätismus und letztlich die Aufgabe jedes ernsthaften Widerstandswillens gegenüber dem Feind.[10] Die Reduzierung der möglichen Ursachen für die Kriegsniederlage Deutschlands auf den letztlich einzigen inneren und äußeren Gegner, der sowohl hinter dem Kapital wie hinter dem Bolschewismus steht, gewinnt durch die banal-primitive Argumentation in Verbindung mit der Überzeugung des Verfassers einen pathologischen Zug. Einzig aus diesem Komplex von Krieg und »innerem Feind« ist die Vernichtungsvision Hitlers zu sehen, die er erstmals in »Mein Kampf« beschrieb.[11]

Im Bereich der politischen Programmatik bewegte sich der Nationalsozialismus in seinen Rassenpostulaten im Gedankenbereich antisemitischer und völkischer Gruppierungen des Kaiserreichs, die seit der Reichsgründung entstanden waren.[12] Das einschlägige Parteiprogramm der NSDAP vom 25. Februar 1920, unter maßgeblicher Mitarbeit Hitlers entstanden, zeigte sich in dieser Hinsicht weder besonders originell noch besonders typisch. In seinen judenfeindlichen Forderungen stellte es die Übernahme und Zusammenfassung politischer Postulate dar, die bereits weit vor 1914 formuliert worden waren. Im wesentlichen ging es um die Zurücknahme der staatsbürgerlichen Emanzipation, wodurch die Juden unter ein »Fremdenrecht« gestellt werden sollten, sowie um ihre Eliminierung aus öffentlichen Ämtern und aus der Presse. Alle seit 1914 eingewanderten Juden sollten zudem zum Verlassen des Reichs gezwungen werden können.

Die hiermit vorgezeichnete Linie einer möglichen NS-Judenpolitik wurde durch die Äußerungen führender Parteimitglieder nur wenig konkretisiert. Göring sprach im Juni 1932 von einem Heiratsverbot zwischen Deutschen und Juden und von ihrer Entfernung aus Presse, Theater, Film, Universitäten und Schulen, merkte jedoch an, daß der anständige israelitische Kaufmann, der in Deutschland als Fremder zu bleiben wünsche, »unter dem Schutz des Gesetzes ... wird ungestört seinen Geschäften obliegen können«.[13] Ähnlich äußerte sich Hitler, der allerdings hinzufügte, daß die Juden auch wirtschaftliche Sanktionen treffen würden und sie im Fall einer kriegerischen Propaganda »vom Rad der Geschichte zermalmt« werden würden.[14]

Noch vor der Machtergreifung begann die »Reichsleitung der NSDAP«, die Programmpunkte über die rassenpolitischen Maßnahmen in Gesetzentwürfen und Denkschriften zusammenzustellen. Es waren zumeist dilettantische Arbeiten, in denen die Mitarbeiter und Zuträger der Reichsleitung ihre speziellen Interessengebiete zur Kenntnis brachten. So hatten verschiedene Personen Änderungsvorschläge zum Reichs- und Staatsangehörigkeitsgesetz aus dem Jahre 1913 gemacht. Es gab Entwürfe und Memoranden zu »rassenhygienischen« Fragen und zu besonderen Vorschriften des Ehe- und Familienrechts sowie ausgearbeitete »Judengesetze«, die in perfektionistischer Präzision das Leben der Juden in einem nationalsozialistischen Deutschland reglementierten.[15]

Keine(r) dieser Denkschriften oder Entwürfe hat bei der Realisierung der antijüdischen Politik nach 1933 eine Rolle gespielt.

Die Ausschaltungsgesetze der Machtergreifungsphase

Nachdem Hitler am 30. Januar 1933 zum Reichskanzler ernannt worden war und von seinen Koalitionspartnern die Zustimmung zur Auflösung und Neuwahl des Reichstages am 5. März erlangt hatte, galt seine und seiner Partei Aufmerksamkeit ausschließlich dem Wahlkampf. Es ist sicherlich aufschlußreich für seine politische Taktik, daß er während der vielen Reden, die er bis zum Wahltag hielt, das Thema der deutschen Juden, immerhin ein zentraler Gegenstand seiner weltanschaulichen und politischen Grundüberzeugungen, nicht zur Sprache brachte. Auch in den Sitzungen des Reichskabinetts war ihm diese Frage nicht der Erwähnung wert. Während der ersten Wochen seiner Regierungszeit schien eine »Judenfrage« für die maßgeblichen Mitglieder der NSDAP nicht zu existieren. Bei den wilden Verhaftungsaktionen, die dem Reichstagsbrand folgten, ging es in erster Linie um kommunistische Reichstagsabgeordnete, wobei die Zugehörigkeit zum jüdischen Glauben eher eine zufällige Übereinstimmung darstellte.

Das Bild veränderte sich nahezu schlagartig nach den Wahlen, die trotz ihres für die NSDAP wenig befriedigenden Ausgangs von Hitler in eine »nationale Revolution« umgedeutet wurden. Ihren Ausgang nahmen die Unruhen in Preußen, das dank des kommissarischen Innenministers Göring fest in nationalsozialistischer Hand war. Bereits die ersten Aktionen zeigten alle Merkmale der die gesamte NS-Judenpolitik prägenden Verbindung des bloßen Terrors und seiner scheinlegalen Rechtfertigung. Göring hatte noch im Februar 1933 Mitglieder von SA und SS als »Hilfspolizei« mit exekutiven Befugnissen ausgestattet. Diese im Dienst des Staates stehenden Nationalsozialisten begannen am 6. März die Inhaber jüdischer Geschäfte auf dem Kurfürstendamm zu belästigen und sogar in Schutzhaft zu nehmen. Im gleichen Maße, in dem nach dem 8. März die Länder gleichgeschaltet wurden und nationalsozialistische Kommissare, dem Vorbild Preußens folgend, Hilfspolizisten ernannten, verbreitete sich der Terror über Deutschland. Bevorzugtes Angriffsobjekt waren jüdische Richter und Anwälte. In allen Fällen drang eine »erregte Menschenmenge« in laufende Gerichtsverhandlungen ein oder besetzte die Gerichte. Als einziger Ausweg verblieb dann nur die Möglichkeit, Verhandlungen zu vertagen oder die jüdischen Richter zu bitten, einen kurzfristigen Urlaub anzutreten.[16] Der »Völkische Beobachter« und andere NS-Zeitungen griffen die Aktionen auf und wendeten sie – unter Berufung auf den »spontanen Willen des Volkes« – in konkrete Forderungen um. Unter dem Datum des 19. März liest man beispielsweise: »Während in Breslau immerhin ein ganz bescheidener Anfang einer Säuberungsaktion gemacht werden konnte, hat sich an den Berliner Verhältnissen nichts geändert. Man darf hoffen, daß auch hier der eiserne Besen nicht lange auf sich warten läßt.«

Die entsprechenden Forderungen – Entlassung der jüdischen Richter und Staatsanwälte – blieben nicht auf diesen Personenkreis beschränkt. Ähnliche Demonstrationen gab es gegen jüdische Ärzte und – mit besonderer Heftigkeit – gegen Geschäfte von Juden. In den Warenhäusern von Tietz und Wertheim kam es zu erheblichen Unruhen und Belästigungen. Der »NS-Kampfbund für den gewerblichen Mittelstand« sowie die »Nationalsozialistische Betriebszellen-Organisation« propagierten die Enteignung jüdischer Geschäfte und terrorisierten unter tatkräftiger Mithilfe der SA-Rollkommandos deren Inhaber. In der dritten Märzwoche ordnete der nationalsozialistische Ministerpräsident Klagges in Braunschweig persönlich einen Judenboykott an. Mit Hinweisen wie »Arisches Geschäft« versuchten nichtbetroffene Geschäftsleute sich vor der wilden Zerstörungswut zu schützen.[17] In den zwei letzten Märzwochen hatten sich die vielstimmigen Ausschaltungsforderungen gegenüber jüdischen Richtern, Beamten, Ärzten und Geschäftsleuten zu einem Chor vereinigt. Einige Länder gingen bereits dazu über, Zulassungsverbote über jüdische Studierende zu verhängen, andere regelten durch Landesverordnungen die Umbesetzungen von Gerichten oder ordneten an, daß jüdische Ärzte nicht mehr frei praktizieren durften.[18] *Keine* dieser Maßnahmen konnte sich auf eine gesetzliche Ermächtigung stützen; sie verstießen gegen geltendes Verfassungsrecht und schufen für die Betroffenen eine Atmosphäre beständiger Unsicherheit.

In dieses vom Terror der Straße und den rechtswidrigen Maßnahmen der Exekutive bestimmte Bild der letzten Märztage fügten sich zwei weitere, äußerlich getrennt ablaufende Entwicklungen ein. Das erste Ereignis ging auf eine Anordnung Hitlers zurück, der am 26. März seinen Propagandaminister Goebbels in Berchtesgaden befohlen hatte, eine Aktion gegen die »jüdische Greuelpropaganda« des Auslands – es handelte sich zumeist um Berichte ausländischer Zeitungen über das antijüdische Vorgehen – zu unternehmen. Goebbels begann sofort seinen Propagandaapparat anzuwerfen und proklamierte für den 1. April den Beginn eines umfassenden »Judenboykotts«. Unter dem Trommelfeuer der gleichgeschalteten Presse entlud sich eine weitere Welle organisierter und provozierter Gewaltakte, die mit den bekannten Forderungen nach einer Eindämmung des jüdischen Einflusses auf allen Gebieten verbrämt wurden.[19]

Während dieser spannungsgeladenen Tage beriet das Reichskabinett über den Entwurf eines Beamtengesetzes, wonach »zur Wiederherstellung eines nationalen, von Parteieinflüssen freien Berufsbeamtentums und zur Vereinfachung der Verwaltung« Beamte ohne weiteres in den Ruhestand versetzt werden konnten.[20]
Am 31. März griff Hitler persönlich in die Beratungen ein und wünschte eine Regelung, wonach insbesondere die Entfernung der jüdischen Beamten in das Gesetz aufgenommen werden sollte. Nach einer Intervention Hindenburgs wurde der Entwurf dahingehend gemildert, daß für jüdische Frontkämpfer Ausnahmen galten. Unter dem zynischen Namen »Gesetz zur Wiederherstellung des Berufsbeamtentums« wurde es am 7. April 1933 verabschiedet. Es war das erste nationalsozialistische Maßnahmengesetz und setzte in seiner offenen Brechung geltenden Rechts ein Signal, das von keinem übersehen werden konnte.[21]
Nachdem die Frage des Ausscheidens der jüdischen Beamten faktisch entschieden worden war, sah sich das Reichsjustizministerium dem Druck der Länder ausgesetzt, die für ihren Bereich bereits die Entfernung jüdischer Richter und Rechtsanwälte verfügt hatten. Unter dem Vorwand, eine einheitliche, reichsrechtliche Lösung zu erreichen, legten sie einen Entwurf vor, der die Eliminierung aller akademischen freien Berufe zum Ziel hatte. Reichsjustizminister Gürtner weigerte sich, ein derart weitgehendes Gesetz zu verabschieden, und wandte sich hilfesuchend an Hitler. An dieser Stelle zeigte der Reichskanzler taktisch-politisches Gespür: Obgleich mit dem Entwurf der Landesjustizminister mit einem Schlag eine alte Parteiforderung nach der Zurückdrängung jüdischer Rechtsanwälte, Notare, Ärzte, Apotheker usw. erfüllt worden wäre, ging Hitler jeder Auseinandersetzung aus dem Wege und begnügte sich mit der Feststellung, »daß man nach seiner Meinung nur das Notwendige regeln solle«. Zur Ausschaltung der jüdischen Ärzte fügte er an, er halte eine gesetzliche Regelung dieser Frage erst dann für notwendig, wenn eine umfassende Aufklärungsarbeit eingesetzt habe. Das »Gesetz über die Zulassung zur Rechtsanwaltschaft« vom 7. April 1933 bestimmte die Zulassungsentziehung nach dem Vorbild des Beamtengesetzes[22].
Im Verlauf des Jahres 1933 folgte noch eine Reihe weiterer Ausschaltungsgesetze. Ein besonderes Gesetz richtete sich gegen die »Überfremdung« deutscher Hochschulen und Schulen und beschränkte den Zugang jüdischer Schüler und Studierender.[23]
Mit dem »Schriftleitergesetz« und dem »Reichskulturkammergesetz« im Herbst 1933 wurde die Tätigkeit von Juden auf dem gesamten Sektor der Presse und der bildenden und darstellenden Künste unterbunden.[24]
Derartige rechtsgesetzliche Regelungen bedeuteten nun im Herrschaftssystem des Dritten Reiches keineswegs, daß sie nach den Prinzipien der Rechtsstaatlichkeit und Rechtseinheitlichkeit andere oder weitergehende Maßnahmen ausschlossen. Insbesondere die Landesregierungen und einzelne ihrer Minister waren immer wieder bemüht, den Grad ihrer weltanschaulichen Zuverlässigkeit durch judenfeindliche Bestimmungen weiteren Umfangs unter Beweis zu stellen. Der preußische Justizminister Kerrl zum Beispiel weigerte sich lange Zeit, die Ausnahmebestimmungen für jüdische Altbeamte oder Frontkämpfer zur Kenntnis zu nehmen; diejenigen Rechtsanwälte, die ihre Zulassung nicht verloren hatten, wurden systematisch benachteiligt.[25] Thüringen hielt sich an das Gesetz überhaupt nicht gebunden und verfügte die Zulassungsentziehung generell für alle jüdischen Rechtsanwälte.[26] Ähnlich weitreichend und ohne gesetzliche Grundlage waren einzelne landesrechtliche Bestimmungen über die Kassenzulassung jüdischer Ärzte und Zahnärzte bei den Krankenkassen, die ihnen zum Teil in Erlaßform entzogen wurden. Einige Länder berücksichtigten dabei die »Frontkämpfereigenschaft«, andere übersahen sie stillschweigend.[27] Immer mehr Länder gingen dazu über, jüdische Studierende von den Staatsprüfungen auszuschließen, was bedeutete, daß sie keinen Studienabschluß vorweisen konnten.[28] Nachdem das Reich die Hoheitsrechte der Länder an sich gerissen hatte, vereinheitlichte es diese Praxis in den einschlägigen »Reichsprüfungsordnungen«. Dies galt selbstverständlich auch für die Habilitation eines jüdischen Wissenschaftlers, die seit Dezember 1934 nicht mehr abgenommen werden durfte.[29]
Die Vielzahl berufseliminierender oder -beschränkender Regelungen der Jahre 1933 und 1934 konnte indes nicht darüber hinwegtäuschen, daß ganz wesentliche Forderungen des Parteipro-

gramms der NSDAP nicht realisiert worden waren. Es betraf dies das Staatsangehörigkeitsrecht und die wirtschaftliche Betätigung der Juden. Es waren auch gerade diese beiden Punkte, die in den Terrortagen der Monate März und April 1933 von den Schläger- und Randalierergruppen der Partei mit besonderem Nachdruck vorgebracht worden waren. Tatsächlich reagierte – wenn auch relativ spät, da es überlastet war – das Reichsinnenministerium. Sein Staatssekretär Pfundtner kündigte ein Reichsangehörigkeitsgesetz an, das Unterscheidungen treffen sollte, »je nachdem der Reichsangehörige deutschen oder fremden Blutes war«. Nur der »deutschgeborene« Bürger sollte das »Reichsbürgerrecht« erhalten, das er sich durch besondere Dienste am deutschen Volk zu erdienen hatte.[30] Als erste Maßnahme folgte am 14. Juli 1933 das »Gesetz über den Widerruf von Einbürgerungen und die Aberkennung der deutschen Staatsangehörigkeit«, wonach alle Einbürgerungen zwischen dem 9. November 1918 und dem 30. Januar 1933 aberkannt werden konnten. Dieselbe Maßregelung traf Reichsangehörige im Ausland, sofern sie durch ihr Verhalten Belange des Reichs geschädigt hatten. Der Entzug der Staatsangehörigkeit war gleichbedeutend mit der Beschlagnahme des Vermögens, was zu erheblichen Gewinnen des Reichs führte![31]

Eigenartigerweise war dieses Gesetz das einzige, das Fragen der Staatsangehörigkeit berührte. Die von Pfundtner angekündigten Maßnahmen dagegen blieben aus, die wichtigste Parteiforderung, Juden unter Fremdenrecht zu stellen, unerfüllt. Die stillschweigende Rücknahme dieses Plans ist sicherlich dem Widerstand einiger konservativer Regierungsmitglieder zuzuschreiben (Gürtner, v. Neurath, v. Papen, Schwerin v. Krosigk), die zwar eine Einschränkung des vorgeblichen jüdischen Einflusses begrüßten, sich jedoch aus grundsätzlichen und taktischen Erwägungen der Unterteilung der Staatsangehörigkeit in eine (privilegierte) deutsch/arische und (benachteiligte) deutsch/jüdische nicht anschließen wollten.[32] Hitler hatte das Widerstreben dieser Gruppe auch richtig gedeutet. Als die Beratung des Gesetzes über den Widerruf von Einbürgerungen stattfand, übernahm er geschickt die Argumentation dieser Minister, indem er das nicht umstrittene Gesetz zu retten versuchte. Er führte vor dem Kabinett aus, daß man wenigstens zu dem mit dem Gesetz beabsichtigten Schritt kommen müsse. Ihm werde stets gesagt, daß nicht für ein Vorgehen gegen die Juden schlechthin, wohl aber für ein Vorgehen gegen die Ostjuden Verständnis allgemein vorhanden sei.[33]

Hitler war einer Auseinandersetzung aus dem Wege gegangen, um einen Teilerfolg nicht zu gefährden. Derselben Überlegung folgte er in der Frage der wirtschaftlichen Ausschaltung der Juden. Das ehrgeizige Programm der Verminderung der Arbeitslosen, der wirtschaftlichen Konsolidierung und mititärischen Aufrüstung war schlechterdings nicht vereinbar mit der Absicht vieler NSDAP-Mitglieder, die Juden schlagartig und mit der Unterstützung der Staatsgewalt aus dem Wirtschaftsleben auszuschalten. Gegen entsprechende Absichten gab es eine starke Fronde unter den Ministern und der Ministerialbürokratie, die Hitler auf die schädlichen wirtschaftlichen Folgen für das Deutschland des Jahres 1933 aufmerksam machten.

Der Reichskanzler reagierte pragmatisch und ordnete an, daß irgendwelche Eingriffe in die »freie Wirtschaft«, sei es durch Parteigliederungen oder Staatsbehörden, nicht mehr geduldet würden.[34] Das Ergebnis dieses Aufrufs blieb umstritten: Während die Behörden des Reichswirtschaftsministeriums alle Anstrengungen unternahmen, die Wirtschaft von ideologischen Eiferern freizuhalten, versuchten auf der anderen Seite die NS-geführten Landesregierungen und Organisationen, mit jedweden Mitteln die Juden zu benachteiligen. Das Reichswirtschaftsministerium führte einen beständigen Kleinkrieg gegen die Übergriffe der Partei, konnte jedoch nicht verhindern, daß mangels klarer und eindeutiger Richtlinien die Frage der Mitarbeit deutscher Juden im Wirtschaftsleben ein beständiges weltanschauliches Problem blieb.

Die wichtigsten Anliegen Hitlers und der NSDAP in der Judenfrage wurden 1933 noch nicht entschieden: Sie wurden nicht zu Staatsbürgern minderen Rechts, und sie wurden nicht wirtschaftlich enteignet. Da es zu diesem Zeitpunkt innenpolitische Widerstände gab und zudem außenpolitische Verschärfungen erwartet werden konnten, begnügte er sich mit den antijüdischen Regelungen, die mit dem geringsten Widerstand zu erreichen waren.[35]

Die Rassengesetze von Nürnberg

Der »Reichsparteitag der Freiheit« begann am 10. und endete am 16. September 1935. Am Schlußtag, einem Sonntag, waren völlig überraschend die Reichstagsabgeordneten nach Nürnberg gerufen worden. Noch erstaunter waren die Abgeordneten sicherlich, als sie erkannten, daß sie nach längerer Zeit wieder Gesetzesvorlagen beschließen sollten. Hitler hatte seit dem Ermächtigungsgesetz vom 23. März 1933 von der Gesetzgebungsbefugnis des Reichstags nur sparsamsten Gebrauch gemacht und den »teuersten Gesangverein der Welt« nur dann zusammentreten lassen, wenn er wichtige politische Proklamationen vor ein ausgesuchtes Auditorium zu bringen wünschte oder wenn besonders spektakuläre Gesetze mit dem Legitimitätsanspruch einer gewählten Volksvertretung ausgestattet werden sollten.[36] Mit einem Reichstags-Gesetz konnte Hitler zudem die langsam und schwerfällig arbeitende und seine Absichten sehr oft konterkarierende Ministerialbürokratie ausschalten. Die Abgeordneten fanden am Abend des 15. September die Drucksachen 8, 9, 10 vor, wonach die Reichstagsabgeordneten Hitler, Göring, Heß, Frick und Genossen dem Reichstag ein »Reichsflaggengesetz«, ein »Gesetz zum Schutze des deutschen Blutes und der deutschen Ehre« und ein »Reichsbürgergesetz« zur verfassungsmäßigen Zustimmung vorgelegt hatten. Der Reichskanzler selbst ließ in seiner Rede anmerken, wie wütend und enttäuscht er war: »(Das Reichsflaggen- und Reichsbürgergesetz) tragen eine Dankesschuld an die Bewegung ab . . ., das (Blutschutzgesetz) ist der Versuch der gesetzlichen Regelung eines Problems, das im Falle des abermaligen Scheiterns dann durch Gesetz zur endgültigen Lösung der nationalsozialistischen Partei übertragen werden müßte.«[37]

Dies war eine offene Drohung an die staatlichen Instanzen, denen Hitler den Vorwurf machte, ein Rassengesetz vereitelt zu haben. Mit ganz ähnlichen Worten hatte er wenige Tage zuvor im Zusammenhang mit dem »jüdischen Marxismus« seinen Unmut über die Ministerialbürokratie kundgetan und festgestellt, »daß der Kampf gegen die inneren Feinde der Nation niemals an einer formalen Bürokratie und ihren Unzulänglichkeiten scheitern wird, sondern dort, wo sich die formale Bürokratie als ungeeignet erweisen sollte, ein Problem zu lösen, wird die deutsche Nation ihre lebendigere Organisation ansetzen, um ihren Lebensnotwendigkeiten zum Durchbruch zu verhelfen«.[38]

Diese zweimalige Warnung, die Staatsbürokratie aus der Judengesetzgebung auszuschalten und an ihrer Stelle die Partei zu ermächtigen, als Legislativorgan gegen die Juden tätig zu werden, ist derart ungewöhnlich, daß sie einer Erklärung bedarf. Die Vorgeschichte der »Nürnberger Gesetze« erlaubt es zum Teil, die Reaktion Hitlers und sein taktisches Kalkül zur Judengesetzgebung allgemein aufzuhellen.

Das Jahr 1934 war in der Judenfrage ohne größere Störungen verlaufen, was einige der frühzeitig Emigrierten veranlaßt hatte, nach Deutschland zurückzukehren. Dies wiederum nahmen einige Parteizeitungen zum Anlaß, die »typisch jüdische Frechheit« der Rückkehrer anzuprangern.

Seit der Jahresmitte 1934 setzte sich ein Mann an die Spitze der antisemitischen Hetzbewegung, der als »Frankenführer« gleichzeitig ein speziell zu diesem Zweck entworfenes Presseorgan herausgab. Julius Streicher und *Der Stürmer,* eine Zeitschrift, die sich auf pornographische und kriminalistische »Enthüllungen« des jüdischen Unwesens festgelegt hatte, drängte es über die Grenzen Frankens hinaus. Im entlegensten Dorf wurden »Stürmerkästen« angebracht, an die Schulen massenweise Freiexemplare abgegeben, wobei die Partei den Werbefeldzug der Zeitschrift eifrig unterstützte. Zu Jahresbeginn 1935 gründete das Außenpolitische Amt der NSDAP eine neue Zeitschrift, die sich *Judenkenner* nannte und die in ähnlich wüster Manier wie der *Stürmer* ihren Gegenstand beschrieb.[39] Auch »Der Angriff« über Goebbels schaltete sich ein und orakelte im April 1935 von einer antisemitischen Welle, die kurz bevorstehe. Als es zu den erwarteten ersten Ausschreitungen kam, versuchten die Staatsbehörden, durch Zusagen den befürchteten Exzessen jeden Anlaß zu nehmen. Reichsinnenminister Frick machte bekannt, daß ein neues Staatsbürgerrecht vor dem Abschluß stehe, das auch rassische Kriterien berücksichtigte.[40] Das Ergebnis der Frickschen Ankündigung mußte für jeden überzeugten Antisemiten unbefriedigend sein, denn das »Gesetz zur Änderung des Reichs- und Staatsangehörigkeitsgesetzes«, das Hitler am 15. März 1935 unterzeichnete[41], regelte nur Einbürgerungsfragen. Ansonsten

ließ das Reichsinnenministerium nicht erkennen, daß es an einer Sonderregelung für Juden interessiert war.
Kaum war das »magere« Ergebnis bekanntgeworden, setzte die öffentlich betriebene Entrüstungskampagne wieder ein. Reichsjuristenführer Frank bedauerte die anhaltende Tätigkeit jüdischer Juristen. Die »NS-Parteikorrespondenz« schrieb Anfang Juni 1935, die deutschen Juden könnten nicht mehr als Staatsbürger angesehen werden. Wenig später forderte sie die Todesstrafe für alle Juden, die »arische« Untermieter hatten, »arisches« Hauspersonal beschäftigten oder als Ärzte und Rechtsanwälte Nichtjuden zu ihren Kunden zählten. Der *Judenkenner* rief nach der Todesstrafe für »Rasseschänder«, und Goebbels bemerkte öffentlich in Gegenwart des zuständigen Reichsinnenministers, daß man Eheschließungen zwischen Deutschen und Juden nicht mehr dulden werde.[42]
Die angeheizte Stimmung zeitigte die gewünschten Erfolge. Von Berlin ausgehend, erreichte eine neue antijüdische Terrorwelle im Juli 1935 das Ausmaß der Ereignisse aus dem Frühjahr 1933. Es kam zu pogromähnlichen Ausschreitungen auf dem Kurfürstendamm, die Goebbels im »Angriff« zusätzlich verstärkte: Schlagzeile vom 16. Juli: »Berlin wird vom Kommunismus, von der Reaktion und den Juden gereinigt.«
Die immer brutaleren Ausschreitungen, die wellenartig jeder offiziösen Forderung folgten, liefen ab Mitte Juli bereits mit einer gewissen Eigengesetzlichkeit ab und ließen Zerstörungen größeren Ausmaßes befürchten. An diesem Punkt begann der »Stellvertreter des Führers« die Kampagne zu drosseln, denn der Zweck, die Ministerien zum Handeln zu bringen, schien erreicht. Bormann wandte sich am 2. August 1935 energisch gegen »Selbsthilfeaktionen«, und am 8. August setzte Hitler seine Autorität ein: die Parteidienststellen sollten alle wilden Aktionen unterbinden.[43]
Die Ministerien waren tatsächlich aktiv geworden und hatten eine Reihe neuer Ausbildungs- und Berufszulassungsverbote für Juden erlassen. Frick hatte Anordnung zur Vorbereitung eines Gesetzes gegen »Mischehen« gegeben und zu Augustbeginn öffentlich angekündigt, daß die Judenfrage »langsam, aber sicher auf vollkommen legalem Weg gelöst werde«.[44] Ähnlich äußerte sich Reichswirtschaftsminister Schacht am 18. August in Königsberg, wo er auf eine in Vorbereitung befindliche Judengesetzgebung hinwies und anmerkte, »daß ihr Einfluß bei uns ein für allemal vorbei ist«.[45]
Wie immer das Schacht gemeint haben mochte, in einer »Chefbesprechung«, zu der er am 20. August die Minister geladen hatte, taktierte er bemerkenswert zurückhaltend. Gauleiter Adolf Wagner, der die Staatsbehörden mit der Erpressung konfrontierte, man werde eine »allmähliche Beruhigung des Volkes« erreichen können, sofern die Reichsregierung ein »Weiterkommen in der Judenfrage« anstrebe, wurde von Schacht mit der Begründung eines Primats der wirtschaftlichen Erfordernisse sanft ausmanövriert. Die Minister einigten sich auf einige Richtlinien, die völlig unverbindlich formuliert waren und es dem Gauleiter Wagner überließen, »neue Anregungen (zu unterbreiten), die ein legales Fortschreiten der Bekämpfung des Judentums ermöglichten«.[46]
Die vorwiegend konservativen Minister, die sich bei Schacht versammelt hatten, glaubten den Anschlag der Partei abgeschlagen zu haben und unternahmen in der Folgezeit nichts. Eine mehr als erstaunliche Naivität!
Am Abend des 13. September 1935 wurde der Judenreferent des Reichsinnenministeriums, Ministerialrat Dr. Lösener, von Berlin aus überraschend nach Nürnberg befohlen. Ihm und dem Ministerialrat Medicus aus der Zentralabteilung wurde lediglich mitgeteilt, daß es sich um ein Judengesetz handele. In Nürnberg trafen die beiden Beamten auf die Staatssekretäre des Innenministeriums, Pfundtner und Stuckart, und den Referenten für Beamtenrecht, Seel. Es wurde ihnen mitgeteilt, Hitler habe dem Ministerium am 12. September den Auftrag gegeben, die Frage der Verheiratung zwischen Deutschen und Juden und alle damit zusammenhängenden Probleme gesetzlich zu regeln.
Während sich die Beamten im Trubel der Aufmärsche und Proklamationen an die Arbeit machten, stießen zwei Parteibeamte hinzu. Walter Sommer, Leiter der staatsrechtlichen Abteilung im »Stab des Stellvertreters des Führers«, der im Auftrag des »Reichsärzteführers«, Gerhard Wagner, »Parteiforderungen« anmeldete: Das Gesetz sollte »Judenabkömmlinge« einschließen, und bestehende »Mischehen« sollten gelöst oder der arische Ehepartner selbst wie ein Jude behandelt werden.

Mit dem jeweils fertiggestellten Entwurf schlug sich Lösener quer durch Nürnberg zu Fricks Quartier durch. Der absolut desinteressierte Reichsinnenminister meldete sich sodann bei Hitler, an dessen Seite sich unentwegt der Reichsärzteführer aufhielt, der ständig Einwände vorbrachte und Verschärfungen forderte. Nachdem sich dieser Vorgang mehrmals wiederholt hatte, wechselten die Beamten zur Arbeitserleichterung in Fricks Quartier über und erhielten endlich gegen Mitternacht vom 14. zum 15. September 1935 den Wunsch Hitlers übermittelt, vier Fassungen auszuarbeiten, die von einem schärfsten Entwurf A bis zu einem mildesten Entwurf D reichen sollten. »Zur Abrundung der Gesetzgebung« forderte Hitler »noch eine Art Reichsbürgergesetz«, was ihm sofort vorgelegt werden sollte.

Die völlig übermüdeten Beamten – so hatte Lösener innerhalb von 60 Stunden nur zwei Stunden schlafen können – entwarfen in 30 Minuten einen Gesetzentwurf, der sich eng an die Vorstellungen Pfundtners anlehnte, die dieser im Sommer 1933 entwickelt hatte. Er sicherte den Juden die Staatsangehörigkeit und brachte den »arischen« Deutschen eine qualifizierte Form, das »Reichsbürgerrecht«.

Am Abend des 15. September erfuhren die Beamten, daß Hitler bei dem »Blutschutzgesetz« die Fassung D gewählt, allerdings auch eigenhändig die Bestimmung gestrichen hatte: »Dieses Gesetz gilt nur für Volljuden.«[47]

Die Taktik Hitlers wird an der Vorgeschichte und den Nürnberger Gesetzen selbst sehr viel durchsichtiger. Er vermied es, bestimmte antijüdische Maßnahmen als erster vor die Öffentlichkeit zu tragen oder solche kraft Amtsautorität den mitspracheberechtigten Ministern einfach zu befehlen. Auch war die Praxis der späteren »Führererlasse« noch nicht so weit entwickelt, daß er damit über die Köpfe der Reichsminister hinweg neues Recht setzen konnte. Immer auf die äußerliche Legitimität seiner Handlungen bedacht, ließ er die Forderungen nach einem »Weiterkommen« in der Judenpolitik durch die jederzeit mobilisierbare Masse der Parteianhänger und seine engsten Gefolgsleute artikulieren. Die derart unter Druck und in »Zugzwang« geratene Bürokratie mußte, wollte sie sich nicht dem Vorwurf aussetzen, sich vom »Willen des Volkes« entfernt zu haben, mit legislatorischen Maßnahmen beinahe zwanghaft »nachziehen«. Diese Taktik, die 1933 derart »vorzüglich« funktioniert hatte, versagte offensichtlich 1935. Trotz aller Pressionen und mancherlei Zusagen an die Adresse der Partei waren die gewünschten antijüdischen Gesetze nicht bearbeitet worden. Nachdem die Taktik des »spontanen Volkswillens« nicht verfangen hatte, griff Hitler zum Mittel des überraschenden Zuschlagens: die Art und Weise, wie er die »Nürnberger Gesetze« verabschieden ließ, zeigt auf, wie er die Ministerialbürokratie überrumpelte. Seine bereits zitierten Warnungen an den Staat, die unverhüllten Drohungen, weisen auf die Trias seiner politischen Mittel hin: Das »Reichsbürgergesetz« und »Blutschutzgesetz« stellen ihrer Intention nach ein reines »Fremdenrecht« dar, wie es in ähnlicher Rigorosität im 20. Jahrhundert beispiellos ist. Die Gesetze beseitigten einmal die staatsbürgerliche und politische Gleichstellung der Juden, zum anderen schränkten sie ihren bürgerlich-rechtlichen Spielraum im Bereich des Familien-, Ehe- und Erbrechts ein. In ihrer Gesamtheit zielten sie darauf ab, den »Juden« aus der »Volksgemeinschaft« zu entfernen, ihn in seiner Umgebung zu separieren und in dem Bewußtsein leben zu lassen, einer nur geduldeten Gruppe anzugehören.

Die Gesetze selbst waren in ihren Inhalten, Zielbestimmungen und ihrer Begrifflichkeit derart unbestimmt-schwammig gefaßt, daß die eigentliche Stoßkraft erst in den zur Durchführung und Ergänzung erforderlichen Ausführungsverordnungen erkennbar werden konnte. Hitler hatte sichergestellt, daß die zu fassenden Bestimmungen nicht allein von der Ministerialbürokratie formuliert wurden, und den »Stellvertreter des Führers« in der Ermächtigungsklausel als mitspracheberechtigte Institution nennen lassen.

Der Kampf um die endgültigen Fassungen der Ausführungsverordnungen zu beiden Gesetzen zählt sicherlich zu den dramatischsten Auseinandersetzungen, die im Dritten Reich zwischen den Staats- und Parteibehörden geführt wurden. Während »Reichsärzteführer« Wagner und die Behörde des Stellvertreters des Führers den Judenbegriff möglichst exzessiv definiert wissen wollten, so daß bereits ein jüdischer Vorfahre hinreichte, um einen Abkömmling als »Juden« zu charakterisieren, darüber hinaus auch eine Zwangsscheidung aller »Mischehen« und die Sterilisierung aller »Zweifelsfälle« forderten, wünschte das Reichsinnenministerium eine möglichst enge Definition, wobei die »Mischlinge« oder »Halbjuden« zum größten Teil den »Deutschen« gleichgestellt werden sollten. Die Verhandlungen zogen sich über beinahe acht Wochen hin. Hitler selbst vermied persönlich jede Festlegung. Eine auf den 5. November 1935 festgesetzte Chefbesprechung, in der unter seinem Vorsitz die Frage endgültig entschieden werden sollte, wurde von ihm ohne Angabe von Gründen abgesagt. Staat und Partei einigten sich in einem mühsamen Kompromiß, der folgende Bevölkerungsgruppen unterschied: »Deutschblütiger« – »Mischling zweiten Grades« (ein nichtarischer Großelternteil) – »Mischling ersten Grades« (zwei nichtarische Großeltern) – »Jude« (zwei oder mehr nichtarische Großeltern). Die »Mischlinge ersten Grades« wurden, sofern sie gewisse Kriterien erfüllten – jüdische Religionsgemeinschaft oder jüdischer Ehepartner –, der Gruppe der Juden zugeschlagen, ansonsten, wenn sie früher konvertiert waren oder einen »arischen« Ehepartner hatten, besaßen sie die Rechte eines Reichsbürgers.[48] Insgesamt ist durch diese Begriffsbestimmung ein außerordentlich hoher Teil der »Halbjuden« den Rassengesetzen entzogen worden, ein gewiß erwähnenswerter Erfolg der Ministerialbürokratie, der bei später einsetzenden antijüdischen Maßnahmen noch von erheblicher Bedeutung werden sollte.

Noch ehe die zwei Ausführungsverordnungen zum Blutschutz- und Reichsbürgergesetz am 14. November 1935 von Hitler unterschrieben worden waren, begannen das Reichspropagandaministerium und die Gestapo für ihre Bereiche mit einer Anzahl von berufsbeschränkenden Erlassen den gesetzlichen Bestimmungen vorzugreifen, die insbesondere der wirtschaftlichen Betätigung galten. Es schien allgemein unumstritten, daß durch die »Nürnberger Gesetze« auch die wirtschaftspolitischen Desiderata der Rassenpolitik endgültig erfüllt werden sollten.[49] Die Behörden begannen noch im September, die aufgrund der Ausnahmeregelungen im Dienst verbliebenen jüdischen Beamten zu entlassen, teilweise dehnte man die Entlassungen auch auf Angestellte und Arbeiter aus. Zwar wurden derartige Eigenmächtigkeiten nicht mehr rückgängig gemacht, aber Schacht gelang es in seiner Doppelfunktion als Reichswirtschaftsminister und Reichsbankdirektor, auf die Folgen der Entfernung aller Juden aus dem Wirtschaftsleben aufmerksam zu machen. Im Hinblick auf die Maßnahmen der Arbeitsbeschaffung und Aufrüstung wurde die wirtschaftliche Ausschaltung nicht weiterverfolgt.[50]

»Reichskristallnacht«: Die wirtschaftliche Ausschaltung

Den »Nürnberger Gesetzen« folgte in den letzten Monaten des Jahres 1935 und zu Beginn des Jahres 1936 eine Unzahl von Verwaltungsvorschriften, in denen die Bestimmungen und Auflagen dieser Gesetze übernommen wurden. Eine Welle neuer Berufsverbote traf die Juden: Rechtsberater, Schwimmeister, Wirtschaftsprüfer, Repetitoren, Devisenhändler, Handel mit Orden und Ehrenzeichen, Waffenhändler und andere Berufe mehr.[51] Ansonsten blieb das Jahr 1936 äußerlich ruhig. Selbst die Ermordung des Landesgruppenleiters der NSDAP, Wilhelm Gustloff, durch einen Juden in der Schweiz provozierte keine antijüdischen Reaktionen. Die Olympischen Spiele standen bevor, und einflußreiche Kreise in den USA hatten einen Boykott zur Sprache gebracht, den das Reich um jeden Preis zu vermeiden suchte. Unter der Oberfläche bereiteten sich indessen Entwicklungen vor, die das Schicksal des deutschen Judentums entscheidend bestimmen sollten.

Heinrich Himmler war es am 17. Juni 1936 endlich gelungen, die gesamte deutsche Polizei in seine Hand zu bekommen. Im Reichsinnenministerium entstand ein neuer Geschäftsbereich, »Der Reichsführer SS und Chef der Deutschen Polizei im Reichsministerium des Innern«.[52] Dabei wurde die Politische Polizei und die Kriminalpolizei in einem Hauptamt »Sicherheitspolizei« zusammengefaßt, das unter Führung Reinhard Heydrichs stand. Daneben leitete Heydrich den »Sicherheitsdienst« (SD), eine Parteieinrichtung zur internen Bespitzelung der NSDAP und des »Volkskörpers«. Die »Partei«-Einrichtung SD als ideologischer Motor und die »Staats«-Behörde Sicherheitspolizei als zugleich legislatorisches wie exekutives Organ wuchsen dabei unter der gemeinsamen Führung Heydrichs zu einer Realunion zusammen, was in der Bildung des »Reichssicherheitshauptamts« am 27. September

1939 auch organisatorisch seinen Ausdruck fand.[53] Innerhalb von drei Jahren gelang es diesem Zwitter aus Staats- und Parteibürokratie, alle anderen Ministerien einschließlich des eigenen in der Judenfrage zu untergeordneten Instanzen zu degradieren.

Die politischen Zielsetzungen des SD wurden seit 1936 in einem eigens geschaffenen »Judenreferat« diskutiert und lauteten:

- Zurückdrängung des jüdischen Einflusses auf allen Gebieten des öffentlichen Lebens (einschließlich der Wirtschaft)
- Förderung der jüdischen Auswanderung.[54]

Diese Maximen in der Judenpolitik des SD wurden gegenüber anderen Stellen mit Hartnäkkigkeit vertreten und vorangetrieben. Bereits im Frühjahr 1938 hatte sich der SD gegen die konkurrierenden und opponierenden Instanzen durchgesetzt und galt als zentrale Stelle für alle Fragen der Auswanderung von Juden aus Deutschland.[55]

Auch die Sicherheitspolizei weitete ihre Befugnisse in der Judenfrage beständig aus. Nachdem sie seit 1936 immer eifriger dazu übergegangen war, durch sicherheitspolizeiliche Anordnungen und Weisungen gegenüber den Juden feste Tatbestände zu schaffen, schaltete sie sich seit Frühjahr 1938 auch zunehmend selbstbewußter in die Gesetzgebungsarbeit der Ministerien ein. Ein erster großer Erfolg gelang ihr mit dem »Gesetz über die Änderung von Familiennamen und Vornamen« vom 5. Januar 1938[56], das im August 1938 zu der Bestimmung führte, daß Juden nur erkennbar jüdische Vornamen führen, andernfalls zusätzlich die Namen »Sara« oder »Israel« hinzufügen mußten.[57] Die »Verordnung über die Reisepässe von Juden« vom 5. Oktober 1938, die durch Einstempelung eines »J« gesondert gekennzeichnet wurden, war bereits eine Angelegenheit, die die Sicherheitspolizei ohne Beteiligung anderer Reichsbehörden im eigenen Kompetenzenzugriff regelte.[58]

Der Machtzuwachs von Sicherheitspolizei und SD wurde in den ersten Monaten des Jahres 1939 auch äußerlich dokumentiert. Am 24. Januar 1939 ordnete Göring an, die Auswanderung der Juden mit allen Mitteln zu fördern. Er errichtete eine »Zentralstelle für jüdische Auswanderung« im Reichsinnenministerium und ernannte Heydrich zu deren Chef. Endgültig in den Bannkreis und die Zugriffsgewalt der SS-Behörden gerieten die Juden im Juli 1939, als sie zwangsweise in der »Reichsvereinigung der Juden in Deutschland« zusammengeschlossen wurden. Diese »Reichsvereinigung« war für alle kulturellen, organisatorischen und finanziellen Fragen im Zusammenhang mit den deutschen Juden zuständig. Aufsichtsbehörde dieser Vereinigung war der »Chef der Sicherheitspolizei und des SD«, also Heydrich. Spätestens zu diesem Zeitpunkt war die SS die Zentralbehörde zur Bearbeitung jüdischer Angelegenheiten.[59]

Die Darstellung einzelner Etappen der zunehmenden Zuständigkeit von SS-Behörden in Fragen der Judenpolitik ist dem Gang der Ereignisse deshalb vorangestellt, weil sie die Zerfaserung und Zersplitterung der überkommenen Verwaltungsstruktur in Hitlers Staat am ehesten dokumentiert. Denn die Zentralisierung aller »Judenfragen« in einer ideologisch fixierten Institution mußte zwangsläufig zu anderen Entscheidungen führen, als wenn die noch weitgehend einem konservativen Verwaltungshandeln verpflichteten Ministerien diese Fragen hätten in ihrer Zuständigkeit halten können. Es gibt kein Indiz, das darauf hindeuten könnte, Hitler habe diese Entwicklung geplant oder besonders nachdrücklich begünstigt. Die SS jedenfalls kam seiner Überzeugung am nächsten, daß sich immer derjenige durchsetzen werde, der die Umstände am besten nutzt und seine Ellenbogen am kräftigsten einsetzt.[60] Unter diesem Aspekt mußte ihm die wachsende Macht der SS natürlich und logisch erscheinen. Es ist unsicher, ob er eine Umwelt, in der solche Entwicklungen möglich waren, bedachtsam entwickelte und begünstigte. Derartige Überlegungen bei Hitler zu vermuten setzt eine Subtilität an komplexer Planungsphantasie bei ihm voraus, die angesichts seiner eher primitiven politischen Kalkulationen unwahrscheinlich ist.

Die Vielzahl von Ämtern, die glaubten, ein originäres Mitspracherecht in allen Judenangelegenheiten zu haben – alle Ministerien, alle Ebenen der Partei vom Kreis- bis zum Reichsleiter – der Stellvertreter des Führers – das rassenpolitische Amt der NSDAP – das Reichsrechtsamt – der Beauftragte für den Vierjahresplan und andere mehr –, gingen wohl auf Hitlers Unverständnis für die Voraussetzungen einer ordnungsgemäßen Verwaltung und auf seine Herrschaftsmaxime des »divide et impera« zurück.

Tatsache bleibt letztlich, daß bei dem ständigen Gerangel der Staatsbehörden untereinander, der Staats- gegen die Parteibehörden und des ständigen ungebremsten Eingreifens zahlreicher anderer Einrichtungen sich auf Dauer nur diejenige Institution behaupten konnte, die sich am wenigsten an die »Spielregeln«, d. h. an die Regeln eines auf Gesetzen und Verordnungen beruhenden Verwaltungshandelns, hielt. Und dies war zweifellos die SS.

Neben Heinrich Himmler war 1936 eine andere Führungsperson des Dritten Reiches zu neuen Aufgaben gekommen. Hitler hatte im Frühjahr dieses Jahres die deutsche Wirtschaft auf die Anforderungen eines Krieges umstellen lassen. In seiner »Denkschrift zum Vierjahresplan« vom August 1936 forderte er, daß die deutsche Armee in vier Jahren einsatzfähig, die deutsche Wirtschaft in vier Jahren kriegsfähig sein müsse.[61] Hermann Göring erhielt die Leitung des »Vierjahresplans« und eine Blankettvollmacht von Hitler, die ihn zu einer Art Überinstanz über alle anderen Behörden des Reichs machte. Als »Wirtschaftsdiktator« drückte er mit seiner Mammutbehörde »Der Beauftragte für den Vierjahresplan« (BVP) die auch in der Judenfrage vorsichtig operierenden Reichsminister Schwerin und Schacht zunehmend in den Hintergrund. Dies zeigte sich spätestens ab Ende 1937, als Schacht von seinem Posten als geschäftsführender Reichswirtschaftsminister entlassen und im Februar 1938 durch den schwachen und einflußlosen Walter Funk ersetzt wurde. War es den konservativen Ministerien 1936 und 1937 immer noch gelungen, Pläne für eine »Judensondersteuer«, die Kennzeichnung jüdischer Betriebe sowie die Schlechterstellung jüdischer Gewerbetreibender zu verhindern, so brachen zu Beginn des Jahres alle Dämme.[62] In schneller Folge erledigten die Ministerien unter dem beständigen Druck des Stellvertreters des Führers, des Chefs der Sicherheitspolizei und des BVP ein umfangreiches Programm, um die Juden auf allen Gebieten, die noch nicht nachteilig geregelt worden waren, zu treffen: Sie erhielten keine Steuervergünstigungen mehr[63], die Gewerbeordnung brachte das Verbot, als Makler oder gewerbsmäßige Vermittler tätig zu sein[64], sie durften keine »deutschen« Kurorte mehr betreten und wurden aus den Berufen vertrieben, in denen sie noch praktizieren durften.[65]

Die generelle Stoßrichtung ließ Göring erkennen, der am 22. April 1938 zwei Verordnungen unterzeichnete, nach denen die jüdischen Gewerbebetriebe erfaßt und ihr Vermögen angemeldet werden sollte.[66] In einer Ministerbesprechung am 28. April 1938 erklärte Göring, die Judenfrage müsse gelöst werden, auch auf wirtschaftlichem Gebiet. Das Reichsinnenministerium legte im Juni einen detaillierten Plan vor, wie das jüdische Vermögen »arisiert« und für das Reich kapitalisiert werden könnte, wobei das Neuartige des Plans in dem Vorschlag lag, die Juden zwangsweise zu enteignen. Diesen Vorschlägen stemmten sich das Reichsfinanzministerium und Reichsbankpräsident Schacht entgegen, die mit allem Nachdruck eine »Zwangsarisierung« ablehnten.[67] Bei dem heftigen Widerstand, den die beiden wichtigsten Instanzen in dieser Frage leisteten, schien eine einvernehmliche Lösung nur kompromißhaft und nach einem längeren Zeitraum möglich. Im Herbst 1938 blockierten sich alle gegen die Juden vorgebrachten Pläne selbst. Der SD mußte bei der Forcierung der Auswanderungspolitik darauf bedacht sein, daß die Juden einen Teil ihres Vermögens in Devisen erhielten und nicht vollständig enteignet wurden, da die Staaten der freien Welt Mittellose von einer Einwanderung auszuschließen trachteten. Daran hatte wieder Göring kein Interesse, der für die Aufrüstung gerade Devisen benötigte. Die Vertreibung aus allen Berufen wiederum hatte zur Folge, daß die Juden dringend auf ihre Kapitalien angewiesen waren; dies sah auch das Reichsinnenministerium ein, das die Vergabe größerer öffentlicher Fürsorgegelder scheute, gleichzeitig aber die Zwangsarisierungen favorisierte. Das Reichsfinanzministerium befürchtete Steuereinbußen und der Reichsbankpräsident die ungünstigen Auswirkungen auf die ausländischen Kapitalmärkte. Eine Lösung aus diesem Dilemma schien im September 1938 nirgends in Sicht, da auch Hitler, der einzige, der den Instanzen- und Interessenwirrwarr in der Judenfrage mit einer »Führerweisung« hätte entscheiden können, keinerlei Eingriffsabsichten erkennen ließ. Im Jahr 1937 hatte er sogar persönlich die Verabschiedung von zwei Gesetzen untersagt, die die Kennzeichnung jüdischer Gewerbebetriebe und die Schlechterstellung der »Mischlinge ersten Grades« zum Ziel hatten.[68] Im Mai 1938 untersagte er dem Reichsinnenministerium die vom

»Stellvertreter des Führers« betriebene Verschärfung der Nürnberger Gesetze.[69]

Daß der Widerstand Hitlers gegen die Verabschiedung einzelner antijüdischer Maßnahmen allein von innen- oder außenpolitischen Opportunitätsgründen bestimmt war, erweisen gerade die zuletzt genannten Entwürfe. Im Jahr 1937 waren die wirtschaftlichen Schwierigkeiten, die das Anlaufen des Vierjahresplans mit sich brachten, letztlich entscheidend. Im Mai 1938 hatte er gerade begonnen, die Krise um das Sudetenland anzuheizen. Inwieweit er bereit war, innenpolitische Maßnahmen und außenpolitische Rücksichten zu verbinden, zeigt das Ausschaltungsgesetz für die noch im Amt verbliebenen jüdischen Rechtsanwälte. Zwar unterzeichnete er am 27. September 1938 einen entsprechenden Entwurf, ordnete jedoch gleichzeitig an, daß die Veröffentlichung »während des Andauerns der jetzigen außenpolitischen Hochspannung unterbleibt«. Die zu befürchtenden kriegerischen Auseinandersetzungen wurden durch die Münchner Konferenz vom 29. September vermieden. Deutschland erhielt das Sudetenland zugesprochen und besetzte am 10. Oktober die letzte der im zugesprochenen Zonen. Am 13. Oktober wurde das Gesetz verkündet.[70]

Sofern keine politischen Rücksichtnahmen geboten waren, war Hitler immer bemüht, anstehende Regelungen möglichst »eng« fassen zu lassen, und griff bei diesen Gelegenheiten sehr direkt in den Gesetzgebungsprozeß ein. So untersagte er dem Reichsinnenminister persönlich die Regelung, österreichischen Beamten jüdischer Abstammung das Verbleiben im Amt zu garantieren, sofern diese Beamten im Ersten Weltkrieg auf seiten Österreich-Ungarns Soldaten gewesen waren.[71]

Mit den zunehmenden innenpolitischen Freiräumen, die das Dritte Reich gerade bei der wirtschaftlichen Konsolidierung und der erfolgreichen Bekämpfung der Arbeitslosigkeit gewann, entfielen für Hitler auch sukzessive alle Gründe, die für eine schonende Behandlung der Juden im Bereich der Wirtschaft sprachen. Hatte er noch 1933, erneut 1935 und letztmals im Herbst 1937 aus wirtschaftlichen Erwägungen Ausschaltungsmaßnahmen verworfen – Erwägungen, die auch außenpolitisch beeinflußt wurden –, so traten die innenpolitischen Rücksichtnahmen immer weiter zurück. In einer Direktive an die Reichskanzlei vom Juli 1938 gab er einige politische Handlungsanweisungen: Grundsätzlich seien alle Juden gleich zu behandeln. Aus außenpolitischen Gründen könne gleichwohl eine verschiedene Behandlung der Juden erforderlich sein, wenn Verträge mit anderen Staaten bestünden.[72]

Die Dokumente und Quellen zur Beteiligung Hitlers an den wirtschaftlichen Ausschaltungsmaßnahmen sind äußerst spärlich und gestatten kaum eine Interpretation. Noch am ehesten wahrscheinlich ist die Deutung, daß Hitler es vermeiden wollte, in den Grabenkampf der Ministerial- und Parteibehörden über die umstrittene Frage der »Entjudung der Wirtschaft« einzugreifen.

Bei diesem Stand der Dinge wurde am 7. November 1938 der deutsche Gesandte v. Rath in Paris von mehreren Revolverschüssen getroffen. Der Täter war ein polnischer Jude, dessen Eltern Ende Oktober in einer »Großaktion« gemeinsam mit 15 000 anderen Juden über die Grenze nach Polen getrieben worden waren. Es ist ungeklärt, ob zwischen Hitler und Goebbels eine Sprachregelung über die Behandlung des Attentats stattfand. Während Hitler in seiner traditionellen Rede am 8. November das Ereignis nicht einmal erwähnte, gab Goebbels am gleichen Tag die Weisung aus, es solle darauf hingewiesen werden, »daß das Attentat des Juden die schwersten Folgen für die Juden in Deutschland haben muß«[73]

Als am 9. November die »Alten Kämpfer« sich gegen 20.30 Uhr gerade zu einem Essen begeben wollten, reichte ein Adjutant Goebbels ein Telegramm, das den Tod des deutschen Gesandten meldete. Es folgte eine kurze Unterredung unter vier Augen mit Hitler, der sodann völlig überraschend die Versammlung verließ. Goebbels hielt eine kurze Rede, in der er in meisterlicher Verschwommenheit wenig sagte, aus der aber alle Anwesenden den Schluß zogen, die Partei müsse in dieser Nacht gegen die Ermordung v. Raths etwas unternehmen. Man solle und müsse eine Aktion gegen die deutschen Juden starten, insbesondere gegen ihre Synagogen angehen.[74]

Das Ergebnis ist unter dem Namen »Reichskristallnacht« bekannt genug und muß hier nicht mehr beschrieben werden.

Einige Indizien deuten darauf hin, daß dieser Gewaltausbruch gegen die Juden allein von Hitler und Goebbels inszeniert wurde, um endlich eine Legitimation für die wirtschaftlichen Ausschal-

tungsmaßnahmen zu schaffen und gleichzeitig im Sog dieser Terrornacht den befürchteten Widerstand oder die Einreden der Ämter zu brechen.
Göring, der oberste Wirtschaftslenker des Dritten Reiches, war von der Aktion nicht in Kenntnis gesetzt worden. Über die angerichteten Schäden schäumte er später vor Wut. Himmler erhielt von Hitler den Befehl, »sich rauszuhalten«, die übrigen Minister waren völlig uninformiert.
Am Nachmittag des 10. November fand sich Göring bei Hitler ein und stieß dort auf den anwesenden Goebbels, der bereits am Vormittag des Tages dem Reichswirtschaftsminister Funk mitgeteilt hatte, Göring werde von Hitler den Befehl erhalten, die Juden endgültig aus der Wirtschaft auszuschalten. Zu dritt besprach man den Rahmen der folgenden Maßnahmen, wobei Goebbels vorschlug, den Juden eine »Kontribution« aufzuerlegen. Nach einigem Hin und Her über die Höhe dieser Zahlung einigten sich Hitler und seine zwei Minister auf eine Milliarde Reichsmark.[75]
Zur legislatorischen Absicherung der einzelnen Maßnahmen fand dann am 12. November unter Görings Leitung im Reichsluftfahrtsministerium eine Sitzung aller beteiligten Ministerien statt. Höhepunkt dieser Sitzung, die zeitweilig von Göring in der Sprache eines Gangsterbosses geführt wurde, war ein Disput zwischen ihm und Goebbels um die Frage, ob und wie und wann Juden einen »deutschen« Zug benutzen konnten. Der Feldmarschall entschied das Duell zu seinen Gunsten, indem er auf den Lokus als Sitzgelegenheit verwies.[76]
Das Ergebnis dieser Mammutbesprechung mit mehr als 100 Teilnehmern war ein Sturzbach an Gesetzen, Verordnungen und Erlassen, die das definitive Ende aller wirtschaftlichen Betätigungen der deutschen Juden brachten und nur mühsam verschleiern konnten, daß es sich um den staatlich sanktionierten Raub fremden Vermögens handelte. Zusätzlich wurden die letzten, den Juden noch offengebliebenen Berufsmöglichkeiten drastisch eingeengt.[77] Diffamierende und denunziatorische Maßnahmen jeder Art schlossen sich an: Jüdische Kinder durften keine deutschen Schulen mehr besuchen; Himmler entzog den Juden generell die Fahrerlaubnis für Kraftfahrzeuge; sie unterlagen nunmehr automatisch der höchsten Besteuerungsklasse; die Ruhegehälter ehemaliger jüdischer Beamter wurden gekürzt; Juden hatten ihre Aktien und Wertpapiere einer Devisenbank zu übergeben; sie durften Gegenstände aus Edelmetall, Edelsteine und Perlen nicht mehr ankaufen, verpfänden oder veräußern.[78] Ein Erlaß Himmlers ermächtigte am 28. November die Regierungspräsidenten, »Juden deutscher Staatsangehörigkeit und staatenlosen Juden räumliche oder zeitliche Beschränkungen des Inhalts aufzuerlegen, bestimmte Bezirke nicht zu betreten oder sich zu bestimmten Zeiten in der Öffentlichkeit zu zeigen«. Heydrich wandte diese Verordnung zum ersten Mal reichsweit am 28. November 1938, dem »Tag der nationalen Solidarität«, an und verbot ihnen, sich von zwölf bis 20 Uhr in der Öffentlichkeit aufzuhalten.[79]
Kurz vor Ende des Jahres 1938 unterrichtete sich Göring nochmals bei Hitler über die zukünftige Haltung in der Judenpolitik. Die Antworten des Reichskanzlers ließ er allen Staats- und Parteibehörden mitteilen. Hitler untersagte erstens die von Heydrich angeregte Kennzeichnung der Juden, zweitens wünschte er die Konzentrierung und Zusammenlegung der Juden in eigens hierfür freizumachenden Häusern. Drittens sollten Juden keine Schlaf- und Speisewagen mehr benutzen dürfen und der »Judenbann« nur für gewisse, der Öffentlichkeit allgemein zugängliche Plätze gelten. Die weiteren Vorschläge Hitlers über die Behandlung der »Mischehen« und in der Mischlingsfrage liefen darauf hinaus, die »Mischlinge ersten Grades« (zwei jüdische Großeltern) auf Dauer wie Juden zu behandeln und den »arischen« Partner in einer Mischehe den gleichen Nachteilen auszusetzen.[80]
In der Folgezeit wurde die »Willensmeinung des Führers« in Verordnungen und Erlasse umgesetzt. Die beabsichtigte Konzentrierung der Juden wurde im »Gesetz über Mietverhältnisse mit Juden« vom 30. April 1939 vorangetrieben. Es erleichterte den Gemeindebehörden die Kündigung von Mietverhältnissen und die Einrichtung besonderer Judenviertel. Dem Reichsinnenministerium war es nach zähen Verhandlungen mit der Partei gelungen, eine Ausnahmeregelung für »privilegierte Mischehen« in das Gesetz einzubringen, die während der späteren Deportationen von lebenswichtiger Bedeutung werden sollte. Als »privilegiert« galt eine Mischehe dann, wenn die Frau Jüdin und kinderlos war oder Kinder vorhanden waren, die nicht als Juden galten.[81]

Die ersten Kriegsjahre im »Altreich«

Mit Kriegsbeginn verschärfte sich die Situation der Juden nochmals fühlbar. Luftschutzbunker durften sie nicht aufsuchen, ab 22 Uhr galt für sie ein generelles Ausgehverbot, das ab Mai 1940 von der Gestapo verschärft wurde.[82] Goebbels, der sich in Fragen der Behandlung von Juden für zunehmend kompetent hielt, zog sofort nach und ordnete an, daß Juden ihre Einkäufe erst ab 15.30 Uhr erledigen konnten.[83] Bei der Zuteilung von Lebensmitteln und anderen rationierten Verbrauchsgütern des täglichen Bedarfs erfuhren sie eine sukzessiv sich steigernde Schlechterstellung: Sie erhielten keine Sonderzuteilungen an Fett- und Milchprodukten, von Schokoladenerzeugnissen sowie Spinnstoffen, Schuhen und Ledermaterial wurden sie gänzlich ausgeschlossen.[84]

Noch im September 1939 wurden in einer »schlagartigen« Aktion der Gestapo die Radioapparate aller Juden zugunsten des Reichs beschlagnahmt; der Kauf neuer Geräte wurde ihnen zusätzlich untersagt, ebenso das Abhören von Rundfunksendungen. Im August 1940 erfolgte der Entzug von Fernsprechapparaten.[85]

Auf dem Gebiet des Arbeitsrechts wurden schon früh Bestrebungen erkennbar, neben der Zwangsarbeit eine besondere Behandlung der jüdischen Arbeitskräfte durchzusetzen. Derartige Pläne, die seit 1939 von der Gestapo betrieben wurden, fanden allerdings zu dieser Zeit in Görings Vierjahresplanbehörde noch keine Unterstützung. Göring war in jener Phase noch mächtig genug, um die Behandlung arbeitsrechtlicher Fragen an sich zu ziehen. Nach längerem Kompetenzgerangel unter den Behörden und der Partei ergriff der Reichsarbeitsminister die Initiative und regelte durch eine vorläufige Anordnung die Materie: Juden erhielten an den nationalsozialistischen und den einmaligen Sonderfeiertagen keinen Arbeitsverdienst und wurden von allen Zulagen und Beihilfen ausgeschlossen.[86] Eine spätere, auf Wunsch der Partei sehr verschärfte Verordnung vom 31. Oktober 1941, die Görings Behörde und das Reichsarbeitsministerium in entscheidenden Punkten zu mildern verstanden hatten, schloß Juden von allen tarif- und arbeitsrechtlichen Schutzbestimmungen aus, gestattete die Heranziehung jüdischer Jugendlicher zu Erwachsenenarbeiten und entzog ihnen jeglichen Arbeitsschutz.[87] Allerdings hielt die Verordnung daran fest, daß Juden einen Anspruch auf Arbeitslohn hatten – eine reine Fiktion angesichts der sich gerade zu diesem Zeitpunkt anbahnenden Entwicklungen.

Neben den Erschwerungen auf allen Gebieten des öffentlichen und privaten Lebens, der systematischen Entrechtung und Diffamierung trat am 15. September 1941 die »Polizeiverordnung über die Kennzeichnung der Juden«[88] – eine Regelung, die beispielhaft die Entwicklung der Judenpolitik im Sommer und Herbst 1941 widerspiegelt – in Kraft. Das Erfordernis, daß alle Juden ab dem sechsten Lebensjahr einen gelben Judenstern deutlich sichtbar an der »linken Brustseite des Kleidungsstückes fest angenäht« zu tragen hatten, macht deutlich, inwieweit der Nationalsozialismus in der Judenfrage Denkgewohnheiten verhaftet war, die mittelalterlichen Vorstellungen entsprangen. Die im 4. Laterankonzil 1215 dogmatisch festgeschriebene »ewige Knechtsexistenz« der Juden zwang diesen eine besondere Kleiderordnung auf, unter anderen auch die Kennzeichnung mit einem gelben Fleck. Jeder Christ sollte einen Juden sofort erkennen, damit jener, der »gottverdammte Sklave«, sich nicht mehr hochmütig über den christlichen Glauben erheben könne.[89] Genau die gleichen Gedankengänge – nur rassenbiologisch gewendet – verfolgten die deutschen Eroberer in den eingegliederten Ostgebieten und dem Generalgouvernement, wo bereits 1939 die Kennzeichnungspflicht auf der Kleidung eingeführt wurde.

Auch im »Altreich« gab es einige Vorstöße in dieser Richtung, die allerdings von Hitler abermals – so zuletzt im August 1940 – abschlägig beschieden wurden. Im April 1941 begann sich Goebbels dieser Frage anzunehmen. Er beabsichtigte zunächst die Kennzeichnung der Juden Berlins. Andere Stellen machten ähnliche Vorschläge, und seit dem August 1941 setzte sich auch das Reichssicherheitshauptamt (RSHA) Heydrichs bei Göring mit einem entsprechenden Antrag ein. Dieser fühlte sich indes nicht zuständig, sondern verwies auf die Entscheidungskompetenz Hitlers – eine im Dritten Reich von den Behörden oft geübte Praxis, keine Entscheidung treffen zu wollen.

Mit schnellem Zugriff zog dann Goebbels die Federführung in der Kennzeichnungsfrage an sich. In einer interministeriellen Konferenz am

15. August führte sein Staatssekretär aus, der Minister schlage vor, Juden in Barackenlager einzuweisen, ihre Fleischrationen herabzusetzen und ihnen besondere Verkehrsmittel zuzuweisen. Vorbedingung dieser Maßnahmen sei allerdings ihre Kennzeichnung. Während Görings Behörde und das Reichsinnenministerium noch versuchten, ihr Mitspracherecht bei den geplanten Maßnahmen zu sichern, hatte Goebbels bereits Vortrag bei Hitler gehalten und von diesem erfahren, daß er mit den geplanten Maßnahmen einverstanden sei. Während das eigentlich fachlich zuständige Innenministerium nun davon ausging, federführend sei das Reichspropagandaministerium, erfuhr es eine neue Überraschung: Plötzlich meldete sich das RSHA und machte bekannt, es habe den Auftrag erhalten, die geplante Verordnung zu entwerfen. Offensichtlich war es Heydrichs Apparat gelungen, in dem Kompetenzgerangel auch Goebbels zu überrunden. Noch ehe das Reichsinnenministerium seine sachliche Zuständigkeit gegenüber dem RSHA anmelden konnte, hatte Heydrichs Behörde die entsprechende Polizeiverordnung fertiggestellt. Es gelang dem Ministerium nur noch, wenigstens die privilegierten »Mischehen« von den überaus einschneidenden Bestimmungen dieser Verordnung auszunehmen. Sie regelte nicht allein die Kennzeichnungspflicht, sondern ermächtigte das RSHA, alle zur Durchführung dieser Verordnung erforderlichen Maßnahmen zu treffen. Juden wurde ab Ende September 1941 das Verlassen ihrer Wohngemeinde verboten, die Benutzung von Schienen-, Binnen- und Wasserstraßen wurde ihnen nur in Ausnahmefällen und nur mit polizeilicher Genehmigung gestattet. In Eisenbahnen durften sie nur die dritte Klasse benutzen und nur dann Sitzplätze einnehmen, wenn sie nicht von »Deutschblütigen« benötigt wurden. Diese Beschränkungen wurden im März 1942 weiter verschärft: Auch die jüdischen Wohnungen mußten nun einen Judenstern tragen, die Genehmigung zur Benutzung eines Verkehrsmittels wurde nur noch erteilt, wenn der einfache Arbeitsweg mehr als sieben Kilometer betrug oder ein jüdisches Schulkind mehr als zehn Kilometer zur nächsten jüdischen Schule zurückzulegen hatte.[90] Die Benutzung eines Fahrrades oder dessen Besitz war verboten.

Seit dem Herbst 1941 wurde deutlich, daß Juden in Deutschland einen Rechtsstatus besaßen, der sie *unterhalb des Reichstierschutzgesetzes ansiedelte.* Im Januar 1942 beschlagnahmte die Gestapo alle in jüdischem Besitz befindlichen Woll- und Pelzsachen, wenige Monate später zwang man sie zur Abgabe aller nicht unbedingt notwendigen Bekleidungsstücke.[91] Auf dem Ernährungssektor erhielten sie nur noch Minimalzuteilungen, gleichgültig, zu welcher Arbeit sie eingesetzt wurden. Das Reichsjustizministerium wies im Januar 1942 darauf hin, daß es unangebracht sei, Juden mit »Herr« anzureden! Das RSHA konkretisierte diese Tatsache in seinen Weisungen. Es verbot den Juden die Inanspruchnahme deutscher Friseure und drohte auf der anderen Seite jedem Deutschen die Schutzhaft an, der es wagen sollte, »weiterhin freundschaftliche Beziehungen« zu ihnen zu unterhalten. Im Mai 1942 versuchte es, auch die letzte Zuneigungsmöglichkeit, die einem Juden in Deutschland verblieben war, auszuschalten: Es untersagte ihnen das »Halten deutscher Haustiere«.[92]

Die Vernichtung der deutschen Juden

Vorbemerkung

Der folgende Teil dieses Beitrags erfordert eine hinweisende Vorbemerkung, da in ihm eine Deutung über die NS-Vernichtungspolitik gegeben wird, die durchaus lebhaft umstritten ist. Insofern erscheint es gerechtfertigt, in einem knappen Exkurs dem am Stand der historischen Forschung interessierten Leser die bestehenden unterschiedlichen Positionen und Argumente darzustellen.

Bereits die ersten Seiten dieses Beitrages enthalten einige Bemerkungen zur Problematik, die auch und gerade in der »Endlösung« nach einer entschiedenen Stellungnahme drängen. Andreas Hillgruber hat kürzlich die widerstreitenden historischen Lager ein wenig vereinfachend, aber mit um so größerer Prägnanz und Verständlichkeit als »Programmologen« und »Revisionisten« bezeichnet.[93] Diese Namengebung – sicherlich nicht ohne Anlehnung an alte Streitigkeiten in der Sozialdemokratie gewählt – ist auch deshalb besonders gelungen, da sie geeignet ist, die fundamentalen Unterschiede bei der Beschreibung und Deutung des Dritten Reiches am ehe-

sten auf die jeweils einem Historiker zugrundeliegenden Ausgangsposition zurückzuführen.
Der »Programmologe« ist danach also derjenige Historiker, der von der Überzeugung ausgeht, daß Hitler bereits 1933 ein derart geschlossenes politisches und weltanschauliches »Zielprogramm« besaß, daß er ungeachtet aller innen- und außenpolitischen Ereignisse die Verwirklichung dieses Programms nahezu bruchlos und ohne bemerkbare Veränderungen seiner Zielperspektiven angehen konnte.
Demgegenüber sind die »Revisionisten« der Ansicht, daß die Absicht eines Planungsziels nicht gleichbedeutend sein kann mit den Möglichkeiten der Politik schlechthin, die ja immer wieder mit der »normativen Kraft des Faktischen« zu kämpfen hat. Was nun im Dritten Reich »faktisch« zu fassen war, konnte für die Revisionisten kaum ein Anlaß sein, die Theorie von der Zielplanung Hitlers für unangemessener als andere Erklärungsversuche zu halten. Und so stellt sich die Frage, wie angesichts der »Verfassungswirklichkeit« des NS-Staates, die in einer »Polykratie« am ehesten zureichend beschrieben werden kann, eine kalkuliert planende, lenkende und leitende Politik überhaupt möglich sein konnte. Es sind denn auch die beobachtbaren Systemmängel, die unübersehbar in den Herrschaftsapparat eingebauten »checks and ballances« der sich gegenseitig paralysierenden und konfligierenden Machtelite des Dritten Reiches, die den Ansatz der Revisionisten bestimmen. Um es überspitzt auszudrücken: Hitler hatte nicht wegen, sondern vielmehr trotz seiner politischen und administrativen Fähigkeiten Erfolg. Aber das von ihm zuerst mitbestimmte, später nahezu absolut von ihm abhängig gewordene Herrschaftssystem zwang ihm nicht weniger Entscheidungen ab, als er es ihm abzuverlangen wünschte. Und aus dieser Sicht gewinnt Hitler weniger historisches Format.
Die Frage der Zielgerichtetheit von Hitlers Politik gewinnt nun gerade im Zusammenhang mit der Vernichtung des europäischen Judentums eine beklemmend-praktische Bedeutung, weil von ihrer Beantwortung weitere Schlußfolgerungen abhängig sind, die das Gesamtsystem des Dritten Reiches, die Stellung und Rolle Hitlers und – in letzter Konsequenz – auch die Geschichtsschreibung über das Dritte Reich vice versa bestimmen. Gerade zu dieser Frage gehen die Meinungen und Positionen über den Staat Hitlers[94] weit auseinander.
Eine weit überlegene Zahl von Historikern ist der Ansicht, daß Hitlers Judenhaß bereits vor 1933 derart ausgeprägt war, daß er sich zum Ziel gesetzt hatte, diese Gruppe, wann immer sich eine Gelegenheit ergab, physisch auszurotten. Die sich immer mehr verschärfenden Judengesetze des Dritten Reiches bieten für diese Deutung einen anschaulichen Beleg.
Unter diesen Historikern ist wiederum die überwiegende Mehrheit der Auffassung, Hitler habe im unmittelbaren Zusammenhang mit der Judenvernichtung in Polen durch die Einsatzgruppen auch die Vernichtung der deutschen, west- und nordeuropäischen Juden sowie der Juden aus Italien und dem Balkan freigegeben.[95] Der Angriff auf die Sowjetunion wird somit zu einem Fixpunkt von Hitlers Raum- und Rassenideologie: Von der unbestreitbaren Tatache ausgehend, daß Hitler bereits in »Mein Kampf« Bolschewismus und Judentum gleichsetzte, kommen viele Historiker zu dem verständlichen Schluß, daß beide Entscheidungen – der Angriff auf die Sowjetunion und die Vernichtung des deutschen und europäischen Judentums – in einem engen sachlichen und zeitlichen Zusammenhang stehen.[96]
Eine derartige Sichtweise – die letztlich bedeutet, daß ein Befehl oder wenigstens der Beschluß Hitlers zur »Endlösung« spätestens im Mai oder Juni 1941 feststand – konnte ich mir schon früher nicht zu eigen machen.[97] Mir schien die Vorstellung eines nur von seiner Ideologie bestimmten und geleiteten Machtfanatikers zu wenig überzeugend, hatte dieser Mann doch seit 1926 immer wieder unter Beweis gestellt, wie er persönliche, weltanschauliche Überzeugungen um taktischer Vorteile willen aufzugeben oder zu verzögern bereit war. Konnte man wirklich erwarten, daß er innerhalb eines kurzfristigen Krieges – Hitler und der Generalstab rechneten mit drei, maximal vier Monaten Kriegsdauer gegen die Sowjetunion – eine Entscheidung fällen würde, die in ihren Konsequenzen einzigartig war und ihn zwangsläufig jeder erwartbaren Chance eines wie immer angestrebten Friedensgesprächs mit Großbritannien enthob? Gegen diesen Synchronismus der Raumeroberungspolitik und der Judenvernichtung im Sinn der Endlösung spricht neben weiteren militärischen so-

wie innen- und außenpolitischen Gesichtspunkten auch ein überaus gewichtiges zeitliches Moment. So wird man fragen müssen, weshalb die Massenvernichtung großen Stils erst im Frühjahr 1942 in Gang gesetzt wurde, also neun Monate nach einem angeblich bestehenden Vernichtungsbefehl, daß alle seit dem Spätherbst 1941 beobachtbaren Fakten, die auf »endgültige Maßnahmen« hinweisen, offenkundig jeder näheren Vorplanung ermangelten und insgesamt der Aufbau der Vernichtungslager, wenn nicht von Desorganisation, so doch wenigstens von augenscheinlichen Improvisationen geprägt wurde.

Diese Fakten führten zu der Überlegung, daß Hitler zum Zeitpunkt des Überfalls auf die Sowjetunion noch kein schlüssiges oder verbindliches Konzept zur »Lösung der Judenfrage« hatte. Zwar ließ er unter dem Deckmantel des von ihm so gewollten »Weltanschauungskrieges« die Einsatzgruppen alle Juden ermorden, derer sie habhaft werden konnten. Doch diese Massentötungen waren zweifellos von anderen Absichten getragen, entsprachen einer anderen Zielperspektive seiner taktischen Maßnahmen als die später erfolgende Einbeziehung der im nichtrussischen Raum lebenden Juden.

Sofern man diesen Überlegungen folgt, wird man zwangsläufig auch Hitlers Politik und Kriegführung, insbesondere deren rassisch bestimmte Komponenten, differenzierter betrachten müssen. Im Rahmen einer Vorbemerkung verbietet sich eine nähere Darlegung allerdings.

Im neueren Schrifttum zu dem hier behandelten Bereich der Geschichte des Dritten Reiches wird – und dies soll als Fazit dieser Vorbemerkung stehen – zumeist eine »Zweiphasigkeit« in der Vernichtungspolitik gegen die Juden angenommen und damit die Tätigkeit der Einsatzgruppen von dem letztlich erfolgten »Endlösungsbefehl« deutlicher geschieden.[98] In einem aufschlußreichen Aufsatz gelangt Martin Broszat zu der Ansicht, daß es möglicherweise niemals einen diesbezüglichen Befehl zur Endlösung gegeben habe, sondern die Vernichtung schub- und phasenweise aus einer Reihe isolierter Einzelaktionen bei einem sukzessiv sich verschärfenden Radikalisierungsprozeß erst den eigentlichen Vernichtungsprozeß ausgelöst habe.[99] Auch dieser Erklärungsversuch blieb nicht unwidersprochen, sondern stieß insofern auf Kritik, als das Moment der Planung und Auslösung von Aktionen von Broszat nicht hinreichend berücksichtigt worden sei.[100] Gleichgültig, welche eigene Position man in diesen Fragen hinsichtlich der Beteiligung und Letztverantwortung Hitlers einnimmt, es darf als sicher gelten und wird auch von keinem seriösen Historiker ernsthaft bestritten, daß Hitler »den Untergang der Juden fanatisch herbeisehnte und jeden erfolgreichen Schritt in diese Richtung als Bestätigung seiner Sehergabe darstellte«.[101]

Anmerkung des Herausgebers

Seit der Jahrhundertwende war bei radikalen Antisemiten eine Vernichtung der Juden als theoretisches Fernziel, als Hoffnung und Konsequenz ihrer Bestrebungen vorhanden. Dieser bei Hitler eindeutig nachweisbare Wunsch wird von Uwe Adam nicht in Frage gestellt. Seine Überlegungen zielen auf die Frage, ob es akzeptabel und angesichts der zahllosen Forderungen aus den Parteigliederungen nach einer zunehmend radikaleren antisemitischen »Gangart« der Reichsführung und der staatlichen Organe glaubwürdig ist, wenn die Verantwortung für die Ermordung Millionen jüdischer Menschen auf den engsten Zirkel um den »Führer« reduziert wird.

Nicht umsonst habe ich Uwe Adam gebeten, die juridisch-bürokratischen Umsetzungen alter judenfeindlicher Vorstellungen, die der NS-Staat übernahm, ausführlich zu schildern. Kann angesichts dieser Verantwortung und der Bereitschaft, den Massenmord zu planen und durchzuführen, nur von einem Verantwortlichen gesprochen werden? Hitlers und Himmlers Schuld steht außer Frage. Sie sollen auch nicht »entschuldigt« werden. Die von Adam aufgezeigten Abläufe führen jedoch dazu, eben diese Schuld, die Verantwortung für die »Endlösung«, zu »verbreitern«. Hier waren nicht nur wenige ausführende Befehlsempfänger am Werke, sondern viele »mitgestaltende«, mitplanende und mitmordende Täter.

Adams Ansatz mag umstritten bleiben, doch ist es das »unbestreitbare Verdienst Uwe Dietrich Adams, deutlich gemacht zu haben, wie langsam und wie stockend sich dieser Willensprozeß angelassen hat« (Krausnick/Wilhelm: Die Truppe, a. a. O., S. 623), der zur Ausführung der Endlösung führte.

Dem Herausgeber kam es darauf an, deutlich zu machen – gerade im Kontext der Antisemitismus-

geschichte –, mit welch schrecklich-brutaler Konsequenz der Judenhaß auch per Bürokratie und antisemitisch geprägter »Realitätspolitik« betrieben, der Logik von Antisemiten folgend, auf diese Spitze getrieben wurde: die systematische Ermordung von Menschen als notwendige Arbeit (!), als »Ruhmesblatt« (Himmler) zu betrachten.

Bereits beim »Anschluß« Österreichs und der Besetzung der Rest-Tschechei hatte es das Regime unternommen, im ersten Zuschlag mögliche politische oder ideologische Gegner auszuschalten. Zu diesem Zweck wurden besondere Polizeieinheiten eingesetzt, die aus Beamten der Politischen und der Kriminalpolizei sowie Mitarbeitern des SD und SS-Angehörigen bestanden. Die Aufgabe dieser Spezialeinheiten bestand im Verhaften bzw. Aufspüren von Personen, die in irgendeiner Form dem Dritten Reich gefährlich werden könnten. Noch vor dem Polenfeldzug wurde diese Übung in einem Sonderausbildungslager erneut durchgespielt. Den kämpfenden deutschen Truppen sollten fünf »Einsatzgruppen« des »Chefs der Sicherheitspolizei und des SD« folgen. Diese aus allen Polizei- und SS-Gliederungen zusammengesetzten Spezialverbände erhielten allerdings einen weitaus umfangreicheren Auftrag. Ihnen oblag unter dem Deckmantel der kriegerischen Handlungen die Aufgabe, die polnische Führungsschicht sowie alle staatspolizeilich unerwünschten Gruppen zu ermorden. Der Einsatz dieser Tötungskommandos verlagerte sich bereits im September 1939 schwerpunktartig auf die Vernichtung polnischer Juden. Die Massaker wurden erst nach dem Zusammenbruch Polens und auf Druck des Militärbefehlshabers eingestellt.[102]

Man kann davon ausgehen, daß die Tätigkeit der Einsatzgruppen nicht auf einem Vernichtungsbefehl für *alle* Juden beruhte, sondern einzig für Juden galt, die auch zur politischen Führungsschicht oder zu den religiösen Spitzen ihrer Gruppen zu zählen waren. Daß es dennoch zu wahllosen Massentötungen kam, lag offensichtlich in der besonders gründlichen politisch-weltanschaulichen Indoktrinierung der Einsatzgruppen, die in den eroberten Gebieten jenem fremden Habitus des Juden begegneten, den der Nationalsozialismus in seiner Propaganda als »typischen« Juden herausgestellt hatte. Die Einsatzbefehle Heydrichs zeigen denn auch, daß zwar eine systematische Erfassung, nicht aber eine organisierte Vernichtungskampagne bezweckt wurde.[103]

Durch die Eroberung des westlichen Teils von Polen geriet indessen die nationalsozialistische Judenpolitik und ihre angestrebte Zielvorstellung ins Wanken, das Reich so schnell wie möglich »judenfrei« zu machen. Die vom SD seit 1938 betriebene Zwangsauswanderung wurde nicht nur seit Kriegsbeginn weitgehend lahmgelegt, sie wurde praktisch nach der Inbesitznahme Polens unmöglich. Zu den 350 000 Juden des »Großdeutschen Reiches« kamen noch einmal 1,9 Millionen Juden im deutsch besetzten Polen, davon ca. 620 000 in den eingegliederten Ostgebieten. Je mehr Staaten 1940 in den Einflußbereich Deutschlands gerieten, desto weniger schien es möglich, die sprunghaft ansteigende Zahl der Juden mit den ideologischen Maximen Hitlers in Einklang zu bringen.

Ob Hitler tatsächlich von seinen eigenen Vorstellungen über die »zersetzende Wirkung« des Juden besonders während eines Krieges überzeugt war, oder ob er diese Verbindung zwischen Judentum und Krieg nur als ideologische Brücke für sein eigentlich angestrebtes Ziel, die Vernichtung des Judentums, war, wird wohl wegen der unzureichenden Quellenlage definitiv nicht beantwortet werden können. Mit hoher Wahrscheinlichkeit wird man aber annehmen können, daß Hitler in seiner psychischen Disposition die beiden Elemente »Krieg« und »Vernichtung des Judentums« kausal aufeinander bezog. Bereits in seinen frühesten Reden taucht diese Koppelung auf, die er in »Mein Kampf« in einer besonders drastischen Wendung artikulierte: »Hätte man zu Kriegsbeginn einmal zwölf- oder fünfzehntausend dieser hebräischen Volksverderber so unter Giftgas gehalten, wie Hunderttausende unserer allerbesten deutschen Arbeiter aus allen Schichten und Berufen erdulden mußten, wäre das Millionenopfer der Front nicht vergeblich gewesen.«[104] Wiederholte private und öffentliche Äußerungen weisen in die gleiche Richtung. Vor dem Reichstag sagte er am 30. 1. 1939: »Ich will heute wieder ein Prophet sein: Wenn es dem internationalen Finanzjudentum innerhalb und außerhalb Europas gelingen sollte, die Völker nochmals in einen Weltkrieg zu stürzen, dann

wird das Ergebnis nicht die Bolschewisierung der Erde und damit der Sieg des Judentums sein, sondern die Vernichtung der jüdischen Rasse in Europa.«[105]
In dieser »Prophezeiung« verkettet Hitler zwei befürchtete Gefahren: der Jude als der »äußere Feind«, der bemüht ist, Deutschland in einen neuerlichen Weltkrieg zu stürzen, und der Jude als der »innere Feind«, der durch seine »Wühl- und Zersetzungsarbeit« die Widerstandskraft eines im Krieg befindlichen Deutschland beeinträchtigt.[106]
Folgte Hitler seiner eigenen Logik, so mußte es sein vordringlichstes Ziel sein, vor jeder größeren kriegerischen Auseinandersetzung seinen Herrschaftsbereich »judenfrei« zu machen. Im Fall eines längerfristigen, für Deutschland entscheidenden Krieges mußte der »Schuldige« entscheidend getroffen werden, was letztlich und als Konsequenz hieß, den Gegner körperlich zu vernichten.
Die Chronik der antijüdischen Maßnahmen in der Zeit des Zweiten Weltkrieges zeigt tatsächlich eine der Logik Hitlers entsprechende Abfolge immer härterer und brutalerer Pressionen: Nachdem die erste Voraussetzung Hitlers, ein »judenfreies« Deutschland, vor Ausbruch des Krieges nicht erreicht werden konnte, versuchte Hitler, dieses Vorhaben während der Kriegsaktionen durchzuführen. Am 20. September 1939 gab er Himmler, Heydrich und dem Danziger Gauleiter Forster nähere Instruktionen: Alle Juden aus dem Reich sollten nach Polen, die polnischen Juden sollten so schnell wie möglich in den Städten konzentriert werden.[107] Dieser gesamte, als »Nahziel« angesprochene Vorgang sollte auf die Dauer eines Jahres verteilt werden. Als »Endziel« galt der phantastische Plan, alle Juden in das »Generalgouvernement«, und zwar in dessen östlichen Teil zwischen Weichsel und Bug um die Stadt Nisko, zu deportieren. Die Lage des neuen »Reichsgettos« hatte ein Adolf Eichmann erkundet, der als Angehöriger des SD seit 1938 die Auswanderungszentralen in Wien und Prag geleitet hatte und als Fachmann für Aussiedlungsverfahren galt.[108]
Am 30. 10. 1939 begann Himmler, die Vorstellungen Hitlers umzusetzen. Er ordnete an, in den Monaten November und Dezember 1939 sowie Januar und Februar 1940 alle Juden aus den ehemaligen polnischen und nunmehr reichsdeutschen Gebieten in das »Generalgouvernement« (GG) umzusiedeln. Im Zuge einer »völkischen Flurbereinigung« sollte zudem auch Platz für neu anzusiedelnde Auslandsdeutsche geschaffen werden. Sonderreferent für alle Umsiedlungsaktionen wurde im Dezember 1939 Eichmann.[109]
Diese erste »Umsiedlungsaktion«, von der ca. eine Million Polen und Juden betroffen waren, wurde zu einem bemerkenswerten Fehlschlag. Zwar wurden noch 1939 etwa 90 000 Menschen aus dem Warthegau in das Generalgouvernement gepreßt, im Frühjahr 1940 begann man sogar mit der »Säuberung« im Reich (Juden aus Wien und Stettin), ansonsten erstickten jedoch die Planlosigkeit dieser Aktionen und die zunehmenden Gegenvorstellungen anderer Instanzen alle weiteren Bemühungen. Dies bekam als erster Adolf Eichmann zu spüren, dem es gelungen war, einige tausend Juden in das Gebiet um Nisko zu bringen. »Generalgouverneur« Hans Frank zeigte sich gegenüber den völlig unkoordinierten Abschubmaßnahmen in seinen Herrschaftsbereich zunehmend resistent und beschwerte sich am 12. Februar 1940 bei Göring, der deshalb am 24. März die Deportation von Juden aus dem Reich nach Polen untersagte. Eichmann mußte im April 1940 sein Judenreservat auflösen.[110] Transportschwierigkeiten der Reichsbahn, Boden- und Personalforderungen der Wehrmacht sowie der hartnäckige Widerstand Franks verhinderten, daß der Wunsch Hitlers nach einem »judenfreien« Deutschland realisiert werden konnte. Inwieweit er von dem Instanzenkrieg zwischen dem RSHA, den »Reichsgauen« und dem Generalgouverneur Kenntnis nahm, ist nicht bekannt. Daß er die Verzögerung seiner Anweisungen mit Ungeduld registrierte, zeigte sein persönliches Eingreifen in die Deportationen. Im Oktober 1940 verfügte Hitler die Abschiebung von 6500 Personen aus den Gauen Baden und Saarpfalz in das unbesetzte Frankreich und im Dezember die Deportation der Wiener Juden in das GG.[111] Im Januar 1941 ließ Heydrich trotz erbitterten Widerstands von Frank den »3. Nahplan« anlaufen, der die Quote der umzusiedelnden Juden aus Ost- und Westpreußen, Schlesien und dem Warthegau festlegte und 250 000 Menschen betraf. Auch diese Zahlen wurden nicht annähernd erreicht. Die Gesamtzahl der in das GG abgeschobenen Juden dürfte 150 000 nicht überschritten haben, als der Krieg

gegen die Sowjetunion bevorstand.[112] Der Widerstand Franks gegen die Deportationen hatte weder humanitäre noch judenfreundliche Gründe, sondern ausschließlich wirtschaftliche. Bereits die Aufnahme von 150 000 Menschen bedeutete für das GG, das dem Reich zu umfangreichen Nahrungsmittellieferungen verpflichtet war, eine kaum tragbare Belastung, insbesondere bei der Unterbringung und Ernährung. Die Gettoisierung der Juden – so lebten im Getto von Warschau Ende 1940 ca. 380 000 Menschen unter unerträglichen Bedingungen – führte zu abnormen Sterblichkeitsraten. In Warschau starben allein im Dezember 1941 über 43 000 Menschen, im Jahr 1941 insgesamt mehr als 82 000. Im Getto Lodz im Reichsgau Wartheland, mit 160 000 Personen das größte Getto außerhalb des GG, stieg die Sterblichkeitsquote auf das Achtfache des Vorkriegsdurchschnitts! In den kleineren Gettos, so etwa in Lublin oder Kielce, waren die Lebensbedingungen kaum erträglicher.[113] Diese »natürliche Verminderung«, zumeist hervorgerufen durch Unterernährung und epidemisch ausbrechende Seuchen, wurde natürlich in den mit der »Judenfrage« befaßten Dienststellen der Sicherheitspolizei mit Aufmerksamkeit registriert, lag hier doch ein empirisches Beispiel vor, wie eine zielstrebige Verminderung des Judentums erreicht werden konnte.

Als am 22. Juni 1941 deutsche Truppen zum Kampf gegen die Sowjetunion antraten, war die »Judenfrage« ungelöst wie zuvor, während das Problem selbst durch die Ausdehnung des deutschen Herrschafts- und Einflußbereiches quantitativ angewachsen war. Sicherlich stellt der »Kommissarbefehl« Hitlers, in dem erstmals pauschal von der organisatorischen Tötung des »bolschewistischen Judentums« die Rede ist, nicht das Startsignal zur Vernichtung des europäischen Judentums dar, wie das von vielen Historikern angenommen wird. Auch der erneute Rückgriff auf »Einsatzgruppen«, die hinter den vier Heeresgruppen operierten, ist kein hinreichender Beleg für eine solche Annahme[114], wenn auch unzweifelhaft ist, daß die Tätigkeit dieser Einsatzgruppen sich generell gegen die Juden richtete. Da Hitler in seinem Denken »Bolschewisten« und »Juden« stets gleichgesetzt hatte, er im übrigen im Krieg gegen die Sowjetunion einen letztentscheidenden Weltanschauungskampf sah, der nur mit der völligen Vernichtung eines der Gegner enden konnte, mußte es durchaus folgerichtig sein, schwerpunktartig den »bolschewistischen Juden« zu vernichten. Daß diese Überlegung noch nicht gleichbedeutend mit einer Entscheidung über das Schicksal der deutschen und europäischen Juden sein mußte, ja daß deren Schicksal noch gänzlich unbestimmt war, zeigt sich allein an der Tatsache, daß der Führungsstab des Heeres und auch Hitler davon ausgingen, der Krieg werde spätestens bis zum Wintereinbruch in Rußland entschieden sein.[115] Hierbei gilt es zu bedenken, daß die Massentötungen der Einsatzgruppen nicht nur gegenüber der Wehrmacht und anderen Instanzen als Kriegshandlungen (Partisanenkampf) verteidigt wurden, sondern daß auch die Mörder selbst für ihre psychische Motivation einer Rechtfertigung bedurften, die anfangs ihren Sinn nur in der Gewißheit sehen konnte, bei einer kriegerischen Auseinandersetzung eine harte, aber notwendige Tätigkeit durchführen zu müssen. Es bleibt demnach äußerst unwahrscheinlich, daß Hitler über den Zeitpunkt des Zusammenbruchs der Sowjetunion hinaus weitergehende Vernichtungspläne hatte. Diese Annahme wird durch die Tatsache gestützt, daß vor September 1941 keine Maßnahme oder Weisung in irgendeiner Form die organisatorische Massenvernichtung *aller* Juden ansprach oder auch nur erkennen läßt. Wenn Hitler eine Vorstellung kommender Maßnahmen hatte, dann im Zusammenhang mit dem Ende Rußlands und einer »territorialen« Lösung. Die seit Mai 1940 im Auswärtigen Amt ausgearbeiteten Pläne einer Ansiedlung aller westeuropäischen Juden auf Madagaskar – die Ostjuden sollten als »Faustpfand« in Europa verbleiben – waren von Hitler und Himmler ausdrücklich unterstützt worden. Eichmanns Judenreferat arbeitete dann die näheren Einzelheiten aus und legte im August 1940 eine Gesamtkonzeption vor. Sie fand die Billigung Heydrichs und sah vor, nach Kriegsende – dies bedeutete zu jener Zeit die Ausschaltung Großbritanniens – vier Millionen Juden auf diese Insel abzuschieben, wo sie unter deutscher Aufsicht »agrarisch tätig« werden sollten.[116] Als dieser Plan im Juli 1940 dem GG mitgeteilt wurde, stoppte Frank sofort die bereits in Angriff genommene Bildung von Gettos »mit Rücksicht darauf, daß nach dem Plane des Führers die Juden Europas nach Kriegsende auf Madagaskar angesetzt werden sollten und daher eine Gettobildung praktisch illusorisch sei«.[117] Im Sommer 1940 glaubte nicht nur Frank an eine schnelle Beendigung des Krieges. Der »Madagaskar-Plan« wurde zu einem Zeitpunkt ausgearbeitet, als die Niederwerfung Englands durch die »Operation Seelöwe« nur noch eine Frage von wenigen Monaten schien. Am 6. September 1940, als zur Erreichung dieses Ziels gerade die Luftschlacht über England begann, war allen offiziellen Stellen das Projekt und seine Größenordnung bekannt: Man werde nach Kriegsende ca. 3,5 Millionen Juden in 18 Monaten verschiffen können.[118] Der für die NS-Führung deprimierende Ausgang der »Battle of Britain« bedeutete praktisch auch eine zeitlich nicht mehr zu kalkulierende Verschiebung des Madagaskar-Projekts, von dem man sich zwar nicht trennte, das aber nunmehr die aufgeschobene »Zwischenlösung« erforderlich machte. Dies bedeutete, Hitlers Forderung nach einem »judenfreien« Deutschland endlich zu realisieren. Die Fernwirkungen der Luftniederlage gegen Großbritannien hatten zu den bereits erwähnten Anordnungen Hitlers vom Oktober und Dezember 1941 geführt, die Juden Badens und Wiens zu deportieren. Eichmann legte deshalb im Dezember 1940 eine Übergangslösung für das Madagaskar-Projekt vor, in dem nach mehreren »Nahplänen« zuerst die im Reich lebenden Juden in das GG »abgeschoben« werden sollten, ehe der »Fernplan«, die Verschiffung nach Madagaskar, in Angriff genommen werden konnte.[119] Aber auch die »Zwischenlösung« erbrachte keine merkbaren »Erfolge«. Am Widerstand Franks und den schon erwähnten gegenläufigen Interessen anderer Reichsinstanzen scheiterte die Deportation deutscher Juden bereits im März 1941. Das RSHA mußte eingestehen, daß über den 16. 3. 1941 hinaus keine weiteren »Evakuierungstransporte« in das GG möglich sind.[120] Auch im GG hatte man erkannt, daß ein weiteres Abwarten auf Madagaskar angesichts der veränderten Kriegssituation nicht mehr den Intentionen Hitlers entsprach. Seit Oktober 1940 wurde deshalb die Bildung eines Großgettos in Warschau und anderer Gettos zügig vorangetrieben.[121]

Der seit Dezember 1940 mit immer größerem Nachdruck betriebene Krieg gegen die Sowjetunion eröffnete indes neue Perspektiven. Das Auswärtige Amt hatte dies erkannt. Da Hitler seit März 1941 entschlossen war, auch das einstmals als »Reichsgetto« projektierte Gebiet zwischen Weichsel und Bug im Zuge der erhofften riesigen Raumgewinne in der Sowjetunion zu deutschen Gebieten zu machen, verschob es den Aufnahmebereich der zu deportierenden Juden einfach nach Osten. Nicht mehr das GG, sondern die eroberten russischen Gebiete sollten Auffangbekken der zu deportierenden Juden sein. Dieser Vorschlag fand sofort die Billigung Hitlers. Er schien sogar bereit zu sein, das Madagaskar-Projekt fallenzulassen und irgendwo jenseits der von den Deutschen besetzten Linie in der Sowjetunion, dem »Ostwall«, ein Reservat für die Juden Europas zu errichten.[122] Der Reichsminister für die besetzten Gebiete, Alfred Rosenberg, präzisierte nach einer Unterredung mit Hitler dessen geographische Lage hinter dem Ural.[123] Welche Überlegungen Hitler bei dieser Lösung anstellte, notierte sich Goebbels: »Dann werden sie in einem viel härteren Klima leben müssen.« Rosenberg sprach die dahinter stehende Absicht deutlicher aus: Das gesamte Judentum Europas werde in einem härteren Klima »biologisch ausgemerzt«.[124]

Die Pläne und Absichten Hitlers im Sommer 1941 scheinen wechselnd und widerspruchsvoll. Offensichtlich konnte er sich nicht entscheiden, welcher der Reservatslösungen er den Vorzug geben sollte. Das einzig konstante Element in seinem Denken galt der Absicht, die Juden während des Krieges aus Deutschland zu entfernen. Dies war aus vielerlei Gründen bis in den Spätsommer 1941 nicht möglich gewesen. In den Monaten August bis Oktober dieses Jahres verzahnten sich einige Entwicklungen ineinander, die letztlich zur Katastrophe des europäischen Judentums führten.

Bereits Ende August mußte Hitler erkannt haben, daß die beabsichtigte schnelle Niederwerfung der Sowjetunion fehlgeschlagen und ein günstiger Kriegsausgang frühestens im Sommer 1942 zu erwarten war.[125] Dies bedeutete, daß das Zurückdrängen der Juden über den Ural vorerst nicht verwirklicht werden konnte. Hitler war nun allerdings nicht mehr bereit, weitere Verzögerungen hinzunehmen. Mitte September 1941 befahl er Himmler, »daß möglichst bald das Altreich und das Protektorat von Westen nach Osten von Juden geleert und befreit werden« sollte.[126] Während sich Rosenberg sträubte, die geplanten Judentransporte aufzunehmen, trieb das RSHA die

»Auskämmung« Deutschlands voran. Am 14. Oktober 1941 unterschrieb der Vertreter Heydrichs den ersten Deportationsbefehl. Die bis zum 30. Oktober abgehenden Transporte hatten als Bestimmungsort das Getto Lodz, Litzmannstadt. Da keinerlei Planungen für die Aufnahme der Deportierten bestanden, kam es zu chaotischen Verhältnissen. Die Transporte, die Eichmann aufgrund des zweiten Deportationsbefehls vom 24. Oktober zusammenstellte, wurden deshalb nach Riga und Minsk dirigiert. Ein Transport von nahezu 5000 Menschen, für Kowno (Litauen) bestimmt, der am 17. November Berlin verließ, wurde am 25. und 29. November von dem in diesem Raum operierenden Einsatzkommando 3 der Einsatzgruppe A ermordet, ein anderer Transport sofort nach dem Eintreffen in Riga am 30. November vernichtet.[127]

Diese erste Massentötung deutscher Juden signalisiert den entscheidenden Wendepunkt der Judenpolitik des Dritten Reiches. Sie fällt in einen Zeitpunkt, der durch militärische und außenpolitische Schwierigkeiten für das Reich geprägt war. Zusätzlich mußte es auch Hitler völlig klar sein, daß die bestehenden Gettos niemals die Zahl von ca. 200 000 Juden aufnehmen konnten. Offensichtlich spannt sich von dieser Tatsache ein Bogen zu den Erfahrungen, die man »natürliche Verminderung« in den Gettos nannte und die er selbst durch die Deportation der Juden über den Ural praktizieren wollte. Hier bedurfte es nur eines geringen Anstoßes, um den Schritt von der »natürlichen« zu einer organisierten Verminderung zu machen. Mit einiger Sicherheit kann man sagen, daß dieser Anstoß nicht von Hitler ausging, dieser aber eine gegebene Situation taktisch ausnutzte, um, darauf aufbauend, weitergehende Maßnahmen anzuregen.

Ausgangspunkt der neuen Situation war die Aktion T 4, die organisierte Vernichtung der Geisteskranken in Deutschland. Bei der im Januar 1940 beginnenden Tötung dieser Menschen waren, ähnlich wie bei den Einsatzgruppen, Angehörige der SS und Polizei beteiligt, die bis zum August 1941, als Hitler wegen der öffentlichen Proteste gegen diese Aktion deren Beendigung anordnete, ca. 80 000 Menschen getötet hatten. Als Tötungsmittel dienten die Abgase von Verbrennungsmotoren oder das »Abspritzen«. Mit dem Ende der Aktion waren insbesondere zwei Tötungsspezialisten »arbeitslos« geworden: der SS-Hauptsturmführer Herbert Lange, der eine Zeitlang in Soldau (Ostpreußen) die dortigen Geisteskranken vergast hatte, und der ehemalige Stuttgarter Kriminalinspektor Christian Wirth, der seit Juni 1940 die Tötungsanstalt Schloß Hartheim bei Linz leitete.[128] Auf das Sonderkommando Lange wurde Arthur Greiser, Gauleiter des Warthegaus, aufmerksam, der seit Sommer 1940 immer wieder auf die Verminderung der Juden seines Gebietes hingearbeitet hatte. Als Greiser im September 1941 erfuhr, daß das Getto Lodz weitere Juden aus dem Reich aufnehmen müsse, bat er Himmler, er möge ihm das Sonderkommando zur »Sonderbehandlung« (= Tötung) von 100 000 nicht arbeitsfähigen Juden überlassen. Himmler hat zweifellos Hitler von dieser Absprache unterrichtet. Da es um die Tötung polnischer Juden ging, die Hitler als »furchtbares Gesindel« empfand, die Anregung überdies an ihn herangetragen wurde, dürfte er zustimmend reagiert haben. Auch im Reichskommissariat Ostland begann man sich auf die erwarteten Transporte aus dem Reich einzustellen. Auch dort war die Tätigkeit der Euthanasie-Kommandos bekanntgeworden. Als man sich an das vorgesetzte Reichsostministerium wandte und anfragte, ob man die nicht arbeitsfähigen Juden mit den »Hilfsmitteln« dieser Kommandos »beseitigen« könne, antwortete das Ministerium am 25. Oktober 1941 zustimmend.[129]

Ende Oktober 1941 begab sich das Sonderkommando Lange mit seinen Gaswagen nach Chelmno am Ner, einem kleinen Dorf 55 km westlich von Lodz, und errichtete ein spezielles Tötungslager, das Anfang Dezember die ersten Juden aus der Umgebung von Lodz zu vergasen begann.[130]

Ebenfalls Ende Oktober 1941 machte Eichmann eine Inspektionsreise durch den Distrikt Lublin. In einem kleinen Waldgelände stieß er auf den Kriminalbeamten Wirth, der mit einer Arbeitskolonne Vergasungshäuser und Betonfundamente für Panzermotoren errichtete.[131]

Mit hoher Wahrscheinlichkeit kann man davon ausgehen, daß spätestens Ende Oktober 1941 die Entscheidung gefallen war, die kranken, nicht arbeitsfähigen Juden systematisch zu vernichten. Ob damit gleichzeitig die organisierte Tötung *aller* Juden im deutschen Machtbereich verbunden war, muß zweifelhaft bleiben, denn die organisatorischen und planerischen Maßnahmen zum Aufbau einer Mordapparatur großen Stils fallen erst in das Frühjahr 1942. Der Ausbau von Auschwitz zu einer Massenmordanlage erfolgte erst ab August 1942, da die erste Anlage in Birkenau, die seit Januar 1942 »Probetötungen« unternahm, sich als völlig unzureichend erwies.[132] Mit dem Bau des Vernichtungslagers Belzec wurde Ende April, mit dem von Treblinka im Juni 1942 begonnen. Im Frühjahr 1942 sind vier unabhängig voneinander operierende Vernichtungskommandos zu unterscheiden: die Einsatzgruppen im Bereich der Sowjetunion: die Vernichtungslager der Aktion Reinhard; Belzec, Treblinka, Sobibor, die unter Wirth hauptsächlich die polnischen Juden ermordeten, aber auch Transporte aus dem Reich aufnahmen; sowie Auschwitz-Birkenau für die deutschen und westeuropäischen Juden.

Mit der »Wannsee-Konferenz« vom 20. Januar 1942, die ursprünglich von Heydrich auf den 9. Dezember 1941 festgesetzt worden war, war die Entscheidung Hitlers über das europäische Judentum gefallen. Heydrich benötigte bei den umfassenden Maßnahmen, die auf dieser Konferenz zur Sprache kamen, die Mitwirkung und Beteiligung anderer Reichsinstanzen, die ihm auch nicht verweigert wurde. Inwieweit die nachfolgenden Erfassungs- und Ausrottungsmaßnahmen auf einen ausdrücklichen Befehl Hitlers zurückgehen, wird sich kaum noch beantworten lassen. Sicher scheint zumindest, daß die sich verhärtende außenpolitische Lage – der Leih- und Pachtvertrag der USA mit Großbritannien, die Atlantik Charta Roosevelts und Churchills und das Eingreifen der US-Marine ab September 1941 zugunsten der Hitler-Gegner – seine Einstellung zum Judentum beeinflußten. Mit dem endgültigen Halt der deutschen Truppen vor Moskau, dem zu erwartenden langen Krieg, sah er seine »Prophezeiung« bestätigt. Er wußte, daß sich Deutschland erneut in einem »Weltkrieg« befand, und er wußte, daß die Aussichten, diesen Krieg zu gewinnen, gering waren. Gemäß seiner wahnwitzigen Logik sollte der von ihm und seinen Anhängern provozierte Untergang des Großdeutschen Reiches auch der Untergang des europäischen Judentums sein. Millionen Juden wurden ermordet, weil die NS-Führung zumindest ein Ziel, die »Endlösung der Judenfrage«, verwirklichen wollte.

Anmerkungen

1 Zum Beweiswert derartiger Arbeiten siehe Martin Broszat: Zur Kritik der Publizistik des antisemitischen Rechtsextremismus. In: Aus Politik und Zeitgeschichte, B 19/76, S. 3 ff. Die Leugnung der Historizität der »Endlösung« hat natürlich Methode, die Günther B. Ginzel in »Hitlers Ur-Enkel – Neonazis: ihre Ideologien und Aktionen« aufdeckte.

2 Das Dritte Reich als Schöpfung des Großkapitals, als dessen Marionette Hitler wirkte, ist das Forschungsergebnis aller volksdemokratischen Staaten. Für die Übernahme dieser Art von Geschichtsschreibung siehe Reinhard Kühnl: Deutschland zwischen Demokratie und Faschismus (= Reihe Hanser 14). 3. Aufl. München 1971. Da die Behandlung der »Judenfrage« weder die theoretischen noch die empirischen Befunde über das Dritte Reich verifiziert, greift Kühnl zu der abenteuerlichen Behauptung, innerhalb der ökonomischen Rahmenbedingungen habe Hitler einen »ideologischen Freiraum« erhalten. Hierzu ders.: Neuere Ergebnisse und Tendenzen der Faschismusforschung (II). In: PVS Literatur 2/80, S. 212 ff

3 Beispielhaft William F. Shirer: Aufstieg und Fall des Dritten Reiches. 2 Bde. München 1963

4 In der Faschismus-Forschung sind Langzeituntersuchungen auch deshalb weniger aufwendig geworden, weil er als Phänomen ökonomischer Strukturen kapitalistisch verfaßter Gesellschaften verstanden wird.

5 Vgl. Eberhard Jäckel: Hitlers Weltanschauung. Entwurf einer Herrschaft, 1. Aufl. Tübingen 1969; zur These vom Volk ohne Raum siehe Ginzel, S. 153

6 Raul Hilberg: The Destruction of the European Jews. Chicago 1960, deutsch u. d. T. »Die Vernichtung der europäischen Juden. Die Gesamtgeschichte des Holocaust«, Berlin 1982. Noch stärker dieser Planungstheorie verhaftet ist Lucy Dawidowicz: The War against the Jews. London 1975

7 Zur Kompetenzenanarchie siehe die Studien von Reinhard Bollmus: Das Amt Rosenberg und seine Gegner. Zum Machtkampf im nationalsozialistischen Herrschaftssystem. Stuttgart 1970 und Peter Hüttenberger: Die Gauleiter. Studie zum Wandel des Machtgefüges in der NSDAP (VJhefte ZG, Nr. 19). Stuttgart 1969

8 Die Planung bzw. Planbarkeit der Judenpolitik wird abgelehnt bzw. modifiziert von Karl A. Schleunes: The Twisted Road to Auschwitz. Nazi Policy towards the German Jews 1933–1939. Urbana 1970. Ablehnend auch: Uwe Dietrich Adam: Judenpolitik im Dritten Reich. 2. Aufl. Düsseldorf 1979 und Martin Broszat: Hitler und die Genesis der Endlösung. Aus Anlaß der Thesen von David Irving. In: VJhefte ZG, 25/1977, S. 739 ff

9 Siehe Martin Broszat: Der Nationalsozialismus. Programm, Weltanschauung und Wirklichkeit. Stuttgart 1960, insbes. S. 35

10 Adolf Hitler: Mein Kampf. 588.–592. Aufl. München 1942, S. 211, 359, 585. Reginald H. Phelps: Hitlers »grundlegende« Rede über den Antisemitismus am 13. August 1920. In. VJhefte ZG 16 (1968), S. 390 ff

11 Hitler, a. a. O., S. 225, 358 f, 772; siehe zur historischen Entwicklung dieses »Feindkomplexes«: Eckert, S. 77 ff; Ginzel, S. 162 ff

12 Vgl. Adam, Judenpolitik (wie Anm. 8), S. 20 ff
13 Münchener Wochenschau Nr. 22 vom 11. 6. 1932
14 So in einem Gespräch mit dem Redakteur Richard Breiting im Juni 1931. Edouard Calic: Ohne Maske – Hitler – Breiting Geheimgespräche 1931. Frankfurt a. M. 1968, S. 194
15 Adam, Judenpolitik (wie Anm. 8), S. 28 ff. Siehe auch ders.: An Overall Plan of Anti-Jewish Legislation in the Third Reich? In: Yad Vashem Studies. Vol. XI (1976), S. 33–55
16 Adam, Judenpolitik (wie Anm. 8), S. 47
17 A. a. O., S. 86. Eine eindrucksvolle Zusammenstellung der Schikanen dieser Zeit findet sich in der von jüdischen Emigranten zusammengestellten Dokumentation Das Schwarzbuch. Tatsachen und Dokumente. Die Lage der Juden in Deutschland 1933. Paris 1934
18 Adam, Judenpolitik (wie Anm. 8), S. 49, 51, 69
19 A. a. O., S. 60 f
20 A. a. O., S. 59
21 RGBl. I, S. 175
22 RGBl. I, S. 188
23 »Gesetz gegen die Überfüllung deutscher Schulen und Hochschulen« vom 25. 4. 1933, RGBl. I, S. 225
24 Grundlage war das »Reichsschriftleitergesetz« vom 4. 10. 1933, RGBl. I, S. 713, und das »Reichskulturkammergesetz« vom 22. 9. 1933, RGBl. I, S. 661
25 Adam, Judenpolitik (wie Anm. 8), S. 67, 75
26 A. a. O., S. 71, Anm. 247
27 Siehe das Vorgehen Preußens und Thüringens (wie Anm. 8), S. 67, 76
28 A. a. O., S. 70
29 »Reichs-Habilitationsordnung« vom 13. Dezember 1934, Reichsministerialamtsblatt 1935, S. 6
30 Vortrag Pfundtners vor der Verwaltungsakademie zu Berlin am 4. Juli 1933. Adam, Judenpolitik (wie Anm. 8), S. 82 f
31 RGBl. I, S. 480
32 Vgl. Adam, Judenpolitik, a. a. O., S. 82 f
33 Sitzung des Reichskabinetts am 14. Juli 1933, a. a. O., S. 81
34 Vgl. Helmut Genschel: Die Verdrängung der Juden aus der Wirtschaft im Dritten Reich (= Göttinger Bausteine zur Geschichtswissenschaft, Bd. 38). Göttingen 1966, S. 100 f.
35 In diesem Sinn muß angemerkt werden, daß nicht nur das Ausland, sondern auch jeder jüdische Deutsche die Politik Hitlers anders eingeschätzt hätte, wenn die 1933 projektierten Maßnahmen auch tatsächlich 1933 realisiert worden wären. Letztlich, so muß man beinahe resignierend anfügen, bewirkten die vielfachen Verzögerungen der einzelnen Ausschaltungsmaßnahmen nur, daß sie in Phasen fielen, in denen das System mit zunehmender Konsolidierung immer brutaler und rigoroser die erstrebten Ziele durchsetzte.
36 Hierzu Martin Broszat: Der Staat Hitlers. Grundlegung und Entwicklung seiner inneren Verfassung (dtv-Weltgeschichte des 20. Jahrhunderts, Bd. 9). München 1969, S. 128
37 Der Parteitag der Freiheit vom 10.–16. September 1935. Offizieller Bericht über den Verlauf des Reichsparteitages mit sämtlichen Kongreßreden. München 1935, S. 258. Zu den »theologischen Vorläufern« der Nürnberger Gesetze siehe Eckert, S. 76
38 A. a. O., S. 30
39 Beispiele bei Adam, Judenpolitik, a. a. O., S. 115, Anmerkung 5; Ginzel, S. 162
40 So Frick am 26. April 1935, ebd.
41 RGBl. I, S. 523
42 Rede Goebbels' auf dem Gautag in Essen am 2. 8. 1935. Das Archiv 1935, S. 652
43 Adam, Judenpolitik (wie Anm. 8), S. 120 f
44 Ebd. und S. 122
45 A. a. O., S. 123
46 A. a. O., S. 124
47 Bernhard Lösener: Als Rassereferent im Reichsministerium des Innern. In: VJhefte ZG 9 (1961), S. 272 f, 298
48 Zu welchen widersinnigen Folgen diese Bestimmungen führen konnten, siehe Adam, Judenpolitik (wie Anm. 8), S. 142 f
49 A. a. O., S. 139, 148, Anmerkung 24
50 Ebd.
51 A. a. O., S. 149 ff
52 A. a. O., S. 103
53 Hans Buchheim: Die SS – Das Herrschaftsinstrument. In: ders. u. a.: Anatomie des SS-Staates (dtv 463/63. 2 Bde. München 1967, Bd. 1, S. 66 f
54 Adam, Judenpolitik (wie Anm. 8), S. 157
55 A. a. O., S. 200 f
56 RGBl. I, S. 9
57 § 2 der »Zweiten Durchführungsverordnung zum Gesetz über die Änderung von Familiennamen und Vornamen« vom 17. 8. 1938, RGBl. I, S. 1044
58 RGBl. I, S. 1342
59 »Zehnte Verordnung zum Reichsbürgergesetz« vom 4. Juli 1938, RGBl. I, S. 1097.
Ursprünglich war die Reichsvereinigung nach längeren Vorarbeiten 1933 als »Reichsvertretung der deutschen Juden« von führenden jüdischen Persönlichkeiten und Organisationen zu Verteidigung der jüdischen Rechte gegründet worden. Ihr Präsident war Rabbiner Dr. Leo Baeck. Fast alle führenden Mitglieder der RV wurden umgebracht, da sie eine rechtzeitige Auswanderung ablehnten, um die zurückbleibenden Juden nicht im Stich zu lassen. (Hrsg.)
60 Diese vulgärdarwinistische Auffassung Hitlers wirft ein bezeichnendes Licht auf seine Herrschaftstechnik, die Auseinandersetzungen auf der Führerebene unterhalb seiner Position dem freien Spiel der Kräfte zu überlassen.
61 Wilhelm Treue: Hitlers Denkschrift zum Vierjahresplan. In: VJhefte ZG 4 (1955), S. 196 f
62 Adam, Judenpolitik (wie Anm. 8), S. 160 ff
63 Dies galt für: Grund-, Lohn- und Körperschaftssteuern. In der Einkommenssteuer wurden Ermäßigungen für Kinder, die Juden waren, nicht mehr anerkannt. A. a. O., S. 173 f
64 »Gesetz zur Änderung der Gewerbeordnung für das Deutsche Reich« vom 7. Juli 1938, RGBl. I, S. 823
65 Die Bestallungen jüdischer Ärzte erloschen mit Wirkung zum 30. September 1938, am 30. November die Zulassungen jüdischer Rechtsanwälte, wenig später der Patentanwälte. Im Januar 1939 folgten Zahn- und Tierärzte sowie Apotheker.
66 Es handelt sich um die »Verordnung gegen die Unterstützung der Tarnung jüdischer Gewerbebetriebe« vom 22. 4., RGBl. I, S. 404, und die »Verordnung

über die Anmeldung des jüdischen Vermögens« vom 26. 4. 1938, RGBl. I, S. 414
67 Adam, Judenpolitik (wie Anm. 8), S. 182
68 A. a. O., S. 163, 165
69 A. a. O., S. 184 f
70 A. a. O., S. 189
71 A. a. O., S. 196
72 A. a. O., S. 197
73 A. a. O., S. 206
74 Hermann Graml: Der 9. November 1938 – »Reichskristallnacht« (= Schriftenreihe der Bundeszentrale für Heimatdienst, Heft 2). 6. Aufl. Bonn 1958, S. 13 f
75 Adam, Judenpolitik, a. a. O., S. 208
76 Die Niederschrift der Besprechung ist teilweise zerstört. Sie ist abgedruckt in: Der Prozeß gegen die Hauptkriegsverbrecher vor dem Internationalen Militärgerichtshof in Nürnberg. (IMT) Bd. XXVIII, S. 499 ff
77 Juden wurde der Betrieb von Einzelhandelsverkaufsstellen, Versandgeschäften, Bestellkontoren sowie der selbständige Betrieb eines Handwerks untersagt. Ab. 1. Januar 1939 durften sie auch nicht mehr auf Märkten, Messen oder Ausstellungen zugelassen werden. Sie konnten nicht Betriebsführer, leitende Angestellte oder Mitglied einer Genossenschaft sein.
78 Adam, Judenpolitik (wie Anm. 8), S. 212
79 A. a. O., S. 215
80 A. a. O., S. 218
81 A. a. O., S. 220 f
82 Die Ausgehbeschränkung galt für die Zeit vom 1. 4. bis 30. 9. von 21–5 Uhr, für die Zeit vom 1. 10.–31. 3. von 20 bis 6 Uhr. Verfügung der Gestapo vom 9. Mai 1940.
83 Adam, Judenpolitik (wie Anm. 8), S. 261. Diese Bestimmung durfte nach einer Weisung Goebbels' vom 5. Juli 1940 nicht veröffentlicht werden.
84 A. a. O., S. 260 f
85 A. a. O., S. 260, 262
86 »Vorläufige Anordnung über die arbeitsrechtliche Behandlung der Juden« vom 19. 2. 1941, a. a. O., S. 287
87 »Verordnung über die Beschäftigung von Juden« vom 3. 10. 1941, RGBl. I, S. 675
88 RGBl. I, S. 547
89 Siehe Karl Kupisch: Kirchengeschichte. 4 Bde. (Urban TB). Stuttgart 1978, Bd. 2, S. 142; hierzu Eckert, S. 81 f und S. 84 f
90 Adam, Judenpolitik (wie Anm. 8), S. 334–38
91 A. a. O., S. 339
92 A. a. O., S. 340
93 Andreas Hillgruber: Endlich genug über Nationalsozialismus und Zweiten Weltkrieg? Forschungsstand und Literatur. Düsseldorf 1982, S. 64 f
94 Vgl. a. a. O., S. 65 ff, mit weiteren Literaturangaben
95 So die in dieser Arbeit zitierten Hillgruber, Krausnick, Jäckel, Hilberg, Reutlinger
96 Andreas Hillgruber: Der Zenit des Zweiten Weltkrieges: Juli 1941. Wiesbaden 1977
97 Vgl. Adam, Judenpolitik, S. 303 ff
98 So in einer Besprechung von Henry L. Mason: Imponderables of the Holocaust. In: World Politics, Bd. XXXIV (1981), S. 90 ff
99 Martin Broszat: Hitler und die Genesis (wie Anm. 8), S. 739 ff
100 Christopher R. Browning: Zur Genesis der »Endlösung«. Eine Antwort an Martin Broszat. In: VJhefte ZG 29 (1981), S. 97 ff
101 Wilhelm, in: Helmut Krausnick/Hans-Heinrich Wilhelm: Die Truppe des Weltanschauungskrieges. Die Einsatzgruppen der Sicherheitspolizei und des SD 1938–1942. Stuttgart 1981, S. 636
102 Helmut Krausnick: Hitler und die Morde in Polen. Ein Beitrag zu dem Konflikt zwischen Heer und SS in den besetzten Gebieten. In: VJhefte ZG 11 (1963), S. 197 ff
103 Der entsprechende Schnellbrief Heydrichs an die Chefs der Einsatzgruppen vom 21. 9. 1939 ist abgedruckt in: Faschismus – Getto – Massenmord. Dokumentation über Ausrottung und Widerstand der Juden in Polen während des Zweiten Weltkrieges. 2. Aufl. Berlin (DDR) 1961, S. 37 ff
104 Hitler, a. a. O., S. 772
105 Max Domarus: Hitler – Reden und Proklamationen 1932–1945, kommentiert von einem deutschen Zeitgenossen. 2 Bde. Neustadt/Aisch 1962/63, Bd. 2, S. 1057
106 Siehe Adam, Judenpolitik, a. a. O., S. 223 ff. Zu diesen Vorstellungen in der Vergangenheit siehe: Eckert, S. 77; Ginzel, S. 162 ff
107 Martin Broszat: Nationalsozialistische Polenpolitik 1939–1945 (= Fischer Bücherei 692). Frankfurt a. M. 1965, S. 85 ff
108 Mit weiteren Angaben siehe Adam, Judenpolitik (wie Anm. 8), S. 200 f.
109 A. a. O., S. 254
110 Gerald Reitlinger: Die Endlösung. Hitlers Versuch der Endlösung der Juden Europas. 3. Aufl. Berlin 1960. S. 51
111 Adam, Judenpolitik (wie Anm. 8), S. 257 f
112 Broszat, Polenpolitik (wie Anm. 107), S. 101
113 Siehe die Statistiken in Faschismus (wie Anm. 103), S. 138 ff
114 Zu dieser Problematik siehe Helmut Krausnick: Kommissarbefehl und »Gerichtsbarkeitserlaß Barbarossa« in neuer Sicht. VJhefte ZG 25 (1977), S. 682 ff
115 Belege bei Adam, Judenpolitik (wie Anm. 8), S. 310 und 306
116 A. a. O., S. 255 ff
117 Faschismus (wie Anm. 103), S. 110
118 So das Reichspropagandaministerium am 17. September 1940 in einer Ministerkonferenz. Willi A. Boelcke: Wollt ihr den totalen Krieg? Die geheimen Goebbels-Konferenzen 1939–1943. Stuttgart 1967, S. 105
119 Adam, Judenpolitik (wie Anm. 8), S. 257
120 Biuletyn (Berichte der Untersuchungskommission über die Verbrechen der Deutschen in Polen), Bd. XII, S. 138 f
121 Das Warschauer Getto wurde ab Oktober 1940 errichtet. Siehe Faschismus (wie Anm. 103), S. 102 ff
122 Adam, Judenpolitik (wie Anm. 8), S. 308
123 Robert M. W. Kempner: Eichmann und Komplizen. 2. Aufl.. Stuttgart 1961, S. 86
124 Ebd.
125 Denkschrift des OKW vom 13. September 1941. Hans Adolf Jacobsen: Der Zweite Weltkrieg. Grundzüge der Strategie und Politik in Dokumenten (Fischer-Bücherei 645/46). Frankfurt a. M. 1965, S. 110

126 Reitlinger, Endlösung (wie Anm. 110), S. 94
127 Broszat, Hitler und die Genesis (wie Anm. 8), S. 760 f
128 Über Wirth und sein Vernichtungskommando in Brandenburg, Hartheim und den Lagern der Aktion Reinhard bereitet der Verfasser eine größere Monographie vor.
129 Nürnberger Dokument NO 365
130 Adalbert Rückerl: NS-Vernichtungslager im Spiegel deutscher Strafprozesse. München 1977. S. 253 f
131 Eigene Recherchen des Verf.
132 Auschwitz – Geschichte und Wirklichkeit des Vernichtungslagers (= rororo-Sachbuch 7330). Reinbek 1980. S. 29 f, 119

Literatur

Adam, Uwe Dietrich: Judenpolitik im Dritten Reich. 2. Aufl. Düsseldorf 1979

Ders.: An Overall-Plan for Anti-Jewish-Legislation in the Third Reich? In: Yad Vashem Studies. Vol. XI (1976). S. 33–55

Auschwitz – Geschichte und Wirklichkeit des Vernichtungslagers (ro ro ro Sachbuch 7330). Reinbek 1980

Boelcke, Willi A.: Wollt Ihr den totalen Krieg? Die geheimen Goebbels-Konferenzen 1939–1943. Stuttgart 1967

Bollmus, Reinhard: Das Amt Rosenberg und seine Gegner. Zum Machtkampf im nationalsozialistischen Herrschaftssystem. Stuttgart 1970

Broszat, Martin: Der Nationalsozialismus. Programm, Weltanschauung und Wirklichkeit. Stuttgart 1960

Ders.: Der Staat Hitlers. Grundlegung und Entwicklung seiner inneren Verfassung (dtv. Weltgeschichte des 20. Jahrhunderts. Bd. 9). München 1969

Ders.: Nationalsozialistische Polenpolitik 1939–1945 (Fischer-Bücherei 692). Frankfurt am Main 1965

Ders.: Plädoyer für eine Historisierung des Nationalsozialismus. In: Merkur 39 (1985). S. 373–385

Browning, Christopher R.: Zur Genesis der »Endlösung«. Eine Antwort an Martin Broszat. In: VJhefte Zg 29 (1981). S. 92–105

Buchheim, Hans: Anatomie des SS-Staates. 2. Bde. München 1967

Dawidowicz, Lucy: The war against the Jews. London 1975

Domarus, Max: Hitler – Reden und Proklamationen 1932–1945, kommentiert von einem deutschen Zeitgenossen. 2. Bde. Neustadt/Aisch 1962/63

Faschismus – Ghetto – Massenmord. Dokumentation über Ausrottung und Widerstand der Juden in Polen während des Zweiten Weltkrieges. 2. Aufl. Berlin (DDR) 1961

Fleming, Gerald: Hitler und die Endlösung. Wiesbaden 1982

Friedländer, Saul: From Anti-Semitism to Extermination. In: Yad Vashem Studies. Vol. XVI (1984). S. 1–50

Genschel, Helmut: Die Verdrängung der Juden aus der Wirtschaft im Dritten Reich (Göttinger Bausteine zur Geschichtswissenschaft, Bd. 38). Göttingen 1966

Graml, Hermann: Der 9. November 1938 – »Reichskristallnacht« (Schriftenreihe der Bundeszentrale für Heimatdienst, Heft 2). 6. Aufl. Bonn 1958

Hilberg, Raul: The Destruction of the European Jews. Chicago 1960 (deutsch: »Die Vernichtung der europäischen Juden. Die Gesamtgeschichte des Holocaust«. Berlin 1982)

Hillgruber, Andreas: Endlich genug über Nationalsozialismus und Zweiten Weltkrieg? Forschungsstand und Literatur. Düsseldorf 1982

Ders.: Zweierlei Untergang. Die Zerschlagung des Deutschen Reiches und das Ende des europäischen Judentums. Berlin 1986

Hoffmann, Hilmar (Hrsg.): Gegen den Versuch, Vergangenheit zu verbiegen. Frankfurt am Main 1978

Hüttenberger, Peter: Die Gauleiter. Studie zum Wandel des Machtgefüges in der NSDAP (Schriftenreihe der Vierteljahrshefte für Zeitgeschichte, Nr. 19). Stuttgart 1969

Jacobsen, Hans Adolf: Der Zweite Weltkrieg. Grundzüge der Strategie und Politik in Dokumenten (Fischer Bücherreihe 645/46). Frankfurt am Main 1965

Jäckel, Eberhard: Hitlers Weltanschauung. Entwurf einer Herrschaft. 1. Aufl. Tübingen 1969

Jochmann, Werner: Adolf Hitler – Monologe im Führerhauptquartier 1941–1944. Hamburg 1980

Kempner, Robert M. W.: Eichmann und Komplizen. 2. Aufl. Stuttgart 1961

Krausnick, Helmut: Hitler und die Morde in Polen. Ein Beitrag zu dem Konflikt zwischen Heer und SS in den besetzten Gebieten. In: VJhefteZg 11 (1963). S. 192–222

Ders./Hans-Heinrich Wilhelm: Die Truppe des Weltanschauungskrieges. Die Einsatzgrupen der Sicherheitspolizei und des SD 1938–1942. Stuttgart 1981

Laqueur, Walter: Was niemand wissen wollte. Die Unterdrückung der Nachrichten über Hitlers »Endlösung«. Frankfurt am Main 1981

Lösener, Bernhard: Als Rassereferent im Reichsministerium des Innern. In: VJhefteZg 9 (1961). S. 272–298

Mommsen, Hans: Die Realisierung des Utopischen: Die »Endlösung der Judenfrage« im Dritten Reich. In: Geschichte und Gesellschaft 9 (1983). S. 381–420

Reitlinger, Gerald: Die Endlösung. Hitlers Versuch der Endlösung der Juden Europas. 3. Aufl. Berlin 1960

Rückerl, Adalbert: NS-Vernichtungslager im Spiegel deutscher Sprachprozesse. München 1977

Schleunes, Karl A.: The Twisted Road to Auschwitz. Nazi-Policy towards The German Jews 1933–1939. Urbana 1970

Schwarzbuch, Das: Tatsachen und Dokumente. Die Lage der Juden in Deutschland 1933. Paris 1934

Smith, Bredley F./Agnes F. Peterson: Heinrich Himmler. Geheimreden 1933–1945. Frankfurt am Main 1974

Von der Aktualität eines Vorurteils

Judenfeindschaft ohne Juden

Antisemitismus in Polen

Józef Niewiadomski

Die Meinungen des sprichwörtlichen Menschen von der Straße und die Urteile der wissenschaftlichen Untersuchungen über den polnischen Antisemitismus spiegeln die ganze Breite der möglichen Einstellungen zu diesem Thema wider: Von der Überzeugung, Polen sei das antisemitischste Land im heutigen Europa bis hin zur These, es gebe in Polen keinen Antisemitismus, reicht hier die Palette. Die Globalität solcher Überzeugungen sagt aber mehr über die Motive sowohl dieser alltäglichen Einstellung wie auch der wissenschaftlichen Forschung zu dieser Frage aus als über das Problem selbst: Leidvolle Erfahrungen und der sich an diesen Erfahrungen entzündende Haß einerseits und Verdrängung und Angst vor einer Anklage andererseits spielen hier eine entscheidende Rolle. Die Frage nach dem Ausmaß und der Bedeutung des polnischen Antisemitismus spaltet nicht nur Juden und »unbeteiligte« Wissenschaftler, auch Polen sind durch diese Frage in mehrere Lager gespalten.[1]

I. Pogrome und Vertreibungen

Neben den Verfolgungen der jüdischen Schriftsteller und Intellektuellen durch Stalin in der Sowjetunion der Jahre 1948–1952 und dem Slansky-Prozeß in Prag im Jahre 1952 waren die polnischen antisemitischen Exzesse wohl die spektakulärsten und die schmerzhaftesten im Nachkriegseuropa. Die Folgen dieser Ereignisse brachte Artur Sandauer zu Beginn der achtziger Jahre gewissermaßen auf den Begriff: »Was Hitler nicht geschafft hat, führten die einander folgenden Emigrationen zu Ende: Sie trieben jene aus dem Land, die zu ermorden er nicht geschafft hat. Polen wird tatsächlich ›judenfrei‹ werden.«[2] Bereits in den ersten Nachkriegsjahren war die Migration der jüdischen Bevölkerung in Polen sehr groß. Aus der Sowjetunion wurden polnische Juden repatriiert.[3] Die (wenigen) Versteckten und Überlebenden aus den Konzentrations- und Arbeitslagern kehrten heim.[4] Die Mehrheit der Gekommenen verließ jedoch bald das Land und ging nach Israel oder in andere westliche Staaten. (Ständiges Kommen und Gehen kennzeichnete die damalige Situation. Gemäß den Angaben des damaligen Zentralkomitees der Polnischen Juden [dessen Präsident der spätere Minister für Kriegsentschädigungs- und Wiedergutmachungsangelegenheiten Emil Sommerstein war] lebten Ende 1945 in Polen 41 474 Juden, ein halbes Jahr später waren es 240 489, zwei Jahre später waren es nur noch 99 781. Mitte der fünfziger Jahre lag die Zahl um 50 000).[5]
Viele Juden sind aus Polen geflüchtet, weil sie um ihr Überleben fürchteten: Feindliche Einstellung der polnischen Bevölkerung und gewaltsame Übergriffe auf die zurückkehrende oder durchreisende jüdische Bevölkerung prägten diese Nachkriegsmonate in Polen.[6]

1. »Kielce«

Das schlimmste Ereignis im Kontext der Beziehungen zwischen Polen und Juden im Nachkriegspolen ist das Pogrom von Kielce.[7] Am 1. Juli 1946 verschwindet der neunjährige Henio Błaszczyk. Sein Vater benachrichtigt die Polizeiorgane und sucht selber nach seinem Sohn. Am 3. Juli kehrt der Verschollene zurück und erzählt, er wäre von den Juden in einem Keller festgehalten worden. Noch in der Nacht desselben Tages meldet der Vater bei der Volksmiliz die Rückkehr des Sohnes und dessen Aussage über die Ursache seines Verschwindens. Am nächsten Tag, dem 4. Juli, vor 8 Uhr unterwegs zum Kommissariat, wo eine »offizielle« Vernehmung stattfinden sollte, »identifiziert« der Junge das Haus auf der Straße Planty 7[8] als das, in dem er festgehalten worden sei, und den (in einer Gruppe von Männern) vor dem Haus stehenden Mann als den, der ihn entführt habe. Die Milizbehörden nehmen die Erzählung des Neunjährigen »beim Wort«;

zum Haus auf der Straße Planty 7 wird zwecks Festnahme des Verdächtigen eine sechs Mann starke Milizstreife geschickt. Auf dem Weg (ungefähr 200 m) erzählen die Polizisten, die Juden hätten ein Kind entführt, dieses sei weggelaufen, sie würden die Entführer verhaften. Der von Błaszczyk angezeigte Mann, ein Überlebender eines Konzentrationslagers, wird abgeführt; die inzwischen vor dem Haus anwachsende Menge kolportiert bereits die Nachricht, mehrere polnische Kinder seien entführt worden. Die ersten Schreie: »Schlagt die Juden« sind bereits zu hören. Obwohl der Vorsitzende des Judenrates, S. Kahane, bereits um 9 Uhr telefonisch beim Sicherheitsdienst (Urzad Bezpieczenstwa) und bei der Miliz interveniert und um Hilfe bittet und anschließend selber zum Milizrevier geht, kann er weder für den Festgehaltenen etwas erreichen noch die Gefährlichkeit der Atmosphäre deutlich machen. Gegen 9.30 Uhr wird eine größere, an die zwölf Mann zählende Streife zum Haus geschickt. Unterwegs erzählen die Männer, sie gingen zum jüdischen Haus, um die ermordeten polnischen Kinder zu suchen. Als sich herausstellt, daß das Haus keinen Keller hat und die Aggression der Polizisten sich gegen den neunjährigen Błaszczyk wendet, schreit die Menge, die Miliz decke die jüdischen Untaten. Obwohl also bereits gegen 10 Uhr die Polizei Klarheit darüber haben mußte, daß Błaszczyk gelogen hatte und die beim Haus versammelte Menge in Pogromstimmung war, erfolgten keine entscheidenden Maßnahmen, um die Spannung zu lösen. Die Gewalt eskaliert gegen 10 Uhr mit dem Eintreffen von Soldaten der in Kielce stationierten 2. Division. Sie umstellen das Haus; die Menge »informiert« die Soldaten, daß die Bewohner des Hauses polnische Kinder ermordet hätten; die Soldaten gehen ins Haus hinein, um die Bewohner aufzufordern, die Waffen zurückzugeben. Die im Inneren des Hauses fallenden Schüsse lösen das Pogrom aus. (Es gibt mehrere Versionen über den Beginn des Schußwechsels und damit auch über die auslösende Ursache: Einer Version nach habe ein sich der Entwaffnung widersetzender Jude einen Schuß auf einen Offizier abgegeben, woraufhin die Soldaten zu schießen begannen. Die andere, von mehreren Zeugen bestätigte Version besagt, daß die Soldaten, nachdem sie die Juden entwaffnet hatten, das Feuer auf die Wehrlosen eröffneten.) Die Soldaten werfen die Bewohner des Hauses durch die Fenster hinaus; die vor dem Haus versammelte Menge ermordet diese. Gegen 11 Uhr wird der ständig telefonisch um Hilfe ersuchende S. Kahane von drei Männern in polnischer Offiziersuniform in seinem Büro erschossen. Die um die gleiche Zeit am Platz erschienene Feuerwehr, die mit Wasser die Menge auseinandertreiben soll, wird von einem (nicht identifizierten Offizier) zurückgeschickt; beim zweiten Versuch schneidet der Mob die Wasserschläuche durch. Gegen 12 Uhr tritt eine Pause ein: Ein Schutzwall aus den Funktionären der Miliz und des Militärs versperrt den Weg zum Haus; nach einer Stunde wird aber der Schutzwall durch die Menge, die inzwischen durch 600 Arbeiter der »Ludwików-Hütte« verstärkt wurde, durchbrochen. Sie haben in der Mittagspause ihren Arbeitsplatz verlassen und sind zum Pogromplatz marschiert. Der Mob dringt nun ins Haus ein und sucht nach Überlebenden. Das Morden dauert bis zu dem Augenblick, als vor dem Haus die Kadetten der sechs Kilometer entfernten Akademie des Sicherheitsdienstes erscheinen und durch Schußandrohungen die Menge »beruhigen«. Die restlichen, sich versteckt haltenden Bewohner des Hauses werden in Sicherheit gebracht. Das Pogrom endet gegen 16.30 Uhr.

Am Tag des Pogroms wurden im Krankenhaus von Kielce 36 Getötete (zwei davon waren Polen) und über 40 Verletzte registriert. In den nächsten Tagen wurden weitere Opfer festgestellt: Die Gesamtzahl der getöteten Juden in Kielce selbst beläuft sich auf 42.

Es ist eine der bisher nicht geklärten Unstimmigkeiten, warum die Soldaten vom Oberkommandierenden, Major Sobczynski, nicht sofort zu Hilfe gerufen wurden; der Kommandant der Schule hörte zufällig bereits um 10 Uhr von der Pogromstimmung; er brachte die Kadetten gegen 13 Uhr nach Kielce; Major Sobczynski »verzögerte« den Einsatz der Kadetten noch um eineinhalb Stunden.

Die Nachricht vom Pogrom beim Haus in Planty verbreitete sich blitzschnell in der Umgebung. Auch andere, in Kielce wohnende und durchreisende Juden wurden an diesem Tag umgebracht. Gemäß verschiedenen Berichten sind an diesem Tag um die 30 Juden in den verschiedenen Zügen, die durch Kielce fuhren, getötet worden.

Die Unstimmigkeiten im Verhalten der Miliz, des

Militärs und des Sicherheitsdienstes (einerseits beteiligten sich die Mitglieder dieser Kräfte am Pogrom aktiv, andererseits versuchten sie die Schutzfunktion zu übernehmen), die nicht geklärte Frage nach der Verantwortung für einzelne Befehle, die Tatsache, daß noch am Vormittag die Abgesandten des ZK aus Warschau in Kielce eingetroffen sind, und daß in einem am 30. Juni abgehaltenen (vom Westen als sehr fragwürdig eingestuften) Referendum die Kommunisten legitimiert wurden, das alles legt den Verdacht einer Provokation (oder zumindest der Ausnutzung und Steuerung des »spontan« entstandenen Pogroms) nahe. Die politische Instrumentalisierung fing jedenfalls gleich nach den Ereignissen an: Bereits gegen 17 Uhr wurde vom stellvertretenden Woiwodschaftsvorsitzenden der Klerus angegriffen; am nächsten Tag lastete die Polnische Presseagentur das Pogrom den Sympathisanten von Gen. Anders an; am 6. Juli sprach der damalige Minister für die »Wiedergewonnenen Gebiete« und spätere Erste Sekretär der PVAP, Gomułka, von der Verantwortung des Vorsitzenden der Bauernpartei, Mikołajczyks, für die Ereignisse.

Die offiziellen Stellungnahmen sprachen von »reaktionären Kreisen«, die die Verantwortung für die Ereignisse hätten. Die Betriebsräte in Kielce verlangten einen Tag vor dem Beginn des Prozesses, am 8. Juli, die Verurteilung der »reaktionär-faschistischen Kreise«.

Die Kirche weist ihrerseits darauf hin, daß Geistliche zum Tatort vorzudringen suchten, durch die Truppen aber abgewiesen wurden; auch wäre eine gemeinsame Erklärung des Woiwoden mit dem Bischof von Kielce durch den stellvertretenden Justizminister Z. Kliszko untersagt worden; deswegen sei es seitens der Kirche nur zu einer Kanzelverkündigung in Kielce gekommen.[9]

Die Verhaftungen, Prozesse und die Urteile, die die kommunistischen Machthaber schnellstens (bereits am 9. Juli fing man mit den Prozessen an) zustande brachten, verschleierten mehr, als sie aufdeckten. Angeklagt waren zwölf Personen: eine Hausfrau, ein Tischler, ein Schlosser, ein Bote, ein Friseur, ein Straßenarbeiter, ein Bäcker, ein Schuster, ein Hauswart, ein Musiker und zwei Polizisten. Die Anklage sprach weder von der Teilnahme der Polizei noch des Militärs am Pogrom; es war nur von den »reaktionären« Kräften die Rede. Bereits am 11. Juli wurden die Urteile gesprochen: neunmal Todesstrafe, einmal lebenslänglich, einmal zehn und einmal sieben Jahre Haft; die Todesurteile wurden sofort exekutiert (das Exekutionskommando war bereits am 9. Juli in Kielce eingetroffen). Neben diesem Schauprozeß hat es noch ein paar nichtöffentliche Prozesse gegen Zivilpersonen, Militärangehörige und Polizisten mit geringerem Strafmaß gegeben.[10]

Die Klärung der Fragen, bis zu welchem Ausmaß die Ereignisse in Kielce auf eine politische Provokation zurückzuführen sind, was sich im einzelnen damals zugetragen hat und wer die Verantwortung für die Morde trägt, kann aber die aufgeheizte Atmosphäre, in der das Morden in einem solchen Ausmaß möglich wurde, keinesfalls entschuldigen. Auch das Faktum der fehlenden katholischen Sensibilität für das Leid einer – auch von Katholiken – verfolgten Minderheit wird dadurch nicht abgeschwächt.

Kardinal Hlond »entschuldigte« die fehlende katholische Solidarität und machte die Juden für die Atmosphäre verantwortlich: »Die Tatsache, daß sich das Verhältnis zu den Juden selbst verschlechtert hat, muß man hochgradig den Juden zuschreiben, die heute Führungsstellen in der polnischen Regierung einnehmen und die eine Regierungsstruktur einzuführen versuchen, die die Mehrheit unseres Volkes nicht wünscht. Dies ist ein gefährliches Spiel, weil es Spannungen, gefährliche Spannungen, entstehen läßt.«[11]

Das Pogrom wird seinen Symbolwert für den polnischen Antisemitismus in der Geschichte polnisch-jüdischer Beziehungen der Nachkriegsjahre kaum verlieren. Wegen dieses Pogroms verließen viele Juden das Land.

2. Der Oktober 1956 und die Folgen

Das antisemitische Stereotyp der Verschwörung verschwand in Polen trotz der Ereignisse der Shoah nicht[12], im Gegenteil, es erhielt einen gewaltigen »Glaubwürdigkeitsaufschwung« nach dem Krieg. Die politische Nachkriegsgeschichte Polens blieb trotz der oberflächlichen Eindeutigkeit der Lager eine Geschichte der ständigen Machtkämpfe und der – für einen Durchschnittsbürger völlig unüberschaubaren, letztlich auch uninteressanten – Bündnisse. Das

Aufgreifen und Wiederbeleben der Verschwörungstheorien im Nachkriegspolen im Kontext der Fraktionskämpfe unter den polnischen Kommunisten dürfte einer der wenigen »inhaltlichen Volltreffer« der jeweiligen Propaganda gewesen sein. Im Glauben an die »schuldigen Juden« fand 1956 und vor allem Ende der sechziger Jahre der Großteil der Bevölkerung eine willkommene Entlastung. Das aus der Vorkriegszeit stammende Vorurteil der »Zydokomuna«[13] bekommt eine fast strukturierende Funktion im Nachkriegsbewußtsein der polnischen Bevölkerung.

Die erste Variante des Stereotyps wird im Jahre 1956[14] greifbar: Der sich am stalinistischen Erbe entzündende Konflikt in der Partei kristallisiert sich zu einer Auseinandersetzung zwischen zwei Gruppen: der liberalen »Puławska-Gruppe«[15], der verhältnismäßig viele Polen jüdischer Abstammung angehören, und der strukturkonservativen neostalinistischen »Natolin-Gruppe«[16]. Die Neostalinisten, die bewußt an das aus der Vorkriegszeit stammende nationalistische und extrem antisemitische Gedankengut anknüpfen[17], verlagern durch ihre antisemitische Polemik die Aufmerksamkeit der Bevölkerung von der Reformproblematik (der liberalen Fraktion) auf die Schuldfrage.

Eine Reihe polnischer Juden, die vor den Nazis in die Sowjetunion geflüchtet war, stieg nach dem Krieg im Parteiapparat der 1948 aus der Union der sozialistischen und kommunistischen Partei hervorgegangenen PZPR (Polska Zjednoczona Partia Robotnicza: Polnische Vereinigte Arbeiterpartei) zu hohen Funktionen auf (die sogenannten »Moskowiter«), was ihr den Ruf der »Żydokomuny« einbrachte.[18]

Die stalinistische Verfolgung der Juden nach 1946 hat auch in der polnischen Partei immer wieder Widerhall gefunden, wenn es darum ging, den Ruf der Partei vor dem Vorwurf, sie sei eine »jüdische Partei«, zu retten. 1953/1954 begann die Partei mit den »Judensäuberungen«: Man entließ bestimmte Funktionäre mit der lapidaren Begründung »weil Sie Jude sind«.[19]

Die am stalinistischen Machtapparat beteiligten Juden[20] werden für die Untaten der stalinistischen Repressionspolitik insgesamt verantwortlich gemacht und ausgewechselt. Dieser spektakuläre Personenwechsel an der Spitze der Partei ermöglichte der Bevölkerung, die während der stalinistischen Zeit angesammelten Spannungen und Haßgefühle auf die »schuldigen« Juden zu entladen. Die folgende Emigrationswelle führte zur Halbierung der in Polen noch lebenden jüdischen Gemeinden.[21]

Trotz dieses Versuchs der Stalinisten, auf Kosten der »schuldigen Juden« in den eigenen Reihen sich an der Macht zu halten, mußten sie sich doch zugunsten der liberalen Fraktion zurückziehen. Diese realpolitische Niederlage der Stalinisten im Oktober 1956 und eine programmatische Durchsetzung des liberalen Reformkurses lieferten aber die Auslösung für die nächste Staatskrise bereits mit sich: Die im liberalen Flügel der Partei vertretenen Juden ziehen zunehmend die Aufmerksamkeit der neostalinistischen Propaganda auf sich; in den sechziger Jahren werden nun sie zum Sündenbock.

3. Die Krise 1968

Was bereits 1956 in der Öffentlichkeit als die Ursache der Krise präsentiert wurde, ist im Jahr 1968 durch eine beispiellose Politiker- und Medienkampagne zementiert worden: »Der schmutzige Abschaum, der im Strudel der Oktoberereignisse vor elf Jahren heraufkam, ist noch nicht vollständig aus unserem Lebensstrom entfernt worden.«[22]

Im Juni 1968 publizierte der Leiter der Abteilung für Bildung und Wissenschaft des ZK, A. Werblan, einen Aufsatz über den Konflikt in der Partei, in dem er u. a. die »Verjudung der Partei« in der stalinistischen Zeit als »kosmopolitische Abweichung« interpretiert und daraus folgert, daß es notwendig sei, »vor allem die Revisionisten, aber auch die Zionisten und Kosmopoliten aus der Partei zu eliminieren«.[23]

Als propagandistischer Aufhänger für die Antisemitismuskampagne dienten nun der Sechstagekrieg im Nahen Osten und die Märzereignisse[24]. Die Losung, die diesen Antisemitismus der späten sechziger Jahre auf den Begriff brachte, hieß nun: Antizionismus. Das Faktum, daß unter den protestierenden Studenten Kinder hochgestellter Parteimitglieder jüdischer Abstammung waren, diente der stalinistischen Nationalistenfraktion unter den Kommunisten[25] und der Pax-Bewegung[26] als Vorwand, die Idee einer zionistischen Verschwörung zur Zerstörung Polens zu präsentieren: »Wir wußten seit langem, daß konkrete

Pläne für ein politisches Erdbeben im Jahr 1968 . . . entwickelt wurden. Eine verschwörerische, mit dem zionistischen Zentrum verbundene Gruppe versuchte – unter dem Deckmantel patriotischer und demokratischer Losungen –, Demonstrationen und Straßenkämpfe herbeizuführen. Wir standen dem Versuch eines Handstreichs gegen die Führung, dem Versuch . . . eines Staatsstreichs nahe.«[27] In seiner langen Rede vom 19. März glaube der damalige Parteichef W. Gomułka sich gegen den Vorwurf des Antisemitismus verteidigen zu müssen und zu können, indem er drei Kategorien von polnischen Juden unterschied und klarstellte, daß man nur gegen die Zionisten vorgehen muß: »Wir bekämpfen den Zionismus als politisches Programm, als jüdischen Nationalismus, und das ist recht so. Das ist etwas anderes als Antisemitismus. Antisemitismus ist, wenn jemand gegen einen Juden auftritt, einfach, weil er Jude ist.«[28] Die Parteizeitung hat einige Tage zuvor die »amtliche« Definition des »neuen« Begriffes geliefert: mit dem zu bekämpfenden »Zionismus« sei »die Ideologie der jüdischen nationalistischen Bourgeoisie (gemeint), die danach strebt, die Assimilation zu verhindern und die jüdische Bevölkerung der ganzen Welt zu überzeugen, daß sie den internationalen zionistischen Organisationen ökonomische und politische Hilfe zu leisten und sie mit Geheiminformationen zu versorgen habe«.[29] Das ganze Spektrum der traditionellen antisemitischen Stereotypen wird in der Kampagne aufgetischt: Juden wären besonders dem »Nihilismus und Kosmopolitismus« verpflichtet[30], sie »vergiften den Geist und die Herzen der (polnischen) Jugend«[31], streben im Grunde die Herrschaft über die ganze Welt an[32], sind geldgierig.[33] Plakate erschienen mit Parolen wie: »Zionisten raus aus Polen«[33a]; Zeichnungen von Menschen mit langen Nasen, Bücklinge mit dem Davidstern[34] dominierten die Berichterstattung über die Demonstrationen, die »spontan« von der Arbeiterklasse organisiert und im Fernsehen übertragen wurden. »Spontane Volkserhebungen« stellten eben die Kehrseite der Medienkampagne dar: »Briefe und Telegramme, Resolutionen von Fabriken und landwirtschaftlichen Staatsgütern, aus Städten und entlegenen Dörfern fließen in einem ununterbrochenen Strom zum Zentralkomitee. Alle enthalten die besten Wünsche für den Genossen Gomułka und beteuern die volle Unterstützung der Parteipolitik. Alle fordern strenge Maßnahmen gegen Menschen, die, zu wichtigen Stellungen aufgestiegen, das Vertrauen der Arbeiterklasse mißbraucht haben; alle fordern die Säuberung unseres Lebens von reaktionären und zionistischen Elementen, denen die Interessen unserer Nation fremd sind.«[35]

Die Haltung der Kirche gegenüber dieser beispiellosen Hetze war wie schon bei den früheren Hetzkampagnen nicht eindeutig genug. Gerne hätten die Bischöfe die antisemitische Kampagne in den Kontext der parteiinternen Machtkämpfe verdrängt[36], die aktive Teilnahme der (letztlich trotz allem doch in den kirchlichen Kreisen beheimateten) Pax-Bewegung unter der Leitung von B. Piasecki an der Kampagne machte dies aber unmöglich.

Der große Einfluß dieser Bewegung liegt in der Figur von Piasecki begründet. Piasecki hat fast einen Symbolwert für die Kontinuität zwischen dem rechtsradikal orientierten nationalistisch motivierten Antisemitismus der Vorkriegszeit und dem kommunistisch durchaus integrierbaren katholischen Antisemitismus der jüngsten Geschichte Polens. Seit seinem 15. Lebensjahr war Piasecki Mitglied bei mehreren sich durch ihren radikalen Antisemitismus auszeichnenden politischen Gruppierungen; zuletzt bildete er 1935 seine Gruppe mit dem Namen National-Radikale Bewegung (Ruch Narodowo-Radykalny), oft »Falanga« genannt. Diese vor allem auf die akademische Jugend ausgerichtete Bewegung verfügte über eine eigene Kampfabteilung, die terroristische Anschläge auf jüdische Läden und Synagogen und auf die jüdische sozialistische Organisation »Bund« (1937) u. a. organisierte.

Das politische Programm kulminierte in der Konzeption eines rechsradikalen totalitären polnischen Staates, dessen geschichtliche Mission »in der Schaffung einer Epoche des christlichen Nationalismus, in der Eroberung des Ostens Europas für die christliche Zivilisation und in der Organisierung der slawischen Völker« liegen sollte. Im Krieg organisierte Piasecki die konspirative National-Konföderation (Konfederacja Narodu), die mit einigen Nuancierungen das Programm der Falanga weiterverfolgt – hier v. a. die Idee eines großslawischen Imperiums –; auch diese »ideologisch-kämpferische Organisation«

war durch einen radikalen Antisemitismus gekennzeichnet, auch sie soll Gewaltaktionen nach Partisanenart gegen Juden verübt haben. Im November 1944 wurde Piasecki durch die Russen verhaftet. Obwohl ihm die Todesstrafe drohte, wurde er aufgrund seines bereits im Gefängnis ausgearbeiteten Konzepts einer Zusammenarbeit mit den Kommunisten freigelassen und begann bereits 1945 mit der ideologischen Arbeit auf der Basis des Bündnisses mit der UdSSR.[37]
Die Pax-Presse, die in ihren Schlagzeilen die Funktion des geistigen Vorreiters des Vatikanischen Konzils und eines modernen Katholizismus beanspruchte, übte trotz der offiziellen Ächtung seitens der Bischöfe einen großen indirekten Einfluß in der polnischen Kirche aus.[38] Durch die aktive Unterstützung in der Anschuldigungsmaschinerie versprach sich die Pax-Bewegung wohl einen noch größeren politischen Einfluß; die Verdächtigung anderer katholischer politischer Kräfte der »zionistischen Verschwörung« sollte die Konkurrenten in den kirchlichen Kreisen ausschalten. So weitet die Pax-Bewegung die Grenzen der »zionistischen Verschwörung« aus: Am 11. April 1968 greift Piasecki in seiner Rede im Parlament (Sejm) die katholische Parlamentariergruppe »Znak« an und unterstellt ihr, daß die Interpellation der Znak-Parlamentarier zur Verteidigung der Studenten[39] den Beweis für eine Teilnahme der katholischen Kreise an der »zionistischen Verschwörung« darstellt. In der nachfolgenden Debatte schließt sich das Parlament dem Urteil faktisch an. Nun mußte der ausdrückliche Protest der Bischöfe kommen[40], dieser gab aber kaum die an der kirchlichen Basis herrschende Stimmung wieder. Global verurteilte Kardinal Stefan Wyszynski von der Kanzel die antisemitische Kampagne: »Man muß den Eindruck bekommen, daß man einer bestimmten Kategorie von Menschen das Recht auf Liebe raubt. Es geschehen unvorstellbare Dinge unter uns! ... Vielleicht habe auch ich, der Bischof von Warschau, mich schuldig gemacht, weil ich nicht stark genug das Recht auf Liebe und die Verpflichtung, ohne Rücksicht auf Sprache und Rasse den anderen zu lieben, vertreten habe. Möge nicht der gräßliche Schatten eines neuen Rassismus über uns kommen, in dessen Namen die Kultur zu verteidigen ihr dann vorgeben würdet. Bitte nicht dieser Weg! Nicht der Weg des Hasses!«[40]
Unter dem Motto der »Entzionisierung des gesellschaftlichen Lebens in Polen« wurden Hunderte von Juden aus ihren Positionen verdrängt und faktisch vertrieben.[41] Die zum ersten Mal im Frühjahr 1988 in Polen veröffentlichte Statistik hält für die Zeit von der Mitte 1967 bis Mitte 1969 folgende Entlassungen fest: aus der Armee 342 Offiziere jüdischer Abstammung, aus leitenden Funktionen in Warschau 483 Personen, darunter 365 aus Ministerien und zentralen Verwaltungsstellen, 49 aus wissenschaftlichen Institutionen, 24 aus Presse und Kultur. Aus der Partei wurden ausgeschlossen: 6 Minister und stellvertretende Minister, 35 Generaldirektoren und Abteilungsleiter. Entlassen wurden rund 70 Professoren und Dozenten, rund 1600 Studenten wurden zeitweilig exmatrikuliert, wobei hier nicht alle Juden waren.[42] Die Emigrationswelle war wiederum enorm: Bis zu 13 000 oder gar 20 000 Juden haben das Land verlassen[43], kulturelle und wissenschaftliche Institutionen und Verlage mußten teilweise schließen und aufgelöst werden.[44] Geblieben sind an die 6000 (organisierte) Juden, eine kleine Minderheit – in der Phantasie des Antisemiten aber eine omnipotente.[45]

II. Das Stereotyp und dessen Verdrängung

Die schmerzhaften antisemitischen Exzesse der polnischen Nachkriegsgeschichte haben leider nie einen grundsätzlichen Besinnungsprozeß über die Frage eines polnischen Antisemitismus ausgelöst; im Gegenteil: Diese Spitzen eines Eisberges sind noch einmal verdrängt worden, sei es durch radikale (oft verordnete) Tabuisierung[46], sei es durch die Unkultur des Verschweigens oder aber durch Rationalisierungen aller Art.
Eines der krassesten Beispiele solchen Verschweigens ist die Konzeption der Museumsgedenkstätte »Auschwitz-Birkenau«, die nicht das Gedenken der Opfer, sondern die Aspekte einer Lehr- und Erziehungsstätte des antifaschistischen, sozialistischen Polens und den Ort des Martyriums polnischer Bürger in den Vordergrund rückt und den Aspekt der Shoah radikal in den Hintergrund drängt, auch die im Museum verkauften Publikationen sprechen von der Shoah beiläufig.[47]
Die sich wie ein roter Faden durch die Nachkriegsgeschichte ziehende Methode der Ratio-

nalisierung des Antisemitismus besteht in der Negation desselben und der Rückführung der etwaigen antisemitischen Ausfälle auf die antipolnische Propaganda der Juden.[48] Zuletzt bediente sich Kardinal J. Glemp bei seiner Ansprache vom 25. August 1989 in Czestochowa dieses Denkmusters[49]: »Wenn es zu keinen antipolnischen Tendenzen kommt, wird es auch bei uns keinen Antisemitismus geben.« Seine Aussagen über die »Tatsachen«, daß es in Polen »jüdische Unternehmer gegeben (hat), die die Polen ignoriert und mißachtet haben«, daß »es während der Okkupation Juden gegeben (hat), die mit den Deutschen kollaboriert haben und die man nie mit den heroischen Verteidigern des Ghettos vergleichen kann«; daß es (neben den Juden, die ihr Leben und ihre Arbeit »für dieses Land« gegeben haben) auch Gastwirte, die den Polen Wodka verkauft und so zur »Verbreitung des Alkoholismus beigetragen haben«, und daß es auch »falsche Verbreiter des Kommunismus« unter den Juden gegeben hat, all diese pauschalen und damit falschen Anklagen sind für ihn jedenfalls kein Ausdruck von Antisemitismus. Es ist nur verblüffend, daß all diese Argumente aus dem rechtsextremen nationalen Lager immer wieder als »inhaltliche Beiträge« zum Thema »Jude« vorgebracht werden.[50]

Diese »antipolnische Propaganda« wird im gegenwärtigen Polen vor allem im Zusammenhang mit der Diskussion über die Rolle der polnischen Bevölkerung im Zusammenhang mit der Shoah gesehen oder aber in der These, es liege im Interesse der Juden, das Vorurteil vom (nicht vorhandenen) polnischen Antisemitismus zu tradieren, um Polen in den Augen der Welt zu diskreditieren.

In voller Schärfe ist diese Diskussion erst durch den Film »Shoah« von C. Lanzmann im Jahr 1985 provoziert worden. Die Öffentlichkeit vernahm daraus den pauschalen Vorwurf, Polen wäre mitschuldig an der Tötungsmaschinerie der Nazis. Die meisten Reaktionen in Polen bestanden in einer genauso frontalen Zurückweisung des Vorwurfs.

Seit der Mitte der achtziger Jahre gibt es aber in Polen eine intensive – und keineswegs nur apologetische – Diskussion über das Verhältnis der Polen zu Juden im Kontext der Shoah.[51] Andererseits darf nicht unerwähnt bleiben, daß selbst solche differenzierten Beiträge auf großen Widerstand stoßen. Den interessantesten Fall in diesem Kontext bietet die Auseinandersetzung um einen Artikel von J. Błoński[52], der in einem klaren Eingeständnis der antisemitischen Haltungen seitens der polnischen Bevölkerung und der Korrektur der bisherigen Geschichtsschreibung die Vorbedingung des kreativen Dialogs sieht: »Wir sollen aufhören, uns zu verteidigen, zu entschuldigen . . . und die Schuld ausschließlich auf die politischen, sozialen und ökonomischen Bedingungen abzuschieben. Wir müssen zuerst eingestehen: jawohl, wir sind schuldig. Wir haben die Juden in unser Haus aufgenommen, doch wir ließen sie im Keller wohnen. Als sie in die Zimmer hinaufwollten, sagten wir zu ihnen, dies lassen wir zu, wenn sie aufhören, Juden zu sein . . . Wir fingen an, Bedingungen zu stellen . . . Schließlich haben wir unser Haus verloren, und in diesem Haus fing der Besetzer an, die Juden umzubringen. Haben wir ihnen solidarisch geholfen? Wie viele haben gesagt, dies sei doch ihre Sache. Es gab auch solche, die sich im stillen gefreut haben, daß Hitler uns das ›jüdische Problem‹ abgenommen hat . . . Wir konnten auch die Zurückkehrenden nicht begrüßen . . .«

Solche Aufforderungen lösten eine Diskussion in der Presse und eine Flut von Leserbriefen aus. Die Redaktion sah sich gezwungen, folgende Stellungnahme abzugeben: »Wir müssen beschämt feststellen: wenngleich manche Autoren dies leugnen, so beweisen doch diese Briefe, daß weiterhin ein Antisemitismus in Polen existiert, obwohl es heute in unserem Land praktisch keine Juden mehr gibt.«[53]

Ein paradoxes Beispiel für diesen Zusammenhang bietet eine Kontroverse, die sich im Kontext der Einsetzung einer »Kommission der polnischen Bischofskonferenz für den Dialog mit dem Judentum« abgespielt hat.[54]

Ein Interview provozierte eine Schmähschrift des rechtsnationalen Denkers J. Giertych unter dem Titel »Geburt einer neuen Irrlehre?«[55] Sie wurde den polnischen Bischöfen zugesandt und in vielen Seelsorgestellen, v. a. in der Diözese Włocławek, in der Bischof Muszyński gerade zum Bischof ernannt wurde, verteilt. Inhaltlich stellt sie ein Kompendium des theologischen und rassischen Antisemitismus dar und versucht den Bischof als Häretiker, der die Lehre der Kirche und v. a. die des Papstes entstellt, darzustellen. Der Hintergrundgedanke ist klar: Der Bischof und die Befürworter des Dialogs[56] seien jüdische Agenten. Eine umfassende theologische Widerlegung dieser Vorwürfe unternahm ein Mitglied der Kommission: W. Chrostowski[57], der mittels vieler Textbelege den Beweis bringt, daß Bischof Muszyński »nur« die Lehre des II. Vatikanums und die des Papstes dargelegt hat. Der Behauptung des Schmähautors, ob »es nicht im Interesse des Weltjudentums« läge, inmitten eines katholischen Landes ein Presseorgan (gemeint ist »Tygodnik Powszechny«) zu haben, das der jüdischen Religion freundlich gesonnen wäre, vermag Chrostowski nicht zu begegnen. Mehr noch: Er selber läßt sich von demselben Denkmuster die Antwort vorgeben und fragt – sarkastisch – Giertych, der immerhin in London veröffentlicht, ob dieser seinerseits nicht im Interesse »jener jüdischen Öffentlichkeit« schreibe, die angeblich »die These vom polnischen und katholischen Antisemitismus« nicht begraben möchte.

Der Antisemitismus, der sich sprachlich nicht in den »bewußten« judenfeindlichen, sondern in der »selbstverständlichen« Überzeugung ausdrückt, ist aber weiterhin etwas Alltägliches. Untersuchungen über diese alltäglichen Stereotypen sind sehr rar. In den Jahren 1975–1982 wurden 250 Studenten verschiedener Studienrichtungen über ihre Vorstellungen, die sie mit Juden assoziieren, befragt. Die meisten gaben negative Wertvorstellungen an: Die Juden versuchen aus allem Kapital zu schlagen, sind »geldgeil«, unehrlich, unsolidarisch (die Solidarität beschränkt sich auf die Juden selbst), opportunistisch. Die Juden rächen sich, sind laut, streitsüchtig. Auch die stereotypen Bilder wurden erwähnt: Viele Studenten erinnerten sich nur an Sprichwörter über Juden, die alle einen negativen Beigeschmack haben.[58]

Die Überzeugung, daß in Polen »Unmengen« von Juden leben und sie deswegen »an allen Ecken« vermutet[59] und für die wirtschaftliche Misere[60] verantwortlich gemacht werden, wird nicht nur durch den sprichwörtlichen »Menschen von der Straße« mit dem Hinweis erklärt, daß die Juden, die »ihre eigenen Interessen verfolgen«, die Macht an sich gerissen haben. Das Spektrum ist sehr weit: Von der emotionsgeladenen Überzeugung, daß es sich bei der Kontroverse um das Karmelitinnenkloster in Auschwitz im Grunde nur um die Frage handelt, »wieviel Macht Juden in Polen haben«, bis hin zum feststehenden Urteil über die Unterwanderung aller entscheidenden politischen und gesellschaftlichen Kräfte durch »die Juden«[61] reicht hier die Palette.

Eingebettet in den Kontext der Verdrängungen, des Verschweigens und des Glaubens an die jüdische Unterwanderung, bringt die Kontroverse um das Karmelitinnenkloster in Auschwitz die Frage nach dem polnischen Antisemitismus fast auf den Begriff. Niemand von den polnischen kirchlichen Behörden hat es für notwendig gehalten, mit den jüdischen Organisationen über die Lokalisierung des Klosters zu reden. Dies schon deswegen, weil das Gespräch zwischen Christen und Juden in Polen noch im Anfangsstadium steht, aber dann vor allem deswegen, weil man auch in der polnischen Kirche die Bedeutung von »Auschwitz« im jüdischen Kontext verdrängt hat. Für die polnische Kirche ist dies der Ort des Martyriums der polnischen Katholiken. Nachdem aber die Proteste laut wurden, verwandelte man die Frage nach der Berechtigung der Proteste zum Problem der »jüdischen Machtausübung«: Juden wollen in Polen bestimmen, wie »wir« »unsere« Gedenkstätten zu gestalten haben. Die scharfen Töne, die sich in diesem Zusammenhang Kardinal Glemp geleistet hat[61], spiegelten durchaus die Einstellung des Großteils der katholischen Bevölkerung wider; der Beifall der national gesinnten Zeitungen war selbstverständlich.[62]

Die Bedeutung dieses alltäglichen Antisemitismus soll nicht überschätzt, aber auch nicht unterschätzt werden. Weder die offiziellen kirchlichen[63] noch offizielle staatliche Stellen[64] lassen sich im gegenwärtigen Polen durch diese Urteile in ihren Entscheidungen motivieren, und doch prägt dieser die Alltagskultur in Polen[65]: der Antisemitismus ohne Juden.

Anmerkungen

1 Folgende Bemerkungen sind nicht von einem Historiker verfaßt und bleiben trotz allen Anscheins essayistisch; das Problem des Antisemitismus im Nachkriegspolen war in Polen selbst immer wieder für die wissenschaftliche Forschung ein Tabuthema; die Einzeluntersuchungen sind lückenhaft; eine Gesamtdarstellung wird noch lange ein Desiderat bleiben.

2 A. Sandauer, O sytuacji pisarza polskiego pochodzenia żydowskiego w XX wieku (Rzecz, która, nie ja powinienem byłnapisać . . .) – (Von der Situation des polnischen Schriftstellers jüdischer Herkunft im 20. Jahrhundert – eine Sache, die nicht ich geschrieben haben sollte . . .), Warszawa 1982, S. 70

3 Nach Sandauer waren es von Februar bis Anfang Juli 1946 insgesamt 136 570 Juden; vgl. dazu: E. Hornowska, Powrót polskich Żydów ze Zwiazku Radzieckiego i działalność charytatywna Centralnego Komitetu Żydowskiego w Polsce (Die Rückkehr polnischer Juden aus der UdSSR und die caritative Tätigkeit des Zentralrates der Juden in Polen). In: Biuletyn Żydowskiego nstytutu Historycznego w Polsce (Bulletin des Jüdischen Historischen Institutes in Polen), 1985, Heft 1–2, S. 105–122

4 Vgl. L. Tyczka, Powrót z obozów (Rückkehr aus den Lagern). In: Biuletyn Żydowskiego Instytutu Historycznego w Polsce. Warszawa 1984, Heft 1–2, S. 109–115

5 Vgl. dazu: M. Grynberg, Żydowska Spółdzielczośc pracy w Polsce w latach 1945–1949 (Das jüdische Produktionsgenossenschaftswesen in Polen in den Jahren 1945–1949), Warszawa 1986, 13–26; I. Hurwic-Nowakowska, Analiza więzi społecznej ludości Żydowskiej w Polsce prwojennej. (Analyse der Sozialbindung der jüdischen Bevölkerung im Nachkriegspolen 1947–1950). In: Biuletyn Żydowskiego Instytutu Historycznego w Polsce. Warszawa 1986, Heft 1–2, 115–127 (als Dissertation unter demselben Titel im Jahr 1965 in Warschau fertiggestellt und 1986 unter dem Titel: A Social Analysis of Postwar Polish Jewry in Jerusalem erschienen)

6 M. Hillel, Le massacre des survivants en Pologne 1947–1947. Paris 1985, spricht von 1500 Juden, die nach dem Krieg den Pogromen und den individuellen Mordanschlägen in Polen zum Opfer gefallen sind (die größeren Pogrome: im Juli 1945 in Rzeszów, am 11. August 1945 in Kraków und am 4. Juli 1946 in Kielce)

7 Die folgende Rekonstruktion der Ereignisse basiert auf den Forschungen von: S. Menducki, B. Szanynok und Z. Wrona, die in der Beilage der Gazeta Wyborcza veröffentlicht wurden. Vgl. W. Kalicki, Zabić Żyda. O pogromie Kieleckim: Den Juden töten. Über das Pogrom in Kielce. In: Gazeta Wyborcza vom 30. Juni 1990, S. 5–11, und 7. Juli 1990, S. 5–11. Das verordnete Schweigen über dieses Pogrom wurde in Polen durch die Historikerin Krystyna Kersten im Jahr 1981 mit einem Beitrag in der Wochenzeitschrift »Solidarność« gebrochen. Vgl. K. Kersten, Kielce – 4. Juli 1946. In: Osteuropa-Info: Juden und Antisemitismus in Osteuropa. 55, Hamburg 1984

8 Das Haus dürfte in Kielce als das »jüdische Haus« allgemein bekannt gewesen sein. 1945 wurde es dem »Städtischen« und dem »Bezirks-« (wojewódzki) Judenkomitee, dessen Vorsitzender Seweryn Kahane – ein Partisanenkämpfer im Krieg – war, übergeben. Außerdem gab es im Haus die Niederlassung des Kibbuz »Ichudu« (Zjednoczenie Syjońskich Demokratów: Vereinigung der Zionsdemokraten), eine religiöse Kongregation, und eine vom Joint Distribution Commitee finanzierte Küche, die an durchreisende Juden (die sich im Haus aufhalten durften) Mahlzeiten ausgegeben hat.
Die Atmosphäre im Haus glich der einer belagerten Festung. Da es in der Umgebung immer wieder Überfälle auf die jüdische Bevölkerung und im Oktober 1945 bereits einen Granatenanschlag auf das Haus gegeben hatte, auf die die Polizeibehörden eher mit Gleichgültigkeit reagiert hatten, besorgten sich etliche Bewohner des Hauses die Erlaubnis zum Waffenbesitz.

9 So die Stellungnahme der Bischöflichen Kurie von Kielce zu den Ereignissen im Jahr 1946, veröffentlicht in Tygodnik Powszechny vom 4. Oktober 1987

10 Das nach den Prozessen verhängte radikale Verbot, irgend etwas über das Pogrom zu publizieren, ja sogar darüber zu forschen, machte die Tragödie von Kielce zu einer weißen Karte polnischer Nachkriegsgeschichte. Inzwischen ist der Zugang zu den Prozeßakten teilweise ermöglicht worden. Die Prozesse können schwerlich als objektiv gelten: Die Zeugen haben oft gelogen, die Untersuchungsrichter wurden durch die Weisungen von oben geleitet, in der Untersuchungshaft wurden Torturen angewendet: Man bereitete eben Schauprozesse vor.

11 Zit. nach K. Kersten (s. Anm. 7), S. 72

12 Laut einer Umfrage des polnischen Meinungsforschungszentrums, die im Februar 1991 durchgeführt wurde, glauben 31 % der Bevölkerung, daß die »Juden« jetzt in Polen regieren (und zuviel Macht haben); veröffentlicht in: Gazeta Wyborcza 15. März 1991, S. 3

13 Mnemotechnisch werden hier sowohl das Wort Żyd (Jude) als auch das Wort Kommunismus verstümmelt.

14 Die Krise im Jahre 1956 wird durch die Ereignisse in Poznan (Posen) im Juni 1956 ausgelöst; die gewaltlosen Straßendemonstrationen endeten in blutigen Auseinandersetzungen mit der Miliz.

15 Benannt nach der Warschauer Puławskastraße, in der sich die Gruppe regelmäßig traf.

16 Benannt nach dem in der Nähe von Warschau gelegenen Branicki-Palais, in dem sich die Neostalinisten trafen.

17 Die polnische Verfassung von 1921 garantierte zwar allen in Polen lebenden Menschen Gleichberechtigung, 1931 hob ein Gesetz noch expressis verbis alle Vorschriften auf, die die Bürger Polens in irgendeiner Weise hätten diskriminieren können. Diese Gesetzeslage konnte aber eine tatsächliche Diskriminierung und Unterdrückung von Juden (die nach der Volkszählung von 1931 etwa 10 % der Bevölkerung ausmachten) nicht verhindern. 1920 erschienen auch in Polen die »Protokolle der Weisen von Zion«. Die eigentliche antisemitische Propaganda ging aber auf das Konto der Nationaldemokratischen Partei (Narodowa Demokracja: Endecja), die die Idee eines Nationalstaates (nach R. Dmowski) vorantrieb und eine Minderheitspolitik betrieb, deren einziges Ziel im Verschwinden der Minderheiten lag. Nach den für diese Partei enttäuschenden Wahlen von 1922 setzte eine Hetzpropaganda gegen die Juden ein: man solle den »Urhebern der Wahlniederlage« das Wahlrecht entziehen. Der vom Sejm und Senat gewählte Staatspräsident Gabriel Narutowicz wird von den Nationaldemokraten als »Judenpräsident« diffamiert: »Der Haß gipfelte am 16. Dezember in der Ermordung Narutowiczs durch den Künstler Niewiadomski, der erklärte, er hätte jeden umgebracht, der durch Juden an die Macht gekommen sei.« So: H. Heiko, Geschichte der Ostjuden. München 1990, 176.
Die Machtergreifung Piłsuckis verändert an der antisemitischen Propaganda der Nationalisten wenig: in verschiedenen, teilweise einander ablösenden, hin und wieder verbotenen Gruppierungen (Stronnictwo Naro-

dowe: National-Partei; Obóz Wielkiej Polski: Großpolnisches Lager; Obóz narodowo-Radykalny: National-Radikales Lager und schließlich: Ruch Narodowo-Radykalny: National-Radikales Lager, nach dem Namen der führenden Zeitschrift »Falanga« genannt) führten die Nationalisten ihre antisemitischen Aktivitäten weiter. Sie verfolgten eine Doppelstrategie: einerseits machten sie den Juden das Leben schwer, andererseits arbeiteten sie mit den Zionisten an den Emigrationsplänen. Pogrome und Aktionen an den Universitäten: Ghettobänke, judenfreie Tage und Wochen und Überfälle auf jüdische Studenten bildeten den Schwerpunkt der Aktivitäten. Inhaltlich konzentrierte sich deren Propaganda auf die Stereotypen: Juden wären die Antithese alles Polnischen, sie seien Feinde und Korruptionisten polnischer Werte, sie wären alle Kommunisten (Żydokomuna: vgl. Anm. 13), die wirtschaftlichen Schwierigkeiten des Staates würden auf ihr Konto gehen.
Über die soziale Lage und die wirtschaftlichen Verhältnisse der Juden im Zwischenkriegspolen und auch über die an die sozial-ökonomischen Vorurteile anknüpfende antisemitische Propaganda der nationalistischen polnischen Bewegungen informiert: J. Tomaszewski, Rzeczpospolita wielu narodów (Republik vieler Völker), Warszawa 1985

18 Vgl. Anm. 13

19 Vgl. A. Rayski, Zwischen Thora und Partei. Lebensstationen eines jüdischen Kommunisten. Freiburg i. Br. 1987, S. 145; viele führende Persönlichkeiten jüdischer Abstammung verloren ihre Posten; dasselbe galt auch für viele Offiziere der Armee. Andere Spitzenfunktionäre blieben aber bis zur Wende 1956: nun wurden sie zum Sündenbock. Zur Situation der polnischen Kommunisten jüdischer Abstammung in den ersten Nachkriegsjahren vgl. E. Silberner, Kommunisten zur Judenfrage. Zur Geschichte von Theorie und Praxis des Kommunismus. Opladen 1983, S. 248–254

20 J. Berman (Sicherheitsdienst), H. Minc, R. Zambrowski, O. Dłuski, A. Starewicz, T. Feder u. a.

21 Vgl. die Dokumentation von N. Robinson, Poland after »October«. IJA-Research-Reports. London 1957, v. a. S. 33–38

22 So (der spätere 1. Parteisekretär) E. Gierek in der offiziellen Parteizeitung Trybuna Ludu am 15. März 1968

23 »Przyczynek do genezy konfliktu« (Anmerkung zur Genese des Konfliktes). In: Wiadomości Literackie 6 (1968), S. 61–71, hier S. 70 (der Text wurde in der Trybuna Ludu am 16. Juni 1968 abgedruckt). Die Kampagne selbst wurde einerseits in den Broschüren des Parteiverlages (hier tat sich v. a. der Leiter des »Büros für jüdische Angelegenheiten« im Innenministerium, T. Walichnowski, besonders als Autor hervor – die Pamphlete wurden nachträglich von der Universität Toruń als Dissertation anerkannt), andererseits in den Zeitungen geführt (einer der gehässigsten Autoren ist der Leiter der »Hauptkommission für die Erforschung der Naziverbrechen« – vor dem Krieg ein rechtsradikaler Aktivist –, C. Pilichowski). Die sich bei der Kampagne besonders engagierenden Autoren sind bei: S. Wiesenthal, Judenhetze in Polen. Vorkriegsfaschisten und Nazi-Kollaborateure in Aktionseinheit mit Antisemiten aus den Reihen der KP Polens. Bonn 1969, S. 12–34, verzeichnet.

24 Den Auslöser für die Märzereignisse bot die Absetzung eines Nationaldramas von A. Mickiewicz vom Spielplan des Nationaltheaters in Warschau (der Beifall an den »falschen Stellen« wurde als »antisowjetische« Manifestation im Theater interpretiert). Die daraufhin folgenden Straßendemonstrationen breiteten sich im ganzen Land aus.

25 Nun um einen ehemaligen Partisanenführer M. Moczar und die Veteranenorganisation ZBOWiD (Związek Bojowników o Wolność i Demokrację: Bund der Kämpfer für Freiheit und Demokratie) gruppiert (im Volksmund hieß die Fraktion: die Partisanen)

26 Eine sich als katholisch (und kirchlich) ausgebende Bewegung, die in der Antisemitismus-Kampagne von 1968 eine führende Rolle gespielt hat. Von einem (ehemaligen) Rechtsradikalen Boleslaw Piasecki 1949 zuerst als Verlagsinstitut (1951 als Vereinigung) gegründet, spielte Pax in der stalinistischen Zeit eine den staatlichen Behörden gegenüber loyale Rolle und geriet dadurch in einen radikalen Widerspruch zum Großteil der Hierarchie der katholischen Kirche: 1955 wurde das Buch von Piasecki »Wesentliche Probleme« und die Wochenzeitung »Dziś in jutro« (Heute und Morgen) vom Vatikan auf den Index gesetzt. Nach der Wende 1956 verlor die Bewegung keineswegs an Einfluß, sie profilierte sich immer mehr, indem sie auf die nationalistischen und antisemitischen Parolen aus der Vorkriegszeit zurückgriff. Ihr Organ, die Tageszeitung »Słowo powszechne«, war eines der ersten Medien, in denen die antisemitische Propaganda gestartet wurde.

27 So K. Kąkol, die Märzereignisse zusammenfassend, in einem führenden Organ der antisemitischen Propaganda dieses Jahres: Prawo i życie vom 24. März 1968; ähnlich: Słowo Powszechne bereits am 11. März: »Zionistische Kreise in Israel und westdeutsche Revanchisten haben sich verbunden, um polnische zionistische Kreise zu veranlassen, in Polen Unruhe zu stiften.« Die stimmungsgebenden Zeitungen in dieser Kampagne: Słowo Powszechne, Trybuna Ludu, Żołnierz Wolnosci. Einen »Pressespiegel« aus diesen Tagen findet man in: P. Lendvai, Antisemitismus ohne Juden. Entwicklungen und Tendenzen in Osteuropa. Wien 1972, S. 89–218

28 W. Gomułka, zit. nach Trybuna Ludu vom 20. März 1958. Die Unterscheidung zwischen den Juden, die in Israel ihre Heimat sehen, denjenigen, die weder Juden noch Polen sind, und den guten Juden, die Polen als einziges Vaterland haben, hat in der polnischen antisemitischen Propaganda eine lange Tradition. Sie geht auf den Nationalisten R. Dmowski (s. Anm. 17) zurück. Allerdings ist diese Argumentationsfigur keineswegs etwas spezifisch Polnisches, sie gehört zu den Standardentschuldigungsfiguren des antisemitischen Denkens überhaupt.

29 Trybuna Ludu am 15. März 1968

30 Trybuna Ludu am 3. April 1968

31 Ebd.

32 Ebd.; ähnlich Słowo Powszechne bereits am 11. März 1968

33 »Zionistische Spione im Dienste des Imperialismus gibt es in Washington, Moskau, Paris, London, Warschau und so weiter . . . Juden sind bemüht, dem israelischen Sicherheitsdienst alle Informationen zuzuspielen. . . . So sind die über die ganze Welt verstreuten zionistischen Organisationen und jüdischen Nationalisten die Quelle der Macht«: K. Kąbol in: Trybuna Mazowiecka vom April 1968

33a Die Heimat der Juden ist »der amerikanische Dollar, gleichgültig, ob sie ihn von Tel Aviv, von Bonn oder von Washington bekommen«, so K. Kąkol in Trybuna Mazowiecka vom April 1968

34 S. Wiesenthal (s. Anm. 24), S. 36–44, bringt eine Sammlung der antisemitischen Karikaturen der damaligen Tage aus der Armeezeitung »Żołnierz wolnosci«.

35 Prawo i Życie vom 7. April 1968

36 A. Michnik in: Die Kirche und die polnische Linke. München 1980, S. 80, spricht in diesem Zusammenhang vom »schweren Fehler des polnischen Episkopates«. Die Bischöfe unterschätzen den Antisemitismus, wenn sie die Märzkampagne bloß als »den Konflikt zwischen laikaler linker Intelligenz und Regime« auffaßten und darin nur »den Ausdruck eines internen Kampfes um die Macht« sahen.

37 Über Piasecki und dessen antisemitische Haltung vgl. S. Wiesenthal (s. Anm. 24); A. Micewski, Katholische Gruppierungen in Polen. Pax und Znak 1945 bis 1976. München 1978

38 Zur Zeit des Konzils und der nachkonziliären Erneuerung der Kirche war die Pax-Presse die einem jeden Geistlichen und engagierten Laien problemlos zugängliche, über kirchliche Belange informierende Presse, hier v. a. die Tageszeitung Słowo Powszechne. Diese, über lange Zeit einzige »katholische« Tageszeitung blieb das wichtigste Sprachrohr der Bewegung. Theologisch gab sie sich »progressiv«, politisch verfolgte sie das Programm eines nationalistisch angehauchten polnischen Sozialismus; aus der antisemitischen Grundstimmung wurde kein Hehl gemacht; mit dem Ausbruch des Sechstagekrieges folgte in ihr eine offene antisemitische Kampagne.

39 Als Reaktion auf die Ereignisse im März haben die Abgeordneten von Znak am 11. März 1968 eine Interpellation an den Ministerpräsidenten gerichtet, in der sie eine Aufklärung über die Milizaktionen gegen die Studenten forderten; am 21. März 1968 erließ der polnische Episkopat einen Hirtenbrief zur Verteidigung der Studenten.

40 Zit. nach A. Michnik (s. Anm. 36), S. 76 f

41 Vgl. die Dokumentation von S. Wiesenthal (s. Anm. 22); Student Unrest in Poland and the Anti-Jewish and Anti-Zionist Campaign: IJA-Research-Report N. 9, London 1968; The Anti-Jewish and Anti-Zionist Campaign in Poland II: IJA-Research-Report N. 12, London 1968; The Anti Jewish Campaign in Present-Day-Poland: IJA-Research-Report N. 13, London 1968

42 Nach Tygodnik Powszechny vom 20. März 1988, S. 1 (die Anzahl der Juden unter den exmatrikulierten Studenten ist nicht bekannt)

43 Die Parteizeitung Trybuna Ludu gab erstmals am 2. März 1988 die Zahl 13 000 an; in der Zeitung Nowe Drogi war die Zahl 20 000 zu lesen.

44 St. Schreiner, Im Schatten der Vergangenheit – Zur Geschichte der jüdischen Gemeinschaft in Polen seit 1945, in: Judaica 46 (1990), S. 74, gibt an: die Emigration des gesamten Ensembles des jüdischen Ester-Kaminska-Theaters nach London, die Schließung des Verlages Jidish Bukh, die Emigration eines Großteils der Mitarbeiter des Jüdischen Historischen Instituts in Warschau, die Einstellung der Arbeit der zentralen Leitungsgremien des Verbandes der jüdischen Religionsgemeinden.

45 Das Jahr 1968 stellt eine vorläufige Zäsur dar: Zum letzten Mal wurde damals eine organisierte Anschuldigungskampagne, die sich der antisemitischen Stereotypen bedient, zum Mittel der Staatspolitik. Alle Versuche, die Gewerkschaftsbewegung »Solidarność« zu Beginn der achtziger Jahre durch die antisemitische Propaganda politisch zu neutralisieren, schlugen fehl. Die Neostalinisten haben sich zwar in einer Bewegung »Grunwald« organisiert, doch blieb diese Gruppierung eine Randerscheinung. Am 6. März 1981 trat diese Bewegung an die Öffentlichkeit, um in einer Gedenkfeier »die Opfer der zionistischen Sicherheitskräfte« zu ehren. A. Stromska kommentierte in der Zeitschrift »Polityka« und faßte die politische Kultur der antisemitischen Anschuldigungsmaschinerie so zusammen: »Schlaft ruhig, Landsleute. Wie immer ihr auch die fünfziger Jahre verlebt haben möget. Terror, Unrecht, Deformierungen des Systems. Was es auch war, es war Schuld der Juden. Höchst bequem. Zum einen: wir Polen trieben mit anderen Polen nicht unsere Spielchen. Gott bewahre. Wir nicht. Zum anderen: Und wenn schon, dann unter dem Einfluß oder Befehl von Juden. Die Dummheit solcher Argumentation liegt auf der Hand, doch der Antisemitismus wirkt wie ein Balsam.« In: Polityka vom 5. Dez. 1981

46 Obwohl dies erstaunlich klingen mag, hat der Verfasser beispielsweise über die Ereignisse in Kielce in Polen während seiner gesamten Schulzeit kein Wort gehört. Zum ersten Mal hörte ich darüber erst, als ich schon im Westen war, in den späten siebziger Jahren von jüdischen Freunden im Kontext des christlich-jüdischen Gesprächs. L. Łukasiewicz, Stereotyp Zyda u Studentow (Der Stereotyp des Juden bei den Studenten). In. Znak 339–340, (1983), S. 457, hält fest, daß das Wissen über die Beziehungen zwischen Juden und Polen bei den untersuchten 250 Studenten sehr fragmentarisch ist.

47 Gegenwärtig wird an einer Neukonzeption gearbeitet.

48 Diese Rationalisierung war bei der Verdrängung der Nachkriegspogrome am Werk (z. B.: Kard. Hlond: vgl. Anm. 11); ausdrücklich rechtfertigte damit W. Gomułka in seiner Rede vom 19. März die 68er Exzesse (Trybuna Ludu vom 20. März 1968: vgl. hier Anm. 24)

49 Vgl. Kathpress 170, 5. Sept. 1989, S. 8

50 H.-J. Stehle, Kardinale Abwege, in: Die Zeit, S. 37 (8. Sept. 89), vermutet, Glemp wäre direkt unter den Einfluß des rechtsradikalen Lagers geraten.

51 Vgl. hier etwa den Roman von A. Szczypiorski: Poczatek (deutscher Titel: Die schöne Frau Seidemann), polnisch 1986, in dem der Mythos von den nur heldenhaften Polen radikal in Frage gestellt wird.

52 J. Błoński, Biedni Polacy patrzą na Getto (Die armen Polen schauen auf das Getto), in: Tygodnik Powszechny vom 11. Januar 1987, S. 3

53 Tygodnik Powszechny vom 8. Februar 1987

54 Der für diese Kommission zuständige Bischof Muszyński informierte über die Einsetzung in einem Interview: »Mamy wspólne korzenie i wspólne zadania« (Wir haben gemeinsame Wurzeln und gemeinsame Aufgaben), in: Tygodnik Powszechny vom 6. Dez. 1987, S. 49

55 In der Reihe »Opoka«, London 1988

56 V. a. die Zeitung »Tygodnik Powszechny«

57 W. Chrostowski, Kto jest jeretykiem? (Wer ist ein Häretiker), in: Tygodnik Powszechny, S. 24 vom 12. Juni 1988

58 Vgl. L. Łukasiewicz (s. Anm. 46), S. 454 f

59 L. Łukasiewicz (s. Anm. 46), S. 460, hält fest, daß nur 15 % der untersuchten Studenten jemals einem Juden begegnet sind. Vgl. auch die Umfrageergebnisse in der Anm. 16

60 Vgl. dazu: J. Tomaszewski, Handel prywatny w Polsce w latach 1936–1939 (Der private Handel in Polen in den Jahren 1936–1939), in: Drobnomieszczaństwo XIX i XX wieku (Das Kleinbürgertum des 19. und 20. Jahrhunderts), Bd. 1. Hrsg. von St. Kowalska-Glikman. Warszawa 1984, S. 200–240

61 S. Wilkanowicz, Antysemityzm, patriotyzm i Chrzescijaństwo (Antisemitismus, Patriotismus und das Christentum), in: Znak, S. 339–340 (1983), S. 171–176, zählt die Theorie der Verschwörung, die Überzeugung: die Juden regieren die Welt oder mindestens manipulieren diese, zu den wichtigsten Stereotypen des polnischen Antisemitismus.
Die polnischen Ereignisse des Jahres 1990 (hier v. a. des Präsidentschaftswahlkampfes) stellen eine Fundgrube für die Verschwörungstheorien dar: so etwa der »selbstverständliche und im Wahlkampf auch instrumentalisierte Glaube an die jüdische Abstammung des (ehemaligen) Ministerpräsidenten Mazowiecki. 1990 fühlte sich ein polnischer Bischof verpflichtet, zu erklären, die Familie von Mazowiecki sei bis ins Mittelalter zurück christlich gewesen, oder aber: der in Polen verbreitete Witz: »nur die weiblichen Mitglieder der Regierung Mazowiecki wären nicht beschnitten«, und schließlich die Überzeugung, die Polemik des damaligen Gewerkschaftsvorsitzenden Wałęsa gegen Mazowiecki sei deswegen notwendig, weil Wałęsa als einziger den Überblick über das Ausmaß der jüdischen Unterwanderung bewahrt habe.

62 Die Diskussion über die Ereignisse in Auschwitz spielte sich vor allem in der Presse ab: Die von J. Rogozik zusammengestellte Bibliographie der Presseartikel zum Thema »Karmelitinnenkloster« zählt zwischen 26. März 1989 und 4. April 1990 168 Titel, in: Znak, S. 419–420 (1990), S. 174–202

63 Am 20. Januar 1991 gab die Polnische Bischofskonferenz einen Hirtenbrief zum 25. Jahrestag der Konzilsdeklaration »Nostra aetate« heraus, in dem sie u. a. Bedauern über die antisemitischen Ereignisse in Polen ausdrückt und festhält, daß diese nicht mit dem Geist des Evangeliums zu vereinbaren seien. Leider fehlt in diesem Brief die Bezugnahme auf die konkreten Ereignisse der letzten Jahre. Zu den Schwierigkeiten eines konstruktiven Gesprächs zwischen den Katholiken und Juden in Polen vgl. J. Niewiadomski, Die katholische Kirche in Polen und die Juden, in: Kirche und Israel 5 (1990), S. 65–73

64 Der Präsident Wałęsa hat aufgrund der »schmerzhaften Ereignisse im Kontext des Wahlkampfes im Jahr 1990 einen offiziellen »Polnisch-Jüdischen Rat« ins Leben gerufen, der vor allem am Abbau der Stereotypen und der Vermittlung von Wissen arbeiten soll. Vgl. Bericht in Gazeta wyborcza vom 19. März 1991

65 So werden die Intellektuellen und Priester, die kritisch über diese Erscheinung reden und schreiben, als »Juden« (in diesem Zusammenhang – um der Intention der Urheber solcher Urteile gerecht zu werden) »diffamiert«. Die sich bereits seit Jahren für einen vorurteilsfreien Dialog mit den Juden einsetzenden traditionellen Organe von »Znak«: Tygodnik Powszechny und Znak werden in der Öffentlichkeit (selbst im polnischen Klerus) immer noch als Organe der »jüdischen Organisationen« und die Redakteure als »Juden« qualifiziert.

Polnisches Bischofswort zum Verhältnis von Christen und Juden

Einen Hirtenbrief gegen Antisemitismus haben die polnischen Bischöfe veröffentlicht. Anlaß des Hirtenwortes war der 25. Jahrestag der Veröffentlichung des Konzilsdekrets »Nostra aetate«, mit dem die katholische Kirche ihr Verhältnis zu den anderen Religionen und zum Judentum neu bestimmt hatte. (siehe Anm. 63)

»Liebe Brüder und Schwestern in Christus,
heute wenden wir uns an euch in der außerordentlich wichtigen Angelegenheit unserer Beziehung zum jüdischen Volk und der mosaischen Religion, mit der uns Christen einzigartige und einmalige Bande verbinden. Wir tun dies aus Anlaß des 25. Jahrestages der Veröffentlichung des Konzilsdekrets ›Nostra aetate‹, in dem die Kirche ihr Verhältnis zu den nichtchristlichen Religionen und damit auch zu den Juden näher bestimmt hat. Das am 27. Oktober 1965 verabschiedete Dekret hat bis heute nichts von seiner Bedeutung und Aktualität verloren. Der Heilige Vater Johannes Paul II. brachte dies wiederholt zum Ausdruck. Unter anderem sagte er: ›Aus tiefster Überzeugung möchte ich bekräftigen, daß die während des Zweiten Vatikanischen Konzils in dem Dekret ›Nostra aetate‹ verkündete Lehre der Kirche für uns, für die katholische Kirche, für den Episkopat und den Papst stets eine Lehre bleiben wird, an der wir festhalten sollten, eine Lehre, die man nicht nur als der Sache dienlich auffassen sollte, vielmehr als Ausdruck des Glaubens, als Eingebung des Heiligen Geistes, als ein Wort der göttlichen Weisheit‹ (Ansprache vor der Jüdischen Gemeinde in Venezuela am 15. Januar 1985).
Das Dekret weist vor allem auf die Vielzahl und Verschiedenartigkeit der Verbindungen hin, die zwischen der Kirche und der mosaischen Religion sowie

dem jüdischen Volk bestehen. Mit keiner anderen Religion steht die Kirche in so engem Verhältnis, mit keinem anderen Volk verbinden die Kirche so feste Bande.
›Die Kirche Christi‹ – so schreiben die Konzilsväter in dem Dekret –, ›anerkennt, daß sich nach dem Heilsgeheimnis Gottes die Anfänge ihres Glaubens und ihrer Auserwählung schon bei den Patriarchen, bei Moses und den Propheten finden.‹ Daher konnte sich Johannes Paul II., der in der Nachfolge des heiligen Petrus als erster eine Synagoge besucht hatte, in seiner Rede in der römischen Synagoge am 13. April 1986 an die Juden als an ›unsere älteren Brüder‹ im Glauben wenden.
Die Kirche ist im jüdischen Volk und dem Glauben der Juden vor allem durch die Tatsache verwurzelt, daß Jesus Christus dem Leib nach diesem Volk entstammt. Das geschichtserlösende Ereignis war von Anbeginn von Gott in seinem ewigen Erlösungsplan gewollt. Eben diesem Volk offenbarte Gott seinen Namen, und mit ihm schloß er seinen Bund. Die Auserwählung war nicht nur ein außerordentliches Privileg, sie war auch eine große Verpflichtung zum Glauben und zur Treue zu dem einen Gott bis hin zum Zeugnis im Leiden, nicht selten auch im Tod. Diesem Volk gab Gott den besonderen Auftrag, alle im wahren Glauben an den einen Gott und in Erwartung des Messias, des Erlösers, zu vereinen. Als die Zeit gekommen war, ist das ewige Wort Gottes, der eingeborene Sohn des Vaters, Fleisch geworden aus Maria der Jungfrau, Tochter des jüdischen Volkes. Der von den Propheten angekündigte und von seinem Volk erwartete Jesus Christus wurde in Betlehem geboren als ›der Sohn Davids, des Sohnes Abrahams‹ (Mt. 1,1). Dem jüdischen Volk entstammen auch die ›Apostel, die das Fundament und die Säulen der Kirche bilden, sowie die meisten jener ersten Schüler, die das Evangelium Christi der Welt verkündet haben‹.
Die Kirche als das auserwählte Volk Gottes des Neuen Bundes bemächtigte sich nicht der Gaben, die das auserwählte Volk des Alten Bundes von Gott erhalten hatte. Wie lehrt doch der heilige Paulus: Die Israeliten sind, ›von ihrer Erwählung her gesehen . . ., von Gott geliebt, und das um der Väter willen‹ (Röm. 9,4). Also hat Gott dem jüdischen Volk seine Gnade nicht entzogen, sondern schenkt ihm fernerhin seine Liebe. Und nur er allein, der allerhöchste und barmherzige Gott, kennt den Tag, ›an dem alle Völker mit einer Stimme den Herrn anrufen und ihm Schulter an Schulter dienen werden‹ (Nostra aetate 4).
In dem Dekret treten die Konzilsväter klar und entschieden dem Hauptvorwurf entgegen, der allen Juden die Verantwortung für den Tod Christi aufbürdet. Das Dekret stellt fest: Auch wenn die jüdische Obrigkeit und ihre Anhänger auf den Tod Christi gedrungen haben, kann man dennoch die Ereignisse seines Leidens weder allen damals lebenden Juden ohne Unterschied noch den heutigen Juden zur Last legen.
Einige jedoch beschuldigen die Juden des Mordes an Christus, indem sie sich auf die Worte des Matthäus-Evangeliums berufen: ›Sein Blut komme über uns und unsere Kinder!‹ (Mt. 27,25). In der Tat bedeutet diese Äußerung: Wir übernehmen die volle Verantwortung für diesen Tod. Allerdings rief dies nicht das ganze jüdische Volk, sondern nur eine aufgewiegelte Menge, die sich vor dem Palast des Pilatus versammelt hatte. Ebenso darf man nicht vergessen, daß Jesus auch für diese Menschen wie für uns alle am Kreuze betete: ›Vater, vergib ihnen, denn sie wissen nicht, was sie tun‹ (Lk. 23,34).
Der Katechismus des Tridentinischen Konzils sieht die Frage nach der Verantwortung für den Tod Christi so: ›Die christlichen Sünder tragen am Tod Christi eine größere Schuld als einige Juden, die an ihm beteiligt waren. Die letzteren wußten in der Tat nicht, was sie tun, während wir dies nur allzu gut wissen‹ (pars I, cap. V, quaestio IX). Das Dekret ›Nostra aetate‹ erinnert an die traditionelle Lehre der Kirche, daß nämlich ›Christus in Freiheit sein Leben und seinen Tod aus unendlicher Liebe auf sich genommen hat, um der Sünden aller Menschen willen‹ (Nostra aetate 4).
Die in dem Dekret enthaltene Lehre der Kirche wurde in späteren Dokumenten des Apostolischen Stuhls weiterentwickelt. Von besonderer Bedeutung ist das Dokument aus dem Jahre 1985 mit dem Titel: ›Die Juden und der Judaismus in der Verkündigung des Wortes Gottes und der Katechese der katholischen Kirche‹. Dieses Dokument verdient eine möglichst große Verbreitung, vor allem unter Seelsorgern und Katecheten.
Mit dem jüdischen Volk verbinden uns Polen ganz besondere Bande, und diese schon seit den ersten Jahrhunderten unserer Geschichte. Für viele Juden wurde Polen zur zweiten Heimat. Die überwiegende Mehrheit der gegenwärtig in der Welt lebenden Juden stammt aus den Gebieten der früheren und der jetzigen Republik Polen. Beklagenswerterweise wurde gerade diese Erde in unserem Jahrhundert für einige Millionen Juden zum Grab. Nicht nach unserem Willen und auch nicht von unserer Hand. Hier nun, was der Heilige Vater vor kurzem – am 26. September dieses Jahres – über unsere gemeinsame Geschichte sagte: ›Es gibt noch eine Nation, ein besonderes Volk: das Volk der Patriarchen, des Moses und der Propheten, das Glaubenserbe Abrahams. Dieses Volk lebte mit uns über Generationen hinweg, Seite an Seite, auf dem gleichen Boden, der in der Verstreuung gleichsam zur neuen Heimat wurde. Millionen Söhne und Töchter dieses Volkes erlitten einen furchtbaren Tod. Zuerst brandmarkte man sie mit einem besonderen Zeichen. Dann drängte man sie in Ghettos, in gesonderte Bezirke ab. Dann wurden sie in die Gaskammern verschleppt und getötet – und das allein deshalb, weil sie Kinder dieses Volkes waren. Die Mörder taten dies auf unserer Heimaterde, vielleicht, um diese zu schänden. Man kann aber die Erde nicht mit dem Tod unschuldiger Opfer schänden. Durch einen solchen Tod wird die Erde zur Reliquie‹ (Ansprache vor Polen während der Mittwochsaudienz am 26. September 1990).
Und während der historischen Begegnung mit den wenigen in Polen noch lebenden Juden im Jahre 1987 in Warschau sagte der Heilige Vater: ›Seid überzeugt davon, liebe Brüder, daß die Polen, diese Kirche in Polen, die aus nächster Nähe auf die grauenvolle Realität der Vernichtung schaute, die beabsichtigte und schonungslos verwirklichte Vernichtung eures Volkes, daß sie dies im Geiste tiefer Solidarität mit euch durchlebte. Eure Bedrohung war auch unsere Bedro-

hung. Die unsrige wurde nicht in dem Ausmaß vollendet, konnte in dem Ausmaß nicht mehr vollendet werden. Dieses furchtbare Opfer der Ausrottung habt ihr auf euch genommen, man kann sagen, habt ihr für andere auf euch genommen, die ebenso ausgerottet werden sollten‹ (Rundbrief des Pressebüros des polnischen Episkopats 28/1987/179).

Viele Polen haben während des letzten Krieges Juden gerettet. Hunderte von ihnen, wenn nicht Tausende, bezahlten ihre Hilfsbereitschaft mit dem eigenen Leben und dem Leben ihrer nächsten Angehörigen. Hinter jedem der geretteten Juden stand eine ganze Kette von Herzen von Menschen guten Willens und hilfreicher Hände. Ein beredtes Zeugnis dieser Hilfe für die Juden während der grausamen Jahre der Hitlerschen Okkupation sind die zahlreichen jungen Bäume an der Nationalgedenkstätte ›Yad Vashem‹ in Jerusalem, die Polen gewidmet sind, sowie der vielen Polen zuerkannte ehrenvolle Titel ›Ein Gerechter unter den Völkern‹. Neben den zahllosen heroischen Beispielen von Hilfe seitens christlicher Polen gab es dennoch auch solche, die gleichgültig blieben angesichts dieser unfaßbaren Tragödie. Mit besonderem Schmerz erfüllen uns jene unter den Katholiken, die sich in irgendeiner Weise schuldig gemacht haben am Tod von Juden. Sie bleiben für uns stets ein mahnendes Gewissen, auch in der gesellschaftlichen Dimension. Wenn auch nur ein einziger Christ in Zeiten der Bedrohung einem Juden hätte helfen können, ihm aber seine hilfreiche Hand nicht gereicht oder sich schuldig gemacht hat an seinem Tod, so heißt uns das, unsere jüdischen Schwestern und Brüder um Verzeihung zu bitten.

Wir sind uns dessen bewußt, daß in vielen unserer Landsleute immer noch die Erinnerung an Leid und Ungerechtigkeit lebendig ist, die ihnen durch die kommunistischen Regierungen der Nachkriegszeit, denen auch Menschen jüdischer Abstammung angehörten, widerfahren sind. Wir müssen aber eingestehen, daß die schöpferischen Quellen ihres Wirkens mit Sicherheit weder in ihrer Abstammung noch in ihrer Religion lagen, vielmehr in der kommunistischen Ideologie, durch die Juden selber im übrigen viel Ungerechtigkeit erfahren haben.

Wir bringen auch unser aufrichtiges Bedauern über alle Vorfälle von Antisemitismus zum Ausdruck, die sich auf polnischem Boden – wann und durch wen auch immer – ereignet haben. Wir tun dies in tiefster Überzeugung, daß jedwede antisemitischen Erscheinungen unvereinbar sind mit dem Geist des Evangeliums und – wie Johannes Paul II. vor kurzem unterstrich – ›in absolutem Widerspruch zur christlichen Sicht von der Würde des Menschen bleiben werden‹ (Johannes Paul II. anläßlich des 50. Jahrestages des Kriegsausbruchs).

Indem wir gegenüber den Juden unser Bedauern über alle Ungerechtigkeiten und alles Leid ausdrücken, können wir nicht unerwähnt lassen, daß wir es als ungerecht und tief verletzend empfinden, wenn sich viele der Bezeichnung vom sogenannten polnischen Antisemitismus als einer besonders bedrohlichen Form eben dieses Antisemitismus bedienen und dabei nicht selten die Konzentrationslager nicht mit deren tatsächlichen Urhebern, sondern mit polnischen Bürgern in dem von den Deutschen besetzten Polen in Verbindung bringen. Wenn man von der beispiellosen Ausrottung der Juden spricht, darf man die Tatsache nicht vergessen und noch weniger verschweigen, daß die Polen als Nation eines der ersten Opfer derselben verbrecherischen rassistischen Ideologie des Hitlerschen Nationalsozialismus waren.

Die gleiche Erde, die über Jahrhunderte hinweg die gemeinsame Heimat von Polen und Juden war, das gemeinsam vergossene Blut, das Meer grauenvollen Leids und erlittener Schmerzen, sollten uns nicht trennen, sondern verbinden. An diese Gemeinsamkeit ermahnen uns vor allem die Orte der Qual, in vielen Fällen auch gemeinsame Gräber. Es verbindet uns Christen und Juden doch der Glaube an den einen Gott, den Schöpfer und Herrn des Universums, der den Menschen nach seinem Ebenbilde schuf. Es verbinden uns gemeinsam anerkannte ethische Grundsätze, enthalten in den Zehn Geboten und zum Ausdruck gebracht in dem Gebot der Gottes- und Nächstenliebe. Es verbindet uns die Ehrfurcht vor den Büchern des Alten Testaments als dem Wort Gottes sowie gemeinsame Gebetstraditionen. Es verbindet uns schließlich die eine Hoffnung auf das Kommen des Reiches Gottes. Gemeinsam erwarten wir den Messias, den Erlöser, auch wenn wir glauben, daß er Jesus Christus aus Nazareth ist und wir nicht sein erstes, sondern sein Erscheinen am Ende der Zeiten erwarten, diesmal nicht mehr in der Armseligkeit des Stalls von Bethlehem, sondern in Macht und Herrlichkeit.

Eine wesentliche Rolle bei der Überwindung der heute noch bestehenden Schwierigkeiten spielt die Dialogbereitschaft, die zum Abbau des Mißtrauens, der Vorurteile und Stereotypen sowie zu einem immer besseren gegenseitigen Kennenlernen und Verstehen führt, welches sich auf den Respekt vor andersartigen religiösen Traditionen gründet und den Weg freimacht für eine Zusammenarbeit auf vielen Gebieten. Bedeutsam ist dabei ebenfalls, die jeweils eigenen religiösen Inhalte der Juden und Christen zu erfahren und sie würdigen zu lernen, in der Weise, wie sie die Juden und Christen heute selber erfahren.

Wir schließen unser Hirtenwort, geliebte Brüder und Schwestern, mit einer Äußerung des Heiligen Vaters aus jüngster Zeit über unsere gemeinsame zeitliche und ewige Bestimmung: ›Das (jüdische) Volk, das über Generationen hinweg mit uns zusammenlebte, ist nach dem schrecklichen Tod von Millionen seiner Söhne und Töchter bei uns geblieben. Gemeinsam erwarten wir den Tag des Jüngsten Gerichts und der Auferstehung‹ (Ansprache vor Polen während der Mittwochsaudienz am 26. September 1990).

Indem wir alle Opfer der Gewalt und des Hasses dem barmherzigen Gott anvertrauen, segnen wir euch von Herzen und bitten, es ›möge der Gott des Friedens mit euch sein‹ (Phil. 4,9).

Die 244. Vollversammlung
der Polnischen Bischofskonferenz
Jasna Gora, am 30. November 1990.«

(Quelle: Katholische Nachrichten Agentur (KNA) 10/ Samstag, 19. Januar 1991)

»Die Leiche im Keller«
Antijüdisches im christlichen Alltag

Wilhelm Salberg

»Die Haltung der Christen gegenüber den Juden enthüllt die Haltung der Christen gegenüber Christus ebenso wie gegenüber dem Heidentum, das sie in sich selbst tragen.«
Jean-Marie Lustiger, Erzbischof von Paris[1]

Im Zusammenhang eines Leserbriefes, den die *Frankfurter Allgemeine Zeitung* am 26. 10. 1979 veröffentlichte, schrieb ich aus gegebenem Anlaß, der auch im Rahmen dieses Aufsatzes noch eine Rolle spielen wird, unter anderem: »Für eine christliche Journalistin (sei es) nachgerade standeswidrig, nach Auschwitz noch unbesehen zu schreiben wie gehabt. Immer wieder fragen uns unsere jüdischen Gesprächspartner: ›Braucht ihr eigentlich unsere Leiche in eurem christlichen Hauskeller?‹ Ich schäme mich der Antwort wieder einmal mehr.« Weniger der Anlaß als gerade diese letzten Sätze waren es, die dann eine große Reaktion – privat wie auch in weiteren Zuschriften an die FAZ – auslösten. In einer dieser Nachveröffentlichungen hieß es: »Die jüdische Leiche im christlichen Keller . . . sollte man landesweit zum Thema theologischer Gemeindeseminare machen!« Offensichtlich war mit der gewählten Formulierung ein Sachverhalt getroffen, den zu hinterfragen wert ist. Scheint doch das Christentum (wie auch der Islam) eine Gemeinschaft zu sein, die ihre Selbstbeschreibung aus der Polemik gegenüber einer Kontrastgruppe gewinnt.

Besonders aktuell wird diese Frontstellung bekanntlich bei den christlichen Minderheiten im vorwiegend islamischen Nahen Osten. Ihre Selbstprofilierung als Mitbürger ist in einigen dieser Staaten nicht zuletzt durch Antijudaismus möglich. Bekannt sind die Pressionen aus diesen nahöstlichen Kirchen gegen die ohnehin vorsichtig plazierte und formulierte Konzilserklärung »Nostra Aetate« vom 28. 10. 1965, deren Abschnitt Nr. 4 den Juden gewidmet war.[2] Diese Einstellung sei an einem selbst erlebten Beispiel illustriert: Anläßlich eines Besuches zusammen mit einem afrikanischen Mitbruder in der tansanischen Botschaft in Bonn wartete ich dort vor einigen Jahren im Vorzimmer, während mein Begleiter mit dem Botschafter sprach. Derweil setzte sich ein Botschaftsangehöriger, Palästinenser wie so viele in afrikanischen Diensten, zu mir. Und nachdem ich seine Frage, ob auch ich ein Priester sei, bejaht hatte, zog er als palästinensischer Christ über die ewige Verworfenheit der jüdischen Christusmörder vom Leder.[3] Er jedenfalls hatte seine Lektion gut gelernt.[4]

Wir brauchen aber gar nicht so weit zu schweifen. Seit 1973 ist in die katholische Karfreitagsliturgie eine theologisch wegweisende (dritte Neu-)Fassung der klassischen »Fürbitte für die Juden« dank Papst Paul VI. eingefügt:

> »Lasset uns auch beten für die Juden, zu denen Gott, unser Herr, zuerst gesprochen hat: Er bewahre sie in der Treue zu seinem Bund und in der Liebe zu seinem Namen, damit sie das Ziel erreichen, zu dem sein Ratschluß sie führen will.«

Hier stoßen wir, worauf als einer der ersten Hans-Hermann Henrix verwies, auf mehrere Schlüsselaussagen: Juden sind Gottes erste Partner – Christen sind also Nachgekommene; Gottes Bund mit den Juden besteht weiter – sonst wäre eine Bewahrung in der Treue sinnlos (lateinisch noch stärker: in sui foederis fidelitate proficere); Juden lieben Gottes Namen – sind also nicht seine Feinde, weil sie Juden, immer noch Juden, sind. Und das letzte, vielleicht Wichtigste: Gott hat ein Ziel mit ihnen – vor dem wir unser Nichtwissen als Kirche eingestehen, seinen verborgenen Ratschluß (vgl. Röm 11, 33 f) aber anerkennen.

Wie gesagt: eine wahrhaft wegweisende Formulierung – wenn da nicht in der gleichen Karfreitagsliturgie nur wenig später bei der feierlichen Kreuzverehrung die altehrwürdigen, auf das 7.–9. Jahrhundert zurückgehenden »Improperien« (= Klagen Jesu vom Kreuze herab) wie eh und je verblieben wären, die ganz unverblümt und unhistorisch die Roheiten der römischen Soldaten als den frei gewollten Undank Israels klassifizieren. Und da nun einmal in dieser hochfeierlichen Liturgie das Thema »Gottes Liebe und der Menschen Undank« lautet, fällt es besonders ins Gewicht, daß die Improperien als letzter Eindruck zum Thema die vorher stehende neugestaltete Fürbitte beim Gottesdienstbesucher überdecken, so daß er unter dem Eindruck der jüdischen Schuld und des jüdischen Undankes die Kirche verläßt.[5] Es handelt sich dabei nicht einmal um einen biblischen Text, sondern um eine sehr freie Inanspruchnahme biblischer Motive als Bestandteile eines betrachtenden Gedankenganges, der eindeutig ist. Versuche, die Improperien unter literargeschichtlichen oder typologischen Gesichtspunkten als »nicht judenfeindlich« zu verteidigen[6], gehen in einem entscheidenden Punkte fehl: Nach den am 1. 12. 1974 erlassenen vatikanischen »Richtlinien und Hinweisen für die Durchführung der Konzilserklärung *Nostra Aetate,* Artikel 4« kommt es nicht auf historische Entlastungsversuche, sondern auf die unmittelbare Wirkung beim teilnehmenden Gläubigen an:

> »(II: Liturgie:) . . . Was die liturgischen Texte angeht, soll man darum besorgt sein, in der Homilie eine gerechte Auslegung zu geben, besonders da, wo es sich um Abschnitte handelt, die scheinbar das jüdische Volk als solches ins schlechte Licht setzen. . . . Die mit der Übersetzung beauftragten Kommissionen sollen ihre besondere Aufmerksamkeit darauf richten, auf welche Weise einzelne Ausdrücke und ganze Abschnitte, die von ungenügend unterrichteten Christen tendenziös mißverstanden werden können, wiederzugeben sind.«[7]

Das sind klare Worte, denen Taten folgen müssen. Hier liegt eine »Leiche im Keller«. Und die Sache wird nicht eben besser, wenn diese Improperien zu allem Überfluß noch in gereimter Nachdichtung mit sieben Strophen als Lied 206 im *Gotteslob* stehen, dem Einheitsgesangbuch aller deutschsprachigen Bistümer von Lüttich über Deutschland und Österreich bis hin nach Bozen/Brixen und regional inzwischen auch in der deutschsprachigen Schweiz.[8] Bemühungen, diesen Zustand über den kirchlichen Instanzenweg von hier bis nach Rom zu ändern, sollen dem Vernehmen nach im Gange sein. In meiner Gemeinde lassen wir jedenfalls seit 1976 die Improperien fort. Wir ersetzen sie durch ein Bußgebet, in dem unser christliches Fehlverhalten gegenüber Jesu Heilswillen und Sühnetod gezeigt wird, das aber keine Schuldzuweisung an andere vornimmt.[9]

Hinter den Improperien steht jedoch eine lange Tradition, die sogar noch weiter zurückgeht: Im Konzil von Nicäa (325) wurden die Judenchristen von der Großkirche gebannt und damit ins sektiererische Abseits getrieben. Das geschah nicht unversehens, sondern stand in einem Zusammenhang:

> »Von Kaiser Konstantin selbst (der dem Konzil präsidierte) stammt die berühmte Formel des Konzils: Jesus Christus ist mit Gott ›homousios‹, wesensgleich. Jesus ist damit der Stifter eines Christentums, das seine eigene Vorgeschichte mit Gott (das AT) nicht mehr betonen muß. Der wesensgleiche Sohn genügt in sich und vermittelt die Wirklichkeit Gottes. Es ist nicht mehr einsichtig, daß zum Verständnis Jesu seine eigene Vorgeschichte nötig ist. Das AT wird zwar nicht aufgegeben, aber mit unterschiedlichen exegetischen Methoden von seinem völkischen Hintergrund, dem Judentum, gelöst und der Entfaltung einer heidenchristlichen Christologie untergeordnet.«[10]

Nun ist aber seit einigen Jahren nachgewiesen, daß antijüdische Passionsschilderungen, die besonders die Nacht der Gefangenschaft Jesu im Hause des Kaiphas zu einer Marterorgie ausmalen, auf Judenchristen in der Zeit der Entstehung des Islams, also des 7. Jahrhunderts, im syrisch-mesopotamischen Raum zurückgehen. Arabische Autoren des 10.–11. Jahrhunderts haben diese Marterorgien dann übernommen und für ihre eigene antijüdische Polemik benutzt.[11] Und dies ist keineswegs »Schnee von gestern«: Vor einigen Jahren wurde mir (anonym) ein vierseitiger Gebetszettel zugesandt, betitelt »Fünfzehn heimliche Leiden und Schmerzen Christi«, wobei eben dieses Material in genüßlichem Sadismus als antijüdische Indoktrination für unbedarfte christliche Beter benutzt wird. »Mit kirchlicher Druckerlaubnis« wird das behauptet, was allerdings ohne Verlegerangabe höchst zweifelhaft ist. Aber das Material wird neu aufgelegt und von augenscheinlich interessierter Seite in Deutschland vertrieben. Zur Tarnung ist als Quelle eine angebliche (Privat-)Offenbarung Jesu vor einer

römischen Klarisse im 18. Jahrhundert angegeben.[12]
Vereinfachend wird oft behauptet, bei Christentum und Islam habe man es mit Religionen zu tun, die einen Absolutheitsanspruch ihrer Lehre verträten. Als Konsequenz müsse sich folgerichtig die missionarische Ausrichtung beider ergeben. Wird sich jedoch das Christentum seiner Ursprünge bei dem Juden Jesus von Nazareth (wieder) bewußt, so wird man nicht weiterhin die Dinge so einfach sehen dürfen. Das Beziehungsgeflecht zwischen Juden und Christen ist komplexer, als es die Ausdrücke »Mission« und »Missionsabwehr« dartun. Auch genügt es keinesfalls, sich auf das unzweifelhaft vorhandene »jüdische Erbe im Christentum« zu berufen.

> »Der Erblasser stellt ja eine durchaus noch lebendige Religion dar, mag es der christlichen Theologie passen oder nicht. Es geht also stets auch darum, wie sich die Kirche zu den Juden der christlichen Zeit, den vermeintlichen Erblassern, gestellt hat, um ihr kontinuierliches Verhältnis oder Mißverhältnis zum Judentum.«[13]

Um sich auch ohne wissenschaftliche Begriffe der verschiedenen gegebenen Möglichkeiten bewußt zu werden, braucht man nur einmal den mittelalterlichen Stadtkern einer europäischen Stadt und im Vergleich dazu den Grundriß einer Mittelstadt in Nordamerika zu betrachten. Ins Auge fällt sofort der Unterschied: In Europa das Kloster der Dominikaner am Rande des Judenviertels (um der Zuführung zur Zwangspredigt am Karfreitag willen) und jenseits des Atlantiks die an der Hauptstraße aufgereihten Kirchen der christlichen Bekenntnisse, zusammen mit dem Tempel, wie häufig die Synagoge genannt wird, und der Loge. Hier wird sichtbar zweierlei veranschaulicht: in Europa das ernstlich nie hinterfragte System der Ablösung der Judenheit unter Funktionsübernahme durch die Christen; in Amerika hingegen die Gleichzeitigkeit der Ansiedlung und damit der heilsame Zwang zum gegenseitigen praktischen Miteinander (wobei die Gläubigkeit der Christen durchaus keinen Schaden genommen hat).
Noch weiter führt uns eine andere Überlegung. Auch dies ist ein scheinbar simples Beispiel, eine Art Denkspiel, das sicher auch beim einen oder anderen Leser durch ähnliche Erfahrungen veranschaulicht werden kann:
Nehmen wir die folgende Ausgangslage: In einer Kleinstadt, wo jeder den anderen kennt, gibt es einen wichtigen örtlichen (Sport-, Gesang-, Schützen- oder anderen) Verein. Eines Tages kommt es zu einem handfesten Konflikt über die künftige Tätigkeit des Vereins. Eine Gruppe junger Rebellen verläßt zusammen mit einigen Mitgliedern des bisherigen Vorstandes den Verein. Einmal draußen, gründen sie binnen kurzem einen neuen Verein, der dem alten hinfort wegen ganz ähnlicher Zielsetzung zum erbitterten Konkurrenten wird.
Von dieser Ausgangslage her sind grundsätzlich drei Fortsetzungen unseres Denkspieles möglich:
a) Der junge Verein erhält keinen Zulauf weiterer Mitglieder und muß nach einiger Zeit aufgeben. Das Fußvolk der Rebellen kehrt kleinlaut in den alten Verein zurück, die Anführer suchen sich besser einen neuen Wohnsitz. Das Problem aber ist gelöst.
b) Der alte Verein verlor seine besten Kräfte. Dafür gedeiht der neue Verein prächtig, und der alte schrumpft bis zum Ende aller Aktivitäten. In diesem Augenblick geschieht etwas sehr Logisches: Die Rebellen von ehedem kehren in das freigewordene Vereinshaus zurück, sie übernehmen Fahne und Chronik und erklären hinfort die Zwischenzeit als eine Zeit der notwendigen Selbstreinigung, die zur Klarstellung der nie aufgegebenen hohen Vereinsziele geführt habe. Die Tradition wird jedenfalls voll in Beschlag genommen. Vielleicht »verliert« allerdings die Chronik ein paar Seiten, die man neu schreiben läßt . . . Aber auch hier ist das Problem gelöst.
c) Wirklich brisant wird erst die dritte Möglichkeit: Beide Gruppen sind auf Dauer lebensfähig! Damit baut sich bleibende Gegnerschaft auf. Die jeweils anderen werden zu Unpersonen. Aber dennoch verläuft dieser Vorgang in beiden Gruppen ein wenig anders:
Bei den »Alten« gilt die Parole: »Wir machen weiter wie bisher. Uns wirft so leicht nichts um. Wer gehen will, soll gehen.«
Bei den »Jungen« aber sieht es umgekehrt aus: Dort redet man ständig von den unerträglich gewesenen Verhältnissen im alten

Stammverein. Damit beweist man sich gleichzeitig selber die Notwendigkeit des geschehenen Bruches, bestätigt sein besseres Ego. Und künftige Neumitglieder werden von Anfang an auf diese Konfliktsituation eingeschworen. Sie sollen doch wissen, unter welchen Opfern die Verselbständigung im Trennungsjahr zustande kam. Wie lange man vorher murrte, wie alles nichts half, bis es endlich nicht mehr mit den Querköpfen ging. Vor allem aber eines wird festgehalten: daß diese Alten sich bis heute nicht gebessert haben! Denn dann müßte man ja vielleicht überprüfen, ob die Ausgangssituation noch fortbesteht, ob das, was damals richtig war, heute noch nötig ist. Nein, »die Alten können sich gar nicht ändern! Sie sind schon aus Prinzip unfähig dazu. Und wer das anzweifelt, verleugnet den Heldenmut unserer Gründer, die so viel für uns gewagt haben.« Also redet man immer wieder von der Gegenpartei, von der man ausgegangen ist.

Was hier als »Denkspiel« vorgeführt wurde, ist in Wirklichkeit ein bekanntes Modell der Gruppenpsychologie, die sehr genau herausgearbeitet hat, was Ausgangs- und was Auszugsgruppen innerlich bestimmt. Die Konstellation dieses Denkspiels ist in der Wirklichkeit vielfach nachzuweisen. Zum Beispiel stellten wir in einem ökumenischen Pfarrerkreis einmal fest, daß bei (evangelischen) Konfirmandengruppen im Alter von etwa 13 Jahren eine sehr genaue Darstellung des Katholizismus aus reformatorischer Sicht erfolgt (manche Gruppen besuchen als Zaungäste katholische Wallfahrtsorte), während im altersgleichen Religionsunterricht bei Katholiken die evangelische Kirche überhaupt kein Unterrichtsgegenstand ist.

Und genau dieser überindividuelle Zusammenhang der Gruppenzwänge steht auch heute noch hinter dem christlich-jüdischen Beziehungsgeflecht. Wohlgemerkt: nicht nur, aber auch! Für Juden ist das Christentum an sich kein Thema, es gibt ihnen nichts Neues, auch wenn Christen das mit großer Verblüffung hören. Jüdische Denkkategorien und Begriffe haben andere Inhalte, gerade bei gleichen Worten. Aber Christen benötigen das Judentum zur eigenen Selbstbeschreibung, denn Juden kommen nun einmal in den christlichen Glaubensurkunden vor. Es wäre daher schon viel gewonnen, wenn wir die Sachzwänge, unter denen beide, Juden wie Christen, sich gegenüberstehen, im voraus erkennen würden, um dieses Stück Erkenntnis vor allem anderen dann abziehen zu können: Das Christentum als eine Auszugsgemeinschaft befindet sich nach wie vor gegenüber dem Judentum in einem Auslegungskonflikt (wie auch immer) im Kampf um die rechtverstandene gemeinsame Tradition. Erst dahinter kommt alles andere, argumentativ zu Würdigende.

Wie oft nämlich hört man von Christen, dies oder jenes sei »typisch jüdisch« oder »alttestamentlich« traditionsverengt. Wird hinter solchen Formulierungen nicht der christliche Überlegenheitsanspruch deutlich? Dieselben Christen sind dann völlig außer Fassung, wenn sie von christlichen Konvertiten zum Judentum hören. Das ist in ihren Augen doch ein Unding, ein Abstieg in Überwundenes, ein inhaltlich Unmögliches! Abstieg zur »Leiche im Keller« . . . Ganz nebenbei: Unser »Denkspiel« war nicht nur ein wissenschaftlich abgesichertes Modell gruppenspezifischen Sozialverhaltens, sondern, jüdisch gesehen, eine echte Haggadah, eine Beispielerzählung, aus der allgemeingültige Sachverhalte ablesbar werden, eine Tradition, die uns auch in den Gleichnisreden Jesu begegnet.

Da wir Antijüdischem im christlichen Alltag auf der Spur sind, gilt es im Auge zu behalten: Zwischen Juden und Christen existiert eine »Großwetterlage«, die zu vorherbestimmten Werturteilen aus Christenmund über Juden führt. Oft sind diese Werturteile nur unterschwellig vorhanden und gar nicht bis in das eigene Bewußtsein gedrungen.[14] Einige Beispiele sollen das im folgenden erhellen. Vollständigkeit ist dabei weder erstrebt noch zu erreichen.

Es gibt da den moralischen Appell »Nun seien Sie doch mal ein Christenmensch!« Er meint fast immer ein Handeln nach den Zehn Geboten (Ex. 20, 2–17; Dt. 5, 6–21) oder nach dem Hauptgebot der Gottes- und Nächstenliebe (Dt. 6, 4–5; Lev. 19, 18), als seien dies alles erst mit dem Christentum entstandene Wertvorstellungen oder Einsichten. Hier werden aber Hauptpfeiler der jüdischen Ethik vereinnahmt, die ihren Ursprung allesamt im Fünfbuch des Mose, der Thora, haben. So kann man das »Neue« am Christentum jedenfalls nicht festlegen.[15] Wie gefährlich es hingegen ist, überhaupt das Christentum zu einer

Morallehre zu verdünnen, sollte man im Zeitalter der Ersatzreligionen eigentlich wissen. Das wird leicht zum Eigentor, denn im Christentum gehören z. B. Gerechtigkeit und Almosengeben zu den »Tugenden« oder »Räten«, im Judentum dagegen zu den »Pflichten«. Und auch der sehr hohe Gottesbegriff des Judentums, bei dem Fluch- und Kraftworte in Verbindung mit dem Gottesnamen unvorstellbar sind, macht jüdischerseits verharmlosende oder dämonisierende Heilsvorstellungen unmöglich, wie sie ebenfalls unter Christen gang und gäbe sind:[16] Der Exorzismus-Skandal von Klingenberg 1976, auf den weiter unten eingegangen wird, hatte eine versklavende Gottesvorstellung zur Voraussetzung.

Bleiben wir noch bei der angeblich unterlegenen Ethik des AT. Reizworte wie »Pharisäer« oder das berüchtigte »Auge um Auge, Zahn um Zahn« spielen da eine große Rolle. Der eingangs erwähnte Leserbrief hatte mit diesem Thema zu tun.[17] Wenige Tage zuvor war in einem redaktionellen Artikel der *FAZ* mitten in einem Beitrag über die damalige Friedensnobelpreisträgerin Mutter Teresa die folgende Passage zu lesen gewesen:

> »Man kann annehmen, daß sie (Mutter Teresa) keine Zeit hat, sich mit den Details moderner theologischer Dispute auseinanderzusetzen oder Konzilsdokumente und Synodenbeschlüsse zu lesen. Sie bezieht sich auf das christliche Evangelium, mit dem die Unbarmherzigkeit des alttestamentlichen ›Auge um Auge, Zahn um Zahn‹ überholt worden ist mit Maximen wie ›Wer dich bittet, dem gib‹; ›Selig sind die Barmherzigen, selig die Friedfertigen‹.«[18]

Hier haben wir alles beieinander: die saloppe Geringschätzung theologischer Grundlagenarbeit, ersetzt durch den Superioritätsanspruch der angeblich »neuen Moral« des NT, die auf profunder Unkenntnis des AT beruhenden Werturteile, die ebensolche Unkenntnis der literarischen Gattung der Bergpredigt im Gesamtzusammenhang des NT. Ganz zu schweigen von der bereits methodischen Unzulässigkeit, ein alttestamentliches Zitat statt an seiner eigenen Fundstelle im AT aus dem NT heraus zu interpretieren. Die Sache ist es wert, ihr exemplarisch auf den Grund zu gehen: Dreimal kommt der formulierende Merksatz »Auge um Auge, Zahn um Zahn« im AT vor, jedesmal in einem der fünf Mosebücher, der Thora: Exodus 21, 34; Leviticus 24, 20 und Deuteronomium 19, 21. Es handelt sich also um eine Rechtsformel, die außerbiblisch auch im Codex Hammurapi vorkommt (1700 vor Chr.). Wofür wird sie gebraucht?

Im ersten Falle Ex. 21, 34: um die Blutrache zu verhindern – nicht das Minimum, sondern das Maximum des Wiedervergeltens wird festgelegt. Nur ein Auge, nur ein Zahn, nicht der ganze Mensch. Ist der Geschädigte gar ein Sklave, muß er sofort freigegeben werden (vgl. Ex. 21, 26). Die Rabbinen der nachbiblischen Zeit haben daraus dann ein System der materiellen Wiedergutmachung entwickelt, das dem Täter das Auge beließ und dem Geschädigten eine Rente sicherte. Von Unbarmherzigkeit auch nicht die Spur!

Im zweiten Fall Lev. 24, 20 wird der Fremdling dem Einheimischen gleichgestellt: sich gegen ihn zu vergehen, wiegt bereits vor dem irdischen Richter ebenso schwer wie eine Handlung gegen einen Israeliten (siehe auch Lev. 24, 16 und 24, 22).

Die dritte Stelle schließlich, Deut. 19, 21, wendet sich gegen die Ruchlosigkeit einer falschen Zeugenaussage, die im israelitischen Recht besonders schwer wog, weil der Angeklagte seine Unschuld zu beweisen hatte und nicht der Kläger die Schuld des Beklagten. Also sollte er auch die volle Strenge des Meineides an sich selber erleiden.

Somit bleibt anzunehmen, daß die Autorin des kritisierten Beitrages sich lediglich auf die Zitation des »Auge um Auge, Zahn um Zahn« nach Matth. 5, 38 bezogen hat, wobei ihr die literarische Gattung der Bergpredigt augenscheinlich nicht bekannt war. In der Bergpredigt des NT wird nämlich Jesus als der Neue Mose durch den Evangelisten stilisiert. Ein Lehrer aber, der nicht korrigiert, was Mose sagt, sondern die Sensibilitätsgrenze des menschlichen Tuns verschärfen will, bewegt sich innerhalb der im Judentum üblichen Polemik.[19]

Zu den angeblich neuen Maximen der Gottes- und Nächstenliebe im Neuen Testament nur drei Zitate (von vielen anderen) aus der *Hebräischen Bibel:* »Liebe will ich und nicht Brandopfer« (Hosea 6, 6); »Nur einen Augenblick währet sein Zürnen, doch seine Güte ein Leben lang« (Psalm 30, 6); »Euer Gott . . ., der der Waise und Witwe Recht schafft, der die Gastsassen liebt!« (Deut. 10, 17 f).

Wer all dies, und das ist leider die Regel, nicht zur Kenntnis nehmen will, ist für die eingangs zitierte Leiche im christlichen Keller mitverantwortlich. In seinem Nachwort zu Rosemary Ruethers Untersuchung »Nächstenliebe und Brudermord« kommt Peter von der Osten-Sacken das Verdienst zu, auf eine wichtige Fehlinterpretation bei vielen seiner Fachkollegen hingewiesen zu haben. Sie übertragen Begriffe, die theologisch weit späteren Datums sind, auf biblische Frühzeiten und unterstellen damit, was sie erst beweisen müßten:

> »Überschriften wie ›Paulus und das Alte Testament‹ oder die ständige Rede von ›alttestamentlichen‹ Zitaten und dergleichen sind so sehr die Regel, daß es schwerfallen dürfte, Ausnahmen in Untersuchungen christlicher Theologen zu finden.«

Diese Formulierungen sind jedoch theologisch suggestiv, der Gegensatz von heutiger Denkweise aus zurück projiziert:

> »(Es ist) von vorneherein die Hand des Dogmatikers, die die historische Feder führt. Denn Paulus wirkte im 1. Jahrhundert, und so wenig es um das Jahr 50 ein ›Altes Testament‹ gibt, so wenig hat der Apostel ein solches gekannt. . . . Für das, was er dem Stoff nach umschreibt, hat Paulus einen durchaus eigenen Terminus, nämlich ›die Schrift‹ oder auch ›Gesetz und Propheten‹. Will man also historisch über das handeln, was dogmatisch mit ›Paulus und das Alte Testament‹ umschrieben wird, so kann die dem Apostel gemäße Fassung des Titels allein ›Paulus und die Schrift‹ sein.«

Und das ist keineswegs eine historische Spitzfindigkeit, wie man meinen könnte. Hier wird nämlich das Ergebnis einer längeren theologischen Entwicklung vorweggenommen, in Paulus ein gar nicht vorhandener Gegensatz hineingelesen:

> »Paulus hat jedenfalls keineswegs damit gerechnet, daß es jemals ein ›Neues Testament‹ geben könnte. Der (unzulässige) Gebrauch des Begriffes ›Altes Testament‹ läßt verschwimmen, was historisch unübersehbar ist: In tiefgreifendem Unterschied zur nachfolgenden Kirchengeschichte bis hin zu uns ist für den Apostel ›die Schrift‹ identisch mit der hebräischen bzw. griechischen Bibel der Juden. Sie ist keineswegs ›alt‹ im Sinne von ›veraltet‹, sondern in Jesus Christus erfüllt, kommt also gerade nach Paulus in seiner Gegenwart zur Geltung . . .
> Hält man angesichts der Differenz zwischen paulinischer und späterer christlich-theologischer Bezeichnung der jüdischen Bibel am Begriff des ›Alten Testaments‹ fest, so ist klar, daß man sich von Paulus getrennt hat. Hält man sich an Paulus fest, so wird die dogmatische Bezeichnung in Frage gestellt.«

Ein exakter Gebrauch jener Bezeichnungen, die Paulus selber im Umgang mit der Heiligen Schrift gebraucht, hätte jedenfalls einen erheblichen Gewinn in unserem gegebenen Zusammenhang:

> ». . . die Überholtheit der jüdischen Bibel würde nicht bereits im Rahmen historischer Untersuchungen dogmatisch suggeriert. Es würde der Leser, in Gestalt der Bezeichnung ›Die Schrift‹, in erheblich größere Nähe zum Judentum gerückt, für das es ebenfalls ›die Schrift‹ ist; in eine Nähe, die derjenigen des Paulus weitaus mehr entspricht als die Ferne, die durch den Begriff ›Altes Testament‹ bewirkt wird. Es würde so durch historisches Bewußtsein und Praxis wirklich zur Kritik erzogen werden – nämlich zur kritischen Reflexion dessen, was in der Kirchengeschichte dogmatisch ›angereichert‹ worden ist.
> Das Ergebis wäre, daß es christlicher Theologie schwerfiele, über das Judentum damals und heute als eine legitime Gestalt der Auslegung der Schrift neben der Kirche und mit einer bis in die Gegenwart reichenden, ständig erneuerten Tradition hinwegzusehen. Ruether hat eindrücklich dargetan, was es heißt, das Judentum in diesem Sinne zu betrachten.«[20]

Wie notwendig diese Bemerkungen von der Osten-Sackens sind, beweist auf makabare Weise die Umtitelung des Ruetherschen Buches in seiner deutschen Ausgabe: Im Englischen hieß der Originaltitel »Faith and Fratricide«, die deutsche Ausgabe wagt mit der Antithese von Glaube und Brudermord nicht Ernst zu machen und mildert ab: »Nächstenliebe und Brudermord« – denn es kann doch nicht gut sein, daß der Glaube selbst zum Brudermord verleitet habe. Doch – genau dies wollte Ruether dartun, im Sinne der »dogmatischen Anreicherung« im Laufe der Kirchengeschichte, von der von der Osten-Sacken oben sprach. Peinlich wird diese Umtitelung besonders da, wo Ruether in ihrem Buch auf den Titel Bezug nimmt und nun in der deutschen Ausgabe der Gedankengang nicht mehr stimmt! Kommen wir zum angesprochenen Exorzismus-Fall aus dem Jahr 1976.[21] Die Auswertung der Vorgänge um den Hungertod der Pädagogikstudentin Anneliese Michel aus Klingenberg durch unterlassene Hilfeleistung der Verantwortlichen am 1. Juli 1976 hat einen in unserem Zusammenhang stehenden Aspekt: Zu den eifrigsten Verfechtern des Dämonenglaubens, dem das Mädchen zum Opfer fiel, und auch noch nach seinem Tode und der öffentlichen Stellungnahme des Diözesanbischofs[22], gehörte ein Priester, P. Manfred Adler, der als flammender Antisemit bereits vorher hervorgetreten war. Er war Religionslehrer (!) an der Berufsschule Technik II in Ludwigshafen/Rhein und veröffentlichte in dem ansonsten durch religiöse Traktätchen-Literatur bekannten Miriam-Verlag in Jestetten eine Trilogie mit dem vielsagenden Titel »Die Söhne der Finsternis« mit den Teilbänden »1. Teil: Die geplante Weltregierung«, »2. Teil: Weltmacht Zionismus«, » 3. Teil: Theologische Finsternis«. Die beiden ersten Teile sind bereits 1975, ein Jahr vor Klingenberg, erschienen, der dritte Teil unmittelbar danach 1976. In diesem dritten Teil »Theologische Finsternis« greift Adler ausdrücklich den unglücklichen Würzburger Bischof Dr. Stangl wegen seiner Erklärung zu Klingenberg an:

> »Wenn Ihre Erklärung dann in Punkt 3 feststellt, daß dort, wo differenziert etwas (von Adler u. a. Theologen) über das Wesen und Verhalten von Teufeln und Dämonen ausgesagt wird, solche Aussagen ›falsch sind und dem Geist des Neuen Testamentes und der kirchlichen Überlieferung widerstreiten‹, so ist das eine total irrige Meinung, die im Namen des Neuen Testamentes und der kirchlichen Überlieferung entschieden zurückgewiesen werden muß.«[23]

Der gebrannte Diözesanbischof (der bald darauf verstorben ist) auch noch als Oberirrlehrer seiner Diözese!! Bleibt nachzutragen, daß P. Manfred Adler auf Verlangen des Bistums Speyer, zu dem Ludwigshafen gehört, Anfang 1978 von seinen Ordensoberen, den Leutesdorfer Johannesmissionaren, als Religionslehrer abberufen wurde und aus dem Orden austrat. In einem rechtsnationalen Verlag erschien kurz darauf von einem gewissen Heinz Scholl ein weiteres antijüdisches Pamphlet, das Adlers Abberufung als kirchlich-zionistische Verschwörung zu beweisen suchte.[24] Da Adlers Fall durch den *Spiegel* (18/1979, Seite 18) in ganz Deutschland bekannt geworden war, veröffentlichte die bischöfliche Pressestelle in Speyer am 5. Juli 1978 eine geharnischte Erklärung, in der Adlers Einlassungen sowohl zu dienstlichen wie zu inhaltlichen Punkten widerlegt wurden. Insbesondere der Obertitel der Trilogie »Die Söhne der Finsternis« wurde kritisiert und der Teilband »Weltmacht Zionismus« als »unwissenschaftliche Tendenzschrift, die zu einer schweren Belastung der christlich-jüdischen Beziehungen geführt habe und im Widerspruch zu den Aussagen des II. Vatikanischen Konzils und der Würzburger Synode (1962–1965) stehe« und von dem man sich »entschieden distanziere«, bezeichnet. Dies gelte selbst dann, wenn er (Adler) gemäß seiner Versicherung seine fragwürdigen Thesen nicht im Religionsunterricht verwende.

Der ganze Vorfall aber zeigt überdeutlich, wie schnell Dämonenglaube auch zur Suche nach etwaigen »Söhnen der Finsternis« führt, die man dann gemäß einer fundamentalistischen Auslegung von Joh. 8, 44 (»Ihr habt den Teufel zum Vater, und ihr wollt das tun, wonach es euren Vater verlangt«) bei den Juden lokalisiert.[25] Es hat den Anschein, als ob die am 28. April 1980 erfolgte »Erklärung der deutschen Bischöfe über das Verhältnis der Kirche zum Judentum« in ihrem Abschnit V, 1 speziell auf die Vorgänge um Manfred Adler zwei Jahre zuvor abhebt.[26]

Adler ist kein Einzelbeispiel dafür, daß Konzilsdekrete, Ausführungsbestimmungen und Synodentexte ihre Wirkung bei voreingenommenen und ideologisierten Gemütern verfehlen. Vorurteilen ist es nun einmal zu eigen, daß sie rational nicht widerlegbar sind. Treffen sie zu, hat man den Beweis. Treffen sie nicht zu, ist es die »Ausnahme, welche die Regel bestätigt«. So einfach ist das. Aber ideologische Verbohrtheit bei Theologen geht oft tiefer. Sie pflegen die Welt monokausal aufzuschlüsseln, denn sie haben, wie sie meinen, den Schlüssel zum Welt- und Heilsgeschehen und dazu Gott auf ihrer Seite. Daß es einen unbegreiflichen (nicht geoffenbarten) Ratschluß Gottes gibt, der unseren Alleswisser- und Alleserklärer-Standpunkt relativiert, lehrt

Röm. 11, 33 f, auf den sich Papst Paul VI. in seiner neugestalteten Fürbitte für die Juden bezog:

> »O Tiefe des Reichtums und der Weisheit und der Erkenntnis Gottes! Wie unerforschlich sind seine Entscheidungen und wie unaufspürbar seine Wege! Denn wer hat den Sinn des Herrn erkannt? Oder wer ist sein Ratgeber gewesen?« (Röm. 11, 33 f)

Das, wohlgemerkt, sagt Paulus in besonderer Hinsicht auf Gottes Heilsplan mit den Juden, von denen er kurz zuvor seinen Christen sagte:

> »Im Hinblick auf das Evangelium sind sie allerdings Feinde um euretwillen, im Hinblick auf die Auserwählung aber Lieblinge um der Väter willen. Denn unbereubar sind die Gnadengaben und die Berufung Gottes« (Röm. 11, 28 f).

Statt dessen aber liest es sich zum gleichen Thema in einer katholischen Zeitschrift so:

> »Mit dem Gottesmord auf Golgatha beginnt das Ende der jüdischen Religion. Seit der Ankunft des Messias schleppt das Volk Israel ohne Tempel, ohne Altar, ohne Opfer, zerstreut in alle Welt, den Leichnam seiner Religion mit sich umher. Es bleibt alle Jahrhunderte hindurch bestehen, der Weissagung Jesu Christi gemäß, damit es dem Christentum zum fortwährenden Zeugnis diene, gleich wie der Schatten eines Körpers das Dasein desselben beweist, bis nach Röm. 11, 25 auch das Volk Israel sich zum Christentum bekehren wird.«[27]

Auch die Erklärung der deutschen Bischöfe über das Verhältnis der Kirche zum Judentum vom 28. April 1980 wurde von irritierten Theologen scharf angegriffen. Nachdem sie in der Essener Bistumszeitung *Ruhrwort*, Nr. 22/1980 vom 31. Mai 1980, ausgiebig kommentiert und in Teilauszügen wiedergegeben war, trafen zahlreiche Leserbriefe ein, die bis zur Nummer 32/1980 vom 9. August abgedruckt wurden. Auszüge daraus:

> »Die Juden sind solange Freunde Gottes, als sie ihrer Berufung würdig leben, sonst drohen ihnen strenge Sanktionen. In der Hinrichtung Christi besiegelte das ganze Volk die Ablehnung des Gesandten Jahwes. Es stellt sich damit unter das Gericht, unter dem jeder bleibt, der im Unglauben gegenüber Christus verharrt.« (P. Paul Sch., S. J., Hattingen, in Nr. 24)
>
> »Der entscheidende Irrtum des Artikels liegt in der Behauptung, daß es für die Juden einen, dem christlichen Heilsweg parallelen Heilsweg gäbe, also zwei gleichwertige Heilswege. Demnach braucht ein Jude, um in das Reich Gottes zu kommen, nicht nach Jesus Christus zu fragen, braucht ihn nicht als Messias und Erlöser zu bekennen und braucht sich nicht taufen zu lassen. . . . Für uns Christen ist die Judenfrage eine tragische Frage. Für uns gibt es keinen Antisemitismus. Ich persönlich verehre die jüdische Konvertitin Edith Stein als Fürsprecherin für ihr Volk Israel.« (Pfr. Dr. Heinrich H., Essen, in Nr. 24)
>
> »Eine solche Unfehlbarkeit kann man von einer Erklärung einer Bischofskonferenz nicht behaupten. . . . besonders nicht, wenn sie etwas ganz Neues lehren sollte. Tatsächlich aber haben weder die Bischöfe in ihrer Erklärung, noch die Konzilsväter in ihrem pastoralen Dokument Nostra Aetate behauptet, der Alte Bund bestünde weiter und er wäre ein gleichwertiger Heilsweg neben dem Neuen Bund. ›Die bleibende Heilsbedeutung Israels‹ kann vielerlei besagen. Auch die Versuchung, die Sünde, der Kommunismus, ja selbst der Teufel können eine Bedeutung für das Heil haben . . .«
> (P. Paul Schr., S. J., Hattingen, in Nr. 28)
>
> »Der Verfasser des Artikels in Nr. 22, Seite 1, stützt seine irrige Meinung vom gottgewollten Fortbestand des Alten Bundes auf die deutsche Übersetzung der Karfreitagsfürbitte für die Juden: ›Er bewahre sie in der Treue zu seinem Bund.‹ Das heißt nach ihm: ›Der Bund Gottes mit den Juden besteht weiter.‹ Sie sollen demnach treu verharren im Alten Bund; sie sollen treu festhalten an der Beobachtung des mosaischen Gesetzes, an der Beschneidung als dem Zeichen des Bundes, an den Speise- und Reinigungsvorschriften als heilsnotwendige Gebote – und das bedeutet: An der Ablehnung des Stifters des Neuen Bundes! . . . Darum ist das II. Vaticanum keineswegs von der Missionierung der Juden abgerückt: ›Es ist die Aufgabe der Predigt der Kirche, das Kreuz Christi als Zeichen der universalen Liebe Gottes und als Quelle aller Gnaden zu verkünden‹ (Nostra Aetate).« (Dr. Hugo K., Gelsenkirchen, in Nr. 28)

Angesichts der beiden letzten Zuschriften fand es die Redaktion dann doch notwendig, in Fettdruck die klaren gegenteiligen Aussagen des II. Vaticanums, die die Briefschreiber nicht zur Kenntnis nehmen wollten, anzuführen: »Nichtsdestoweniger sind die Juden nach dem Zeugnis der Apostel immer noch von Gott geliebt um der Väter willen . . . Gewiß ist die Kirche das neue Volk Gottes, trotzdem darf man die Juden nicht als von Gott verworfen oder verflucht darstellen, als wäre dies aus der Heiligen Schrift zu folgern.«[28] Mit einer Serie positiver Zuschriften ging dann die Diskussion in Nr. 32/1980 vom 9. August 1980 zu Ende.

Der Vorwurf der Traditionsgesetzlichkeit der Juden hat jedoch für Christen die Tücken eines Eigentores. So weit sind schließlich die Zeiten einer skrupulösen Auslegung etwa der Nüchternheits-Vorschriften beim Eucharistie-Empfang und der Unterscheidung zwischen festen und flüssigen Speisen in diesem Zusammenhang noch nicht vorbei. Auch Landes- oder Diözesangrenzen konnten in kirchenrechtlichen Bestimmungen im einen Gebiet verbieten, was im anderen erlaubt war. Das ist zwar vorbei, aber doch nicht ungeschehen. Aus jüngster Zeit ein anderes Beispiel für traditionsgeschichtliche Argumentationswege auch in der eigenen Kirche: In der »Erklärung der Deutschen Bischöfe zu Fragen der Stellung der Frau in Kirche und Gesellschaft« vom 21. September 1981 steht zu lesen:

> »Die Frage nach der Teilhabe der Frau am besonderen Priestertum des Dienstes, d. h. die Zulassung der Frau zum Amt in der Kirche, wird in den letzten Jahrzehnten immer wieder, auch in der katholischen Kirche, gestellt. In der Erklärung der römischen Kongregation für die Glaubenslehre vom 15. Oktober 1976 über die Zulassung der Frauen zum Priesteramt wird die Tradition bestätigt. Das Dokument stellt fest ›Die Kirche hält sich aus Treue zum Vorbild ihres Herrn nicht dazu berechtigt, die Frauen zur Priesterweihe zuzulassen‹ (Verlautbarungen des Apostolischen Stuhles Nr. 3, Seite 5).«

Daraus geht hervor, daß jedenfalls hier das kirchliche Lehramt bewußt eine inhaltliche Festlegung vermeidet und sich statt dessen auf die Tradition beruft, der man »die Treue« nur auf diese Weise zu halten imstande sei. Zu einer anderen Entscheidung »hält (man) sich nicht berechtigt«. Das ist, mit jüdischen Kategorien gesehen, eine klare halachische Entscheidung. Gleiches gilt auch von der bekannten Enzyklika Papst Paul VI. »Humanae Vitae« aus dem Jahre 1968, die sich auf die »sich immer gleich bleibende Lehre über das Wesen der Ehe« (I, 4) berief und dennoch für diese Entscheidung nur moralphilosophische Prinzipien, nicht aber bibeltheologische Begründungen anzuführen wußte (II, 13 f). Auch dies eine traditionsgesetzliche, d. h. halachische Beweisführung, die nicht gerade allgemeine Zustimmung fand.

> »Die tiefste Sorge der Enzyklika ist zweifellos die Manipulation des Menschen. Diese Manipulation ist nur denkbar auf der Basis technischer Mittel. . . . Niemand bestreitet, daß diese Sorge berechtigt ist. Wir sind aber der Ansicht, daß diese Sorge nicht durch die Verurteilung der Mittel beseitigt wird«[30],

schrieb seinerzeit Prof. Dr. Josef Korth als Präsident der Katholischen Ärztearbeit Deutschlands, die wohl sachlichste Stellungnahme, die diese Enzyklika unter vielen erfahren hat, wobei genau das Dilemma jeder traditionsgeschichtlichen Begründung aufgezeigt wird: unleugbar gute Absichten kasuistisch zu regeln. Aber wir sehen, daß in bestimmten Situationen auch in der Praxis des kirchlichen Lehramtes kein Weg am Gebrauch von Traditionsgesetzen vorbeiführt. Diese Traditionen können selbstverständlich in unserem Zusammenhang nicht hinterfragt werden. Sie schließen aber jedenfalls bei denen, die sie für sich als verbindlich betrachten, dann künftig eine Kritik an den gleichen Entscheidungsformen bei Juden von Rechts wegen aus.

Daß Gleiches nicht immer gleich gesehen wird, ist ja leider kein Einzelfall. Immer wieder – und dies ist wohl zutiefst menschlich begründet – besteht bei uns allen die Neigung, die eigene Verfaßtheit als bereits übereinstimmend mit den eigenen Idealen (Soll-Zustand) zu sehen, während die wahrnehmbare und unvermeidliche Fehlerhaftigkeit (Ist-Zustand) beim anderen als zutreffende Wesensbeschreibung verstanden wird.[31] Vergleicht man aber Soll-Zustand auf der einen mit dem Ist-Zustand auf der anderen Seite, entsteht eine schiefe Ausgangsposition der Diskussion. Das Ergebnis ist bereits vorprogrammiert. In den Symbolfiguren von Ecclesia und

Synagoge der mittelalterlichen Bildplastik und Glasmalerei fand dieses Prinzip seinen augenfälligen Ausdruck.[32]
Nicht unbedenklich scheint zu guter Letzt in diesem Zusammenhang auch die Behandlung des AT in manchen Formen der Wortverkündigung innerhalb der Eucharistiefeier. Seit 1970 besitzen wir in der katholischen Kirche einen dreijährigen Lesezyklus für die Sonn- und Feiertage. Dabei werden zumeist zwei biblische Lesungen und ein Evangelientext für jeden Gottesdienst angegeben; der erste der drei Texte ist fast immer dem AT entnommen. Dieser begrüßenswerte neue Reichtum trifft bei Priestern und Gläubigen auf Lernschwierigkeiten. Daher bemühen sich renommierte Autoren und Verlage um sogenannte »Einleitungshilfen«, d. h. die Bereitstellung von kurzen »Leseköpfen«, die der jeweilige Lektor vor dem eigentlichen Bibeltext erklärend vorausschickt. Bei näherer Zusicht geraten manche von den jeweiligen Autoren zu verantwortenden Kurztexte sehr leicht zu einer Indoktrination im Stile »Schon das AT ahnt . . .« oder: »Was dem Propheten X noch eine ferne Sehnsucht war . . .« oder: »Im AT galt noch folgende Ordnung . . .«, d. h., es wird diese Lesung im Vorweg mit dem Kennzeichen des Unfertigen, Teiloffenbarten, Minderqualifizierten, im schlimmsten Fall gar Kontrastierenden versehen. Diese Praxis wird auf keinen Fall den erwähnten vatikanischen »Richtlinien und Hinweisen« vom 1. 12. 1974 gerecht, die fordern:

> »Man soll bemüht sein, besser zu verstehen, was im Alten Testament von eigenem und bleibendem Wert ist (vgl. Dei Verbum, Nr. 14–15), da dies durch die spätere Interpretation im Lichte des Neuen Testamentes, die ihm seinen vollen Sinn gibt, nicht entwertet wird, so daß sich vielmehr eine wechselseitige Beleuchtung und Ausdeutung ergibt (Dei Verbum, Nr. 16). Dies ist um so wichtiger, als die Christen durch die Liturgiereform immer häufiger mit den Texten des Alten Testamentes in Berührung kommen.«[33]

Hier hat die in unseren Gemeinden weithin geübte Praxis, dem NT Vergleichsvorteile zu verschaffen, ihre theologisch und kirchenamtlich geforderten Grenzen, auch wenn es der Prediger schwerer hat, wo es nachher ans Auslegen geht. Es versteht sich am Rande, daß gleiches auch für die schulische Behandlung des AT gilt, sofern – aber das ist eines eigenen Aufsatzes wert – dieses über dürftige Auszüge hinaus dem christlichen Schüler überhaupt einigermaßen bekannt gemacht wird.
Haben wir also eine »Leiche im Keller«? Ich fürchte, weit häufiger, als wir es ahnen. Zu einem erheblichen Teil ist die neue Stellung zum Judentum eine »Revolution von oben« geblieben, aus Studierstube, vom Katheder und seitens des Lehramtes. Die Praxis in den Gemeinden, auf der Kanzel und im Gemeindehaus oder in der Schule – sie kommt nur mühsam nach. Das mag mit der Struktur der katholischen Kirche zusammenhängen und sich nicht verallgemeinern lassen. (Prof. Heinz Kremers machte mich einmal darauf aufmerksam, daß bei evangelischen Christen dagegen der Anfang von unten der mühsamste Teil sei. Habe man sich aber einmal zu synodalen Lösungen entschlossen, sei die Ausführung abgesichert.)
In den letzten Jahren haben auf katholischer Seite die beiden sich gegenseitig auf das vorzüglichste ergänzenden Bücher von Clemens Thoma und Franz Mußner versucht, eine Bresche in die Mauer von Vorurteilen und Fehlinformationen zu schlagen, die Christen über Juden hegen.[34] Thoma geht als Fachjudaist von einem analytischen und historischen Ansatz aus, Mußner als neutestamentlicher Exeget von der Bürde einer fast zweitausendjährigen antijüdischen Auslegung der eigenen Glaubensurkunden des Christentums. Er schreibt im Vorwort zu seinem Buch:

> »Hinter ihm steht ein langjähriger Lernprozeß, ein wahres Um-Denken, und der Verfasser möchte mit diesem Buch die Leser einladen, in diesen Lernprozeß einzutreten . . . Jedenfalls wird jeder aufmerksame Leser bestätigen, daß es hier nicht um ein Randthema der Theologie geht, sondern um eine Thematik, die ins Zentrum der Theologie führt.«[35]

Die am 28. April 1980 veröffentlichte Erklärung der deutschen Bischöfe folgt weitgehend Mußners Buch, zeigt an einigen Stellen aber bemerkenswerte Abweichungen von ihm, die erkennen lassen, daß der geforderte Lernprozeß auch für Bischöfe noch nicht voll nachvollziehbar war.[36]
Auf evangelischer Seite ist das schon zitierte Nachwort Peter von der Osten-Sackens zu Rosemary Ruethers Buch »Nächstenliebe und Bruder-

mord« zu nennen. Der Titel seines Nachwortes »Von der Notwendigkeit theologischen Besitzverzichtes« ist geradezu sprichwörtlich geworden.[37] Um nichts weniger als dieses geht es, wenn wir hier in den wenigen aufgeführten Beispielen von einer »Leiche im Keller« gesprochen hatten. Ferner sei der Beschluß der Landessynode der evangelischen Kirche im Rheinland vom 11. Januar 1980[38], der heftigen Attacken ausgesetzt war (und ist), angeführt.[39]

Wo solche Attacken letztlich dazu führen, daß wir unser christliches Kellergeschoß einmal gründlich inspizieren, auf- und ausräumen, seien sie gepriesen! Erzbischof Lustiger von Paris hat in dem Eingangszitat zu diesem Artikel wohl richtig gesehen, daß der alte Heide noch immer im Christen gegen den Juden Jesus angeht. Auf seltsame Weise bewahrheitet sich immer wieder der Bibelvers Sach. 2, 12: »Wer euch antastet, rührt an meinen Augapfel!«

Daß zwei Weltreligionen sich auf die gleiche Glaubensurkunde stützen, die Juden »Tenach« und Christen »Altes Testament« (und hoffentlich beide einmal gleichlautend »Hebräische Bibel«) nennen, ist in sich schon ein Phänomen.Damit ist der Auslegungsstreit als »Kampf« um die Tradition vorprogrammiert, wie es scheint.

Am 17. November 1980 sprach Papst Johannes Paul II. anläßlich seiner Deutschlandreise auf eigenen Wunsch mit dem Direktorium des Zentralrates der Juden in Deutschland. Über die Bischofserklärung vom 28. April des gleichen Jahres noch hinausgehend (»Es ist mein dringender Wunsch, daß diese Erklärung geistiges Gut aller Katholiken in Deutschland werde!«), forderte er einen dreifachen Dialog zwischen Juden und Christen: in der Dimension des von Gott nie gekündigten Bundes mit Israel, in der Dimension einer Begegnung mit dem heutigen (!) Volk des mit Mose geschlossenen Bundes und drittens in der Dimension gemeinsamer Arbeit für Frieden und Gerechtigkeit von Juden und Christen »als gemeinsame Söhne Abrahams ein Segen für die Welt zu sein«.[40]

Anmerkungen

1 Jean-Marie Lustiger, Les Juifs et nous Chrétiens. In: Nouvel Observateur, Paris, Nr. 832 vom 20.–26. 10. 1980

2 G. B. Ginzel (Hrsg.), Auschwitz als Herausforderung für Juden und Christen. Heidelberg 1980, S. 277–283

3 Zu dieser These und ihrem Hintergrund siehe: Mayer, S. 48 f; Wirth, S. 58; Eckert, S. 74 ff

4 Zur politischen Wirkung: Ginzel, S. 272 f; und zur Rolle des Klischees im Bereich des Antizionismus: Ben Chorin, S. 301 f

5 Improperien aus der Karfreitagsliturgie (deutsche Fassung). Vollständiger Text siehe Anhang I, S. 246 ff

6 Reiner Kaczynski, »O Du mein Volk . . . Die Improperien der Karfreitagsliturgie sind nicht judenfeindlich«, in: Gottesdienst Nr. 5/1980, Seiten 36 und 38: Kaczynski, Liturgiewissenschaftler, meint: »Während der letzten Jahre wurde innerhalb und außerhalb der Kirche schon öfter kritisiert, daß gemäß dem nachkonziliaren Meßbuch im katholischen Karfreitagsgottesdienst ›auch nach Auschwitz noch‹ die Improperien gesungen werden und daß das ›Gotteslob‹ mit dem Lied Nummer 206 eine dichterische Fassung dieser Gesänge übernommen hat . . . Welches Volk ist gemeint? Das ist die entscheidende Frage. Sie kann beantwortet werden, wenn man an den Anlaß denkt, für den die Trishagion-Verse und die Improperien gedichtet wurden. Das Trishagion mit seinen Versen wurde in Oberitalien ursprünglich gesungen, als das Kreuz am Karfreitag zur Verehrung in die versammelte Gemeinde hineingebracht wurde. Das hier versammelte Volk war es, das in biblischen Bildern sich der empfangenen Wohltaten erinnert und seiner eigenen Schuld am Tode Jesu bewußt wird. . . Es entspricht durchaus dem liturgischen Stil, daß . . . die alttestamentlichen Gnadenerweise als Typen dienen für das selbst empfangene Heil. . . Man kann die Improperien nicht aus ihrem liturgischen Kontext herausgelöst beurteilen. . . . Um Mißverständnissen vorzubeugen, ließe sich in einer neuen Auflage von Gotteslob eine Erklärung hinzufügen, wie dies bei anderen Gesängen (z. B. GL 107) geschehen ist. Die Kirche hat die Improperien aufgrund ihrer Stellung im Gottesdienst nicht als gegen die Juden gerichtet verstanden, sonst hätte sie sie mit Sicherheit geändert oder aus dem Meßbuch gestrichen, als sie die Karfreitagsfürbitte für die Juden neu formulierte. . . Wo die Gefahr eines Mißverständnisses besteht, sollte vor dem Gesang der Improperien deren Sinn erklärt werden.«
Ein Liturgiewissenschaftler sollte sich vor Augen halten, daß Texte, die immer wieder gegen ihren Wortsinn gedeutet werden müssen, wenig hilfreich für Christen und ein Ärgernis für betroffene Menschen, die noch immer dem biblischen Judentum zugerechnet werden und unsere Zeitgenossen sind, auch mit noch so ehrwürdiger Patina nicht zu verteidigen sind. Sonst wird alle neugefundene Brüderlichkeit zur hohlen Phrase für die im Wortsinn genannten.

7 Ginzel, Auschwitz als Herausforderung, S. 296 bis 308, Zitat S. 300

8 Wortlaut Lied 206 aus dem Gotteslob, Text: Anhang II, S. 247

9 Wortlaut »Neue Improperien« aus Christi Himmelfahrt, Essen: Anhang III, S. 247

10 Zitat aus: Wolfgang Feneberg S. J., »Die Kalender stimmen nicht – die Exkommunikation der Quartodezimaner«, in: Entschluß, Heft 2/1981, Seite 9–13, Zitat auf

S. 12, Sp. 3. Entschluß ist die Zeitschrift der österreichischen Jesuiten, Wien. Siehe auch Wirth

11 Shlomo Pinès: »The Jewish Christians of the Early Centuries of Christianity According to a New Source«, in: The Israel Academy of Sciences und Humanities, Vol. II, Nr. 13, zitiert bei David Flusser, »Die Christenheit nach dem Apostelkonzil« in »Antijudaismus im Neuen Testament?« München 1967, S. 66, Anm. 8

12 Wortlaut Gebetszettel – siehe Anhang IV. Vgl. auch Eckert

13 Johann Maier, »Kontinutität und Diskontinuität – jüdisches Erbe im christlichen Glauben«, in: »Judentum im christlichen Religionsunterricht«, Frankfurt a. M. 1972, Seite 8 (Schriftenreihe der evangelischen Akademie in Hessen und Nassau, Heft 93). Zur »Enterbung« des Judentums siehe auch S. 54 ff; 102 ff

14 Vgl. auch: W. Salberg »Theologische Praxis nach Auschwitz« in G. B. Ginzel, »Auschwitz als Herausforderung für Juden und Christen«, Heidelberg 1980, S. 513–538, auch als Sonderdruck vorhanden

15 Ebd., S. 525 ff

16 Vgl. Vatikanische Richtlinien und Hinweise zur Durchführung der Konzilserklärung Nostra Aetate, Art. 4. Hier besonders Abschnitt I, Der Dialog, dritter Absatz. Wortlaut siehe Ginzel, S. 296–304. Ein eher liebenswertes Beispiel ist der kölnische Volksmund: »Uns leef Herrjöttche eß enit esu!«

17 FAZ vom 26. 10. 1979, Leserbrief »Mutter Teresa« von W. Salberg

18 So Redaktionsmitglied Marie-Christine Zauzich, zuständig für katholisch-kirchliche Berichterstattung, in FAZ vom 20. 10. 1979, »Eine Würdigung der Armen, denen wir dienen«, Nobelpreis an Mutter Teresa

19 Hierzu ausführlich Mayer

20 Peter von der Osten-Sacken, Nachwort zu Rosemary Ruethers Buch »Nächstenliebe und Brudermord« (Faith and Fratricide), München 1978, S. 244–251

21 Hierzu als zeitlich distanzierte Bestandsaufnahme: Klaus P. Fischer und Hartmut Schiedermair, »Die Sache mit dem Teufel, Teufelsglaube und Besessenheit zwischen Wahn und Wirklichkeit«, Frankfurt a. M. 1980 (Knecht). Es ist mir durchaus bekannt, daß es auch im Judentum kabbalistische und magische (Dibbuk-)Vorstellungen der Besessenheit gibt. Diese liegen aber im Bereich des jüdischen Volksglaubens, während es sich bei den Klingenberger Ereignissen um den Großen Exorzismus nach dem Rituale Romanum XII, 2 handelt, der nur mit bischöflicher Erlaubnis ausgeübt werden kann.

22 »Erklärung zum Geschehen von Klingenberg« des Bischofs von Würzburg, Dr. Josef Stangl, vom 11. 8. 1976, erschienen als Sonderbeilage zum Würzburger Diözesanblatt Nr. 16 vom 12. 8. 1976 und in der »Deutschen Tagespost« vom 17. 8. 1976. Auch die Deutsche Bischofskonferenz nahm im September 1976 zu Klingenberg Stellung und erklärte: »Wir können einfach nicht aus der Bibel herausstreichen, daß sie an vielen Stellen von Mächten und Gewalten, von Engeln und Teufeln spricht.« Gleichzeitig empfahl sie aber, die Theologie stehe »vor der Aufgabe, die unaufgebbare Wahrheit über das Böse und den Bösen so zu vermitteln, daß auch der heutige Mensch zu ihr einen verläßlichen Zugang findet.«

23 Manfred Adler, »Die Söhne der Finsternis, 3. Teil: Theologische Finsternis«, Jestetten (1976), Zitat Seite 210

24 Heinz Scholl, »Berufsverbot für Manfred Adler«, Euskirchen 1978

25 Für die Zusammenhänge zwischen Teufelsglaube und Judenhaß ist höchst aufschlußreich das Buch von Herbert Haag »Teufelsglaube«, Tübingen 1974 (Katzmann), insbesondere das Kapitel »Der Teufel und die Juden«, S. 447–489. Hier finden sich reiche Materialien von der Frühkirche bis zu Julius Streicher, ebenso ergiebig sind die gegebenen Literaturhinweise. Natürlich ist Haag in Manfred Adlers Augen der erklärte »Häretiker«, der »unsachlich« vorgehe und eine »lächerliche Aufklärung« betreibe (Teil 3, Seiten 47–72).

26 Erklärung der Deutschen Bischöfe über das Verhältnis der Kirche zum Judentum vom 28. 4. 1980, Heft 26 aus der Reihe »Die Deutschen Bischöfe«; hier: Abschnitt V, 1 der Erklärung (»Umdenken gegenüber dem Judentum«) auf S. 23. Der Ausdruck »die Juden«, der häufig im Johannesevangelium erscheint, verleitete nicht selten zu theologischem Antijudaismus, insofern er in unkritischer Weise auf das ganze jüdische Volk der Zeit Jesu bezogen wurde, während in Wirklichkeit mit dem Ausdruck »die Juden« in der Regel die Gegner Jesu aus der führenden Schicht des zeitgenössischen Judentums, besonders die Hohenpriester, gemeint sind, vgl. dazu Mußner, a. a. O., 281–291. Zudem ist folgendes zu bedenken: Der Evangelist reflektiert am Ende des 1. Jahrhunderts die Vorgänge, die sich mit Jesus und seiner Kreuzigung ereignet haben. Er stellt das Ganze in einen kosmisch-universellen Horizont. Dabei werden »die Juden«, soweit ein negativer Akzent auf dem Begriff liegt, zu Repräsentanten des gottfeindlichen »Kosmos«. Der Evangelist meint damit jene »Welt«, die von Gott und Christus nichts wissen will. So sieht das Johannesevangelium den Prozeß gegen Jesus als einen »Weltprozeß«, nämlich der Weltfinsternis gegen das göttliche Licht überhaupt. Dies hat mit »Antijudaismus« nichts zu tun.

27 Kurt Palm, »Christentum nur eine von vielen Religionen?«, in: Katholischer Digest, Heft 2/1978, S. 8–10, Zitat S. 10, Spalte 1

28 Ginzel, a. a. O., S. 280

29 Erklärung der Deutschen Bischöfe zu Fragen der Stellung der Frau in Kirche und Gesellschaft, Heft 30 der Reihe »Die Deutschen Bischöfe«, Bonn 1981, Seite 23

30 Stellungnahme der Katholischen Ärztearbeit Deutschlands zur Enzyklika »Humanae Vitae« Papst Pauls VI. über die rechte Ordnung der Weitergabe menschlichen Lebens, Hrsg.: Katholische Ärztearbeit Deutschlands im Katholischen Akademikerverband, Generalsekretariat, Venusbergweg 1, 5300 Bonn 1 – datiert vom 25. 4. 1969 – Zitat: Seite 36 (Schlußabschnitt)

31 Rosemary Ruether hat dies als eine unerlaubte Vorwegnahme der eschatologischen Vollendung bezeichnet, die die Kirche zur Selbsterkenntnis und Selbstkritik unfähig mache:
S. 154: »Diese ungelöste Spannung zwischen Erfüllung im Geist und Erfüllung in der Inkarnation führt dazu, daß das, was im Christentum körperlich und geschichtlich ist, behandelt wird, als sei es geistig und eschatolo-

gisch. Die christliche Entfremdung von jenem kritischen Prinzip und die Projektion seiner negativen Seite auf die Identität der Juden bewirken außerdem, daß dieses kritische Prinzip der Kirche verlorengeht. Die Kirche sieht ihren eigenen ›Leib‹, als sei er der eschatologische Leib Christi, und wird damit unfähig, den Abstand zwischen Äußerlichkeit und Innerlichkeit, Endlichkeit und Spiritualität in ihrer eigenen Identität zu kritisieren.« S. 230 f: »Mit dem wachsenden weltlichen Erfolg scheint die Kirche dazu gekommen zu sein, ihre eigene Zeit der ›christlichen Ära‹ nicht mehr nur als die Zeit der Verkündigung von Umkehr und leidender Antizipation zu sehen, sondern als eine neue geschichtliche Epoche, die selbst die Bedingungen des Millenniums verwirklichte. Die Ära der Kirche wurde die tausendjährige Herrschaft Christi über die Erde. . . . Die messianische Hoffnung, anstatt daß die Kirche zwischen dem Historischen und dem Eschatologischen erleuchtet, wird jetzt zum Mittel eines falschen Bewußtseins, das der Kirche erlaubt, geschichtliche Zweideutigkeit in das Gewand der Endgültigkeit und absoluten Wahrheit zu kleiden. Diese neue historische Zeit und ihr Volk werden in einer Beziehung zum Judentum und zu allen menschlichen Möglichkeiten ›vor Christus‹ gesehen, die diese nicht nur relativ ablösen, sondern absolut verdrängen.«

32 Vgl. Artikel W. P. Eckert: »Antijudaismus in der christlichen Kunst«, S. 358–388

33 »Richtlinien und Hinweise«, Abschnitt II. Die Liturgie, Wortlaut bei Ginzel, Auschwitz, S. 299 f

34 Clemens Thoma, »Christliche Theologie des Judentums«, Aschaffenburg 1978; Franz Mußner, »Traktat über die Juden«, München 1979

35 Mußner, a. a. O., S. 9

Einen »Lernprozeß« besonderer Art machte eine Teilnehmerin auf einer Israel-Pilgerreise mit, die mich nach einer Woche im Lande fragte: »Herr Pfarrer, wo sind denn hier die Juden?« Es paßte augenscheinlich nicht in ihr Weltbild, daß Juden »ganz normale« Menschen seien, von denen sie rings umgeben war.

36 Trotz der exegetisch gediegenen Ausführungen in Abschnitt V, 1 über die Eigenart des Begriffes »die Juden« im Johannesevangelium (vgl. hier Anm. 25) findet sich unter III. 1. b folgender Absatz: »Es kann freilich nicht geleugnet werden, daß sich im Neuen Testament über das Judentum z. Z. Jesu und der Urkirche auch kritische Aussagen finden. Jesus selbst sagt . . . »Ihr habt den Teufel zum Vater, und ihr wollt das tun, wonach es euren Vater verlangt« (Joh. 8, 44). Jesus konstatiert also schuldhaftes Verhalten . . .«

Sind nun die »Juden« bei Johannes eine Reflexion des Evangelisten, wie in V, 1, oder ist ihre Beschreibung nach Joh. 8, 44 eine »Feststellung Jesu« selbst, wie in III, 1. b? Hier werden zweierlei Handschriften bei der Endredaktion der Erklärung erkennbar. Zum Johannesevangelium siehe auch: Mayer, S. 40

37 In Ruether, a. a. O., S. 244

38 Siehe: Handreichung für die Mitglieder der Landessynode ff der Evangelischen Kirche im Rheinland, Seiten 9–11, Düsseldorf 1980 (Landeskirchenamt), Text bei Ginzel, Auschwitz, S. 402–407

39 Denkschrift Bonner ev. Theologieprofessoren »Erwägungen zur kirchlichen Handreichung zur Erneuerung des Verhältnisses von Christen und Juden«, EPD-Dokumentation 42, 1980, 14–17, mit zehn Thesen. Sehr scharf ist auch der Artikel von Erich Gräßer (Mitautor der obengenannten Denkschrift): »Zwei Heilswege? Zum theologischen Verhältnis von Israel und Kirche« in: »Kontinuität und Einheit«, Festschrift für Franz Mußner, hrsg. von Paul-Gerhard Müller und Werner Stenger, Freiburg 1981 (Herder), Seiten 411–429. Auch die in dem Band »Umkehr und Erneuerung. Erläuterungen zum Synodalbeschluß der Rheinischen Landessynode 1980«, hrsg. v. Berthold Klappert und Helmut Starck, wiedergegebenen »Anmerkungen« von Franz Hesse sind sehr kritisch. Um so anerkennenswerter, daß sich eine Auseinandersetzung mit diesen Thesen also in ein und demselben Band unterbringen ließ. (Neukirchen-Vluyn 1980)

40 «Papst Johannes Paul II. in Deutschland, 15.–19. 11. 1980«, Band 25 der Reihe »Verlautbarungen des Apostolischen Stuhles«. Offizielle Ausgabe, Seiten 102–105, Zitate S. 104 f. Hrsg. v. Sekretariat der Deutschen Bischofskonferenz

Anhang

I. Improperien (Klage Jesu vom Kreuze herab) aus der Karfreitagsliturgie

Mein Volk, was habe ich dir getan, womit habe ich dich betrübt?
Antworte mir.
Aus der Knechtschaft Ägyptens habe ich dich herausgeführt.
Du aber bereitest das Kreuz deinem Erlöser.
Mein Volk . . .
Hagios, ho Theós – Sanctus Deus – Heiliger, starker Gott.
Hagios Ischyrós – Sanctús Fortis – Heiliger, starker Gott.
Hagios Athánatos, eleison hemás – Sanctus Immortalis, miserere nobis – Heiliger, starker, unsterblicher Gott, erbarme dich unser.
Vierzig Jahre habe ich dich geleitet durch die Wüste. Ich habe dich mit Manna gespeist und dich hineingeführt in das Land der Verheißung. Du aber bereitest das Kreuz deinem Erlöser.
Hagios . . . (dreimal)
Was hätte ich dir mehr tun sollen und tat es nicht? Als meinen erlesenen Weinberg pflanzte ich dich, du aber brachtest mir bittere Trauben, du hast mich in meinem Durst mit Essig getränkt und mit der Lanze deinem Erlöser die Seite durchstoßen.
Hagios . . . (dreimal)
Deinetwegen habe ich Ägypten geschlagen und seine Erstgeburt, du aber hast mich geschlagen und dem Tod überliefert.
Mein Volk . . .
Ich habe dich aus Ägypten herausgeführt und den Pharao versinken lassen im Roten Meer, du aber hast mich den Hohenpriestern überliefert.
Ich habe dir einen Weg durch das Meer gebahnt, du aber hast mit der Lanze meine Seite geöffnet.
In einer Wolkensäule bin ich dir vorangezogen, du aber hast mich vor den Richterstuhl des Pilatus geführt.

Ich habe dich in der Wüste mit Manna gespeist, du aber hast mich ins Gesicht geschlagen und mich gegeißelt.
Ich habe dir Wasser aus dem Felsen zu trinken gegeben und dich gerettet, du aber hast mich getränkt mit Galle und Essig.
Deinetwegen habe ich die Könige Kanaans geschlagen,
du aber schlugst mir mit einem Rohr auf mein Haupt.
Ich habe dir ein Königszepter in die Hand gegeben,
du aber hast mich gekrönt mit einer Krone aus Dornen.
Ich habe dich erhöht und ausgestattet mit großer Kraft,
du aber erhöhtest mich am Holze des Kreuzes.
Mein Volk . . .

II. Lied 206 aus dem »Gotteslob«
Einheitliches katholisches Gebet- und Gesangbuch aller deutschsprachigen Bistümer

1. O du mein Volk, was tat ich dir? Betrübt ich dich? Antworte mir! Ägyptens Joch entriß ich dich, du legst des Kreuzes Joch auf mich. Heiliger Gott! Heiliger starker Gott! Heiliger, Unsterblicher, erbarm dich unser!
2. Ich führte dich durch vierzig Jahr / und reichte dir das Manna dar; / das Land des Segens gab ich dir, / und du gibst mir das Kreuz dafür.
3. Was hab ich nicht für dich getan? / Pflanzt dich als meinen Weinberg an, / und du gibst bittern Essig mir, / durchbohrst des Retters Herz dafür.
4. Ich führte dich durchs Rote Meer, / und du durchbohrst mich mit dem Speer. / Der Heiden Macht entriß ich dich, / du übergabst den Heiden mich.
5. Ich nährte in der Wüste dich, / und du, du läßt verschmachten mich; / gab dir den Lebensquell zum Trank, / und du gibst Galle mir zum Dank.
6. Ich schlug den Feind, gab dir sein Land; / und grausam schlägt mich deine Hand. / Das Königszepter gab ich dir, / du gibst die Dornenkrone mir.
7. Ich gab dir Gnaden ohne Zahl; / du schlägst mich an des Kreuzes Pfahl. / O du mein Volk, was tat ich dir? / Betrübt ich dich? Antworte mir!
T: Markus Fidelis Jäck 1817 nach »Popule meus«
M: nach Köln 1844

III. Neue Improperien für den Karfreitag
Pfarrgemeinde Christi Himmelfahrt, Essen-Fischlaken

Vorbeter: Herr, wo Du jetzt hängst, dort hin haben wir alle Dich gebracht. Jeder von uns kreuzigt Dich täglich neu. Wir stehen alle in Deiner Schuld. Wir dürfen sie nicht abschieben auf andere. Nicht auf Menschen zu Deinen Lebzeiten und nicht auf bestimmte Gruppen unter uns.
Einer von uns, der selber Dein Erbarmen braucht, leiht Dir seine Stimme.

Alle: singen Kehrvers *Gotteslob* 171, 2 (etwa nach jedem zweiten Vers einschieben, solange die Kreuzverehrung dauert):
»Erbarme Dich meiner, o Gott, erbarme Dich meiner.«

Vorbeter: Ich schuf Eure Welt, ich gab Euch Menschen ihren Reichtum:
– Ihr teiltet sie unter Euch auf und ließet die Armen noch ärmer werden!
Ich gab Euch Menschen Verstand und einen freien Willen:
– Ihr aber sagt: »Wissen ist Macht!« und laßt die Unwissenden im Nachteil.
Ich war das Licht der Welt –
und Ihr sagt: »Ach was, Hauptsache glücklich!«
Ich ging Eure Wege und wurde wie einer von Euch:
– Ihr aber sagt: »Der konnte damals gut reden!«
Ich rief Euch zum Hochzeitsmahl meines Vaters:
– Ihr aber sagt: »Was soll das, ich habe jetzt Wichtigeres zu tun!«
Ich war der Heiland der Armen und der kleinen Leute:
– Ihr aber sagt: »Für Gastarbeiter ist das doch gut genug!«
Ich pries die Friedensstifter selig:
– ihr aber sagt: »Jeder ist seines Glückes Schmied!«
Ich heilte die Stummen und die Lahmen:
– Ihr aber weckt Angst, die stumm macht, und lähmt mit Abhängigkeiten.
Ich machte die Blinden sehend:
– Ihr aber sagt: »Hoffentlich merkt der das nicht so bald!«
Ich hatte Erbarmen mit dem Knecht des römischen Hauptmannes und der Tochter der heidnischen Frau aus Tyrus:
– Ihr aber sagt: »Die Leute sind doch gar nicht katholisch!«
Ich lehrte Euch die Vergebung siebzigmal-siebenmal:
– Ihr aber sagt: »Warte, wenn der mir wieder unter die Augen kommt!«
Ich lehrte Euch das Vertrauen auf den Vater im Himmel:
– Ihr aber sagt: »Wie kann ein Gott das bloß zulassen!«
Ich segnete die Kinder und pries ihre Offenheit für das Reich Gottes:
– Ihr aber sagt: »Wenn du einmal groß bist, wirst Du's auch noch lernen!«
Ich ging den verlorenen Schafen nach:
– Ihr aber sagt: »Um den da lohnt es sich doch nicht!«
Ich lehrte Euch die Wachsamkeit vor Gottes Gericht:
– Ihr aber sagt: »Der Herrgott nimmt das nicht so genau!«
Ich wehrte mich nicht, als man mich in Gethsemani festnahm:
– Ihr aber zoget mit »Taufe oder Tod« gegen Juden, Moslems und Indios.
Ich starb am Kreuz mit Worten der Vergebung für alle meine Peinigers:
– Ihr aber sagt: »Man kann sich doch nicht alles bieten lassen!«
Ich komme wieder auf den Wolken des Himmels:
– Ihr aber sagt: »Das hat noch lange Zeit!«

IV. Fünfzehn heimliche Leiden und Schmerzen
(anonym verschicktes, antijüdisches Gebet),

welche Christus der Herr der frommen und Gott liebenden Schwester Maria Magdalena aus dem Orden der heiligen Klara, die zu Rom in großer Heiligkeit gelebt

und selig gestorben, mündlich geoffenbart hat. Christus erfüllte den Wunsch dieser Schwester, die etwas von seinen heimlichen Leiden zu wissen begehrte, indem Er ihr erschien und Ihr fünfzehn Schmerzen, die Er in der Nacht vor Seinem Tode ausgestanden hat, offenbarte. Christus sprach zu Ihr:
»Die Juden hielten Mich für den schlimmsten Menschen, der damals auf Erden war. Darum banden sie Mir mit einem Seil Meine Füße und rissen Mich über die Stiege hinab in einen unsauberen, stinkenden Keller;
entblößten sie Mich Meiner Kleider und zerstachen Meinen Leib mit eisernen Spitzen;
banden sie Mir ein Seil um den Leib und schleiften Mich im Keller auf dem Boden auf und ab;
hefteten sie Mich an ein Stück Holz und ließen Mich hangen, bis ich ausschlüpfte und herabfiel – über diesen Schmerz weinte ich blutige Tränen;
banden sie Mich an einen Pfahl und durchstachen Meinen Leib mit allerhand Waffen, warfen mit Steinen auf Mich und brannten Mich mit Glut und Fackeln;
durchstachen sie Mich mit Ahlen und Spiessen und rissen Mir Haut und Fleisch von Meinem Leibe und von Meinen Adern;
banden sie Mich an eine Säule und stellten mich auf ein glühendes Blech;
krönten sie Mich mit einer eisernen Krone und verbanden Mir die Augen mit den unreinsten Tüchern;
setzten sie Mich auf einen Stuhl, der voll der spitzen Nägeln war, die tiefe Löcher in Meinen Leib bohrten;
begossen sie Mir die Wunden mit fließendem Blei und Pech, worauf sie Mich über den Stuhl hinabstießen;
steckten sie Mir zur Schmach und Pein Nadeln und Kluften in die Löcher Meines ausgerissenden Bartes;
warfen sie Mich auf ein Kreuz, an das sie Mich so stark und hart banden, daß ich kaum mehr den Atem holen konnte;
traten sie Mir das Haupt zur Erde – einer stand mit dem Fuß auf meiner Brust und stach Mir einen Dorn von meiner Krone durch die Zunge;
gossen sie Mir den abscheußlichsten Unflat in Meinen Mund;
gebrauchten sie die schändlichsten Worte und Ausdrücke über Mich, banden Mir die Hände auf den Rücken, führten Mich mit vielen Schlägen und Streichen aus dem Gefängnis und schlugen Mich sehr oft, wie man ein Kind mit Ruten schlägt«
Dann sprach Christus: »Meine liebe Tochter! Ich begehre, daß du diese fünfzehn heimlichen Leiden und Schmerzen anderen offenbarst, damit sie betrachtet und verehrt werden. Wer Mir täglich eines von diesen unbekannten Leiden aus Liebe aufopfert und das nachfolgende Gebet andächtig verrichtet, den will ich am Tage des Gerichtes mit der ewigen Seligkeit belohnen.
Diese Andacht ist von der Heiligen Congregation, dem Sacro Colegio de propaganda fide, endlich von Sr. Päpstlichen Heiligkeit Clements XII. (Pontifikat von 1730–1740) gutgeheißen und anempfohlen worden.

Antisemitismus – auch von Links?

Hans G. Glasner

Wer läßt sich schon als »Nazi« bezeichnen? Und gar öffentlich »Antisemit« genannt zu werden, das ruft Empörung hervor; zumindest eine gespielte. Daß es sie darum aber nicht mehr gäbe, nach dem Holocaust, die Nazis und Antisemiten, oder wenn doch, dann nur als eine ganz kleine und gesellschaftlich überhaupt nicht relevante Minderheit, hat sich inzwischen als das, was solches ist, nämlich als reiner Zweckoptimismus enthüllt. Freilich, das Spektrum stellt sich recht breit und auch als verschieden akzentuiert dar und reicht von den Aktivitäten der Neonazis und ihres gesellschaftlichen Umfeldes bis zu einer breit angelegten politischen und historischen Entsorgungskampagne der Nazizeit.[1]
So erweist sich bei näherer Prüfung das alte Etikett häufig als trefflich und den Inhalt genau beschreibend. – Überdies wird das »Phänomen Antisemitismus« auf dem Hintergrund der nazistischen Greueltaten untrennbar mit dem Hitlerregime verbunden. Im Umkehrschluß erscheint es dann nur folgerichtig, daß mit dem Zusammenbruch der Naziherrschaft auch das Verschwinden des Antisemitismus verbunden sei. Wie wenig das zutrifft, erweist sich, wie gesagt, gerade in der Gegenwart.
Dies alles ist nun nicht unbedingt verwunderlich, denn der rassenbiologisch motivierte Judenhaß – eben *der* Antisemitismus – reicht historisch weit hinter die Nazis zurück und fand bei seinem Entstehen schon einen günstigen Nährboden vor: die lange und tiefreichende antijüdische Ideologie und Praxis der christlichen Kirchen und der »europäischen Kultur«.[2] In diesem Zusammenhang ein Beispiel: Die Einstellung der katholischen Kirche erfuhr kirchenamtlich erst unter Papst Johannes XXIII. und durch das Zweite Vatikanische Konzil die entscheidende Wende.[3] Ob sich dadurch schon die tatsächliche Einstellung der katholischen Christen in aller Welt verändert hat, darf aus guten Gründen bezweifelt werden; Vorurteile wirken lange nach und sind auf der rationalen Ebene kaum überwindbar.

Aber Judenhaß, gar Antisemitismus »von Links«?! Manchem erscheint schon die Themenstellung an sich als gezwungen, wenn überhaupt unnötig, oder als »rechtes Manöver«. Widersprechen solche Einstellungen nicht der marxistischen und sozialistischen Theorie selbst? Überdies waren und sind doch viele bedeutende Marxisten und Sozialisten eben Juden! Von Karl Marx selbst angefangen über Leo Trotzki, Ferdinand Lassalle, Rosa Luxemburg bis zu Bruno Kreisky, um wahllos einige zu nennen.
Dabei ist es sicher irrelevant, ob sie sich als »Juden« verstanden und verstehen. Und schließlich wurden die Nazis doch nicht müde zu verkünden: »Die Juden sind die leidenschaftlichsten Verteidiger der marxistisch-bolschewistischen Lehre.«[4]
Unleugbar gibt es aber in der Geschichte der sozialistischen Bewegung eine Reihe von antijüdischen Manifestationen. Da ist nun zu fragen: Handelt es sich am Ende um einen durchgehenden Trend? Und – wenn es ihn gibt – von welchen Positionen aus erfährt er seine theoretische Begründung, welche praktischen Lösungen werden angeboten? Ja, kann man tatsächlich von einem regelrechten »linken« Antisemitismus reden? Klar sollte aber sein: Wenn hier Klärungen versucht werden, so geschieht das in keiner Weise, um einer »Ausgewogenheit« im Hinblick auf die Rechte zu dienen und dann die Ungeheuerlichkeit des »rechten« durch eine Aufrechnung des »linken« Antisemitismus zu relativieren! Der *Holocaust* war ganz und gar nicht das Werk der Linken!
Sich öffentlich zum Antisemitismus Bekennende wird man heute suchen müssen. Nicht so die sogenannten »Antizionisten«, die ihre Parolen lautstark und wirkungsvoll verkünden. Und wer kann leugnen, daß sich die eifrigsten Verfechter dieser Richtung in Gruppen finden, die sich bewußt als »links«, ja geradezu als die wahren Linken bezeichnen? Die gewissenhafte Analyse ihrer Thesen und die Betrachtung deren Folgen

lassen die Frage als durchaus berechtigt erscheinen, ob dieser Antizionismus eben doch nichts anderes ist als ein Etikettenschwindel; auch wenn man hört, Antisemitismus sei mit Auschwitz verbunden, und damit habe man nichts zu tun.

Doch zunächst zur generellen Frage nach der Möglichkeit eines linken Antisemitismus überhaupt. Dabei fällt auf, daß das wissenschaftlich-kritische Interesse an dem Problemkreis »Sozialismus und Antisemitismus« in der Breite eigentlich erst nach dem Zweiten Weltkrieg beginnt, wenn auch schon vor 1914 eine Reihe von durchaus tragfähigen Analysen bestehen.[5] Verwunderlich erscheint dieses Phänomen allerdings nicht. Denn im politisch-praktischen Feld der sozialistischen Bewegungen war zumindest seit dem Ende des 19. Jahrhunderts die Ablehnung des Antisemitismus eine solche Selbstverständlichkeit, daß eben auch im theoretischen Bereich umfassende und kritische Untersuchungen überflüssig erschienen.[6]

Bei genauerem Hinschauen jedoch entdeckt man bei einzelnen deutschen Sozialisten durchaus antisemitische Einstellungen. Kein Geringerer als Moses Hess hat schon 1862 darauf verwiesen. Und der angesehene und bekannte sozialdemokratische Historiker Franz Mehring pflegte aus seinen Ressentiments durchaus kein Hehl zu machen; obwohl er die Juden Marx und Lassalle bewunderte und mit Rosa Luxemburg befreundet war.

Seit 1946 ging Edmund Silberner der Frage einer etwaigen antisemitischen Tradition im modernen Sozialismus nach.[7] Silberners These, es gäbe tatsächlich einen Antisemitismus sozialistischer Prägung, wurde dann durch Hans Knütter verschärft; er sprach ganz offen von einem »Arbeiterantisemitismus« und warnte in diesem Zusammenhang vor einem »Mythos [. . .], der jegliche Judenfeindlichkeit der Arbeiterschaft leugnet«.[8] Ihren negativen Höhepunkt findet diese Linie in Arnold Künzlis »Marx-Psychographie«, in der das Marxsche Essay »Zur Judenfrage«, von dem noch ausführlich die Rede sein wird, als Dokument »primitivsten Rassenhasses« und »Raserei des jüdischen Selbsthasses« apostrophiert.[9] Da Künzli sich weitgehend auf Silberner stützt, so wäre nach dessen Antisemitismus-Definition zu fragen. Sie lautet: »Antisemit ist jedermann, der den Juden feindselig gesinnt ist, unabhängig davon, ob seine Anklage ganz oder teilweise stimmt oder einfach grundlos ist.«[10] Diese irreführende und auch methodisch höchst anfechtbare Definition führt dann auch zu entsprechenden Ergebnissen.[11] Außerdem dürfte die von Silberner praktizierte antikommunistische Polemik der Sache in keiner Weise gerecht werden und jeglichen Dialog mit der Linken unmöglich machen.[12]

Freilich blieben diese Thesen nicht unwidersprochen, und P. W. Massing begründete unter Hinzuziehung von äußerst umfangreichem Quellenmaterial die Gegenposition.[13] Diese wurde dann durch Ernest Hamburger[14] und Jacob Toury ergänzt und erhärtet.[15] So kann Hamburger feststellen: »[. . .], daß die Sozialisten weder in der Theorie noch in der politischen Praxis jemals geschwankt und sich gegen alle Versuchungen, antisemitischen Regungen um taktischer Erfolge willen entgegenzukommen, gefeit erwiesen haben.«[16] Und diese Darstellung, das erscheint bemerkenswert, wurde seitdem in die meisten einschlägigen Werke übernommen.[17] Hatte doch sogar Silberner eingeräumt, »daß die deutsche Sozialdemokratie entschieden gegen judenfeindliche Ausschreitungen auftrat, ebenso wie sie jedes politische Programm bekämpfte, das sich auf den Antisemitismus stützte«.[18] Dies ist wohl auch die Erklärung dafür, daß in der neueren Forschung zur Geschichte der Arbeiterbewegung die Frage nach einem linken Antisemitismus kaum Erwähnung findet. Zum einen wurden dem genannten Problem für die Entwicklung der Arbeiterbewegung keine gravierende Bedeutung beigemessen, zum anderen wurden die Forschungsergebnisse Silberners, was die Quellen angeht, und Massings, was die Wertung betrifft, nicht wesentlich korrigiert.

Nachdenklich stimmt freilich eine Tatsache, auf die unlängst Hans-Joachim Schoeps verwiesen hat: Im Gegensatz zur »offiziellen« Sozialdemokratie war in der sozialdemokratischen Unterhaltungspresse der wilhelminischen Ära, etwa ab 1890, durchaus Antisemitisches zu lesen. So wurden zum Beispiel im *Wahren Jakob,* dem *Süddeutschen Postillon* und in der *Neuen Welt* die Juden in Witzen und Erzählungen als Wucherer, Schacherer, Börsenjobber und ostjüdische Kaftanjuden apostrophiert.[19] Wirkten sich hier nur die Einflüsse der antisemitischen Umwelt aus, oder saß es doch tiefer? – Jedenfalls tauchen gegenwärtig im Argumentationskatalog des linken Antizionismus Elemente auf, die sich, zumindest im Ansatz, schon in Marx' Schrift »Zur Judenfrage«[20] finden. Judenfeindlichkeit gab es ja durchaus schon in der Periode des Frühsozialismus. Doch erscheint es um der begrifflichen Differenzierung willen unbedingt notwendig, die dort vorgenommenen Einschätzungen der »Juden« gegenüber dem rassenbiologisch und ideologisch argumentierenden »eigentlichen« Antisemitismus abzugrenzen. Mit letzterem haben sie nichts zu tun; auch als eventuelle »Vorformen« nicht.[21]

Die Frühsozialisten, in ihrer negativen Einstellung zum Judentum zweifellos in der Tradition der englischen und französischen Deisten des 18. Jahrhunderts stehend[22], meinten einen notwendigen Zusammenhang erkennen zu können zwischen dem Wesen der jüdischen Religion und der wirtschaftlichen Funktion der Juden im damaligen gesellschaftlichen Kontext. Daher richteten die Frühsozialisten ihr Augenmerk auf die Rolle, welche die Juden bei der Entstehung des europäischen Kapitalismus sowie bei dessen Funktionieren spielten. Und damit schloß dann die Frontstellung gegen den Kapitalismus eben auch jene ein, die man geradezu mit dem Geist jener Wirtschaftsform gleichsetzte: die Juden. Nicht die Akzentuierung eines Einzelphänomens macht dabei Erstaunen, sondern die unbekümmerte Pauschalierung. Eine kritische Betrachtung dieser Tatsache hat jedoch den atmosphärischen Einfluß der Zeit, in der sie lebten, einzubeziehen und von dem sie sich offenkundig nicht befreien konnten oder wollten, zumindest was das Judentum angeht. Die lange, in christlichen Lehrmeinungen wurzelnde Tradition von Vorurteilen und Verurteilungen war ja in umgeprägter, sozusagen säkularisierter Form durchaus präsent; so zum Beispiel bei Kant, Hegel und besonders bei Schopenhauer.[23] Wer würde von Immanuel Kant, der das Programm der Aufklärung »Ausgang des Menschen aus seiner selbstverschuldeten Unmündigkeit« so imponierend umriß, diese Äußerung über die Juden zuschreiben? »Es wird nichts daraus kommen, solange die Juden Juden sind, sich beschneiden lassen, werden sie nie in der bürgerlichen Gesellschaft mehr nützlich als schädlich werden. Jetzt sind sie die Vampyre der Gesellschaft.« Auf einem solchen Hintergrund ist es nicht verwunderlich, wenn auch das alte Judengespenst, das in der Gestalt des ewig wandernden Ahasver durch die Literaturgeschichte gegeistert war, nun im »Geist des Kapitalismus« als die unheimliche Geldmacht, sich skrupellos bereichernd und andere Menschen ins Unglück stürzend, fröhliche Urständ feierte.

Ein besonders charakteristisches Beispiel für die beschriebene Abhängigkeit von dieser Umgebung ist Alphonse Toussenel. Für ihn war nämlich der jüdische Geist geradezu synonym mit dem Bankgeist, dem Geist des Profits und der Spekulation.[24] Dabei benutzte er für seinen Gebrauch völlig unkritisch das »Juif« in der Interpretation des Dictionnaire de l'Academie française, welcher »Jude« nicht als Bezeichnung der Zugehörigkeit zu einem Volk beschreibt, sondern darunter einen Menschen versteht, der auf Wucher leiht, gewinnsüchtig ist und teurer als gerechtfertigt verkauft.[25]

Auch Charles Fourier, einer der frühesten Begründer des Sozialismus, war ein erbitterter Judenfeind. Er bezeichnete die jüdische Emanzipation nach der Französischen Revolution und den Eintritt der Juden in die französische Gesellschaft schlicht als ein Unglück.[26] Dabei ist allerdings zu bedenken, daß die Juden in Frankreich, in ihrer Mehrzahl im Elsaß wohnend, allgemein als fremd empfunden wurden. Sprachen ja viele von ihnen in der Zeit vor der Revolution nicht einmal Französisch.[27] Im gesellschaftlichen System Frankreichs gab es in der Folge überdies nur die Bourgeoisie, an die sie sich im Verlauf der Emanzipation anschließen konnten. Es kamen nun zu ihren »alten« Feinden, nämlich der Landbevölkerung, dem Adel und dem Klerus, die »neuen«, die Frühsozialisten, denn Pierre Joseph Proudhon und George Duchêne übernahmen die Wertungen Fouriers.[28] Verfolgt man den Weg weiter, so führt er über Ludwig Feuerbach – in seinem 1841 erschienenen Buch »Das Wesen des Christentums« bezeichnet er als die wesentliche Anschauung des Judentums den »Utilismus« – über die Junghegelianer und Bruno Bauers »Die Judenfrage« – man ist fast versucht zu sagen konsequent – zu Marx' Schrift »Zur Judenfrage«, veröffentlicht in den Deutsch-Französischen Jahrbüchern im Jahre 1844.[29]

Diese polemische Schrift zeichnet in der Tat ein erstaunliches »Bild« vom »Juden«: »Betrachten wir den wirklichen weltlichen Juden, nicht den

Sabbathjuden, wie Bauer es tut, sondern den Alltagsjuden. Suchen wir das Geheimnis des Juden nicht in seiner Religion, sondern suchen wir das Geheimnis der Religion im wirklichen Juden. Welches ist der weltliche Grund des Judentums? Das praktische Bedürfnis, der Eigennutz. Welches ist der weltliche Kultus des Juden? Der Schacher. Welches ist sein weltlicher Gott? Das Geld. Nun wohl! Die Emanzipation vom Schacher wäre die Selbstemanzipation unserer Zeit.«[30]

»Wir erkennen also im Judentum ein allgemeines gegenwärtiges antisoziales Element, welches durch die geschichtliche Entwicklung, an welcher die Juden in dieser schlechten Beziehung eifrig mitgearbeitet, auf seine jetzige Höhe getrieben wurde, auf eine Höhe, auf welcher es sich not-wendig auflösen muß. Die Judenemanzipation in ihrer letzten Bedeutung ist die Emanzipation der Menschheit vom Judentum.«[31] – »Aus ihren Eingeweiden erzeugt die bürgerliche Gesellschaft fortwährend den Juden. Welches war an und für sich die Grundlage der jüdischen Religion? Das praktische Bedürfnis, der Egoismus. Der Monotheismus des Juden ist daher in der Wirklichkeit der Polytheismus, der auch den Abtritt zu einem Gegenstand des göttlichen Gesetzes macht.«[32] – »Die chimärische Nationalität des Juden ist die Nationalität des Kaufmanns, überhaupt des Geldmenschen.«[33] – »Das Judentum erreicht seinen Höhepunkt mit der Vollendung der bürgerlichen Gesellschaft; aber die bürgerliche Gesellschaft vollendet sich erst in der christlichen Welt.«[34] – »Sobald es der Gesellschaft gelingt, das empirische Wesen des Judentums, den Schacher und seine Voraussetzungen aufzuheben, ist der Jude unmöglich geworden, weil sein Bewußtsein keinen Gegenstand mehr hat, weil die subjektive Basis des Judentums das praktische Bedürfnis vermenschlicht, weil der Konflikt der individuell-sinnlichen Existenz mit der Gattungsexistenz des Menschen aufgehoben ist. Die gesellschaftliche Emanzipation des Juden ist die Emanzipation der Gesellschaft vom Judentum.«[35]

Das liest sich schockierend und ist, wenn auch aus dem Gesamtzusammenhang der Abhandlung herausgenommen, ohne jeden Zweifel antijüdisch, und zwar in einer besonders gehässigen Form. Ob man von Antisemitismus reden kann oder nicht, hängt davon ab, ob man diesen Begriff, wie es sinnvoll erscheint und auch schon gesagt wurde, auf die spätere rassenbiologische Argumentation begrenzt.

Die in ihrer Plattheit peinlichen Äußerungen von Karl Marx zur Judenfrage kritisch zu beleuchten fällt nicht schwer; die Wirkung der Schrift auszumachen schon eher. Seit einigen Jahren stehen sich jene gegenüber, die keine wesentlichen Auswirkungen zu erkennen glauben, und diejenigen, die hier die Begründung einer judenfeindlichen Tradition im Sozialismus ausmachen. Gute Argumente gibt es sicherlich auf beiden Seiten. Für eine realistische Beurteilung könnte es jedoch hilfreich sein, nach dem sogenannten »Sitz im Leben« der Schrift zu fragen. Welches waren eigentlich Anlaß und Ziel? Wie schlugen sich Einflüsse der Umwelt und Marx' persönliche Probleme nieder? Ging es wirklich um die Juden oder vielleicht um ganz andere Dinge? Immerhin ist bemerkenswert, daß sich jene Thesen nicht in den Hauptwerken, so zum Beispiel im »Kapital«, wiederfinden.

Also gibt es gute Gründe, eine möglichst nüchterne Betrachtung dieser Schrift zu versuchen. Dies könnte vor einer eindimensionalen Sicht und Wertung bewahren, sowohl von der einen als auch von der anderen Seite her. Hier machte es sich auch wohl Henryk M. Broder in seinem sonst lesenswerten Antisemitismusbuch etwas zu leicht.[36] Freilich ist es unbestritten, daß gerade die genannten Passagen aus dem Werk von Karl Marx seit jeher erbitterte Kontroversen ausgelöst haben. Wie stellt sich nun der Kontext dar? Die Schrift ist kein Einzelessay, sondern ganz klar eine polemische Entgegnung des jungen Marx auf Bruno Bauers Streitschrift zur Judenfrage.[37] Darauf hat unlängst Robert S. Wistrich noch einmal in aller Deutlichkeit hingewiesen.[38] (Nach Bauer unterschied sich die Marxsche Rhetorik wesentlich von der späteren, rassenbiologisch geprägten des Antisemitismus.[39])

Wie Ludwig Feuerbach und Friedrich Daumer, aus dem Kreis der Junghegelianer kommend, setzt sich Bruno Bauer in der von ihm vorgetragenen Religionskritik mit dem Christentum, dem Judentum und der jüdischen Emanzipationsbewegung auseinander. Er geht dabei von der als paradox erkannten Situation der Juden aus, die sich, um die erstrebte politische und soziale Emanzipation erreichen zu können, religiös emanzipieren und assimilieren müßten. Der Idee des Liberalismus folgend, fordert Bauer, der

Mensch müsse allgemein die Religion aufgeben, um sich staatsbürgerlich überhaupt emanzipieren zu können. Ein Staat, welcher die Religion voraussetze, sei nämlich kein wahrer Staat. Jener habe sich vielmehr jenseits der Religion zu stellen. Daher verlaufe auch der Weg zu einer Emanzipation der Juden einzig über eine Emanzipation von ihrer Religion und ihrer eingebildeten Nationalität, die doch letztlich eine Chimäre sei.

Marx' Polemik nun, und das ist der Angelpunkt seiner Schrift »Zur Judenfrage«, richtet sich gegen die von Bauer vertretene Meinung, ein von der Religion gelöster Staat entspreche schon einem wahrhaft menschlichen Gemeinwesen. In Wirklichkeit, so setzt Marx dagegen, sicherten die Grundlagen des liberalen Staates, also die Menschenrechte und die Ideen von Freiheit, Gleichheit und Brüderlichkeit, nichts anderes als die Rechte des Privateigentums. Mithin sei die bürgerliche Gleichheitsideologie nur eine Verschleierung. Ins Gedächtnis zu rufen wäre an dieser Stelle, daß es für Karl Marx die zur hemmungslosen Ausbeutung aufstachelnde, charakteristische Eigenschaft des Kapitalismus nicht etwa nur der Wunsch ist, die Früchte des Privateigentums zu genießen, sondern vielmehr der Wille zur Macht, der sich in Habsucht ausmünzt und auf ständig fortschreitende Akkumulation zielt.[40] Eine tatsächliche und somit menschliche Emanzipation kann folgerichtig erst in einer solchen Gesellschaft erreicht werden, in der die Grundlage für die Schranken unter den Menschen, das Privateigentum, abgeschafft ist. Damit wäre auch die Emanzipation der Juden eben nicht schon im liberal-bürgerlichen Staat, wie Bauer meine, sondern erst in der klassenlosen Gesellschaft möglich. Im gegenwärtigen Zustand aber verkörperten die Juden geradezu den Kapitalismus und erneuerten ihn ständig. Der Polytheismus der vielen Bedürfnisse sei in der jüdischen Religion selbst angelegt und konnte sich aus eben diesem Grunde in einer entsprechenden Umgebung geradezu als typisch kapitalistische Denkweise entfalten. Somit stehe die fortdauernde Existenz der Juden überhaupt nicht im Widerspruch zur geschichtlichen Entwicklung, sondern finde ihre Grundlagen in dieser selbst.[41]

Marx folgt damit in keiner Weise den Schlußfolgerungen Bauers. Jedoch übernimmt er weitgehend dessen Argumentation, was die Charakterisierung »des Juden« angeht.[42] Von diesen Äußerungen ist Marx auch niemals abgerückt, hat sie vielmehr privat und öffentlich wiederholt.[43] In abgeschwächter Form finden sie sich in »Die Heilige Familie« wieder; nicht allerdings, das wurde schon gesagt, in den Hauptwerken.[44] Verwunderlich bleibt, solches von einem Menschen jüdischer Abstammung zu vernehmen! Denn Karl Marx, am 5. Mai 1818 in Trier geboren, entstammte alten rabbinischen Familien.

Freilich hatte sich sein Vater, der Advokat Heinrich Marx, schon zwei Jahre vor der Geburt des Sohnes Karl taufen lassen, die Mutter jedoch erst im November 1825. Zusammen mit seinen vier Geschwistern am 26. August 1824 getauft, wuchs Karl im überwiegend katholischen Trier als evangelischer Christ auf. Die Frage, viel diskutiert, ob er aus jüdischer Sicht als Jude zu bezeichnen sei, dürfte für die hier angesprochene Problematik nur von geringer Bedeutung sein.[45] Treffend bemerkt dazu Hans Lamm: »Sollte ein Festredner zu Marx' 150. Geburtstag den Wunsch haben, eine Jubiläumsbetrachtung mit den Worten ›denn er war unser‹ schließen zu wollen, dann kann er dies als Jude ehrlicherweise nur tun, wenn er das dritte Wort dieses Zitats nachdrücklich betont.«[46] Karl Marx hat sich bewußt selbst nicht als Jude betrachtet.[47] Das Judentum interessierte ihn weder als religiöses noch als geistesgeschichtliches Phänomen[48], und wegen seiner jüdischen Herkunft wurde er auch nicht angegriffen.[49]

Was veranlaßte ihn dann, so ist zu fragen, zu seiner absurden Beschreibung »des Juden«?

Übernahm Marx in Fixierung auf Teile der jüdischen Bourgeosie einfach Vorgegebenes[50] in Unkenntnis der jüdischen Religion und Geschichte sowie der tatsächlichen Situation der jüdischen Menschen in Europa[51], die doch völlig anders war? Sind seine Tiraden über die Juden gar der Höhepunkt seines Religionshasses?[52] Oder Ausdruck jüdischen Selbsthasses?[53] Die Abwehr des Apostaten gegen vermeintliche oder tatsächliche Beschuldigungen?[54] Ist am Ende alles aus einem innerjüdischen Konflikt zu interpretieren?[55] Nahm Marx seine eigenen Äußerungen über das Judentum vielleicht selbst überhaupt nicht so wichtig?[56] Entsprang die Schrift weniger dem Interesse an der Judenfrage als vielmehr dem Wunsch, den Exfreund und Erzfeind Bruno Bauer mit möglichst scharfen Argumenten zu treffen?[57] So vielschichtig dieser Fragenkomplex, so bunt ist eben auch das Spektrum der »Erklärungen«, und eine sowohl umfassende als differenzierende Erörterung würde den gesetzten Rahmen sprengen. Immerhin, und das sollte doch erwähnt werden, nehmen auch Marxisten, jüdische wie nichtjüdische, zu Marx' Schrift »Zur Judenfrage« eine kontroverse, bisweilen zwiespältige Haltung ein. Die Skala reicht da vom einfachen Totschweigen[58] über vorsichtige Kritik[59] und bewußtes Herunterspielen der die Juden diskriminierenden Feststellungen[60] bis zur gewollten oder ungewollten Verdrängung.[61]

Da es jedoch darum geht, die Frage nach einem linken Antisemitismus und dessen möglichen Quellen zu erörtern, sollen einige zur Einordnung dieser Schrift hilfreiche Argumente hier festgehalten werden. Ein wichtiger Aspekt dürfte, darauf wurde schon hingewiesen, der innere Zusammenhang der Thesen mit der Gesamttheorie von Karl Marx sein. Es ist von dort aus nur folgerichtig, wenn die Charakterisierung der Kapitalisten auch Juden traf, sofern sie eben Kapitalisten waren.[62] Und zweifellos verhielten sich Teile der jüdischen Bourgeoisie entsprechend. Daß nun freilich »der Jude« par excellence und par origine, nämlich von seiner Religion her, auf seine historische »Rolle« als Kapitalist hingeordnet sei, diese Marxsche These ergibt sich aus seiner Wertung von Religion allgemein im gesellschaftlichen Gefüge, aus seinem überhaupt nicht wegzudiskutierenden Informationsdefizit, was das Judentum angeht, und schließlich auch aus seiner Abneigung gegen das Judentum als solches. An letzterer Tatsache ändert auch seine Unterstützung für die »Judenpetition« vom Mai 1843 nichts, auf die in diesem Zusammenhang gern hingewiesen wird.[63]

Doch damit ist aber noch nicht der überaus gehässige Ton erklärt, der in der Schrift »Zur Judenfrage« angeschlagen wird und über den man nicht einfach hinweggehen kann. Denn einen so bedeutenden Stellenwert hatten für Marx weder die persönliche Abneigung gegen die Juden noch die Judenfrage innerhalb seiner Theorie. Die Tatsache, daß sich davon nichts in seinen Hauptwerken findet, wurde schon erwähnt.

Welches könnte also der Grund sein? Hier ist es reizvoll, den Blick auf einen Tatbestand zu lenken, der bisher kaum beachtet wurde, auf den aber Hans Lamm, auch aus seiner persönlichen profunden Kenntnis journalistischen Gebarens, hinweist.[64] Zwischen Marx und seinem ehemaligen Lehrer und Freund Bruno Bauer bestand nämlich zur Zeit der Kontroverse eine äußerst emotionsgeladene Abneigung, ja Feindschaft. Waren doch schon im Jahre 1843, also vor dem Erscheinen der Schrift »Zur Judenfrage«, zwei polemische Artikel von Marx geschrieben worden, ebenfalls als Reaktion auf Veröffentlichungen von Bauer. Mit anderen Worten: War die Sache oder mehr doch Bruno Bauer gemeint? Wenn es darum ging, seine Gegner oder einstigen Freunde zu beschimpfen, war Marx ja ohnehin wenig zimperlich, ob es sich dabei um Juden handelte oder nicht.[65]

Unbestreitbar ist es, daß die Marxsche Theorie den Sozialismus in entscheidender Weise geprägt hat, nicht aber, einem Religionsstifter gleich, jede seiner vielen Äußerungen. So war faktisch auch die Wirkung seiner Frühschrift »Zur Judenfrage« unbedeutend. Diese Schrift, sieht man von einem Teilabdruck im »Sozialdemokrat« von 1881 ab[66], war vor der Neuausgabe im Rahmen der Nachlaßveröffentlichungen von 1902 sogar weitgehend unbekannt, lediglich Bebel zitierte im Jahre 1893 kurz daraus.[67]

Ein beweisbarer Zusammenhang mit gewissen unterschwelligen antijüdischen Tendenzen in einem Teil der sozialdemokratischen Unterhaltungspresse, auf die eingangs hingewiesen wurde, ist jedenfalls nicht nachweisbar. Für die Klärung der Judenfrage zum Beispiel in den sozialdemokratischen Parteien Deutschlands und Österreichs war der berühmte Brief von Friedrich Engels über den Antisemitismus von entscheidender Bedeutung, nicht aber die Schrift »Zur Judenfrage«.[68] So wurde dieser Brief von Engels, erstmals veröffentlicht in der Wiener Arbeiterzeitung vom Mai 1890, von den meisten Arbeiterzeitungen nachgedruckt und fand so eine umfassende Verbreitung.[69] Hier ist zu lesen: »Der Antisemitismus ist also nichts anderes als eine Reaktion mittelalterlicher, untergehender Gesellschaftsschichten gegen die moderne Gesellschaft [. . .].«[70]

Und: Trotz seines »scheinbar sozialistischen Deckmantels« müsse der Antisemitismus von der sozialistischen Bewegung abgelehnt werden; er sei kein Instrument des Fortschritts, sondern ein

Werkzeug der Reaktion.[71] Genau diese Argumentation von Friedrich Engels wurde dann für alle grundsätzlichen Klärungen richtungweisend, die zu Anfang der neunziger Jahre in der deutschen Sozialdemokratie hinsichtlich des Antisemitismus stattfanden, und für die Ausrichtung der folgenden sozialdemokratischen Parteitage.[72] Bis in die Gegenwart bestimmt sich die Haltung der Sozialdemokraten so.[73] Damit dürfte offenkundig sein: Die Marxschen Thesen aus seiner Schrift »Zur Judenfrage« haben in der Geschichte der Arbeiterbewegung weder die theoretische Einstellung zur Judenfrage noch die tatsächliche Haltung gegenüber den Juden bestimmt. Diese Feststellung läßt sich nicht etwa nur für die deutschen linken Parteien treffen. Das Engagement der Linken gegen den Antisemitismus ist unbestreitbar. Ja, in und nach der nationalsozialistischen Schreckensherrschaft verstärkte und vertiefte sich diese Haltung, und der neugeschaffene Judenstaat, Israel, wurde von der Linken begrüßt und mit Sympathie bedacht, zumal dort durch die Arbeiterpartei, die Einheitsgewerkschaft und die Kibbuzbewegung sozialistische Ziele verwirklicht wurden, von denen man in den sozialistischen Parteien des Westens nur träumen konnte.

Inzwischen hat sich eine grundlegende Wandlung vollzogen. Wer könnte nicht über Reaktionen berichten, welche die Mitteilung, man setze sich für die Juden und für den Staat Israel ein, heute im Kreise linker Freunde auslöst?! Da pflegt dann die Skala von Unverständnis und mitleidigem Lächeln über kalte Ablehnung bis hin zu offener Aggressivität zu reichen. Und die Folgen des Antisemitismus, der Holocaust? Sicher, so heißt es dann, das sei eine für den Faschismus besonders charakteristische Tat, aber doch nicht das Wesentliche, eher so eine Art »Abfallprodukt«. Außerdem müsse man den Blick endlich von der Fixierung auf die jüdischen Opfer auch auf andere Gruppen lenken, die gleichfalls unterdrückt und vernichtet wurden. Nun ist es zweifellos richtig, daß zum Beispiel Homosexuelle oder Sinti als Verfolgte und Opfer des Faschismus und ihre bis heute andauernde gesellschaftliche Ächtung noch gar nicht ins Bewußtsein gelangt sind und hier noch Aufgaben liegen, denen man sich nicht entziehen darf. Aber doch wohl nicht dadurch, daß hinter die sechs Millionen jüdischer Opfer ein »bewältigt« gesetzt wird. Ein Zusammenhang mit einer anderen These scheint nicht ausgeschlossen. Denn, so kann man auch hören, der Staat Israel sei geradezu ein Prototyp eines kapitalistischen, imperialistischen und rassistischen Staatsgebildes: eine ausbeuterische Klassengesellschaft, an deren Spitze das eingewanderte europäische Judentum stehe, dessen einziges Ziel es sei, über ausbeuterische Lohnkosten möglichst viel jüdisches Privatkapital nach Palästina (!) zu ziehen.[74] Lesen kann man das alles auch. Zum Beispiel geradezu exemplarisch in einem Beitrag von Judith Pecke in der Zeitschrift »Emuna«: »Vorübergehender Einsatz arabischer Arbeitskraft als die nationale Reinheit nicht bedrohende Übergangslösung oder Einfuhr orientalischer, jüdischer Arbeitskräfte waren zwei Lösungsmöglichkeiten ein und desselben Problems: Aufbau einer kolonialen Klassengesellschaft bei sofortigem oder aufgeschobenem Ausschluß der Autochtonen.«[75] Und dieser offenkundige Rassismus finde seinen Grund im Zionismus selbst.[76]

So gesehen, kann natürlich die Sympathie nicht einem derartigen »faschistischen« Staatsgebilde gelten, sondern *nur* den »Palästinensern«, welche angeblich alle »links« sind und die, zumindest nach den offiziellen Verlautbarungen der PLO, anstelle Israels einen anderen, »säkularisierten« Staat errichten wollen.[77] Die Verbindungen dieser PLO zu bundesdeutschen Neonazis passen dabei freilich nicht ins Bild und werden konsequenterweise totgeschwiegen oder heruntergespielt.[78] Solche Positionen ließen sich, wollte man dies, unschwer durch die obskuren Thesen aus der Schrift »Zur Judenfrage« stützen, setzt man nur für »der Jude« ein: »der Judenstaat«.

Was ist geschehen? Hat sich der alte Antisemitismus in Antizionismus gewandelt? Mit gleichem Inhalt? Trifft die Analyse zu, die Shalom Ben-Chorin in der Allgemeinen Jüdischen Wochenzeitung vom 5. September 1980 versucht hat? Da heißt es: »Gibt es hier keinen Antisemitismus mehr? Nach sechsundzwanzig zum Teil ausgedehnten Besuchen in der Bundesrepublik stelle ich mir immer wieder diese Frage. Aus eigener Erfahrung kann ich nicht von Anzeichen eines akuten Antisemitismus sprechen. Anstelle eines allgemein abgelehnten Antisemitismus tritt neuerdings ein Antizionismus, der sich progressiv-humanistisch gibt. So sagte mir kürzlich ein

jüngerer evangelischer Theologe: ›Der Staat Israel muß dezionisiert werden.‹«
Wiederholt sich hier auf anderer Ebene nicht, was zu Beginn des 19. Jahrhunderts im Zuge der Emanzipation der Juden anhob? Damals war man bereit, den Juden als Menschen und Mitbürger zu akzeptieren, aber um den Preis der Aufgabe seiner national-religiösen Identität. Heute ist man bereit, den Staat Israel zu akzeptieren, wenn er seine national-religiöse Identität aufgibt. Nun ist Israel freilich kein theokratisch bestimmter Staat, vergleichbar etwa mit einem Gottesstaat der islamischen Revolution, sondern säkular-demokratisch geordnet. Dennoch ist die Spannung zwischen dem letztgenannten Staatsverständnis und orthodox-zionistischen Vorstellungen virulent.[79] Das zu leugnen wäre unrealistisch. Auch dürfte es zu einfach sein, wie Ben-Chorin es nicht tut, dies aber häufig geschieht, den Antizionismus einfach »links« einzuordnen und dahinter nichts anderes als die finsteren Machenschaften Moskaus und seiner westlichen Helfer auszumachen. Der Antizionismus ist ein erheblich komplexeres Phänomen, als es der Antisemitismus darstellt. Es möge in diesem Zusammenhang genügen, auf die Auseinandersetzungen um den Zionismus in der Judenheit selbst hinzuweisen und nicht zuletzt auf die vielfach kritische Beurteilung, welche die Verwirklichung des Zionismus und der jüdischen Werte in Israel erfahren. Daneben existiert natürlich auch noch der mit dem klassischen Antisemitismus deckungsgleiche Antizionismus der Rechten und der Neonazis.
Was die Linke angeht, so distanzieren sich auch in der Gegenwart engagierte und bedeutende Persönlichkeiten – sowohl, wie schon immer, vom Antisemitismus als auch vom Antizionismus.[80] Es gilt also, das Problem angesichts aller bisher angeführten Vorbemerkungen nun genauer zu betrachten. Dabei fällt auf, wenn man die historische Entwicklung verfolgt, daß es zunächst keinen Antizionismus von Links gab. So schrieb im Jahre 1945 Jean-Paul Sartre: »Wir werden die Revolution auch für die Juden machen. Und was geschieht bis dahin? – Denn auf die künftige Revolution warten, um die Judenfrage abzuschaffen, ist eine unbefriedigende Lösung.«[81] Und am 29. November 1947 billigte die Vollversammlung der Vereinten Nationen mit der Stimme der UdSSR eine Resolution, welche die Teilung des bisherigen britischen Mandatsgebietes Palästina in einen jüdischen und einen arabischen Staat beinhaltet; also, was die Juden betrifft, das erklärte Ziel der zionistischen Bewegung.[82] In der der Abstimmung vorausgehenden Debatte erklärte damals der sowjetische Außenminister Gromyko: »Die Repräsentanten der arabischen Staaten behaupten, daß die Teilung Palästinas eine historische Ungerechtigkeit sein würde. Aber diese Sichtweise ist unakzeptabel, wenn auch letztlich nur aus dem Grund, daß das jüdische Volk für einen beträchtlichen Zeitabschnitt auf das engste mit Palästina verbunden war. Davon abgesehen, dürfen wir die Position nicht übersehen [. . .], in der sich das jüdische Volk als Ergebnis des letzten Weltkrieges befunden hat. [. . .] Die Delegation der UdSSR ist weiterhin der Meinung, daß die Entscheidung, Palästina zu teilen, sich im Rahmen der Prinzipien und der Ziele der Vereinten Nationen bewegt. Diese Entscheidung entspricht auch dem Prinzip des nationalen Selbstbestimmungsrechtes der Völker.«[83] Ausdrücklich ging Gromyko auch auf die Leiden des jüdischen Volkes unter dem Hitler-Deutschland ein. Die Solidarität mit der größten Gruppe der Naziopfer war überhaupt in der gesamten europäischen Linken wach und gegenwärtig. So bedurfte auch die positive Einstellung zum Judenstaat keiner besonderen Begründung und galt nahezu zwei Jahrzehnte hindurch als selbstverständlich.[84]
Jean-Paul Sartre umreißt und vertieft diese Betrachtungsweise in seinen »Réflexions sur la question juive« in geradezu exemplarischer Weise. Nachdem er nämlich auf das Recht des französischen Juden, weil Franzose, auf seinen legitimen Platz in der französischen Gemeinschaft verwiesen hat, nennt er eine zweite, ebenfalls legitime Wahlmöglichkeit. Deren Inanspruchnahme könne die Wiedererrichtung einer jüdischen Nation mit eigenem Territorium und staatlicher Selbständigkeit zur Folge haben und das jüdische Selbstverständnis Stützung durch eine solche israelische Gemeinschaft erfahren. Es sei, so stellt Sartre fest, durchaus nicht unmöglich, daß diese einander entgegengesetzten Wahlmöglichkeiten sich in Übereinstimmung bringen und vervollständigen ließen als zwei Kundgebungen der einen jüdischen Wirklichkeit.[85]
In dieser Phase zeigte auch die Linke in der Bundesrepublik durchaus Sympathie für den

neuen Judenstaat. Und dies in einer Weise, die sich sehr wesentlich davon unterschied, wie es sonst in der Phase des »Wieder(!)aufbaus« zu geschehen pflegte, da mit Geld »Wiedergutmachung« betrieben wurde und eine sogenannte »Bewältigung« begann, welche bei einem ». . . haben wir nicht gewußt« und ». . . endlich einen Schlußstrich ziehen!« der Erlebnisgeneration ansetzte und dann folgerichtig mit dem »Damit haben wir nichts mehr zu tun!« der Jüngeren endete.

Völlig außerhalb der Vorstellungswelt wäre es für die Linke in den fünfziger und den beginnenden sechziger Jahren gewesen, die verschleiernden Argumente aus dem rechtskonservativen Lager zu übernehmen! Genau das geschah aber nur einige Jahre später. Da erklärte im Jahre 1971 Hans Weingartz vom »Palästina-Komitee Bonn«: »Die junge Generation in der BRD hat schon oft die Nahost-Politik der herrschenden Kreise in der BRD kritisiert und fühlt sich für die Naziverbrechen an den europäischen Juden nicht verantwortlich. Das Schuldgefühl, das die herrschenden Kreise der heranwachsenden Generation aufzubürden versuchten, wurde oft in Diskussionen und Tagungen abgewiesen.«[86]

Was war inzwischen geschehen? Die nun eindeutig negative Haltung, welche sich als »Antizionismus« bezeichnete, reichte von den Ländern des »sozialistischen Lagers« bis zur Neuen Linken in den westlichen Demokratien. Der gewissermaßen magische Punkt eines Wandels von Sympathie zu Gegnerschaft, ja sogar zur Unterstützung arabischer Vernichtungsdrohungen dürfte das Jahr 1967 mit dem sogenannten »Sechs-Tage-Krieg« gewesen sein. Der Grund liegt jedoch nicht in den Ereignissen, die zu diesem Krieg, den Israel mit einem Präventivschlag eröffnete, geführt haben. Denn die Gefahr einer wirtschaftlichen Abschnürung des Landes durch die Sperrung der Meerenge von Tiran und ein wohl unmittelbar bevorstehender Angriff arabischer Nachbarstaaten waren und sind unbestreitbare Fakten, unbeschadet der Frage, ob Nasser in diesem Augenblick noch bluffte oder nicht.[87] Es soll nicht unbedingt als Ursache und Folge behauptet werden, aber zunächst ist der Blick auf den Antizionismus der sozialistischen Staaten, allen voran der UdSSR, zu richten. Das Umschwenken dürfte kaum mit einem humanitären Engagement für die arabische Minderheit im Staate Israel und die Araber in den besetzten Gebieten zusammengehangen haben, sondern schlicht mit der durch den siebenundsechziger Krieg grundlegend veränderten strategischen Lage im Nahen Osten. Das prowestliche Israel nahm als Folge des Krieges nun eine Schlüsselstellung gegenüber den geschwächten arabischen Nachbarn, von denen Syrien und damals auch Ägypten mit der UdSSR freundschaftlich verbunden waren, in einem Gebiet ein, das an der Südflanke der NATO liegt. Dadurch war die Globalstrategie der Sowjetunion empfindlich beeinträchtigt. Ihr Ziel war es nämlich, im östlichen Mittelmeer eine Operationsbasis zwischen Asien und Afrika zu errichten, indem die arabischen Befreiungsbewegungen unterstützt wurden, um die Orientierung von Jordanien, Libanon und des zwischen Ost und West schwankenden Ägypten entsprechend zu beeinflussen. Nicht vergessen werden sollte, daß das Volksfrontsystem in Syrien durch die Kriegsniederlage innenpolitisch stark geschwächt war.

Auf die neue Lage reagierte die UdSSR in zweifacher Weise. Einmal wurde die »Terrorisierung« des Nahostkonflikts nun massiv auf allen Ebenen unterstützt, zum anderen begann in der Sowjetunion eine antizionistische Kampagne, an der sich bald die abhängigen Staaten und dann Schritt für Schritt auch viele Länder der Dritten Welt beteiligten. Dies wurde immer wieder in den entsprechenden Abstimmungen der UN manifest.

Diese Kampagne konnte in der Sowjetunion an eine Tradition anknüpfen, den alten »russischen« Antisemitismus.[88] Ganz neu war dies allerdings auch nicht, und daher soll darauf ausführlich eingegangen werden. Nicht zuletzt auch, um der immer wieder vorgebrachten Behauptung zu begegnen, Antisemitismus und Antizionismus hätten nichts miteinander zu tun und der Kampf gegen den Judenstaat wäre kein Kampf gegen die Juden . . . Der historische Rückblick zeigt, daß die Oktoberrevolution zunächst die Unterdrückung auch der Juden unter dem Zarenregime beendete. Ihnen wurde Rechtsgleichheit gewährt und die Möglichkeit, sich als kulturelle Gruppe zu entfalten. Ja, auf Lenins Initiative hin gab es eine ganze Reihe von Verordnungen, die sich gegen antisemitische Handlungen und Pogrome richteten.[89] In diesem Zusammenhang und auch im Hinblick auf spätere Entwicklungen verdient seine berühmte Rede gegen den Antisemitismus Beachtung: »Antisemitismus nennt man die Verbreitung der Feindschaft gegen die Juden. Als die verfluchte Zarenmonarchie ihre letzten Stunden erlebte, versuchte sie, die unwissenden Arbeiter und Bauern gegen die Juden aufzuhetzen. [. . .] Nur ganz unwissende, ganz unterdrückte Leute können die Lügen und Verleumdungen glauben, die gegen die Juden verbreitet werden. Das sind Überbleibsel aus den Zeiten der Leibeigenschaft, als die Popen Ketzer auf den Scheiterhaufen verbrennen ließen, als die Sklaverei der Bauern bestand, als das Volk zertreten und blind war. Aber diese alte Finsternis der Leibeigenschaft verschwindet. Das Volk wird sehend [. . .]. Schmach und Schande dem verfluchten Zarismus, der die Juden peinigte und verfolgte. Schmach und Schande dem, der Feindschaft gegen die Juden, der Haß gegen andere Nationen sät [. . .].«[90]

Als Folge dieser Politik stieg zum Beispiel die Anzahl der Buchveröffentlichungen in jiddischer Sprache von ganzen 85 im Jahre 1921 auf beinahe 700 im Jahr 1932.[91] Die Atheismuskampagne ließ allerdings dann auch die jüdische Religion nicht aus und traf auch die mit ihr eng verbundene hebräische Sprache. Und neben der Forderung einer weltanschaulichen Assimilierung der Juden stand die einer nationalen. Letztere führte folgerichtig zu einer Konfrontation mit den Zielen des Zionismus.[92] Gegenüber dieser Judenpolitik in den zwanziger und dreißiger Jahren, die immerhin doch eine gewisse Entwicklung der jüdischen Kultur zuließ, zielte die zentralistische Innenpolitik Stalins direkt auf eine Zwangsassimilierung in allen Bereichen.[93] Dieser Trend, 1937 begonnen und nach dem Kriege, auch noch unter Chruschtschow, fortgesetzt, findet seine Entsprechung in der Ausreisepolitik der achtziger Jahre.[94]

Innenpolitisch war also die neue antizionistische Außenpolitik verhältnismäßig leicht zu etablieren. Die Argumentation ist jedoch atemberaubend. So kann es nicht ohne Reiz sein, die Ausführungen Gromykos vor den Vereinten Nationen aus dem Jahre 1947 mit einer Äußerung Leonid Breschnews in der Prawda vom 6. Juli 1967 zu vergleichen: »Hauptsächliche Ursache«, so kann man lesen, »der israelischen Aggression gegen die arabischen Länder ist der Wunsch der amerikanischen und britischen Imperialisten, die nationale Befreiungsbewegung im Vorderen Orient zurückzuschlagen. Sie wollen um jeden Preis den Vormarsch der Völker auf dem Weg des sozialen Fortschritts aufhalten, jener Länder, die ihre Freiheit und Unabhängigkeit durch große Anstrengungen erlangt haben. Sie wollen sie wieder in die Sklaverei zwingen und sie ihres Wohlstandes berauben.« Dem folgte in der UdSSR geradezu eine Lawine von entsprechenden Presseerklärungen und »Solidaritätsbekundungen«. Da wurde dann an Deutlichkeit nichts zu wünschen übriggelassen.[95] So wurde Israel schlicht mit dem Hitler-Faschismus verglichen und geradezu hysterisch angegriffen. Zum Beispiel schrieb A. Kurow in der *Moskowskaja Prawda*: »Man muß dem Weltzionismus, der der imperialistischen Reaktion und dem Antikommunismus dient, unbedingt die Maske vom Gesicht reißen, um der ganzen Welt sein raubtierhaftes Antlitz zu zeigen.«[96]

Mit der durch Michail Gorbatschow begonnenen Umgestaltung hat auch die antizionistische Hetze in der Sowjetunion ein Ende gefunden, und die Beziehungen zu Israel verbessern sich sichtbar. Auch ausreisewillige Juden haben keine Schwierigkeiten mehr, dies auch zu tun. Die dennoch steigende Furcht vor Pogromen dürfte sowohl mit dem ungewissen Erfolg von »Glasnost und Perestroika« zu tun haben als auch mit dem Erstarken rechter, auch kirchlicher Gruppen, die einen militanten Antisemitismus propagieren und offen zur Gewalt aufrufen. In Polen beginnt sich die alte, kirchlich begründete antisemitische Tradition ebenfalls zu regen. Erklärte doch Walesa bei einer Wahlrede im Jahre 1990, bei seinen Vorfahren gäbe es keine Juden: »Ich bin rein.« . . .

Und die »neue Linke« im Westen? Sie stellte sich doch weitgehend als nicht abhängig vom jeweiligen Kurs Moskaus dar, versuchte bewußt eigene Wege zum Sozialismus zu gehen. Betrachtet man ihre »Geschichte«, so erkennt man einen gründlichen Wandel in der Einstellung zu Israel.

Dies allerdings mit einem Einschwenken auf eine damals von der Sowjetunion bestimmte Linie zu erklären, hieße dem Vorgang nicht gerecht werden. Der Bruch scheint sich vielmehr schon im Zusammenhang mit dem Vietnam-Abenteuer der Vereinigten Staaten vorbereitet zu haben. Dieselbe US-Administration, deren Engagement in Fernost man bekämpfte, unterstützte ja auch den Judenstaat. Auch die nach dem siebenundsechziger Krieg von der Rechten lautstark gelobte »militärische Leistung der Juden«, die ja doch ganz gute Soldaten seien, zeitigte negative Reaktionen. Hinzu kam die wachsende Beschäftigung mit den Problemen der Dritten Welt, den Folgen des Kolonialismus und eine häufig überhaupt nicht mehr differenzierende Sympathie für alles, was unter dem Namen »Befreiungsbewegung« antrat. Dies zeigte sich auch in den USA. Zunächst setzten sich dort bedeutende Gegner des Vietnam-Krieges für den Staat Israel ein. Das ging so weit, u. a. konkrete Hilfeleistungen der USA zu fordern und die Garantie einer freien Durchfahrt israelischer Schiffe durch die Meerenge von Tiran. Und dies war keine »jüdische Lobby«.[97] Die Wende kam mit dem Sechs-Tage-Krieg. Jetzt sprach zum Beispiel Ralph Featherstone, Sprecher des bedeutenden SNCC[98], plötzlich von »Jewish oppressors«.[99] Ähnlich äußerten sich nun auch bekannte Vorkämpfer für die Rechte der Völker der Dritten Welt wie James Forman und Stokeley Carmichael. Und bei der National Conference for New Politics, 1967 in Chicago, führte die Frage nach dem Verhältnis der Linken zu Israel zu einer Spaltung in eine »schwarze« und eine »weiße« Gruppe. Nach erbitterten Diskussionen setzte sich dann die »schwarze« Gruppe mit einer Resolution durch, welche die »zionistische Aggression« verurteilte und den Staat Israel für alle Probleme, die sich aus dem israelisch-arabischen Konflikt ergeben haben, verantwortlich machte.

Auch in Frankreich änderte sich die Einstellung der studentischen Linken, und Daniel Cohn-Bendit setzte sich für eine »Befreiung« Palästinas, für die »Palästinenser« ein. Damit hatte auch hier die »Palästinafrage« das Vietnamproblem abgelöst.

Die auf dem Hintergrund von Auschwitz schauerlichsten verbalen Blüten wurden jedoch in der Bundesrepublik gezeitigt. Auch deshalb muß darauf ausführlich eingegangen werden. Formal verlief auch hier die Entwicklung ähnlich, wie eben dargestellt. Die wachsende Friedensbedrohung im Nahen Osten und dann der siebenundsechziger Krieg führten zunächst zu Unsicherheit und Verwirrung, dann zu Spaltungen. Die Linke war sich einig gewesen im Kampf gegen die Notstandsgesetze und im Engagement gegen den Vietnamkrieg. Nun, als es um Solidarität mit dem existenzgefährdeten Judenstaat ging, scherten einige Gruppen aus, zunächst der SDS und ihm nahestehende Kreise. Heinz-Joachim Heydorn schildert das eindrucksvoll so: »In den Wochen, in denen zum ›Heiligen Krieg‹ gegen das israelische Volk aufgerufen wurde, sowie in den äußerst bedrohlichen Tagen, die dem Krieg vorangingen, haben führende Kräfte der deutschen Linken den Standpunkt absoluter Neutralität vertreten und ihren Anhängern empfohlen, an proisraelischen Kundgebungen nicht teilzunehmen. Mit keinem Wort wurde eine eindeutige Sicherung der israelischen Grenzen oder die Aufhebung der Blockade gefordert. Bezeichnend für diese Situation ist auch das Verhalten des Frankfurter Studentenparlaments. Mit Unterstützung des »Sozialdemokratischen Hochschulbundes« wurde ein Antrag abgelehnt, der lediglich die Unverletzbarkeit der israelischen Grenzen und einen gesicherten Zugang zu Israel forderte.[100] Am 3. Juni 1967 hatte der Bundesvorstand der SDS einen offenen Brief Wolfgang Abendroths veröffentlicht, in dem es heißt: »Im Weltmaßstab gesehen ist leider eine Situation entstanden, in der die Gesamtinteressen der kolonialen Revolution, der sozialistischen Länder und auch des revolutionären Flügels der internationalen Arbeiterbewegung in den kapitalistischen Ländern stärker mit den arabischen Staaten als mit den Interessen Israels übereinstimmen.«[101] Also pauschale Solidarisierung mit zum Teil erzreaktionären, mittelalterlich-feudalistisch und diktatorisch regierten Staatswesen! Diese Äußerung Abendroths verdient auch im Kontext gelesen zu werden mit Ankündigungen »progressiver« arabischer Staatschefs, die davor abgegeben wurden. So verkündete der irakische am 1. Juni 1967 über Radio Bagdad: »Wir sind fest entschlossen und einig, unser klares Ziel zu erreichen: Israel von der Landkarte zu beseitigen ... Dies ist der Tag, diesen Schmutzfleck wegzuwischen. So Gott will, werden wir uns in Tel Aviv und Haifa treffen.«[102] Und Nasser am 26. Mai 1967, ebenfalls in einer Rundfunkansprache, ließ ähnliches vernehmen.[103] Damit wird klar erkennbar, daß sich schon vor dem Ausbruch des siebenundsechziger Krieges ein bis dahin unvorstellbarer Wandel in Teilen der bundesdeutschen Linken vollzogen hatte.

Doch einheitlich war das Bild durchaus noch nicht. Unter denen, die sich gegen den beginnenden antizionistischen Trend wandten, war kein Geringerer als Herbert Marcuse. Am 13. Juli 1967 führte er in einer Diskussionsveranstaltung in der Freien Universität Berlin aus: »Die Etablierung des Staates Israel als eines selbständigen Staates kann als Unrecht bezeichnet werden, und zwar insoweit, als dieser Staat mit internationaler Vereinbarung auf fremdem Boden etabliert worden ist, ohne daß über das Problem der einheimischen Bevölkerung und das, was der einheimischen Bevölkerung geschah, wirklich Rechenschaft gegeben wurde. Aber dieses Unrecht kann nicht gutgemacht werden durch ein zweites und größeres Unrecht. Der Staat ist da, und die Verständigung mit der ihm feindlichen Umwelt muß gefunden werden: das ist die einzige Lösung.«[104] Damit wendete sich Marcuse gegen eine Kritik, die gegen Israel vom Faktum der Staatsgründung her zu argumentieren begann, wobei er Probleme dieser Staatsgründung nicht negierte.

Helmut Gollwitzer erklärte sich noch deutlicher: »Wer zum Krieg in Vietnam und zur Militärdiktatur in Griechenland nicht schweigt, der darf auch zur Bedrohung Israels – die auch nach dem Waffenstillstand geblieben ist – nicht schweigen.«[105] Bald erschien auch die »Gemeinsame Erklärung von 20 Vertretern der deutschen Linken zum Nahostkonflikt«[106], unterzeichnet u. a. von Alfred Andersch, Ernst Bloch, Walter Dirks, Iring Fetscher, Helmut Gollwitzer, Günter Grass, Walter Jens, Alexander Mitscherlich, Martin Walser. Diese Erklärung setzte sich ausführlich, sachkundig und engagiert mit der linken Kritik am Judenstaat auseinander und hat bis zur Gegenwart nichts an Aktualität eingebüßt. So rechtfertigt sich ein längeres Zitat: »Wenn links stehen heißt: sich für die Freiheit der Verfolgten und Unterdrückten und für das Aufhören der Ausbeutung einsetzen«, so heißt es dort u. a., »dann schließt es heute ein Engagement nicht gegen Israel, sondern für seine ungefährdete Existenz ein. [. . .] Es ist das Privileg des wachen Geistes, anhand des konkreten Falles umzulernen, vertraute Denkkategorien aufzusprengen und die Fronten neu zu ziehen. Wenn es je eine Gelegenheit gab, um unter Beweis zu stellen, daß es eine westliche Linke gibt, die nicht moskauhörig ist, so war es jetzt. [. . .] Das schließt, wie gesagt, nicht eine Bejahung der zionistischen und israelischen Politik im ganzen ein. [. . .] Wir kennen von Hitler die Taktik, seine eigenen Abscheulichkeiten projektiv seinen Gegnern zu insinuieren. Genau nach diesen Mechanismen arbeitet die arabische psychologische Kriegsführung. [. . .] Es gehört bei vielen Linken zum guten Ton, die Vernichtungsdrohungen der Araber zu bagatellisieren, denn sie passen nicht ins Konzept des eigenen sachlichen und humanen Denkens. Diese Haltung ist aber ungemein gefährlich. In Anbetracht der arabischen unbeirrbaren Entschlossenheit, zwei Millionen Menschen im Meer zu ersäufen, sind apokalyptische Kategorien näher als die wirtschaftlichen. Es sind erst 25 Jahre her, daß wir erlebt haben, wie eine solche Vernichtungsdrohung, und gegen dasselbe Volk, von der Weltöffentlichkeit nie ganz ernst genommen, brutale Wirklichkeit wurde. Die Linke würde für alle Zukunft unglaubwürdig, wenn sie durch einseitige Sympathie für die arabische Seite zu einem neuen Auschwitz beitrüge. [. . .] Gerade, wenn man den Arabern helfen will, muß man den politischen Führern, die sie auf den Irrweg gebracht haben, entgegentreten. [. . .] Die Flüchtlinge sind zu bedauern, aber ebenso ist die arabische Perfidie anzuprangern, die jede konstruktive Hilfsmaßnahme sabotiert hat. Man hat in Israel ausgerechnet, daß die ersten eineinhalb Stunden des Krieges von Anfang Juni die Araber soviel gekostet haben, wie zur Ansiedlung der Flüchtlinge notwendig gewesen wäre. [. . .] Weil die Araber zur Dritten Welt gehören, sind sie nicht eo ipso die reinen Engel. Die Israelis sind die Gefährdeten, die Araber sind es, die Angriff, Vertreibung und Ausrottung planen. Die Parteinahme muß primär der Progressivität, dem Recht, der Humanität gelten, nicht einer bestimmten Volksgruppe. So wie aus diesen Ideen die Stellungnahme gegen die USA für das vietnamesische Volk folgt, so folgt aus ihnen auch die Stellungnahme gegen Nasser und für Israel.«[107]

Leider blieben diese Stimmen wirkungslos, und immer mehr Gruppen der Neuen Linken schwenkten, oft jegliche theoretische Auseinandersetzung auslassend, auf eine unverhüllte Israelfeindschaft um, jetzt Antizionismus genannt.

Und immer stärker zeigten sich ausgesprochen antisemitische Tendenzen. Im Juli 1969 schrieb Jean Améry unter dem Titel »Der ehrbare Antisemitismus« in der *Zeit*: »Und nun wird jeder Freund von der Linken mir sagen, ich reihte mich ein in die große Armee derer, die mit sechs Millionen – oder meinetwegen fünfen oder vieren – Ermordeter Meinungserpressung treiben. Das Risiko ist einzugehen: Es ist geringer, als das andere, welches die Freunde mir proponieren, wenn sie für die Selbstaufgabe des ›zionistischen‹ Israel plädieren.«[108] Doch die Entwicklung war nicht mehr aufzuhalten. Schon ein Jahr später, 1970, gab es keine Gruppierung der Neuen Linken, die sich nicht antizionistisch, antiisraelisch und propalästinensisch gab, wenn auch nicht alle für die Vernichtung Israels plädierten.

Wie sah dies im einzelnen aus? Zu den drei großen Gruppierungen, nämlich den »Palästina-Komitees« an fast allen deutschen Hochschulen, dem »Initiativkomitee gegen das Ausländergesetz«, das unterstützt wurde von der »Evangelischen Studentengemeinde«, der »Katholischen Deutschen Studentenvereinigung«, dem »Studentenverband der Fachhochschulen« und an dritter Stelle dem »Antiimperialistischen Solidaritätskomitee für Afrika, Asien und Lateinamerika«, zählten als Mitträger oder Sympathisanten nahezu alle studentischen Organisationen.[109] Vom 11. bis 15. Dezember 1972 wurde vom »Initiativkomitee gegen das Ausländergesetz« im ganzen Bundesgebiet und in West-Berlin eine Palästina-Woche initiiert.[110] Am 17. November 1973 fand in Bonn ein Palästina-Kongreß statt[111] und einige Monate davor, am 15. Juni 1973, ebenfalls in Bonn, ein »Internationales Israel-Hearing für Frieden und Gerechtigkeit im Nahen Osten«.[112] So traf zu, was Henryk M. Broder, selbst ein engagierter Linker und inzwischen nach Israel ausgewandert, in einer vom WDR und NDR produzierten Sendung mit dem Titel »Antizionismus – Antisemitismus von links?« am 8. Juni 1976 feststellte: »Das antizionistische Engagement, die Gegnerschaft zum Staat Israel und der Bewegung, aus der er entstanden ist, ist in allen politischen Gruppen links der SPD, von der moskautreuen DKP bis zu der maoistischen KPD/ML, mittlerweile ebenso selbstverständlich geworden wie das Eintreten für mehr Arbeitsrechte, höhere Löhne und niedrige Preise.«[113] Welches absurde und in seiner Negierung historischer und soziologischer Prozesse kaum mehr zu überbietende Bild vom Zionismus und vom Judenstaat in der Publizistik jener Gruppen gezeichnet wurde, sei an einigen Beispielen dargestellt:

Der Zionismus war die »Antwort jüdischer Kleinbürger auf ihre sozioökonomische Lage«[114] und »eine imperialistische Ideologie«, deren Ziel: »[. . .] ein Kolonialstaat auf fremdem Boden, der die arabischen Völker zu spalten und zu beherrschen erlaubt und so dazu beitragen soll, die Erdölreichtümer im Nahen und Mittleren Osten für den Imperialismus zu sichern«.[115] Und »Theodor Herzl, der Begründer der national-rassistischen Ideologie des Zionismus [. . .] hat den chauvinistischen Wünschen jüdischer Kapitalisten endgültig ein festes ideologisches Gewand verliehen, das bis heute in den Köpfen der israelischen Imperialisten haust«.[116] »Der Zionismus verkannte bewußt die wahren Ursachen der Judenverfolgung und verbreitete eine rassistische, nationalistische Ideologie, um die verfolgten Juden in Osteuropa möglichst weit weg von Westeuropa zu schaffen. Sie sollten nach dem entfernten Palästina umgesiedelt werden, wo sie keine Probleme für die assimilierten Juden Westeuropas bereiten würden.«[117]

Über die jüdische Religion: »Die jüdische Religion, richtiger: Ideologie, besagt, daß die Juden das ›auserwählte Volk‹ eines ganz spezifischen ›Gottes‹ seien, der die gesamte Weltgeschichte ausschließlich im Interesse ›seines Volkes‹ lenkt und ihm Palästina als ewigen Wohnsitz zugewiesen hat. Diese Ideologie (diente) der Verschleierung von Klassengegensätzen innerhalb des jüdischen Volkes und der Überheblichkeit gegenüber anderen Völkern [. . .].«[118] Und zum Staat Israel heißt es dann folgerichtig: »Die Geschichte des Landes Palästina ist wechselvoll, aber sie zeigt eines mit aller Deutlichkeit: Der ›Anspruch‹ der Zionisten auf dieses Gebiet ist eine chauvinistische Geschichtslüge, nur zu vergleichen mit dem ›Anspruch‹ des Hitlerfaschismus auf ›Lebensraum im Osten‹. Selbst auf die Bibel können sich diese Leute nicht berufen.«[119] Dem entspricht die israelische Politik: »Das Konzept der israelischen Zionisten für die Palästinenser lautet: Ausrottung des palästinensischen Volkes!«[120] Und: »Rassistische Hetze soll die faschistische Völkermordpolitik zur Auslöschung der Palästinenser als Volk rechtfertigen. Ganz Israel ist ›ein Kolonialstaat [. . .], ein Besatzerstaat, der seine Klauen in arabisches Territorium eingekrallt hat‹.«[121] Und so soll es weitergehen: »[. . .] die Kriegsgefahr im Nahen Osten wird so lange bestehen bleiben, solange der Staat Israel besteht.«[122] – »Bevor die Palästinenser dem israelischen Kolonial- und Erobererstaat nicht schwere Schläge versetzt haben, wird auch die politische Klassendifferenzierung unter den Juden selbst nicht vorankommen.«[123] – »Die Wirklichkeit des Klassenkampfes wird die reaktionäre Ideologie des Zionismus zerschlagen, nach der die jüdischen Menschen in aller Welt angeblich die Mission hätten, einen besonderen jüdischen Staat aufzubauen. Auf dem Gebiet von Palästina werden nach dem Sturz des Zionismus Araber und Juden gemeinsam ein blühendes demokratisches Palästina errichten!«[124]

Betrachtet man besonders das »Muster«, so erinnern diese Tiraden, wenn auch anders motiviert, an die antisemitische Hetze der Nazis. Der gleiche Tenor findet sich übrigens in vielen anderen, sich formal qualifizierter gebenden Äußerungen, auf die schon an verschiedenen Stellen hingewiesen wurde. Natürlich hat eine solche, jahrelang massiv vorgetragene Propaganda inzwischen Wirkung gezeigt, zumindest, und das bis in die SPD hinein, Verunsicherung ausgelöst. Wieweit die konkrete israelische Politik es den Agitatoren leichtmacht, ist ein Aspekt, der nicht unterschlagen werden sollte. Auch sind nicht alle, die Menschenrechtsverletzungen in Israel kritisieren und sich für eine gerechte und friedliche Lösung des Palästinenserproblems einsetzen, per se Judenhasser und Antizionisten. Diese Einschränkung gibt aber in keiner Weise eine Rechtfertigung für die geschilderte Form des Antizionismus her.

Nachdenklich stimmt in diesem Zusammenhang übrigens der »Nebeneffekt«, nämlich die willkommene Aufwertung des vergangenen und gegenwärtigen Antisemitismus der Nazis und Neonazis. Und während sonst die Parolen der radikalen Linken von den Konservativen und Rechten aller Schattierungen vehement angegriffen wurden, traf die Antizionismuskampagne weitgehend auf Schweigen. Gegenwärtig ist zu beobachten, daß sie zunehmend gern als willkommenes Mittel benutzt wird, um die antisemitischen Äußerungen und Aktivitäten rechtskonservativer Kreise in der Öffentlichkeit zu verharmlosen.

Und wie stellte sich das Problem im anderen deutschen Staat dar, der DDR, die sich selbst als »sozialistisch« deklarierte? Die Frage ist nicht einfach zu beantworten, zumal sich zum Phänomen DDR gegenwärtig nur sehr kurzlebige Aussagen machen lassen; der historische und insbesondere der emotionale Abstand sind noch zu gering. Gelingt es doch kaum, neben den dominierenden Aspekten »Stasiherrschaft« und »sozialistische Mißwirtschaft« andere, soziale und liberale Tendenzen überhaupt wahrzunehmen und zu würdigen. So u. a. die Sorge für Kinder und Alte, niedrige Mieten und Abwesenheit von Spekulantentum und Arbeitslosigkeit, Regelungen hinsichtlich des § 218, die ersatzlose Streichung des § 175 etc.

Natürlich gab es in der DDR und jetzt in den »neuen Bundesländern« Antisemitismus. Wie auch im Westen als »Erblast« herübergekommen als Ergebnis der antisemitischen Propaganda, die ja nicht erst mit den Nazis begonnen hatte. Doch während in der BRD eine lange, freilich immer wieder von Verdrängungsschüben unterbrochene Auseinandersetzung stattfand, erklärten sich SED und Staatsführung in der DDR als grundsätzlich »antifaschistisch«. Damit entfiel nach dieser Logik auch jegliche Bemühung zur Bewältigung der Nazivergangenheit im Sinne von verantwortlicher Aufarbeitung oder zum Beispiel der akzeptierten Verpflichtung, Wiedergutmachung zu leisten. Daher verhielt man sich dann auch gegenüber den in der DDR lebenden Juden so, als sei das Verhältnis zu ihnen nicht durch die Nazivergangenheit belastet.[125] Die Folgen solcher Verdrängung werden gegenwärtig im Aufblühen der Neonazis und dem von ihnen propagierten Antisemitismus sichtbar.

Was das Verhältnis zur jüdischen Religion angeht, so konnte man von einem von seiner Ideologie her atheistisch eingestellten Staat kaum erwarten, daß er sich in diesem Punkt anders, also positiver, verhielt als gegenüber den christlichen Konfessionen, die in der Verfassung garantierten gleichen Rechte für Bürger verschiedener Weltanschauungen und Religionen mitbedacht.[126]

Zahlenmäßig waren die Juden in der DDR eine verschwindende Minderheit, auch im Sinne eines historischen Verlaufs: So gab es zum Beispiel in Dresden im Jahre 1976 nur 81 Juden, im Jahre 1987 noch 49. Die Vergleichszahlen für Halle sind: 31 zu 14 und für Berlin-Ost: 405 zu 177.[127]

Wie sich in dieser Situation Juden verschiedenster sozialer Herkunft und unterschiedlich intensiver Einstellung zu ihrer Religion in der DDR fühlten, hat die kanadische Soziologin Robin Ostow im Jahre 1987 anhand einer Reihe von Interviews eindrucksvoll dargestellt.[128] Unter staatlich verordnetem Antisemitismus jedenfalls hatten die Juden nicht zu leiden. Streicht man die offenbaren Elemente einer »Ergebenheitsadresse« ab, so gibt jene Erklärung wohl tatsächliches Empfinden wieder, die im Jahre 1979 anläßlich des 30. Jahrestages der Staatsgründung von den Vertretern der jüdischen Gemeinden in der DDR abgegeben wurde: »Mit unserer ganzen Kraft, deren wir noch fähig waren, wurde unter der Führung der Partei der Arbeiterklasse die Heimstatt geschaffen, in der wir voll integriert sind. In diesem unserem Staat leben wir frei und ungestört; Antisemitismus und Rassenhetze werden hier streng bestraft [. . .]. Wir Bürger jüdischen Glaubens sind unserer DDR treue Bürger, da sie uns in den 30 Jahren das gegeben hat, wonach wir uns sehnten: Sicherheit, Gleichberechtigung und ein Leben in Freiheit und Gerechtigkeit.«[129]

Sieht man von den »Säuberungsaktionen« der fünfziger Jahre ab, von denen auch die Juden als Gruppe betroffen waren und man sie als »Zionisten, Trotzkisten, [. . .] amerikanische Agenten, [. . .] Titoisten und Kosmopoliten«[130] beschimpfte, so dürfte die Feststellung, man habe als Jude wie ein »Mitglied einer privilegierten Minderheit«[131] in der DDR leben können, nicht falsch sein. Dies gilt sicher für die Phase nach dem 3. Mai 1971, dem Tag, an dem Walter Ulbricht durch Erich Honecker im Amt als Erster Sekretär der SED abgelöst wurde. Mag hier auch persönliche Erfahrung mit dem Naziterror eine Rolle gespielt haben? Schließlich saß Honecker von 1937 bis zum Kriegsende in einem Nazi-Zuchthaus.[132] Und Verneigungen vor SS-Gräbern hat es in der DDR nie gegeben.

Wie kontrovers die Diskussion läuft, wird durch die Feststellung von Peter Honigmann deutlich, die positive Einstellung zu den jüdischen Gemeinden hätte ihren Grund in nichts anderem gehabt als in dem Wunsch, »die wenigen Überlebenden [Juden. d. Red.] der Nazizeit in Frieden sterben zu lassen«.[133] Auf der anderen Seite räumt er aber ein, daß ein Jude in der DDR wahrscheinlich sicherer gelebt habe als in jedem anderen Staat: keine Attentate auf Synagogen, keine Benachteiligung wegen der Abstammung, Juden in hohen Ämtern der SED. Freilich bereiteten jüdische Intellektuelle und Künstler dem verkrusteten SED-Staat erheblichen Ärger und wurden häufig mit Repressionen bedacht: »Von Ernst Bloch und Hans Mayer über Stefan Heym bis zu Günter Kunert, Wolf Biermann und Thomas Brasch (. . .).«[134] Doch dies ist wohl kaum unter »Antisemitismus« zu verbuchen.

Wie allerdings offenbarer Kampf gegen die Wurzeln des Antisemitismus mit dem ebenso offenbaren und offiziellen Kampf gegen den Zionismus – ganz auf der damaligen Linie der Führung in Moskau – zu vereinbaren war, stellt so etwas wie die Quadratur des Kreises dar. Die Auswirkungen sind noch heute zu spüren. Freilich: Solches hörte man nicht nur im »Osten« und in der DDR . . .

Schließlich muß bei der Frage nach einem Antisemitismus von »Links« noch der Blick auf ein zwar primär theologisches, aber in seinen Auswirkungen auf Judenhaß und Antisemitismus durchaus relevantes Phänomen gelenkt werden: Feministische Theologinnen, die sich durchaus der Linken zurechnen, entwickeln ein dümmlich-bösartiges Bild vom Judentum. Kann man doch bei der Theologin und Tiefenpsychologin Hanna Wolff lesen: »Wir haben die intime Beziehung zwischen krankmachendem Gottesbild und Gewalt aufgewiesen. Wer diese einschlägige Literatur kennt, der wundert sich nicht mehr über Kriegsgreuel, Konzentrationslager, Holocaust oder neueste Ausschreitungen, er fühlt sich vielmehr auf schmerzliche Weise gezwungen, über die Beziehungen solcher perversen Gewalt zum krankmachenden Gottesbild Erwägungen anzustellen.« – Die Juden also als Opfer ihres eigenen Gottesbildes![135] Inzwischen haben sich andere feministische Theologinnen von solchen Gedankengängen distanziert: »[. . .] von theologischen Entwürfen, die eine christliche Liebesreligion idealisieren vor dem dunklen Hintergrund eines jüdischen Gottes, der zum Urbild des Patriarchates erklärt wird«[136], und auf den offenbaren Zusammenhang zwischen christlichem Antijudaismus und Antisemitismus hingewiesen.

Die Geschichte des Judenhasses ist lang und stellt sich in vielen Ausprägungen mit unterschiedlichster Motivation dar. Es gibt jedoch bei diesem Phänomen eine wichtige und überall feststellbare Komponente: Judenhaß hat etwas damit zu tun, daß die Juden als eine Gruppe spezifischer Identität in den verschiedensten Zeiten und gesellschaftlichen Strukturen das Schicksal von Minderheiten, auch anderer, teilten. Dieses bestimmte sich unter anderem auch durch den Grad von erfahrener Toleranz und Humanität in den

jeweiligen Formen des Zusammenlebens, und so reichte und reicht das Spektrum von einer durchaus als selbstverständlich empfundenen Integration bis hin zur Sündenbockfunktion »Andersartiger« und dem Willen, sie »auszumerzen«. Unter diesem Aspekt ist nur graduell zu unterscheiden zwischen Juden, Ausländern, Homosexuellen etc., und die Größe der jeweiligen Gesellschaftsstruktur spielt dabei keine entscheidende Rolle.
Für die Juden schien sich dieses Problem dadurch zu lösen, daß nach der Gründung des Judenstaates nun endlich diejenigen, die es wollten, als Juden unter Juden leben konnten. Doch nun richtet sich der Judenhaß auf den Staat der Juden; zugegeben nicht global, aber dort, wo es geschieht, nach den gleichen, oben dargestellten Mechanismen.
Zusammenfassend läßt sich feststellen: Einen ausgeprägten Antisemitismus völkischer Ausprägung hat es in der Geschichte der sozialistischen Bewegung weder im Sinne eines substantiellen Bestandteiles der zugrundeliegenden Theorien noch tatsächlich als durchgehende Praxis gegeben. Insofern kann man nicht von einem »Antisemitismus von Links« sprechen.
Sollte mithin die Bezeichnung »Antisemitismus« ausschließlich auf den rassenbiologisch argumentierenden beschränkt bleiben? Dies wäre sicher hilfreich, um gewisse Begriffsverwirrungen zu vermeiden, die sich immer wieder einstellen. Ist doch dieses Phänomen in seiner Infernalität durchaus einmalig. Selbst der im politischen Kalkül beheimatete und, wie die neuesten Entwicklungen zeigen, eben deshalb durchaus veränderbare »Antisemitismus« in der UdSSR schließt ja die »Lösungswege« durch physische Vernichtung nur aufgrund der sogenannten »Rassenzugehörigkeit« eben nicht ein; auch nicht die des Staates Israel im angesprochenen Sinn.[137]
Ungleich schwieriger freilich stellen sich Wertung und Einordnung des geschilderten extremen, linken Antizionismus dar. Sind doch überdies viele überzeugte und engagierte Antifaschisten in seinen Reihen, und – so könnte der oberflächliche Betrachter folgern – da ja Antisemitismus gewöhnlich synonym mit dem Hitlerregime gebraucht wird, kann doch schon von hier aus dieser Antizionismus nicht »antisemitisch« sein. Zudem erklären auch seine Wortführer permanent, gegen die Juden hätten sie gar nichts, ihre Gegnerschaft beziehe sich lediglich auf die »Zionisten«. Und da nicht alle Juden auch Zionisten seien, überdies nur etwa 20 Prozent aller Juden in Israel lebten, könne sich der Antizionismus überhaupt nicht gegen alle Juden richten. Auf den ersten Blick erscheint dies einleuchtend. Doch dies gilt nur so lange, wie man die konkrete antizionistische Propaganda und deren Ziele nicht kennt, nämlich die Auslöschung des Staates Israel, Vertreibung oder »Integrierung« der Israelis in ein neues Staatsgebilde, Billigung des Terrors gegen die jüdische Bevölkerung in Israel und die zu Kollaborateuren gestempelten gemäßigten Araber und Stillschweigen bei Anschlägen auf Synagogen und Mord an jüdischen Menschen außerhalb Israels. Das ist zwar nicht Vernichtung »aller« Juden, aber zumindest die Inkaufnahme, wenn nicht gar die Billigung der Vernichtung von Juden in und außerhalb Israels und des Judenstaates selbst. Die Auslöschung Israels will erreichen, daß Juden nicht mehr in einem jüdischen Staat leben können, sondern wieder das Schicksal einer Minderheit teilen müssen. Überdies ist, darauf wurde schon hingewiesen, Israel für das Judentum nicht irgendeine Region, sondern ein Faktor jüdischer Identität, ob man in der Diaspora oder im Judenstaat selbst lebt. Damit richtet sich dieser Antizionismus gegen das Judentum selbst.
»Wer den Zionismus angreift«, gibt Hans Mayer zu bedenken, »aber beileibe nichts gegen die Juden sagen möchte, macht sich oder anderen etwas vor. Der Staat Israel ist ein Judenstaat, wer ihn zerstören möchte, erklärtermaßen oder durch eine Politik, die nichts anderes bedeuten kann als solche Vernichtung, betreibt Judenhaß von einst und von jeher.«[138] Dieser Antizionismus verdient voll und ganz das Etikett »Antisemitismus«, er ist so irrational und gefährlich wie der »rechte« und trifft sich im entscheidenden Punkt mit jenem.

Anmerkungen

1 Vgl.: Günther Bernd Ginzel: Hitlers (Ur)enkel. Neonazis: Ihre Ideologien und Aktionen. Dokumentationsteil. Düsseldorf 1981, S. 68–87
2 Vgl.: Henryk M. Broder: Der ewige Antisemit. Über Sinn und Funktion eines beständigen Gefühls. Frankfurt a. M. 1986, S. 215
3 Vgl.: Günther Bernd Ginzel: Christen und Juden nach Auschwitz. In: Günther Bernd Ginzel (Hrsg.): Auschwitz als Herausforderung für Juden und Christen. Heidelberg 1980, S. 243–274

4 Herman Fehst: Bolschewismus und Judentum. Das jüdische Element in der Führerschaft des Bolschewismus. Berlin/Leipzig 1934, S. 155
Wie dauerhaft sich gerade diese Nazithesen halten, zeigt die Äußerung eines 14jährigen Schülers in einem Aufsatz: »Hitler wollte die Juden vernichten, weil Marx, der Gründer des Sozialismus, ein Jude war, er dachte, die Juden wären alle Sozialisten.« In: Dieter Boßmann: Was ich über Adolf Hitler gehört habe. Folgen eines Tabus: Auszüge aus Schüleraufsätzen von heute. Frankfurt a M. 1977, S 180
Vgl. auch: Peter Dudek (Hrsg.): Hakenkreuz und Judenwitz. Bensheim 1980, S. 28–36
5 Ein umfassender Überblick findet sich bei: Reinhard Rürup: Sozialismus und Antisemitismus in Deutschland vor 1914. In: Juden und jüdische Aspekte in der deutschen Arbeiterbewegung 1848–1918 (Beiheft Nr. 2 zum Jahrbuch des Instituts für Deutsche Geschichte). Tel Aviv 1977, S. 203–227
6 Vgl.: Rürup (s. Anm. 5), S. 203
7 Edmund Silberner: Sozialisten zur Judenfrage. Ein Beitrag zur Geschichte des Sozialismus vom Anfang des 19. Jahrhunderts bis 1914. Berlin 1962
Edmund Silberner: Kommunisten zur Judenfrage. Zur Geschichte von Theorie und Praxis des Kommunismus. Opladen 1983
8 Hans Knütter: Die Juden und die Deutsche Linke in der Weimarer Republik 1918–1933. Bonn 1971, S. 131 und S. 120
9 Arnold Künzli: Karl Marx. Eine Psychographie. Wien 1966, S. 203 f
10 . . . Silberner (s. Anm. 7), S. 291
11 Vgl.: Thomas Nipperdey/Reinhard Rürup: Antisemitismus. In: Otto Brunner/Werner Conze/Reinhard Koselleck (Hrsg.): Geschichtliche Grundbegriffe. Historisches Lexikon zur politisch-sozialen Sprache in Deutschland, Bd. 1. Stuttgart 1972
12 Vgl.: Silberner (Kommunisten; s. Anm. 7)
13 Vgl.: Paul Massing: Rehearsal for Destruction, New York 1949. Vorgeschichte des politischen Antisemitismus. Frankfurt a. M. 1959
14 Vgl.: Ernest Hamburger: Juden im öffentlichen Leben Deutschlands. Regierungsmitglieder, Beamte und Parlamentarier in der monarchischen Zeit 1848–1918. Tübingen 1968
15 Vgl.: Jacob Toury: Die politische Orientierung der Juden in Deutschland. Von Jena bis Weimar. Tübingen 1966
16 Hamburger (s. Anm. 14), S. 148
17 Vgl.: Rürup (s. Anm. 6), S. 204
18 . . . Silberner (s. Anm. 7), S. 290
19 Vgl.: Hans Joachim Schoeps: Linker Unrat. Buchbesprechung zu: Rosemarie Leuschen-Seppel: Sozialdemokratie und Antisemitismus im Kaiserreich 1871–1914. Bonn 1979. In: Die Zeit, Nr. 36. 31. 8. 1979, S. 34
20 Karl Marx: Zur Judenfrage. Veröffentlicht in den Deutsch-Französischen Jahrbüchern 1844.
BRD: Marx-Engels I. Studienausgabe. Frankfurt a. M. 1971, S. 31–60. DDR: Karl Marx und Friedrich Engels. Werke. Bd. 1. Berlin 1964, S. 347–577
21 Dieser Beurteilung schließt sich auch Friedenthal an. Vgl.: Richard Friedenthal: Karl Marx. Sein Leben und seine Zeit. München 1981, S. 91
22 Vgl.: Haim Hillel Ben-Sasson: Geschichte des jüdischen Volkes. Bd. 3. Shmuel Ettinger: Vom 17. Jahrhundert bis zur Gegenwart. München 1980, S. 184
23 Vgl.: Alex Bein: Die Judenfrage. Biographie eines Weltproblems. Bd. 2. Stuttgart 1980, S. 153
24 Vgl.: Alphonse Toussenel: Les Juifs, rois de l'époque. Paris 1864
25 Vgl.: Bein (s. Anm. 23), S. 154
26 Vgl.: Richard L. Rubenstein: Israel Zionism and the new Left. New York 1969, S. 8
27 Vgl.: Rubenstein (s. Anm. 26), S. 9
28 George Duchéne: Empire industriel. Paris 1969, S. 196
29 Vgl.: Anm. 20
30 Marx (s. Anm. 20), S. 55
31 Marx (s. Anm. 20), S. 55 f
32 Marx (s. Anm. 20), S. 57
33 Marx (s. Anm. 20), S. 58
34 Marx (s. Anm. 20), S. 58 f
35 Marx (s. Anm. 20), S. 60
36 Vgl.: Broder (s. Anm. 2), S. 211–212
37 Bruno Bauer: Die Judenfrage. Braunschweig 1843. Vgl.: Bruno Bauer: Die Fähigkeit der heutigen Juden und Christen, frei zu werden. In: Einundzwanzig Bogen aus der Schweiz. Hrsg.: Georg Herwegh. Zürich, Winterthur 1943, S. 56–71
38 Vgl.: Robert S. Wistrich: Socialism and the Jews. The Dilemmas of Assimilation in Germany and Austria-Hungary. New York 1982, S. 25
39 Vgl.: Wistrich (s. Anm. 38), S. 27
40 Vgl.: Karl Marx: Das Kapital. Bd. 3. Berlin, Stuttgart 1947, S. 245 f
41 Marx-Engels (s. Anm. 20), S. 56: »Der Jude hat sich auf jüdische Weise emanzipiert, nicht nur, indem er sich die Geldmacht aneignet, sondern indem durch ihn und ohne ihn das Geld zur Weltmacht und der praktische Judengeist zum praktischen Geist der christlichen Völker geworden ist.«
In konsequenter Fortführung dieses Ansatzes sieht Werner Sombart eine »Übereinstimmung zwischen den Grundideen des Kapitalismus und den Grundideen des jüdischen Wesens«: Werner Sombart: Der moderne Kapitalismus. München, Leipzig 1913, S. XXIV
42 Vgl.: Robert Misrahi: Marx et la question juive. Paris 1972, S. 42 f
43 Vgl.: Bein (s. Anm. 23), S. 156
44 Vgl.: Hans Lamm: Karl Marx und das Judentum. München 1969, S. 28. Völlig unverständlich erscheint in diesem Zusammenhang die Bemerkung von Hannah Arendt, Marx habe sich »nach dieser Jugendschrift (. . .) nie wieder zur Judenfrage öffentlich geäußert«: Hannah Arendt: Elemente und Ursprünge totaler Herrschaft. Bd. 1: Antisemitismus. Frankfurt a. M. 1979, S. 70
45 Die Begriffsumschreibung »Jude« bereitet Schwierigkeiten. Während es in der Tradition des Judentums eine Richtung gibt, die auch die Apostaten weiterhin zum jüdischen Volk zählt – weil sie eben nach dieser Meinung »Juden« sind und bleiben –, heißt es im § 4 / Rückkehrgesetz des Staates Israel von 1962, als Jude sei anzusehen, wer von einer jüdischen Mutter geboren wurde oder sich zum Judentum bekehrt habe und nicht einer anderen Religion angehöre. Befragt man eines

der neueren mit Judaica befaßten Lexika – Lexikon des Judentums, Gütersloh 1967 –, so wird »Jude« beschrieben (als »(. . .) ein Begriff, der eine bestimmte Menschengruppe umschreibt.« Er »war und ist gewissen Auffassungsschwankungen unterworfen. Im Altertum und Mittelalter bezeichnete Jude den Bekenner zur jüdischen Religion, der mit dem Angehörigen des jüdischen Volkes zusammenfiel; aber auch den zum Judentum übergetretenen Proselyten anderer Volksabstammung; andererseits wurde der vom jüdischen Glauben zu einer anderen Religion übergegangene Apostat jüdischerseits nicht mehr zum Judentum gerechnet.«

46 Lamm (s. Anm. 44), S. 61
Dazu auch: Bernt Engelmann: Deutschland ohne Juden. München 1979, S. 327

47 Vgl.: Lamm (s. Anm. 44), S. 11

48 Vgl.: Lamm (s. Anm. 44), S. 60

49 Vgl.: Friedenthal (s. Anm. 21), S. 92

50 Vgl.: Arendt (s. Anm. 44), S. 92 f und S. 69 f

51 Vgl.: Bein (s. Anm. 23), S. 154
Ben-Sasson (s. Anm. 22), S. 102

52 Vgl.: Karl Thieme (Hrsg.): Judenfeindschaft. Darstellung und Analysen. Frankfurt a. M. 1963, S. 175

53 Vgl.: Friedrich Heer: Gottes erste Liebe. München 1967, S. 212
Vgl.: Friedenthal (s. Anm. 21), S. 224–226
Friedenthal erblickt geradezu das Gegenteil von Selbsthaß, nämlich ein säkularisiertes Prophetenbewußtsein, verbunden mit starker Selbstüberschätzung. – Ob man dieser These zu folgen geneigt ist, dürfte u. a. auch davon abhängig sein, inwieweit Friedenthals Antipathie gegenüber Marx und dem Sozialismus, die unterschwellig dies sonst mit profunder Sachkenntnis geschriebene Buch durchzieht, auch die eigene ist.

54 Vgl.: Bein (s. Anm. 23), S. 155

55 Vgl.: Arendt (s. Anm. 44), S. 120 f

56 Hans Lamm weist in diesem Zusammenhang auf den wenig hervorgehobenen Ort hin, an dem der Beitrag »Zur Judenfrage« in den Deutsch-Französichen Jahrbüchern publiziert wurde.
Vgl.: Lamm (s. Anm. 44), S. 28

57 Vgl.: Lamm (s. Anm. 44), S. 24 f

58 Weder Kautzky erwähnt in seiner bekannten Schrift: »Rasse und Judentum« von 1914 diese Abhandlung noch Korsch. Vgl.: Karl Korsch: Karl Marx.
Vgl. hierzu auch: Shlomo Avineri: Marx an Jewish Emancipation. In: Journal of the History of Ideas XXV, no. 3. New York 1964, S. 445–450

59 Vgl.: Otto Heller: Der Untergang des Judentums. Die Judenfrage, ihre Kritik; ihre Lösung durch den Sozialismus. Berlin 1931, S. 15. Hier äußert Heller vorsichtige Kritik an »der Begrenzung des ihm (Marx) in dieser Hinsicht gegebenen Blickfeldes«. Und Reinhard Rürup nennt das Werk eine »umstrittene und in der Tat interpretationsbedürftige Schrift«. Vgl.: Rürup (s. Anm. 6), S. 206

60 Iring Fetscher (Hrsg.): Marxisten gegen Antisemitismus. Hamburg 1974, S. 15 f: »[. . .] deshalb aber Marx Antisemitismus zu unterstellen, wäre völlig verfehlt. Ihm ging es allein um die Emanzipation des Menschen von einer Gesellschaft, die auf dem Privateigentum beruht. Der ›jüdische Schacher‹ ist mehr ein Metapher für das Wesen des allgemeinen ›Geistes des Kapitalismus‹ als eine historisch gemeinte Tatsache.«

61 Vgl.: Erich Fromm: Das Menschenbild bei Marx. Frankfurt a. M. 1963, S. 9. Hier wendet sich Fromm dagegen, Marx u. a. als den Begründer des sowjetischen Antisemitismus zu bezeichnen, und erklärt: »[. . .] einige kritische Bemerkungen von Marx über die Juden, die er in seinem brillanten Aufsatz über das Problem der bürgerlichen Emanzipation polemisch trifft, zu verdrehen, um diese völlig phantastische Anschuldigung gegen Marx zu erheben«, sei abzulehnen.

62 Zum Problemkreis Judentum und Kapitalismus bei Marx vgl.: Wolfgang Fritz Haug: Antisemitismus in marxistischer Sicht. In: Herbert A. Strauss/Norbert Kampe (Hrsg.): Antisemitismus. Von der Judenfeindschaft zum Holocaust. Schriftenreihe der Bundeszentrale für politische Bildung, Bonn 1984, Bd. 213, S. 238–240

63 Vgl.: Lamm (s. Anm. 44), S. 60

64 Vgl.: Lamm (s. Anm. 44), S. 25

65 Vgl.: Friedenthal (s. Anm. 21), S. 232 und S. 458

66 Vgl.: »Der Sozialdemokrat«, Nr. 27 vom 30. 6. 1881 und Nr. 28 vom 7. 7. 1881. Vgl.: Wistrich (s. Anm. 38), S. 112. Die Sozialdemokratie, wie sie sich über den damaligen Chefredakteur Wilhelm Liebknecht (1826 bis 1900) artikulierte, gab sich zwar nicht philosemitisch, aber in keiner Weise antisemitisch.

67 Vgl.: Franz Mehring (Hrsg.): Aus dem Literarischen Nachlaß von Karl Marx, Friedrich Engels und Ferdinand Lassalle. Bd. I. Stuttgart 1902, S. 399 ff

68 Text bei Fetcher (s. Anm. 60), S. 54–56
Zu Engels, Bebel und Kautzky und deren Stellung zum Antisemitismus vgl.: Wistrich (s. Anm. 38), S. 126–140

69 Schon Anfang Juni ging die Redaktion des »Sozialdemokrat« davon aus, daß der Brief von Friedrich Engels »den meisten unserer Leser bereits bekannt ist«.
Vgl.: Der Sozialdemokrat. Nr. 23 vom 7. 6. 1890

70 Fetcher (s. Anm. 60), S. 55

71 Ebd.

72 Vgl.: Rürup (s. Anm. 6), S. 210 f

73 Unlängst verwies Eva Reichmann, die mit ihrem Mann zu den führenden Persönlichkeiten im »Centralverein deutscher Staatsbürger jüdischen Glaubens« zählte, in einem Gespräch mit dem inzwischen verstorbenen Dr. Hans Lamm noch einmal auf die unbedingte Solidarität zwischen Juden und SPD beim Heraufkommen des Nationalsozialismus. In: »Zeugen des Jahrhunderts«, ZDF vom 8. 2. 1982

74 Vgl.: Judith Pecke: Zur Diskriminierung orientalischer Juden durch die zionistische Politik. In: Emuna 1–2, 1979, S. 5

75 Ebd., S. 9

76 Pecke (s. Anm. 74), S. 10: »Ansätze rassischer Intoleranz finden sich in der zionistischen Ideologie; Intoleranz, die sich nicht zuletzt auch gegen Juden, nicht rassereine richtete.«

77 Im Palästinensischen Nationalabkommen, Fassung vom 17. Juli 1968, heißt es in Art. 2: »Palästina ist innerhalb der Grenzen, die es zur Zeit des britischen Mandats hatte, eine unteilbare, territoriale Einheit.« In Art. 20 heißt es, die Juden seien kein Volk und hätten daher auch kein Anrecht auf Selbstbestimmung und einen Staat. Im politischen Programm der PLO, verabschiedet anläßlich des 4. Kongresses der Al-Fatah am 1. 6. 1980 in Damaskus, bezieht sich die Bezeichnung »besetztes Land« nicht etwa auf die von Israel im Krieg von 1967 besetzten Gebiete, sondern auf das gesamte Staatsgebiet Israels seit 1948, also seit der Staatsgründung. Vgl. hierzu auch: Henryk M. Broder: Palästina – Ingrid Strobl war vor Ort. In: Die Zeit, Nr. 10 vom 27. 2. 1981, S. 11: »Von ›Palästina‹ (die Autorin war in Israel gewesen. d. Red.) wieder in Köln zurück, verkündete Frau Strobl, die Juden hätten in Palästina nichts zu suchen, das sei doch eine alberne Geschichte, nur weil irgendwelche Hebräerstämme vor zweitausend Jahren einmal dort gelebt hätten [. . .]. Ich versuchte erst gar nicht zu erklären, daß es historische, religiöse und metaphysische Bindungen gibt, die sie möglicherweise nicht nachvollziehen kann, die aber für andere eine Rolle spielen. Ich zog mich auf ein einfacheres Argument zurück und sagte, wir hätten es zweitausend Jahre ohne einen Staat versucht und dabei reichlich schlechte Erfahrungen gemacht, worauf Frau Strobl, ein Doktor der Philosophie, mir erwiderte, dann sollten wir es mit dem jüdischen Staat woanders versuchen, vielleicht in Bayern.«

78 Vgl.: Ginzel (s. Anm. 1), S. 41 ff

79 Zu dieser Problematik vgl.: Uri Sahm: Staat und Religion in Israel. Rolf Rendtorff: Ist Israel ein theokratischer Staat? In: Aus Politik und Zeitgeschichte. Bonn 1979, B. 10/9, S. 18–47. Ernst Simon: Zweifel nach Auschwitz. In: Ginzel (s. Anm. 3), S. 420–422

80 Vgl.: Ossip K. Flechtheim: Leserbrief in Die Zeit, Nr. 14, vom 27. 3. 1981, S. 76: »Zugegeben, es gibt eine extreme Linke, oder ›Ultralinke,‹ die sich in der Tat der extremen Rechten nähert – auch in ihrem offenen oder versteckten Antisemitismus. Das Gros der Linken war und ist aber nicht antisemitisch. Es gehört zum Wesen der Linken, daß sie gegen jede Form der Diskriminierung einschließlich der religiösen und ›rassischen‹ stets eingetreten ist und auch noch eintritt. [. . .] Dabei darf man nicht vergessen, auch wenn Stalinisten, Maoisten und sonstige Extremisten, die keine Radikalen im echten Sinne des Wortes sind, sich so verhalten, wie Broder es plastisch schildert.«
Vgl. auch: Fetcher (s. Anm. 60)

81 Jean-Paul Sartre: Drei Essays. Frankfurt a. M. 1960, S. 188

82 Aus dem Beschluß des ersten Zionistenkongresses in Basel 1847: »Der Zionismus erstrebt für das jüdische Volk die Schaffung einer öffentlich-rechtlich gesicherten Heimstätte in Palästina.« Vgl. auch: Theodor Herzl: Der Judenstaat. Versuch einer modernen Lösung der Judenfrage. Wien 1846

83 Sitzungsprotokoll der 125. Sitzung der UNO vom 26. November 1947. Zitiert nach: Ernst Vogt: Israel-Kritik von Links. Wuppertal 1976, S. 123 f

84 Vgl.: Ernst Vogt: Zionismus und Sozialismus. Zur Rolle der jüdischen Arbeiterbewegung bis zur Gründung des Staates Israel. Bonn 1977; Peretz Merchav: Die israelische Linke. Zionismus und Arbeiterbewegung in der Geschichte Israels. Frankfurt 1972; Dov Ben-Meir: Histadrut. Die israelische Gewerkschaft. Bonn 1982

85 Jean-Paul Sartre: Réflexions sur la question juive. Paris 1954, S. 169: »Mais il peut aussi être amené par son choix à revendiquer une nation juive possédant un sol et une autonomie, il peut persuader que l'authenticité juive exige que le Juif soit soutenu par une communauté israélite. Il ne serait pas impossible de concevoir que ces choix opposés puissent asscorder et se compléter comme deux manifestations de la réalité juive.«

86 Hans Weingartz vom »Palästina-Komitee«, Bonn: Die Zusammenarbeit zwischen Israel und der BRD. In: Al-Thaura Extra. Bonn 1971, S. 22

87 Ist die Sache erst einmal ideologisch eingepeilt, so kommt es ohnehin nicht mehr darauf an, wer nun tatsächlich den Anfang macht: Im Yom-Kippur-Krieg von 1973 wurde Israel eindeutig überfallen, der »Aggressor« war es trotzdem. So steht in der »Berliner Zeitung« (DDR) vom 8. 10. 1973 zu lesen: »Nach tagelanger sorgfältiger Vorbereitung ist das aggressive Regime in Tel Aviv mit Land-, Luft- und Seestreitkräften an allen Fronten über seine Nachbarn hergefallen [. . .].«

88 Vgl.: Bein (s. Anm. 23), S. 193 und 244 ff; Rubenstein (s. Anm. 26), S. 26; Heinz Abosch: Antisemitismus in Rußland. Darmstadt 1972

89 Vgl.: Awtandal Ruchadse: Die Juden in der UdSSR. Moskau 1978, S. 9

90 Wladimir Iljitsch Lenin: Über das Judentum. In: Weltgericht über den Judenhaß. Prag 1933, S 27 f

91 Vgl. Abosch (s. Anm. 88), S. 71

92 Vgl.: Rubenstein (s. Anm. 26), S. 6. Rubenstein macht darauf aufmerksam, daß eine Massenversammlung jüdischer Kommunisten in Leningrad im Jahre 1929 ein Glückwunschtelegramm an den Großmufti von Jerusalem, Haj Amin el Husseini, richtete. Anlaß dafür war ein »Schlag« Husseins gegen den »zionistischen Imperialismus«, mehr ein Pogrom, bei dem über hundert Juden verletzt oder ermordet worden waren.

93 Vgl.: Abosch (s. Anm. 88), S. 73: »In der Sowjet-Enzyklopädie von 1952 heißt es: ›Die leninistisch-stalinistische Nationalitätenpolitik der Völkergleichheit und Völkerfreundschaft hat bewirkt, daß es in der Sowjetunion kein ›Judenproblem‹ mehr gibt. [. . .] In den volksdemokratischen Ländern besitzen die Juden, wie alle anderen Minderheiten, gemeinsam mit der Bevölkerungsmehrheit gleiche Rechte und nehmen am nationalen Aufbauwerk des Sozialismus teil. In der UdSSR und in den volksdemokratischen Ländern assimilieren sich die Juden besonders rasch an die Völker, unter denen sie leben.«

94 Vgl.: Abosch (s. Anm. 88), S. 81: »Um sich aus der Affäre zu ziehen, gebrauchen sie Zwang, bestreiten, was nicht sein darf. Sie leugnen, daß es ausreisewillige Juden gibt, sie lassen einige ausreisen. Dann erklären sie, es gäbe keine mehr; und ergänzen, die Nahostkrise verhindere im Augenblick eine weitere Auswanderung.«

95 Vgl.: Ruchadse (s. Anm. 89), S. 76: Aus der Erklärung des Komitees der Jugendorganisationen der UdSSR und des Studentenrates der UdSSR: »[. . .] Diese Untat der israelischen Soldateska hat erneut das aggressive Wesen des Zionismus, dieses Werkzeugs der imperialistischen Reaktion, enthüllt. Die Extremisten von Tel Aviv, die vom amerikanischen Imperialismus direkt

unterstützt werden, sind darauf aus, durch eine militärische Eskalation den Kampfeswillen der arabischen Völker zu brechen, sie zur Preisgabe ihrer legitimen Interessen zu zwingen. Sie verschonen weder Greise noch Kinder. Auf ihr Blutkonto kommen zerstörte Wohnstätten, Krankenhäuser, Schulen und andere zivile Objekte.«
S. 137: J. Jewsejew in der Komsomolskaja Prawda vom 16. und vom 17. Mai 1970: »Das Wort Faschismus assoziiert sich im Bewußtsein von Millionen von Menschen mit den Greueltaten des zweiten Weltkrieges, mit Hitlers braunen Kolonnen, mit dem Hakenkreuz, [. . .] mit den stacheldrahtumzäunten Todeslagern, mit den ausgemergelten Gesichtern der Opfer in den Folterhöllen. [. . .] Nun erleben wir [. . .] die zunehmende Aktivität einer weiteren Spielart des modernen Faschismus, der in Israel Blüten treibt, auf dessen Staatsflagge auf weißem Grund ein hellblauer sechseckiger Stern, der sogenannte Davidsstern, unten und oben von je einem hellblauen Längsstreifen flankiert, abgebildet ist. Diese Flagge gilt zugleich als Banner des Zionismus [. . .]. Gerade diese Organisation maßte sich auf Betreiben ihrer wahren Herren, der jüdischen Finanz- und Monopolgewaltigen, das Recht an, im Namen der jüdischen Bevölkerung ausnahmslos aller Länder sprechen zu dürfen.«
96 Ruchadse (s. Anm. 89), S. 119
97 Vgl.: Rubenstein (s. Anm. 26), S. 27
98 Student Non-Violent Coordinating Commitee
99 Vgl.: Rubenstein (s. Anm. 26), S. 27
100 Heinz-Joachim Heydorn: Zwölf Thesen zum israelisch-arabischen Konflikt. In: Diskussion 23/1967, S. 2
101 Zitiert nach: Berthold Simonsohn: Der Nahostkonflikt und die Verwirrung der Linken. In: Diskussion Nr. 23, 1967, S. 9
102 Zitiert nach: Tatsachen über Israel. Jerusalem 1977, S. 50
103 Ebd., S. 49
104 Herbert Marcuse: Für eine gemeinsame Front. In: Diskussion Nr. 23, 1967, S. 3
105 Helmut Gollwitzer: Vietnam, Israel und die Christenheit. München 1968, S. 102 f
106 Gemeinsame Erklärung von 20 Vertretern der deutschen Linken zum Nahostkonflikt. In: Neue Deutsche Hefte, 2. Quartal 1968
107 S. Anm. 107
108 Jean Améry: Widersprüche. Stuttgart 1971, S. 246
109 Eine detaillierte Darstellung dieser Gruppen findet sich bei Vogt (s. Anm. 84), S. 58–103
110 Vgl.: Vogt (s. Anm. 84), S. 71 ff
111 Vgl.: Vogt (s. Anm. 84), S. 89 ff
112 Vgl.: Vogt (s. Anm. 84), S. 99 ff
113 Henryk M. Broder: Linke Tabus. Berlin 1976, S. 39
114 Neues Forum. Wien, April 1974
115 Kommunistische Volkszeitung. Zentralorgan des Kommunistischen Bundes Westdeutschland. 20. November 1975
116 Berliner Extradienst. 14. November 1975
117 Palästina Nachrichten. Zeitung des Palästinakomitees Freiburg. Nr. 8. Die Zeitung erscheint seit Oktober 1973.
118 Arbeiterkampf. Arbeiterzeitung des Kommunistischen Bundes. Nr. 5. 1973
119 Rote Presse Korrespondenz. 18. Oktober 1973
120 Roter Morgen. Zentralorgan der KPD/ML. 30. November 1974
121 Arbeiterkampf (s. Anm. 119), Nr. 11, 1973
122 Rote Fahne. Zentralorgan der Kommunistischen Partei Deutschlands. 3. September 1975
123 Kommunistische Volkszeitung (s. Anm. 116), 7. November 1973
124 Rote Fahne (s. Anm. 124), 22. August 1973
125 Vgl.: Peter Honigmann: Juden und jüdische Geschichte in der DDR. In: Siegfried Theodor Arndt, Helmut Eschwege, Peter Honigmann, Lothar Mertens: Juden in der DDR, Geschichte, Probleme, Perspektiven. Berlin 1988, S. 110
126 Verfassung der Deutschen Demokratischen Republik vom 6. April 1968 (GBl., S. 199) in der Fassung des Gesetzes zur Ergänzung der Verfassung vom 7. Oktober 1974 (GBl., S. 245): Art. 20 (1)
127 Lothar Mertens: Schwindende Minorität. In: Arndt u. a. (s. Anm. 125), S. 149
128 Robin Ostow: Jüdisches Leben in der DDR. Frankfurt 1988
129 Nachrichtenblatt der Jüdischen Gemeinde von Berlin und des Verbandes jüdischer Gemeinden in der DDR. Berlin, Dresden, Dezember 1979, S. 10–11; vgl. auch: Honigmann (s. Anm. 125), S. 105
130 Vgl.: Institute of Jewish Affairs of the World Jewish Congress: Europeen Jewry Ten Years after the War. New York 1956, S. 147
131 Vgl.: Robin Ostow (s. Anm. 128), S. 189
132 Vgl.: Reinhard Rürup: Topographie des Terrors – Gestapo, SS und Reichssicherheitshauptamt auf dem »Prinz-Albrecht-Gelände«. Berlin 1989, S. 93
133 Peter Honigmann (s. Anm. 125), S. 105
134 Vgl.: Peter Honigmann (s. Anm. 125), S. 106
135 Vgl.: Helga Haas-Rietschel: Die Frauen, die Juden und der »Schreckensgott vom Sinai«. Antisemitische Tendenzen bei feministischen Autorinnen? Ein Beitrag zur Diskussion. In: Publik-Forum. Nr. 4, 16. Jg., 27. Februar 1987, S. 30–31. Auf folgende Publikationen wird in dem Artikel Bezug genommen: Christa Mulak: Die Weiblichkeit Gottes. Stuttgart 1983; Gerda Weiler: Ich verweile im Lande des Krieges. Frauenoffensive 1984; Hanna Wolff: Neuer Wein – alte Schläuche. Radius 1981
136 Anne Jensen, Evi Krobath, Elisabeth Moltmann-Wendel, Elke Rüegger-Haller, Luise Schrottroff, Helen Schüngel-Straumann, Dorothee Sölle: Stellungnahme Feministischer Theologinnen zum Vorwurf des Antijudaismus vom 21. 2. 1988. In: Evang. Theol. 48. Jg., Heft 2, S. 158
137 Vgl.: Robert Wistrich: Antisemitismus in der Sowjetunion. München 1987. Vergleicht man die in diesem Buch dokumentierte, wahrhaft groteske antizionistische Hetze noch in der Ära Breschnew mit der sich unter Gorbatschow abzeichnenden Wende auch in diesem Bereich, so wird gerade dadurch klar, wie ungenau die pauschale Anwendung des Begriffes »Antisemitismus« sein kann. Der Antisemitismus der Nazis war prinzipiell nie veränderbar; auch der ihrer Enkel und Urenkel ist es nicht.
138 Hans Mayer: Außenseiter. Frankfurt a. M. 1981, S. 457

Antisemitismus von Rechts

Zur Funktion des Antisemitismus in der rechtsextremen Literatur

Günther B. Ginzel

Aufgabe dieses Beitrages kann es nicht sein, die überaus vielschichtige ideologische und durch persönliche Auseinandersetzungen zerrissene Szenerie des deutschen Rechtsextremismus darzustellen. Zwischen den sich eher konservativ gebenden national-freiheitlichen Parteiungen und den zum revolutionären Kampf aller »antiimperialistischen Kräfte« aufrufenden Gruppierungen, zwischen den sich christlich-germanisch-deutsch verstehenden »Bibelkreisen« und den antichristlichen und antikirchlichen neuheidnischen Wotansverehrern, zwischen den akademisch gebildeten Theoretikern und Autoren und den jugendlichen Schlägern ohne abgeschlossene Schul- oder Berufsausbildung liegen in jeder Hinsicht Welten.[1] Und dennoch existieren grundsätzliche Gemeinsamkeiten, die bei allem Trennenden symptomatisch für die sie einigenden »Grundwerte« einer rechtsextremen Einstellung sind.[2]
Einleitend zu unserer Untersuchung über die Funktion des Antisemitismus in der rechtsextremen Literatur soll daher eine knappe Übersicht über die wesentlichen Einstellungen stehen, aus denen sich ein rechtsextremes Weltbild zusammensetzt. Dabei kann in unserem Kontext das Faktum vernachlässigt werden, daß in jeder Gruppierung die aufgeführten Positionen unterschiedlich stark ausgeprägt sind. Entscheidend ist, daß diese Faktoren allen gemeinsam sind. Dieses rechtsextreme Grundmuster korrespondiert in praktisch allen Punkten mit antisemitischen Stereotypen und wird erfahrungsgemäß aus aktuellem Anlaß um weitere Positionen beliebig ausgedehnt, erweitert auf konkrete Personen, Völker, Nationen, Berufsgruppen, Geschlechter, Parteien etc. . . .[3]

Faktoren einer rechtsextremen Einstellung

- Ablehnung einer pluralistischen, multikulturellen Gesellschaft
- Ablehnung des Grundsatzes einer prinzipiellen Gleichheit, Gleichwertigkeit und Gleichbehandlung aller Menschen
- Negierung des Individualismus, der Freiheitsrechte und Emanzipationsbestrebungen von Minderheiten[4]
- Ablehnung oder Geringschätzung der parlamentarischen Demokratie
- Bejahung einer autoritären, patriarchalisch bestimmten Gesellschaftsordnung
- Betonung eines elitären Sendungsbewußtseins auf völkischer Basis (Überbetonung des eigenen Volkstums, der »Rasse«, – Ablehnung des Fremden bzw. des als fremdländisch Eingestuften)
- Dichotomisierung, Unterteilung komplexer Vorgänge und Strukturen in simple Schwarz-Weiß-, Freund-Feind-Bilder
- Glaube an Verschwörungstheorien, Angewiesensein auf Feindbilder (und Sündenböcke) im allgemeinen, Ausländerfeindlichkeit und Antisemitismus im besonderen
- Emotionale und irrationale Argumentation anstelle logischer Analyse – auch und vor allem in bezug auf die Deutungs- und Erklärungsmuster der Geschichte des Dritten Reiches und seiner Folgen.

Neonazis (Neo-Nationalsozialisten)

Neonazis unter den Rechtsextremisten verstehen sich als »revolutionäre Freiheitskämpfer«, die radikal, offen und aggressiv die obigen Positionen nach außen vertreten.[5] Mit Geringschätzung blicken sie auf rechtsextreme Parteien und Politiker, »Kompromißler« in ihren Augen, die sich im Rahmen der »herrschenden System- und Lizenzparteien« zu arrangieren suchten. Sie identifizieren sich mit der NSDAP, glorifizieren soldatische Tugenden und Leistungen der deutschen Wehrmacht, insbesondere der Waffen-SS, die sie als

Vorbild betrachten. In der Führerdiktatur des Dritten Reiches sehen sie die ideale Staatsform. Die Formen der Verehrung und Verklärung der Person Adolf Hitlers orientieren sich teilweise an christlichen Traditionen. Mit Hitlers Geburt beginnen sie eine neue Zeitrechnung. Im Pamphleten wird Hitler als Messias, als Christus der Deutschen bezeichnet.[6] Mehrere gebetsähnliche Texte kursieren. Am bekanntesten ist eine Eloge auf Hitler im Stil des »Vaterunsers«.[7]
Eine sich als »national-revolutionär« empfindende Minderheit im Neonazismus lehnt dagegen Hitler als Leitfigur ab, dem sie Verrat an den sozialistischen Bestrebungen innerhalb der NSDAP (besonders der SA) vorwerfen. Aus diesen Gruppierungen heraus wird seit Jahren (vergeblich) versucht, Anschluß an linksanarchistische Terrorgruppen auf der Basis eines »antiimperialistischen und antikapitalistischen« Bündnisses zu finden.
Auch wenn der Neonazismus nicht nur von Jugendlichen getragen wird, prägen sie doch nach außen hin sein Bild. Dies wird sich in den kommenden Jahren weiter verstärken. Denn durch den Zulauf gerade von recht jungen Menschen ist dies die einzige Sparte innerhalb des Rechtsextremismus, die seit Jahren kontinuierlich wächst. Diese Entwicklung war bereits vor der deutschen Einigung erkennbar, hat sich aber danach deutlich verstärkt. Die Ursachen für dieses Phänomen, die sozialen und sozialpolitischen Hintergründe können hier nicht diskutiert werden. Jugendliches Aufbegehren, Einsamkeit, Perspektivlosigkeit, Langeweile, Erlebnishunger sind nur einige Faktoren, die berücksichtigt werden müßten. Zudem ist seit langem bekannt, daß ein »junger unpolitischer Mensch, der – sexuell frustriert, emotional gehemmt und sozial verschüchtert – sich nun einmal rächen möchte für die ihm auferlegten Beschränkungen und Verzichte, sich am ehesten denen anschließen wird, die Hüter von Recht und Ordnung am stärksten zu provozieren vermögen«.[8] So sehr dies auf die Ostländer zutreffen dürfte, so deutlich sei davor gewarnt, Neonazismus, besser gesagt, dessen Wahrnehmung, auf die neuen Ostländer einzugrenzen. Die ostdeutschen Neonazis werden bislang ausnahmslos ideologisch von westdeutschen (und im geringeren Maße von ausländischen) Agitatoren geprägt.

I. Zur Funktion des Antisemitismus in der rechtsextremen Literatur

1. Rechtsextremismus

Die Untersuchung basiert auf der offen zugänglichen rechtsextremen Literatur. Diese Literatur ist ausschließlich in Westdeutschland erschienen. Daran hat auch die deutsche Einheit nichts geändert. Aufgrund der spezifischen Geschichte der DDR gab es in der Vergangenheit dort weder rechtsextreme Verlage noch rechtsextreme Publizisten. Zwar existiert ganz offensichtlich ein zahlenmäßig noch nicht klar faßbares Potential, das sich nach der erfolgten Einheit offen zum Rechtsextremismus bekennt, doch sind bis Herbst 1991 keinerlei einschlägige Bücher herausgegeben worden, deren Autoren oder Verlage in den Ostländern beheimatet wären.
Neben den Verlagshäusern, die im Umfeld rechtsextremer Parteien und Organisationen gegründet wurden, existieren 10 [11] »organisationsunabhängige Buchverlage«, 13 [14] Zeitungs- und Zeitschriftenverlage und 12 [9] Vertriebsdienste.[9] Die jährliche Auflagenhöhe der gesamten rechtsextremen Publikationen (Zeitungen, Periodika) schwankt zwar, hat sich aber seit Jahren konstant bei etwa neun Millionen Exemplaren eingependelt. Wie hoch die Auflage der Bücher ist, kann in Ermangelung exakter Daten nicht angegeben werden. Immerhin ist das rechtsextreme Leserpotential ausreichend, um sowohl eine Fülle von Zeitungen mit einer Auflagenhöhe von einigen hundert bis zu wöchentlich 100 000 Exemplaren zu unterhalten und darüber hinaus eine bemerkenswerte Zahl einschlägiger Buchverlage und deren Autoren zu beschäftigen.[10]
Für diese Darstellung erschien eine Beschränkung der zitieren Arbeiten auf eine überschaubare Zahl wegen der Lesbarkeit des Artikels angeraten. Allein zum Thema »Gaskammerlüge« mußten 52 Bände durchgearbeitet werden! Insgesamt wurden 134 Bücher erfaßt. Erleichtert wird die Entscheidung, sich hier auf ein gutes Dutzend Bücher zu beschränken, aufgrund der weitestgehenden Deckungsgleichheit der Inhalte und Argumentationsstränge und der (ermüdenden) Technik der Autoren, sich wechselseitig oft seitenlang zu zitieren, womit die nicht vorhandene Quellenvielfalt vorgetäuscht werden soll.

Somit ist es möglich, sich auf repräsentative Bücher zu konzentrieren und vom Wenigen auf das Ganze zu schließen.

2. Neonazismus

Es hat sich als notwendig erwiesen, wenn auch zugespitzt auf unser Thema, den Bereich des Neonazismus zu berücksichtigen. Obwohl dessen Druckerzeugnisse – im Gegensatz zur übrigen rechtsextremen Szene – als eine Art von Untergrundpresse hergestellt oder zur Umgehung deutscher Gesetze im Ausland gedruckt, nach Deutschland eingeschmuggelt werden. Dabei handelt es sich fast ausschließlich um Flugschriften und zunehmend um Broschüren mit einem Umfang zwischen zehn und 20 Seiten.
Exemplarisch für diesen Komplex wird das in der Haft verfaßte Buch »Das Vierte Reich« analysiert. Es ist nicht nur die umfangreichste, sondern die wesentliche Schrift des bundesdeutschen Neonazismus, die eine ideologische Richtungsänderung begründete: hin zu einem aggressiven Antisemitismus. Ihr Autor ist der im Frühjahr 1991 verstorbene Michael Kühnen.

Rechtsextreme Literatur

Abstrakte Judenfeindschaft – Anonyme Juden

Antisemitismus war stets ein wesentlicher Faktor in jeder völkischen Ideologie. Der Vertreibung und Vernichtung des deutschen Judentums Rechnung tragend, wird allerdings weniger Feindschaft gegenüber konkreten jüdischen Menschen und einzelnen Persönlichkeiten propagiert. Die bis in die NS-Zeit üblichen antisemitischen Anklagen gegen jüdische Bankiers, Literaten etc., das Beklagen einer »jüdischen Überfremdung«, die langen Tabellen manipulierter Statistiken zum Beweis des überproportionalen Einflusses von Juden, dies alles ist zwar, wie noch darzustellen ist, nach wie vor im Repertoire, doch von eher nebensächlicher Bedeutung für den aktuellen Antisemitismus von Rechtsaußen. Die Autoren der Bücher wurden zwar, soweit erkennbar, vor 1945 geboren, erlebten das Dritte Reich zumindest als Soldaten und Hitlerjungen. Ihr Rechtsextremismus ist stets auch eine Auseinandersetzung mit ihrer eigenen Geschichte und ihrer persönlichen Verstrickung. Sie wenden sich entweder an ihre Altersgenossen: »Wir Deutschen taten nur unsere Pflicht und sind nicht schuldig«[11] oder an die Nachgeborenen: »Unsere Väter waren keine Verbrecher. Wie es damals wirklich war.«[12] In praktisch allen Büchern steht die »Vergangenheitsbewältigung« im Mittelpunkt und in diesem Kontext auch der Antisemitismus. Doch zunehmend und zwangsläufig verjüngt sich die Leserschaft. Der nach 1945 geborene Rechtsextremist hat im Regelfall keine Vorstellung von Juden und Judentum aus eigener Anschauung. Er hat weder positive noch negative konkrete Erfahrungen. In den »neuen« Ostländern leben etwa 300 Juden unter 16 Millionen Nichtjuden. In Westdeutschland wird die Zahl der Juden auf 30 000 (unter 60 Millionen Nichtjuden) geschätzt! Rechtsextreme Autoren bedienen sich daher einer Art Abstractum der Judenfeindschaft und des anonymen, gesichts- und namenlosen Juden. Rechtsextremismus, soviel sei bereits jetzt festgestellt, bedarf geradezu zwingend dieser Konstruktion. Daran ändert auch die Tatsache nichts, daß im Gegensatz zur hier untersuchten Literatur in der aktuellen Mitglieder- und Wahlwerbung rechtsextremer Parteien und Gruppen andere Themen und Feindbilder im Vordergrund stehen (Beispiel: Ausländer, Asylsuchende, Abtreibung, ökologische Fragen, »deutsche Ostgebiete«). Trotzdem bleibt der Antisemitismus unverzichtbar. Er kann daher auch mangels Juden nicht aufgegeben werden![13]
In der rechtsextremen Literatur wird offensichtlich darauf vertraut, daß man mit Hilfe des Antisemitismus auch der jüngeren Leserschaft scheinbar alles erklären kann, ohne konkrete Beweise vorzulegen.[14] Das antijüdische Vorurteil bildet Basis und Bindeglied für den Versuch, die Vergangenheit von allem Bösen zu läutern, die Gegenwart zu verfinstern und beides auf das kontinuierliche Wirken einer feindlichen Macht, die in ungebrochener Perfidie zum Nachteil Deutschlands wirke, zurückzuführen. Dabei wird der angesprochene Gegensatz zu den aktuellen tagespolitischen Auseinandersetzungen (Schlagwort »Ausländerstopp«) und der Konzentration auf die »Vergangenheitsbewältigung« keineswegs als solcher verstanden. Den Autoren geht es um die Zusammenhänge, Hintergründe, um Ursache und Wirkung. Denn erst (so die einschlägi-

ge Ursachenbeschreibung) ein »entehrtes«, »geknebeltes«, »seiner Eigenart« verlustig gegangenes, »umerzogenes« Volk sei (so die Wirkungsgeschichte): »anfällig«, »wehrlos« geworden gegenüber »undeutschen Politikern«, »Verrätergruppen« und Erscheinungen wie »Ausverkauf der Heimat«, »Ausländerschwemme«, »endlosen« Wiedergutmachungsleistungen, sei »erpreßbar« und zum »Zahlmeister der Welt« geworden. Oder anders ausgedrückt: Hitler stehe für Sicherheit und Ordnung. Heute dagegen herrsche Unsicherheit und Chaos. Frage: Wer ist schuld?

Tarnsprache

Eine grundsätzliche Problematik ist zu beachten: Man mag der Gesellschaft und der Justiz Defizite im Umgang mit der »jüngsten Vergangenheit« anlasten, ein zu lasches Vorgehen gegen Rechtsextremisten beklagen, eines aber wird in der Regel nicht hingenommen: die öffentliche antisemitische Beschimpfung. Daraus haben Rechtsextremisten gelernt. Sie haben sich, mit Ausnahme der Neonazis, mit ihren Äußerungen in Programmen, Schriften, Zeitungen und Büchern rhetorisch in den Freiheitsspielraum des Rechtsstaates eingefügt. In einer grundlegenden Studie aus dem Jahr 1961 stellte Hans-Helmuth Knütter bereits fest: »Kennzeichnend für diese Anpassung ist eine gut entwickelte Tarnsprache. Die Rechtsradikalen geben durchaus nicht zu, Extremisten und Verteidiger des Nationalsozialismus zu sein, sondern behaupten, sie seien ebenfalls Demokraten und Anhänger der Freiheit.«[15]
Sie rechtfertigen Verbrecher aus der NS-Zeit und behaupten, es sei keine Rechtfertigung. Sie äußern sich antisemitisch und geben vor, keine Antisemiten zu sein.[16] In den Analysen der rechtsextremen Presse und in den Verfassungsschutzberichten wird übereinstimmend »antijüdische Hetze« konstatiert. Aber offensichtlich nicht im strafrechtlichen Sinne! Obwohl sich die Terminologie des *Stürmers* mit Schlagworten wie »Weltjudentum« und jüdische »Zersetzung« in Zeitungsüberschriften findet, wie etwa der *Deutschen National-Zeitung:* »Die Macht des ›Weltjudentums‹ – und was dahinter steht«, »Kapitulation vor dem ›Weltjudentum‹«, »Macht der Juden in Deutschland«, »Juden zersetzen Deutschland«. Natürlich sagen solche Headlines in einer der größten deutschen Wochenzeitungen auch etwas über die Leserschaft aus. Sie »spekulieren ganz offensichtlich auf die antijüdischen Ressentiments des national bis nationalistisch gesinnten Leserpublikums«.[17]

Antisemitismus – Antizionismus

Um Ärger mit der Justiz zu vermeiden, begann man vor über 20 Jahren den Begriff »Jude« teilweise durch »Zionist« zu ersetzen. So konnte die »Deutsch-Völkische Gemeinschaft« die »Vernichtung des Zionismus« fordern, Juden meinen und sich auf das »Recht« berufen, »nur« eine politische Bewegung abzulehnen. Grundsätzlich werden die Termini Judentum und Zionismus ohne Differenzierung eingesetzt.
Der Antizionismus der Rechtsextremen ist in erster Linie eine Tarnung des Antisemitismus oder, anders ausgedrückt: sie sind deckungsgleich. »Zionistische Verbrechen« gelten als Enthüllung der »jüdischen Gefahr«. Staat Israel und Zionismus erscheinen als sichtbare, quasi manifest gewordene Ausprägung der imaginären »jüdischen Weltverschwörung«.
Mit dieser Absicht verbindet sich ein Grundzug in der rechtsextremen Taktik: die Verharmlosung nationalsozialistischer Verbrechen. Der durchgehende Antiisraelismus in der rechtsextremen Literatur und Publizistik ist der nicht einmal getarnte Versuch, Israelis und Zionisten als die einzig wahren Nazis der Geschichte, als Rassisten und Imperialisten, Massenmörder und KZ-Wärter zu denunzieren. Die »angeblichen Opfer« von Hitler und Himmler, so die Argumentation, beschuldigten (zu Unrecht) die Deutschen der Verbrechen und Einstellungen, die auf sie selbst zuträfen. Unterdrückung, rassische Vorurteile, Vertreibung und Mord, das habe es so in Hitler-Deutschland nicht gegeben, dies sei israelisch-jüdische Gegenwart. So werden mit offensichtlichem Vergnügen die Termini des Schreckens – Auschwitz, Holocaust, Genozid, SS – auf Israel übertragen. In der Literatur sind Wortschöpfungen mit entsprechend politischer Absicht verbreitet: »Zionazi«, »Zion-Nazi«, »Nationalzionisten«.
Der Antizionismus von Rechtsaußen folgt einer Doppelstrategie, wie sie auch in anderem Zusam-

menhang anzutreffen ist, der Entlastung und der Belastung. Auf der einen Seite die Entlastung: »Naziverbrechen» geschehen im heutigen Israel. Andererseits die Rechtfertigung: Die Antisemiten in Deutschland hatten mit ihrer Einschätzung des »jüdischen Verbrechertums« doch recht. Die Politik des Dritten Reiches mit ihren ansonsten geleugneten Folgen (!) kann also so falsch nicht gewesen sein. Auf dieser Basis wird ein antisemitisches Konzept entwickelt. Zwischen Israel und Deutschland werde ein Kampf ums Überleben geführt. Was früheren Antisemiten im völkischen Lager als jüdisch galt, wird nun als »System zionistischer Diktatur – genannt Demokratie« abgelehnt.[18]

Wurden einst »jüdische Feinde« als »fünfte Kolonne« diffamiert, lautet dieses Stereotyp mit gleichem Inhalt, aber neuer Sprache in den achtziger Jahren: »An den wichtigsten Schalthebeln in der BRD, von unten bis ganz oben, sitzen bereits Israelis und Angehörige der zionistischen fünften Kolonne. In allen staatstragenden Parteien sind Zionzensoren zu finden.«[19] Die Feindschaft gegen Israel und die Solidarität mit den Arabern, besonders den Palästinensern, kann als systemimmanent beschrieben werden. Dabei hat dies nur sehr wenig mit Sympathie für die Araber, viel aber mit der Antipathie gegen Juden und dem Versuch zu tun, sich auf die Stufe des Opfers jüdischer oder/und zionistischer Verschwörung und Rache zu stellen. Die »Befreiung Deutschlands« führe daher über den Weg der Beseitigung Israels. Der Friedensschluß zwischen Israel und Ägypten löste einen Sturm der Entrüstung aus. In einem Flugblatt wurde die rechtsextreme Position auf den Nenner gebracht: »Wer für Deutschland ist – ist gegen Israel. Wer für Israel ist – ist gegen Deutschland.«[20]

Verschwörungstheorie oder: Die Revision der jüngsten Geschichte

1. »Jüdische Mentalität«

Der traditionelle politische Antisemitismus findet sich in der rechtsextremen Literatur in der Form einer »Einengung« instrumentalisiert im Dienste einer Revision der jüngsten deutschen Vergangenheit.

Entsprechend dem zuvor Festgestellten, werden durchgängig im ersten Schritt – ganz »traditionell« – die Ursachen des Antisemitismus auf die »Beschimpfung und Zersetzung des Deutschtums« durch die Juden[21], auf »die Ablehnung der Juden gegen alles Nichtjüdische« zurückgeführt.[22] Die »endlose Flut der Ostjuden«[23] wird ebenso angeführt wie die jüdische Überzeugung der Auserwähltheit. All dies habe heftige Abwehrreaktionen auslösen müssen. Kurz: Das Verhalten der Juden, die überwiegend als Fremdkörper dargestellt werden, löste eine »Gegenwirkung« aus, die als »die natürliche Reaktion« gerechtfertigt wird.[24]

Auch die Buchautoren beteuern, keine Antisemiten zu sein, doch mit ihren Schlagworten von der »Verjudung Deutschlands«[25] oder vom »Treiben der Ostjuden«[26] wird nichts weniger als die Notwendigkeit des Antisemitismus belegt. Der Vorwurf der »Zersetzung« steht für die rassische und geistige Bedrohung. Die »Ostjuden« spiegeln die Angst vor sozialer Verdrängung. Die »Auserwähltheit« zielt auf die religiösen Aspekte und den Minderwertigkeitskomplex vieler Judenfeinde. Mit der Übernahme antisemitischer Klischees werden die traditionellen Ängste von Antisemiten gezielt angesprochen, zu deren Persönlichkeitsstruktur nach den Erkenntnissen der Psychoanalyse in ganz besonderem Maße Ängstlichkeit, Angst vor Fremdheit, vor dem »Unheimlichen«, vor der eigenen Hilflosigkeit und Feigheit einerseits gehören, aber auch, komplementär, eine Mischung aus Selbstmitleid, Wut und Destruktivität, oft gesteigert bis zum Selbsthaß, der dann wiederum auf das Feindbild (als vermeintliche Ursache) projiziert wird.[27] Den Juden gelingt in der antisemitischen Phantasie, auch der der Autoren, halt immer das, was ihnen selbst, den Deutschen, stets mißlingt. Der »deutsche Michel« mit Zipfelmütze, großen, verwundert staunenden Augen, mit denen er dennoch die Welt nicht begreift, der ewige Schlemihl. Das ist letztlich das Bild des Deutschen, wie es, unausgesprochen und dennoch unmißverständlich, von der rechtsextremen Literatur beschrieben wird.[28] Einer, der immer neu startet und immer wieder scheitert, individuell und kollektiv, weil ihm die gehaßte und bewunderte, dem Juden unterstellte »Gerissenheit«, die »jüdische Mentalität«, fehlt.

Wie bereits angedeutet, werden diese Positionen,

Grundzüge einer antisemitisch bestimmten Weltanschauung, herangezogen, um eine »jüdische Mentalität« aufzudecken. Doch dies ist nicht das angestrebte Ziel, sondern die Basis für die eigentliche Botschaft. Der Leser soll vorbereitet werden, um ihm den jüdischen »Willen zum Krieg gegen Deutschland«, »die Entschlossenheit, Deutschland zu zerstören«, zu erklären, um die Wahnvorstellung von einer »jüdischen Kriegserklärung« gegen das Dritte Reich zumindest dem gleichgesinnten Leser verständlich zu machen.[29]

Dieses Rechtfertigungskonzept wird konventionell auf der These von der »jüdischen Weltverschwörung« aufgebaut. Mangels neuer Argumente werden die Elemente der bereits beschriebenen sog. »jüdischen Mentalität« durchvariiert. Im Mittelpunkt – die »Wurzel des Antisemitismus«: der »altjüdische Auserwähltheitsdünkel«[30], der auch als »zionistischer Auserwähltheitswahn« firmiert.[31] Mit einer Fülle von antijüdischen Zitaten aus Martin Luthers Altersschriften, von Eisenmenger bis Chaimberlain, wird die aus der »jüdischen Überhöhung« resultierende angebliche Unfähigkeit der Juden belegt, mit Nichtjuden in Frieden leben zu können.[32] Das so beschriebene »Wesen des Judentums« wird im nächsten Schritt als »jüdischer Imperialismus« entlarvt[33], der sich auf ein »überaus fragwürdiges Machwerk voller Wahnideen«, gemeint ist die Bibel, gründe.[34] Erstaunlich, welch breiten Raum in der rechtsextremen Publizistik die Polemik gegen das Alte Testament und die »unersättliche alttestamentarische Rachgier« einnimmt.[35]

Es ist ganz offensichtlich, daß unter den Rechtsextremisten die »Lehren« der »Deutschen Christen« mit ihrer Verwerfung des Alten Testaments, der Ablehnung des Apostels Paulus und dem Haß auf das Jüdische im Christlichen nachwirken.[36] Die Bibelzitate, die den Urgrund jüdischer Verworfenheit aufdecken sollen, füllen häufig viele Seiten.[37] Die »innere Verwüstung« der Juden, wofür die Beschneidung das »äußere Zeichen« sei, wie auch ihr »Trieb zur Alleinherrschaft« seien letztlich eine unabänderliche Konsequenz ihres Glaubens an den »wüstenländischen Supergötzen«, den »machtbesessenen Rachegott des Alten Testaments«[38], diesen »seltsamen Jahwe«.[39] Fazit: Das Beispiel von »Jahwes Alleinherrschaft« und die »von Jahwe verheißene Weltherrschaft« provozierten »einen jüdischen Weltherrschaftsplan«, . . . der »auf die Bibel« zurückgehe.[40]

Die Elemente und Schlußfolgerungen sind die im politischen Antisemitismus sattsam bekannten: jüdische Bibel – Judentum – jüdische Weltherrschaft. Wie in der Vergangenheit kann dieses Klischee aktualisiert und entsprechend auf andere Feindbilder wie Freimaurer, Kommunisten, internationale Finanzdynastien, katholische Kirche (vor allem, seit ihr ein polnischer Papst vorsteht) ausgedehnt werden. Sie alle strebten »die universale und totale Herrschaft über die Welt« an.[41] Zu diesen »Söhnen der Finsternis« werden ausnahmslos die Zionisten gezählt.[42]

Der Eindruck wird vermittelt, das »Judenproblem« stelle die Menschheit vor die Existenzfrage. Hitlers These, wonach es nur *ein* auserwähltes Volk (die Deutschen oder die Juden) geben könne, klingt deutlich an. So drohe der Welt, insonderheit Deutschland, von den Juden »Enteignung und Massenmord«. Es gehe daher um »eine Frage der nationalen Notwehr« und in letzter Konsequenz um einen »Kampf um die Selbstbehauptung und um die Macht«.[43]

2. Der »jüdische Krieg« gegen Deutschland

Eine quasi »neudeutsche« Variante der Weltverschwörungsphantasien wird, wie bereits angedeutet, zum eigentlichen Thema rechtsextremer Publizistik, in rechter Terminologie: die »Auschwitz-Lüge« und die »Kriegsschuldlüge«, der »jüdische Krieg«.

Die Relativierung oder Leugnung der Massenvernichtung setzt mit der Behauptung ein, nicht Deutsche hätten Juden, sondern »das Weltjudentum« habe Deutschland verfolgt. Nicht Hitler habe die Weltherrschaft angestrebt, sondern die Juden. Sie und die ihnen hörigen Mächte hätten versucht, sich mit der Bekämpfung ihres wichtigsten Gegners (gemeint ist Hitler-Deutschland) den Weg zur Macht zu ebnen. Es habe in der Konsequenz dieses Machtstrebens gelegen, Deutschland in den Krieg zu treiben. »Unter dem Vorwand, von ›Hitlers Judengegnerschaften‹ wurde die übrige Welt zum Krieg gegen Deutschland gehetzt; wegen ›Hitlers Judengegnerschaft‹ wurde Deutschland zerstört; wegen ›Hitlers Judengegnerschaft‹ wurde in Deutschland eine Besatzungspolitik eingeleitet, die nur

den einen Zweck verfolgt, das deutsche Volk moralisch und geistig zu vernichten . . .«[44]
Die Verantwortung für den Ausbruch des Zweiten Weltkrieges und seine schrecklichen Folgen sind daher auf die »jüdischen Greuellügen«, die angeblich die Welt gegen Deutschland aufhetzen sollten, auf ein »teuflisches amerikanisch-jüdisches Komplott« und letztlich auf die konkrete »jüdische Kriegserklärung«, einem »Musterbeispiel eines Verbrechens gegen die Menschlichkeit«, zurückzuführen.[45] Originell ist diese These nicht. Die Parole vom »jüdischen Krieg« wurde aus dem *Völkischen Beobachter* übernommen, der mit dieser Kampagne eine Scheinrechtfertigung für die erste öffentliche Großaktion des Dritten Reiches, den reichsweiten Boykott am 1. April 1933 gegen die jüdische Bevölkerung, einleitete. »Der jüdische Krieg beginnt«, meldete der *Völkische Beobachter* am 17. März und am 28. März 1933, um als »Antwort an die jüdischen Welthetzer« zum Boykott aufzurufen: »Boykottiert die Juden«, der dann reichsweit am 1. April 1933 von der NSDAP und ihren Formationen durchgeführt wurde. Die Taktik der NS-Propaganda sowie von Hitler selbst, die eigenen Aktionen gegen die jüdische Bevölkerung als Reaktion zu tarnen, wird im Rechtsextremismus fortgesetzt.
Entsprechend den nationalsozialistischen Vorbildern werden Zeitungsmeldungen in der ausländischen Presse über jüdische Proteste gegen die Judenverfolgungen in Deutschland, über (samt und sonders gescheiterte) Versuche einzelner Gruppen, Deutschland durch einen Handelsboykott zu einer Änderung seiner Haltung zu bewegen, zu einer »offiziellen Kriegserklärung des jüdischen Volkes an Deutschland« umfunktioniert.[46] Der antisemitischen Tradition der Pauschalierung folgend, werden Handlungen oder Erklärungen eines einzelnen Juden mit dem Judentum als Gesamtheit gleichgesetzt. Hierzu zählt auch die Taktik der Verdrehung von Ursache und Wirkung. So wird jede deutsch-kritische Äußerung von Juden oder jüdischen Verbänden, die das verzweifelte Schicksal der Glaubensbrüder unter deutscher Herrschaft beklagt, als eine Folge (!) der 1933 einsetzenden Kriegserklärung uminterpretiert: »Das Weltjudentum erließ mehrfach formelle Kriegserklärungen gegen Deutschland.«[47] Die »Organisation des Zionismus (erklärte) Deutschland ausdrücklich für die Judenheit den Krieg«.[48] »Der zionistische Weltkongreß als Vertretungsorgan des Weltjudentums« habe »faktisch den Krieg erklärt«.[49] »Das Weltjudentum« habe »sich selbst als kriegführende Partei« betrachtet.[50] Sprecher der in der weiten Welt zerstreuten Juden hätten »im Namen des Judentums« den Deutschen den Krieg erklärt.[51] Daß all diese sensationellen »Tatsachen« nichts anderes sind als barer Unsinn, wird wohl auch zukünftig keinen Rechtsextremisten davon abhalten, daran zu glauben, zumindest aber diese Behauptungen weiterhin aufzustellen.
Gleiches dürfte auch für andere Erklärungsmuster gelten. Von einigen Autoren wird die Vernichtung des europäischen Judentums nicht grundsätzlich geleugnet.[52] Nur, sie wird als »Verwandtenhaß« dargestellt, als Werk von Hitler und seinen jüdischen Helfern: eine »Verwandten-Haß-Psychose«.[53] Danach waren die in die Endlösung verstrickten Größen des Dritten Reiches »jüdischblütig«. Von Rudolf Heß über Hermann Göring, Heinrich Himmler bis zu Hitler, bei allen werden »einwandfrei semitische Augen-, Nasen- und Mundpartien« diagnostiziert und eine zumindest »teiljüdische Abstammung« aufgedeckt. Adolf Eichmann wird als »volljüdisch« entlarvt, und selbst Hitler habe nicht dem »Arierparagraphen« entsprochen, sei möglicherweise »Vierteljude« gewesen, nämlich: »vier Teile germanische, vier Teile slawische und zwei Teile einer semitischen Rasse«.[54] Auch dieser Schwachsinn soll natürlich der Entlastung dienen. Denn »Hitler war getrieben von seinem maßlosen Haß auf das eigene Blut«. Konsequenz: »Bei der Vernichtung jüdischen Lebens . . . ist es schwer, Erfüllungsgehilfen zu finden, die nicht jüdischer Abstammung waren.«[55]
Eine Variante dieses Modells führt direkt zu den Zionisten als den eigentlich Schuldigen: Hitler sei »von den Zionisten erwählt (worden) . . ., der Scharfrichter der Juden zu sein«.[56] Die Zionisten – verantwortlich für Auschwitz? »Hitlers Lebenstraum aus Wiener Jungmännerjahren (ging mit der Gründung des Staates Israel) in glanzvolle Erfüllung. Sein und seiner jüdischer Helfer Heydrich und Eichmann Verwandtenhaß, in Wahn und geplante Vernichtung gesteigert, hatte endlich das ›Werk des Herrn‹ durch einen Staat . . . vollendet.«[57]
Ohne diese unglaublichen Aussagen hier jetzt weiter zu analysieren, mag der Hinweis genügen,

daß die These von »Adolf Hitler, Begründer Israels« häufiger vertreten wird.[58]
Man kann sich nicht des Eindrucks erwehren, daß die Autoren ihren mit so großem Nachdruck vertretenen Thesen selbst zumindest mißtrauen. Dieser Mangel an Logik muß ihnen auffallen, handelt es sich doch nicht selten um Historiker, Exdiplomaten, Juristen und Theologen, die akademisch gebildet sind. Da wird Hitler als Instrument zionistischer Politik dargestellt, der aufgrund der Massenmorde den Zionisten ein moralisches Druckmittel geliefert hätte, der Welt den Staat Israel abzutrotzen. Insbesondere auf Flugblättern wird behauptet, die Zionisten hätten nur aus diesem einen Grund den Zweiten Weltkrieg »entfesselt«! Gleichzeitig wird die Basis dieser Behauptung, nämlich die Existenz der Vernichtungslager und des Massenmordes (das angebliche Druckmittel!) aufs heftigste bestritten.
Danach sei Auschwitz eine »Erfindung der Nachkriegspropaganda«[59], ein »Mythos«, der von seinen »zionistischen Erfindern« zu einem »quasi religiösen Glaubensdogma« erhoben werde[60], eine »deutsch-feindliche General-Lüge«[61], die »schlimmste Schuldbezichtigung aller Zeiten«, die auf »meineidigen Aussagen erpreßter und gefolterter ›Zeugen‹ und pathologischer Lügner« beruhe.[62]
So bleibt als letztes Mittel die Diffamierung der Opfer. Zu erdrückend sind die Ergebnisse der Forschung und die Aussagen, nicht nur der Opfer, sondern auch der angeklagten ehemaligen KZ-Wärter, die keinen Zweifel am Genozid und seiner Durchführung aufkommen lassen. Denn in den Prozessen um die Ermordung von Menschen in den Konzentrations- und Vernichtungslagern wurde von den Angeklagten zwar häufig der eigene Schuldanteil bagatellisiert, bestritten oder Befehlsnotstand reklamiert, nicht aber das System der Ermordung in Zweifel gezogen. Gerade NS-Prozesse – auch durch die Aussagen zahlreicher Täter – wurden zu einer wichtigen Dokumentation für die Mordpraktiken, die Folter, das System der Vernichtung durch Arbeit, die Ermordung in Gaswagen und Gaskammern.[63]
Doch derlei Fakten werden in der rechtsextremen Publizistik wohl auch künftig negiert und als »infame und niederträchtige Greuellügen«, als »lügnerische zionistische Behauptung« und als Teil des zionistischen oder/und jüdischen Feldzuges gegen Deutschland deklariert.[64]

Fassen wir den Punkt »Auschwitz-Lüge«, das zentrale Thema rechtsextremer Autoren weltweit, zusammen.[65] Die Grundzüge einer in den wesentlichen Aussagen übereinstimmenden Darstellung lassen sich wie folgt zu einer knappen Übersicht komprimieren:

»Auschwitz-Lüge« Rechtsextreme Positionen zur »Endlösung der Judenfrage«

- Verschleierung, Negierung nationalsozialistischer Verbrechen an Nichtjuden. Durch Konzentration und Reduktion auf die jüdischen Opfer wird einerseits das Ausmaß der Verbrechen gegen die Menschlichkeit verharmlost und andererseits eine Ausgangssituation zu dessen grundsätzlicher Leugnung konstruiert.
- Eine systematische Ermordung hatte nicht stattgefunden. Es lag kein Befehl oder Plan zur Vernichtung der europäischen Juden vor.
- Es existierten weder Vernichtungslager noch Gaskammern.
- Die Reichsregierung habe Juden human behandelt. Als ein fremdvölkisches Element seien sie »logischerweise« unter Fremdenrecht gestellt worden. Antijüdische Maßnahmen der Reichsregierung seien eine Folge der »deutsch-feindlichen Haltung« der Juden und deren antideutscher Politik gewesen.[66]
- Deportationen und die Konzentration der jüdischen Bevölkerung in Gettos und Lagern sei eine Reaktion auf die »jüdische Kriegserklärung« gewesen[67] und entsprechend den »Kriegsgesetzen« zur »Behandlung feindlicher Ausländer« oder »Angehöriger kriegführender Staaten« streng legal durchgeführt worden.[68] Sie seien identisch mit der Internierung von Deutschen in den Staaten der Alliierten gewesen.
- In den Konzentrationslagern habe ein hartes, aber gerechtes System die Ordnung, auch zum Schutz der Juden selber, aufrechterhalten.
- Kein Jude sei ungerecht behandelt worden. Übergriffe habe die Justiz, das Gerichtswesen der Wehrmacht oder der SS geahndet. Zwangsarbeit sei unter den Bedingungen des Krieges selbstverständlich.
- Während des Krieges, insbesondere in den

letzten Kriegsmonaten, seien Seuchen und Hungersnöte in Lagern und Gettos ausgebrochen, die zu Verlusten unter der internierten jüdischen Bevölkerung geführt hätten. Deren Zahl sei aber gering gewesen[69], v. a. im Vergleich zu den Opfern, die das deutsche Volk für den ihm aufgezwungenen Krieg erlitten habe.[70] Das Beklagen eines besonders tragischen Schicksals der Juden sei nicht gerechtfertigt. Das einzige Opfer sei das deutsche Volk.

- Für das gesamte Leid des Zweiten Weltkrieges, die deutsche Niederlage und Teilung, sei der »Krieg der Juden« und der mit ihnen verbündeten Mächte verantwortlich.
- Am 8. Mai 1945 habe der »jüdische Krieg« mit der Kapitulation der Wehrmacht seinen ersten Erfolg verbuchen können.
- Dank der Erfindung der »Gaskammerlüge« und der Behauptung einer Vernichtung von sechs Millionen Juden werde Deutschland moralisch, politisch und finanziell erpreßt und geknebelt. Das deutsche Volk sei durch die »Systemparteien«, die »Siegerjustiz« und die »Umerziehung« durch Presse, Schule, Kirche und Justiz in die »Knechtung« und unter die Macht »judenhöriger« Verräter geraten.[71]

Die Absurdität dieses Geflechtes macht deutlich, in welchem Ausmaß Rechtsextremismus nicht eine Frage des Wissens – oder gar Wissenwollens –, sondern des Glaubens, der Hingabe an Wunschvorstellungen und der Flucht in die Irrealität ist.

Die Funktion der Judenfeindschaft in der rechtsextremen Publizistik läßt sich abschließend auf einen Nenner bringen: In dem Bemühen um eine vorgetäuschte Objektivität und Neutralität wird ein abstoßendes Bild des Judentums in Vergangenheit und Gegenwart gezeichnet. Jüdische Religion unter Einschluß der Hebräischen Bibel, Glaube und Verhalten von Juden als Kollektiv wird als fremd, feindlich, gefährlich geschildert. Dieses durchgehend diffamierende Konzept ist Bestandteil einer Revision der Geschichte des Dritten Reiches. Der Antisemitismus wird konsequent eingesetzt zur

- Verharmlosung des Genozids, der Minimierung der Zahl der jüdischen Opfer, der Leugnung einer systematischen Tötung und einer vom NS-Regime betriebenen Vernichtungspolitik;
- Negierung einer Schuld oder Verantwortung der Deutschen damals und heute sowie einer moralischen Verpflichtung gegenüber den Opfern des NS-Staates (nicht nur gegenüber Juden);
- Demonstration der deutschfeindlichen Einstellung der nichtjüdischen Deutschen, die sich zu einer deutschen Schuld und/oder Verantwortung bekennen und in Politik und Theologie Konsequenzen aus Auschwitz ziehen wollen, was sich vor allem gegen die als »Umerzieher« verurteilten Politiker, Lehrer, Journalisten, Juristen und Pfarrer richtet;
- Rehabilitation des Nationalsozialismus und seiner Führer;
- Wiederherstellung der »Ehre des deutschen Soldaten« und der Angehörigen der SS, die in einem Verteidigungskrieg (und nicht in einem Angriffs- oder gar Rasse- und Eroberungskrieg) für das Überleben Deutschlands gekämpft hätten (Stichwort »Kriegsschuldlüge«);
- Wiederherstellung des Großdeutschen Reiches und der Zusammenführung der deutschen Teilstaaten – BRD, Österreich und der ehemals deutschen Ostgebiete –, was bislang an der von den Deutschen akzeptierten Schuld und dem irrigen Glauben, sie seien für das Leid im Zweiten Weltkrieg verantwortlich, scheiterte.

Neonazismus

»Ich bin Nationalsozialist. Ich bin Kämpfer – kein großer Redner und bestimmt kein Schriftsteller. Ich bin 23 Jahre alt . . , Ich befinde mich in Gesinnungshaft . . . Ich schreibe dieses Buch als Kämpfer, als Praktiker, als Gründer und Leiter einer jungen Front, der ich etwas zu sagen habe . . . Dieses Buch will anklagen und verurteilen, dem wilden Haß Ausdruck und Form geben, aber auch ein neues, besseres Deutschland zeichnen, in dem Deutsche wieder unter sich sind: frei, stolz, glücklich und geeint im Vierten Reich.«[72]
So beginnt die für den neonazistischen Bereich aufgrund der »Prominenz« ihres Autors zweifelsohne grundlegende und richtungweisende Schrift. Das Bekenntnis zum Nationalsozialismus, die Verehrung Adolf Hitlers, die Ausländerfeindlichkeit, dies sind die stereotypen und

erwarteten Themen. *Neu* ist das in dieser jungen Generation erstmalig in dieser Form und Schärfe formulierte Bekenntnis zum Antisemitismus. Mehr noch: Es ist der Versuch aus der jugendlichen Neonazibewegung heraus, eine Systematik der Judenfeindschaft in ihr ideologisches Weltbild zu bringen. Verfasser ist der im Frühjahr 1991 verstorbene Michael Kühnen.[73]

Die rechtsextreme Publizistik wird, wie erwähnt, von Autoren der älteren bis alten Generation dominiert. Viele dieser Autoren schreiben daher nichts anderes als das, was sie bereits zur NS-Zeit verfaßt oder gelesen hatten. Die Kühnen-Generation dagegen wurde erst plus/minus zwei Dekaden nach 1945 geboren. Sie wissen nichts aus eigener Erfahrung. Sie haben keine eigene Vergangenheit aufzuarbeiten, sich nicht zu rechtfertigen. Ihr Neonazismus reflektiert zudem ungleich schärfer als der »behäbige Rechtsextremismus« ihre gesellschaftlichen Probleme. Viele Gründe, Frustration, Emotionen mögen sie zum Rechtsextremismus geführt haben, die hier nicht diskutiert werden können. Eine Motivation fehlte in den vergangenen Jahren: Judenfeindschaft. Sie kennen keine Juden! Konkurrenzsituationen, Neid, Minderwertigkeitsgefühle gegenüber Juden, was immer in der Vergangenheit individuell Animosität gegen Juden auslösen konnte, es fehlt. Nicht einmal eine ausgespannte Freundin kann angeführt werden. Folglich spielt in diesem jugendlichen Bereich zwar die »Auschwitz-Lüge« eine zentrale Rolle – Parole: »Unsere Väter waren keine Verbrecher«[74] –, nicht aber der Antisemitismus. Soldatenspiele, Träume von Abenteuer, Heldentum, Kommunistenhaß und Fremdenfeindlichkeit, die Sehnsucht nach einer Identität als Deutscher, nach einer geordneten, heilen Welt, nach einer eigenen Funktion in dieser Welt, nach Anerkennung und Beachtetwerden, nach Perspektiven und nach klaren Befehls- und Gehorsamsstrukturen waren entscheidend.

Allerdings wurde häufig übersehen, daß sich praktisch alle jugendlichen Gruppierungen um ältere »Idole« scharten, die ihnen oft Mutter- und Vaterersatz waren. Die bewunderten »Kämpfer« aus dem Dritten Reich, die ihnen die abenteuerlichen Geschichten ihrer Kriegserlebnisse erzählten, die ihnen die angebliche Wahrheit über das »echte« Bild des Nationalsozialismus und den Verrat an Deutschland vermittelten, übertrugen die Vorurteile und Probleme der alten Nazis auf die jungen.[75] Und so, wie diese Jugendlichen im Geiste die Schlachten der Alten schlugen, so übernahmen sie sukzessive auch deren Denken. Der Niederschlag der rechtsextremen »etablierten« Literatur ist evident.

Das Buch »Das Vierte Reich« von Michael Kühnen wurde im »NS-Kampfruf« in den USA legal gedruckt und illegal in die Bundesrepublik eingeführt und hier verteilt. Es versteht sich als ideologische Basisschrift eines neuen deutschen Nationalsozialismus: ein fanatisches Bekenntnis zum Haß auf die Demokratie, ein Aufruf zum Zerschlagen dieses demokratischen Staates und zum Aufbau einer völkisch-rassistischen, führerorientierten Großmacht Deutschland. Uns interessiert hier die »Einsetzung« des Antisemitismus.

1. »Und der Nationalsozialismus hatte doch recht . . .«

Unter dieser Überschrift könnten Kühnens Motive, einen radikalen Antisemitismus zu entwikkeln, den er in dieser Ausprägung und mit dieser Terminologie in den ersten Jahren seiner traurigen Karriere nie vertrat: »Der Nationalsozialismus warnte vor der Macht des Weltjudentums – heute kontrolliert der Zionismus fast alle westlichen Regierungen.« Und weiter: »Europas Nationalstaaten nehmen ihre Anweisungen aus New York und Jerusalem entgegen . . . Das ist die Schuld der Demokraten.«[76] Daher sei es »selbstverständlich, daß für uns Nationalsozialisten das Testament des Führers uneingeschränkt gilt, in dem es heißt: ›Vor allem verpflichte ich die Führung der Nation und die Gefolgschaft zur peinlichen Einhaltung der Rassegesetze und zum unbarmherzigen Widerstand gegen den Weltvergifter aller Völker, das internationale Judentum.‹«[77]

2. Gründe für den Antisemitismus

Kühnen widmet dem »Kampf der zionistischen Weltpest« ein umfangreiches Kapitel. Er entwickelt mit viel Hang zur Selbstdarstellung (»Mag man mich ruhig noch länger einsperren: die Wahrheit muß gesagt werden«) das in der rechtsextremen Literatur vorgezeichnete Bild von der jüdischen Weltverschwörung. »Die

stärkste Macht im Hintergrund, der furchtbarste Gegner der arischen Wiedergeburt ist – der Zionismus.«[78]
Kühnen macht gar nicht erst den Versuch, seinen Antisemitismus hinter dem Begriff Zionismus zu verstecken: »Wir definieren den Zionismus als die organisierte Macht des Weltjudentums.«[79]
Als Beleg seiner These zählt er die gesammelten Anschuldigungen des Antisemitismus von Rechts auf: Die Auserwähltheit, das »Zusammengehörigkeitsgefühl der . . . Rassebrüder«, die Tüchtigkeit der Juden: Sie sitzen »an den Schalthebeln der Macht«, achten auf »rassische Reinheit«. »Die Weisen von Zion« lenkten als oberste Führung das Volk. Hierauf folgt der zusammenfassende Satz: »Die Religion gibt dem jüdischen Volk die Gewißheit, von Gott dazu auserwählt zu sein, dereinst die Welt zu beherrschen. – Die Weisen von Zion verfolgen einen genauen Plan, um diese Welt jetzt auch tatsächlich beherrschen zu können.«[80]
Man spürt förmlich, daß hier einer von seinen eigenen Träumen schreibt. Träume, die er nicht umzusetzen vermag, weil in seiner und seiner Gesinnungsgenossen Phantasie sich der Gegner bereits selbst ihrer Träume bemächtigt hat, ihnen voraus ist. Eruptiv bricht der neiderfüllte Haß immer wieder aus ihm heraus: Schuld ist diese »jüdische Weltpest«.

3. Deutschland – Gegner des Zionismus

Doch der Kampf sei noch nicht entschieden. »Immer gab es auf dem Weg zur (jüdischen) Weltherrschaft ein großes Hindernis«, und dieses »Hindernis war Deutschland!« Die eigene Größe wächst mit der Stärke des Feindes, und so wuchs Deutschland in seine Aufgabe hinein: »Ohne es zu wollen, wuchs Deutschland seit Anfang des Jahrhunderts in die Rolle des eigentlichen Gegenspielers hinein.« Doch die Deutschen haben es nicht begriffen. Diese »Ahnungslosigkeit« sei ihnen zum Verhängnis geworden, und so verursachte das »Nichtwissen um den zionistischen Kampf gegen Deutschland . . . die großen Katastrophen unserer jüngsten Geschichte«.[81]
Weil das Judentum nach Kühnens Ansicht die Macht mit allen Mitteln anstrebte, stand ihm, aus Gründen, die weder er noch die »alten« Autoren benennen, Deutschland im Wege: »Deshalb trieb der Zionismus Deutschland in zwei Weltkriege.« Doch nicht ohne Gegenwehr! Obwohl die »Republik von Weimar eine zionistische Kolonie« geworden war, »eine Judenrepublik, wie deutsche Patrioten sagten«. Doch dann sei der Nationalsozialismus als die »erste große, antizionistische Bewegung unserer Zeit« erstanden. Darauf sei sofort die »jüdische Kriegserklärung erfolgt«, um die Hemmnisse auf demWeg zur Weltmacht, sprich Deutschland, in einem »Vernichtungskrieg gegen unser Vaterland« zu beseitigen.[82]
Vollinhaltlich übernimmt Kühnen die Konstruktion vom »jüdischen Krieg« als Erklärung für den »Ausbruch« des Zweiten Weltkrieges: »Diesmal war der Sieg (des Zionismus) total.« Deutschland wurde besetzt und sollte es »nach dem Willen der Zionisten auch in alle Zukunft bleiben«. Voll auf der vorgezeichneten Linie entwickelt er nun die These von der »Auschwitz-Lüge«. Mit Hilfe der »Auschwitz-Lüge« sei die Umerziehung der Deutschen erfolgt, die »zum eigentlichen Erfolg der Zionisten« führte, die »unserem Volk die Seele« raubte, »die alles in Staub warf, was uns heilig ist«.[83]
Mit den »Mitteln der Zionisten zur Vernichtung unseres Volkskörpers« sucht Kühnen nun in Analogie zur etablierten Literatur von Rechtsaußen den Bogen zur Jetztzeit zu schlagen, zu den als akut eingestuften Problemen: Zersetzung der Kultur, Geburtenschwund, Pornographie, Dekadenz, Geschlechtskrankheiten, Konsumrausch, der Amerikanismus und die »Integration der Fremdarbeiter« zwecks »Bastardisierung des deutschen Volkes«. Kühnen schreibt sich all seine Probleme von der Seele, alles, was er verachtet, was er als Bedrohung empfindet, was er nicht begreift. Es mutet schon tragisch an, wie er all diese Erscheinungen als »Mittel« dieses einen einzigen Feindes einstuft. Die Unfähigkeit und der Widerwillen, komplexe Vorgänge zu erkennen, sind nicht weniger verblüffend als die »naive« Hoffnung, mit dem Verschwinden dieses Feindbildes sei die Welt heil, überschaubar, schön. Doch noch »herrscht« das Judentum, der Zionismus. Kühnen plappert nach, was er gelesen hat, was ihm die alten »Kämpfer« erzählten: »Der Kapitalismus ist ein Instrument des Zionismus!« und »der Kommunismus ist ein Werkzeug des Zionismus!« wie auch die Freimaurer. Dem Zionismus gelänge es eben, diese Gegensätzlichkeiten zu vereinen, in der »machtpolitischen

Verwirklichung der göttlichen Verheißung von der Weltherrschaft für das auserwählte Volk«.[84]

4. »Lösung des Judenproblems«

Bei der »Frage nach der Lösung des Judenproblems« – es fällt auf, daß er jetzt häufiger von Juden und nicht mehr von Zionisten spricht – sucht er zuerst nach Bündnispartnern im Kampf und entdeckt sie im Iran, bei den Schiiten und ihrem Haß auf den Zionismus: Die »weltweite Macht des Zionismus« müsse »gebrochen werden«.[85] »Der höchste religiöse Führer der islamischen Schiiten und Bezwinger des prozionistischen Schah schrieb 1978 in seinem Buch ›Das islamische Regiment‹: ›. . . es ist unsere Pflicht, . . . es laut in die Welt zu schreien, daß sich die Juden und ihre ausländischen Hintermänner gegen den Islam verschworen haben, um den Weg zur Weltherrschaft zu ebnen.‹ – Ayatollah Khomeini.«[86]

Arier und Moslems vereint – eine Vision fast aller Rechtsextremisten im Kampf gegen den gemeinsamen zionistischen Feind. Nach einem Sieg könne eine »natürliche Weltordnung auf der Basis von Völkern und Rassen« entstehen. Die Juden, dieses »unselige Volk«, sollen ihren eigenen Staat haben, aber nicht in Palästina. Israel müsse verschwinden. In der Welt gebe es noch genügend Platz für einen jüdischen Staat. In diesen müßten dann aber »alle Juden« ziehen. Diese »Endlösung ist die wichtigste Aufgabe der nächsten Zukunft«.[87]

Parallel zu Kühnen, aber unabhängig von ihm, entwickelten Anhänger der zwischenzeitlich verbotenen (von Kühnen gegründeten) »Aktion Nationale Sozialisten/Nationale Aktivisten (ANS/NA) und der Freiheitlichem Deutschen Arbeiterpartei« nicht nur ein fremdenfeindliches, sondern auch ein antisemitisches Konzept. Kühnen saß zu diesem Zeitpunkt im Gefängnis.

Der »Schulungsbrief 1983« der ANS/NA wurde von der jüngsten Generation der Neonazis verfaßt.[88] Offen bekennen sie sich im ersten Abschnitt zum »Haß auf Juden«. Juden würden die »natürliche Umwelt des Menschen, seine Sitten, Werte, Traditionen« zerstören. »Wie vor 50 Jahren«, womit die NS-Zeit gemeint ist, »so ist es auch heute.« Juden verkörperten »alles, was wir hassen und bekämpfen«. Es ist schon erschütternd zu lesen, wie die 20jährigen die antisemitischen Stereotypen vergangener Zeiten aufgreifen.[89] Da ist die Rede vom »Schachern und Wuchern«, von der »Fratze der Juden«, »seiner abstoßenden Krummnase« usf. . . .

Auch sie verbinden Juden- und Fremdenhaß zu einer Einheit: In »seinem Haß gegen eben diese arischen Menschen« habe »der Jude eine seiner hinterhältigsten Waffen« geschaffen: »Die Völkervermischung. Mit diesem Mittel . . . hofft das Untermenschentum, die höherstehenden Rassen, uns, auf sein eigenes erbärmliches Rassebewußtsein herunterzuziehen.« Auf drei Seiten werden sodann als »Beweis« für die jüdische Schlechtigkeit Zitate aus der rechtsextremen Literatur angeführt, die hier bereits besprochen wurde, und zur »Kriminalgeschichte der Juden« komprimiert.[90] Ihr Fazit: »Das Judentum als Minusprinzip« und der von ihm ausgehende jüdische Geist sei von »verheerender« Wirkung. Vor allem da es »durch das Christentum in unsere Welt« eindrang und als Bolschewismus weiterwirkte.

Im letzten Punkt, »Lösung der Judenfrage«, heißt es: »Der Nationalsozialismus erstrebt Großraumordnungen auf der Basis rassisch geordneter und geschlossener Volksgemeinschaften. Selbstverständlich gehören die Juden nicht zur Volksgemeinschaft.«

Dieses Beispiel wurde (als eines von vielen) abschließend angeführt, um anzuzeigen, daß Kühnens »Viertes Reich« und die darin geäußerten Gedanken nicht als Einzelerscheinung abzutun sind. Seit 40 Jahren vertreten rechtsextreme Autoren, weitgehend unbeachtet von der Öffentlichkeit, ihre antisemitischen Parolen. Sie werden gelesen. Zumindest von jenen jungen Menschen, die sich, offensichtlich nicht zuletzt unter diesem Einfluß, als Elite der Bewegung verstehen. Funktion des Antisemitismus in der rechtsextremen Literatur? Das Feindbild, die Argumente und der Haß wurden an eine neue Generation weitergegeben: »Wir sind die Kampfbewegung für die Freiheit der weißen Rasse im Krieg gegen den Zionismus.«[91]

Anmerkungen

1 Hier können aus der Fülle der Arbeiten nur einige Schriften angeführt werden, die Geschichte und Gegenwart des Rechtsextremismus behandeln: Richard Stöss: »Die Extreme Rechte in der Bundesrepublik. Entwicklung – Ursachen – Gegenmaßnahmen«, Opladen 1989; Uwe Backes: »Politischer Extremismus in demokratischen Verfassungsstaaten. Elemente einer normativen Rahmentheorie«, Düsseldorf 1989; Wolfgang Benz (Hrsg.), »Rechtsradikalismus: Randerscheinung oder Renaissance?«. Frankfurt a. M. 1980; ders.: »Rechtsextremismus in der Bundesrepublik. Voraussetzungen, Zusammenhänge, Wirkungen«, Frankfurt a. M. 1984; Matthias von Hellfeld: »Modell Vergangenheit. Rechtsextreme und neokonservative Ideologien in der Bundesrepublik«, Köln 1987; Heinz-Werner Höffken, Martin Sattler: »Rechtsextremismus in der Bundesrepublik Deutschland. Die [alte] und die [neue] Rechte und der Neonazismus«, Hamburg, 3. Aufl. 1979; Peter Dudek, Hans-Gerd Jaschke: »Entstehung und Entwicklung des Rechtsextremismus in der Bundesrepublik. Zur Tradition einer besonderen politischen Kultur«, Opladen 1984, 2 Bde.; Kurt Hirsch: »Rechts von der Union. Personen, Organisationen, Parteien seit 1945. Ein Lexikon«, München 1989; Wieland Eschenhagen (Hrsg.): »Die neue deutsche Ideologie. Einsprüche gegen die Entsorgung der Vergangenheit«, Darmstadt 1988; Hans-Ulrich Thamer, Wolfgang Wippermann: »Faschistische und neofaschistische Bewegungen. Probleme einer empirischen Faschismusforschung«, Darmstadt 1977; Martina Kirfel, Walter Oswalt (Hrsg.): »Die Rückkehr der Führer. Modernisierter Rechtsradikalismus in Westeuropa«, Wien, Zürich 1989

2 Siehe v. a.: Hans-Helmuth Knütter: »Ideologien des Rechtsradikalismus im Nachkriegsdeutschland. Eine Studie über die Nachwirkungen des Nationalsozialismus. Bonner Historische Forschungen, Bd. 19, Bonn 1961. Im Gegensatz zu Knütter, der für den Terminus »Rechtsradikalismus« plädiert (S. 16 f), wird hier der zwischenzeitlich geläufige Begriff des »Rechtsextremismus« verwendet, der auch in den jährlich vorzulegenden »Verfassungsschutzberichten« der Innenminister der Länder und des Bundes zur Kennzeichnung von »Bestrebungen, die gegen die freiheitliche demokratische Grundordnung« gerichtet sind, benutzt wird.

3 »Die immergleiche Übersteigerung von Feindbildern – Kommunisten, Linke, Ausländer, Minderheiten – trifft sich – dies zeigen Meinungsumfragen immer wieder – mit autoritären Ressentiments eines Millionenpublikums.« Peter Dudek, Hans Gerd Jaschke: »Rechtsextreme Medien in der Bundesrepublik«, in: Bundeszentrale für politische Bildung (Redaktion Tilmann Ernst, Christel Koch), »Extremistische Medien, Pädagogische und juristische Auseinandersetzung am Beispiel des Rechtsextremismus«, Schriftenreihe der Bundeszentrale, Nr. 211, Bonn 1982, S. 27

4 In diesem Kontext sind, wenn auch keine Minderheit, Frauen zu nennen, die sich für Gleichheit der Geschlechter einsetzen. »Feministinnen« zählen zu den Feindbildern. Alle Werbebemühungen um »Jungmädels« hatten bislang nur bescheidenen Erfolg. Zum Frauenbild in der extremen Rechten: »Vom ›Inbild‹ zum ›Abbild‹; vom ›Urbild‹ zum ›Leitbild‹. Frauen im Neonazismus«, in: Günther B. Ginzel, »Hitlers Ur-Enkel, Neonazismus: ihre Ideologien und Aktionen«, Düsseldorf 1981 (3. Aufl. 1983), S. 145 ff. Zur Frage der Attraktivität auf Frauen: Joachim Hofmann-Götting: »Die Neue Rechte: Die Männerparteien«, Aus Politik und Zeitgeschehen. B. 41–42/89, S. 21–31; Kurt Möller: »Über die Verlockung traditioneller Frauenbilder und Klischees. Die Anfälligkeit von Mädchen und Frauen für den Rechtsextremismus/Entfremdung von der Politik«, Frankfurter Rundschau, Nr. 302, Dokumentation, 29. Dez. 1990, S. 10

5 Gesamtdarstellungen: Alwin Meyer, Karl-Klaus Rabe: »Unsere Stunde, die wird kommen. Rechtsextremismus unter Jugendlichen«, Bornheim-Merten 1979; Peter Dudek, Hans-Gerd Jaschke: »Jugend Rechtsaußen. Analysen, Essays, Kritik«, Bensheim 1982; Gerhard Paul, Bernhard Schoßig (Hrsg.): »Jugend und Neofaschismus. Provokation oder Identifikation?«, Frankfurt a. M. 1979; John Clarke: »Jugendkultur als Widerstand. Milieus. Rituale. Provokationen«, Frankfurt a. M. 1979; Günther B. Ginzel: »Hitlers Ur-Enkel«, a. a. O.
Speziell zu Ursachen und zur Akzeptanz unter Jugendlichen: Lothar Böhnisch, Richard Münchmeier, Ekkehard Sander (Hrsg.): »Abhauen oder bleiben? Berichte und Analysen aus der Jugendarbeit«, München, Zürich 1980; Walter Jaide: »Jugend und Demokratie. Politische Einstellungen der westdeutschen Jugend«, München 1970; Klaus Sochatzy: »Parole: rechts! Jugend, wohin? Neofaschismus im Schülerurteil. Eine empirische Studie«, Frankfurt a. M. 1980; Badi Panahi: »Vorurteile – Rassismus, Antisemitismus, Nationalismus in der Bundesrepublik heute. Eine empirische Untersuchung«, Frankfurt a. M. 1980; Elisabeth Noelle-Neumann, Erp Ring: »Das Extremismus-Potential unter jungen Leuten in der Bundesrepublik Deutschland 1984«, Bonn 1985, 2.Aufl.; Karl-Heinz Klär, Malte Ristau, Bernd Schoppe, Martin Stadelmaier: »Die Wähler der extremen Rechten«, Bonn 1989, 3 Bde.; Wilhelm Heitmeyer: »Rechtsextremistische Orientierungen bei Jugendlichen. Empirische Ergebnisse und Erklärungsmuster einer Untersuchung zur politischen Sozialisation«, Weinheim, München 1988

6 »Was für die Christen Jesus ist, ist für uns Adolf Hitler.« »Die Neue Front«. »Braunes Autorenkollektiv« 12/86, S. 13

7 Günther B. Ginzel, Klaus Kleinherne, Dieter Ney, Heinz-Günther Ney, Wolfgang Wende: »Mit Hängemaul und Nasenzinken . . . Erziehung zur Unmenschlichkeit. Medienpaket für Gruppenleiter und Erzieher«, Düsseldorf 1984, S. 65; Günther B. Ginzel: »Vom Judenhaß zum Christenhaß. Gefährliche Flammenzeichen« und »›Artgemäße‹ Götter für ein ›artgemäßes‹ Volk. Neonazismus: Eine Glaubensbewegung«, in: »Hitlers Ur-Enkel«, a. a. O., S. 88–111; Friedrich Wilhelm Haack: »Wotans Wiederkehr, Blut-, Boden- und Rasse-Religion«, München 1981; ders.: »Führer und Verführte. Jugendreligionen und politische Jugendsekten«, PDI TB Nr. 7, München 1980

8 Arno Plack: »Wie oft wird Hitler noch besiegt? Neonazismus und Vergangenheitsbewältigung«, Frankfurt a. M. 1985, S. 284 (Erstausgabe: Düsseldorf 1982)

9 Der Bundesminister des Inneren: »Verfassungsschutzbericht 1989«, S. 110. Ziffern in Klammern stehen für das Jahr 1990. Die Anzahl der Verlage schwankt seit Jahren in nur geringem Umfang. Die jährlich für das zurückliegende Jahr erscheinenden Verfassungsschutzberichte des Bundes und für jedes Bundesland (hrsg. jeweils von den Innenministern) sind die wichtigste Quelle für Daten über erkannte extremistische (und rechtsextreme) Bestrebungen.

10 In der Literatur sind bislang Medien, insbesondere Zeitungen/Zeitschriften, Pamphlete und Programme untersucht worden: Bundeszentrale für politische Bildung: »Extremistische Medien«, a. a. O.; Siegfried Jäger: »Rechtsextreme Propaganda heute«, in: Konrad Ehrlich (Hrsg.): »Sprache im Faschismus«, Frankfurt a. M. 1989, S. 289–326; Hermann Bott: »Die Volksfeindideologie. Zur Kritik rechtsradikaler Propaganda«, Stuttgart 1969; Siegfried Jäger (Hrsg.) »Rechtsdruck. Die Presse der Neuen Rechten«, Berlin 1988; Peter Dudek/Hans-Gerd Jaschke: »Die Deutsche National-Zeitung. Inhalte. Geschichte. Aktionen«, PDI TB Nr. 8, München 1981; Wolf Brühan (Hrsg.): »Landser-Hefte. Wegbereiter für den Rechtsradikalismus«, PDI TB Nr. 3, München 1979

11 Rudolf Aschenauer: »Ich, Adolf Eichmann. Ein historischer Zeugenbericht«, Leoni am Starnberger See 1980, S. 440

12 Buchtitel von Bernhard C. Wintzek, Asendorf 1975

13 Judenfeindliche Äußerungen sind ja keineswegs auf Rechtsextremisten beschränkt! Ruth Wodak/Rudolf de Cillia: »Sprache und Antisemitismus. Judenfeindlichkeit im öffentlichen Diskurs in Österreich«, Mitteilungen des Instituts für Wissenschaft und Kunst, 3/1988
Auch unter nicht rechtsextremen Jugendlichen und radikalen Fußballfans ist eine antijüdische Begrifflichkeit verbreitet: Antisemitismus-AG der Holbeinschule Frankfurt a. M.: »Unterricht auf der Straße. Antisemitismus und Asylrecht«, Frankfurt a. M. o. J. (1986); Peter Dudek (Hrsg.): »Hakenkreuz und Judenwitz. Antifaschistische Jugendarbeit in der Schule«, Bensheim 1980

14 Unter der Tarnung wissenschaftlicher Geschichte können heute so ziemlich alle »Klassiker« des politischen Antisemitismus für wenig Geld als faksimilierte Nachdrucke über spezielle rechtsextreme Versandhäuser erworben werden. Daneben geben einschlägige Antiquariate und Versandbuchhandlungen Kataloge heraus, die teilweise bis zu tausend Titel umfassen.

15 Knütter, a. a. O., S. 207

16 Exemplarisch Franz Schönhuber 1986 in einem Leitartikel im »Republikaner«: »Wir verwahren uns auch gegen Antisemitismus-Vorwürfe bestimmter jüdischer Kreise in Deutschland. Ein Republikaner kann und darf kein Antisemit sein ... Lebenserfahrung aber lehrt uns, daß verordnete, ja erzwungene Liebe zum Gegenteil führt, in extremen Fällen zu Haß. Und deshalb weigern wir uns, jeden jüdischen Funktionär lieben zu müssen. Und wir meinen, manche wären gut beraten, ihre permanenten Demütigungsversuche an unserem Volke aufzugeben, damit sie nicht zu Schrittmachern eines Antisemitismus werden ...« Kein Zweifel, beim entsprechend disponierten Leser wird diese Passage keineswegs als Absage an den Antisemitismus verstanden. »Hier entlarvt sich hinter der Maske des vehementen Abweisens des Antisemitismusvorwurfs der Antisemitismus in modifizierter Form.« Peter Miskiewicz: »›Hier wispern nicht Greise ...‹ Die Republikaner – ›Eine neue Kraft für Deutschland‹«, in: Siegfried Jäger: »Rechtsdruck«, a. a. O., S. 238. Der Schönhuber-Artikel ebd., S. 230–232

17 Günther Paschner: Anmerkung 11

18 Wolf Dieter Rothe: »Simon Wiesenthal und der Moralkrieg«, Volksbewegung gegen antideutsche Greuellügen, o. O. 1979, S. 103; »Demokratie, die mir praktisch als zionistische Diktatur erscheint«, ebd., S. 65

19 I. G. Burg (Pseudonym für Josef Ginsburg): »Zionazi Zensur in der BRD«, München 1980, S. 65

20 Aktionsgemeinschaft Nationales Europa. Vervielfältiges Schreiben vom 1. 1. 1978 an den damaligen ägyptischen Präsidenten Anwar Al Sadat. Erneut im Oktober 1981 verbreitet. Darin u. a.: »Israel, der Pfahl im Fleisch der Araber ... der Todfeind Deutschlands und Europas.« Verantwortlich: Erwin Schönborn; ausführlich: Günther B. Ginzel: »Wer Deutscher ist, kann kein Demokrat sein. Anmerkungen zum rechtsextremen Weltbild«, in: Filmer/Schwan: »Was von Hitler blieb. 50 Jahre nach der Machtergreifung«, Frankfurt a. M., Berlin, Wien 1983, S. 153–161. Zur Bewunderung für Palästinenser und den Versuchen einer entsprechend aktiven Unterstützung: Ginzel, Hitlers Ur-Enkel, a. a. O., S. 39–45; Dietmar Wittmann: »›Auch Hitler hat klein angefangen‹. Der Prozeß gegen Karlheinz Hoffmann in Nürnberg«, in: »Polizei Digest. Das internationale Kriminalmagazin« Nr. 4/1985, S. 61–68

21 Emil Aretz: »Hexen-Einmal-Eins einer Lüge«, o. O. (Hohe Warte), 3. Aufl. 1973, S. 110

22 Franz Josef Scheidl: »Deutschland und die Juden in Vergangenheit und Gegenwart«, Wien o. J., S. 143

23 Aretz: »Hexen-Einmal-Eins«, a. a. O., S. 112

24 Scheidl, a. a. O., S. 143, 152; Aretz: »Hexen-Einmal-Eins«, a. a. O., S. 117

25 Aretz: »Hexen-Einmal-Eins«, ebd.

26 Adolf v. Thadden: »Richter und Antisemiten«, Hannover, 3. Aufl. 1959, S. 6

27 Siehe auch: Elisabeth Brainin: »Psychoanalyse des Antisemitismus nach 1945«, in: Alphons Silbermann, Julius Schoeps (Hrsg.): »Antisemitismus nach dem Holocaust. Bestandsaufnahme und Erscheinungsformen in deutschsprachigen Ländern«, Köln 1986, S. 105–115; dort auch weitere Literaturangaben

28 In den Karikaturen der Neonazis ist dies, neben der Eigendarstellung als germanischer Held, ein stets wiederkehrendes Motiv für »deutsche Naivität«. In dem antisemitischen Erzähl- und Bildband »Trau keinem Fuchs auf grüner Heid und keinem Jud bei seinem Eid« der 18jährigen (!) Elvira Bauer, erschienen 1936 im Stürmer Verlag, Nürnberg, wird dieses Bild immer neu variiert, bis (Wunschtraum vieler Rechtsaußen) ein Führer auftrat, der ihnen sagte, wie sie sich »befreien« könnten. In: Ginzel u. a.: »Mit Hängemaul und Nasenzinken«, a. a. O. Siehe auch den Beitrag von Wassermann in diesem Band.

29 Ingrid Weckert: »Feuerzeichen. Die ›Reichskristallnacht‹: Anstifter und Brandstifter – Opfer und Nutznießer«. Tübingen 1981, S. 42–46

30 Heinrich Härtle: »Deutsche und Juden. Studien zu einem Weltproblem«, Leoni am Starnberger See 1977, 2. Aufl., S. 20 sowie Aretz: »Hexen-Einmal-Eins«, a. a. O., S. 360; Scheidt »Auserwähltheitskomplex«, a. a. O., S. 143

31 Manfred Adler: »Die Söhne der Finsternis«, Teil 2: »Weltmacht Zionismus«, Jestetten 1975, S. 10
32 Zu Luther siehe: Heinz Kremers (Hrsg.): »Die Juden und Martin Luther. Martin Luther und die Juden. Geschichte. Wirkungsgeschichte, Herausforderung«, Neukirchen-Vluyn 1985. Insbesondere: Heiko A. Obermann: »Die Juden in Luthers Sicht«, S. 136–162, und Günther B. Ginzel: »Martin Luther ›Kronzeuge des Antisemitismus‹«, S. 189–211
33 Wilhelm Prothmann, Anm. 24 (19)
34 Aretz: »Hexen-Einmal-Eins«, a. a. O., S. 358
35 Franz Josef Scheidl: »Die Ausrottung derJuden. Geschichte der Verfemung Deutschlands«, Bd. 3, Wien o. J., S. 128
36 Zum theologischen Hintergrund einer judenfeindlichen Einstellung und deren Auswirkungen: Leonore Siegele-Wenschkewitz: »Nationalsozialismus und Kirchen. Religionspolitik von Partei und Staat bis 1935«, Düsseldorf 1974; dies.: »Neutestamentliche Wissenschaft vor der Judenfrage. Gerhard Kittels theologische Arbeit im Wandel der Geschichte«, München 1980; Wolfgang Gerlach: »Als die Zeugen schwiegen. Bekennende Kirche und die Juden«, Berlin 1987; Hans Müller (Hrsg.): »Katholische Kirche und Nationalsozialismus«, München 1965
37 Eine Variante rechtsextremer Agitation mit Schwerpunkt in den USA, die in deutscher Übersetzung von obskuren Missionsvereinen und judenmissionarischen Zirkeln außerhalb der etablierten Kirchen verbreitet werden. Mit sektiererischer Inbrunst stellen sie Traktatsammlungen über die Verworfenheit der Juden zusammen, die Jesus zum ersten Antisemiten erheben. V. a. geht es um den Nachweis, daß das wahre Israel die weiße und arische Menschheit sei, während das alte Israel verblendet und verflucht das Satanische verkörpere.
38 Härtle: »Deutsche und Juden«, a. a. O., S. 20, 22
39 Walendy, Anm. 29 (24)
40 Aretz: »Hexen-Einmal-Eins«, a. a. O., S. 350
41 Adler: »Söhne der Finsternis«, a. a. O., S. 31, 55
42 Ebd., S. 55
43 Prothmann: »Judentum und Antisemitismus«, a. a. O., S. 41
44 Weckert: »Feuerzeichen«, a. a. O., S. 43
45 Scheidl: »Ausrottung«, a. a. O., S. 110
46 Paul Rassinier: »Zum Fall Eichmann: Was ist Wahrheit? Oder: Die unbelehrbaren Sieger«. Eine Übersetzung aus dem Französischen, Leonie am Starnberger See 1963, S. 115
47 Scheidl: »Deutschland und die Juden«, a. a. O., S. 191
48 von Thadden: »Richter«, a. a. O., S. 7
49 Wilhelm Stäglich, Udo Walendy: »NS-Bewältigung – Deutsche Schreibtischtäter«, Historische Tatsache Nr. 5, Deutsche Ausgabe, Vlotho 1979, S. 2
50 Richard Harwood (Pseudonym): »Starben wirklich sechs Millionen? Endlich die Wahrheit«, Historische Tatsachen Nr. 1, Vlotho 1975, S. 6
51 Aschenauer: »Ich, Adolf Eichmann«, a. a. O., S. 437
52 Dabei ist der Zynismus oft unerträglich. Aretz: Man »ersparte ... ihnen ... die seelische Qual des Wissens um das Bevorstehende«. Im Verhältnis zu den Luftangriffen seien die Gasöfen human gewesen. Aretz: »Hexen-Einmal-Eins«, a. a. O., S. 165
53 Kardell: »Adolf Hitler – Begründer Israels«, Genf 1974, S. 16
54 Ebd., S. 16; sowie »Prof. Tank« in: »Mensch und Maß«, 28. 8. 1967, zitiert in: Kardell: »Hitlers Verrat am Nationalsozialismus«, Genf 1981, S. 126
55 Kardell: »Adolf Hitler«, a. a. O., S. 7, 16; »Soweit geheime Judenvernichtungen nachzuweisen sind, waren am Vollzug weitaus mehr Juden als Deutsche beteiligt.« Härtle: »Deutsche und Juden«, S. 302
56 Aretz: »Hexen-Einmal-Eins«, a. a. O., S. 32
57 Kardell: »Adolf Hitler«, a. a. O., S. 257
58 Man sollte sich aber nicht der Illusion hingeben, derlei Argumentationen seien ein rechtsextremes Privileg. »Hitler – Begründer Israels« übertitelte »Der Spiegel« Nr. 52/1977, S. 106, einen Bericht über den Antisemitismus in der Sowjetunion, wo »selbst Nazi-Propaganda übernommen« werde. Ausführlich zum Phänomen der damals noch kommunistisch regierten Staaten Osteuropas und ihres Antizionismus/Antisemitismus: Robert Wistrich: »Der antisemitische Wahn. Von Hitler bis zum Heiligen Krieg gegen Israel«, München 1987, S. 340–413
59 Harwood: »Starben sechs Millionen«, a. a. O., S. 3
60 Wilhelm Stäglich: »Der Auschwitz-Mythos. Legende oder Wirklichkeit? Eine kritische Bestandsaufnahme«, Veröffentlichungen des Instituts für deutsche Nachkriegsgeschichte, Bd. 9, Tübingen 1979, S. 4 f
61 Aretz: »Hexen-Einmal-Eins«, a. a. O., S. 179
62 Härtle »Deutsche und Juden«, a. a. O., S. 301. »KZ-Profiteure«: Wolf Dieter Rothe: »Simon Wiesenthal und der Moralkrieg«, a. a. O., S. 22
63 Große Verdienste hat sich hier der verstorbene Leiter der Zentralen Stelle der Landesjustizverwaltungen in Ludwigsburg (zur Verfolgung von NS-Verbrechen) erworben: Adalbert Rückerl (Hrsg.): »NS-Prozesse. Nach 25 Jahren Strafverfolgung: Möglichkeiten – Grenzen – Ergebnisse«, Karlsruhe 1971; ders.: »Die Strafverfahren von NS-Verbrechen 1945–1978. Eine Dokumentation«, Karlsruhe 1979; ders.: »NS-Verbrechen vor Gericht. Versuch einer Vergangenheitsbewältigung«, Heidelberg 1982; Eugen Kogon, Hermann Langbein, Adalbert Rückerl (Hrsg.): »Nationalsozialistische Massentötungen durch Giftgas«. Eine Dokumentation, Frankfurt a. M. 1983 (TB-Ausgabe 1986); siehe auch: Heiner Lichtenstein: »Im Namen des Volkes? Eine persönliche Bilanz der NS-Prozesse«, Köln 1984; Erich Kosthorst, Bernd Walter: »Konzentrations- und Strafgefangenenlager im Dritten Reich. Dokumentation und Analyse zum Verhältnis von NS-Regime und Justiz«, Düsseldorf 1983, 3 Bde.; Martin Weinmann (Hrsg.): »Das nationalsozialistische Lagersystem«, Köln 1990; A. L. Rüter-Ehlermann, C. F. Rüter (Hrsg.): »Justiz und Verbrechen. Sammlung deutscher Strafurteile wegen nationalsozialistischer Tötungsverbrechen 1945–1966«, Amsterdam 1945–1981, 22 Bde.
64 Scheidl: »Ausrottung«, a. a. O., S. 16
65 Weltweit sind über 300 Titel bekannt geworden. Siehe die allerdings unvollständige Übersicht von Rivka Knoller: »Denial of the Holocaust. A bibliographie of literature denying or distorting the Holocaust, and of literature about this phenomenom«, Bar-Ilan University, Ramat Gan 1989
66 Dies ist einer der zentralen Punkte bei praktisch allen rechtsextremen Autoren, ». . . auf Grund deren die

deutsche Regierung in der Tat berechtigt, ja fast gezwungen wurde, die in ihrem Machtbereich lebenden Juden als Kriegsgegner zu betrachten und zu behandeln«. Helmut Sündermann, »Das Dritte Reich. Eine Richtigstellung in Umrissen«, Leoni am Starnberger See 1964 (erweiterte Neuauflage der 1959 erschienenen Erstauflage). Sündermann ist das klassische Beispiel für einen damals Beteiligten, der sein Tun zu rechtfertigen sucht: »Als im Herbst 1943 dänische Juden verhaftet wurden und die Auslandspresse darüber sensationelle Berichte veröffentlichte, wandte ich mich in meiner Eigenschaft als stellvertretender Pressechef der Reichsregierung an das zuständige Reichssicherheitshauptamt mit dem Ersuchen um grundsätzliche Information . . . Zur Rechtslage wurde der Standpunkt eingenommen, daß von den im deutschen Bereich lebenden Juden feindselige Handlungen zu erwarten und Sicherungsmaßnahmen nicht nur nach dem Kriegsrecht zulässig, sondern auch erforderlich seien . . .« (S. 198)

67 Dadurch hatte »die deutsche Reichsregierung Anlaß«, in den Juden »einen potentiellen Kriegsgegner zu sehen«. Germanus (Pseudonym): »Bilanz der Unterwerfung. Deutsche Entscheidungen morgen«, Leoni am Starnberger See 1967, S. 239. »Ohne daß den Juden in Deutschland auch nur ein Haar gekrümmt worden wäre«, habe das »Weltjudentum . . . für die Deutschen Tod und Vernichtung gefordert.« Scheidl: »Ausrottung«, a. a. O., S. 118

68 »Sicherheitsinternierung der Juden . . . war also kein Kriegsverbrechen.« Aretz: »Hexen-Einmal-Eins«, a. a. O., S. 148; »Entsprach dem Völker- und Kriegsrecht«, S. 263

69 »Die Zahl von sechs Millionen ermordeter Juden erweist sich angesichts der Quellen als ein Mythos.« Herbert Grabert (Hrsg.): »Das Geschichtsbuch als Umerzieher«, Veröffentlichungen des Instituts für deutsche Nachkriegsgeschichte, Nr. 3, Tübingen 1967, 2. Aufl., S. 150

70 »Von 1941–1944 (sind) im ganzen so viel Juden umgebracht worden, wie Deutsche im brennenden Dresden.« Herbert Grabert: »Sieger und Besiegte. Der deutsche Nationalismus nach 1945«, Tübingen 1966, S. 255

71 Wir Deutschen wurden 1945 nicht befreit, sondern versklavt, und leiden seitdem unter Besatzungs- und Fremdherrschaft!« In: Sieg-AJ-Presse-Dienst, 1/1986, S. 2

72 Abgedruckt in: »NS-Kampfruf. Kampfschrift der Nationalsozialistischen Deutschen Arbeiterpartei Auslands- und Aufbauorganisation. (Künftig: NSK). Hrsg.: NSDAP-AO, Lincoln, Nebraska. Schriftleitung: Gerhard Lauck. Erscheint als großformatige Zeitung vierteljährig in deutscher Sprache. In den USA ist die NSDAP-AO im Gegensatz zu Deutschland zugelassen. Diese Möglichkeit nützend, wird der NSK in Amerika legal hergestellt und illegal nach Deutschland eingeführt. Sie gilt als das wichtigste Agitations- und Nachrichtenorgan im Bereich des hiesigen Neonazismus.

Kühnens »Viertes Reich« erschien in den Ausgaben: Nr. 53, Herbst 1983 (94); Nr. 54, Winter 1984 (84); Nr. 55, Frühling 1984 (96); Nr. 56, Sommer 1984 (96); Nr. 57, Herbst 1984 (96). Die Ziffern in Klammern markieren im NSK das »Jahr nach Hitlers Geburt«.

73 Siehe Anmerkung 72

Michael Kühnen, geb. 1956, Bundeswehrleutnant, wegen seiner Aktivitäten entlassen. Gründete mehrfach jeweils verbotene militante Organisationen. Gegen ihn liefen zahlreiche Ermittlungsverfahren. Er wurde wiederholt zu Haftstrafen, u. a. 1985 zu drei Jahren und vier Monaten wegen NS-Propaganda und Verherrlichung Hitlers verurteilt. Kühnen hatte wie kein zweiter Erfolg beim Aufbau einer neonazistischen Struktur in den neuen Ostländern. Nicht zuletzt seinem Auftreten ist es zuzuschreiben, daß sich ein Teil der dort eher wirren Szenerie kadermäßig zu organisieren beginnt. Ihre Anhängerschaft wird in den fünf ostdeutschen Bundesländern auf weit über 2000 Personen geschätzt und ist damit stärker als in den westlichen Ländern.

74 Siehe Anm. 12

75 Etwa: Kurt Relle: »Rufmord an Deutschland«, München 1970; Erich Kern: »So wurde Deutschland verraten. Eine Dokumentation über den Verrat im Zweiten Weltkrieg«, Hannover 1971; Edwin Hennig: »Zeitgeschichtliche Aufdeckungen. Ein Beitrag zur Erforschung der jüngsten Vergangenheit«; Karl Balzer: »Verschwörung gegen Deutschland. So verloren wir den Krieg«, Preußisch Oldendorf 1978

76 NSK, Nr. 53, S. 2 f

77 NSK, Nr. 53, S. 6

78 NSK, Nr. 57, S. 2

79 NSK, Nr. 57, S. 2

80 NSK, Nr. 57, S. 2

81 NSK, Nr. 57, S. 3

82 NSK, Nr. 57, S. 3

83 NSK, Nr. 57, S. 3

84 NSK, Nr. 57, S. 4

85 NSK, Nr. 57, S. 4

86 NSK, Nr. 57, S. 5

87 NSK, ebd.

88 ANS/NA Amt für nationalsozialistische Lebensanschauung und Schulung (Hrsg.): »Der Schulungsbrief«, Dez. 1983: Inhalt »Das Judentum als Minusprinzip; Das Judentum in der Geschichte; Zionismus und Messianismus; Die Lösung der Judenfrage« (freundlicherweise von Matthias von Hellfeld übermittelt); siehe auch: Eike Hennig: »›Wert habe ich nur als Kämpfer‹, Rechtsextremistische Militanz und Terror«, in: Reiner Steinweg (Hrsg.): »Faszination Gewalt. Politische Strategie und Alltagserfahrung«, Friedensanalysen, Bd. 17, Frankfurt a. M., S. 89–122

89 Siehe auch: »Braunes Autorenkollektiv. Die Neue Front. Informationsbrief für die Bewegung« (wird in Holland und Belgien hergestellt), Amsterdam 1986 (Nr. 12), S. 12 f: »Der germanische Volksführer Adolf Hitler schuf das Großdeutsche Reich und verwirklichte somit den 2000jährigen Traum des deutschen Volkes . . . Wir sehen den jüdisch-orientalischen Geist mit seiner zersetzenden Wirkung auf der einen und den nordisch-germanischen Geist der Lebensbejahung . . . miteinander konfrontiert . . . Laßt uns vorwärtsschreiten mit einer tiefen Verpflichtung im Herzen . . . Wir werden . . . die in Großdeutschland etablierten Judenrepubliken bis auf das Blut bekämpfen!! Mit dem Hakenkreuz im Herzen marschieren wir in eine bessere Zukunft – die Großdeutschland heißt.«

90 Entnommen aus: Carlus Baagoe: »Wir Paranoiden marschieren über Leichen«, Hamburg o. J.

91 Siehe Anmerkung 89

Zum Lachen?

Zur Akzeptanz pogromistischer Judenwitze

Eine repräsentative Umfrage

Michael Selbmann

»Jüdische Philosophie: Wenn sie dir nehmen heraus (aus dem Massengrab), du hast zwei Möglichkeiten, entweder du kommst in Fabrik für Seife oder du kommen kannst in Fabrik für Papier. Wenn du kommst in Fabrik für Seife, du hast besser, du werden kannst Parfüm für feine Damen.«

Solche Witze, in denen das Leiden der jüdischen KZ-Opfer zynischem Gelächter preisgegeben wird, kamen in den sechziger Jahren in der Bundesrepublik auf. Und nach wie vor sind sie im Umlauf, auch wenn sie allenfalls durch Zufall aus ihrer subpolitischen Existenz an die Öffentlichkeit geraten.[1]

Da feindselige Witze über ethnische Minderheiten oder soziale Abweichler Ausdruck ansonsten versteckt gehaltener Einstellungen sind[2], kann die Akzeptanz derartiger Witze als zuverlässiger Indikator der Akzeptanz der darin verborgenen Einstellungen betrachtet werden.

Aus diesem Grunde untersuchte das EMNID-Institut im Herbst 1981 anhand einer repräsentativen Bevölkerungsstichprobe von 2018 Bundesbürgern ab 14 Jahren die Einstellungen zu pogromistischen Judenwitzen.

Da diese Erhebung eine gesellschaftlich negativ sanktionierte Thematik berührt, bei der mit Antworthemmungen bzw. unwahrhaften Antworten zu rechnen war, wurden zwei der drei Antwortvorgaben bewußt verharmlosend formuliert: Der Kategorie »sehr schlimm« wurden eine entschärfende (»etwas schlimm«) und eine bagatellisierende Kategorie (»nicht der Rede Wert«) gegenübergestellt.

Die vollständige Frage lautete:

»Wenn jemand einen Witz erzählt, bei dem über die Vernichtung der Juden gelacht wird: Finden Sie das sehr schlimm, etwas schlimm oder nicht der Rede wert?«

Daraufhin stufte nur etwa die Hälfte (48 %) der Befragten einen solchen Witz als »sehr schlimm« ein. Für 30 % erscheint er allenfalls »etwas schlimm« und 21 % finden ihn »nicht der Rede wert«.

Eine Aufgliederung der Daten nach Geschlecht und Altersgruppen zeigt zwar, daß antisemitische KZ-Witze vornehmlich bei Frauen und Befragten unter 30 Jahren auf strikte Ablehnung stoßen[3], doch auch bei diesen Gruppen hält sie etwa jeder fünfte für eine belanglose Lappalie.

	sehr schlimm %	etwas schlimm %	nicht der Rede wert %	Keine Antwort %	%	Anzahl der Befragten
Insgesamt	48	30	21	1	100	2018
Geschlecht						
Männlich	43	34	22	1	100	903
Weiblich	53	27	20	–	100	1115
Altersgruppen						
14–19 Jahre	56	22	21	–	100	235
20–29 Jahre	52	31	17	–	100	313
30–49 Jahre	44	33	22	–	100	690
50–64 Jahre	45	32	21	3	100	432
65 Jahre und älter	51	26	23	–	100	348

Bei einer Aufschlüsselung nach formellen Bildungsgruppen sind noch größere Differenzen zu konstatieren: Während bei der untersten Bildungsgruppe nur etwa vier von zehn mit »sehr schlimm« antworteten, waren es bei der obersten sechs von zehn.

	sehr schlimm %	etwas schlimm %	nicht der Rede wert %	Keine Antwort %	%	Anzahl der Befragten
Insgesamt	48	30	21	1	100	2018
Schulbildung						
Volks-, Hauptschule	43	31	24	1	100	1354
Real-, Mittelschule	57	29	14	–	100	501
Abitur, Hochschule/Univ.	61	25	13	–	100	163

Zu diesem Ergebnis läßt sich jedoch einwenden, daß die Befragten mit höherer Schulbildung eher im Sinne »sozialer Erwünschtheit« geantwortet haben könnten, denn je gebildeter ein Proband ist, desto eher wird er sich über die von ihm erwarteten Einstellungen bewußt sein.
Wesentlich eindeutiger sind die bei den Konfessionsgruppen festzustellenden Korrelationen. Bei den Katholiken äußerten rund vier von zehn, bei den Protestanten fünf von zehn und bei den Anhängern sonstiger Konfessionen bzw. Konfessionslosen sieben von zehn starke Ablehnung gegenüber Holocaust-Witzen.

	sehr schlimm %	etwas schlimm %	nicht der Rede wert %	Keine Antwort %	%	Anzahl der Befragten
Insgesamt	48	30	21	1	100	2018
Konfession						
Katholisch	43	31	25	1	100	908
Evangelisch	51	31	17	1	100	997
Sonstige/ keine Konfession	69	13	18	–	100	107

Die zwischen evangelischen und katholischen Befragten zu verzeichnenden Unterschiede dürften auch eine der wesentlichen Ursachen sein für das – bei einer Aufgliederung nach Bundesländern sichtbare – Nord-Süd-Gefälle der Ablehnungsintensität:

	sehr schlimm %	etwas schlimm %	nicht der Rede wert %	Keine Antwort %	%	Anzahl der Befragten
Insgesamt	48	30	21	1	100	2018
Bundesländer						
Schleswig-Holstein, Niedersachsen	52	32	14	2	100	321
Berlin, Bremen, Hamburg	47	39	13	1	100	147
Nordrhein-Westfalen	61	22	16	–	100	548
Hessen	66	15	18	1	100	184
Rheinland-Pfalz, Saar	39	35	26	–	100	157
Baden-Württemberg	28	45	27	–	100	304
Bayern	39	28	32	2	100	357

Zwischen den Anhängern der Bundestagsparteien sind, wie die letzte Tabelle zeigt, kaum signifikante Unterschiede zu registrieren. Als weitaus sensibler zeigten sich hier die Wähler »sonstiger Parteien«, Nicht-Wähler sowie Befragte, die ihre Wahlabsicht nicht nennen wollten.

Selbst, wenn man auch die durch die Kategorie »etwas schlimm« bezeichnete Reaktion noch als Ausdruck echter Entrüstung gelten lassen wollte – für mindestens ein Fünftel der bundesdeutschen Bevölkerung darf bei Scherzen über die von Deutschen an Juden verübten Greuel gelacht werden.

	sehr schlimm %	etwas schlimm %	nicht der Rede wert %	Keine Antwort %	%	Anzahl der Befragten
Insgesamt	48	30	21	1	100	2018
Parteienpräferenz						
CDU/CSU	46	31	22	1	100	802
SPD	46	28	25	1	100	578
FDP	49	36	15	–	100	164
Sonstige Parteien	64	21	14	–	100	104
Nicht-Wähler bzw. keine Angaben	51	29	17	2	100	371

Anmerkungen

1 So z. B. das eingangs zitierte Beispiel, das im März 1981 in einer von der Jungen Union Wiesbadens herausgegebenen Schülerzeitung zu finden war (vgl. Die Zeit vom 1. 5. 1981). Einige Wochen zuvor »unterlief« einem betrunkenen Karnevalsprinzen in größerer Runde ein ähnlicher Witz.

2 Vgl. Sigmund Freud in seiner berühmten Abhandlung »Der Witz und seine Beziehung zum Unbewußten«: »Bei der aggressiven Tendenz (des Witzes) verwandelt (der Erzähler) den anfänglich indifferenten Zuhörer durch das nämliche Mittel in einen Mithasser oder Mitverächter und schafft dem Feind ein Heer von Gegnern, wo erst nur ein einziger war«; vgl. Freud, Gesammelte Werke 1961, Bd. 6, S. 149

3 Die auch bei den Befragten von 65 und mehr Jahren höhere Quote strikter Ablehnungen dürfte auf den bei dieser Altersgruppe besonders hohen Frauenanteil zurückzuführen sein.

»Wenn aus armen Judenjungen stolze junge Juden werden«

Judenstaat und Judenhaß

Schalom Ben-Chorin

Im Jahre des ersten Zionistenkongresses 1897 entwarf der Kölner Rechtsanwalt Max Bodenheimer, einer der treuesten Mitarbeiter Theodor Herzls, dem Gründer der Zionistischen Weltorganisation, eine Art Wappen, das den Löwen Judas im Davidsstern zeigte, umgeben von zwölf Sternen, die die zwölf Stämme Israels symbolisieren sollten. Diese heraldische Skizze wurde umrahmt von der Losung:

> »Die Bildung eines Judenstaates ist die einzig mögliche Lösung der Judenfrage.«

Bodenheimer hatte damit die Quintessenz des politischen Zionismus umrissen und die Formulierung aufgenommen, die Theodor Herzl seiner Programmschrift 1896 als Titel gegeben hatte: »Der Judenstaat«.

Herzl war sich bewußt, daß der Judenstaat an sich keine neue Idee darstellt, und so begann er seine Vorrede mit dem lapidaren Satz: »Der Gedanke, den ich in dieser Schrift ausführe, ist ein uralter. Es ist die Herstellung des Judenstaates.«

Der Judenstaat in der Konzeption Herzls und damit des politischen Zionismus sollte eine zweifache Aufgabe erfüllen. Die »Sammlung« der Juden in einem eigenen Land sollte ihnen die Möglichkeit zur produktiven Selbstentfaltung geben und weiterhin den Antisemitismus, den Judenhaß, abbauen.

Herzl war davon durchdrungen, daß die Judenfrage ihrem tiefsten Wesen nach keine religiöse und keine soziale Frage darstelle, sondern im Wesenskern eine nationale, und daher nur durch eine Renationalisierung des jüdischen Volkes gelöst werden könne.

Er und seine Mitarbeiter stellten sich vor, daß es jetzt, im Zeitalter technischer Fortschritte, möglich sein müsse, einen religiös-eschatologischen Traum in harte Wirklichkeit umzusetzen. Nicht mehr der Messias wurde erwartet, sondern die Selbsthilfe des Volkes: »Die Juden, die wollen, werden ihren Staat haben.«

Für Herzl war ursprünglich die Frage des Territoriums, auf dem der Judenstaat gegründet werden sollte, zweitrangig. Zunächst wollte er eine »Society« gründen, die zu eruieren hatte, welches Territorium in Frage käme. Unter der Überschrift »Palästina oder Argentinien« behandelt er in seiner Programmschrift diese Frage sozusagen mit leichter Hand:

»Ist Palästina oder Argentinien vorzuziehen? Die Society wird nehmen, was man ihr gibt und wofür sich die öffentliche Meinung des Judenvolkes erklärt. Die Society wird beides feststellen.

Argentinien ist eines der reichsten Länder der Erde, von riesigem Flächeninhalt, mit schwacher Bevölkerung und gemäßigtem Klima.

Palästina ist unsere unvergeßliche historische Heimat. Dieser Name allein wäre ein gewaltig ergreifender Sammelruf für unser Volk. Wenn Seine Majestät der Sultan uns Palästina gäbe, könnten wir uns dafür anheischig machen, die Finanzen der Türkei gänzlich zu regeln.«[1]

Man sieht, daß Theodor Herzl, wie er selbst später betonte, zunächst Judenstaatler war, nicht Zionist im eigentlichen Sinne, denn es ging ihm primär nicht um die Rückkehr nach Zion, sondern um die Errichtung eines jüdischen Staates, wo immer dies möglich schien.

Er dachte an vieles, aber die Hauptsache vergaß er. Als er von Palästina sprach, war ihm die Zusage, der Charter des Sultans, das Wesentliche – und darüber hinaus dachte er bereits an die heiligen Stätten der Christenheit und an die Beziehungen des Judenstaates zur europäischen Kulturwelt.

Die Tatsache aber, daß Palästina kein leeres Land war, sondern eine arabische Bevölkerung, wenn auch keine zahlenmäßig große, aufzuweisen hatte, entging ihm offenbar. Auch seine ersten Mitarbeiter dachten noch ganz in kolonialistischen Begriffen. Der Weg zum Sultan wurde über Kaiser Wilhelm II. gesucht, der Weg zu diesem über den Großherzog von Baden. Eine Fühlungnahme mit der autochthonen Bevölkerung aber schien in dieser Phase des politischen Zionismus

weder nötig noch möglich, denn die Araber Palästinas hatten noch keine verhandlungsfähige Selbstverwaltung aufzuweisen.
Das Judenvolk, wie Herzl schreibt, entschied sich eindeutig für Palästina. An anderer Stelle spricht Herzl vager: »Für Palästina spricht die Legende.«
In der letzten Phase seines kurzen politischen Wirkens, das nur sieben Jahre umfaßte, mußte er erkennen, daß das britische Angebot, Uganda als Siedlungsraum zu wählen, auf den erbitterten Widerstand der Zionistischen Bewegung stieß, und so legte Herzl auf dem Sechsten Kongreß den alten Treuschwur ab: »Vergäß ich dein Jerusalem, soll meiner Rechten vergessen werden.« (Ps. 137, 5)
Herzl versprach sich von der Gründung des Judenstaates auch den Abbau des Judenhasses, des Antisemitismus. Die Juden verlassen die Länder, in denen sie scheinbar nicht assimilierbar sind, und durch diesen Exodus wird die Ursache des Antisemitismus, die Anwesenheit der Juden, beseitigt und verringert, und dadurch wird der Judenhaß annulliert.
Die Ursache des Judenhasses ist, nach dieser klassischen Konzeption des Zionismus, die Anomalität der jüdischen Existenz in der Diaspora. Überall auf der Welt, in christlichen und moslemischen Staaten, im Osten und im Westen, bildeten die Juden eine nicht voll integrierbare Minorität, und das führe zu einer permanenten »Randspannung« (Jakob Klatzkin), die den Nährboden des Antisemitismus bilde. Dieser könne religiöse, soziale, nationale oder rassistische Formen annehmen, bleibe aber immer Folge der anomalen Existenz dieses Volkes unter anderen Völkern.
Daher wurde die »Normalisierung« des jüdischen Volkes zum Hauptanliegen des Zionismus.
Theodor Herzl schrieb einem Waisenknaben des Pogroms von Kischinew (1903) ins Stammbuch:

> Wann erscheint mir als gelungen
> ein Bemüh'n auf dieser Erden?
> Wenn aus armen Judenjungen
> Stolze junge Juden werden.

Der Judenstaat ist, so gesehen, kein Selbstzweck, sondern das einzig mögliche Mittel zur Befreiung des jüdischen Menschen.
Wovon sollte er befreit werden? Von den Deformationen der Galuth (der Verbannung) und dem damit ursächlich verbundenen Judenhaß.[2]

Normalisierung

Auf vielen Wegen strebte der Zionismus die Normalisierung des jüdischen Volkes an. Nicht nur durch die Errichtung eines eigenen Judenstaates, sondern auch durch die damit verbundene Strukturveränderung der jüdischen Gesellschaft sollte der Gestaltwandel des jüdischen Volkes erzielt werden; eine Zielsetzung, die heute, fast 40 Jahre nach Gründung des Staates Israel, in geradezu erschreckendem Maße gelungen ist. Das heutige Israel hat ein Staatsvolk entwickelt, das nicht nur die positiven, sondern auch die negativen Züge anderer Völker angenommen hat.
Die positiven Elemente sind in einer Umschichtung der jüdischen Gesellschaft zu sehen, durch Rückkehr zur Urproduktion in Landwirtschaft und Industrie, durch den Aufbau einer eigenen Armee, die ihre Schlagkraft in bisher fünf Kriegen erwiesen hat. Auch auf kulturellem Gebiet ist der große Wandel festzustellen, vor allem durch die Wiederbelebung der hebräischen Sprache als einigendes Band der Juden im Staate Israel, die aus über 80 Einwanderungsländern in die historische Heimat zurückkehrten.
Alle diese Errungenschaften weisen aber notwendigerweise auch ihre Schattenseiten auf.
Die Rückkehr zur Urproduktion hat zweifellos einen Verlust an intellektuellen Kräften mit sich gebracht. (Man denke nur an die Jahre der sogenannten fünften Alija 1933–1940, der Einwanderung aus Deutschland, Österreich, der Tschechoslowakei und anderen mitteleuropäischen Gebieten. Hochqualifizierte Akademiker wurden zu Geflügelzüchtern und Chauffeuren, ja sogar zu Schuhputzern, Straßenkehrern und Lastträgern.)
Die notwendige Wehrhaftigkeit trägt immer die Gefahr des Militarismus in sich, und die Wiederbelebung der eigenen Sprache, so positiv sie an sich zu bewerten ist, führt in ein Sprachgetto, das oft den Zugang zur Welt erschwert.
Einer der engsten Mitarbeiter Theodor Herzls, sein Freund, der Arzt und Schriftsteller Max Nordau, proklamierte ein »Muskeljudentum«, das sich dann in zionistischen Turn- und Sportvereinen konkretisierte. Heute ist die sportliche Leistung Israels unbestritten. Wie bei anderen Völkern sind auch in Israel die Spitzensportler in Fußball und Korbball mit die populärsten Gestalten der Öffentlichkeit. Nicht mehr wie einst

die Geisteshelden, sondern die Rekordhelden der Sportplätze beherrschen die Szene.
Der Führer der Zionisten-Revisionisten, Vladimir Seev Jabotinsky, der entgegen anderen Strömungen an der Judenstaats-Ideologie Herzls unverbrüchlich festhielt, ging so weit, zu sagen: »Wir haben ein Recht auf Huren und Verbrecher.« Er meinte damit, daß die Juden nicht mehr die Musterknaben der Völker stellen müssen, sondern als ein normales Volk im eigenen Lande auch mit Kriminalität rechnen dürfen. Er konnte nicht ahnen, daß sich in relativ kurzer Zeit, im Zuge der »Normalisierung«, bei manchen Juden negative Charakterzüge zeigen würden, die vorher völlig unbekannt waren.
Hier soll die Vergangenheit nicht idealisiert werden. Auch frühere Generationen kannten den jüdischen Dieb, den jüdischen Betrüger, sogar den jüdischen Zuhälter, aber der jüdische Gewaltverbrecher, der jüdische Mörder, sie waren völlig unbekannt.
Die alten Verbrechen haben nicht aufgehört, aber neue sind hinzugekommen. Die »Normalisierung« hat notwendigerweise auch diese Schattenseiten aufzuweisen. Hinzu kommt, daß weder Theodor Herzl noch die anderen Väter des politischen Zionismus die jüdische Landkarte, das jüdische Volk, wirklich kannten. Sie kannten es fast so wenig wie das arabische Volk, mit dem die Einwanderer in Palästina konfrontiert wurden.
Sieht man sich die Zusammensetzung der zionistischen Bewegung in den Gründerjahren an, so wird man eine intellektuelle Oberschicht aus Mittel- und Osteuropa feststellen können (hinzu kamen einige führende Persönlichkeiten aus Großbritannien, Frankreich und vor allem aus den Vereinigten Staaten von Amerika) und die breiten Massen des europäischen Ostjudentums.
Das sephardisch-orientalische Judentum aber stand praktisch abseits. Die kleine Gruppe jemenitischer Juden aus Südwest-Arabien wurde als folkloristische Spezialität empfunden, aber die breiten Schichten der jüdischen Bevölkerung aus Nordafrika (Algerien, Tunesien, Marokko) traten erst nach der Staatsgründung Israels 1948 in Erscheinung und bilden heute bereits über 50 % der jüdischen Bevölkerung Israels, zusammen mit orientalischen Juden aus Ägypten, Irak, Syrien, Afghanistan, Grusinien (Georgien) bis nach Indien und Äthiopien.
Das führte zweifelsohne zu einer grundlegenden Veränderung des israelischen Typus, im Gegensatz zum Bild des Juden früherer Generationen, das die Ideologen des Zionismus beherrschte.

Der Geburtsfehler des Judenstaates

»Die Juden, die wollen, werden ihren Staat haben, und sie werden ihn verdienen«, schloß Theodor Herzl die Vorrede zu seiner Programmschrift »Der Judenstaat«.[3]
Er sah also nur das jüdische Element, und er war sich der Richtigkeit seiner Konzeption so bewußt, daß er ein Jahr später, 1897, nach Beendigung des ersten Zionistenkongresses in Basel, in seinem Tagebuch notierte: ». . . In Basel habe ich den Judenstaat gegründet. – Wenn ich das heute laut sagte, würde mir ein universelles Gelächter antworten. Vielleicht in fünf Jahren, jedenfalls in fünfzig wird es jeder einsehen.«[4]
Diese Notiz erwies sich als wahrhaft prophetisches Wort. Tatsächlich, 50 Jahre nach dem ersten Zionistenkongreß, am 1. September 1947, beschloß die Vollversammlung der Vereinten Nationen die Teilung Palästinas und die Umwandlung des größeren Teiles in einen unabhängigen Judenstaat.
Von der Niederschrift Herzls in sein Tagebuch am 3. September 1897 bis zur Publikation des Berichtes der UNSCOP (United Nations Special Committee on Palestine) am 3. September 1947 waren auf den Tag genau 50 Jahre verstrichen.
Trotz dieser frappierenden prophetischen Schau bleibt aber dennoch ein wesentlicher Faktor unberücksichtigt. Nicht der Wille der Juden allein hat zur Entstehung des Judenstaates geführt, so wichtig die politische und vor allem kolonisatorische Vorarbeit des Zionismus war.
Der letzte auslösende Faktor in diesem 50jährigen Prozeß ist der »Holocaust«, die Vernichtung des größten Teils der europäischen Judenheit in den Jahren der NS-Verfolgung 1933 bis 1945.

Schuld und Sühne

Zwei Jahre nach Beendigung des Zweiten Weltkrieges erkannten die Völker die ungeheure Schuld, die nicht nur auf Deutschland, sondern auf fast allen Staaten Europas und Amerikas lag. Von Deutschland war dieser zügellose Judenhaß ausgegangen, der dem Juden die Menschenrechte aberkannte und schließlich sein Lebensrecht verneinte. Von Deutschland griff dieser verheerende Brand auf Österreich über und weiter auf Osteuropa, aber auch auf alle von den Deutschen besetzten Gebiete, von Holland bis Norwegen, von Italien bis Griechenland. Die furchtbare Ernte von sechs Millionen Toten vermochte das Weltgewissen für einen Augenblick der Geschichte zu erschüttern.

Die Länder, die von der nazistischen Pest verschont waren, verschlossen weitgehend den jüdischen Flüchtlingen ihre Grenzen. Das galt auch für Palästina, das durch Erklärung der sogenannten Balfour-Deklaration von 1917 ein »jüdisches Nationalheim« unter dem Protektorat Großbritanniens werden sollte.

Unter dem arabischen Druck verschloß auch die britische Mandatsmacht das Land der Zuflucht vor den heimatlos gewordenen Juden. Jetzt aber, 1947, zeigte – in einem einmaligen Akt – die damals in der UNO vereinigte Völkerwelt in überwiegender Mehrheit den Wunsch, eine große Geste historischer Wiedergutmachung gegenüber dem jüdischen Volk zu machen: Der Judenstaat wurde am 14. Mai 1948 proklamiert. Noch vor Abzug der britischen Mandatsmacht aus Palästina setzten bereits im Herbst 1947 arabische Angriffe auf das jüdische Siedlungswerk ein, die aber keineswegs als der Anfang, sondern als die verstärkte Fortsetzung des arabischen Widerstandes gelten konnten.

Der arabische Widerstand ist beinahe so alt wie der Zionismus selbst. Den Auftakt zu mehr oder minder organisiertem Widerstand bildete die Balfour-Deklaration von 1917, in welcher England die Errichtung eines jüdischen Nationalheims garantierte, unter Wahrung der Rechte der bereits ansässigen arabischen Bevölkerung. Doch erst seit Beginn der zwanziger Jahre fanden in regelmäßigen Intervallen von etwa sieben Jahren heftige Ausschreitungen der arabischen Massen gegen die Juden in Palästina statt: 1920 der Überfall auf die galiläische Siedlung Tel-Chai, der Joseph Trumpeldor, einer der markantesten Führer der Pionierbewegung, zum Opfer fiel; 1921 der Pogrom in Jaffa, bei dem der hebräische Schriftsteller Joseph Chaim Brenner ermordet wurde; 1929 die vom Großmufti von Jerusalem, Amin Husseini, organisierten Ausschreitungen in Jerusalem und Hebron, dessen alte jüdische Gemeinde damals völlig ausgerottet wurde.
1936 begann der Generalstreik der Araber, der sich bis Kriegsausbruch 1939, verbunden mit blutigen Unruhen, hinstreckte. Während des Zweiten Weltkrieges war, unter britischem Druck, eine gewisse Atempause zu verzeichnen, aber sofort nach Kriegsende setzten die Unruhen wieder ein. Sämtliche Untersuchungskommissionen, die Vorschläge zur Beilegung des jüdisch-arabischen Konfliktes machten, stießen auf eine absolut intransigente Haltung der arabischen Wortführer, die sich im Higher Arab Committee und im Obersten Moslemischen Rat formiert hatten.

Die antisemitische Propaganda, die in den Jahren des Dritten Reiches gezielt in alle Welt ging, um die Judenfrage über Deutschland hinaus zu einem Menschheitsproblem zu machen, erreichte auch die Araber, insbesondere die Araber Palästinas, deren Führer der bereits erwähnte Großmufti von Jerusalem, Haj Amin Husseini, offen mit Hitler paktierte und zu ihm nach Berlin floh.

So widersinnig es erscheinen mag, daß die semitischen Araber der antisemitischen Propaganda aufsaßen, so war dies doch der Fall. Hitlers »Mein Kampf« und »Die Protokolle der Weisen von Zion« erschienen auch in arabischer Sprache.[5]

Gerade hier zeigt es sich, daß das Wort und der Begriff Antisemitismus nie die Ablehnung »der« Semiten, sondern den jeweils anders benannten und getarnten Judenhaß umschreibt. In arabischen Zeitungen erschienen und erscheinen Karikaturen des Juden, die vom »Stürmer« des Julius Streicher inspiriert sind.[6]

Der Haß der Araber gegen die Juden nahm Formen an, die weit über politische Gegnerschaft hinausgingen. Um diesen elementaren Haß zu verstehen, muß man sich darüber klar sein, daß hier verschiedene Elemente koordiniert werden: der Haß gegen die als fremd empfundenen Eindringlinge, der Haß gegen die Ungläubigen, der Haß gegen eine zivilisatorisch überlegene Gruppe und schließlich der Haß gegen die in den anderen Ländern Verfemten.

Gerade dieses letztere Moment ist von besonderer Bedeutung. Die arabische Propaganda wird nicht müde zu betonen, daß den Juden in Europa tatsächlich Unrecht geschehen ist, daß aber die daran unschuldigen Araber die Rechnung dafür zu bezahlen haben. Dabei scheut man auch vor Geschichtsklitterungen nicht zurück, betont, daß die Lage der Juden in den moslemischen Ländern immer zufriedenstellend gewesen sei und nur durch den Zionismus (der wiederum die Folge des europäischen Antisemitismus ist) der Bazillus des Judenhasses in die arabische Welt infiltriert worden sei.

Diese gängige Darstellung kann einer geschichtlichen Überprüfung nicht standhalten. Auch in moslemischen Staaten waren (in Jemen bis in die jüngste Vergangenheit hinein) die Juden den Muslimen keineswegs rechtlich gleichgestellt. Allerdings nahmen die Verfolgungen nicht dieselbe Schärfe an wie in den christlichen Staaten des Abendlandes.

Im 20. Jahrhundert aber wurden Araber gelehrige Schüler des europäischen Antisemitismus. So wie der arabische Judenhaß, der durch die Zionistische Bewegung und schließlich die Gründung des Judenstaates in einem Teile Palästinas von europäischen Vorbildern inspiriert und dirigiert wurde, so stellt auch die arabische Nationalbewegung unserer Tage (PLO) den *Schatten des Zionismus* dar. Arafat und die anderen Führer der Palästinensischen Befreiungsorganisation gingen ganz in den Fußstapfen der Zionistischen Bewegung – nur in umgekehrter Wegrichtung.

So wie erst durch den Zionismus aus der Judenheit die israelische Nation wurde, so wurde durch die arabische Befreiungsbewegung aus den Arabern Palästinas eine selbstbewußte Nation. Während aber der Zionismus sich niemals in der Diffamierung der Araber erging, ist die arabische Freiheitsbewegung weitgehend auf die Perhorreszierung der Juden abgestellt und versucht erfolgreich den latenten Judenhaß in Europa und Amerika zu wecken.

Der binationale Staat

Es ist leider wahr, daß die Zionistische Bewegung zuwenig mit dem arabischen Faktor rechnete und, in kolonialistischen Konzeptionen befangen, sich primär an der englischen Politik orientierte. Allerdings hat *Chaim Weizmann,* Präsident der Zionistischen Organisation und erster Staatspräsident Israels, schon 1919 mit Emir Faisal ein Freundschaftsabkommen getroffen und später (auf dem XV. Zionistenkongreß) die Forderung aufgestellt, daß der Zionismus die Freundschaft der Araber anstreben müsse.[7]

Noch weiter ging *Martin Buber,* der bereits zu Beginn der zwanziger Jahre auf dem Zionistenkongreß in Karlsbad darlegte, daß die Großmächte (damals vorrangig Großbritannien) ein wechselnder Faktor in der Weltpolitik sind. Zionistische Politik müsse sich daher – über die Mandatsmacht hinweg – vor allem mit den Arabern ins Einvernehmen setzen.

In Palästina selbst entstand um diese Zeit die kleine Gruppe von jüdischen Intellektuellen, die sich »Friedensbund« nannte, »Berith Schalom«, und schließlich in den vierziger Jahren unter Führung von Martin Buber und dem Präsidenten der Hebräischen Universität, *J. L. Magnes,* in der Gesellschaft »Ichud« (Einheit) das Programm eines binationalen Staates von Juden und Arabern in einem ungeteilten Palästina anstrebte. Leider blieben diese Versuche ohne praktische Folgen. Auf arabischer Seite hat sich kein entsprechendes Komitee als Partner formieren können.

Die Stellung Bubers wird heute oft mißinterpretiert. Er war von Jugend an Zionist und blieb es bis zu seinem Ende, allerdings ein oppositioneller Zionist, der den offiziellen Kurs der Leitung ablehnte und im Sinne seiner dialogischen Philosophie auch in der Politik das dialogische Prinzip, hier der Zwiesprache zwischen Juden und Arabern, verfocht.

In seinem Brief an Gandhi (1939) schrieb Buber an den Mahatma:

> »Juden und Araber haben Anspruch auf dieses Land (Palästina), aber die Ansprüche lassen sich faktisch miteinander versöhnen, wenn sie nur auf das vom Leben selbst und von einem Willen zur Versöhnung bestimmte Maß zurückgeführt werden, das heißt, wenn sie in die Sprache von Bedürfnissen lebender Menschen für sich und ihre Kinder übersetzt werden.«[8]

Zu diesen menschlichen Kontakten ist es – aufs Ganze gesehen – nicht im nötigen Ausmaß gekommen. Die Fremdheit zwischen Juden und Arabern wurde nicht genügend abgebaut, so daß die alte Kettenreaktion einsetzte: Fremdheit erzeugt Mißtrauen, Mißtrauen erzeugt Haß, Haß erzeugt Gewalttat.

Diese Erfahrung, die das jüdische Volk in der Geschichte seines jahrhundertelangen Martyriums immer wieder machen mußte, setzte sich nun auch im Lande Israel, unter anderem Vorzeichen, fort.

Transformation eines Problems

Überblicken wir die heutige Situation, so ergibt sich das tragische Bild einer Transformation der Judenfrage. Der Zionismus erstrebte die Schaffung eines Judenstaates und damit die Lösung der Judenfrage. Die Schaffung des Judenstaates ist gelungen, aber die »Judenfrage« ist dadurch nicht gelöst, sondern transformiert und transportiert worden.

Die Transformation besteht darin, daß aus dem Problem einer Minderheit in der Diaspora das Problem einer Mehrheit im eigenen Staate wurde, aber das Problem hat dadurch nichts von seiner Schärfe verloren. Der Jude in der Diaspora wurde als ein nicht integrierbarer Faktor, ein religiös-nationaler Fremdkörper betrachtet, der immer wieder Randspannungszonen auslöste, in welchen es zu Zusammenstößen und blutigen Verfolgungen bis zur physischen Vernichtung kam. So wie der Jude als der Fremde in den Ländern der Diaspora empfunden und verfemt wurde, so wird der Judenstaat inmitten der arabisch-moslemischen Welt als Fremdkörper abgewiesen. Das ist die Transformation des Problems.

Die Transportation des Problems besteht darin, daß ihr Herd sich von Europa nach dem Mittleren Osten verlagerte. War im ersten Drittel unseres Jahrhunderts Europa der Krisenherd für das Judentum, ausgehend insbesondere von Deutschland, dem Herzen Europas, so ist heute der Staat Israel Ausgangs- und Zielpunkt antijüdischer Aktionen, die sich weit über das Staatsgebiet hinaus in alle Welt erstrecken.

Der Antisemitismus der dreißiger Jahre wandte sich primär, von den radikalen Rechtskreisen nicht nur in Deutschland getragen, zunächst gegen den Juden im jeweiligen Land. Wenn der Jude, etwa in Deutschland, aufgrund von Herkunft, Sprache und Kultur den Anspruch erhob, als jüdischer Deutscher (oder deutscher Jude) akzeptiert zu werden, stieß er auf kalte Ablehnung. Hingegen konnte man feststellen – und hier spreche ich aus eigener Erfahrung –, daß der Zionist, der sich zum jüdischen Volkstum bekannte und die Lösung der Judenfrage in Palästina anstrebte, für völkische Antisemiten ein Gesprächspartner sein konnte.

Der Vulgärantisemitismus zu Beginn des Dritten Reiches bediente sich in der Karikatur sogar gewissermaßen »zionistischer« Losungen. Ich erinnere mich daran, daß auf den Straßen Münchens, damals Hauptstadt der Bewegung, witzige Parteigenossen jüdischen Passanten, die als solche erkennbar waren, fingierte Fahrkarten in die Hand drückten: »Nach Jerusalem und nicht wieder zurück.«[9]

Aber auch in ernsteren Auseinandersetzungen, unmittelbar vor Ausbruch des Dritten Reiches, konnte man in intellektuellen Kreisen der NSDAP eine gewissen Sympathie für den Zionismus feststellen. So führte ich mit einem Redakteur des »Völkischen Beobachters«, Wolf Braumüller, in München längere Gespräche über meinen Plan, die Juden in Deutschland als nationale Minderheit anzuerkennen und ihre planmäßige Auswanderung nach Palästina zu unterstützen. Ein publizistischer Entwurf dieses Planes wurde von Braumüller dem damaligen Chefredakteur des »Völkischen Beobachters«, *Alfred Rosenberg,* vorgelegt, der auch zu Gesprächen bereit war. Die Begegnung fand aber nicht statt, da ich auf die Frage, wer nun hinter mir stünde und welche jüdische Organisation diese Konzeption trage, zugeben mußte, daß es sich hier um die Idee eines Einzelgängers handelte. Das war 1932.[10]

Heute hat sich das Blatt völlig gewendet. Angriffe gegen das Judentum kommen nicht nur von rechtsradikaler Seite, sondern besonders massiv aus den Linkskreisen.[11]

Man spricht aber nicht mehr von Antisemitismus und Antijudaismus, sondern von Antizionismus und Anti-Israelismus. Nicht mehr der Jude wird abgelehnt, der als jüdischer Deutscher etwa in der Bundesrepublik leben will, sondern der Israeli, der im eigenen Lande als nationaler Jude den Staat Israel mit aufbaut und verteidigt. Es ist, als ob die Geschichte des modernen Antisemitismus zu ihren Anfängen zurückkehrte.

In der Zeit der Aufklärung galt weithin die Devise: »Den Juden als Menschen alles, den Juden als Nation nichts.« Die Neuauflage dieses Toleranzediktes, das den Juden um den Preis seiner Selbstaufgabe akzeptieren will, erleben wir heute. Die Juden, die bereit sind, sich in die Gesellschaft ihrer Umwelt einzufügen, werden nicht mehr ausgeschlossen, aber die Juden, die im eigenen Lande, in Israel, ein Leben der Selbstverwirklichung führen wollen, gelten nun als imperialistische Kolonisten und Rassisten.

Der Jude in der Diaspora, der sich lange Zeit wehrlos dem Martyrium überlassen mußte, wurde als feige verschrien. Der Jude, der sich im Lande und Staate Israel gegenüber einer ungeheuren arabischen Übermacht erfolgreich verteidigt, gilt als aggressiver Militarist. Man wird angesichts dieser tragikomischen Entwicklung an ein jüdisches Sprichwort erinnert:

»Wenn der Stein auf den Topf fällt –
wehe dem Topf;
Wenn der Topf auf den Stein fällt –
auch wehe dem Topf.«

Wie immer sich der Jude verhält, bleibt er Zielscheibe des Judenhasses.

Die heidnische Welt in vorchristlicher Zeit verschrie die Juden, dieses klassische Volk der Religion, als Atheisten, da sie keine Götterbilder kannten. Es entstand die lächerliche Sage, daß die Juden im Allerheiligsten im Tempel zu Jerusalem einen Eselskopf verehren.[12]

Das Christentum verschärfte die Situation noch, obwohl im Neuen Testament feierlich proklamiert wird, daß Jesus die Feindschaft zwischen Heiden und Juden abgebaut habe: »Denn er (Jesus) ist unser Friede, der aus beiden eines hat gemacht und hat abgebrochen den Zaun, der dazwischen war, nämlich die Feindschaft . . .« (Epheser 2, 14).

Besonders tragisch ist es, daß dieser wahnwitzige Vorwurf von den Juden selbst gar nicht verstanden werden konnte, denn die Vorstellung eines Gottes, der ermordet werden kann, liegt völlig außerhalb des jüdischen Glaubensdenkens.[13]

Nun ist es überaus bemerkenswert, daß diese christlichen Fehlurteile, die vom Zweiten Vatikanum und von zeitgenössischen Theologen verschiedener christlicher Konfessionen revidiert wurden, im Kampfe moslemischer Araber gegen den Staat Israel wieder aufgewärmt werden. So erklärte der verstorbene König Faisal von Saudi-Arabien, daß die Juden kein Recht auf Palästina haben, da sie durch die Ermordung Jesu alle Ansprüche verloren hätten. Es entbehrt nicht einer gewissen Komik, daß der Hüter der heiligsten Stätten des Islam in Mekka und Medina die antijüdische Argumentation der Kirche übernommen hat, obwohl Jesus, nach dem Koran, gar nicht wirklich am Kreuze gestorben ist. Einer der Söhne Faisals, der sein Land in der UNO vertrat, rief im Herbst 1980 Muslime und Christen zum gemeinsamen »Kreuzzug« zur Befreiung Jerusalems von den Zionisten auf.

Wir können also feststellen, daß der jahrhundertealte Antijudaismus in der Kirche im Kampf gegen den Zionismus und den aus ihm resultierenden Staat Israel wieder aktiviert wird, was ein weiterer Beweis für die *Transformation des Problems* darstellt:

Der Judenhaß in seiner ganzen Vielschichtigkeit wurde auf den Judenstaat übertragen!

Der religiöse Antijudaismus der Kirche wird von arabischen Christen (und ihren Freunden in allen Kirchen) weiter betrieben. Eine Übertragung auf den Islam ist dabei weiterhin als gefährliches Ferment festzustellen.

Der wirtschaftliche Antisemitismus, wie er im 19. und 20. Jahrhundert von Stoecker (Berlin) und Lueger (Wien) bis zu Hitler unter der Losung »Kauft nicht bei Juden« auftrat, wurde in Form des arabischen Boykottes gegen den Staat Israel und alle Faktoren, die mit ihm in wirtschaftliche Beziehung treten, weitergeführt.

Der politische Antisemitismus, der die Juden als Fremdkörper aus ihren Gastländern vertreiben will, wurde durch die arabische Politik gegen den Staat Israel gewissermaßen logisch ergänzt. Der Staat Israel gilt nun wiederum als Fremdkörper innerhalb der arabisch-islamischen Region des Mittleren Ostens.

Selbst der Rassenantisemitismus, so merkwürdig sich das anhört, fand im Kampf gegen den Judenstaat seine Neubelebung. Natürlich können die Araber als Semiten nicht einfach die antisemitische Konzeption der minderwertigen semitischen Rasse übernehmen, aber sie konnten die Juden (insbesondere soweit sie aus Europa und Amerika nach Palästina kamen) als fremdstämmig bezeichnen.

Der Judenstaat hat also keineswegs die Wirkung gehabt, die ihm durch die zionistische Ideologie zugedacht war. Der Judenhaß wurde, in allen uns bekannten Formen, auf den Judenstaat übertragen, ohne daß der Judenhaß in der Diaspora dadurch abgebaut wurde.

Die unheilige Dreieinigkeit: Kapitalismus – Kolonialismus – Zionismus, setzte sich in den Gehirnen der Zeitgenossen fest, wobei der Zionismus nicht mehr als das erkannt wurde, was er seinem Ursprung und Wesen nach ist – die Befreiungsbewegung des jüdischen Volkes; vielmehr wurde der Zionismus als Ausläufer und Trabant des europäischen Kolonialismus und des amerikanischen Kapitalismus gesehen. Diese Verzerrung führte zu einer Diffamierung des

Begriffes Zionismus, der nunmehr mit einem weiteren Tabu assoziiert wurde, mit dem Rassismus. In Resolutionen der UNO kehrte mehrmals dieser Begriff Rassismus in bezug auf den Zionismus wieder. Der Zionismus wird so zum Satyrspiel nach der Tragödie des Holocaust.

Für viele ahnungslose Menschen unserer Zeit stellt sich der Ablauf der Geschichte der letzten Jahrzehnte nach folgendem Schema dar: Die Juden wurden rassisch diffamiert (Untermenschen einer minderwertigen Rasse), diffamieren nun ihrerseits die Araber und machen sie im Judenstaat zu Bürgern zweiter Klasse oder sogar Parias. Die Juden wurden aus ihren Heimatländern vertrieben und vertrieben nun die Palästinenser aus ihrem Heimatland.

Es ist für unsere Betrachtung nicht entscheidend, daß diese Analogien eine Verzerrung und Verfälschung der Sachverhalte darstellen, wesentlich ist die unselige Wirkung solcher Vereinfachungen.

In Wirklichkeit hat das Judentum das Rassenprinzip immer abgelehnt, sonst wäre es gar nicht möglich, daß Nichtjuden aller Völker zum Judentum konvertieren konnten und weiter konvertieren. Aus dem klassischen Judentum sei hier nur der Fall der beiden großen Schriftgelehrten aus der Zeit des Zweiten Tempels angeführt, Schemaja und Abtaljon, die Nachkommen des assyrischen Königs Sanherib, also eines Erzfeindes Israels, waren und sich dennoch der größten Verehrung im Volke erfreuten. Hätte es ein Rassenprinzip gegeben, so wären diese Männer untragbar gewesen.

Auch heute gibt es Proselyten aller Rassen. Auch Deutsche findet man in nicht geringer Zahl unter den gegenwärtigen Proselyten in Israel. Mir ist sogar der Fall eines ehemaligen deutschen evangelischen Theologiestudenten bekannt, der als orthodoxer Rabbiner in Israel akzeptiert wurde.

Ein Rassenprinzip ist im heutigen Staat Israel schon deshalb völlig undenkbar, da sich die jüdische Bevölkerung aus Einwanderern von über hundert Herkunftsländern zusammensetzt, darunter ethnische Gruppen wie die der Jemeniten, die sich in Hautfarbe und Körperbau ganz deutlich etwa von aschkenasischen Juden aus Europa unterscheiden. Neuerdings finden sich schwarze Juden, »Falaschas« aus Äthiopien, in allen Teilen des Landes. Wer durch die Straßen der Städte Israels geht, kann sich von der Vielfalt der »Rassen« überzeugen. Oft sind orientalische Juden den Arabern ähnlicher als ihren jüdischen Mitbürgern aus anderen Herkunftsländern.

Daß der Zionismus mit dem Kapitalismus nicht in einem Atem genannt werden kann, wird aus der Rolle der Kibbuzim (Gemeinschaftssiedlungen) in Israel und der Histadruth (Gewerkschaft) ersichtlich. Der Kibbuz stellt die Verwirklichung der sozialistischen Gemeinschaft in wirtschaftlichen Kollektiven dar, die weithin über die Grenzen Israels als Modelle sozialistischer Verwirklichung empfunden werden. Freiwillige Helfer aus vielen Völkern nehmen zeitweilig am Leben dieser Gemeinschaften teil und tragen die Botschaft des Kibbuz in die Welt. Dennoch ist der Kreis derer, die durch diese legitimen Emissäre erreicht werden, wesentlich kleiner als die Masse der Unwissenden, denen teilweise durch Presse, Funk und Fernsehen das Zerrbild eines kapitalistischen Israel eingehämmert wird.

Auch der Begriff des Kolonialismus ist nicht auf den Zionismus übertragbar. Es ist zwar richtig, daß der Zionismus die Kolonisation Palästinas als seine praktische Aufgabe betrachtet, aber es geht hier um andere Ziele als im europäischen Kolonialismus. Die Voraussetzung für Kolonialismus war die Heimatmacht, die die Kolonisten trug und das fremde Territorium ausbeutete. Wesentlich für den traditionellen Kolonialismus war demnach die soziale Struktur: Die Kolonisten bildeten die Herrenklasse, während die Eingeborenen die schweren Arbeiten zu verrichten hatten. Der Zionismus aber ging vom Gedanken einer produktiven Umschichtung der Juden aus, wollte sie zur Urproduktion in Landwirtschaft, Industrie und Handwerk zurückführen. Das hebräische Schlagwort »Avoda Ivrith« (hebräisch = jüdische Arbeit) beherrschte in der vorstaatlichen Zeit lange die zionistische Diskussion, in einer Abwehrstellung gegen jüdische Kolonisten der vorzionistischen Epoche, die als kleine Grundbesitzer sich tatsächlich der billigen arabischen Lohnarbeit bedienten, wogegen gerade die Zionisten Front machten.

In seiner romantisierenden Weise sprach Theodor Herzl davon, daß der Zionismus erfüllt sein werde, wenn der jüdische Bauer die Hand an den Pflug legt, um ihn über die jüdische Erde zu führen.

Diese Konzeption blieb nicht nur Ideal, sondern fand ihre Verwirklichung vor allem in dem Typus des Chaluz, des Pioniers, der jede zum Aufbau des Landes nötige Arbeit auf sich nimmt. Die Pionierleistung der zwanziger Jahre unseres Jahrhunderts, bis zur Staatsgründung, stellte erst die Voraussetzung für diesselbe dar. Weite Gebiete wurden urbar gemacht, Sümpfe ausgetrocknet und Wüsten bewässert, und dies alles mit eigener Hände Arbeit, oft von Männern und Frauen, die aus »gehobenen« europäischen Verhältnissen kamen und die primitivsten Lebensbedingungen freiwillig ertrugen. Gleiches gilt für den Aufbau der zuvor nicht existenten Industrie.

Man hat das alles vergessen und übernimmt die Schlagworte einer antiisraelischen und antizionistischen Propaganda, die von Kapitalismus, Kolonialismus und Rassismus im Zusammenhang mit dem Zionismus und dem Staat Israel spricht.

Mythische Archetypen

Man sieht also, daß gewisse gängige Grundvorstellungen vom Juden die Wirklichkeit überschatten. Eine alte Erfahrung lehrt uns, daß der »mythische Jude« stärker ist als der empirische Jude. Der Beweis hierfür ist die Tatsache, daß es Antisemitismus in Ländern geben kann, die keine jüdische Bevölkerung haben oder deren Judenheit so gering ist, daß sie als Faktor des öffentlichen Lebens keine Rolle spielen.[14]

Überaus typisch für die Unwirklichkeit des mythischen Juden scheint mir die Namengebung von zwei solchen Typen: *Ahasver* und *Shylock.* Beide Namen sind völlig unjüdisch. Ahasver, der ewige Jude, der auf eine Mißdeutung von Matth. 16, 28 zurückgeht, trägt den Namen des Perserkönigs aus dem Esther-Buche, der in dieser biblischen Legende als Gegenspieler des Juden Mordechai erscheint.[15]

Der Name Ahasver oder Ahasverus ist niemals bei Juden vorgekommen, wird aber in der antisemitischen Legende zum Inbegriff des Juden schlechthin. Der wandernde Jude, der unstet und flüchtig über die Erde hasten muß, der die Volksphantasie seit dem 17. Jahrhundert beflügelt, trägt also einen völlig unjüdischen Namen. Das zeigt, wie solche Sicht des Juden aus einem abgrundtiefen Fremdheitsgefühl der Erzähler zur Verfremdung des Juden geführt hat. Durch diese Mythengestalt des im Evangelium nirgends erwähnten Jerusalemer Schusters, der dem kreuztragenden Jesus die Rast vor seinem Hause verweigert hat, legitimierte eine unchristliche Christenheit immer wieder ihre Politik der Vertreibung der Juden von Generation zu Generation. Ebenso unjüdisch wie der Name Ahasver ist der Name Shylock, der in Shakespeares »Kaufmann von Venedig« als der geld- und blutgierige Jude erscheint, der grausam auf seinem Vertrag besteht und dem Christen Antonio ein Pfund Fleisch aus der Brust schneiden will. Einen Juden dieser Art hat es wohl nie gegeben. Shakespeare-Forscher vertraten immer wieder die These, daß der Dichter keine Juden kannte und das Motiv aus einer italienischen Quelle übernommen habe, in welcher nicht von einem Juden die Rede ist. Der Name Shylock, den es bei Juden nie gab, erweist auch hier das aus der Fremdheit geborene Phantasiegebilde, das aber stärker als die Wirklichkeit wirkte. (Auch der Staat Israel konnte daran nichts ändern, so daß Zeitungen kurz nach dem Treffen Sadat/Begin den israelischen Vertragspartner, Ministerpräsident Begin, polemisch als Shylock titulierten.)

So wird auch hier deutlich, daß die Verzerrung des Juden aus einer völligen Unkenntnis seiner Glaubenswelt und Lebensweise resultiert.

Besonders tragisch ist die Gestalt des Juden als »Wucherer«. In der Tat war jahrhundertelang, im christlichen Mittelalter, das Zinsnehmen die einzige dem Juden offene Erwerbsquelle. Nun ist es der grimmige Treppenwitz der Geschichte, daß ein biblisches Gebot der jüdischen Tradition zu dieser anomalen Lebensweise der Juden im christlichen Mittelalter führte.

Obwohl sich die Kirche, gemäß Röm. 7, vom Gesetz frei wußte, übernahm sie das Zinsverbot der Thora, Ex. 22, 24; Lev. 25, 36 f und Deut. 23, 20 f), obwohl im Neuen Testament (Matth. 25, 27) das Zinsnehmen als erlaubt vorausgesetzt ist. Jean-Paul Sartre hat in seiner bekannten Studie über den Antisemitismus darauf hingewiesen, daß der Jude jeweils das sein wird, was seine Umwelt aus ihm macht. Der Zionismus hat versucht, durch die Änderung der Lebensbedingungen des jüdischen Volkes den Typus des Juden zu verändern. Polemisch nannte Theodor Herzl den »negativen« Juden der Galuth (Diaspora), den er als unproduktiven »Luftmenschen« sah, mit dem antisemitischen Namen »Mauschel« (eine Verballhornung von Mosche, Mose). Dieser Typus sollte im Judenstaat über-

wunden werden, und tatsächlich hat sich in Israel ein neuer Typus gebildet.
Kurze Zeit, vor allem nach dem Sechstagekrieg von 1967, schien es so, als ob sich das Bild des Juden durch den siegreichen Israeli völlig gewandelt habe, so daß ein deutscher Kritiker mit Befremdung fragen konnte, warum der militante Israeli vielen Zeitgenossen weit sympathischer erscheine als der konziliante »Textiljude«. Auch dieser »militante Israeli« war in Wirklichkeit wieder eine Verfremdung. Vorstellungen aus anderen Bereichen wurden hier in einer scheinbar positiven Absicht auf den Juden projiziert, und so bildete sich das Schlagwort von dem »Preußen des Mittleren Ostens« für die Juden in Israel.
Obwohl diese Klassifizierung von manchen Kreisen in einem positiven Sinne gemeint war, verstärkte sie die dritte (noch nicht behandelte) Anklage gegen den Zionismus, er vertreibe die Araber. Gerade der siegreiche Israeli wird nun als derjenige gesehen, der mit erbarmungsloser Härte die besiegten Araber aus ihrer Heimat verdrängt. Das arabische Flüchtlingsproblem, das seit dem Jahre 1948, also seit der Staatsgründung Israels, wie ein Schatten über dem zionistischen Aufbauwerk liegt, erhielt nach dem Sechstagekrieg ein neues Schwergewicht.
Im Zusammenhang mit dieser Anklage ist etwas weiter auszuholen. Der Zionismus hat niemals die Vertreibung und Verdrängung der arabischen Bevölkerung aus Palästina verlangt. Während die arabische Propaganda davon sprach, daß die Juden ins Meer getrieben werden müßten, hat sich die zionistische Politik niemals solcher Drohungen befleißigt. Das zionistische Aufbauwerk war als kolonisatorische (nicht koloniale) Initiative in einem schwach besiedelten und unterentwickelten Territorium gedacht.
Schon Theodor Herzl stellte sich in seinem utopischen Roman »Altneuland« (1902) vor, daß die arabische Bevölkerung Palästinas durch das zionistische Aufbauwerk in ihrem Lebensstandard gehoben würde. Dies war und ist auch tatsächlich der Fall, so daß man feststellen kann, daß die wirtschaftlich-soziale Situation der Araber Israels teilweise sogar und der besetzten Gebiete weitaus günstiger ist als die der Masse der Bevölkerung in den Israel benachbarten arabischen Staaten.
Allerdings leben noch heute arabische Flüchtlinge in unwirtlichen Lagern. Diese Flüchtlinge stellen zum Teil bereits eine dritte Generation dar, da die arabische Politik diese Wunde im Volkskörper offenhalten will, um so ein immer wieder zu aktualisierendes Argument gegen Israel und den Zionismus zu haben.
Bedenkt man, daß durch den Ausbruch des Krieges von 1948 ein Teil der arabischen Bevölkerung Palästinas, verleitet durch Versprechungen ihrer politischen Führung, aber auch verängstigt durch die Schrecken des Krieges, ihre Heimat fluchtartig verlassen hat, so muß man sich fragen, warum es nicht gelungen ist, diese Flüchtlinge in den Nachbarländern Jordanien, Syrien und Libanon zu integrieren.
Das Gebiet von Palästina, Transjordanien (heute: Jordanien), Syrien und Libanon stellte jahrhundertelang eine geopolitische Einheit dar und wurde erst nach dem Ersten Weltkrieg in englische und französische Einflußzonen aufgeteilt, die schließlich die Grundlage für autonome Staaten bildeten. Die Bevölkerung dieser Länder stellt eine weitgehende ethnische Einheit dar, so daß die Eingliederung der palästinensischen Flüchtlinge durchaus möglich wäre. Als Modell bietet sich hier die Integration der deutschen Heimatvertriebenen aus den Ostgebieten an, die längst in der Bundesrepublik Deutschland seßhaft geworden sind und in den Wirtschaftsprozeß erfolgreich eingegliedert werden konnten.
Israel hat seinerseits große Massen orientalischer Juden aus Ländern des Islam nach 1948 aufgenommen, so daß de facto eine Art Bevölkerungsaustausch stattgefunden hat. Obwohl Israel sich immer wieder bereit erklärt hat, sich im Zuge eines »Verrechnungsverfahrens« an der Rehabilitierung der arabischen Flüchtlinge zu beteiligen, wurde in der Vergangenheit von den arabischen Wortführern jede konstruktive Zusammenarbeit abgelehnt.
Heute ist es keine Frage, daß die PLO (Palästinensische Befreiungs-Organisation) sich als Wortführer der palästinensischen Araber international Gehör verschafft hat. Diese Organisation lehnte jahrzehntelang Verhandlungen mit Israel ab, da sie das Existenzrecht dieses Staates bestreitet, ihn als künstliches Gebilde bezeichnet, das schließlich von der Landkarte verschwinden müsse. Zeitweilig mäßigt die Führung der PLO in internationalen Gremien ihre Sprechweise und fordert – zunächst – nur die Errichtung eines palästinensischen Staates in den Gebieten von

Judäa, Samaria, dem Gazastreifen und Ost-Jerusalem. Israel widersetzt sich diesen Forderungen, da es in diesem Palästinenserstaat eine unmittelbare Bedrohung seiner Existenz sieht. So kommt es zu sich immer wiederholenden Ausbrüchen der Gewalt, zu terroristischen Anschlägen der PLO und ihrer Zweigorganisationen und zu Vergeltungs- und Präventivmaßnahmen Israels.
Diese Vergeltungs- und Präventivmaßnahmen, die bei jedem anderen Volk als selbstverständliche Äußerungen der Selbstbehauptung und des natürlichen Lebenswillens gewertet würden, erscheinen im Zusammenhang mit Israel regelmäßig unter der Devise: »Auge um Auge, Zahn um Zahn« (Lev. 24, 20).[16] Das biblische jus talionis wird immer wieder als Maßstab der israelischen Politik dargestellt. Damit wird wiederum eine typologische Struktur aufgedeckt, die aus der klassischen antisemitischen Literatur, ja sogar dem christlichen Antijudaismus der Kirche bekannt ist. Dem alttestamentlichen Vergeltungsrecht der Juden wird jene neutestamentliche Feindesliebe konfrontiert, die niemals von christlichen Völkern und Staaten in der Politik bewährt wurde.

Wie steht es nun aber wirklich um jenes Talionrecht, das als Richtschnur der israelischen Politik bezeichnet wird?
Während das babylonische Recht des Hammurabi tatsächlich ein ungebrochenes Vergeltungsrecht kannte (wenn ein Haus einstürzte und die Tochter des Eigentümers erschlug, mußte die Tochter des Baumeisters dafür getötet werden), wurde das Vergeltungsrecht der Bibel von den jüdischen Interpreten, schon zur Zeit Jesu und früher, im Sinne der Wiedergutmachung, des Schadenersatzes, interpretiert. Diese historische Tatsache scheint weitgehend unbekannt zu sein, so daß man immer wieder von der »alttestamentarischen« (dieses Adjektiv ist ganz falsch; es müßte alttestamentlichen heißen) Vergeltungspolitik Israels hören und lesen kann. Der Typus des angeblich rachsüchtigen Juden wird auf den Staat Israel und seine politische Führung übertragen. Auch bei militärischen Aktionen im Libanonfeldzug wurde immer wieder dieser biblische Rechtssatz zur Interpretation von Auslandskorrespondenten herangezogen.

Die Erwählung Israels

Zu den schwerwiegenden Argumenten gegen den Staat Israel gehört immer wieder das Dogma von der Erwählung Israels: Die Juden halten sich für das auserwählte Volk und sind daher allen anderen Nationen gegenüber von einer unerträglichen Überheblichkeit. Der Hochmut, der dem Juden in der Diaspora angelastet wurde, wird nun in verstärktem Maße auf den Staat Israel projiziert.[17]
Dieser weitverbreitete Vorwurf ist psychologisch vom Gesetz der Kompensation her zu erfassen. Völker, die sich durch ihr Superioritätsbewußtsein, das oft die Kehrseite eines Minderwertigkeitskomplexes ist, den Juden gegenüber als intolerante Verfolger zeigten, stellen mit besonderem Behagen fest, daß die Juden durch ihr Erwählungsbewußtsein jede »Herrenrasse« in den Schatten stellen. Das »auserwählte Volk« war als jüdische Gemeinde unter den Völkern ein Skandalon (Ärgernis) und blieb es in der Form des Judenstaates Israel.
Nun soll nicht bestritten werden, daß es in einer Art Vulgärjudaismus tatsächlich oft, vor allem bei *»primitiven«* Juden, an denen es in Israel nicht mangelt, ein Superioritätsgefühl gegenüber den Nichtjuden gibt. Dieses Superioritätsgefühl ist nur aus einer dialektischen Ambivalenz heraus zu verstehen. Derselbe »primitive Jude«, der sich vor allem dem Araber gegenüber überlegen fühlt, ist gleichzeitig oft durch eine gewisse Servilität gegenüber europäischen und amerikanischen Nichtjuden gekennzeichnet.
Zum Verständnis des jüdischen Erwählungsbewußtseins ist es nötig, die biblische Grundstruktur zu erkennen. Der kategorische Imperativ Israels lautet: »Ihr sollt mir sein ein priesterliches Reich und heiliges Volk« (Ex. 19, 6). Damit ist dieses Volk sicher überfordert. Es konnte weder in seiner Diaspora-Existenz noch gar im heutigen Israel diesem Anspruch genügen, so daß diese Forderung als endzeitliche (eschatologische) Zielsetzung verbleibt. Hingegen ist es offenbar, daß schon die älteste prophetische Tradition die Mündigkeit Israels betont: »Aus allen Geschlechtern auf Erden habe ich euch allein erkannt, darum will ich auch an euch heimsuchen alle eure Sünden« (Amos 3, 2). Derselbe Prophet Amos, der älteste der Schriftpropheten, schärft dem Volke ein, daß seine Erwählung nichts mit einem

elitären Bewußtsein zu tun hat: »Seid ihr Kinder Israel mir nicht gleich wie die Mohren? spricht der Herr. Habe ich nicht Israel aus Ägyptenland geführt und die Philister aus Kaphtor und die Aramäer aus Kir?« (Amos 9,7). Schon im Pentateuch wird klar statuiert: »Nicht hat euch der Herr angenommen und euch erwählt, weil ihr größer wäret als alle Völker – denn du bist das geringste unter allen Völkern (Ex. 32, 9) – sondern weil er euch geliebt hat und damit er seinen Eid hielte, den er euren Vätern geschworen hat« (Deut. 7, 7–8).

Die spätere leidvolle Erfahrung des jüdischen Volkes hat dazu geführt, daß sich Israel selbst immer wieder in der Gestalt des leidenden Gottesknechtes (Jes. 52 u. 53) erkannte, allerdings hat der Staat Israel die Tendenz gezeigt, diese geschichtliche Rolle, die auch abwertend als die des Prügelknaben der Geschichte bezeichnet wurde, zu überwinden. Im Staat Israel, aber auch im modernen Judentum der Diaspora, ist eine unverkennbare Tendenz zu bemerken, das »Erwählungs-Syndrom« im Prozeß einer nationalen Normalisierung aufzuarbeiten.

Die Erfahrung zeigt, daß das nie ganz gelingt. Die Juden werden immer, sowohl als Minderheit wie als Staatsvolk, als Fremdkörper empfunden. Die Eigenstaatlichkeit, die nun allerdings theokratische Elemente in einer demokratischen Rahmenstruktur aufweist, konnte daran nichts ändern.

Die Einsamkeit Israels

Die Einsamkeit Israels, die es in der Diaspora umgab und umgibt, wurde durch den Staat Israel nicht behoben. Schon in der Geburtsstunde des Volkes hat dies der heidnische Seher Bileam in die Worte gefaßt: »Ein Volk allein wohnend ist es und unter die Nationen rechnet's sich nicht« (Num 23, 9). Dieses Leit- und Leidwort klingt durch die ganze jüdische Geschichte. Es blieb der Exegese immer fraglich, ob es sich hier um Segen oder Fluch handelt. Jedenfalls ist es die klassische Formulierung jener Einzigartigkeit Israels, die seine Einsamkeit bedingt.

Der Zionismus war, wie wir darlegten, der Versuch, die Einsamkeit Israels zu durchbrechen und es zu einem Volk unter Völkern, seßhaft in seinem Lande, zu machen. Dieser Versuch scheint nicht gelungen zu sein. Zwar ist ein immerhin beträchtlicher Teil des jüdischen Volkes, über dreieinhalb Millionen, im Lande Israel mehr oder minder seßhaft geworden, aber die Einsamkeit Israels wurde dadurch nicht behoben. Im Rate der Vereinten Nationen ist Israel wieder der Outsider, der sich keinem der bestehenden Blöcke und Gruppierungen zuzählen kann. So wie jüdische Gemeinden in allen Ländern der Diaspora von sichtbaren und unsichtbaren Mauern umgeben waren und sind, verbindet auch der Staat Israel wiederum einen nicht integrierbaren Fremdkörper inmitten der Völkerfamilie.

Immer wieder hat Israel versucht, sich an eine Großmacht anzulehnen. Wir können dieses ganz natürliche Bestreben im alten Israel der Bibel feststellen, wo es politische Versuche gab, sich mit Ägypten oder Babylon, den Großmächten der hebräischen Antike, zu verbinden, oft gegen die prophetischen Warnungen – aber alle diese Versuche sind mißlungen, zuletzt der Versuch der Makkabäer (Hasmonäer) durch ein Bündnis mit Rom, Juda zu sichern, was schließlich zu seinem Untergang führte.

Auch in moderner Zeit sehen wir dieses Bestreben, sich an eine Großmacht anzuschließen. Theodor Herzl versuchte mit Hilfe des deutschen Kaisers, Wilhelm II., den Charter für die Kolonisation in Palästina bei dem türkischen Sultan in Konstantinopel zu erlangen, was nicht realisierbar war. Durch den Ersten Weltkrieg trat im Orient die große politische Wende ein, und es war Großbritannien, das als führende Siegermacht das Mandat über Palästina übernahm. Nur im Anschluß an Großbritannien, gestützt auf die Balfour-Deklaration von 1917, schien die Errichtung des jüdischen Nationalheims möglich. Nach 30 Jahren war auch dieser Traum ausgeträumt. Wir wissen, wie schmerzhaft die Lösung von der britischen »Schutzmacht« für die zionistische Führung war.

Nach Errichtung des Staates Israel am 14. Mai 1948 schien es, als sei die Einsamkeit Israels durchbrochen. Die beiden Supermächte der Zeit, die Vereinigten Staaten von Amerika und die Sowjetunion, sprachen ihre Anerkennung des jungen Staates aus, und damit waren West und Ost für Israel gewonnen.

Es ist heute fast vergessen, daß es eine sowjetische Botschaft in Israel gab, der alle Ostblockstaaten ihre diplomatischen Vertretungen nachfolgen ließen. Auch die Dritte Welt fehlte nicht,

afrikanische Staaten errichteten ihre Botschaften, sogar in Jerusalem. Für eine kurze Atempause der Geschichte schien die Einsamkeit Israels aufgehoben zu sein.
Der Sechstagekrieg von 1967, der für Israel so siegreich im militärischen Sinne ausging, brachte politische Niederlagen, die Israel erst vom Ostblock und schließlich auch von der Dritten Welt isolierten. Nach dem Jom-Kippur-Krieg vom Oktober 1973 verstärkte sich die Einsamkeit Israels abermals. Die Welt sah nicht oder wollte nicht sehen, daß sich am heiligsten Tage des jüdischen Jahres ein mörderischer Überfall auf den jungen Staat Israel ereignet hatte. In dieser Verlassenheit hielt Israel wieder Ausschau nach Verbündeten und fand eigentlich nur das Judentum der Diaspora, das damals noch bedingungslos zu Israel stand. So wie der Judenhaß sich im Haß gegen den Judenstaat erneuerte, so erneuerte sich auch die jüdische Solidarität der Jahrhunderte, die immer wieder böswillig als jüdische »Weltverschwörung« verzerrt dargestellt wurde. Chaim Weizmann, der erste Präsident des Staates Israel, hatte noch als Präsident der Zionistischen Weltorganisation erklärt, daß der Zionismus nur in einer Atmosphäre des internationalen Wohlwollens gedeihen könne. Von internationalem Wohlwollen gegenüber dem Staate Israel ist heute kaum mehr etwas zu spüren.
Auch von der an sich problematischen, von unverkennbarem Mitleid getragenen Haltung gegenüber Israel, als dem Staat der Flüchtlinge, ist nicht mehr viel zu spüren. Typisch dafür scheint mir, daß im Herbst 1980 eine Gruppe junger deutscher Parlamentarier nach Israel eingeladen wurde, um diesen Nachwuchspolitikern die spezifische Relation zwischen Israel und Deutschland vor Augen zu führen. Unabhängig von ihrer Parteizugehörigkeit sahen diese jungen Politiker den Staat Israel zunächst losgelöst von seinem geschichtlichen Hintergrund. Das kann einerseits als Bewältigung der Vergangenheit interpretiert werden, führt aber andererseits zu Fehlhaltungen einer kollektiven Verdrängung. Man sieht an diesem Beispiel, wie vielschichtig das Problem ist.
In seinem Bestreben, die Einsamkeit Israels zu durchbrechen, blickte dieses wiederum nach einem großen Bundesgenossen aus, und mehr und mehr orientierte sich die Politik Israels ausschließlich auf die USA, was zu weiteren Isolierungen einerseits und unvermeidlichen Enttäuschungen andererseits führte. Die Grundstruktur blieb unverändert: ein einsames Israel, das sich an eine Schutzmacht anlehnen will und muß, als der »Schutzjude« – auch in der gewandelten Form des Judenstaates.
In den fünfziger Jahren erschien ein Sammelwerk ehemaliger kommunistischer Intellektueller »The God that Failed«. Rückblickend sprachen hier europäische Autoren, unter ihnen bedeutende Schriftsteller wie André Gide, von ihrem ausgeträumten Traum einer sozialistischen Gesellschaft und einer Sicherung des Friedens durch den Kommunismus. Unter den Autoren dieses Sammelwerkes war auch Arthur Koestler, der, genau genommen, zwei Götter zu begraben hatte, den Zionismus und den Kommunismus, denn bevor er sich dem letzteren verschrieb, gehörte er (in Palästina!) dem radikalen Flügel der Zionisten-Revisionisten an, die in der Errichtung des Judenstaates die allein mögliche Lösung der Judenfrage sahen.
Ist der Zionismus, ist der Staat Israel wirklich eine politische Fehlentscheidung, die den Judenhaß nicht zu bannen vermochte? Ein Blick auf die gegenwärtige Situation mag zu einer solchen Resignation führen.
Hat der Staat Israel letztlich nur erwiesen, daß das Judenproblem nicht lösbar ist, wie bereits in einer vorangehenden und auch wiederum parallelen Phase sich der Kommunismus als unfähig erwiesen hat, die Judenfrage zu lösen, obwohl dies im Rahmen der klassenlosen Gesellschaft als natürliches Nebenprodukt verheißen war. Eine jahrzehntelange Erfahrung hat gezeigt, daß die kommunistischen Staaten das Judenproblem ihrer Länder nicht zu lösen vermochten.
Der klarste Beweis dafür ist die Auswanderung von Juden aus der Sowjetunion. Aber gerade diese Auswanderung zeigt auch die Problematik der zionistischen Lösung. Ein Großteil der Auswanderer aus der Sowjetunion, die auf Visa des Staates Israel Rußland verlassen konnten, sind wieder abgesprungen. Eine nicht geringe Zahl setzte sich auch nach West-Berlin ab.
Diese Erscheinung zeigt, daß für viele Juden die Diaspora die natürliche Lebensform darstellt. Es ergibt sich die paradoxale Situation, daß die unnatürliche Lebensform zur natürlichen wird. Bedenkt man, daß das jüdische Volk im Laufe seiner Geschichte wesentlich länger in der

Diaspora lebte als im eigenen Lande, so findet sich auch für diese heute erkennbare Pathologie eine historische Motivierung.
Auch das immer ernster werdende Problem der Abwanderung aus Israel, die zeitweilig die Einwanderung übertraf, ist in diesem Zusammenhang wesentlich. Auswanderer aus Israel, die sich vor allem in den USA, aber auch in Europa, breitmachen, können wiederum Erreger einer Fremdenfeindlichkeit sein, die nun in unmittelbaren Zusammenhang mit dem Staat Israel gebracht wird, da der neue »Störungsfaktor« aus dem Judenstaat kommt.
Das starke Anschwellen des Antisemitismus in Frankreich nach dem Zweiten Weltkrieg hängt zweifellos damit zusammen, daß große Massen von Juden aus Algerien seit 1961 das Land verlassen haben und nach Frankreich flüchteten, dessen Staatsangehörigkeit sie besaßen. Als im Juli 1962 Algerien unabhängig wurde, verblieb nur ein ganz geringer Rest von Juden dort. Ein relativ kleiner Teil hatte sich nach Israel begeben.
Das Tragische in dieser Situation ist die offensichtliche Ausweglosigkeit. Hat die jüdische Wanderung den Staat Israel zum Ziel, so löst das eh und je Protest von arabischer Seite aus. Dabei finden sie nur allzuoft die Unterstützung europäischer Linkskreise. So konnte man Ende der sechziger Jahre bei den Studentenrevolten in Frankreich und Deutschland den Vers vermerken: »Schlag die Zionisten tot / Macht den Nahen Osten rot.«
Dieses Schlagwort und Totschlagwort erinnert unverkennbar an das Nazilied: »Wenn's Judenblut vom Messer spritzt . . .«
Wählt die jüdische Wanderung aber Amerika oder Europa zum Ziele, so hat das wiederum die alten Formen des Antisemitismus zur Folge.

Fazit und Ausblick

In dem Versuch, ein Fazit der ersten vier Jahrzehnte des Judenstaates als Lösung der Judenfrage zu ziehen, stellt sich uns die unabdingbare Forderung einer Revision des Zionismus.
Die ursprüngliche Konzeption, die im Judenstaat die Lösung der Judenfrage sah, ist durch die geschichtliche Entwicklung in Frage gestellt. Das arabische Problem als Schatten der Judenfrage ist sichtbar geworden. Die Palästinenser bezeichnen sich selbst heute als die »Juden des Mittleren Ostens«, da sie nun ihrerseits ein nicht integrierbares Element geworden sind und so das jüdische Erbe unfreiwillig antreten mußten.
Eine Lösung des Problems kann nur in einer Politik gefunden werden, die versucht, die beiden Elemente, das jüdische und das palästinensisch-arabische, zu integrieren. Wenn es gelingt, in einem Föderativstaat Juden und Araber im Gesamtgebiet des ehemaligen Mandatsbereiches Palästina anzusiedeln, ist ein Ausgleich möglich.
Als Vorbild bietet sich immer wieder die Eidgenossenschaft der Schweiz an, worauf bereits vor Jahrzehnten Chaim Weizmann aufmerksam gemacht hat. In der Schweiz gibt es Kantone verschiedener Sprachen (Deutsch, Französisch, Italienisch und Romanisch) und verschiedener Konfessionen (reformiert und katholisch), und dennoch werden diese Kantone im Rahmen der Eidgenossenschaft zusammengehalten.
Wenn es durch eine ähnliche Kombination zu einer israelisch-palästinensischen Föderation käme, würde der Unruheherd in dieser Region entschärft. Damit könnte sich das Ventil des Judenhasses öffnen und eine allgemeine Befriedung einsetzen.
Der Weg zu einer solchen Lösung, wird auch von besonnenen arabischen Sprechern immer wieder vorgeschlagen. Die Notwendigkeit, eine Lösung in diesem Bereich zu finden, muß immer wieder ein Ansporn für konstruktive Neuansätze sein.
Der Judenstaat ist heute keine Forderung mehr, sondern eine Realität. Er kann aber nur dann zum Abbau des Judenhasses beitragen, wenn er eine Politik des Ausgleichs mit den arabischen Forderungen betreibt, was nur mit Hilfe der öffentlichen Meinung in Ost und West möglich ist. Die Konstellation von 1948 kann nicht einfach wiederholt werden, aber die Erfahrung dieser Atempause der Geschichte darf uns doch mit der Hoffnung erfüllen, daß es der vereinten Vernunft gelingen wird, das Lebensrecht beider Völker, des jüdischen und des palästinensischen, zu sichern und damit ein Zeichen zu setzen für die Kraft des Friedens.

Anmerkungen

1 Theodor Herzl: Der Judenstaat. 10. Aufl., Berlin 1934, S. 33 f
2 Hierzu: Beiträge von Mayer, S. 34; Eckert, S. 72; Ginzel, S. 17
3 Herzl, a. a. O., S. 10
4 Theodor Herzl: Tagebücher. Bd. II, 3. Aufl., Berlin 1923, S. 24
5 Siehe Beitrag Ginzel, S. 146 f
6 Siehe Beitrag Wassermann
7 »Die Tatsache der ›Symbiose‹ mit den Arabern müssen wir als eine gegebene und unabänderliche Tatsache hinnehmen.« Diese zionistische Absichtserklärung äußerte Victor Jacobsen in: Zionistisches Handbuch. Hrsg. v. Gerhard Holdheim, Berliner Büro der Zionistischen Organisation, Berlin 1923, S. 171 (G.)
8 Bubers Zionismuskonzept findet sich in der Zionismusdefinition des Buber-Freundes und -Schülers Ernst Simon: Zweifel nach Auschwitz. In: G. B. Ginzel (Hrsg.), Auschwitz als Herausforderung für Christen und Juden, Heidelberg 1980, S. 421 f
9 Hierzu auch S. 176 f
10 Später wurde der Plan von revisionistischen Kreisen an die NS-Führung herangetragen und von dieser abschlägig beantwortet. (G. B. G.)
11 Siehe auch Glasner
12 Hierzu Mayer, S. 35
13 Beiträge: Wirth, S. 57 f; Eckert, S. 71 f; Ginzel, S. 135
14 Hierzu Beitrag Niewiadomski
15 Siehe auch Ginzel, S. 17
16 Zu diesem Komplex der Beitrag von Salberg
17 Zur antijüdischen Interpretation der Auserwähltheit: Glasner, S. 261; Ginzel, S. 273 f

Spezialthemen

Der Talmud
Zielscheibe und Ausgangspunkt antisemitischer Polemik

Hermann Greive

Daß der Talmud und manche andere Schrift, die sich auf ihn stützt, ihn zitiert und auslegt, eine bevorzugte Zielscheibe antisemitischer Anfeindungen ist, ist bekannt genug. Noch für unser Jahrhundert, die Zwischenkriegszeit, schreibt ein Kenner der Abwehr judenfeindlicher Aktivitäten, »daß sich Prozesse wegen Religionsbeleidigung [Antisemitenprozesse] fast immer in Talmudprozesse verwandelten, da die betreffenden antisemitischen Artikel fast regelmäßig Angriffe auf den Talmud enthielten«.[1]

Daneben hat man jedoch auch schon früher nichtjüdischerseits Versuche gemacht, dieses uralte Corpus von Schriften in den Dienst der eigenen Sache zu stellen, sich mit anderen Worten – gegen die Juden – auf den Talmud berufen und ihn so zum Ausgangspunkt der eigenen Polemik gemacht. Freilich nicht zu jeder Zeit auf die nämliche Weise. Im Mittelalter geschah es zur Stützung wichtiger christlicher Überzeugungen wie z. B. der Lehre, daß der Messias bereits gekommen sei, auch zum Erweis der Dreifaltigkeitskonzeption.[2] Anders in jüngerer Zeit. Wie man sich im Lager der modernen völkischen Antisemiten auf den Talmud berief und wie weit man dabei ging, soll im folgenden – als Hauptpunkt der Überlegungen – mehr im einzelnen dargetan werden.

Vorweg jedoch einige Hinweise auf die althergebrachte Feindseligkeit, wie sie sich schon im Mittelalter gezeigt hat; wohl dadurch mit hervorgerufen, daß man christlicherseits sehr wohl bemerkte, wie sehr dieser Schriftenkomplex mit der sprichwörtlichen »Halsstarrigkeit« der Juden, d. h., wie sie selber es sahen, mit ihrer Treue zur jüdischen Religion, zu tun hatte, wenn auch vielfach vermittelt. Freilich hatten sich in verschiedenen Zeiten und Regionen meist unter beträchtlichem Druck auch größere Gruppen taufen lassen – im Süden Europas mehr als diesseits der Alpen und Pyrenäen. Besonders hier zog man indes in der Regel mit fast erschreckender Konsequenz selbst den Tod »zur Heiligung des (göttlichen) Namens« (Qiddusch haschem) dem Übertritt vor.[3] So kam es denn auch hier im Norden zum ersten größeren und folgenreicheren Angriff auf das ehrwürdige Religionsbuch, und zwar im Frankreich des 13. Jahrhunderts, um und nach 1240.

Dies ist der weitere Rahmen der Ereignisse:

1. In den größeren städtischen Zentren hatte im Vergleich zu früheren Zeiten die Zahl der christlichen Handwerker und Händler kräftig zugenommen, gab es mit anderen Worten nunmehr ein erstarktes christliches Bürgertum (vorkapitalwirtschaftlicher Prägung), große Kaufleute und selbst Geldverleiher; wenn auch gerade hier – im Kreditgeschäft – dem um die Jahrhundertwende eingeschärften kirchlichen Zinsverbot zufolge noch ein »bevorzugtes« Feld jüdischer Betätigung lag. In Zeiten des Booms, expandierender Wirtschaftskraft mochte dies angehn. In Krisenzeiten mußte sich angesichts dessen jedoch zwischen Christen und Juden, die sich so fremd geblieben waren, verstärkt das christlich-jüdische Konkurrenz- und Neidmotiv geltend machen. Wonach der Adel, der von den Juden profitierte, meist eher geneigt war, sich *vor* die Juden zu stellen. Eine hochproblematische Rolle spielten in diesem Gewirr sich teils überlagernder, teils konkurrierender Interessen die jungen Gemeinschaften der Franziskaner und Dominikaner: kirchlich und städtisch zugleich (letzteres im Gegensatz zu den älteren Benediktinern), ließ sich von ihnen schwerlich sehr viel Verständnis für die Lage der Juden erwarten.
2. In der großen Auseinandersetzung zwischen Glauben und Wissen, Theologie und Philosophie, in der die beiden Bettelorden – besonders die Dominikaner, die mehr von der Wissenschaft hielten – an der vordersten Front standen, tendierte das aufsteigende Bürgertum mit der ihm eigenen, berufsbedingten Rationalität eher zu Wissen und

Philosophie und stellte so eine gewisse Gefährung von Glauben und Theologie und damit zugleich der überkommenen kirchlichen Autoritätsstrukturen dar, die bei aller Rivalität von geistlicher und weltlicher Macht mehr an Adel und Feudalsystem orientiert waren. Die Hierarchie hatte somit allen Grund, in der sich wandelnden Welt jede Gelegenheit des Zusammengehens mit den städtischen Orden und dem Bürgertum zu nutzen, und sei es auch »nur« gegen die Juden.[4] Übrigens auch im Sinne der genannten alten Rivalität: zur Befestigung des eigenen (besonders päpstlichen) Anspruchs gegenüber dem weltlichen Arm.

Überdies galten allenthalben Sarazenen und Juden als *die* Feinde von Kirche und Christenheit schlechthin, jene auch militärisch, beide zumindest ideologisch: als religiöse Herausforderung sowohl wie auch als Vorkämpfer eines bedenklich erscheinenden Rationalismus oder Intellektualismus, wie ihn für die Christenheit Männer wie Albert und Thomas noch einzuholen hatten; durchgesetzt war er noch längst nicht, vielmehr wurde Thomas erst einmal indiziert. Die Miniaturen der sogenannten »Moralisierten Bibel« von ca. 1250 zeigen gerade »die Juden als die hauptsächlichsten Feinde der Kirche«.[5]

Es entspricht alles in allem durchaus der Logik dieser Zusammenhänge, daß Papst Gregor IX. nicht von sich aus gegen den Talmud tätig wurde, sondern auf Denunziation hin. Diese Denunziation ging von dem jüdischen Konvertiten Nikolaus Donin aus. Der Papst ließ sich dazu bewegen, kirchliche und weltliche Große, Bischöfe und Fürsten, zu einer entsprechenden Untersuchung aufzufordern. Ludwig IX. (der Heilige) von Frankreich ging auf diese Forderung ein. So kam es im Juni 1240 auf seine Anordnung hin in Paris zu der berühmten und berüchtigten, für den Talmud und seine Geschichte wie für das gesamte christlich-jüdische Verhältnis so folgenreichen Disputation, deren Hauptgesprächspartner für die christliche Seite Nikolaus Donin und für die jüdische Jechiel von Paris waren. Die Disputation, die in Gegenwart des Königs und der Königinmutter Blanche (nämlich Blanca von Kastilien) stattfand, verlief, wie sie verlaufen mußte: für die Juden unglücklich – und es folgten 1242 und vielleicht nochmals 1244 die ersten Talmudverbrennungen.

Diese mittelalterliche »Lösung« des Problems durch moralische und physische Vernichtung des Buches hat Schule gemacht; wenn es auch später meist bei der moralischen Vernichtung blieb.

Interessanterweise kommt im Vormärz Heinrich Heine in seinem Gedicht »Disputation«, in welchem vieles zusammenkommt, bei dem er aber wohl zuerst an die Pariser Disputation gedacht hat, zu ganz ähnlichen, freilich noch weiter reichenden Schlußfolgerungen, wenn er abschließend ausführt:

»Zu der schönen Königin
wendet fragend sich der König:
›Sag mir, was ist Eure Meinung?
Wer hat recht von diesen beiden?
Wollt ihr für den Rabbi Euch
Oder für den Mönch entscheiden?‹
Donna Blanca schaut ihn an,
Und wie sinnend ihre Hände
Mit verschränkten Fingern drückt sie
An die Stirn und spricht am Ende:
›Welcher recht hat, weiß ich nicht –
doch es will mich schier bedünken,
Daß der Rabbi und der Mönch,
Daß sie alle beide stinken.‹«[6]

Das ist nicht einfach eine geschmacklose Verspottung religiösen Denkens und Fühlens, sondern ernst gemeint und könnte, nicht ganz so aggressiv formuliert, etwa lauten: Das sind überholte Dinge, die schon den Geruch des Abgestandenen an sich haben; laßt endlich diesen nutzlosen Streit und kümmert euch gemeinsam, doch worum, wird nicht mehr gesagt, jedenfalls nicht mehr um diese belanglosen Unterschiede. Dem läßt sich, so fern dies zu liegen scheint, auch ein religiöser Sinn abgewinnen, nämlich in dem Gedanken an eine universale, die Juden einschließende Ökumene (vielen Menschen des Vormärz lag es nahe genug, so zu denken, näher als wir heute zu glauben geneigt sind). Hatte nun Heine recht? In einem jedenfalls nicht, nämlich darin, daß die religiöse Fremdheit leichthin abzutun gewesen wäre. Die religiösen Traditionen waren in der jüdischen wie in der christlichen Bevölkerung – und er dachte ja an »alle beide« – bei weitem so abgestanden nicht, wie er (vor 1848) annahm; hier »vertat« er sich sogar mit sich selbst, wie sich später zeigte.

Der mittelalterliche Angriff auf das talmudische Schrifttum war erschreckend erfolgreich. Der Streit um das Corpus blieb nicht Sache von

Gelehrten und Theologen. Und dies war wohl auch der Sinn oder Zweck der öffentlichen Verbrennung: die Verurteilung populär zu machen.

Tatsächlich haftete für die Christen dem Talmud fortan zumeist der Geruch der Bosheit und der Verworfenheit an. So daß der Minnesänger Konrad von Würzburg 1268 dichten konnte:

»We der veigen, touben,
argen Juden kint, diu niht ruochen walten
des, das si behalten
möhte wol vor arger helle pine.
Talamuot hat si vil gar betoubet
unde ir ere beroubet.«[7]

»Weh den hinterlistigen, halsstarrigen
(und) bösartigen Judensöhnen, die sich nicht
daran kehren,
was sie vor der bösen Höllenpein bewahren
könnte.
(Der) Talmud hat sie so halsstarrig gemacht
und ihrer Ehre beraubt.«

Am Ende des Mittelalters entbrannte nochmals ein großer, spektakulärer Streit um das traditionelle jüdische Schrifttum, der bekannter geworden ist als die Pariser Disputation und Talmudverbrennung: der Streit zwischen Johann Reuchlin und Johannes Pfefferkorn. Diesmal sollte die Auseinandersetzung um Konfiskation und Vernichtung oder aber Erhaltung des Talmuds, vorentschieden durch Reuchlins Gutachten, anders ausgehen – die Dominikaner, in deren Diensten Pfefferkorn stritt, verloren; verloren vor allem auch ihr Gesicht und wurden in den berühmten »Dunkelmännerbriefen« öffentlich zum Gespött gemacht. War dies nun auch für das umstrittene Buch das »Ende des Mittelalters«? Man muß vorsichtig sein. Daß die Humanisten sich mit Reuchlin, einem der Ihren, solidarisierten, bedeutet nicht, daß sie den Talmud mochten, geschweige denn die Juden. Sie mochten die Dominikaner nicht! Allerdings gehörte Hebräisch nun zur vielgerühmten humanistischen »Dreisprachigkeit« (trilinguitas) neben Lateinisch und Griechisch, um die sich aber – Hebräisch betreffend – nur wenige ernsthaft bemühten. In der Tat ist – bildlich gesprochen – das humanistische Todesurteil über den alten Antitalmudismus (denn daß Bücher, auch unbeliebte, nicht zu verbrennen seien, hatten die Humanisten ja wirklich gemeint) nie wirklich vollzogen worden. Er blieb am Leben und kam wieder auf. In pseudowissenschaftlicher Gründlichkeit um 1700 mit dem zweibändigen Opus »Entdecktes Judenthum« von Johann Andreas Eisenmenger. Dieses Werk des Heidelberger Professors für orientalische Sprachen, das zunächst aus verschiedenen Gründen nicht allzuviel Schaden anrichtete, ist später – im 19. Jahrhundert – zu einer der Hauptquellen des jüngeren, sozusagen »modernen« Antitalmudismus geworden. Die bekanntesten und einflußgeschichtlich wichtigsten Antitalmudisten der jüngeren Zeit sind Konrad Martin, später Bischof von Paderborn (die Bonifatius-Druckerei des Ortes ist auch eine der wichtigsten Verlagsanstalten für Antisemitica besonders antitalmudischer Orientierung), sowie August Rohling und Aron Briman.[8]

Konrad Martin veröffentlichte 1848 in der *Theologischen Vierteljahresschrift* einen umfangreichen, mehrteiligen Artikel des Titels »Blicke in's Talmud'sche Judenthum«, der 1876 von Joseph Rebbert als Broschüre neu herausgebracht wurde. August Rohling, ebenfalls katholischer Theologe, ist der Verfasser der seit den frühen siebziger Jahren des 19. Jahrhunderts in mehreren Auflagen verbreiteten Schrift *Der Talmudjude.* Und Aron Briman schrieb unter dem Pseudonym Dr. Justus den *Judenspiegel,* der erstmals 1883 erschien und ähnlich wie *Der Talmudjude* mehrfach aufgelegt wurde. Insbesondere nahm sich anläßlich eines Gerichtsverfahrens gegen das Buch der katholische Alttestamentler Jakob Ecker, nach dessen *Katholischer Schulbibel* Generationen von Kindern Bibel gelernt haben, seiner an, um ihn unter dem Titel *Der Judenspiegel im Lichte der Wahrheit* nur wenig verändert weiterzuverbreiten. Der *Judenspiegel* bezieht und beruft sich vor allem auf den *Schulchan Aruch,* einen auf dem Talmud und seinen Kommentatoren basierenden Rechts-Codex aus dem 16. Jahrhundert.

Wahrscheinlich ist der *Judenspiegel* von Aron Briman, der, in Costinasti (Rumänien) geboren, zunächst vom Judentum zum Protestantismus, dann zum Katholizismus konvertierte, die Hauptquelle der Kenntnisse jenes völkisch-nationalistischen Autors, dem die folgenden Überlegungen gelten. Er vertritt einen eigenwillig modernisierten Antitalmudismus, der jedoch bei aller Befremdlichkeit alles andere als ausgefallen ist, vielmehr – wie ich meine – einen entscheidenden Grundzug des modernen Antisemitismus als eines übergreifenden, nicht nur religiösen Phänomens enthüllt.

Der anonyme völkisch-nationalistische Autor, er zeichnet mit O. Br. Tannhäuser (Ordensbruder Tannhäuser), hat in dem (Geheim-)Blatt *Runen: Zeitschrift für germanische Geistesoffenbarungen und Wissenschaften* – das klang damals nicht so seltsam wie heute und war ernst gemeint – in den Jahrgängen 5 und 6 (1922 und 1923) einen mehrteiligen Artikel veröffentlicht, der die Überschrift trägt:

»Der umgekehrte Talmud als Wahrheit der arischen Bibel«

bzw. (in den weiteren Folgen):

»Der umgekehrte Talmud und sein tiefer Sinn«.[9]

Damit geschieht etwas Erstaunliches, das über die mittelalterliche Verwendung talmudischer Stellen und Texte zum Erweis der eigenen (nichtjüdischen) Wahrheit hinausgeht; damit wird der Talmud, oder was dafür gilt, in einer Weise zum Ausgangspunkt eigenen Räsonierens genommen, daß wirkliche oder vermeintliche talmudische Sätze und Vorschriften zu Ausstattungsstükken des eigenen (völkischen) Selbstverständnisses werden, dient der Talmud – bewußt und ausdrücklich – zur Selbstauslegung des völkisch-germanischen Bewußtseins.

Der Germanenorden, der die Zeitschrift *Runen* als »Merkblatt für den Freundschaftsgrad« herausgab, war eine Gründung des ausgehenden Kaiserreichs, hinter der als einer der Initiatoren der bekannte antisemitische Publizist Theodor Fritsch stand. Der wohlüberlegte und geschickt verfolgte Zweck war, die Antisemiten zu sammeln und zusammenzuhalten, die als Antisemiten bekannt werden wollten. Es dürfte sich im großen und ganzen um alles andere als gesellschaftliche Außenseiter gehandelt haben. In Hamburg gehörten dem Orden »ein Pastor, einige Rechtsanwälte, ein Unternehmer und mehrere Beamte, sogar einer aus den Reihen der politischen Polizei«, an.[10] Wenn man in den Runen blättert, hält man das nicht für möglich; und dennoch ist es so. Und es ist wichtig, sich dies vor Augen zu halten. Der Beitrag erschien in der Situation des Zusammenbruchs Deutschlands. Daß dieser Zusammenbruch die Chance des Neuanfangs bot, gerade im Hinblick auf mehr soziale Gerechtigkeit, interessierte die tragende Gruppe nur negativ: als eine Bedrohung, der rechtzeitig zuvorzukommen war. Man glaubte, die alten Führungsschichten in Administration, Militär und Wirtschaft vor ihrer Entmachtung schützen zu müssen. Es ging diesem Kreis – mit anderen Worten – darum, im eigenen Sinne zu retten, was noch zu retten war – das ist eines. Das andere ist, daß dies bei vielen, besonders kleinen und mittleren Bürgern, die ähnlich dachten, gar nicht so zynisch gemeint war, wie das Gesagte denken läßt.[11] Sie hatten schlicht Angst und unterwarfen sich aus dieser Angst heraus solchen, die wirklich Macht besaßen, um die vermeintliche Macht des verhaßten internationalen Judentums zu brechen. Was aber zum Grund der Angst wird, wird leicht auch zum Grund der Bewunderung. So erscheint das Judentum hier als etwas, worauf Rudolf Ottos Bestimmung des Numinosen zutrifft: tremendum und fascinosum zugleich, als etwas, das Angst und Schrecken erregt und gleichzeitig fasziniert.

Wie wenig weit dies hergeholt ist, zeigt im Grunde schon der zitierte Titel des Runen-Artikels. Was folgt, macht es vollends deutlich. Vom numinosen Charakter des Judentums ist gleich zu Anfang die Rede:

> »Juda-Israel besitzt ein Jahrtausende lang streng bewahrtes Mysterium, dem es alles verdankt: der von den Wirtsvölkern – leider – zu wenig beachtete, ja verspottete, von den Juden aber vergötterte Talmud.« (I 12)

Das Judentum hat etwas Mysteriöses, es *ist* ein Mysterium, das sich im Talmud ausspricht. Deshalb ist Spott hier auch gar nicht am Platze, jedenfalls unangemessen, unzulänglich sowohl wie töricht; denn am Talmud ist etwas dran – gegen allen äußeren Anschein:

> »Vielfach erscheinen seine Satzungen lächerlich, blödsinnig, albern und kindisch, und doch steckt weltumfassende, ja teuflische Weisheit dahinter. Man muß sich nur in die hebräischen Gedanken einleben und den von den Rabbis kunstvoll über das Gesetz geworfenen Schleier zu lüften verstehen.« (I 12)

Auch an den Rabbis ist etwas, deren Händen das talmudische Mysterium anvertraut ist. Lüftet man den rabbinischen Schleier, so zeigt sich, daß das gehütete Kleinod, der Talmud – das Mysterium Juda-Israels –, nicht irgendein beliebiges Geheimnis, sondern präzis das Geheimnis des (vermeintlichen) jüdischen Welterfolgs ist. Und um Weltgeltung ist es zu tun; wobei die Weltstellung Deutschlands für die Zyniker allererst ihre eigene Stellung in Deutschland ist – während sie denen, die sich begeistert in Dienst nehmen lassen, zum Grund der Begeisterung wird, die Basis des Stolzes, ein Deutscher zu sein, ein schwaches Glied vielleicht, doch eines mächtigen Volkes, und erst so in Wahrheit man selbst, mit sich selber eins. Konsequent wird aus dem zitierten Satz die Schlußfolgerung gezogen:

> »Wir brauchen . . . einen germanischen Talmud, eine rein arisch-germanische Sittenlehre und deutsche Lebensregeln, damit wir frei, gesund, glücklich und groß werden! – Dieses kann kaum besser geschehen, als wenn wir die weisen, arischen Gesetze aus Bibel und Talmud wieder ausgraben!« (I 12)

Im Rahmen der alten Talmudfeindlichkeit besteht der Hauptvorwurf darin, der Talmud diskriminiere – er sei christenfeindlich (was man im Mittelalter betonte), ja beinhalte überhaupt eine doppelte Moral, die Nichtjuden benachteilige (wie es vielfach später hieß).

Demgegenüber stellt der völkische Autor nun gerade dies als vorbildlich hin – freilich ohne den alten Vorwurf fallenzulassen – und zollt konsequent der Wahrheit der Juden als Wahrheit der Arier alle Verehrung:

> »Diese alten göttlichweisen Gesetze aus Bibel und Talmud würden nach Entfernung allen jüdischen Schmutzes und Mauschelns sinngemäß lauten und jedes Wort, jeder Satz wird Euch Germanen wie ein verklungenes Evangelium dünken, wie ein Spiegel erscheinen, in dem Ihr Euch selbst treu und wahr erblickt, wird Euch wie ein Traum aus herrlicher, stolzer germanischer Jugendzeit und rosiger, goldener Zukunft vorkommen.« (II 8)

Entsprechend besteht die »Entfernung des jüdischen Schmutzes und Mauschelns«, d. h. die Methode, den »tiefen Sinn« von Bibel und Talmud – die Bibel ist »dessen älteste Auflage« – herauszuarbeiten, vor allem darin, Subjekte und Objekte der Aussagen auszutauschen; an die Stelle der Juden die Germanen und an die Stelle der Nichtjuden (der Gojim oder Fremden) die Juden treten zu lassen. So vollkommen ist die Identifikation!

Natürlich gibt es genügend weiterreichende Abweichungen und noch mehr wortreiche Ausschmückungen. Im ganzen ist dennoch erstaunlich, wie viele der beigebrachten Stellen sich tatsächlich dem – freilich vielfach entstellten – Wortlaut oder dem – wenngleich nicht selten vom Zusammenhang abgelösten – Sinne nach in Bibel und Talmud bzw. im Schulchan Aruch finden. Der Verfasser hat offenkundig allen Ernstes die Intention, auf seine Weise wirklich talmudische, d. h. jüdisch-tradionelle Auffassungen wiederzugeben. Wobei besonders aufschlußreich ist, daß die zuweilen recht groben Verzerrungen nicht nur dazu dienen, die jüdischen Lehren unmöglich zu machen, sondern dem eigenen Denken zu adaptieren.

Im ersten Abschnitt der Einzelaussagen, der der Weltanschauung gewidmet ist, erspart sich der Autor Stellennachweise. Entsprechend frei und willkürlich sind Wortwahl und Sprachgebärde; die biblische Basis ist bekannt:

> »Die Germanen sind die edelste und höchst entwickelte Menschenrasse, die einzig wahren Menschen, sie stammen vom guten Geist, von dem einzig wahren Gott. Sie allein sind das auserwählte Volk Gottes. Jeder einzelne Germane ist ein Edeling und ein Teil Gottes, ein Gottessohn; die Hebräer dagegen stammen vom unreinen Geist, vom Teufel ab, vom Vater der Lüge, des Hasses und des Mordes.« (II 8)

So wird der jüdische Erwählungsglaube übernommen und umgekehrt. Freilich mit einer groben Entstellung: Daß ein Teil der Menschheit nicht Gottes, sondern des Teufels Werk ist, ist nicht biblisch. Demgegenüber mag die Interpretation der Volks- oder Stammesgemeinschaft als rassische Einheit – so belangreich sie ist – als modernisierende Akzentverschiebung noch hingehn. (Nicht im Rassengedanken als solchen, sondern in der Verachtung, im Hasse des andern, sei er nun anderer Rasse, Religion oder auch nur Gesinnung, liegt das Problem.)

Schon hier wird deutlich, daß das Judentum bei aller Diskreditierung zugleich zum Modell wird, zum »Modell eines Volkes«, wie Hannah Arendt es formuliert hat, »das auf dem Blute beruht, das heißt, das innerhalb der europäischen Völker eine Rasse darstellt«[12], und von dem man glaubte, daß es gerade so zu größter Machtentfaltung gelangt war; das Modell des Modells war die Familie Rothschild.[13]

Im folgenden wird der Autor konkreter, auch was Stellennachweise betrifft. So heißt es:

»Der Nächste des Germanen ist nur sein Stammes- und Blutsgenosse. Der Fremdling in Germaniens Tor ist jeder Nichtgermane, der sich in Germanien aufhält, oder der Germanen dient. Der Fremde (Blutsfeind, Götzendiener) endlich ist der Hebräer, der germanische Jude, Judenschützer oder Judenchrist.« (III 5 f.)

Manche der vielen Stellen, die dies belegen sollen, sind nicht gerade glücklich gewählt. Indes ist die Unterscheidung zwischen dem *Nächsten* oder Bruder, dem *Fremdling in deinen Toren* oder Beisassen und dem *Fremden* oder Heiden im rabbinischen Schrifttum (in Anknüpfung an die Bibel) gängig. Die entscheidende Verzerrung erfolgt in ähnlicher Weise wie im Falle des Erwählungsgedankens: im Sinne einer radikalen – rassistischen – Entgegensetzung von Innen und Außen der Gruppe. Daneben ist nicht zu übersehen, daß trotz allen rassistischen Pathos der Rassengedanke doch letztlich recht undogmatisch gehandhabt, auch die Rasse gerne vergessen wird, wenn es um den unliebsamen eigenen Volksgenossen zu tun ist. Der »germanische Jude, Judenschützer oder Judenchrist« wird trotz seiner Stammesverwandtschaft, also »rassischer« Zugehörigkeit zur eigenen Gruppe, zum Fremden gemacht! (Es schuf wohl eher der Haß den Rassismus als der Rassismus den Haß.)

Letzten Endes geht es zumindest *auch* um den *Gesinnungsfeind*. Er wird nicht nur zum Fremden minderen Rechtes gemacht, er ist vielmehr auszumerzen; wie ebenfalls (in der Sicht des völkischen Autors) das jüdische Religionsgesetz in seiner germanischen Anwendung lehrt:

»Der Germane, der sein Germanentum verleugnet, verhöhnt, beschimpft, oder der seinen germanischen Bruder anzeigt, verrät, oder der Jude, Judenchrist oder Judenschützer geworden ist, der beschimpft und verrät pp. den deutschen Geist, also Gott, und ist des Todes schuldig, seine Sippe ist entehrt. Kann der Lump nicht öffentlich getötet, so soll er heimlich (durch eine heil'ge deutsche Vehme) aus der Welt geschafft werden.« (III 6)

Gibt es im traditionellen jüdischen Schrifttum etwas, das diesem Text ähnlich siegt? Jakob Ecker verzeichnet in seiner »gereinigten« Ausgabe des »Judenspiegels« von Aron Briman folgendes Gesetz:

»Ein Jude thut ein gutes Werk, wenn er einen Apiqoros totschlägt. Apiqoros heißt ein Freisinniger, ein Ungläubiger, Spötter usw., der die Lehre Israels leugnet und sich mit seinem Unglauben brüstet, oder der Akum (Christ) geworden ist. Kann er es öffentlich thun, so thue er es öffentlich, kann er es nicht öffentlich wegen der Staatsbehörde, so soll er auf Mittel sinnen, ihn heimlich aus der Welt zu schaffen . . .«[14]

An der Stelle, auf die für dieses »Gesetz« verwiesen wird, heißt es – möglichst wörtlich – wie folgt:

»Ein Epikuräer Israels, nämlich solche, die Götzendienst treiben, oder einer, der, um Ärgernis zu erregen, Übertretungen begeht . . . einen solchen Epikuräer und die Leugner des Gesetzes und der Prophezeiung Israels zu entfernen, ist Gebot. Wenn es möglich ist, sie öffentlich zu entfernen, entfernt man sie (so), wenn aber nicht, führt man durch eine List ihre Entfernung herbei.«[15]

Es gibt im Schulchan Aruch einen Paralleltext zu dieser Bestimmung, der deutlicher werden läßt, was gemeint ist:

». . . die Epikuräer, nämlich jene, die das Gesetz und die Prophezeiung Israels verleugnen, pflegte man zur Zeit des Tempels zu töten« (das folgende lautet ähnlich)[16]

Es geht hier um einen verbreiteten, keineswegs nur dem Judentum eigentümlichen Rechtssatz, nach welchem die grundsätzliche Infragestellung der geltenden Rechtsordnung als kapitales Verbrechen gilt, worauf in den geschlossenen Gesellschaften der Vergangenheit die Todesstrafe zu stehen pflegte. (Wieviel von solchem Denken und Fühlen noch heute lebendig ist, zeigt sich in der vielfach emotionalen Beurteilung des »Radikalismus« und dem in diesem Zusammenhang nicht selten erhobenen Ruf nach der Todesstrafe.)

Für den Verfasser des Runen-Artikels ist die zitierte Bestimmung ein glücklicher Fund, der dem Doppelziele der Diffamierung und dem Ausdruck des eigenen Wollens aufs beste dient. Wenn irgendwo, so zeigt sich hier, daß das herrschende Vorurteil sein Gepräge nicht nur durch die vorgängige Überzeugung von der Minderwertigkeit des jüdischen Volkes, sondern auch durch die Erwartung erhält, bei den verhaßten Juden die eigenen Ziele und Vorstellungen vorgebildet zu finden. Neben die Tendenz zur Abwertung tritt damit die Tendenz zur Idealisierung, eines in Abhängigkeit vom andern. Man haßt an den gefürchteten Juden, was man selber im Sinne hat, und hat – vielleicht schlechten Gewissens – im Sinne, was sie hassenswert macht; mit dem Ziel oder Vorwand, sich ihrer erwehren zu müssen. Da sie die Mächtigen sind, ist es ihnen gleichzutun, um selber die Macht zu ergreifen, und sie in die Ohnmacht zu stürzen, in der man sich selber weiß. So wird gegen alles historische Verständnis des Judentums wie gegen alle Reflexion auf die eigene gesellschaftliche Situation und ihre Antinomien die auf eben dieser doppelten Unkenntnis, ja Verblendung, beruhende Aggression zur Idealisierung, und diese Idealisierung führt wiederum zur pseudorationalen Begründung der Aggression – in einem zerstörerischen Zirkel um das Zentrum der Angst führt der Haß zur Verherrlichung des Verhaßten und diese Verherrlichung wieder zu größerem Hasse. Ein Zirkel, der schwer zu durchbrechen ist.

Anmerkungen

1 A. Paucker: Der jüdische Abwehrkampf. In: Entscheidungsjahr 1932. Hg. v. W. E. Mosse u. A. Paucker, Tübingen [2]1966, S. 447. Siehe auch Eckert, S. 87 f und Ginzel, S. 156 ff
2 Eckert, S. 73 f
3 Maimonides hat, jedenfalls was den Islam betrifft, anders geurteilt und glaubte es so nicht geboten.
4 Ganz ähnlich, wie man sehr viel später, im 19. Jahrhundert, den verarmenden Handwerkern (Kolping) und schließlich auch den Arbeitern nachging (Ketteler und Stoecker) – und auch hier spielte dann und wann, besonders bei Stoecker, der vermeintliche jüdische Feind wieder mit. Hierzu auch Ginzel, S. 153–156
5 B. Blumenkranz: Juden und Judentum in der mittelalterlichen Kunst. Stuttgart 1965, S. 38; vgl. zu dieser Frage auch H. Greive: Die maimonidische Kontroverse und die Auseinandersetzungen in der lateinischen Scholastik. In: Miscellanea Mediaevalia, Bd. 10: Die Auseinandersetzungen an der Pariser Universität im XIII. Jahrhundert. Berlin, New York 1976, S. 187–180
6 H. Heine: Sämtliche Schriften. Hg. v. K. Briegleb. VI 1, München 1975, S. 171 f
7 Fr. H. von der Hagen: Minnesinger. Deutsche Liederdichter des zwölften, dreizehnten und vierzehnten Jahrhunderts. Dritter Teil, Erster Band, Leipzig 1838, S. 342 f; vgl. auch L. Poliakov: The History of Anti-Semitism. Vol. I, London 1974, S. 71
8 Hierzu siehe auch Ginzel, S. 158
9 Die fünf Teile finden sich in den Blättern 6/7 u. 12 des 5. Jahrgangs (1922) u. 1, 2 u. 3 des 6. Jahrgangs (1923). Ich zitiere die Teile mit römischen Ziffern; die der römischen Ziffer folgende Zahl bezeichnet die Seite.
10 W. Jochmann: Struktur und Funktion des deutschen Antisemitismus. In: Juden im Wilhelminischen Deutschland. Hg. v. W. E. Mosse u. A. Paucker, Tübingen 1976, S. 468, Anm. 268
11 Zynisch waren eher die Großen. So erklärte Heinrich Claß, der Vorsitzende des »Alldeutschen Verbandes«, in einer Sitzung der Hauptleitung und des Geschäftsführenden Ausschusses im Oktober 1918: »Wenn das politische Kriegsziel sich diktatorisch gestalten läßt, dann ist das Aufrollen der Judenfrage unnötig.« Gelinge dies aber nicht, so sei sie aufzurollen, denn im Kampf gegen das parlamentarische System lasse sich »als eins der stärksten Einwirkungsmittel die jüdische Angst gebrauchen«. (Zitiert nach W. Jochmann: Die Ausbreitung des Antisemitismus. In: Deutsches Judentum in Krieg und Revolution 1916–1923. Hg. v. W. E. Mosse u. A. Paucker, Tübingen 1971, S. 439)
12 H. Arendt: Elemente und Ursprünge totaler Herrschaft. Frankfurt am Main 1955, S. 46. Siehe auch Ginzel, S. 161
13 Siehe auch Beitrag Wassermann
14 Der »Judenspiegel« im Lichte der Wahrheit. Paderborn [3]1921, S. 73; vgl. auch Judenspiegel. Von Dr. Justus. Paderborn [6]1919, Gesetz 45, S. 61 f.
15 Schulchan Aruch, Choschän Mischpat 425, 5
16 Schulchan Aruch, Jore Dea 158, 2

Soziologische Erkenntnisse zur Rassenfrage

Alphons Silbermann

1. Vorurteil und Stereotyp

In bezug auf die Rasse läßt sich das *Rassenvorurteil* umschreiben als »eine antipathische Attitüde gegenüber einem Individuum oder einer Gruppe, ausgesagt aufgrund von Merkmalen und Charakteristiken, die rassischen Ursprungs sind oder von denen dies irrtümlicherweise angenommen wird, die jedoch keinerlei adäquate faktische Grundlage besitzen oder sich auf in der Praxis erworbene Kenntnisse stützen«.[1] Dementsprechend läßt sich vom Rassenvorurteil, wenn es zu Aussagen oder Handlungen führt, sagen, daß es sich bei ihm um eine der Formen stereotypisierter Antworten oder Reaktionen handelt. Spricht die Soziologie vom stereotypen Handeln, Denken oder Reagieren, kurz vom *Stereotyp,* versteht sie hierunter »von Gruppen akzeptierte Imagines oder Ideen, die im allgemeinen verbalisiert und emotionsgeladen sind«. Fernerhin: »Simplifizierte, öfters karikierte Vorstellungen von einem Charakter, einer Person, einem Aspekt der sozialen Struktur, einem sozialen Programm, die anstelle genauer Imagines in unserem Verstand vorhanden sind«.[2]

Diese beiden, dem Sinn eines Diktionärs entsprechend sehr gedrängt gehaltenen Definitionen finden in der soziologischen Literatur ihre Abwandlungen und Zusätze, die allesamt dazu dienen, eine erkenntnistheoretische Grundlage für praktische Erfassungen zu bilden. *Vorurteile sind also Attitüden,* d. h. knapp gesagt: erworbene Tendenzen, Prädispositionen, Kenntnisse oder Erfahrungen, um in einer gewissen Weise mit Bezug auf Objekte oder Personen zu handeln, und zwar gegenüber irgendeinem Wert oder Wertkomplexen. Allerdings ist hierzu sofort anzumerken, daß nicht alle Attitüden Vorurteile sind – eine Auffassung, der sowohl die Soziologie als auch die Sozialpsychologie, für die der Begriff der Attitüde einen Schlüsselbegriff darstellt, zustimmen. Sowohl Vorurteile als auch Attitüden enthalten ein gewisses Element der Vor-Beurteilung. Vorurteilsgeladene Attitüden besitzen aber eine affektive und emotionale Qualität, die nicht allen Attitüden zu eigen ist. Um hier noch deutlicher zu sprechen, hat man mit *William Vickery* und *Morris Opler* zu sagen, daß, abgesehen von Vor-Beurteilung, das Vorurteil auch ein Element der Fehl-Beurteilung enthält.[3] Ähnlich äußert sich auch *Gordon Allport,* dem wir eines der grundlegendsten Bücher über das Vorurteil verdanken, indem er ausführt, daß man es dann mit einem Vorurteil zu tun hat, wenn eine vorher vorhandene Attitüde so stark und unerbittlich ist, daß sie ernstlich die Wahrnehmung und die Beurteilung verzerrt.[4] Dabei gilt eindeutig zu unterscheiden, daß vorurteilsgeladene Feststellungen entweder Elemente einer Attitüde oder die einer Meinung enthalten können. Um diesen Unterschied an einem Beispiel zu verdeutlichen: Die Aussage »Ich kann Neger nicht leiden; alle Neger stinken« enthält einen Attitüden-Faktor. Die Aussage »Ich würde nie in einem Haus zusammen mit Juden wohnen. Obwohl es Ausnahmen gibt, sind doch alle Juden gleich« enthält einen Meinungs-Faktor.

Mit diesen und ähnlichen Ausdehnungen und Erläuterungen des Begriffs »Vorurteil«, insbesondere was das Fehlurteil über Mitglieder einer menschlichen Gruppe betrifft, geraten wir immer mehr in die Nähe sozial orientierter Aktionen oder, genauer gesagt, in die der menschlichen Interaktionen. Darauf verweist auch *Kimball Young,* wenn er auf die Herkunft des englischen Wortes für Vorurteil, nämlich »prejudice«, zu sprechen kommt, und schreibt: »Das Wort kommt von dem lateinischen ›prejudicum‹, was ein vorausgehendes Urteil bedeutete. Es hatte in Rom eine mehr spezielle Bedeutung, da es sich auf eine gerichtliche Untersuchung bezog, die *vor* einem Prozeß abgehalten wurde, um den sozialen Status der Prozessierenden zu bestimmen, eine Funktion, die das Vorurteil nie verloren hat.«[5]

Auch heute noch dient das Vorurteil dazu, gewis-

sen Gruppen der Gesellschaft sozusagen »ihren Platz anzuweisen«.
Offensichtlich setzt sich das Vorurteil nicht aus einigen wenigen gleichgearteten Elementen zusammen, sondern ist eher als ein viele ungleichartige Elemente enthaltendes Phänomen anzusehen. Um hier klarere Vorstellungen zu gewinnen, ziehen es manche Forscher vor, Vorurteile nach ihren Funktionen zu unterscheiden, und sprechen einerseits von Vorurteilen, die sich auf funktionale Unterschiede in der sozialen Ordnung oder auf wahre Wertunterschiede gründen, und andererseits von solchen, die keine funktionale Bedeutung besitzen, indem sie Stereotypen hervorheben, die sich auf gewisse Symbole, wie beispielsweise die Hautfarbe, konzentrieren. Hiermit wird bereits auf eine Trennung bzw. Unterscheidung zwischen Vorurteil und Stereotyp hingewiesen, die noch stärker zum Ausdruck kommt, wenn es heißt: »Vorurteil . . . ist ein Begriff, der zu bestimmten Verallgemeinerungen verwendet wird, die sich auf unzulängliche Angaben stützen . . . Stereotyp hingegen ist ein Vorgang, der sich wenig um Tatsachen bekümmert, selbst wenn diese verfügbar sind.«[6] Diese Trennung dürfte durchaus dem abstrakttheoretischen Denken zweckdienlich sein, könnte aber letztlich dazu führen, Denken und Handeln so stark zu typologisieren, daß sie zu einseitigen Mechanismen würden. Daher ist es eher angebracht – vor allem in Hinsicht auf die uns hier interessierende Rassenfrage –, eine Verbindung von Vorurteil und Stereotyp zu erkennen; denn ein Vorurteil ist ein Gemisch aus Stereotypen, Mythen und Legenden, bei dem eine Gruppenbeziehung oder ein Symbol benutzt wird, um ein Individuum oder eine Gruppe, als Gesamtheit angesehen, zu klassifizieren, zu charakterisieren und zu definieren.
Somit läßt sich sagen: »Unter sozialen Vorurteilen im weiteren Sinne versteht man diejenigen Urteile über Kategorien von Menschen, die in keiner systematischen Weise überprüft worden sind. Solche Urteile sind häufig stereotyp und lösen dementsprechend einen mehr oder weniger allgemeinen, wenn auch oft wenig verbindlichen Konsens aus.«[7] Insgesamt zeigt sich, daß durch dasjenige, was in der Soziologie definitorisch unter Vorurteil und/oder Stereotyp verstanden wird, jedesmal gewisse theoretische Positionen reflektiert werden.
Diese hier nur knapp skizzierten theoretischen Ansatzpunkte finden nun in vielfältigen Formen ihre Anwendung auf dasjenige Vorurteil, welches als Rassenvorurteil oder als antisemitisches Vorurteil bezeichnet wird. Dazu bedarf es allerdings vor allem eines *Identifizierungsprozesses;* denn dieses Vorurteil kann sich nur insofern auf ein bestimmtes Einzelwesen richten, als dieses mit einer Gruppe identifiziert werden kann und wird. Erst dann kann auf den einzelnen diejenige Attitüde projiziert werden, die sich bereits gegenüber der Gruppe herausgebildet hat. Um hier mit einem einfachen Beispiel aufzuwarten: Läßt sich eine Person als Neger identifizieren, so kann sich die Attitüde, die man gegenüber Negern hat, auf diese Person projizieren. Gelingt es dem Neger aber, sich auf irgendeine Weise zu maskieren, mag er der vorurteilsgeladenen Attitüde gegenüber Negern entgehen. So konnten auch die Nazis ihre propagierte Rassenüberlegenheit gegenüber den Juden nicht aus der vermeintlichen Superiorität selbst heraus bestätigen, sondern es bedurfte äußerer Zeichen, nämlich des gelben Judensterns, um die »mindere Rasse« der Juden zu identifizieren. In der Tat sind es äußere Merkmale wie Hautfarbe, Gesten oder Gesichtszüge, die vielfach dazu dienen, Rassenvorurteile zu stimulieren; ebenso wie soziale Faktoren, beispielsweise Sprache, Religion, Kleidung oder Moralkodizes. Sie machen die Person sozial sichtbar. Dabei verbleibt das Vorurteil stets in einem absolut starren Rahmen der Verallgemeinerung.
Trotz all dieser soziologischen Überlegungen und auch derjenigen, die sich vom Standpunkt der Psychologie der Erkenntnis des Rassenvorurteils zuwenden[8], überdies auch trotz der öfter hervorgehobenen Ansicht, daß Haß, Abneigung oder Abscheu die am stärksten hervortretenden Empfindungen oder Emotionen sind, die dem Rassenvorurteil zugrunde liegen, ist es angebracht, bei der Behandlung und Erkenntnis des Rassenvorurteils wie des antisemitischen Vorurteils vor Vereinfachungen zu warnen. Spielt doch bei diesem sozialen Übel eine Vielfalt von Gefühlen und Impulsen eine Rolle, die, in den unterschiedlichsten Situationen auftretend, die verschiedensten Kombinationen und Stärkegrade aufweisen. Überdies aber auch ein Vorgang der *Tradierung,* indem Vorurteile ebenso wie Stereotypen mit Bezug auf spezifische Gruppen der Gesellschaft –

seien dies Neger, Katholiken, Freimaurer, Zigeuner oder Juden – von Generation zu Generation übermittelt werden, solange keine aktiv-militante Aufklärung sich darum bemüht, sie auszulöschen. Schon 1794 schrieb der französische Philosoph Condorcet die folgenden klugen Worte: »Man kann sogar beobachten, daß, den allgemeinen Gesetzen der Entwicklung unserer Fähigkeiten entsprechend, gewisse Vorurteile in jeder Epoche unserer Fortschritte haben entstehen müssen, um dann freilich ihre Verführungskraft oder Herrschaft weit über ihre Entstehungszeit hinaus zu entfalten; denn die Menschen behalten die Vorurteile ihrer Kindheit, ihres Landes und ihrer Zeit noch lange, nachdem sie alle Wahrheit erkannt haben, die zu ihrer Zerstörung notwendig sind.«[9]

2. Kultur

Wenn im folgenden von »Kultur« die Rede sein wird, verwenden wir diesen Begriff im Sinne der modernen Soziologie und nicht etwa in dem einer traditionsgebundenen Geisteswissenschaft mit ihrer arbiträren Unterscheidung zwischen Kultur und Zivilisation. Indem wir uns dem Gebrauch all derer anschließen, die die Interaktion zwischen Rasse und Kultur und den sich daraus ergebenden Folgen zu erkennen wünschen, läßt sich eine Kultur oder eine der Kulturen nur als ein komplexes Ganzes sehen, in dem alles enthalten ist, was Menschen denken, tun, fühlen oder besitzen, und zwar als Mitglied einer Gesellschaft. Ebenso fließend wie der Begriff »Kultur« ist es auch um den Begriff »Rasse« bestellt, zumal dieser schwer mit Dogmen belastete Begriff fast stets einen kämpferischen Gehalt in sich trägt. Gerade der diesem Vorstellungsinhalt eigene emotionale Unterton läßt bereits die ungeheuerliche Ignoranz auf diesem Gebiet erkennen. Ebenso wie mit dem Begriff »Kultur« und den Verteidigungsmethoden in Richtung einer »höheren« oder den Angriffen in Richtung einer »niederen« Kultur wird auch mit dem Begriff »Rasse« nur manipuliert, um sich eine eigene kleine Welt zurechtzuzimmern. Abhandlungen über die Rassenfrage aus biologischer Sicht lassen deutlich erkennen, daß es sich bei einer Rasse um eine Gruppe von Menschen handelt, denen gewisse vererbte physische Charakteristika zu eigen sind, die dazu dienen können, sie von anderen Gruppen zu unterscheiden.

Dies zunächst durchaus kursorisch vorangestellt, kann festgestellt werden, daß die meisten Schwierigkeiten bei der Benutzung des Rassenkonzepts durch eine Verwechslung von Kultur und Rasse hervorgerufen werden. Dies nicht nur in populären Darstellungen, sondern auch in so manchen soziologischen Arbeiten. Da sie den Begriff »Kultur« ausschließlich und stets nur sehen als »Bestrebungen nach Veredelung, Verfeinerung und Formung der menschlichen Persönlichkeit unter Bändigung und Sublimierung ihrer Triebnatur«[10], unterstellen sie fälschlicherweise, daß sich Rassenunterschiede im Typ der Kultur, in nationalen Anschauungsweisen und anderen Eigenschaften des sozialen Verhaltens widerspiegeln. Diese Folgerung konnte jedoch bisher noch nie nachgewiesen werden. Zwar stimmt es, daß Bevölkerungsgruppen in gewissen Graden Unterschiede in den physischen Charakteristika aufweisen und auch ihre kulturellen Praktiken offensichtlich sich voneinander unterscheiden – aber noch nie konnte nachgewiesen werden, daß eine Kultur von den angeborenen Qualitäten einer menschlichen Gruppe abhängig ist. Falls die Rasse die Kultur bestimmen würde, gäbe es in der Welt nicht zahlreiche voneinander unterschiedliche Gruppen, die sich im wesentlichen der gleichen Kultur erfreuen, und andererseits gäbe es nicht in verschiedenen geographischen Teilen der Welt Mitglieder der gleichen Rasse, die gänzlich unterschiedliche kulturelle Muster aufweisen.

Wenn also ausgeführt wird, daß, »wenn die Menschen die wichtige Frage über Rassenunterschiede diskutieren, sie die wesentliche Tatsache zu vergessen pflegen, daß Struktur ererbt ist, nicht aber Verhalten«[11] – dann soll damit deutlich gemacht werden, daß die Individuen zwar Unterschiede in ihren ererbten Fähigkeiten aufweisen, jedoch die einer Person gegebenen sozialen und ökonomischen Möglichkeiten ebenfalls für die endgültige Entscheidung, ob diese Person nun Musiker oder Altwarenhändler sein wird, wichtig sind. Schon seit langem haben uns die Sozialwissenschaften nachweisen können, daß sich die Unterschiede in den Niveaus der Fertigkeiten verschiedener Gruppen nur kulturell erklären lassen und nicht biologisch in der Form von Rassenunterschieden. Dementsprechend kann sich eine seriöse soziologisch ausgerichtete Betrachtung der Rassenfrage im vorliegenden Zusammenhang nur fernhalten von äußeren rassischen Merkmalen, obwohl sie in der Praxis des täglichen Lebens einen geeigneten Haken darstellen, an den sich alle möglichen, in der Vorstellung vorhandenen inneren Unterschiede aufhängen lassen. *Nicht die Rassenunterschiede selbst bewirken soziale Probleme, sondern was Menschen über biologische Tatsachen denken.*

An dieser Stelle unserer Ausführungen wird es unumgänglich sein, zumindest einige der von den Rassisten in bezug auf das Bild des Juden propagierten, als biologisch-kulturell hingestellten Elemente beziehungsweise Kennzeichen kurz zu streifen. Wir haben sie willentlich aus Schriften des vorigen Jahrhunderts zusammengestellt, um in einem Atem aufzuzeigen, wie sie sich in unserem Jahrhundert in den unterschiedlichsten Schichten der deutschen, besonders aber in der vom Nationalsozialismus geführten Gesellschaft verbreitet haben.

So wird z. B. behauptet, der Jude lasse sich an bestimmten, mehr oder weniger abstoßenden physischen Merkmalen erkennen, vor allem an seinem »zweigeteilten Blick«, an einer Verformung des Beckens sowie an der Krümmung seiner Nase. Typisch für ihn seien auch Plattfüße und ein Gestikulieren, »das ganz eigenartige Jüdeln oder Mauscheln«, bei dem, die Ellbogen am Körper anliegend, mit den Händen gestikuliert werde. Auch das Verhalten der Juden, so heißt es bei den Rassisten, lasse sich sofort erkennen; denn dieses sei aufreizend und lärmend (Anonym, Wer trägt die Schuld an der Antisemiten-Bewegung?, 1866).

Diese physischen Charakteristika, so heißt es dann an anderer Stelle, seien der Ausdruck ihrer niederträchtigen Seele, von der sie sich nicht befreien könnten: »Ihr Geist haftet am Nichts, ihre Intelligenz erhebt sich nicht, ihr Herz schlägt für kein Ideal. Sie kennen nur die Hemmungslosigkeit und nicht das Entzücken, nur die Sinnlichkeit und nicht die Liebe« (Otto Hauser, Das neue Jerusalem. Ein jüdischer Roman, 1905). Auch sei diese gemeine Seele unfähig, wahre kulturelle Werte zu schaffen, im künstlerischen Feld sei sein Interesse nur von seinem Bedürfnis nach Luxus, nach dem Überflüssigen geleitet (Richard Wagner, Das Judentum in der Musik, 1850). Überhaupt sei der jüdische Geist nur analytisch und kritisch; alles sei bei ihm auf eine sterile Intellektualität reduziert (Wilhelm Raabe, Der Hungerpastor, 1863). Am meisten interessiere diese niederträchtige Seele, die weder Schönheit noch Ideale kenne, das Geld. Das erlaube dem Juden, alles zu kaufen und alles zu korrumpieren. Dank des Geldes könne er sich Perversion und Unzucht mit deutschen Mädchen leisten (M. Schön, Die Geschichte der Berliner Bewegung, 1889).

Nichts könne dazu führen, so heißt es weiter, die Juden zu verändern; ihre Natur selbst enthalte etwas Unveränderbares (Eugen Dühring, Die Judenfrage als Frage der Rassenschädlichkeit, 1886). Und überhaupt sei der Jude nicht nur eine teuflische Person, sondern auch ein abstoßendes und gefährliches Tier, ja eine Mikrobe; für den Antisemiten Ahlwardt: ein Bandwurm; für den Antisemiten Fritsch: ein blutgieriger Wolf; für Paul de Lagarde: eine Trichine, ein Bazillus, den man gar nicht schnell genug und systematisch ausrotten könne.

Bleibt noch unter vielen anderen die einflußreiche Schrift des Schwiegersohns von Richard Wagner, Huston Stewart Chamberlain, »Die Grundlagen des XIX. Jahrhunderts« (1899), diese Rassismusbibel der Nazis, zu erwähnen, in der dieser rassistische Antisemit dartut, daß sich die charakteristischen Züge der Juden auf zwei Ebenen manifestieren: Einmal, und zwar im deutschen Rahmen, sei er der Urheber aller Phänomene der »sozialen Desintegration«, heiße diese: Materialismus, Liberalismus, Sozialismus, kapitalistische Ausbeutung usw., kurz aller Kräfte, die zu einer nationalen und rassischen Erneuerung führen können. Zum anderen, im globalen Rahmen der Entwicklung der Rassen und der Zivilisation trotze die jüdische Rasse der arischen Rasse in einem Kampf, von dem das Schicksal der Menschen abhänge.

Bei diesen wenigen Beispielen aus dem 19. Jahrhundert, denen noch Hunderte hinzugefügt werden könnten, wollen wir es belassen. Insgesamt haben diese rassistischen Gedankengänge zu jenen drei Themenkomplexen geführt, die für den Nationalsozialismus im Mittelpunkt ihrer sog. Rassenlehre standen, nämlich: der Rassen- bzw. Volksbegriff, der Hochwert der Arier bzw. das Untermenschentum der Juden und schließlich die Rassenhygiene mit ihrem nordischen Zuchtziel und ihrer Sterilisationsgesetzgebung.[12]

Da es der Soziologie nicht gegeben ist, Rassenfragen als solche abzuhandeln oder, anders ausgedrückt, *soziale Probleme* anhand abstrakter Konglomerate zu behandeln, hat sie sich zur Erfassung der sich um sogenannte Rassenfragen scharenden oder ihnen entspringenden sozialen Probleme darauf verlegt, die *Beziehungen* und hiermit einbegriffen die *Konflikte* zu analysieren und aufzudecken, so wie sie sich zwischen Gruppen abspielen, die kulturelle und nationale Unterschiede aufweisen. Das Feld, in dem wir uns dann bewegen, ist das der *Zwischengruppenbeziehungen.*

Da sich Beziehungen zwischen Gruppen bei sozialer Interaktion positiv oder negativ verstärken, zeigen sich auch in bezug auf die Rassenfrage bzw. in bezug auf rassenfeindliche oder rassenfreundliche Haltungen Variationen im Grad sowie in der Äußerung. Dabei spielen vor allem Gruppenrivalität oder Konkurrenz eine dominierende Rolle. Umgekehrt heißt das, daß sich eine freundliche Zwischengruppenbeziehung beim Zusammentreffen von Gruppen um so eher etablieren wird, je weniger wetteifernd die zwischenpersönliche Situation gestaltet ist. Überhaupt sind es Situationskonstellationen oder, präziser gesagt, *soziale Situationen,* unter denen ein Zusammentreffen von Gruppen stattfindet, die bei der Erforschung von Zwischengruppenbeziehungen besondere Aufmerksamkeit verlangen. Sie bilden nicht einfach nur das Rahmenwerk, innerhalb dessen sich die Beziehungen abspielen, sondern sind als *situationelle Bedingungen* anzusehen, die bestimmten Einfluß auf die Verhaltensmuster der unterschiedlichen Gruppen zueinander ausüben. In der Tat hat sich gezeigt, daß sich beim Zusammentreffen von unterschiedlichen Gruppen in den gleichen Situationen Integrationsbewegungen verdichten und demzufolge Vorurteile zwischen diesen Gruppen mindern. Das will nun nicht heißen, daß die Vorurteile gänzlich verschwinden. Eher läßt sich sagen, daß sie sich stärker positivieren. *Robert K. Merton* umschreibt diesen Vorgang, indem er feststellt, daß »vertraute soziale Interaktion nicht nur einen Niederschlag an gemeinsamen Werten herbeiführt, sondern auch ursprünglich unvereinbare Werte in gemeinsame Werte verwandelt«.[13]

Die positive Note, die hier anklingt, darf allerdings nicht dazu führen, die Minderung von Vorurteilen im Rahmen von situationellen Gegebenheiten in bezug auf Rasse und Kultur als ein Allheilmittel anzusehen. Erstens spielen sich situationelle Gegebenheiten vielfach in einem sozialen Zusammenhang ab, der oft weitläufig, affektgeladen oder partikularistisch sein kann. Zweitens können vorher etablierte rassische und kulturelle Attitüden bei weitem die soziale Situation überschatten. Drittens ist zu beachten, daß sich die Zwischengruppenbeziehungen jederzeit verändern können, je nachdem auf welchem Gebiet und in welcher Situation Gruppen zusammentreffen. Wenn nun in unseren Tagen das Zusammentreffen von Gruppen durch zahlreiche Organisationen gefördert wird, so hat dies zwei Seiten. Auf der einen kann ein solcher Kontakt zwischen Mitgliedern kulturell verschiedener Gruppen zur Stärkung des Selbstbewußtseins der einen oder der anderen Gruppe führen, andererseits zu einer Klärung unbewußter Impulse und Attitüden der Gruppen gegeneinander.

Was immer sich über den sozialen Kontakt in seiner Auswirkung auf die Minderung von Feindseligkeiten und Vorurteile sagen läßt, kann nicht verallgemeinert werden. Denn das Zusammentreffen von unterschiedlichen Gruppen auf der Basis eines gleichen Status kann zwar Vorurteile reduzieren, muß aber nicht eine solche Minderung zur Folge haben. So bleiben also für die soziologische Forschung noch viele Fragen offen, insbesondere »eine sorgfältigere Erfassung der Bedingungen, unter denen ein Gleicher-Status-Kontakt Vorurteil reduziert«.[14]

3. Nation

Vielfach wird die Rassenfrage unter dem Aspekt nationaler Züge oder Charakteristika aufgerollt, und zwar besonders dort, wo sich ein Rassenvorurteil bzw. ein antisemitisches Vorurteil durch die mangelnde Unterscheidung zwischen natürlichen und kulturellen Zügen manifestiert. So wird beispielsweise unterstellt, man könne den »typischen Engländer« an seinem Phlegma erkennen. Nun läßt sich zwar Phlegma als ein »Zug« bezeichnen, kann jedoch niemals für eine ganze Nation typisch sein. Höchstfalls kann Phlegma auf eine spezifische soziale Gruppe innerhalb der Nation als Charakteristikum Bedeutung haben, nicht aber kann es als das cha-

rakteristische Kennzeichen einer Rasse gelten. Für den Soziologen sind äußere Charakteristika keine physischen Kennzeichen im wahren Sinne des Wortes, sondern *Verhaltensmuster,* die durch den sozialen Hintergrund des Individuums bestimmt werden, d. h., sie sind kulturell bedingt und nicht »natürlich«.
Um nicht zum Opfer dieser Verwirrung zwischen Rasse und Nation zu werden, vermeiden die Sozialwissenschaften eine solche Gegenüberstellung und/oder Verbindung. In ihrer Konzeption des nationalen Charakters ziehen sie es vor, zwei Haupttypen zu unterscheiden: den um die Persönlichkeit zentrierten und den um die Kultur zentrierten Charakter. Bei dem um die Persönlichkeit zentrierten Charakter stehen im Mittelpunkt der Betrachtungen die mehr oder weniger allgemeinen Muster der Charakteristika der Persönlichkeit, die für eine Nation spezifisch sind. Bei dem um die Kultur zentrierten Charakter liegt die Emphase auf Gewohnheiten, Praktiken, Normen und Wertvorstellungen. Beide diese Typen erlauben ein Ausmaß an thematischen Abwandlungen, auf die hier im einzelnen nicht eingegangen werden kann. Insgesamt geht es darum, gewisse Institutionen zu untersuchen oder Normen und Wertvorstellungen, die sich unter Überschriften wie »Ethos« und »Weltanschauung« subsumieren lassen. Sie gelten als typisch nur insoweit, als sie Manifestationen einer Kultur sind, ohne jedoch auf eine ganze Nation zuzutreffen.
Versucht wird hier, der Rassenfrage durch die Erfassung der diversen Erscheinungen einer Lebensauffassung in die Nähe zu gelangen, die sich zu einem zusammenhängenden Ganzen synthetisieren lassen. So einleuchtend ein solches Vorgehen auch sein mag, liefert es dennoch weder Hinweise für die Feststellung, daß Nationen untereinander verschieden sind, noch dafür, daß sich bei einigen Nationen Gewohnheiten vorfinden, die von den unseren verschieden sind. Da wir aber wissen, daß dies der Fall ist, zumal uns dies schon eine einfache Beobachtung lehren kann, ergibt sich hieraus für den Soziologen die viel wichtigere Frage, nämlich ob es sich hierbei im eigentlichen Sinne um *nationale* Unterschiede handelt. Hiervon ausgehend und wieder unsere Aufmerksamkeit der Rassenfrage zuwendend, haben wir also im Prinzip zwei Fragen zu stellen. Erstens: Sind die Unterschiede charakteristisch für eine nationale Bevölkerung als Ganzes? Zweitens: Sind die Charakteristika kennzeichnend für eine Nation, d. h., sind sie unterschiedlich von denen irgendeiner anderen Nation?
Eine ganze Anzahl von Soziologen und Sozialpsychologen bestreiten direkt, daß in modernen Nationen etwas ähnliches wie ein nationaler Charakter bestehen könne, wobei sie darauf hinweisen, daß bei den meisten modernen Nationen die kulturellen Grenzen nicht mit den nationalen übereinstimmen. Dennoch bestehen andere Forscher darauf, daß die meisten Völker in den meisten modernen Nationen an einem gemeinsamen Satz von Werten teilhaben. Gerade anhand dieser Problematik suchen heutzutage viele um Verständnis und Aufklärung bemühte Schriftsteller das Verhältnis der einst in Deutschland ansässigen jüdischen Gruppen zu den nichtjüdischen Bevölkerungsgruppen aufzurollen. Während zur Nazizeit der Nachweis erbracht werden sollte, daß ein abweichendes Verhalten von Juden darauf zurückzuführen sei, daß sie der deutschen Nation nicht angehören, lesen wir seit dem Vergehen des Nazi-Regimes unzählige Schriften, die den Nachweis zu erbringen versuchen, daß die jüdische Bevölkerung Deutschlands schon seit Jahrzehnten der deutschen Kultur angehörig gewesen sei. Wenn weder das eine noch das andere Argument in seiner rigorosen Form zu überzeugen vermag, so liegt das eben daran, daß, wenn auch eine gemeinsame Art und Weise des Seins durch eine ganze Nation hindurch nicht absolut ausgeschlossen ist, dennoch mannigfaltige Arten von Abweichungen bestehen oder, von einer anderen Warte aus gesehen, daß sich eine Einheit innerhalb einer modernen nationalen Kultur nicht vergleichen läßt mit einer Einheit, wie sie sich bei »primitiven« Stämmen vorfindet. Denn zu bedenken ist, daß in einer modernen Nation die Teilnahme an der Gesamtkultur nicht durch aktuelle Erfahrung und Mitwirkung geschieht, sondern für ganze Sektionen der Bevölkerung in großem Maße über das Medium der Sprache. Dies bedeutet nach in der Wissenschaft allgemein anerkannten Erkenntnissen, daß sich Rasse sowohl von Kultur und Sprache als auch, um einen Schritt weiter zu gehen, von Religion unterscheidet.[15]
Die Unsicherheit, die in der Forschung auf dem Gebiet der nationalen Differenzierung vorherrscht, zusätzlich auch die mannigfachen

Weisen, diese Differenzierung methodologisch zu erfassen, haben zu einem krassen Gegensatz zwischen Theorie und Praxis geführt. Von theoretischem Standpunkt aus gesehen, sind nationale Differenzierungen – insbesondere im Felde der Bräuche, der Gewohnheiten, der Institutionen, Normen und Werte – durchaus möglich. Als Verhaltensmuster sind sie »Muster von Mustern«, die sich vom empirischen Standpunkt aus sehr wohl aufzeigen lassen. Jedoch, ob diese »Muster von Mustern« mit einem nationalen Charakter in Wechselbeziehung stehen, kann angesichts ihrer individuellen Vielfalt höchstfalls als eine Möglichkeit unterstellt werden.

An dieser Stelle ist es angebracht, darauf hinzuweisen, daß bei der Behandlung von Rassenfragen, die im Bereich der Zwischengruppenbeziehungen liegen, vielfach der Begriff »ethnische Gruppen« Anwendung findet, überdies aber auch der der »Minoritäten« oder der »ethnischen Minoritäten«. Für den Nichteingeweihten mag dies zu gewissen Mißverständnissen führen, obwohl gerade durch diese Bezeichnungen ein Abstand zu populärwissenschaftlichen Deutungen erreicht werden soll. So ist es zweckdienlich, zu unterstreichen, daß für den Soziologen der Begriff »ethnische Gruppe« nicht synonym ist mit »rassischer Gruppe«. Selbst wenn ethnische Gruppen sich vielfach durch gemeinsame körperliche Züge auszeichnen, will dies noch lange nicht heißen, daß sie eine kulturelle oder gar nationale Uniformität aufweisen. Daher wird vorgezogen, von »ethnischen Minoritäten« zu sprechen, zumal ein Minoritäten-Status nicht notwendigerweise eine numerische Inferiorität bedeutet.

Die Probleme, denen ethnische Minoritäten gegenüberstehen oder die durch ihr Bestehen hervorgerufen werden, sind von fast unübersichtlicher Vielfalt. Sie reichen von Segregation bis zu Diskriminierung, von Beschränkungen in der Berufsausübung bis zu Beschränkungen in bezug auf Wohnen und Erziehung, kurz, sie zeigen sich auf allen Gebieten *sozialer Aktionen.* Wenn auch eine politisch-humanitär ausgerichtete Denkweise zu Recht betonen kann, daß die Ausdehnung der Segregation ethnischer Minoritäten ein Maß für die Abwesenheit demokratischen Empfindens darstellt, genügt es dennoch nicht zu wissen, *wie* ethnische Majoritäten über ethnische Minoritäten denken, sondern es muß auch erfaßt werden, *warum* sie voneinander so denken und handeln, wie sie voneinander denken und handeln. Diese Denk- und Handlungsweisen können natürlich nicht global festgestellt werden. Sie sind, wie bereits dargelegt, an Situationen gebunden, und deren kennen wir so viele, daß es sich hier nur darum handeln kann, auf einige von ihnen hinzuweisen.

Da wäre z. B. das Problem der *Segregation* verschiedener ethnischer Gruppen, etwa von Schwarz und Weiß in einer Stadt, das lange Zeit nur als eine Frage der räumlichen Verteilung, d. h. als eine rein ökologische Frage angesehen wurde. Erst als man erkannte, daß hierbei ein weit umfassenderer sozialer Prozeß eine Rolle spielt, der sowohl ökologischer als auch sozialpsychologischer Natur ist, begann eine enge Verbindung der beiden Betrachtungsweisen, ohne das Übergewicht auf die eine oder andere zu verlegen. In einer noch neueren Entwicklung wurde diese Zusammenarbeit noch weiter umgestellt, indem der soziologische Begriff des »sozialen Wandels« und die Erkenntnisse darüber mit in die Betrachtungen einbezogen wurden. Offensichtlich besteht ein Unterschied zwischen rassischer Segregation als einem natürlichen ökologischen Prozeß, und rassischer Segregation als Ergebnis einer bewußten Sozialpolitik, und es hat sich daher als notwendig erwiesen, die Auswirkungen der Segregation auf Desegregation als ein ökologisches Phänomen zu untersuchen. Geben doch die Erkenntnisse der Sozialökologie ein Bild von der Matrize, innerhalb der sich das soziale Geschehen abspielt. Wenn Desegregation anzusehen ist als ein Ergebnis von Interaktion zwischen Weißen und Schwarzen, jüdischen und christlichen oder türkischen und deutschen Gruppen, dann machen sich Veränderungen bemerkbar, die außerhalb der traditionellen sozialen Organisationen dieser Gruppen liegen und sich als von besonderer Bedeutung erweisen.

Da nun Segregation meist mit *Diskriminierung* Hand in Hand geht, finden sich in der soziologischen Literatur beide diese Erscheinungen vielfach zusammen abgehandelt. Dabei wird immer wieder betont, daß Diskriminierung, Segregation, Gruppenkonflikte und Minoritätenstatus nicht direkt durch Rasse hervorgerufen werden, sondern durch *soziale Bedingungen*, die sichtbaren physischen Erscheinungen angehängt bzw. zugeschrieben werden. Auch muß an dieser Stelle unterstrichen werden, daß ein Unterschied besteht zwischen Vorurteil und Diskriminierung. Denn wie sich eine Person verhält, kann nicht allein verstanden werden mit Bezug auf innere Attitüden oder verbale Äußerungen: Situationelle Faktoren, Verpflichtungen und Gruppeninteressen spielen hier ebenfalls eine Rolle.

Kurz gesagt, Diskriminierung bedeutet die nachteilige Behandlung einer ethnischen Gruppe. Dementsprechend ist beispielsweise die Nichtzulassung von Juden in bestimmten Wohnvierteln als Diskriminierung aufzufassen; hingegen die Bezeichnung der Juden als Wucherer als ein Vorurteil. Wenn auch eine enge Verbindung zwischen Vorurteil und Diskriminierung besteht – indem nämlich stärker mit Vorurteil belastete Personen in der Praxis eher zu Diskriminierung neigen –, so ist Diskriminierung dennoch nicht einfach das Ergebnis von Vorurteil; denn beide können unabhängig voneinander bestehen. Mit anderen Worten: Attitüden und aktuelles Verhalten sind in bezug auf ethnische Minoritäten nicht notwendigerweise als übereinstimmend anzusehen.

Stichwortartig lassen sich die Erkenntnisse der soziologischen Forschung in bezug auf Diskriminierung wie folgt zusammenfassen:

– Diskriminierung ist nicht angeboren, sondern erlernt. Meistens geschieht dies innerhalb der Primärgruppe der Familie, vielfach ohne bewußte Absicht.[16]
– Diskriminierung gegenüber ethnischen Minoritäten folgt den Normen und sozialen Bräuchen der Gruppe, in der diskriminierende Personen leben.[17] Dies bedeutet, daß Anti-Minoritäten-Reaktionen weniger individuelle persönliche Probleme darstellen als institutionalisierte Muster.
– Persönlicher Kontakt mit Mitgliedern ethnischer Minoritäten kann sowohl zur Erhöhung als auch zur Minderung der Diskriminierung führen.
– Diskriminierung hat einen breiten Spielraum. Je enger diskriminierende Praktiken mit intimem persönlichem Kontakt in Verbindung stehen, desto stärker macht sich Diskriminierung bemerkbar. In diesem Zusammenhang besteht ein beträchtlicher Unterschied zwischen dem, was Minoritäten wünschen und was die Majorität annimmt, daß die Minoritäten es wünschen.[18]
– Persönlicher Kontakt zwischen unterschiedlichen ethnischen Gruppen führt dort zu einer Minderung von Diskriminierung, wo von vornherein weniger starke diskriminierende Attitüden vorhanden sind.
– Diskriminierung entspringt den entsprechenden sozialen Positionen der hierin verwickelten Gruppen, aus den Veränderungen der entsprechenden Positionen sowie aus einer diesbezüglichen Bedrohung. So wurde z. B nachgewiesen, daß in den USA Diskriminierung gegenüber Juden anstieg, als sie begannen, sich um Mittelklassen- und freiberufliche Positionen zu bewerben.[19]
– Diskriminierung macht sich in wirtschaftlich schlechten Zeiten stärker bemerkbar als in wirtschaftlich guten.[20]
– Eine allgemeine, jedoch von Umständen bedingte Erkenntnis sagt, daß, je höher das Niveau der Erziehung ist, desto geringer tritt Diskriminierung in Erscheinung.[21]

Als *Folgen* von Diskriminierung, ebenso aber auch von Vorurteilen sowie Beschränkungsmaßnahmen aller Arten, selbst solchen wie beispielsweise der Verweigerung der Mitgliedschaft in Klubs, werden für die Mitglieder ethnischer Minoritätengruppen angeführt: Selbstzweifel, Selbsthaß, impulsives und abergläubisches Verhalten, Resignation, abweichendes Verhalten, geistige Krankheiten, familiäre Schwierigkeiten u. a. m.[22]

*

Die Behandlung der von uns hier äußerst knapp dargestellten Probleme der Rassenfrage – soweit sich Soziologie und Sozialpsychologie damit befaßt haben – ist über die letzten Jahrzehnte immer mehr zu dem geworden, was sich schlechthin als *Vorurteilsforschung* bezeichnet. Als Gegenstand umfaßt sie damit weit ausholend: Prejudice-, Attitüden-, Autoritarismus-, Aggressions-, Stereotypen-, Image-, Bild-, Konflikt- und Friedensforschung. Als Zielgebiete sieht sie: Antisemitismus, nationale Vorurteile, Vorurteile gegenüber Minderheiten und Randgruppen, nationalistische Vorurteile und ihre Beziehungen zum Rassenbegriff, Vorurteile und Anti-Ismen.[23] Diese Diversifizierung hat leider dazu geführt, daß aus der Bekämpfung des uns hier besonders interessierenden sozialen Übels, genannt Antisemitismus, durch eine wirklichkeitsnahe, zweckdienliche, humane und militante Soziologie ein thematisches Spielfeld für Forschungs- und Aspekteverfahren sowie Interpretationsansätze und Interpretationsschemata geworden ist.[24]

Anmerkungen

1 Henry Pratt Fairchild u. a.: Dictionary of Sociology, Patterson 1961, S. 246
2 Ebd., S. 308
3 A Redefinition of Prejudice for Purposes of Social Science Research. In: Human Relations, 1948, S. 419 ff
4 The Nature of Prejudice, Cambridge, Mass., 1954
5 Handbook of Social Psychology, London 1951, S. 258
6 Nathan Ackerman and Marie Jahoda: Anti-Semitism and Emotional Disorder, New York 1950, S. 3/4
7 Peter Heintz, in: René König (Hrsg.), Soziologie, Frankfurt a. M. 1958, S. 303. Ausführlicher siehe ders., Soziale Vorurteile, Köln 1957
8 Vgl. z. B. Ernst E. Boesch: Psychologische Überlegungen zum Rassenvorurteil. In: Wanda von Bayer-Katte u. a. (Hrsg.): Vorurteile. Ihre Erforschung und ihre Bekämpfung, Frankfurt a. M. 1964, S. 13 ff
9 Entwurf einer historischen Darstellung der Fortschritte des menschlichen Geistes, Frankfurt a. M. 1963 (zuerst 1794)
10 Der Große Brockhaus, Wiesbaden 1955, Bd. 6, S. 693
11 William F. Ogburn und Meyer F. Nimkoff: A Handbook of Sociology, London 1960, S. 66
12 Vgl. hierzu Karl Saller: Die Rassenlehre des Nationalsozialismus in Wissenschaft und Propaganda, Darmstadt 1961, S. 33 ff
13 in: Morroe Berger u. a. (Hrsg.): Freedom and Control in Modern Society, New York 1954, S. 33
14 George E. Simpson and J. Milton Yinger: The Sociology of Race and Ethnic Relations, in: Robert K. Merton u. a. (Hrsg.): Sociology Today, New York 1959, S. 398
15 Vgl. hierzu Michel Leiris: Race and Culture. In: UNESCO (Hrsg.): Race and Science, New York 1961, S. 185 ff
16 Vgl. hierzu Elizabeth B. Hurlock: Child Development, New York 1956
17 Earl Raab und Seymor M. Lipset: Prejudice and Society, New York 1959
18 Vgl. hierzu Gunnar Myrdal u. a.: An American Dilemma, New York 1944
19 Bruno Bettelheim und Morris Janowitz: Social Change and Prejudice, New York 1964
20 Hierzu z. B. Robin M. Williams: The Reduction of Intergroup Tensions. In: Social Science Research Council Bulletin, 1947
21 Gordon W. Allport: The Nature of Prejudice, a. a. O., S. 79 ff
22 Hierzu ausführlich Bernard Berelson und Gary A. Steiner: Human Behavior, New York 1964, S. 519 ff
23 Wir folgen hier dem Beitrag von Heinz E. Wolf: Zur Problemsituation der Vorurteilsforschung, in: René König (Hrsg.): Handbuch der empirischen Sozialforschung, Bd. 12, Stuttgart 1978. Siehe auch H. E. Wolf: Kritik der Vorurteilsforschung, Stuttgart 1979
24 Ausführlicher zur Soziologie des Antisemitismus, siehe Alphons Silbermann: Der ungeliebte Jude, Zürich 1981

Antisemitismus und »Ostjudenfrage«
Von »Krawattenjuden« und »Kaftanjuden«

Ludger Heid

Für Walther Rathenau waren sie eine »asiatische Horde«, ein »abgesondert fremdartiger Menschenstamm«, der die deutsche Kultur bedrohte. Vor ihrem Erscheinen inmitten des Berliner Tiergartens ängstigte er sich.[1] Arnold Zweig idealisierte sie zur »rosen- und veilchenfarbene(n), goldgeränderte(n) Abendröte des jüdischen Volkes«.[2] Theodor Wolff, Chefredakteur des »Berliner Tageblattes« und Mitbegründer der Deutschen Demokratischen Partei, bezeichnete sie als »unerfreuliche Schacherfiguren« und unter der westlichen Sonne »lichtfeindlich wirkende Gestalten«, an deren langen Rockschleppen sich die Sage von der Unveränderlichkeit und »Gefährlichkeit einer jüdischen Rasse« anklammere.[3] Schließlich sah Albert Einstein in ihnen unglückliche Flüchtlinge, die sich aus der »Hölle« Osteuropas gerettet hatten, für die er sich veranlaßt sah, eine »Lanze zu brechen«. Unter dem Eindruck der gegen sie gerichteten Schikanen wurde er bewußter Jude und bekannte sich zum Zionismus.[4]

Diese gegensätzlichen Stimmen prominenter deutscher Juden, die sich beliebig verlängern ließen, galten einer zugewanderten jüdischen Minderheit – Ostjuden in Deutschland. Die zitierten Äußerungen weisen auf die gebrochene Identität ostjüdischer Existenz in Deutschland zwischen Assimilation, Akkulturation, Zionismus, Orthodoxie und religiös-kultureller Selbstbehauptung.

Die moderne jüdische Wanderungsbewegung begann mit dem Jahre 1881 und hatte ihre Ursache in den Pogromen von Kischinew und Homel. Jede politische, soziale und ökonomische Erschütterung in Osteuropa gefährdete und bedrohte die Existenz der dort lebenden Juden, und jeder Pogrom und jede Wirtschaftskrise ließ ostjüdische Massen über die Westgrenze in das hochindustrialisierte Deutschland fliehen, das bis in die Weimarer Zeit sozusagen ein natürlicher Anziehungspunkt für die verfolgten Juden war. Bis zum Ersten Weltkrieg wanderten fast drei Millionen Juden – zumeist über die deutschen Seehäfen – nach Amerika und 51 000 nach Deutschland aus. Die Volkszählung des Jahres 1910 ermittelte für das Deutsche Reich knapp 79 000 »ausländische« Juden – das waren ca. 13 % der 615 000 »deutschen« Juden.[5]

Während des Ersten Weltkrieges hatte eine ostjüdische Arbeitereinwanderung in das rheinisch-westfälische Industriegebiet eingesetzt, die sich vom früheren Zuzug sehr wesentlich unterschied. Der enorme Bedarf an Arbeitskräften während des Krieges veranlaßte die deutschen Behörden, Arbeiter aller Art für Deutschland aus dem polnisch-russischen Okkupationsgebiet anzuwerben oder auch in die Fabriken zu zwingen, um die im Feld stehenden Arbeiter zu ersetzen bzw. bislang freigestellte an die Front zu schicken. Diese Arbeiter, die zur Ankurbelung der deutschen Rüstungsindustrie kamen und unter denen sich auch zahlreiche Juden befanden, konnten zu kriegswichtigen Arbeiten herangezogen werden, für die Kriegsgefangene wegen des zu hohen Sicherheitsrisikos nicht in Frage kamen.

Nach einer Denkschrift des Reichsinnenministers aus dem Jahre 1922 gab es 1915 ca. 50 000 ostjüdische Arbeiter in Deutschland.[6] In den Jahren des Weltkrieges und der Nachkriegszeit bis 1922 kamen ca. 100 000 ostjüdische Arbeiter hinzu, von denen 30 000 während des Krieges eingewandert waren. Durch flukturierenden Zuzug und Rück- oder Weiterwanderung war die Zahl der Ostjuden in Deutschland aber ständig einer Veränderung unterworfen. Mit der Zunahme der ostjüdischen Einwanderung steigerte sich die Revolutionsfurcht der Behörden. Die revolutionären Aktivitäten einiger Prominenter jüdischen Ursprungs – vor allem innerhalb des Spartakusbundes – wie beispielsweise Rosa Luxemburg, Leo Jogiches, Paul Levi, August Thalheimer oder wie in der Münchener Räterepublik – Kurt Eisner, Erich Mühsam, Eugen Levine, Ernst Toller – bildeten nur eine Komponente des komplexen antisemitischen Gesamtbildes.

Viele deutsch-jüdische Soldaten kamen während des Ersten Weltkrieges erstmals mit den Juden des Ostens in Berührung. Dieses »Ostjudenerlebnis« löste einen wahren »Ostjudenkult« aus. Für die weitgehend assimilierten deutschen Juden offenbarte diese Begegnung den Eindruck einer für sie unbekannten, urwüchsigen jüdischen Tradition und Kultur, die ihr Selbstverständnis und ihr deutsch-jüdisches Elitebewußtsein erschütterte. Von den deutschen Zionisten – auch wenn ihre Haltung nicht einheitlich war – wurden die Ostjuden zu einem »Gegenmythos« romantisch verklärt.

Auf dem Höhepunkt ihrer Zuwanderung 1925 zählte man in Deutschland 90 000 Ostjuden, was einem Anteil von ca. 15 % der gesamtjüdischen Bevölkerung entsprach. Die meisten dieser osteuropäischen Juden ließen sich in den deutschen Großstädten nieder, wo sie, kulturell und gesellschaftlich abgesondert von der deutsch-jüdischen Öffentlichkeit, bestimmte Stadtteile bewohnten. Das Berliner »Scheunenviertel« hatte etwas von einem polnischen »Schtetl«. Es besaß das Gepräge einer ostjüdischen Enklave im emanzipierten jüdischen Deutschland.

Die Burgfriedenspolitik vom August 1914 hatte auch die Juden mit einbezogen. Antisemitismus war gesellschaftspolitisch verpönt. Von jüdischer Seite sah man den Anbruch einer neuen Zeit ohne Ressentiments und die Erfüllung der wirklichen Emanzipation. Unter dem Eindruck des Weltkriegsbeginns, unter dem Gefühl nationalistischer Stimmung appellierten der »Reichsverein der Deutschen Juden«, die »Zionistische Vereinigung für Deutschland« und das Präsidium des »Kartells Jüdischer Verbindungen« an die deutschen Juden, das Vaterland zu verteidigen. Es galt zu zeigen, daß »wir stammesstolzen Juden« zu den »besten Söhnen« Deutschlands gehörten und daß der »Adel unserer vieltausendjährigen Geschichte« die jüdische Jugend verpflichte, »freudigen Herzens freiwillig zu den Fahnen« zu eilen.[7] Doch mit der Fortdauer des Krieges wendete sich das Blatt, der Antisemitismus warf seinen langen Schatten auf das deutsch-jüdische Verhältnis. Dennoch wiederholte der »Centralverein deutscher Staatsbürger jüdischen Glaubens« im Oktober 1918 sein Versprechen vom August 1914 und bekannte:

> »Keine Macht der Erde wird das Band zerreissen, das sich um die Volksgenossen schlingt. Mit ihnen kämpfen wir, wenn Deutschland weiterkämpfen muß [. . .] Wir wollen einig sein, vergessen, was Zwietracht geschaffen hat, zurückstellen, was Zwietracht schaffen kann [. . .].«[8]

Doch das Band war bereits zerrissen. Spätestens mit der berüchtigten »Judenzählung« im Herbst 1916 hatte sich das Intermezzo des Burgfriedens als kurzlebige und trügerische Fehleinschätzung erwiesen. Ebenfalls im Oktober 1918 hatte der Vorsitzende des Alldeutschen Verbandes, Heinrich Claß, an die Aktivisten seiner Organisation die Parole ausgegeben, »die Lage zu Fanfaren gegen das Judentum und die Juden als Blitzableiter für alles Unrecht« zu benutzen.[9] Die Jahre 1918 bis 1923 ließen die antisemitischen Aktivitäten anschwellen, und der Antisemitismus wurde zum propagandistischen Lieblingsthema der Völkischen. Die »Ostjudendebatte« wurde zum beherrschenden Thema deutscher Innenpolitik, Publizistik und öffentlicher Meinung.

Zwischen der sich mehr und mehr verschlechternden Kriegslage, dem militärischen und politischen Zusammenbruch und den ersten Jahren der Weimarer Zeit im Anschluß an die Novemberrevolution formierte sich der organisierte Antisemitismus in Deutschland. Die Ostjuden waren eine Art Katalysator: An ihnen wurden Weltkriegsniederlage, wirtschaftliche Depression, politische Krisen ventiliert.

Die Bezeichnung »Ostjude« wurde im antisemitischen Sprachgebrauch zum Synonym für Schieber, Hamsterer, Spekulant, Wucherer, Preistreiber, Kriegsgewinnler. Wohnungsnot in den Großstädten, wachsende Arbeitslosigkeit und hohe Inflationsraten waren die Problemfelder, derer sich die Antisemiten in ihren Hetzkampagnen gegen die Ostjuden bedienten. Die politischen Motive, Antisemitismus in staatliches Handeln umzusetzen, läßt sich aus einem Schreiben des Reichsbankdirektoriums an den Reichsminister des Innern vom 1. Februar 1919 herauslesen. Darin werden »geeignete Maßnahmen« gegen die »galizischen und polnischen Juden« im Berliner Scheunenviertel verlangt und folgendermaßen begründet:

> »Für uns besteht nicht der geringste Zweifel an der überaus großen Gefährlichkeit dieser Elemente. Da sie es bei ihrem Raffinement, bei ihren Verbindungen untereinander und mit Dritten und bei ihrer Geschicklichkeit,

> Ausnahmebestimmungen auszunutzen, anscheinend sehr gut verstehen, die gesetzlichen Vorschriften zu umgehen, so ist trotz aller hie und da verhängten Strafen und sonstigen Nachteile gegen das Unwesen ein durchgreifender Erfolg kaum zu erhoffen, wenn es sich nicht ermöglichen läßt, die unerwünschten ausländischen Gäste, deren Anwesenheit für uns auch aus politischen wie aus Ernährungs- und Wohnungsrücksichten nicht gerade von Vorteil sein dürfte, von Deutschland fernzuhalten.«[10]

Der Burgfrieden hatte nur für kurze Zeit zum Abbau des antijüdischen Vorurteils geführt. Unter dem Eindruck eines allzu lange andauernden Krieges brach der Antisemitismus um so heftiger auf. Mit der »Judenzählung« 1916, der Sperrung der östlichen Grenzen zur Verhinderung einer ostjüdischen Zuwanderung, der Verweigerung der Einbürgerung, Internierung von Ostjuden in – schon 1920 so bezeichneten – Konzentrationslagern wurden antisemitische Forderungen in staatliche Politik umgesetzt.

Aber auch die deutschen Glaubensbrüder traten den Ostjuden gegenüber wenig gastlich auf. Die Ablehnung der deutschen Juden gegenüber den ostjüdischen Einwanderern hatte eine ihrer Ursachen in der Betonung des Jüdischen in Sprache (Jiddisch), Kleidung und religiösen Riten. Sie fürchteten, auf ihrem Weg der Assimilation in die bürgerliche deutsche Gesellschaft behindert zu werden. Die deutschen Juden hielten auf allgemeine Bildung, pflegten einen Lebensstandard, der dem deutschen Bürgertum entsprach, und waren bemüht, sich in ihrem Alltag so zu bewegen, daß sie nicht als Juden auffielen. Aber gerade hier war der empfindlichste Punkt, der durch die ostjüdische Zuwanderung berührt wurde – Ostjuden fielen als *Juden* auf. Die assimilierten Juden waren beunruhigt, ja verstört über die jiddische Kultur, die mit einem Mal inmitten ihrer liberalen Zivilisation auftauchte. Für die Westjuden verkörperten die Ostjuden das, wovon man sich entfernen und woran man nicht mehr erinnert werden wollte. Das Ärgste war ihnen, daß sich die nichtjüdische Umwelt wieder an ihre jüdische »Vergangenheit«, kurz, an ihr »Anderssein« erinnerte.

Aber es war auch ein Klassenproblem: Deutschjüdisches Bürgertum gegenüber einem ostjüdischen Proletariat, »Luftmenschen«, die nach dem Zufall haschten und – allenfalls – kleinbürgerliche Handwerker und Händler waren. Aber man mußte etwas tun für die fremden Brüder, handelte es sich doch um »ungleiche Geschwister einer Familie«. Allgemein war das Verhalten der deutschen Juden gegenüber den Ostjuden sehr ambivalent: private Geringschätzung, aber öffentliche Verteidigung gegen antisemitische Angriffe und Unterstützung eines umfangreichen sozialen Hilfswerks. Trude Maurer hat zweifellos recht, wenn sie das sozialpolitische Engagement der deutschen Juden heraushebt. »Sie *mußten* die Ostjuden verteidigen, weil sie [...] erkannten, daß das negative Ostjudenstereotyp auch auf sie zurückprojiziert wurde.«[11]

Die deutsch-jüdische Orthodoxie versprach sich von den Ostjuden, die meist aus einem streng frommen Milieu kamen, Impuls und Verstärkung von Jüdischkeit. Doch viele von ihnen brachen mit dem Grenzübertritt auch mit ihren religiösen Traditionen. Dennoch wurden die Ostjuden zu einem zu beachtenden Faktor im jüdischen Leben Deutschlands. Ihre Anwesenheit führte zu einer Polarisierung der deutsch-jüdischen Gegensätze. Die innerjüdischen Auseinandersetzungen, in die wegen des öffentlich-rechtlichen Charakters der Gemeinden auch die Staatsbehörden einbezogen waren, trugen Züge eines Machtkampfes, in welchem es nicht an Intrigen und persönlichen Eitelkeiten, an unnötigen Schärfen und überspitzten Ideologien mangelte. Ostjuden in Deutschland waren zugleich »Beter und Rebellen«: Sie waren ebenso kommunistisch, sozialistisch, anarchistisch oder syndikalistisch wie konservativ, religiös, orthodox, chassidisch, indifferent oder gar atheistisch, zionistisch oder assimilatorisch.

Für die Zionisten waren die Ostjuden bei der »Eroberung der jüdischen Gemeinden« bevorzugte Koalitionspartner. Diese politische Allianz wurde vom liberalen Judentum stark bekämpft. Das zugleich prononciert Jüdische, das die Ostjuden weitgehend als Lebensart vertraten, suchten die Liberalen aus dem öffentlichen Leben zu verbannen. Die Zionisten traten für die Gleichstellung der Ostjuden, die in vielen deutschen Gemeinden in ihren Rechten eingeschränkt waren, ein. Ihr Engagement hatte aber auch ideologische Gründe, die ostjüdischen Einwanderer für den Zionismus, für die nationale Auffassung des Judentums in Deutschland zu gewinnen.

Seit der Novemberrevolution übte die öffentliche Meinung einen immer stärkeren politischen Druck auf die Regierung aus, die Ostjudeneinwanderung zu stoppen. Die rechtliche Stellung der Ostjuden war in den Anfangsjähren der Weimarer Republik zunehmend unsicherer geworden. Über ihren schwebte ständig das Damoklesschwert der Ausweisung, wenn sie sich nach Meinung der jeweiligen Polizeibehörde »lästig« gemacht hatten oder einfach nur »unerwünscht« waren. Der Hinweis auf eine Revolutionsgefahr war ein häufiges Argument, die Ausweisung zu legitimieren.

Einflußreiche Vertreter der deutschen Öffentlichkeit bis hin zu den Sozialdemokraten hatten bereits während des Ersten Weltkrieges ihre Stimmen gegen die ostjüdische Zuwanderung erhoben, so daß die preußische Regierung schließlich im April 1918 die lange geforderte Grenzsperre verfügte. Die politischen Verhältnisse in Russisch-Polen, die Auswirkungen der bolschewistischen Revolution, blutige Pogrome sowie militärische Rekrutierungen lösten Anfang 1919 eine neue ostjüdische Zuwanderung aus.

Mit ihrer maßlosen Überschätzung dieser Zuwanderung und der damit verbundenen Gefahr für Deutschland übernahm die »Neue Zeit« gängige antisemitische Klischees. Insgesamt dreimal äußerte sich dieses SPD-Parteiorgan ausführlich zur »Einwanderung der Ostjuden«. Bemerkenswert ist vor allem ein Artikel aus dem Jahre 1921, geschrieben von dem sozialdemokratischen preußischen Landtagsabgeordneten Theodor Müller, der ganze Passagen seines Artikels aus einer Broschüre des Alldeutschen Georg Fritz aus dem Jahre 1915 – ohne jeden Hinweis darauf – übernommen hatte und damit antisemitische Stereotypen. Wenn kein distanzierter Kommentar nachgereicht wurde, so kann davon ausgegangen werden, meint Trude Maurer, daß die Redaktion nichts gegen die antijüdischen Ausführungen einzuwenden hatte, und kommt zu dem Schluß: »Doch auch in der neueren Forschung wurde dieser Artikel nicht als sozialistische Kopie eines alldeutschen Pamphlets erkannt und seine Bedeutung vollkommen unterschätzt.«[12]

Dennoch bleibt grundsätzlich festzuhalten, daß die damalige politische Linke – Kommunisten und Sozialdemokraten – als einzige politische Kraft Ostjuden verteidigten. Das galt sowohl für die Publizistik als auch für ihr Eintreten in den deutschen Parlamenten, auch wenn einzelne Parteigenossen eine ablehnende Haltung gegenüber Ostjuden einnahmen. Gegen das antisemitische Gift waren selbst organisierte und klassenbewußte Arbeiter nicht immun. Der KPD ging es dabei nicht um die Verteidigung der Juden als religiöse oder nationale Minderheit, sondern um die ideologische, klassenkämpferische Komponente – schließlich wurden Ostjuden als Sozialisten und Kommunisten beschimpft.

Für die Weimarer Zeit kann man in Deutschland von einer xenophoben Grundeinstellung mit einem nach Völkern und Rassen abgestuften weit verbreiteten Rassismus sprechen, der gegenüber Ostjuden umfassender und krasser als gegenüber anderen Gruppen ist. Für die Antisemiten standen *alle* Juden noch unter den am meisten Verachteten. Gegenüber den so fremd wirkenden Ostjuden fielen die Bedenken, die viele Deutsche gegen die antisemitische Propaganda hatten – sofern deutsche Juden betroffen waren –, fort. Die eigentliche Bedeutung der Ostjudeneinwanderung für die Ausbreitung des Antisemitismus bringt Maurer auf die schlüssige Formel:

> »Die Haltung der Nicht-Antisemiten oder der selbsterklärten Gegner des Antisemitismus war nicht so gefestigt, daß sie nicht [. . .] ins Wanken gebracht werden konnte.«[13]

Und da dies für Liberale wie für Sozialdemokraten galt, wurde dem Antisemitismus in Deutschland zu wenig Widerstand entgegengesetzt.

Die deutsch-völkischen Antisemiten sahen im Ostjuden die Personifikation der fremdartigen jüdischen Psyche, während er für die assimilierten deutschen Juden »ein Gespenst der Vorfahren« war, das kam, »um die Feier der Emanzipation« zu stören. Deutsche Juden glaubten nach der Novemberrevolution, ihr Ziel fast erreicht zu haben, sie waren bzw. fühlten sich im Deutschtum emanzipiert, assimiliert, akkulturiert. Bei Abschluß dieses Prozesses standen ihnen die Ostjuden im Weg, jene fremden Brüder, schmutzig, ungehobelt, unzivilisiert, und »vermasselten« alles.[14]

Den Gegensatz zwischen den deutsch-assimilierten »Krawattenjuden« und den rückständig-traditionalistischen »Kaftanjuden« hat Steven Aschheim aufgezeigt[15]: Die einen sahen die anderen nur als ethnisches Stereotyp, das sich 100 Jahre nicht verändert hatte. Dieser Ostjude, so das

Vorurteil, war unzivilisiert und unsauber, windig und gerissen, kriecherisch in seinem Betragen, unnachgiebig in seinen Geschäften und abergläubisch in seiner Religion.

Die Repatriierung der nach dem Ersten Weltkrieg in Deutschland lebenden osteuropäischen Juden war durch die politische Lage in vielen östlichen Ländern, die durch Revolution und Krieg staatlich völlig neu geordnet worden waren, unmöglich gemacht. Tausende dieser Menschen wurden durch die politischen Veränderungen in ihrer früheren Heimat staatenlos. Die Naturalisation war für die ausländischen Juden durch immer weitere behördliche Auflagen zu einem nahezu unerreichbaren Ziel geworden.

Seit der Novemberrevolution wurde in Deutschland von völkischer Seite eine »Ostjudengefahr« beschworen, die dem Antisemitismus eine neue Dimension gab. Die deutschen Behörden blieben äußerst mißtrauisch und ablehnend gegenüber der Zuwanderung aus dem Osten. Als Beispiele antisemitischer Intervention und des Geistes, der unter Verwaltungsbeamten deutscher Behörden nach der Revolution herrschte, stehen der Brief des Zweckverbandes Ost, einer Organisation, die sich an die Spitze einer Bewegung gegen Korruption und Schiebertum gestellt hatte, an den Preußischen Innenminister und die Stellungnahme des Berliner Polizeipräsidenten vom Frühjahr 1920. Beide Schreiben stehen exemplarisch für einen radikalen, offenen, selbstbewußten Antisemitismus, der sich gezielt gegen die Ostjuden in Deutschland richtete. Hier finden sich sämtliche antisemitischen Stereotypen und Klischees, die, vorgetragen von einer rechtsradikalen völkischen Organisation, von staatlicher Stelle voll akzeptiert und in bemerkenswerter Offenheit auf Sympathie und Unterstützung trifft. Gewiß handelt es sich nicht um ein Einzelbeispiel oder um eine Korrespondenz mit Ausnahmecharakter. Eine kurze Analyse und ein direkter Vergleich spiegeln anschaulich das gefährliche Klima, das die kommende politische Entwicklung in Deutschland ahnen läßt. Während für den Zweckverband der deutsche »Volkskörper« durch die schranken- und wahllose Zulassung des Ostjudentums »moralisch widerstandslos« und in seinen moralischen Hemmungen »furchtbar geschwächt« ist, die deutschen Gewerbetreibenden demgegenüber »seriös und ehrenhaft« dargestellt werden, handelt es sich bei den Ostjuden um land- und volksfremde Elemente, »unterirdische Kräfte des Schiebertums«, das sich »hochschmarotzt« mit folgenden Eigenschaften: zersetzend, revolutionär und korrupt. Der spezifische Antisemitismus wird unmißverständlich klar, wenn es heißt: »Jenes Parasitentum ist vollkommen und umgrenzbar. Es setzt sich ausschließlich (sic!) aus kulturlosen Ostjuden niederer Zivilisation zusammen.«[16] Im Berliner Polizeipräsidium war man nicht weniger nuancenreich und sprach von einer überhandnehmenden »Ostjudenplage«, von »am Volksmark saugenden ausländischen Parasiten« und gefährlichen und gewandten Verbrechern. Polizeilicherseits wurde den Ostjuden diese Eigenschaft bescheinigt: lästig, gemeingefährlich, höchst gefährlich in politischer, wirtschaftlicher und gesundheitlicher Hinsicht. Der Berliner Polizeipräsident führt ausgerechnet das deutsche Judentum als Kronzeugen für seine Initiative an und verstärkte darüber hinaus seine antijüdischen Sentiments trotz oder gerade wegen des folgenden Satzes:

> »Diese Auffassung, die mit antisemitischen Bestrebungen nicht das geringste zu tun hat, wird übrigens auch von einwandfreien deutschen Juden geteilt, die sich mit aller Entschiedenheit gegen den weiteren Zustrom dieser verkommenen, fast ausschließlich den niedrigsten Bevölkerungsschichten angehörenden Glaubensgenossen verwahren.«[17]

Die rücksichtsloseste Politik gegen die Ostjuden wurde in Bayern unter dem antisemitischen Ministerpräsidenten Gustav von Kahr praktiziert, wo 1920 und 1923 Massenausweisungen verfügt wurden. Kahr führte während seiner Amtszeit in den ersten zwanziger Jahren einen regelrechten »Kreuzzug gegen tatsächliche und vermeintliche [. . .] Laster der Zeit«, als dessen Träger er die Ostjuden ansah. Diese »mittelalterlichen Judenaustreibungen« veranlaßten die SPD zum Austritt aus der »Großen Koalition« und führten zum vorzeitigen Ende des zweiten Kabinetts Stresemann im November 1923, darüber hinaus ergaben sich aus den Ausweisungen der in Bayern zum Teil schon viele Jahre lebenden Ostjuden ernste außenpolitische Spannungen und Konsequenzen mit Polen.[18]

Als weiteres Mittel, den Forderungen der Rechten nachzugeben, wohl auch, um fremdenfeindlichen Ressentiments freien Lauf zu lassen, führte die

Berliner Polizei Razzien gegen die ostjüdische Bevölkerung durch, die vom sozialdemokratischen Berliner Polizeipräsidenten Eugen Ernst politisch vertreten und verantwortet wurden. Ernst wurde von jüdischen Organisationen in Berlin kritisiert. Man machte ihn, den mehrheitssozialdemokratischen Polizeipräsidenten, verantwortlich für die brutale und verständnislose Haltung der Berliner Polizei gegenüber den Ostjuden. In einer Stellungnahme Julius Bergers, Sekretär der »Zionistischen Vereinigung für Deutschland«, im Februar 1920 hieß es:

> »Was bedeutet der ganze Schleichhandel der Grenadierstraße, mag er noch so groß angeschlagen werden, gegenüber dem ganz offen systematisch betriebenen offiziellen und inoffiziellen Schleichhandel des Kapitals in Deutschland!«

Berger stellte die rhetorische Frage: »Sind Milliarden Kapitalien, die heute im neutralen Auslande liegen, von den Ostjuden dorthin gebracht worden?« Und er kam zur Schlußfolgerung:

> »Es packt einen der Ekel, wenn man das Pathos hört, mit dem uns weisgemacht werden soll, daß, wenn man die paar ostjüdischen Proletarier glücklich aus Deutschland herausgetrieben hat, das Schiebertum in Deutschland aufgehört haben wird. Niemand von uns verteidigt die Schieber und Schleichhändler, aber wir wenden uns gegen die gemeine antisemitische Lüge, deren sich auch unsere mehrheitssozialistischen Behörden schuldig machen, daß es Ostjuden sind, die den Schleichhandel treiben.«

Wolle man gegen den Wohnungswucher und gegen die Wohnungsnot vorgehen, dann solle der Kurfürstendamm und die großen Hotels ausgeräumt werden und die Zwölf-Zimmer-Wohnungen mit Proletarierfamilien belegt werden. Die Methode allerdings, die paar tausend Ostjuden für das Elend Deutschlands verantwortlich zu machen, so Berger, »schändet [...] Deutschland vor der Weltgeschichte«.[19]

In den *Neuen Jüdischen Monatsheften* wird eine Razzia der Berliner Polizei von Anfang 1920 beschrieben:

> »Einige Hundertschaften der ›grünen‹ Sicherheitswehr werden auf Lastautos verladen, ein Major übernimmt die Führung dieses Expeditionskorps und läßt seine Kolonne auf großen und klug gewählten Umwegen in die Gegend des Altberliner Ghettos fahren. Pünktlich, wie im Feld der Sturmangriff, setzt die Aktion ein. In der gleichen Minute sind alle Zugänge zur Grenadier-, Dragoner- und Schendelstraße abgesperrt. Was sich innerhalb dieser Straßen aufhält, sitzt in der Falle. Wie auf dem Exerzierplatz schwärmen die Sicherheitsmannschaften aus, und während Suchpatrouillen in die Häuser eindringen, in den Wohnungen nach Schiebern und Schiebergut suchen, drängen die Schützenlinien den bösen Feind durch ein Spalier in den nahegelegenen Hof der Alexanderkaserne. Dort ist Leibesvisitation, Prüfung der Papiere, Konfiskation. Einige werden in Haft behalten, die meisten müssen wieder entlassen werden. Der Sieg ist groß: 500 Sicherheitswehrleute mit Karabiner und Seitengewehr haben 700 Juden zu Gefangenen gemacht. Die Beute ist gering: ein Ballen Schiebergarn, ein Einbrecherbesteck. Die Wirkung ist entsprechend, die Abendblätter bringen in Fettdruck den ›Angriff auf die Grenadierstraße‹, die Behörde darf sich im Glanz ihrer Tatkraft sonnen, die Sicherheitswehr hat ihre Daseinsberechtigung glänzend bewiesen. Das Vaterland ist gerettet.«[20]

Das Bild des Ostjuden in der antisemitischen Publizistik antizipiert, was Jahre später in Auschwitz grausige Realität wurde. In der völkischen Sprache wird die »Gefahr«, die von den Ostjuden ausgeht, auf sinnliche Weise konkretisiert: (Ost-)Juden werden als Ungeziefer und Schmarotzer dargestellt, die es zu vernichten gilt. Die Ostjuden mit größeren Tieren zu vergleichen, wie es der völkische *Hammer* tat, war seltener: »Ein grauenvoller Anblick, diese Raubtier-Gesichter: in ihnen ist keine Spur menschlicher Regungen; das Opfer erspähen, anschleichen, anspringen, abwürgen.«[21] Ausdrücke wie »Ostjudenplage« und »am Volksmark saugende ausländische Parasiten«, »Krebsgeschwüre« und andere biologische Formulierungen waren antisemitische Stereotypen, die auch im amtlichen Sprachgebrauch geläufig waren. Ungestraft konnte der *Hammer* 1922 kommentieren: »Es wird sich auch nicht vollständig verhindern lassen, daß dieses Gesindel eines Tages totgeschlagen wird, da die ›Regierung‹ *für* diese Fremdlinge *gegen* das Volk Partei nimmt.«[22]

Die Geschichte der Ostjuden in Deutschland begann nicht 1918 und endete nicht 1933. Die völkische Prophezeiung aus dem Jahre 1922 wurde im Oktober 1938 Wirklichkeit, als Tausende Ostjuden aus Deutschland ausgetrieben wurden. Im Martyrium von Auschwitz wurden Ostjuden und Westjuden – ungleiche Kinder eines Vaters – unterschiedslos auf grausige Weise vereinigt.

Anmerkungen

1 W. Hartenau (d. i. Walther Rathenau), Höre Israel! Zit. nach: Julius H. Schoeps (Hrsg.), Zionismus. Texte zu seiner Entwicklung, Wiesbaden [2]1983, S. 143
2 Arnold Zweig u. Hermann Struck, Das ostjüdische Antlitz, Berlin 1922
3 Theodor Wolff, Die Juden, Ein Dokument aus dem Exil 1942/43, Königstein/Ts. 1984, S. 104
4 Albert Einstein, Wie ich Zionist wurde, in: Jüdische Rundschau Nr. 49, 21. Juni 1921
5 Schalom Adler-Rudel, Ostjuden in Deutschland 1880–1940. Zugleich eine Geschichte der Organisationen, die sie betreuten, Tübingen 1959, S. 164
6 Denkschrift über die Ein- und Auswanderung nach bzw. aus Deutschland in den Jahren 1910 bis 1920, Der Reichsminister des Innern V. 1641 B., Berlin, 30. März 1922, S. 4386
7 Jüdische Rundschau Nr. 32, 7. August 1914
8 Zit. nach: Rhein- und Ruhrzeitung Duisburg, Nr. 550, 27. Oktober 1918
9 Werner Jochmann, Die Ausbreitung des Antisemitismus, in: Werner E. Mosse (Hrsg.), Deutsches Judentum in Krieg und Revolution 1916–1923, Tübingen 1971, S. 440
10 Deutsches Zentral-Archiv Potsdam, Reichsminister des Innern Nr. 14051/1, 1. Februar 1919, zit. nach: Walter Mohrmann, Antisemitismus. Ideologie und Geschichte im Kaiserreich und in der Weimarer Republik, Berlin/DDR 1972, S. 176 f
11 Trude Maurer, Ostjuden in Deutschland 1918–1933, Hamburg 1986, S. 758
12 Ebd., S. 222
13 Ebd., S. 491
14 Theodor S. Hamerow, Krawattenjuden und Kaftanjuden. Über Assimilation und den Zwang zum Anderssein, in: Commentary, April 1984, zit. nach: Joachim Riedl (Hrsg.), Versunkene Welt, [Wien] 1984, S. 86 f
15 Steven E. Aschheim, Brothers and Strangers. The East European Jew in Germany and German Jewish Consciousness, 1800–1923, Madison/Wisconsin 1982, S. 58–79
16 Zweckverband Ost, Berlin, 20. April 1920, Bundesarchiv Koblenz, R 43 I/2192. – Dieses Schreiben sowie die Eingabe des Berliner Polizeipräsidenten sind im vollen Wortlaut abgedruckt in: Ludger Heid, Die Pestbeule Deutschlands. Bedingungen ostjüdischen Lebens in Berlin zwischen Weltkrieg und Novemberrevolution, in: Wolfgang Dreßen (Hrsg.), Jüdisches Leben (= Berliner Topografien 4), Berlin 1985, S. 42–43
17 Polizeipräsident Berlin an Preußisches Ministerium des Innern, Berlin, 5. Juni 1920 [wie Anm. 16]
18 Vgl. dazu: Reiner Pommerin, Die Ausweisung von »Ostjuden« aus Bayern. Ein Beitrag zum Krisenjahr der Weimarer Republik, in: Vierteljahresheft für Zeitgeschichte, 3. Heft, Juli 1986, S. 311–340, hier: S. 344 u. 311 f
19 Unsignierter Text. Der Autor ist mit größter Wahrscheinlichkeit Julius Berger. Die Ausführungen dienten vermutlich als Manuskript für einen Redebeitrag im Preußischen Landtag. Handschriftlich übertitelt ist der Text: »An Stadtverordneter Kraatz (?), Berlin, für Interpellationsbeantwortung 27. 3. 20.«, Zionistisches Zentralarchiv, Jerusalem 3/720
20 Cheskel Zwi Klötzel, Razzia!, in: Neue Jüdische Monatshefte 11/12, Berlin, 10./25. März 1920, S. 238
21 Hammer. Blätter für deutschen Sinn, Leipzig, 15. Dez. 1919, S. 486
22 Hammer, 1. Febr. 1922, S. 67

Literatur

Adler-Rudel, Schalom: Ostjuden in Deutschland 1880–1940. Zugleich eine Geschichte der Organisationen, die sie betreuten, Tübingen 1959
Aschheim, Steven E.: Brothers and Strangers. The East European Jew in Germany and German Jewish Consciousness, 1800–1923, Madison/Wisconsin 1982
Dreßen, Wolfgang (Hrsg.): Jüdisches Leben (= Berliner Topographien 4), Berlin 1985
Grab, Walter/Schoeps, Julius H. (Hrsg.): Juden in der Weimarer Republik, Stuttgart, Bonn 1986
Heid, Ludger/Schoeps, Julius H. (Hrsg.): Arbeit und Alltag im Revier (= Duisburger Forschungen Bd. 33), Duisburg 1985
Maurer, Trude: Ostjuden in Deutschland 1918–1933, Hamburg 1986
Mohrmann, Walter: Antisemitismus. Ideologie und Geschichte im Kaiserreich und in der Weimarer Republik, Berlin/DDR 1972
Mosse, Werner E. (Hrsg.): Deutsches Judentum im Krieg und Revolution 1916–1923, Tübingen 1971
Riedl, Joachim (Hrsg.): Versunkene Welt, [Wien] 1984
Schoeps, Julius H. (Hrsg.): Zionismus. Texte zu seiner Entwicklung, Wiesbaden [2]1983
Wolff, Theodor: Die Juden, Ein Dokument aus dem Exil 1942/43, Königstein/Ts. 1984
Zweig, Arnold/Struck, Hermann: Das ostjüdische Antlitz, Berlin 1922

Der Jude als Sittenverderber

»Weinend floh der Engel der Unschuld« Kleine Mediengeschichte des Joseph Süß Oppenheimer 1737/38 bis 1984

Friedrich Knilli/Siegfried Zielinski

Es gibt schon wieder gutbürgerliche, aber garantiert antinazistische Stammtische, in katholischen wie protestantischen Landen, an denen Judenwitze schallend die Runde machen, ja sogar Schulen, wo sich Lehrer und Schüler über Witze totlachen, die nur zum Weinen sind: »Wieviel Juden gehen in einen VW-Käfer?« – »Hundert. Vier auf die Sitze. Der Rest in den Aschenbecher.« Aber auch die großen Unterhaltungsmedien, voran der immer etwas vorlaute »Stern«, finden öfter Spaß an der antisemitischen Unterwäsche. Unter der Überschrift »Alles – nur kein deutscher Mann« berichtet ein deutsches ›Mädchen‹, eine Mitdreißigerin, Stern-Autorin Paula Almqvist: »So schlimm ist es, wenn jüdischeTöchter einen Goj, einen Nichtjuden, zum Freund haben, so selbstverständlich ist es andererseits, daß die Söhne ihre ersten sexuellen Erfahrungen mit einer »Schickse« machen. Die sind erstens leichter dafür zu haben – ›viele deutsche Mädchen sind neugierig, mal mit einem beschnittenen Mann zu schlafen‹. Und zweitens braucht er da nicht ständig zu befürchten, zu einer Frühehe gedrängt zu werden. Seiner Familie ist das insgeheim recht: Soll sich der Junge austoben und die jüdischen Mädchen ›sauber‹ halten. Der Wert der Jungfräulichkeit ist in der jüdischen Gesellschaft immer noch hoch, und die doppelte Moral funktioniert wie geschmiert. Wochentags absolvieren die jungen Juden ihre sexuellen Lehr- und Übungsstunden mit deutschen Mädchen, aber samstags geht man mit der wunderbar herausgeputzten Rachel oder Sarah ins Café zum Händchenhalten. So erklärt sich auch das soziale Phänomen, daß es uneheliche Kinder in jüdischen Kreisen praktisch nicht gibt.«

Es scheint ein Antisemitismus wie zu den wollüstigsten Zeiten des »Stürmers« zu sein, dem Nürnberger Polit-Pornographen der Nazis. Dieser Eindruck scheint auch dadurch bestätigt zu werden, daß die deutsche »National-Zeitung«, des »Stürmers« zurückgebliebenes Geisteskind, sehr schnell den »Stern«-Artikel zitierte, freilich ohne Nennung des Massenblattes und mit der eigenen antisemitischen Überschrift »Junge Juden in der Bundesrepublik: Deutsche Mädchen nur Sexualobjekte«. Trotzdem hat dieser neue teils erotische, teils brutale Antisemitismus am Stammtisch, in der Schule und in der Illustrierten nichts zu tun mit dem Antisemitismus der alten und neuen Nazis und läßt sich auch mit den bisherigen Ergebnissen der Antisemitismusforschung nicht erklären. Er hat weder ökonomische, politische noch religiöse Ursachen, auch nicht Fremdenhaß als Grund. Denn für jeden dieser vier Anlässe fehlt diesem Antisemitismus der Gegenspieler: der Semit. Es gibt in der Bundesrepublik Deutschland heute ja nur an die 30 000 Juden, die so unauffällig leben wie ein Trachtenverein, daß sie in der Öffentlichkeit kaum in Erscheinung treten. Sind das nicht Indizien dafür, daß es sich bei den Judenwitzen und zynischen Berichten über das Geschlechtsleben junger Juden um einen Antisemitismus zur Unterhaltung handelt?

Er ist nichts Neues. Es gibt ihn seit dem Mittelalter, jedenfalls sind seitdem Flugblätter mit Karikaturen von Juden nachzuweisen. Aber er ist nur eine Seite des Judenkitsches. Die andere Seite reicht vom Rührstoff bis zur unterhaltsamen Erbauung an sogenannten Edeljuden à la Nathan. Zwischen diesem trivialen Philosemitismus auf der einen Seite und dem Antisemitismus auf der anderen schwankt die Figur des Joseph Süß Oppenheimer in den Medien. Dieser gutaussehende junge Mann und brillante Kopf machte vor rund 250 Jahren eine phantastische Karriere als Finanzpolitiker und Frauenheld in Württemberg, die freilich auch sehr rasch ein Ende nahm. Süß wurde des Hochverrats angeklagt, der Beteiligung am Staatsstreich der Katholischen Partei. In Wirklichkeit hatte er damit überhaupt nichts zu tun. Weder das Gericht noch die Historiker konnten einen Beweis erbringen. Beweise gab es nur für die fortwährende fleischliche Vermengung des jungen Juden Süß mit jungen und hübschen Schwäbinnen aus christlichem Hause. Auch dafür gab es die Todesstrafe, allerdings auch für die »vermengten« Christinnen. So war es also nicht einmal Justizmord, der ja den Irrtum einschließt, sondern kalter überlegter politischer Mord, mit dem die protestantischen Landstände die Herzogspartei, die Absolutismus und Katholizismus in Württemberg einführen wollte, bezahlen ließ: mit dem Leben Oppenheimers. Er wurde am 4. Februar 1738 gehängt. Es war allen klar, daß hier »ein Jud für Christenschelme die Zeche bezahlt«. Das faszinierende Leben und Sterben des galanten Hofjuden wurde zu einem Lieblingsstoff von Marktschreiern und Unterhaltungsschriftstellern, Theaterleuten, Spielfilmregisseuren.

18. Jahrhundert

Unmittelbar vor und nach seiner Hinrichtung im Jahre 1738 hoben Anhänger Süß in den Himmel (»Der in den Lüften schwebende neue jüdische Heilige Joseph Süß Oppenheimer«), wogegen Spötter zynische Flugblätter verbreiteten (»Das lamentierende Jud Süßische Frauenzimmer unter dem großen eisernen Galgen von Stuttgart draußen usw.«). So entstanden zahlreiche populäre Gedichte, Lieder, Gespräche, Stücke für das Theater und den Guckkasten, den Fernseher des 18. Jahrhunderts, jedenfalls sah er aus wie unsere Mattscheibe heute. Für alle ist die Süß-Story eine Sex-and-Crime-Geschichte. Da schreibt in einem Guckkastenstück eine Christin an Süß: »Euer Excellent! Ich danke nochmalen höflich für alle gestrige Ehre und Höflichkeiten, so ich bei Ihnen genossen, es schmecket mir noch diese Stunde alles wohl, und ich kann mit Grund der Wahrheit sagen, daß fast niemalen so vergnügt, als gestern, ware . . . Hätte mein Lebtag nicht gemeint, daß ein Verschnittener eben so viel Kraft und Vermögen, als einer von unsern Leuten, besitzen, und eine Weibs-Person so wohl vergnügen könnte. Ich wünsche mir nichts mehr, als diese Ergözung bald wieder zu genüsen: Erwarte ihren Befehl und verharre.« – Und die Antwort Oppenheimers: »Schöne Frau! Ir hättet wohl nicht nöthig gehabt, euch von wegen gestern, und wegen des Essens und Trinckens zu bedancken, es ist alles geschehen . . . Etwas will mich in eurem Schreiben fast verdrüßen, weil ihr mich verschnitten nennet, wisset aber, daß ein großmächtiger Unterschied unter einem Beschnittenen und Verschnittenen. Das erste schadt der Liebe nicht, wohl aber das Letztere indem ein Verschnittener zu denen angenehmen Liebes-Wercken ganz und gar untüchtig. Kommt nur fein bald und etwas zeitlicher, ehe die andern kommen; so sollt ihr deutlich erfahren, welche große Kraft ein Beschnittener habe. Ach! verziehet nicht lang, kommet bald, es wird mir schon ganz weh nach euch, und es wird euch mit großem Verlangen empfangen.«

19. Jahrhundert

Das im 19. Jahrhundert wichtigste, leicht antisemitische Oppenheimer-Porträt stammt von dem Schwaben Wilhelm Hauff. Seine Fortsetzungsnovelle erschien 1827 in einer der ersten Familienzeitungen, in Cottas »Morgenblatt für gebildete Stände«. Sie wurde auch als Buch gedruckt mit immer wieder neuen Auflagen und war u. a. Vorbild für A. F. Dulks Tragödie (1848), Eugen Ortners Volksstück (1930), Veit Harlans Spielfilm (1940), Hömbergs Filmroman (1941). Ebenfalls leicht antisemitisch eingestellt war auch der »Süß«-Roman von Karl Theodor Griesinger, der ihn 1860 in seiner »Schwäbischen Familien-Chronik« abdruckte. Er zog ihn über das ganze Jahr. Daneben gab es im 19. Jahrhundert selbstverständlich auch erbauliche Süß-Darstellungen: Die Dichterin Schwarz-Norberg schrieb 1868 ein Schauspiel, der orthodoxe Rabbiner Markus Lehmann 1872 einen Fortsetzungsroman für den »Israeliten«, und der Altösterreicher, Jude und vielgelesene Unterhaltungsschriftsteller Salomon Kohn schuf 1887 einen Oppenheimer, der kein galanter Amant, kein Schürzenjäger, sondern ein keuscher Joseph war, der von Christinnen vergewaltigt wird: »Ein paar weiche Arme umschlossen ihn, eine elastische Gestalt warf sich an seine Brust, er fühlte das stürmische Klopfen eines Mädchenherzens, das stürmische Wogen eines warmen, lebensvollen Mädchenbusens – ein paar glühende Lippen brannten heiß auf seinem Munde – ein eigenthümliches, nie gekanntes, nie geahntes Gefühl durchzuckte den keuschen Knaben. ›O! Du süßer lieber Mann‹, rief eine ihm wohlbekannte melodische, tiefe Altstimme, ›mein bist Du – mein bleibst Du – mein für ewig! – und wär' ich eine Kaiserstochter und Du der letzte Sklave!« ... Das schrankenlos leidenschaftliche Weib warf sich von neuem mit ungezügeltem Feuer in Josef's Arme ... die süßesten, berückendsten Worte flüsterte sie in sein Ohr. Josef war rein, sittlich, edel – aber er war ein Mensch! – auch in seinen Adern begann das Blut im raschen Wellentanze zu hüpfen, – die schöne, glühende, üppige Verführerin ward endlich stärker als sein Wollen, als sein Können – sein Widerstand erlahmte – er erlag der übermächtigen Versuchung – weinend floh der Engel der Unschuld! Die ersten Sonnenstrahlen brachen durch die dichten Pflanzengewinde, als das Mädchen Josef entließ. Noch war es still im weiten Garten. Zerknirscht, beschämt, entweiht schied Josef ...«

20. Jahrhundert

Es gibt im 20. Jahrhundert bisher etwa 17 Süß-Darstellungen. Aber maßgebend wurden nur zwei: der Roman (1925) von Lion Feuchtwanger und der Spielfilm (1940) von Veit Harlan. Lion Feuchtwanger beschäftigte sich mit dem Hofjuden Joseph Süß Oppenheimer zweimal: zum ersten Mal im Kriegsherbst 1916 und zum zweiten Mal in den Jahren 1920 bis 1922. Das Ergebnis der ersten literarischen Auseinandersetzung war ein Drama aus vier Bildern in drei Akten. Und das literarische Produkt des nochmaligen und vertieften Eindringens in das Leben dieses Juden der bekannte Roman.
Das Schauspiel erschien 1917 als Buch und wurde im selben Jahr in München uraufgeführt. Die Kritiker reagierten unterschiedlich: Heinrich Mann lobte das Stück, wogegen andere Theaterkritiker sich als Antisemiten betätigten, besonders nach der Aufführung 1919 in Wien. Es schmecke nach Schokolade mit Knoblauch, höhnte der Kritiker der sozialdemokratischen »Arbeiter-Zeitung« (19. 10. 1919). Die »Reichspost« (19. 10. 1919) nennt das Schauspiel ein wahres Kinodrama voll bunter, billiger Spannungen, voll fingerdick aufgestrichener Sentimentalitäten, aber auch voller Parteilichkeit: »Alle Christen Idioten, Lüstlinge, Trunkenbolde, alle Christinnen Dirnen. Die Juden: wie bieder! Die Jüdin: wie keusch! Jüdische Zuschauer mögen über dieses Stück jubeln. Für nichtjüdische Augen und Ohren ist es frecher Hohn, übermütige Herausforderung. Und die Ostdeutsche Rundschau (19. Juni 1919): In der Erzählung Hauffs ist Jud Süß, was er wirklich war und was Richard Wagner so trefflich umschrieb: der plastische Dämon des Verfalles (...) In dem Schauspiel Feuchtwangers ist es nicht die Lust am Gold, auch nicht die Lust an Macht, von der des Juden Handlungsweise bestimmt wird. Er hat eine höhere, eine göttliche Sendung zu erfüllen. Rache üben will er für die Bedrängnisse und Bedrückungen, die sein armes Volk all die Jahrtausende her hat erdulden müssen. Wie jüdische Rache ausfällt, wenn sich günstige Gelegenheit dazu bietet, wissen wir aus dem Buch Esther. Noch heute feiern die Juden mit besonderer Inbrunst das Purimfest zum Andenken an jene Nacht, wo es ihren Vorfahren gelang, 75 000 Perser meuchlings zu ermorden.«
Der Roman war bereits im Mai 1922 vollendet, wurde aber erst 1925 gedruckt. Von den Kritikern wurde der Roman zwiespältig beurteilt: Hohelieder auf das Werk gehen einher mit Haßgesängen, getragen von dem Antisemitismus der Faschisten, die dann, als sie an der Macht waren, den Roman in einem feierlichen Autodafé vernichteten. Trotzdem wurde er ein Bestseller im In- und Ausland. Die erste Übersetzung erschien im Oktober 1926 in den USA unter dem Titel »Power« und war ein Riesenerfolg. In England kam der Roman als »Jew Süss« im November 1926 auf den Markt. Neun Monate später wurde bereits die 19. Auflage ausgeliefert, im April 1928 die 27. Auflage und im Juli 1928 die erste Billigausgabe. Alle im Verlag Martin Secker, London. Bis zum 1. Juli 1931 wurde der »Jud Süß« außerdem ins Französische übersetzt, ins Italienische, Schwedische, Dänische, Holländische, Russische, Polnische, Finnische, Hebräische, Jiddische, Tschechische, Lettische, Ungarische, Spanische, Katalanische und Kroatische. Die Gesamtauflage der ausländischen Ausgaben belief sich bis zum 1. Juli 1931 auf 638 000 Exemplare. Danach wurde der Roman auch ins Portugiesische übersetzt, Isländische, Norwegische, Estische, Slowakische, Rumänische und Japanische. Die Gesamtauflage der fremdsprachigen Ausgaben vom 1. Mai 1926 bis 1. Oktober 1949 wird auf 2 195 000 Exemplare geschätzt.
Auch das Schauspiel wurde übersetzt, 1929 von Maurice Schwartz ins Jiddische für eine Aufführung in seinem Yiddish Art Theatre, New York, allerdings mit wenig Erfolg.

Die erste Bühnenbearbeitung des Romans entstand nicht in Deutschland, sondern in England. Sie stammt von Ashley Dukes und erschien auf der Bühne 1929. Ein Kritiker: »Ashley Dukes has restored the process of adapting novels for the theatre to an unexpected dignity. In that respect, ›Jew Süss‹, is almost Shakespearean, with the important difference that Shakespeare borrowed without acknowledgment, whereas Ashley Dukes acknowledges without appearing to have borrowed.

Those who have read Lion Feuchtwanger's book will be held in a continous state of interest by this adaptation. But the outstanding virtue of Ashley Dukes'work is that it can be fully appreciated without any knowledge of the book at all.« Dukes Bearbeitung wurde oft gespielt, nicht nur in England, sondern auch in anderen Ländern.

Die erste Bühnenbearbeitung in Deutschland verfaßte Paul Kornfeld (1889–1942). Sie wurde mit Ernst Deutsch in der Titelrolle 1930 im Theater am Schiffbauerdamm uraufgeführt und verrissen. Der Kritiker der »Roten Fahne« schrieb am 10. Oktober 1930: »Paul Kornfeld, der Autor, walzte die historische Vorlage von ›Jud Süß‹, die Geschichte jenes Ghettojuden, der sich im 18. Jahrhundert am Hofe des Herzogs von Württemberg zum Finanzgewaltigen emporgeschoben hat, zu einem breiigen und schmalzigen, vollständig undramatischen Schauspiel aus. Der jüdische Schieber wird hier verherrlicht; der schlau, gerissen, vom Geld besessen, im Schieben und Schwindeln hochbegabt, emporkommt. Die nachfolgende ›Tragik‹ des ›Emporkömmlings‹ wirkt aufgeklebt. Paul Kornfeld ist ein minderbegabter, als Schieber verhinderter und als Dramatiker impotenter Jud Süß des 20. Jahrhunderts.« Paul Kornfeld wurde 1942 von den Nazis ermordet.

Eine hebräische Bühnenfassung des Romans wurde im Juni 1933 in der »Habimah« in Tel Aviv uraufgeführt. Autor war Mordechai Avi-Shaul, der auch den Roman ins Hebräische übersetzte. Eine dramatische Lesung des Romans fand am 14. Januar 1971 an der University of Southern California in Los Angeles statt. Der emigrierte Schauspieler und Regisseur Walter Weinlaub, der sich nun Wicclair nennt, las die Hinrichtungsszene aus dem »Jud Süß«, was ihm einige Proteste aus der deutschstämmigen Kolonie Kaliforniens einbrachte.

Die im Augenblick letzte Bühnenbearbeitung des Romans stammt von dem Franzosen Jacques Kraemer. Der Titel: »La véridique histoire de Joseph Süss Oppenheimer dit LE JUIF SÜSS«. Das Stück wurde im ersten Halbjahr 1982 in Frankreich fünf Monate en suite gespielt.

Die erste Hörspielbearbeitung des Romans wurde 1930 vom Südwestdeutschen Rundfunk, Frankfurt, ausgestrahlt und von den Sendern in Kassel, Stuttgart und Freiburg übernommen. Vorlage war die Bühnenbearbeitung von Ashley Dukes in einer Übersetzung von L. Dammert. Regie führte Ben Spanier, der auch Dramaturg des Senders in Frankfurt war.

Das zweite Hörspiel nach Feuchtwangers Roman ist ein vierteiliges Hörspiel, geschrieben von Walter Andreas Schwarz für den Südwestfunk, der es zusammen mit dem Saarländischen Rundfunk produzierte und 1981 ausstrahlte.

Die erste Verfilmung des Feuchtwanger-Romans fand 1934 in England statt. Lothar Mendes drehte »Jew Suess«. Er wurde kein Bestseller, obgleich er mit großem Aufwand hergestellt worden war (125 000 englische Pfund). Produzentin war die damals größte britische Firma, »The Gaumont-British Picture Corporation Ltd.«. Außer dem gerade aus Deutschland emigrierten Conrad Veidt in der Titelrolle wurden zwar keine internationalen Spitzenstars engagiert. Aber mit Gerald Maurier (als Weissensee), Cedric Hardwicke (Rabbi Gabriel), Haidée Wright (die Mutter von Suess) oder Frank Vosper (Herzog) spielten Akteure der ersten englischen Garde in dem Film mit. Über den Produktionszeitraum von ca. fünf Monaten wurden bis zu vier der berühmten »Shepherd's Bush« und »Islington Studios« ständig benutzt. Neben dem künstlerischen Stab arbeiteten kontinuierlich während dieser Zeit 214 Personen an dem Film, die vielen Statisten natürlich nicht einberechnet. Alleine sechs Kameramänner schossen die Aufnahmen. »›Jew Suess‹ was a serious attempt to make a film on the grand scale«, schreibt Ernest Bettin in der Einleitung zu dem 1935 erstmals veröffentlichten Drehbuch. Der Film war ein britischer Versuch, der auch damals aktuellen Tendenz des Hollywood-Kinos zu aufwendigen, kostenintensiven Großproduktionen zu folgen. Aber obwohl er mit einer aufwendigen Werbekampagne lanciert wurde, konnte er sich nicht als internationaler Kinohit realisieren.

Die Gründe dafür sind sicher mannigfaltig. Die wichtigsten, die sich aus dem Produkt selbst ableiten lassen, sind: »Jew Suess« verzichtet weitgehend auf die Verwendung populärer Muster der damaligen Unterhaltungsindustrie. Neben dem Titel als bekanntem Markenzeichen sind davon lediglich noch die üppige Ausstattung – insbesondere in den Szenen am Hofe – sowie die Verwendung eines internationalen Stars wie Conradt Veidt auszumachen. Die übrigen Darstellungselemente sind der Absicht untergeordnet, den Romanbestseller Feuchtwangers im Jahr 1934 – angesichts der massiver werdenden Judenfeindlichkeit der deutschen Nazis – zu einem philosemitischen Kunstwerk zu machen. Allein zehn verschiedene Treatments wurden verschlissen. Das Skript von A. R. Rawlinson und Dorothy Farnum, an dem auch Heinrich Fraenkel mitgearbeitet hat, setzt den Feuchtwanger-Text akribisch in die Dialogführung um und verwendet Romanteile bis in die Regieanweisungen hinein. Aber eben nur teilweise; denn das komplexe, schillernde, facettenreiche Bild, das Feuchtwanger von den württembergischen Verhältnissen zwischen 1730 und 1738 zeichnete, wurde mächtig kastriert. Dies geschah vor allem an zwei zentralen Vermittlungsbereichen der literarischen Vorlage. Zum einen wurde die Darstellung des sozialen Zusammenhangs, des Alltags im damaligen Württemberg, stark vernachlässigt. Das Leben des Volkes, die weitverzweigten Beziehungen innerhalb des Adels oder die Politik der Landstände scheinen kaum auf. Ebenso erheblich reduziert ist die komplexe Motivstruktur und das Leben der Titelfigur. Die auch gerade unterhaltungsdramaturgisch verwendbaren Dimensionen von Süß, seine extensive, lustbetonte Lebensweise etwa in seinen zahlreichen Liebesverhältnissen, aber auch seine politische Praxis, sein geschäftsmäßiger Alltag als brillanter und in seinen Ideen sehr fortgeschrittener Finanzmagnat sind kaum thematisiert.

Breiten Raum nimmt indes die Darstellung der Dimension des introvertierten, nach seiner religiösen und ethnischen Identität suchenden und später stolzen Juden Oppenheimer ein. Diese dramaturgische Ebene wird noch verstärkt durch die Akzentuierung der übrigen jüdischen Figuren, vor allem des Isaac Landauer und des metaphysisch überhöhten Rabbi Gabriel, sowie die ausführliche Präsentation von Schauplätzen des zeitgenössischen jüdischen Lebens im Ghetto bis hin zur Vorführung religiöser Riten.

In dieser thematischen Konzentration, die auch die Sichtweise und die Perspektive der Kamera bestimmt, ist der Film eindeutig. Sein Identifikationsangebot ist ungebrochen auf die jüdischen Figuren, insbesondere den Titelhelden, gerichtet. Sein Hauptanliegen ist es offensichtlich, ein Gefühl für die Lebenssituation der Juden, ihre Unterdrückung, ihre religiöse Pietät, aber auch ihren Stolz und ihr Selbstbewußtsein zu vermitteln. In diesem Sinn baut der Film die literarische Vorlage nicht ab. Im Gegenteil: Er konzentriert sie im wesentlichen auf ein Segment und eine Perspektive, die er filmkünstlerisch überhöht. Ein philosemitisches Kunstwerk freilich zum Bestseller zu machen, dafür fehlten 1934/35 gänzlich die ideologischen Voraussetzungen. Der Antisemitismus war zwar in seinen massenmörderischen Dimensionen in Deutschland zu Hause. Aber er war auch damals schon ein internationales Phänomen. Ein Publikum von vielen Millionen Menschen – Voraussetzung für einen internationalen Bestseller – war mit einem Film, der konsequent gegen diese Ideologie gedreht worden war, nicht zu gewinnen. Vielleicht liegt in dieser ganz und gar nicht künstlerischen Dimension auch die Ursache dafür, daß der Film bis heute in Deutschland fast völlig unbekannt geblieben ist und u. W. nicht einmal in einer synchronisierten Fassung vorliegt.

Feuchtwangers war die erste im 20. Jahrhundert maßgebende Süß-Darstellung, die zweite der 1940 gedrehte Spielfilm von Veit Harlan. Auch in der nazistischen Version durchläuft die Titelfigur eine steile Karriere vom Ghettojuden zum mächtigen Finanzberater des Schwaben-Herzogs Karl Alexander. Sie wird freilich von Beginn an verknüpft mit der tragischen Liebesbeziehung Oppenheimers zur Tochter seines politischen Widersachers, des Vorsitzenden der Landstände, Sturm. Den dramaturgischen Höhepunkt des Film bildet die Vergewaltigung der noch unschuldigen Christin Dorothea Sturm durch den auf dem Zenit seiner Macht angelangten Juden. Die junge Frau, verkörpert von der Harlan-Gattin Kristina Söderbaum, ertränkt sich, und nach der Verhaftung Oppenheimers kann der Vater der Geschändeten als Gerichtsvorsitzender das uralte Reichsgesetz zur Begründung des Todesurteils heranziehen: »So aber ein Jude mit einer Christin sich fleischlich vermenget, soll er mit dem Strang vom Leben zum Tode gebracht werden, ihm zur wohlverdienten Strafe . . .« Den Kern der Fabel bildet also eine Familientragödie, die eingebettet ist in die Entfaltung einer Staatsaffäre. Beide Konfliktebenen – und hier realisiert sich der rassenhetzerische Gehalt des Films – haben einen gemeinsamen Auslöser: Joseph Süß Oppenheimer, den konstruierten Juden. So, wie er in die Idylle der Sturmschen Familie eingreift, die durch die verstorbene Mutter schon leicht mit Tragik umwoben ist, so, wie er in die Beziehung des füreinander bestimmten liebenden Paares einbricht und das junge Glück bis zur Zerstörung und Selbstvernichtung der Frau strapaziert, so schleicht er sich intrigierend am Hof ein, steuert den Herzog bis zum Staatsstreich gegen die Landstände und löst schließlich auch den Tod Alexanders aus. Beide Konfliktstränge lösen sich in der gemeinsamen Katharsis: Oppenheimer wird zum Tode verurteilt und umgebracht.

Der NS-»Jud Süß« ist gegenüber sämtlichen literarischen und historiographischen Vorlagen eine komplette Abbauproduktion. Er hat sich derjenigen Elemente der Geschichte und der Figur bedient, die sich bruchlos in die Erfordernisse antisemitischer Ideologie einfügen lassen, und hat neue hinzugefügt, bis hin zur völligen Umkehrung der überlieferten Tatbestände. »Jud Süß« ist freilich gleichermaßen ein zur kommerziellen Verwertung hergestellter Unterhaltungsfilm. Das macht ihn im Sinne der Ideologie-Absichten der Nazis brüchig, nicht nur aus einer faschistisch-antisemitischen Leitidee heraus interpretierbar. Das große Publikum im Kino braucht vielfältige Identifikationsangebote, benötigt viele Sichtweisen, unterschiedliche Wertofferierungen und emotionale Bindungen. Zu diesem Zweck mußte die Figur »Jud Süß« auch mit positiven Attraktionen ausgestattet werden. Und die hat Ferdinand Marian in der Titelrolle – in vielen Filmen zuvor als exotischer Liebhaber profiliert – reichlich angeboten. Die Kamera muß ihn ausführlich als galanten Verführer präsentieren, damit später die Begründung des Todesurteils, die fleischliche Vermengung mit Nichtjüdinnen, handlungslogisch überhaupt nachvollziehbar wird. Die Folge ist, daß er über große Strecken des Films emotional als die eigentlich dominierende und schillerndste Figur auftritt, wogegen es die antisemitischen Vorurteilsmomente wie Geldgier, gemeine Hinterlist oder brutale Geilheit schwer haben, sich durchzusetzen. So ist es durchaus nicht verwunderlich, daß Ferdinand Marian im Anschluß an den Film sowohl schwärmerische Liebesbriefe von Zuschauerinnen bekam, wie auch unmittelbar nach Berliner Kino-Vorführungen Juden auf der Straße zusammengeschlagen wurden oder SS-Männer und KZ-Wächter sich die emotionalen Rechtfertigungen für ihr sadistisches Geschäft aus dem Film holten.

Kultursoziologisch haben wir es mit einer ausgewogenen Unterhaltungsware unter den spezifischen Bedingungen des deutschen Faschismus zu tun, bei der die verschiedenen Zutaten so gemixt sind, daß Millionen von Menschen freiwillig dafür an den Kinokassen bezahlen und nicht etwa nur die wenigen den Film rezipieren, die zu Zwangsvorführungen geladen wurden.

»Jud Süß« hat viel Geld gekostet. Die erste Schauspieler-Riege agierte in ihm, Harlan war zu diesem Zeitpunkt schon hochbezahlter Spitzenregisseur. Kameramann Bruno Mondi gehörte zu den ersten des nazistischen Kinos, ebenso der Komponist Wolfgang Zeller (usw.). Die Ausstattung war enorm aufwendig, insbesondere für die am häufigsten enthaltenen Szenen am Hof Karl Alexanders, die eine andere wichtige Attraktion des Filmes darstellen. Harlan durfte Studienreisen in polnische Ghettos machen, und es wurde ein Heer von Statisten verwendet. Etwa zwei Millionen Reichsmark kostete der »Jud Süß«, und sechs Millionen sollte er nach der Kalkulation der Produzenten einspielen, was er auch bereits nach 15 Monaten Laufzeit schaffte. Er wurde ein Bestseller des NS-Kinos. Für diesen kommerziellen Erfolg mußten Antisemitismus und Unterhaltung synthetisiert, faschistische Ideologie warenästhetisch verpackt werden. Und dies gelang dem geübten Melodramatiker und Inszenator von etlichen tränenreichen und vorsichtig erotisierenden Spielfilmen Veit Harlan ausgezeichnet. Durch die Verknüpfung der Figur des Joseph Süß Oppenheimer mit der tragischen Geschichte der arischen Saubermann-Familie Sturm, durch den gebündelten Einsatz von unterhaltungsdramaturgischen Mitteln, wurde der mörderische Antisemitismus erst massenhaft rezipierbar, den deutschen Frauen und Männern schmackhaft gemacht.

Und die Folgen? Etwa zur Gründungszeit der

Bundesrepublik fand ein in der deutschen Geschichte einmaliger Gerichtsprozeß statt: Ein Regisseur hatte sich wegen »Verbrechens gegen die Menschlichkeit« zu verantworten. Unter dieser Anklage wurde gegen Veit Harlan zweimal verhandelt wegen seiner Regie in dem »Terra«-Film »Jud Süß«. Die Anklage wurde offiziell am 15. Juli 1948 vom Hamburger Landgericht erhoben. Der Prozeß wurde am 3. März 1949 eröffnet. Nach 51 Tagen Verhandlungsdauer erfolgte am 23. April 1949 der Freispruch in erster Instanz. Oberstaatsanwalt Kramer, der Anklageführer, legte unmittelbar danach Widerspruch gegen das Urteil ein. Das Revisionsverfahren fand ein Jahr später statt. Das endgültige Urteil wurde am 26. April 1950 ausgesprochen: »Der Angeklagte Harlan wird freigesprochen. Die Staatskasse trägt die Kosten des Verfahrens«, so lautete der Spruch. Es war Harlan und seinen Verteidigern gelungen, die Hauptschuld an der Entstehung und Gestaltung des »Jud Süß« auf den allmächtigen Propaganda-Diktator Joseph Goebbels abzuladen. Der Regisseur habe im Auftrage und nur unter Zwang gehandelt.

Doch die Karriere Harlans war gebrochen. Es gab in der Folge öffentliche Demonstrationen gegen ihn. Seine ersten Nachkriegsfilme wurden von Teilen der Öffentlichkeit boykottiert.

Schließlich schaffte es der ehemalige Hamburger Kultursenator Erich Lüth, daß 1958 der »Fall Harlan« noch einmal verhandelt wurde. Diesmal vor dem obersten Gericht der Republik, dem BVG. Es ging um die Frage, ob Lüth zu Recht zum Boykott gegen einen Harlan-Film aufgerufen hatte, oder ob das Recht der Filmfirma des Regisseurs, ihn zu vermarkten, höher zu bewerten sei. Das BVG entschied schließlich für die Moral und gegen das Geschäft; es ächtete damit implizit auch den NS-»Jud-Süß« als »Verbrechen gegen die Menschlichkeit«, ohne freilich seinen Regisseur zu verurteilen. Der Beelzebub blieb Joseph Goebbels.

Als Angeklagter tritt Harlan auch in der »Jud Süß«-Montage auf, die Dieter Munck 1983 auf dem Bonner Marktplatz inszenierte. Sie unterscheidet sich vom Harlan-Film und Feuchtwanger-Roman grundsätzlich: dramaturgisch wie inhaltlich. Es ist ein Bühnenfeature und verbindet die Hinrichtung Oppenheimers im Jahre 1738 szenisch mit unserer antisemitischen NS-Vergangenheit (Reichskristallnacht 1938) und Gegenwart (nach Auschwitz). Den Staat Israel gibt es schon in diesem Stück, wenn auch nicht expressis verbis, so doch musikalisch und gedanklich. Denn nicht die Juden mauscheln, sondern die Antisemiten. Sie sind zahnlose Relikte. Und Joseph Süß Oppenheimer ist in diesem Stück keine Figur aus der jüdischen Leidensgeschichte, sondern ein Nach-Holocaust-Jude, kämpferisch und selbstbewußt bis zu seiner Hinrichtung: ganz Israeli.

Welchen nachhaltigen Eindruck der NS-»Jud Süß« hinterlassen hat, zeigten zahlreiche Briefe von Fernsehzuschauern zur Ausstrahlung der amerikanischen Serie »Holocaust« im Januar 1979. Immer wieder wurde der Film von älteren Menschen angesprochen und in seiner Wirkung gar mit der TV-Serie verglichen: »Dank für Holocaust und die nachfolgenden Gesprächsrunden! Ich habe jedoch immer darauf gewartet, daß ein Anrufer den Film ›Jud Süß‹ erwähnt, welcher damals in allen Kinos lief und fast die gleiche aufwühlende Wirkung hatte wie Holocaust. Natürlich leider mit umgekehrter Tendenz. Immer wieder wurde in Ihrer Runde gefragt, wieso wir Deutschen damals so gleichgültig waren gegen das schwere Schicksal der Juden. Nun, ich erinnere mich, daß wir mit der ganzen Schule diesen Film besuchen mußten, und danach hatte ich Angst und Grausen gegen Menschen, welche einen gelben Stern trugen. Heute weiß ich, wie leicht es ist für geschickte Propagandisten, junge Menschen zu verführen. (Und nicht nur junge!)«

Literatur

Gerber, B.: Jud Süß. Ein Beitrag zur historischen Antisemitismus- und Rezeptionsforschung. 1990

Hollstein, D.: Antisemitische Filmpropaganda. Die Darstellung der Juden im nationalsozialistischen Spielfilm. München-Pullach, Berlin 1971

Hollstein, D.: »Jud Süß« und die Deutschen. Antisemitische Vorurteile im nationalsozialistischen Spielfilm. 1983

Knilli, F./Maurer, Th./Radevagen, Th., Zielinski, S.: »Jud Süß«. Filmprotokoll, Programmheft und Einzelanalysen. Volker Spiess Verlag, Berlin 1983

Knilli, F./Zielinski, S.: Lion Feuchtwangers »Jud Süß« und die gleichnamigen Filme von Lothar Mendes (1934) und Veit Harlan (1940). In: Lion Feuchtwanger. Text + Kritik, Band 79/80, herausgegeben von Heinz Ludwig Arnold, edition text + kritik, München 1980

Knilli, F.: Antisemitismus zur Unterhaltung. In: Medien-Magazin, Berlin 1978

Knilli, F./Zielinski, S. (Hrsg.): Holocaust zur Unterhaltung. Anatomie eines internationalen Bestsellers. Verlag für Ausbildung und Studium in der Elefanten Press. Berlin 1982

Knilli, F./Zielinski, S.: Betrifft »Holocaust«. Zuschauer schreiben an den WDR. Ein Projektbericht unter Mitarbeit von E. Gundelsheimer, H. Mass und F. Ostermann. Volker Spiess Verlag, Berlin 1983. Zahlreiche Zuschauer bezogen sich in ihren »Holocaust«-Briefen auch auf den NS-»Jud-Süß«, die hier auszugsweise dokumentiert werden

Lohmeier, A.: Der Film »Jud Süß« als methodisches und historisches Problem. Entwurf eines Modells historisch-hermeneutischer Filmanalyse im Horizont literaturwiss. Methoden und seine Anwendung auf einen Problemfall der deutschen Filmgeschichte. Habilitationsschrift, Universität Kiel 1990

Zielinski, S.: Veit Harlan. Analysen und Materialien zur Auseinandersetzung mit einem Film-Regisseur des deutschen Faschismus. Rita G. Fischer Verlag, Frankfurt am Main 1981. Ein komprimierter Vorabdruck dieser Arbeit ist enthalten in der Zeitschrift »medium«, Hefte 5, 6 und 8/1981

Der literarische Stammbaum des »Jud Süß«

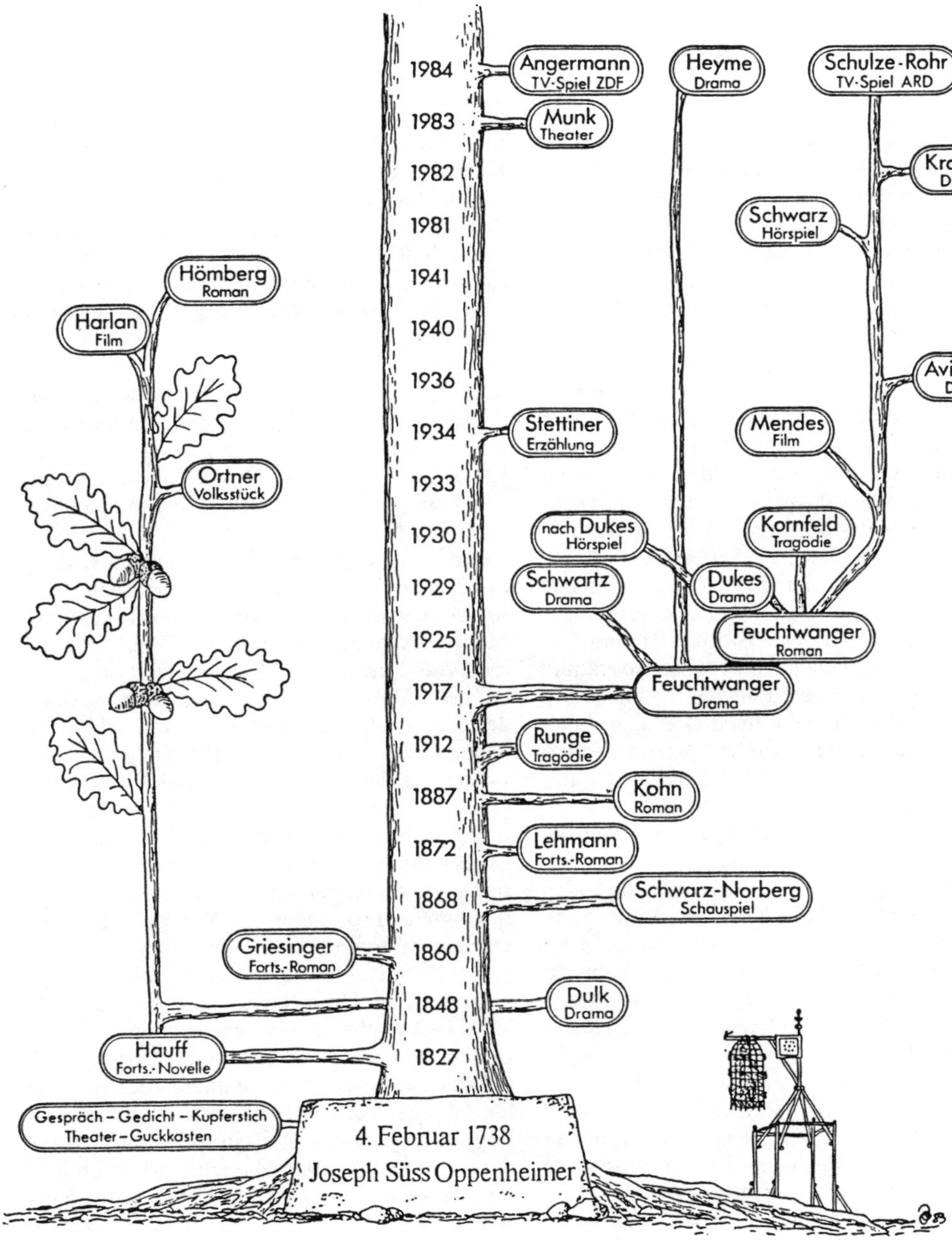

Anmerkung: Die Süß-Projekte von Heyme und Schulze-Rohr wurden abgebrochen.

Antisemitismus – eine Männerkrankheit?
Psychoanalytische Betrachtungen

Margarete Mitscherlich-Nielsen

»Anti-Semitism – A social disease« ist der Titel eines der nach wie vor instruktivsten Bücher über dieses Phänomen.[1] Daß der Antisemitismus eine soziale Krankheit ist, die in den größeren Zusammenhang der irrationalen Verfestigung von Vorurteilen gehört, ist unübersehbar.

Doch Antisemitismus ist nicht gleich Antisemitismus. Dieser hat sich im Laufe der Jahrhunderte verschiedener Inhalte bedient, wurde für unterschiedliche Zwecke benutzt und nahm vielfältige Formen an. Erst Ende des 18. Jahrhunderts, nach der Französischen Revolution, versickerte der »klassische« religiöse Antisemitismus, damit endete für die Juden das Mittelalter.[2] Der hauptsächlich für politische Zwecke benutzte Antisemitismus begann etwa seit 1880 in Deutschland virulent zu werden. In diesem unglücklichen Zusammenhang machten sich der Hofprediger Adolph Stöcker und der Historiker Heinrich v. Treitschke einen Namen; von Treitschke stammt der Ausspruch: »Die Juden sind unser Unglück.«[3]

Der moderne Antisemitismus, der sich unter Hitler vorwiegend rassistischer Argumente bediente, unterscheidet sich weitgehend vom religiösen Antisemitismus des Mittelalters.[4]

Solange die Vorwürfe gegen die Juden religiösen Inhalt hatten und sie beschuldigt wurden, den Sohn Gottes getötet zu haben, konnten die Juden sich durch die christliche Taufe der Verfolgung entziehen. Der rassistische Antisemitismus bietet solche Möglichkeiten des Ausweichens nicht; für ihn liegt der »Fehler« im Blut, in der Rasse, die es zu tilgen gilt. Das führte letztendlich zu Hitlers massenmörderischen Aktionen, zur »Endlösung der Judenfrage«.

Rassen-Antisemitismus läßt sich jedoch nicht ohne weiteres mit Rassen-Diskriminierung an sich gleichsetzen, denn der Kampf gegen die Juden verbindet sich immer mit einem kulturellen Antisemitismus, d. h., die spezifische Kultur der Juden, wie sie sich von derjenigen des frei oder unfrei gewählten Heimatlandes unterscheidet, ihr Umgang mit anderen Kulturen etc., wird verfolgt. In den Ländern der christlich-abendländischen Kultur waren sie oft Fremde auch deswegen, weil sie an ihrer Religion, ihren Gebräuchen, ihrer Sprache festhielten, ihr Anderssein betonten und dadurch Religion, Sitten und Gebräuche ihrer christlichen Umgebung in deren Augen entwerteten. Gleichzeitig waren die in der Diaspora lebenden Juden Teil der Kultur des Landes, in dem sie lebten. Fremdsein, sich abzuschließen oder in Gettos eingeschlossen zu werden und doch eng mit der christlich-abendländischen Kultur verbunden zu sein, ließ ihnen gegenüber einen Rassismus ganz anderer Art aufkommen als den gegenüber Menschen mit eindeutig fremden Kulturen, wie Negern, Mongolen oder Indianern, mit denen kaum direkte Rivalitäten bestanden, da sie in europäischen Ländern als Minderheiten erst seit kurzem eine untergeordnete Rolle spielen.

Mit den Grundlagen und der Geschichte des modernen Antisemitismus haben sich viele Autoren beschäftigt.[5] Die politischen Zwecke, denen der Antisemitismus diente, sind weitgehend bekannt. Pogrome wurden als Blitzableiter benutzt, wenn schlechte soziale oder ökonomische Bedingungen Veränderung erforderten, revolutionäre Impulse aber gedrosselt und auf andere abgelenkt werden sollten.[6] Zu diesem Zweck wurden beispielsweise von der zaristischen Polizei die berüchtigten »Protokolle der Weisen von Zion« erfunden, durch die antisemitische Pogrome im zaristischen Rußland eine Rechtfertigung finden sollten.[7] Daß Hetzschriften dazu dienen, von Mißständen abzulenken und Sündenböcke zu finden, kam und kommt häufig vor. Obwohl bekannt ist, daß der Antisemitismus auch psychologisch eine Verschiebung darstellt, für die man Begründungen braucht, bleibt es verblüffend, daß diese Protokolle und ähnliche offensichtliche Fälschungen von vielen, auch gebildeten Menschen, bis weit ins 20. Jahrhundert hinein geglaubt wurden.

Welche Schichten der Bevölkerung besonders anfällig für den Antisemitismus waren, wurde wiederholt dargestellt. Fetscher stimmt mit Engels darin überein, daß der Antisemitismus vor allem eine Reaktion der kleinbürgerlichen Schichten ist, die durch die industriell-kapitalistische Entwicklung dem Untergang geweiht schienen. Von ihnen wurden Juden mit dem Bank- und Börsenleben identifiziert, sie sahen im Juden einen konkreten Vertreter des ihnen meist unverständlichen, sie zerstörenden Kapitalismus.[8]

Die politische Benutzung wie auch die psychologischen und ökonomischen Ursachen des Antisemitismus waren aber weit gefächert.[9] Es ist ein Unterschied, ob ein jüdischer Professor, Arzt oder Rechtsanwalt von seinen Kollegen als Rivale erlebt und diffamiert wird oder ob ein Bauer den Juden als Geldverleiher haßt oder auch das Kleinbürgertum sich durch den Kapitalismus bedroht fühlt und diese Bedrohung im Juden verfolgt.

Als Psychoanalytikerin liegt mir vor allem daran, die seelischen Motive für den Antisemitismus herauszuarbeiten. Ich möchte deswegen auf einige der nicht besonders zahlreichen Arbeiten näher eingehen, die sich mit der Psychologie des Antisemiten beschäftigen, der regelmäßig die Realität verleugnet. Neben dem von Ernst Simmel herausgegebenen Buch »Antisemitism – A social disease« ist Loewensteins »Christians and Jews«[10] bekannt geworden. 1960 hielt F. Schupper Vorlesungen am Berliner Psychoanalytischen Institut, die 1961 im Psychoanalytischen Jahrbuch zusammengefaßt wurden.[11] 1962 fand in Wiesbaden ein Symposion: »Die psychologischen und sozialen Voraussetzungen des Antisemitismus« statt, das von Alexander Mitscherlich initiiert und eingeleitet wurde.[12] Von psychoanalytischer Seite kamen Béla Grunberger und Martin Wangh zur Wort.[13]

Schon Freud in seinem berühmten Essay »Der Mann Moses und die monotheistische Religion«[14] setzte sich mit dem religiösen Antisemitismus auseinander; er machte sich Gedanken über die psychologische Grundlage des immer wiederholten Vorwurfs der Christen an die Juden: »Mit Christus habt ihr unseren Gott getötet.« Er sieht darin eine Verschiebung eigener vatermörderischer Wünsche auf den Juden. Auch seien Eifersucht und Geschwisterrivalität dem jüdischen Volk gegenüber, das sich als das erstgeborene und bevorzugte Kind Gottes ansah, im Antisemitismus unübersehbar. Die Beschneidung der Juden wurde – so Freud – unbewußt als Kastration erlebt, die unheimlich war und Angst erregte, aber auch dazu diente, den Juden zu verachten.[15] Im religiösen Antisemitismus entdeckte Freud also die Verschiebung eigener gegen den Vater gerichteter mörderischer Wünsche auf den Juden wie auch den Ausdruck von Geschwisterrivalität, Neid und Eifersucht. Die gleichen psychischen Abwehrmechanismen finden wir beim rassistischen Antisemitismus, der zudem noch ein Abwehrsystem gegen eigene Inzestwünsche und Selbstwertstörungen darstellt. Indem man die Juden an sich als schlecht und vernichtenswert deklarierte, konnte man alles Böse auf sie projizieren und seinen Neidgefühlen ihnen gegenüber freien Lauf lassen.

Mit Freud stimmen die meisten psychoanalytischen Autoren darin überein, im Antisemitismus des einzelnen eine Folge ungelöster ödipaler Konflikte zu sehen. Sie beschränken sich bei ihren Untersuchungen allerdings auf die psychosexuelle Entwicklung des Mannes. Aufgrund welcher psychischen Konflikte Frauen zu Antisemiten werden, darauf wurde bisher weder in psychoanalytischen noch in soziologischen Untersuchungen näher eingegangen. Projektion des eigenen Vaterhasses, Verschiebung der Inzestwünsche auf den Juden (»Rassenschändung«), Rivalitätsaggressionen etc. sind unbewußte psychische Motive für die Entwicklung des Antisemitismus, die vor allem für die männliche Psyche Gültigkeit haben.

Die Entwicklung eines Antisemitismus wird aber auch als Folge einer Überich-Deformation angesehen. Denn das Überich des Antisemiten – so haben es Psychoanalytiker beobachtet – entwikkelt sich nicht mit Hilfe einer Verinnerlichung der mitmenschlichen Objekte und Beziehungen, sondern besteht mehr oder weniger aus Dressaten (Grunberger, Wangh). Für ein solches Überich, das nur äußere Verbote und Pflichten kennt, ist es vor allem die Macht, die ein einzelner oder auch ein Volk oder eine Gruppe besitzt, die zählt. Unterschiedliche moralische Inhalte und Werte spielen für einen Menschen dieser Art eine weit geringere Rolle. Eine Verinnerlichung der Ge- und Verbote des Vaters, mit deren Hilfe der ödipale Konflikt ein Ende findet, wenn sie in das eigene Ich aufgenommen und verarbeitet werden können, kommt nicht zustande. Vielmehr bleibt

die Angst vor der Macht des Vaters in primitiver Weise bestehen und bestimmt das Verhalten des Antisemiten. Der ödipale Mißerfolg des kleinen Jungen, d. h. seiner sexuellen Wünsche der Mutter gegenüber, wird nicht der eigenen infantilen sexuellen Unreife zugeschrieben, sondern bleibt im Unbewußten eines solchen Erwachsenen eine Folge der machtvollen väterlichen Rivalität. Dadurch entwickelt sich eine schwere narzißtische Kränkung, eine seelische Wunde, die nicht heilen kann. Um mit ihr leben zu können, werden häufig Abwehrmechanismen der Projektion und Verschiebung eingesetzt, die sich beim Antisemiten auf den Juden zentrieren. So schreibt Grunberger: »Ist ihm die Projektion auf den Juden gelungen, so hat er sein manichäisches Paradies verwirklicht: all das Böse befindet sich von nun an auf der einen Seite (da, wo der Jude sich befindet), und all das Gute auf der anderen Seite, wo er sich befindet . . . Sein Ich-Ideal ist narzißtischer Natur und die Befriedigung entspricht einer vollständigen narzißtischen Integrität, die er durch die Projektion auf den Juden gewonnen hat . . . Uns ist weiterhin bekannt, daß die außerordentliche Geschicklichkeit, mit der Hitler das deutsche Volk auf seine Seite zu bringen vermochte, darin bestand, den Juden die Verantwortung für die militärische Niederlage von 1918 zuzuschieben und so die schreckliche narzißtische Wunde des auf die Macht seiner Armee so stolzen deutschen Volkes zu heilen.«[16]
Frenkel-Brunswik und andere, die an den von Adorno herausgegebenen Untersuchungen über die autoritäre Persönlichkeit teilnahmen, stellten fest, daß der Antisemit oft dazu neigt, seine Eltern zu idealisieren.[17] Wenn die altersentsprechende Entidealisierung der Eltern in der Pubertät fehlt, führt das bekanntlich zu erheblichen Störungen des Realitätssinns. Eltern, die sich ihren Kindern bis in die Pubertät und über diese hinaus als Ideal anbieten und ihnen nicht erlauben, sie einigermaßen realitätsgerecht wahrzunehmen, hemmen die psychische Reifung ihrer Kinder. Wer die Realität über sich nicht erträgt – und Eltern pflegen in der Kindheit eines Menschen ein Teil des eigenen Ichs zu sein –, ist meist auch unfähig, gesellschaftliche Wirklichkeit wahrzunehmen.
Martin Wangh vertritt die These, daß die jugendlichen Hitleranhänger, die 1914–18 Kleinkinder waren, auf die ökonomische Notlage Ende der zwanziger Jahre deswegen mit Regression reagierten; weil sie während des Weltkrieges ohne Vater aufwuchsen und der aktuelle Notstand die Mutter in ängstliche Spannung versetzte, die sich auf die Kinder übertrug und den Aufbau stabiler, innere Sicherheit vermittelnder Objektbeziehungen störte.[18]
Indem die Söhne über Jahre mit der Mutter allein waren, verstärkte sich ihr Ödipuskomplex und entsprechend auch ihre Kastrationsangst. Eine Spaltung trat ein: Der abwesende Vater wurde glorifiziert, die negativen Gefühle ihm gegenüber dem Feind zugeschoben. Ein siegreicher Vater kann bei seiner Rückkehr aus dem Krieg leichter vom Sohn anerkannt werden als ein besiegter, »wertloser« Vater, der dennoch als Rivale erlebt wird. Ein solcher »wertloser« Vater löst bei seinem Sohn nicht nur Triumphgefühle aus, sondern bedeutet für das Kind auch eine schwere narzißtische Kränkung, da der Vater gleichzeitig Teil des eigenen Selbst ist. All das zusammen genommen: Die durch die Mutter vermittelten Ängste, die ödipalen Schuldgefühle, die narzißtische Wunde durch den entidealisierten Vater, der dennoch als Rivale seinen Platz an der Seite der Mutter wieder einnahm, ist schwer zu bewältigen; wiederum wurden Abwehrmechanismen der Verschiebung und Projektion eingesetzt: Nicht der Vater oder man selbst – sondern der Jude ist jetzt an allem schuld, ihn kann man angstfrei verachten und verfolgen. Wangh sprach 1962 die Befürchtung aus, es könne bald wieder eine Zeit kommen, in der die durch Krieg und Nachkriegszeit geschädigte Jugend zu ähnlichen Abwehrmechanismen greifen würde wie nach dem Ersten Weltkrieg. Ein neuer heftiger Antisemitismus stünde uns dann bevor.[19]
Einige Psychoanalytiker sehen im Antisemitismus auch eine Abwehr des unbewußten Hasses auf die allmächtige Mutter, deren angsterregende Aspekte dann der »unheimliche Jude« verkörpert. Ihm kann man, wie das kleine Kind in seiner Ambivalenz der Mutter, alle nur denkbaren negativen Fähigkeiten und schlimmen Eigenschaften zuschieben, ohne deswegen Angst oder Schuld zu fühlen, denn er gehört ja einer mehr oder weniger rechtlosen Minderheit an, die zu schwach ist, um sich rächen zu können, und seit jeher als Sündenbock dient.
»Die Beschneidung ist der symbolische Ersatz der Kastration, die der Urvater einst aus der Fülle seiner Machtvollkommenheit über die Söhne

verhängt hatte, und wer dieses Symbol annahm, zeigte damit, daß er bereit war, sich dem Willen des Vaters zu unterwerfen, auch wenn es ihm das schmerzlichste Opfer auferlegte«, so Freud.[20] Bettelheim, der die Pubertätsriten primitiver Völker untersuchte, kam zu anderen Schlüssen.[21] Er meinte, daß der Penisneid des Mädchens wie die Kastrationsangst des Knaben in der Psychoanalyse überbetont und die dahinterliegende, viel tiefere seelische Schicht des Neides auf die Mutter insbesondere beim Jungen nach wie vor vernachlässigt werde. Penisneid in einer Gesellschaft, in der Männer die vorherrschende Rolle spielen, sei selbstverständlich und könne viel offener ausgedrückt werden als die im Gegensatz zu den gesellschaftlichen Normen stehenden Neidgefühle des Mannes auf die Frau; solche Gefühle werden im allgemeinen – wenn nicht als pervers – so doch zumindest als anormal angesehen. Psychoanalytische Autoren wie Melanie Klein und Gregory Zilboorg haben schon vor vielen Jahren darauf hingewiesen, daß der Weiblichkeitskomplex der Männer um vieles ungeklärter und dunkler ist als der Kastrationskomplex der Frauen. Der Neid des Mannes auf die Frau wird als phylogenetisch älter und fundamentaler angesehen als der Penisneid.

Bettelheim sieht in manchen Pubertätsritualen primitiver Volksstämme eine gesellschaftlich anerkannte Möglichkeit, die eigenen weiblichen Anteile und Wünsche darzustellen oder symbolisch erfüllen zu können und dadurch mit dem unbewußten Haß und Neid auf die Frau besser fertig zu werden als der »aufgeklärte« Mann der westlichen Hemisphäre.

So mögen Männer unserer Kultur, denen eine solche ritualisierte Form, ihre Phantasie auszudrücken, nicht geboten wird, nicht nur den unterdrückten Haß auf den Vater, sondern auch den Neid auf die Mutter auf den Juden verschoben haben. Es stellt sich deswegen die Frage, ob und wann Rituale und welcher Art ein Gegengift gegen den Antisemitismus bilden könnten.

Wenn die psychoanalytischen Erkenntnisse zutreffen, daß Frauen nur selten durch Rivalitätsgefühle hervorgerufene vatermörderische Wünsche hegen, von Geschwisterrivalität dem erstgeborenen Sohn gegenüber nicht sonderlich geplagt sind, weniger unter Kastrations- und Inzestangst leiden als Männer, welche abgewehrten Gefühle und Bedürfnisse sollten sie dann, psychoanalytisch gesehen, verschieben und projizieren, um zu Antisemiten zu werden?

Gemeinsam scheinen beiden Geschlechtern die intensiven Gefühle eines untergründigen Hasses und Neides auf die allmächtige, als phallisch erlebte Mutter der frühen Kindheit zu sein, Gefühle, die später auf weniger gefährliche Sündenböcke verschoben werden können, um allzu große Ängste zu vermeiden. Hinzu kommt, daß auch Frauen Angst vor ihren inzestuösen Wünschen haben, da sie den Zorn der Mutter fürchten und größte Angst haben, ihre Liebe zu verlieren. Die Juden waren immer ein sowohl nahes wie fremdes Element in der westlichen Kultur, von ihnen ging oft so etwas wie der Reiz des Verbotenen aus; sich mit ihnen einzulassen war deswegen für manche Frauen so verlockend und gleichzeitig so angsterregend wie die inzestuösen Wünsche dem Vater gegenüber. Die Verdrängung solcher eigenen Wünsche und deren Projektion mögen dann auch bei Frauen gelegentlich dazu beigetragen haben, den Juden als »Rassenschänder«, als »unser Unglück« zu diffamieren. Dennoch bleiben solche psychologischen Versuche, die Entwicklung antisemitischer Vorurteile bei Frauen zu klären, wenig überzeugend.

Möglicherweise läßt sich der Antisemitismus bei Frauen besser mit Hilfe psychoanalytischer Theorien der Überich-Entwicklung begreifen. Antisemiten haben durchgängig die Neigung, die Realität zu verleugnen, und zeigen ein erheblich gestörtes Überich, das sich aber von dem – nach Freud – typisch »weiblichen« Überich unterscheidet. Das »schwache« Überich der Frau wird als Folge ihrer kaum vorhandenen Kastrationsangst angesehen, weswegen sie keine dem Mann entsprechende seelische Nötigung erlebt, Verbote und Gebote der Eltern zu verinnerlichen. Nach dieser Theorie bleibt die Frau an der inzestuösen Beziehung zum Vater oder an der Haßliebe zur Mutter fixiert.

Der Antisemit hat aber, wie wir wissen, andere seelische Probleme als nur die ungelösten Bindungen und Ambivalenzen den Eltern gegenüber. Ihn zeichnet vor allem seine Neigung zu groben Projektionen aus, die seine Fähigkeit stört, die Realität entsprechend wahrnehmen zu können. Er ist seinen eigenen Triebbedürfnissen gegenüber unkritisch und blind. Wer die größte Macht ausstrahlt, wird von ihm als Ich-Ideal übernommen.

Die abgewehrte Analität in Form von Zwängen oder eines moralischen Sadismus ist in unserer Kultur beim Mann ausgeprägter zu finden als bei der Frau. Frauen, so scheint es, können Schuldgefühle und eine gewisse Unordnung besser ertragen als Männer. Vor »Law and order«-Fetischismus behütet sie ihr »schwaches« Überich. Deswegen neigen sie auch weniger zur Verleugnung und Verdrängung ihrer Gefühle als Männer.

Wenn also das mehr von der Angst vor Liebesverlust als von Kastrationsangst bedrängte Überich der Frau anders geartet ist als das des Mannes und anders als das von analsadistischen Zügen geprägte Überich des massiv projizierenden Antisemiten, wie ist es dann zu erklären, daß auch Frauen dem Antisemitismus verfallen sind? Darauf eine psychologisch begründete Antwort zu finden, ist nicht leicht. Denn Antisemitismus ist zwar eine Männerkrankheit, gegen die aber Frauen nicht immun sind. Wir wissen, daß Frauen dazu neigen, sich den Meinungsbildungen ihrer von Männern beherrschten Gesellschaft anzupassen. Seit jeder übernahmen sie die politischen und sozialen Vorurteile ihrer Väter, Brüder und Männer. Daraus läßt sich schließen, daß Frauen weniger aufgrund eigener primitiver Aggressionen, Kastrations- und Impotenzängste, psychischer Konflikte und Projektionen dem Antisemitismus verfallen, denn als Folge ihrer Identifikationen mit männlichen Vorurteilen. Diese Neigung, sich anzupassen, hängt wiederum mit ihrer allzu großen Angst vor Liebesverlust zusammen. Diese Angst wird zuerst der »allmächtigen« Mutter gegenüber erlebt, einer Mutter, die sich ihrerseits aus den genannten Gründen der Männergesellschaft angepaßt hat.

Filme aus dem Dritten Reich, die uns kürzlich die fast schon vergessenen Verhaltensweisen vieler Frauen dieser Zeit erneut präsentierten, erinnern uns daran, wie kritiklos Frauen ihre »Zweitrangigkeit« akzeptierten und der »Moral« und den perversen Idealen der Nazizeit zustimmten.[22] Ergeben fügten sie sich den sich widersprechenden Anforderungen, die ihnen im Laufe des Dritten Reiches zugemutet wurden. Von der Rolle des Weibchens am Herd, die dem Führer Söhne gebären sollte, bis zur BDM-Führerin, Munitionsarbeiterin oder gar KZ-Wächterin waren allzu viele bereit, so ziemlich alles mitzumachen, was von ihnen gefordert wurde.

Entsprechend distanzierten sich auch nur wenige Frauen vom Antisemitismus jener Zeit, zumindest ist der Widerstand von Frauen gegen das öffentliche Meinungsdiktat der Nazis nur selten bekannt geworden. Frauen neigen natürlich dazu, wie alle Schwachen und Unterdrückten einer Gesellschaft, sich mit dem Aggressor zu identifizieren, sich seiner Meinung zu unterwerfen und sie zu teilen, auch oder gerade, wenn sie dadurch selbst entwertet werden.

Manche Psychoanalytiker, wie über Jahrhunderte auch Männer der Kirche, Philosophen und Literaten, haben der Frau eine standfeste Moral und die Fähigkeit zur Objektivität abgesprochen. Gern wurde dabei übersehen, daß es mit der Fähigkeit zu objektiver Urteilsbildung bei Männern auch nicht gerade weit her ist. Männer mögen zwar im Vergleich zu Frauen besser gelernt haben, ihre Affekte zu isolieren und dadurch »objektiver« zu scheinen. Das hängt mit den beim Mann häufiger auftretenden zwangsneurotischen Zügen zusammen, mit denen sich, um es zu wiederholen, eine Abwehr von Gefühlen überhaupt verbindet. Eine solche neurotische Tendenz als »Moral« zu bezeichnen, ist offensichtlicher Unsinn.

In der psychoanalytischen Theorie wird also beim Mann die Kastrationsangst, bei der Frau die Angst vor Liebesverlust als das zentrale Erlebnismoment angesehen. Die Kastrationsangst, die sich auf die eigene Person und deren Zerstörung bezieht, kann man deswegen als narzißtisch bezeichnen, wogegen bei der Angst vor Liebesverlust die Beziehung zu den mitmenschlichen Objekten von größter Bedeutung ist. Das wirkt sich auch auf die psychische Instanz, das Überich, aus.

Wir haben gesehen, daß die Entwicklung des Überichs nicht mit der Entwicklung moralischer Fähigkeiten gleichzusetzen ist. Ein Überich, das sich aus infantilen Ängsten und Schuldgefühlen, analsadistischen Impulsen und deren Abwehr zusammensetzt, ist eine irrationale, rigide und korrumpierbare Instanz. Die größere Objektbezogenheit der Frau dagegen macht es ihr eher möglich, ein weniger rigides, weniger gefühlsabwehrendes Überich aufzubauen und eine Moral zu entwickeln, die liebender und flexibler ist als die des Mannes. Kein »schwaches« also, sondern ein anderes, mehr auf die Erhaltung der Beziehung zu nahestehenden Menschen bezogenes Überich.

Je mehr sich die Psychoanalyse mit ihren vielfältigen klinischen Erfahrungen auseinandersetzen mußte, um so komplizierter wurde ihre Theorie. Sie umfaßt heute mehr als nur die Gesetzlichkeit einer triebbestimmten, unbewußten psychischen Dynamik. Psychoanalytiker erkannten, daß alle Aspekte der Entwicklung weitgehend durch die mitmenschlichen Objektbeziehungen und durch Lernen beeinflußt werden. Schon Freud änderte und ergänzte im Laufe seines Lebens seine Theorie mehrfach. Er war sich darüber im klaren, daß neben den Schicksalen des Penisneides die frühe Beziehung des Mädchens zu seiner Mutter einen tiefgehenden Einfluß auf dessen spätere Entwicklung hat.

Denn schon in früher Kindheit identifiziert sich das kleine Mädchen mit seiner Mutter. Das ist nicht nur die Folge einer hochgradigen Abhängigkeit von ihr, es führt auch aus dieser heraus zu einer langsamen Reifung der kindlichen Gefühlswelt. Der Knabe, der nicht weniger abhängig ist, wird früher als das Mädchen zu einer Desidentifikation mit der Mutter gezwungen. Von ihm wird verlangt, »männlich« zu werden, was nicht selten zu der schon beschriebenen Störung seiner Gefühlswelt führt. Die Folgen beobachtet man bei erwachsenen Männern häufig, wenn sie ihre Gefühle abwehren, um besonders sachlich und affektfrei, d. h. »männlich« zu erscheinen.

Obwohl also beide Geschlechter sich anfänglich mit der von ihnen als allmächtig erlebten Mutter nolens volens identifizieren, erscheint das kleine Mädchen, in dem die schrittweise Verinnerlichung der versorgenden, tröstenden und Sicherheit spendenden mütterlichen Funktionen weniger von außen gestört wird als beim kleinen Jungen, oft weniger ängstlich und hilflos als dieser.

Was immer der Knabe an Verinnerlichungen aus der frühen Kindheit mitbekommt und aufrechterhält, hilft ihm später dazu, sich den eigenen Kindern gegenüber »väterlich« zu verhalten. Leider wird aber der Mann früh durch die Wert- und Verhaltensnormen seiner Gesellschaft dazu gezwungen, sich von seinen ersten Verinnerlichungen der mütterlichen Funktionen zu lösen oder Abwehrmechanismen gegen sie zu entwickeln. Wenn auch die Angst vor Liebesverlust die oft fatale Anpassungsneigung der Frau bestärkt, so fördert auch das offen gezeigte Bedürfnis danach, geliebt zu werden, die Humanität eines Menschen mehr als eine auf die eigene Männlichkeit zentrierte, narzißtische Orientierung des Mannes.

Wenn es zutrifft, daß Antisemitismus vorwiegend eine Überich-Krankheit ist, so hat sie in der Tat weit mehr mit der typischen Entwicklung des männlichen als mit derjenigen des weiblichen Überichs zu tun. Die um das Geliebtwerden bangende Frau, ihre sich aus diesen Wünschen und Verinnerlichungen aufbauenden Überich-Strukturen prädestinieren sie nicht zum Antisemitismus. Ihre Abhängigkeit von der Anerkennung ihrer Umwelt, von den herrschenden männlichen Wertorientierungen können sie allerdings oft genug dazu veranlassen, gängige Vorurteile zu übernehmen. Nur Frauen, die sich von der typisch männlichen Überich-Krankheit distanzieren, eigene Wertsysteme entwickeln und verteidigen, können dazu beitragen, unmenschliche Vorurteilskrankheiten wie den Antisemitismus, aber auch alle anderen Formen der Diskriminierung von Minderheiten zu verhindern. Mit der Stärkung der Position von Frauen in jeder Gesellschaft würde die Herrschaft des rigiden, zwanghaften, narzißtischen, gefühlsabwesenden Überichs des Mannes seine prägende Kraft verlieren.

Der Antisemitismus, so sagten wir, sei eine soziale Krankheit, d. h. eine Krankheit der jeweiligen Gesellschaft und nicht des einzelnen. Wenn andererseits der Antisemitismus im Zusammenhang mit einer typisch männlichen Entwicklung steht, so läßt sich daraus folgern, daß die seelische Verfassung des durchschnittlichen, autoritär erzogenen Mannes mit seinen Verinnerlichungen elterlicher und gesellschaftlicher Verbote und Verhaltensweisen zur Chronifizierung von Vorurteilskrankheiten beiträgt.

Ich habe mit Hilfe verschiedener psychoanalytischer Erfahrungen und Theorien versucht, darzustellen, warum Analytiker bisher nur die männlichen psychosexuellen Entwicklungen heranzogen, um die psychologischen Grundlagen des Antisemitismus zu erklären. Was Frauen zu Antisemiten werden ließ, konnte offenbar mit der bestehenden Theorie der Weiblichkeit nicht begriffen werden, zumindest gibt es bisher keine Untersuchungen dieser Art.

Ich glaubte feststellen zu können, daß es einen »männlichen« und einen »weiblichen« Antisemitismus gibt, bzw. daß der Antisemitismus der

Frauen mehr eine Anpassung und Unterwerfung an männliche Meinungen darstellt, als daß er unmittelbar mit der eigenen psychischen Entwicklung zusammenhängen würde.
Damit ist gemeint, daß das Schicksal des ödipalen Konfliktes und die frühe Beziehung zur Mutter – unseren erzieherischen Anforderungen und Wertmaßstäben entsprechend – geschlechtsspezifisch verlaufen und daß das Überich, das mit diesen zentralen kindlichen Erlebnismomenten eng zusammenhängt, bestimmend dafür ist, ob und warum ein Mensch zum Antisemiten wird. Das typisch männliche Überich stellt in der Tat für den Mann eine erheblich größere Gefahr dar, Antisemit zu werden, als das typisch weibliche Überich mit seinem Bedürfnis nach Liebe und Anerkennung für die Frau. Bei ihr sind es vielmehr aus diesen Bedürfnissen stammende Unterwerfungs- und Anpassungsneigungen an die männliche Gesellschaft, die sie dazu bringen, an deren Vorurteilskrankheiten teilzunehmen oder von ihnen angesteckt zu werden.
Es ist bisher noch zu wenig darüber nachgedacht worden, was Männer und Frauen psychisch so tiefgehend unterscheidet, was Ihnen im Zusammenleben solche offenbar unüberwindlichen Verstehensschwierigkeiten macht. Einen Feind im Inneren eines Landes oder innerhalb einer Gesellschaft zu finden, der zur Familie und doch nicht zur Familie gehört, dazu eignet sich der Jude offensichtlich besonders gut. Alle familiären und gesellschaftlichen Probleme, alle Konflikte zwischen den Geschlechtern können ohne große Schwierigkeiten auf ihn verschoben und in ihm verfolgt werden. Wenn es ihn nicht mehr gibt, wird man – bei unveränderter Struktur einer von »Männerwerten« gelenkten Gesellschaft – ein Substitut für ihn finden müssen, obwohl Sündenböcke dieser Komplexität nicht aus dem Boden zu stampfen sind. Nur die »Höllenfahrt der Selbsterkenntnis« (Kant) kann uns von unseren gefährlichen Projektions- und Verschiebungsneigungen befreien, kann die zwischen den Geschlechtern herrschenden Einfühlungsstörungen mildern. Voraussetzungen sind, daß das herrschende »Realitätsprinzip«, eine »männliche Wertewelt«, Rollenstereotype in Frage gestellt und einer kritischen Analyse unterzogen werden.

Anmerkungen

1 Ernst Simmel, Hrsg., Anti-Semitism – A social disease, New York, I. U. P. 1946
2 Siehe auch Alphons Silbermann, Der ungeliebte Jude, Zur Soziologie des Antisemitismus, Zürich u. Osnabrück 1981. Eine sicher zu optimistische Sicht. Siehe hierzu ausführlich: Salberg, S. 234 ff, Ginzel, S. 15 ff
3 Siehe auch »Der Berliner Antisemitismus-Streit«, Hrsg. Walter Boehlich, Frankfurt a. M. 1965
4 Was sich auf die Ausführung bezieht. Inhaltlich sind weitgehende Übereinstimmungen festzustellen.
5 Siehe auch Iring Fetscher, Zur Entstehung des politischen Antisemitismus in Deutschland, in: Antisemitismus, Zur Pathologie der bürgerlichen Gesellschaft, Hrsg. H. Huss und A. Schröder. Weitere Literatur Düwell, S. 179, Anm. 3, 9, 16
6 Siehe Ginzel, S. 124 ff, 154 ff
7 Ebd., S. 136 ff
8 Fetscher, a. a. O.
9 Daß auch in der Linken Antisemitismus möglich war, zeigen Heid, S. 322 ff, Glasner, S. 249 ff
10 Loewenstein, R., »Christians and Jews«, New York 1951
11 Schupper, Fabian, Dynamische Motive des Antisemitismus, Psychoanalytisches Jahrbuch 1961
12 Siehe Psyche, Bd. 16, 62–63, S. 241–317
13 Béla Grunberger, Der Antisemit und der Ödipuskomplex, und Martin Wangh, Psychoanalytische Betrachtungen zur Dynamik und Genese des Vorurteils, des Antisemitismus und des Nazismus, Psyche, Bd. 16, S. 62–63
14 Auch als Taschenbuch erschienen: Sigmund Freud, »Der Mann Moses und die monotheistische Religion. Schriften über die Religion, Frankfurt a. M. 1975
15 Zu allen Zeiten spielte die Beschneidung in der judenfeindlichen Polemik eine bemerkenswerte Rolle: Dazu Mayer, Wirth, Eckert, Ginzel
16 Psyche, a. a. O., S. 62
17 Adorno, Th. W. (1950): Studien zum autoritären Charakter, Frankfurt a. M. 1973
18 Martin Wangh, Psychoanalytische Betrachtungen zur Dynamik und Genese des Vorurteils, des Antisemitismus und des Nazismus, Psyche, Bd. 16, S. 62–63
19 Zumindest in Ansätzen hat die Meinungsforschung eine solche Entwicklung bestätigt. Siehe insbesondere die Seiten 449-461
20 S. Freud, Der Mann Moses und die monotheistische Religion, GW 16, S. 230. (Anmerkung 14)
21 Bruno Bettelheim, Die symbolischen Wunden – Pubertätsriten und der Neid des Mannes, München 1954
22 Siehe auch »Die Frau im Nationalsozialismus«, ARD NDR, 13. 11. 81

Jüdischer Selbsthaß
Spezialfall des Antisemitismus?

Hans Lamm

Der in Karlsbad 1933 von Nationalsozialisten ermordete Professor Theodor Lessing publizierte 1930 sein Buch »Jüdischer Selbsthaß«, worin er den Lebensweg von fünf Juden des 19. und 20. Jahrhunderts nachzeichnete.[1] Unter ihnen war Otto Weininger, der nach steilem Aufstieg als Schriftsteller und Philosoph 23jährig Selbstmord beging. Die fünf Männer mögen im vorletzten Jahrzehnt des 20. Jahrhunderts vergessen sein; der Terminus »jüdischer Selbsthaß« hat sich jedoch selbständig gemacht und nicht nur unter Experten eingebürgert.[2]

Die Beispiele von Menschen jüdischer Herkunft, die Judentum und Juden haßten, sind zahlreich: Die prominentesten waren wohl, von Weininger abgesehen, Karl Marx[3] und, in geringerem Maße, Walther Rathenau.[4] Wenn man von selbsthassenden Juden spricht, fallen einem zunächst nur Männer ein, und man könnte fragen, ob vielleicht Frauen jüdischer Herkunft von dieser Haltung freier waren als jene.[5]

Wenn im folgenden von Juden die Rede ist, dann sei klar verstanden, daß wir es uns versagen, den Begriff »Jude« wissenschaftlich zu definieren: Wenn dies selbst dem israelischen Parlament (der Knesset) in jahrelangem Bemühen um eine solche Begriffsbestimmung nicht gelang, wäre es für uns erst recht müßig und wohl unerheblich, diese Definition anzustreben.

Die irrtümliche Katalogisierung einer Person als »Jude«, wie sie dem Helden von Max Frischs Drama »Andorra« widerfährt, macht natürlich noch keinen Menschen zum Juden. Mindestens so aufschlußreich wie die Fabel von Frischs »Andorra« ist die von Arthur Millers Roman »Brennpunkt« (amerik. Original »Focus«, 1954, deutsch 1955), der sich mit der Verfolgung eines New Yorker Nichtjuden befaßt, der als Jude mißhandelt wurde. Der Verleger faßt den Inhalt des Romans wie folgt zusammen:

> »... Das Problem des Rassenhasses in Form des Antisemitismus und der Massenhysterie, die nach einem Opfer verlangt, [ist] ad absurdum geführt. Der Held des Romans muß alle Qualen des Ausgestoßenen und alle Leiden einer gehaßten Minorität psychisch und physisch erdulden. Er verliert seine Stellung im Beruf und innerhalb der Gesellschaft, wird schließlich sogar körperlich mißhandelt und bekennt sich, endlich, nachdem er sich verzweifelt von dem ihm irrtümlich angehängten vorgeblichen Makel zu befreien suchte, zum Judentum, dem er nicht angehört. In beklemmender dramatischer Steigerung wird ein Mensch eingekreist und in diesem von Poe'schem Schauder und Kafka'scher Preisgegebenheit erfüllten Roman zum aufregenden Beispiel aller Opfer ideologischer Verfolgungssucht.«

Wie weit das Selbstverständnis als Jude essentiell ist, ist schwer zu entscheiden; gerade bei Linkssozialisten unter den jüdischen Reichstagsabgeordneten der Weimarer Republik gab es nicht wenige, die sich als »freireligiös« bezeichneten, sicher nicht aus Furcht, sondern infolge mangelnder Bindung zum Judentum. Pragmatisch mag es genügen, »Juden« mit Angehörigen der jüdischen Religionsgemeinschaft bzw. Schicksalsgemeinschaft gleichzusetzen.

Unsere Betrachtung läßt mit gutem Grund im wesentlichen die Juden des seit 1948 bestehenden Staates Israel völlig außer Betracht. Juden befinden sich dort nicht in der Rolle, die für ihre Brüder außerhalb des Landes (»chuz la'arez«) charakteristisch ist – die einer kleinen Minderheit.[6] Ob die 1,8 Millionen arabischen Bewohner Israels[7] sich in einer soziologischen und psychologischen Position befinden, die derjenigen der klassischen Juden entspricht, muß hier nicht untersucht werden; auch die (temporär oder dauernd) im Ausland lebenden Israelis seien nur am Rande erwähnt: Ob sie sich als »Auslands-Israelis« oder als »Diaspora-Juden« empfinden oder weder das eine noch das andere, das mag von Fall zu Fall verschieden sein. Das Phänomen der

»Jordim«[8], wie sie in Israel genannt werden, müßte getrennt dargestellt oder analysiert werden. Es ist jedoch festzustellen, daß starke Auswanderung aus Israel, wie sie zum Beispiel 1926/27 stattfand, häufig durch neue Alijot (Einwanderungswellen) abgelöst wurden und daß sich nach einer zu erhoffenden Verbesserung der wirtschaftlichen und Klärung der politischen Lage des »Judenstaates«[9] wieder eine partielle Rückwanderung ergeben könnte.

Für unsere Betrachtung mag es sinnvoll sein, die Juden (außerhalb Israels) aufzuteilen in solche, die

a) ihre jüdische Herkunft und Religion ignorieren,
b) ihr jüdisches Erbe als Positivum empfinden und
c) solche, die es dagegen als Last und Bürde betrachten.

*

Eine im Frühjahr 1981 veröffentlichte Statistik schätzte, daß am Wahltag des Jahres (29. Juni) 9,9 Prozent der Bürger Israels nicht im Lande sein würden. Wenn ein Zehntel der Bevölkerung an einer Wahl von großer Bedeutung nicht teilnimmt (was einer Abwesenheit von über sechs Millionen bei einer Wahl zum Deutschen Bundestag entsprechen würde), dann ist dies wohl eine bemerkenswerte und bedeutsame Zahl.[10] Nicht allein erklärbar ist diese »Landflucht« mit größeren wirtschaftlichen Möglichkeiten, die in Nordamerika und Mitteleuropa gegenüber Israel bestehen; nicht zu leugnen ist vermutlich auch ein Sichabwenden von Israel aus einem Gefühl der Frustration und Enttäuschung. Mehr als einmal traf ich junge Israelis in allen möglichen Teilen der Welt (z. B. im August 1981 in Kaschmir), die nach hartem dreijährigen Heeresdienst einen »Chofesch chuz-la-Aretz«, einen Urlaub außerhalb des Landes, wollten und genossen. Hand in Hand geht jedoch bei vielen das Gefühl, daß im Ausland fast alles besser sei und daß die Leistungen der Israelis, sei es in Industrie, Landwirtschaft, den Wissenschaften oder den Künsten, weniger bemerkenswert seien als die der europäischen vergleichbaren Institutionen.

Von »israelitischem Selbsthaß« zu sprechen wäre jedoch bestimmt sehr übertrieben; die Situation ist erwähnenswert deswegen, weil zur Zeit – 40 Jahre nach der Entstehung des »Judenstaates« – von einer objektiven wie subjektiven Lösung der »Judenfrage« noch nicht hundertprozentig gesprochen werden kann, weder für die Juden außerhalb Israels (dem Exil = Golus oder Galut) noch in Israel selbst, weder für die dort Eingewanderten noch die dort Geborenen (Sabres).[11]

Das weite Spektrum jüdischer Reaktionsweisen auf ihre Herkunft illustrieren zwei Gedichte des vorigen Jahrhunderts. Heines Gedicht »Das neue israelitische Hospital zu Hamburg« (1842) beginnt mit folgenden Strophen:

Ein Hospital für arme, kranke Juden,
Für Menschenkinder, welche dreifach elend,
Behaftet mit den bösen drei Gebresten,
Mit Armut, Körperschmerz und Judentume!

Das schlimmste von den dreien ist das letzte,
Das tausendjährige Familienübel,
Die aus dem Niltal eingeschleppte Plage,
Der altägyptisch ungesunde Glauben.

Unheilbar tiefes Leid! Dagegen helfen
Nicht Dampfbad, Dusche, nicht die Apparate
Der Chirurgie, noch all' die Arzeneien,
Die dieses Haus den siechen Gästen bietet.

Wird einst die Zeit, die ew'ge Göttin, tilgen
Das dunkle Weh, das sich vererbt vom Vater
Herunter auf den Sohn, wird einst der Enkel
Genesen und vernünftig sein und glücklich?

Das »Schlaflied für Mirjam« von Richard Beer-Hofmann schließt mit der Strophe:

Schläfst du, Mirjam? – Mirjam, mein Kind,
Ufer nur sind wir, und tief in uns rinnt
Blut von Gewesenem – zu Kommendem rollts,
Blut unsrer Väter, voll Unruh und Stolz.
In uns sind Alle. Wer fühlt sich allein?
Du bist ihr Leben – ihr Leben ist dein –
Mirjam, mein Leben, mein Kind – schlaf ein!

Es stammt aus dem Jahr 1897, und sein Autor, der wie Herzl in Wien lebte, dürfte von dem Geist jüdisch-nationaler Renaissance des Zionismus beeinflußt gewesen sein. Auf jeden Fall spricht aus diesen Zeilen eine positive Haltung zum jüdischen Erbe, die dem Heine-Gedicht, das 55 Jahre vorher verfaßt wurde, fehlt. Wie diese Haltungen sich äußerten, wollen wir im folgenden untersuchen.

*

Kurt Tucholsky (1890–1935) hat sich über jüdische Dinge in seinem umfassenden Werk und Briefwechsel so gut wie nie geäußert. Ausnahme ist sein Brief an Hans Reichmann vom 4. Mai 1929, worin er schrieb:

> »Mich hat die Frage des Judentums niemals sehr bewegt . . . Die Leute, die in mir einen Juden treffen wollen, schießen zunächst daneben. Mein Herzschlag geht nicht schneller, wenn mir jemand ›Saujud‹ nachschreit; mir ist das so fern, wie wenn er sagt: ›Du Kerl fängst mit einem T an – was kann da an dir schon Gutes sein‹. Ich sage nicht, daß ich damit recht habe; ich stelle dieses Gefühl fest, und nicht einmal öffentlich. Mich bewegt die Frage nicht.«[12]

Tucholskys »langer Brief« an Arnold Zweig vom 15. Dezember 1935 ist keine Revision seines Standpunktes. Für ihn, wie beispielsweise auch für Rosa Luxemburg[13], war es (subjektiv) unerheblich, daß sie jüdischer Leute Kind waren. Tucholsky trat 1911 aus dem Judentum aus und wurde 1917 evangelischer Christ. Sicher waren diese »Juden am Rande«[14] zuweilen Opfer dessen, was Eva Reichmann »objektive Judenfrage« genannt hat.[15] Da wir hier nur am subjektiven und persönlichen Erleben der Judenfrage interessiert sind, darf davon ausgegangen werden, daß diese desinteressierten Juden, für die Tucholsky als Symbolfigur genannt wurde, ihr »Judentum« für sich als erledigt und als »uninteressant« betrachtet haben.

Hunderttausende deutscher, österreichischer und anderer europäischer Juden wählten für sich oder ihre Kinder den Weg aus dem Judentum heraus – mit oder ohne Taufe –, und ihr Schritt der bewußten Assimilation war, historisch gesehen, damals ein »Erfolg«.[16] Daß ein Hitler kommen würde, dessen pathologischer Judenhaß dazu führte, längst getaufte Protestanten und Katholiken, die sich trotz der traurig-berühmten »nichtarischen Großmutter« hundertprozentig als Deutsche betrachteten[17], ihrer Ahnen halber zu verfolgen, ist schwerlich als Argument dafür anzuführen, daß ihr Assimilationsversuch retrospektiv als mißlungen zu betrachten sei.[18] Ob Assimilation ein Weg zur »Lösung der Judenfrage« war, sei dahingestellt; zu ihrer Hoch-Zeit wurde der Weg als solcher betrachtet und sehr oft begangen[19], wie dies auch heute noch in der Schweiz, den skandinavischen Staaten und Amerika ja nicht selten ist.

*

Diese »desinteressierten Juden«, auch wenn sie den Weg zum Taufbecken nicht gegangen sind (wie Heine, Börne und Tucholsky es faktisch doch taten), haben zumeist die Judenfrage weder objektiv noch subjektiv erlebt, sondern nur zur Kenntnis genommen, daß es Judenverfolgungen und Judenhaß gab, aber doch zumeist angenommen, daß diese dem dunklen Mittelalter angehörten und nicht unserer aufgeklärten Zeit. In Einzelfällen hat dann individuelles oder Gruppenerlebnis zu einer Revision des Urteils geführt, wobei Theodor Herzl wohl das eindrucksvollste Beispiel ist.

Er hat sich (geboren 1860 in Budapest und bis zum Tod 1904 in Wien lebend) als Sohn assimilierter Eltern zunächst wenig um jüdische Dinge gekümmert, trat zwar 1893 aus der antisemitischen Studentenbewegung »Albia« in Wien aus, schrieb auch 1894 das Drama »Das neue Ghetto«, erlebte aber in einer ihn tief beeindruckenden Weise den Judenhaß erst in Paris während des Dreyfus-Prozesses (1894–99), was ihn zu Erkenntnissen über die Judenfrage brachte und veranlaßte, 1896 »Der Judenstaat« zu schreiben und 1897 in Basel die Zionistische Bewegung zu schaffen. Ohne antisemitische Erschütterung hätte er den Weg zum Judentum sicherlich nicht gefunden; er selbst hat später davon gesprochen, daß »der Zionismus die Rückkehr zum Judentum vor der zum Judenstaat« sei.

Herzl ist ein Beispiel dafür, daß die von uns pragmatisch getroffene Einteilung in desinteressierte, projüdische und anti-jüdische Juden eine ist, die starre Grenzen nicht kennt, und Betroffene von der einen Gruppe in die andere überwechseln können, zuweilen dieser und zuweilen jener angehören mögen.

Herzl hat nicht nur die »Errichtung einer öffentlich-rechtlichen Heimstätte für das jüdische Volk in Palästina« (Formulierung des Baseler Programms, 1897) angestrebt, sondern auch die Hebung innerjüdischen Selbstbewußtseins. So dichtete er, daß er aus »Judenjungen stolze junge Juden« machen wollte, er wetterte hohnvoll gegen antizionistische »Protestrabbiner«, denen er Ängstlichkeit und mangelndes Rückgrat vorwarf, und der bemühte sich gleich frühen Zionisten anderer Couleur, aus »desinteressierten und gebrochenen und mutlosen Juden«[20] solche zu machen, die ihr Judentum bejahten, ohne Furcht und Selbstverleugnung in und mit der (oft feindseligen) Umwelt lebten.

Einem Mißverständnis muß entgegengetreten werden: Nicht jede kritische Äußerung gegen Juden, Judentum oder jüdische Strömungen sind, soweit sie von Juden stammen, als »jüdischer Selbsthaß« abzuwerten. Fast jeder bedeutende Denker des modernen Judentums, etwa Martin Buber, der immer wieder gegen jüdisches »Establishment« auftrat, hat Kritik geübt. Constantin Brunner wetterte: »Die für die Juden verhängnisvollste Wirkung des Rassenhasses [sei] der Zionismus.«[21] Der Zionist Rabbiner Joachim Prinz hat dagegen 1934 gegen »die Juden am Rand« polemisiert.[22] Der Marxist Isaac Deutscher hat sich gegen Zionismus und den heutigen Judenstaat geäußert, und zwar ohne sich von den Juden zu distanzieren.[23] Diese Meinungsvielfalt und -kontroversen mögen für manchen Nichtjuden verwirrend sein. Faktisch belegen sie lediglich den pluralistischen und undogmatischen Charakter des modernen Judentums. 1932 äußerte sich dazu Robert Weltsch: »Wir geben zu, daß die Haltung der früheren jüdischen Generation, die die Judenfrage möglichst verschleiern wollte und das Sprechen über jüdische Dinge als einen Verstoß gegen die guten Sitten empfand, dies sehr erschwert hat. In diesem Punkt ist aber eine gründliche und hilfreiche Wandlung eingetreten, seitdem die Führung im Judentum eine Gruppe innehat, die mit scharfer Selbstkritik der eigenen Gemeinschaft ein Gefühl des Stolzes auf die alte Vergangenheit und eine tiefe Verantwortung vor der Zukunft verbindet.«[24]

Noch deutlicher und durch eine sich unerwartet androhende historische Tragödie verschärft, waren die Artikel von Robert Weltsch in der zionistischen »Jüdischen Rundschau«, die zum Teil in dem Sammelband »Ja-Sagen zum Judentum« (Berlin 1933) zusammengefaßt wurden. Der berühmteste hieß: »Trag ihn mit Stolz, den gelben Fleck . . .«, dessen furchtbare Unterbedeutung dem Autor, als er den Aufsatz unmittelbar nach dem nationalsozialistischen Boykott-Tag jüdischer Geschäfte (1. April 1933) schrieb, erst später bewußt wurde.

Ein Großteil der Literatur prozionistischer Autoren ist als Versuch zu werten, ein positives Selbstverständnis der mitteleuropäischen Juden hervorzurufen. Als Beispiele erwähnen wir Martin Bubers »Reden über das Judentum« (1909–1918) und das Sammelbuch »Vom Judentum«, das der Prager Verein »Bar Kochba« herausgab (Leipzig 1913).[25]

Ein Vergleich des von jüdischen Verlagen und Autoren publizierten Schrifttums weist bezeichnende Unterschiede auf. Die von nichtzionistischen Verfassern oder Verlagshäusern auf den Markt gebrachte Literatur – von Roman und Belletristik abgesehen[26] – beinhaltete entweder »Wissenschaft vom Judentum« (auf Abraham Geiger, 1810–1874, und Leopold Zunz, 1794–1886, zurückgehend) oder war apologetischer Natur (etwa die Mehrzahl der Werke des im Jahre 1919 gegründeten Philo-Verlags). Die judaistischen Schriften von Hermann Cohen (1842–1918) und von Leo Baeck (1873–1956), zum Beispiel dessen »Wesen des Judentums« (1905, gerichtet gegen Adolf von Harnacks »Wesen des Christentums«), fallen auch in diese Kategorie. Franz Rosenzweig (1886–1929), von beiden Strömungen beeinflußt, stand zwar dem »Nationaljudentum« ferner als dem (nicht völlig zu Recht als assimilatorisch verschrieenen) »Central-Verein deutscher Staatsbürger jüdischen Glaubens«[27], bejahte jedoch auch Elemente im Denken seiner zionistischen Freunde Martin Buber und Ernst Simon.

Der Zionismus verstand und versteht sich als jüdische Renaissancebewegung und hat unbestritten die positive Haltung von Juden zu ihrem Erbe gestärkt, wodurch in vielen Fällen der Assimilation und der Taufbewegung ein Riegel vorgeschoben wurde. Welche Entwicklung der Zionismus im Judentum Mittel- und Westeuropas gespielt hätte, wenn Hitler 1933 nicht an die Macht gekommen wäre – womit die Ausgliederung der Juden aus dem deutschen Gesellschafts- und Kulturleben verbunden war –, läßt sich nicht einmal erahnen. Bis 1933 war die Mehrheit der Juden im mitteleuropäischen Raum jedoch nicht zionistisch. Auch in Osteuropa schlossen sich viele dem sozialistischen und jiddistischen »Bund« an, der den Zionismus und Hebräisch als Gebrauchssprache entschieden ablehnte.

Walther Rathenau (1867–1922) – um einer Persönlichkeit, die in mancher Hinsicht Antipode zu Theodor Herzl genannt werden darf, zu gedenken – genoß bis zur Ermordung (1922) Achtung und Ruhm in seiner deutschen Heimat und in der Welt. Seine Biographen nennen seinen (unter einem Pseudonym erschienenen) Aufsatz »Höre Israel« ». . . eines der bösesten antisemitischen Pamphlete um die Jahrhundertwende«[28], und Harry Schulze-Wilde spricht von Rathenaus »jüdischem Selbsthaß« und auch seiner »Vorliebe für junge, blonde Männer«. Ob beides zusammengehörte? Daß Walther Rathenau – der hochbegabte Industrielle, Schriftsteller, Wiederaufbau- und Außenminister der Weimarer Republik – Prototyp des jüdischen Selbsthassers war, ist immer wieder geäußert worden.[29] Professor Hans Mayer kennt offensichtlich Schulze-Wildes Aufsatz nicht, kommt jedoch zu ähnlichen Einsichten: »Walther Rathenau war einem Disraeli so fern wie nur möglich. Vielleicht weil er das doppelte Außenseitertum in sich lebte: Platen und Heine, Wilde und Disraeli . . . Rathenau dagegen litt am jüdischen Selbsthaß . . . Als Theoretiker wie als Liebender stand er der Gedankenwelt seiner Mörder bedenklich nahe.«[30]

Der Satz, den die Nationalsozialisten immer wieder genüßlich zitierten, die in Deutschland lebenden Juden seien »auf märkischem Sand eine asiatische Horde . . . kein lebendes Glied des Volkes, sondern ein fremder Organismus in seinem Leibe«, wurde zu einer der Standardparolen der rassistischen Antisemiten.[31] Die andere Behauptung: »Dreihundert Männer, von denen jeder jeden kennt, leiten die wirtschaftlichen Geschicke des Kontinents«, wandelte sich nach dem Ersten Weltkrieg in der Propaganda der Nationalsozialisten zum Schlagwort von den »Dreihundert Weisen von Zion«, die angeblich die Welt beherrschten, die den Weltkrieg bewußt herbeigeführt und Deutschland in die Niederlage hineingetrieben hätten – mit Walther Rathenau als angeblichem Kronzeugen. Diese Behauptung war absurd, denn gerade Rathenau war es gewesen, der mit der Erfassung aller Rohstoffe verhindert hatte, daß das blockierte Deutschland nicht schon in den ersten Monaten zusammenbrach, weil die Generalstäbler nicht daran gedacht hatten, das Reich könne einmal von den Rohstoffquellen der Welt abgeschnitten werden. Aber auch sonst war die Behauptung falsch. Nur ein Bruchteil der »dreihundert Männer« waren Juden . . . Mit »Höre Israel« wollte Rathenau, ein Gegner des Zionismus, seine Glaubensgenossen auffordern, sich zu assimilieren.[32]

Unter den Schriftstellern Wiens gab es neben und nach Herzl noch andere Gestalten, wie Arthur Schnitzler (1862–1931), Richard Beer-Hofmann (1866–1945), Friedrich Torberg, deren Haltung zum Judentum betont positiv war. Das Drama Schnitzlers »Dr. Bernhardi« (1897) geißelte den Antisemitismus, wie es Herzls »Neues Ghetto« (1897) getan hatte. Im Gegensatz dazu zeigten Egon Friedell (Freitod 1938), Karl Kraus (1874–1936) und der eingangs erwähnte Otto Weininger (1880–1903) eine scharf ablehnende Haltung gegenüber fast allem Jüdischen.

Sigmund Freud (1856–1939) hatte sowohl für Religion (vgl. z. B. »Die Zukunft einer Illusion«, 1927) wie auch für Nationalismus wenig übrig. Sein umstrittenes Spätwerk »Der Mann Moses und die monotheistische Religion« (1939) belegte diese Geisteshaltung, und Stefan Zweig zitierte ein bedauerndes Wort des greisen Freud: »Jetzt, da man ihnen alles nimmt, nehme ich ihnen noch ihren besten Mann« [nämlich Moses].[33] War Sigmund Freud, den Stefan Zweig als »wissenschaftlichen Menschen« und »luziden Geist«, als »das klarste Ingenium dieser Zeit« rühmte, frei von »jüdischem Selbsthaß«? Einerseits warf er Theodor Lessing, der den Terminus in die wissenschaftliche Welt eingeführt hatte, solchen Selbsthaß vor (in einem Brief an Kurt Hiller), andererseits schrieb er: »Unter uns sind zu viele Juden . . . ich möchte nicht, daß die Psychoanalyse als typisch jüdische Erfindung abgestempelt wird.«[34]

Warum ist es interessant, das Thema »jüdischer Selbsthaß« gerade jetzt, zu Beginn des vorletzten Jahrzehnts des 20. Jahrhunderts, aufzugreifen, nachdem es von Theodor Lessing erstmalig 1932 an fünf biographischen Beispielen (zu denen manche ihn selbst hinzufügen möchten) dargestellt wurde?[35] Eine mögliche Erklärung ist, daß Juden – ich sage: Juden, nicht *die* Juden! – sich nach wie vor nach Normalität und Normalisie-

rung ihrer Beziehung(en) zur Umwelt sehnen. Hierzu ein altes Beispiel:
Cesare Lombroso (1836–1909), selbst Jude, verfaßte ein Buch, das 1894 auch auf deutsch erschien und den Titel »Der Antisemitismus und die Juden« trug. Im zweiten Kapitel äußerte Lombroso sich über »Fehler der Juden« und bewies dabei soviel Sachunkenntnis wie Vorurteile. Wir zitieren einige seiner zum Teil hanebüchenen Ausführungen:
». . . Zu den Ursachen der Verfolgung [der Juden] gehört ferner die Häufigkeit der physischen Entartungen bei den Juden, die eine große Anzahl von genialen, aber auch von nervenschwachen, größensüchtigen und übertrieben ehrgeizigen Individualitäten bedingt; . . . der instinktive Hang, sich abzusondern; . . . Erstarrung des religiösen Lebens; . . . die jüdische Rasse hat keine physische Kraft.« (S. 5–10)
Diese groteske Verzeichnung, die als Übernahme antisemitischer Stereotypen gewertet werden kann, offenbart zugleich, wie einzelne Juden ihrer jüdischen Identität und ihrem Judenschicksal entrinnen und entlaufen möchten. Immer wieder werden beide – durch Bücher, Presse, Filme und andere Medien – von der nichtjüdischen Umwelt (meist durchaus in guter Absicht) zur Darstellung gebracht. So entsteht ein Zwang, Stellung zu beziehen. Im Scheinwerferlicht der Weltöffentlichkeit zu stehen ist allerdings weder für Juden als Gruppe oder einzelne noch für den Staat Israel ein Vergnügen. Der Gründer des Staates und sein erster Ministerpräsident, David Ben Gurion, soll gesagt haben, daß er den Tag herbeisehne, an dem die Weltpresse so selten über sein Land und Volk berichte wie über Island oder die Schweiz. Dieses Sehnen nach gesellschaftlicher Anonymität charakterisiert viele Menschen jüdischer Herkunft. Da es ihnen fast nie gelingt, neigen sie dazu, die Gruppe, der sie entstammen, zu hassen. Da Juden selbst heute, 37 Jahre nach Kriegsende und ein Halbjahrhundert nach Hitlers Machtergreifung (1933), immer wieder neue Ausbrüche von Neonazismus, Antisemitismus, Anti-Israelismus und Diskriminierung beobachten müssen, erleben sie, daß Herzls Wort »Wenn man uns in Ruhe ließe . . .« (1896) an Aktualität wenig verloren hat.
Aufschlußreich ist das Kapitel über Hermann Levi (1839–1900) in Peter Gays Buch über Freud, Levi u. a.[36] Eingangs bemerkt der Autor, daß Levi, der erfolgreichste Dirigent im Deutschen Reich, auch ein Jude war.[37] Levis Vater, Rabbiner in Gießen, wird von Gay zwar erwähnt, in seiner Bedeutung für Levis angeblichen »Selbsthaß« jedoch kaum gewürdigt; er bemerkt nur, »daß er ihn sehr verehrte und oft erstaunte«.[38] Gay erwähnt, daß einer der besten Freunde Levis der deutsche humoristische Autor Wilhelm Busch (1832–1908) war, der zum Beispiel in »Plisch und Plum« eine unsympathische Judengestalt porträtierte. Faktisch führt Gay keine überzeugenden Beweise von Levis »jüdischem Selbsthaß« an. Daß er in einem Brief an Paul Heyse Kompositionen eines Engländers als »undeutsch, romanisch-jüdisch« bezeichnete – besagt dies viel? Oder daß er, wie sein Bewunderer Alfred von Mensi-Klarbach berichtet, die Komponisten Meyerbeer, Halévy und Mendelssohn (welch letzterer, im Gegensatz zu Levi, von Geburt an Protestant war) wenig schätzte, daß er eine jüdische Sängerin zurückgesetzt hätte und Juden für mehr reproduktiv begabt denn schöpferisch hielt, begründen Gays Urteil m. E. nicht überzeugend. Fest steht, daß er »ein Leben des Dienstes« für Richard Wagner führte, die Uraufführung von Wagners »Parsifal« als Dirigent leitete und daß er seinem Vater gegenüber versicherte, daß der Meister völlig frei von »kleinlichem Judenhaß« sei, und letztlich bei Wagners Beerdigung am 16. Februar 1883 einer der Sargträger war. Cosima, Wagners Witwe – bestimmt ebensowenig eine Judenfreundin wie der »Meister« –, pflegte intensive Beziehungen mit Levi; sie korrespondierte mit ihm auch über Wagners Tod hinaus.
Gays Versuch, Hermann Levi als einen »typischen Fall jüdischen Selbsthasses« hinzustellen, überzeugt mich nicht. Im Gegenteil: Daß Levi seinen Namen nicht änderte, was einfach war und von sehr vielen Juden damals und später praktiziert wurde (wir erwähnen z. B. Maximilian Harden, Bruno Walter und Alfred Kerr), scheint zu beweisen, daß Levi weit mehr jüdisches Beharrungsvermögen zeigte, als Gay ihm zuerkannte. Daß er ein Wagnerianer und ein Bewunderer deutschen Kulturlebens war – wie ungezählte deutsche Juden zwischen 1870 und 1933 –, das stempelt den Hofkapellmeister, Träger des bayerischen St.-Michaels-Ordens und anderer hoher Auszeichnungen, nicht zum masochistischen Antisemiten.

Überhaupt sei davor gewarnt, einzelne unmutige Äußerungen eines Juden schon als Belege »jüdischen Selbsthasses« zu interpretieren! Dies sei am Beispiel von Stefan Zweig (1881–1942) dargetan. Donald A. Prater zitiert aus einem Brief Zweigs an Victor Fleischer vom August 1919[39]: »Es gibt keinen Juden, der jetzt nicht in Salzburg ist, und seit Reinhardt da ist, sammelt sich das Volk wie schwarze Fliegen, Aussee vomiert sich aus, wir haben manchmal uns bitter zu verteidigen.« An den gleichen Adressaten schrieb Zweig am 29. Juni 1922, fünf Tage nach der Ermordung des von ihm verehrten und literarisch eingehend gewürdigten Walther Rathenau jedoch: »Ich glaube nicht, daß ich nach Langen kommen werde: ich kann jetzt auf zwei Meilen weit keine alldeutschen Jungens sehen. Lieber Frankfurter Juden, lieber Norderney als diese Geistigkeit, die einen Rathenau ermordet hat.... Lieber in ein Bad mit 700 000 Juden!«

Es wäre wohl übertrieben, aus der einen Äußerung einen »jüdischen Selbsthasser« Stefan Zweig und aus dem knapp drei Jahre jüngeren einen »Jew lover« zu konstruieren: Der introvertierte und sensible Stefan Zweig war wohl weder das eine noch das andere: Der getreue Chronist D. A. Prater führt an zahlreichen Stellen auf, wie sehr Zweig mit verfolgten Juden litt und sich für viele von ihnen einsetzte; zu seinen Freunden gehörten Arthur Schnitzler, Joseph Roth, Richard Friedenthal, Ernst Feder, der noch am Tag vor Zweigs Freitod mit ihm zusammen war; auch seine zweite Frau Lotte, geb. Altmann, war Jüdin. Zu erwähnen wäre auch in diesem Zusammenhang, daß Zweig zu jüdischen Themen immer wieder zurückkehrte: »Im Schnee« (1900), »Jeremias« (1916), »Rahel rechtet mit Gott« (1927) und »Der begrabene Leuchter« (1936). Theodor Herzl bewunderte er sehr. Wir sehen also, wie vorsichtig wir mit der Zuteilung von angeblich »jüdischem Selbsthaß« umgehen müssen.

Auf einen anderen Aspekt muß noch eingegangen werden, der das Phänomen aus dem »rein« jüdischen Bereich heraushebt. Probleme des Selbstverständnisses, die sich aus Diskriminierung und Mißachtung durch die Umwelt ergeben, sind wohl allen Minderheiten wesenseigen; Neger sahen sich teilweise vergleichbaren Verfolgungsmechanismen unterworfen. So vielfältig die Gemeinsamkeiten zwischen der Minoritätssituation von Juden, Schwarzen, Zigeunern und anderen Verachteten und Verfolgten bzw. der Leid- und Leidenssituation der Gruppenangehörigen sein dürfte (es ist beachtenswert, daß der Terminus Ghetto, der sich auf Judensektionen mittelalterlicher Städte bezog, ohne weiteres auf die Wohnsiedlungen von Schwarzen in amerikanischen Städten, wie Harlem in New York City, übertragen wurde), so wenig sei geleugnet oder übersehen, daß es für jede Gruppe – also auch die jüdische – Spezifika gibt, die sich aus ihrer geschichtlichen Entwicklung, religiösen Einstellung und sozialen Lage ergeben und im wesentlichen nur ihr eigen sind.

Hans Mayer hat in seinem Buch »Außenseiter« (Frankfurt 1965) Frauen, Homosexuelle und Juden als Minderheiten behandelt: Frauen auch, obschon sie ja zahlenmäßig zum Beispiel in Deutschland über 50 Prozent der Bevölkerung darstellen, macht- und einflußmäßig jedoch eine weit schwächere Rolle spielen als das dominierende »stärkere Geschlecht«. Inwiefern aggressive Frauen-Emanzipation eine Trotzreaktion auf antifeministische Diskriminierung ist und inwieweit es auch in dieser Bewegung »selbsthassende« Züge gibt, muß offenbleiben. Die (autobiographische und andere) Literatur von Homosexuellen enthält oft Anzeichen, daß es »Selbsthaß« unter dieser Bevölkerungsminderheit gibt. Während aber die meisten Homosexuellen durchaus bereit waren, dieses ihr Schicksal auf sich zu nehmen und ihre Art allenfalls verleugneten, wenn es darum ging, dafür ins Gefängnis zu wandern, war es z. B. bei Gustaf Gründgens umgekehrt. Er haßte seine Veranlagung, er wollte nicht homosexuell sein. Er hatte es verschiedene Male mit jungen Damen versucht, aber es war fast immer mißlungen.[40]

So alt das Problem ist, zur publizierten Reflexion der Betroffenen kam es erst in jüngster Zeit. Die Folgen der damit verbundenen Vereinzelung der Betroffenen beschreiben Andrew Hodges und David Hutter in der Broschüre »Das unerhörte Schweigen der Schwulen«[41], wo es zum Stichwort »Selbsthaß« heißt:

> »Man hat uns eingetrichtert, uns selbst zu hassen, und diese Lektion haben wir nur zu gut verstanden. Es gibt Schwule, die nicht Lehrer werden, weil sie allen Ernstes glauben, sie würden auf Kinder einen schädlichen Einfluß haben. Andere wiederum ge-

> hen Schwulen unter allen Umständen aus dem Weg, von flüchtigem Sex abgesehen, weil sie es nicht ertragen können, mit ihrem eigenen Schwulsein konfrontiert zu werden. Typisch ist jedoch, daß uns dieser Selbsthaß gar nicht bewußt wird; unsere Selbst-Unterdrückung wirkt ganz automatisch, wie ein Reflex . . . Die Überzeugung, Menschen zweiter Klasse zu sein, sitzt so tief, daß wir selbst Unterdrückung nach außen nicht wahrnehmen, solange wir nicht darauf aus sind, sie zu bekämpfen . . . Man kann leicht Schwulenunterdrückung oder Selbstunterdrückung aufdecken. Eine weitere Möglichkeit bietet der Vergleich mit anderen Minderheiten, die meistens Zustände, die wir tolerieren, strikt ablehnen und dagegen etwas unternehmen. Schwule argumentieren, sie würden nichtschwule ›Freunde‹ verlieren, wenn ihre Homosexualität bekannt würde. Welcher Jude würde Wert auf die Freundschaft eines Antisemiten legen?[42]
> Es gab eine Zeit, da unterwarfen sich Schwarze einer schmerzhaften Tortur zur Entfernung der Krause aus ihrem Haar, um ihren weißen Herren zu ähneln. Dieser offenkundige Akt von Selbstunterdrückung wird heute von jedem Schwarzen, der Afro-Look trägt, empört zurückgewiesen.«

Auffallend ist, daß es nicht immer und konsequent zu einer Solidarisierung der diskriminierten Minderheiten kommt. Die Literatur über den deutschen Widerstand zeigt, daß man zuweilen über historische und soziologische Grenzen hinaus sich zusammenfand, zuweilen jedoch (zum Beispiel die hohen Militärs des 20. Juli) »allein marschierte«. In den KZs schien auch keine Gemeinschaft über alle Grenzen hinweg existiert zu haben: Kommunisten haben zeitweise dominiert und keine Volksfront mit allen Opfern formiert (vgl. u. a. Eugen Kogons »Der SS-Staat«). Man denke auch an die Fehde zwischen Heinrich Heine und August von Platen (1828) oder an den Antisemitismus von Schwarzen in New York City. Das herrschende gesellschaftliche Denken bestimmt oft mit großer Kraft jene, die es aus der Gesellschaft ausschließt. Von jüdischen Kindern, die im Dritten Reich miteinander spielten (mit »deutschen« Kindern durften sie nicht spielen), wird berichtet, daß eine Partei »Juden«, die andere »Deutsche« spielte, wobei letztere die Bewunderten waren, nicht diejenigen, denen man nolens volens zuzuzählen war; man übernahm also die Wertmaßstäbe der Feinde, die einen später vernichteten.

Solidarität mit anderen Verfemten würde das Aussteigen aus dem Sozialverbund bedeuten, das der Selbsthaß ja gerade um den Preis der Selbstaufgabe zu verhindern sucht. Wer die amerikanische Gegenwartsliteratur kennt, wird wissen, daß die Zahl amerikanisch geborener Autoren jüdischer Herkunft besonders groß ist und daß viele dieser amerikanisch-jüdischen Schriftsteller und Dichter um ihre Identität und ihre Beziehung zur amerikanischen Gesellschaft ringen.[43]

Die Vereinigten Staaten mit ihrer pluralistischen, eben der »melting-pot«-Struktur und mit einer antisemitischen Tradition produzieren zwar Spannungen, aber keine so leidvolle Situation wie die, welche Jakob Wassermann (1873–1933) in seinen autobiographischen Werken, insbesondere »Mein Weg als Deutscher und Jude« (1922) schilderte.[44]

Ob schwarze Amerikaner in einem ähnlichen Umfang wie amerikanische Juden ihre Konflikte und ihre Diskriminierung literarisch gestaltet oder autobiographisch verarbeitet haben, vermag ich nicht bündig zu beantworten. Richard Wright (1909–1961) hat bereits 1940 seine Entwicklung und Situation umrissen; nach ihm tat dies in breitem Umfang und Tiefe James Baldwin (geb. 1924 in New York City, in dessen Negerviertel Harlem er aufwuchs), der sich mit der sozialen und seelischen Lage der Schwarzen auseinandergesetzt hat, u. a. in »Notes of a Native Son« und in »Nobody knows my Name«, einem Band zwischen 1954 und 1961 entstandener Essays. Inwieweit die Lage der amerikanischen Neger (Baldwin spricht damals von »Negro«, ein Ausdruck, der seitdem durch »Blacks« ersetzt wurde) der Lage von Juden entspricht und wie und wo dies nicht der Fall ist, möge der Leser selbst entscheiden:

> »For who has not hated his black brother? Simply because he is black, because he is brother? (1961) – Denn wer hat seinen schwarzen Bruder nicht gehaßt? Einfach deshalb, weil er schwarz ist, weil er ein Bruder ist?«
> »Ich meine nicht, daß es einfach ist, ein Schwarzer zu sein, wo auch immer. Aber ich denke, daß einer der Preise, die ein amerika-

nischer Neger für sein sogenanntes ›Akzeptiertwerden‹ zu zahlen hat – oder zahlen kann – ein tiefer, fast unauslöschlicher Selbsthaß ist.« (1961)

Die von Nichtjuden gestellte Frage »Jüdischer Selbsthaß – wie äußert er sich denn?« könnte mit einem langen Katalog von Antworten bedacht werden. Zum Beispiel: Selbstmord, Flucht in die Taufe, Ehe mit Andersgläubigen; bei Israelis Flucht aus der Heimat, dort auch subtilere Ausformungen wie übersteigerter Nationalismus. Andererseits könnte gerade die Last der Nichtakzeptierung durch die umgebende Gesellschaft zur Identität mit der jüdischen Gemeinschaft geführt haben. Indem der Betroffene mit einem trotzigen »Nun gerade!« reagiert, das, was den Selbsthaß ausgelöst hatte, bewußt anerkennt, sich ins Judentum hineinflüchtet.

Die Reaktion von Minderheitsangehörigen auf die Vorurteile und diskriminierenden Maßnahmen durch die Umwelt können Flucht in die verschiedenen Formen des Selbsthasses sein, können jedoch auch sublimiert werden in übersteigertes Selbstbewußtsein. Einige Beispiele dafür:

1. Unter amerikanischen Negern ist es seit Jahren verpönt, von Negroes zu sprechen. Sie nennen sich Blacks und haben den Slogan verbreitet: »Black ist beautiful«.
2. Homosexuelle sprechen von sich nicht mehr in schamhaft verhüllenden Termini (darüber Näheres bei Magnus Hirschfeld), sondern bezeichnen sich in Amerika selbstbewußt als Gays und in Deutschland als Schwule.
3. Angehörige der jüdischen Minderheit pflegten sich im 19. Jahrhundert als »mosaisch« oder »israelitisch« zu bezeichnen, während der Ausdruck »jüdisch« von den meisten Juden heute voll akzeptiert wird. Wohlwollende Nichtjuden haben heute noch oft Hemmungen, ihn zu verwenden, da sie – aufgrund der Untaten des NS-Regimes gegen die Juden – fürchten, durch seine Verwendung Juden zu verletzen. So kompliziert ist diese verwirrende Welt!

Ertragbar wird sie, wenn sich die Spannung immer wieder entladen kann, zum Beispiel im Witz. Dieser Überlebensfunktion dürfte der jüdische Witz seine oft bewunderte Spritzigkeit verdanken. Sie erklärt zugleich, warum ein wesentliches Charakteristikum des jüdischen Witzes eine überkritische Haltung gegenüber Juden und Jüdischem ist, ein Element der Selbstverspottung, das dem Witz anderer Völker in gleichem Maße nicht eigen ist. In der Sammlung »The last official Jewish Joke Book« von Larry Wilde (New York 1980), die besser ist als die meisten deutschsprachigen Sammlungen jüdischer (auch antijüdischer) Witze, findet sich folgender bemerkenswerte Satz: »Jews were the first to initiate gags that were selfdeprecating; they gave birth to ethnic humor. After all, since everyone else was making fun of them, they figured they might as well get in on a good thing.« (Juden waren die ersten, die Witze machten, die sich über sich selbst lustig machten: sie erfanden den ethnischen Humor. Schließlich, wenn jedermann sie verhöhnte, dann – so meinten sie – konnten sie selbst in eine so gute Sache einsteigen.)

Die wissenschaftliche Erforschung des jüdischen Witzes steckt noch in den Anfängen. Sigmund Freud trug allgemein zur Erforschung der Mechanismen des Witzes bei, ohne sich auf den jüdischen zu konzentrieren. Was Salcia Landmann über den jüdischen Witz geschrieben hat, blieb nicht unumstritten und bedarf auf jeden Fall der Vertiefung.[45]

In »Der Witz und seine Beziehung zum Unterbewußtsein« (1905) unterscheidet Freud zwischen Witzen, die von Nichtjuden über Juden, und solchen, die von Juden selbst produziert werden:

> »Die Witze, die von Fremden über Juden gemacht werden, sind zuallermeist brutale Schwänke, in denen der Witz durch die Tatsache erspart wird, daß der Jude den Fremden als komische Figur gilt. Auch die Judenwitze, die von Juden herrühren, geben dies zu, aber sie kennen ihre wirklichen Fehler wie deren Zusammenhang mit ihren Vorzügen, und der Anteil der eigenen Person an dem zu Tadelnden schafft die sonst schwierig herzustellende subjektive Bedingung der Witzarbeit. Ich weiß übrigens nicht, ob es noch häufig vorkommt, daß sich ein Volk in solchem Ausmaß über sein eigenes Werk lustig macht.«[46]

Hier ist ein Beispiel jüdischen Witzes zu erwähnen, das der todkranke, 82jährige Freud produzierte, als er bei der Abreise aus Wien nach langen Verhandlungen und Schikanen bestätigen mußte, daß er von der Gestapo korrekt behandelt worden sei. Er tat dies, jedoch nicht ohne hinzuzufügen, daß er sie nur »bestens empfehlen« könne. Dieses Über-der-Sache-Stehen erinnert an das von Freud zitierte Heine-Wort, der als Sterbender dem besuchenden Priester, der ihn auf Gottes Vergebung hoffen ließ, erwiderte: »Bien sûr, qu'il me pardonnera; c'est son metier.« (Sicherlich, er wird mir schon verzeihen, das ist doch sein Beruf.)

In der 1918–20 in Berlin erschienenen Monatsschrift *Schlemiel*[47] – die das *Jüdische Lexikon* (Berlin 1928) als »zionistisches Witzblatt« bezeichnet – taucht denn auch der Zionismus nur in der Larve des Spottes auf.[48] Zeugnisse für den jüdischen Selbsthaß lassen sich dort ebenfalls selten als unvermittelte finden, sondern meist als bereits verarbeitete, ins Leben durch eben den Witz eingegliederte:

> Ein »Neutraler« sagt mir vor den Reichstagswahlen: »Ich wähl' deutsch-national.« »Antisemitisch?« frage ich entrüstet. »Verstehen Sie – wenn die Juden geschlossen in die deutsch-nationale Partei gehen, so erlangen wir die Mehrheit, und dann ist's eben eine semitische Partei!«

Obschon ich nach wie vor davon ausgehe, daß es jüdischen Selbsthaß gibt, bleibt doch abschließend die Frage aufzuwerfen, ob er nicht nur eine Spielart des Selbsthasses von Intellektuellen ist, wobei ich natürlich nicht alle Juden zu Intellektuellen stilisieren möchte.

Intellektuelle – soweit eine gewisse Verallgemeinerung über sie statthaft ist – scheinen oft von »des Gedankens Blässe angekränkelt«, wie Hamlet sagt, nachdem er feststellte: »So macht Gewissen Feige aus uns allen« (III, 1). Schon am Anfang des ersten Aufzugs zeiht der König den jungen Hamlet »gottlosen Starrsinns, unmännlich (!) Leid«. Der zaudernde, zögernde Intellektuelle wirkt »unmännlich«. In Analogie zu einem Satz Baldwins:

> »I think that I know something about the American masculinity that most men of my generation do not know because they have not been menaced by it in the way I have been. It ist still true, alas, that to be an American male ist also to be kind of walking phallic symbol: which means that one pays, in one's own personality, for the sexual insecurity of others.« (1961)[49]
>
> (In Amerika ein Mann zu sein, bedeutet eine Art wandelndes Phallus-Symbol zu sein: man zahlt mit seiner eigenen Persönlichkeit für die sexuelle Unsicherheit anderer.)

Analog läßt sich sagen, daß der zaudernde Intellektuelle für die Unsicherheit der Gewissenlosen bezahlt.

Rudolf Augstein hat unter Nutzung u. a. von Giorgio Collis Studie »Nach Nietzsche« (Frankfurt 1980) eingehend die Gemeinsamkeiten und Unähnlichkeiten von »Schreibtischtäter« Nietzsche und »Täter« Hitler aufzuzeigen gesucht.[50] Beiden scheint die Ablehnung des »christlichen Sklavenaufstandes in der Moral« gemeinsam zu sein, wobei freilich Nietzsche den Antisemitismus ablehnte. Friedrich Heer hat sich mit beiden auseinandergesetzt und stellt fest: »Der österreichische Katholik Adolf Hitler hat sehr richtig das Gewissen als eine jüdische Erfindung angesprochen.«[51]

War der Nationalsozialismus nicht, in Theorie und Praxis, ein Aufstand gegen Moral, Gewissen und Intellektualismus[52], wobei das Christentum »aus jüdischen Wurzeln kommt«? Im »Antichrist« meinte Nietzsche, daß es »unehrenhaft, feige, unreinlich ist, Christ zu sein«. Hitler ersetzte (opportunistischerweise, denn die NSDAP stand ja laut Programm »auf dem Boden des Christentums«; Parteiprogramm von 1921) die Vokabel »Christ« durch »Jude«.

> »Es gilt ganz allgemein, daß Hitler bewunderte, was er haßte, oder richtiger: nur haßte, was er bewunderte. Sein Haß war verweigerte Bewunderung. Das gilt für die Juden, für Stalin, den Kommunismus überhaupt. Und auch dieser Radikalismus der Gedanken!«[53]

Daß die Juden jahrhunderte-, vermutlich sogar jahrtausendelang eine besondere geistige Tradition hatten und haben, ist bekannt.[54] Das »Volk des Buches« hat sich dem Buch generell besonders verbunden gefühlt, wobei zum Talmud und Schulchan Aruch später (seit Moses Mendelssohn, 1729–1786) auch weltliche Literatur getreten ist. Aus Gründen historischer und soziologischer Natur war der Anteil von Juden an geistigen Berufen (Ärzte, Juristen u. ä.) von Anbeginn der Emanzipation (und schon vorher bei den Sephardim) bis in unsere Zeit besonders hoch.[55] Jüdische Intellektuelle erfreuten sich zumeist großer Hochachtung, wenn auch naturgemäß nicht bei den judenhassenden Nationalsozialisten und ihren »Geistesverwandten«[56]. Die unverhältnismäßig große Anzahl jüdischer Nobelpreisträger darf als ein Beweis jüdischer geistiger Fähigkeiten angeführt werden.[57] Ob Juden ihre »Intellektuellen« zu schätzen wissen, ist eine sehr umstrittene Frage: Zwar ist unbestritten, daß jahrhundertelang der junge Mann, der zu »lernen« verstand (d. h. derjenige, der sich in langem Studium ins biblische und nachbiblische Schrifttum, besonders den Talmud, eingearbeitet hatte), als Schwiegersohn beliebter war als der ungelehrte Reiche, so ist doch die Haltung vieler Juden heute gegenüber ihren Intellektuellen zwiespältig und schizophren. Hier verhält sich die jüdische Welt nicht anders als die nichtjüdische – schon Heine erkannte: »Wie es sich christelt, so jüdelt es sich«, d. h. wenn die Umwelt ihre »egg heads« schätzt, dann tun dies auch die Juden; wenn im allgemeinen der Kurswert der Intellektuellen und ihrer Leistungen sinkt, dann ist die gleiche Haltung bei den Juden gegeben. Mitunter sind die Intellektuellen die »Juden« der Gesellschaft; ein jüdischer Intellektueller hat es dann doppelt schwer, und die Flucht in den Selbsthaß liegt nahe.

Zusammenfassend scheint uns der jüdische Selbsthaß, von dem wir nicht wissen, ob er ein Nebenprodukt der Emanzipation ist oder schon im luft- und lichtlosen Ghetto des Mittelalters und danach existierte, sich ergeben hat aus der Verfolgung und Mißachtung durch die Mehrheit und die Spezialisierung der jüdischen Gruppe und ihrer Mitglieder. Wenn der Druck auf die Gruppe nachläßt, wenn der Haß gegen die Juden schwindet, sinkt wahrscheinlich auch der Selbsthaß. Das Hegelsche Prinzip der Actio und Reactio ist hier sicher weitgehend wirksam.

Anmerkungen

1 Wie weit Theodor Lessing selbst als Beispiel jüdischen Selbsthasses zu betrachten ist, sei dahingestellt. Er, Kind jüdischer Eltern, ließ sich protestantisch taufen und kehrte unter zionistischem Einfluß zum Judentum zurück.

2 Das Kapitel über Otto Weininger in Lessings (längst vergriffenem) Buch ist neu abgedruckt in Otto Weininger, »Über die letzten Dinge«, München 1980.

3 Vgl. Hans Lamm: »Karl Marx und das Judentum«, München 1968; siehe auch Glasner

4 Vgl. Hans Lamm: »Walther Rathenau«, Hannover 1968

5 Die Frage sollte unter Analyse des Lebensweges und -werkes der Frauen des Berliner Salons – Henriette Herz (1764–1847), Dorothea Veit-Schlegel (geb. Mendelssohn, 1765–1839) und Rahel Levin, verehel. Varnhagen (1777–1831) erforscht werden. Sie alle setzten sich durch Taufe vom Glauben ihrer Väter ab.
Die 1871 geborene, 1917 ermordete Kommunistin Rosa Luxemburg hatte nichts übrig für die »alten Jugendschmerzen«. Ob und inwieweit sie als judenhassend oder nur desinteressiert eingestuft werden darf, sei dahingestellt.

6 In Deutschland leben heute 30 000–40 000 Juden (vor 1933 im Deutschen Reich über 500 000), d. h. weniger als ein Zehntel eines Prozentsatzes. In den USA wird die Zahl der dortigen Juden auf etwa fünf bis sechs Millionen geschätzt, bei einer Gesamtbevölkerung von 230 Mio. etwa 3 Prozent; für die UdSSR werden max. 2,5–3 Mio. Juden angenommen, was ca. einem bis zwei Prozent der Bevölkerung entspricht.

7 Im Israel der ursprünglichen Grenzen leben fast 600 000 Araber. In den »besetzten Gebieten«: Gazastreifen über 500 000, West Bank, Juda und Samaria über 700 000. Vgl. H. G. Möller in »Geographische Rundschau«, Mai 1981, S. 187 ff

8 Die Zahl der außerhalb Israels vorübergehend oder ständig lebenden Bürger des Staates wird heute erheblich über einer halben Million liegen.
Die größten Konzentrationen sind in den Großstädten an der Ost- und Westküste der Vereinigten Staaten. In der Bundesrepublik sind über 8000 Israelis bei der Bonner Botschaft registriert; bestimmt ist die Dunkelziffer beträchtlich. Das hebräische Wort »Jored« bedeutet wörtlich »Absteigender«. Es umfaßt sowohl Sabres (im Lande Geborene) wie solche Israelis, die durch Alija (wörtlich »Aufstieg«, d. h. Einwanderung) ins Land kamen. Von den Auswanderern aus der UdSSR, die mit israelischen Visa Rußland verließen, hat ein Großteil Israel nicht erreicht und ein weiterer Teil Israel wieder verlassen.

9 Es ist festzuhalten, daß Herzls Buchtitel »Der Judenstaat« (1896) zu einem Programm wurde (wenn auch das Baseler Programm der Zionistischen Bewegung von 1897 von einer »öffentlich-rechtlich gesicherten Heimstätte für das jüdische Volk«, ein Terminus, den die Balfour-Deklaration vom 2. Nov. 1917 und später das Völkerbundsmandat übernahm, gesprochen hat).

10 Die angekündigte Erhöhung von Flugpreisen zum 1. Juli 1981 mag manche Israelis bewogen haben, vor diesem Datum ihre Sommerreisen anzutreten, aber diese Tatsache erklärt das Phänomen nur zu einem Bruchteil. Richtig ist auch, daß unter den Regierungen vor Begin eine beträchtliche Reisesteuer zu entrichten war und ausländische Devisen auf dem freien Markt nicht erhältlich waren. Letztlich fällt ins Gewicht, daß bis Camp David alle Nachbarländer feindlich und damit unzugänglich waren. Der Drang aus der Enge des Ländchens ist darum psychologisch verständlich und nachfühlbar.

11 Siehe auch den Beitrag Schalom Ben-Chorins

12 Die Geschichte und der Wortlaut des Briefwechsels zwischen Reichmann und Tucholsky wurde ausführlich

dargestellt von Hans Lamm in: EMUNA, IV, 3 (Juni 1969), S. 161 ff
13 Vgl. ihren Brief an Mathilde Wurm vom 16.1.1917 sowie ihren Briefband »Briefe an die Freunde« (Frankfurt 1956)
14 Der Terminus stammt von Joachim Prinz (*1902), der 1933 ein Buch »Wir Juden« publizierte
15 »Flucht in den Haß« (dt. Übersetzung 1956 von »Hostages of Civilisation«, London 1950; Diss. 1945)
16 Auch Theodor Herzl spielte, bevor er sich zur Palästina-Lösung (im »Judenstaat« von 1896 diskutierte er noch Argentinien als alternative Lösung; andere hatten das [offerierte] Ostafrika im Auge) durchrang, mit der Idee einer Massentaufe Wiener Juden im Stephansdom! Sein einziger Sohn Hans (*1891) ließ sich taufen.
17 Professor Nikolaus Cossmann, deutscher Nationalist, Chefredakteur der »Süddeutschen Monatshefte«, berüchtigt wegen seiner antirepublikanischen Gesinnung, wurde nach Theresienstadt verbracht, wo er umkam.
18 Alle Nachkommen Moses Mendelssohns (1729–1786) wurden oder waren Christen, z. B. die bereits erwähnte Dorothea (in erster Ehe Veit, in zweiter Ehe Schlegel), der Komponist Felix Mendelssohn Bartholdy, die zahlreichen Bankiers Mendelssohn oder der Schriftsteller und Biograph Thomas Manns, Peter de Mendelssohn.
19 Vgl. Felix A. Theilhaber: »Der Untergang der deutschen Juden« (1911/21)
20 Man muß die Literatur über osteuropäisches Judentum bis in unsere Zeit lesen (besonders auch Autobiographien dort geborener jüdischer Persönlichkeiten), um das Maß der Unterdrückung, der Diskriminierung und der materiellen Not, in der vor allem die Juden Polens und Rußlands leben mußten, zu erahnen (vgl.: Arbeitshilfen I, II des Deutschen Koordinierungsrates der Gesellschaften für Christlich-Jüdische Zusammenarbeit e. V., Frankfurt 1981)
21 »Der Judenhaß und die Juden«, Berlin 1919, S. 197
22 Vgl. Hans Lamm: »Über die innere und äußere Entwicklung des deutschen Judentums im Dritten Reich« (Diss.), 1966, S. 159
23 »Die ungelöste Judenfrage«, Berlin 1977. Originalausgabe »The non-Jewish Jew«, Oxford 1968
24 »Diskussionsbuch über die Judenfrage«, »Der Jud' ist schuld«, Basel 1932.
Die Gruppe, auf die Weltsch positiv Bezug nahm, ist die Zionistische, deren Organ die »Jüdische Rundschau« er 1919–1938 redigierte.
25 Dem »Bar Kochba«-Kreis gehörten großenteils Prager deutschsprachige jüdische Autoren, wie Felix Weltsch, Hans Kohn, Martin Buber an. Der einzige Überlebende der 25 Autoren ist Robert Weltsch (jetzt Jerusalem, der am 20. Juli 1981 seinen 90. Geburtstag feiern konnte). Nicht alle der Autoren blieben Zionisten (z. B. Arnold Zweig, Hans Kohn oder Karl Wolfskehl), doch bewahrten sie in ihrer Mehrheit ihr Interesse am Judentum.
26 Die schöngeistige Literatur aus jüdischen Federn: als typische Autoren seien Max Brod, Georg Hermann, Arnold und Stefan Zweig (nicht verwandt) und Jakob Wassermann erwähnt. Sie wählten relativ selten jüdische Themen, und dann zumeist nur historische Gestalten.
27 Das Witzblatt »Schlemiel« kommentierte 1920 diese nationale Gesinnung: »Warum bestand Gott darauf, daß der Pharao die Juden nicht nur ziehen ließ, sondern sie geradezu aus dem Lande hinaustrieb? – Weil sonst der Centralverein ägyptischer Staatsbürger [jüdischen Glaubens] zurückgeblieben wäre.« In Deutschland existierte bis 1935 der »Centralverein deutscher Staatsbürger jüdischen Glaubens«.
28 Harry Schulze-Wilde in: Neue Deutsche Hefte, 1972, 2, S. 87–110
29 Vgl. Israel Auerbach: »Jüdischer Selbsthaß« in: »Bayerische Israelitische Gemeindezeitung«, 1. Febr. 1932, VIII, S. 37–39
30 »Außenseiter«, Suhrkamp, Frankfurt 1975, 1977, S. 371. Mit dem jüdischen Selbsthaß befaßt er sich auf S. 414–421.
31 Schulze-Wilde, s. a. O., S. 91 f
32 Ebd.
33 Stefan Zweig: »Die Welt von Gestern«, [1942], Fischer Bibl., Bd. 1152, S. 304
34 Rückübersetzung aus einer amerik. Übersetzung, Richard Appignanes, »Freud for Beginners« (Reinbek 1980). Eine Brücke zwischen Psychoanalyse und Sozialismus wurde bislang kaum geschlagen. Die Zahl der antijüdischen Sozialisten (großenteils jüdischer Herkunft) ist beträchtlich. Vgl. Edmund Silberner: »Sozialisten zur Judenfrage« (Berlin 1962) und Hans Lamm: »Karl Marx und das Judentum« (München 1969), dort insbesondere den Kommentar zu Marx' Buch: »Zur Judenfrage«, Paris 1848.
35 Siehe auch Peter Gay: »Freud, Jews and other Germans«, New York 1978[1], 1979[2]; Peter Loewenberg: »Antisemitismus und jüdischer Selbsthaß«; Horst Dieter Hellige: »Generationskonflikt, Selbsthaß und die Entstehung antikapitalistischer Positionen im Judentum«; beide letztgenannten in: Geschichte und Gesellschaft, Zeitschrift für Historische Sozialwissenschaft, 5. Jg., Heft 4, S. 454–475 bzw. 477–518
36 A. a. O.: »Hermann Levi/Study in Service and Self-Hatred«, S. 189–230
37 Wenn Gay unter »German Empire« nur das Kaiserreich meint, mag er recht haben; wenn er das »Reich« erst 1945 enden läßt, dann hätte er Bruno Walter (1876–1962) erwähnen müssen, der an Leistung und Ruhm es mit Levi wohl aufnehmen konnte. Im Gegensatz zu Levi änderte er seinen Namen (ursprünglich Schlesinger). Seine Beziehungen zur jüdischen Gemeinschaft waren höchst negativer Natur (mündliche Mitteilung des seinerzeitigen Münchener Gemeinderabbiners Dr. Leo Baerwald [1883–1970] an den Autor dieses Aufsatzes [1957].)
38 Nichts ist bekannt von Beziehungen Levis zur Münchener jüdischen Gemeinde. Eine Anekdote ist überliefert, daß Levi dem damaligen Gemeinderabbiner Prof. Cossmann Werner (1854–1918) einen »Tausch« der Nachnamen vorgeschlagen hätte.
Interessant ist – und wohl als Beispiel jüdischen Selbsthasses zu werten –, daß Adorno, der seiner Mutter Namen benutzte und den väterlichen (Wiesengrund) zur Majuskel verkümmern ließ, nie als Jude betrachtet werden wollte, während Max Horkheimer

positiv zum Judentum stand, wie auch Ernst Bloch. Zu Wagner siehe auch Ginzel, S. 151 f

39 Siehe meinen Aufsatz in: Phylon, »Negro Digest«, New York 1946

40 Curt Riess: »Auch Du, Cäsar – Homosexualität als Schicksal«, Universitäts-Verlag (München 1981), S. 429

41 Berlin 1979. Engl. Originalausgabe: »With Downgast Gays«, London 1974

42 Das differenzierte Problem des »jüdischen Selbsthasses« ist den Autoren nicht bekannt gewesen, sonst hätten sie unschwer auch Juden, die sich nicht von ihren antisemitischen »Freunden« trennen wollten oder konnten, gefunden: Man denke an Karl Wolfskehl im Kreis um Alfred Schuler.

43 Norman Mailer (geb. 1923), mit dem sich (wie mit Richard Wright) der jüngere James Baldwin in »Nobody knows my Name« befaßt, ist nur einer von Dutzenden. Ihre Thematik findet, wie der monatelange Bestseller-Anführer »Good as Gold« von Joseph Heller (1979) beweist, reges Interesse. Wie dieses allerdings zu werten ist, der zitierte Titel galt wohl vorrangig als Anti-Kissinger-Buch, sei dahingestellt.

44 Vgl. Hans Lamm: »Jakob Wassermann – Deutscher und Jude« in: Gedenkschrift Jakob Wassermann, Fürth 1973

45 Salcia Landmann: »Der jüdische Witz«, Olten und Freiburg 1960. Vergleiche dazu Friedrich Torberg: »Wai geschrien oder Salcia Landmann ermordet den jüdischen Witz« in: »Der Monat«, Berlin, Oktober 1961

46 Zitat aus Band IV der Studienausgabe, Frankfurt a. M. 1970, S. 54 f. Die Witze, die Freud kannte, waren »unschuldig« im Vergleich zu den »Judenwitzen« unserer jüngsten Vergangenheit, die in makaber-abscheulicher Weise zumeist ums »Vergasen« und »Verheizen« von Juden kreisen: »Wenn die Etymologie von ›Auschwitz‹ hergeleitet wird vom Aus-Schwitzen der Juden aus dem deutschen Volk, ein andermal vom Au-Schreien der in den Öfen Schwitzenden, schlägt das Schuldgefühl, sei es existent oder erwartet, sich in die Büsche bloßer Scherzhaftigkeit«. M. Vogt). Zum Judenwitz heute und seiner Funktion im Rechtsextremismus siehe Günther Bernd Ginzel: »Hitlers Ur-Enkel. Neonazis – ihre Ideologien und Aktionen«, Düsseldorf, 2. Aufl. 1981, S. 84, siehe Selbmann, S. 287 ff

47 Eigentümlicherweise verstand sich der »Schlemiel« als »Jüdische Blätter für Humor und Kunst«: Vorzügliche politische Witze, gepaart mit vorzüglich »nicht-ironischer«, d. h. »ernster« Kunst. Der Witz findet in der Sprache statt, nicht im Bild (die Karikaturen sind, trotz des vorzüglichen Menachem Birnbaum, meist weniger gelungen als die Texte).

48 Man vergleiche zum Thema »Der jüdische Witz als Anti-Utopie« auch den »Vorläufer« des »Schlemiel«, die einzige Ausgabe des Witzblattes »Gut Woch«, das ein gewisser Siegfried Meyer, Berlin 1889, unter dem Datum 10. Thamus 5658 (1898) und der Fiktion, daß das jüdische Reich wiederhergestellt sei, herausgab. Der »Schlemiel« (Nr. 23) hebt die »merkwürdige Selbstgefälligkeit der Selbstverspottung des präzionistischen deutschen Judentums« hervor. Vgl. etwa das kaum antiarabische, vorzüglich selbstkritische »Auserwählt und trotzdem heiter, Witze aus Israel«, Hrsg.: Uri Sela und Shraga Har-Gil (München 1970; auch: Fischer Bibl. 1558)

49 »Nobody knows my name« (1961). Daß Baldwin nicht nur der schwarzen Minderheit angehört, ist aufgrund seiner Novelle »Giovanni's Room« (1963) (deutsch »Giovannis Zimmer«, ro ro ro Band 999, 1967) zu vermuten.

50 »Der Spiegel« vom 8. Juni 1981, S. 156–184

51 Friedrich Heer: »Gottes erste Liebe«, München 1981, S. 10

52 Der »Volks-Brockhaus« (1939) erwähnt als einzige Kennzeichnung des jüdischen Charakters auf Seite 326: »Negative Wesenszüge ... Händlergeist, Intellektualismus, Macht- und Geldstreben, Eitelkeit und Empfindlichkeit«!

53 Albert Speer: »Spandauer Tagebücher«, Berlin 1975, S. 48, TB-Ausgabe 1978; beide Ullstein

54 Vgl. Hans Lamm: »Gibt es eine jüdische Geistigkeit«, in: Baudrexel/Fingerle/Lamm: »Erwachsenenbildung heute«, München 1962

55 Vgl. u. a. Eva Reichmann: »Die Flucht in den Haß«, dt. Frankfurt a. M. 1956

56 Vgl. Sammelwerk »Der Jud ist schuld«, Basel 1938, und »Die Juden in Deutschland«, München 1935

57 Bis 1966 wurden unter insgesamt 360 Nobelpreisträgern bereits 45 Juden geschätzt (und sieben »Halbjuden«). Im Jahre 1978 wurden in Stockholm bzw. Oslo sechs Juden durch den Nobelpreis ausgezeichnet.

Antisemitische Bilderstereotypen

»Von Niedrigkeit umglänzt ihr reines Bildnis«

Antijudaismus in der christlichen Kunst

Zur Darstellung von Juden und Judentum in christlichen Kunstwerken des Mittelalters und des Barock

Willehad Paul Eckert

I. Ecclesia und Synagoga in der bildenden Kunst

Wer immer die Straßburger Synagoga betrachtet – ein Werk des Ecclesia-Meisters aus der ersten Hälfte des 13. Jahrhunderts –, wird von ihrem schmerzvollen Liebreiz unwillkürlich ergriffen.[1] Zwar ist sie als der Ecclesia Unterliegende dargestellt: Die Krone hat sie verloren, der Mantel entgleitet ihren Schultern, eine Binde verhüllt ihre Augen. Der Fahnenschaft in ihrer Rechten ist zerbrochen, wie eine Last ziehen die Gesetzestafeln die Linke herab. Aber die Binde wirkt nur wie ein durchsichtiger Schleier. Sie läßt darunter die Augen erkennen. So wirkt das

Kopf der Synagoga, Straßburger Münster

Gesicht nicht entstellt. Der schlanke Leib der Synagoga entspricht dem Schönheitsempfinden der französischen Gotik. Mit hohem technischem Können verbindet der Ecclesia-Meister ein feines Empfinden für die Tragik der Dargestellten.[2] Der zu Anfang des Ersten Weltkrieges gefallene elsässische Dichter Ernst Stadler läßt den Straßburger Ecclesia-Meister die beiden Frauenbilder miteinander vergleichen:

> Zuletzt, da alles Werk verrichtet, meinen Gott zu loben,
> Hat meine Hand die beiden Frauenbilder aus Stein gehoben.
> Die eine aufgerichtet, frei und unerschrokken –
> Ihr Blick ist Sieg, ihr Schreiten glänzt Frohlocken.
> Zu zeigen, wie sie freudig über allem Erdenmühsal throne,
> Gab ich ihr Kelch und Kreuzesfahne und die Krone.
> Aber meine Seele, Schönheit ferner Kindertage und mein tief verstecktes Leben
> Hab ich der Besiegten, der Verstoßenen gegeben.
> Und was ich in mir trug an Stille, sanfter Trauer und demütigem Verlangen
> Hab ich sehnsüchtig über ihren Kinderleib gehangen;
> Die schlanken Hüften ausgebuchtet, die der lockre Gürtel hält,
> Die Hügel ihrer Brüste zärtlich aus dem Linnen ausgewellt,
> Ließ ihre Haare über Schultern hin wie einen blonden Regen fließen,
> Liebkoste ihre Hände, die das alte Buch und den zerknickten Schaft umschließen,
> Gab ihren schlaffen Armen die gebeugte Schwermut gelber Weizenfelder, die in Julisonne schwellen,
> Dem Wandeln ihrer Füße die Musik von Orgeln, die an Sonntagen aus Kirchentüren quellen.

Die süßen Augen mußten eine Binde tragen,
Daß rührender durch dünne Seide wehe ihrer Wimpern Schlagen.
Und Lieblichkeit der Glieder, die ihr weiches Hemd erfüllt,
Daß wunderbar in Gottes Brudernähe
Von Niedrigkeit umglänzt ihr reines Bildnis stehe.[4]

Die beiden Frauengestalten stehen in einer jahrhundertelangen Bildtradition, die freilich im einzelnen sehr erhebliche Wandlungen durchgemacht hat. Diese Wandlungen sind nicht nur durch die Änderungen des künstlerischen Geschmacks bestimmt, sondern vielmehr entsprechen sie einer verschiedenartigen theologischen Wertung[5].

Schon auf römischen Mosaiken, z. B. in St. Pudentiana in Rom, finden sich seit dem 11. Jahrhundert zwei einander gegenüberstehende Frauen, die hier jedoch nicht als zwei konkurrierende Religionsgemeinschaften zu verstehen sind, sondern als die beiden Völker, aus denen die eine Kirche besteht. In den Unterschriften unter den beiden Gestalten in St. Pudentiana heißt es ausdrücklich: Ecclesia ex judaeis und Ecclesia e gentibus, die Kirche also aus Juden und Griechen bzw. Heiden, die »Ecclesia bipartita, die am Jüngsten Tag aus beiden eins« geworden ist (Eph. 2, 14), das Volk des vollendeten Neuen Bundes. Dieser Typus hat eine lange Nachwirkung. Ein besonders eindrucksvolles Beispiel findet sich in Graubünden. Die Kirche St. Martin in Zillis besitzt eine vollständig erhaltene Bilderdecke aus dem 12. Jahrhundert. Insofern erscheint sie der Kirche St. Michael in Hildesheim verwandt. Doch besitzt deren Bilderdecke eine größere künstlerische Qualität als die von St. Martin in dem abgelegenen Zillis. Auch sind die Bilder in Zillis viel kleinteiliger. Dafür sind sie reicher an Motiven. Unter der Vielzahl der Figuren haben die der Synagoga und Ecclesia für uns ein besonderes Interesse. Hier werden sie als die Sinnbilder des Alten und des Neuen Testamentes oder vielleicht besser als des Volkes des Alten und des Neuen Bundes verstanden. Beide Frauengestalten scheinen nach hellenistischen Vorlagen konzipiert zu sein. Die beiden Frauen wenden sich einander zu. Sie treten dabei jeweils aus einem Stadttor, das mit einer Mauerzinne gekrönt ist. Beide sind einander in Kleidung und Bewegung recht ähnlich. Im Gegensatz zu den sonstigen gleichzeitigen und späteren Darstellungen fehlen weitgehend unterscheidende Attribute. Erst bei genauerem Zusehen entdeckt man dann doch eines. Der Dreiecksgiebel über der Tür, durch die Ecclesia schreitet, zeigt ein Kreuzsymbol. Es fehlt bei dem entsprechenden Giebel über der Tür der Synagoga. Hier erscheint lediglich ein Filigranmuster als Schmuck. Die Dramatik, die sonst üblich ist, fehlt hier ganz. Aber es fehlen eben auch jede Konkurrenz und die sonst so häufige Diskriminierung der Repräsentantin des Judentums.[6] Dies ist um so überraschender, als schon Jahrhunderte zuvor, bereits in der karolingischen Kunst, seit dem 9. Jahrhundert also, die Synagoga und die Ecclesia als die in der Gegenwart miteinander konkurrierenden Glaubensgemeinschaften verstanden werden. Wir finden sie nicht selten als Begleitfiguren bei Kreuzigungsdarstellungen. Eine besonders eindrucksvolle Darstellung der Konkurrenz zwischen Ecclesia und Synagoga bietet ein Elfenbeintäfelchen, verwendet auf einem Buchdeckel in der Pariser Nationalbibliothek.[7] Zur Rechten Christi sieht man Johannes und Maria, zur Linken sitzt auf einem kissenbelegten Thron die Synagoga. Ihr Haupt ist mit einem Mauernnymbus umgeben. Sie hält eine Fahne in der Rechten und in der Linken ein Beschneidungsmesser. Vor ihr steht die Ecclesia, gekleidet wie die Synagoga. Sie erhebt ihre Rechte im Rede- oder vielleicht im Drohgestus gegen sie. Die Ecclesia begegnet uns aber noch einmal, nämlich zu Füßen Christi. Hier sitzt sie ebenfalls auf einem kissenbelegten Thron, hält nun ihrerseits in der Rechten die Fahne und in der Linken das Tympanon. Ihr Blick wendet sich zu der Synagoga nach oben. Sie hat den Thron der Synagoga eingenommen und wendet sich – so deutet es Alfred Raddatz – als Ecclesia in throno zu der überwundenen Synagoga zurück. Auf einer Elfenbeintafel, die wie die vorhergenannte der jüngeren Metzer Schule entstammt, sieht man als Assistenzfiguren des Gekreuzigten Ecclesia und Synagoga. Ecclesia fängt in einem Kelch das Blut auf, das aus der Wunde des Gekreuzigten strömt.[8] Sie steht auf seiner rechten Seite, hinter ihr Maria; auf der linken, der Johannesseite (immer von Christus aus gesehen), finden wir Synagoga. Sie schreitet vom Kreuz fort, blickt aber noch mit zurückgewandtem Haupt zu Christus hin. Trotz ihres Wegschreitens ist sie also immer noch an Christus gebunden.[9]

Dramatisch bewegend ist die Darstellung von Ecclesia und Synagoga auf dem Gunhildkreuz. Sie ist in Walroßzahn gearbeitet und stammt aus dem dritten Viertel des 11. Jahrhunderts. Ecclesia und Synagoga sind jeweils in Medaillons an den Enden des Querbalkens des Gunhildkreuzes dargestellt. Das linke Medaillon zeigt die nach rechts Blickende zum Gekreuzigten – dessen Bild aber nicht mehr erhalten ist –, während sie vor ihrer Brust ein geöffnetes Buch mit der Inschrift Ecclesia Sancta hält. Zugleich umfaßt sie mit ihrer Rechten die Fahne. Auf der gegenüberliegenden Seite ist im Medaillon Synagoga dargestellt mit entblößtem Oberkörper. Sie schaut vom Gekreuzigten weg und rauft sich die Haare. Das geöffnete Buch mit der Inschrift Synagoga entgleitet ihrem Schoße.[10]

Die Synagoga des Gunhildkreuzes

In allen diesen Darstellungen ist Synagoga unverschleiert. Das gilt auch noch für das Bild der Synagoga, das die Wiesbadener Handschrift von Scivias enthielt. Die Handschrift selbst ist 1945 verlorengegangen. Doch war sie glücklicherweise zuvor fotografiert worden.[11]
Hildegard von Bingen beschreibt ihre Vision, und der Miniator versucht diese wiederzugeben: »Darauf sah ich eine weibliche Gestalt. Vom Scheitel bis zur Leibesmitte schattenhaft, von der Leibesmitte bis zu den Füßen blutigrot. Eine

Synagoga in der Vision der Hildegard von Bingen

blendend weiße, ganz reine Wolke umschwebte ihre Füße, aber sie war der Augen beraubt. Die Hände hielt sie unter die Achseln. Sie stand neben dem Altare, der vor den Augen Gottes ist, aber sie berührte ihn nicht. In ihrem Herzen stand Abraham, in ihrer Brust Moses, in ihrem Schoße die übrigen Propheten. Alle wiesen ihre Kennzeichen auf und schauten mit Bewunderung auf die Schönheit der neuen Braut. Das Weib war groß wie ein gewaltiger Stadtturm und trug auf seinem Haupte einen Stirnreif, der wie Morgenrot leuchtete.«[12] Hildegard von Bingen fügt der Beschreibung der Vision eine ausführliche Erklärung an. Daraus seien die wichtigsten Sätze zitiert: »Die weibliche Gestalt, schattenhaft vom Scheitel bis zur Leibesmitte, ist die Synagoga, die Mutter der Fleischwerdung des Sohnes Gottes. Von ihrem Entstehen an – mit ihren ersten Söhnen – bis zu ihrer vollen Entfaltung sah sie die geheimen Pläne Gottes in schattenhafter Erkenntnis voraus. Aber sie konnte sie nicht vollkommen auftun . . . Das Weib ist von der Leibesmitte bis zu den Füßen schwarz; denn von der Zeit ihrer großen Machtfülle an bis zum Ablauf ihrer Zeit befleckte sich die Synagoga durch Übertretung des Gesetzes und Treulosigkeit am Bunde der Väter.« Und weiter: »An den Füßen ist sie blutigrot, doch sind diese Füße von einer blendend weißen, ganz reinen Wolke umschwebt. Denn als für sie die Zeit des Endes gekommen war, ermordete sie den Propheten der Propheten und brachte dadurch sich selbst zu Fall. Aber aus diesem ihrem Ende erhob sich in den Seelen der Gläubigen der lichteste, hellschauende Glaube. Die Synagoga sank zu Boden. Da stand die Kirche auf; denn nach dem Tode des Sohnes Gottes ergoß sich die Lehre der Apostel über den ganzen Erdkreis.« Hildegard von Bingen fährt fort: »Am frühen Morgen gleichsam war die Synagoga gekrönt worden, da sie die göttlichen Gebote in Adam empfing. Zwar hörte dieser auf den ersten Befehl Gottes, aber nachher verfiel er durch seine Übertretung dem Tode. So nahmen auch die Juden das göttliche Gesetz zuerst an, später aber verwarfen sie den Sohn Gottes in ihrem Unglauben. Wie nun der Mensch durch den Tod des Eingeborenen Gottes gegen Ende der Zeiten dem Verderben des Todes entrissen wurde, so wird auch die Synagoga, vor dem Jüngsten Tage durch göttliche Erbarmung erweckt, ihren Unglauben verlassen und wahrhaft zur Erkenntnis Gottes gelangen. . . . Christus wird den Antichrist niederschmettern und die Synagoga zum wahren Glauben zurückrufen, wie David nach dem Tode Sauls seine erste Gattin wieder zu sich nahm.«[13]

Die Seherin macht sich in der Ausdeutung ihrer Vision das heilsgeschichtliche Schema des Apostels Paulus zu eigen, wie er es in Kapitel 11–13 des Römerbriefes artikuliert hat. Der Apostel ist davon überzeugt, daß das Ende der Zeiten nicht eintreten wird, bevor ganz Israel gerettet ist. Die zuversichtliche Hoffnung auf die Rettung des ganzen Israels, der Juden als Gottesvolk, begründet die Duldung der Juden in der Zeit. Freilich ist das nur eine widerwillige Duldung. Von einer Partnerschaft kann keine Rede sein. Auch bleibt das Programm der Duldung mit mancherlei Diskriminierung für die Geduldeten behaftet. Das wird in den Worten der Seherin ja auch sehr deutlich. Sie sind eigentümlich ambivalent. Das verrät sich sowohl in der Verwendung der Allegorese als auch in den direkten Charakterisierungen der Synagoga als Repräsentantin der Juden. Hildegard von Bingen hält zwar an der Überzeugung fest, daß die Synagoga, das Gottesvolk der Juden, am Ende die Liebe Christi wiederfindet, daß sie durch Christus selbst vor dem Antichristen gerettet wird. Voraussetzung der Rettung aber ist eben der Glaube an Christus. Damit wird der Glaube der Juden als Unglaube denunziert. Wie sehr er mißachtet wird, geht aus den vielen zusätzlichen Charakterisierungen hervor, deren sich die Seherin bedient. Sie wirft der Synagoga als Repräsentantin der Juden u. a. Trägheit, d. h. Herzensträgheit, vor. Das ist der Grund auch für ihre Blindheit. Sie unterstellt der Synagoga als Repräsentantin des Volkes der Juden Gesetzesübertretung und Treulosigkeit. Sie erspart der Synagoga nicht einmal den Vorwurf, sich von den Lockungen des Fleisches, d. h. der Wollust, verführt haben zu lassen. Mit der letzteren Beschuldigung greift sie jedoch einen alttestamentlichen Topos auf, nämlich den der Gleichsetzung von Unglaube und Unzucht.

Auf den Text der Hildegard von Bingen zu achten ist deshalb so lohnend, weil vieles davon in die gleichzeitige und spätere Ikonographie der Synagoga eingegangen ist. So begegnet uns seit dem 12. Jahrhundert immer häufiger die Darstellung der Synagoga als einer Verschleierten, deren Augen, durch eine Binde verdeckt, die Blindheit symbolisieren. Wenn Hildegard von Bingen in der Erklärung ihrer Vision die Synagoga zu den Füßen der Kirche niedersinken läßt, so finden wir dazu eine entsprechende Darstellung in der Initiale Q einer Handschrift, die sich heute in Verdun befindet. Sie enthält das Homiliar des Peter von Verdun. Die Initiale Q bezieht sich auf die Predigt zum Kirchweihfest. In dem Oval des Buchstabens steht die reich gekleidete Frauengestalt der Ecclesia. Sie ist gekrönt, mit ihrer Rechten umgreift sie den Kreuzesstab mit Fahne. In ihrer Linken hält sie den Kelch. Ihre Füße hat sie auf die am Boden liegende Synagoga gesetzt – deren Gestalt damit gleichzeitig auch den Querstrich des Buchstabens bildet. Den Kreuzesstab stößt Ecclesia der Synagoga in den Nacken. Die Augen der am Boden Liegenden sind durch eine Binde bedeckt.[14]

Als Königin, deren Krone sinkt, deren Augen durch eine Binde bedeckt, deren Fahnenstab gebrochen ist und der die Gesetzestafeln aus der anderen Hand sinken, so ist Synagoga sehr häufig dargestellt worden, am ergreifendsten gelang dies bei der bereits eingangs erwähnten Straßburger Synagoga. Die Schönheit, die sie auszeichnet, darf dabei theologisch verstanden werden. Schönheit bedeutet nämlich den Glanz Gottes. Der Straßburger Meister will damit zum Ausdruck bringen, daß Synagoga noch immer von Gott geliebt ist.

Übrigens standen die beiden Frauengestalten ursprünglich in einem Ensemble, zu dem als dritte und abschließende Figur Christus als Richter gehörte. Es gab dabei eine zweifache Symbolik. Die beiden Frauengestalten sind die Repräsentantinnen der konkurrierenden Glaubensvölker. Sie erinnern aber zugleich auch an die beiden Frauen, die vor König Salomon um den Besitz des überlebenden Kindes stritten. Salomon hatte zu entscheiden, welche die richtige Mutter war. So muß nun Christus wie Salomon entscheiden, ob Synagoga oder Ecclesia die Mutter der Glaubenden ist. So gesehen aber hat die Szene eschatologischen Charakter, deutet sie auf das Weltgericht am Jüngsten Tag. Aber ungleich der Frau, deren Anspruch von König Salomon zurückgewiesen wurde, ist die Sache der Synagoga nicht gänzlich verloren. Weil sie Jesus als den Christus nicht zu erkennen vermochte, sind ihre Augen zwar verschleiert, ihre Herrschaftszeichen entfallen ihr oder sind zerbrochen. Die Zeit des Gesetzes ist vorbei, die Zeit der Gnade hat begonnen, so wird es ja in der christlichen Theologie immer wieder betont. Daher weisen die Gesetzestafeln nach unten. Aber während der Kopf der Synagoga sich noch von Jesus dem Christus abwendet, scheinen sich die Füße ihm zuzuwenden. Hinweis darauf, daß Christus sie dennoch an sich zu ziehen vermag! Die Schönheit darf also als die Fortdauer der Erwählung gedeutet werden.

Ein Parallelbeispiel dazu sind die Gestalten von Ecclesia und Synagoga von der Liebfrauenkirche in Trier. Allerdings besitzen sie nicht die ästhetische Vollkommenheit der Straßburger Skulpturen. Doch das typologische Programm ist das gleiche. Auch das Freiburger Münster weist an seinem Eingang eine Weltgerichtsszene auf. Hier stehen die klugen und die törichten Jungfrauen einander gegenüber. Ecclesia steht im Mittelpunkt der klugen Jungfrauen, Synagoga ist gewissermaßen die Anführerin der törichten Jungfrauen. Bei diesem Programm freilich muß man sich fragen, ob nicht die dahinterstehende Aussage doch auf eine endgültige Verwerfung der Synagoga hinauswill.

Die Gegenüberstellung von Ecclesia und Synagoga findet sich keineswegs allein in der Monumentalplastik. Als Beispiel für eine Goldschmiedearbeit sei der Eleutherius-Schrein genannt, der sich in Tournai befindet. Die Symbolik ist die übliche. Das Haupt der Synagoga ist mit einer Binde verdeckt. Die Krone entgleitet ihr. Eine Besonderheit ist nur, daß Synagoga und Ecclesia einen Kelch in der Hand halten. Allerdings ist er bei Synagoga nach unten gekehrt. Er tritt also an die Stelle der sonst nach unten weisenden Gesetzestafeln. Die zerbrochene Fahnenlanze gehört wie die beiden ersten Attribute zum Schema der Synagogendarstellung.[15]

Daß die Synagoga auch als die endgültige Verworfene erscheinen kann, belegt u. a. eine niedersächsische Silberpatene aus der Zeit 1160–1170. Auf ihr ist u. a. eine Schar von neun Männern zu sehen, die auf das Höllentor zugehen, aus dem Flammen herausschlagen. Sie tragen den spitzen Judenhut, der erste von ihnen hält in der Linken ein Band mit der Aufschrift SYNAGOGA. Der letzte von ihnen wendet sich um und schaut auf eine geschlossene Pforte. In der erläuternden Inschrift heißt es dazu, daß die Synagoga den Abgrund, nämlich den der Hölle, verdient, weil sie Christus verworfen hat.[16]

Auch in der Wandmalerei, auf Altartafeln und in zahlreichen Buchillustrationen begegnet uns die Typologie von Ecclesia und Synagoga. Drastisch ist z. B. die Darstellung im Skizzenbuch des Petrus des Funes; denn hier hat sich die Binde in eine Schlange verwandelt, die das Haupt der Synagoga umwindet und ihre Augen bedeckt.[17]

Unter den spätmittelalterlichen Gemälden sind besonders die beiden Außentafeln des Basler Heilsspiegelaltars zu erwähnen, die um 1435 geschaffen wurden. Ecclesia und Synagoga stehen jeweils in einem bühnenartigen Innenraum. Ecclesia ist in einen weiten roten Mantel gekleidet. In der Linken hält sie den Kreuzesstab, in der

Synagoga des Konrad Witz

Rechten einen Kelch, über den eine Hostie schwebt. Synagoga ist in ein schmutzig gelbes Gewand gekleidet. Die Wahl der Farbe dürfte nicht ganz zufällig sein; denn im Mittelalter waren die Huren nicht selten gelb gewandet. Konrad Witz, der gerne mit Symbolen arbeitete, hat sich daher, gewiß nicht unabsichtlich, sondern mit Vorbedacht, für Gelb als Farbe des Kleides der Synagoga entschieden. Er greift damit den Topos der Identifizierung von Unglauben und Unzucht auf. Im Gegensatz zu den meisten anderen Darstellungen weisen bei Witz die Gesetzestafeln nicht nach unten. Synagoga hält sie vielmehr aufrecht und drückt sie mit ihrer Rechten an ihre Brust. Mit ihrer Linken stützt sie sich auf eine zerbrochene Lanze, an der ein Wimpel mit zwei Judenhüten flattert. Dadurch wird der Charakter der Synagoga als Repräsentantin der Judenheit besonders deutlich zum Ausdruck gebracht. Das Antlitz der Synagoga wirkt fahl. Trauer liegt über ihm. Doch ist der Schleier über ihren Augen nur zart angedeutet.[18]

Nun gibt es überraschenderweise in einer in Hamburg befindlichen jüdischen Pergamenthandschrift um 1300 eine eigenartige ganzseitige Illustration mit der Darstellung eines Brautpaares. Das Bild bezieht sich auf das Hohe Lied, 4, 8: »Komm meine Braut von Libanon, komm von Libanon«. Die über dem Brautpaar stehenden Initialen sind der Beginn des liturgischen Textes des Schabbathagadol. Das Eigenartige ist nun, daß der junge Jude, gekennzeichnet durch den Judenhut, um eine gekrönte Frau wirbt, deren Augen durch eine Binde gehalten sind. Die Deutung ist schwierig. Am glaubhaftesten scheint mir die Erklärung zu sein, die die Binde als Zeichen der Verbannung deutet. Dann umwirbt der Jude die Synagoga als die Repräsentantin seines verbannten Volkes.[19] Das Bild der Synagoga war also so vertraut, daß es sich der jüdische Künstler ebenfalls zu eigen machte und sein Auftraggeber daran keinen Anstoß genommen hat. Wir gehen wohl nicht fehl in der Annahme, daß die Übernahme in eine jüdische Handschrift in der Absicht der Neuinterpretation geschah, im Willen, den Angriffen der Christen gerade durch die Aufnahme eines von ihnen häufig verwandten Motivs Paroli zu bieten.

Unverkennbar ist, daß im Spätmittelalter die Darstellungen weit feindseliger sind als in den vorangehenden Jahrhunderten. Vor karikaturhaften Zügen scheut man sich jetzt nicht mehr.[20] Dafür ist ein eindrucksvolles Beispiel das Turnier zwischen Ecclesia und Synagoga auf einer Chorstuhlwange im Erfurter Dom. Die Szene dürfte um 1400–1410 angefertigt worden sein. Die Ecclesia, so dürfen wir die Rittergestalt wohl deuten, springt auf einem Pferd mit Schild und eingelegter Lanze auf die Synagoga zu. Diese reitet auf einer Sau der Ecclesia entgegen. Sie ist unbewaffnet. Mir ihrer Linken hält sie sich am Ast eines Baumes fest. Ihre Augen sind zugekniffen. Ihr Kopf ist zurückgebogen. Er wirkt karikaturhaft. Der Judenhut ist für sie kennzeichnend. Allerdings ist auffällig, daß in dieser Szene die beiden Frauengestalten durch Männer ersetzt sind. Doch scheint mir der Sinn eindeutig zu sein. Es kann sich nicht um den Überfall eines Ritters auf einen Bauern handeln, sondern es geht hier um den Gegensatz von Kirche und Synagoge als der feindlichen Glaubensgemeinschaften. Bezeichnend aber ist, daß der Jude unbewaffnet ist – der Sachsenspiegel hatte ihm noch zu Anfang des 13. Jahrhunderts das Recht zugebilligt, Waffen zu tragen. Jetzt jedoch ist der Jude wehrlos.[21]

Seit 1400 findet sich nicht selten in Süddeutschland, der Schweiz, Österreich und Italien des Bildthema des »lebenden Kreuzes«. Die Arme des Kreuzes setzen sich in vier Händen fort, die den Himmel aufschließen, das Höllentor zertrümmern, die Ecclesia segnen und krönen, aber die Synagoga wird verstoßen oder gar getötet. So stößt in St. Lambert in der Steiermark eine Hand vom lebenden Kreuz der Synagoga das Schwert in die Brust.[22] In einer Wandmalerei aus Bologna um 1421 finden wir den Typus des lebenden Kreuzes noch reicher ausgestaltet. Die Bildmitte beherrscht der Gekreuzigte. Sein Haupt ist nach rechts herabgesunken. Es wendet sich Ecclesia zu, die auf einem Tetramorph heranreitet, einem Tier, das aus den vier Evangelistensymbolen gebildet ist. Sie hält in ihrer Linken einen Kelch, um das Blut aus der Seitenwunde Christi zu empfangen. In der Mitte des Blutstrahles erscheint eine weiße Hostie. In ihrer Rechten hält sie ein Spruchband. Die Inschrift lautet übersetzt: »Ausgestattet mit seinem Blut bin ich Christi Braut genannt.« Vom rechten Ende des Kreuzesquerbalkens geht ein Arm aus, der Ecclesia eine Krone auf ihr Haupt setzt. Von der linken Seite (links von Christus her gesehen) reitet Synagoga heran. Ihr Reittier ist ein Ziegenbock, dessen

Turnier zwischen Ecclesia und Synagoga, 1400–1410

Beine gebrochen sind. Eine Binde verhüllt ihre Augen. Mit ihrer Linken hält sie sich am Bockshorn. In der Rechten führt sie ein Spruchband, dessen Aufschrift in Übersetzung lautet: »Das Blut der Opferstöcke verführt mich wie die Schlange.« Der Arm, der vom linken Ende des Kreuzbalkens ausgeht, stößt ein Schwert durch das Haupt der Synagoga. Ein Arm über dem Kreuz weist zur Seite der Kirche hin. Er hält in der Hand einen Schlüssel, um das Tor der Himmelsburg aufzuschließen. Unter dem Kreuz, zu seinen Füßen also, weist ein Arm auf die Seite der Synagoga. Seine Hand öffnet die Pforten der Unterwelt.[23]

Demgegenüber wirkt das Bild der Grablegung der Synagoga sehr viel milder. Dieses Thema findet sich z. B. in der Bible Moralisée in der Pariser Nationalbibliothek aus dem Anfang des 15. Jahrhunderts. Zwei Männer mit Heiligenschein betten die tote, aber gekrönte Synagoga in den Sarkophag. Keine Binde hält die Augen. Die Synagoga ist einfach wie eine Ruhende dargestellt. Die Gesetzestafeln hält sie in ihrer Rechten. Ecclesia steht zu ihren Häupten, wachend, aber nicht eigentlich triumphierend. Christus steht zu ihren Füßen und segnet sie.[24] Soll hier Hoffnung auf die endgültige Rettung angedeutet werden? Der Gestus des Segnens mag auch auf die Wiederbelebung hindeuten. Freilich wird geradezu überdeutlich, daß es die Überzeugung des Künstlers oder seiner Auftraggeber ist, daß die Zeit der Synagoga endgültig abgelaufen ist.

Das »lebende«, auch »handelnde«, Kreuz

II. Juden in alttestamentlichen Szenen

Im Frühmittelalter ist die Kunst fast ausschließlich auf wenige sakrale Motive beschränkt. Erst im Hoch- und Spätmittelalter werden profane Gegenstände darstellungswürdig. Zwar erscheinen Dämonen- und Tiergestalten durchaus schon in romanischen Steinmetzarbeiten, haben ihren Platz in der Außenplastik der Kirchen, sind aber auch an den Kapitellen der Säulen zu erblicken. Doch fehlt es nicht an Reaktionen, die sich heftig gegen solche Bildlichkeit wenden. Bernhard von Clairvaux hat sie verabscheut. Doch waren sie nicht zu vertreiben. Erst mit dem Hochmittelalter jedoch werden ganze Bildprogramme entwickelt. Die sakrale Kunst bleibt bis ins Spätmittelalter die dominierende. Nur langsam werden im Spätmittelalter, dann freilich mehr und mehr, auch profane Gegenstände akzeptiert. Allerdings werden diese profanen Gegenstände erst durch ihre Integration in den sakralen Gesamtcharakter darstellungsfähig. Erst im Laufe des 15. Jahrhunderts beginnt die Emanzipation des Profanen vom Sakralen. Je mehr sich jedoch weltliche Szenerien in Bildinhalte religiöser Natur drängen, desto größer ist die Verführung, die religiösen Inhalte nur noch als Rechtfertigung für den an sich bereits weltlich aufgefaßten Gegenstand zu nützen. Trotz der unverkennbaren Neigung, die im Zeitalter der Renaissance sich durchsetzt, sich der Freude am profanen Gegenstand hinzugeben, bleiben Elemente des früheren Bildverständnisses noch erhalten. Daß die Stilleben noch des 17. Jahrhunderts keineswegs nur eine Huldigung an Farbe und Form sind, sondern von religiösen Gehalten bestimmt werden, wie z. B. der Vanitassymbolik, dem Wissen um die Vergänglichkeit alles Geschaffenen vor Gottes Ewigkeit, das ist eine Erkenntnis, die heute schon zum Gemeinplatz geworden ist. Es kann daher nicht überraschen, daß die Darstellung von Juden in der mittelalterlichen Kunst jahrhundertelang im wesentlichen auf alt- und neutestamentliche Szenen beschränkt geblieben ist.[25]

Solange die mittelalterliche Kunst antiken Vorbildern folgt, kennt sie keine speziellen Kennzeichnungsmerkmale für Juden. In den alttestamentlichen Szenen wie in den neutestamentlichen sehen sie wie die Nichtjuden aus. Das gilt z. B. für die Bernwardstüren im Hildesheimer Dom. Geschaffen wurden sie um 1020. Vergleicht man damit aber das 200 Jahre später geschaffene Taufbecken im gleichen Dom, so ist der Unterschied frappierend. Heute sind die beiden Kunstwerke nur wenige Meter voneinander entfernt. Der Besucher des Hildesheimer Doms kann sich somit unschwer vom Wandel der Auffassung überzeugen. Die Bernwardstüre folgt noch dem klassischen Vorbild. Die Skulpturen am Taufbecken sind viel bewegter. Die Juden, die sich in einer Reihe von Szenen finden, besonders eindrucksvoll in der des Durchzugs durch das Rote Meer, sind sämtlich durch den Judenhut charakterisiert. Er begegnet uns auf vielen Bildern seit dem 12. Jahrhundert. Das ist zu dieser Zeit noch nicht im Sinne einer Diffamierung gemeint. Sonst würden die christlichen Künstler nicht so unbefangen Patriarchen und Propheten mit dem gelben Judenhut darstellen. Auch die gleichzeitigen jüdischen Künstler haben häufig keine Bedenken getragen, den Judenhut als Bekleidungsstück den Juden in den von ihnen geschaffenen Szenerien aufzusetzen.

Mit der Forderung des Vierten Laterankonzils, 1215, nach einem unterscheidenden Kennzeichen für Juden und Sarazenen wurde der Judenhut de facto zu einem Bekleidungsstück, das seinen Träger diffamierte.[26] Tatsächlich ist das Tragen des Judenhutes für viele Juden in aller Welt zu einer bitteren Qual geworden. Isoliert und diffamiert, fiel der Jude durch eben diesen Hut in aller Öffentlichkeit als andersartig auf. Daher die zahlreichen Eingaben mit der Bitte, vom Tragen des Judenhutes befreit zu werden! Aber ursprünglich ist er offensichtlich nicht anders als Teil einer Tracht zu interpretieren. Darin unterscheidet er sich von dem gelben Ring oder Fleck, der im Spätmittelalter im Gefolge der Bestimmungen des Vierten Laterankonzils von den Juden auf dem Obergewand oder Mantel zu tragen war. Die nationalsozialistische Gesetzgebung, die das Tragen des gelben Sterns erzwang, hat in dieser Hinsicht nichts anderes getan, als die spätmittelalterliche, von den kirchlichen Vorschriften inspirierte Gesetzgebung zu revitalisieren. Gerade solche Feststellungen nötigen uns, auch und gerade in diesem Zusammenhang, auf Schuldzusammenhänge hinzuweisen.

Neben dem bereits erwähnten Hildesheimer Taufbecken seien als Beispiele einer eher unbefangenen Darstellung des Judenhutes genannt: Abraham mit dem Judenhut im Bibelfenster in der

Dreikönigskapelle des Kölner Doms (um 1260); die Darstellung des heiligen Josef in einem Tafelbild des 14. Jahrhunderts im Angermuseum in Erfurt begegnet uns hier im Stall von Bethlehem.[27] Diese Szene ist nicht ohne Parallele. Eine findet sich z. B. bei einem mittelrheinischen Meister um 1340, und zwar auf dem linken Flügel des Altenberger Altars, heute im Besitz des Städelschen Kunstinstituts in Frankfurt a. M. Beide Male ist Josef in der Haltung der Betrübnis dargestellt. Beide Male stützt er sich auf einen Stab. Beide Male ist der Kopf dem Kind zugewandt. Josef sitzt beide Male auf der Bildseite vom Beschauer rechts. Durch das Tragen des Judenhutes ist Josef als Angehöriger des jüdischen Volkes charakterisiert. Jesus wird durch die Figurierung eingebunden in das Judentum. Die neutestamentliche Szene bestätigt unsere Wertung der alttestamentlichen Bildfolge. Man wird sich jedoch hüten müssen, aus der Verwendung des Judenhutes als Kleidungsstück für Patriarchen und Propheten diesen von vorneherein ein für allemal als neutral zu interpretieren. In der spätmittelalterlichen Kunst jedenfalls scheint das nicht immer zu gelten. Aus dem 14. Jahrhundert seien die Skulpturen im Kapitelhaus des Domkapitels von Salisbury erwähnt. Die Bildszenen sind sehr reich und vielfältig. An einer einzigen Stelle aus den alttestamentlichen Zyklen fällt ein Judenhut auf. Kain trägt ihn, der Brudermörder Abels. Als solcher ist er dargestellt. Während einst im Hildesheimer Dom an der Bernwardstüre der Brudermord als Schuld des Menschen dargestellt wurde, wird hier Kain als Vorläufer, als Präfiguration der Juden interpretiert. Der Brudermord scheint auf die Kreuzigung Christi vorweisen zu sollen.[28]

Wie bei den Synagogendarstellungen entsteht auch hier der Eindruck, daß das Spätmittelalter sehr viel antijüdischer agiert, als es in den Jahrhunderten des Frühmittelalters der Fall war. Tatsächlich sind ja im Spätmittelalter die Juden aus Frankreich, England und weiten Teilen Deutschlands ausgewiesen worden. Die Pogrome, die schon während des ersten Kreuzzuges die jüdischen Gemeinden an Rhein und Donau dezimierten, wurden bei weitem durch die Ausrottungspolitik der Jahre 1348–1350 überboten. So läßt uns der Vergleich zwischen den Kunstwerken sehr genau die Verschärfung der Judenfeindschaft spüren.

Die Ausschließung der Juden aus den Städten und ganzen Ländern verhinderte die Möglichkeit zur persönlichen Begegnung. Das Nicht-mehr-Vertrautsein mit Juden läßt dann auch die Kennzeichen des Juden, insbesondere den Judenhut, in den mittelalterlichen Bildfolgen verschwinden. Juden treten jetzt als Orientalen auf.[29] Diese Tendenz zur Orientalisierung fiel Bernhard Blumenkranz nicht zuletzt in den moralisierenden Bibeln Frankreichs auf nach der Ausschließung der Juden aus dem Lande: »Die endgültige Ausweisung der Juden aus Frankreich erfolgt 1394. Schon der gegen 1410 von den Brüdern de Limbourg gemalte Teil der vermutlich für Jean de Berry bestimmten Historienbibel zeigt in der Darstellung der Juden eine überraschende Mischung von authentischer Kenntnis und künstlerischer Phantasie. Trotz der Schläfenlocken und des Vollbarts macht der Mann rechts, mit dem unbeschriebenen Spruchband, eher den Eindruck eines mohammedanischen Orientalen denn eines Juden. Mitverantwortlich ist dafür die turbanartige Kopfbedeckung. Diese ›Orientalisierung‹ der Juden in der künstlerischen Darstellung begegnet uns ständig im Frankreich des 15. Jahrhunderts, das keine gegenwärtigen Juden mehr kennt.«[30] Doch muß man dazu ergänzend sagen, daß auch Jahrhunderte nach der Vertreibung der Juden sehr wohl noch ein Vorstellungsbild von Juden in den Köpfen der Menschen geisterte. Sonst hätte der Engländer Thomas Coryate bei seinem Besuch Venedigs zu Beginn des 17. Jahrhunderts nicht so verwundert sein können, weil Juden und Jüdinnen so gar nicht dem karikaturhaften Bild entsprachen, das er sich mit seinen Zeitgenossen von ihnen gemacht hatte.[31] Wie positiv überrascht er war, als er die schönen, klugen Juden Venedigs sah, beschreibt er im Tagebuch seiner Reise.

Daß selbst noch im 15. Jahrhundert eine beispielhafte Zusammenarbeit von Juden und Christen möglich war, beweist die Herzog-Alba-Bibel.[32] Sie entstand 60 Jahre vor der Ausweisung der Juden aus Spanien. Den Auftrag erteilte Don Luis de Guzmán, der der Großmeister von Calatrava war, ein in Spanien hoch angesehener Ritterorden. Zu seiner Herrschaft gehörte auch Maqueda, nordwestlich von Toledo. Der dortige Rabbiner, Moses Arragel aus Guadalajara, genoß anscheinend ein großes Ansehen als Gelehrter. 1422 nämlich trat Don Luis de Guzmán mit ihm in Kontakt und bat ihn um die Mitarbeit an einer Bibelausgabe bzw. einer Ausgabe des Alten Testamentes in Spanisch, wobei die Übersetzung nicht aus der Vulgata, sondern aus der ursprünglichen hebräischen Fassung geschehen sollte. Ziel der Übersetzung sollte es sein, einen Text zu bieten, der dem Original möglichst nahekommen sollte. Auch sollten der Übersetzung Annotationes beigegeben werden, die einen theologischen Kommentar enthielten, und schließlich sollte die Bibelausgabe bebildert werden. Der Großmeister versprach dem Rabbiner die Hilfe zweier Theologen aus Toledo. Der eine war einer seiner Verwandten, der Archidiakon Don Vasco de Guzmán, der andere der Guardian der Franziskaner von Toledo, Arias de Encinas. Zwischen letzterem und dem Rabbiner kam es tatsächlich zu einer engen Zusammenarbeit. Das ist sogar auf einer der Miniaturen dargestellt. Auf Folie 11^r sieht man, wie Bruder Arias vor einem aufgeschlagenen Buch sitzt und mit dem Rabbiner diskutiert, der vor ihm steht. Der Rabbiner ist als Jude durch den gelben Fleck auf seinem Mantel charakterisiert. Die Bildunterschrift, in der der Name des Franziskaners ausdrücklich erwähnt wird, bestätigt die Richtigkeit unserer Deutung.[33] Die Zusammenarbeit dauerte acht Jahre. In Maqueda wurde das Werk am Freitag, dem 2. Juni 1430, wie der Rabbiner in der Schlußschrift mitteilt, vollendet. Von dort ging es an die Universität von Salamanca. Hier wurde es von dem Dominikaner Juan de Zamora geprüft und vorläufig gebilligt. Es wurde aber dann in Toledo einer weiteren Prüfung unterworfen. Sie begann am 6. November des gleichen Jahres und dauerte wenigstens ein Jahr. Als Sachverständige wurden offenbar auch Juden zugezogen. Das Endergebnis war jedenfalls die Anerkennung. Man wird diese Bibelausgabe im Zusammenhang der Bemühungen, dem Originaltext gerecht zu werden, sehen müssen, wie sie bereits Nikolaus von Lyra unternommen hatte. Mit dem 15. Jahrhundert wächst nämlich der Wunsch, den Urtext der Bibel selbst kennenzulernen. Zum Programm der Humanisten sollte dann die Forderung nach dem Studium der drei Sprachen gehören, nämlich des Hebräischen, Griechischen und Lateinischen. Die Zahl derer, die Hebräisch beherrschten, blieb aber während des 15. Jahrhunderts unter den Theologen recht klein. Das minderte nicht die grundsätzliche Anerkennung der Notwendigkeit, auf den Urtext, zu den Quellen selbst zurückzugehen. Der Rabbiner hatte an sich Bedenken, an einer illuminierten Bibel mitzuarbeiten. Er war jedoch mit dem Kompromiß einverstanden, für die Übersetzung zu sorgen und bei der Disposition des Textes jeweils Raum freizulassen, der dann nachträglich durch Bilder ausgefüllt wurde. Nun ist aber das Überraschende, daß die Bilder nicht nur mit dem Text harmonieren, sondern ihrerseits auf Vorlagen illuminierter hebräischer Handschriften zurückgehen. Die Maler der Bildszenen der Herzog-Alba-Bibel kannten entweder direkt aus Italien stammende illuminierte hebräische Handschriften oder benutzten die gleichen Quellen, aus denen das Bildgut der italienischen Handschriften entnommen ist. Dabei ist es reizvoll zu beobachten, wie in den Szenerien der Herzog-Alba-Bibel keineswegs nur der biblische Text als solcher bildlich gestaltet wird, sondern wie hier rabbinische Erläuterungen mit herangezogen werden. Diese inspirieren nämlich zu manchen Details der Szenen, die nicht durch die Bibel selbst belegt sind. Diese Bildelemente verbinden sich dann mit anderen christlicher Art. Ein besonders schönes Beispiel dafür ist die Darstellung des Bundeszeltes, die sich auf die Kapitel 26–27 und 36–40 beziehen. Auf dieser ganzseitigen Miniatur sieht man inmitten des Bundeszeltes den Hohenpriester mit einer Tiara gekrönt, wie sie sonst der Papst trägt. Im Vordergrund erscheint der siebenarmige Leuchter mit einer Reihe von Geräten wie z. B. einer Schere, die zum Reinigen der Leuchten notwendig sind. Ihre Nutzung beschreibt der Kommentar Raschis zum Buch Exodus. Auch die Mischne Thora des Moses Maimonides muß wohl als Quelle herangezogen worden sein.[34]

Wegen ihrer Verbindung von christlichen und jüdischen Bildmotiven ebenso wie der Veranschaulichung der Zusammenarbeit der christlichen Theologen mit dem Rabbiner nimmt die Herzog-Alba-Bibel jedenfalls in der Geschichte der Darstellung von Juden in der mittelalterlichen christlichen Kunst eine Sonderstellung ein.

Das »Letzte Abendmahl«

Die alttestamentlichen Szenen werden wiederholt mit neutestamentlichen in Beziehung gesetzt. Die Ausarbeitung eines Gesamtprogrammes lag u. a. gerade bei der Darstellung des Letzten Abendmahles nahe. Man griff dabei gerne auf die gleichen Vorbilder zurück. Es lag nahe, das Letzte Abendmahl in Beziehung zu setzen mit dem Opfer Melchisedek, denn dieses ist nicht nur im Hebräerbrief, sondern sogar im römischen Kanon der Meßliturgie ausdrücklich erwähnt. Ebenso lag es nahe, an das Manna in der Wüste als Brot vom Himmel zu denken, zumal Jesus selbst diesen Vergleich gebracht hatte. So kann es nicht überraschen, daß wir die gleichen Bildmotive bei den Fragmenten eines Sakramentsaltars des Jörg Ratgeb im Basler Kunstmuseums und beim Altar des Dirk Bouts für die Sakramentsbruderschaft in der St.-Peters-Kirche in Löwen finden. Doch kommt es nicht nur auf das Was, sondern auch auf das Wie der Darstellung an. Die Sakramentsbruderschaft erteilte am 15. März 1464 Dirk Bouts den Auftrag, einen Flügelaltar zu Ehren des Altarsakraments zu schaffen. Zwei Professoren der Löwener Universität sollten dem Künstler als theologische Berater zur Seite stehen. Es waren Jan Varenacker († 1475) und Egidius Bailluwel († 1482).[35] Auf den Seitenflügeln ist dargestellt: die Begegnung von Abraham und Melchisedek, das Manna, Elias vom Engel gespeist, das Pessach der Juden. Die letztere Szene hat besonderes Interesse für uns.

Die Szene des Pessachmahles hält sich recht genau an die biblische Vorlage, die Aufforderung an die Israeliten in Ägypten: »So sollt ihr es (das Lamm) essen: Eure Hüften gegürtet, Eure Schuhe an den Füßen, Euren Stab in der Hand! Dann esset es in Hast: Ein Pessach (Übergangsmahl) ist es dem Herrn.« (Ex. 12, 11)

Eine jüdische Familie hat sich in unserem Bild zusammengefunden, völlig reisefertig hat sie sich rund um den Tisch geschart, auf dessen Mitte das Pessachlamm in einer großen runden Schale liegt. Des weiteren findet man auf dem Tisch Brot und andere Speisen. Man merkt der Familie die Eile an. Während ein Familienmitglied an das Lamm herangeht, schneidet inzwischen ein anderes das Brot. Eine der Frauen greift zugleich nach dem Trinkbecher. Die Familie wirkt bedrückt: Abschiedsstimmung, Ungewißheit des Aufbruchs! Das Wagnis der Flucht macht allen zu schaffen. Der Maler denkt an die Vorbildlichkeit dieser Szene für das Letzte Abendmahl, das Jesus mit seinen Jüngern in Jerusalem gehalten hat. Doch stellt er die Szene in das Innere eines spätgotischen Bürgerhauses. Der Hausvater trägt offenkundig einen Judenhut. Man könnte also auch an einen Sederabend denken, wie er noch heute in jüdischen Familien gehalten wird, wenn da nicht das Lamm wäre. Seit der Zerstörung des Tempels im Jahre 70 n. Chr. versagen es sich die Juden, das Pessachlamm zu essen; denn der Ort, an dem es einst geopfert wurde, besteht nicht mehr. Nur die kleine Gemeinschaft der Samaritaner, die sich in der Königszeit bereits von den Juden getrennt hatte, kennt noch das Pessachlamm. Sie schlachten es an ihrem Osterfest auf dem Berge Garizim. Ob der Maler je einen Sederabend miterleben konnte, darf man bezweifeln. Für ihn hat das Pessachfest nur vorbildliche Bedeutung. Er holt es dennoch in die Gegenwart, weil er auch das Abendmahl Christi in seine Umwelt integriert, ebenfalls in einen spätgotischen Innenraum gestellt. Darin ist übrigens ein gemalter Architekturteil von besonderem Interesse. Im Giebelfeld über der Eingangstür erkennt man die Statue des Moses mit den Gesetzestafeln. Der Maler will damit die Einheit von Altem und Neuem Testament verdeutlichen, die Sinnhaftigkeit der alttestamentlichen Vorbilder in den Seitentafeln noch einmal bewußtmachen. In der Bildmitte steht ein viereckiger Tisch, auf dem, ebenfalls auf einer runden Schüssel, das Osterlamm liegt. Die Apostel haben sich um Christus versammelt, der genau in der Bildmitte dem Betrachter gegenübersitzt.

Die Darstellung des Abendmahles bei Dirk Bouts unterscheidet sich von der zumeist üblichen, in der Jesus durch das Eintunken des Brotes bzw. durch das Überreichen des eingetunkten Brotes an Judas diesen seinem Lieblingsjünger Johannes und damit allen Betrachtern als den Verräter bezeichnet. Judas erhält auf manchen dieser Bilder eine ausgesprochen »jüdische Physiognomie«, während die übrigen Apostel nicht als Juden dargestellt sind. Zusätzlich wird dann gerne Judas noch der Geldbeutel in die Hand gegeben. Geiz und Bestechlichkeit oder Wuchergeist sollen ihn und damit die Juden überhaupt kennzeichnen.[36] Bei Dirk Bouts ist zwar Judas ebenfalls hervorgehoben. Er sitzt Christus schräg gegenüber, ebenfalls an der Breitseite des Tisches, mit dem Rücken zum Betrachter. Judas ist an seinem drohenden Blick zu erkennen. Dadurch unterscheidet er sich von der Liebenswürdigkeit und Herzensinnigkeit, die das Antlitz der anderen

Apostel umspielt. Er scheint zornig aufspringen zu wollen. Weder ist er typisch jüdisch dargestellt, noch hat er einen Geldbeutel, noch wird er als Verräter gebrandmarkt.

III. Die neutestamentlichen Darstellungen

Alttestamentliche und neutestamentliche Szenen sind oft aufeinander bezogen. Daher darf der Zusammenhang auch nicht ohne weiteres aufgehoben werden. Aus diesem Grunde haben wir soeben die Szene des Letzten Abendmahles aus dem Altar der Sakramentsbruderschaft in Löwen im Zusammenhang mit ihren alttestamentlichen Vorbildern behandelt. Doch bleiben genügend Szenen, die nur wegen ihres besonderen neutestamentlichen Inhaltes hier interessieren. Als Juden gekennzeichnete Figuren finden sich vor allem in Bildfolgen, die mit Krippe und Kindheit Jesu zu tun haben, und in Szenen, die die Passion zum Gegenstand haben. Das ist sicher nicht ganz zufällig. Krippe und Kreuz stehen nach der mittelalterlichen Theologie und nicht nur nach ihr in einem engen Zusammenhang. Die Krippe verweist bereits auf das Kreuzesleiden. In der mittelalterlichen Theologie, so schon bei Anselm von Canterbury im 12. Jahrhundert, wird immer wieder die Frage gestellt, warum Christus Mensch geworden ist. Gemeint ist mit dieser Frage, ob die Menschwerdung von vorneherein auf das Leiden am Kreuz hingeordnet war, oder ob der Tod am Kreuz nur eine von mehreren Möglichkeiten war, die Menschen von den Sünden zu erlösen. Die Antwort, die in der Regel gegeben wird, ist, daß die Menschwerdung geschah, weil Christus durch seinen Tod die Menschen erlösen sollte. So gesehen ist in der Tat Geburt und Tod in einem unaufhebbaren Zusammenhang zu sehen. Dementsprechend stellt z. B. ein böhmischer Meister des 14. Jahrhunderts auf der einen Seite seines Diptychons Maria mit dem Kinde, auf er anderen Seite den Schmerzensmann dar. Das Gemälde befindet sich heute in der Karlsruher Galerie. Rogier van der Weyden läßt bei seinem Dreikönigsbild, einst gemalt für die Kirche St. Columba in Köln, heute in der Alten Pinakothek in München, auf dem Mittelpfeiler im Stall von Bethlehem oberhalb von Maria mit dem Kinde ein kleines Kreuz mit dem Gekreuzigten erscheinen. So verweist Weihnachten auf den Karfreitag. Das Leiden aber wird im Zusammenhang mit denen gesehen, die als schuldig daran gelten.

Die scheinbar unbestreitbare Sentenz von der Schuld der Juden am Tode Jesu[37] inspirierte die antijüdischen Darstellungen der Kreuzigung. Das Evangelium des Hasses wird aber auch schon in manchen Szenen, die zur Kindheitsgeschichte Jesu gehören, spürbar. Die Predigt von der Schuld der Juden konnte ja nicht ohne Folgen bleiben! Sie mußte tiefe Ängste wecken. Die Angst aber gebiert stets neue Aggressionen. Es ist ein Verdienst von Bernhard Blumenkranz, daß er auf diese Ängste schon bei Szenen aus der Kindheitsgeschichte, insbesondere bei der Darstellung der Beschneidung Jesu, aufmerksam macht. Da, wo sich der bildende Künstler dazu entschließt, die Beschneidung darzustellen, »tut er es zumeist mit der unverhohlenen Tendenz, das blutrünstige, abstoßende Moment in diesem Initiationsakt zu unterstreichen«. Als Beispiel dafür verweist er auf eine französische Bibel vom Ende des 15. Jahrhunderts, in der die Beschneidung von einer Frau vorgenommen wird, »begleitet von zwei Gehilfinnen«, die der »angsterfüllten Gebärde Marias, die machtlos und verzweifelt« ihre Rechte vorstreckt, »nur mit einem höhnischen Grinsen antworten«. Dieses Angstmoment erkennt er aber auch in einem deutschen Evangeliar. Hier »läßt der Künstler das Christuskind trotz seines zarten Alters die Grausamkeit der Operation verstehen: Es wendet sich angsterfüllt Maria zu, wie wenn es aufs neue in ihren Schoß flüchten wollte. Aber der Beschneider – der, um jeden Zweifel auszuschalten, mit dem jüdischen Spitzhut versehen ist – hat es schon energisch gefaßt und sein ungebührlich großes Beschneidungsmesser gezückt.«[38]

In die Initiale zum Fest der Beschneidung des Herrn, Beschneidung Jesu, im Graduale des Friedrich Zollner (Bibliothek des Augustiner Chorherrenstifts, Neustift bei Brixen) – entstanden zwischen 1438 und 1442 – ist eine Szene eingefügt, die einer Ritualmorddarstellung auffallend ähnelt. Die Beschneidung erfolgt nicht mit einem Messer, sondern mittels einer Schere. Reichlich strömt das Blut aus der Wunde. Die Szene wirkt wie eine Antizipation der Fragen der Richter an die Trienter Juden im Ritualmordprozeß 1475, was die Wunden am membrum virile des von ihnen angeblich ermordeten kleinen Simon bedeuten könnten, d. h.: Verhöhnung

Beschneidung Jesu (Ausschnitt)

Christi durch Ermordung des Kindes und sexuelle Motiv, wird zugleich im Prozeß den Juden unterstellt![39]
Gar nicht selten wird jedoch auch der greise Simeon dargestellt, wie er an der sogenannten Darstellung im Tempel teilnimmt. Er wird dann nicht selten in einen Talit, den jüdischen Gebetsmantel, gehüllt; so bei einem Kölner Meister des 14. Jahrhunderts (Wallraf-Richartz-Museum) oder bei Meister Bertram (um 1340–1414/15) beim Grabower Altar, heute Hamburger Kunsthalle. Den Talit finden wir aber auch auf Beschneidungsszenen. Ein besonders eindrucksvolles Beispiel, das die These von Bernhard Blumenkranz durchaus zu bestätigen geeignet ist, bietet die Beschneidungsszene des Meisters des Tucher-Altars, Nürnberg, um 1450, heute Suermondt-Ludwig-Museum, Aachen. Hier ist das Jüdische des Priesters, der in seinen Talit gekleidet ist, noch dadurch unterstrichen, daß auf dem Gebetsmantel hebräische Worte erscheinen. Der Priester hält das Kind, während der Beschneider, der Mohel, das Messer führt. Das Kind schaut entsetzt auf das Beschneidungsmesser.

Passionsdarstellungen

Weit mehr Anlaß, antijüdischen Gefühlen Ausdruck zu geben, bieten die Passionsszenen. Daß zur Staffage der Kreuzigungsszenen Männer mit dem Judenhut gehören, kann nicht überraschen. Als Beispiel sei der Kalvarienberg der Familie Wasservass genannt, Köln 1420–1430 (heute Wallraf-Richartz Museum).[40] Es handelt sich um ein besonders qualitätsvolles Tafelgemälde, das die Familie Wasservass für die Kolumba-Kirche in Köln gestiftet hat, zu datieren 1420–1430. Es fällt durch seine expressive Farbenkühnheit auf. Da tauchen grüne Pferde auf: »Seltsam exotisch anmutende Gestalten beleben die Szenerie dieses Welttheaters. Der Maler kann sich nicht genug tun an Verkürzungen von Pferdeleibern und bildeinwärts gewandten Menschen.« Im Bildhintergrund ist die Kreuzigung dargestellt, rechts im Vordergrund die Annagelung Jesu an das Kreuz. Während die Henkersknechte die Nägel einschlagen, sitzt zu Füßen des Kreuzes, ohne auf den Gekreuzigten zu achten, eine Gruppe von Diskutierenden, darunter ein Mann mit dem unverkennbaren gelben Judenhut.
Ein fast gleichzeitig entstandener Kalvarienberg, der vermutlich aus der St.-Andreas-Kirche in Köln stammt und heute ebenfalls dem Wallraf-Richartz-Museum gehört, ist ein gutes Beispiel für den Bildtypus der Kreuzigung »im Gedräng«.[41] Im Mittelpunkt ist Jesus als am Kreuz gestorben dargestellt, rechts und links die beiden Schächer. Soeben öffnet ein Soldat in prächtigem Gewand mit seiner Lanze die Seite Christi, so daß Blut und Wasser herausfließen. Maria Magdalena kniet zu Füßen des Kreuzes und umfaßt es mit den Armen. Im Bildvordergrund sind linker Hand Veronika mit dem Schweißtuch und Johannes der Evangelist mit einem Evangelienbuch zu sehen. Spötter umringen Johannes bzw. setzen ihm zu. Unter den Spöttern sieht man einen Mann, der durch den gelben Hut eindeutig charakterisiert ist.

Verdammungsthemen

Aber es gibt auch subtilere Methoden, die Ablehnung zum Ausdruck zu bringen. Zum Aachener Domschatz gehört auch der Flügelaltar des aus Köln stammenden Meisters des Aachener Altares. Dieser ist im manieristischen Stil gemalt. Die Entstehungszeit wird man um 1515–1520 ansetzen müssen. Auf der Mitteltafel hat der Meister auf der linken Seite, d. h. der Seite, die von Christus aus gesehen die rechte ist, alle Menschen versammelt, die erwählt sind. Auf der gegenüberliegenden Seite sind die zu sehen, die als verworfen gelten müssen. Daß dies vom Maler wirklich so gemeint ist, wird dadurch deutlich, daß die linke Bildseite sonnenhell ist. Die rechte Seite vom Beschauer aus ist gewitterschwarz. Im Bildhintergrund sieht man denn auch auf dieser Seite den Eingang zur Hölle. In der Bildmitte Jesus Christus am Kreuze. Sein Haupt ist im Tode zur Seite gesenkt, es schaut zur sonnenhellen Seite herüber. Während wir Maria, die Mutter Jesu, Johannes, den Evangelisten, Maria Magdalena, aber auch den Stifter auf der Sonnenseite finden, sehen wir die Feinde Christi, die Verworfenen, die rohen Kriegsknechte, aber auch den Hohenpriester, auf der gewitterdunklen Seite. Der Hohepriester reitet auf einem prachtvollen Pferd. Er hüllt sich dabei in einen kostbaren Chormantel. Sein Haupt ist kahl, sein Gesicht ist feist. Die Inschriftenrolle mit hebräischem Text weist ihn als jüdischen Priester aus.[42]
Juden fehlen nicht unter den Verdammten beim Weltgericht. Bei Herrad von Landsberg finden

wir in dem 1870 untergegangenen Straßburger Codex des Hortus deliciarum eine Höllendarstellung, wobei der Kessel, der über dem Höllenfeuer hängt, die Aufschrift »Judei« trägt. Um jeden Zweifel zu beseitigen, tragen die im Kessel leidenden Männer alle einen Judenhut. Im Mittelgrund des Tafelgemäldes des Weltgerichtes, das Stefan Lochner in der ersten Hälfte des 15. Jahrhunderts für die Laurenz-Kirche in Köln schuf (heute im Wallraf-Richartz Museum), befindet sich eine Schar von Männern, die durch den Judenhut eindeutig charakterisiert sind. Der Teufel hat sie mit einer Kette umschlungen und zieht sie zur Höllenstadt. Sie sind jedoch keineswegs die einzigen Verdammten. Das gleiche Schicksal trifft vielmehr auch sehr prominente Christen, unter ihnen auch, durch ihre Insignien genau zu erkennen, Bischöfe, Päpste und Kardinäle. Die Erlösten oder Geretteten, die von Engeln in die Himmelsstadt geleitet werden, tragen keinerlei Insignien. Ist dies der Grund, warum wir unter den Geretteten keinen Juden entdecken, oder müssen wir nicht eher annehmen, daß der Maler die Juden, solange sie sich als solche bekannten, für verworfen hielt?

Die Auszahlung des Judas, Naumburger Dom

Der Teufel holt die Juden (Stefan Lochner)

Judas und die Juden

Die Aufmerksamkeit darf keineswegs nur der Kreuzigungsszene als solcher gelten. Auch die vorausgehenden Ereignisse sind zu berücksichtigen. Ein Beispiel wenigstens sei hier vorgestellt: die Überreichung des Verräterlohns, der 30 Silberlinge, durch die Hohenpriester an Judas Iskariot; denn dies ist eine Szene, die vor allem in den spätmittelalterlichen Passionsspielen genüßlich ausgemalt wurde. Aber schon in den Skulpturen des Westlettner im Naumburger Dom, die um die Mitte des 13. Jahrhunderts entstanden sind, werden die Hohenpriester als Juden mit Judenhut dargestellt. Sie bestätigen damit das Vorstellungsbild vom Juden als Wucherer. Die Überreichung der Münzen bildet den Kern der Komposition. Sie »suggeriert Heimlichkeit, Verbergen des wesentlichen Geschehens. Die krummen Rücken, die Tatsache, daß man hier nicht frei und gerade dasteht, das schlechte Gewissen in den Gesichtern – die ganze Szene fügt sich zum Bilde menschlichen Versagens, des Verrats für Geld.«[43] Wird durch solche Darstellung nicht das Vorurteilsschema bestätigt? Hier ist der Antijudaismus zum Denkmal geworden.

Freilich, es gibt auch die Darstellung von Jüngern mit Judenhut, die Jesus im Grabe betrauern. Es gibt sogar eigentümliche Darstellungen, in der Jesus selbst, einen Judenhut tragend, gezeigt wird. Bernhard Blumenkranz weist auf eine derartige Miniatur hin, die er im sogenannten Psalter Ludwig des Heiligen fand, einer englischen Handschrift von der Wende vom 12. zum 13. Jahrhundert. Für unser Thema ist nur die obere rechte Bildseite interessant. Dort geht es um das Mahl in Emmaus. Jesus in der Mitte reicht mit gekreuzten Armen nach rechts und links den Jüngern je einen halben Brotlaib. Alle drei, Jesus, und die beiden Jünger, tragen einen Judenhut. »Um ihn (Jesus dem Bericht des Evangelisten Lukas 24, 13–35 entsprechend) bis zur dramatischen Lösung unerkannt zu lassen, hat der Miniaturist Jesus so dargestellt, wie man sich irgendeinen Einwohner Judäas, den man so am Wege antraf, vorstellen konnte, d. h. als Juden.«[44]

Jesus mit Judenhut, 12./13. Jh. (Ausschnitt)

Geschichte und Legende

Nicht nur in biblischen Szenen finden wir in der mittelalterlichen bildenden Kunst Menschen, die als Juden durch den kennzeichnenden Hut und den Ring dargestellt sind, sondern auch in Bildserien zu geschichtlichen oder legendären Ereignissen. Beides hängt oft eng miteinander zusammen. Pogrome gegen jüdische Gemeinden wurden nicht selten im nachhinein durch den Bericht von einem jüdischen Frevel motiviert.[45]
Viele Legenden berichten auch vom Unglauben der Juden, worunter ihr Unvermögen, Jesus als den Messias anzuerkennen, verstanden wurde. Indem dieser jüdische (Unglaube) widerlegt wird, wird der verunsicherte Glaube der Christen erneut bestätigt: Die Wundergeschichten häufen sich in Zeiten, in denen der Glaube der Christen selbst in eine Krise gerät, wie etwa im 15. Jahrhundert, also in der Zeit der Hussitenkämpfe. Doch datieren solche Glaubensbestätigungsgeschichten auch schon in das 13. Jahrhundert.

Die »Bekehrung« der Juden

Ein treffliches Beispiel für einen solchen, den Glauben bestätigenden Wunderbericht, in dem der Unglaube der Juden widerlegt wird, bietet die Legenda aurea des Dominikaners Jacob de Voragine († 1298 als Erzbischof von Genua). Jacobus de Voragine war nicht der Erfinder der Legenden, sondern ihr Sammler und ihr Erzähler. Sein Werk ist so gut disponiert und so frisch erzählt, daß die Legenda aurea die erfolgreichste Legendensammlung des Mittelalters wurde. Dem liturgischen Kalender entsprechend, werden die jeweiligen Tagesheiligen vorgestellt. Für den 31. Dezember ist das Papst Silvester, jener Papst, mit dem Kaiser Konstantin der Große seinen Frieden machte, mit dem das Bündnis zwischen Römischem Reich und römischer Kirche begann. Die Legenda aurea weiß nun zu berichten, daß Kaiserin Helena, die Mutter Konstantin des Großen, über dessen Bekehrung zum christlichen Glauben wenig erbaut war. Juden hätten sie nämlich zunächst beeinflußt, in den Christen Götzendiener zu sehen. Daraufhin habe Papst Silvester zu einer Glaubensdisputation eingeladen. In ihr habe er die Kaiserinmutter für den christlichen Glauben voll und ganz gewonnen; denn er habe nacheinander die Argumente von zwölf jüdischen Gelehrten widerlegen können. An zwölfter Stelle stand der Gelehrte Zambri auf; der, indem er ein Wort einem wilden Stier ins Ohr flüsterte, diesen tötete. Silvester erkannte, daß dieses Wort ein Teufelswort oder Fluch sein mußte, das wohl zu töten, aber nicht wieder zu beleben vermochte. In der Legenda aurea heißt es: »Zambri sprach ihm ein Wort in sein Ohr. Da brüllte der Stier auf, rollte die Augen und fiel tot nieder. Die Juden schrieen Sieg und spotteten über Sankt Silvester. Aber der sprach: ›Das war nicht Gottes Name, sondern der Name des bösesten der Teufel; mein Herr Jesus Christus kann mehr als die Lebendigen töten, er kann die Toten wieder lebendig machen . . .‹« Im Namen Jesu Christi gebot, so erzählt die Legenda aurea, Papst Silvester dem Stier aufzustehen und zu seiner Herde zurückzukehren. Sogleich geschah, was er verlangt hatte. »Davon war die Kaiserin Helena gläubig und die Juden und die Richter und alles Volk mit ihr.«[46] Diese Szene ist verhältnismäßig selten in der bildenden Kunst dargestellt. Aber sie läßt sich auf einem Fenster der Kathedrale von Chartres nachweisen und noch viel eindrucksvoller in den Chorschrankenmalereien des Kölner Domes. Diese sind um die Mitte des 14. Jahrhunderts entstanden. Der Auftraggeber war offensichtlich der Kölner Erzbischof, ein Ludwig dem Bayern feindlich gesonnener Parteigänger der Päpste. Vielleicht ist gerade deshalb die Silvester-Legende in einer seltenen Ausführlichkeit auf den Chorschranken des Kölner Doms behandelt.[47]

Die Heiligen, das zeigt schon die Silvester-Legende, erweisen ihre Heiligkeit gerade darin, daß sie Juden zum Glauben an Christus bekehren. Zum Topos wird die Bekehrungsgeschichte. Nicht selten finden wir daher in den Heiligengeschichten und -legenden Berichte über Bekehrungswunder. Aus dem Spätmittelalter ist eine Umsetzung eines solchen Berichtes in das Bild besonders aufschlußreich. Dem Meister der Brügger Passionsszenen wird auch ein Gemälde zugesprochen, das sich heute im Prado-Museum in Madrid befindet. Doch diese Zuschreibung muß uns hier nicht näher beschäftigen, außer der Tatsache, daß es sich hierbei um eine Gemälde flämischer Provenienz handelt, entstanden um die Wende vom 15. zum 16. Jahrhundert. Dargestellt ist ein Wunder des hl. Antonius von Padua, des populären Franziskanertheologen.[48] Der hl. Antonius überzeugt einen Juden namens Guillard in Bourges von der Anwesenheit Christi unter der Gestalt des eucharistischen Brotes.

In Abwandlung der Legende von der Eselin des Bileam und entsprechend dem Jesajawort, nachdem der Esel die Stimme seines Herrn kennt, nimmt der Heilige ein Experiment vor; er legt die geweihte Hostie auf einen Korb mit Heu. Siehe da, der Esel kniet fromm vor der Hostie nieder; auch der Heilige selbst auf dem Gemälde ist in anbetender Haltung zu sehen. Guillard ist durch das Wunder überzeugt. Andächtig schaut er auf den Esel herab, während er seine Rechte zur Brust führt und in der Linken seine Kappe hält, die er aus Ehrfurcht vor Christus in der Eucharistie abgenommen hat. Ihm zur Seite jedoch stehen zwei andere Männer, offenbar Juden wie Guillard, die miteinander diskutieren. Sie sind nicht überzeugt. Ihren Gesichtern sieht man den Zweifel nur zu deutlich an. Zu vermerken ist, daß keiner der dargestellten Juden die übliche Tracht trägt, nämlich den Judenhut, vielleicht ein Zeichen dafür, daß in Flandern Juden zu dieser Zeit selten sind. So reizvoll die sonstigen Details des Gemäldes sind, so muß uns doch hier allein die Hauptszene interessieren, die Art und Weise, wie das Wunder dargestellt ist. Der Maler arbeitet mit einem großen psychologischen Geschick. Ihm gelingt es daher vortrefflich, Glauben und Zweifel auszudrücken, ohne daß irgend jemand unter den Personen, die auf dem Bild vorkommen, dadurch diskriminiert wird. Ein solches Gemälde darf daher in seiner Darstellung als frei von Judenhaß bezeichnet werden.

Zu den Marienlegenden gehört auch die von der wunderbaren Rettung eines jüdischen Jungen, der sich von seinen christlichen Spielkameraden hat verlocken lassen, einer hl. Messe beizuwohnen, ja sogar in ihr die Kommunion zu empfangen. Als der Vater davon erfährt, wird er so zornig, daß er sein Kind in einen hell brennenden Ofen wirft. In der ältesten literarischen Fassung dieser Legende handelt es sich um einen Glaserofen. In späteren Fassungen, nämlich in der Zeit, da den Juden nicht mehr gestattet ist, ein zunftgebundenes Handwerk auszuüben, tritt an die Stelle des Glaser- ein Badeofen, wie er zur Einrichtung eines Judenbads gehörte. Entscheidend ist, daß jedes Mal der Junge dem wunderbaren Eingreifen der Gottesmutter Maria seine Rettung verdankt. In diesem Typus der Legende wird somit der

Akzent auf die Rettung des Opfers gelegt; es sind Legenden zur Verherrlichung der Gottesmutter. Von diesem Typus ist jedoch der andere, weit häufigere, zu unterscheiden, der nicht der Rettung wegen erzählt wird, sondern zur Rechtfertigung einer Judenverfolgung. In einer französischen Sammlung von Marienlegenden im 13. Jahrhundert sieht man einen Vater, der mit einer großen Schaufel sein Kind in eine Art Backofen schiebt. Er trägt das übliche Käppchen, wie es im Hause getragen wird, sein Bart ist gestutzt, die Schläfenlocken sind deutlich erkennbar. Die Mutter rauft sich verzweifelt ihr Haar.[49]

Darstellung von »Hostienschändung«

Nicht selten wird in der Legende berichtet, daß Juden Hostien geraubt oder sich von bestechlichen Christen heimlich verschafft haben, z. B. durch Tauschgeschäfte. Mit Messern hätten sie dann zu Hause die Hostie zu zerstechen versucht: dabei sei dann Blut aus der Hostie geflossen. Besonders schauerlich hat Paolo Uccello die Geschichte einer solchen Hostienschändung dargestellt. Das Gemälde, Fragment einer Predella, das in die ersten Jahrzehnte des 15. Jahrhunderts datiert werden muß, ist bereits durch die Erkenntnisse über die Perspektive bestimmt, die die Kunst der Renaissance ausmachen. Wir sehen im Hintergrund eines Innenraumes auf einem Dreifuß eine Pfanne unter einem offenen Kamin. In der Mitte der Pfanne liegt eine weiße Hostie, die von einem blutroten Strom umgeben ist. Das Blut quillt über die Ränder, fließt über den Boden, sickert gar durch eine Wand ins Freie. Die Familie, Juden, obwohl nicht als solche durch ihre Tracht ausdrücklich gekennzeichnet, zeigt deutlich ihr Entsetzen und ihre Reue. Gleichzeitig rückt von außen eine Schar Bewaffneter heran. Die vordersten schwingen eine Axt und brauchen das Brecheisen, um die Tür zu sprengen. Das Ende ist voraussehbar: die Vernichtung der Familie und wahrscheinlich der gesamten jüdischen Gemeinde.[50]

Hostienschändungsgeschichten sind im Mittelalter nicht selten, sie häufen sich sogar im 15. Jahrhundert, eben in der bereits erwähnten Periode der aufkommenden Zweifel an der Realpräsenz Christi unter den Gestalten von Brot und Wein. Wunderhostien werden vielerorts gezeigt. Die scheinbare Bildung von Blutstropfen auf den Hostien läßt sich für gewöhnlich durch das Auftreten eines Schimmelpilzes erklären. Romuald Bauerreiss hat eine Liste der Wunderorte zusammengestellt. So groß sie ist, so wenig vollständig scheint sie zu sein. Es zeigt sich aber, daß keineswegs alle Hostienwunder dem Frevel von Juden zugeschrieben wurden. Wohl geht es zumeist bei den Hostienwundern um die Überwindung der Glaubenszweifel. Doch die Zweifelnden konnten und können ebensogut Christen wie Nichtchristen sein. Der Legendentypus der Wunderhostie steht dem der Gregoriusmesse nahe, wie Bauerreiss aus seinem reichen Material überzeugend darzutun vermochte. In der Messe des hl. Gregorius weiß dieser um die Glaubenszweifel eines mit anwesenden Priesters. Er bittet daher Christus durch sein Erscheinen seine Anwesenheit in den eucharistischen Gestalten zu demonstrieren. Dieser Wunsch geht in Erfüllung. Christus erscheint als Schmerzensmann. Die Zweifel des Priesters sind damit sichtbar widerlegt. So bestätigen denn auch die Blutstropfen auf der Hostie die tatsächliche Anwesenheit Christi unter der Gestalt des Brotes. Rückt man nun den Typus der Gregorius-Messe mit dem Schmerzensmann-Motiv in einen derartigen Zusammenhang mit den Hostienwundern, d. h. den Bluthostien, so kann man einerseits nicht verwundert darüber sein, daß keineswegs alle Hostienwundergeschichten von Juden als Frevlern handeln, wird aber andererseits nicht erstaunt sein, daß gerade Juden in derartigem Legendenzusammenhang vorkommen.[51] Unzweifelhaft ist, daß eine erhebliche Zahl der angeblichen Frevel Juden zugeschrieben wird. Bildliche Darstellungen, oft übrigens von recht geringer künstlerischer Qualität, waren oder sind geeignet, bis zur Gegenwart ein Negativbild von den Juden zu suggerieren.

1477 wurden wegen eines angeblichen Hostienfrevels die Passauer Juden verfolgt. Ein zeitgenössisches Flugblatt aus der Zeit um 1480 berichtet über das Ereignis und die Judenverfolgung. Um 1495 wird ein weiterer Holzschnitt verbreitet, der in Nürnburg bei Caspar Hochfeder gedruckt wurde. Er schildert die Geschichte des Hostienraubes in zwölf Szenen, geordnet in Gruppen zu je vier Bildern in drei Reihen. Über jedem Bild sind drei Zeilen erläuternder Typentext. Die Überschrift zur ganzen Folge lautet: »Ein grausamlich

Geschicht geschehen zu passau. Von den Juden als hernach volgt.« (Abb. 11).
Bezeichnenderweise liegt der Akzent auf den Verfolgungsszenen, nicht hingegen wird das Hostienwunder thematisiert. In der Legende nämlich wird berichtet, daß, als die Hostien in den geheizten Ofen geworfen wurden, unter heftigem Sausen ein Kindlein erschienen sei, begleitet von zwei Engeln. Das Kindlein ist natürlich das Jesuskind. Seine Erscheinung wird in diesen Hostienwundergeschichten stereotyp wiederholt. Sie gehört zum eisernen Bestand der Legenden, ebenso wie die klagenden Stimmen, die auf den Frevel aufmerksam machen.
Zu den Gemäldezyklen, in denen die Frevelgeschichten dargestellt werden, kommen noch Reliquiare hinzu, in denen z. B. »Judendorne« oder »Judenmesser« zu sehen sind, die beim Frevel gedient haben sollen. So besaß die Heiliggrabkirche in Deggendorf einen Judendorn in barocker Fassung von 1641. Die Fassung weist in ihrem oberen Teil einen kleinen silbernen Schmerzensmann auf.[52]
Bis in die letzten Jahrzehnte war eine der berühmtesten Hostienschändungsgeschichten die von Deggendorf.[53] Der inzwischen völlig entfernte Gemäldezyklus – in den sechziger Jahren hatte sich der Regensburger Bischof Rudolf Graber hat sich für die Beseitigung der Dokumente des Judenhasses mit Entschiedenheit eingesetzt und veranlaßt, daß die Eucharistieverehrung in Deggendorf auf eine Grundlage gestellt wird, die mit Judenfeindschaft nichts mehr zu tun hat – stammt aus dem Jahre 1711. Er ersetzte einen vorangehenden Zyklus gleichen Inhaltes, der vermutlich schon zu Beginn des 15. Jahrhunderts entstanden war. Die Legende sollte im nachhinein den 1337 erfolgten Mord an der jüdischen Gemeinde von Deggendorf motivieren. Zum Zyklus gehörten insgesamt zwölf Bilder. Sie erzählten, daß eine Christin die konsekrierten Hostien heimlich den Juden gebracht hätte, um ein Kleid, das sie ihnen als Pfand gegeben hatte, wieder einzulösen. Die Juden hätten die Hostien mit Schuhmacherahlen und Dornen zu zerkratzen gesucht. Da sei ihnen ein Kind erschienen. Auch als sie die Hostien in einen Backofen geworfen hätten, sei abermals ein Kind erschienen. Der Backofen symbolisiert dabei das Heilige Grab, wie die Dornen die Dornenkrone. Die Erscheinung des Kindes weist auf den Zusammenhang von Krippe und Kreuz. Der angebliche Frevel wird zum Anlaß der Vernichtung der Deggendorfer Gemeinde, was in dem Zyklus ausdrücklich thematisiert wurde.
Es ist aber erst die eine Seite der Wahrheit, wenn wir erwähnt haben, daß die verhängnisvollen Legenden nachträglich Verfolgungen rechtfertigen sollten. Die andere Seite der gleichen Wahrheit ist es, daß derartige Legenden, wie bereits dargestellt, Rationalisierungen von Angstvorstellungen waren.[54] Den Juden traute man immer wieder zu, daß sie einen Gegenkult gegen das Meßopfer praktizierten. Die Bluthostien verweisen ebenso wie die Ritualmordlegenden auf die Vorstellung von einem Gegenkult, einem Satanskult. Nicht selten können dabei Hostienfrevelgeschichten und Legenden vom Ritualmord verwoben werden.[55]

Ritualmordlegenden

So geschah es bei der Legende vom sel. Werner von Bacharach, dessen Kult im wesentlichen freilich auf die Diözese Trier beschränkt blieb. Nach der Legende nehmen die Juden von Bacharach den aus Oberwesel stammenden Sohn eines Winzers, Werner, am Gründonnerstag gefangen, um ihn zum Erbrechen der Hostie zu bringen. Als er sich weigert, die Hostie anzuspucken, bringen sie ihn um. Der Pfarrer Winand de Stega von Bacharach setzte sich für die Seligsprechung Werners ein und warb mit kostbar ausgestatteten Exemplaren des Informationsprozesses für die Heiligsprechung bei den deutschen Fürsten, insbesondere denen, die am Mittelrhein lebten. Das für den Erzbischof von Trier bestimmte Exemplar besitzt am Anfang des Textes eine die obere Seitenhälfte einnehmende Miniatur, die Werner mit den Insignien des Martyriums zwischen den Heiligen Andreas und Kunibert, den ersten Patronen der Wernerkirche in Bacharach, zeigt.[56]
Der spektakulärste Ritualmordprozeß war der von Trient aus dem Jahr 1475. Durch Versenden von Exemplaren mit den Prozeßakten machte Trient schon in den siebziger Jahren des 15. Jahrhunderts Propaganda für den kleinen Simon als Märtyrer. Auch Hartmann Schedels Weltchronik enthält die Geschichte vom Tod des Simon von Trient. Ihr ist ein Holzschnitt beigefügt, geschnitten nach einem Entwurf von Michael Wohlgemuth oder Heinrich Pleydenwurff. Der

Hostienschändung zu Passau

1. Diebstahl von acht Hostien. 2. Verkauf an die Juden für einen Gulden. 3. Die Juden bringen den Raub in die Synagoge. 4. Der Jude Pfeyl durchsticht eine Hostie mit einem Messer. 5. Je zwei Hostien werden an die Judengemeinden in Prag, Salzburg und Neustadt geschickt. 6. Eine Hostie wird verbrannt. 7. Die schuldigen Juden werden gefangengenommen. 8. Vier von ihnen werden enthauptet. 9. Zwei werden mit Zangen gerissen. 10. Diese und die restlichen Juden werden verbrannt. 11. Der christliche Dieb Christoph wird zum Richtplatz gefahren. 12. Die Synagoge wird niedergerissen, und aus ihren Steinen wird eine Kirche gebaut.

Entwurf folgt einer Figurengruppe aus dem Anfang des 16. Jahrhunderts, die sich zum Beginn der sechziger Jahre unseres Jahrhunderts in der Kirche St. Peter und Paul in Trient befand, heute – auch Zeugnisse der Verehrung des (sel.) Simon – im Erzbischöflichen Diözesanmuseum. Im Brixener Diözesanmuseum befindet sich eine kleine spätgotische Plastik, Darstellung des Märtyrerkindes Simon, zu seinen Füßen, in kleinen Figürchen, die drei jüdischen Hausbesitzer in Trient mit Beifügung ihrer Namen: Angelus, Samuel und Tobias. Diese drei galten als die Hauptverantwortlichen des Verbrechens. Bild und Bericht sollten die Erinnerung an das vorgebliche Verbrechen festhalten.[57]

Der Ritualmordprozeß von Trient bildete auch die literarische Vorlage für die angebliche Ritualmordaffäre, der der selige Anderl von Rinn zum Opfer gefallen sein soll.[58] Um das Jahr 1462 hatte man in der Gegend von Rinn in Tirol, nicht weit vom Stift Wilten entfernt, die Leiche eines Kindes gefunden und beigesetzt. Niemand hatte dabei etwas Außerordentliches gefunden. Erst im 17. Jahrhundert interessierte sich der aus dem Tridentinischen stammenden Leibarzt des Damenstiftes zu Hall in Tirol, Dr. Hippolyt Guarinoni, für den Fall.[59] Eine Bildfolge in barocker Volkskunst demonstrierte in der Kirche von »Judenstein« das Martyrium des seligen Anderl von Rinn. Auf den Plastiken sind die Juden in der

Simon von Trient (Ritualmord)

Kleidung von Türken dargestellt. Unter dem Eindruck der Türkeneinfälle in Österreich verschmolzen Jude und Türke im Volksbewußtsein zum bösen Feind schlechthin. Zwar gibt es auch sonst noch genügend Beispiele für Ritualmordaffären. Kaum eine Geschichte hat sich aber so lange, nämlich bis in die Jahre nach dem Zweiten Weltkrieg, halten können, wie die Legende des Anderl von Rinn.[60]

Die Judensau und andere Spottbilder auf Juden

Die Voreingenommenheit und Abneigung gegenüber den Juden äußert sich nicht nur in verhängnisvollen Legenden und ihrer bildlichen Darstellung, sondern auch in den Spottbildern, insbesondere dem der Judensau; denn das Schwein gilt als Teufelstier.[61] Nicht umsonst wird der vom Satan in der Wüste gequälte hl. Antonius Eremita gerne als der Einsiedler mit dem Schwein dargestellt. Im niederrheinischen Volksmund heißt er daher der »Ferkes Tünn«. Das Schwein als Teufelssymbol kann sich darum auch gut mit der Darstellung eines Ritualmordes verbinden. So geschah es in einigen Versionen der bildlichen Vergegenwärtigung des sogenannten Ritualmordes an Simon von Trient.

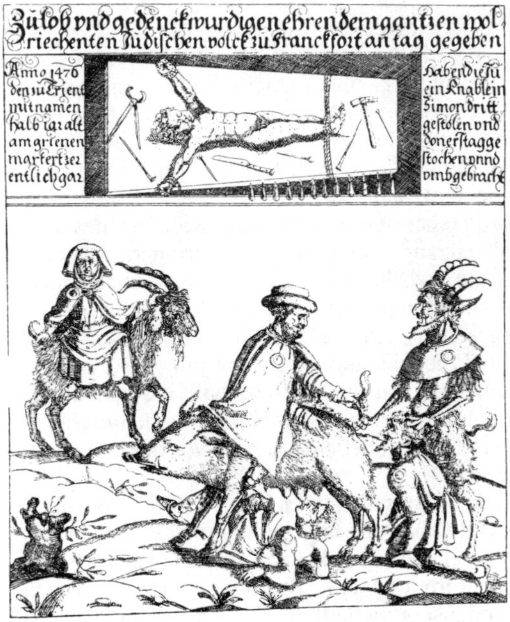

Verspottung der Juden (»Judensau«)

Sehen wir, wie im vorigen Abschnitt bereits dargelegt, hinter der Ritualmordbehauptung die These von einem Gegenkult, einem Teufelskult, so wird uns nicht überraschen, daß das Schwein als Teufelstier mit der Darstellung des Ritualmordes verbunden wird. Gewiß kann sich der Teufel für mittelalterliche Phantasie auch hinter anderen Tiergestalten verbergen: Affe und Katze sind dafür Beispiele. Aber das Schwein spielt dennoch eine besondere Rolle. Caesarius von Heisterbach schreibt zu Anfang des 13. Jahrhunderts: »Wo der Mönch sich durch Unaufmerksamkeit und Schläfrigkeit leicht versündigen kann, lauert der Teufel. Hier sieht man die bösen Geister in Gestalt von Affen und Katzen sitzen. Hier hört man das Grunzen des Teufels in Schweinsgestalt . . .«[62]
Am Chorgestühl tauchen gerne Spottgestalten auf. Nicht selten geht es dabei um eine Kritik am Klerus. Ihm kann Geldgier unterstellt werden, auf die der Bauer nur noch im Zorn reagieren kann. So sieht man an einer Misericordie (Stütze beim Gebet im Stehen) des Chorgestühls der Nikolaikirche in Kalkar einen Bauern, der seine Eier zerschlägt, um sie nicht an die Geistlichkeit abgeben zu müssen. Der Spott kann recht derb sein, wenn z. B. auf einer Misericordie ein Mönch als Verführer einer Nonne erscheint. Die mittelalterliche Geistlichkeit war tolerant genug, auch derben Spott hinzunehmen. Nicht selten erscheint das Schwein als Symbol der Genußsucht. Diese freilich wird nicht nur den Mönchen und Geistlichen im allgemeinen, sondern auch den Juden unterstellt. So muß nicht in jedem Falle mit der Schweinsdarstellung eine Dämonisierung des Juden beabsichtigt sein. Es kann sich auch um die Verspottung der Eßgewohnheiten handeln. Die Vorschriften über koscheres Essen mochten im Detail den Christen nicht bekannt sein. Soviel aber wußten sie, daß das Schwein zu den unbedingt verbotenen Tieren gehört. So müssen wir in jedem Einzelfall prüfen, was mit der Szene gemeint ist.[63] An dem größten niederrheinischen Chorgestühl, dem des Kölner Domes, das um das Jahr 1311 geschaffen wurde, finden sich auf zwei Wangenreliefs Szenen mit Juden und einem

Schwein. »Auf der einen Seite hält ein durch Spitzhut und Bart gekennzeichneter Jude ein Schwein hoch, während ein zweiter dem Tier etwas zum Fressen ins Maul schiebt und ein dritter darunter kniet und mit gieriger Geste an den Zitzen des Schweins saugt. Die Szene wird als Satire auf die Unmäßigkeit ausgelegt, zumal auch die der darüberliegenden Volute anzutreffenden Zentauren als solche Symbole aufgefaßt werden. Auf der zweiten Darstellung schütten zwei Juden ein gepökeltes Schwein nebst vier Jungen aus einem Kübel. Einer der beiden Männer hält an der Hand einen Knaben.« Jung sieht darin einen Hinweis auf die Ritualmordbeschuldigung.[64] Am gleichen Chorgestühl findet man aber auch auf einer der Mittelwangen die Szene eines Mönches mit einem Schweinskopf. Dieser Mönch beobachtet eine Sau mit einem saugenden Ferkel. Über ihm ein Eichbaum mit bewegtem Laub und dazwischen noch ein weiteres Ferkel! Leider sind einige Details abgebrochen, so daß die Komposition dadurch gestört ist. Doch darf man Willy Weyres recht geben, der diese Szene auf den Spott der Weltgeistlichen über das naturwissenschaftliche Studium in den Bettelorden, insbesondere Alberts des Großen, deutet.[65] Obwohl sich somit durchaus Parallelen nachweisen lassen zwischen Mönchs- und Judenverspottung, so ist dennoch die letztere viel häufiger und zumeist niederträchtiger.

Nicht nur am Chorgestühl mittelalterlicher Klosterkirchen und Dome finden wir den Typus der Judensau, sondern er begegnet uns auch an anderen Orten, die Gelegenheit zu plastischem Schmuck bieten, so z. B. an den Konsolen der Chorfiguren im Xantener St.-Viktor-Dom. Hier muß unsere Aufmerksamkeit sogar noch in besonderer Weise dem Ort der Darstellung gelten. Im Verständnis der mittelalterlichen Theologie ist nämlich Maria, die Mutter Jesu, der beste Teil des Alten Testamentes. In ihr vollendet sich der Alte Bund. Sie kann damit an die Stelle des Alten Bundes treten. Sie wird zum Sitz der Weisheit. Sie vertritt den salomonischen Tempel. Sie vertritt den Thron, auf dem sonst König Salomon sitzt; denn Christus ist der neue Salomon. Sie tritt, Symbol der Kirche, an die Stelle der Synagoge. Nicht selten wurden darum an der Stelle aufgehobener oder zerstörter Synagogen Marienkirchen gebaut, so nach der Vertreibung der mittelalterlichen jüdischen Gemeinde aus der Stadt Köln,

(»Judensau«, Xantener Dom)

ebenso war es in Regensburg. Daß Maria mit Juden in Verbindung gesetzt wird, ist nicht ungewöhnlich. Wohl aber ist auffallend, daß die Konsole unter der Maria in der Figurengruppe der Heimsuchung eine besonders drastische Darstellung aufweist. Unter der Konsole kauert nämlich ein Jude, kenntlich an seinem Spitzhut, auf dessen rechte Schulter ein Schwein seine linke Pfote legt, während es mit seiner Schnauze an der Spitze des Judenhutes saugt. Gleichseitig klammert sich an der anderen Pfote des Schweines ein Affe an, der an den Zitzen des Schweines saugt. Walter Bader spricht daher von einer haßerfüllten Darstellung, »einem unmenschlichen Zeugnis«, das an die Xantener Judenverfolgung während des ersten Kreuzzuges und an spätere erinnert. Allerdings muß auch diese Szene im Zusammenhang mit den zahlreichen Tierkonsolen in derselben Kirche gesehen werden. Für mich ist dies das Indiz dafür, daß die Judenkonsole nicht nur Ausdruck einer allgemeinen Judenfeindschaft ist, sondern daß sich in ihr eine allgemeine Dämonenfurcht maskiert, für die eben der Jude vor allem herhalten muß.[66]

Die Judensau gibt es nun freilich nicht nur im Mittelalter. Sie begegnet uns auch noch in nachmittelalterlichen Kunstwerken, vor allem in Flugblättern und auf Medaillen. Auf den ältesten Judenspottmedaillen, aus dem Anfang des 16. Jahrhunderts, ist der Typus der Judensau ebenfalls zu finden. Belege dafür haben sich aber offensichtlich nur selten erhalten; denn Bruno Kirschner, der sonst eine umfassende Dokumentation zustande brachte, konnte nur literarische, aber keine bildlichen Belege finden.[67] Um so reichhaltiger ist sein Material an anderen Motiven. Die Medaille diente dem Barock als wirkungsvolles Propagandamittel. Jedes als wichtig empfundene Ereignis dokumentierte man durch sie. Die Lust an der Selbstdarstellung rief dann als Reaktion die Freude an der Persiflage hervor. So kann es nicht überraschen, daß die Zahl der Spottmedaillen ebenfalls recht groß ist. Unter ihnen nehmen die Juden-Spottmedaillen nur einen bestimmten, aber doch nicht unerheblichen Teil ein. Die Hinrichtung des württembergischen Hoffaktors Jud Süss Oppenheimer im Jahre 1738 gab Anlaß zur Prägung einiger recht bösartiger Medaillen. Auf der Vorderseite sieht man jeweils das Porträt des Hoffaktors und Ministers im Profil, auf der Rückseite entweder die Fahrt im Henkerskarren oder die Hinrichtung am Galgen innerhalb eines Käfigs. Kirschner darf man zustimmen, wenn er meint: »Die Verhöhnung von Jud Süss meint gewiß mehr als nur die Anprangerung dieses einen Mannes. Er gilt letzten Endes als ein Typ, als der Hauptvertreter jener jüdischen Finanzwelt des 17. und 18. Jahrhunderts, die berufen war und mitgeholfen hat, im Staat die Neuzeit herbeizuführen.«[68] Aber es waren nicht nur politische und wirtschaftliche Gründe, die in der Neuzeit Anlaß zu antijüdischer Propaganda gaben. Es sind die fortdauernden religiösen Vorurteile, die auch auf den Medaillen ihre Widerspiegelung finden. Charakteristisch dafür sind die Taufmedaillen, bei denen die Echtheit der Bekehrung zum christlichen Glauben in Zweifel gezogen wird. Eine Medaille vom Ende des 17. Jahrhunderts, die Kirschner der Werkstatt des Christian Wermuth aus Gotha zuschreiben möchte, zeigt auf der Vorderseite einen Geistlichen, der einen am Rande eines Gewässers knieenden Juden tauft. Dem Täufling ist ein Mühlstein um den Hals gebunden. Hinter dem Priester steht bereits ein Henkersknecht, der nach erfolgter Taufe vorspringen wird, um den Juden ins Wasser zu stoßen. Im Halbkreis nach oben ist von links nach rechts zu lesen: »So [– wenn er ertrinkt –] bleibt er am beständigsten.« Auf der Rückseite findet sich folgende Aufschrift: »Selten / wird ein Jud / ein Christ, / er hab denn was / begangen, / auch thut ers meist / umbs Gelt, / dass er nicht / hängen darff. / denn wann ers / anders stiehl / so strafft man / ihn zu / scharff.« Dazu in vertiefter Randschrift: »So wahr die Maus die Katz nit frisst, wird der Jud kein wahrer Christ.« Daß der Spottvers in der Randschrift auf ein altes Vorbild zurückgeht, konnte Kirschner nachweisen: »Die steinerne Judensau im Dom zu Freising in Oberbayern, der kurz nach 1200 vollendet wurde, trägt nämlich die Überschrift: ›So wahr die Maus die Katz nit frisst, wird der Jud kein wahrer Christ.‹ Auf unserer Medaille ist (in der Variante) positiv ausgedrückt, was dort negativ gesagt wird, aber ebenso klar.«[69] Während hier in dieser und ähnlichen Spottmedaillen der Täufling anonym bleibt, die Tendenz offensichtlich dahingeht, die Echtheit einer Bekehrung zum christlichen Glauben grundsätzlich in Zweifel zu ziehen, so daß es sich möglicherweise nicht nur um eine Kritik an den Juden als Täuflingen, sondern auch an den Geistlichen als Spendern der Taufe handelt, die dabei freilich dann ebenso anonym bleiben, gibt es zu einzelnen Tauffeiern für ganz bestimmte Einzelpersonen Medaillen, die nur auf diese eine Taufe Bezug nehmen. Es handelt sich dann keineswegs um Spottmedaillen, sondern um den Typ der historischen Medaille. So wurde anläßlich der Taufe Michaels von Prag, der als Christ Bernhard Christoph Leonhard hieß, 1659 eine Ehrenmedaille in Nürnberg geprägt. Dieser Täufling freilich gehörte zum Typus des ewigen Wanderers. Er war nacheinander Jude, Katholik, Protestant und schließlich wieder Jude. Noch 1817 wurde eine Medaille auf die Taufe von Marie Alphonse Ratisbonne geprägt, der gemeinsam mit seinem Bruder Marie Theodore Ratisbonne die Ordensgemeinschaft der Zionsschwestern, Notre Dames de Zion, gegründet hat.[70]

Die Einstellung der Christen gegenüber Taufen von Juden ist ambivalent. Werden einerseits Taufen begrüßt, so zweifelt man andererseits an der Bekehrungsfähigkeit und -willigkeit der Juden. Die Nichtbereitschaft, sich taufen zu lassen, aber wird als ein Zeichen für das dem Satan Verfallensein angesehen. So erscheint auf einem Titelholzschnitt eines der Drucke der Streitschriften des jüdischen Konvertiten Johannes Pfefferkorn[71], die dieser gegen den Verteidiger der Rechte der Juden auf ihre Bücher, Johannes Reuchlin, richtete, folgende Doppelszene: Auf

Titelblatt »Der Judenspiegel«

der rechten Bildhälfte ist Jesus als der Gekreuzigte zu sehen. Von seinen Wunden gehen Blutstrahlen in ein Taufbecken, um das sich Taufwillige drängen. Kein Tropfen Blut erreicht die Juden, die ein Teufel auf die linke Bildseite geleitet. Dort sitzt ein Mohel, ein »Beschneider«, auf einer Bank und waltet seines Amtes. Auf dem Holzschnitt werden somit Taufe und Beschneidung als Sakrament und Gegensakrament gegenübergestellt. Die Beschneidung erscheint geradezu als Initiationsritus des Gegenkults. Daß die Beschneidung nicht ein Sakrament ist wie die Taufe, bleibt den mittelalterlichen Christen anscheinend unbekannt. Die Szene des eben erwähnten Titelholzschnittes ist nicht singulär. Sie findet sich vollinhaltlich auch auf einem flämischen Gemälde des späten 15. Jahrhunderts, heute im Prado-Museum in Madrid.[71] Konvertiten aus dem Judentum erwiesen sich für die Juden oft als gefährliche Gegner. So war es Nikolaus Donin von la Rochelle, der Anklagen wegen antichristlicher Position des Talmuds erhob und damit jenen Prozeß von 1240 in Paris ins Rollen brachte, der zwei Jahre später mit der Verbrennung von zahlreichen hebräischen Handschriften endete. Noch Johannes Pfefferkorn hatte sich gegen Ende des 15. Jahrhunderts auf den Pariser Prozeß berufen, als er die Einziehung der Schriften der Juden, besonders des Talmuds, forderte. Zu den Apologeten, die gegen die Juden polemisierten, gehörte der spanische Konvertit Alphonsus de Spina. In einer französischen Handschrift des 15. Jahrhunderts, seiner Streitschrift Fortalitium Fidei (Glaubensburg), finden einige seiner Angriffe auf die Juden auch bildlichen Ausdruck. U. a. sieht man die Glaubensburg selbst. Sie wirkt wie ein Stadttor. Bischöfe, Kardinäle, Mönche schützen die Burg, indem sie sich vor sie stellen. Theologen schauen aus den Fenstern als Verteidiger des Glaubens. Zwischen den Zinnen oberhalb des Tores ist der König als Schützer des Glaubens mit dem Schwert zu sehen. Die Glaubensfeinde stürmen mit Bogen und Lanze heran. Es sind Häretiker und vor allem Juden. Eine Binde symbolisiert ihre Glaubensblindheit. Ketten an Füßen und Armen symbolisieren ihre Verhaftung an das Gesetz, das sie buchstäblich nehmen. Überdies sind die Juden, wenigstens zum Teil, durch eine Art Judenstern noch zusätzlich gekennzeichnet.[72]

IV. Porträts einzelner Juden

Da bis ins 15. Jahrhundert die Einzelperson weitgehend nur als Stifterfigur darstellenswert war, kann es nicht wundern, daß auch Juden als Einzelpersönlichkeiten erst verhältnismäßig spät in der mittelalterlichen Kunst auftauchten. Auf ein frühes Beispiel hat Bernhard Blumenkranz hingewiesen. Auch hier ist er Zusammenhang nicht uninteressant. »Die wahre Porträtkunst hingegen entfaltete sich erst gegen Ende des 15. Jahrhunderts. Dieser Entwicklung des künstlerischen Fortschrittvermögens einerseits, dem judenfreundlichen Geist andererseits, der die Fürstenfamilie der Este beseelte – die über Ferrara, Modena und Reggio herrschte, um nur einige Städte mit bedeutenden jüdischen Gemeinden zu nennen –, verdanken wir eine Reihe von gewiß verhältnismäßig wirklichkeitsgetreuen jüdischen Porträts.«[73] Wir finden sie z. B. in den Miniaturen einer monumentalen Bibel aus dem Ende des 15. Jahrhunderts, die für Borso d'Este geschrieben wurde. Ein größeres Maß an Vollendung aber zeigt das Gruppenporträt des jüdischen Bankiers Daniel Norsa mit seiner Familie auf einem Tafelbild zu Ehren der Madonna della Vittoria, die ein Schüler des Andrea de Mantegna gemalt hat. Blumenkranz macht auf den historischen Hintergrund aufmerksam. Daniel Norsa hatte, mit Erlaubnis des Bischofs, von einem soeben erworbenen Haus ein Madonnenbild entfernen lassen. Die christliche Bevölkerung Mantuas aber hatte daran erheblichen Anstoß genommen. Zu dieser Zeit fand die Schlacht in Fornovo statt, nämlich 1495. Zum Dank für seinen Sieg ließ Herzog Francesco Gonzaga das Haus des jüdischen Bankiers beschlagnahmen, abreißen und auf seinem Grund die Chiesa della Madonna della Vittoria erbauen. Auf Kosten des Daniel Norsa ließ er von Andrea de Mantegna ein Tafelbild zu Ehren der Muttergottes vom Siege anfertigen, das 1797 nach Paris überführt wurde. Das heute in San Andrea in Mantua befindliche Bild eines Mantegna-Schülers zeigt porträtgetreu den Bankier und seine Familie.[74]

Wenig später läßt sich aber auch schon in Deutschland selbst das Porträt eines Juden, ja sogar eines Rabbiners nachweisen; dieses Mal sogar ohne jede polemische oder antijüdische Absicht. Im Gegenteil, das Scharfzandt-Fenster des Liebfrauendomes in München darf als ein Zeugnis des Friedens und der Toleranz gewertet werden.[75] Das Thema des Scharfzandt-Fensters ist die Darstellung im Tempel. Auf der rechten Bildseite ist in Frontalansicht ein lesender Rabbiner zu sehen. Der Schöpfer dieses Bildes ist Peter Hemmel, der aus Andlau bei Straßburg stammte und als Glasmaler in Straßburg lebte und starb. Seine Werkstatt hat er nie verlassen. Aber Glasfenster von ihm waren sehr begehrt und wurden weithin versandt, so auch das 1485 entstandene Münchener Fenster. Aus Straßburg waren die Juden wie aus den meisten Großstädten ausgewiesen. Nach mehreren vorausgehenden vorübergehenden Vertreibungen erfolgte die Ausweisung definitiv 1388. Erst am Ende des Ancien Régime wurde eine Wiederbegründung der Straßburger jüdischen Gemeinde möglich. Doch gab es in den elsässischen Städten und Dörfern rund um Straßburg zahlreiche jüdische Siedlungen. Peter Hemmel konnte daher persönlich Juden kennenlernen. Sein Rabbinerporträt entstand aus diesem persönlichen Kontakt. Im Spätmittelalter sind freilich derartige Porträts eine ausgesprochene Seltenheit. Erst im Barock soll sich das grundsätzlich wandeln. Insbesondere die Amsterdamer jüdische Gemeinde bot Gelegenheit und Anregung zu Porträts einzelner Juden. Aus der Rembrandt-Zeit darf das strenge Greisenhaupt eines Rabbiners erwähnt werden, das Gerbrand von den Eeckhout schuf.[76] Die Juden sephardischer Herkunft, d. h. die spanisch-portugiesischen Juden, in Amsterdam treten übrigens nicht nur als Objekte auf, sondern sie sind selbst Auftraggeber von Gemälden christlicher Maler. Dafür gibt es einen schönen Beleg in einer Zeichnung von Romein de Hooghe, eine Beschneidung in einer spanisch-portugiesischen Familie. Sie findet in deren Wohnraum statt, in dem zwei große Ölgemälde auffallen, die an der rückwärtigen Wand hängen. Erkennbar ist es, daß es sich um religiöse Szenen handelt. Eines der beiden Bilder scheint die Berufung des Mose zum Thema zu haben. Als Auftraggeber sind Juden in Amsterdam auch an Rembrandt herangetreten. Dieser hatte sich 1639 in der Jodenbreestraat Amsterdams für 13 000 Gulden ein Haus erworben. Das war nicht so ungewöhnlich; denn schon vor ihm hatte sich auch Hendrick van Uylenburgh in der gleichen Stadt niedergelassen. Die Kaufmannschaft war zugleich die zu erwartende Kundschaft, oder zumindest eine Reihe der Kaufleute war vermögend und willens genug, teure Gemälde zu kaufen. Rotermund verwahrt sich daher dagegen, daß Rembrandt etwa aus einer Art Romantik in das jüdische Quartier gezogen sei, um dort deren Schicksal zu teilen.[77] Rembrandts unmittelbarer Nachbar war der Kaffeegroßhändler Daniel da Pinto. Freundschaft aber entstand tatsächlich zwischen Rembrandt und Manasse Ben Israel, der im Haus schräg gegenüber wohnte. Es ist dieser Gelehrte gewesen, der sich nachdrücklich bei Cromwell für die Rückkehr der Juden nach England eingesetzt hat. Rembrandt hat sein Porträt 1636 in einer Radierung festgehalten.[78] Etwa zwei Jahrzehnte später, 1655, hat für die Schrift messianischer Hoffnung, die Manasse Ben Israel unter dem Titel »Piedra gloriosa« veröffentlichte, der holländische Künstler vier Radierungen geschaffen. Der jüdische Gelehrte findet in der Heiligen Schrift unter dem Bild des Steines den Messias selbst symbolisiert. So ist z. B. der Stein, mit dem David Goliath erlegt, ein Sinnbild des Messias, ebenso der Stein, der, von unsichtbarer Hand geschleudert, die Statue des Nebukadnezar zerstört. Zwei Radierungen mußte Rembrandt umgestalten. Besonders interessant ist der Wunsch nach Verlängerung der Himmelsleiter in Jakobs Traum. In der ersten Fassung beginnt die Himmelsleiter in der Bildmitte, oberhalb des Steins, auf den Jakob sein Haupt gebettet hat. In der zweiten Fassung führt Rembrandt die Leiter bis zum untersten Bildrand aus. Somit kommt nun Jakob auf die Mitte der Leiter zu liegen. Jakob scheint hier die Mitte der Erde zu symbolisieren. Für uns ist weniger interessant, daß derartige Änderungswünsche als solche an den Künstler herangetragen wurden, als die Tatsache, daß der jüdische Gelehrte und der christliche Künstler in engem Kontakt miteinander standen und daß Rembrandt auf die Wünsche seines Freundes einging. Gerade in diesem Fall geht es um mehr als nur um Erfüllung eines Auftrages.

Die persönliche Begegnung mit Juden hat sich ganz offensichtlich auch der Bildauffassung biblischer Szenen Rembrandts mitgeteilt. Als Beispiel darf der Segen Jakobs gelten, heute in der Gemäldegalerie Alter Meister in Kassel, Schloß Wilhelmshöhe. Wie auch sonst verwendet Rembrandt im Bild des Jakobsegens orientalische Kostümteile. Josef trägt einen türkischen Turban. Liebevoll sucht er die segnende Hand seines Vaters Jakob zu stützen. In Gedanken versunken steht Josefs Frau Asnath zu Füßen des Bettes, in dem der sterbende Jakob liegt. Der Segen, das eigentliche Motiv des Bildes, gilt den Kindern Josefs. Die Linke Jakobs wird dabei am Kopf des Erstgeborenen Manasse sichtbar, als wolle sie diesen sanft zurückschieben, so daß der eigentliche Segen Ephraim gilt. »Für Rembrandt ist das Segnen selbst die Hauptsache, das Weitergeben einer überweltlichen Auserwähltheit an kommende Generationen.« Wir wissen nicht, für wen Rembrandt dieses Gemälde schuf. Die Vermutung, daß es für das Haus eines sephardischen Juden in Amsterdam bestimmt war, findet eine Stütze in der Gestalt der Asnath, »die im Bibeltext bei dieser Szene nicht erwähnt wird, über deren Verlobung mit dem ägyptischen Josef aber die jüdische Tradition ein apokryphes Buch besitzt. Josef heiratete sie, die Tochter eines ägyptischen Priesters, im Lande des Pharao. In abendländischen Darstellungen des Jakobsegens kommt Asnath nur außerordentlich selten vor. Der deutsche Dichter Philipp von Zesen ließ 1670 in Amsterdam einen umfangreichen Roman erscheinen unter dem Titel ›Assenat‹, der ebenfalls die jüdische Überlieferung heranzieht.«[79]

Die Nähe Rembrandts zu jüdischem Selbstverständnis ist das Ergebnis eines langen und keineswegs selbstverständlichen Reifungsprozesses, dazu gefördert durch die persönliche Begegnung und Freundschaft mit den hervorragendsten Juden Amsterdams. Wie wenig selbstverständlich dieser Prozeß war, wird deutlich, wenn man den Bildern des späten Rembrandts die seiner Jugend gegenüberstellt, denn damals wählte er für die vorbildlichen Gestalten der Bibel »holländische Modelle«; »nur wenn er die Pharisäer und Schriftgelehrten als Verfolger Jesu charakterisierte, gab er ihnen semitische Züge«[80]. Aber Rembrandt war – und das unterscheidet ihn von vielen anderen – lernfähig.

Anmerkungen

1 Vgl. meinen Beitrag: Geehrte und geschändete Synagoge, in: Wolf-Dieter Marsch/Karl Thieme, Christen und Juden, Ihr Gegenüber vom Apostelkonzil bis heute, Mainz 1961, S. 67–114, bes. S. 67 ff; Harald Keller, Der Engelspfeiler im Straßburger Münster, Stuttgart 1957, S. 3, datiert das Werk des Ecclesia-Meisters auf die Zeit um 1230. Während der Französischen Revolution wurde ein Großteil der Skulpturen am Straßburger Münster heruntergeschlagen. Zu den verschonten Figuren gehören Ecclesia und Synagoga. Die Originale befinden sich jedoch heute wie auch sonst vielfach Skulpturen der Außenfassaden nicht mehr am originalen Ort, sondern sind durch Kopien ersetzt. Die Originale haben heute ihren Platz im Frauenhausmuseum am Münsterplatz gefunden.

2 Vgl. dazu Wilhelm Pinder, Vom Werden und Wesen deutscher Formen, Bd. 1. Die Kunst der deutschen Kaiserzeit, Köln 1952, bes. S. 297 ff

3 Ernst Stadler, geb. 11. 8. 1883, Kolmar, gefallen 30. 10. 1914, Zaandvoorde bei Ypern/Belgien, ein Vertreter des literarischen Jugendstils, gelangte schließlich von der Georgenachfolge zum Frühexpressionismus.

4 Zitiert aus Freiburger Rundbrief, X. Folge, Nr. 1957/58 f, 37/40, S. 15

5 Die für die Gestaltung der Straßburger Synagoga entscheidenden theologischen Motive hat herausgearbeitet Adolf Weis, Die »Synagoga« am Münster zu Straßburg, in: Das Münster, I (1947), S. 65–80. Vgl. auch seinen grundlegenden Artikel Ekklesia und Synagoge, in: Reallexikon zur deutschen Kunstgeschichte, Bd. IV., Stuttgart 1958, Spalte 1189–1215. Weitere Literatur zum Gesamtthema: Peter Bloch, Nachwirkungen des Alten Bundes in der christlichen Kunst, in: Konrad Schilling (Hrsg.), Monumenta Judaica, 2000 Jahre

Geschichte und Kultur der Juden am Rhein, Handbuch, Köln 1963, S. 751–755. Wolfgang Seiferth, Synagoge und Kirche im Mittelalter, München 1964. Alfred Raddatz, Ecclesia und Synagoge. Geschichtliche Hintergründe und Bedeutung der Entstehung eines mittelalterlichen Bildmotivs, in: Katalog Judentum im Mittelalter, hrsg. von der Kulturabteilung des Amtes der Burgenländischen Landesregierung, Eisenstadt 1978, S. 109 ff

6 Ernst Murbach (Text Peter Heman), Fotos, Zillis. Die romanische Bilderdecke der Kirche St. Martin, Zürich, Freiburg i. Br. 1967, Farbtafel B–V Synagoga. Dazu Text S. 33 und Anmerkung 66

7 Farbtafel Nr. 27 im Katalog Judentum im Mittelalter, Paris, Bibliothèque Nationale, Cod. lat. 9383, jüngere Metzer Schule, Ende 9. Jahrhundert, Katalogbeschreibung D 1,3

8 Ein Motiv, das uns auch bei Ritualmorddarstellungen begegnet, siehe S. 380

9 Schwarzweiß-Abbildung im Katalog Judentum im Mittelalter, Nr. 45, Text D 1,4. Die Elfenbeintafel befindet sich im Victoria-und-Albert-Museum in London, Inv.-Nr. 25067. Sie wird datiert auf die Zeit um 900.

10 Schwarzweiß-Abbildung im Katalog Judentum im Mittelalter, Nr. 47, Text D 1,7. Das Gunhildkreuz befindet sich im Nationalmuseum Kopenhagen.

11 Hildegard von Bingen, Wisse die Wege, Scivias. Nach dem Originaltext des illuminierten Rupertsberger Kodex, ins Deutsche übertragen und bearbeitet von Maura Böckeler, Chorfrau der Benediktinerinnen-Abtei St. Hildegard zu Bingen, Salzburg 1954, Tafel 8 I/Schau 1,5, S. 31; Willehad Paul Eckert, The Vision of Synagoga in the Scivias of Hildegard of Bingen, Standing Before God, Studies on Prayer in Scriptures and in Tradition with Essays in Honor of John M. Oesterreicher, New York 1981, S. 301–311

12 Hildegard von Bingen, Wisse die Wege, S. 136

13 Ebd., S. 136–139

14 Farbtafel 24 im Katalog Judentum im Mittelalter, Text D 1,15, Verdun Bibliothèque Municapale, Ms 121., fol. 273 r, letztes Viertel 12. Jh.

15 Schwarzweiß-Abbildung 56 Katalog Judentum im Mittelalter, Text D 1,21/22. Der Eleutherius-Schrein ist angefertigt als Silbertreibarbeit und Bronzeguß, um 1247, Tournai, Kathedrale

16 Wien, Kunsthistorisches Museum, Inv.-Nr. 8924, ehemals Stift Wilten/Tirol, vgl. dazu Katalog Judentum im Mittelalter D 1,14

17 Schwarzweiß-Abbildung 51 im Katalog Judentum im Mittelalter, Text D 1,18. Das Skizzenbuch des Petrus de Funes befindet sich in Amiens, Bibl. Municip. Cod. 108

18 Die beiden Tafeln befinden sich im Kunstmuseum Basel, vgl. dazu Peter Bloch in Handbuch Monumenta Judaica, S. 755, und Katalog Judentum im Mittelalter D 1,29/30

19 Schwarzweiß-Abbildung D 18 im Katalog Monumenta Judaica, Text jedoch ohne Erklärung des Motivs, aber mit Literaturangaben ebd., D 28, Hamburg, Staats- und Universitätsbibliothek, Inv.-Nr.: Cod. Lev 37

20 Siehe auch Beitrag Wassermann über die Darstellung der Juden in der Karikatur

21 Abb. 58 in Katalog Judentum im Mittelalter, Text D 1,26

22 W. P. Eckert, Geehrte und geschändete Synagoge, a. a. O., S. 71

23 Schwarzweiß-Abbildung 59, Katalog Judentum im Mittelalter, D 1,28, Giovanni da Bologna, Bologna, Chiesa S. Petrino, Cap. di S. Giorgia

24 Farbtafel 26 im Katalog Judentum im Mittelalter, D 1,27, Paris, Bibliothèque Nationale, Cod. Fr. 166 fol. 40 V

25 Bernhard Blumenkranz, Juden und Judentum in der mittelalterlichen Kunst (Franz-Delitzsch-Vorlesungen 1963), Stuttgart 1965, hat sich im wesentlichen auf alt- und neutestamentliche Szenerien beschränkt. Gegenüber der Fülle derartiger Darstellungen spielen andere Bildgruppen in der Tat nur eine untergeordnete Rolle.

26 Siehe S. 205 ff

27 Blumenkranz, a. a. O., ganzseitige Abbildung, S. 80

28 Sämtliche Szenen beschreibt Selby Whittingham, Salisbury, Chapter House, o. O., 1974

29 Siehe die Darstellung der Ritualmordszene des Anderl von Rinn, S. 19

30 Bernhard Blumenkranz, a. a. O., S. 29 f

31 Auch Shakespeare kannte keine Juden, als er den »Kaufmann von Venedig« schuf.

32 Grundlegend dafür die Monographie Carl-Otto Nordström, The Duke of Alba's Castilian Bible, A Study of the Rabbinical Features of the Miniatures, Uppsala 1967

33 Nordström, a. a. O., Abb. 3, S. 15

34 Ausführliche Beschreibung bei Nordström, S. 102–108, ganzseitige Abbildung Nr. 52 und S. 103

35 Zum Altar in der St.-Peters-Kirche vgl. Katalog Dirk Bouts, en zijn Tijd, Löwen 1975, S. 239–245; Darstellung der Mitteltafel auf Tafel 16, S. 240

36 Siehe Ginzel, S. 86

37 Siehe Wirth, S. 57 f; Eckert, S. 42 f. Noch das Zweite Vatikanische Konzil sah sich veranlaßt, dieser Legende von der jüdischen Schuld entgegenzutreten. Siehe Nostra Aetate, in: Ginzel, Auschwitz als Herausforderung für Juden und Christen, Heidelberg 1980

38 Bernhard Blumenkranz, Das Bilderevangelium des Hasses, in: W. P. Eckert u. E. L. Ehrlich (Hrsg.), Judenhaß – Schuld der Christen, Versuch eines Gesprächs, Essen 1964, S. 249–256, Zitate 249 f, Abb. 1, Brüssel, Bibl. Royale, Ms. 10176–8, Fol. 222, Abb. 2, Fulda, Hs., Aa 32

39 Ernst Günther Grimme, Führer durch das Suermondet Museum, Aachen, Aachen 1974 (auch Aachener Kunstblätter des Museumsvereins), Abb. Nr. 180

40 Farbtafel S. 175 im Katalog Vor Stefan Lochner, Nr. 145 – Die Kölner Maler von 1300–1430, Köln 1974, S. 106

41 Ganzseitige Abbildung auf S. 106 im Katalog Vor Stefan Lochner, Nr. 44

42 Ernst Günther Grimme, Der Aachener Domschatz, Aachener Kunstblätter, Bd. 42/1972, Düsseldorf, Nr. 128, ganzseitige Tafeln Nr. 155–159, der Mittelteil, Tafel 155. Leider ist auf den Gesamtaufnahmen das Detail der Schriftrolle mit dem hebräischen Text kaum zu erkennen. Das hängt an dem Minutiösen der Darstellung. Erst die Detailaufnahmen lassen die Details genau wahrnehmen.

43 Ernst Schubert (Text) – Fritz Hege (Fotos), Naumburg, Dom und Altstadt, Berlin-Ost 1978, S. 162

44 Bernhard Blumenkranz, Juden und Judentum in der mittelalterlichen Kunst, S. 78, dazu Abb. 98
45 Siehe Eckert, S. 90
46 Jacobus de Voragine, Legenda aurea, aus dem Lateinischen übersetzt von Richard Benz, Heidelberg 1975, Zitate S. 92
47 Reiner Haussherr, die Chorschrankenmalereien des Kölner Domes, in: Vor Stefan Lochner, die Kölner Maler von 1300–1430, Ergebnisse der Ausstellung des Colloquiums, Köln 1974, Kölner Begleithefte zum Wallraf-Richartz-Jahrbuch 1977, Bd. 1, S. 28–59, farbige Abb. Nr. 6, nördliche Chorschranke, 3. Teil der Legende des Papstes Silvester mit der Erweckung des von Zambri getöteten Stiers.
48 Das Gemälde wurde gezeigt auf der Ausstellung Primitifs Flamands Anonymes, Maitres aux Noms d'emprunt des pays-bas Meridionaux du XVe et debut du XVIe siècle, Brügge 1969, Katalog-Nr. 27, m. Abb.
49 Paris, Bibliothèque nat., n. a. Fr. 24541, Fol. 35, Bernhard Blumenkranz, Juden und Judentum in der mittelalterlichen Kunst, S. 19, Abb. 8, dort auch weitere Beispiele vom gleichen Legendentypus.
50 Das Fragment der Predella befindet sich in der Galleria Nazionale von Urbino, Farbtafel 112 in René Berger, Die Sprache der Bildermalerei erleben und verstehen, Köln 1958, S. 121. Bezeichnenderweise geht der Verfasser lediglich auf den formalen Aspekt der Perspektiven, jedoch mit keinem Wort auf den Bildinhalt ein. Zum Thema Hostienschändung siehe Eckert, S. 89–94
51 Romuald Bauerreiss, Pie Jesu, Das Schmerzensmann-Bild und sein Einfluß auf die mittelalterliche Frömmigkeit, München 1931
52 Ganzseitige Abbildung bei Romuald Bauerreiss, a. a. O., S. 98, auf der gegenüberliegenden Seite 99, ebenfalls in barocker Fassung, das Judenmesser von Passau. Dazu vgl. Monumenta Judaica Katalog B 296. Die Reliquie wollte an einen Prozeß erinnern, der 1477 gegen die Passauer Juden wegen des angeblichen Hostienfrevels geführt wurde.
53 Gunther Krotzer, Der Judenmord von Deggendorf und die Deggendorfer »Gnad«, in: W. P. Eckert und E. L. Ehrlich, Judenhaß – Schuld der Christen?! S. 309–327, dazu 6 Abbildungen
54 Siehe S. 207
55 Siehe S. 89 ff
56 Katalog Monumenta Judaica B Nr. 299 u. Abb. 21. Die Handschrift befindet sich in der Stadtbibliothek Trier, Inv.-Nr. Hs. 1139
57 Über Bildzeugnisse zum angeblichen Ritualmord der Juden in Trient und die Verehrung des »Märtyrerkindes« Simon von Trient in bildlichen Darstellungen berichtete Anna Esposito auf dem Kongreß zur Erinnerung an Fürstbischof Johannes Hinderbach, Trient 1989. Die Akten des Kongresses, auch der Beitrag zur bildlichen Darstellung, befinden sich derzeit in Druck.
58 Kurt Hruby, Verhängnisvolle Legenden und ihre Bekämpfung, in: W. P. Eckert und E. L. Ehrlich, Hrsg., in: Judenhaß – Schuld der Christen?! S. 281–308, Zum seligen Anderl von Rinn, S. 301 ff
59 Siehe hierzu Eckert, S. 92 ff
60 Siehe hierzu Abbildung und Kommentar, S. 19
61 Hierzu auch Wassermann
62 Zitat entnommen: Hermann Jung, Närrische Volkskunst, Drollerien und Narreteien an niederrheinischen Chorgestühlen, Duisburg 1970, S. 49
63 Grundlegend ist Isaiah Shachar, The Judensau, A medieval anijewish motif and its history, London 1974
64 Jung, a. a. O., S. 31, mit Abb. 24, vgl. dazu Shachar, a. a. O., S. 24 ff, Tafel 3 a–c; 16 b, 17 a b
65 Willy Weyres, Empirie und Institution, Bemerkungen zu zwei Mönchsdarstellungen am Chorgestühl des Kölner Domes, in: Kölner Domblatt, 1975, S. 213, m. Abb. S. 215
66 Walter Bader, Vom ersten Baumeister der gotischen Stiftskirche (1263–1280), in: Walter Bader (Hrsg.), Sechzehnhundert Jahre Xantener Dom, Köln 1964, S. 112, Abb. auf Schwarzweiß-Tafel 25, Xanten, Ostchor innen, Konsole unter der Gruppe der Heimsuchung an Dienstpfeiler A
67 Bruno Kirschner, Deutsche Spottmedaillen auf Juden, bearbeitet und hrsg. von Arie Kindler, München 1968, S. 25
68 Kirschner, a. a. O., S. 49; dazu Abb. Nr. 14, 15, 15a und aus dem 19. Jh. zum gleichen Thema Nr. 16 und 17
69 Kirschner, a. a. O., S. 28. Dazu Abb. Nr. 2
70 Ebd., S. 29 und 30
71 Zum Thema Beschneidung siehe v. a. S. 30; auch 16 und 26
72 Bernhard Blumenkranz, Juden und Judentum in der mittelalterlichen Kunst, S. 42, dazu Abb. Nr. 49. Die Handschrift befindet sich in Brüssel, Bibl. Roy., Ms 1714 (9007), Fol. 122
73 Bernhard Blumenkranz, Juden und Judentum . . ., S. 28
74 Ebd., S. 83, Anm. 27, Abb. Nr. 26
75 Das ist auch die Meinung von Paul Frankel, The earliest Jewish Portrait, in: Historia Judaica. Vol. V. 1943, P. 155–164. Dem Beitrag sind drei Abbildungen beigegeben, Gesamtbild, zwei jüdische Köpfe im Profil, Porträt des Rabbiners en face
76 Katalog Suermont-Museum, Aachen, Abb. 202
77 Hans Martin Rotermund, Rembrandt und die spanisch-portugiesischen Juden in den Niederlanden des 17. Jh., in: Emuna IV, S. 391–408, zur erwähnten Beschneidungsszene besonders S. 401 f, dazu Abb. 2
78 Rotermund, a. a. O., Abb. 13
79 Erich Herzog, in: Gemäldegalerie Alte Meister, Schloß Wilhelmshöhe, Kassel, Museum Braunschweig, Februar 1981, S. 73 f
80 Christian Tümpel, Rembrandt, Mythos und Methode, Antwerpen 1986 – deutsche Ausgabe: Königstein im Taunus, S. 143

Der nationalsozialistische Antisemitismus im Spiegel des politischen Plakates

»Juden – Läuse – Flecktyphus«

Jürgen Bernatzky

Das politische Plakat – Entwicklung und Funktion, besonders in der Weimarer Republik und im »Dritten Reich«

Als Vorläufer des politischen Plakates werden sowohl die Tafeln des Moses[1], die Stele des Hammurabi[2], die gewerbemäßigen Wandanschriften im alten China und in Pompeji[3] als auch die angeschlagenen Flugschriften der frühen Neuzeit angesehen. Das moderne großformatige Plakat aber mit seiner werbewirksamen Kombination von Bild und Text entstand erst in der zweiten Hälfte des 19. Jahrhunderts, als die rasch expandierende Wirtschaft zum Absatz ihrer Produkte dringend neue effektive Werbemedien benötigte. Die entscheidenden technischen Voraussetzungen dafür lieferten die zunehmende Verbreitung der Lithographie mit der Möglichkeit kostengünstiger Massenauflagen und die um 1855 von T. Litfaß nach französischem Vorbild entwickelte Plakatsäule. Angeregt durch die japanischen Farbholzschnitte, entstanden vor allem in Paris die ersten künstlerischen modernen Bildplakate mit ihrem flächenhaften, durch kräftige Farben bestimmten eigenwilligen Stil. Das erste dieser künstlerisch bedeutenden Plakate schuf vielleicht 1876 Chérets in Paris. Ihm folgten namhafte Künstler wie z. B. Toulouse-Lautrec in Frankreich, Beardsley in England, Penfield in den Vereinigten Staaten und Th. Th. Heine in Deutschland, die dem modernen kommerziellen Plakat sein bereits erwähntes typisches, werbepsychologisch optimales Aussehen gaben.[4]

Das politische Plakat entwickelte sich in einer gewissen Phasenverschiebung zum kommerziellen Plakat, und zwar während des Ersten Weltkrieges vor allem auf alliierter Seite. Seine »bedeutsamste Entwicklung« erfuhr das politische Plakat während der russischen Revolution in der Verbindung von moderner Kunst mit dem Einfluß der Ikonenmalerei und des alten russischen bäuerlichen Holzschnittes.[5] Mit Hilfe einfacher Bilderschrift konnte man auch die Massen der russischen Analphabeten jeweils aktuell informieren und indoktrinieren. Niemals später gab es wieder eine solche Flut von politischen Plakaten.[6]

Zu dieser Zeit tauchten von weißrussischer Seite auch die ersten antisemitischen Plakate auf, die den Antisemitismus sowohl mit dem Bolschewismus als auch mit einem Rassismus verbanden.[7]

Eine enge Parallele zeigte sich während der Räterepublik in München, wo im Zusammenhang mit der Revolution 1918/19 von ihren Gegnern eine förmliche antijüdische Pogromstimmung erzeugt wurde, auf die die provisorische Regierung sich genötigt sah, mit mehreren Textplakaten zu antworten.[8]

Die Plakate zu den revolutionären Ereignissen in Deutschland leiteten eine Phase ein, in der das politische Plakat in den ständigen innenpolitischen Auseinandersetzungen der Weimarer Republik zum entscheidenden propagandistischen Medium wurde, und zwar nicht nur während der häufigen Wahlkämpfe.

Bedeutende Künstlerpersönlichkeiten wie Käthe Kollwitz[9], Lyonel Feininger, Olaf Gulbransson, Max Pechstein, Willi Jaeckel, César Klein und Heinz Fuchs prägten den Stil dieser politischen Plakate. Zu hervorragenden Spezialisten entwickelten sich Ludwig Hohlwein und der enge Mitarbeiter von Goebbels, Hans Schweitzer, der unter dem germanischen Pseudonym Mjölnir (d. h. der Hammer des Gottes Thor) arbeitete[10], und der Kommunist John Heartfield, der mit Hilfe der Foto-Collage »seine unsterblichen Meisterwerke schuf«.[11]

Während vor 1933 die Künstler des politischen Plakates häufig »als Gewissen des Volkes« erschienen und mahnten und beschworen, wurden sie nach 1933 »zum ausführenden Werkzeug«.[12] Damit sank die Qualität ihrer Plakate, die immer mehr im Dienste einer totalitären Propaganda

zerschlissen wurden und mit dem Ausbruch des Zweiten Weltkrieges schließlich zu einem reinen agitatorischen Instrument der Kriegführung pervertierten.[13]
Die politischen Plakate in der NS-Zeit zeigten »eine Scheinwelt, deren Widerspruch zur Wirklichkeit wegen fehlender Gegendarstellung aus sich heraus nicht erkennbar ist«.[14]
Zusammenfassend muß man feststellen, daß die Bedeutung und Brisanz des deutschen politischen Plakates in der Weimarer Republik auf einem Höhepunkt angelangt war, der auch nach der NS-Zeit nicht wieder erreicht wurde.[15] Die Gründe hierfür dürften einmal in der Tatsache liegen, daß das politische Plakat bereits in der NS-Zeit durch die Durchsetzung der neuen Massenmedien Radio und Tonfilm übermächtige Konkurrenten bekam, zu denen in den fünfziger Jahren das Fernsehen als das heute vielleicht wirksamste Massenmedium trat. Zum anderen wurde die politische Plakatierung nach dem Kriege fast ausschließlich auf die Wochen vor den jeweiligen Wahlkämpfen beschränkt und inhaltlich auf den in den USA schon lange praktizierten Stil der »Personality-Werbung« reduziert unter Verzicht auf die primär argumentativen Darstellungsformen, wie sie zur Kennzeichnung der eigenen Ziele oder zur Diffamierung des politischen Gegners in den zwanziger und dreißiger Jahren überwogen.[16]
Aus dem bisher Dargestellten ergibt sich, daß gerade das politische Plakat der Weimarer Republik für den Historiker eine wesentliche Geschichtsquelle darstellt, »die ihn auf das unmittelbarste, fast Woche für Woche, mit den Ereignissen vertraut macht und die nicht selten für die politischen Akteure dieser Zeit entlarvend ist«.[17]
Doch auch in der NS-Zeit gehörte das politische Plakat zum Gesicht der Straße und manifestierte auch hier die Gestaltung der öffentlichen Meinung, auch wenn diese Gestaltung nun monopolisiert war und eine Scheinwelt vorspiegelte. »Das Plakat, das man einmal ein Werkzeug der heimlichen Verführer genannt hat, wird in einer Diktatur zum unheimlichen Verführer.«[18] Das folgende Zitat aus Hitlers »Mein Kampf« macht deutlich, daß Hitler sich gerade der Bedeutung des Plakates als entscheidendes Werbemedium bewußt war, wenn er von dessen Gestaltung Schlüsse für eine effektive Propaganda ableitete, in der er von Anfang an das wichtigste Mittel zur Beherrschung der Massen sah: »Was würde man zum Beispiel über ein Plakat sagen, das eine neue Seife anpreisen soll, dabei jedoch auch andere Seifen als ›gut‹ bezeichnet? Man würde darüber nur den Kopf schütteln. Genauso verhält es sich aber auch mit politischer Reklame.«[19]
In ihrer zentral geleiteten und überregional konzipierten Propaganda übertrugen die Nationalsozialisten die Erfahrungen der Warenwerbung konsequent auf den politischen Bereich. »Die einzelnen Plakate wurden auf die verschiedenen Zielgruppen abgestimmt und nicht nach künstlerischen, sondern nach werbewissenschaftlichen Gesichtspunkten entworfen.«[20]
Noch lange nach der Machtergreifung, als bereits das Radio dominierte, gab die NSDAP 1938 unter dem Titel »Das politische Plakat« ein »Lehr- und Handbuch für die Propagandisten . . . ausschließlich für den parteiinternen Gebrauch«[21] heraus, das öffentlich nicht zugänglich war: »Dem politischen Plakat aber haben wir es auf jeden Fall mit zu verdanken, daß eine liberalistische und marxistische Weltanschauung zu Boden gezwungen wurde und daß der Nationalsozialismus für sich das Reich erobert hat.«[22] Man versprach sich von diesem Werk »gute Anregungen für die positive Weiterentwicklung dieses unentbehrlichen Propagandamittels der Partei«[23] und ging dabei wohl von der Erkenntnis aus, daß kaum ein anderes Medium stärker im Gedächtnis haften bleibt als die treffend und eindrucksvoll gestaltete Bildaussage eines Plakates.[24]
Entscheidend für die Wirkung ist die Tatsache, daß das Plakat den Passanten förmlich unvermutet überfällt, so daß der Begriff »Anschläge«, wie er von F. Arnold für seine Plakatsammlung gewählt wurde, in seiner Doppeldeutigkeit das Plakat zutreffend charakterisiert.[25] Die beste Beschreibung für die hier angesprochene und von den Nationalsozialisten konsequent genutzte Wirkungsmöglichkeit des Plakates lieferte A. Rhodes:
»Goebbels' propagandists knew that visual impressions are extremely strong, that people may forget a newspaper article, but not a picture – if they see it often and its message is obvious. In this respect the poster had certain advantages over the other forms of propaganda. A pamphlet or a newspaper could be thrown away, unread; the radio turned off; political meetings not attended; likewise the cinema. But everyone at some time or

other walked in the streets. The poster could not be avoided. It was one thing to hear about Hitler's strength of character, sincerity, honesty, simplicity, etc.; it was quite another to see these qualities glaring down from a huge head-and-shoulders portrait, ten times life-size. If the passerby averted his eyes, he ran into Hitler again around the corner. No inhabited place in Germany was without him, nor ›the heroic German male‹ about whom the Nazis were always boasting. Suddenly in the street on the opposite wall he stood – lantern-jawed, erect, determined, puissant, girging himself to defend Germany from ›the Red Terror‹ or ›the Jewish Bacillus‹!«[26]
Sucht man heute diese NS-Plakate, so ist für die Archivlage vor allem der Verbleib der »Sammlung Rehse« zusammen mit einigen Teilen des Hauptarchivs der NSDAP[27] wichtig.
Angeregt durch das Attentat von Sarajevo, begann 1914 der in München lebende Fotograf Friedrich Joseph Maria Rehse Zeitungsausschnitte, Plakate, Flugblätter, Bilder, Zeitschriften und Bücher zu sammeln. Diese Sammlung Rehses, die sich sehr schnell aufblähte, nannte sich seit 1924 »Archiv für Zeitgeschichte und Publizistik« und wurde finanziell von der NSDAP unterstützt, die diese Sammlung 1929 kaufte.
Das Archiv des überaus sammelfreudigen Rehse wurde damit als Parteidienststelle zum parteioffiziösen Archiv, an das auch das später entstandene »Hauptarchiv der NSDAP« alle ausstellungsfähigen Einzelstücke abzuliefern hatte. Seit 1935 war das «Archiv für Zeitgeschichte und Publizistik«, das über umfangreiche antisemitische Bestände verfügte[28], in der Münchener Residenz untergebracht. Es wurde dann nach dem Krieg zusammen mit Teilen des Hauptarchivs in München von den Amerikanern beschlagnahmt und in die USA gebracht. 1963 kehrte die von den Amerikanern ausgeschlachtete Sammlung[29] aus der Library of Congress in Washington zurück und wurde vom Bundesarchiv in Koblenz nach dem Prinzip des Sammelns nach der Kompetenz[30] auf verschiedene bundesdeutsche Archive aufgeteilt bzw. kassiert. Dabei verblieb ein Teil der Plakate der NSDAP und ihrer Gliederungen zusammen mit anderen parteiamtlichen Drucksachen in Koblenz.[31] Die Masse der Plakate wurde weitergegeben an das Bayerische Hauptstaatsarchiv[32], das wiederum einen Teil an das Archiv der Stadt München[33] weiterleitete; letzterem war es selbst gelungen, ca. 80 % aller in München zum Anschlag gekommenen Plakate zu sammeln.
Die umfangreichsten Nachkriegspublikationen von politischen Plakaten mit den Schwerpunkten »Weimarer Republik« und »Drittes Reich« sind die Sammlungen von Friedrich Arnold[34] und Hans Bohrmann[35], die auch einige der im folgenden vorgestellten Plakate enthalten. Zur Theorie und Geschichte des politischen Plakates ist besonders die neue Arbeit von Frank Kämpfer zu empfehlen, die eine umfangreiche Bibliographie auch neuerer weiterführender Literatur enthält.[36]

Das antisemitische NS-Plakat

1. Vorbemerkungen

Die antisemitischen NS-Plakate stellen eine prägnante Reduktion des NS-Antisemitismus auf seine entscheidenden Grundaussagen dar und lassen zudem durch ihren Anlaß, die angesprochene Adressatengruppe, die aufgegriffenen politischen und sozioökonomischen Probleme sowie durch die benutzten Ängste und latenten Vorurteile stets funktionale Aspekte und strukturelle Voraussetzungen des NS-Antisemitismus in der politischen Realität erschließen. Diese Plakate, bei denen es sich um eine jedem Deutschen bekannte, öffentliche Form der Selbstdarstellung des NS-Antisemitismus handelt, scheinen zwar aufgrund ihres Auftrages, einen »Schnelldialog«[37] mit den Adressaten auszulösen, von größter Durchschaubarkeit zu sein, doch wird eine etwas genauere Beschäftigung mit ihnen schnell zeigen, daß das Plakat neben der »buchstäblichen« Nachricht noch viele »versteckte« (kodierte) Nachrichten enthält.[38] Bei den hier zu besprechenden NS-Plakaten müssen außerdem die verwendeten Symbole stets doppelt entschlüsselt werden, einmal auf die Scheinwelt hin, die im Bewußtsein des Passanten hergestellt oder verstärkt werden soll, zum anderen auf die durch diese Scheinwelt verzerrt abgebildete Realität hin.[39]
Für die vorliegende Thematik erscheint es leider notwendig, alle diejenigen unter dem Begriff Jude zu subsumieren, die von ihrer Umwelt als Juden angesehen wurden.[40] Bei dieser Definition wird nicht berücksichtigt, wie der einzelne zu

seinem Jude-Sein stand, sondern es werden so auch die Personen erfaßt, die selbst oder deren Vorfahren bereits – besonders zur Zeit der jüdischen Emanzipation – den »mosaischen« Glauben aufgegeben hatten. Auch sie wurden bewußt als »Juden« oder »Nichtarier« von den Nationalsozialisten verfolgt und ermordet.[41]

Ausgehend von dieser Definition, gilt: Antisemitismus ist »die Summe aller gegen die Juden gerichteten Merkmale«.[42]

Die empirisch relevanten antisemitischen Merkmale sind nach Heinz E. Wolf:

1. Der religiöse oder christliche Antisemitismus.
   Dieser richtet sich gegen den Juden als Angehörigen der jüdischen Religion.[43]
2. Der physiognomische Antisemitismus.
   Er behauptet, gewisse äußerliche Erscheinungen bei Juden feststellen zu können.[44]
3. Der charakterologische Antisemitismus.
   Er spricht den Juden bestimmte Eigenschaften zu und tritt besonders als sexueller Antisemitismus auf.[45]
4. Der berufliche Antisemitismus.
   Dieser glaubt, einen Überhang von Juden in bestimmten Berufen anprangern zu müssen.[46]
5. Der ökonomische Antisemitismus.
   Man meint, daß die Juden die Kommandostellen der Wirtschaft innehaben bzw. diese erstreben.[47]
6. Der politische Antisemitismus.
   Er unterstellt den Juden Welteroberungs- und Beherrschungspläne.[48]
7. Der völkisch-rassische Antisemitismus, der meist als biologisch-rassischer mißverstanden wird. Er resultiert aus den Axiomen des neueren Nationalismus, so vor allem aus der Annahme der Existenz sogenannter Urvölker und diesen unwandelbar innewohnenden Eigenschaften.[49]
8. Der taktische Antisemitismus.
   Dieser ist indifferent gegenüber der Frage, ob seine Vertreter Antisemiten sind oder nicht; er wird meist auch als politischer Antisemitismus bezeichnet.[50]
9. Der kulturelle Antisemitismus.
   Es soll sich dabei um einen in der Wurzel antisemitisch ausgerichteten deutschen Denkstil handeln.[51]
10. Der volkstümliche Antisemitismus.
    Er liegt auf einer anderen Gegenstandsebene, umspannt viele der anderen Merkmale und steht dem Image bzw. der Ideologie nahe.[52]

Mit dieser inhaltlich umfassend verstandenen Definition des Antisemitismus soll deutlich werden, daß sich der Verfasser durchaus des Zusammenspiels verschiedenster Vorurteile in jedem konkreten Fall von Antisemitismus bewußt ist. Dennoch wird bei der Vorstellung der Plakate primär der jeweils dominante antisemitische Aspekt herausgearbeitet, da die Plakate aufgrund ihres speziellen Kommunikationscharakters (Schnelldialog) – wollen sie wirkungsvoll sein – meist eine dieser Hauptaussagen singulär in den Vordergrund stellen. Es wird vom Verfasser auch nicht versucht, alle die von H. E. Wolf genannten Aspekte vorbehaltlos zu übernehmen und systematisch nachzuweisen, da man sowohl über die Vollständigkeit als auch über die Definition der einzelnen Merkmale, von denen die meisten in der NS-Ideologie fast unlösbar unter dem Primat des rassischen Arguments verknüpft sind, durchaus unterschiedlicher Meinung sein kann.

2. *»Juden – Läuse – Flecktyphus« Der Jude als Ungeziefer – das rassische Argument*

Bereits eine erste Durchsicht der antisemitischen NS-Plakate macht eines deutlich: Als antisemitisches optisches Bestimmungsmerkmal für den Juden wird eine physiognomische Andersartigkeit behauptet. Es gibt kaum ein antisemitisches NS-Plakat, in dem nicht der dargestellte Jude durch eine fleischige Hakennase gekennzeichnet wird. Dem Betrachter wird damit stets die Existenz einer andersartigen jüdischen Rasse suggeriert. Dieser Eindruck wird verstärkt durch weitere »jüdische Rassenmerkmale«, die in verschiedenen Kombinationen dargestellt werden, wie flache Stirn und fliehendes Kinn, wulstige Lippen mit hängender Unterlippe und heruntergezogenen Mundwinkeln, stechende, z. T. hervorquellende Augen, häufig mit dicken Augenwülsten, abstehende Ohren und schwarzes, oft krauses Haar, wenn der Jude nicht gerade zur Kennzeichnung seiner Funktion eine bestimmte Kopfbedeckung trägt. Der so gekennzeichnete Kopf sitzt meist übergangslos auf einem unproportioniert dicken, bisweilen mißgestalteten Körper, der auf kurzen, z. T. O-Beinen ruht.

Diese Merkmale, die in den unterschiedlichsten Kombinationen auftreten, sollen beim Adressaten des Plakates Abscheu hervorrufen, vor allem aber latent vorhandene Gefühle der Fremdenfeindlichkeit wecken, die neben religiösen, wirtschaftlichen und psychologischen Gründen eine der Hauptwurzeln der traditionellen Judenfeindlichkeit darstellt.

Die fleischige Hakennase taucht zwar auch schon in mittelalterlichen Darstellungen der Juden verschiedentlich auf, doch die entscheidenden Merkmale zur Kennzeichnung der Juden waren damals – neben ihrer Kleidung – vor allem der von der christlichen Obrigkeit verordnete Judenhut und Judenfleck bzw. Judenring.[53] Damit ist das Mittelalter »ehrlicher« als die Nationalsozialisten, die trotz der von ihnen behaupteten, jedem ins Auge springenden »Rassenmerkmale« sich immer noch genötigt fühlten, den Judenstern einzuführen. Da das Judentum keine einheitlichen anthropologischen Merkmale besitzt – »die jüdische Rasse ist ein Mythos«[54] –, konnten selbst die rassisch argumentierenden Nationalsozialisten bei der juristischen Feststellung, wer Jude sei, nicht mit biologischen Merkmalen arbeiten. Sie mußten auf das Faktum der Religionszugehörigkeit zurückgreifen, womit sie die ideologische Grundlage dieser Gesetze, ihre Rassenlehre, selbst ad absurdum führten.[55]

Die Plakate der Nationalsozialisten beschränken sich aber nicht nur auf die Darstellung des Juden als eine mit nur negativen physiognomischen Merkmalen besetzte Gruppe, sondern sprechen ihm sogar sein Menschsein ab, entsprechend der bereits im Mai 1923 erfolgten Äußerung Hitlers im Zirkus Krone: »Der Jude ist wohl Rasse, aber nicht Mensch.«[56] So erscheint der Jude auf vielen Plakaten als Ungeziefer, womit er aus der menschlichen Gesellschaft ausgeschlossen und zum Lebensfeind erklärt wird mit der impliziten Forderung nach seiner Vernichtung, die dann später in den großen Tötungsfabriken bezeichnenderweise mit Hilfe eines Schädlingsbekämpfungsmittels[57] durchgeführt wurde.

Auf dem Textplakat von 1927 *(Abb. Nr. 1)*[58] wird z. B. eine Analogie zwischen dem Juden und dem Floh gezogen, die noch durch die Behauptung verstärkt wird, daß der Jude wie ein Vampir den letzten Blutstropfen aus den Adern des deutschen Volkes saugt.[59] Ist der Floh, sofern er nicht Krankheiten überträgt, nur ein lästiges Ungeziefer, das man, wo man es erwischen kann, zerdrückt, entsteht bei der Nennung des Vampirs die Assoziation einer tödlichen Gefahr.

Abb. 1: »Der Jude ist auch ein Mensch!«

Eine ernste Bedrohung geht auch von den Ratten aus, die auf dem 1944 im Generalgouvernement erschienenen Plakat auf ihrem Zug zurück nach Westen im Gefolge der Roten Armee[60] aus dem sie bergenden Dunkel durch einen gelben Lichtstrahl ertappt werden *(Abb. Nr. 2)*. Die gelbe Farbe war nicht nur im Mittelalter die Schandfarbe für Ketzer, Dirnen und Juden, sondern auch Seuchen- bzw. Pestfarbe, womit die Ratten, die die angeblich zurückkehrenden Juden symbolisieren, als Überträger der Pest zur tödlichen Bedrohung werden.[61] Dieses Plakat soll antisemitische Affekte in der polnischen Bevölkerung gegen die heranrückende Rote Armee mobilisieren bzw. mit dieser Drohung Widerstandsaktionen gegen die deutsche Armee unterbinden.[62] Besonders makaber ist ein Plakat von G. Peiler *(Abb. Nr. 3)*, das von einer ins Ungeheuerliche vergrößerten Kleiderlaus im Vordergrund be-

Abb. 2: ZYDZI powracaja wraz z bolszewizmem!
(Die Juden kehren zurück mit dem Bolschewismus!)

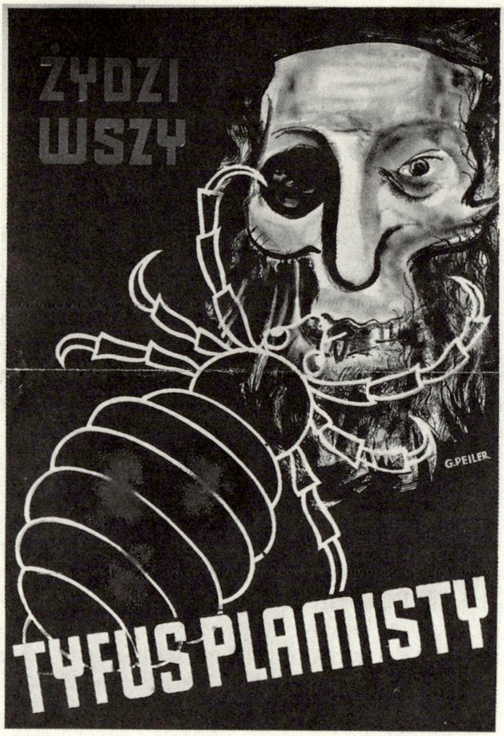

Abb. 3: ZYDZI WSZY TYFUS PLAMISTY
(Juden, Läuse, Flecktyphus)

herrscht wird, durch deren Hinterleib das aufgenommene Blut schimmert, während im Hintergrund ein zur Hälfte skelettierter Kopf zu erkennen ist, der durch einen großen, spitzen Vorderzahn die Assoziation an einen Vampir weckt und durch Nase, Bart und angedeutete Schläfenlokken auf die Darstellung eines Juden schließen läßt. Als Interpretationshilfe dient der auf dem ganz in Schwarz gehaltenen Untergrund aufgedruckte polnische Text »Juden«, »Läuse« sowie das in besonders großen gelben Buchstaben quer über das ganze Plakat geschriebene Wort »Flecktyphus«. Folgende Interpretation scheint daher möglich: Der Jude wird als blutsaugende Laus dargestellt, die als Überträger des Flecktyphus[63] eine tödliche Gefahr bedeutet. Diese Schreckensassoziation Krankheit, Tod und Vergängnis wird ausdrücklich noch einmal auf den Juden bezogen durch den im Hintergrund lauernden, als Jude personifizierten Tod. Die entstehende Schreckensvision wird durch den angedeuteten Vampirzahn noch verstärkt. Die durch das Plakat vermittelte Nachricht lautet demnach: Der Jude ist ein Parasit, Bazillus bzw. Virus, der für sein Wirtsvolk den Tod bedeutet.

Die durch die bildgestaltenden Symbole vermittelte Nachricht ist identisch mit einschlägigen Äußerungen Hitlers, wie sie durchgängig von 1919 bis zu seinem Tode nachweisbar sind.[64]

Mit diesem Plakat, das 1941 in Warschau erscheint, greift also die Verwaltung des Generalgouvernements zur propagandistischen Unterstützung der auf ihrem Verwaltungsgebiet angelaufenen Judendeportationen und Judenliquidation[65] auf bekannte Äußerungen Hitlers zurück, die jetzt im Rahmen ihrer Verwirklichung taktisch eingesetzt werden. Wahrscheinlich sollten verbreitete traditionelle antisemitische Vorurteile in Teilen der polnischen Bevölkerung reaktiviert und dadurch möglichen Widerständen und Unruhen vorgebeugt werden.[66] Dabei werden die Aussagen Hitlers dem Adressatenkreis angepaßt

und vordergründig modifiziert auf den Typus des angeblich verlausten osteuropäischen Kaftanjuden und die manchmal ausbrechenden Flecktyphusepidemien.[67] Selbst 1941 scheute man sich aus außen- und innenpolitischen Rücksichten, Plakate anzuschlagen, die wörtlich zum Judenmord aufriefen, obwohl man zumindest Ende 1941 im Generalgouvernement den Auftrag Hitlers kannte, alle dort lebenden Juden zu liquidieren.[68]
Die Auseinandersetzung mit den besprochenen Plakaten legt den Schluß nahe, daß der Jude durch die Diffamierung als Ungeziefer, Schädling, Bazillus nicht nur aus der menschlichen Gesellschaft und ihren Normen ausgestoßen, sondern zugleich zu ihrem Todfeind erklärt wird, für dessen damit notwendig gewordene Vernichtung keine menschlichen Rücksichten mehr Anwendung zu finden brauchen. Diese Plakate scheinen die Auffassung H. G. Adlers zu stützen: »Alles am Regime Hitlers, alles an den Reden seiner Spießgesellen Goebbels, Rosenberg, Streicher u. a. weist (wenn auch, zugegeben, erst a posteriori ganz deutlich) von Anbeginn auf die mörderische ›Endlösung‹ hin: so bald wie möglich und so radikal wie möglich.«[69]

3. *»Nieder mit der Finanzversklavung« Der Jude als Kapitalist – das wirtschaftliche, antikapitalistische Argument*

Viele NS-Plakate zeigen den Juden mit aufgedunsenem Körper im Frack und Zylinder bzw. Melone und einer goldenen Uhrkette, an der häufig ein Davidstern hängt. Der hier angesprochene ökonomische Antisemitismus wird in seinen verschiedenen Aspekten besonders in den Wahlplakaten der Nachfolgeorganisationen der verbotenen NSDAP aus dem Jahre 1924 deutlich. Sie zeigen die Identifizierung des Juden mit dem Kapital auf lokaler, nationaler und internationaler Ebene. So greift das für den lokalen Wahlkampf in Bayern gedachte und sehr primitiv gestaltete Plakat »Bauer! wehre dich« von H. Schultes[70], erschienen zur bayerischen Landtagswahl vom 6. 4. 1924 *(Abb. Nr. 4)*, auf das seit dem Mittelalter tradierte wirtschaftliche Vorurteil zurück, nämlich die Diffamierung des Juden als Wucherer[71], und nutzt die Existenz von jüdischen landwirtschaftlichen Großhändlern[72] in verschiedenen ländlichen Gebieten sowie die wirtschaftliche

Abb. 4: Bauer! wehre dich

Notlage mancher landwirtschaftlicher Betriebe, die sich damals wie heute in einer Strukturkrise befanden, besonders auf verschiedenen Grenzertragsböden Oberbayerns.
Die direkte Vorlage für dieses Plakat dürfte der 1920 bereits in einer Auflage von 100 000 verbreitete Roman Artur Dinters »Die Sünde wider das Blut« sein. Artur Dinter, der zusammen mit Esser und Streicher die Führung der Großdeutschen Volksgemeinschaft an sich riß, erzählt in diesem populären Roman[73], wie ein jüdischer Makler einem Bauern einen größeren Hof aufschwätzt und diesen versteigert, als der fleißige, um seine Ersparnisse betrogene Bauer die Zinsen nicht mehr bezahlen kann. Der Bauer bringt im

Abb. 5: Der Drahtzieher

Zorn den Juden um und erhängt sich im Gefängnis, als er erfährt, daß seine Frau vor Kummer gestorben ist.[74] Aus dieser Landtagswahl geht der nationalsozialistische Völkische Block als zweitstärkste Partei hervor.
Kurze Zeit später erscheint zur zweiten Reichstagswahl vom 4. 5. 1924 das Plakat »Der Drahtzieher« (Abb. Nr. 5). Es ist durchaus »professionell« gestaltet und könnte auf das sowjetische Bürgerkriegsplakat »Das Kapital« von V. Deni (1919) zurückgreifen.[75] Doch während das russische Plakat in seiner Karikatur die »typische Realität des Abgebildeten« wiedergibt, wird das nationalsozialistische Plakat durch die betonte Nase und den Judenstern an der Uhrkette zum Falschbild.[76] Der hier gezeichnete Schlotbaron und der angedeutete sozioökonomische Gegensatz zwischen Arbeitgeber und Arbeitnehmer entspricht zwar, wenn auch wie in jeder Karikatur überspitzt, durchaus einer Realität, woraus das Plakat seine Wirksamkeit bezieht, durch die beiden genannten Symbole jedoch wird der deutsche Kapitalist oder das deutsche Kapital »gegen den Juden als mythischen Gegner aller Deutschen ausgetauscht«.[77]
Die Anregung für die Gestaltung dieses Plakates könnte aber auch dem Roman A. Dinters entnommen sein: »Hunderttausende, ja Millionen von im Schweiße ihres Angesichts arbeitenden Menschen zappelten in allen fünf Erdteilen an den Drähten, die in seiner (eines jüdischen Kommerzienrates – J. B.) Hand zusammenliefen . . . Wie eine dicke Spinne saß er in seinem Berliner Kontor, all diesen Menschen durch diese Drahtkanäle das Mark aus Leib und Seele saugend.«[78]
Hitler selbst, der von April bis Ende Dezember in Landsberg in Haft saß, schrieb in dieser Zeit: »Freilich zerstört er (der Jude – J. B.) auch immer gründlicher die Grundlagen einer wahrhaft volksnützlichen Wirtschaft. Über den Umweg der Aktie schiebt er sich in den Kreislauf der nationalen Produktion ein, macht diese zum käuflichen, besser handelbaren Schacherobjekt und raubt damit den Betrieben die Grundlagen einer

Abb. 6: Nieder mit der Finanzversklavung!

persönlichen Besitzerschaft. Damit erst tritt zwischen Arbeitgeber und Arbeitnehmer jene innere Entfremdung ein, die zur späteren politischen Klassenspaltung hinüberleitet. Endlich aber wächst die jüdische Einflußnahme auf wirtschaftliche Belange über die Börse nun unheimlich schnell an. Er wird zum Besitzer oder doch zum Kontrolleur der nationalen Arbeitskraft.«[79]
Während bei dieser Wahl die Nationalsozialisten mit zwei Millionen Stimmen und 32 Sitzen einen Achtungserfolg erzielten, fielen sie schon bei der nächsten Reichstagswahl am 7. 12. 1924 auf 907 300 Stimmen und 14 Sitze zurück. Auf dem Plakat »Nieder mit der Finanzversklavung« *(Abb. Nr. 6)*, das zu dieser Dezemberwahl erschien, tritt der Jude, der hier dem deutschen Volk im wörtlichen Sinn im Nacken sitzt, in der Gestalt des internationalen Kapitals auf, das die deutsche Volkswirtschaft mit Hilfe des Versailler Vertrages und speziell des Dawes-Planes versklavt und ausbeutet.[80]
Diese Plakate kennzeichnet Friedrich Medebach in seiner Dissertation von 1941 wie folgt: »Die Plakate belasten den Betrachter nicht mit der wissenschaftlichen Problematik des Einflusses des Judentums auf die Gestaltung des geistigen, wirtschaftlichen und bevölkerungspolitischen Lebens. Subjektiv behauptend sind die Bildinhalte. Was vielen durch eigenes Erleben zu einer Frage geworden war, wurde auf diesen Plakaten geklärt durch einfache Behauptung der Tatsache.«[81]

4. »Der Marxismus ist der Schutzengel des Kapitalismus« Der Jude als Sozialist und Bolschewist – das politische, antisozialistische Argument

Daß während Hitlers Festungshaft der Jude von den Nationalsozialisten aber nicht nur als kapitalistischer Ausbeuter diffamiert wurde[82], zeigt ein an die Münchener Arbeiter gerichtetes Plakat anläßlich der Stadtratswahl in München, die parallel zur Reichstagswahl am 7. 12. 1924 durchgeführt wurde *(Abb. Nr. 7)*. Hier tritt der Jude als »roter Bonze«[83], als Funktionär der traditionellen Arbeitervertretungen (SPD, KPD, Gewerkschaften) auf, mit dem der Arbeiter einen teuflischen Bund geschlossen hat, der ihn um sein wahres Heil bringen wird. Der Schlüssel für diese Interpretation liegt in dem warnenden Ausspruch

Abb. 7: Es tut mir in der Seele weh, daß ich dich in der Gesellschaft seh'.

Gretchens (Goethe, Faust, 1. Teil), durch den der deutsche Arbeiter als Faust heroisiert wird, während der abgebildete Jude als Mephisto erscheint. Damit wird die mittelalterliche Abstempelung des Juden als Teufel in der antisozialistischen Argumentation der Nationalsozialisten dazu benutzt, die traditionellen Arbeiterparteien als Werkzeug des Teufels, des Juden, zu kennzeichnen.
Der gleiche antisozialistische Aspekt des NS-Antisemitismus wird aus einem Plakat kurz vor der Machtergreifung Hitlers ersichtlich, als die NSDAP bereits zur stärksten Partei im Reichstag geworden ist.[84] Der deutsche Arbeiter soll hier aufgeklärt werden, daß er, obwohl selbst abgemagert (Weltwirtschaftskrise, Arbeitslosigkeit), unter Führung der SPD und KPD seinen eigenen Ausbeuter, den feisten jüdischen Kapitalisten, schützt *(Abb. Nr. 8)*. Aus diesem Plakat geht in Fortsetzung zu den vorherigen hervor, daß Kapitalismus und Marxismus für den Nationalso-

Abb. 8: Der Marxismus ist der Schutzengel des Kapitalismus

zialismus nur die zwei Seiten derselben Medaille sind, nämlich der Unterdrückung und Ausbeutung des deutschen Volkes durch den Juden, wobei der jüdische Kapitalismus durch die von ihm verursachte Klassenspaltung des Volkes dem jüdischen Marxismus den Weg bereitet[85]; die Demokratie des Kapitalismus wird abgelöst durch die Diktatur des Proletariats:
»Indem der Jude die politische Macht erringt, wirft er die wenigen Hüllen, die er noch trägt, von sich. Aus dem demokratischen Volksjuden wird der Blutjude und Völkertyrann. In wenigen Jahren versucht er, die nationalen Träger der Intelligenz auszurotten, und macht die Völker, indem er sie ihrer natürlichen geistigen Führer beraubt, reif zum Sklavenlos einer dauernden Unterjochung. Das furchtbarste Beispiel dieser Art bietet Rußland, wo er an 30 Millionen Menschen in wahrhaft sanatischer Wildheit teilweise unter unmenschlichen Qualen tötete oder verhungern ließ, um einem Haufen jüdischer Literaten und Börsenbanditen die Herrschaft über ein großes Volk zu sichern.«[86]
Dieser Auffassung Hitlers aus dem Jahre 1924 bzw. 1925 über den Marxismus und die Sowjetunion entspricht ein Plakat, das wahrscheinlich 1942, im zweiten Jahr des Rußlandfeldzuges, in von deutschen Truppen besetzten Teilen der UdSSR angeschlagen wurde *(Abb. Nr. 9)*. Die große Masse des russischen Volkes, die Arbeiter und Bauern, wird von einer kleinen Minderheit jüdischer Kommissare unter das jüdische Joch gezwungen und unter ständiger Bedrohung ihres Lebens ausgebeutet.[87] Der Text dieses wahrscheinlich von der Abteilung Ost des Reichspropagandaministeriums entworfenen Plakates lautet ironisierend: »Arbeiter- und Bauernmacht – so war die sowjetische Freiheit.« Als der Kampf um Stalingrad zu Ende geht, heißt es in einer internen Analyse des »Ministeriums für Volksaufklärung und Propaganda« vom 11. 1. 1943 anläßlich der Vorbereitung einer antibolschewistischen Kampagne: »Unser Verhältnis zum Bolschewismus, zum feindlichen Kapitalismus und Judentum war nicht ganz klar. Klar wird unsere

Abb. 9: Arbeiter- und Bauernmacht – so war die sowjetische Freiheit! (russ.)

Abb. 10: Bonzen und Herrenklub mit dem Juden

Propaganda erst, wenn wir Judentum und Bolschewismus unter allen Umständen identifizieren . . . Es kommt also darauf an, nicht von abstrakten Weltherrschaftsplänen der Juden zu sprechen, denn diese haben bereits ihre konkrete Form gefunden im Bolschewismus, der die Weltherrschaft anstrebt. Damit scheiden wir auch die jüdische Plutokratie von den übrigen Kapitalisten Anglo-Amerikas. Unsere Aufgabe ist es nicht, diese englisch-amerikanischen Kapitalisten in die feindliche Kampffront hineinzuziehen, sondern sie herauszuziehen. Wir müssen den Juden beim anglo-amerikanischen Kapitalisten und beim englischen Lord denunzieren als Bazillenträger des Bolschewismus und allein das Judentum zum Objekt unseres Propagandawillens machen . . . Abstrakte Behauptungen über jüdische Weltherrschaftspläne finden keine Abnehmer mehr . . . Die antibolschewistische These ist eine geeignete Begründung unserer Ausrottungspolitik gegenüber den Juden.«[88]

Die anhand der letzten sechs Plakate vorgestellte antikapitalistische und antisozialistische Argumentation machte den NS-Antisemitismus zum hervorragend geeigneten taktischen Kampfmittel in den innenpolitischen Kämpfen. Er wurde aber auch, wie das obige Zitat deutlich macht, in der Kriegszeit außenpolitisch eingesetzt, wenn auch mit geringem Erfolg.[89] Bei diesen Argumentationen konnte der Nationalsozialismus auf weit verbreitete, teils bewußte, teils unbewußte Aggressionen und Ängste gerade des breiten Mittelstandes (obwohl er letztlich Angehörige aller Bevölkerungsschichten ansprach[90]) zurückgreifen, diese auf die Juden umlenken und dadurch politisch nutzen. Dies geschah vor allem im Rahmen seiner Wahlkämpfe bei der Diffamierung *aller* seiner Gegner als Handlanger der Juden (vgl. *Abb. Nr. 10*) als auch zur Herausarbeitung »überzeugender« Analysen und Lösungsvorschläge (Juden raus!).

5. *»Hinter den Feindmächten: der Jude« Der Jude als Kriegsanstifter und Kriegsverlängerer – das politische Argument*

Die zahlenmäßig größte Gruppe der von mir gesichteten antisemitischen Plakate ist im Krieg erschienen, und damit stehen diese Plakate stets in irgendeinem Bezug zu ihm. Sie tauchen sowohl an der Heimatfront im Reich auf als auch in sehr großer Zahl in den besetzten Gebieten in der jeweiligen Landessprache. Diese Plakate vermitteln entweder scheinbar isoliert Grundaussagen der antisemitischen Ideologie wie z. B. das »Laus-Plakat«, oder aber sie »entlarven« die jeweiligen Kriegsgegner als Juden, häufig mit der durch Schreckensvisionen illustrierten Alternative »Sieg oder Bolschewismus«[91].

Die schreckliche Endzeitvision aller Rassenantisemiten wird eindrucksvoll auf einem wahrscheinlich 1941 im Generalgouvernement veröffentlichten Plakat ausgemalt *(Abb. Nr. 11)*. Über den Erdball schleppt sich ein unendlich langer Elendszug ausgemergelter Gestalten, angetrieben von der Knute eines riesenhaften Juden (Anlehnung an Horror- und Gruselfilme, wie King-Kong), der ganz in drohendem Schwarz

Abb. 11: Bicz ludzkości (Geißel der Menschheit)

Abb. 12: Hinter den Feindmächten: der Jude

dargestellt ist, während Himmel und Erde glutrot gehalten sind, was als Symbol sowohl für den Bolschewismus als auch für das nahende Weltende gelten kann. Der Plakattext lautet in deutscher Übersetzung: »Geißel der Menschheit«.
Während dieses Plakat die Auffassung Hitlers vom sicheren Untergang der Menschheit wiedergibt, falls sie sich nicht noch im letzten Moment gegen dieses ihr zugedachte Schicksal aufbäumt, bezieht sich das Plakat »Hinter den Feindmächten: der Jude« *(Abb. Nr. 12),* das 1943 von der Reichspropagandaleitung herausgegeben wurde, unmittelbar auf den Krieg. Nachdem Stalingrad und die einsetzenden verheerenden alliierten Luftangriffe deutlich die Wende des Krieges signalisiert hatten, begann am 6. Mai 1943 mit einem geheimen Rundschreiben an die Propagandafunktionäre der Partei eine neue groß angelegte antijüdische Kampagne. In dem Rundschreiben wurde gefordert, daß die Judenfrage weiterhin »das Kernstück unserer geistigen Auseinandersetzung zu sein« habe und man stets darauf zurückkommen müsse, daß die »Juden den Krieg angezettelt haben«. Es sollte so unmöglich werden, vom Krieg zu reden, ohne gleichzeitig die Judenfrage aufzuwerfen.[92] In diesem Zusammenhang ist wahrscheinlich auch das Plakat »Der ist schuld am Kriege!« *(Abb. Nr. 13)* von Mjölnir zu sehen. 1944, als bereits ein Großteil der deutschen Städte zerbombt war, entwarf Mjölnir ein weiteres Plakat *(Abb. Nr. 14),* das die gesamte ohnmächtige Wut der unter dem Krieg leidenden deutschen Bevölkerung auf die Juden lenken sollte. Interessant wäre die Frage, ob Hitler, der den Krieg selber verursachte, selbst daran glaubte, daß ihm der Krieg vom internationalen Judentum aufgezwungen wurde. Da er 1939 fest davon überzeugt war, die Westmächte würden bei seinem Kriegspoker wieder zurückweichen, konnte er wohl nicht anders, als das Scheitern dieser Politik dem Wirken des immaginären Gegners zuzuschreiben.[93]

Abb. 13: Der ist schuld am Kriege!

Abb. 14: Der Jude – Kriegsanstifter – Kriegsverlängerer

Sicherlich kaum geglaubt hat Hitler an die in dem Machwerk »Das jüdische Komplott« *(Abb. Nr. 15)* aufgeführten einzelnen Fakten. Diese parteiamtliche Wandzeitung der NSDAP[94], die an die sogenannten »Protokolle der Weisen von Zion« erinnert[95], erschien am 10. 12. 1941 anläßlich der deutschen Kriegserklärung an die USA vom 11. 12. 1941 und sollte diese propagandistisch gegenüber der deutschen Bevölkerung rechtfertigen. Bei diesem Plakat, das mit angeblichen Fakten die gegen Deutschland gerichtete jüdische Weltverschwörung dokumentiert, ergibt sich für den deutschen Adressaten aufgrund des unbeschränkten Informationsmonopols der NSDAP (seit dem ersten Jahr nach der Machtergreifung) das grundsätzliche Problem, solche Machwerke der NSDAP als Falschbilder bzw. ihre Aussagen als Scheinwelten zu entlarven. Es war dem angesprochenen Deutschen wohl kaum möglich zu überprüfen, wie viele Regierungsberater und Regierungsmitglieder in den USA, in Großbritannien und der UdSSR über welchen Einfluß verfügten oder ob z. B. Stalin[96] wirklich der Schwiegersohn seines um 14 Jahre jüngeren Mitarbeiters Lasar Moissejewitsch Kaganowitsch war. Dennoch konnte man erwarten, daß zumindest ein großer Teil der Betrachter z. B. die Behauptung, über 80 Prozent der sowjetischen Regierungsmitglieder seien Juden, als unwahrscheinlich abtat und sich daran erinnerte, daß gerade der Nichtangriffspakt Hitlers mit Stalin Hitler den Krieg gegen Polen und damit auch gegen das angeblich jüdisch beherrschte Großbritannien erst ermöglichte, worauf Stalin einen Freundschaftspakt mit Hitler schloß, den offenbar nicht Stalin, sondern Hitler brach.

6. »Judentum gegen Christentum« Der Jude als Mörder Christi und Todfeind des Christentums – das religiöse Argument

Eine sehr kleine Gruppe von antisemitischen NS-Plakaten greift explizit auf den »christlichen« Antisemitismus bzw. Antijudaismus zurück, obwohl in vielen Plakaten einzelne Stereotypen des mittelalterlichen christlichen Judenhasses verwandt werden, um die durch Religionsunterricht und Liturgie bei beiden Konfessionen stets erneuerten latenten religiösen Vorurteile zu reaktivieren und sie zur Bestätigung des eigenen Judenbildes zu benutzen. Bezeichnenderweise zur Karwoche, der Schreckenswoche für alle Judengemeinden vom Mittelalter bis weit in die Neuzeit hinein[97], erscheint eine Sondernummer des von Julius Streicher herausgegebenen antisemitischen Hetzblattes *Der Stürmer,* in der wahrscheinlich auch auf antisemitische Artikel der offiziösen Jesuitenzeitung Civiltà Cattolica[98] zurückgegriffen wurde. Zur Ankündigung dieser Sondernummer wurden die zentralen Vorwürfe wie Gottesmord, Ritualmord und bis heute andauernder Vernichtungskampf gegen das Christentum auf Großplakaten überall im Reich angeschlagen. Von der Aufmachung her entspricht dieses von Philipp Ruprecht (Pseudonym: Fips) gestaltete Plakat *(Abb. Nr. 16)* den leuchtendroten offiziösen Textplakaten der NSDAP, besitzt aber als Blickfang einen zeichnerisch gestalteten Kopf, der den gekreuzigten Christus an einem geschändeten Kruzifix mit einer zerstörten, brennenden Kirche im Hintergrund dem Juden als Verursacher dieser Taten gegenüberstellt. Mit der Behauptung, »daß die Kirche genau dieselben

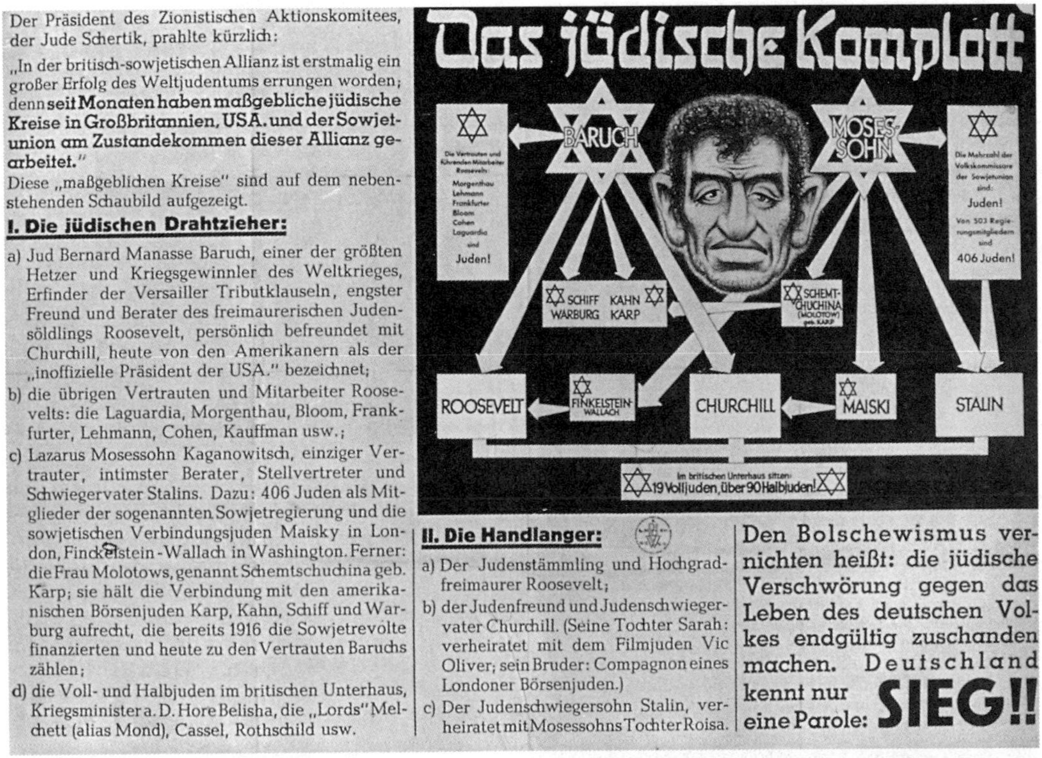

Der Präsident des Zionistischen Aktionskomitees, der Jude Schertik, prahlte kürzlich:

„In der britisch-sowjetischen Allianz ist erstmalig ein großer Erfolg des Weltjudentums errungen worden; denn **seit Monaten haben maßgebliche jüdische Kreise in Großbritannien, USA. und der Sowjetunion am Zustandekommen dieser Allianz gearbeitet.**"

Diese „maßgeblichen Kreise" sind auf dem nebenstehenden Schaubild aufgezeigt.

I. Die jüdischen Drahtzieher:

a) Jud Bernard Manasse Baruch, einer der größten Hetzer und Kriegsgewinnler des Weltkrieges, Erfinder der Versailler Tributklauseln, engster Freund und Berater des freimaurerischen Judensöldlings Roosevelt, persönlich befreundet mit Churchill, heute von den Amerikanern als der „inoffizielle Präsident der USA." bezeichnet;

b) die übrigen Vertrauten und Mitarbeiter Roosevelts: die Laguardia, Morgenthau, Bloom, Frankfurter, Lehmann, Cohen, Kauffman usw.;

c) Lazarus Mosessohn Kaganowitsch, einziger Vertrauter, intimster Berater, Stellvertreter und Schwiegervater Stalins. Dazu: 406 Juden als Mitglieder der sogenannten Sowjetregierung und die sowjetischen Verbindungsjuden Maisky in London, Finckelstein-Wallach in Washington. Ferner: die Frau Molotows, genannt Schemtschuchina geb. Karp; sie hält die Verbindung mit den amerikanischen Börsenjuden Karp, Kahn, Schiff und Warburg aufrecht, die bereits 1916 die Sowjetrevolte finanzierten und heute zu den Vertrauten Baruchs zählen;

d) die Voll- und Halbjuden im britischen Unterhaus, Kriegsminister a. D. Hore Belisha, die „Lords" Melchett (alias Mond), Cassel, Rothschild usw.

II. Die Handlanger:

a) Der Judenstämmling und Hochgradfreimaurer Roosevelt;

b) der Judenfreund und Judenschwiegervater Churchill. (Seine Tochter Sarah: verheiratet mit dem Filmjuden Vic Oliver; sein Bruder: Compagnon eines Londoner Börsenjuden.)

c) Der Judenschwiegersohn Stalin, verheiratet mit Mosessohns Tochter Roisa.

Den Bolschewismus vernichten heißt: die jüdische Verschwörung gegen das Leben des deutschen Volkes endgültig zuschanden machen. Deutschland kennt nur eine Parole: SIEG!!

Abb. 15: Das jüdische Komplott

Judengesetze herausgab wie heute das nationalsozialistische Deutschland«, versucht man die eigene Judenpolitik mit ihren Entrechtungsmaßnahmen gegen die jüdischen Mitbürger bei den nichtjüdischen Deutschen zu rechtfertigen.

Ähnlich wie das Plakat argumentiert Hitler am 26. April 1933 gegenüber Bischof Berning und Generalvikar Prälat Steinmann: »Man hat mich wegen Behandlung der Judenfrage angegriffen. Die katholische Kirche hat 1500 Jahre lang die Juden als die Schädlinge angesehen, sie ins Getto gewiesen usw., da hat man erkannt, was die Juden sind. In der Zeit des Liberalismus hat man diese Gefahr nicht mehr gesehen. Ich gehe zurück auf die Zeit, was man 1500 Jahre lang getan hat. Ich stelle nicht die Rasse über die Religion, sondern ich sehe die Schädlinge in den Vertretern dieser Rasse für Staat und Kirche, und vielleicht erweise ich dem Christentum den größten Dienst.«[99]

Es stellt sich nun die Frage, wieweit ein aus dem Mittelalter tradierter religiöser Antisemitismus auch ein integrierter Bestandteil des sich rassisch gebenden völkischen Antisemitismus der Nationalsozialisten war. Sicherlich überwiegend taktisch verhielten sich die Nationalsozialisten, die selbst über 2000 katholische Geistliche, vor allem polnischer Nationalität, umbrachten[100], wenn sie auf Plakaten, wie auf dem vorliegenden, die Juden beschuldigten, auf ihrem Weg zur Weltherrschaft das Christentum vernichten zu wollen.

Als Beleg hierfür werden vor allem im Rahmen der antisowjetischen Propaganda auf Plakaten häufig Fotos von angeblich durch bolschewistische Juden zerstörte Kirchen und aufgebrochene Särge katholischer Mönche und Nonnen gezeigt – Fotos, wie sie anläßlich der Bürgerkriege in Rußland, Mexiko und Spanien durch die Weltpresse gingen. Dennoch weisen die auf vielen Plakaten häufig verwendeten Stereotypen aus der Requisitenkammer des mittelalterlichen Antijudaismus darauf hin, daß vielleicht der rassisch

Abb. 16: Vor 2000 Jahren

argumentierende Antisemitismus letztlich nur der pseudowissenschaftlich aufgeblasene alte christliche Judenhaß war[101], der dann als säkularisierter Antisemitismus im 19. Jahrhundert von reaktionären Kreisen dazu benutzt wurde, Aggressionen aufzufangen, vor allem von Gesellschaftsschichten, die durch die moderne industriell-kapitalistische Entwicklung in ihrer Existenz gefährdet wurden. Dieser moderne Antisemitismus wurde dann aber auch zugleich zum »nach innen gewandten Gesicht des aggressiven chauvinistischen Nationalismus«[102]. Diese These wird gestützt durch viele Äußerungen von Nationalsozialisten, die deutlich machen, wie tief in ihrem antisemitischen Denken Grundaussagen des jahrhundertealten religiösen Antisemitismus verwurzelt sind. Hier soll als Beispiel nur ein Ausspruch Hitlers aus einer schon im Mai 1923 im Zirkus Krone gehaltenen Rede angeführt werden (der erste Satz ist bereits bei der Einführung zum »Floh-Plakat« zitiert worden): »Der Jude ist wohl Rasse, aber nicht Mensch. Er kann gar nicht Mensch im Sinne des Ebenbild[es] Gottes, des Ewigen sein. Der Jude ist das Ebenbild des Teufels. Das Judentum bedeutet Rassentuberkulose der Völker.«[103] Die hier deutlich werdende Verknüpfung zeigt: »Nachdem der Teufel rassisch definiert war, konnte man ihn endlich abschaffen, die Menschheit einfach dadurch erlösen, daß der ›jüdische Völkerparasit‹ ausgerottet wurde.«[104]

7. *»Der ewige Jude« Der Jude als Verkörperung aller NS-Feindbilder – die Zusammenfassung der wichtigsten Argumente des NS-Antisemitismus*

Die größte Selbstdarstellung des NS-Antisemitismus, in der er versuchte, der Bevölkerung einen komplexen Eindruck über die verschiedensten Aspekte seiner Argumentation zu vermitteln, stand bezeichnenderweise unter dem Motto »Der ewige Jude«. Auf dem Plakat zu dieser am 8. November 1937 (exakt ein Jahr vor der Reichskristallnacht) im Deutschen Museum München von Julius Streicher eröffneten Ausstellung[105] erscheint dieses Motto in einem an die hebräischen Schriftzeichen angelehnten Schriftzug *(Abb. Nr. 17)*. Beide, Motto und Schriftzug, wurzeln im religiösen Antisemitismus. Während mit der Adaption der religiösen Kultsprache auf die religiöse Andersartigkeit der Juden hingedeutet wird, weist das Motto 2000 Jahre zurück auf die Kreuzigung Christi. Der ewige Jude Ahasver, der nach einer spätmittelalterlichen Legende, die 1602 zum ersten Mal publiziert wurde, zu den Juden gehörte, die das »Kreuzige« riefen und der dann Christus auf seinem Weg nach Golgatha verhöhnte, als dieser sich an seinem Haus anlehnen wollte, wurde von Christus mit den

Abb. 17: Der ewige Jude

Worten »Ich will stehen und ruhen, du aber sollst gehen bis an den Jüngsten Tag«[106] dazu verurteilt, seither ruhelos durch die Welt zu wandern. Um die enorme Verbreitung und Wirkung dieser Legende, verbunden mit den latenten religiösen Vorurteilen der Bevölkerung, zu nutzen, griffen die Nationalsozialisten in ihrer Propaganda häufig auf die Gestalt dieses angeblich von Christus verfluchten Juden zurück.[107] Entsprechend dem Motto und dem Ziel der Ausstellung versucht H. Stalüter im modernen Flächenstil der zwanziger Jahre und in karikierender Übersteigerung einen Ewigen Juden den Passanten gegenüberzustellen, der möglichst alle wesentlichen Argumente des NS-Antisemitismus vereint. Denn nach Hitler »besteht die Kunst aller wahrhaft großen Volksführer zu allen Zeiten in erster Linie mit darin, die Aufmerksamkeit eines Volkes nicht zu zersplittern, sondern immer auf einen einzigen Gegner zu konzentrieren«.[108] Daß die Figur des Ewigen Juden selbst im religiösen Vorurteil wurzelt, wurde bereits aufgezeigt. Die Goldstücke, auf die der Blick des Juden gerichtet ist, symbolisieren an sich eine Realität, die Existenz von Kapital und Kapitaleignern. Erst der Bezug dieses Sachverhaltes auf den Juden läßt, wie z. B. beim »Drahtzieher« *(Abb. Nr. 5)*, eine Scheinwelt entstehen: der Jude als *der* Kapitalist. Dem hier angesprochenen ökonomischen Argument steht das politische Argument gegenüber. Die durch die Landkarte Rußlands und das Sowjetemblem ausgedrückte existente Herrschaft des Bolschewismus wird auf den Juden bezogen und soll so einen entscheidenden Schritt auf dem Weg zur drohenden jüdischen Weltherrschaft, symbolisiert durch die Knute, dokumentieren. Die asiatischen Gesichtszüge mit Judennase und schütterem Mongolenbart schließen den Juden rassisch, die fremdartige Kleidung und Schrift kulturell aus der »deutschen Volksgemeinschaft« aus. Das massive Schwarz signalisiert, durch die riesenhafte Gestalt des Juden unterstützt, eine Bedrohung, deren Ursache durch das Gelb des Hintergrundes, die mittelalterliche Schand- und Judenfarbe, fixiert ist. Knapp vier Jahre später wurde die Farbkombination Gelb-Schwarz zur Kennzeichnung der Juden bestimmt.[109]
Im komplexen Symbol des Ewigen Juden werden hier somit religiöse, wirtschaftliche, politische, rassische und kulturelle Vorurteile eng miteinander verbunden angesprochen, wodurch ein kaum zu differenzierendes soziales Vorurteil beim Betrachter verstärkt bzw. aufgebaut wird.[110]

8. »Beefsteaks raus! Nieder mit den Schnitzeln!« »Anti-antisemitische« Plakate – Exkurs

Fragt man nach Reaktionen der von der antisemitischen NS-Propaganda direkt Betroffenen – solange solche Reaktionen noch möglich waren –, dann stellt sich schnell heraus, daß diese offensichtlich wenig effektiv waren. So reagierte zwar die Ortsgruppe München des Centralvereins deutscher Staatsbürger jüdischen Glaubens[111] bereits 1919 auf die Judenhetze in Bayern mit einem Gegenplakat »Die Juden sollen an Allem schuld sein«[112], doch begab man sich mit der Argumentation »Was ein paar Führer jüdischer Herkunft gewirkt haben zum Guten und zum Bösen, haben sie selbst zu verantworten, nicht die jüdische Gesamtheit« in die Defensive. Die durch

Abb. 18: An die deutschen Mütter!

eine aggressive Propaganda aufgeputschten Massen waren in der Weimarer Republik für eine solche rationale Argumentation kaum mehr empfänglich.

Wenig erfolgreich war auch das Ergebnis der Zusammenarbeit mit republikanischen Verbänden. 1922 klagt z. B. der Deutsche republikanische Reichsbund, Landesverband Bayern, in einem Textplakat: »Planmäßige Erziehung zum Antisemitismus selbst unter Anwendung gröbster Lügen und Gewaltmittel ist ihnen [deutschvölkischen Nationalisten] ein erprobtes Kampf- und Werbemittel.«[113] Die Ortsgruppe Braunschweig des Reichsbanners Schwarz-Rot-Gold plakatierte zu ihrer Gründungsversammlung am 20. 7. 1924 u. a.: »Wir Republikaner werden nie vergessen, daß wir Schulter an Schulter mit Katholiken, Protestanten, Freidenkern und jüdischen Soldaten gekämpft und geblutet haben.«[114]

Auch der Versuch, in der jüdischen Plakatpropaganda stärker Emotionen zu wecken, blieb wenig erfolgreich, wie z. B. das an die Solidarität der deutschen Mütter appellierende Plakat des Reichsbundes jüdischer Frontsoldaten[115] (vgl. *Abb. Nr. 18).* Dieses Plakat von 1924 rief vor allem Reaktionen deutschnationaler Ehrabschneider hervor, die versuchten, die Zahl der gefallenen jüdischen Soldaten zu widerlegen.

Daß sich aber ein Teil der deutschen Juden trotz drohender Entrechtung für die antidemokratischen Rechtsparteien einsetzte, belegt das Textplakat »Deutsche Volksgenossen jüdischer Abstammung! . . . Wählt deutsch!« vom Verband nationaldeutscher Juden anläßlich der Reichstagswahl am 31. Juli 1932.[116] Wie groß der Anteil dieser Juden war, die sich noch am Vorabend der Katastrophe von ihrem Nationalismus blenden ließen, ist bis heute umstritten.[117] Im nachhinein wirkt diese Argumentation bestürzend kurzsichtig:

»Wir sind Deutsche nicht um irgendwelcher Vorteile willen, sondern durch den Zwang des

Gefühls. Diese unverbrüchliche Verbundenheit mit dem deutschen Volke kann uns nicht geraubt werden, nicht durch Drohungen irregeleiteter Judenfeinde, nicht durch Hirngespinste einiger dem Deutschtum künstlich entfremdeter Zionisten, nicht durch Angstpolitik einer kleinen wurzellosen Zwischenschicht. Das Volksgefühl gibt den Ausschlag, nicht die sogenannte ›Rasse‹. Wer in seinem Gefühl zum deutschen Volke gehört, wählt am 31. Juli nicht für den vermeintlichen Vorteil der Juden, er wählt für die deutsche Kultur und die deutsche Zukunft.«

Ein Beispiel dafür, wie eine erfolgreiche Gegenpropaganda hätte aussehen können, ist die ironische Entlarvung des NS-Antisemitismus in der Fotomontage des deutschen Juden und Kommunisten John Heartfield[118] »Beefsteaks raus! Nieder mit den Schnitzeln!« *(Abb. Nr. 19)*. Hier wird aggressiv das rassische Argument in seiner grenzenlosen Dummheit vorgeführt. Diese Fotomontage, die zugleich die seit der Machtergreifung einsetzenden Judenverfolgungen in einer ihrer besonders entwürdigenden Formen anprangerte, konnte 1936 natürlich nicht als Plakat zum Anschlag gelangen, sondern wurde im Exil in Prag in der »Volks-Illustrierten« publiziert (Auflage ca. 30 000) und zum Teil von der KPD ins Reich geschmuggelt. Für wie wirksam die Nationalsozialisten selbst eine solche aggressive Propaganda ansahen, wird aus der folgenden Beurteilung Erwin Schockels deutlich, der in John Heartfield den gefährlichsten gegnerischen Plakatgestalter sah:

Abb. 19: Beefsteaks raus! Nieder mit den Schnitzeln!

»Wer diesen unordentlich und schmutzig gekleideten Juden einmal gesehen und wer mit ihm gesprochen hat, dem mußte es klar sein, selbst wenn er von der Physiognomie des Juden noch so wenig wußte, daß dieser Kopf in seiner abgrundtiefen Häßlichkeit auch nur Häßliches und Niederzerrendes hervorbringen konnte. Dieser Auswurf der Menschheit und Prototyp des Judentums muß sich ja immer zu seinesgleichen hingezogen fühlen. Und nur hier kann er etwas leisten, was innerhalb des Rahmens der Idee, welcher er dient, als gut gelten muß.

Für die KPD war Herzfeld-Heartfield einer ihrer besten Künstler. Seine Plakate atmen auch so sehr den Geist der KPD, diesen Geist des Gemeinen, der niedersten Triebe, des aufpeitschenden Materialismus, daß man immer wieder erschüttert ist, wenn man daran denkt, daß deutsche Arbeiter, wenn auch verhetzt, sich diese Sorte Menschen als Führer und Rufer gefallen ließen. So wie der Jude an sich nie schöpferisch war, sondern nur nachschaffend, ausbeutend und einfühlend ›Werke‹ schaffen konnte, so auch dieser Jude Heartfield. Seine sämtlichen Plakate, Illustrationen usw. sind Fotos. Sie werden von ihm auch teilweise sehr geschickt montiert und mit Schrift versehen.«[119]

Die in diesem Kapitel geäußerte Kritik an der mangelnden Aggressivität der jüdischen Gegenpropaganda soll jedoch nicht den falschen Eindruck entstehen lassen, als ob die deutschen Juden bei der weitgehend fehlenden Unterstützung durch ihre nichtjüdischen Mitbürger je in der Lage gewesen wären, allein den NS-Antisemitismus und damit ja letztlich auch den Nationalsozialismus erfolgreich zurückzudrängen.

9. *»Das Lachen wird ihnen vergehen!!!« Hitlers Prophezeiungen – Schlußbetrachtung*

Wurde zu Beginn dieses Aufsatzes die besondere Bedeutung des politischen Plakates herausgestellt, so ist jetzt zu fragen, welche Einsichten zur Beurteilung der damaligen Situation sich daraus ergeben. Aufgrund des speziellen Charakters des Plakates muß man zu der Feststellung gelangen, daß die Behauptung großer Teile der deutschen Bevölkerung, nichts von der Unmenschlichkeit, nichts von den Zielen des NS-Antisemitismus gewußt zu haben, weiter erschüttert wird. Ohne »Mein Kampf« und die vielen anderen NS-Druckerzeugnisse gelesen, ohne die vielen Reden gehört zu haben, wurde man durch diese Plakate gezwungen, von allen wesentlichen Aspekten des NS-Antisemitismus Kenntnis zu nehmen, mochte man wollen oder nicht.

In seiner Reichstagsrede vom 30. Januar 1939 hatte Hitler als Prophezeiung »die Vernichtung der jüdischen Rasse in Europa« für den Fall eines neuen Weltkrieges angekündigt.[120] In späteren Reden wurde diese Ausrottungsdrohung häufig wiederholt.[121] Raul Hilberg meint dazu: »Ich glaube nicht, daß man diesen Sachen so zugehört hat, als ob sie Prophezeiungen wären. Man hatte diesem Wortschwall Hitlers nur die ganze Richtung angemerkt, nicht aber ein Ziel.«[122] Am 28. Oktober 1942 – die Vernichtung der europäischen Juden war voll angelaufen – wurde diese Prophezeiung reichsweit als »Parole der Woche« plakatiert *(Abb. Nr. 20)*[123] mit dem Zusatz: »Die Juden haben einst auch in Deutschland über meine Prophezeiungen gelacht. Ich weiß nicht, ob sie heute noch lachen, oder ob ihnen nicht das Lachen bereits vergangen ist.« Bezogen auf die auf dem Plakat abgebildeten Juden um Roosevelt, fährt Hitler fort: »Ich kann aber auch jetzt nur versichern: es wird ihnen das Lachen überall vergehen! Und ich werde auch mit diesen Prophezeiungen recht behalten.« Es ist anzunehmen, daß

Abb. 20: Das Lachen wird ihnen vergehen!!!

die meisten Leser auch diese Ankündigung der weltweiten Ausrottung des Judentums nicht wörtlich genommen haben, sondern nur eine allgemeine antisemitische Tendenz herausgelesen haben, der sie zum Teil zustimmten oder an die sie sich doch weitgehend gewöhnt hatten. Hitler selbst aber brüstete sich am 13. Februar 1945 nach der Ermordung von fünf bis sechs Millionen Juden, daß er »gegen die Juden mit offenem Visier gekämpft« hätte[124], und schrieb am 29. April 1945, dem Tag vor seinem Selbstmord, in seinem politischen Testament: »Ich habe weiter keinen darüber im Unklaren gelassen, dass dieses Mal nicht nur Millionen Kinder von Europäern der arischen Völker verhungern werden, nicht nur Millionen erwachsener Männer den Tod erleiden und nicht nur Hunderttausende an Frauen und Kindern in den Städten verbrannt und zu Tode bombadiert werden dürften, ohne dass der eigentlich Schuldige, wenn auch durch humanere Mittel, seine Schuld zu büssen hat.«[125]

Anmerkungen

1 C. Hundhausen, Über das politische Plakat, in: pro plakat e. V. (Hrsg.), Politische Kommunikation durch das Plakat, Bonn-Bad Godesberg 1975, S. 13
2 Ebd.
3 Rudolf Grulich, Einführung, in: Johannes Hampel/ Walter Grulich, Politische Plakate der Welt, München 1971, S. 7
4 Vgl. zur Entwicklung des Plakates: Herbert Schindler, Monographie des Plakats, München 1972; Bevis Hillier, Plakate, Hamburg 1969 (engl. Original, London 1969), und ders., Hundert Jahre Plakate, Berlin 1972; J. Barnicoat, Das Poster, München, Wien, Zürich 1972 (engl. Original, London 1972)
5 Vgl. J. Barnicoat, a. a. O., S. 226 ff
6 Bevis Hillier (1972), a. a. O., S. IX f
7 Vgl. z. B. das Trotzki-Plakat in: Bevis Hillier (1971), a. a. O., Tafel 49
8 Vgl. dazu K.-L. Ay (Hrsg.), Appelle einer Revolution, Dokumente aus Bayern zum Jahre 1918/1919, München 1968, S. 28 und Anlagen 68 und 69 sowie bei Friedrich Arnold (Hrsg.), Anschläge, 1985 [wie Anm. 34], Nr. 37 »Die Juden sollen an Allem schuld sein«, hrsg. von der Ortsgruppe München des Centralvereins deutscher Staatsbürger jüdischen Glaubens.
9 Vgl. ihr eindrucksvolles Plakat »Nie wieder Krieg« von 1924, u. a. in: J. Barnicoat, a. a. O., S. 243
10 Hans Schweitzer war einer der führenden Karikaturisten und Plakatzeichner der NSDAP und wurde nach 1933 Reichsbeauftragter für künstlerische Fortbildung beim Reichsministerium für Volksaufklärung und Propaganda. Trotz seiner äußerst werbewirksam gestalteten Plakate wird er von J. Wulf als »ausgesprochen schlechter Künstler« vorgestellt (Joseph Wulf, Die Bildenden Künste im Dritten Reich, Gütersloh 1963, Tafel 6; vgl. ebd., S. 244 f)
11 Rudolf Grulich, a. a. O., S. 7. Vgl. bes. sein vielleicht bedeutendstes Wahlplakat »5 Finger hat die Hand«. Zu Heartfields Werk vgl. u. a.: Wieland Herzfelde: John Heartfield. Leben und Werk, dargestellt von seinem Bruder. Berlin/Ost 1976, Eckhard Siepmann: Montage: John Heartfield. Vom Club Dada zur Arbeiter-Illustrierten Zeitung. Berlin/West 1977 und John Heartfield: Krieg im Frieden. Fotomontagen zur Zeit 1930–1938. Frankfurt a. M. 1982
12 Rudolf Grulich, a. a. O., S. 7
13 Vgl. Marianne Loenartz/Thomas Trumpp, Plakate in Archiven – Funktionswandel, Erschließung und Benutzung einer publizistischen Quelle, in: Der Archivar, Jg. 26 (1973), H. 4, Sp. 631
14 Hermann Schardt/Karl Heinz Feuerstein, Politik im Plakat, Essen 1971, S. 10
15 F. Ronneberger, Leistungen und Fehlleistungen der Massenkommunikation, insbesondere bei politischen Plakaten, in: pro plakat e. V. (Hrsg.), Politische Kommunikation durch das Plakat, Bonn-Bad Godesberg 1975, S. 104
16 Vgl. die Untersuchung von Klaus Staeck und Ingeborg Karst, Plakate abreißen verboten! Politische Plakate im Bundestagswahlkampf 72, Göttingen 1973, S. 21
17 Herbert Schindler: Monografie des Plakats [wie Anm. 4], S. 155. Zur Bedeutung des politischen Plakates als wichtige zeitgeschichtliche Quelle vgl. Manfred Hagen: Das politische Plakat als zeitgeschichtliche Quelle. In: Geschichte und Gesellschaft, 4. Jg. (1978), H. 4, S. 412–436. In überarbeiteter Form: Manfred Hagen: Werbung und Angriff – Politische Plakate im Wandel von hundert Jahren. In: Hans Bohrmann (Hrsg.): Politische Plakate. Dortmund 1984, S. 49–69
18 Ebd.
19 Adolf Hitler, Mein Kampf, Bd. 1, München 1925, zit. n. 17. Aufl. 1943, S. 200
20 Gude Suckale-Redlefsen, Entwicklung des Plakats in München bis zum Ende des III. Reiches, in: Münchener Stadtmuseum (Hrsg.), Plakate in München 1840–1940, München 1975, S. 42
21 Erwin Schockel: Das politische Plakat. Eine psychologische Betrachtung. München 1938, S. 3. »Dieses Werk entstand auf Anregung des Reichsamtsleiters der NSDAP., Ministerialdirektor Gutterer vom Reichsministerium für Volksaufklärung und Propaganda, Berlin.« (Ebd., S. 2)
22 Ebd., S. 5
23 Aus dem Vorwort von Hugo Fischer, Stabsleiter des Reichspropagandaleiters der NSDAP, ebd., S. 3
24 Hermann Schardt/Karl Heinz Feuerstein, a. a. O., S. 3
25 Friedrich Arnold, a. a. O. Vgl. dazu: H. Schindler, a. a. O., S. 231
26 Anthony Rhodes, Propaganda, The Art of Persuation: World War II, London u. a. 1976, S. 22–24
27 Die folgenden Angaben sind entnommen: Hans Booms, Die »Sammlung Rehse«, in: Der Archivar, Jg. 22 (1969), Sp. 57–60, und beruhen zudem auf mündli-

chen Informationen des Herrn Münz vom Stadtarchiv München, der in Kontakt mit einem Sohn Rehses steht.
28 Einen Bericht über die antisemitischen Bestände der »Sammlung Rehse« gab am 18. 3. 1936 J. Stolzing-Cerny in der Münchener Ausgabe des Völkischen Beobachters.
29 Vgl. dazu Guide to Captured German Documents, Washington 1952, S. 42
30 Vgl. dazu Hans Booms, Grenzen und Gliederungen zeitgeschichtlicher Dokumentationen in staatlichen Archiven, in: Der Archivar, Jg. 19 (1966), Sp. 41 ff
31 Bundesarchiv, Referat 111/4 (Bildarchiv); die Plakatsammlung des Bundesarchivs enthält 12 000 Einzelstücke. Hinzu kommen 2500 kleinformatige fotografische Reproduktionen der Plakatsammlung Wild (1925–1952)
32 Bayerisches Hauptstaatsarchiv, Abt. IV, Kriegsarchiv, Zeitgeschichtliche Sammlung; Bestand an Plakaten: ca. 25 000
33 Stadtarchiv München, Zeitgeschichtliche Sammlung; Bestand an Plakaten: ca. 40 000 Einzelstücke und 10 000 Doubletten
Von weiteren Archiven, die über umfangreiche Plakatsammlungen verfügen, seien noch erwähnt: das Institut für Zeitungsforschung der Stadt Dortmund, das u. a. über eine vollständige Folge der parteiamtlichen wöchentlichen Wandzeitung der NSDAP «Parole der Woche«, die zentral von der Reichspropagandaleitung der NSDAP herausgegeben wurde und viele antisemitische Ausgaben enthält, verfügt, und das Deutsche Plakatmuseum Essen, dessen Schwerpunkt jedoch auf dem internationalen Plakat der Nachkriegszeit liegt.
34 Erstausgabe (122 Plakate): Friedrich Arnold (Hrsg.): Anschläge. Deutsche Plakate als Dokumente der Zeit 1900–1960. Ebenhausen 1963. Fortgeführte und erweiterte Ausgabe (166 Plakate): Anschläge. Politische Plakate in Deutschland 1900–1970. Ebenhausen 1972 (andere Auflagen z. T. unter dem Titel: Anschläge. Deutsche Politik an der Litfaßsäule 1900–1971). Letzte Ausgabe (220 Plakate): Anschläge. 220 Plakate als Dokumente der deutschen Geschichte 1900–1980. Ausgewählt und kommentiert von Friedrich Arnold. Ebenhausen 1985.
Da Arnolds Plakatsammlungen (alle Plakatreproduktionen in DIN-A4-Format und Farbe) nicht nur ergänzt, sondern z. T. Plakate ausgetauscht wurden, sind die zweite und dritte Ausgabe parallel zu nutzen.
35 Eine noch umfangreichere Sammlung des politischen Plakates, die die 460 Exponate einer Ausstellung des Instituts für Zeitungsforschung der Stadt Dortmund wiedergibt, wurde von Hans Bohrmann herausgegeben: Politische Plakate. Mit Beiträgen von Ruth Malhotra und Manfred Hagen. Dortmund 1984. Der Nachteil dieser vorzüglich gearbeiteten Dokumentation, die die Zeit vom Deutsch-Französischen Krieg 1870/71 bis zur Bundestagswahl 1983 umfaßt, ist die Wiedergabe aller Plakate in Schwarzweiß und in Formaten kleiner als DIN A6 bzw. DIN A7.
36 Frank Kämpfer: »Der rote Keil«. Das politische Plakat. Theorie und Geschichte, Berlin 1985. Im zweiten Teil der Arbeit wird exemplarisch das politische Plakat der russischen Umbruchzeit vom Zarenreich zur Sowjetrepublik untersucht.
37 Henk Prakke, Der Schnelldialog des Plakates – Über das Plakat als Kommunikationsmedium, in: ders., Bild und Plakat, Assen 1963, S. 22–36
38 Hermann K. Ehmer, Zur Metasprache der Werbung – Analyse einer DOORNKAAT-Reklame, in: ders., Visuelle Kommunikation, Köln 4/1973, S. 162–178
39 Diederich, Reiner/Grübling, Richard: Die Darstellung des Feindes. In: Kunst im 3. Reich. Dokumente der Unterwerfung. Katalog des Frankfurter Kunstvereins. 5. Aufl. 1976, S. 206
40 Vgl. Arnold Paucker, Zuflucht bei den Linken, »Die Zeit« v. 5. 5. 1972, S. 62
41 Zur Frage, wer Jude ist, vgl. die Problematik in Israel. Für das Rabbinatsgericht, das die Jurisdiktion in Personenstandsfragen in Israel ausübt, ist allein das Religionsgesetz der Halacha, eines Teils des Talmuds, entscheidend (vgl. Wanda Kampmann, Israel und das jüdische Selbstverständnis, Aus Politik und Zeitgeschichte, B. 16–17, v. 21. 4. 1973, S. 22. Vgl. auch die Untersuchung von Ze'ew W. Falk [Jerusalem] mit dem Titel »Wer ist Jude?«, die sich mit der juristischen, historischen, soziologischen und psychologischen Problematik dieser Frage auseinandersetzt.
42 Diese operationalisierte Definition und die folgenden Merkmale sind dem Aufsatz von Heinz E. Wolf entnommen, der vor allem die Arbeit von Hans Ornstein (Der antisemitische Komplex, Zürich 1949) berücksichtigt. Heinz E. Wolf: Soziologie der Vorurteile. In: René König (Hrsg.): Handbuch der Empirischen Sozialforschung, Bd. 2. Stuttgart 1969. S. 920
43 Siehe die Beiträge von Mayer, Wirth, Eckert, Ginzel
44 Hierzu S. 314
45 Ginzel, S. 20 f; Knilli, S. 328 ff
46 Eckert, S. 85 f; Ginzel, S. 149
47 Ginzel, S. 125 f; Ginzel, S. 139 f; siehe auch die Beiträge Düwell und Silbermann
48 Ginzel, S. 21 f; Ginzel, S. 146 f; Düwell, S. 174; siehe auch Niewiadomski
49 Ausführlich S. 317
50 Als Instrument der Machterhaltung: Ginzel, S. 136 ff; Düwell, S. 176
51 Silbermann, S. 313 ff
52 Heinz E. Wolf, a. a. O., S. 919. Diesen Katalog von einzelnen Antisemitismen bzw. von antisemitischen Vorurteilen hat Amine Haase (Katholische Presse und die Judenfrage, Pullach 1975) bei ihrer Analyse der bedeutendsten katholischen Periodika am Ende des 19. Jahrhunderts erfolgreich angewandt.
53 Vgl. in diesem Band den Beitrag von Willehad Paul Eckert: Antijudaismus in der christlichen Kunst sowie Eckert, S. 81 ff
54 Abraham Léon: Judenfrage und Kapitalismus (Manuskript 1942). München 1971, S. 102. Abraham Léon, ein belgischer Jude polnischer Abstammung, der im Alter von 26 Jahren in Auschwitz ermordet wurde, weist u. a. auf eine New Yorker Untersuchung hin, nach der z. B. nur 14,25 % der Juden und 12,7 % der Jüdinnen die angeblich typische »jüdische« Nase besaßen (S. 101). Kurt Pätzold weist darauf hin, daß dem Begriff »die Juden« 1933 keine vom deutschen Volk abgrenzbare und von ihm wesentlich sozial unterscheidbare Gruppe entsprach. So erhielt in Deutschland die Kennzeichnung ›Jude‹ »überhaupt nur objektive Rea-

lität, wenn sie auf die Deutschen angewandt wurde, die sich zusammen zur jüdischen Religionsgemeinschaft bekannten.« (Kurt Pätzold: Faschismus, Rassenwahn, Judenverfolgung, Berlin/Ost 1975, S. 84)

55 So definierte die »Erste Verordnung zum Reichsbürgergesetz« vom 14. 11. 1933: »Jude ist, wer von mindestens drei der Rasse nach volljüdischen Großeltern abstammt« (§ 5 Abs. 1). »Als volljüdisch gilt ein Großelternteil ohne weiteres, wenn er der jüdischen Religionsgemeinschaft angehört hat« (§ 2 Abs. 2 Satz 2). Zit. n. Abdruck in: Helmut Eschwege (Hrsg.), Kennzeichen J. Berlin (Ost) 1966, S. 73. Vgl. den Kommentar von Uwe Dietrich Adam, Judenpolitik im Dritten Reich. Düsseldorf 1972, S. 140 ff; sowie Adam, S. 197–204
Zum Verhältnis von religiösem und rassischem Antisemitismus siehe den Beitrag von Ginzel

56 Zit. n. Eberhard Jäckel (Hrsg.): Hitler. Sämtliche Aufzeichnungen 1905–1924. Stuttgart 1980, S. 918

57 Bei der Vergasung der Juden in den Vernichtungslagern wurde der Einsatz von Kohlenmonoxyd wahrscheinlich mit Billigung des Führers weitgehend durch den Gebrauch von Zyklon B (z. B. in Auschwitz) verdrängt. »Zyklon: blausäurehaltiges Durchgasungsmittel zur Schädlingsbekämpfung« (Der Große Duden, Bd. 5, Mannheim, Wien, Zürich 2/1971, S. 769 f); siehe zur Vorgeschichte den Beitrag Adam

58 Bei diesem Plakat, das für den 24. Febr. 1927 zu einem antisemitischen Vortrag Gregor Strassers einlädt, handelt es sich um eines der typischen Textplakate der NSDAP, die, einheitlich gestaltet, durch ihre leuchtend rote Farbe die Aufmerksamkeit auf sich zogen. Der makabre Ausspruch »Der Jude ist auch ein Mensch!« – »Der Floh ist auch ein Tier!«, der den Aufhänger des Plakates bildet, wird Goebbels zugeschrieben.

59 Auf die in dem Plakat zusätzlich enthaltene Behauptung, daß die sozialdemokratischen Funktionäre im Sold der Juden stehen, wird später eingegangen.

60 Plakattext: Die Juden kehren zurück mit dem Bolschewismus

61 Beliebte Darstellungsweise der Juden. So erscheint zur Auflösung der Komintern (10. 6. 1943) ein Plakat, auf dem eine Ratte mit »Judennase« einen roten Mantel (Aufdruck: Komintern) abstreift unter dem Motto: »Der Jude tarnt sich! Ohne Mantel wühlt sich's besser!« In dem Film »Der ewige Jude« (vgl. Anm. 107), der auf Anweisung Himmlers allen Angehörigen der Polizei und des SD vorgeführt wurde, wird die Verbindung zwischen den im dunklen Untergrund wirkenden Ratten und den Juden durch Gegenschnitte (Rattenherden, Ghettojuden) hergestellt. Der Begleitkommentar: »Wo Ratten auch auftauchen, tragen sie Seuchen und Vernichtung ins Land, genauso wie die Juden unter den Menschen.« Goebbels schreibt am 14. 3. 1945 in sein Tagebuch: »Diese Juden muß man einmal, wenn man die Macht dazu besitzt, wie die Ratten totschlagen. In Deutschland haben wir das ja Gott sei Dank schon redlich besorgt. Ich hoffe, daß die Welt sich daran ein Beispiel nehmen wird.«

62 Vgl. Warschauer Aufstand der polnischen Heimatarmee

63 Flecktyphus: Fleckfieber, meist epidemisch auftretende schwere Krankheit, die von zwischen Bakterien und Viren stehenden Einzellern hervorgerufen wird und von Mensch zu Mensch durch die Kleider- und Kopflaus übertragen wird. Sie ist gekennzeichnet durch plötzlich einsetzendes hohes Fieber, starke Allgemeinbeschwerden und Auftreten eines fleckigen Ausschlages. Die Sterblichkeit liegt in der zweiten Woche bei 20 %. Vorbeugung: Läusebekämpfung durch Insektizide; Impfungen mildern im allgemeinen nur den Krankheitsverlauf (nach: Brockhaus Enzyklopädie, Bd. 6, Wiesbaden 1968, S. 322, u. W. Pschyrembel, Klinisches Wörterbuch, Berlin 1969, S. 1051)

64 »Judengutachten« v. 16. Sept. 1919: »Sein (des Juden – J. B.) Wirken wird in seinen Folgen zur Rassentuberkulose der Völker.« (Zit. n. Eberhard Jäckel [Hrsg.]: Hitler. Sämtliche Aufzeichnungen 1905–1925, Stuttgart 1980, S. 89)
»Er (der Jude – J. B.) ist und bleibt der ewige Parasit, ein Schmarotzer, der wie ein schädlicher Bazillus sich immer mehr ausbreitet, sowie nur ein günstiger Nährboden dazu einlädt. Die Wirkung seines Daseins aber gleicht ebenfalls der von Schmarotzern: wo er auftritt, stirbt das Wirtsvolk nach kürzerer oder längerer Zeit ab.« (A. Hitler, Mein Kampf, Bd. 1, München 18. 6. 1925, zit. n. 17. Aufl. 1943, S. 334)
Politisches Testament Hitlers v. 29. 4. 1945 (letzter Satz): »Vor allem verpflichte ich die Führung der Nation und die Gefolgschaft zur peinlichen Einhaltung der Rassegesetze und zum unbarmherzigen Widerstand gegen den Weltvergifter aller Völker, das internationale Judentum.« (Zit. n. Werner Maser: Hitlers Briefe und Notizen. Düsseldorf/Wien 1973, S. 374)

65 Febr.–April 1941 Deportation von 72 000 Juden ins Warschauer Ghetto; 22. Juni deutscher Überfall auf die Sowjetunion; 2./3. Juli Pogrom in Lemberg (7000 Opfer); 31. Juli Göring beauftragt Heydrich mit der Evakuierung der europäischen Juden; faktische Einleitung der »Endlösung«; 23. Sept. erste Versuchsvergasungen in Auschwitz; 30. Nov. erste Erschießung deutscher Juden in Riga; 8. Dez. erste Vergasungen in Chelmno; 20. Jan. 1942 Wannsee-Konferenz Heydrichs zur koordinierten Durchführung der »Endlösung der Judenfrage« in Europa

66 Die Realität zeigte, daß ein großer Teil der polnischen Widerstandsbewegungen Juden nicht unterstützte. Die offiziöse polnische Heimatarmee reagierte z. B. nicht auf das Hilfeersuchen einer nichtjüdischen Militärorganisation, die in Auschwitz einen Aufstand vorbereitete und dazu einen militärischen Führer und Waffen nach Auschwitz eingeschmuggelt hatte und in einem kombinierten Angriff von innen und außen die Lagerinsassen befreien wollte. (Vgl. Jósef Garliński, Fighting Auschwitz: The Resistance Movement in the Concentration Camp, London, New York 1975)

67 Ein anderes Plakat von 1941 mit dem Text »Fleckfieber! In diesem jüd. Wohnbezirk Fleckfieber-Epidemie!« (Bundesarchiv Koblenz, Plak 3/37/84) weist darauf hin, daß es in den von den Nationalsozialisten im Generalgouvernement geschaffenen Ghettos – Tausende Juden waren hier auf engstem Raum zusammengepfercht – Fälle von Flecktyphus gab. Doch scheint es der Hauptzweck dieses Plakates gewesen zu sein, die nichtjüdische Bevölkerung von jedem Kontakt mit den Insassen des Ghettos abzuschrecken.

68 Vgl. Werner Präg/Wolfgang Jacobmeyer (Hrsg.), Das Diensttagebuch des deutschen Generalgouverneurs in Polen 1939–1945, Stuttgart 1975, S. 458 (Eintragung vom 16. 12. 1941). Dazu auch Hans-Heinrich Wilhelm in: Helmut Krausnick, Hans-Heinrich Wilhelm: Die Truppe des Weltanschauungskrieges. Die Einsatzgruppen der Sicherheitspolizei und des SD 1938–1942. Stuttgart 1981, S. 631/32

69 Hans Günther Adler, Der verwaltete Mensch, Tübingen 1974, S. XXVI. Vgl. dagegen Uwe Dietrich Adam, der in seiner Untersuchung zur Judenpolitik, bei der er versuchte, den historischen Prozeß der Verfolgung mit den dynamischen Umwandlungsvorgängen des Struktur- und Rechtsgefüges zu verknüpfen, zu dem Ergebnis kommt, »daß auch die Massentötung und Vernichtung mit größter Wahrscheinlichkeit von Hitler nicht a priori als politisches Ziel angestrebt wurde« (Uwe Dietrich Adam, Judenpolitik im Dritten Reich, Düsseldorf 1972, S. 357. Vgl. auch den in diesem Band vorliegenden Aufsatz

Einen guten Einblick in die gegenwärtige Diskussion zwischen »Traditionalisten« und »Revisionisten« geben die Referate und Diskussionsbeiträge des historischen Kongresses in Stuttgart vom 3.–5. Mai 1984, abgedruckt in: Eberhard Jäckel, Jürgen Rohwer (Hrsg.): Der Mord an den Juden im Zweiten Weltkrieg. Entschlußbildung und Verwirklichung. Stuttgart 1985

70 Selbst Erwin Schockel meint, daß es dem Zeichner »sowohl an Besessenheit als auch an Können« fehlte. Erwin Schockel: Das politische Plakat [wie Anm. 21], S. 203

71 Die Juden wurden im Mittelalter in das den Christen verbotene Geldgeschäft (obwohl auch von Christen stets weiter getätigt) abgedrängt, da sie von der Mitgliedschaft in Zünften und Gilden und vom Landerwerb ausgeschlossen waren.

72 Im 15. Jahrhundert führten die Unsicherheit des Darlehnsgeschäftes und der ökonomische Strukturwandel in den Städten dazu, daß Juden die Aufgabe übernahmen, landwirtschaftliche Produkte aufzukaufen und in der Stadt abzusetzen.

73 Auch Hitler verwendet den Titel dieses Romans (Mein Kampf, a. a. O., S. 272)

74 Arthur Dinter, Die Sünde wider das Blut, Ein Zeitroman, Hartenstein i. S. 6/1919, S. 8 ff

75 B. S. Butnik-Siverskij, Sovietskij plakat épochi grazdanskoj vojny 1918–1921 (Das sowjetische Plakat im vaterländischen Krieg 1918–1921), Moskau 1960, S. 598

76 Reiner Diederich/Richard Grübling/Klaus Staeck, Realität des Abgebildeten und »Realität der Abbildung« in der Plakatpropaganda deutscher Parteien, in: Katalog zur documenta 5, Kassel 1972, Bd. 2, S. 7.4

77 Ebd., S. 7.5

78 A. Dinter, a. a. O., S. 274 f

79 A. Hitler, a. a. O., S. 344 f

80 Erwin Schockel schreibt zu diesem Plakat von Hans Schweitzer: »Das augenblickliche Schicksal wird zwar zähneknirschend ertragen, doch ist ein Hoffnungsstrahl für die Zukunft ausgedrückt, und auch der Text ist kämpferisch und daher wirksam.« Erwin Schockel: Das politische Plakat [wie Anm. 21], S. 207

81 Friedrich Medebach: Das Kampfplakat. Aufgabe, Wesen und Gesetzmäßigkeit des politischen Plakats, nachgewiesen an den Plakaten der Kampfjahre von 1918–1933. Limburg 1941, S. 37. Diese in der Konzeption durchaus wissenschaftlich angelegte Arbeit rechtfertigt den NS-Antisemitismus: »Sollte Deutschland wieder ein machtvoller Staat werden, mußte man es befreien von allen internationalen Kräften. Daher gilt dem Judentum, das das deutsche Volk wirtschaftlich knechtet und rassisch verdirbt, der erbittertste Kampf.« (Ebd., S. 36) Als Emil Dovifat, Medebachs Doktorvater, nach dem Krieg ein mehrbändiges Handbuch der Publizistik herausgibt, verfaßt Medebach den Artikel über das publizistische Plakat. Friedrich Medebach: Das publizistische Plakat. In: Handbuch der Publizistik. Bd. 3. Praktische Publizistik. 2. Teil. Berlin 1969, S. 1–38

82 »Während Hitlers Festungshaft gewinnt die sozialistische Gruppe um die Brüder Strasser innerhalb der Nationalsozialisten an Einfluß. Der Jude erscheint hier (vgl. Plakat Nr. 5 – J. B.) dementsprechend als kapitalistischer Ausbeuter.« (Friedrich Arnold, Anschläge [1972], a. a. O., Anmerkungen, Nr. 45)

83 Vgl. Plakat Nr. 1

84 Wahrscheinlich erschienen zur 7. Reichstagswahl vom 6. 11. 1932

85 Vgl. das vorangegangene Hitlerzitat (A. Hitler, a. a. O., S. 344 f)

86 Adolf Hitler, a. a. O., S. 358

87 Vgl. die Größenunterschiede der Figuren – ein häufig angewandtes bildnerisches Mittel

88 Bundesarchiv Koblenz, NS 18/224, zit. n. Reiner Diederich/Richard Grübling, a. a. O., S. 212

89 »Während es der französischen Revolution in den Jahren 1789 ff in hohem Maße gelungen ist, die europäischen Völker für ihre Ideen zu begeistern, hat dies die nationalsozialistische Bewegung bisher nicht erreicht. Es besteht keine Aussicht, daß sich bis zum endgültigen Siege Deutschlands hieran etwas ändern wird.« (Interner Lagebericht des Propagandaministeriums vom 25. 11. 1942, Bundesarchiv Koblenz, NS 18/224, zit. n. Reiner Diederich/Richard Grübling, a. a. O., S. 212. Zum antisozialistischen »Einsatz« des Antisemitismus, siehe Ginzel, S. 136 ff; Düwell, S. 174 ff

90 »Zwar überwiegt unter den Wählern der NSDAP von 1930 ab unbestreitbar das mittelständische Element; doch gelang es der NSDAP, mit ihrer Ideologie der Volksgemeinschaft und ihrem übersteigerten Nationalismus, Angehörige aller Bevölkerungsschichten, Angestellte und Arbeiter, Bauern und Beamte, Freiberufler und Hausfrauen, Junge und Alte, Protestanten und Katholiken, Grenz- und Binnenlandbewohner, Unternehmer und Arbeitslose etc., in so großer Zahl für sich zu mobilisieren, daß bei aller Überrepräsentation des protestantischen Mittelschichtenbereichs sie stärker als jede andere politische Gruppierung jener Jahre Volksparteicharakter trug.« (Jürgen W. Falter, Wer verhalf der NSDAP zum Sieg? Aus Politik und Zeitgeschichte, B. 28–29, 1979, S. 19)

91 Wörtlich abgedruckt in dem hier nicht abgebildeten Plakat Nr. 35 der Reichspropagandaleitung von 1943, gezeichnet von Mjölnir (Hans Schweitzer). Farbig publiziert bei Zbynek Zeman: Selling the War. Art and

Propaganda in World War II. London 1978, S. 100. Hier findet man eine Reihe antisemitischer Kriegsplakate aus den von der deutschen Wehrmacht besetzten Ländern. Eine ähnliche Sammlung befindet sich bei Denis Judd: Posters of World War Two. London 1972; Stéphane Marchetti: Affiches 1939–1945. Paris, Lausanne 1982, Laurent Gerverau; La propagande par l'affiche. Paris 1991; und in: I Manifesti della Seconda Guerra Mondiale. Novara 1978

92 National Archives, Washington D. C., T-81, roll 676. Zit. n. Erich Goldhagen: Weltanschauung und Endlösung. Zum Antisemitismus der nationalsozialistischen Führungsschicht. In: Vierteljahreshefte für Zeitgeschichte, 24. Jg. (1976), H. 4, S. 389

93 Häufig, so auch noch in seinem Testament, behauptete Hitler, daß er diesen Krieg 1939 nicht gewollt habe (sicher aber später!). »Er wurde gewollt und angestiftet ausschließlich von jenen internationalen Staatsmännern, die entweder jüdischer Herkunft waren oder für jüdische Interessen arbeiteten.« (Zit. n. W. Maser, a. a. O., S. 359)

94 Diese »Parole der Woche« kam sowohl an den Straßen auf Holztafeln als auch in Betrieben und öffentlichen Einrichtungen zum Aushang. Laut Rundschreiben des Gaupropagandaleiters von Koblenz vom 1. Januar 1937 war ihr Zweck, wöchentlich »das gesamte Volk zur Lösung der jeweiligen Aufgabe zu erfassen bzw. das ganze Volk auf das augenblickliche Geschehen zu richten und aufzuklären«. Zit. n. Franz-Josef Heyen (Hrsg.): Parole der Woche. Eine Wandzeitung im Dritten Reich 1936–1943. München 1983, S. 15 f. Es handelt sich bei dieser Publikation um eine kommentierte repräsentative Sammlung von 100 der über 400 erschienenen Wandzeitungen, von denen sehr viele antisemitisch geprägt sind.

95 Es handelt sich dabei um eine Fälschung der zaristischen Geheimpolizei, von deren Echtheit Hitler überzeugt war (vgl. A. Hitler, a. a. O., S. 337 f).

96 Heinz Abosch sieht in Stalin, der seine jüdischstämmigen Konkurrenten Trotzki, Kamenew und Sinowjew sowie Karl Radek und viele jüdische Intellektuelle ermorden bzw. hinrichten ließ, einen Antisemiten (Heinz Abosch, Antisemitismus in Rußland, Darmstadt 1972)

97 So sollen noch in der Weimarer Republik aufgrund einer antisemitischen Karpredigt die in der kleinen ländlichen Gemeinde Stommeln (bei Köln) ansässigen jüdischen Familien Angst gehabt haben, ihre Kinder auf die Straße zu lassen (dem Verfasser vorliegendes Tonbandinterview überlebender Juden)

98 Die Civiltà Cattolica, die noch 1882 die Schuld der Juden an dem angeblichen Ritualmord an Simon von Trient nachzuweisen versuchte, publizierte bis zur Auseinandersetzung Pius' XI. mit dem faschistischen Italien über die Einführung von Rassengesetzen Artikel mit deutlichen antisemitischen Tendenzen. So forderte die Civiltà Cattolica noch am 2. 4. 1938 »geeignete gesetzliche Maßnahmen, etwa in Form der Absonderung und Kenntlichmachung, die unserer Zeit entspricht« (zit. n. Pinchas E. Lapide, Rom und die Juden, Freiburg, Basel, Wien 1967, S. 64). Rudolf Lill kommentierte die Haltung der Civiltà Cattolica: »Wer noch 1938 ›gerechte‹ Ausnahmegesetze empfahl, ist von einer historischen Mitverantwortung für das, was wenige Jahre später geschah, nicht freizusprechen.« (Rudolf Lill, Die Kirchen und das Dritte Reich, in: Willehad Paul Eckert, Hrsg., Judenhaß – Schuld der Christen?! Ergänzungsheft, Essen 1966, S. 81).

99 Protokoll bei: Hans Müller (Hrsg.), Katholische Kirche und Nationalsozialismus, München 1965, S. 129. Vgl. auch die Aktennotiz über diesen Besuch in: Carsten Nicolaisen (Hrsg.), Dokumente zur Kirchenpolitik des Dritten Reiches, Bd. 1, München 1971, S. 48, und Bernhard Stasiewski (Hrsg.), Akten deutscher Bischöfe über die Lage der Kirche 1933–1945, Bd. 1, Mainz 1968, S. 122

100 Vgl. Benedikta Maria Kempner, Priester vor Hitlers Tribunalen, München 1966. Zur Ermordung von »nichtarischen« Mönchen und Nonnen: Robert M. W. Kempner, Edith Stein und Anne Frank, Freiburg i. Br. 1968

101 Vgl. Rupert Breitling, Die nationalsozialistische Rassenlehre, Meisenheim am Glan 1971, S. 12 ff. Diese Tendenz wird bereits bei C. Meiners am Ende des 18. Jahrhunderts deutlich. Vgl. Karl Saller, Die Rassenlehre des Nationalsozialismus in Wissenschaft und Propaganda, Darmstadt 1961, S. 180. Für den Übergang vom religiösen zum rassisch argumentierenden Antisemitismus vgl. aber auch den Aufsatz des Herausgebers dieses Bandes, Günther Bernd Ginzel, Antisemitismus und Emanzipation. Von der religiös motivierten Judenfeindschaft zum Rassenhaß, s. S. 124 ff

102 Franz Oppenheimer, zit. n. Paul W. Massing, Vorgeschichte des politischen Antisemitismus, Frankfurt a. M. 1959, S. 225

103 Zit. n. Eberhard Jäckel (Hrsg.): Hitler, a. a. O., S. 918

104 Rubert Breitling, a. a. O., S. 14

105 Diese Ausstellung zählte bereits in den ersten drei Wochen angeblich über 150 000 Besucher. Vgl. Nationalsozialistische Pressemitteilungen, in: Joseph Wulf: Die bildenden Künste im Dritten Reich [wie Anm. 10], S. 279 ff. Nach dem Anschluß Österreichs warb das gleiche Plakat im Format 127 x 95 cm für die am 2. August 1938 in Wien wiederholte Ausstellung, die von allen Schulkindern in der Unterrichtszeit besucht werden mußte (vgl. Wiener Stadt- und Landesbibliothek [Hrsg.]: Tagebuch der Straße. Geschichte in Plakaten. Wien 1981, S. 232)

106 Brockhaus Enzyklopädie, Bd. 5, Wiesbaden 17/1968, S. 811. Vgl. zum Bild des »Ewigen Juden« in der Kunst: Wolfgang Becker, Jüdisches in der Bildkunst des 19. Jahrhunderts, in: Willehad Paul Eckert/Ernst Ludwig Ehrlich, a. a. O., S. 271 ff

107 So trägt auch der 1940 von Fritz Hippler erstellte makabre »Dokumentarfilm über das Weltjudentum« den Titel »Der ewige Jude«. Das Filmplakat weist einen ähnlichen Schriftzug auf und zeigt ein Gesicht mit den Zügen Roosevelts in einem Davidstern, umgeben von vier »jüdischen« Köpfen, die eine rassische und kulturelle Andersartigkeit suggerieren sollen (Bundesarchiv Koblenz, Plak 3/20/30)

108 A. Hitler, a. a. O., S. 129

109 »Juden, die das sechste Lebensjahr vollendet haben, ist es verboten, sich in der Öffentlichkeit ohne einen Judenstern zu zeigen. Der Judenstern besteht aus einem handtellergroßen schwarz ausgezogenen

Sechsstern aus gelbem Stoff mit der schwarzen Aufschrift ›Jude‹. Er ist sichtbar auf der linken Brustseite des Kleidungsstückes fest aufgenäht zu tragen.« (Polizeiverordnung über die Kennzeichnung der Juden vom 1. Sept. 1941); zit. n. Ingo von Münch, Uwe Brodersen: Gesetze des NS-Staates. Dokumente eines Unrechtssystems. Paderborn 2/1982, S. 140

110 Entsprechend dem Titel ihrer Arbeit »Die Rote Gefahr. Antisozialistische Bildagitation 1918–1976« (Berlin/West 1976) »suggeriert« für Reiner Diederich, Richard Grübling und Max Bartholl das Plakat »Der ewige Jude«, »daß das kapitalistische Prinzip nicht nur in den wesentlichen [Druckfehler?] Industriestaaten herrsche, sondern auch in der Sowjetunion, ja, daß in der Sowjetunion eine weitaus schlimmere Ausbeutung der Menschen geschehe« (S. 78). Zur Stützung dieser Interpretation wird u. a. aus den »Richtlinien für antibolschewistische Propaganda« des Reichsministeriums für Erziehung, Wissenschaft und Volksbildung (Hauptbüro, Nr. 211, Bl. 13, Zentrales Staatsarchiv Potsdam) vom 24. März 1937 zitiert: »Es ist zu beweisen, daß in den Gebieten, in denen der Bolschewismus zur Herrschaft gelangt, nicht soziale Gerechtigkeit und bessere Lebensverhältnisse herrschen, sondern im Gegenteil Zustände, die in jeder Hinsicht weit schlimmer sind als in den sogenannten kapitalistischen Staaten.«

111 Zum C. V., der wohl im Mittelpunkt des jüdischen Abwehrkampfes gegen den Antisemitismus und den Nationalsozialismus stand, vgl. als Überblick: Arnold Paucker: Die Abwehr des Antisemitismus in den Jahren 1893–1933. In: Herbert A. Strauss, Norbert Kampe (Hrsg.): Antisemitismus. Von der Judenfeindschaft zum Holocaust. Bonn, Frankfurt a. M., New York 1985, S. 143–171. Zur Situation in München vgl. Werner J. Cahnman: Die Juden in München 1918–1943. In: Zeitschrift für bayerische Landesgeschichte, Jg. 42, H. 2, München 1979

112 Reproduktion in: Friedrich Arnold (Hrsg.): Anschläge (1985) [wie Anm. 34], Nr. 37

113 Ebd., Nr. 67

114 Ebd., Nr. 75

115 Vgl. vor allem Ulrich Dunker: Der Reichsbund jüdischer Frontsoldaten 1919–1938. Geschichte eines jüdischen Abwehrvereins. Düsseldorf 1977

116 Reproduktion in: Friedrich Arnold (Hrsg.): Anschläge (1985) [wie. Anm. 34], Nr. 111

117 Vgl. den Beitrag von Winkler

118 Hellmuth Franz Josef Herzfeld, geboren 1891 in Berlin, nennt sich seit 1916 John Heartfield, ist Mitglied der KPD seit ihrer Gründung und eng befreundet mit Georg Grosz und anderen linksorientierten Künstlern der Berliner Szene. Zur Literatur vgl. Anm. 11; und Akademie der Künste zu Berlin . . . (Hrsg.): John Heartfield. Köln 1991

119 Erwin Schockel: Das politische Plakat [wie Anm. 21], S. 188

120 Max Domarus (Hrsg.): Hitler. Reden und Proklamationen 1932–1945. Wiesbaden 1973, Bd. II, 1. Halbband S. 1058

121 Vgl. bes. Eberhard Jäckel: Hitlers Weltanschauung. Entwurf einer Herrschaft. Stuttgart 1981, S. 72–78

122 Raul Hilberg in: Eberhard Jäckel, Jürgen Rohwer (Hrsg.): Der Mord an den Juden [wie Anm. 69], S. 197

123 Diese Rede wurde am 30. Sept. 1942 im Berliner Sportpalast gehalten. Vgl. Max Domarus (Hrsg.): Hitler [wie Anm. 120], Bd. II, 2. Halbband S. 1913–1924. Die Behauptung, diese Prophezeiung am 1. Sept. 1939 ausgesprochen zu haben, ist falsch; das richtige Datum ist der 30. Januar 1939. Zur »Parole der Woche« vgl. Anm. 94

124 Der Prozeß gegen die Hauptkriegsverbrecher vor dem Internationalen Gerichtshof. 1947, Bd. XLI, S. 549. Zit. n. Eberhard Jäckel: Hitlers Weltanschauung [wie Anm. 56], S. 77

125 Hitlers politisches Testament. Zit. n. Werner Maser: Hitlers Briefe und Notizen, [wie Anm. 64], S. 361

Verzeichnis der Plakatreproduktionen

Bei der Restauration der Plakate in den Archiven wurden die Ränder z. T. erheblich beschnitten, so daß die Angaben zum Format meist nicht genau die ursprüngliche Größe wiedergeben.
Manche Plakate sind auch in mehreren Formaten gedruckt worden.

Plakat Nr. 1
Titel: »Der Jude ist auch ein Mensch«. Auftraggeber: norddeutsche NSDAP (Ortsgruppe Brandenburg). Anlaß: Durchführung von antisemitischen Parteiveranstaltungen, Rede v. Gregor Strasser am 24. 2. 1927. Erscheinungsjahr: 1927. Druck: Paul Gade, Brandenburg. Format (H x B): ca. 90 x 62. Ursprüngliche Archivierung: Hauptarchiv der NSDAP. Fundort: Bundesarchiv Koblenz, Plak 2/41/54.

Plakat Nr. 2
Titel: ZYDZI powracaja wraz z bolszewizmem! (dt.: Die Juden kehren zurück mit dem Bolschewismus). Auftraggeber: deutsche Dienststelle im Generalgouvernement. Erscheinungsort: Krakau. Erscheinungsjahr: 1944. Format (H x B): ca. 59 cm x 42 cm. Fundort: Bundesarchiv Koblenz, Plak 3/40/24. Fundort: Bayerisches Hauptstaatsarchiv München.

Plakat Nr. 3
Titel: ZYDZI WSZY TYFUS PLAMISTY (dt.: Juden, Läuse, Flecktyphus). Autor: G. Peiler. Auftraggeber: deutsche Dienststelle im Generalgouvernement? Erscheinungsjahr: 1941. Druck: NKW-Druck, Warschau. Format (H x B): ca. 87 cm x 69 cm. Fundort: Bundesarchiv Koblenz, Plak 3/39/1.

Plakat Nr. 4
Titel: Bauer! wehre dich. Entwurf: H. Schultes. Auftraggeber: Großdeutsche Volksgemeinschaft/Völkischer Block (Nachfolgeorganisationen der verbotenen NSDAP). Erscheinungsjahr: 1924. Anlaß: Landtagswahl in Bayern vom 6. 4. 1924. Druck: Münchner Buchgewerbehaus, M. Müller u. Sohn, München NW. Format (H x B): ca. 80 cm x 50 cm. Ursprüngliche Archivierung: Sammlung Rehse. Fundort: Bayerisches Hauptstaatsarchiv München.

Plakat Nr. 5
Titel: DER DRAHTZIEHER. Auftraggeber: NSDAP-Nachfolgeorganisationen/Völkischer Block. Erscheinungsjahr: 1924. Anlaß: 2. Reichstagswahl vom 4. 5. 1924. Druck: Lith. Kunstanstalt Joh. Roth sel. Ww. GmbH, München. Format (H x B): ca. 120 cm x 80 cm. Ursprüngliche Archivierung: Sammlung Rehse. Fundort: Bayerisches Hauptstaatsarchiv.

Plakat Nr. 6
Titel: Nieder mit der Finanzversklavung! Entwurf: Mjölnir (Hans Schweitzer, vgl. Anm. 10). Auftraggeber: Nationalsozialistische Freiheitsbewegung (Vereinigte völkische Liste) (Nachfolgeorganisation der verbotenen NSDAP). Erscheinungsjahr: 1924. Anlaß: Wahrscheinlich 3. Reichstagswahl vom 7. 12. 1924. Druck: Saladruck. Format (H x B): ca. 39 cm x 29 cm. Fundort: Bundesarchiv Koblenz, Plak 2/42/1.

Plakat Nr. 7
Titel: Es tut mir in der Seele weh. Auftraggeber: Münchener Nationalsozialisten. Erscheinungsjahr: 1924. Anlaß: Münchener Stadtratswahl vom 7. 12. 1924. Druck: Hilz, Nürnberg. Format (H x B): ca. 99 cm x 70 cm. Ursprüngliche Archivierung: Sammlung Rehse. Fundort: Bundesarchiv Koblenz, Plak 2/40/30.

Plakat Nr. 8
Titel: Der Marxismus ist der Schutzengel des Kapitalismus. Auftraggeber: NSDAP, verantwortlich Karl Holz. Erscheinungsjahr: 1933. Anlaß: 8. Reichstagswahl vom 5. 3. 1933. Druck: Gerbers Nachf. C. Seebrecht, Lichtenau/M[ain] fr.[anken]. Format (H x B): ca. 109 cm x 78 cm. Fundort: Bundesarchiv Koblenz, Plak 2/42/137.

Plakat Nr. 9
Titel: Arbeiter- und Bauernmacht – so war die sowjetische Freiheit! Auftraggeber: Reichspropagandaministerium, Abteilung Ost, für die besetzten Gebiete der UdSSR. Erscheinungsjahr: 1942? Format (H x B): ca. 74 cm x 59 cm. Fundorte: Institut für Zeitungsforschung der Stadt Dortmund und Bundesarchiv Koblenz, Plak 3/40/26.

Plakat Nr. 10
Titel: Bonzen und Herrenklub mit dem Juden. Autor: »Fips« (Philipp Ruprecht). Auftraggeber: NSDAP, gesamtverantwortlich: Ludwig Ruckdeschel, Bayreuth. Erscheinungsjahr: 1932. Anlaß: Wahlen zum 7. Reichstag vom 6. 11. 1932. Druck: Druckerei Neumeister, Bayreuth. Format (H x B): ca. 50 cm x 135 cm. Ursprüngliche Archivierung: Sammlung Rehse. Fundort: Bundesarchiv Koblenz, Plak 2/42/105.

Plakat Nr. 11
Titel: Bicz ludzkosći (dt.: Geißel der Menschheit). Auftraggeber: deutsche Dienststelle im Generalgouvernement? Erscheinungsjahr: 1941? Format (H x B): ca. 59 cm x 41 cm. Ursprüngliche Archivierung: Archiv des Generalgouvernements. Fundort: Bundesarchiv Koblenz, Plak 3/39/2.

Plakat Nr. 12
Titel: Hinter den Feindmächten: der Jude. Entwurf: Bruno Hanich. Auftraggeber: Reichspropagandaleitung, Hauptamt für Propaganda, Plakat Nr. 46 der Reichspropagandaleitung. Erscheinungsjahr: 1943. Format (H x B): ca. 83 cm x 59 cm. Fundort: Bundesarchiv Koblenz, Plak 3/20/21.

Plakat Nr. 13
Titel: Der ist schuld am Kriege! Entwurf: Mjölnir (Hans Schweitzer, vgl. Anm. 10). Auftraggeber: Reichspropagandaleitung, Hauptamt für Propaganda. Erscheinungsjahr: 1943. Format (H x B): ca. 83 cm x 58 cm. Fundorte: Bundesarchiv Koblenz, Plak 3/20/20, und Bayerisches Hauptstaatsarchiv München.

Plakat Nr. 14
Titel: Der Jude – Kriegsanstifter – Kriegsverlängerer. Entwurf: Mjölnir (Hans Schweitzer, vgl. Anm. 10). Auftraggeber: Reichspropagandaleitung? Erscheinungsjahr: 1944 oder 1943. Format (H x B): ca. 83 cm x 59 cm. Fundorte: Bundesarchiv Koblenz, Plak 3/20/22, und Bayerisches Hauptstaatsarchiv.

Plakat Nr. 15
Titel: Das jüdische Komplott. Parole der Woche, parteiamtliche Wandzeitung der NSDAP, Ausgabe A, hrsg. v. der Reichspropagandaleitung der NSDAP im Zentralverlag der NSDAP, Franz Eher Nachfolger, München 1941, Folge 50 (10. 12. 1941). Anlaß: deutsche Kriegserklärung an die USA vom 11. 12. 1941. Format (H x B): ca. 84 cm x 120 cm. Fundort: Institut für Zeitungsforschung der Stadt Dortmund.

Plakat Nr. 16
Titel: Vor 2000 Jahren. Entwurf: »Fips« (Philipp Ruprecht). Auftraggeber: »Der Stürmer«, gegr. und hrsg. von Julius Streicher. Erscheinungsjahr: 1937. Anlaß: Ankündigung einer Stürmer-Sondernummer zur Karwoche 1937. Druck: Hans Lötter, Nürnberg. Format (H x B): ca. 121 cm x 83 cm. Ursprüngliche Archivierung: Sammlung Rehse. Fundort: Bundesarchiv Koblenz, Plak 3/20/28

Plakat Nr. 17
Titel: Der ewige Jude. Entwurf: H. Stalüter. Auftraggeber: NSDAP – Julius Streicher (Leiter des »Zentralkomitees zur Abwehr der jüdischen Greuel- und Boykotthetze«). Erscheinungsjahr: 1937. Anlaß: Werbeplakat für die gleichnamige Ausstellung in München (Eröffnung am 8. 11. 1937). Druck: Kunst im Reich, München. Format (H x B): ca. 83 cm x 60 cm und ca. 119,5 cm x 84 cm. Ursprüngliche Archivierung: Sammlung Rehse. Fundort: Bundesarchiv Koblenz, Plak 3/20/19.

Plakat Nr. 18
Titel: AN DIE DEUTSCHEN MÜTTER! Auftraggeber: Reichsbund jüdischer Frontsoldaten e. V. Erscheinungsjahr: 1924. Format (H x B): ca. 71 cm x 96 cm. Fundort: Stadtarchiv München.

Plakat Nr. 19
Titel: Beefsteaks raus! Nieder mit den Schnitzeln! Fotomontage aus der Volks-Illustrierten, Prag, 1. Jg. (1936), Nr. 12 v. 4. 11. 1936, S. 192 (4. Umschlagseite). Entwurf: John Heartfield. Auftraggeber: Exil-KPD Prag. Anlaß: In deutschen Pressemitteilungen werden Fischgerichte popularisiert. Format (H x B): 38 cm x 27 cm. Fundort: Friedrich-Ebert-Stiftung. Bibliothek der sozialen Demokratie, Bad Godesberg, Archiv-Nr.: XX 88.

Plakat Nr. 20
Titel: Das Lachen wird ihnen vergehen!!! Parole der Woche, parteiamtliche Wandzeitung der NSDAP, Ausgabe A, hrsg. v. der Reichspropagandaleitung der NSDAP im Zentralverlag der NSDAP, Franz Eher Nachfolger, München 1942, Folge 44 (28. 10. 1942). Format (H x B): ca. 84 cm x 120 cm. Fundort: Institut für Zeitungsforschung der Stadt Dortmund.

Literatur

Abosch, Heinz: Antisemitismus in Rußland. Darmstadt 1972

Adam, Uwe Dietrich: Judenpolitik im Dritten Reich. Düsseldorf 1972

Adler, Hans Günther: Der verwaltete Mensch. Tübingen 1974

Akademie der Künste zu Berlin (Hrsg.): John Heartfield. Köln 1991

Arnold, Friedrich (Hrsg.): Anschläge. Deutsche Plakate als Dokumente der Zeit 1900–1960. Ebenhausen 1963

Arnold, Friedrich (Hrsg.): Anschläge. Politische Plakate in Deutschland 1900–1970. Ebenhausen 1972

Arnold, Friedrich (Hrsg.): Anschläge. 220 Plakate als Dokumente der Deutschen Geschichte 1900–1980. Ebenhausen 1985

Ay, K.-L. (Hrsg.): Appelle einer Revolution. Dokumente aus Bayern zum Jahre 1918/1919. München 1968

Barnicoat, John: Das Poster. München, Wien, Zürich 1972 (engl. Original, London 1972, Reprint, London 1988)

Becker, Wolfgang: Jüdisches in der Bildkunst des 19. Jahrhunderts. In: Willehad Paul Eckert/Ernst Ludwig Ehrlich (Hrsg.): Judenhaß – Schuld der Christen?! Essen 1964

Bohrmann, Hans (Hrsg.): Politische Plakate. Mit Beiträgen von Ruth Malhotra und Manfred Hagen. Dortmund 1984

Booms, Hans: Die »Sammlung Rehse«. In: Der Archivar, Jg. 22 (1969), Sp. 57–60

Breitling, Rupert: Die nationalsozialistische Rassenlehre. Meisenheim am Glan 1971

Butnik-Siverskij, B. S.: Sovietskij plakat épochi grazdanskoj vojny 1918–1921 (Das sowjetische Plakat im vaterländischen Krieg 1918–1921). Moskau 1960

Cahnman, Werner J.: Die Juden in München 1918–1943. In: Zeitschrift für bayerische Landesgeschichte, Jg. 42, H. 2. München 1979

Diederich, Reiner/Grübling, Richard/Staeck, Klaus: Realität des Abgebildeten und »Realität der Abbildung« in der Plakatpropaganda deutscher Parteien. In: Katalog zur documenta 5. Kassel 1972, Bd. 2

Diederich, Reiner/Grübling, Richard: Die Darstellung des Feindes. In: Kunst im 3. Reich. Dokumente der Unterwerfung. Katalog des Frankfurter Kunstvereins, 5. Aufl. 1976

Diederich, Reiner/Grübling, Richard/Bartholl, Max: Die Rote Gefahr. Antisozialistische Bildagitation 1918–1976. Berlin/West 1976

Dinter, Arthur: Die Sünde wider das Blut. Ein Zeitroman. Hartenstein i. S. 6. Aufl. 1919

Domarus, Max (Hrsg.): Hitler. Reden und Proklamationen 1932–1945. Wiesbaden 197

Dunker, Ulrich: Der Reichsbund jüdischer Frontsoldaten 1919–1938. Geschichte eines jüdischen Abwehrvereins. Düsseldorf 1977

Ehmer, Hermann K.: Zur Metasprache der Werbung – Analyse einer Doornkaat-Reklame. In: ders.: Visuelle Kommunikation. 4. Aufl. Köln 1973

Eschwege, Helmut (Hrsg.): Kennzeichen J. Berlin/Ost 1966

Falter, Jürgen W.: Wer verhalf der NSDAP zum Sieg? In: Aus Politik und Zeitgeschichte, B. 28–29, 1979

Fest, Joachim C.: Hitler. Eine Biographie. Frankfurt a. M., Berlin, Wien 1973

Garliuski, Jósef: Fighting Auschwitz. The Resistance Movement in the Concentration Camp. London, New York 1975

Gerverau, Laurent: La propaganda par l'affiche. Paris 1791

Goldhagen, Erich: Weltanschauung und Endlösung. Zum Antisemitismus der nationalsozialistischen Führungsschicht. In: Vierteljahrshefte für Zeitgeschichte, 24. Jg. (1976), H. 4

Grulich, Rudolf: Einführung. In: Johannes Hampel/Walter Grulich: Politische Plakate der Welt. München 1971

Haase, Amine: Katholische Presse und die Judenfrage. Pullach 1975

Hagen, Manfred: Das politische Plakat als zeitgeschichtliche Quelle. In: Geschichte und Gesellschaft, 4. Jg. (1978), H. 4

Hagen, Manfred: Werbung und Angriff – Politische Plakate im Wandel von hundert Jahren. In: Hans Bohrmann (Hrsg.): Politische Plakate. Dortmund 1984

Hampel, Johannes/Grulich, Walter: Politische Plakate der Welt. München 1971

Heartfield, John: Krieg im Frieden. Fotomontagen zur Zeit 1930–1938. Frankfurt a. M. 1982

Herzfelde, Wieland: John Heartfield. Leben und Werk, dargestellt von seinem Bruder. Berlin/Ost 1976

Heyen, Franz-Josef (Hrsg.): Parole der Woche. Eine Wandzeitung im Dritten Reich 1936–1943. München 1983

Hillier, Bevis: Plakate. Hamburg 1969 (engl. Original, London 1969)
Hitler, Adolf: Mein Kampf. 17. Aufl. München 1943
Hundhausen, C.: Über das politische Plakat. In: pro plakat e. V. (Hrsg.): Politische Kommunikation durch das Plakat. Bonn-Bad Godesberg 1975
Jäckel, Eberhard (Hrsg.): Hitler. Sämtliche Aufzeichnungen 1905–1924. Stuttgart 1980
Jäckel, Eberhard: Hitlers Weltanschauung. Neuausgabe Stuttgart 1981
Jäckel, Eberhard/Rohwer, Jürgen (Hrsg.): Der Mord an den Juden im Zweiten Weltkrieg. Entschlußbildung und Verwirklichung. Stuttgart 1985
Judd, Denis: Posters of World War Two. London 1972.
Kämpfer, Frank: »Der rote Keil«. Das politische Plakat. Theorie und Geschichte. Berlin 1985
Kampmann, Wanda: Israel und das jüdische Selbstverständnis. In: Aus Politik und Zeitgeschichte, B. 16–17, 1973
Kempner, Benedikta Maria: Priester vor Hitlers Tribunalen. München 1966
Kempner, Robert M. W.: Edith Stein und Anne Frank. Freiburg i. Br. 1968
Krausnick, Helmut/Wilhelm, Hans-Heinrich: Die Truppe des Weltanschauungskrieges. Die Einsatzgruppen der Sicherheitspolizei und des SD 1938–1942. Stuttgart 1981
Lapide, Pinchas E.: Rom und die Juden. Freiburg, Basel, Wien 1967
Léon, Abraham: Judenfrage und Kapitalismus. München 1971
Lill, Rudolf: Die Kirchen und das Dritte Reich. In: Willehad Paul Eckert (Hrsg.): Judenhaß – Schuld der Christen?! Ergänzungsheft. Essen 1966
Loenartz, Marianne/Trumpp, Thomas: Plakate in Archiven – Funktionswandel, Erschließung und Benutzung einer publizistischen Quelle. In: Der Archivar, Jg. 26 (1973), H. 4
Marchetti, Stéphane: Affiches 1939–1945. Lausanne, Paris 1982
Maser, Werner: Hitlers Briefe und Notizen. Düsseldorf, Wien 1973
Massing, Paul W.: Vorgeschichte des politischen Antisemitismus. Frankfurt a. M. 1959
Medebach, Friedrich: Das Kampfplakat. Aufgabe, Wesen und Gesetzmäßigkeit des politischen Plakats, nachgewiesen an den Plakaten der Kampfjahre von 1918–1933. Berlin, Phil. Diss. 1940. Limburg 1941
Medebach, Friedrich: Das publizistische Plakat. In: Handbuch der Publizistik. Bd. 3. Praktische Publizistik. 2. Teil. Berlin 1969
Müller, Hans (Hrsg.): Katholische Kirche und Nationalsozialismus. München 1965
Münch, Ingo von/Brodersen, Uwe: Gesetze des NS-Staates. Dokumente eines Unrechtssystems. 2. Aufl. Paderborn 1982
Nicolaisen, Carsten (Hrsg.): Dokumente zur Kirchenpolitik des Dritten Reiches, Bd. I. München 1971.
Ornstein, Hans: Der antisemitische Komplex. Zürich 1949
Pätzold, Kurt: Faschismus, Rassenwahn, Judenverfolgung. Berlin/Ost 1975
Paucker, Arnold: Der jüdische Abwehrkampf gegen Antisemitismus und Nationalsozialismus in den letzten Jahren der Weimarer Republik. 2. Aufl. Hamburg 1969
Paucker, Arnold: Die Abwehr des Antisemitismus in den Jahren 1893–1933. In: Herbert A. Strauss/Norbert Kampe (Hrsg.): Antisemitismus. Von der Judenfeindschaft zum Holocaust. Bonn, Frankfurt a. M., New York 1985
Präg, Werner/Jacobmeyer, Wolfgang (Hrsg.): Das Diensttagebuch des deutschen Generalgouverneurs in Polen 1939–1945. Stuttgart 1975
Prakke, Henk: Der Schnelldialog des Plakates – Über das Plakat als Kommunikationsmedium. In: Ders. u. a.: Bild und Plakat. Assen 1963
Rhodes, Anthony: Propaganda. The Art of Persuation: World War II. London, New York 1976
Ronneberger, F.: Leistungen und Fehlleistungen der Massenkommunikation, insbesondere bei politischen Plakaten. In: pro plakat e. V. (Hrsg.): Politische Kommunikation durch das Plakat. Bonn-Bad Godesberg 1975
Saller, Karl: Die Rassenlehre des Nationalsozialismus in Wissenschaft und Propaganda. Darmstadt 1961.
Schardt, Hermann/Feuerstein, Karl Heinz: Politik im Plakat. Essen 1971
Schindler, Herbert: Monographie des Plakats. München 1972
Schockel, Erwin: Das politische Plakat. Eine psychologische Betrachtung. München 1938
Siepmann, Eckhard: Montage: John Heartfield. Vom Club Dada zur Arbeiter-Illustrierten Zeitung. Berlin/West 1977
Staeck, Klaus/Karst, Ingeborg: Plakate abreißen verboten! Politische Plakate im Bundestagswahlkampf 72. Göttingen 1973
Stasiewski, Bernhard (Hrsg.): Akten deutscher Bischöfe über die Lage der Kirche 1933–1945. Bd. I. Mainz 1968
Suckale-Redlefsen, Gude: Entwicklung des Plakats in München bis zum Ende des III. Reiches. In: Münchener Stadtmuseum (Hrsg.): Plakate in München 1840–1940. München 1975
Wolf, Heinz E.: Soziologie der Vorurteile. In: René König (Hrsg.): Handbuch der Empirischen Sozialforschung. Bd. 2. Stuttgart 1969
Wulf, Joseph: Die Bildenden Künste im Dritten Reich. Gütersloh 1963
Yanker, Gary: Prop Art. New York 1972
Zeman, Zbynek: Selling the War. Art and Propaganda in World War II. London 1978

»Wenn ick betracht Ihr Nasen . . .«

Stereotype Darstellungen von Juden, Judentum und Israel in der neuzeitlichen Karikatur

Henry Wassermann

»Stereotypen« sind seit mehr als zwei Generationen Gegenstand intensiver Untersuchung durch Psychologen und Soziologen, seit Walter Lipmann diesen Begriff aus der Typographie entlehnt und ihm seine heutige Bedeutung als »Bilder in unserem Kopf« gegeben hat. Eine Arbeitsdefinition von »Stereotyp« könnte gut sein: »ein Satz von Meinungen über die persönlichen Eigenschaften einer Gruppe von Menschen«. Die Sozialwissenschaftler machen sich daran, diese Meinungen mit Hilfe von Fragebögen mit beschreibenden Eigenschaften zu erforschen (z. B. »Juden sind . . . habgierig; sparsam; geschickt im Geldverdienen; . . .«)

Das *bildliche* Stereotyp ist das *graphische* Komplement zu jenem »Bild im Geist«, das die Menschen in sich tragen und das die Sozialwissenschaftler mit Hilfe der adjektiven Selektion, Konzentration und Konfiguration aufzeigen. Die antisemitischen Karikaturen im »Stürmer« beispielsweise bildeten das graphische Komplement der vorsätzlichen und beleidigenden Propaganda gegen das »Weltjudentum« in den Artikeln eben dieses Blattes. Der verbale Hintergrund schafft den für das Verständnis der im Bild übermittelten Botschaft notwendigen Kontext. Verbale und bildliche Stereotypen sind also zwei Facetten, zwei Mittel, um ein Phänomen auszudrücken, und es wäre ein schwerer methodologischer Fehler, sie voneinander zu trennen, denn Bilderstereotypen sind ohne ihren Kontext nicht zu entziffern.

Bilderstereotypen sind außerdem von anderen Mitteln der graphischen Darstellung zu unterscheiden wie etwa dem Porträt oder selbst der Karikatur. Porträt und Karikatur mögen einen guten Anteil an den Qualitäten bildlicher Stereotypen haben, doch müssen sie es nicht, insbesondere dann nicht, wenn es sich um stark individualisierte Wiedergaben handelt.

Bildliche Stereotypen sind grundsätzlich rigide, feststehend und über einen längeren Zeitraum unveränderlich.
Sie bleiben für das öffentliche ebenso wie für das persönliche Bewußtsein ein beharrlicher Fixpunkt. Vielfach bestimmen sie Einstellung und Handlungsmuster.

Auch die Historiker haben Anstrengungen auf das Studium von Vorurteilen und abwertenden Stereotypen verwandt, und diese haben unter anderem eine große Zahl von Arbeiten über Antisemitismus und seine historische Entwicklung hervorgebracht. Die überwiegende Mehrzahl dieser Arbeiten befaßt sich mit dem Antisemitismus, wie er sich in sprachlichen Aufzeichnungen ausdrückt, oder in antisemitischen Handlungen, die sprachlich festgehalten wurden. Nur wenige Arbeiten befassen sich mit den bildhaften Stereotypen. Unter diesen waren einige in erster Linie beschreibend, illustrativ oder impressionistisch, während andere als Seitenzweig der Kunstgeschichte betrieben wurden. Dieser Artikel hätte ohne sie nicht geschrieben werden können, denn er versucht, ihre Ergebnisse zusammenzufassen und kritisch vorzustellen. Wir haben die Ergebnisse einige Wissenschaftler übernommen (I. Shachar und Ruth Mellinkof und Appel, vgl. Bibliographie). Aus diesem Grund fühlen wir uns auch verpflichtet, unsere methodologischen Intentionen und unser historisches Credo zu erklären.

Vielfältig sind Art und Weise, in denen Juden während des zweiten Jahrtausends der christlichen Ära zum Gegenstand bildlicher Darstellungen gemacht worden sind. Die zwölf Jahrhunderte von Karl dem Großen bis heute haben eine derartige Vielfalt von Stilen und Motiven gesehen, von ideologischen Inhalten und Bedeutungszusammenhängen, daß es praktisch unmöglich ist, eine klare Entwicklungslinie, einen gemeinsamen Nenner zu erkennen, ausgenommen die Tatsache, daß bildliche Darstellungen *eine* Seite des Ausdrucks von nichtjüdischen Einstellungen gegenüber der Gegenwart von Juden waren, auch wenn es sich häufig um Fiktionen und Einbildungen handelte.

Die besondere Vitalität der bildlichen Art des Ausdrucks gegenüber Juden und Judentum liegt in den einzigartigen Eigenschaften von Gemälden, Zeichnungen, Karikaturen usw., die den literarischen Quellen fehlen, insbesondere die Möglichkeiten einer augenblicklichen Erkennbarkeit.
In genau diesen Qualitäten lauern die methodologischen Fallen der Erforschung bildlicher Darstellungen und ihres durch Wiederholung bewirkten Verschmelzens zu Bilderstereotypen: die verbreitete Neigung, einem Bild Bedeutung zuzuschreiben und dabei die Bedeutungen zu ignorieren, die sein Schöpfer ihm zuschrieb bzw. die die Zeitgenossen und die folgenden Generationen darin zu erblicken glaubten. Die jüdische Geschichte hatte ihren mehr als angemessenen Anteil an Leiden und Verfolgung. Die Gefühle, die viele zu gewalttätigen Handlungen gegen das jüdische Volk ermutigten, fanden ihren lebendigsten und überzeugendsten Ausdruck in der Art und Weise, wie Nichtjuden die Objekte ihres Hasses darstellten. Das letzte Jahrtausend der Geschichte hat eine Vielzahl graphischer Reaktionen gesehen, und einige der hauptsächlichen Entwicklungslinien der Stereotypen zeigt unser Artikel auf.
Die Bilderstereotypen einer systematischen Verleumdungs- und Dämonisierungskampagne, mit deren Hilfe die Nationalsozialisten die Vernichtung des europäischen Judentums vorbereiteten und rechtfertigten, haben in den westlichen Demokratien den Gebrauch derartiger Stereotypen tief und nachhaltig stigmatisiert. Der nationalsozialistische Antisemitismus hatte somit eine nachhaltige Wirkung auf die Interpretation bildlicher Darstellungen von Juden und Judentum: eine durchaus vorhandene positive Stereotypisierung wurde ignoriert, und Entwicklungen und Wandlungen wurden nicht beachtet.
Nach dem Zweiten Weltkrieg wurde der Antisemitismus als eine Entität betrachtet, deren Hauptmerkmal die Kontinuität sei, und den antisemitischen Stereotypen wurde die gleiche Eigenschaft zugeschrieben – eine Ansicht, die wir nicht teilen.
Denn der mit der Schaffung und Verbreitung von Stereotypen verbundene Prozeß findet immer unter bestimmten sozialen, ökonomischen und politischen Bedingungen statt, die ihrerseits fließend und unter anderem durch bereits bestehende Stereotypen unterschiedlicher Art und Stärke bedingt werden.
Gegenstand der Karikatur konnten – zu verschiedenen geschichtlichen Epochen – Judentum als Religion bzw. Religionsgemeinschaft, Juden und Judentum in kultureller oder sozialer Hinsicht oder eine Kombination evtl. mit Betonung eines Aspektes sein. So beschäftigten sich beispielsweise mittelalterliche Karikaturen mit dem Judentum als Religion, nach-emanzipatorische Karikaturen vorwiegend mit *Juden* als gesellschaftlicher Schicht oder als Individuen, während bewußt antisemitische Karikaturen sich gegen *Judentum* im allgemeinen richteten, v. a. gegen ein imaginäres *Weltjudentum.* Eine derartige Unterscheidung ist bei der Untersuchung zeitgenössischen Karikaturen von besonderer Bedeutung, in denen die Politik des Staates Israel kritisiert wird: Einige unter ihnen führen eindeutig die *Stürmer*-Tradition fort (indem sie ein kollektives und umfassendes Stereotyp schaffen), während andere Ausdruck einer legitimen Kritik sein mögen.

I.

Das vorherrschende moderne Stereotyp der graphischen Darstellung »des Juden«, dessen direkter Abkömmling durch Julius Streicher, den Herausgeber des »Stürmers«, mit so vernichtender Wirkung verbreitet und popularisiert wurde, entstand irgendwann während des 17. Jahrhunderts, wenn auch die genauen Details bis heute ungewiß sind. Eine Reihe von Faktoren kam allerdings zusammen, um den Boden für diese Entwicklung zu bereiten: die Renaissance, die Reformation, Fortschritte in Technik und Kommunikation sowie die jüdische Demographie und Topographie.
Die Renaissance hatte zwei einander völlig entgegengesetzte Wirkungen auf die Art, in welcher Juden in der Kunst des Westens dargestellt wurden. Beide entsprangen jenem kulturellen und künstlerischen Experimentieren und gewagten Entwürfen, die so charakteristisch sind für die Epoche; die eine jedoch führte zur Humanisierung des Juden, während die andere ihn vollständig dehumanisierte und den Weg bereitete für sein satanisch-stereotypes Bild.
Der humanisierende Effekt war ein Nebenprodukt des Erfolges der Renaissance-Porträtisten,

ihre Porträts mit mehr als nur äußerlicher Ähnlichkeit zu versehen: Sie wollten auch die Persönlichkeit der Betreffenden, ihre Launen, Ängste, Schwächen darstellen, kurz: die Individualität herausarbeiten. Eine wahre Revolution verwandelte so das reine Abbild menschlicher Wesen von stilisierten romanischen und gotischen Figuren in die eindrucksvollen Gestalten eines Giotto und erreichte ihren Höhepunkt in den einfühlsamen Porträts von Tizian und seinen Zeitgenossen. Wenn Künstler der italienischen Renaissance von Rang, inspiriert von den Idealen des Humanismus, Juden malten, so stellten sie diese in einer Weise dar, die andeutete, daß auch sie an der Menschheit teilhatten. Diese Tradition rühmt sich nur einiger weniger großer Namen in der Kunstgeschichte. Besonders die vielen Porträts und Zeichnungen Rembrandts zeigen Juden voller Unvoreingenommenheit und tiefer Einsicht und Identifikation mit ihren Leiden.

Die andere Wirkung der Renaissance war – durch die Brüder Carracci – die Erfindung einer künstlerischen Technik, die durch den Begriff der *Karikatur* (wörtlich: *überladenes Porträt)* bezeichnet wird. Damaligen Modetheorien zufolge war es die Aufgabe der Karikatur, hinter der Maske von Heuchelei den wahren Menschen zu enthüllen, seine »essentielle« Ähnlichkeit zu demaskieren. »Die gelungene Karikatur verzerrt die Erscheinung, doch nur um einer tieferen Wahrheit willen. Indem er sich nicht begnügt mit sklavischer ›photographischer‹ Ähnlichkeit, dringt der Künstler zum Kern des Charakters einer Person vor . . . Es ist bezeichnend für einen tiefgreifenden Wandel von Rolle und Stellung des Künstlers in der Gesellschaft, den das 16. Jahrhundert markiert, das Jahrhundert der großen Meister.« Lassen Sie uns dieses Zitat des Kunsthistorikers E. H. Gombrich und des Psychoanalytikers Ernst Kris auf den Bereich der bildlichen Darstellung von Juden übertragen. Einige Verwandtschaft findet sich zwischen der abwertenden Darstellung von Juden in Vor- und Nachrenaissance, was uns nicht überrascht: Die rechtliche, politische, soziale und religiöse Stellung der Juden änderte sich nicht wesentlich zwischen dem 15. und 17. Jahrhundert, und das »Recht«, Juden in aggressiver Weise durch das Mittel der Zeichnung zu verspotten, wurde nicht in Frage gestellt.

Die Renaissance bereicherte diese Tradition mit ihren technischen Fertigkeiten und begrifflichen Hilfsmitteln, die erforderlich waren, um ein neues, mächtigeres und dauerhafteres Bild des Juden zu schaffen. Jahrhundertelang waren Judenbilder benutzt worden, in vielerlei Hinsicht, um aggressive Impulse abzuleiten; jetzt, durch die Karikatur, konnte Feindseligkeit zum Ausdruck gebracht werden, einfach durch subtile Veränderungen in den Zügen des Dargestellten. Dieser Punkt sei an einem Beispiel illustriert: Im späten Mittelalter wurden Juden gelegentlich in Begleitung von Teufeln, auch in Gestalt von Teufeln dargestellt, aber Teuflischkeit wurde nicht durch die Verzerrung der Züge des Juden selbst ausgedrückt. Die Renaissance machte eine solche Transformation möglich, und in der ersten frühmodernen Karikatur von Juden »verinnerlichten« diese den Teufel – verkörperten sie das Böse – in den anatomischen Zügen abgebildeter Juden. Zwar trugen die Juden weiterhin ihre Abzeichen, ihre Hüte und andere Gegenstände, an denen sie zu erkennen waren, doch diese spielten jetzt für die Botschaft eine untergeordnete Rolle, denn die »Jüdischkeit« einer Gestalt war nun sofort erkennbar: durch einen bloßen Blick auf deren Züge, die die »Familienähnlichkeit« der Klasse der Juden enthüllte – und alle diese Züge trugen diabolische Merkmale.

Wie Zefirah Rokeah gezeigt hat und Ruth Mellinkofs Untersuchungen bestätigen, waren mittelalterliche graphische Darstellungen von Juden und Judaismus sehr angewiesen auf *äußere,* vertraute Symbole, die angemessen stereotypisiert wurden.

Erst das »Judenzeichen« kennzeichnet eine Person als Juden. (Titelblatt der Spottschrift »Der Juden Ehrbarkeit«, 1571)

Darstellungen der Nach-Renaissance konnten auf die Symbole des Jüdischen (Judenzeichnung, Judenhüte) verzichten und sich auf die *Gesichtszüge* konzentrieren

Die Öffentlichkeit war durch Reformation, Gegenreformation und die Religionskriege auf den neuen Stil vorbereitet. Das Erbe dieser Jahrhunderte mörderischer Kämpfe bestand in einer ausgesprochenen Verschärfung der Feindseligkeit zwischen den Parteien. Die intensive Feindschaft ließ das Bild des Gegners immer bösartiger werden, wobei man sich aller verfügbaren Mittel bediente und viele neue erfand. Eine Atmosphäre gegenseitigen, unüberbrückbaren Hasses spornte die Bosheit in der graphischen Kunst bis zu einem zuvor nicht gekannten Grad an. Keineswegs zufällig war das moderne Bild-Stereotyp »des Juden« cin weiteres Produkt dieser Generationen. Katholiken stellten Protestanten auf übelwollende Weise dar und umgekehrt, und beide wiederum wandten die neuen Methoden auf die Darstellung von Juden an. Hinzu kam die beispiellose Vereinfachung in der Herstellung literarischer und graphischer Produkte. Der »Gutenbergschen Revolution« folgte die »Dürersche«: Das Ergebnis war eine rapide Zunahme graphischer Drucke (Plakate) an Quantität und Qualität. Der recht grobschlächtige Holzschnitt des 15. Jahrhunderts wurde abgelöst von anspruchsvolleren Techniken unterschiedlicher Art. Diese Entwicklung ging den Jahrhunderten der Religionskriege voran, begleitete sie und überdauerte sie.

Was allerdings erstaunt, ist die Tatsache, daß, trotz der Zunahme am Gesamtvolumen, die Zahl der graphischen Arbeiten mit Darstellungen von Juden gering war. Dadurch ist es nicht einfach, die genauen Entwicklungen und Einflußbahnen aufzuzeigen.

Die Voraussetzungen für die Herausbildung neuer Stereotypen in ganz Mittel- und Westeuropa waren gegeben, als alte Überreste von Feindseligkeiten mit einer wachsenden Zahl von Juden zusammentrafen. In der Folge der Kosakenpogrome wanderten viele Juden aus Mitteleuropa und Polen in den Westen aus. Nach dem Dreißigjährigen Krieg waren sie willkommene Gäste, und einige von ihnen besetzten bald augenfällige und heikle Stellungen als Hofjuden. Im Gegensatz zur mittelalterlichen Sehweise – etwa das Motiv Synagoge–Kirche – war das neue Bilderstereotyp weniger theologisch bestimmt. Nicht die Projektion christlicher Erwartungen oder Verdammungen, sondern die aktuellen Realitäten standen im Mittelpunkt: politische, ökonomische und soziale Aspekte.

Doch die spontane Schöpfung eines bildlichen Stereotyps des »Juden« in England zeigte, wie ein Stereotyp, ganz ähnlich dem, das auf dem Kontinent ausgeprägt worden war, auch in einem Land entstehen konnte, wo Juden lediglich eine verschwindend kleine, wenn auch sichtbare Minderheit darstellten. Ihre Stellung in der Gesellschaft wurde zu einem politischen Thema, das als »Judengesetz«-Kontroverse von 1753 in die Geschichte einging (Shachar, vgl. Bibliographie).

Callot, Nutsch-Moloff, lappländischer Fürst

Ein schlagendes Beispiel für das neue Stereotyp ist eine oft reproduzierte Zeichnung von Callot (1592–1635, Hofzeichner bei Louis XIII. Callot verfertigte eine Fülle von Zeichnungen von Hofparaden und Theaterdarbietungen, die wohl die meisten heutigen Betrachter kaltlassen. Sein »Ruhm« gründete sich primär auf Werke wie »Nathan – Hirschel«, das zu einem Zyklus von Stichen gehörte, die eine Vielfalt von Unterschicht-Charakterien darstellten: scheußlich und abstoßend, zwergenhafte Narren, verkrüppelte Bettler, widerliche Hebammen.

Es waren barocke Grotesken, dazu bestimmt, ein Publikum mit einem grausamen Sinn für Humor zu unterhalten. »Nathan Hirschl« war die frühe Antwort auf das Bedürfnis, sich am sichtbaren oder sichtbar gemachten Unglück anderer zu ergötzen.

Callot, Nathan Hirschl, der Pragerischen Judenschaft Primas

Die verfeinerte, höfische, »offizielle« Kunst des 17. und 18. Jahrhunderts nahm keine Notiz von der Existenz der Juden. Die gebräuchlichen Bilderlexika enthielten »den Juden« überhaupt nicht, und man begegnet ihm kaum in Kunstwerken der Spätrenaissance, des Barock und Rokoko. Er war nicht in Mode. Das Bilderstereotyp verdankt seine Existenz der populären Volkskunst und wurde eher von der allgemeinen Gesellschaft gepflegt, erhalten und genossen als von den herrschenden aristokratischen Gruppen. Sein Gegenstück auf der Bühne waren urkomische Judengestalten, die das Opfer roher Witze waren. Diese Figuren spielten im Stück zwar eine untergeordnete Rolle. Dennoch liebte man es in den Bühnenproduktionen des 18. Jahrhunderts in England, Frankreich, Holland und Deutschland, über Juden zu lachen. Das war gesellschaftlich sanktioniert, vor allem, da konkrete Gewaltakte und Austreibungen zurückgingen. Gewalttätiger und obszöner Humor in bildlicher, verbaler oder dramatischer Form mag durchaus der Gesellschaft als ein Ventil, ein Ersatz dafür gedient haben, um Aggressionen gegen Juden in ihrer Mitte auszudrücken.

Welches waren nun die hauptsächlichen Motive des neuen Stereotyps? Sexualität spielte eine Rolle, besonders in England, wo voremanzipatorische Angleichung Intimität förderte. Hogarth begründete eine Tradition des obszönen Humors; ihm folgten die schlüpfrigen Produkte Rowlandsons und anderer; dennoch läßt sich daraus schwerlich erkennen, ob Antisemitismus – wenn dieses Wort zu dieser Zeit und an diesem Ort gebraucht werden kann – dabei eine dominierende Rolle gespielt hat, trotz der vordergründigen Ähnlichkeit mit Material à la *Streicher.* Doch böswillige Absichten konzentrierten sich nicht speziell auf die jüdischen Gestalten. Erst im späten 19. und frühen 20. Jahrhundert mischten sich sexuelle Motive mit dem Hinzutreten des völkischen Rassismus zu einer drohenden Dimension.

Es scheint, daß die Motive des *Mammons,* der verderbten Gewinnsucht, auf die eine oder andere Weise gegenwärtiger waren. Wo das neue Stereotyp in England und auf dem Kontinent auftauchte, standen der Reichtum und die Macht einiger Hofjuden im Mittelpunkt. Die Verbindung von Geld und Juden wurde durch die jahrhundertealte Gleichsetzung von Juden und Geldverleih bis zu einem solchen Grad verstärkt, daß Mammon selbst, die Verkörperung der verderblichen Macht schmutziger Gewinnsucht, zuweilen in jüdischen Gewändern gezeichnet oder auf seine Verbindung zum Judentum angespielt wurde. Es wurde der Eindruck erweckt, als sei es unmöglich, sowohl dem Mammon als auch Gott zu dienen. Die Juden hätten es daher vorgezogen, dem Mammon zu dienen; der Wurzel allen Übels, oftmals gleichgesetzt mit den religiösen Motiven des Teufels, doch nunmehr säkularisiert und sozialisiert.

II.

Das Zeitalter der bürgerlichen Revolutionen – der amerikanischen, französischen und napoleonischen – leitete eine neue Ära in der Geschichte der jüdisch/-nichtjüdischen Beziehungen ein. Verkündet wurde sie von der Ausbreitung freiheitlicher Gedanken der Aufklärung, der eine Generation des Kampfes um Emanzipation folgte und eine bislang beispiellose Angleichung. Das Zeitalter der bürgerlichen Revolutionen bewirkte einen grundlegenden Wandel im politischen und sozialen Status der Juden: Doch jetzt fielen sie der Lächerlichkeit anheim, weil sie versuchten zu sein, was sie nicht waren und nicht werden sollten: geachtete Mitglieder der Gesellschaft. Der schmerzhafte Weg der Assimilation, Emanzipation und sozialen Integration war begleitet von einem unaufhörlichen Strom kritischer Kommentare.

Die Gewohnheit, über Juden zu lachen, orientierte sich jetzt auf ihre rasche soziale und ökonomische Aufwärtsbewegung.

Der sensationelle Erfolg des Schauspiels »Unser Verkehr« in Deutschland vor und nach dem Wiener Kongreß (1815) war vielleicht symptomatisch für das Zeitalter. Das Stück war eine Satire auf den plötzlichen Erfolg der Juden »vom Bettler zum Millionär«, verspottete ihre neuen »geschliffenen Manieren«, ihre Träume, an der Blüte deutscher Bildung und Kultur teilzuhaben, um ihnen zuletzt alle Illusionen zu rauben und ihnen höhnisch zu zeigen, daß sie nicht hoffen konnten, jemals mehr zu sein, als sie waren – verachtenswerte Juden. Das Erfolgsstück wurde von geschäftstüchtigen Druckern ausgenützt, indem sie Plakate verkauften, die die ganze Schauspieltruppe zeigten; diese Blätter trugen dazu bei, daß Bühnenfiguren als volkstümliche bunte Gipsfiguren serienweise hergestellt wurden.

Nürnberger Karikatur 1825

Diese Abkömmlinge der Bilderstereotypen waren in der Lage, ihre Familienähnlichkeit auf ungleich raffiniertere Weise zu zeigen. Einstimmigkeit wurde erzielt hinsichtlich der Unterscheidungsmerkmale eines Juden: Haarfarbe und -beschaffenheit (dunkel und in der Regel lockig, ohne erkennbaren Grund – vielleicht um »mediterrane« Züge zu betonen oder auch negroide), Haltung der oberen Gliedmaßen; Gestik (Juden reden angeblich »mit den Händen«) und des Ganges (Juden erscheinen O-beinig oder krummbeinig und dadurch komisch). Auch die Ausstaffierung war von Bedeutung. Juden waren an ihrem beruflichen und sozialen Status leicht erkennbar – Falkner, Hausierer, Viehhändler hatten ihre besondere Tracht und persönliches Zubehör, desgleichen die Bankiers und Börsenmakler – einen gutgefüllten geblähten Magen, eine goldene Uhrkette, schreiende und überzogene Kleidung und ein selbstzufriedenes Gesicht. Kurz: ein unverschämter Menschenschlag, dessen bloßes Wesen Unverschämtheit ausdrückte.
Zunehmender sozialer Kontakt, aber auch wachsende Spannungen führten zu eingehender Beobachtung der Juden, die im Begriff waren, sich zu assimilieren, und deren zusätzlichem Erkennungsmerkmal: einem vermeintlich schmeichlerischem und sich selbst beglückwünschendem Lächeln.
Tatsächliche anatomische Züge waren von untergeordneter Bedeutung beim Rollenspiel, wenn Gewohnheiten der Stereotypisierung und gesellschaftliche Erwartungen zu erfüllen waren. In Wahrheit hatten wenige Juden Plattfüße oder krumme Beine, doch gezeichnet wurden viele so – um Schwäche, Verweichlichung, Feigheit usw. anzudeuten. Diese rein graphischen Konventionen haben die »Tatsache« verbreitet, daß Juden schon aus physiologischen Gründen schlechte Soldaten abgäben, abgesehen von ihrem vermeintlichen Mangel an soldatischen Tugenden.
Der gleiche sich selbst bestätigende Zirkelschluß findet sich in den auffälligen physischen Merkmalen der Juden in der Karikatur: ihre vorspringenden krummen Nasen, die schon so lange und mit so »schlagendem Erfolg« [so »erfolgreich«] mit Juden assoziiert worden waren und die die allgemeine wie auch die persönliche Beobachtung buchstäblich pervertierten und die Auffassung entstehen ließen, Juden hätten wirklich solche Nasen wie in den Bilderstereotypen.

»Der Trödler«

Eine Reihe von Untersuchungen hat gezeigt, daß die körperlichen Merkmalen der graphischen Stereotypen sich auf sehr wenige tatsächliche »Fakten« gründen: In der Presse des viktorianischen England wurde ein besonderes Stereotyp für die Iren geschaffen – man pflegte sie mit affenartigen Schädeln zu zeichnen, mit niedrigen vorstehenden Brauen, mit fliehendem Kinn und überlangen Armen, vielleicht als Reaktion auf die Lehren Darwins. Die »jüdische Nase« als eine Komponente des bildlichen Stereotyps geht natürlich auf eine viel ältere Geschichte zurück und gründet sich auf weniger kurzlebige ikonographische Traditionen.
Es scheint, daß das Böse als menschlicher Charakterzug nahezu überall durch das Bild der vorspringenden Hakennase heraufgeschworen wird, und der Eindruck des Bösen kann verstärkt, gemildert oder abgewandelt werden mit Hilfe zusätzlicher graphischer Mittel.
Wenn es auch noch weiterer Forschung bedarf, so besteht doch kaum ein Zweifel, daß die »jüdische Nase« viel eher der Zuschreibung des Bösen

entspringt als dem Streben nach wirklichkeitsnahen Porträts. Ein treffendes Beispiel hierfür finden wir in der Tatsache, daß im Ersten Weltkrieg, wo Karikaturen von Juden aus deutschen Zeitungen so gut wie verschwanden, den Führern jener Mächte, mit denen das Deutsche Reich im Krieg lag, auf einmal sehr »semitische« Nasen wuchsen, denn sie mußten als betrügerische, hinterhältige, feige Typen dargestellt werden.
Die Emanzipation des Juden wurde durch die christliche Bourgeoisie unterstützt und gerechtfertigt durch deren liberale *laissez faire*-Ideologie. Allerdings brachte die Unterstützung der Emanzipation den Gebrauch der Bilderstereotypen von Juden nicht zum Verschwinden. Im Gegenteil – mit dem Kontakt wuchsen auch die Spannungen, und sie fanden ein Ventil in der Form der sozialen *Satire,* die durch spezielle Witz- und Satirezeitungen institutionalisiert wurde. Diese präsentierten sich dem Leser besonders attraktiv durch ihre volkstümlichen Illustrationen und Karikaturen. Einige dieser Blätter wurden zu Vorreitern neuer Darstellungsweisen von Juden. Das bekannteste Beispiel war der *Punch,* der sich seinen Lesern mit Karikaturen der Rothschilds darbot, wie sie sich um Parlamentssitze rangelten oder mit ihrem Reichtum prahlten; beides Symbole der Macht und des Reichtums, dessen verderblichen Einflusses und der Hohlheit hinter der prächtigen Fassade. Noch typischer für die Zeit waren die vielen politischen Karikaturen mit Darstellungen des zwielichtigen Disraeli – einer schillernden, markanten Gestalt: ein »Gottesgeschenk« für die Illustratoren, von denen allerdings nur wenige seine jüdische Herkunft explizit ausnützten.
Die radikalsten Journale erschienen in Frankreich: *La Caricature* (1832–1835) und *Le Charivari* (1833–1872), herausgegeben von Charles Philipon und unvergeßlich durch die Zeichnungen Honoré Daumiers. Wir wissen so gut wie nichts darüber, ob, wann, wie und welche jüdischen Gestalten in französischen Zeitungen des frühen 19. Jahrhunderts abgebildet wurden, wenn man auch davon ausgehen darf, daß sie nicht ignoriert wurden. Die sprunghafte Ausbreitung jüdischer Bilderstereotypen während der Affäre Dreyfus beweist, daß sie den Lesern nicht neu waren. Andere Blätter – der *Kladderadatsch* in Berlin, ein demokratischer Sproß der 1848er Revolution, der *Kikeriki* in Wien, der in der ganzen Donaumonarchie populär war, und die Münchner *Fliegenden Blätter* (1844–1944) –, sie alle kommentierten die politischen Sitten und gesellschaftlichen Werte ihrer Zeit, und sie gaben den Juden keine Vorzugsbehandlung, indem sie sie etwa ignoriert hätten; auch die wurden regelmäßig aufs Korn genommen.
Nur ein einziges unter vielen hundert solcher Journale des 19. Jahrhunderts ist auf seinen Gebrauch jüdischer Bilderstereotypen hin methodisch untersucht worden: die *Fliegenden Blätter,* vor allem bekannt durch die Beiträge von Wilhelm Busch. Es zeigt sich, daß dieses Wochenblatt von 1844 an, dem Jahr seiner Gründung, seinen Lesern eine ständig wachsende Menge witzigen Materials bot – Karikaturen, Witze, Schwänke –, in welchem die Juden aufs Korn genommen wurden: seltener in den Jahren seiner Frühzeit, nahezu in jeder Ausgabe während der siebziger und achtziger Jahre des 19. Jahrhunderts. Danach nahm die antijüdische Karikatur allmählich ab, um während und nach dem Ersten Weltkrieg praktisch zu verschwinden. Auf diese Weise läßt sich eine indirekte und verwikkelte Beziehung zwischen der Zu- und Abnahme

Illustration zu »Die verkauften Nasen«, Fliegende Blätter 1855

des politischen Antisemitismus während dieser Dekaden einerseits und der in der jeweiligen Epoche erscheinenden Anzahl von Artikeln zu jüdischen Angelegenheiten andererseits herstellen. Unter bestimmten Bedingungen war die Ausbreitung offener antijüdischer Stimmungen von einer auffälligen Zunahme an Karikaturen begleitet (während des »Börsenkrachs«, der den Gründerjahren folgte) – doch schon bald setzte ein umgekehrter Trend ein, und trotz des Wahlerfolges des politischen Antisemitismus nahm in diesem Blatt die Anzahl der Karikaturen in den beiden Dekaden vor dem Ersten Weltkrieg ab.

Humor, der sich über Juden lustig machte, in Wort und Bild, war tägliches Brot für diese ansonsten liberale wöchentliche Massenpublikation, deren generelles Eintreten für die Emanzipation nie in Zweifel stand; sie galt als Zeitung, die von der ganzen Familie gelesen wurde.

Durch bloße Wiederholung bildete sich ein Dutzend deutlich identifizierbarer Typen heraus, aus Hunderten von Karikaturen, und wurde Allgemeingut: der gerissene Hausierer vom Land, die Viehhändler, die sich aus mißlichen Lagen herauswinden, Börsenmakler und Bankiers, welche – ihres gehobenen Status entkleidet – enthüllen, daß ihr Beruf nichts Besseres war als gewöhnlicher Diebstahl; ihre Gattinnen und Töchter, die ihren offensichtlichen Reichtum und ihre frischerworbene Kultur zur Schau stellten und dabei

Börsenspekulanten: »Herr Baron, der Bub stiehlt Ihnen Ihr Sacktuch!«
»Lassen sen geihn, mer hab'n aach klein angefangen.«
(Fliegende Blätter, 1852)

unmißverständlich die Zeichen ihrer verachteten Herkunft trugen in all ihren seichten, ungebildeten und habgierigen Zügen. Ein eigens geprägter Begriff beschrieb diese Gestalten überaus treffend: *Protz* – und die meisten unten ihnen waren *Judenprotz.*

Diese Art von Humor liefert uns Anschauungsmaterial von gesellschaftlicher Relevanz über die Reaktion auf den Sozialisationsprozeß, wie ihn viele Juden durchliefen.

Wenn ein gemeinsamer Nenner der vielen tausend Karikaturen von Juden im 19. Jahrhundert, soweit sie nicht von erklärten Antisemiten stammten, existiert, so ist es die Verknüpfung von Mammon und den sozialen und kulturellen Werten in der kapitalistischen Gesellschaft. Ein Vergleich wiederkehrender Themen und graphischer Typen erhärtet die Annahme, daß Juden porträtiert wurden, wenn auf die Verquickung von Finanzen und öffentlicher Moral abgezielt wurde, etwa um die Idee der Liebesheirat als Illusion zu entlarven, indem man die ökonomischen Überlegungen aufzeigte, die eine Partnerwahl diktierten. Derartige Themen wurden geradezu als ein jüdisches Monopol dargestellt. Und umgekehrt: In der Mehrzahl der Situationen, wo Juden abgebildet wurden, bestand die wesentliche Pointe direkt oder indirekt in einem Kommentar zur Macht des Geldes – und dem Status, den es seinem Besitzer gab –, zur gesellschaftlichen Moral. Eine bündige Darstellung dieses ganzen Konzepts ist das »Goldene Kalb des 19. Jahrhunderts«, das für sich selbst spricht; und es ist bezeichnend, daß seine Anbeter die Züge einer überwiegend semitischen Abstammung tragen, wie auch die orientalisch anmutende Hauptfigur selbst.

Die Verknüpfung der Motive *Mammon* und *Judentum* wurde weiter begünstigt durch die beherrschende Stellung des Hauses Rothschild in der gesamten europäischen Finanzwelt während der Vormärz-Dekaden und auch noch einige Jahrhunderte lang danach – eine Position, die in den Medien maßlos übertrieben wurde und damit eine Triade zur Gewohnheit werden ließ: die Gleichsetzung von Mammon sowohl mit Rothschild als auch mit »dem Juden«.

Die Witze und Karikaturen in den *Fliegenden Blättern* und ihren Konkurrenten und Gegenstücken in anderen europäischen Ländern – entsprechend ihrer massenhaften Verbreitung und

Leserschaft (allein die *Fliegenden Blätter* hatten in den Achtzigern und Neunzigern eine Wochenauflage von fast 100 000 Exemplaren) – machten das Bilderstereotyp allen gesellschaftlichen Gruppen zugänglich; es wurde allgegenwärtig, doch dieses Phänomen wurde fast gänzlich ignoriert.

Zu keiner Zeit, weder während ihrer Entstehung noch in den Perioden ihrer Popularität und ihres Niedergangs, betrachtete man diese Stereotypen als »antisemitisch« oder gar beleidigend gegenüber Juden; sie galten als unschuldiger Spaß, als Familienware, die keiner Entschuldigung bedurfte. Nichtsdestoweniger trug dieses Material wohl entscheidend dazu bei, Bilderstereotypen zu verbreiten, und bereitete so den Boden für jene finsteren, drohenden Bilder, wie sie von überzeugten und professionellen Antisemiten seit den frühen 1880ern gepflegt wurden. Der Typus von Karikaturen, wie er in den *Fliegenden Blättern* üblich war, zeigt deutlich, daß die soziale Integration der deutschen Juden zügig voranschritt, jedoch einherging mit der Entstehung von Bilderstereotypen, die bösartig und tödlich werden konnten und wurden.

Die lausige Germania (Grobian, 1907)

Eine Unterscheidung zu treffen zwischen solchen Karikaturen, die von Medien, die sich einer wirklich liberalen Weltanschauung verschrieben hatten, für den allgemeinen Konsum geschaffen wurden, und jenen, die von Antisemiten zu Propagandazwecken hergestellt wurden, mag heute in Anbetracht der äußeren Ähnlichkeit der verwendeten Stereotypen etwas schwierig erscheinen. Außerdem sind wir heute sensibilisiert und daran gewöhnt, Streicher-artige Bilder zu verabscheuen. Deutlicher als wir heute sahen die Zeitgenossen den Unterschied zwischen den *Fliegenden Blättern* beispielsweise und offener antisemitischer Propaganda; sie hätten diese beiden Genres nicht verwechselt. Die von Antisemiten propagierten Stereotypen waren in der Regel losgelöst von jedem konkreten sozialen Kontext, ihr Humor war meist plump, wenig komplex und bediente sich kaum Doppeldeutigkeiten.

Jeder Humor ist im Grunde aggressiv, ein Schluß, den sogar Sigmund Freud zu vermeiden suchte, doch in antisemitischen Stereotypen herrschte reine Aggression und pauschale Verleumdung vor. Tatsächlich wurde jene krasse und häßliche Art, Juden darzustellen, von den meisten deutschen Massenmedien im späten 19. und frühen 20. Jahrhundert abgelehnt – die Verbindung mit dem politischen Antisemitismus, der gewöhnlich ebenso abgelehnt wurde, war zu offensichtlich.

Das *bürgerliche Zeitalter* wurde Zeuge einer weiteren parallelen und beispiellosen Entwicklung, nämlich des Entstehens eines positiven, genauer gesagt: eines Sympathie weckenden Stereotyps »der Juden«. Während jahrhundertelang die Leiden der Juden als eine gerechte Strafe für ihre Niederträchtigkeit und Sturheit angesehen worden waren, fand sich im Laufe des 19. Jahrhunderts, unter dem Einfluß eines grundlegenden Wandels im allgemeinen Denken, ausgelöst von Aufklärung und Romantik, die öffentliche Meinung zunehmend bereit, in dem unterdrückten, verfolgten Juden eine bemitleidenswerte Gestalt zu sehen. Ein Ausdruck dieses Wandels im allgemeinen Empfinden war die im 19. Jahrhundert erfolgte Transformation des Porträts von Shylock von dem eines teuflischen, blutrünstigen Ränkeschmieds in dasjenige eines Gefangenen der christlichen Gesellschaft über die Zeitalter hinweg. Diese Entwicklung fand ihr Gegenstück in Literatur und Dichtung; die literarischen Traditionen der meisten mittel- und westeuropäischen Länder erlebten den Aufstieg einer literarischen Nebenfigur: der des leidenden Juden, der zu seinem Los verdammt ist und es in einem eigenartig »christlichen« Geist trägt. Eine weitere Entwicklung fand in dem Prozeß der Verbürgerlichung statt, durch welchen die literarischen Gestalten von Juden mit jenen bürgerlichen Qualitäten versehen wurden, die notwendig waren, damit sie zu geachteten und akzeptierten Mitgliedern der Gesellschaft, entsprechend den Standards der gehobenen Mittelschicht, werden konnten. Das bekannteste Beispiel für dieses Motiv ist die vielgelesene *Gartenlaube*. Bildlichen Ausdruck fand diese neuartige Form, sich der jüdischen Frage zu nähern, in der Gestalt eines Juden in traditioneller Tracht, die mitunter die besonderen rituellen Ornamente seiner Religion zur Schau stellte – eine malerische orientalische Figur. Sie tauchte in der europäischen Presse im späten 19. Jahrhundert auf und trug mit dazu bei, daß sich eine öffentliche Meinung gegen das zaristische Rußland mit seiner brutalen Behandlung der Juden formierte. Auch diese Gestalt war ein Stereotyp, wenngleich kein negatives; ebenso wirklichkeitsfremd wie andere Stereotypen, tauchte sie periodisch auf, nur um wieder zu verschwinden, wenn andere Themen die Medien füllten.

III.

Das Auftreten des Antisemitismus als politische Kraft in den achtziger Jahren des 19. Jahrhunderts, die sich ihre eigene Ideologie schuf, Unterstützung und Verbündete suchte, die den *Status quo* bedrohte, weithin verachtet, gefürchtet und zur selben Zeit imitiert, hatte eine unmittelbare Wirkung: Die Vertreter der neuen Kraft entwarfen Bilder für ihre eigenen Zwecke, die sich auf den ersten Blick nur wenig von jenen unterschieden, die seit Jahrzehnten – von den *Fliegenden Blättern* unter anderen – verbreitet wurden. Mitunter klauten sie einfach Witze und Karikaturen von den etablierten Publikationen für ihre eigenen primitiven Hauszeitungen, wie etwa die Berliner *Wahrheit* oder den Münchener *Grobian.*
Bezeichnender noch war die bewußte Schaffung eines stereotypen Symbols für Propagandazwecke, dem jeglicher Anschein von Sozialisation fehlte; es war eine Verkörperung purer Feindseligkeit. Entkleidet jeder ausgleichenden sozialen Funktion, erinnerten die Bilder, die von den Antisemiten seit den achtziger Jahren propagiert wurden, an die Schöpfungen aus der Generation von Callot und den Begründern der *Judensau-Tradition*. Sie waren die direkten Vorgänger einer Darstellungsweise, die ihren Höhepunkt im *Stürmer* fand. Die neuen Symbole der Antisemiten schufen eine Atmosphäre absoluter Feindschaft und erbarmungsloser Böswilligkeit gegenüber Andersdenkenden; sie erinnerten an das Zeitalter der Reformation und der Religionskriege. Die Zukunft Deutschlands, ja der ganzen Welt stand auf dem Spiel in dem unerbittlichen Kampf gegen die dunklen Mächte Judas, und der graphische Ausdruck dieses Kampfes wandelte sich entsprechend. Um in den Worten von E. H. Gombrich zu sprechen: »*Der Cartoonist kann die politische Welt mythologisieren, indem er sie physiognomisiert,* und im Universum der Nationalsozialisten (und der Antisemiten) verschmolz ›Der Jude‹ mit dem traditionellen Antlitz des Teufels. Indem er Mythisches mit Wirklichem verband, schuf der Cartoonist diese Verschmelzung, diesen Amalgam, der dem Geist des wahrhaft Gläubigen so überzeugend erscheint.«
Wir wissen zuwenig über das Entstehen dieser besonders fanatischen Stereotypen, ihre Verbreitung, Popularität usw. Die Zeitgenossen waren sich sehr wohl darüber im klaren, daß es sich dabei um ein neuartiges Phänomen handelte, und sie unterschieden sorgfältig zwischen den gewohnten, gutmütigen Bildern nach Art der *Fliegenden Blätter* und jenen ekelerregenden Produkten der Antisemiten.
Wenn auch heute vielen der Unterschied geringfügig erscheinen mag, so war zu jener Zeit der bewußte Versuch, alle Juden in jedem schmierigen Cartoon zu diffamieren, doch auffällig. Erklärte Antisemiten wurden von weiten Teilen der Gesellschaft im wilhelminischen Deutschland verachtet, und die Bilderstereotypen, mit denen sie hausierten, galten als geschmacklos und als Ausdruck von Emotionen, die im Interesse von Kultur und Erziehung zum Wohl der Allgemeinheit tunlichst zu unterdrücken waren.
Verschiedene auf Humor und Karikatur spezialisierte Zeitungen, die sich an unterschiedliche Gesellschaftsschichten wandten und unter-

Der Stürmer

Deutsches Wochenblatt zum Kampfe um die Wahrheit

HERAUSGEBER: JULIUS STREICHER

Nummer 36	Erscheint wöchentl. Einzel-Nr. 20 Pfg. Bezugspreis monatlich 84 Pfg. zuzüglich Postbestellgeld. Bestellungen bei dem Briefträger oder der zuständ. Postanstalt. Nachbestellungen a. d. Verlag. Schluß der Anzeigenannahme: 14 Tage vor Erscheinen. Preis für Geschäfts-Anz.: Die ca. 22 mm breite, 1 mm hohe Raum-Zeile im Anzeigenteil —.25 RM.	Nürnberg, im September 1936	Verlag: Der Stürmer, Julius Streicher, Nürnberg-A, Pfannenschmiedsgasse 19. Verlagsleitung: Max Fink, Nürnberg-A, Pfannenschmiedsgasse 19. Fernsprecher 21 830. Postscheckkonto Amt Nürnberg Nr. 105. Schriftleitung: Nürnberg-A, Pfannenschmiedsgasse 19. Fernsprecher 21 872. Schriftleitungsschluß: Freitag (nachmittags). Briefanschrift: Nürnberg 2, Schließfach 393.	14. Jahr 1936

Das Alte Testament

Eine Gefahr in unserer Jugenderziehung

Den Scheinheiligen ins Stammbuch

Es war immer schon so gewesen: wer selbst Dreck am Stecken hat, zeigt mit dem Finger auf anders. Auch heute noch müßte man – wie Christus es tat – zu Pharisäern und Scheinheiligen sagen: Wer von Euch fühlt sich dazu berechtigt den Nachbarn oder die Nachbarin zu beschuldigen? Der Stürmer hat sich zur Aufgabe gemacht das Volk über die Gefahr aufzuklären, die ihm von den Juden droht. Wer über die Juden Aufklärung schaffen will, muß in einen Haufen Unrat hineinsteigen. Da gibt es nun Pfaffen (Priester machen nicht Knechte des Juden!) die die Stürmerarbeit damit herabzusetzen suchten, daß sie mit frecher Stirne behaupteten, der Inhalt des Stürmers gefährde die Jugend. Ausgerechnet sie, die zu Hunderten vor Gericht geholt werden mußten wegen nachgewiesener Verführung von Kindern zu unnatürlicher Hingabe, brachten es fertig, eine 15jährige Aufklärungsarbeit zu verdächtigen. Eine Aufklärungsarbeit, die sich zum Ziel gesetzt hat, das Volk und damit auch seine Jugend vor der Verjauung durch die Juden zu bewahren. Unser heutiger Leitartikel aus der Feder des Nürnberger Oberschulrates Fritz Fink sagt nicht bloß den abgestempelten Pharisäern, sondern auch denen, die ihr Geschwätz nachplappern, wer die deutsche Jugend schon im frühesten Kindesalter in der Seele verdirbt.

Der Stürmer.

Aus dem Inhalt

Lebende Fackeln in Spanien

Mögen sie doch den Völkern auf dem Wege zur Erkenntnis leuchten

Die Juden sind unser Unglück!

Der Stürmer 1936

schiedliche Weltanschauungen vertragen, schlugen angesichts der Herausforderung durch die Antisemiten unterschiedliche Wege ein. Die *Fliegenden Blätter* zogen es vor, die Zahl von Cartoons zu jüdischen Themen in den Jahrzehnten vor dem Ersten Weltkrieg überhaupt zu reduzieren; der *Kladderadatsch,* eine populäre Berliner Wochenzeitung (1848–1944), verließ seine traditionell demokratische Linie und schwenkte in den achtziger und neunziger Jahren auf einen zunehmend nationalistischen und antisemitischen Kurs ein; der neue und radikale *Simplicissimus* zeichnete Juden im *Jugendstil* und stattete sie mit Charakter, Individualität und Einsicht in ihre mißliche Lage in der wilhelminischen Gesellschaft aus. Für den *Simplicissimus* waren Konversion und Mischehe, besonders mit den verachteten, dekadenten und mittellosen *Junkern,* gängige Themen. (Auch hier bewirkte der Erste Weltkrieg ein Innehalten in »jüdischen Dingen«.) Die Trennungslinie zwischen legitimer Gesellschaftskritik und offenem Antisemitismus ist auch hier für uns heute nicht leicht zu ziehen.

Zu den schlimmeren Wirkungen, die die Erschaffung und Verbreitung des bösartigen Stereotyps mit sich brachten, gehört vermutlich, daß er dazu beitrug, die Unterschiede zwischen Wirklichkeit und Vorstellung zu verwischen. Die stereotypgraphische Weise, Juden abzubilden, gründete sich auf vermeintliche physiognomische Züge, die bis zur Unkenntlichkeit verzerrt und pervertiert wurden, doch mit etwas künstlerischem Geschick auf Porträts beliebiger Juden angewandt werden konnten, denn die Grundmerkmale waren viel eher moralische Qualitäten als äußere Ähnlichkeiten. So legten sogar nicht-antisemitische, sogar anti-antisemitische Zeitungen in Deutschland, wie etwa der *Simplicissimus* oder *Der wahre Jakob,* Nachdruck auf die »jüdischen« Züge von Politikern jüdischer Abstammung, indem sie zur Bequemlichkeit der Leser passende physiognomische Variationen verwandten, womit sie – ohne irgendwelche antisemitischen Absichten – die Verbreitung des Stereotyps förderten. Die Verbindung von »jüdischen« Zügen und »jüdischer« Erscheinung wurde in der öffentlichen Meinung derart untrennbar, daß nicht nur Antisemiten von dieser Verbindung überzeugt waren, sondern oftmals sogar Juden selbst.

»Leo Freiherr von Ausbeutungshausen: Au au, ich habe den Roggenpreis nicht in die Höhe geschraubt, das hat der Levi Cohn getan!
Hausfrau: Sei nur ruhig, Rinaldini, der Cohn kommt auch noch dran!«
(Der wahre Jacob, 1891)

Weitgehend im dunkeln bewegen wir uns hinsichtlich der Entwicklungen in Frankreich, dem kulturellen und sozialen Mittelpunkt Europas während eines großen Teils des 19. Jahrhunderts. Honoré Daumier, der seinen republikanischen Sympathien treu blieb, nahm keine isolierten Darstellungen von Juden in sein Œuvre auf. Doch ist das auch der Fall bei seinen Zeitgenossen? Besonders angetan von den weiten Möglichkeiten, die die Verbindung von Bilderstereotyp und modernen Trends bot, wie etwa Art Nouveau und Impressionismus, waren zwei seiner Nachfolger, Caran d'Ache und A. Forain; der letztere gebrauchte sein Talent mit verheerender Wirkung in dem radikal Anti-Dreyfusschen und antisemitischen *Pssst.* Die erfolgreichste illustrierte Satirezeitung des *fin de siècle, L'Assiette au Beurre* (1901–1922), bediente sich regelmäßig der besonderen Spezialitäten französischer Zeichenkunst: gewagter Themen, männlicher Sexualität und weiblicher Empfindsamkeit, die beide bis an die Grenze ausgenutzt werden konnten in der Nebeneinanderstellung jüdischer Männer und nichtjüdischer Frauen.

Die Variationen über dieses Thema waren auch unter deutschen Antisemiten Legion.

So gut wie nichts ist bekannt über den Gebrauch von Bilderstereotypen in Holland beispielsweise oder in Ungarn, wo sich eine eigene aktive und kraftvolle antisemitische Bewegung entwickelte angesichts einer überwiegend jüdischen Mittelschicht.

J. J. Appel hat in seinen Untersuchungen den Gebrauch bildlicher (und verbaler) Stereotypen im ländlichen Amerika des 19. Jahrhunderts beleuchtet und auf die Herausbildung wowohl sympathetischer wie auch antipathetischer Stereotypen hingewiesen, die letzteren verbreitet durch den *Puck*, ein ländliches, volkstümliches Blatt, doch hinsichtlich der Hauptthemen bewegen wir uns im dunkeln. Da in den Vereinigten Staaten keine antisemitische Bewegung von europäischer Bedeutung Wurzeln schlug, blieb der Gebrauch bildlicher Stereotypen ebenfalls begrenzt, und abwertende Stereotypen wurden mündlich weitergereicht, was dem Forscher neue Hindernisse entgegenstellt.

Die schwerstwiegende Lücke unserer Kenntnisse betrifft das zaristische Rußland, das während der letzten Dekaden seines Bestehens Zeuge eines unglaublichen Wachstums antisemitischer Bewegungen wurde, unterstützt sowohl vom einfachen Volk als auch von höchsten Regierungskreisen. Jene Fälschung, bekannt als die *Protokolle der Weisen von Zion,* die hier ausgebrütet worden waren, bereicherte das Kabinett bildlicher Stereotypen um das Motiv einer Judenverschwörung, die hinter den Kulissen die Welt bedrohte, Regierungen manipulierte und stets vom Elend der Massen profitierte. Dieses Stereotyp war vermutlich das gefährlichste, das je geschaffen wurde.

»Sind Sie jetzt evangelisch, Herr Marcuse?« »Nein, griechisch-orthodox – mit Rücksicht auf meine Nase.« (Der Schlemiel, ein jüdisches Witzblatt, 1919)

Es wurde zum Schlagwort der Antisemiten auf der ganzen Welt, ein Stereotyp, das pauschal jeden einzelnen Juden auf der Erde verleumdete und zum Verbrecher stempelte.

Es war ein Stereotyp, das die Entmenschlichung zusammenfaßte und anstachelte. Zugleich setzte es die Juden mit Ungeziefer gleich, das, schleichend, reptilisch, mit Pestilenz und Greuel behaftet, nach Ausrottung verlangte.

Ob dieses tödlichste aller Stereotypen in Rußland entstand, zusammen mit den berüchtigten *Protokollen,* oder unabhängig in verschiedenen Nationen geschaffen wurde; ob die Bilderstereotypen, die sich im zaristischen Rußland herausbildeten, aus dem Westen importiert waren oder sich älterer lokaler ikonographischer Traditionen bedienten; inwieweit sie die Art und Weise beeinflußten, in der später Sowjetrußland den Zionismus und Israel darstellen sollte – dies sind nur einige der ungezählten offenen Fragen, die weiterer wissenschaftlicher Untersuchung bedürfen.

Die berühmtesten – und infamsten – Stereotypen von Juden und Judentum waren jene, die *Der Stürmer* (1923–1944) und ähnliche Pamphlete der Nazi-Bewegung verbreiteten. Entgegen der landläufigen Meinung erschien *Der Stürmer* vor 1933 in sehr kleiner Auflage – nicht mehr als rund 20 000 Exemplare pro Woche in einer Nation von 65 Millionen, die übersättigt waren mit Hunderten von Publikationen, die ihn ignorierten und seinen Stil zurückwiesen. Der schließliche Erfolg des *Stürmers* in Deutschland kam nur durch eine Reihe von Ursachen zustande, deren wichtigste die Übernahme und der Gebrauch derartiger Präsentationen durch die aufstrebende NSDAP vor und besonders nach 1933 war, sowie die Tatsache, daß weite Teile der deutschen Gesellschaft für dieses infame Symbol des Judentums bereits konditioniert waren, etwa durch die Bekanntschaft mit jenen vergleichsweise harmlosen Darstellungen in der Art der *Fliegenden Blätter.*

Allgemein erweckten die aufstrebenden nationalsozialistischen und faschistischen Bewegungen

Antisemitismus und Sexualität

in Europa alte Bilderstereotype zu neuem Leben, die in den großen Medien aus der Mode gekommen waren. Jahre vergeblicher Opposition in Deutschland, Polen, Ungarn, Rumänien und anderswo hatten die Hingabe der antisemitischen Bewegungen an ihre gewählten Symbole nicht geschmälert. Als sie zur Macht kam, zeigte sich, entgegen vielen Erwartungen, daß diese bildhaften Stereotypen keineswegs vorübergehende Erscheinungen waren, sondern ein festes Inventar, denen die Politik der beteiligten Regierungen, unter Führung Nazi-Deutschlands, entsprach. Im besetzten Frankreich z. B. veröffentlichten einheimische Kollaborateure massenweise widerliche antisemitische Comic-Bücher, die als Lehrstück für die kommende Generation in Sachen Weltanschauung gedacht waren.
Stereotypen drücken Einstellungen aus, helfen aber ebenso, sie zu formen und politisches Handeln zu rechtfertigen. Die systematische Ausbeutung von Bilderstereotypen zu Propagandazwecken wurde durch Goebbels vervollkommnet und zu einem staatlichen Instrument gemacht. Der erfolgreichste Coup war der Film »Jud Süß«, ein spektakuläres Machwerk, das beträchtliches Aufsehen erregte. Die Stereotypen, mit denen die Nazis das deutsche Volk (und die Völker ihrer Verbündeten und der von ihnen unterworfenen Länder) überzogen, sind heute die klassischen Stereotypen der modernen Zeit geworden. Sie haben einen unauslöschlichen Eindruck hinterlassen in den Nachwirkungen des nationalsozialistischen Zusammenbruchs. Im Rückblick setzte sich dann immer stärker die Ansicht durch, daß all die früheren bildlichen Darstellungen und Stereotypen zur *Stürmer*-Schule hinführten; eine deterministische Haltung, die die Forschung gelähmt hat und eine Wertung dieser Stereotypen als Produkte einer spezifischen historischen und sozialen Umwelt verhindert hat.
Im Falle der *Stürmer*-Stereotypen besteht eine offenkundige Diskrepanz zwischen der zugegebenermaßen üblen Rolle, die sie vor und während der Nazi-Herrschaft spielten, und unserer Unkenntnis über die Auswirkungen dieser Propaganda auf die freiwilligen und unfreiwilligen Konsumenten solcher Scheußlichkeiten.

»Ich bin der Mann, den alle hassen, den alle Welt verflucht. Ich bin der Mann, der das heilige Rußland zu Grunde richtet. Ich bin der Mann, der das Volk aussaugt.« Russische Karikatur (Pluvium 1906)

IV.

Die schmachvolle Niederlage des Nationalsozialismus führte in den Medien der westlichen Demokratien zu einem auch selbst auferlegten und nahezu allgemeinen Verbot des Gebrauchs bildlicher Stereotypen, die so eng verbunden mit den Schrecken des Holocaust waren. Die wenigen Ausnahmen riefen gewöhnlich öffentliche Entrüstung hervor und verschwanden schnell wieder. Seit dem Ende des Dritten Reichs sind, in den letzten Jahrzehnten, Bilderstereotypen von Juden und vom Staat Israel vorwiegend von arabischen Ländern und vom Ostblock benutzt worden, denen wir jetzt einige Aufmerksamkeit widmen müssen. So oder so wurde durch die Errichtung des Staates Israel – unmittelbar nach dem Holocaust – und durch die zentrale Bedeutung des neuen Staates für Juden in der ganzen Welt ein neuer Stand der Dinge geschaffen. Eine Neuinterpretation ist vor allem notwendig aufgrund der Verbindung zwischen Wirklichkeit und ihrer graphischen Darstellung: Bilderstereotypen sind Ausdruck und Steigerung von Einstellungen, und auch wenn die Beziehung zwischen ihnen und der Wirklichkeit ihres Gegenstandes mitunter recht erzwungen ist, so ist doch eine gewisse Verbindung notwendig, um über einen längeren Zeitraum Glaubwürdigkeit zu erhalten. Vor und während des Zweiten Weltkrieges konnte die Fiktion eines »Weltjudentums«, das Deutschlands Feinde gegen das *Vaterland* aufhetzte, von Goebbels aufrechterhalten werden – aber, abgesehen von Rechtsextremisten, nicht mehr *nach* dem Krieg.

NS-Kampfruf der NSDAP-AO, 1984

Das Stereotyp der Nazis von einer allmächtigen »Weltjudenheit« war eine reine Fiktion, die nur in der Vorstellung seiner Schöpfer existierte. Die Beziehung zwischen dem Staat Israel und den zu seiner Darstellung geschaffenen Bilderstereotypen war und ist anders, da der Staat wirklich existierte und seine Aktionen einigen Einfluß hatten, wenn auch die Art und das Ausmaß der Stereotypen von einer Reihe von Faktoren, einschließlich seiner Politik und seines Handelns, mitbestimmt wurden.

Der jüdische Staat war neu und in den Annalen der jüdisch-nichtjüdischen Beziehungen ohne Beispiel. Waren da die alten Stereotypen noch zu gebrauchen, oder mußte man neue schaffen? Das Ausmaß, in dem das überkommene feindselige Stereotyp sich in antiisraelischen politischen Cartoons gehalten hat, bleibt umstritten, wenn auch in vielen Fällen sicher eine gewisse Kontinuität besteht. Jedenfalls spiegelte sich die Verwicklung des jungen Staates in fünf größere Kriege, von denen die meisten mit Territorialgewinnen endeten, in der »Militarisierung« – kein anderer Begriff würde passen – der Bilderstereotypen. Diese vielleicht unvermeindliche Entwicklung wurzelte nicht in früheren graphischen Traditionen »jüdischer« Stereotypen und stellt eine absolute Neuheit dar, die sogar von Cartoonisten übernommen wurde, die zu treuen Freunden und Bewunderern Israels zählen. Auch sie zeigen »Israel« als eine Gestalt in Uniform und Waffen, wenn auch eher in Verteidigung als angreifend.

Die Auswertung arabischer Quellen lieferte eine Fülle von Material über die emotionalen, konzeptionellen und verbalen Stereotypen, die von

»Sie sind ein gelehriger Schüler, Kollege Dajan!«, (Berliner Zeitung, DDR, 1967)

offiziellen und nichtoffiziellen Stellen in ihrer Propaganda gegen Israel verwandt wurden. Ihre Bilderstereotypen, die sichtbare Erweiterung und Ergänzung dieser Einstellungen, waren erwartungsgemäß feindseliger Art. Allerdings stellt der Gebrauch bildlicher Darstellungen in den islamischen Gesellschaften, die dem koranischen Verbot von Götzendarstellungen treu waren, eine relative Neuheit dar. Die Notwendigkeit – und Möglichkeit –, sich bildhafter Darstellungen zu bedienen, um die öffentliche Meinung in den arabischen Ländern nach europäischem Muster aufzuputschen, war eine Erscheinung des späten 19. und frühen 20. Jahrhunderts. Es waren Jahrzehnte, während derer die Gesellschaften des mittleren Orients sich erstmals der schlagkräftigen zionistischen Bewegung gegenübersahen und in den zeitgenössischen antisemitischen Publikationen angemessene Verteidigungsmittel fanden, darunter zuvörderst Rohlings »Talmudjude« und die infamen »Protokolle der Weisen von Zion«, die in arabischer Übersetzung Auflage um Auflage erlebten. Das Arsenal der traditionellen abwertenden Stereotypen von Juden im Islam, das sie beschrieb als eine gedemütigte, verfolgte Nation, von Gottes gerechtem Fluch getroffen, als Feinde der Moslems und der Menschheit – dieses Arsenal wurde verstärkt durch Stereotypen, die im christlichen Europa gewachsen waren und die sie z. B. des Ritualmords beschuldigten und geheimer jüdischer Pläne zur Beherrschung der Welt – zum Schaden jahrhundertealter Traditionen der Toleranz. Die antibritische, antifranzösische und proarabische Politik der Achsenmächte trug ihrem Typus antisemitischer Propaganda, der ein neues Ausmaß erreichte, Sympathien ein. Schließlich hat die Errichtung des Staates Israel und dessen erstaunliche Fähigkeit, seine Grenzen zu verteidigen und auszuweiten und dabei seinen Nachbarn demütigende Niederlagen beizubringen, das arabische Bewußtsein in einem zuvor nicht gekannten Maß mobilisiert. Der vitale Interessenkonflikt zwischen Israel und Palästinensern wurde von einer Vielfalt politischer Mythen überformt, wie dem marxistischen (der Israelis als Werkzeug des westlichen Kapitalismus darstellt) und dem antisemitischen (der die Vereinigten Staaten als Werkzeug Israels und des Weltjudentums darstellt).

Dem Betrachter der von den arabischen Medien verbreiteten Bilderstereotypen fallen auf den ersten Blick gewisse Ähnlichkeiten zu denen des *Stürmers* ins Auge. Allerdings fehlen den Cartoons arabischer Veröffentlichungen, wie uns scheint, bestimmte charakteristische Motive,

Das große Opferfest kommt! (Anspielung auf das islamische Id el Adha Opferfest) (Al-Massa, Ägypten, 1964)

zum Beispiel sexuell-rassistische; desgleichen beobachten wir eine Art unsicheres Schwanken hinsichtlich der Gestalt Israels: Natürlich ist diese Gestalt verächtlich und abstoßend, doch soll sie – der nationalsozialistischen Überzeugung und Konvention folgend – als ein finsterer und wahrhaft mächtiger Feind dargestellt werden oder eher als ein unbedeutender Schwächling, im Begriff, von den vereinten arabischen Kräften jämmerlich zerquetscht zu werden? Den öffentlichen Meinungsmachern, urteilt man nach diesen und anderen Diskrepanzen in ihrer Präsentation, ist es nicht gelungen, ein ikonographisch stabiles Bilderstereotyp Israels zu schaffen – vielleicht eine Widerspiegelung ihrer Schwierigkeiten, überhaupt mit der Existenz eines jüdischen Staates als einer größeren militärischen Macht in ihrer Mitte zurechtzukommen. Der Friedensvertrag mit Ägypten hat die Stabilisierung von Stereotypen weiter kompliziert. Hier ist noch umfangreiche Forschungsarbeit vonnöten, trotz der linguistischen und kulturellen Hindernisse, ganz zu schweigen von den ideologischen Barrieren.

So werden gelegentlich antisemitische Stereotypen zum Gebrauch *im eigenen Land* entworfen, während Antisemitismus den westlichen Medien gegenüber geleugnet und vor ihnen verborgen wird.

Einige arabische Länder, besonders Libyen, spielen zudem eine sehr zwielichtige Rolle im Schüren antisemitischer Bewegungen auf der ganzen Welt (und desgleichen im Anzetteln und aktiven Durchführen von gewalttätigen Aktionen gegen jüdische und israelische Personen und Institutionen). Es ist sehr gut möglich, daß zum Zweck der Verbreitung und Internalisation von Feindschaft die arabische Gesellschaft dem Gebrauch verbaler Stereotypen den Vorzug gegeben hat vor den bildlichen.

In den Cartoons im Ostblock veröffentlichte Bilderstereotypen werden (heute vielleicht besser: wurden) üblicherweise als Instrumente der Politik angesehen – von den Herausgebern und Künstlern, von der Bevölkerung und den Sowjetologen. Im Gefolge von Oktoberrevolution und Bürgerkrieg wurde der Antisemitismus als eine bourgeoise Verirrung gebrandmarkt, des neuen sowjetischen Staates und der sowjetischen Gesellschaft unwürdig. Für mehr als eine Generation verschwanden antisemitische Bilderstereotypen aus dem öffentlichen, von der Partei beherrschten

Der US-Sender »Freies Europa« in München (Bakinskij Rabochii, UdSSR, 1971)

Blickfeld. Nach dem Zweiten Weltkrieg kamen sie im gesamten Ostblock wieder an die Oberfläche: während des Rudolf-Slansky-Prozesses (1952) und später, während und nach dem Sechstagekrieg; am auffälligsten jedoch in Polen und der Tschechoslowakei in der Folge des Mai 1968; sie blieben – zumindest bis zum Beginn von Glasnost – eine Hauptstütze der sowjetischen Pressepropaganda. Y. Nir hat den israelisch-arabischen Konflikt, wie er sich in den Karikaturen der wichtigen sowjetischen Veröffentlichungen zwischen 1967 und 1973 widerspiegelt, untersucht und die Schwierigkeiten betont, angesichts der Vielfalt der Karikaturen zu eindeutigen Schlußfolgerungen zu gelangen. 1500 Karikaturen zu diesem Thema wurden gezählt. Nir unterscheidet fünf charakteristische Formen in den Karikaturen, die sich mit Israel als einem politischen Faktum befassen: die Betonung der ethnischen jüdischen Gestalt; eine Parallele zu ziehen zwischen Israel und Nazi-Deutschland; Israel ohne Diffamierung darzustellen; die Führer Israels in unkenntlichen Porträts zu zeigen; Israel als eine »tierische« menschliche Gestalt darzustellen. Diese Vielfalt rührt möglicherweise aus dem Fehlen vorgegebener Muster von Beschreibung und Bezug gegenüber einem Staat, der in der

Vergangenheit nicht existierte, gekoppelt mit herkömmlichen Assoziationen, die die Vorstellung eines jüdischen Staates mit sich brachte. Eine überraschende Schlußfolgerung ist, daß die sowjetischen Zeitungen verschiedene Wege gingen: Die *Iswestija* verwandte ethnische Charakterisierung in relativ wenigen Fällen und ohne besonderen Nachdruck; die *Prawda* bediente sich einer oder mehrerer der oben erwähnten Methoden, doch nicht vorherrschend, während der *Gudok* (Pfiff), das national verbreitete Blatt des Verkehrsministeriums, der (Transport-) und Eisenbahnergewerkschaft, die meisten in der Sowjetunion veröffentlichten antisemitischen Cartoons enthielt. Einige prominente Künstler veröffentlichten dort ihre vulgärsten Karikaturen, während die milderen in den renommierten nationalen Tageszeitungen erschienen, womit einmal mehr die Vorherrschaft der politischen Linie über den individuellen künstlerischen Ausdruck demonstriert worden war. Nirs Resultate kamen zu keinem Schluß: »Verglichen mit den rein antisemitischen Karikaturen der Vergangenheit, entstellen die meisten sowjetischen Karikaturen die ›jüdische‹ Gestalt nicht schwerwiegend . . . Allerdings zeigen einige Ergebnisse ein gewisses Beharren auf dem jüdischen Stereotyp.« Man muß dem Autor beipflichten, wenn er auf die Notwendigkeit weiterer Forschung hinweist, besonders der vergleichenden Forschung.

Die Zusammenarbeit Westdeutschlands und Israels (Sovetskaya Rossiya, UdSSR, 1967)

Die Fülle antiisraelischer Karikaturen mit eindeutig antisemitischen Zügen sind seit Glasnost und Perestroika weitgehend verschwunden. Geblieben ist ein Antisemitismus in Teilen der Bevölkerung, der nicht zuletzt auch mit den Mitteln der Karikatur am Leben gehalten wurde.

(Übersetzung aus dem Englischen von Klaus Voß)

Literatur

Anderson, G. K., The Legend of the Wandering Jew, Providence, RJ, 1965.

Appel, J. J., »Jews in American Caricature: 1820–1914«, in: American Jewish History, LXXI (1981).

Blumenkranz, B., Le Juif medieval au miroir de l'art chrétien, Paris 1966.

Bugner, L. (ed.), The Image of the Black in Western Art, 1981, 1983.

Bulard, M., Le Scorpion Symbole du Peuple Juif dans l'Art Religieus des VIVe, XVe, XVIe Siècles, Paris 1935.

Coupe, W. A., »Observations on a Theory of Political Caricature«, in Comparative Studies in Society & History, XI (1969).

Curtis, L. P., Apes and Angels. The Irishman in Victorian Caricature, Devon 1971.

Eckert, W. P., »Zum Wert der bildlichen Darstellung als Geschichtsquelle; Überlegungen zur Ikonographie der Juden im Mittelalter«, in: Veröffentlichungen des Instituts Kirche und Judentum, Bd. 11, Berlin 1980, S. 115–126.

Frankl, P., »The Earliest Jewish Portrait«, in: Historia Judaica, V (1942)

Frenzel, E., Die Gestalt des Juden auf der neueren deutschen Bühne, Bühl/Baden 1940.

Fuchs, E., Die Juden in der Karikatur, München 1921.

Gombrich, E. H., »The Cartoonist's Armoury«, in: Meditations on a Hobby Horse, London 1963.

Hamilton, D. L. (ed.), Cognitive Processes in Stereotyping and Intergroup Behavior, Hilldale, N. J., 1981.

Harkabi, Y., Arab Attitudes to Israel, Jerusalem 1972.

Kemnitz, T. M., »The Cartoon as a Historical Source«, in: Journal of Interdisciplinary History, IV (1973).

Kisch, G., »The Yellow Badge in History«, in: Historia Judaica, V (1942).

Kris, E., & Gombrich, E. H., »The Psychology of Caricature«, in: E. Kris, Psychoanalytic Explorations in Art, New York 1952.

Kraus, H., The Living Theatre of Medieval Art, Bloomington, London, chap. VII: »Anti-Semitism in Medieval Art«.

ders., »A Reinterpretation of the ›Risen Dead‹ on Beaulieu Tympanum«, in: Gazette des Beaux-Arts (April 1965).

Liebe, G., Das Judentum in der deutschen Vergangenheit, Leipzig 1903.

Mellinkoff, R., The Horned Moses in Medieval Art and Thought, Berkeley, California U. P., 1970.

ders., »The Round-Topped Tablets of the Law: Sacred Symbol and Emblem of Evil«, in: Journal of Jewish Art, I (1974).

ders., »Judas's Red Hair and the Jews«, in: ibid, IX (1982).

ders., »Cain and the Jews«, in: ibid, VI (1979).

Nordstroem, C. O., The Duke of Alba's Castilian Bible, A Study of the Rabbinical Features of the Miniatures, Uppsala 1967.

Nir, Y., The Israeli-Arab Conflict in Soviet Caricatures 1967–1973, Tel Aviv 1976.

Quasthoff, V., Soziale Vorurteile und Kommunikation, Frankfurt a. M. 1973.

Reumann, K., Das Antithetische Kampfbild, Berlin 1969, PhD.

Rokeah, Z. E., »Drawings of Jewish Interest in some thirteenth-century English Public Records«, in: Scriptorium, XXVI (1972).

Rubens, A., in: Trans. Jew. Hist. Society England, XIX (1960), XXII (1968/69); XXIII (1969/70).

ders., A Jewish Iconography, London 1954.

ders., History of Jewish Costume, London 1967.

Shachar, I., »The emergence of the modern pictorial stereotype of ›The Jews‹ in England«, in: Folklore Research Centre Studies, Jerusalem, 5 (1975).

ders., The Judensau, Warburg Institute Surveys, V, London 1974.

Schlauch, M., »The Allegory of Church and Synagogue«, in: Speculum, XIV (1939), pp. 448–64.

Seiferth, W., Synagoge und Kirche im Mittelalter, München 1965.

Trachtenberg, J., The Devil and the Jews, New York 1961.

Vogt, J., Historien om et Image. Antisemitisme og Antizionisme i karikaturer, Copenhagen, Oslo 1978 (Includ. bibliography).

Wassermann, H., »The ›Fliegende Blaetter‹ as a Source for the Social History of German Jewry«, in: YBLBI, XXVII (1983).

ders., »Jews and Judaism in the Gartenlaube«, in: YBLBI, XXIII (1979).

ders., »Jews in Jugendstil. The Simplicissimus, 1896–1914,« in: YBLBI, XXXI (1986).

Zafran, E., The Iconography of Anti-Semitism, 1400–1600, Institute of Fine Arts, New York, unpublished Dissertation, 1973.

Anhang

Kommentierte Bibliographie zur Antisemitismus-Forschung

Günther B. Ginzel, Albin Hänseroth, Francis Hüsers und Olaf Klein

In der kommentierten Bibliographie zur Antisemitismus-Forschung sind Arbeiten unterschiedlicher Schwerpunktsetzung und unterschiedlicher qualitativer Reichweite dokumentiert.
Absicht war es, die uns zugänglichen Publikationen in einer Art zu systematisieren, die Benutzerfreundlichkeit gewährleistet und das Auffinden bestimmter Titel erleichtert. Viele Arbeiten waren nur unter großer Mühe zu beschaffen, und nicht wenige werden hier erstmals einem breiteren Leserkreis vorgestellt. Die uns wesentlich erscheinenden Ergebnisse von über 70 Untersuchungen, die annähernd ein halbes Jahrhundert Antisemitismusforschung in Deutschland repräsentieren, werden dokumentiert. Die genauen bibliographischen Angaben sollen es dem Interessierten darüber hinaus erleichtern, die entsprechenden Studien zur weiteren Vertiefung einzusehen.

Zur Systematik

Die Titel sind *alphabetisch* nach Verfassern oder Herausgebern geordnet.
Die Kennzeichnung [e] oder [th] informiert darüber, ob es sich um eine vorwiegend theoretische und/oder deskriptive bzw. empirische Arbeit zum Thema handelt. Bei den theoretisch-deskriptiven Arbeiten [th] sind – sofern notwendig – die wichtigen thematischen Aspekte stichwortartig angegeben; bei den empirischen Arbeiten [e] sind folgende Charakteristika erfaßt:

1. Thematischer Schwerpunkt, soweit nicht aus dem Titel ersichtlich, und/oder ergänzende Bemerkungen zum Inhalt
2. Zeitpunkt der Untersuchung und Ort bzw. Gebiet der Untersuchung (Ort und Zeit der Datenerhebung)
3. Untersuchungstechnik
4. Grad der Repräsentativität (zumeist bezogen auf das Erhebungsgebiet)
5. Dokumentation der wichtigsten und/oder beispielhaft herausgezogenen Tabellen der Untersuchung.

Zur Auswahl der kommentierten Arbeiten

Bei der Zusammenstellung haben wir uns bemüht, möglichst alle die Arbeiten zu dokumentieren und zu charakterisieren, die in verschiedenen Zusammenhängen der Vorurteilsforschung Erwähnung finden, die aber teilweise im Originaltext nur schwer zugänglich sind, wenn sie nicht gar schon seit langem vergriffen sind. Besonderen Wert legten wir auf eine Information über die älteren Untersuchungen, die unmittelbar nach dem Zweiten Weltkrieg im Gebiet der alten Bundesländer der Bundesrepublik Deutschland durchgeführt wurden. Gemeint sind z. B. die sogen. OMGUS surveys und die HICOG surveys (Nr. 31 und 32). Hinter den Abkürzungen verbergen sich die damals für die amerikanische Besatzungszone etablierten Institutionen High Commission for Germany (HICOG) und Office of Military Government (OMGUS). Zu den frühen Untersuchungen zählt auch die »Antisemitismusumfrage« des Instituts für Demoskopie, Allensbach, aus dem Jahr 1949, die hier ausführlicher dokumentiert wird.
Die Durchsicht der Bibliographie läßt zwei Merkmale deutlich hervortreten:
1. Es besteht eine Diskrepanz zwischen einer sehr differenzierten theoretischen Auseinandersetzung mit dem Antisemitismus und den empirisch abgesicherten Ergebnissen auf der Grundlage der theoretischen Arbeiten. Nur wenige Autoren/innen hatten Gelegenheit, den hohen theoretischen Anspruch, der im Zusammenhang mit dem Thema Antisemitismus gewiß unabdingbar ist, auch in konsequenten und gründlichen empirischen Forschungen zu realisieren. Dieser Sachverhalt erklärt sich nicht aus einem Desinteresse der Autoren/innen an empirischer Forschung, sondern allein aus dem Faktum, daß die öffentlich bereitgestellten Mittel, die Unabhängigkeit garantieren, für den Bereich Antisemitismus-Forschung so gering sind, daß verantwortungsbewußte empirische Arbeit nur in relativ seltenen Fällen möglich war und ist.
2. Die Mehrzahl der Ergebnisse, die sich unmittelbar auf Antisemitismus beziehen und quantifiziert abrufbar sind, stammt aus der Meinungsforschung. Die Tatsache, daß Meinungsforschung nicht immer zu gültigen Ergebnissen im Sinne einer differenziert angelegten empirischen Sozialforschung führt, ist für den Experten keine neue Feststellung und soll auch nicht das unschätzbare Verdienst der Meinungsforschungsinstitute schmälern, wenigstens Mosaiksteine des komplexen Vorurteils Antisemitismus quasi als Momentaufnahmen öffentlich zur Diskussion gestellt zu haben. Die kontinuierliche Befragung der westdeutschen Bevölkerung zu Vorurteilen, speziell rassistischen und ethnischen Stereotypisierungen, belegt allerdings auch das große öffentliche Interesse gegenüber dieser Frage und sollte zu einer vermehrten Förderung dieses Forschungsgebietes beitragen.

Antisemitismusumfrage. Siehe: I. Noelle-Neumann, II. Strauss

Becker, Egon / Herkommer, Sebastin / Bermann, Joachim:
Erziehung zur Anpassung? Eine soziologische Untersuchung der politischen Bildung in den Schulen. Schwalbach bei Frankfurt a. M. 1968
[e]
1. Die Antisemitismus-Problematik wird als ein Aspekt der Fragestellung mitbehandelt
2. vor 1966, BRD
3. Befragung, Tiefen-Interviews, Diskussionsbeobachtungen
4. teilweise repräsentativ
5. Tabelle 1, S. 462; Tabelle 2, S. 463

Becker, Klaus-C. / Wolf, Heinz E.:
Über Veränderungen von Vorurteilstendenzen bei Schülern. In: Westermanns Pädagogische Beiträge, 23. Jg., 1971, Nr. 10, S. 519–529
[e]
1. Antisemitismus ist ein Aspekt der allgemeinen Untersuchung
2. vor 1971, BRD
3. Befragung
4. aufgrund vorliegender Darstellung nicht einschätzbar
5. Tabelle 3, S. 464

Bergmann, Werner / Erb, Rainer:
Antisemitismus in der Bundesrepublik. Ergebnisse der empirischen Forschung von 1946 bis 1991. (In Druck)
(e; th)
Diskussion der Antisemitismusforschung in der BRD unter Zugrundelegung der Ergebnisse einer Studie des Zentrums für Antisemitismusforschung aus dem Jahr 1987. (Siehe unter Strauss, Herbert; dort auch Tabellenangaben)

Bernhard, Ute:
Wie Jugendliche die Juden sehen. Ergebnisse einer Untersuchung bei Münchener Volksschülern. In: Deutsche Jugend, 8. Jg., 1960, Nr. 2, S. 69–73
[e]
1. –
2. 1959, München
3. Befragung
4. nicht repräsentativ
5. –

Bichlbauer, Dieter / Gehmacher, Ernst:
Vorurteile in Österreich. In: Kölner Zeitschrift für Soziologie und Sozialpsychologie, 24. Jg., 1972, Nr. 2, S. 735–746
[e]
1. Antisemitismus ist ein Aspekt der allgemeinen Vorurteilsuntersuchung
2. 1969, Österreich
3. Befragung
4. repräsentativ
5. Tabellen 4, 5 und 6, S. 465–467

Bönner, Karl H.:
»Die Ermittlung«. Sozialpsychologische Untersuchung des Hörspiels von Peter Weiß. In: Politische Beeinflussung. Voraussetzungen, Ablauf und Wirkungen, hrsg. von K. D. Hartmann, Frankfurt a. M. 1969, S. 136–152
[e]
1. Rezeption des Weiß-Hörspiels bei Kölner Jugendlichen auch im Hinblick auf antisemitische Tendenzen und Einstellungen (Einstellungsänderungen)
2. vor 1969, Köln
3. Befragung, Diskussionsbeobachtung
4. nicht repräsentativ
5. Tabelle 7, S. 468 f

Brentano, Margherita von / Raxin, Manfred:
Presseverlautbarungen und Beschlüsse der Berliner Tagung »Die Überwindung des Antisemitismus«. In: Argument-Sonderband, Nr. 1/1, 1974, S. 203–206
[th]
Diskussion und Beschlußlage der genannten Tagung vor allem zum aktuellen Umgang mit neueren antisemitischen Erscheinungen.

Breuer, Klaus D.:
Antisemitische Vorkommnisse an der HSBW München im Spiegel medialer Berichterstattung. Fachbereich Pädagogik, Mediendidaktik und pädagogische Feldforschung an der Hochschule der Bundeswehr, München 1977
[e]
1. –
2. vor 1977
3. tabellarische, qualitative Inhaltsanalyse
4. nicht repräsentativ
5. –

Bundeszentrale für politische Bildung, Bonn:
»Holocaust«, Empirische Ergebnisse.
Vier Teile, Bonn 1980
I. Uwe Magnus: »Holocaust« im Spiegel der Teleskopie-Zahlen für Einschaltquoten und Sehbeteiligungen.
II. Uwe Magnus: Die Reaktion auf »Holocaust«. Ergebnisse der Begleitstudien des WDR und der Bundeszentrale für politische Bildung. Auch veröffentlicht in: Media Perspektiven 4/1979, S. 226–230.
III. Tilman Ernst: »Holocaust« und politische Bildung I. Auch veröffentlicht in: Media Perspektiven 4/1979, S. 230–240. Vgl. auch: Tilman Ernst, Holocaust und pol. Bildung I, S. 442
IV. Tilman Ernst: »Holocaust« und politische Bildung II. Auch veröffentlicht in: Media Perspektiven 12/1979, S. 819–827. Vgl. auch: Tilman Ernst, Holocaust und pol. Bildung II, S. 443
[e]
1. Untersuchungen zur Rezeption des Films in der BRD von Einschaltquoten, kurzzeitigen Wirkungen bis zu längerfristigen Wirkungen
2. 1979, BRD
3. Befragungen
4. repräsentativ
5. Beispiel-Tabelle (aus III.), S. 469

Bunzl, John / Bichlbauer, Dieter:
Antisemitismus in Österreich. In: Jahrbuch für angewandte Sozialforschung, 16. Jg., 1976, Heft 4, S. 1–8
[th]
Rezension dreier deskriptiver Arbeiten zum Thema, dabei auch speziell inhaltsanalytischer Arbeiten zur österreichischen Medienlandschaft.

Cahnman, Werner J.:
Völker und Rassen im Urteil der Jugend. Ergebnisse einer Untersuchung an Münchener Schulen, München 1965
[e]
1. –
2. 1963/64, München
3. Befragung, Gesprächsbeobachtung
4. nicht repräsentativ
5. Tabellen 9, 10, 11a und 11b, S. 470 f

Dietrich, Georg:
Durch welche erzieherischen Maßnahmen kann die Einstellung von Volksschülern gegenüber »dem Juden« verändert werden? In: Zeitschrift für experimentelle und angewandte Psychologie, 1967/2, S. 191–199
[e]
1. –
2. vor 1967, BRD
3. Experiment-Beobachtung
4. nicht repräsentativ
5. Tabelle 12 über Einstellungen vor und nach dem Experiment, S. 471

DIVO-Pressedienst:
Bekanntheitsgrad des Auschwitz-Prozesses und Einstellung der Bundesbürger zu seiner Durchführung »zwanzig Jahre danach«. 1964, Juli I und II
[e]
1. –
2. 1964, BRD
3. Befragung, Random-Sample
4. repräsentativ
5. Tabelle 13, S. 472, Tabelle 14, S. 473

DIVO-Pressedienst:
Einstellung zur Judenverfolgung. 1965, März II, S. 20 bis 22
[e]
1. –
2. 1964, BRD
3. Befragung, Random-Sample
4. repräsentativ
5. Tabelle 15, S. 474

EMNID-Institut für Meinungsforschung, Bielefeld:
Zum Problem des Antisemitismus im Bundesgebiet. Eine Spezialerhebung im Auftrage der Bundeszentrale für Heimatdienst, Bonn
[e]
1. –
2. 1954, BRD
3. Befragung
4. repräsentativ
5. Tabellen 16, 17, 18, S. 475 f

EMNID-Pressedienst:
Antisemitische Äußerungen im Urteil der westdeutschen Bevölkerung. Eine Befragung innerhalb des Bundesgebietes. 1960, Nr. 1000
[e]
1. –
2. 1960, BRD
3. Befragung
4. repräsentativ
5. Tabelle 19, S. 476

EMNID-Informationen:
Weltmeinungen zum Eichmann-Prozeß, hrsg. von K. G. von Stackelberg, 13. Jg., 1961, Nr. 24
[e]
1. –
2. vor 1961, Schweiz, USA, Großbritannien, BRD
3. Befragung (durchgeführt von GALLUP)
4. anhand vorliegender Darstellung nicht einschätzbar
5. Tabelle (Schaubild) 20, S. 477

EMNID-Informationen:
Gruppeneinflüsse in der BRD. Quellen: EMNID-Informationen, 11. Jg., Nr. 41, 10. 10. 1959; 14. Jg., Nr. 7, 12. 2. 1962; EMNID-Informationen, 15. Jg., Nr. 35, 26. 8. 1963; 15. Jg., Nr. 37, 9. 9. 1963; 17. Jg., Nr. 5, 1. 2. 1965; 17. Jg., Nr. 7, 15. 2. 1965; 19. Jg., Nr. 4/5, April/Mai 1967; 21. Jg., Nr. 3, März 1969; 23. Jg., Nr. 11/12, 1971; 27. Jg., Nr. 7, 1975; 33. Jg., Nr. 9/10, 1981
[e]
1. Einschätzung des politischen Einflusses u. a. der Juden in der BRD durch die Bevölkerung
2. 1959–1981, BRD
3. Befragung
4. repräsentativ
5. Gesamtüberschau von 1959–1981 in Tabelle 21, S. 478

EMNID-Institut:
Furcht vor Rechtsradikalismus in der Bevölkerung rapide gestiegen. Postalische Mitteilung des EMNID-Instituts, Bielefeld 1982
[e]
1. –
2. 1981, BRD
3. Befragung
4. repräsentativ
5. Tabelle 22, S. 478

Ernst, Tilman:
»Holocaust« und politische Bildung I. Ausgewählte Ergebnisse einer repräsentativen empirischen Untersuchung. Abteilung Planung und Entwicklung der Bundeszentrale für politische Bildung, Bonn
[e]
1. Untersuchung zur Rezeption des »Holocaust«-Films in der BRD. Vgl. auch: Bundeszentrale für politische Bildung III.
2. 1979, BRD
3. Befragung
4. repräsentativ
5. Tabelle 23, S. 478, Tabelle 24a u. 24b, S. 479

Ernst, Tilman:
»Holocaust« und politische Bildung II. Abteilung Planung und Entwicklung der Bundeszentrale für politische Bildung, Bonn
[e]
1. Untersuchung zu längerfristigen Wirkungen des »Holocaust«-Films, Wiederholungsbefragung 14 Wochen nach Ausstrahlung (3. Welle). Vgl. auch: Bundeszentrale für politische Bildung IV.
2. 1979, BRD
3. Befragung
4. repräsentativ
5. Tabelle 25, S. 479 f

Eyseneck, Hans Jürgen:
Wege und Abwege der Psychologie. Hamburg 1956 (vor allem S. 134–151)
[th]
Im angegebenen Abschnitt findet sich eine theoretische Aufarbeitung zur Psychologie des Antisemitismus, die sich auf eine Untersuchung in England stützt.

Franke, Wolfgang / Wolf, Heinz E.:
Empirische Untersuchung der Eigenschaftsbilder sozialer Gruppen bei jungen männlichen Strafgefangenen, in: Kölner Zeitschrift für Soziologie und Sozialpsychologie, 25. Jg., 1973, S. 777–813
[e]
1. Juden und Israelis waren zwei der Gruppen, zu denen die Einstellungen untersucht wurden.
2. vor 1973, BRD
3. Befragung
4. nicht repräsentativ
5. Das Untersuchungsdesign ist so komplex, daß Einzeltabellen keinerlei Aussagewert haben können. Die Lektüre dieser Studie eignet sich vornehmlich für solche Interessenten, die sich beruflich mit methodologischen Fragen der empirischen Sozialforschung beschäftigen. Hinsichtlich konkreter Aussagen zum Grad des Antisemitismus ist die Studie wenig ergiebig.

Freyhold, Michaela von:
Autoritarismus und politische Apathie. Analyse einer Skala zur Ermittlung autoritätsgebundener Verhaltensweisen, Inaugural-Dissertation, Göttingen 1972 (1965)
[th]
Im Zusammenhang mit der methodologischen Diskussion der Titel-Fragestellung arbeitet die Autorin u. a. eine Untersuchung auf, die als »Eichmann-Umfrage« genannt wird (genaue Darstellung der Untersuchung, siehe unter Namen folgender Autoren): Regina Schmidt, Egon Becker: Reaktionen auf politische Vorgänge, Frankfurter Beiträge zur Soziologie, Bd. 19, Frankfurt a. M. 1967, S. 107 ff

Friedeburg, Ludwig von / Hübner, Peter:
Das Geschichtsbild der Jugend. Juventa-Verlag
[th]
Rezension verschiedener Arbeiten zum Thema

Goldschmidt, Dietrich:
Zur Soziologie des Antisemitismus. Argument-Sonderband, 1974, Nr. 1/1, S. 185–196
[th]
Deskriptive Antisemitismus-Analyse von alttestamentarischen Zeiten bis heute

Hackforth, Josef / Schönbach, Klaus:
»Holocaust« und die sozialen Folgen, Institut für Publizistik der Universität Münster 1979.
Veröffentlichung: Josef Hackforth: Nationalsozialismus und Fernsehen, in: A. Maunzmann (Hrsg.): Historie heute, Bd. 1, Scriptor-Verlag 1979, S. 91–101
[th]
Deskriptive Untersuchung und theoretische Aufarbeitung von selektivem Kommunikationsverhalten, politischen Einstellungen und Medienbewertung etc.

Heinz, Walter R. / Geiser, Steven R.:
Eine kognitive Theorie des Antisemitismus im Kontext religiöser Ideologie, in: Kölner Zeitschrift für Soziologie und Sozialpsychologie, 23. Jg., 1971, S. 519–543
[th]
Theoretische Aufarbeitung, die sich auf eine 1964 in den USA gemachte Untersuchung stützt

HICOG, siehe: Merrit, A. J.

Institut für Demoskopie (IfD), siehe: Noelle-Neummann

Israel, Botschaft des Staates:
Stimmung für Israel, in: Israel Bulletin, Bonn, 7. Jg., 1973, Nr. 9
[e]
1. (siehe Tabelle)
2. 1973, BRD
3. Befragung
4. repräsentativ
5. Das Institut für Demoskopie Allensbach ermittelte, daß sechs von zehn Bundesbürgern mit den Israelis sympathisieren.
   Im Nahostkrieg steht die Mehrheit der Bevölkerung in der Bundesrepublik mit West-Berlin gefühlsmäßig auf seiten der Israelis. Das Institut für Demoskopie Allensbach bat am 17. und 18. Oktober einen repräsentativen Bevölkerungsquerschnitt ab 16 Jahre in persönlichen, mündlichen Interviews um Stellungnahme. Siehe Tabelle 62, S. 501

Jaerisch, Ursula:
Zur Rezeption rechtsextremer Propaganda. Probleme der »Autoritarismus«-Forschung, dargestellt am Beispiel einer zur Messung politisch regressiver Einstellungen konzipierten Skala. Inaugural-Dissertation, Frankfurt a. M. 1975
[e]
1. Neben der methodologischen Diskussion zur Messung der Rezeption rechtsextremer Propaganda enthält die Arbeit auch die Darstellung der empirischen Daten der Inhaltsanalyse und der Befragung, auf die sich die theoretische Abhandlung stützt und in denen der Antisemitismus ein Aspekt der Untersuchung ist.

2. 1967/68/69, BRD
3. Inhaltsanalyse, Befragung
4. teilweise repräsentativ
5. Die Untersuchung enthält keine relevanten Daten, sondern beschäftigt sich in erster Linie – wie der Titel schon ausdrückt – mit methodologischen Problemen der »Autoritarismus«-Forschung. Für methodisch interessierte Leser sind zwei Beispiele der vorbereitenden Skalen-Konstruktion dargestellt, die Aufschluß geben über die methodologischen Dimensionen der Veröffentlichung: Tabelle 26, S. 480; Tabelle 27, S. 481

Kaase, Max:
Demokratische Einstellungen in der Bundesrepublik Deutschland, in: Sozialwissenschaftliches Jahrbuch für Politik, Bd. 2, hrsg. von Rudolf Wildemann, München, Wien 1971, S. 220–225, 316–317, 324–325
[e]
1. Allgemeine Untersuchung zu politischen Einstellungen von Studenten und Gesamtbevölkerung in der BRD, die im Zusammenhang mit Nazismus auch auf Antisemitismus eingeht
2. 1968, BRD
3. Befragung
4. repräsentativ
5. Tabelle 28, S. 482

Karsten, Anitra:
Die Anderen im Urteil der Jugend. München 1965
[th]
Die Arbeit versucht Ansätze zu einer Sozialpsychologie der Jugend herauszuarbeiten und stützt sich dabei auf eine Vielzahl empirischer Studien, die im Dokumentationsteil vorgestellt werden und u. a. auch das Problem des Antisemitismus behandeln.

Kehrmann-Institut, Hamburg, Quick-Redaktion:
Die Deutschen und die Juden, in: Quick, Heft Nr. 35, 1982, S. 80–81
[e]
1. Einstellungsveränderungen von Deutschen gegenüber Juden
2. wahrscheinlich 1982, BRD
3. Befragung
4. aufgrund vorliegender Darstellung nicht einschätzbar
5. Tabelle 29, S. 483

Klingemann, Hans-D. / Pappi, Franz U.:
Politischer Radikalismus. Theoretische und methodische Probleme der Radikalismusforschung, dargestellt am Beispiel einer Studie anläßlich der Landtagswahl 1970 in Hessen. München, Wien 1972
[e]
1. Im Rahmen der allgemeinen Untersuchung finden sich auch Ergebnisse zum (Neo-)Nazismus und damit zum Antisemitismus.
2. 1970, BRD
3. Befragung
4. repräsentativ
5. Tabelle 30, S. 484

MARPLAN, siehe: Ohne Verfasser

Merkl, Peter H.:
Die alten Kämpfer der NSDAP. Auswertung von 35 Jahre alten Daten, in: Sozialwissenschaftliches Jahrbuch für Politik, Bd. 2, hrsg. von Rudolf Wildemann, München, Wien 1971, S. 495–517
[th]
Aufarbeitung der 1934 von dem amerikanischen Soziologen Theodore Abel angelegten, umfassenden Autobiographie-Sammlung von 582 NSDAP-Kämpfern, die Auskunft über deren Herkunft, Einstellung und Werdegang im NS-System gibt

Merrit, Anna J. / Merrit, Richard L.:
Public Opinion in Occupied Germany. The OMGUS Surveys, 1945–1949. University of Illinois Press 1970; darin: Report Nr. 49 (3/3/47): Anti-Semitism in the American Zone, S. 146–148; und: Report No. 122 (22/5/48): Prejudice and Anti-Semitism, S. 239–240
[e]
1. –
2. 1946–1948
3. Befragung
4. teilweise repräsentativ
5. Tabelle 31, S. 484

Merrit, Anna J. / Merrit, Richard L.:
Publik Opinion in Semisovereign Germany. The HICOG Surveys, 1949–1955. University of Illinois Press 1980. Darin: Report No. 1 (30/12/49): The State of German Nationalism Following the Founding of the West German Republic, S. 53–55; und: Report No. 113 (5/12/51): German Opinions on Jewish Restitution and some Associated Issues, S. 146, und: Report No. 167 (12/1/53): A Year-End Survey of Rightist and Nationalist Sentiments in West-Germany, S. 197–199
[e]
1. –
2. 1949 und 1951/53, BRD
3. Befragung
4. repräsentativ
5. Tabelle 32, S. 484

Mitscherlich, Alexander:
Zur Psychologie des Vorurteils, in: Anitra Karsten (Hrsg.): Vorurteil, Darmstadt 1978, S. 270–285
[th]
Theoretische Aufarbeitung

Müller, Hermann:
Nationale Stereotypen bei Schülern und Methoden zu ihrer Auflockerung, in: Gesellschaft – Staat – Erziehung, 1964/5, S. 330–335
[e]
1. Unterrichtsexperiment zur Auflockerung nationaler Stereotypen
2. vor 1964, Frankfurt a. M.
3. Experiment-Beobachtung
4. nicht repräsentativ
5. –

Müller, Hermann:
Rassen und Völker im Denken der Jugend. Stuttgart 1967
[e]
1. Untersuchung nationaler Stereotypen bei Jugendlichen und Möglichkeiten zu deren Auflockerung
2. 1962, Frankfurt a. M.
3. Befragung und Experiment-Beobachtung
4. nicht repräsentativ
5. –

Noelle-Neumann, E. (Hrsg.), Institut für Demoskopie, Gesellschaft zum Studium der öffentlichen Meinung m.b.H.:
Ist Deutschland antisemitisch? Ein diagnostischer Beitrag zur Innenpolitik, Allensbach 1949
[e]
1. –
2. vor 1949, BRD
3. Befragung
4. aufgrund vorliegender Darstellung nicht einschätzbar
5. Antisemitismus-Umfrage I, S. 449–456

Noelle-Neumann, E. (Hrsg.):
Allensbacher Jahrbuch der Demoskopie 1974–1976, Bd. VI, Wien, München, Zürich 1976
[e]
1. Nationalismus und Antisemitismus ist ein Aspekt der allgemeinen Untersuchungen
2. vor 1974
3. Befragung
4. aufgrund vorliegender Darstellung nicht einschätzbar
5. Tabellen 33, 34 und 35, S. 485 f

Noelle-Neumann, E. (Hrsg.), Institut für Demoskopie Allensbach:
»Holocaust« – Reaktionen auf die Fernsehserie. Ergebnisse einer Blitzumfrage am 27. und 28. Januar 1979 für den »Stern«
[e]
1. –
2. 1979, BRD
3. Befragung
4. repräsentative Quotenauswahl
5. –

Noelle-Neumann, E. (Hrsg.), Institut für Demoskopie Allensbach:
Das deutsch-israelische Verhältnis nach den Angriffen von Ministerpräsident Begin gegen Bundeskanzler Helmut Schmidt. Ergebnisse einer Allensbacher Blitzumfrage am 8. und 9. Mai 1981
[e]
1. –
2. 1981, BRD
3. Befragung
4. repräsentative Quotenauswahl
5. –

OMGUS, siehe: Merrit, A.J.

Pahl, Arne / Steinhilber, Michael:
Manifester Antisemitismus in der BRD. DFG-Veröffentlichung, 1978, Kölner Institut für Massenkommunikation e. V.
[e]
1. –
2. 1978, BRD
3. Befragung, Einzelinterviews
4. repräsentativ
5. –

Quick-Umfrage, siehe: Kehrmann-Institut

Ring, E.:
Neue Erkenntnisse für das Messen von Toleranz, in: Psychologie und Praxis, 1980, Heft 1, Sonderdruck
[e]
1. Die Arbeit greift auf eine allgemeine Untersuchung des Allensbach-Instituts zurück, bei der Antisemitismus ein Aspekt ist.
2. 1975, BRD
3. Befragung
4. repräsentativ
5. Beispiel: Tabelle 36, S. 486

Roese, Peter Paul:
Untersuchungen zum Geschichtsbild Westberliner Jugendlicher. Institut für Soziologie der FU Berlin, Berlin 1963 (unveröffentlichtes Manuskript)
[th]
Theoretische Aufarbeitung zum Prozeß des Geschichtsbild-Aufbaus auf der Grundlage nicht repräsentativer Untersuchungen (Befragungen, Kartenlegetest, semantisches Differential und Inhaltsanalyse von Aufsätzen), die auch Nationalsozialismus und Antisemitismus betreffen

Rürup, Reinhard:
Ein »Zentrum für Antisemitismusforschung« an der TU Berlin, in: Geschichte und Gesellschaft, 5. Jg., 1979, Heft 4, S. 580–581
[th]
Konzeption des Zentrums, das 1980 eröffnet werden sollte

Scheffler, Wolfgang:
Anmerkungen zum Fernsehfilm »Holocaust« und zu Fragen zeithistorischer Forschung, in: Geschichte und Gesellschaft, 5. Jg., 1979, Heft 4, S. 570–579
[th]
Diskussion der Aufgabenstellung wissenschaftlicher Arbeiten angesichts neuerer gesellschaftlicher Erscheinungen, wie sie z. B. in Untersuchungen zur Rezeption des »Holocaust«-Films deutlich werden

Schmidt, Regina / Becker, Egon:
Reaktionen auf politische Vorgänge. Drei Meinungsstudien aus der Bundesrepublik, in: Frankfurter Beiträge zur Soziologie, Bd. 19, hrsg. von Theodor W. Adorno

und Ludwig von Friedeburg, Frankfurt a. M.1967, S. 107–160
[e]
1. Reaktionen und Einstellungen zum Eichmann-Prozeß in der BRD (und anderer Länder zum Vergleich)
2. 1961/62, BRD
3. Befragung
4. repräsentativ
5. Tabellen 37a, 37b, 38, 39, S. 487–489

Schönbach, Peter:
Reaktionen auf die antisemitische Welle im Winter 1959/1960, Frankfurt a. M.1961
[e]
1. –
2. vor 1961, Großraum Frankfurt a. M.
3. repräsentativ für Frankfurt
4. –
5. Tabellen 40 und 41, S. 490

Selbmann, Michael:
Zur Akzeptanz pogromistischer Judenwitze. EMNID-Institut, Bielefeld 1982 (Untersuchung und Auswertung im Auftrag des Herausgebers, siehe S. 285 ff)
[e]
1. –
2. 1981, BRD
3. Befragung
4. repräsentativ
5. Tabelle 42, S. 490

Silbermann, Alphons / Sallen, Herbert/Hänseroth, Albin/Hang, Klaus:
Antisemitismus heute. Eine empirisch-soziologische Untersuchung in der Bundesrepublik Deutschland über die Latenz eines Vorurteils. Forschungsinstitut für Soziologie der Universität zu Köln, Abteilung Massenkommunikation, Köln 1975
[e]
1. –
2. 1974, BRD
3. Befragung
4. repräsentativ
5. Beispiele: Tabellen 43 und 44, S. 491

Silbermann, Alphons/Sallen, Herbert A.:
Latenter Antisemitismus in der Bundesrepublik Deutschland, in: Kölner Zeitschrift für Soziologie und Sozialpsychologie, hrsg. von René König, 28. Jg., 1976, S. 706–723
[e]
1. –
2. 1973–1975, BRD
3. Befragung
4. repräsentativ
5. Tabellen 45 und 46, S. 491

Silbermann, Alphons:
Antisemitismus in der Bundesrepublik Deutschland, in: Bild der Wissenschaft, 1976, Nr. 6, S. 68–74
[e]
1. Auswertung und Darstellung der a. a. O. genannten Untersuchung von Silbermann, Sallen, Hänseroth, Hang: Antisemitismus heute, Köln 1975
2. 1974, BRD
3. Befragung
4. repräsentativ
5. Beispiele: Tabellen 47 und 48, S. 492

Sittig, Gerhard:
Das Bild des Juden bei Schulabgängern des 9. Schuljahrs, in: Protokoll, hrsg. vom Historischen Zirkel im Seminar für Geschichte und politische Bildung der Pädagogischen Hochschule Rheinland, Bonn 1969
[e]
1. –
2. 1968, BRD
3. Befragung
4. nicht repräsentativ
5. Tabellen 49a und 49b, S. 492

Sodhi, Kripal Singh / Bergius, Rudolf:
Nationale Vorurteile. Eine sozialpsychologische Untersuchung an 881 Personen, Berlin 1953
[e]
1. Antisemitismus ist ein Aspekt der allgemeinen Untersuchung
2. vor 1953, Berlin-West
3. Befragung
4. nicht repräsentativ
5. Tabelle 50, S. 493

Sodhi, Kripal Singh / Bergius, Rudolf/Holzkamp, K.:
Urteile über Völker. Versuch einer Problemanalyse, in: Psychologische Beiträge, 1957, Nr. 3, S. 501–526
[th]
Grundsätzliche Struktur-Analyse zur theoretischen Bestimmung möglichst aller Aspekte der Vorurteilsmanifestation

Stern-Umfrage, siehe: Noelle-Neumann

Strauss, Herbert A.:
Ausmaß und Formen des heutigen Antisemitismus in der Bundesrepublik Deutschland. Mitteilung der Technischen Universität Berlin vom 20. 6. 1988. Übersicht über die wesentlichen Ergebnisse einer Studie, die im Auftrag der Antidefamation League (Bnai Brith), New York, vom Institut für Demoskopie Allensbach in Zusammenarbeit mit dem Zentrum für Antisemitismusforschung an der TU Berlin durchgeführt wurde. (Buchausgabe in Vorbereitung)
[e]
1. Meinungsumfrage zu Juden und Israel; Messung und Dynamik antisemitischer Stereotypen
2. 24. Sept. bis 5. Okt. 1987, BRD und Westberlin
3. Repräsentative Quotenauswahl; mündliche Befragung / Erhebung im Rahmen einer Mehrthemenumfrage
4. repräsentativ
5. Antisemitismus-Umfrage II, S. 457

SWS-Meinungsprofile:
Antisemitismus in Österreich, 1. Teil: Einstellungen zu Israel und den Juden, in: Journal für Sozialforschung, 23. Jg., 1983, Heft 1, S. 75–106;
SWS-Meinungsprofile: Antisemitismus in Österreich, 1968–1982, 2. Teil, in: Journal für Sozialforschung, 23. Jg., 1983, Heft 2, S. 205–244
[e]
1. Zusammenfassende Gesamtdarstellung aus mehreren Untersuchungen verschiedener Institute
2. 1968–1982, Österreich
3. Befragung
4. repräsentativ
5. Beispiel-Tabellen: 1. Teil: Tabelle 51, S. 494; 2. Teil: Tabelle 52, S. 495

Tichatschek-Marin, Bernd:
Antisemitismus ohne Antisemiten? Zum nachfaschistischen Antisemitismus in Österreich, in: Österreichische Zeitschrift für Soziologie, 1976, Heft 1, S. 1–14
[th]
Deskriptive Sekundäranalyse verschiedener Untersuchungen zum Thema

Tumin, Melvin:
Intergroup Attitudes of Youth and Adults in England, France and Germany, 3 Bde. (vervielfältigtes Manuskript), Princeton o. J. (wahrscheinlich 1962/63)
[e]
1. Untersuchung ethnischer, rassischer und nationaler Stereotype im Nachkriegseuropa
2. Erhebungszeitraum nicht erwähnt, wahrscheinlich 1959/60
3. mündliche Befragung
4. nicht ersichtlich, aber wahrscheinlich repräsentativ
5. Die Ergebnisse werden sehr differenziert dargestellt. Beispielhaft sind aus den 234 Tabellen die Tabellen 53 (4a) und 54 (5) angeführt, S. 496

Weiss, Hildegard:
Antisemitismus. Inhalte und Ausmaß antijüdischer Einstellungen in der Wiener Bevölkerung, in: Journal für angewandte Sozialforschung, 17. Jg., 1977, Heft 3, S. 13–26
[e]
1. –
2. 1976, Wien
3. Befragung
4. repräsentativ für Wien
5. –

Weiss, Hildegard:
Antisemitismus. Inhalte und Ausmaß antijüdischer Einstellungen in der Wiener Bevölkerung, II, in: Jahrbuch für angewandte Sozialforschung, 17. Jg., 1977, Heft 4, S. 12–22
[e]
1. Diskriminanzanalyse der a. a. O. genannten Untersuchung zum Thema
2. 1976, Wien
3. Befragung
4. repräsentativ für Wien
5. –

Weiss, Hildegard:
Antisemitische Vorurteile in Österreich. Theoretische und empirische Analysen. Institut für Soziologie der Universität Wien 1981
[e]
1. –
2. 1976, 1980, Österreich
3. Befragung
4. repräsentativ
5. Beispiel: Tabellen 55, 56 und 57, S. 496–498

Wildenmann, Rudolf / Kaase, Max:
Die unruhige Generation. Eine Untersuchung zu Politik und Demokratie in der Bundesrepublik. Mannheim 1968
[e]
1. Antisemitismus ist ein Aspekt einer allgemeinen Einstellungsuntersuchung bei Studenten und Jugendlichen in der BRD
2. 1968, BRD
3. Befragung
4. repräsentativ
5. Tabelle 58, S. 498

Wolf, Heinz E.:
Sozialpsychologische Untersuchung der Vorurteile gegen Neger und Juden bei Ober- und Volksschülern, in: Kölner Zeitschrift für Soziologie und Sozialpsychologie 11/1959/4, S. 651–665
[e]
1. –
2. vor 1959 in Saarbrücken und Wiesbaden
3. Befragung
4. teilweise repräsentativ
5. Tabelle 59, S. 499

Wolf, Heinz E.:
Vorurteile bei Jugendlichen, in: Überwindung von Vorurteilen, hrsg. von der Friedrich-Ebert-Stiftung, Hannover 1960
[e]
1. Antisemitismus ist ein Aspekt der allgemeinen Untersuchung, die hier, zusätzlich zu der a. a. O. genannten, neu veröffentlicht wird.
2. vor 1960, Saarbrücken und Wiesbaden
3. Befragung
4. teilweise repräsentativ
5. Tabelle 60, S. 500

Wolf, Heinz E.:
Stellungnahmen deutscher Jugendlicher zu westlichen und anderen Gruppen, in: Kölner Zeitschrift für Soziologie und Sozialpsychologie, 18/1966/2, S. 300–328
[e]
1. Neuauswertung verschiedener Studien zur allgemeinen Vorurteilsproblematik, die aber auch Antisemitismus behandeln (darunter auch die a. a. O. genannte Untersuchung von 1959 in Saarbrücken und Wiesbaden)
2. vor 1966, BRD
3. Befragung
4. teilweise repräsentativ
5. Tabelle 61, S. 501

Wolf, Heinz E.:
Antisemitismusforschung contra Meinungsforschung? Kritische Hinweise zur Problemlage der empirischen Antisemitismusforschung in der Bundesrepublik, in: Zeitschrift für Markt- und Meinungsforschung, 9. Jg., 1966, Nr. 1/2, S. 1993–2008
[th]
Aufarbeitung der Grundlagen, Theorien und Probleme der Antisemitismusforschung

Zahn, Ulrike:
Antisemitismus im nationalsozialistischen Film. Ein Dokumentarfilm – »Der ewige Jude« – und ein Spielfilm – »Jud Süß« – im Vergleich. Unveröffentlichte Diplomarbeit, betreut durch Dr. Hans-Jürgen Weiß, Kontakt: Helmut Volpers, Institut für Publizistik und Kommunikationswissenschaft der Wirtschafts- und Sozialwissenschaftlichen Fakultät der Universität Göttingen 1980
[e]
1. –
2. vor 1980
3. vergleichende Filminhaltsanalyse
4. nicht repräsentativ
5. –

(ohne Verfasser:)
Daten zum Vergleich der Einschätzung: Israel und Bundesrepublik – Fremdbild und Selbstbild. MARPLAN, Projekt Nr. 28318, 1979
[e]
1. –
2. vor 1979
3. Befragung
4. aufgrund vorliegender Darstellung nicht einschätzbar
5. Tabelle 63, S. 502

Zentrum für Antisemitismusforschung, siehe: Strauss

Antisemitismus-Umfrage I
Herbst 1949

Im Dritten Reich

Frage: »*Glauben Sie, daß die Nationalsozialisten die Abneigung gegen die Juden vermehrt haben, oder glauben Sie, daß die antijüdische Propaganda eher das Gegenteil bewirkt hat?*«

	Propaganda hat Abneigung vermehrt	Propaganda hat das Gegenteil bewirkt	Unentschieden
Gesamt	65 %	13 %	22 %
Männlich	70 %	12 %	18 %
Weiblich	61 %	13 %	26 %
Altersgruppen:			
Unter 30 Jahre	64 %	10 %	26 %
30–50 Jahre	66 %	14 %	20 %
50–65 Jahre	67 %	15 %	18 %
65 Jahre und älter	64 %	10 %	26 %
Schulbildung:			
Volksschule	62 %	14 %	24 %
Mittlere Reife	73 %	10 %	17 %
Abitur	70 %	12 %	18 %
Beruf:			
Landwirte, Bauern	63 %	9 %	28 %
Landarbeiter	53 %	18 %	29 %
Arbeiter	63 %	14 %	23 %
Angestellte	69 %	12 %	19 %
Beamte	65 %	16 %	19 %
Selbständige in Handel und Gewerbe	76 %	9 %	15 %
Freie Berufe	68 %	12 %	20 %
Monatseinkommen:			
Bis 50 DM	57 %	9 %	34 %
50–150 DM	59 %	13 %	28 %
150–250 DM	68 %	13 %	19 %
250–350 DM	68 %	13 %	19 %
350–500 DM	71 %	11 %	18 %
500 DM und mehr	65 %	16 %	19 %

Quelle: Institut für Demoskopie. Gesellschaft zum Studium der öffentlichen Meinung m.b.H. (IfD), Allensbach 1949. Ist Deutschland antisemitisch? Ein diagnostischer Beitrag zur Innenpolitik.

Frage: »*Glauben Sie, daß die Nationalsozialisten die Abneigung gegen die Juden vermehrt haben . . .?*«

	Propaganda hat Abneigung vermehrt	Propaganda hat das Gegenteil bewirkt	Unentschieden
Länder:			
Schleswig-Holstein	62 %	18 %	20 %
Hamburg, Bremen	69 %	14 %	17 %
Niedersachsen	72 %	7 %	21 %
Nordrhein-Westfalen	65 %	14 %	21 %
Hessen	66 %	7 %	27 %
Bayern	59 %	16 %	25 %
Württemberg-Baden	67 %	12 %	21 %
Rheinland-Pfalz	78 %	4 %	18 %
Württemberg-Hohenzollern, Baden	68 %	14 %	18 %
(Berlin)	63 %	17 %	20 %
Stadt und Land:			
Unter 2000 Einwohner	67 %	10 %	23 %
2 000– 20 000 Einwohner	66 %	13 %	21 %
20 000–100 000 Einwohner	66 %	11 %	23 %
100 000 und mehr Einwohner	65 %	15 %	20 %
Konfession:			
Evangelisch	69 %	11 %	20 %
Katholisch	61 %	15 %	24 %
Andere bzw. ohne Konf.	66 %	11 %	23 %
Politische Orientierung:			
CDU/CSU	62 %	14 %	24 %
SPD	68 %	15 %	17 %
FDP	68 %	10 %	22 %
KPD	67 %	6 %	27 %
Sonstige Parteien	66 %	12 %	22 %
Flüchtlinge	63 %	12 %	25 %
Ortsansässige	66 %	13 %	21 %

Frage: »*Wie ist es Ihnen persönlich ergangen: Hat der Nationalsozialismus Ihre Einstellung Juden gegenüber im guten oder schlechten Sinne verändert?*«

	Die antijüdische Propaganda . . .		
	wurde mit Glauben aufgenommen	wurde als abstoßend empfunden	war den Befragten gleichgültig
Gesamt	21 %	27 %	52 %
Männlich	23 %	27 %	50 %
Weiblich	19 %	28 %	53 %
Altersgruppen:			
Unter 30 Jahre	30 %	17 %	53 %
30–50 Jahre	19 %	28 %	53 %
50–65 Jahre	17 %	32 %	51 %
65 Jahre und älter	13 %	37 %	50 %

(Fortsetzung)

Frage: »*Wie ist es Ihnen persönlich ergangen: Hat der Nationalsozialismus Ihre Einstellung Juden gegenüber im guten oder schlechten Sinne verändert?*«

Schulbildung:			
Volksschule	19 %	28 %	53 %
Mittlere Reife	23 %	26 %	51 %
Abitur	22 %	26 %	52 %
Beruf:			
Landwirte, Bauern	21 %	21 %	58 %
Landarbeiter	19 %	24 %	57 %
Arbeiter	23 %	24 %	53 %
Angestellte	22 %	28 %	50 %
Beamte	18 %	32 %	50 %
Selbständige in Handel und Gewerbe	24 %	27 %	49 %
Freie Berufe	16 %	43 %	41 %
Monatseinkommen:			
Bis 50 DM	28 %	29 %	43 %
50–150 DM	17 %	28 %	55 %
150–250 DM	23 %	23 %	54 %
250–350 DM	19 %	32 %	49 %
350–500 DM	19 %	29 %	52 %
500 DM und mehr	17 %	35 %	48 %
Länder:			
Schleswig-Holstein	19 %	27 %	54 %
Hamburg, Bremen	22 %	28 %	50 %
Niedersachsen	21 %	25 %	54 %
Nordrhein-Westfalen	20 %	28 %	52 %
Hessen	15 %	36 %	49 %
Bayern	18 %	29 %	53 %
Württemberg-Baden	26 %	23 %	51 %
Rheinland-Pfalz	37 %	17 %	46 %
Württemberg-Hohenzollern, Baden	20 %	26 %	54 %
(Berlin)	21 %	31 %	48 %
Stadt und Land:			
Unter 2000 Einwohner	22 %	23 %	55 %
2 000– 20 000 Einwohner	22 %	26 %	52 %
20 000–100 000 Einwohner	22 %	32 %	46 %
100 000 und mehr Einwohner	18 %	30 %	52 %
Konfession:			
Evangelisch	22 %	25 %	53 %
Katholisch	18 %	30 %	52 %
Andere bzw. ohne Konfession	24 %	33 %	43 %
Politische Orientierung:			
CDU/CSU	14 %	32 %	54 %
SPD	18 %	35 %	47 %
FDP	27 %	29 %	44 %
KPD	20 %	33 %	47 %
Sonstige Parteien	22 %	24 %	54 %
Flüchtlinge	22 %	30 %	48 %
Ortsansässige	21 %	26 %	53 %

Seit 1945

Frage: »*Würden Sie auf Grund Ihrer Beobachtungen sagen, daß der Antisemitismus seit 1945 in Deutschland zugenommen oder abgenommen hat?*«

	Zugenommen	Unverändert stark geblieben	Unverändert gering geblieben	Abgenommen	Unentschieden, kein Urteil
Gesamt	19 %	13 %	4 %	32 %	32 %
Männlich	22 %	16 %	4 %	34 %	24 %
Weiblich	15 %	12 %	5 %	29 %	39 %
Altersgruppen:					
Unter 30 Jahre	22 %	16 %	3 %	30 %	29 %
30–50 Jahre	18 %	14 %	5 %	32 %	31 %
50–65 Jahre	19 %	13 %	5 %	32 %	31 %
65 Jahre und älter	13 %	10 %	4 %	32 %	41 %
Schulbildung:					
Volksschule	17 %	11 %	4 %	32 %	36 %
Mittlere Reife	22 %	19 %	5 %	29 %	25 %
Abitur	25 %	22 %	4 %	34 %	15 %
Beruf:					
Landwirte, Bauern	16 %	10 %	5 %	36 %	33 %
Landarbeiter	17 %	14 %	6 %	28 %	35 %
Arbeiter	13 %	12 %	4 %	32 %	34 %
Angestellte	23 %	15 %	4 %	32 %	26 %
Beamte	13 %	19 %	9 %	31 %	28 %
Selbständige in Handel und Gewerbe	23 %	18 %	5 %	26 %	28 %
Freie Berufe	19 %	21 %	5 %	30 %	25 %
Monatseinkommen:					
Bis 50 DM	16 %	14 %	1 %	31 %	38%
50–150 DM	16 %	13 %	4 %	33 %	34 %
150–250 DM	20 %	11 %	4 %	31 %	34 %
250–350 DM	18 %	18 %	4 %	32 %	28 %
350–500 DM	22 %	18 %	5 %	27 %	28 %
500 DM und mehr	29 %	14 %	8 %	30 %	19 %
Länder:					
Schleswig-Holstein	14 %	17 %	4 %	37 %	28 %
Hamburg, Bremen	16 %	4 %	5 %	37 %	38 %
Niedersachsen	20 %	19 %	4 %	32 %	25 %
Nordrhein-Westfalen	11 %	14 %	5 %	35 %	35 %
Hessen	23 %	11 %	3 %	26 %	37 %
Bayern	33 %	11 %	4 %	22 %	30 %
Württemberg-Baden	25 %	17 %	4 %	27 %	27 %
Rheinland-Pfalz	4 %	12 %	9 %	43 %	32 %
Württemberg-Hohenzollern, Baden	16 %	15 %	2 %	34 %	33 %
(Berlin)	7 %	9 %	4 %	49 %	31 %
Stadt und Land:					
Unter 2000 Einwohner	20 %	13 %	5 %	30 %	32 %
2 000– 20 000 Einwohner	15 %	14 %	5 %	33 %	33 %
20 000–100 000 Einwohner	21 %	16 %	5 %	30 %	28 %
100 000 und mehr Einwohner	19 %	12 %	4 %	32 %	33 %

(Fortsetzung)

Frage: *»Würden Sie aufgrund Ihrer Beobachtungen sagen, der Antisemitismus hat/ist ...«*

	Zugenommen	Unverändert stark geblieben	Unverändert gering geblieben	Abgenommen	Unentschieden, kein Urteil
Konfession:					
Evangelisch	19 %	14 %	5 %	31 %	31 %
Katholisch	17 %	14 %	4 %	33 %	32 %
Andere bzw. ohne Konf.	24 %	16 %	2 %	33 %	25 %
Politische Orientierung:					
CDU/CSU	12 %	12 %	5 %	38 %	33 %
SPD	14 %	15 %	3 %	35 %	33 %
FDP	22 %	19 %	5 %	27 %	27 %
KPD	20 %	10 %	3 %	37 %	30 %
Sonstige Parteien	21 %	13 %	5 %	30 %	31 %
Flüchtlinge	22 %	16 %	4 %	26 %	32 %
Ortsansässige	17 %	13 %	5 %	33 %	32 %

Frage: *»Sollten Personen, die sich heute in Deutschland antisemitisch betätigen, von den Gerichten bestraft werden oder nicht?«*

	Ja, prinzipiell	Ja, in schweren Fällen	Nein, prinzipiell nicht	Nein, wäre undemokratisch*	Unentschieden
Gesamt	17 %	24 %	15 %	28 %	16 %
Männlich	15 %	24 %	16 %	34 %	11 %
Weiblich	18 %	24 %	14 %	23 %	21 %
Altersgruppen:					
Unter 30 Jahre	9 %	24 %	19 %	33 %	15 %
30–50 Jahre	18 %	25 %	14 %	29 %	14 %
50–65 Jahre	18 %	23 %	15 %	27 %	17 %
65 Jahre und älter	21 %	24 %	12 %	24 %	19 %
Schulbildung:					
Volksschule	18 %	23 %	14 %	27 %	18 %
Mittlere Reife	13 %	27 %	17 %	33 %	10 %
Abitur	13 %	26 %	16 %	38 %	7 %
Beruf:					
Landwirte, Bauern	15 %	25 %	10 %	27 %	23 %
Landarbeiter	13 %	22 %	17 %	30 %	18 %
Arbeiter	17 %	21 %	14 %	30 %	18 %
Angestellte	13 %	29 %	17 %	30 %	11 %
Beamte	18 %	28 %	14 %	26 %	15 %
Selbständige in Handel und Gewerbe	14 %	23 %	19 %	31 %	13 %
Freie Berufe	22 %	21 %	15 %	35 %	7 %

(Fortsetzung)

Frage: *»Sollten Personen, die sich heute in Deutschland antisemitisch betätigen, von den Gerichten bestraft werden oder nicht?«*

	Ja, prinzipiell	Ja, in schweren Fällen	Nein, prinzipiell nicht	Nein, wäre undemokratisch*	Unentschieden
Monatseinkommen:					
Bis 50 DM	16 %	17 %	15 %	29 %	23 %
50–150 DM	16 %	24 %	14 %	26 %	20 %
150–250 DM	13 %	26 %	15 %	30 %	16 %
250–350 DM	18 %	26 %	17 %	27 %	12 %
350–500 DM	22 %	24 %	13 %	30 %	11 %
500 DM und mehr	18 %	17 %	16 %	41 %	8 %
Länder:					
Schleswig-Holstein	9 %	25 %	16 %	35 %	15 %
Hamburg, Bremen	30 %	21 %	16 %	21 %	12 %
Niedersachsen	12 %	17 %	21 %	35 %	15 %
Nordrhein-Westfalen	19 %	23 %	15 %	26 %	17 %
Hessen	16 %	31 %	11 %	26 %	16 %
Bayern	13 %	25 %	15 %	30 %	17 %
Württemberg-Baden	19 %	23 %	11 %	33 %	14 %
Rheinland-Pfalz	14 %	23 %	20 %	24 %	19 %
Württemberg-Hohenz., Baden	13 %	30 %	12 %	29 %	16 %
(Berlin)	25 %	37 %	5 %	15 %	18 %
Stadt und Land:					
Unter 2 000 Einwohner	13 %	27 %	13 %	31 %	16 %
2 000– 20 000 Einwohner	12 %	25 %	16 %	30 %	17 %
20 000–100 000 Einwohner	17 %	19 %	21 %	25 %	18 %
100 000 und mehr Einwohner	20 %	24 %	12 %	29 %	15 %
Konfession:					
Evangelisch	15 %	23 %	17 %	29 %	16 %
Katholisch	18 %	25 %	13 %	28 %	16 %
Andere bzw. ohne Konf.	21 %	24 %	12 %	34 %	9 %
Politische Orientierung:					
CDU/CSU	17 %	27 %	12 %	23 %	21 %
SPD	23 %	28 %	9 %	28 %	12 %
FDP	13 %	23 %	22 %	31 %	11 %
KPD	44 %	17 %	13 %	13 %	13 %
Sonstige Parteien	14 %	23 %	17 %	31 %	15 %
Flüchtlinge	13 %	23 %	18 %	32 %	14 %
Ortsansässige	17 %	24 %	15 %	28 %	16 %

* Es handelt sich um im Fragebogen vorgegebene Antworten. Die Antwort: »Nein, wäre undemokratisch« wurde eingefügt, um mit Hilfe des akzeptablen Schlagwortes die Aufrichtigkeit der Beantwortung zu fördern. Es erhebt sich allerdings die Frage – die durch Vergleichsuntersuchungen zu klären wäre – wie weit das Schlagwort nun im Gegenteil mehr Stimmen anzog, als tatsächlich der Nein-Fraktion angehören. In jedem Fall sind bei dieser Anlage der Auswahl-Antworten die Ja-Stimmen als gefestigt und zuverlässig zu betrachten.

Ursache und Ausweg

Frage: »*Was würden Sie als Ursache des Antisemitismus bezeichnen?*«*

	Die Eigenheiten jüdischer Volksgruppen	Die jüdische Religion	Die antisemitische Propaganda	Sonstige Gründe	Unentschieden
Gesamt	53 %	12 %	30 %	8%	14 %
Männlich	54 %	13 %	31 %	9 %	10 %
Weiblich	52 %	12 %	28 %	7 %	17 %
Altersgruppen:					
Unter 30 Jahre	55 %	12 %	29 %	8 %	13 %
30–50 Jahre	53 %	13 %	30 %	8 %	13 %
50–65 Jahre	57 %	13 %	28 %	7 %	13 %
65 Jahre und älter	34 %	10 %	34 %	8 %	17 %
Schulbildung:					
Volksschule	47 %	13 %	28 %	7 %	17 %
Mittlere Reife	65 %	12 %	32 %	9 %	5 %
Abitur	67 %	12 %	34 %	12 %	5 %
Beruf:					
Landwirte, Bauern	48 %	13 %	30 %	10 %	17 %
Landarbeiter	41 %	13 %	26 %	6 %	17 %
Arbeiter	47 %	13 %	31 %	7 %	18 %
Angestellte	59 %	12 %	27 %	10 %	8 %
Beamte	47 %	16 %	33 %	7 %	10 %
Selbständige in Handel und Gewerbe	71 %	12 %	27 %	6 %	10 %
Freie Berufe	52 %	14 %	35 %	16 %	4 %
Monatseinkommen:					
Bis 50 DM	59 %	11 %	16 %	10 %	24 %
50–150 DM	48 %	12 %	31 %	7 %	15 %
150–250DM	53 %	12 %	30 %	7 %	14 %
250–350 DM	55 %	12 %	28 %	10 %	10 %
350–500 DM	56 %	16 %	35 %	9 %	7 %
500 DM und mehr	67 %	11 %	32 %	9 %	3 %
Länder:					
Schleswig-Holstein	46 %	15 %	34 %	8 %	12 %
Hamburg, Bremen	54 %	19 %	32 %	12 %	9 %
Niedersachsen	58 %	13 %	30 %	5 %	11 %
Nordrhein-Westfalen	51 %	13 %	33 %	8 %	15 %
Hessen	47 %	9 %	33 %	10 %	9 %
Bayern	58 %	10 %	20 %	10 %	10 %
Württemberg-Baden	51 %	10 %	34 %	5 %	13 %
Rheinland-Pfalz	51 %	10 %	37 %	5 %	12 %
Württemberg-Hohenz., Baden	52 %	15 %	21 %	12 %	15 %
(Berlin)	52 %	11 %	41 %	7 %	16 %
Stadt und Land:					
Unter 2000 Einwohner	50 %	13 %	27 %	7 %	13 %
2 000– 20 000 Einwohner	55 %	15 %	28 %	8 %	13 %
20 000–100 000 Einwohner	56 %	12 %	30 %	5 %	14 %
100 000 und mehr Einw.	50 %	9 %	33 %	9 %	13 %

(Fortsetzung)

Frage: *»Was würden Sie als Ursache des Antisemitismus bezeichnen?«**

	Die Eigenheiten jüdischer Volksgruppen	Die jüdische Religion	Die antisemitische Propaganda	Sonstige Gründe	Unentschieden
Konfession:					
Evangelisch	55 %	13 %	29 %	8 %	13 %
Katholisch	49 %	11 %	31 %	8 %	14 %
Andere bzw. ohne Konf.	48 %	13 %	28 %	11 %	10 %
Politische Orientierung:					
CDU/CSU	48 %	14 %	32 %	8 %	13 %
SPD	45 %	12 %	35 %	7 %	14 %
FDP	65 %	9 %	21 %	11 %	8 %
KPD	20 %	10 %	43 %	13 %	17 %
Sonstige Parteien	55 %	13 %	28 %	8 %	14 %
Flüchtlinge	58 %	12 %	24 %	7 %	14 %
Ortsansässige	51 %	12 %	31 %	8 %	13 %

* Die Zahlen addieren zu mehr als 100, da vielfach mehrere Ursachen bezeichnet wurden.

Antisemitismus-Umfrage II
Herbst 1987

Struktur
Bundesgebiet mit West-Berlin, Bevölkerung ab 16 Jahre

	Bevölkerung insgesamt %	Antisemiten %
Geschlecht		
Männer	47	55
Frauen	53	45
	100	100
Alter:		
16–29 Jahre	28	16
30–44 Jahre	24	16
45–59 Jahre	23	23
60 Jahre und älter	25	45
	100	100
Schulbildung		
Volksschule	57	68
Mittlere Reife	29	25
Abitur	14	7
	100	100
Berufskreise		
Angelernte Arbeiter	16	23
Facharbeiter	2	22
Einfache Angestellte/Beamte	36	30
Leitende Angestellte/Beamte	14	12
Selbständige/Freie Berufe	8	6
Landwirte	4	7
	100	100
Stadt und Land		
Dörfer	15	21
Kleinstädte	25	26
Mittelstädte	26	25
Großstädte	34	28
	100	100

(Quelle: Herbert Strauss: Ausmaß und Formen des heutigen Antisemitismus, Berlin 1988, Tabelle 18)

Beschreibung der eigenen Position gegenüber Juden und Antisemitismus
Frage: »Können Sie die Karten bitte einmal durchsehen und mir die Punkte nennen, die auf Sie zutreffen?«
(Vorlage eines Kartenspiels)

	Bevölkerung insgesamt	Altersgruppen 16–29 Jahre	30–44 Jahre	45-59 Jahre	60 Jahre und älter
	%	%	%	%	%
Kommunikationslatenz					
Was ich über Juden denke, sage ich nicht jedem	15	10	12	16	25
Wenn ich über Juden rede, bin ich immer sehr vorsichtig, weil man sich da nur die Finger verbrennen kann	20	14	16	22	30
Ich glaube, etwas vorsichtig muß man bei Juden immer sein	19	12	16	20	30
Ich glaube, daß sich viele nicht trauen, ihre wirkliche Meinung über Juden zu sagen	40	36	37	42	45
Ich glaube, daß die Juden mitschuldig sind, wenn sie gehaßt und verfolgt werden	22	13	18	21	35
Mir ist das ganze Thema ›Juden‹ irgendwie unangenehm	23	16	22	24	30
	139	101	121	145	195
Unbefangenheit					
Mich beschämt, daß Deutsche so viele Verbrechen an Juden begangen haben	61	59	64	62	59
Ich mache keinen Unterschied zwischen Juden und anderen Menschen	75	80	78	74	66
Ich kann gar nicht verstehen, daß es Leute gibt, die grundsätzlich etwas gegen Juden haben	49	60	54	46	37
Um mir selbst ein Bild machen zu können, würde ich gern mal Juden näher kennenlernen	34	46	42	30	15
	219	245	238	212	177
Kontakte zu Juden					
Meine Familie hatte vor dem Krieg jüdische Freunde und Bekannte	19	9	16	19	32
Um mir selbst ein Bild machen zu können, würde ich gern mal Juden näher kennenlernen	34	46	42	30	15
	53	55	58	49	47
Negierung einer persönlichen Schuld					
Ich persönlich bin mir keiner Schuld gegenüber Juden bewußt	83	83	85	85	81

(Quelle: Herbert Strauss: Ausmaß und Formen des heutigen Antisemitismus, Berlin 1988, Tabelle 26)

Toleranz und Unterstützungsbereitschaft

Frage: »Hier ist verschiedenes aufgeschrieben, was wir so bei unseren Umfragen gehört haben. Welchen dieser Forderungen würden Sie zustimmen?«
(Vorlage einer Liste)

	Bevölkerung insgesamt %	Altersgruppen 16–29 Jahre %	30–44 Jahre %	45–59 Jahre %	60 Jahre und älter %
Juden und Nichtjuden sollten vom Recht und einfach in allem genau gleichbehandelt werden	70	73	73	71	63
Kinder von Juden sollten auf die gleichen Schulen gehen wie andere Kinder auch	69	74	73	68	60
Ehemalige KZ-Aufseher sollten auch weiterhin gesucht und bestraft werden	49	55	54	46	42
Die Bundesrepublik sollte auf keinen Fall Waffen an die Araber liefern	44	45	42	48	41
Es sollte mehr Städtepartnerschaften zwischen israelischen und deutschen Städten geben	37	42	43	36	28
Besuchsreisen nach Israel sollten öffentlich gefördert werden	26	33	29	23	19
Den Juden soll bei uns in jeder Weise geholfen werden, denn sie haben sehr viel gelitten	26	29	26	25	25
Die Bundesrepublik sollte die Politik von Israel mehr unterstützen	9	7	8	11	9
Mehr Schulen und Straßen sollten nach deutschen Juden benannt werden	8	9	9	7	7

(Quelle: Herbert Strauss: Ausmaß und Formen des heutigen Antisemitismus, Berlin 1988, Tabelle 15)

Israelbild

Frage: »Hier auf dieser Liste steht einiges, was man über Israel hören kann. Bei welchen Punkten würden Sie sagen, das stimmt, das sehe ich auch so? Wenn Sie mir bitte einfach die entsprechenden Ziffern angeben.«
(Vorlage einer Liste)

	Bevölkerung insgesamt %	Altersgruppen 16–29 Jahre %	30–44 Jahre %	45–59 Jahre %	60 Jahre und älter %
Antiisraelische Stereotype					
Sie beginnen Kriege und geben anderen die Schuld daran	15	11	13	15	21
Ein Land, das einfach keinen Frieden will	12	10	9	11	16
Israel betreibt eine rücksichtslose und engstirnige Politik	19	17	18	18	21
Dort haben religiöse Fanatiker die Fäden in der Hand	20	20	15	21	24
Ein Staat, der über Leichen geht	18	17	18	17	21
Israel lebt von unseren Wiedergutmachungszahlungen	17	12	11	20	25
Sie nehmen ihren Nachbarn Land weg ohne jedes Recht	21	18	18	22	28
	122	105	102	124	156
Sorgen über Israels Einfluß					
Sie haben eine gute Armee und einen guten Geheimdienst	46	39	51	51	43
Sie sind von den Amerikanern abhängig	35	30	36	42	34
Diesen Land hat sehr viel versteckten Einfluß in der Welt	39	33	39	45	39
	120	102	126	138	116

(Quelle: Herbert Strauss: Ausmaß und Formen des heutigen Antisemitismus, Berlin 1988, Tabelle 11)

Israelbild
Frage: »Hier auf dieser Liste steht einiges, was man über Israel hören kann. Bei welchen Punkten würden Sie sagen, das stimmt, das sehe ich auch so? Wenn Sie mir bitte einfach die entsprechenden Ziffern angeben.«
(Vorlage einer Liste)

	Bevölkerung insgesamt %	Altersgruppen 16–29 Jahre %	30–44 Jahre %	45–59 Jahre %	60 Jahre und älter %
Anerkennung der besonderen Leistungen					
Israel kann wirklich stolz auf sich sein	21	17	22	23	23
Der Staat Israel verdient unsere besondere Unterstützung	23	23	24	23	21
Von den Israelis können wir sehr viel Gutes lernen	8	6	8	7	10
Ein fleißiges Volk	37	31	35	43	39
Israel hat eine vorbildliche Landwirtschaft	27	21	28	34	28
Ein Land, dessen Verhalten durch ständige Bedrohung von außen geprägt wird	48	48	52	54	40
	164	146	169	184	161
Ein Staat wie jeder andere					
Ein Staat wie jeder andere auch	21	20	20	22	21
Sie sind wie wir. Die Deutschen des Nahen Ostens	10	6	13	10	11
	31	26	33	32	32

(Quelle: Herbert Strauss, Ausmaß und Formen des heutigen Antisemitismus, Tabelle 11)

Kommunikationslatenz
Frage: »Können Sie die Karten bitte einmal durchsehen und mir die Punkte nennen, die auf Sie zutreffen?«
(Vorlage eines Kartenspiels)

	Bevölkerung insgesamt %	Antisemiten %	Vorurteilsfreie %
Dimension 1: Kommunikationslatenz			
Was ich über Juden denke, sage ich nicht jedem	15	47	3
Wenn ich über Juden rede, bin ich immer sehr vorsichtig, weil man sich da nur die Finger verbrennen kann	20	49	6
Ich glaube, etwas vorsichtig muß man bei Juden immer sein	19	62	3
Ich glaube, daß sich viele nicht trauen, ihre wirkliche Meinung über Juden zu sagen	40	66	24
Ich glaube, daß die Juden mitschuldig sind, wenn sie gehaßt und verfolgt werden	22	71	3
Mir ist das ganze Thema ›Juden‹ irgendwie unangenehm	23	45	9
	139	340	48

(Quelle: Herbert Strauss, Ausmaß und Formen des heutigen Antisemitismus, Berlin 1988, Tabelle 25)

Unterstützungs- und Diskriminierungsbereitschaft

Frage: »Hier ist verschiedenes aufgeschrieben, was wir so bei unseren Umfragen gehört haben. Welchen dieser Forderungen würden Sie zustimmen?«

(Auszug)	1960 %	1983 %	1986 %	1987 %
Den Juden soll bei uns in jeder Weise geholfen werden, denn sie haben sehr viel gelitten	46	29	33	26
Juden sollen bei uns nicht Minister oder hohe Beamte werden	29	10	9	16
Es soll verboten werden, daß weitere Juden nach Deutschland einwandern oder zurückkehren	15	5	5	6
Juden und Nichtjuden sollen vom Recht und einfach in allem genau gleich behandelt werden	65*	75	70	

* Nur in einer Halbgruppe erhoben

Quelle: Allensbacher Archiv, IfD-Umfragen 1039, 4022, 4071, 4094, aus: Herbert Strauss, Ausmaß und Formen des heutigen Antisemitismus, Berlin 1988, Tabelle 16)

Tabellen in Reihenfolge der alphabetischen Bibliographie

Tabelle 1

	Volksschüler	Berufsschüler mit Volksschulbildung	Mittelschüler	Primaner
	(563) %	(375) %	(530) %	(337) %
meinen, folgende Gruppen hätten in der Bundesrepublik zuviel Einfluß[1]:				
Parteien	45	43	26	–
Gewerkschaften	34	31	51	53
Katholische Kirche	17	28	17	–
Arbeitgeberverbände	12	12	17	17
Bauernverbände	9	9	6	26
Evangelische Kirche	9	6	2	–
machen keine Angaben	9	6	8	8
	135[2]	135[2]	127[2]	–
meinen zur Berechtigung von Streiks:				
es darf gestreikt werden	49	50	51	–
es darf gestreikt werden – mit Vorbehalten	7	8	17	–
es darf nicht gestreikt werden	21	15	30	–
machen keine Angaben	28	30	8	–
	105[3]	103[3]	106[3]	–
reagieren auf das Argument »Gewerkschaften eigennützige Interessenverbände«[4]:				
mit starker Ablehnung	23	34	35	18
mit mittlerer Ablehnung	26	24	31	31
mit schwacher Ablehnung	17 = 66	16 = 74	14 = 80	24 = 73
mit schwacher Zustimmung	15	10	9	11
mit mittlerer Zustimmung	10	10	5	8
mit starker Zustimmung	7 = 32	5 = 25	5 = 19	7 = 26
machen keine Angaben	2	1	1	1
	100	100	100	100

1 An Oberschüler wurde diese Frage mit teilweise anderen Vorgaben gestellt.
2 Mehrfachnennungen waren möglich.
3 Mehrfachnennungen waren jeweils innerhalb der bejahenden und verneinenden Antwortgruppen – hier zusammengezogen – möglich.
4 Wortlaut des Statements: »Die Gewerkschaften sind eigennützige Interessenverbände, denen das Allgemeinwohl der Bevölkerung gleichgültig ist.«

(Quelle: E. Becker/S. Herkommer/J. Bergmann, Erziehung zur Anpassung? 1968, S. 100)

Tabelle 2 (Werte in Prozent)

	Westdeutsche Jugendliche zwischen 16 u. 24 Jahren nach Schulbildung[1]: Volks-schüler	Berufs-schüler mit Volksschul-bildung	Mittel-schüler	Primaner	Volksschul-bildung	Mittlere Reife, Mittelschul-abschluß, Fachschule	Abitur, Hoch-schule, Universität
	(563)	(375)	(530)	(337)	(2374)	(747)	(281)
meinen vom Nationalsozialismus, er habe mehr schlechte oder mehr gute Seiten gehabt[2]:							
nur schlechte Seiten	6	4	3	14	4	6	9
mehr schlechte als gute	42	44	62	74	33	49	69
ebensoviel gute wie schlechte	40	39	28	10	27	22	12
mehr gute als schlechte	4	4	2	*	5	4	3
nur gute Seiten	*	*	*	*	*	*	*
machen keine Angaben	8	9	5	2	31	19	7
hätten, wenn frühere führende Nationalsozialisten hohe Regierungsstellen einnähmen[3]:							
starke Bedenken	37	41	46	56	38	42	52
einige Bedenken	42	39	46	39	33	40	33
keine Bedenken	5	8	5	4	12	8	9
wissen keine Antwort	16	12	3	1	17	10	6
hätten, wenn Juden hohe Regierungsstellen einnähmen:							
starke Bedenken	9	14	8	5	14	11	4
einige Bedenken	26	34	24	31	28	33	24
keine Bedenken	55	44	62	61	43	47	69
wissen keine Antwort	10	8	6	3	15	9	3
reagieren auf das Argument »KZ-Berichte übertrieben«[4]:							
mit starker Ablehnung	35	41	41	52	20	30	44
mit mittlerer Ablehnung	24	22	26	22	16	17	22
mit schwacher Ablehnung	13 = 72	10 = 73	14 = 81	9 = 83	20 = 56	20 = 67	14 = 80
mit schwacher Zustimmung	13	11	9	10	22	18	10
mit mittlerer Zustimmung	9	9	7	2	12	9	6
mit starker Zustimmung	5 = 27	5 = 25	2 = 18	1 = 13	5 = 39	3 = 30	2 = 18
machen keine Angaben	1	2	1	4	5	3	2
reagieren auf das Argument »Unter die Vergangenheit einen Schlußstrich ziehen«[4]:							
mit starker Ablehnung	10	12	15	34	5	8	17
mit mittlerer Ablehnung	9	10	12	18	6	9	14
mit schwacher Ablehnung	10 = 29	9 = 31	9 = 36	13 = 65	9 = 20	10 = 27	12 = 43
mit schwacher Zustimmung	16	12	15	10	18	18	16
mit mittlerer Zustimmung	18	21	15	10	21	20	22
mit starker Zustimmung	36 = 70	35 = 68	34 = 64	15 = 35	39 = 78	35 = 73	17 = 55
machen keine Angaben	1	1	*	*	2	*	2
Jeweils	100	100	100	100	100	100	100

[1] DIVO-Befragung, Tabellen 82 und 95 sowie eigene Erzählungen, Materialbericht, a. a. O. [2] Wortlaut der Fragen im Anhang. [3] Wortlaut der Fragen im Anhang.
[4] Wortlaut der Argumente (Statements aus der sogenannten A-Skala des Instituts für Sozialforschung zur Messung autoritätsgebundenen Verhaltens): »Wir sollten unter unsere Vergangenheit einen Schlußstrich ziehen, bei den anderen sind genauso schlimme Dinge vorgekommen.« »Vieles von dem, was über die Konzentrationslager berichtet wird, ist übertrieben.«
(Quelle: E. Becker/S. Herkommer/J. Bergmann, Erziehung zur Anpassung? 1968, S. 98 f)

Tabelle 3
Zustimmungs- und Verallgemeinerungsgrad (Mittelwerte)

Lfd. Nr.	Frage-bogen Nr.	Statement	Grad der Zustimmung Volksschüler männlich	weiblich	Grad der Verallgemeinerung Volksschüler männlich	weiblich
		(N =	129	122	129	122)
1.	8	Geheime Absprachen der Juden	2.02	2.76	4.41	4.56
2.	10	Halten wie Pech und Schwefel zusammen	2.15	2.02	3.40	3.18
3.	17	Andere Rasse als die Deutschen	2.41	2.72	3.87	3.55
4.	1	Haben Christus gekreuzigt	2.49	2.61	4.44	4.25
5.	18	Streben nach wirtschaftlicher und politischer Macht	2.58	2.98	4.41	4.64
6.	29	Haben anderen Charakter als Deutsche	2.60	2.85	4.59	4.36
7.	2	Ich mag die Juden nicht, ohne Gründe zu haben	2.61	2.81	4.64	5.05
8.	7	Haben Berufe, wo viel verdient wird	2.68	2.68	4.19	4.28
9.	20	Sondern sich zu stark ab	2.71	2.70	4.28	4.19
10.	4	Sind in einigen Berufen zu zahlreich	2.74	2.50	4.22	4.26
11.	11	Sind Feinde der christlichen Religion	2.75	2.52	4.20	3.86
12.	27	Vererben bestimmte Charaktereigenschaften	2.77	2.86	4.55	4.54
13.	6	Sind eine besondere Rasse	2.80	2.53	4.32	4.06
14.	19	Besitzen schlechtere Eigenschaften als andere	2.84	3.15	4.25	4.67
15.	12	Allgemeine Ablehnung, ohne Begründung	2.86	2.31	4.43	4.31
16.	15	Sind bessere Geschäftsleute	2.87	2.73	4.42	4.43
17.	22	Sind an der Abneigung selber Schuld	2.88	2.90	4.47	4.53
18.	28	Beherrschen Banken und Geschäftsleben	2.90	3.05	4.65	4.92
19.	30	Wollen etwas Besonderes sein	2.91	3.06	4.61	4.68
20.	5	Sind intelligenter als andere	2.92	2.76	4.42	4.43
21.	21	Halten an der falschen Religion fest	2.95	2.56	4.43	4.28
22.	3	unterscheiden sich äußerlich von anderen	2.94	3.07	4.39	4.46
23.	9	Haben schlechten Einfluß auf andere	2.96	2.89	4.58	4.80
24.	24	Sind in einigen Berufen in Überzahl	2.98	3.09	3.88	4.73
25.	14	Besetzen Berufe	3.01	3.13	4.68	4.78
26.	16	Geht es immer wirtschaftlich besser	3.05	2.90	4.49	4.36
27.	25	Haben bessere Charaktereigenschaften	3.08	3.00	4.67	4.41
28.	13	Juden erkennt man am Gesicht	3.09	3.24	4.67	4.51
29.	23	Juden erkannt man an der Nase	3.15	3.08	4.83	4.58
30.	28	Wollen heimlich alle Völker beherrschen	3.32	3.36	5.05	5.02
		Mittelwert	2.80	2.86	4.41	4.46
		Spanne	1.80	1.34	1.65	1.87
		Spannenbreite	2.02/ 3.32	2.02/ 3.36	3.40/ 5.05	3.18/ 5.5

Erklärungen:
a) Zustimmungsgrad. Vorgegebene Antwortmöglichkeiten: »trifft bestimmt zu« = 1; »trifft wahrscheinlich zu« = 2; »trifft wahrscheinlich nicht zu« = 3; »trifft bestimmt nicht zu« = 4. Der Schnittpunkt liegt bei 2.50.
b) Verallgemeinerungsgrad. Vorgegebene Antwortmöglichkeiten: »trifft für alle Juden zu« = 1; »trifft für sehr viele Juden zu« = 2; »trifft für viele Juden zu« = 3; »trifft für wenige Juden zu« = 4; »trifft für sehr wenige Juden zu« = 5; »trifft für keine Juden zu« = 6. Schnittpunkt liegt bei 3.50. Weitere Erklärungen wie Tabelle 1.

Quelle: K.-C. Becker/Heinz E. Wolf, Über Veränderungen von Vorurteilstendenzen bei Schülern. In: Westermanns Pädagogische Beiträge Nr. 10/1971, S. 519–529)

Erläuterungen zum Verständnis der folgenden Tabellen 4, 5 und 6

Quantifizierende Repräsentativerhebung
Der Arbeitskreis für Stereotypie-Forschung entwickelte ein standardisiertes Fragen-Inventar zur Messung von Vorurteilen gegenüber »Out-groups«. Die 70 Items dieses Fragen-Inventars wurden einer umfangreichen Item-Analyse unterworfen. Sieben Fragen, die sich als besonders aussagekräftig und trennscharf erwiesen hatten, wurden in einer Straßenbefragung der Sozialwissenschaftlichen Studiengesellschaft einer Quotenstichprobe, welche für die Erwachsenenbevölkerung in Österreich repräsentativ war, gestellt. Die Befragung fand in den Monaten November/Dezember 1969 statt. Insgesamt wurden 1712 ausgefüllte Fragebogen gewonnen und in die Auswertung gezogen.
Die sieben Items des Vorurteils-Tests lauten folgendermaßen:

1. *Juden*
   historische Schuld — »Es ist nicht nur Zufall, daß die Juden in ihrer ganzen Geschichte so oft verfolgt wurden; zumindest zum Teil sind sie selbst schuld daran.«
   persönlicher Widerwille — »Für einen Nichtjuden ist es oft, wenn er einem Juden die Hand gibt oder sonst mit ihm näher zu tun hat, schwer, einen gewissen körperlichen Widerwillen zu unterdrücken.«
2. *Neger*
   Segregation — »Für die Negerstudenten in Europa sollten eigene Internate geschaffen werden; man kann es Zimmervermietern nicht verargen, wenn sie sich scheuen, Neger aufzunehmen.«
3. *Araber*
   Sexualneid — »Ich würde meiner Tochter verbieten, mit einem arabischen Studenten tanzen zu gehen. (Sollten Sie keine Tochter haben, nehmen Sie an, Sie hätten eine.)«
4. *Gastarbeiter*
   Unredlichkeit — (Besonders die Türken, aber auch die Jugoslawen, die in Österreich arbeiten, beziehen so hohe Kinderbeihilfen, daß man sagen kann: Der österreichische Steuerzahler beschenkt diese Gastarbeiter, und man kann nicht einmal genau kontrollieren, ob sie auch wirklich so viele Kinder zu Hause haben.«
5. *Gammler*
   Einreiseverbot — »Gewissen Typen von ausländischen Jugendlichen, so richtig verwahrlosten Gammlern, sollte die Einreise nach Österreich glatt verwehrt werden.«
6. *Strafverfahren in der Gesellschaft*
   Prügelstrafe — »Sexualverbrechen wie Vergewaltigung und Kinderschändung sollten härter als nur mit Gefängnis bestraft werden; solche Verbrechen verdienten Prügelstrafe oder Schlimmeres.«

Tabelle 4

	Zustimmung zu Item in % 1 (historische Schuld der Juden)	2 (Widerwille gegen Juden)	4 (Sexualneid gegen Araber
SPÖ-Anhänger			
bis 30 Jahre	20	7	30
30 bis 50 Jahre	16	9	45
über 50 Jahre	20	8	51
ÖVP-Anhänger			
bis 30 Jahre	34	12	30
30 bis 50 Jahre	26	13	63
über 50 Jahre	34	18	62
FPÖ-Anhänger			
bis 30 Jahre	28	22	22
30 bis 50 Jahre	58	37	60
über 50 Jahre	78	41	56

Quelle: D. Bichlbauer/E. Gehmacher, Vorurteile in Österreich. In: Kölner Zeitschrift für Soziologie und Sozialpsychologie, Nr. 2/1972, S. 741 ff)

Tabelle 5

Zustimmung in %	Juden historische Schuld %	Juden persönlicher Widerwille %	Neger Segregation %	Araber Sexualneid %	Gastarbeiter Unredlichkeit %	Gammler Einreiseverbot %	Sexualverbrecher Prügelstrafe %
Gesamt (1712)	27	13	35	47	64	72	81
Abstieg (101)	43*	23*	37*	54	65	81	81
weiß nicht (65)	31*	11*	37*	46	62	66	75
Parteisympathie							
FPÖ (124)	55*	34*	41*	49*	65	72	82
KPÖ (32)	22*	9*	34*	44*	66	75	81
ÖVP (493)	30*	15*	43*	56*	63	74	82
SPÖ (662)	18*	8*	29*	42*	64	71	79
DFP (13)	54*	31*	46*	54*	69	69	69
keine (387)	27*	12*	34*	43*	63	73	83

* signifikant

Quelle: D. Bichlbauer/E. Gehmacher, Vorurteile in Österreich. In: Kölner Zeitschrift für Soziologie und Sozialpsychologie, Nr. 2/1972, S. 741 ff)

Tabelle 6

	Juden historische Schuld %	Juden persönlicher Widerwille %	Neger Segregation %	Araber Sexualneid %	Gastarbeiter Unredlichkeit %	Gammler Einreiseverbot %	Sexualverbrecher Prügelstrafe %
Gesamt (1712)	27	13	35	47	64	72	81
Geschlecht							
Männer (845)	29*	14	33	47	63	73	76
Frauen (866)	24*	12	37	48	64	72	85
Alter							
bis 25 Jahre (191)	26	7*	25*	22*	56*	53*	73*
25 bis 30 Jahre (259)	25	11*	22*	34*	56*	64*	76*
30 bis 40 Jahre (386)	25	13*	33*	53*	63*	70*	81*
40 bis 50 Jahre (398)	26	15*	38*	53*	67*	78*	81*
50 bis 65 Jahre (337)	30	15*	44*	56*	69*	81*	86*
über 65 Jahre (140)	31	14*	50*	52*	71*	84*	87*
Schulbildung							
Volksschule (320)	25*	15*	43*	53*	67*	83*	92*
Hauptschule (368)	24*	14*	40*	50*	67*	79*	85*
Lehre, Handelsschule (712)	26*	10*	33*	46*	64*	70*	80*
Matura (257)	32*	16*	26*	41*	60*	60*	65*
Hochschule (54)	33*	11*	28*	39*	41*	50*	69*

(Fortsetzung)

	Juden historische Schuld %	persönlicher Widerwille %	Neger Segregation %	Araber Sexualneid %	Gastarbeiter Unredlichkeit %	Gammler Einreiseverbot %	Sexualverbrecher Prügelstrafe %
Gesamt (1712)	27	13	35	47	64	72	81
Beruf							
Hilfsarbeiter (132)	20*	14*	39*	54*	70*	84*	87*
Facharbeiter (266)	21*	10*	31*	42*	67*	73*	78*
Leitende Angestellte (132)	30*	18*	29*	49*	60*	63*	73*
Angestellte (273)	29*	12*	26*	41*	58*	67*	75*
Pensionisten (223)	35*	12*	49*	56*	70*	84*	85*
Hausfrauen (267)	22*	10*	35*	46*	62*	74*	87*
Selbständige (155)	32*	17*	38*	51*	66*	72*	79*
Landwirte (171)	25*	16*	45*	58*	66*	80*	94*
Andere (Studenten) (93)	33*	12*	20*	26*	48*	41*	59*
Mobilität (subjektiv)							
Aufstieg (1074)	25*	12*	32*	46	65	73	81
gleich (458)	27*	14*	42*	49	60	69	80

* signifikant

Quelle: D. Bichlbauer/E. Gehmacher, Vorurteile in Österreich. In: Kölner Zeitschrift für Soziologie und Sozialpsychologie, Nr. 2/1972, S. 741 ff)

Tabelle 7

1. Alter

Alter in Jahren	Anzahl
14–17	14
18–20	11
21–32	24[1]
gesamt	49

2. Geschlecht

männlich	32
weiblich	17
gesamt	49

3. Konfession

katholisch	23
evangelisch	17
mosaisch	3
islamisch	1
konfessionslos	5
gesamt	49

4. Parteipräferenz

CDU	22
SPD	16
FDP	3
DFU	6
keine Angaben	2
gesamt	49

5. Interesse für Politik
(nach eigener Einschätzung)

stärker als das ihrer Altersgenossen	20
ebenso stark wie das der Altersgenossen	18
ebenso schwach wie das der Altersgenossen	6
geringer als das ihrer Altersgenossen	5
gesamt	49

6. Intelligenz

schwach intelligent	1
schwach durchschnittlich intelligent	7
durchschnittlich intelligent	8
knapp überdurchschnittlich intelligent	8
hoch-intelligent	8
extrem hoch-intelligent	4
gesamt	36[2]

7. Antisemitismus
(nach der Eysenck-Skala)[3]

prosemitisch	23
neutral	19
antisemitisch	5
keine Angaben	2
gesamt	49

8. Berufe

Studenten	19
Gymnasiasten	4
Realschüler	8
Angestellte	5
Arbeiter	3
sonstige Berufe	10
gesamt	49

9. Präferenz
von Jugendorganisationen (Förderungswürdigkeit von Jugendorganisationen)

Sportjugend	14
Sozialistische Jugend	8
Pfadfinderschaft	8
Gewerkschaftsjugend	7
Katholische Jugend	4
Evangelische Jugend	3
Nationaldemokratische Jugend[4]	3
keine Angaben	2
gesamt	49

1 Von den über 25 Jahre alten Teilnehmern des Versuchs waren je einer 26, 27, 28 und 29 Jahre alt, zwei waren 32 Jahre alt. Wir hielten es für sinnvoll, einige Versuchspersonen über 25 Jahre in unserer Untersuchungseinheit zu haben, um die Verteilung politischer Tendenzen auf die Altersgruppen wenigstens im Ansatz verfolgen zu können.
2 Der Intelligenztest konnte nicht bei allen Versuchspersonen durchgeführt werden.
3 Kritik der Ergebnisse auf S. 140 ff
4 Diese Jugendorganisation wurde von uns erfunden und in den Fragebogen eingefügt.

(Quelle: K.-H. Bönner: »Die Ermittlung«, Sozialpsychologische Untersuchung des Hörspiels von Peter Weiß. In: Politische Beeinflussung. Voraussetzungen, Ablauf und Wirkungen, hrsg. von K. D. Hartmann, 1969, S. 138)

Zu Tabelle 7

1. Man kann nicht schlechthin alle Juden für die Missetaten einer Minderheit verantwortlich machen, die die Gesetze und Sitten dieses Landes mißachtet. 86,2 %
2. Juden sind genauso gute, ehrlich auf das Allgemeinwohl bedachte Bürger wie andere auch. 81,4 %
3. Es gibt gute und schlechte Deutsche und es gibt gute und schlechte Juden, im Grunde genommen bestehen kaum wesentliche Unterschiede zwischen beiden. 79,5 %
4. Viele Menschen lehnen die Juden nur irgendwelcher, allerdings nicht immer ganz unbegründeter Vorurteile wegen ab. 77,2 %
5. Juden sind dem Land, in dem sie leben, nicht weniger treu als andere Bürger. 75,7 %
6. Es ist nicht zu erwarten, daß sich die Juden uns gegenüber besser verhalten als wir uns ihnen gegenüber verhalten. 58,2 %
7. Die Juden sind im Grunde genommen durchaus ehrliche und anständige Menschen. 52,5 %
8. Die Juden werden hauptsächlich deshalb abgelehnt, weil man ihr Wesen nicht richtig versteht. 42,3 %
9. Ihrer Religion wegen werden die Juden immer ein Fremdkörper in der Gesellschaft bleiben. 29,0 %
10. Zu viele Juden üben finanziell einträgliche Berufe aus. 28,7 %
11. Nur ihrer vielen bewundernswerten Eigenschaften wegen haben die Juden alle Verfolgungen überstanden. 21,3 %
12. Die Juden sollten ihre besonderen Sitten und Gebräuche aufgeben und normale Bürger unseres Landes werden. 13,7 %
13. Die Juden sind den meisten anderen Menschen geistig und moralisch überlegen. 11,9 %
14. Den Juden ist jedes Mittel recht, wenn sie damit ihr Ziel erreichen können. 11,2 %
15. Die Juden sind schon von Natur aus weniger ehrlich und anständig als andere Menschen. 6,7 %
16. Juden sind gefährlich, geldgierig und skrupellos. 6,1 %
17. Die Juden sind für jede Nation, die sie beherbergt, eine ständige Gefahr. 6,1 %
18. Juden haben in Deutschland zu viel Macht und Einfluß. 6,0 %
19. Die Juden haben überall ihre Finger im Spiel und bemühen sich zum Schaden des Volkes, alle Fäden in die Hand zu bekommen. 6,0 %
20. Juden kontrollieren das ganze öffentliche Leben unseres Landes. 2,9 %

(Quelle wie S. 468)

Tabelle 8

Statement: Mir ihren Ideen stiften die Juden nur Unfrieden.

	Vor Ausstrahlung	»Holocaust« Seher	»Holocaust« Nicht-Seher
Basis	824	1018	404
Ja, stimmt	15 %	9 %	10 %
Unentschieden	36 %	31 %	40 %
Nein, stimmt nicht	49 %	60 %	51 %

Statement: Die Juden arbeiten mehr als andere mit Tricks, um das zu erreichen, was sie wollen.

	Vor Ausstrahlung	»Holocaust« Seher	»Holocaust« Nicht-Seher
Basis	824	1018	404
Ja, stimmt	32 %	22 %	21 %
Unentschieden	38 %	33 %	38 %
Nein, stimmt nicht	30 %	45 %	41 %

Statement: Die Juden in Deutschland sind genau so gute Staatsbürger wie andere auch.

	Vor Ausstrahlung	»Holocaust« Seher	»Holocaust« Nicht-Seher
Basis	824	1018	404
Ja, stimmt	80 %	84 %	80 %
Unentschieden	19 %	12 %	16 %
Nein, stimmt nicht	2 %	4 %	4 %

(Quelle: Bundeszentrale für politische Bildung, Tilman Ernst, Holocaust und politische Bildung I., in: Media Perspektiven 4/1979)

Tabelle 9
Eigenschaften, die Juden zugeschrieben werden

Eigenschaften	Knaben %	Mädchen %
1. Religion	12	11
2. Aussehen, Rasse, Herkunft	6	25
3. Lebensart, Sitten, Kleidung, Sprechweise	15	15
4. Kultur, Weltanschauung	5	7
5. Geschäftstüchtigkeit, Handel, Gewinnsucht, Fleiß etc,	40	23
6. Intelligenz	2	1
7. Mißtrauen	1	4
8. Isolierung	4	2
9. Alle Völker haben eine Eigenart	8	7
nicht einzuordnen	7	5
	100	100

Tabelle 10
Soziale Distanzskala der Schüler

Frage	Partner	Knaben (%) 1., 2. Rang	Knaben (%) 3., 4., 5. Rang	Mädchen (%) 1., 2. Rang	Mädchen (%) 3., 4., 5. Rang
Am liebsten im gleichen Haus wohnen	Jude	21	79	50	50
	Israeli	30	70	48	52
	Neger	77	23	46	54
	Italiener	40	60	35	65
Am liebsten in der Schule zusammensitzen	Jude	23	77	49	51
	Israeli	32	68	40	60
	Neger	74	26	54	46
	Italiener	39	61	36	64
Am liebsten zum Freund (Freundin) haben	Jude	21	79	49	51
	Israeli	26	74	42	58
	Neger	87	13	45	55
	Italiener	45	55	48	52

Tabelle 11a
Merkmale, die Juden von anderen unterscheiden, aufgegliedert nach Knaben und Mädchen in verschiedenen sozialen Lagern

Zugeschriebene Eigenschaften	»Juden sind wie alle anderen Menschen«		»Juden sind wie alle Menschen, haben aber eine bestimmte Eigenart«		»Juden unterscheiden sich von anderen«		Keine Angaben, weiß nicht	
Geschlecht der Schüler	Knaben %	Mädchen %	Knaben %	Mädchen %	Knaben %	Mädchen %	Knaben %	Mädchen %
Soziale Schicht der Eltern								
1. Arbeiter und unselbst. Handw.	38	50	50	50	12	0	0	0
2. Kleine Angest., untere Beamte	28	62	68	34	4	4	0	0
3. Mittlere und kleine Selbständige, freie Handwerker, Bauern	40	23	60	77	0	0	0	0
4. Mittlere Angestellte, gehobene Beamte	28	59	60	36	12	5	0	0
5. Höhere Angestellte, höhere Beamte	50	36	50	50	0	7	0	7
6. Freie intellektuelle Berufe	25	37	75	50	0	13	0	0

(Quelle: W. J. Cahnman, Völker und Rassen im Urteil der Jugend, Münchener Schulen 1965, S. 26–30)

Tabelle 11b
Merkmale, die Juden von anderen unterscheiden, aufgegliedert nach Schulen

Zugeschriebene Merkmale	»Juden sind wie alle anderen Menschen« %	»Juden sind wie alle Menschen, haben aber eine bestimmte Eigenart« %	»Juden unterscheiden sich von anderen« %	Keine Angaben, weiß nicht %
Schule				
1. Wirtschaftsoberrealschule	56	8	0	36
2. Realgymnasium, Mädchen	48	41	7	4
3. Mittelschule, Mädchen	58	42	0	0
4. Mittelschule, Knaben	29	67	4	0
5. Mittelschulzug, Mädchen	63	29	8	0
6. Mittelschulzug, Knaben	48	42	10	0
7. Berufsaufbauschule, kaufm.	33	62	5	0
8. Berufsaufbauschule, gewerbl.	9	77	9	0
9. Berufsaufbauschule, hauswirt.	52	48	0	0

(Quelle: W. J. Cahnman, Völker und Rassen im Urteil der Jugend, Münchener Schulen, 1965, S. 26–30)

Tabelle 12
Im folgenden wird über eine Untersuchung in sechs Klassen des achten Schülerjahrganges (14jährige Knaben) der Volksschule berichtet, deren Lehrer verschiedenartige Verfahren der unterrichtlichen und erzieherischen Beeinflussung praktizierten, um die indifferente bzw. negative Einstellung ihrer Schüler gegenüber Juden zu verbessern und eine Reihe von Vorurteilen abzubauen. Die Einstellung zum Juden und die in ihr zum Ausdruck kommende Wertschätzung wurde in allen Klassen vor der erzieherischen Beeinflussung und sodann zehn bis zwölf Wochen nach der erzieherischen Beeinflussung anhand einer Einstellungsskala ermittelt. In Anlehnung an die Social-Distance-Scale von *Bogardus* und das Skalierungsverfahren von *Thurstone* wurde die folgende fünfstufige Skala entwickelt:
1 = Ich würde gerne einen jüdischen Jungen zum besten Freund haben.
2 = Ich hätte nichts dagegen, mit einem jüdischen Jungen kameradschaftliche Beziehungen (z. B. als Banknachbar) zu unterhalten.
3 = Ich hätte nichts dagegen einzuwenden, wenn in unserer Klasse ein jüdischer Junge wäre, aber es wäre mir gleichgültig.
4 = Ich würde es als unangenehm empfinden, wenn in unserer Klasse ein jüdischer Junge wäre.
5 = Es wäre mir unerträglich, einen jüdischen Jungen in unserer Klasse zu haben; ich würde ihn schlecht behandeln.

Die erste, vor jeglicher Beeinflussung durchgeführte, und die zweite, dem angegebenen zeitlichen Abstand nach der erzieherischen Beeinflussung durchgeführte Befragung führten zu folgenden Durchschnittswerten:

	K 1	K 2	K 3	K 4	K 5	K 6
1. Befragung:	3,57	3,23	3,66	3,43	3,40	3,29
2. Befragung:	3,46	3,14	3,31	2,67*	2,16**	2,09**

* = Mittelwertsdifferenz signifikant auf dem 5-%-Niveau
** = Mittelwertsdifferenz signifikant auf dem 1-%-Niveau

(Quelle: G. Dietrich: Durch welche erzieherischen Maßnahmen kann die Einstellung von Volksschülern gegenüber »dem Juden« verändert werden? In: Zeitschrift für experimentelle und angewandte Psychologie, 1967/2, S. 192)

Tabelle 13
Bekanntheitsgrad des Auschwitz-Prozesses

	Anzahl der Fälle absolut	Auschwitz-Prozeß bemerkt %	Auschwitz-Prozeß nicht bemerkt %	keine Angabe %
Befragte insgesamt	1947	60	40	0 = 100 %
Besitz eines Fernsehapparates				
Fernsehapparat vorhanden	1319	65	35	0
Kein Fernsehapparat vorhanden	628	49	51	0
Radiohören				
Hört regelmäßig Radio	768	66	34	0
Hört ab und zu Radio	1026	56	44	0
Hört nie Radio	153	51	49	–
Land				
Schleswig-Holstein	88	(50)	(50)	(–)
Hamburg	41	(73)	(27)	(–)
Niedersachsen	249	50	50	–
Bremen	22	(86)	(14)	(–)
Nordrhein-Westfalen	555	58	42	0
Hessen	171	70	30	–
Rheinland-Pfalz	103	65	35	–
Baden-Württemberg	212	60	39	1
Bayern	346	56	44	–
West-Berlin	116	72	27	1
Saarland	44	(64)	(36)	(–)
Größe des Wohnorts				
Bis unter 2000 Einwohner	511	49	51	0
2 000 bis unter 10 000 Einwohner	350	56	44	0
10 000 bis unter 100 000 Einwohner	422	60	40	–
100 000 Einwohner und mehr	664	69	30	1

Hinweis: In dieser und der folgenden Tabelle bezeichnen die Prozentzahlen, die in Klammern gesetzt wurden, nur Annäherungswerte, da die Basis jeweils unter 100 liegt.

Quelle: DIVO-Pressedienst: Bekanntheitsgrad des Auschwitz-Prozesses und Einstellung der Bundesbürger zu seiner Durchführung »zwanzig Jahre danach«. 1964, S. 3)

Tabelle 14
Einstellung zur Durchführung des Prozesses

	Anzahl der Fälle absolut	Möglichkeit A %	Möglichkeit B %	Möglichkeit C %	Anderes %	KA %
Befragte insgesamt	1159	17	36	39	5	3 = 100 %
Alter						
16 bis 19 Jahre	74	(23)	(45)	(30)	(1)	(1)
20 bis 24 Jahre	138	17	38	33	6	6
25 bis 34 Jahre	228	15	41	36	4	4
35 bis 44 Jahre	207	17	31	45	6	1
45 bis 54 Jahre	200	14	35	45	4	2
55 bis 64 Jahre	183	17	35	41	5	2
65 Jahre und älter	127	22	33	37	8	–
Schulbildung						
Volksschule ohne abgeschl. Lehre	366	14	36	42	4	4
Volksschule mit abgeschl. Lehre	481	16	36	41	5	2
Mittelschule	218	23	34	37	3	3
Abitur/Universität	94	(20)	(48)	(25)	(7)	(–)
Beruf/früherer Beruf						
Freie Berufe	20	(45)	(20)	(30)	(5)	(–)
Selbständige/Geschäftsführer von größeren Unternehmen	93	(15)	(28)	(49)	(7)	(1)
Angestellte	225	19	39	33	5	4
Beamte	65	(10)	(54)	(28)	(8)	(–)
Facharbeiter	211	13	33	48	6	0
Arbeiter	111	20	32	40	5	3
Selbständige Landwirte	34	(12)	(35)	(38)	(6)	(9)
Hausfrauen	348	17	37	40	3	3
In Berufsausbildung	52	(29)	(46)	(21)	(–)	(4)
*Parteipräferenz**						
SPD	326	14	41	37	7	1
CDU/CSU	377	16	35	42	4	3
FDP	37	(13)	(30)	(41)	(5)	(11)
Keine Partei gefällt	172	16	26	51	6	1
Keine Meinung/Angabe verweigert	241	24	42	28	2	4

* Sechs Befragte, die eine andere Partei als die hier aufgeführten nannten, werden hier – der geringen Fallzahl wegen – nicht ausgewiesen.

Möglichkeit A: Ich halte es für richtig, daß dieser Massenmordprozeß gegen Verbrechen aus der Zeit des Nationalsozialismus heute noch geführt wird, um der deutschen Öffentlichkeit die Schrecken und Leiden vor Augen zu führen, die von Deutschen verursacht wurden.
Möglichkeit B: Ich halte es für richtig, daß diese Gerichtsverhandlungen jetzt noch geführt werden, damit die Schuldigen am Massenmord in Auschwitz verurteilt und bestraft werden.
Möglichkeit C: Es wäre besser, auf solche Prozesse zu verzichten, jetzt nach so vielen Jahren sollte man nicht immer wieder diese Dinge aufrühren.

(Quelle: DIVO-Pressedienst: Bekanntheitsgrad des Auschwitz-Prozesses und Einstellung der Bundesbürger zu seiner Durchführung »zwanzig Jahre danach«. 1964, S. 11)

Tabelle 15

Frage: »Und wenn Sie jetzt einmal an die Zeit des Nationalsozialismus denken; damals stellten die Juden eine solche Minderheit in Deutschland dar wie die Neger in Amerika. Warum ist es, Ihrer Meinung nach, damals zu den Ausschreitungen gegenüber Juden gekommen?«

Gründe für die Ausschreitungen gegenüber Juden	Bevölkerung insgesamt	16 bis unter 25 Jahre		25 bis unter 50 Jahre		50 bis 79 Jahre	
		Volksschule mit und ohne abgeschl. Lehre/Berufsausbildung	Mittelschule/ mehrj. Fachschule/ Abitur/ Hochschule	Volksschule mit und ohne abgeschl. Lehre/Berufsausbildung	Mittelschule/ mehrj. Fachschule/ Abitur/ Hochschule	Volksschule mit und ohne abgeschl. Lehre/Berufsausbildung	Mittelschule/ mehrj. Fachschule/ Abitur/ Hochschule
		258 F = 100 %	101 F = 100 %	675 F = 100 %	172 F = 100 %	670 F = 100 %	104 F = 100 %
War Unrecht, war Verbrechen	1	1	–	1	1	1	–
Schuld Hitlers, der Nazis, der Führung	31	21	35	30	27	33	31
Rassenhaß	11	7	14	12	18	8	11
Verhetzung des Volkes durch Propaganda	15	10	25	14	22	12	19
War Befehl	3	2	–	3	3	3	1
Juden waren Prügelknaben des NS-Regimes	1	2	1	0	2	1	2
Religiöse Gründe	1	2	–	1	3	1	1
Wirtschaftliche Gründe	7	5	8	7	8	7	11
Juden hatten die besten Positionen inne	3	4	3	3	6	3	7
Schuld der Juden (arbeitsscheu, Halsabschneider)	6	5	7	4	6	7	6
Kann nicht mit Negerproblem verglichen werden	1	–	–	2	1	1	–
War zeitbedingt	1	–	2	1	2	0	–
Lag an den wirtschaftlichen Verhältnissen	1	0	–	0	–	1	2
Juden waren Ausländer	0	0	–	0	1	1	2
Nicht miterlebt/ war noch zu jung	4	11	4	4	3	1	1
Anderes	2	4	–	1	1	2	–
Keine Angabe	25	30	23	26	15	26	22
	113 %*	104 %*	122 %*	109 %*	119 %*	108 %*	116 %*

* Mehrfachnennungen

(Quelle: DIVO-Pressedienst, Einstellung zur Judenverfolgung, 1965, S. 22)

Tabelle 16
Die Ehe mit Juden

Auf die Frage: »Zwei junge Leute lieben sich, der eine von ihnen ist Jude bzw. Jüdin. Glauben Sie, daß diese beiden eine glückliche Ehe miteinander führen können?«
ergab sich, daß die Verhältnisse zwischen Bejahung und Verneinung im allgemeinen verhältnismäßig gleichförmig waren und die Bejahungen zwischen zwei Drittel und drei Viertel aller Befragten lagen.
Im einzelnen nahmen die Befragten wie folgt Stellung (in %):

	ja	nein	keine Ang.	
Insgesamt	72	25	3	100
Männer	72	26	2	100
Frauen	73	24	3	100
Altersschichten				
16 bis unter 25 Jahre	79	16	5	100
25 bis unter 30 Jahre	77	20	3	100
30 bis unter 50 Jahre	71	27	2	100
50 bis unter 65 Jahre	70	28	2	100
65 Jahre und darüber	68	28	4	100
Berufsgruppen				
Arbeiter	74	23	3	100
Angestellte	75	23	2	100
Beamte und Behördenangestellte	77	22	1	100
Selbständige und Freie Berufe	74	24	2	100
Landwirte	61	35	7	100
Landarbeiter	63	30	4	100
Rentner, Pensionäre, Invaliden	71	26	3	100

(Quelle: EMNID-Institut für Meinungsforschung Bielefeld 1954, Zum Problem des Antisemitismus im Bundesgebiet, S. 12)

Tabelle 17
Erlebnisse judenfeindlicher Einstellung

Die Antworten auf die Frage: »Haben Sie schon einmal erlebt oder gehört, daß sich jemand judenfeindlich verhalten oder geäußert hat?«
erwiesen, daß ein beträchtlich großer Anteil – mehr als ein Viertel aller Befragten – nichts erlebt bzw. gehört hatte. Ein weiteres Viertel hatte persönliche Erlebnisse, weniger als die Hälfte hatte von Judenfeindlichkeiten gehört.
Im einzelnen ergaben sich folgende Antworten (in %):

	nichts erlebt bzw. gehört	persönlich begegnet	davon gehört	keine Angaben	
Insgesamt	28	26	46	0	100
Männer	22	31	47	0	100
Frauen	33	21	46	0	100

(Quelle: EMNID-Institut für Meinungsforschung Bielefeld 1954, ebd., S. 16)

Tabelle 18
Zeiten erster Erlebnisse judenfeindlicher Einstellungen

Die Befragten, die angegeben hatten, die judenfeindlichen Einstellungen erlebt bzw. davon gehört zu haben, wurden weiter gefragt, wann ihr erstes diesbezügliches Erlebnis ungefähr gewesen sei. Es ergab sich, daß 45 % der Befragten sich an Erlebnisse in der Zeit von 1933 bis 1945 erinnerten.
Auf die Frage: »Wissen Sie vielleicht noch, wann das ungefähr gewesen ist?«
wurden im einzelnen folgende Antworten gegeben:

Zeit des ersten Erlebnisses	Insgesamt		Männer		Frauen	
Vor 1918	3		4		2	
1919 bis 1932	11		14		8	
1933 bis 1945	45		47		44	
davon besonders genannt						
1933 bis 1937		18		20		16
1938		8		7		9
1939 bis 1945		7		7		6
1945*	1		1		1	
1946 und später	2		3		2	
Sonstige Angaben**	0		0		0	
Keine Angaben	10		9		10	
Befragte, die judenfeindliche Einstellungen erlebt oder davon gehört hatten	72		78		67	

** Bei den Zeitangaben »1945« war im allgemeinen nicht zu differenzieren, ob es sich um Erlebnisse vor oder nach dem Zusammenbruch handelte. Die Angaben wurden deshalb gesondert angeführt. Bei Zeitangaben »zwischen 1939 und 1945« etc. war dagegen eindeutig, daß es sich, selbst wenn das Erlebnis von 1945 herrührte, um Ereignisse aus der Hitlerzeit handeln mußte.

** Unter »sonstige Angaben« wurden genannt: Wahlversammlungen; vor offenem Ausburch der Feindschaft; Arbeitsdienst; in den Ghettos in Warschau 1923 bis 1945; etwa 1870

(Quelle: EMNID-Institut für Meinungsforschung Bielefeld 1954, ebd., S. 24)

Tabelle 19
Die Einstellung der Bevölkerung läßt sich im einzelnen folgendermaßen klassifizieren:

I. Befragte, die die antisemitischen Äußerungen allgemein ablehnen bzw. verurteilen:		79 %
1. Allgemeine Ablehnung und Verurteilung	64 %	
2. Verdienen strenge Bestrafung	10 %	
3. Schadet unserem Ansehen (im Ausland), Schande für Deutschland	5 %	
4. Dahinter steckt Hetze der Kommunisten bzw. Einfluß der Nazis (darunter »Einfluß der Nazis«: 1 %)	4 %	
5. Man sollte die Juden endlich in Ruhe lassen, Juden sind doch Menschen wie wir	3 %	
6. Sind Folgen unzureichender Aufklärung	1 %	
7. Sonstige ablehnende bzw. verurteilende Äußerungen	1 %	
II. Befragte, die die Vorfälle bagatellisieren bzw. deren Darstellung für aufgebauscht halten:		10 %
8. Dumme-Jungen-Streiche, unsinnige Kindereien	10 %	
9. Zu viel Aufhebens gemacht, aufgebauschte Darstellung	7 %	
III. Befragte, die die Vorfälle rechtfertigen und sich judenfeindlich einstellen		1 %
IV. Befragte, die keine Stellung nehmen:		10 %
10. Möchte mich nicht dazu äußern (vermutlich aus judenunfreundlicher Haltung)	3 %	
11. Keine Angaben machen	7 %	

Man muß bei diesen Ergebnissen hinzufügen, daß die Befragten teilweise mehr als eine Angabe gemacht haben und die Summe der Nennungsanteile in den einzelnen Obergruppen größer ist als der Anteil der Befragten, von denen diese Äußerungen stammen.

(Quelle: EMNID-Pressedienst, Antisemitische Äußerungen im Urteil der westdeutschen Bevölkerung, 1960, Nr. 1000)

Tabelle 20 (Schaubild)

Die Graphik zeigt die Anteile der positiven und negativen Meinungen zur Frage:

»Ist es nach Ihrer Meinung gut oder schlecht, daß die Welt an die Schrecken der nationalsozialistischen Konzentrationslager erinnert wird?«

Diese Frage wurde im gleichen Wortlaut durch die GALLUP-Institute in der Schweiz, in den USA, in Großbritannien und in der Bundesrepublik gestellt.

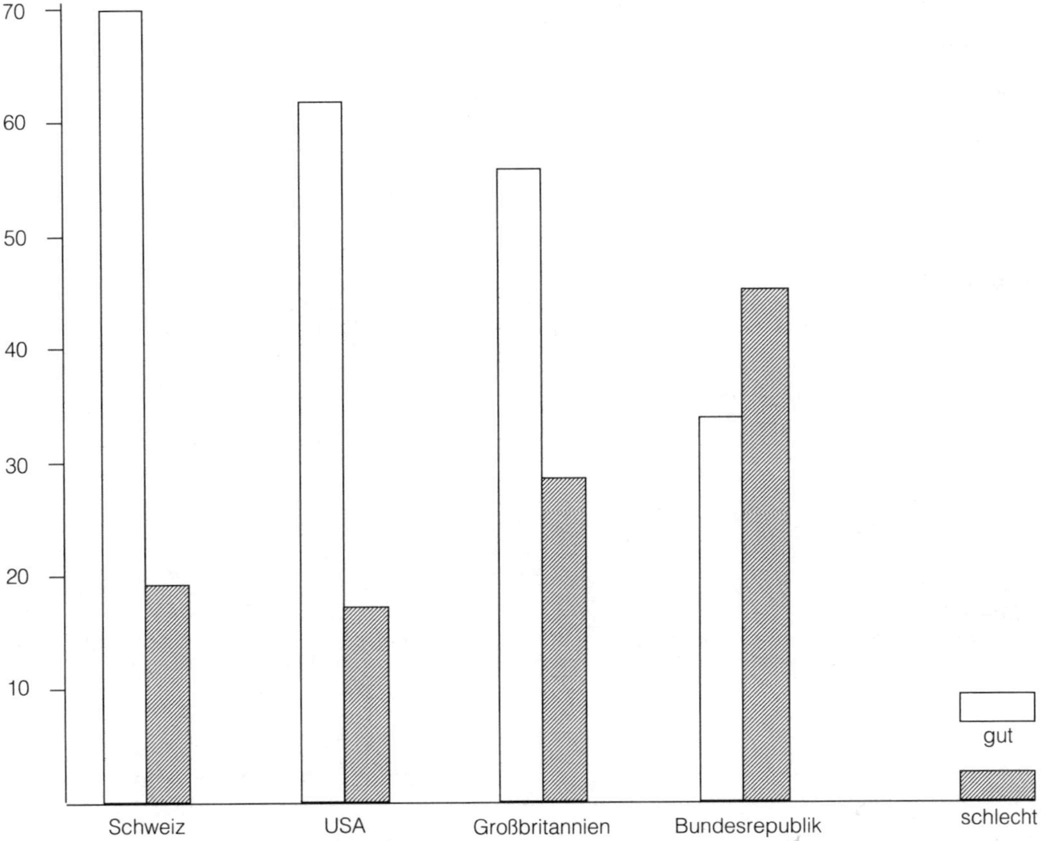

(Quelle: EMNID-Informationen, Weltmeinungen zum Eichmann-Prozeß, 24/1961, S. 1)

Tabelle 21
Einschätzung des politischen Einflusses der Juden in der BRD durch die Bevölkerung (Gesamtüberschau von 1959–1981)

	Mehr Einfluß %	Weniger Einfluß %	Gerade richtig %	Ohne Meinung %
September 1959	23	26	39	12
März 1961	19	16	23	42
Januar 1962	18	15	25	42
Juli 1963	20	21	26	33
Oktober 1964	18	20	26	36
April 1967	19	16	25	40
Februar 1969	17	17	30	36
Oktober/November 1971	14	22	28	35
Juni 1975	14	18	36	31
August/September 1981	20	34	43	3

(Quelle: EMNID-Informationen)

Tabelle 22
»In der letzten Zeit erfährt man des öfteren etwas über Aktivitäten von rechtsradikalen Gruppen in der Bundesrepublik Deutschland. Was meinen Sie: Bilden diese Gruppen eine Gefahr für unsere Demokratie oder nicht?«

	März 1980 %	Okt./Nov. 1980 %	Nov. 1981 %
ja	20	56	78
nein	78	41	21
keine Angabe	2	3	1
	100 %	100 %	100 %

(Quelle: EMNID-Institut, 1982)

Tabelle 23
»Und worum ging es bei diesen Gesprächen über den Fernsehfilm ›Holocaust‹ mit Familienangehörigen?« bzw. »Und worum ging es bei diesen Gesprächen mit Freunden, Bekannten oder Arbeitskollegen?«

	Gespräche mit Familienangehörigen Total	Gespräche mit Freunden, Bekannten oder Arbeitskollegen Total
Basis	644	410
Film als Ganzes	53 %	59 %
Bestimmte Szenen	48 %	38 %
Darsteller, Schauspieler	14 %	10 %
Wahrheitsgetreue Wiedergabe der damaligen Zeit und Personen	30 %	32 %
Ob ein solches Thema in einem Spielfilm dargestellt werden sollte	17 %	20 %
Ob man ein solches Thema heute noch bringen sollte	29 %	24 %
Judenverfolgung/Antisemitismus	43 %	51 %
Nationalsozialismus	32 %	44 %
Ursache, Schuldfrage	48 %	51 %
Wirkung des Films	28 %	37 %
Lehren, die aus dem Film gezogen werden können	25 %	34 %

(Quelle: Tilman Ernst, Holocaust und politische Bildung I., 1979)

Tabelle 24a
Vorgabe Statement: Mit ihren Ideen stiften die Juden nur Unfrieden

	Vor Ausstrahlung	»Holocaust«-Seher	»Holocaust«-Nicht-Seher
Basis	824	1018	404
Ja, stimmt	15 %	9 %	10 %
Unentschieden	36 %	31 %	40 %
Nein, stimmt nicht	49 %	60 %	51 %

Tabelle 24b
Vorgabe Statement: Die Juden arbeiten mehr als andere mit Tricks, um das zu erreichen, was sie wollen.

	Vor Ausstrahlung	»Holocaust«-Seher	»Holocaust«-Nicht-Seher
Basis	824	1018	404
Ja, stimmt	32 %	22 %	21 %
Unentschieden	38 %	33 %	38 %
Nein, stimmt nicht	30 %	45 %	41 %

(Quelle: Tilman Ernst, Holocaust und politische Bildung I, 1979)

Tabelle 25
Frage: »Wir haben hier eine Reihe von Ansichten aufgeführt, die wir im Zusammenhang mit »Holocaust« gehört haben. Können Sie uns sagen, welche dieser Anichten Sie selbst schon einmal gehört oder gelesen haben?«
Vorgabe: Liste

	Ansicht schon einmal gehört oder gelesen Total	Ansicht wird eingeschätzt als richtig	falsch	Ansicht wird nicht eingeschätzt
Basis (Alle Befragten der 3. Welle)	497			
Einmal muß Schluß sein, man kann uns Deutsche doch heute nicht mehr für die Verbrechen des Nationalsozialismus verantwortlich machen.	72 %	59 %	19 %	22 %
Wer vom Unrecht an den Juden spricht, muß auch vom Unrecht an den Deutschen sprechen, z. B. von der Bombardierung deutscher Städte oder der Vertreibung der Deutschen aus den Ostgebieten.	57 %	59 %	18 %	23 %
Daß heute ausschließlich über Verbrechen des Nationalsozialismus gesprochen wird und nicht ebenso über die Verbrechen der Amerikaner, Engländer oder Russen, liegt nur daran, daß wir Deutsche den Krieg verloren haben.	57 %	55 %	19 %	27 %
Die deutsche Bevölkerung hat damals von den Verbrechen der Nationalsozialisten an den Juden nichts gewußt.	55 %	51 %	25 %	24 %
Natürlich war das Leben in den Konzentrationslagern nicht angenehm, aber es war schließlich Krieg, und die Soldaten an der Front hatten auch kein leichtes Leben.	34 %	27 %	38 %	35 %
Wenn heute Verbrechen des Nationalsozialismus hochgespielt werden, so nur, weil man uns Deutschen die wirtschaftlichen Erfolge neidet, die wir nach dem Kriege errungen haben.	32 %	31 %	37 %	32 %

(Fortsetzung)

	Ansicht schon einmal gehört oder gelesen Total	Ansicht wird eingeschätzt als richtig	falsch	Ansicht wird nicht eingeschätzt
Die Vernichtung der Juden durch den Nationalsozialismus ist eine Propagandalüge, die nur dazu dient, uns Deutsche zu Wiedergutmachungszahlungen in Milliardenhöhe zu erpressen.	24 %	10 %	59 %	31 %
Es ist von anerkannten Historikern nachgewiesen worden, daß kein einziger Jude in deutschen Konzentrationslagern vergast worden ist.	22 %	6 %	61 %	33 %
Die Todeslager der Nazis sind eine Erfindung kommunistischer Propaganda; wie sonst ist es zu erklären, daß sie alle in Gebieten liegen, die heute von Kommunisten regiert werden?	15 %	6 %	60 %	34 %

(Quelle: Tilmann Ernst, Holocaust und politische Bildung II., 1979)

Tabelle 26
Die deutsche Nation

Rechtfertigung des Nationalsozialismus – Abwehr von Schuld	I	II	III
Die Deutsche Jugend muß davon überzeugt werden, daß sie sich der deutschen Geschichte keinesfalls zu schämen braucht.	3*	2	–
Wir Deutschen sollten endlich offen von den ungeheuerlichen Verbrechen der Siegermächte im Zweiten Weltkrieg sprechen.	9	5	–
Man darf ein Volk nicht für die Untaten einer kleinen Clique von Machthabern verantwortlich machen, von denen es nichts wissen konnte.	12	–	–
Deutschland ist gerade wegen seiner schlimmen Erfahrungen mit dem Nationalsozialismus vor jeder Übertreibung des Nationalismus gefeit. Daher sollten wir Mut zu einem neuen starken Nationalgefühl haben.	16	42	18
Solange in anderen Ländern keine Kriegsverbrechen an Deutschen gesühnt werden, sollten auch wir keine Prozesse zur Vergangenheitsbewältigung veranstalten.	28	28	11
Mit der Lüge von der deutschen Alleinschuld sollen von unserem Volk fortgesetzt Milliardenbeträge erpreßt werden. Es ist an der Zeit, das Büßerhemd abzustreifen und endlich deutsche Politik zu treiben.	35	33	–
Man sollte endlich aufhören, aus lauter verklemmtem Schuldbewußtsein Juden, die unverschämt auftreten, mit Samthandschuhen anzufassen.	41	37	–
Wenn wir nicht so üppig Wiedergutmachung zahlen würden, hätten wir genügend Geld, um dem deutschen Bergbau im Ruhrgebiet zu helfen.	–	8	5
Es war eine der wenigen** guten Seiten am Nationalsozialismus, daß er für Ruhe und Ordnung gesorgt und wilde Demonstrationen, wie wir sie heute erleben, unterbunden hat.	–	19	9

* Die Zahlen zeigen an, ob die Sätze in dem jeweiligen Fragebogen (I, II oder III) verwendet wurden und welche laufende Nummer sie dort haben.

** »wenigen« wurde in der BRD-Umfrage gestrichen, weil einige Befragte des Quoten-Samples den Satz abgelehnt hatten mit der Bemerkung, der Nationalsozialismus habe viele gute Seiten gehabt.

Tabelle 27
Minoritäten – Paranoide Projektion

. . . mit der Überfremdung unserer Wirtschaft Schluß machen, sonst in den Betriebsräten nur italienisch . . .	4	4	3
Gammler und demonstrierende Studenten sind asoziale Elemente am Rande der Kriminalität	10	–	–
Fremdarbeiter . . .	11	10	–
Was gehen uns die Entwicklungsländer an . . .	15	16	6
Die Großmannssucht korrupter schwarzer Politiker führt einem immer wieder vor Augen, daß es unsinng ist, afrikanischen Steinzeitstaaten überhastet die Unabhängigkeit zu gewähren und ihnen obendrein noch Entwicklungshilfe zu zahlen. (24) / Die Großmannssucht korrupter schwarzer Politiker zeigt immer wieder, daß es unsinng ist, afrikanische Steinzeitstaaten als gleichberechtigte Partner anzusehen. (13)	24	13	–
Die Ziele und Methoden des Kommunismus . . .	40	41	–
. . . Juden, die unverschämt auftreten, . . .	41	37	–
. . . ausländische Arbeiter . . . wieder nach Hause fahren.	–	6	16
. . . gute Seiten am Nationalsozialismus . . . Ruhe und Ordnung . . .	–	19	9
Um ein Land vor einem kommunistischen Umsturz zu schützen, ist sogar eine Diktatur gerechtfertigt.	–	21	–
. . . Ruhe und Ordnung . . . gegen linke Krawallbrüder verteidigen.	–	30	–
Wenn wir uns nicht gegen Gammler und Radaubrüder wehren, wird unsere Freiheit bald in Unordnung und Chaos ausarten.	–	34	14
Es wird höchste Zeit, daß der Staat endlich mit den randalierenden Studenten aufräumt, notfalls mit Gewalt.	–	36	–

(Quelle: U. Jaerisch, Zur Rezeption rechtsextremer Propaganda, Frankfurt a. M., 1975, S. 57 und 60)

Tabelle 28

Der Nationalsozialismus war im Grunde ein gute Idee, die nur schlecht ausgeführt wurde.

	Bevölkerung	Jugend	Berlin	Studenten I	Studenten II
+ 3	17	10	1	1	0
+ 2	14	15	1	3	3
+ 1	19	18	3	5	5
– 1	11	10	3	6	7
– 2	12	18	14	17	18
– 3	22	28	77	68	66
Keine Angabe	5	1	1	0	1
	100 %	100 %	100 %	100 %	100 %

Wir sollten wieder eine einzige starke Partei haben, die wirklich die Interessen aller Schichten unseres Volkes vertritt.

	Bevölkerung	Jugend	Berlin	Studenten I	Studenten II
+ 3	19	16	1	1	1
+ 2	10	10	1	2	2
+ 1	10	9	2	2	3
– 1	12	8	3	4	3
– 2	12	14	9	13	15
– 3	33	42	84	78	75
Keine Angabe	4	1	1	0	1
	100 %	100 %	100 %	100 %	100 %

Wir sollten, wie es früher war, wieder eine Führerpersönlichkeit haben, die Deutschland zum Wohle aller mit starker Hand regiert.

	Bevölkerung	Jugend	Berlin	Studenten I	Studenten II
+ 3	8	5	0	1	1
+ 2	7	3	1	1	1
+ 1	9	6	3	2	1
– 1	9	7	2	3	3
– 2	11	14	7	11	10
– 3	52	63	86	81	83
Keine Angabe	3	2	1	1	1
	100 %	100 %	100 %	100 %	100 %

Die Schwierigkeiten, die überall beim Zusammenleben der Juden mit anderen Völkern entstehen, sind auf die angeborenen Eigenarten der Juden zurückzuführen.

	Bevölkerung	Jugend	Berlin	Studenten I	Studenten II
+ 3		9	2	2	1
+ 2		14	3	5	5
+ 1		19	11	12	14
– 1		11	8	12	12
– 2		20	21	23	23
– 3		25	55	46	44
Keine Angabe		2	0	0	1
		100 %	100 %	100 %	100 %

(Quelle: M. Kaase, Demokratische Einstellungen in der Bundesrepublik Deutschland. In: Sozialwissenschaftliches Jahrbuch für Politik, 1971, S. 325)

Tabelle 29

Hat sich Ihre Einstellung zum Judentum während der letzten Jahre geändert oder ist sie immer gleich geblieben?

Antworten in Prozent	insgesamt	Männer	Frauen	18–29 jährige	30–49 jährige	50jähr. und Ältere	CDU/CSU Wähler	SPD-Wähler	FDP-Wähler	Grüne
Ja, hat sich während der letzten Jahre geändert	22	26	19	28	23	18	21	20	22	30
Nein, ist immer gleich geblieben	61	61	61	54	61	64	63	63	54	51
Weiß nicht	17	13	20	18	16	18	16	17	24	19

Wenn sich Ihre Einstellung zum Judentum während der letzten Jahre geändert hat: Sind Sie gegenüber den Juden eher positiver oder eher negativer als früher eingestellt?

Antworten in Prozent	insgesamt	Männer	Frauen	18–29 jährige	30–49 jährige	50jähr. und Ältere	CDU/CSU Wähler	SPD-Wähler	FDP-Wähler	Grüne
Eher negativer	77	78	75	68	80	81	80	67	67	82
Eher positiver	19	18	20	26	18	13	14	29	33	14
Andere oder keine Angaben	4	4	5	6	2	6	6	4	–	4

Glauben Sie, daß die Politik des gegenwärtigen israelischen Präsidenten Begin dem Ansehen der Juden in der Welt insgesamt geschadet hat, oder wurde das Ansehen der Juden in der Welt eher verbessert oder überhaupt nicht beeinflußt?

Antworten in Prozent	insgesamt	Männer	Frauen	18–29 jährige	30–49 jährige	50jähr. und Ältere	CDU/CSU Wähler	SPD-Wähler	FDP-Wähler	Grüne
Geschadet	71	74	67	71	72	69	71	67	72	82
Verbessert	5	4	6	5	5	5	6	5	4	2
Überhaupt keinen Einfluß auf das Ansehen	24	22	27	24	23	26	23	28	24	16

Würden Sie sich heute eher als judenfreundlich oder judenfeindlich bezeichnen, oder sind Sie gegenüber den Juden völlig neutral eingestellt?

Antworten in Prozent	insgesamt	Männer	Frauen	18–29 jährige	30–49 jährige	50jähr. und Ältere	CDU/CSU Wähler	SPD-Wähler	FDP-Wähler	Grüne
Judenfreundlich	17	16	18	18	16	18	16	18	18	26
Judenfeindlich	11	13	10	10	12	10	13	8	15	7
Völlig neutral	72	71	72	72	72	72	71	74	67	67

(Quelle: Kehrmann-Institut, Quick, 35/1982, S. 80)

Tabelle 30
Die NS-Skala

Skalensätze	Repräsentativer Bevölkerungsquerschnitt Zustimmung	Ablehnung	Keine Angabe	*N*
Man sollte zwar nicht öffentlich auf die Juden schimpfen, aber Gefängnis für antisemitische Äußerungen ist eine zu harte Strafe.	59,9 %	32,0 %	8,1 %	962
Man sollte endlich aufhören, danach zu fragen, ob jemand während des Dritten Reiches einen führenden Posten hatte.	71,3 %	22,7 %	6,0 %	962
Der Nationalsozialismus war im Grunde eine gute Idee, die nur schlecht ausgeführt wurde.	38,3 %	55,1 %	6,7 %	962

	Relative Häufigkeiten für die Skalenwerte 0	1	2	3	*n*	Durch-schnitt	Fehlende Werte in % von *N*	*N*
Repräsentativer Bevölkerungsquerschnitt	10,8	24,4	37,1	27,7	852	1,8	11,4	962
Sonderstichprobe Jungwähler	17,0	29,1	40,3	13,6	536	1,5	7,1	577

(Quelle: H.-D. Klingemann/F. U. Pappi, Politischer Radikalismus, 1972, S. 66)

Tabelle 31
Die Untersuchungen zum Antisemitismus wurden im Dezember 1946 durchgeführt und im April 1948 wiederholt (Samplegröße 3006 Personen in der amerikanischen Zone und 409 Personen in West-Berlin). Die Untersuchung unterschied in den Ergebnissen fünf Befragtengruppen:

	1946	1948
1. geringe Voreingenommenheit gegen Juden	20 %	keine Angabe
2. Nationalisten, Nationalsozialisten	19 %	keine Angabe
3. Rassisten	22 %	26 %
4. Antisemiten	21 %	19 %
5. starke Antisemiten	18 %	14 %

Quelle: A. J. Merrit/R. L. Merrit, OMGUS Surveys 1945–49)

Tabelle 32
(Aus der Vielzahl der unvollständig dargestellten Ergebnisse seien genannt:)

	Dez. 1946	Nov. 1947	März 1948	Okt. 1949
1. Rassistische Einstellung der Bevölkerung in der amerikanischen Zone	48 %	42 %	54 %	44 %

2. Nationalistische und rechtsradikale Tendenzen in der westdeutschen Bevölkerung
   - Insgesamt wurde in Erhebungen der Jahre 1951/52 festgestellt, daß 44 % der Westdeutschen im Nationalsozialismus mehr gute als schlechte Aspekte sahen.
   - Hinsichtlich antisemitischer Einstellungen ergaben die Umfragen:
     15 % der Befragten hielten die Juden für skrupellose Geschäftemacher
     13 % der Befragten hielten die Juden für arbeitsscheu
     8 % der Befragten hielten die Juden für habsüchtig
     6 % der Befragten glaubten, daß Juden sich im Aussehen von Nichtjuden unterscheiden

(Quelle: A. J. Merrit/R. L. Merrit, HICOG Surveys, 1949–1955)

Tabelle 33
Frage: »Würden Sie sagen, es ist für Deutschland besser, keine Juden im Land zu haben?«

April 1956	Gesamt %	Männer %	Frauen %
Ja, besser	26	28	24
Nein, nicht besser	24	27	22
Unentschieden waren	17	18	16
Egal war es	33	27	38
	100	100	100

Tabelle 34
Frage: »Ist in Ihrer Verwandtschaft jemand jüdischer Abstammung, oder haben Sie sonst mal geschäftlich oder privat jemand jüdischer Abstammung kennengelernt?«

April 1961	Gesamt %	Männer %	Frauen %
Bin selbst jüdischer Abstammung bzw. habe jüdische Verwandte	2	1	2
Habe jüdische Bekannte	43	45	42
Habe nie jüdische Menschen kennengelernt	55	54	56
	100	100	100

Frage an Personen, die Menschen jüdischer Abstammung kennen: »Haben Sie viele Menschen jüdischer Abstammung kennengelernt oder nur wenige?«

April 1961	Gesamt %	Männer %	Frauen %
Viele	8	9	7
Mittel	13	15	12
Wenige, nur einen	24	22	25
Kenne keine jüdischen Menschen	55	54	56
	100	100	100

(Quelle: E. Noelle-Neumann, Allensbacher Jahrbuch der Demoskopie 1974–1976, Bd. IV, 1976, S. 126 und 215)

Tabelle 35
Frage an Personen, die nicht selbst jüdischer Abstammung sind: »Würden Sie ein Mädchen (einen Mann) jüdischer Abstammung heiraten bzw. geheiratet haben?«

April 1961	Ja %	Kommt darauf an %	Nein %	%
Gesamtergebnis	14	32	51	= 100
Männer	17	36	47	= 100
Frauen	11	29	60	= 100
Altersgruppen:				
16–29 Jahre	20	37	43	= 100
30–44 Jahre	14	32	54	= 100
45–59 Jahre	11	31	58	= 100
60 Jahre und älter	9	28	63	= 100
Schulabschluß:				
Volksschule	12	32	56	= 100
Mittlere Reife	20	32	48	= 100
Abitur	21	34	45	= 100

(Fortsetzung)

April 1961	Ja %	Kommt darauf an %	Nein %	 %
Konfession:				
Protestanten	14	34	52	= 100
Katholiken	13	31	56	= 100
Andere, auch ohne Konfession	22	28	50	= 100
Politische Orientierung:				
CDU/CSU-Anhänger	14	31	55	= 100
SPD-Anhänger	18	37	45	= 100
FDP/DVP-Anhänger	16	27	57	= 100

(Quelle: E. Noelle-Neumann, Allensbacher Jahrbuch der Demoskopie 1974–1976, Bd. IV, 1976, S. 126 und 215)

Tabelle 36

Toleranz und Lebensalter (Bundesrepublik mit West-Berlin, Bevölkerung ab 16 Jahre)
Dargestellt ist der Toleranzindex für die einzelnen Gruppen

	16–29-jährige	30–44-jährige	45–59-jährige	60jährige und älter	Differenz jung : alt
Kindheit					
Als Waisenkinder Aufgewachsene	75	78	73	71	– 4
Als uneheliche Kinder Aufgewachsene	70	67	64	54	– 16
Im Armenviertel Aufgewachsene	54	55	44	43	– 11
Kinder von Verbrechern	34	22	13	1	– 33
Sex und Ehe					
Geschiedene	73	75	66	47	– 26
Mit unehelichen Kindern	76	70	61	45	– 31
Unverheiratet Zusammenlebende	71	58	42	15	– 56
Leute mit vielen Kindern	50	48	43	24	– 26
Leichte Mädchen	– 16	– 32	– 53	– 61	– 45
Status					
Studenten	67	55	44	29	– 38
Vorbestrafte					
Wegen schweren Verkehrsunfalles	55	50	43	25	– 30
Wegen Diebstahl	– 5	– 24	– 35	– 48	– 43
Kranke, Süchtige					
Krebskranke	38	40	42	30	– 8
Selbstmordversuch gemacht	33	21	17	4	– 29
War in Anstalt für Geisteskranke	– 18	– 25	– 29	– 37	– 19
Öfter betrunken	– 23	– 32	– 48	– 52	– 29
Rassen und Völker					
Juden	41	31	17	8	– 33
Gastarbeiter	33	23	9	– 7	– 40
Neger	39	20	– 1	– 15	– 54
Politische Haltung					
Überzeugte Kommunisten	– 10	– 27	– 39	– 48	– 38
Überzeugte Nationalsozialisten	– 17	– 28	– 32	– 37	– 20
Allgemeines Toleranzniveau	34	29	16	4	– 30

(Quelle: E. Ring, Neue Erkenntnisse für das Messen von Toleranz, 1980, nach Untersuchungen des Allensbach-Instituts)

Tabelle 37a

	Von den Befragten insgesamt zu Beginn des Prozesses 1961 (1989) %		nach Abschluß des Prozesses 1962 (995) %	
vertreten die Ansicht:				
Ich halte es für richtig, daß der Eichmann-Prozeß in Israel stattfindet; dieser jüdische Staat hat das erste Anrecht darauf, Eichmann zur Verantwortung zu ziehen	35	53	39	59
Der Prozeß sollte in der Bundesrepublik stattfinden, dadurch würde deutlich, daß Deutschland bereit ist, die hier begangenen Verbrechen der Vergangenheit zu bestrafen	18		20	
Der Prozeß sollte in der Bundesrepublik stattfinden, damit er weniger zu einer Propaganda-Hetze gegen Deutschland ausgenutzt werden kann	15		14	
Es wäre besser, auf den Prozeß zu verzichten; jetzt nach so vielen Jahren sollte man nicht immer wieder diese Dinge aufrühren	15		14	
sind anderer Ansicht	4		2	
davon: man sollte Eichmann vor einen internationalen Gerichtshof, ein neutrales Gericht stellen		2		4
äußern kein Urteil, bzw. haben vom Eichmann-Prozeß noch nichts gehört	13		11	
	100		100	

Tabelle 37b

	Befragte der amerikanischen Bevölkerung Mai 1961 (1092) %	Befragte der deutschen Bevölkerung Januar/Februar 1962 (995) %
plädieren dafür:		
Eichmann in Israel vor ein Gericht zu stellen, wie es geschehen ist	44	30
ihn einem deutschen Gericht zu übergeben	6	20
ihn einem internationalen Gerichtshof zu übergeben	31	28
ihn freizulassen	1	2
machen keine Angaben, bzw. haben noch nichts vom Eichmann-Prozeß gehört	18	20
	100	100

(Quelle: R. Schmidt, E. Becker, Reaktionen auf politische Vorgänge. In: Frankfurter Beiträge zur Soziologie, Bd. 19, S. 113 f)

Tabelle 38

Frage: »Würden Sie sagen, es wäre für Deutschland besser, keine Juden im Land zu haben?«

	Befragte repräsentativer Querschnitte der westdeutschen und -Berliner Bevölkerung				
	1952 (2000) %	1956 (2000) %	1958 (2000) %	1961 (1989) %	1962 (1985) %
meinten:					
Ja, es wäre besser	37	29	22	16	14
Nein, es wäre *nicht* besser	20	35	38	43	49
Waren unentschieden	43	36	40	41	37
	100	100	100	100	100

Frage: »Glauben Sie, daß die Juden es sich selbst zuzuschreiben haben, was ihnen während des Dritten Reiches geschehen ist, oder glauben Sie das nicht?«

	Befragte repräsentativer Querschnitte der westdeutschen und -Berliner Bevölkerung		
	1951 (1201) %	1961 (1989) %	1962 (1985) %
meinten:			
Ja, sie haben es sich selbst zuzuschreiben	21	12	10
Nein, sie haben es sich nicht selbst zuzuschreiben	53	58	61
Äußern keine Meinung	26	30	29
	100	100	100

(Quelle: R. Schmidt, E. Becker, Reaktionen auf politische Vorgänge. In: Frankfurter Beiträge zur Soziologie, Bd. 19, S. 124 und 132)

Tabelle 39

Frage: »Wie wäre Ihre Einstellung, wenn Angehörige der folgenden Gruppen hohe Stellungen in der deutschen Bundesregierung einnehmen würden?«

	Von den Befragten der Berufsgruppen M III (67) %	M II/I (499) %	Fach-arbeiter (341) %	An- und ungelernte Arbeiter (254) %	mit Abitur (74) %	Mittel-schul-bildung (242) %	Volksschul-bildung mit abgeschl. Lehre (723) %	Volksschul-bildung ohne Lehre (849) %
äußern gegen:								
Nationalsozialisten								
starke Bedenken	50 } 69	44 } 65	48 } 73	37 } 60	58 } 82	41 } 64	44 } 69	36 } 57
einige Bedenken	19	21	25	23	24	23	25	21
keine Bedenken	18	16	14	14	9	16	15	15
keine Meinung	13	19	13	26	9	20	16	28
Juden								
Starke Bedenken	21 } 44	19 } 45	24 } 48	19 } 44	24 } 48	20 } 44	19 } 44	16 } 38
einige Bedenken	23	26	24	25	24	24	25	22
keine Bedenken	41	31	36	30	39	32	35	31
keine Meinung	15	24	16	26	13	24	21	31
Emigranten								
starke Bedenken	10 } 51	18 } 41	19 } 43	17 } 41	11 } 50	9 } 41	17 } 41	16 } 35
einige Bedenken	41	23	24	24	39	32	24	19
keine Bedenken	36	35	37	30	38	35	35	30
keine Meinung	13	24	20	29	12	24	24	35
jeweils	100	100	100	100	100	100	100	100

(Quelle: R. Schmidt, E. Becker, Reaktionen auf politische Vorgänge. In: Frankfurter Beiträge zur Soziologie, Bd. 19, S. 124 und 132)

Tabelle 40
»Demokratische« und »autoritäre« Äußerungen in den Altersklassen

	Altersklassen 18–30 Jahre %	30–40 Jahre %	40–50 Jahre %	50–60 Jahre %	60–70 Jahre %
»Demokratische« Äußerungen	13	19	5	20	20
»Autoritäre« Äußerungen	15	12	32	20	35
Rest	72	69	63	60	45
Insgesamt	100 %	100 %	100 %	100 %	100 %
Anzahl der Fälle (= 100 %)	(62)	(52)	(38)	(40)	(40)

Tabelle 41
Der Zusammenhang zwischen antisemitischen und autoritären Tendenzen in den Altersklassen

	Altersklassen 18–40 Jahre		40–70 Jahre	
Gruppe:	I + II abs.	III + IV abs.	I+II abs.	III + IV abs.
»Demokratische« Äußerungen	15	3	17	1
»Autoritäre« Äußerungen	4	11*	19	15**
Anzahl der Befragten	19	14	36	16

* Davon 7 in Gruppe IV
** Davon 8 in Gruppe IV

Gruppe I: Entschiedene, eindeutige, lebhafte Ablehnung antisemitischer Einstellungen oder Handlungen
Gruppe II: Distanzierung von antisemitischen Einstellungen oder Handlungen ohne besonderen persönlichen Nachdruck
Gruppe III: Keine erkennbare Reaktionen für oder gegen antisemitische Einstellungen
Gruppe IV: Sympathie für antisemitische Einstellungen

(Quelle: P. Schönbach, Reaktionen auf die antisemitische Welle im Winter 1959/1960, 1961, S. 81 und S. 56)

Tabelle 42
Eine Aufgliederung der Daten nach Geschlecht und Altersgruppen zeigt zwar, daß antisemitische KZ-Witze vornehmlich bei Frauen und Befragten unter 30 Jahren auf strikte Ablehnung stoßen*, doch auch bei diesen Gruppen hält sie etwa jeder fünfte für eine belanglose Lappalie.

	sehr schlimm %	etwas schlimm %	nicht der Rede Wert %	keine Antwort %	%	Anzahl der Befragten
Insgesamt	48	30	21	1	100	2018
Geschlecht						
Männlich	43	34	22	1	100	903
Weiblich	53	27	20	–	100	1115
Altersgruppen						
14–19 Jahre	56	22	21	–	100	235
20–29 Jahre	52	31	17	–	100	313
30–49 Jahre	44	33	22	–	100	690
50–64 Jahre	45	32	21	3	100	432
65 Jahre und älter	51	26	23	–	100	348

* Die auch bei den Befragten von 65 und mehr Jahren höhere Quote strikter Ablehnungen dürfte auf den bei dieser Altersgruppe besonders hohen Frauenanteil zurückzuführen sein.

(Quelle: Michael Selbmann, Pogromistische Judenwitze, S. 285 ff)

Tabelle 43
Anstieg des Prozentsatzes der Befragten mit antidemokratischen, ethnozentristischen und antisemitischen Tendenzen mit dem Alter

Altersgruppen	anti-demokratisch %	ethno-zentristisch %	anti-semitisch %
bis 24 Jahre	48,3	25,9	22,4
25 bis 39 Jahre	52,7	35,6	21,9
40 bis 54 Jahre	63,6	39,0	32,3
55 Jahre und älter	71,6	40,5	40,7

Tabelle 44
Intensität des antisemitischen Vorurteils in Prozent der Berufsgruppenangehörigen

	Ohne %	Schwach %	Stark %	%
Selbständige	28,2	36,7	35,1	100
Beamte	27,9	46,9	25,2	100
Angestellte	28,9	48,1	23,0	100
Arbeiter	21,8	45,6	32,6	100
Landwirte	7,0	46,0	47,0	100
Nicht berufstätig	19,8	51,1	29,1	100
Ø	23,6	46,4	30,0	100

(Quelle: A. Silbermann, H. A. Sallen/A. Hänseroth/K. Hang, Antisemitismus heute, 1975, S. 53)

Tabelle 45
Vermuteter politischer Einfluß verschiedener Minoritäten in Prozent der Befragten

	zu viel Einfluß
Intellektuelle	26,1
Kapitalisten	63,9
Kommunisten	30,9
Juden	17,8
Konservative	21,4
Faschisten	22,6

Tabelle 46
Antisemitische Tendenzen nach Wohnortgröße in Prozent der Befragten

bis fünftausend Einwohner	39,2
bis fünfzigtausend Einwohner	29,8
bis fünfhunderttausend Einwohner	28,2
über fünfhunderttausend Einwohner	18,6

(Quelle: A. Silbermann/H. A. Sallen, Latenter Antisemitismus in der Bundesrepublik Deutschland. In: Kölner Zeitschrift für Soziologie und Sozialpsychologie, 1976, S. 706–723)

Tabelle 47
Judenverfolgung als Strafe für die Kreuzigung Jesu
Prozent der Berufsgruppenangehörigen

	Ablehnung %	Zustimmung %
Selbständige	78,8	19,7
Beamte	77,5	21,0
Angestellte	71,9	24,5
Arbeiter	69,4	28,1
Landwirte	46,0	52,0
insgesamt	69,5	27,9

Tabelle 48
Antisemitismus
in Abhängigkeit von Nettohaushaltseinkommen
in Prozent der Einkommensgruppen

monatlich %	kein %	schwach %	stark
bis 1500 DM	19,0	45,8	35,1
bis 2500 DM	22,7	48,7	28,6
über 2500 DM	38,4	41,2	20,4

(Quelle: A. Silbermann, Antisemitismus in der Bundesrepublik Deutschland. In: Bild der Wissenschaft, Nr. 6/1976, S. 68-74)

Tabelle 49a
»Unterstreiche bitte jene Eigenschaften, die Deiner Meinung nach für Juden kennzeichnend sind!«

Lfd. Nr.	Eigenschafts-bezeichnungen	Klasse A	B	C	D	E	F	G	H	abs.	%
1.	freiheitsliebend	18	18	19	9	13	16	10	19	122	61,0
2.	arbeitsam	16	16	23	8	12	15	10	19	119	59,5
3.	fleißig	16	15	17	8	15	16	9	14	110	55,0
4.	fromm	17	17	15	8	9	16	9	14	105	52,5
5.	friedliebend	14	14	18	4	13	16	9	16	104	52,0
6.	hilfsbereit	8	13	17	7	11	16	9	16	97	48,5
7.	bescheiden	11	9	15	8	12	17	8	11	91	45,5
8.	Familiensinn	8	13	14	7	11	15	9	14	91	45,5
9.	kinderlieb	12	12	15	5	10	16	8	11	89	44,5
10.	selbstbewußt	10	11	13	9	9	14	8	11	85	42,5

Tabelle 49b
»Streiche bitte die Eigenschaften durch, die Deiner Meinung nach auf Juden nicht zutreffen!«

Lfd. Nr.	Eigenschafts-bezeichnungen	Klasse A	B	C	D	E	F	G	H	abs.	%
1.	faul	19	17	20	17	20	19	11	24	147	73,5
2.	angeberisch	20	16	24	17	20	19	11	20	147	73,5
3.	dumm	21	16	21	15	15	20	9	20	137	68,5
4.	habgierig	16	13	22	15	17	20	10	22	135	67,5
5.	feige	15	14	19	17	15	20	11	23	134	67,0
6.	Trinker	18	13	20	16	16	19	11	21	134	67,0
7.	aufdringlich	13	15	22	15	18	17	9	24	133	66,5
8.	schlechtes Benehmen	16	13	19	14	17	22	11	20	132	66,0
9.	schlecht	17	13	19	17	16	18	11	21	132	66,0
10.	betrügerisch	14	15	19	15	17	16	10	23	129	64,5
11.	geldgierig	11	14	19	14	20	17	8	22	125	62,5
12.	schmutzig	17	12	18	12	15	21	11	18	124	62,0

Die Schüler konnten bei dieser Aufgabe unter 19 positiven und 18 negativen Eigenschaftsbezeichnungen diejenigen hervorheben, die sie für Juden kennzeichnend bzw. nicht zutreffend hielten. Neutrale Eigenschaftsbezeichnungen, wie kunstbegabt und sportlich, ordnete ich der positiven Kategorie zu.

Positive Eigenschaften: arbeitsam, bescheiden, demokratisch, Familiensinn, fleißig, freiheitsliebend, friedliebend, fromm, gerecht, gottgläubig, hilfsbereit, höflich, kinderlieb, klug, kunstbegabt, musikalisch, sauber, selbstbewußt, sportlich.

Negative Eigenschaften: angeberisch, aufdringlich, betrügerisch, dumm, faul, feige, geldgierig, habgierig, heidnisch, heimtükkisch, Massenmensch, schlecht, schlechtes Benehmen, schmutzig, Trinker, undemokratisch, unehrlich.

(Quelle: G. Sittig, Das Bild des Juden bei Schulabgängern des 9. Schuljahrs. In: Protokoll, hrsg. vom Historischen Zirkel im Seminar für Geschichte und politische Bildung der Pädagogischen Hochschule Rheinland, 1969, S. 16 f)

Tabelle 50
Eigenschaften, die Juden am häufigsten zugeschrieben werden und die sie mit anderen Völkern gemeinsam haben
Vpn.: 53 männlich + 63 weiblich, zusammen: 116

	%	gemeinsam mit:
gute Ärzte	88,8	Deutschen
krumme Nase	87,9	
redegewandt	84,4	Franzosen, Italienern
intelligent	81,9	Amerikanern, Deutschen, Franzosen, Engländern
Handelsvolk	81,0	Engländern, Türken
materiell eingestellt	75,0	Amerikanern, Engländern
Schacherer	73,7	
rassebewußt	73,3	Engländern, Indern, Polen
scheut körperliche Arbeit	68,1	Italienern
sprachbegabt	67,2	Deutschen
raffiniert	66,4	
religiös	65,5	mehr als 5 Völkern
Zusammengehörigkeitsgefühl	64,6	
schlau	63,8	
vom rostigen Nagel zur Million	61,2	Amerikanern
raffgierig	59,5	
heimatlos	58,6	
unsoldatisch	57,7	Amerikanern, Italienern
familiengebunden	57,7	Chinesen, Deutschen, Engländern
lebhaft	54,3	Franzosen, Italienern, Spaniern
money-maker	47,4	Amerikanern
musikalisch	45,7	mehr als 5 Völkern
diplomatisch	43,9	Amerikanern, Engländern
Ausbeuter	43,1	
strebsam	43,1	Deutschen
kinderlieb	42,2	mehr als 5 Völkern
unterwürfig	41,4	Chinesen, Russen
Wissenschaftler	40,5	Deutschen
höflich	40,5	mehr als 5 Völkern

(Quelle: K. S. Sodhi/R. Bergius, Nationale Vorurteile, 1953, S. 41)

Tabelle 51
»Würden Sie ein Mädchen (einen Mann) jüdischer Abstammung heiraten oder geheiratet haben?«
(Nachfrage an Personen, die weder selbst jüdischer Abstammung sind noch jüdische Verwandte haben: 97 % = 100 %)

ja, würde ich tun: 33 % kommt darauf an: 32 % nein: 35 %

Sozialprofil der Exogamiebereitschaft nach Geschlecht	ja, würde ich tun	nein
Männer	43 %	28 %
Frauen	25 %	41 %
nach Alter		
16 bis 29 Jahre	49 %	16 %
30 bis 49 Jahre	39 %	26 %
50 Jahre und älter	17 %	57 %
nach Schulbildung		
Volksschule	13 %	53 %
Haupt-/Berufsschule	41 %	28 %
Matura/Hochschule	51 %	21 %
nach Berufskreisen		
Landwirte	18 %	49 %
Arbeiter/Landarbeiter	30 %	37 %
Angestellte/Beamte	41 %	28 %
Selbst./freie Berufe	33 %	38 %
nach Parteipräferenz		
SPÖ-Anhänger	40 %	30 %
ÖVP-Anhänger	31 %	38 %
FPÖ-Anhänger	17 %	59 %
Indifferente	30 %	35 %
nach Ortsgröße		
unter 5000 Einw.	27 %	40 %
5000 bis 70 000 Einw.	30 %	37 %
über 70 000 Einw. (ohne Wien)	48 %	32 %
nach Regionen		
Wien	42 %	24 %
NÖ, Burgenland	30 %	38 %
Oberösterreich	34 %	37 %
Stmk./Kärnten	29 %	40 %
Sbg./Tirol/Vlbg.	34 %	36 %

(Quelle: SWS-Meinungsprofile: Antisemitismus in Österreich, IMAS, Oktober 1973) (N = 962)

Tabelle 52
»Wenn jemand sagt, es wäre für Österreich besser, keine Juden im Land zu haben: hat der Ihrer Ansicht nach recht oder nicht?«

hat recht: 21 % | unentschieden/kein Urteil: 32 % | hat nicht recht: 47%

	hat recht	hat nicht recht
nach Alter		
16 bis 29 Jahre	15 %	58 %
30 bis 49 Jahre	21 %	48 %
50 Jahre und älter	27 %	37 %
nach Schulbildung		
Volksschule	28 %	30 %
Haupt-/Berufsschule	21 %	51 %
Matura/Hochschule	9 %	67 %
nach Berufskreisen		
Angestellte/Beamte	19 %	53 %
Arbeiter	22 %	44 %
Selbständige	25 %	48 %
Landwirte	26 %	31 %
nach Regionen		
Wien	12 %	64 %
Oberösterreich	23 %	46 %
NÖ/Burgenland	24 %	39 %
Stmk./Kärnten	25 %	41 %
Sbg./Tirol/Vlbg.	25 %	42 %
nach Ortsgröße		
unter 5000 Einw.	25 %	37 %
5000 bis 70 000 Einw.	23 %	45 %
über 70 000 Einw. (ohne Wien)	24 %	50 %
nach Parteipräferenz		
SPÖ	18 %	52 %
ÖVP	27 %	43 %
FPÖ	44 %	34 %
Keine	17 %	44 %

(Quelle: SWS-Meinungsprofile: Antisemitismus in Österreich, IMAS, Oktober 1973) (N = 963)

Tabelle 53
Prozentsatz derjenigen,die verschiedene Gruppen ablehnen

Extrem abgelehnte Gruppen	Land: England	Frankreich	Deutschland
Amerikaner	6	3	8
Juden	14	13	16
Deutsche (von Franzosen und Engländern) Polen (von Deutschen)	23	14	39
Farbige (von Engländern) Algerier (von Franzosen) Russen (von Deutschen)	26	38	42

Tabelle 54
Prozentsätze derjenigen, die in drei Ländern Juden ablehnen

lehnen Juden ab als:	Land: England	Frankreich	Deutschland
Nachbarn	12,7	10,7	13,5
Schulkameraden	13,5	10,2	12,2
Arbeitskollegen	14,6	13,7	13,7
Freunde	17,1	15,7	28,7
Arbeitgeber	31,3	28,6	34,5
Schwiegersöhne	49,4	50,8	60,0

(Quelle: M. Tumin, Intergroup Attitudes of Youth and Adults in England, France, and Germany, wahrscheinlich 1962/63)

Tabelle 55

	Befürwortung der Einzelitems (n = 847)	Beantwortung der Kombinationen	%
A Juden sollen nicht zu viele Positionen in Österreich einnehmen	41,0 %	A	41 %
B In ehrlicher Konkurrenz kann man gegen Juden nicht bestehen	33,1 %	A + B	24 %
C Die Beseitigung der Juden im 2. Weltkrieg war auch positiv	20,5 %	A + B + C	12 %
D Kinder sollen lernen, Juden zu erkennen	19,3 %	A + B + C + D	7 %
E Befürwortung von Berufskontrolle	18,9 %	A + B + C + D + E	5 %

Eine konsistente Beantwortung der 5 Statements in Richtung hohem Antisemitismus erfolgt von rund 10 % der Befragten. Der ganz »harte Kern« beträgt demnach 5 %. (Die Anordnung dieser Items hat Guttman-Charakteristik: REP = 0.86.)

(Quelle: H. Weiss, Antisemitische Vorurteile in Österreich, 1981, S. 91)

Tabelle 56
Verteilung des Antisemitismus in der Bevölkerung (nach Stanine-Werten transformierte Skala)

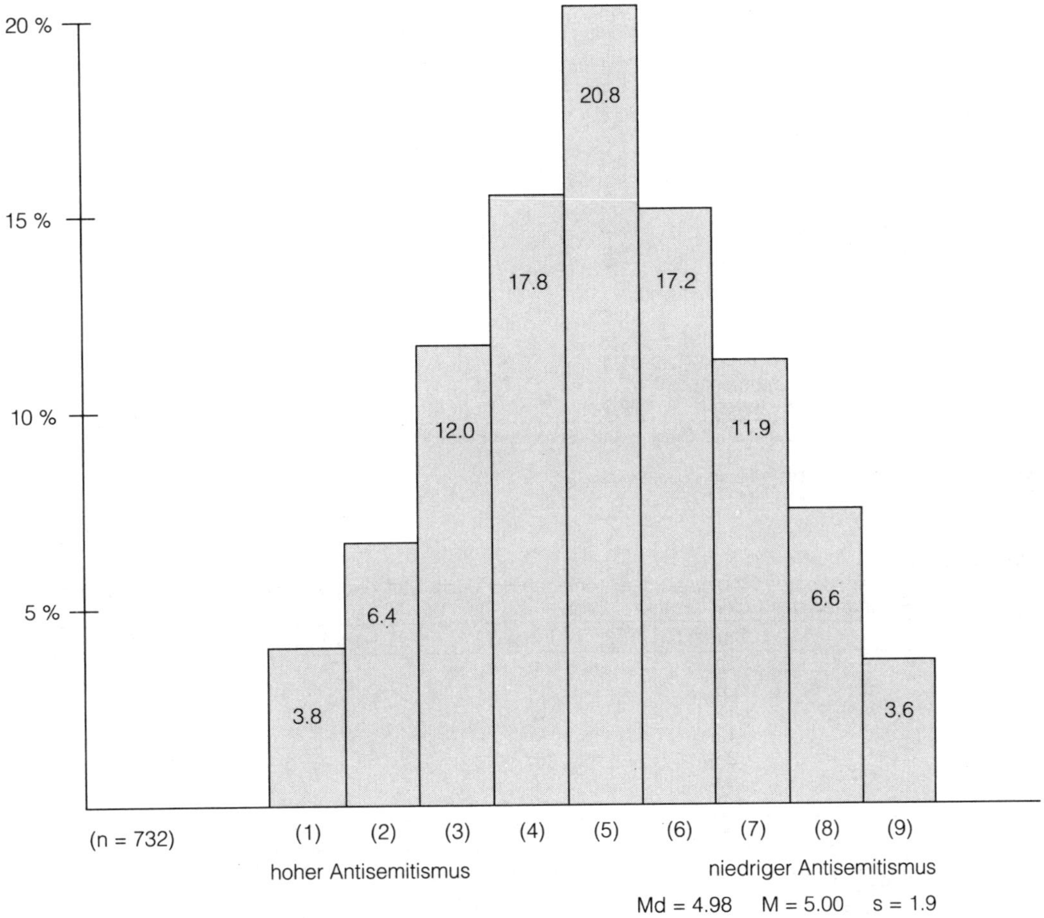

(Quelle: Hildegard Weiss, Antisemitische Vorurteile in Österreich, 1981, S. 97)

Tabelle 57
Kennwerte aller Subskalen und der Gesamtskala auf der Basis einer Faktorenanalyse über alle Items (zwei Hauptfaktoren erklären 48 % der Varianz, Faktor I und II sind inhaltlich gleich mit jenen aus Tab. 4/3)

Subskala	*Item-schwierigkeit* (% der Bejahungen – stimmt und stimmt eher)	*Faktor* (Ladungen)	*Trennschärfe* Korr. mit jeweiligen Subskalenscore	*Trennschärfe* Korr. mit Score der Gesamtskala Antisemitismus
(1) *»Radikaler Antisemitismus«*				
Christen müssen Juden ablehnen	7,8	I (.54)	.62	.47
Nützlich, Juden zu erkennen	19,7	I (.48)	.70	.63
Keine Geschäfte mit Juden	20,3	I (.60)	.75	.64
Juden nicht anständig	7,7	I (.59)	.72	.58
Juden sind Ausbeuter	15,3	I (.63)	.78	.70
Beseitigung der Juden war auch positiv	21,3	I (.57)	.72	.63
Berufskontrolle für Juden	19,3	I (.43)	.65	.56
Recht, Juden Wohnung zu verweigern	4,6	I (.41)	.47	.31
(2) *»politisch-geschäftlicher Antisemitismus«*				
Juden beherrschen Weltpolitik	48,5	II (.61)	.75	.52
Juden beherrschen internationale Geschäftswelt	64,3	II (.67)	.79	.68
Einfluß der Juden wird unterschätzt	47,0	II (.64)	.80	.68
Juden zuviel Einfluß in Österreich	22,2	II (.64)	.75	.68

1) Split half Reliabilität der Antisemitismus-Gesamtskala (Spearman-Brown korrigiert) (R = 0.93)

(Quelle: Hildegard Weiss, Antisemitismus in Österreich, 1981, S. 217)

Tabelle 58
»Die Schwierigkeiten, die überall beim Zusammenleben der Juden mit anderen Völkern entstehen, sind auf die angeborenen Eigenarten der Juden zurückzuführen.«

	Studenten	Jugend	Repräsentativ	Berlin
+ 3	2	9		2
+ 2	5	14		3
+ 1	12	19		11
– 1	12	11		8
– 2	23	20		21
– 3	46	25		55
Keine Angabe	0	2		0
	100 %	100 %		100 %

(Quelle: R. Wildenmann/M. Kaase, Die unruhige Generation, 1968, S. 104 f)

Tabelle 59

Beim Vergleich der Gesamtwerte zeigt sich, daß die »Neger« zu jenen sozialen Gruppen gehören, die auf beiden Skalen über 10 % Wahlen auf sich vereinigen. Dies kommt nur noch bei den »Ungarn«, »Franzosen« und »Japanern« vor. Wir sprechen in solchen Fällen von einer »statistischen Ambivalenz«.

Positive und negative Wahlen

a) positive Wahlen (%-Werte)

Komplexe Gruppen	Gesamt-summe	Saar-brücken	Wies-baden	Knaben	Mädchen	Volks-schüler	Ober-schüler
n-Zahl	827	364	463	312	515	463	364
Neger	13,5	15,1	12,5	16,0	12,1	12,0	15,9
Juden	0,9	0,8	1,1	0,9	1,0	0,7	1,2

b) negative Wahlen (%-Werte)

Komplexe Gruppen	Gesamt-summe	Saar-brücken	Wies-baden	Knaben	Mädchen	Volks-schüler	Ober-schüler
n-Zahl	827	364	463	312	515	463	364
Neger	20,0	21,1	20,9	14,7	24,8	27,2	13,6
Juden	41,4	47,8	36,2	36,8	43,5	42,8	39,5

(a) Positive Rangreihe: Deutsche (66 %), Amerikaner (50 %), Schweizer (32 %), Italiener (31 %), Berliner (30 %), Engländer (28 %), Holländer (27 %), Bayern (26 %), Hamburger (23 %), Spanier (21 %), Franzosen (20 %), Schweden (19 %), Japaner (18 %), Ungarn (17 %), Griechen (15 %), Finnen/Neger (13,5 %) usw. – Die Neger nehmen also die Position Nr. 16 in der positiven Rangskala ein. Die Juden liegen unterhalb von 5 %.
(b) Negative Rangreihe: Russen (83 %), Juden (41 %), Mongolen (36 %), Polen (34 %), Türken (33 %), Franzosen (27 %), Chinesen (24 %), Mohammedaner (21 %), Neger (20 %) usw. – Die Juden nehmen also die Position Nr. 2, die Neger die Position Nr. 9 in der negativen Rangskala ein.

(Quelle: H. E. Wolf, Sozialpsychologische Untersuchung der Vorurteile gegen Neger und Juden bei Ober- und Volksschülern. In: Kölner Zeitschrift für Soziologie und Sozialpsychologie 11/1959/4, S. 653)

Tabelle 60

Die Tabelle gibt die Eigenschaftsprofile bei den fünf Beispielgruppen an. Die Zahlen sind auf die Eigenschaftsbegriffe (n-Zahl) und nicht auf die Zahl der Versuchspersonen bezogen. Sie stellen also in erster Linie Gewichtszahlen dar. Im Kopf der Tabelle haben wir jeweils die Zahl der Eigenschaftswörter angegeben, die über den Gewichtszahlen »20« und »50« liegen. Bei allen Werten unter 20 haben wir die fünf nächsten Bezeichnungen noch mit aufgeführt.

In den Werten über 20 führen ebenfalls mit Abstand die »Russen«, denen dann die »Amerikaner« und dann erst dichtauf die »Deutschen« folgen. Die »Juden« zeigen die geringsten Werte. Auch bei den Größen über der Gewichtszahl von 50 0 führen die »Russen« noch eindeutig vor den »Deutschen« und »Amerikanern«.

Sieht man sich die Gewichtszahlen einzeln an, dann übertrifft die Bewertung »brutal« bei den »Russen« (198) noch knapp die Bezeichnung »anständig« bei den »Deutschen« (196). Werte über Gewichtszahlen von 100 finden sich bei den »Russen« 4, »Deutschen« 2, »Amerikanern« 1.

Eigenschaftsprofile – Gewichtszahlen

	Deutsche		Amerikaner		Russen		Franzosen		Juden	
ü. 20:	9		10		21		7		4	
ü. 50:	4		4		9		2		1	
	anständig	196	anständig	108	brutal	198	faul	85	heidnisch	53
	arbeitsam	177	angeberisch	81	grausam	139	feige	52	gottgläubig	39
	fleißig	105	großzügig	65	kriegerisch	127	höflich	42	geldgierig	27
	tapfer	65	reich	53	rauh	101	angeberisch	42	betrügerisch	23
	ehrlich	39	kameradschaftlich	44	feindlich	78	schmutzig	36	fromm	
	klug	35	freundlich	40	heidnisch	65	liebenswürdig	23	feige	
	demokratisch	29	soldatisch	31	herrisch	62	stolz	22	faul	
	bescheiden	23	höflich	27	soldatisch	57	geldgierig		dumm	
	sauber	21	liebenswürdig	25	demokratisch	56	freundlich		unehrlich	
	kameradschaftlich		angenehm	22	gemein	45	politisch			
	mutig		intelligent		feige	42	zimperlich			
	edel		klug		politisch	41	anständig			
	angenehm		demokratisch		roh	40				
	freundlich		arrogant		undemokratisch	40				
			musikalisch		angeberisch	38				
					böse	36				
					betrügerisch	34				
					aufdringlich	31				
					schlecht	23				
					schmutzig	20				
					faul	20				
					frech					
					dumm					
					geldgierig					
					klug					
					unehrlich					

(Quelle: H. E. Wolf, Vorurteile bei Jugendlichen. In: Überwindung von Vorurteilen, 1960, S. 28)

Tabelle 61
Überblick über die Gesamtergebnisse

Bedeutungskategorie	Eindeutig beliebt	Eindeutig unbeliebt	ambivalent gewertet	uninteressant
Stärkste Bedeutung (50–90 %)	Deutsche Amerikaner	Russen	–	–
Stärkere Bedeutung (40–49 %)	–	Juden Polen Mongolen	Franzosen Italiener	–
Mittlere Bedeutung (30–39 %)	Schweizer Holländer Engländer	Türken Chinesen	Japaner Ungarn Neger	–
Geringere Bedeutung (10–29 %)	Spanier Schweden Dänen Inder Griechen Finnen	Tschechoslowaken Araber Nordafrikaner Perser Rumänen	–	Ägypter Jugoslawen Südamerikaner
Relativ bedeutungslos (1–9 %)	–	–	–	Australier Belgier Balten Bulgaren Norweger Portugiesen

36 vorgegebene nationale Gruppen wurden hinsichtlich ihrer Bedeutung und Beliebtheit von deutschen Jugendlichen beurteilt. Die Tabelle ist wie folgt zu lesen:
a) Wir gehen zunächst von der Höhe der Quote des Bedeutungsgrades aus und bilden folgende Bedeutungskategorien: »Stärkste Bedeutung« (50–90 %), »Stärkere Bedeutung« (40–49 %), »Mittlere Bedeutung« (30–39 %), »Geringere Bedeutung« (10–29 %), »Relativ bedeutungslos« (–9%).
b) Sodann bilden wir aus den jeweiligen Quoten der Sympathie- und Antipathiequoten folgende Beliebtheitskategorien: (a) Gruppen, die eine Sympathiequote von mindestens 10 % aufweisen, deren Antipathiequote unter 10 % bleibt, definieren wir als »eindeutig beliebt«. (b) Gruppen, deren Sympathiequote unter 10 % bleibt, deren Antipathiequote aber 10 % überschreitet, definieren wir als »eindeutig unbeliebt«. (c) Gruppen, deren Sympathie- und Antipathiequoten über 10 % liegen, definieren wir als »ambivalent gewertet«. (d) Gruppen, deren Sympathie- und Antipathiequoten unter 10 % bleiben, definieren wir als »uninteressant«.

(Quelle: H. E. Wolf: Stellungnahmen Deutscher Jugendlicher zu westlichen und anderen Gruppen. In: Kölner Zeitschrift für Soziologie und Sozialpsychologie, 1966/2, S. 322)

Tabelle 62
Eine Frage zum Krieg zwischen Israel und den Arabern: Wem gehört Ihre Sympathie in diesem Krieg?

	Bevölkerung insgesamt %	Männer %	Frauen %	16–29 Jahre %	30–44 Jahre %	45–59 Jahre %	60 Jahre und älter %
»Den Israelis«	57	59	56	61	61	57	50
»Den Arabern«	8	10	6	6	5	8	10
Keiner der beiden Parteien	25	24	26	27	24	24	27
Keine Meinung, kein Urteil	10	7	12	6	10	11	13
	100	100	100	100	100	100	100

(Quelle: Israel Bulletin, Nr. 9/1973)

Tabelle 63

	Total	*Geschlecht* Männer	Frauen	*Alter* 14–19 Jahre	20–29 Jahre	30–39 Jahre	40–49 Jahre	50–59 Jahre	60 Jahre u. älter	*Schulbildung* V. Sch. o. Lehre	V. Sch. m. Lehre	Mittel-schule	Abi/ Uni
Basis	824 100,0	379 100,0	445 100,0	78 100,0	109 100,0	162 100,0	157 100,0	118 100,0	201 100,0	213 100,0	322 100,0	210 100,0	78 100,0
Mit ihren Ideen stiften die Juden nur Unfrieden													
Ja, stimmt	124 15,0	51 13,5	72 16,2	8 10,3	6 5,5	17 10,5	26 16,6	23 19,5	45 22,4	50 23,5	39 12,1	26 12,4	8 10,3
Unentschieden	298 36,2	124 32,7	174 39,1	22 28,2	33 30,3	62 38,3	61 38,9	43 36,4	76 37,8	83 39,0	124 38,5	73 34,8	18 23,1
Nein, stimmt nicht	403 48,9	204 53,8	199 44,7	47 60,3	71 65,1	83 51,2	70 44,6	52 44,1	80 39,8	80 37,6	159 49,4	112 53,3	53 67,9
Die Juden in Deutschland sind genauso gute Staatsbürger wie andere auch													
Ja, stimmt	655 79,5	291 76,8	364 81,8	67 85,9	97 89,0	129 79,6	119 75,8	90 76,3	152 75,6	167 78,4	246 76,4	173 82,4	70 89,7
Unentschieden	153 19,2	85 22,4	73 16,4	10 12,8	12 11,0	30 18,5	35 22,3	25 21,2	45 22,4	43 20,2	70 21,7	37 17,6	7 9,0
Nein, stimmt nicht	12 1,3	9 0,9	9 2,0			4 2,5	2 1,3	3 2,5	3 1,5	4 1,9	6 1,9	1 0,5	1 1,3

(Quelle: ohne Verfasser, Daten zum Vergleich, MARPLAN, 1979)

Sachregister

Personenregister

Ortsregister

Abbildungsnachweis

Archiv der Nürnberger Nachrichten (S. 30)
Bader, Walter, Verein zur Erhaltung des Xantener Domes e. V. (Hrsg.), »Sechzehnhundert Jahre Xantener Dom«, Xantener Domblätter Nr. 1963, Köln 1964, Tafel 25 (S. 387)
Bauer, Elvira, »Trau keinem Fuchs auf grüner Heid und keinem Jud bei seinem Eid«, Nürnberg 1934. Kommentierter und ergänzter Nachdruck: Günther B. Ginzel u. a., »Mit Hängemaul und Nasenzinken«, Erziehung zur Unmenschlichkeit. Medienpaket für Gruppenleiter und Erzieher, Düsseldorf 1984 (S. 17)
Bibliothek Germania Judaica, Köln, Ma/Marr 41/467 (S. 157)
Bildarchiv Foto Marburg im Kunstgeschichtlichen Institut der Philipps-Universität (S. 374)
Bildarchiv Preussischer Kulturbesitz (S. 16, 380, 381)
Blumenkranz, Bernhard, »Juden und Judentum in der mittelalterlichen Kunst«, Stuttgart 1965: Ehem. Straßburg, Bibl. Nat. et Univ. (S. 126)
Leyden, Universitätsbibliothek, B. P. L. 76 A, f⁰ 27 (S. 375)
Böckeler, D. Maura O. S. B., »Der Heiligen Hildegard von Bingen Wisse die Wege. Nach dem Urtext des Wiesbadener Kleinen Hildegardiskodex. Ins Deutsche übertragen und bearbeitet«, Berlin 1928, Tafel 7 (S. 360)
Der Stürmer, 14. Jg., Nr. 36, 1936 (S. 429)
Der wahre Jacob, Nr. 137, 1891 (Titelblatt) (S. 430)
Encyclopaedia Judaica Yearbook 1974, Jerusalem 1974 (S. 435, 436)
Encyclopaedia Judaica, Bd. 8, Jerusalem 1971, Sp. 1041/1042 (S. 379)
Encyclopaedia Judaica, Bd. 5, Jerusalem 1971, Sp. 178 (S. 434)
Förster, Otto H., »Stefan Lochner. Ein Maler zu Köln«, Bonn 1952 (Wallraf-Richartz-Museum, Köln), (S. 374)
Friedensgruppe der Altstädter Nicolaigemeinde Bielefeld (S. 23)
Fuchs, Eduard, »Die Juden in der Karikatur. Ein Beitrag zur Kulturgeschichte«, München 1921 (S. 134, 135, 420, 423, 432)
Gesellschaft für Christlich-Jüdische Zusammenarbeit in Franken e. V. (S. 28)
Godonim, Moravia Museum. Foto: Jan Lukas. In: Kedourie, Elie (Hrsg.), »Die jüdische Welt. Offenbarung, Prophetie und Geschichte«, Frankfurt am Main 1980 (S. 132)
»Juden stellen sich vor. Vierundzwanzig Zeichnungen vom Stürmerzeichner Fips«, Nürnberg 1934 (S. 424)
Judentum im Mittelalter. Katalog. Kulturabteilung des Amtes der Bgld. Landesregierung (Hrsg.), Eisenstadt 1978: Giovanni da Bologna, Wandmalerei, Bologna, Chiesa S. Petrino, Cap. di S. Giorgio (S. 366);
Chorgestühlwange, Erfurter Dom (S. 365);
Nationalmuseum Kopenhagen (S. 360)
Kloster Neustift, Neustifter Buchmalerei. Klosterschule und Schreibstube des Augustiner-Chorherrenstiftes, hrsg. von Martin Peitner, Fotos von Hubert Walder, Bozen 1984, Abb. 51 (S. 372)
Kölnisches Stadtmuseum, »Juden in Köln von der Römerzeit bis ins 20. Jahrhundert. Foto-Dokumentation«, Köln 1984, S. 259/260. Rheinisches Bildarchiv BA 190.729 (S. 145, 159)
Meng-Koehler, Matthilde, »Die Bilder des Konrad Witz und ihre Quellen. Legenda Aurea, Speculum Humanae Salvationis, Bibel«, Basel 1957, Abb. 6 (S. 363)
München, Staats- und Universitätsbibliothek: »Callots neueingerichtetes Zwergenkabinett. Faksimilierte Neuausgabe mit fünfzig Kupferstichen in groteskem Rahmen«, hrsg. von Wilhelm Fraenger. Erlenbach-Zürich, München, Leipzig 1921 (S. 421, 422);
Grobian (S. 427)
Poppel, S. M., »Zionism in Germany 1897–1933« Philadelphia 1976/77 (S. 431)
Rainer, Walter, »Israel. In Karikatur und Satire nach authentischen Quellen des jüdischen Altertums«, Dresden o. J. (S. 163, 432)
Sammlung Ginzel (S. 18, 19, 20, 21, 137, 145, 149, 153, 154, 433)
Schalk Kalender, hrsg. von Ernst Eckstein, Leipzig 1882, S. 23 (S. 141)
Schwechten, E., »Das Lied vom Levi«, 4. Teil, 2. Auflage, Köln 1896 (S. 148)
Schwechten, E., »Das Lied vom Levi«, Bilder: Siegfried Horn, Köln o. J. (1892) (S. 140)
Stadtarchiv Nürnberg (S. 162)
Straßburg, Musé de l'Oeuvre Notre-Dame l'Eglise, 7940/1 (S. 358)
Stürmer-Archiv (Stadtarchiv Nürnberg) (S. 144, 151)
Universitäts- und Stadtbibliothek Köln, Inv. Nr. AD bl, 150 (S. 384)
Universitätsbibliothek Heidelberg, Fliegende Blätter Nr. 532, XXIII. Bd. 1855/1852, XV. Bd., S. 56 (S. 425, 426)
Württembergisches Landesmuseum Stuttgart (S. 128)

Abbildungsnachweis für die Plakate (S. 393–408): siehe S. 414–416

Die Autoren

Uwe D. Adam
In Berlin am 22. 11. 1940 geboren, am 22. 11. 1987 gestorben. Studium der neueren Geschichte und Zeitgeschichte, der Politikwissenschaft, Soziologie und des Öffentlichen Rechts in Tübingen. Promotion 1971. Assistent im Fach Politikwissenschaft an der Pädagogischen Hochschule Reutlingen bis 1980. Verlagsdirektor und Geschäftsführer. 1984–1987 Generalsekretär des Deutschen Koordinierungsrates der Gesellschaften für Christlich-Jüdische Zusammenarbeit in Frankfurt am Main.
Veröffentlichungen: Judenpolitik im Dritten Reich (Tübinger Schriften zur Sozial- und Zeitgeschichte 1). Düsseldorf 1972, 1979[2]; Hochschule und Nationalsozialismus. Die Universität Tübingen im Dritten Reich (Contubernium. Beiträge zur Geschichte der Eberhard-Karls-Universität Tübingen, Bd. 23). Tübingen 1977; Herrenmenschtum und Rassenvernichtung. Tübingen 1983. Mehr als 40 Aufsätze zum politischen System der Bundesrepublik, zur Geschichte der politischen Parteien, zur Methodenlehre in den Sozialwissenschaften und insbesondere zur nationalsozialistischen Judenverfolgung.

Paul Gerhard Aring
Geboren 1926 in Rheydt. Studium der evangelischen Theologie in Wuppertal, Tübingen und Göttingen; Vikariat und Pfarrdienst in der Evangelischen Kirche im Rheinland; 1960–1964 in Irian-Jaya (West-Neuguinea). 1969 Promotion an der Comenius-Fakultät in Prag; 1979–1991 Leiter der Melanchthon-Akademie in Köln; Präses der Kindernothilfe e. V. Duisburg; Vorsitzender der Rheinischen Missionskonferenz, des Verbandes Evangelischer Missionskonferenzen in der Bundesrepublik Deutschland; Mitarbeit im Ausschuß »Christen und Juden« der Evangelischen Kirche im Rheinland und anderer kirchlicher Einrichtungen.
Publikationen: Kirche als Ereignis. Ein Beitrag zur Neuorientierung der Missionstheologie, Neukirchen-Vluyn 1971; Christliche Judenmission. Ihre Geschichte und Problematik dargestellt und untersucht am Beispiel des evangelischen Rheinlandes, Neukirchen-Vluyn 1980. Zahlreiche Veröffentlichungen zum christlich-jüdischen Verhältnis.

Schalom Ben-Chorin
Geboren 1913 in München; studierte dort Literaturgeschichte bei Artur Kutscher und vergleichende Religionswissenschaft bei Joseph Schnitzer. Nach mehrfachen Verhaftungen durch die Gestapo emigrierte er 1935 nach Jerusalem. Als Dichter und theologischer Denker gehört Ben-Chorin zu den maßgebenden Vorkämpfern eines besseren Verhältnisses zwischen Juden und Christen, zwischen Israelis und Deutschen. Für sein Wirken im Dienste der Wissenschaft und der Völkerverständigung wurden ihm viele hohe Auszeichnungen verliehen, unter anderem der Leo-Baeck-Preis des Zentralrats der Juden in Deutschland (1959), das Bundesverdienstkreuz (1969) und die Buber-Rosenzweig-Medaille (1982) des Deutschen Koordinierungsrats der Gesellschaften für Christlich-Jüdische Zusammenarbeit für seine Pionierarbeit auf dem Gebiete christlich-jüdischer und deutsch-israelischer Beziehungen und seine Darstellung des Judentums für Nichtjuden. Leopold-Lucas-Preis der Universität Tübingen (1975). Professor h. c. 1986; Dr. h. c. der theo-logischen Fakultät der Universität München. Bayerischer Verdienstorden (1986).
Hauptwerke: Die Heimkehr. Jesus, Paulus, Maria in jüdischer Sicht, 3. Bde.; Jüdischer Glaube. Die Tafeln des -Bundes. Betendes Judentum. Jüdische Ethik. Narrative Theologie des Judentums. Was ist der Mensch. Ich lebe in Jerusalem. Jugend an der Isar. Zwiesprache mit Martin Buber. Der Engel mit der Fahne. Gerlingen 1985; Weil wir Brüder sind, Gerlingen 1988; Begegnungen, Gerlingen 1991.

Jürgen Bernatzky
Geboren 1944 in Troppau; Oberstudienrat in Köln.
»Die Haltung des Hl. Stuhls zur NS-Judenpolitik«, Examensarbeit, Köln 1975.

Kurt Düwell
1937 in Düsseldorf geboren. 1966 Promotion bei Prof. Dr. Theodor Schieder in Köln. »Die Rheingebiete in der Judenpolitik des Nationalsozialismus vor 1942« (gedruckt Bonn 1968). 1974 Habilitation für Neuere Geschichte an der Philosophischen Fakultät der Universität Köln mit der Arbeit »Deutschlands auswärtige Kulturpolitik 1918–1932« (gedruckt 1976). 1976 Ernennung zum außerplanmäßigen Professor an der Universität Köln. 1977 Ernennung zum Professor für Neuere und Neueste Geschichte an der Universität Trier. Seit 1979 Mitherausgeber des »Archivs für Kulturgeschichte«. 1986 Dekan des Fachbereichs III der Universität Trier.
Zahlreiche Veröffentlichungen zur Technikgeschichte, Problemen der Industrialisierung und Universitätsgeschichte. U. a.: Deutschlands auswärtige Kulturpolitik 1918–1932 – Grundlinien und Dokumente. Köln/Wien 1976. Das Schul- und Hochschulwesen der Rheinlande. Wissenschaft und Bildung seit 1815. In: F. Petri und G. Droege (Hrsg.), Rheinische Geschichte, Bd. 3, Düsseldorf 1979 (3. Aufl. 1980). Die Idee des Minderheitenschutzes in der Neueren und Neuesten Geschichte (in Vorbereitung). Diether Breitenbach, Kurt Düwell (Hrsg.), Kontinuität und Fortschritt. Dieter Danckwortt zum 60. Geburtstag. Saarbrücken 1986. (= Bulletin des Sozialwissenschaftlichen Studienkreises für internationale Probleme, Bd. 57). Herbert A. Strauss, Tilmann Buddensieg, Kurt Düwell (Hrsg.), Emigration. Deutsche Wissenschaftler nach 1933. Entlassung und Vertreibung. »List of displaced German scholars« (1936–1941). Im Auftrag des Wissenschaftskollegs zu Berlin herausgegeben. Berlin (TU) 1987, XVII, Das Schicksal der Juden am Rhein im nationalsozialistischen Einheitsstaat. In: Monumenta Judaica – 2000 Jahre Geschichte und Kultur der Juden am Rhein. Handbuch, hrsg. von Konrad Schilling. Köln 1963. Kurt Düwell und Wolfgang Köllmann (Hrsg.), Rheinland-Westfalen im Industriezeitalter. Beiträge zur Landesgeschichte des 19. und 20. Jahrhunderts. Hrsg. i. A. des Kultusministers des Landes Nordrhein-Westfalen. 4 Bände, Wuppertal 1983–1985: Bd. 1: Von der Entstehung der Provinzen bis zur Reichsgründung, Bd. 2: Von der Reichsgründung bis zur Weimarer Republik, Bd. 3: Vom Ende der Weimarer Republik bis zum Land Nordrhein-Westfalen, Bd. 4: Zur Geschichte von Wissenschaft, Kunst und Bildung an Rhein und Ruhr. Nebst Resümee der Historiker- und Kunsthistorikertagung in Essen 1982.

Willehad Paul Eckert
Pater Dr. Willehad Paul Eckert, geb. 1926 in Köln, seit 1945 Dominikaner, lehrte an der Philosophisch-Theologischen Hochschule der Dominikaner in Bornheim-Walberberg seit 1956, war deren Studienleiter von 1976–1984 und übernahm die Studienleitung innerhalb der norddeutschen Dominikanerprovinz nochmals 1988/1990. Seit 1980 nimmt er einen Lehrauftrag für Kirchengeschichte an der Universität Köln wahr. Prior war er in den Dominikanerklöstern Bornheim-Walberberg 1977–1984 und Düsseldorf 1984–1987. Seither lebt er in Düsseldorf.
Schon in frühen Jahren engagierte sich P. Eckert für die Versöhnung von Juden und Christen, gehörte zu den Mitbegründern der Kölnischen Gesellschaft für christlich-jüdische Zusammenarbeit; 1965–1984 katholischer Vorsitzender des Deutschen Koordinierungsrates der Gesellschaften für Christlich-Jüdische Zusammenarbeit, jetzt dessen Ehrenmitglied; Mitglied des ständigen Gesprächskreises Christen und Juden beim Zentralkomitee der deutschen Katholiken und der Arbeitsgruppe für Fragen des Judentums bei der Ökumenekommission der Deutschen Bischofskonferenz.
Er arbeitete 1963/64 an der Ausstellung Monumenta Judaica in Köln mit. 1964 erstellte er ein Gutachten über den Justizmord an den Juden von Trient. Aufgrund dieses Gutachtens wurde der Kult des seligen Simon von Trient, das angebliche Opfer eines Ritualmordes, aufgehoben. Zu den Hintergründen des Prozesses nahm P. Eckert 1989 nochmals Stellung auf dem internationalen Kongreß über Fürstbischof Johannes Hinderbach von Trient. Die Kongreßakten sind derzeit im Druck. Darüber hinaus hat P. Eckert in zahlreichen Einzelbeiträgen zur deutsch-jüdischen Geschichte zum Antisemitismus, aber auch zur den Chancen einer Versöhnung von Juden und Christen Stellung genommen.

Günther B. Ginzel
Geboren 1946 in Innsbruck, studierte Kunst, Kunstgeschichte in Köln (Diplom-Designer), Judaistik, Soziologie und Geschichte in Jerusalem und Köln. Seit 1970 Publizist, Autor zahlreicher Dokumentationen und Essays für Hörfunk und Fernsehen. 1991 berufen in das neu geschaffene Amt eines »Jüdischen Rundfunkbeauftragten« (der Jüdischen Landesverbände Rheinland, Westfalen und Köln).
Leiter des Forschungsprojektes »Unbesungene Helden – Dokumentation und Erforschung von Hilfeleistungen und Rettungsbemühungen für

Verfolgte während der Zeit des Nationalsozialismus«.
Mitglied des Vorstands: Germania Judaica, Kölner Bibliothek für die Geschichte des deutschen Judentums, Deutscher Koordinierungsrat der Gesellschaften für christlich-jüdische Zusammenarbeit in Deutschland. Bnai Brith Köln. Jüdischer Vorsitzender der Kölnischen Gesellschaft für christlich-jüdische Zusammenarbeit. Mitglied in verschiedenen Arbeitskreisen für das christlich-jüdische und das christlich-jüdisch-islamische Gespräch sowie in Forschungsprojekten zur deutsch-jüdischen Geschichte.
Seit 1981 jüdischer Partner der wöchentlichen »Morgenandachten«, die erstmals als »christlich-jüdische Dialogandachten« ausgestrahlt wurden: Im Norddeutschen Rundfunk (gemeinsam mit Siegfried von Kortzfleisch) und Westdeutschen Rundfunk (mit S. v. Kortzfleisch und Wolfgang Gerlach).
Herausgeber der Taschenbuchreihe »tachleß: Zur Sache« sowie der »Schriftenreihe ›Unbesungene Helden‹«
Veröffentlichungen u. a.:
Auschwitz als Herausforderung für Juden und Christen (Hrsg.), Heidelberg 1980; Hitlers Ur-Enkel – Neonazis, ihre Ideologien und Aktionen, Düsseldorf 1981, 1983[3]; Mit Hängemaul und Nasenzinken – Erziehung zur Unmenschlichkeit – Eine Medienmappe für Erzieher (Mitherausgeber), Düsseldorf 1984; Die Bergpredigt – Jüdisch-christliches Glaubensdokument – Eine Synopse, Heidelberg 1984; Scheidewege – Rudolf Pfisterer zum 70. Geburtstag – Eine Festschrift, (mit Elisabeth Pfisterer), Düsseldorf 1984; Jüdischer Alltag 1933–1945, Düsseldorf 1984; »Das durfte keiner wissen!« Hilfe für Verfolgte im Rheinland von 1933 bis 1945. Gespräche. Dokumente. Texte (Hrsg.), Brauweiler 1992; Mut zur Menschlichkeit. Berichtsband des internationalen Symposions »Hilfe für Verfolgte während der NS-Zeit« (Hrsg.), Brauweiler 1992.
Zahlreiche Aufsätze über Judentum, zur deutsch-jüdischen Geschichte und zum Antisemitismus. U. a.: Suche den Frieden und jage ihm nach – Zum Schalom in der Hebräischen Bibel, in: Festschrift für Kurt Scharf zum 80. Geburtstag, Frankfurt a. M. 1982; Martin Luther: »Kronzeuge des Antisemitismus«, in: Heinz Kremers: Martin Luther und die Juden – die Juden und Martin Luther, Neukirchen-Vluyn 1985; Phasen der Etablierung einer jüdischen Gemeinde in der Kölner Trümmerlandschaft 1945–1949, in: Festschrift Germania Judaica 1959–1984: Köln und das rheinische Judentum, Köln 1985. Antisemitismus in Deutschland heute – Versuch einer Bestandsaufnahme, in: Silbermann/Schoeps: Antisemitismus nach dem Holocaust – Bestandsaufnahme und Erscheinungsformen in deutschsprachigen Ländern.

Hans G. Glasner
Geboren 1932 in Arnswalde (Pommern). Studien in Theologie, Philosophie, Psychologie, Geschichte und Kunstgeschichte in München, Innsbruck, Paderborn, Münster und Köln. Seit 1959 kath. Priester. Nach der Tätigkeit im staatlichen Schuldienst, zuletzt Studiendirektor, als pädagogischer Fachleiter jetzt Leiter des Instituts für Religionsunterricht und Katechese in Schwerte und Dortmund.
Seit 1959 in der Jugend- und Erwachsenenbildung tätig, später auch in der Lehrerfortbildung. Durchführung zahlreicher Seminiare und Akademietagungen mit den Schwerpunkten Friedensforschung und Friedenspädagogik, Medienpädagogik, Christentum und Marxismus, Antisemitismus und Neofaschismus, Veröffentlichungen im Bereich der Liturgiewissenschaft und der internationalen Jugendbegegnung. Seit 15 Jahren engagierte und anerkannte israelisch-deutsche Begegnungsarbeit. Mitglied der Deutsch-Israelischen Gesellschaft, Vorsitzender der Gesellschaft für Christlich-jüdische Zusammenarbeit e. V. in Dortmund.

Hermann Greive
1935 in Walstedde (Lüdinghausen) geboren; 1984 in Köln ums Leben gekommen; war Professor für Judaistik am Martin-Buber-Institut der Universität Köln. Von ihm liegen zahlreiche Veröffentlichungen über das Judentum, seine Geschichte und Philosophie und über den Antisemitismus vor.
Buchveröffentlichungen:
Theologie und Ideologie. Katholizismus und Judentum in Deutschland und Österreich 1918–1935. 1969; Studien zum jüdischen Neuplatonismus. 1973; Hrsg. des (erweiterten) Neudrucks: Der Antisemitismus. Ein internationales Interview von Hermann Bahr. 1979; Die Juden-Grundzüge ihrer Geschichte im mittelalterlichen und neuzeitlichen Europa. [3]1989. Geschichte des modernen Antisemitismus in Deutschland. 1983 (Taschenbuchausgabe 1988); Mitherausgeber des Lexikons des Mittelalters. 1977–; Mitherausgeber der Briefe und Tagebücher Theodor Herzls. 1983–; Aufsätze zur Geschichte des Judentums, zur mittelalterlichen jüdischen Philosophie und zum modernen Antisemitismus in verschiedenen Sammelschriften und Periodika.

Albin Hänseroth
1939 in Mönchengladbach geboren. Studium der Sozial- und Wirtschaftswissenschaften, 1974 Promotion zum Dr. rer. pol. an der Universität in Köln, seit 1978 Professor für Soziologie und Pädagogik der Massenmedien an der Fachoberschule Niederrhein in Krefeld/Mönchengladbach.
Langjährige Forschungstätigkeit auf dem Gebiet der Massenmedien und der Theatersoziologie, wissenschaftliche Übersetzungen aus dem Amerikanischen und Spanischen, Musik- und Theaterkritiken für in- und ausländische Tageszeitungen.
Publikationen zu Fragen der Massenmedien und zu theatersoziologischen Themen, u. a. »Elemente einer integrierten empirischen Theaterforschung«, Frankfurt a. M. 1976, Medienkultur, Medienwirtschaft Medienmanagement (Alphons Silbermann, Albin Hänseroth), Frankfurt a. M. 1989. 1988 Mitglied des »Departament de Coordinació i Producció« des Gran Teatre del Liceu (Barcelona); seit 1990 künstlerischer Leiter dieses Theaters.

Ludger Heid
1945 in Warendorf/Westf. geboren. Studium der Geschichte, Germanistik, Pädagogik, Judaistik in Duisburg, Forschungsaufenthalte in Israel. Seit 1974 Lehrer in Duisburg, Promotion (Dr. phil.) 1981. Mitglied des Forschungsschwerpunktes »Geschichte und Religion des Judentums« Universität/GH Duisburg, Mitbegründer des »Salomon-Ludwig-Steinheim-Instituts für deutsch-jüdische Geschichte«, Duisburg. Mitbegründer und Vorstandsmitglied der »Deutsch-Israelischen Gesellschaft« Duisburg. Lehrbeauftragter an der Universität/GH Duisburg, Habilitationsprojekt zum Thema: »Das ostjüdische Proletariat im rheinisch-westfälischen Industriegebiet 1914–1923«.
Veröffentlichungen: Die Social-Demokratie in Duisburg 1848–1878, Duisburg 1983; zahlreiche Publikationen zum Thema »Arbeiterbewegung« und zur Lokal- und Regionalgeschichte. Das ostjüdische Proletariat in Duisburg (1914–1922), in: Ludger Heid und Julius H. Schoeps (Hrgs.), Arbeit und Alltag im Revier, Duisburg 1985. East-European Jewish Workers in the Ruhr 1915–1922, in: Leo Baeck Institute Year Book XXX, London 1985. Harry Epstein – ein Anwalt der Ostjuden in der Zeit der Weimarer Republik, in: Walter Grab/Julius H. Schoeps (Hrsg.), Juden in der Weimarer Republik, Stuttgart/Bonn 1986. Mehr Intelligenz als körperliche Kraft. Zur Sozialgeschichte ostjüdischer Proletarier an Rhein und Ruhr 1914–1923, in: Jahrbuch des Instituts für Deutsche Geschichte Bd. XV, Tel Aviv 1986. Die Pestbeule Deutschlands. Bedingungen ostjüdischen Lebens in Berlin zwischen Weltkrieg und Novemberrevolution, in: Wolfgang Dreßen (Hrsg.), Jüdisches Leben (= Berliner Topographien 4), Berlin 1985.

Friedrich Knilli
Geboren 1930, Österreicher. Maschinenbauer (1949), Dr. phil (1959), Habilitation (1972). Seit 1972 ordentl. Professor für Allgemeine Literaturwissenschaft und Medienwissenschaft an der Technischen Universität Berlin.
Autor folgender Bücher: Das Hörspiel in der Vorstellung der Hörer (1959). Das Hörspiel (1961). Gewerbliche Leihbüchereien (1963, mit B. von Arnim). Deutsche Lautsprecher (1970). Einführung in die Film- und Fernsehanalyse (1971, mit E. Reiss). – Herausgeber und Autor von Beiträgen: Semiotik des Films (1971). Die Unterhaltung der deutschen Fernsehfamilie (1971). – Mitherausgeber und Autor von Beiträgen: Trivialliteratur (1963). Frühes deutsches Arbeitertheater (1970). Medien-Magazin 1 (1974), Literatur in den Massenmedien (1976). Holocaust zur Unterhaltung. Anatomie eines internationalen Bestsellers (1982, mit Zielinski). Betrifft: »Holocaust«. Zuschauer schreiben an den WDR (1982, mit Zielinski). Jud Süß, Filmprotokoll, Programmheft und Einzelanalysen (1983, mit Zielinski), Lion Feuchtwanger: . . . für die Vernunft, gegen Dummheit und Gewalt (1985, mit Huder). Medium Metropole (1986, mit Nerlich). Germanistische Medienwissenschaft (mit Zielinski): Die Rolle der Medien in der Auslandsgermanistik (Teil 1, 1989, mit Matzker), Fernsehspielforschung in der Bundesrepublik und der DDR 1950–1985 (1989, Knut Hickethier), Comicforschung in der Bundesrepublik Deutschland 1945–1984 (1989, Zielinski u. Matzker). Social Conflict and Television News (1990, mit Cohen u. a.). – Knilli zum Sechzigsten: K. Hickethier u. S. Zielinski: Media/Kultur. 1991.

Hans Lamm
Geboren 1913 in München und dort am 23. April 1985 gestorben. Nach Abschluß der Schule 1931 begann er in München ein Jurastudium, später das der Zeitungswissenschaften. Er engagierte sich in der Gemeinde-, insonderheit in der Wohlfahrts- und Erziehungsarbeit. Beginn seiner Mitarbeit in jüdischen Presseorganen. 1937 Studium in Berlin an der Hochschule für die Wissenschaft des Judentums. Juli 1938 Emigration nach Ame-

rika. Dort Tätigkeiten in den Gemeinden, u. a. im jüdischen Waisenhaus von Kansas City, Studium der Soziologie. 1945 Rückkehr nach Deutschland als Repräsentant der United Nations Relief and Rehabilitation Administration (UNRRA). 1946 Übersetzer eines Judaistik-Studiums an der Universität Erlangen, Deutschlandkorrespondent u. a. für den New Yorker »Aufbau«.
1951 Dissertation »Über die innere und äußere Entwicklung des deutschen Judentums im Dritten Reich«. Nach einem Zwischenaufenthalt in den USA wurde er 1955 Kulturdezernent des Zentralrates der Juden in Deutschland, von 1960 bis zu seiner Pensionierung (1976) Abteilungsleiter der Volkshochschule München. Von 1970 bis zu seinem Tod Präsident der Israelitischen Kultusgemeinde München. Aktiv im christlich-jüdischen Gespräch, zahlreiche Abhandlungen und Aufsätze zum christlich-jüdischen Verhältnis, Träger zahlreicher Auszeichnungen.

Reinhold Mayer
Geboren 1926 in Neckarweihingen/Württ., nach 1945 Studium der evangelischen Theologie und orientalischer Sprachen, sieben Jahre im Pfarrdienst. Menschliche und wissenschaftliche Begegnungen mit Juden in Europa und später oft in Israel gaben Anlaß zur wissenschaftlichen Beschäftigung mit dem Judentum. Wissenschaftlicher Mitarbeiter am 1957 begründeten Institutum Judaicum der Universität Tübingen. Träger des Leo-Baeck-Preises, Mitglied des Weltkongresses für judaistische Studien, der Arbeitsgemeinschaft Juden und Christen des Deutschen Evangelischen Kirchentags, der Studienkommission »Kirche und Judentum« der Evangelischen Kirche in Deutschland.
Veröffentlichungen: Christentum und Judentum in der Schau Leo Baecks, Stuttgart 1961; Franz Rosenzweig – eine Philosophie der dialogischen Erfahrung, München 1973; Judentum und Christentum – Ursprung, Geschichte, Aufgabe, Aschaffenburg 1973; Herausgeber von zwei Abteilungen der Gesammelten Schriften Franz Rosenzweigs: Der Stern der Erlösung, Den Haag 1976, und: Zweistromland – Kleinere Schriften, Den Haag 1980.
Von Kollegen, Freunden, Schülern geehrt mit der Festschrift »Wie gut sind Deine Zelte Jacobs«, Gerlingen, 2. Aufl. 1990.

Margarete Mitscherlich-Nielsen,
Dr. med. Psychoanalytikerin und Autorin, Studium der Literatur und Medizin. Wissenschaftliche Tätigkeit in der Psychosomatischen Klinik Heidelberg und im Sigmund-Freud-Institut Frankfurt. Mit ihrem Mann Alexander Mitscherlich bemühte sie sich um die Wiederbelebung der Psychoanalyse in Deutschland. In den Nachkriegsjahren galt und gilt bis heute ihr Interesse der Aufarbeitung der nationalsozialistischen Vergangenheit. Vor allem liegt ihr daran, psychoanalytische Kenntnisse nicht nur transparent für weitere Kreise der Bevölkerung zu machen, sondern sie auch auf politischen und kulturellen Gebieten anzuwenden. Seit Ende der sechziger Jahre wendet sie sich zunehmend der Situation der Frau in unserer Gesellschaft zu.
Veröffentlichungen: »Die Unfähigkeit zu trauern« (zus. mit Alexander Mitscherlich) 1968; »Müssen wir hassen?« 1976; »Das Ende der Vorbilder« 1978; »Männer« (zus. mit Helga Dierichs) 1980; »Die friedfertige Frau« 1985; »Die Zukunft ist weiblich« 1987; »Erinnerungsarbeit« 1987 sowie zahlreiche Beiträge in Zeitschriften, insbesondere der Psyche.

Józef Niewiadomski
Dr. theol.; Mag. Phil.; 1951 geboren in Rozkoszówka/Polen; 1969–1972: Studium der Philosophie und Theologie an der Theologischen Fakultät der Katholischen Universität in Lublin/Polen; 1972–1981: Studium an der Theologischen Fakultät der Universität Innsbruck; 1979–1991: Assistent am Institut für Dogmatische und Ökumenische Theologie an der Theologischen Fakultät in Innsbruck; 1989–1991: Vorstandsmitglied des Tiroler Kommitees für jüdisch-christliche Zusammenarbeit; seit 1.10.91 Prof. für Dogmatik an der Theologischen Fakultät in Linz, Lehraufträge an den theol. Fakultäten in Innsbruck und Salzburg. Veröffentlichungen über christlich motivierten Antisemitismus, religiös motivierte Gewaltpraktiken, christliche Friedensethik, Theologie von Augustinus.
Buchpublikationen: Die Zweideutigkeit von Gott und Welt in J. Moltmanns Theologien. Innsbruck 1982; Eindeutige Antworten? Fundamentalistische Versuchung in Religion und Gesellschaft. Thaur 1989[3]; Verweigerte Mündigkeit? Politische Kultur und die Kirche. Thaur 1989; Den Frommen ein Skandal? Regensburg 1991.

Salberg, Wilhelm
Studienrat i. R. und Pfarrer. Geboren am 5. 7. 1925 in Essen. Studium der Philosophie, Theologie und Gesellschaftswissenschaften von 1943–1949, im letzten Kriegsjahr in der Illegalität. Überlebt dank mutiger christlich motivierter Freunde die eigene NS-Verfolgung, seit 1949 katholischer Priester. Seit 1952 laufend neben der Seelsorge betriebene Studien, 1959 Diplom des Deutschen Instituts für wissenschaftliche Pädagogik. 1957–1971 im staatlichen Schuldienst mit Schwerpunkt Zweiter Bildungsweg und ab 1958 zugleich Erwachsenenbildung im kirchlichen Rahmen. Ab 1971 Studium der Judaistik am Martin-Buber-Institut in Köln, Schwerpunktstudien über den ursächlichen Zusammenhang zwischen kirchlichem Antijudaismus und säkularisierten Folgeformen. Derzeit Vorbereitung einer Dissertation in Duisburg.

Michael Selbmann
Diplom-Soziologe, geb. 1944 in Zwickau, aufgewachsen und Abitur in Berlin-West, Studium an der FU Berlin und der Universität Bielefeld (Soziologie, Psychologie, Pädagogik, Politologie), zwischendurch zwei Jahre Bauhilfsarbeiter. Seit 1978 Projektleiter in verschiedenen Markt- und Meinungsforschungsinstituten: Emnid Bielefeld, IJF Institut für Jugendforschung Münche, seit 1991 GFM-GETAS Hamburg.
Veröffentlichungen u. a.: Die zweite Generation der Gastarbeiter – eine Chance für die Bundesrepublik; in: Frankfurter Hefte, 33. Jg. 1978, H. 10; Wie sehen Kinder ihre Zukunft? in: Planung und Analyse, 15. Jg. 1988, H. 6; Öko-Protest als neuer Generationenkonflikt? Zum Umweltbewußtsein von Kindern und Jugendlichen; in: Umwelt-Erziehung, Wien H. 2/1990; sporadisch auch Veröffentlichungen satirischer Texte, u. a. in FR, SZ, Eulenspiegel.

Alphons Silbermann
1909 in Köln geboren. Studium der Jurisprudenz und Soziologie an den Universitäten Köln, Grenoble und Freiburg/Br.; Musikstudium am Konservatorium in Köln. Emigrierte nach Australien: Lecturer at the State Conservatorium of Music. Nach Europa zurückgekehrt, war er vor seiner Pensionierung Professor für Soziologie (Soziologie der Massenkommunikation und Kunstsoziologie) an den Universitäten Lausanne und Köln sowie Direktor der Abteilung »Massenkommunikation« des Forschungsinstitutes für Soziologie der Universität zu Köln. Nach seiner Pensionierung war er Lehrstuhlinhaber an der Universität Bordeaux. Zahlreiche Publikationen zu den Thematiken Medien- und Kunstsoziologie und Vorurteilsforschung im In- und Ausland. Auszeichnungen: Lauréat de l'Institut de France. Palmes Académiques. Bundesverdienstkreuz 1. Klasse. Großes Bundesverdienstkreuz. Korrespondierendes Mitglied der Académie des sciences morales et politiques, Paris.
Buchveröffentlichungen u. a.: Ketzereien eines Soziologen, Düsseldorf 1965; (Hrsg.) Militanter Humanismus. Von den Aufgaben der modernen Soziologie, Frankfurt a. M., 1966; Vorteile und Nachteile des kommerziellen Fernsehens, Düsseldorf 1968; Die Konzentration der Massenmedien und ihre Wirkungen (zusammen mit Ernst Zahn), Düsseldorf 1969; Der ungeliebte Jude. Zur Soziologie des Antisemitismus, Zürich 1981; Sind wir Antisemiten? Ausmaß und Wirkung eines sozialen Vorurteils in der Bundesrepublik Deutschland, Köln 1982; Handwörterbuch der Massenkommunikation und Medienforschung, 2 Bde., Berlin 1982; Was ist jüdischer Geist? Zur Identität der Juden, Zürich/Osnabrück 1984; (Hrsg.) Antisemitismus nach dem Holocaust (zusammen mit Julius H. Schoeps), Köln 1986; Handbuch zur empirischen Massenkommunikationsforschung. Eine kommentierte Bibliographie in 2 Bänden, Frankfurt a. M., Bern, New York 1986; (Hrsg.) Comics und visuelle Kultur (zusammen mit H.-D. Dyroff), München 1986; Empirische Kunstsoziologie, Stuttgart 1986; Mahler-Lexikon, Bergisch-Gladbach 1986; Kultur, Volksbildung und Gesellschaft. Paul Honigsheim zum Gedenken seines 100. Geburtstages, Frankfurt a. M., Bern, New York 1987; Verwandlungen, Autobiographie, Bergisch-Gladbach 1989; Neues vom Wohnen der Deutschen, Köln 1991; (zusammen mit Michael Brüning) Der Deutschen Badezimmer, Köln 1991.

Henry Wassermann
1943 in Polen geboren. Einwanderung 1955 nach Israel, 1963 Beginn eines Studiums der Philosophie, Geschichte und der jüdischen Geschichte in Jerusalem und Heidelberg. Promotion 1979 an der Hebräischen Universität Jerusalem (Jews, »Bürgertum« and »bürgerliche Gesellschaft« in a liberal era in Germany 1840–1880). 1966–1974 Mitarbeit an der Encyclopaedia Judaica, seit 1976 Dozent an der Open University in Ramat Aviv.
Abhandlungen zur deutsch-jüdischen Geschichte, u. a.: Bibliographie des jüdischen Schrifttums in Deutschland 1933–1945 (Hrsg.), München

1989; Encyclopaedia of Jewish Communities in Hessen (erscheint demnächst). Zahlreiche Abhandlungen über die stereotype Darstellung von Juden in deutschsprachigen Medien des 19. Jahrhunderts; Jews and Judaism in the Gartenlaube, in: Year Book of the Leo Baeck Institute, Bd. XXIII 1978; The »Fliegende Blätter« as Source for the History of German Jewry, ebenda, Bd. XXVII 1983; Jews in Jugendstil. A social analysis of jokes an cartoons in the Simplicissimus, ebenda Bd. XXXI 1986.

Heinrich August Winkler
Geboren 1938 in Königsberg, Gymnasium in Ulm, 1957 bis 1963 Studium der Geschichte, der Wissenschaftlichen Politik, der Philosophie und des Öffentlichen Rechts in Münster, Heidelberg und Tübingen, 1963 Promotion zum Dr. phil. in Tübingen, 1964–1970 Wissenschaftlicher Assistent an der Freien Universität Berlin, 1967/1968 und 1970/71 German Kennedy Memorial Fellow an der Harvard University, Cambridge/Mass. (USA), 1970 Habilitation in den Fächern Neuere Geschichte und Wissenschaftliche Politik, 1970–72 Professor an der Freien Universität Berlin, 1970–1991 o. Professor der Neueren und Neuesten Geschichte an der Universität Freiburg im Br., seit Herbst 1991 Professor für Neueste Geschichte an der Humboldt-Universität zu Berlin; 1972–80 Mitglied des Ausschusses des Verbandes der Historiker Deutschlands; 1974/75 Visiting Scholar an der Princeton University (USA), 1977/78 Guest Scholar am Woodrow Wilson International Center for Scholars in Washington, D. C. (USA); 1985/86 Fellow am Wissenschaftskolleg zu Berlin; 1988 Gast an der Maison des Sciences de l'Homme in Paris; 1990/91 Stipendiat des Historischen Kollegs München; Mitherausgeber der Zeitschrift »Geschichte und Gesellschaft«.
Wichtigste Veröffentlichungen: Preußischer Liberalismus und deutscher Nationalstaat, Tübingen 1964; Mittelstand, Demokratie und Nationalsozialismus, Köln 1972; Revolution, Staat, Faschismus, Göttingen 1978; Liberalismus und Antiliberalismus, Göttingen 1979; Die Sozialdemokratie und die Revolution von 1918/19, Berlin 1980[2]; (Hrsg.), Nationalismus, Königstein 1978; (Hrsg. zus. mit Carola Stern), Wendepunkte deutscher Geschichte 1848–1945, Frankfurt 1987[6]; Von der Revolution zur Stabilisierung. Arbeiter und Arbeiterbewegung in der Weimarer Republik 1918–1924, Berlin 1985[2]; Der Schein der Normalität. Arbeiter und Arbeiterbewegung in der Weimarer Republik 1924–1930, Berlin 1988[2]; Der Weg in die Katastrophe. Arbeiter und Arbeiterbewegung in der Weimarer Republik 1930–1933, Berlin 1990[2].

Der in diesem Band abgedruckte Aufsatz ist die leicht überarbeitete Fassung eines Beitrages, der zunächst in dem von Bernd Martin und Ernst Schulin herausgegebenen Sammelwerk »Die Juden als Minderheit in der Geschichte«, Deutscher Taschenbuch-Verlag, München 1981, erschienen ist.